文物保护法律法规汇编

山东省文物局　编

山东大学出版社

图书在版编目(CIP)数据

文物保护法律法规汇编/山东省文物局编. —济南：山东大学出版社，2015.5
ISBN 978-7-5607-5274-7

Ⅰ. 文…　Ⅱ. ①山…　Ⅲ. ①文物保护法—汇编—中国　Ⅳ. ①D922.169

中国版本图书馆 CIP 数据核字(2015)第 100459 号

责任策划：陈一家
责任编辑：刘森文
封面设计：张　荔

出版发行：山东大学出版社
社　　址：山东省济南市山大南路 20 号
邮　　编：250100
电　　话：市场部(0531)88364466
经　　销：山东省新华书店
印　　刷：山东新华印务有限责任公司
规　　格：880 毫米×1230 毫米　1/16
　　　　　71.75 印张　2172 千字
版　　次：2015 年 5 月第 1 版
印　　次：2015 年 5 月第 1 次印刷
定　　价：168.00 元

前　言

党的十八届四中全会通过了《中共中央关于全面推进依法治国若干重大问题的决定》，依法治国已经成为治国理政的基本方式。依法行政、依法管理也必将成为文物保护的基本思路。

近年来，《文物保护法》《山东省文物保护条例》等法律法规相继颁布实施，文物保护法律法规体系日益完善。在省委、省政府的正确领导和各有关方面的关心、支持下，贯彻实施文物保护法律法规取得了一系列的成绩。大运河申遗获得成功；"曲阜片区"文化遗产得到有效保护利用，孔子及儒家思想等优秀传统文化进一步大众化、普及化；"乡村记忆"工程全面展开，有文化记忆的城镇化扎实推进；博物馆的公共文化服务阵地作用凸显，逐步走向"大千世界"；"七区两带"和项目带动战略全面实施。随着审批清单、权力清单制度的推行，对文物保护工作的法制化、规范化程度提出了更高的要求。因此，如何运用好法律武器和法治思维开展文物保护工作，加快推进文物强省建设，让文物活起来，这些已经成为摆在我们面前的重要课题。

编辑出版《文物保护法律法规汇编》，正是山东省文物局深入推进文物系统普法和依法治理工作的一项重要举措，旨在进一步规范各级政府、文物主管部门的行政行为和各文博单位的日常工作，全面提升依法行政水平。该书囊括了文物保护相关法律、法规、规章、行业标准及规范性文件近 200 部，并进行了分门别类，方便读者查阅。希望该书能够为各级政府、文物主管部门和各文博单位的日常工作提供参考，成为他们依法保护文物的助手。同时，也通过这一媒介，让社会各界了解、支持、监督文物保护工作，共同推进全省文物事业发展。

山东省文物局

2015 年 1 月

目 录

法律、行政法规、国务院文件

部门规章、司法解释

国家和行业标准

国家文物局文件

山东省地方性法规

山东省政府规章、规范性文件

山东省文物局规范性文件

附　录

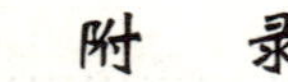

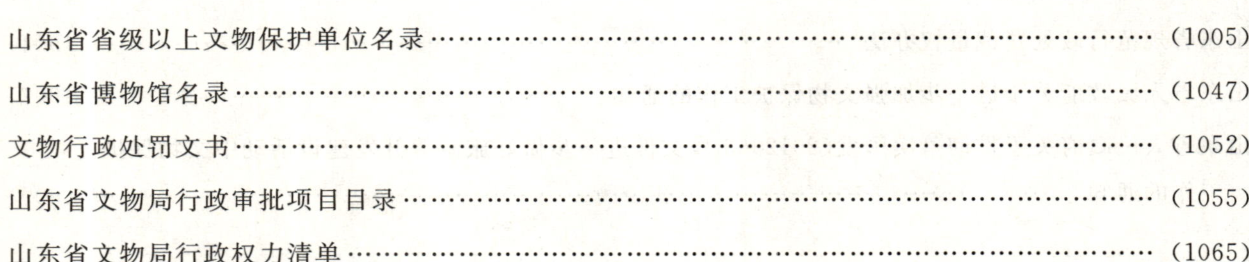

法律、行政法规、国务院文件

中华人民共和国宪法(节选)

(2004年3月14日第十届全国人民代表大会第二次会议通过的《中华人民共和国宪法修正案》修正)

第二十二条 国家发展为人民服务、为社会主义服务的文学艺术事业、新闻广播电视事业、出版发行事业、图书馆博物馆文化馆和其他文化事业,开展群众性的文化活动。

国家保护名胜古迹、珍贵文物和其他重要历史文化遗产。

中华人民共和国刑法(节选)

[2011年2月25日《中华人民共和国刑法修正案(八)》修正]

第一百五十一条 走私武器、弹药、核材料或者伪造的货币的,处七年以上有期徒刑,并处罚金或者没收财产;情节特别严重的,处无期徒刑或者死刑,并处没收财产;情节较轻的,处三年以上七年以下有期徒刑,并处罚金。

走私国家禁止出口的文物、黄金、白银和其他贵重金属或者国家禁止进出口的珍贵动物及其制品的,处五年以上十年以下有期徒刑,并处罚金;情节特别严重的,处十年以上有期徒刑或者无期徒刑,并处没收财产;情节较轻的,处五年以下有期徒刑,并处罚金。

走私珍稀植物及其制品等国家禁止进出口的其他货物、物品的,处五年以下有期徒刑或者拘役,并处或者单处罚金;情节严重的,处五年以上有期徒刑,并处罚金。

单位犯本条规定之罪的,对单位判处罚金,并对其直接负责的主管人员和其他直接责任人员,依照本条各款的规定处罚。

第二百六十四条 盗窃公私财物,数额较大的,或者多次盗窃、入户盗窃、携带凶器盗窃、扒窃的,处三年以下有期徒刑、拘役或者管制,并处或者单处罚金;数额巨大或者有其他严重情节的,处三年以上十年以下有期徒刑,并处罚金;数额特别巨大或者有其他特别严重情节的,处十年以上有期徒刑或者无期徒刑,并处罚金或者没收财产。

第三百二十四条 故意损毁国家保护的珍贵文物或者被确定为全国重点文物保护单位、省级文物保护单位的文物的,处三年以下有期徒刑或者拘役,并处或者单处罚金;情节严重的,处三年以上十年以下有期徒刑,并处罚金。

故意损毁国家保护的名胜古迹,情节严重的,处五年以下有期徒刑或者拘役,并处或者单处罚金。

过失损毁国家保护的珍贵文物或者被确定为全国重点文物保护单位、省级文物保护单位的文物,造成严重后果的,处三年以下有期徒刑或者拘役。

第三百二十五条 违反文物保护法规,将收藏的国家禁止出口的珍贵文物私自出售或者私自赠送给外国人的,处五年以下有期徒刑或者拘役,可以并处罚金。

单位犯前款罪的,对单位判处罚金,并对其直接负责的主管人员和其他直接责任人员,依照前款的规定处罚。

第三百二十六条 以牟利为目的,倒卖国家禁止经营的文物,情节严重的,处五年以下有期徒刑或者拘役,并处罚金;情节特别严重的,处五年以上十年以下有期徒刑,并处罚金。

单位犯前款罪的,对单位判处罚金,并对其直接负责的主管人员和其他直接责任人员,依照前款的规定处罚。

第三百二十七条 违反文物保护法规，国有博物馆、图书馆等单位将国家保护的文物藏品出售或者私自送给非国有单位或者个人的，对单位判处罚金，并对其直接负责的主管人员和其他直接责任人员，处三年以下有期徒刑或者拘役。

第三百二十八条 盗掘具有历史、艺术、科学价值的古文化遗址、古墓葬的，处三年以上十年以下有期徒刑，并处罚金；情节较轻的，处三年以下有期徒刑、拘役或者管制，并处罚金；有下列情形之一的，处十年以上有期徒刑或者无期徒刑，并处罚金或者没收财产：

（一）盗掘确定为全国重点文物保护单位和省级文物保护单位的古文化遗址、古墓葬的；

（二）盗掘古文化遗址、古墓葬集团的首要分子；

（三）多次盗掘古文化遗址、古墓葬的；

（四）盗掘古文化遗址、古墓葬，并盗窃珍贵文物或者造成珍贵文物严重破坏的。

盗掘国家保护的具有科学价值的古人类化石和古脊椎动物化石的，依照前款的规定处罚。

第三百二十九条 抢夺、窃取国家所有的档案的，处五年以下有期徒刑或者拘役。

违反档案法的规定，擅自出卖、转让国家所有的档案，情节严重的，处三年以下有期徒刑或者拘役。

有前两款行为，同时又构成本法规定的其他犯罪的，依照处罚较重的规定定罪处罚。

第三百九十七条 国家机关工作人员滥用职权或者玩忽职守，致使公共财产、国家和人民利益遭受重大损失的，处三年以下有期徒刑或者拘役；情节特别严重的，处三年以上七年以下有期徒刑。本法另有规定的，依照规定。

国家机关工作人员徇私舞弊，犯前款罪的，处五年以下有期徒刑或者拘役；情节特别严重的，处五年以上十年以下有期徒刑。本法另有规定的，依照规定。

第四百一十九条 国家机关工作人员严重不负责任，造成珍贵文物损毁或者流失，后果严重的，处三年以下有期徒刑或者拘役。

中华人民共和国文物保护法

（2015年4月24日在第十二届全国人民代表大会常务委员会第十四次会议修改）

第一章　总　则

第一条 为了加强对文物的保护，继承中华民族优秀的历史文化遗产，促进科学研究工作，进行爱国主义和革命传统教育，建设社会主义精神文明和物质文明，根据宪法，制定本法。

第二条 在中华人民共和国境内，下列文物受国家保护：

（一）具有历史、艺术、科学价值的古文化遗址、古墓葬、古建筑、石窟寺和石刻、壁画；

（二）与重大历史事件、革命运动或者著名人物有关的以及具有重要纪念意义、教育意义或者史料价值的近代现代重要史迹、实物、代表性建筑；

（三）历史上各时代珍贵的艺术品、工艺美术品；

（四）历史上各时代重要的文献资料以及具有历史、艺术、科学价值的手稿和图书资料等；

（五）反映历史上各时代、各民族社会制度、社会生产、社会生活的代表性实物。

文物认定的标准和办法由国务院文物行政部门制定，并报国务院批准。

具有科学价值的古脊椎动物化石和古人类化石同文物一样受国家保护。

第三条 古文化遗址、古墓葬、古建筑、石窟寺、石刻、壁画、近代现代重要史迹和代表性建筑等不可移动文物，根据它们的历史、艺术、科学价值，可以分别确定为全国重点文物保护单位，省级文物保护单位，市、县级文物保护单位。

历史上各时代重要实物、艺术品、文献、手稿、图书资料、代表性实物等可移动文物，分为珍贵文物和一般文物；珍贵文物分为一级文物、二级文物、三级文物。

第四条 文物工作贯彻保护为主、抢救第一、合理利用、加强管理的方针。

第五条 中华人民共和国境内地下、内水和领海中遗存的一切文物，属于国家所有。

古文化遗址、古墓葬、石窟寺属于国家所有。国家指定保护的纪念建筑物、古建筑、石刻、壁画、近代现代代表性建筑等不可移动文物，除国家另有规定的以外，属于国家所有。

国有不可移动文物的所有权不因其所依附的土地所有权或者使用权的改变而改变。

下列可移动文物，属于国家所有：

(一)中国境内出土的文物，国家另有规定的除外；

(二)国有文物收藏单位以及其他国家机关、部队和国有企业、事业组织等收藏、保管的文物；

(三)国家征集、购买的文物；

(四)公民、法人和其他组织捐赠给国家的文物；

(五)法律规定属于国家所有的其他文物。

属于国家所有的可移动文物的所有权不因其保管、收藏单位的终止或者变更而改变。

国有文物所有权受法律保护，不容侵犯。

第六条 属于集体所有和私人所有的纪念建筑物、古建筑和祖传文物以及依法取得的其他文物，其所有权受法律保护。文物的所有者必须遵守国家有关文物保护的法律、法规的规定。

第七条 一切机关、组织和个人都有依法保护文物的义务。

第八条 国务院文物行政部门主管全国文物保护工作。

地方各级人民政府负责本行政区域内的文物保护工作。县级以上地方人民政府承担文物保护工作的部门对本行政区域内的文物保护实施监督管理。

县级以上人民政府有关行政部门在各自的职责范围内，负责有关的文物保护工作。

第九条 各级人民政府应当重视文物保护，正确处理经济建设、社会发展与文物保护的关系，确保文物安全。

基本建设、旅游发展必须遵守文物保护工作的方针，其活动不得对文物造成损害。

公安机关、工商行政管理部门、海关、城乡建设规划部门和其他有关国家机关，应当依法认真履行所承担的保护文物的职责，维护文物管理秩序。

第十条 国家发展文物保护事业。县级以上人民政府应当将文物保护事业纳入本级国民经济和社会发展规划，所需经费列入本级财政预算。

国家用于文物保护的财政拨款随着财政收入增长而增加。

国有博物馆、纪念馆、文物保护单位等的事业性收入，专门用于文物保护，任何单位或者个人不得侵占、挪用。

国家鼓励通过捐赠等方式设立文物保护社会基金，专门用于文物保护，任何单位或者个人不得侵占、挪用。

第十一条 文物是不可再生的文化资源。国家加强文物保护的宣传教育，增强全民文物保护的意识，鼓励文物保护的科学研究，提高文物保护的科学技术水平。

第十二条 有下列事迹的单位或者个人，由国家给予精神鼓励或者物质奖励：

(一)认真执行文物保护法律、法规，保护文物成绩显著的；

(二)为保护文物与违法犯罪行为作坚决斗争的；

(三)将个人收藏的重要文物捐献给国家或者为文物保护事业作出捐赠的；

(四)发现文物及时上报或者上交，使文物得到保护的；

(五)在考古发掘工作中作出重大贡献的;

(六)在文物保护科学技术方面有重要发明创造或者其他重要贡献的;

(七)在文物面临破坏危险时,抢救文物有功的;

(八)长期从事文物工作,作出显著成绩的。

第二章 不可移动文物

第十三条 国务院文物行政部门在省级、市、县级文物保护单位中,选择具有重大历史、艺术、科学价值的确定为全国重点文物保护单位,或者直接确定为全国重点文物保护单位,报国务院核定公布。

省级文物保护单位,由省、自治区、直辖市人民政府核定公布,并报国务院备案。

市级和县级文物保护单位,分别由设区的市、自治州和县级人民政府核定公布,并报省、自治区、直辖市人民政府备案。

尚未核定公布为文物保护单位的不可移动文物,由县级人民政府文物行政部门予以登记并公布。

第十四条 保存文物特别丰富并且具有重大历史价值或者革命纪念意义的城市,由国务院核定公布为历史文化名城。

保存文物特别丰富并且具有重大历史价值或者革命纪念意义的城镇、街道、村庄,由省、自治区、直辖市人民政府核定公布为历史文化街区、村镇,并报国务院备案。

历史文化名城和历史文化街区、村镇所在地的县级以上地方人民政府应当组织编制专门的历史文化名城和历史文化街区、村镇保护规划,并纳入城市总体规划。

历史文化名城和历史文化街区、村镇的保护办法,由国务院制定。

第十五条 各级文物保护单位,分别由省、自治区、直辖市人民政府和市、县级人民政府划定必要的保护范围,作出标志说明,建立记录档案,并区别情况分别设置专门机构或者专人负责管理。全国重点文物保护单位的保护范围和记录档案,由省、自治区、直辖市人民政府文物行政部门报国务院文物行政部门备案。

县级以上地方人民政府文物行政部门应当根据不同文物的保护需要,制定文物保护单位和未核定为文物保护单位的不可移动文物的具体保护措施,并公告施行。

第十六条 各级人民政府制定城乡建设规划,应当根据文物保护的需要,事先由城乡建设规划部门会同文物行政部门商定对本行政区域内各级文物保护单位的保护措施,并纳入规划。

第十七条 文物保护单位的保护范围内不得进行其他建设工程或者爆破、钻探、挖掘等作业。但是,因特殊情况需要在文物保护单位的保护范围内进行其他建设工程或者爆破、钻探、挖掘等作业的,必须保证文物保护单位的安全,并经核定公布该文物保护单位的人民政府批准,在批准前应当征得上一级人民政府文物行政部门同意;在全国重点文物保护单位的保护范围内进行其他建设工程或者爆破、钻探、挖掘等作业的,必须经省、自治区、直辖市人民政府批准,在批准前应当征得国务院文物行政部门同意。

第十八条 根据保护文物的实际需要,经省、自治区、直辖市人民政府批准,可以在文物保护单位的周围划出一定的建设控制地带,并予以公布。

在文物保护单位的建设控制地带内进行建设工程,不得破坏文物保护单位的历史风貌;工程设计方案应当根据文物保护单位的级别,经相应的文物行政部门同意后,报城乡建设规划部门批准。

第十九条 在文物保护单位的保护范围和建设控制地带内,不得建设污染文物保护单位及其环境的设施,不得进行可能影响文物保护单位安全及其环境的活动。对已有的污染文物保护单位及其环境的设施,应当限期治理。

第二十条 建设工程选址,应当尽可能避开不可移动文物;因特殊情况不能避开的,对文物保护单位应当尽可能实施原址保护。

实施原址保护的,建设单位应当事先确定保护措施,根据文物保护单位的级别报相应的文物行政部门批准，并将保护措施列入可行性研究报告或者设计任务书。

无法实施原址保护，必须迁移异地保护或者拆除的，应当报省、自治区、直辖市人民政府批准；迁移或者拆除省级文物保护单位的，批准前须征得国务院文物行政部门同意。全国重点文物保护单位不得拆除；需要迁移的，须由省、自治区、直辖市人民政府报国务院批准。

依照前款规定拆除的国有不可移动文物中具有收藏价值的壁画、雕塑、建筑构件等，由文物行政部门指定的文物收藏单位收藏。

本条规定的原址保护、迁移、拆除所需费用，由建设单位列入建设工程预算。

第二十一条 国有不可移动文物由使用人负责修缮、保养；非国有不可移动文物由所有人负责修缮、保养。非国有不可移动文物有损毁危险，所有人不具备修缮能力的，当地人民政府应当给予帮助；所有人具备修缮能力而拒不依法履行修缮义务的，县级以上人民政府可以给予抢救修缮，所需费用由所有人负担。

对文物保护单位进行修缮，应当根据文物保护单位的级别报相应的文物行政部门批准；对未核定为文物保护单位的不可移动文物进行修缮，应当报登记的县级人民政府文物行政部门批准。

文物保护单位的修缮、迁移、重建，由取得文物保护工程资质证书的单位承担。

对不可移动文物进行修缮、保养、迁移，必须遵守不改变文物原状的原则。

第二十二条 不可移动文物已经全部毁坏的，应当实施遗址保护，不得在原址重建。但是，因特殊情况需要在原址重建的，由省、自治区、直辖市人民政府文物行政部门报省、自治区、直辖市人民政府批准；全国重点文物保护单位需要在原址重建的，由省、自治区、直辖市人民政府报国务院批准。

第二十三条 核定为文物保护单位的属于国家所有的纪念建筑物或者古建筑，除可以建立博物馆、保管所或者辟为参观游览场所外，作其他用途的，市、县级文物保护单位应当经核定公布该文物保护单位的人民政府文物行政部门征得上一级文物行政部门同意后，报核定公布该文物保护单位的人民政府批准；省级文物保护单位应当经核定公布该文物保护单位的省级人民政府的文物行政部门审核同意后，报该省级人民政府批准；全国重点文物保护单位作其他用途的，应当由省、自治区、直辖市人民政府报国务院批准。国有未核定为文物保护单位的不可移动文物作其他用途的，应当报告县级人民政府文物行政部门。

第二十四条 国有不可移动文物不得转让、抵押。建立博物馆、保管所或者辟为参观游览场所的国有文物保护单位，不得作为企业资产经营。

第二十五条 非国有不可移动文物不得转让、抵押给外国人。

非国有不可移动文物转让、抵押或者改变用途的，应当根据其级别报相应的文物行政部门备案。

第二十六条 使用不可移动文物，必须遵守不改变文物原状的原则，负责保护建筑物及其附属文物的安全，不得损毁、改建、添建或者拆除不可移动文物。

对危害文物保护单位安全、破坏文物保护单位历史风貌的建筑物、构筑物，当地人民政府应当及时调查处理，必要时，对该建筑物、构筑物予以拆迁。

第三章 考古发掘

第二十七条 一切考古发掘工作，必须履行报批手续；从事考古发掘的单位，应当经国务院文物行政部门批准。

地下埋藏的文物，任何单位或者个人都不得私自发掘。

第二十八条 从事考古发掘的单位，为了科学研究进行考古发掘，应当提出发掘计划，报国务院文物行政部门批准；对全国重点文物保护单位的考古发掘计划，应当经国务院文物行政部门审核后报国务院批准。国务院文物行政部门在批准或者审核前，应当征求社会科学研究机构及其他科研机构和有关专家的意见。

第二十九条 进行大型基本建设工程，建设单位应当事先报请省、自治区、直辖市人民政府文物行政部门组织从事考古发掘的单位在工程范围内有可能埋藏文物的地方进行考古调查、勘探。

考古调查、勘探中发现文物的，由省、自治区、直辖市人民政府文物行政部门根据文物保护的要求会同建设单位共同商定保护措施；遇有重要发现的，由省、自治区、直辖市人民政府文物行政部门及时报国务院文物行政部门处理。

第三十条 需要配合建设工程进行的考古发掘工作，应当由省、自治区、直辖市文物行政部门在勘探工作的基础上提出发掘计划，报国务院文物行政部门批准。国务院文物行政部门在批准前，应当征求社会科学研究机构及其他科研机构和有关专家的意见。

确因建设工期紧迫或者有自然破坏危险，对古文化遗址、古墓葬急需进行抢救发掘的，由省、自治区、直辖市人民政府文物行政部门组织发掘，并同时补办审批手续。

第三十一条 凡因进行基本建设和生产建设需要的考古调查、勘探、发掘，所需费用由建设单位列入建设工程预算。

第三十二条 在进行建设工程或者在农业生产中，任何单位或者个人发现文物，应当保护现场，立即报告当地文物行政部门，文物行政部门接到报告后，如无特殊情况，应当在二十四小时内赶赴现场，并在七日内提出处理意见。文物行政部门可以报请当地人民政府通知公安机关协助保护现场；发现重要文物的，应当立即上报国务院文物行政部门，国务院文物行政部门应当在接到报告后十五日内提出处理意见。

依照前款规定发现的文物属于国家所有，任何单位或者个人不得哄抢、私分、藏匿。

第三十三条 非经国务院文物行政部门报国务院特别许可，任何外国人或者外国团体不得在中华人民共和国境内进行考古调查、勘探、发掘。

第三十四条 考古调查、勘探、发掘的结果，应当报告国务院文物行政部门和省、自治区、直辖市人民政府文物行政部门。

考古发掘的文物，应当登记造册，妥善保管，按照国家有关规定移交给由省、自治区、直辖市人民政府文物行政部门或者国务院文物行政部门指定的国有博物馆、图书馆或者其他国有收藏文物的单位收藏。经省、自治区、直辖市人民政府文物行政部门批准，从事考古发掘的单位可以保留少量出土文物作为科研标本。

考古发掘的文物，任何单位或者个人不得侵占。

第三十五条 根据保证文物安全、进行科学研究和充分发挥文物作用的需要，省、自治区、直辖市人民政府文物行政部门经本级人民政府批准，可以调用本行政区域内的出土文物；国务院文物行政部门经国务院批准，可以调用全国的重要出土文物。

第四章 馆藏文物

第三十六条 博物馆、图书馆和其他文物收藏单位对收藏的文物，必须区分文物等级，设置藏品档案，建立严格的管理制度，并报主管的文物行政部门备案。

县级以上地方人民政府文物行政部门应当分别建立本行政区域内的馆藏文物档案；国务院文物行政部门应当建立国家一级文物藏品档案和其主管的国有文物收藏单位馆藏文物档案。

第三十七条 文物收藏单位可以通过下列方式取得文物：

(一)购买；

(二)接受捐赠；

(三)依法交换；

(四)法律、行政法规规定的其他方式。

国有文物收藏单位还可以通过文物行政部门指定保管或者调拨方式取得文物。

第三十八条 文物收藏单位应当根据馆藏文物的保护需要，按照国家有关规定建立、健全管理制度，并报主管的文物行政部门备案。未经批准，任何单位或者个人不得调取馆藏文物。

文物收藏单位的法定代表人对馆藏文物的安全负责。国有文物收藏单位的法定代表人离任时，应当按照馆藏文物档案办理馆藏文物移交手续。

第三十九条　国务院文物行政部门可以调拨全国的国有馆藏文物。省、自治区、直辖市人民政府文物行政部门可以调拨本行政区域内其主管的国有文物收藏单位馆藏文物；调拨国有馆藏一级文物，应当报国务院文物行政部门备案。

国有文物收藏单位可以申请调拨国有馆藏文物。

第四十条　文物收藏单位应当充分发挥馆藏文物的作用，通过举办展览、科学研究等活动，加强对中华民族优秀的历史文化和革命传统的宣传教育。

国有文物收藏单位之间因举办展览、科学研究等需借用馆藏文物的，应当报主管的文物行政部门备案；借用馆藏一级文物的，应当经省、自治区、直辖市人民政府文物行政部门批准，并报国务院文物行政部门备案。

非国有文物收藏单位和其他单位举办展览需借用国有馆藏文物的，应当报主管的文物行政部门批准；借用国有馆藏一级文物，应当经国务院文物行政部门批准。

文物收藏单位之间借用文物的最长期限不得超过三年。

第四十一条　已经建立馆藏文物档案的国有文物收藏单位，经省、自治区、直辖市人民政府文物行政部门批准，并报国务院文物行政部门备案，其馆藏文物可以在国有文物收藏单位之间交换。

第四十二条　未建立馆藏文物档案的国有文物收藏单位，不得依照本法第四十条、第四十一条的规定处置其馆藏文物。

第四十三条　依法调拨、交换、借用国有馆藏文物，取得文物的文物收藏单位可以对提供文物的文物收藏单位给予合理补偿，具体管理办法由国务院文物行政部门制定。

国有文物收藏单位调拨、交换、出借文物所得的补偿费用，必须用于改善文物的收藏条件和收集新的文物，不得挪作他用；任何单位或者个人不得侵占。

调拨、交换、借用的文物必须严格保管，不得丢失、损毁。

第四十四条　禁止国有文物收藏单位将馆藏文物赠与、出租或者出售给其他单位、个人。

第四十五条　国有文物收藏单位不再收藏的文物的处置办法，由国务院另行制定。

第四十六条　修复馆藏文物，不得改变馆藏文物的原状；复制、拍摄、拓印馆藏文物，不得对馆藏文物造成损害。具体管理办法由国务院制定。

不可移动文物的单体文物的修复、复制、拍摄、拓印，适用前款规定。

第四十七条　博物馆、图书馆和其他收藏文物的单位应当按照国家有关规定配备防火、防盗、防自然损坏的设施，确保馆藏文物的安全。

第四十八条　馆藏一级文物损毁的，应当报国务院文物行政部门核查处理。其他馆藏文物损毁的，应当报省、自治区、直辖市人民政府文物行政部门核查处理；省、自治区、直辖市人民政府文物行政部门应当将核查处理结果报国务院文物行政部门备案。

馆藏文物被盗、被抢或者丢失的，文物收藏单位应当立即向公安机关报案，并同时向主管的文物行政部门报告。

第四十九条　文物行政部门和国有文物收藏单位的工作人员不得借用国有文物，不得非法侵占国有文物。

第五章　民间收藏文物

第五十条　文物收藏单位以外的公民、法人和其他组织可以收藏通过下列方式取得的文物：

（一）依法继承或者接受赠与；

(二)从文物商店购买;

(三)从经营文物拍卖的拍卖企业购买;

(四)公民个人合法所有的文物相互交换或者依法转让;

(五)国家规定的其他合法方式。

文物收藏单位以外的公民、法人和其他组织收藏的前款文物可以依法流通。

第五十一条 公民、法人和其他组织不得买卖下列文物:

(一)国有文物,但是国家允许的除外;

(二)非国有馆藏珍贵文物;

(三)国有不可移动文物中的壁画、雕塑、建筑构件等,但是依法拆除的国有不可移动文物中的壁画、雕塑、建筑构件等不属于本法第二十条第四款规定的应由文物收藏单位收藏的除外;

(四)来源不符合本法第五十条规定的文物。

第五十二条 国家鼓励文物收藏单位以外的公民、法人和其他组织将其收藏的文物捐赠给国有文物收藏单位或者出借给文物收藏单位展览和研究。

国有文物收藏单位应当尊重并按照捐赠人的意愿,对捐赠的文物妥善收藏、保管和展示。

国家禁止出境的文物,不得转让、出租、质押给外国人。

第五十三条 文物商店应当由省、自治区、直辖市人民政府文物行政部门批准设立,依法进行管理。

文物商店不得从事文物拍卖经营活动,不得设立经营文物拍卖的拍卖企业。

第五十四条 依法设立的拍卖企业经营文物拍卖的,应当取得省、自治区、直辖市人民政府文物行政部门颁发的文物拍卖许可证。

经营文物拍卖的拍卖企业不得从事文物购销经营活动,不得设立文物商店。

第五十五条 文物行政部门的工作人员不得举办或者参与举办文物商店或者经营文物拍卖的拍卖企业。

文物收藏单位不得举办或者参与举办文物商店或者经营文物拍卖的拍卖企业。

禁止设立中外合资、中外合作和外商独资的文物商店或者经营文物拍卖的拍卖企业。

除经批准的文物商店、经营文物拍卖的拍卖企业外,其他单位或者个人不得从事文物的商业经营活动。

第五十六条 文物商店销售的文物,在销售前应当经省、自治区、直辖市人民政府文物行政部门审核;对允许销售的,省、自治区、直辖市人民政府文物行政部门应当作出标识。

拍卖企业拍卖的文物,在拍卖前应当经省,自治区,直辖市人民政府文物行政部门审核;并报国务院文物行政部门备案。

第五十七条 文物商店购买、销售文物,拍卖企业拍卖文物,应当按照国家有关规定作出记录,并报原审核的文物行政部门备案。

拍卖文物时,委托人、买受人要求对其身份保密的,文物行政部门应当为其保密;但是,法律、行政法规另有规定的除外。

第五十八条 文物行政部门在审核拟拍卖的文物时,可以指定国有文物收藏单位优先购买其中的珍贵文物。购买价格由文物收藏单位的代表与文物的委托人协商确定。

第五十九条 银行、冶炼厂、造纸厂以及废旧物资回收单位,应当与当地文物行政部门共同负责拣选掺杂在金银器和废旧物资中的文物。拣选文物除供银行研究所必需的历史货币可以由人民银行留用外,应当移交当地文物行政部门。移交拣选文物,应当给予合理补偿。

第六章 文物出境进境

第六十条 国有文物、非国有文物中的珍贵文物和国家规定禁止出境的其他文物,不得出境;但是依照本法规定出境展览或者因特殊需要经国务院批准出境的除外。

第六十一条 文物出境，应当经国务院文物行政部门指定的文物进出境审核机构审核。经审核允许出境的文物，由国务院文物行政部门发给文物出境许可证，从国务院文物行政部门指定的口岸出境。

任何单位或者个人运送、邮寄、携带文物出境，应当向海关申报；海关凭文物出境许可证放行。

第六十二条 文物出境展览，应当报国务院文物行政部门批准；一级文物超过国务院规定数量的，应当报国务院批准。

一级文物中的孤品和易损品，禁止出境展览。

出境展览的文物出境，由文物进出境审核机构审核、登记。海关凭国务院文物行政部门或者国务院的批准文件放行。出境展览的文物复进境，由原文物进出境审核机构审核查验。

第六十三条 文物临时进境，应当向海关申报，并报文物进出境审核机构审核、登记。

临时进境的文物复出境，必须经原审核、登记的文物进出境审核机构审核查验；经审核查验无误的，由国务院文物行政部门发给文物出境许可证，海关凭文物出境许可证放行。

第七章　法律责任

第六十四条 违反本法规定，有下列行为之一，构成犯罪的，依法追究刑事责任：

(一)盗掘古文化遗址、古墓葬的；

(二)故意或者过失损毁国家保护的珍贵文物的；

(三)擅自将国有馆藏文物出售或者私自送给非国有单位或者个人的；

(四)将国家禁止出境的珍贵文物私自出售或者送给外国人的；

(五)以牟利为目的倒卖国家禁止经营的文物的；

(六)走私文物的；

(七)盗窃、哄抢、私分或者非法侵占国有文物的；

(八)应当追究刑事责任的其他妨害文物管理行为。

第六十五条 违反本法规定，造成文物灭失、损毁的，依法承担民事责任。

违反本法规定，构成违反治安管理行为的，由公安机关依法给予治安管理处罚。

违反本法规定，构成走私行为，尚不构成犯罪的，由海关依照有关法律、行政法规的规定给予处罚。

第六十六条 有下列行为之一，尚不构成犯罪的，由县级以上人民政府文物主管部门责令改正，造成严重后果的，处五万元以上五十万元以下的罚款；情节严重的，由原发证机关吊销资质证书：

(一)擅自在文物保护单位的保护范围内进行建设工程或者爆破、钻探、挖掘等作业的；

(二)在文物保护单位的建设控制地带内进行建设工程，其工程设计方案未经文物行政部门同意、报城乡建设规划部门批准，对文物保护单位的历史风貌造成破坏的；

(三)擅自迁移、拆除不可移动文物的；

(四)擅自修缮不可移动文物，明显改变文物原状的；

(五)擅自在原址重建已全部毁坏的不可移动文物，造成文物破坏的；

(六)施工单位未取得文物保护工程资质证书，擅自从事文物修缮、迁移、重建的。

刻划、涂污或者损坏文物尚不严重的，或者损毁依照本法第十五条第一款规定设立的文物保护单位标志的，由公安机关或者文物所在单位给予警告，可以并处罚款。

第六十七条 在文物保护单位的保护范围内或者建设控制地带内建设污染文物保护单位及其环境的设施的，或者对已有的污染文物保护单位及其环境的设施未在规定的期限内完成治理的，由环境保护行政部门依照有关法律、法规的规定给予处罚。

第六十八条 有下列行为之一的，由县级以上人民政府文物主管部门责令改正，没收违法所得，违法所得一万元以上的，并处违法所得二倍以上五倍以下的罚款；违法所得不足一万元的，并处五千元以上二万元以下的罚款：

（一）转让或者抵押国有不可移动文物，或者将国有不可移动文物作为企业资产经营的；

（二）将非国有不可移动文物转让或者抵押给外国人的；

（三）擅自改变国有文物保护单位的用途的。

第六十九条 历史文化名城的布局、环境、历史风貌等遭到严重破坏的，由国务院撤销其历史文化名城称号；历史文化城镇、街道、村庄的布局、环境、历史风貌等遭到严重破坏的，由省、自治区、直辖市人民政府撤销其历史文化街区、村镇称号；对负有责任的主管人员和其他直接责任人员依法给予行政处分。

第七十条 有下列行为之一，尚不构成犯罪的，由县级以上人民政府文物主管部门责令改正，可以并处二万元以下的罚款，有违法所得的，没收违法所得：

（一）文物收藏单位未按照国家有关规定配备防火、防盗、防自然损坏的设施的；

（二）国有文物收藏单位法定代表人离任时未按照馆藏文物档案移交馆藏文物，或者所移交的馆藏文物与馆藏文物档案不符的；

（三）将国有馆藏文物赠与、出租或者出售给其他单位、个人的；

（四）违反本法第四十条、第四十一条、第四十五条规定处置国有馆藏文物的；

（五）违反本法第四十三条规定挪用或者侵占依法调拨、交换、出借文物所得补偿费用的。

第七十一条 买卖国家禁止买卖的文物或者将禁止出境的文物转让、出租、质押给外国人，尚不构成犯罪的，由县级以上人民政府文物主管部门责令改正，没收违法所得，违法经营额一万元以上的，并处违法经营额二倍以上五倍以下的罚款；违法经营额不足一万元的，并处五千元以上二万元以下的罚款。

第七十二条 未经许可，擅自设立文物商店、经营文物拍卖的拍卖企业，或者擅自从事文物的商业经营活动，尚不构成犯罪的，由工商行政管理部门依法予以制止，没收违法所得、非法经营的文物，违法经营额五万元以上的，并处违法经营额二倍以上五倍以下的罚款；违法经营额不足五万元的，并处二万元以上十万元以下的罚款。

第七十三条 有下列情形之一的，由工商行政管理部门没收违法所得、非法经营的文物，违法经营额五万元以上的，并处违法经营额一倍以上三倍以下的罚款；违法经营额不足五万元的，并处五千元以上五万元以下的罚款；情节严重的，由原发证机关吊销许可证书：

（一）文物商店从事文物拍卖经营活动的；

（二）经营文物拍卖的拍卖企业从事文物购销经营活动的；

（三）文物商店销售的文物、拍卖企业拍卖的文物，未经审核的；

（四）文物收藏单位从事文物的商业经营活动的。

第七十四条 有下列行为之一，尚不构成犯罪的，由县级以上人民政府文物主管部门会同公安机关追缴文物；情节严重的，处五千元以上五万元以下的罚款：

（一）发现文物隐匿不报或者拒不上交的；

（二）未按照规定移交拣选文物的。

第七十五条 有下列行为之一的，由县级以上人民政府文物主管部门责令改正：

（一）改变国有未核定为文物保护单位的不可移动文物的用途，未依照本法规定报告的；

（二）转让、抵押非国有不可移动文物或者改变其用途，未依照本法规定备案的；

（三）国有不可移动文物的使用人拒不依法履行修缮义务的；

（四）考古发掘单位未经批准擅自进行考古发掘，或者不如实报告考古发掘结果的；

（五）文物收藏单位未按照国家有关规定建立馆藏文物档案、管理制度，或者未将馆藏文物档案、管理制度备案的；

（六）违反本法第三十八条规定，未经批准擅自调取馆藏文物的；

（七）馆藏文物损毁未报文物行政部门核查处理，或者馆藏文物被盗、被抢或者丢失，文物收藏单位未及时向公安机关或者文物行政部门报告的；

（八）文物商店销售文物或者拍卖企业拍卖文物，未按照国家有关规定作出记录或者未将所作记录报文物行政部门备案的。

第七十六条 文物行政部门、文物收藏单位、文物商店、经营文物拍卖的拍卖企业的工作人员，有下列行为之一的，依法给予行政处分，情节严重的，依法开除公职或者吊销其从业资格；构成犯罪的，依法追究刑事责任：

（一）文物行政部门的工作人员违反本法规定，滥用审批权限、不履行职责或者发现违法行为不予查处，造成严重后果的；

（二）文物行政部门和国有文物收藏单位的工作人员借用或者非法侵占国有文物的；

（三）文物行政部门的工作人员举办或者参与举办文物商店或者经营文物拍卖的拍卖企业的；

（四）因不负责任造成文物保护单位、珍贵文物损毁或者流失的；

（五）贪污、挪用文物保护经费的。

前款被开除公职或者被吊销从业资格的人员，自被开除公职或者被吊销从业资格之日起十年内不得担任文物管理人员或者从事文物经营活动。

第七十七条 有本法第六十六条、第六十八条、第七十条、第七十一条、第七十四条、第七十五条规定所列行为之一的，负有责任的主管人员和其他直接责任人员是国家工作人员的，依法给予行政处分。

第七十八条 公安机关、工商行政管理部门、海关、城乡建设规划部门和其他国家机关，违反本法规定滥用职权、玩忽职守、徇私舞弊，造成国家保护的珍贵文物损毁或者流失的，对负有责任的主管人员和其他直接责任人员依法给予行政处分；构成犯罪的，依法追究刑事责任。

第七十九条 人民法院、人民检察院、公安机关、海关和工商行政管理部门依法没收的文物应当登记造册，妥善保管，结案后无偿移交文物行政部门，由文物行政部门指定的国有文物收藏单位收藏。

第八章 附则

第八十条 本法自公布之日起施行。

中华人民共和国行政许可法

（2003年8月27日第十届全国人民代表大会常务委员会第四次会议通过）

第一章 总 则

第一条 为了规范行政许可的设定和实施，保护公民、法人和其他组织的合法权益，维护公共利益和社会秩序，保障和监督行政机关有效实施行政管理，根据宪法，制定本法。

第二条 本法所称行政许可，是指行政机关根据公民、法人或者其他组织的申请，经依法审查，准予其从事特定活动的行为。

第三条 行政许可的设定和实施，适用本法。

有关行政机关对其他机关或者对其直接管理的事业单位的人事、财务、外事等事项的审批，不适用本法。

第四条 设定和实施行政许可，应当依照法定的权限、范围、条件和程序。

第五条 设定和实施行政许可，应当遵循公开、公平、公正的原则。

有关行政许可的规定应当公布；未经公布的，不得作为实施行政许可的依据。行政许可的实施和结果，除涉及国家秘密、商业秘密或者个人隐私的外，应当公开。

符合法定条件、标准的，申请人有依法取得行政许可的平等权利，行政机关不得歧视。

第六条 实施行政许可，应当遵循便民的原则，提高办事效率，提供优质服务。

第七条 公民、法人或者其他组织对行政机关实施行政许可，享有陈述权、申辩权；有权依法申请行政复议或者提起行政诉讼；其合法权益因行政机关违法实施行政许可受到损害的，有权依法要求赔偿。

第八条 公民、法人或者其他组织依法取得的行政许可受法律保护，行政机关不得擅自改变已经生效的行政许可。

行政许可所依据的法律、法规、规章修改或者废止，或者准予行政许可所依据的客观情况发生重大变化的，为了公共利益的需要，行政机关可以依法变更或者撤回已经生效的行政许可。由此给公民、法人或者其他组织造成财产损失的，行政机关应当依法给予补偿。

第九条 依法取得的行政许可，除法律、法规规定依照法定条件和程序可以转让的外，不得转让。

第十条 县级以上人民政府应当建立健全对行政机关实施行政许可的监督制度，加强对行政机关实施行政许可的监督检查。

行政机关应当对公民、法人或者其他组织从事行政许可事项的活动实施有效监督。

第二章 行政许可的设定

第十一条 设定行政许可，应当遵循经济和社会发展规律，有利于发挥公民、法人或者其他组织的积极性、主动性，维护公共利益和社会秩序，促进经济、社会和生态环境协调发展。

第十二条 下列事项可以设定行政许可：

（一）直接涉及国家安全、公共安全、经济宏观调控、生态环境保护以及直接关系人身健康、生命财产安全等特定活动，需要按照法定条件予以批准的事项；

（二）有限自然资源开发利用、公共资源配置以及直接关系公共利益的特定行业的市场准入等，需要赋予特定权利的事项；

（三）提供公众服务并且直接关系公共利益的职业、行业，需要确定具备特殊信誉、特殊条件或者特殊技能等资格、资质的事项；

（四）直接关系公共安全、人身健康、生命财产安全的重要设备、设施、产品、物品，需要按照技术标准、技术规范，通过检验、检测、检疫等方式进行审定的事项；

（五）企业或者其他组织的设立等，需要确定主体资格的事项；

（六）法律、行政法规规定可以设定行政许可的其他事项。

第十三条 本法第十二条所列事项，通过下列方式能够予以规范的，可以不设行政许可：

（一）公民、法人或者其他组织能够自主决定的；

（二）市场竞争机制能够有效调节的；

（三）行业组织或者中介机构能够自律管理的；

（四）行政机关采用事后监督等其他行政管理方式能够解决的。

第十四条 本法第十二条所列事项，法律可以设定行政许可。尚未制定法律的，行政法规可以设定行政许可。

必要时，国务院可以采用发布决定的方式设定行政许可。实施后，除临时性行政许可事项外，国务院应当及时提请全国人民代表大会及其常务委员会制定法律，或者自行制定行政法规。

第十五条 本法第十二条所列事项，尚未制定法律、行政法规的，地方性法规可以设定行政许可；尚未制定法律、行政法规和地方性法规的，因行政管理的需要，确需立即实施行政许可的，省、自治区、直辖市人民政府规章可以设定临时性的行政许可。临时性的行政许可实施满一年需要继续实施的，应当提请本级人民代表大会及其常务委员会制定地方性法规。

地方性法规和省、自治区、直辖市人民政府规章，不得设定应当由国家统一确定的公民、法人或者其他组织的资格、资质的行政许可；不得设定企业或者其他组织的设立登记及其前置性行政许可。其设定的行政许可，不得限制其他地区的个人或者企业到本地区从事生产经营和提供服务，不得限制其他地区的商品进入本地区市场。

第十六条　行政法规可以在法律设定的行政许可事项范围内，对实施该行政许可作出具体规定。

地方性法规可以在法律、行政法规设定的行政许可事项范围内，对实施该行政许可作出具体规定。

规章可以在上位法设定的行政许可事项范围内，对实施该行政许可作出具体规定。

法规、规章对实施上位法设定的行政许可作出的具体规定，不得增设行政许可；对行政许可条件作出的具体规定，不得增设违反上位法的其他条件。

第十七条　除本法第十四条、第十五条规定的外，其他规范性文件一律不得设定行政许可。

第十八条　设定行政许可，应当规定行政许可的实施机关、条件、程序、期限。

第十九条　起草法律草案、法规草案和省、自治区、直辖市人民政府规章草案，拟设定行政许可的，起草单位应当采取听证会、论证会等形式听取意见，并向制定机关说明设定该行政许可的必要性、对经济和社会可能产生的影响以及听取和采纳意见的情况。

第二十条　行政许可的设定机关应当定期对其设定的行政许可进行评价；对已设定的行政许可，认为通过本法第十三条所列方式能够解决的，应当对设定该行政许可的规定及时予以修改或者废止。

行政许可的实施机关可以对已设定的行政许可的实施情况及存在的必要性适时进行评价，并将意见报告该行政许可的设定机关。

公民、法人或者其他组织可以向行政许可的设定机关和实施机关就行政许可的设定和实施提出意见和建议。

第二十一条　省、自治区、直辖市人民政府对行政法规设定的有关经济事务的行政许可，根据本行政区域经济和社会发展情况，认为通过本法第十三条所列方式能够解决的，报国务院批准后，可以在本行政区域内停止实施该行政许可。

第三章　行政许可的实施机关

第二十二条　行政许可由具有行政许可权的行政机关在其法定职权范围内实施。

第二十三条　法律、法规授权的具有管理公共事务职能的组织，在法定授权范围内，以自己的名义实施行政许可。被授权的组织适用本法有关行政机关的规定。

第二十四条　行政机关在其法定职权范围内，依照法律、法规、规章的规定，可以委托其他行政机关实施行政许可。委托机关应当将受委托行政机关和受委托实施行政许可的内容予以公告。

委托行政机关对受委托行政机关实施行政许可的行为应当负责监督，并对该行为的后果承担法律责任。

受委托行政机关在委托范围内，以委托行政机关名义实施行政许可；不得再委托其他组织或者个人实施行政许可。

第二十五条　经国务院批准，省、自治区、直辖市人民政府根据精简、统一、效能的原则，可以决定一个行政机关行使有关行政机关的行政许可权。

第二十六条　行政许可需要行政机关内设的多个机构办理的，该行政机关应当确定一个机构统一受理行政许可申请，统一送达行政许可决定。

行政许可依法由地方人民政府两个以上部门分别实施的，本级人民政府可以确定一个部门受理行政许可申请并转告有关部门分别提出意见后统一办理，或者组织有关部门联合办理、集中办理。

第二十七条　行政机关实施行政许可，不得向申请人提出购买指定商品、接受有偿服务等不正当要求。

行政机关工作人员办理行政许可，不得索取或者收受申请人的财物，不得谋取其他利益。

第二十八条 对直接关系公共安全、人身健康、生命财产安全的设备、设施、产品、物品的检验、检测、检疫，除法律、行政法规规定由行政机关实施的外，应当逐步由符合法定条件的专业技术组织实施。专业技术组织及其有关人员对所实施的检验、检测、检疫结论承担法律责任。

第四章 行政许可的实施程序

第一节 申请与受理

第二十九条 公民、法人或者其他组织从事特定活动，依法需要取得行政许可的，应当向行政机关提出申请。申请书需要采用格式文本的，行政机关应当向申请人提供行政许可申请书格式文本。申请书格式文本中不得包含与申请行政许可事项没有直接关系的内容。

申请人可以委托代理人提出行政许可申请。但是，依法应当由申请人到行政机关办公场所提出行政许可申请的除外。

行政许可申请可以通过信函、电报、电传、传真、电子数据交换和电子邮件等方式提出。

第三十条 行政机关应当将法律、法规、规章规定的有关行政许可的事项、依据、条件、数量、程序、期限以及需要提交的全部材料的目录和申请书示范文本等在办公场所公示。

申请人要求行政机关对公示内容予以说明、解释的，行政机关应当说明、解释，提供准确、可靠的信息。

第三十一条 申请人申请行政许可，应当如实向行政机关提交有关材料和反映真实情况，并对其申请材料实质内容的真实性负责。行政机关不得要求申请人提交与其申请的行政许可事项无关的技术资料和其他材料。

第三十二条 行政机关对申请人提出的行政许可申请，应当根据下列情况分别作出处理：

(一)申请事项依法不需要取得行政许可的，应当即时告知申请人不受理；

(二)申请事项依法不属于本行政机关职权范围的，应当即时作出不予受理的决定，并告知申请人向有关行政机关申请；

(三)申请材料存在可以当场更正的错误的，应当允许申请人当场更正；

(四)申请材料不齐全或者不符合法定形式的，应当当场或者在五日内一次告知申请人需要补正的全部内容，逾期不告知的，自收到申请材料之日起即为受理；

(五)申请事项属于本行政机关职权范围，申请材料齐全、符合法定形式，或者申请人按照本行政机关的要求提交全部补正申请材料的，应当受理行政许可申请。

行政机关受理或者不予受理行政许可申请，应当出具加盖本行政机关专用印章和注明日期的书面凭证。

第三十三条 行政机关应当建立和完善有关制度，推行电子政务，在行政机关的网站上公布行政许可事项，方便申请人采取数据电文等方式提出行政许可申请；应当与其他行政机关共享有关行政许可信息，提高办事效率。

第二节 审查与决定

第三十四条 行政机关应当对申请人提交的申请材料进行审查。

申请人提交的申请材料齐全、符合法定形式，行政机关能够当场作出决定的，应当当场作出书面的行政许可决定。

根据法定条件和程序，需要对申请材料的实质内容进行核实的，行政机关应当指派两名以上工作人员进行核查。

第三十五条 依法应当先经下级行政机关审查后报上级行政机关决定的行政许可，下级行政机关应当在法定期限内将初步审查意见和全部申请材料直接报送上级行政机关。上级行政机关不得要求申请人重复提供申请材料。

第三十六条 行政机关对行政许可申请进行审查时，发现行政许可事项直接关系他人重大利益的，应当告知该利害关系人。申请人、利害关系人有权进行陈述和申辩。行政机关应当听取申请人、利害关系人的意见。

第三十七条 行政机关对行政许可申请进行审查后，除当场作出行政许可决定的外，应当在法定期限内按照规定程序作出行政许可决定。

第三十八条 申请人的申请符合法定条件、标准的，行政机关应当依法作出准予行政许可的书面决定。

行政机关依法作出不予行政许可的书面决定的，应当说明理由，并告知申请人享有依法申请行政复议或者提起行政诉讼的权利。

第三十九条 行政机关作出准予行政许可的决定，需要颁发行政许可证件的，应当向申请人颁发加盖本行政机关印章的下列行政许可证件：

(一)许可证、执照或者其他许可证书；

(二)资格证、资质证或者其他合格证书；

(三)行政机关的批准文件或者证明文件；

(四)法律、法规规定的其他行政许可证件。

行政机关实施检验、检测、检疫的，可以在检验、检测、检疫合格的设备、设施、产品、物品上加贴标签或者加盖检验、检测、检疫印章。

第四十条 行政机关作出的准予行政许可决定，应当予以公开，公众有权查阅。

第四十一条 法律、行政法规设定的行政许可，其适用范围没有地域限制的，申请人取得的行政许可在全国范围内有效。

第三节 期 限

第四十二条 除可以当场作出行政许可决定的外，行政机关应当自受理行政许可申请之日起二十日内作出行政许可决定。二十日内不能作出决定的，经本行政机关负责人批准，可以延长十日，并应当将延长期限的理由告知申请人。但是，法律、法规另有规定的，依照其规定。

依照本法第二十六条的规定，行政许可采取统一办理或者联合办理、集中办理的，办理的时间不得超过四十五日；四十五日内不能办结的，经本级人民政府负责人批准，可以延长十五日，并应当将延长期限的理由告知申请人。

第四十三条 依法应当先经下级行政机关审查后报上级行政机关决定的行政许可，下级行政机关应当自其受理行政许可申请之日起二十日内审查完毕。但是，法律、法规另有规定的，依照其规定。

第四十四条 行政机关作出准予行政许可的决定，应当自作出决定之日起十日内向申请人颁发、送达行政许可证件，或者加贴标签、加盖检验、检测、检疫印章。

第四十五条 行政机关作出行政许可决定，依法需要听证、招标、拍卖、检验、检测、检疫、鉴定和专家评审的，所需时间不计算在本节规定的期限内。行政机关应当将所需时间书面告知申请人。

第四节 听 证

第四十六条 法律、法规、规章规定实施行政许可应当听证的事项，或者行政机关认为需要听证的其他涉及公共利益的重大行政许可事项，行政机关应当向社会公告，并举行听证。

第四十七条 行政许可直接涉及申请人与他人之间重大利益关系的，行政机关在作出行政许可决定前，应当告知申请人、利害关系人享有要求听证的权利；申请人、利害关系人在被告知听证权利之日起五日内提出听证申请的，行政机关应当在二十日内组织听证。

申请人、利害关系人不承担行政机关组织听证的费用。

第四十八条 听证按照下列程序进行：

(一)行政机关应当于举行听证的七日前将举行听证的时间、地点通知申请人、利害关系人，必要时予以公告；

(二)听证应当公开举行；

(三)行政机关应当指定审查该行政许可申请的工作人员以外的人员为听证主持人，申请人、利害关系人认为主持人与该行政许可事项有直接利害关系的，有权申请回避；

(四)举行听证时，审查该行政许可申请的工作人员应当提供审查意见的证据、理由，申请人、利害关系人可以提出证据，并进行申辩和质证；

(五)听证应当制作笔录，听证笔录应当交听证参加人确认无误后签字或者盖章。

行政机关应当根据听证笔录，作出行政许可决定。

第五节　变更与延续

第四十九条 被许可人要求变更行政许可事项的，应当向作出行政许可决定的行政机关提出申请；符合法定条件、标准的，行政机关应当依法办理变更手续。

第五十条 被许可人需要延续依法取得的行政许可的有效期的，应当在该行政许可有效期届满三十日前向作出行政许可决定的行政机关提出申请。但是，法律、法规、规章另有规定的，依照其规定。

行政机关应当根据被许可人的申请，在该行政许可有效期届满前作出是否准予延续的决定；逾期未作决定的，视为准予延续。

第六节　特别规定

第五十一条 实施行政许可的程序，本节有规定的，适用本节规定；本节没有规定的，适用本章其他有关规定。

第五十二条 国务院实施行政许可的程序，适用有关法律、行政法规的规定。

第五十三条 实施本法第十二条第二项所列事项的行政许可的，行政机关应当通过招标、拍卖等公平竞争的方式作出决定。但是，法律、行政法规另有规定的，依照其规定。

行政机关通过招标、拍卖等方式作出行政许可决定的具体程序，依照有关法律、行政法规的规定。

行政机关按照招标、拍卖程序确定中标人、买受人后，应当作出准予行政许可的决定，并依法向中标人、买受人颁发行政许可证件。

行政机关违反本条规定，不采用招标、拍卖方式，或者违反招标、拍卖程序，损害申请人合法权益的，申请人可以依法申请行政复议或者提起行政诉讼。

第五十四条 实施本法第十二条第三项所列事项的行政许可，赋予公民特定资格，依法应当举行国家考试的，行政机关根据考试成绩和其他法定条件作出行政许可决定；赋予法人或者其他组织特定的资格、资质的，行政机关根据申请人的专业人员构成、技术条件、经营业绩和管理水平等的考核结果作出行政许可决定。但是，法律、行政法规另有规定的，依照其规定。

公民特定资格的考试依法由行政机关或者行业组织实施，公开举行。行政机关或者行业组织应当事先公布资格考试的报名条件、报考办法、考试科目以及考试大纲。但是，不得组织强制性的资格考试的考前培训，不得指定教材或者其他助考材料。

第五十五条 实施本法第十二条第四项所列事项的行政许可的，应当按照技术标准、技术规范依法进行检验、检测、检疫，行政机关根据检验、检测、检疫的结果作出行政许可决定。

行政机关实施检验、检测、检疫，应当自受理申请之日起五日内指派两名以上工作人员按照技术标准、技术规范进行检验、检测、检疫。不需要对检验、检测、检疫结果作进一步技术分析即可认定设备、设施、产品、物品是否符合技术标准、技术规范的，行政机关应当当场作出行政许可决定。

行政机关根据检验、检测、检疫结果，作出不予行政许可决定的，应当书面说明不予行政许可所依据的技术标准、技术规范。

第五十六条　实施本法第十二条第五项所列事项的行政许可，申请人提交的申请材料齐全、符合法定形式的，行政机关应当当场予以登记。需要对申请材料的实质内容进行核实的，行政机关依照本法第三十四条第三款的规定办理。

第五十七条　有数量限制的行政许可，两个或者两个以上申请人的申请均符合法定条件、标准的，行政机关应当根据受理行政许可申请的先后顺序作出准予行政许可的决定。但是，法律、行政法规另有规定的，依照其规定。

第五章　行政许可的费用

第五十八条　行政机关实施行政许可和对行政许可事项进行监督检查，不得收取任何费用。但是，法律、行政法规另有规定的，依照其规定。

行政机关提供行政许可申请书格式文本，不得收费。

行政机关实施行政许可所需经费应当列入本行政机关的预算，由本级财政予以保障，按照批准的预算予以核拨。

第五十九条　行政机关实施行政许可，依照法律、行政法规收取费用的，应当按照公布的法定项目和标准收费；所收取的费用必须全部上缴国库，任何机关或者个人不得以任何形式截留、挪用、私分或者变相私分。财政部门不得以任何形式向行政机关返还或者变相返还实施行政许可所收取的费用。

第六章　监督检查

第六十条　上级行政机关应当加强对下级行政机关实施行政许可的监督检查，及时纠正行政许可实施中的违法行为。

第六十一条　行政机关应当建立健全监督制度，通过核查反映被许可人从事行政许可事项活动情况的有关材料，履行监督责任。

行政机关依法对被许可人从事行政许可事项的活动进行监督检查时，应当将监督检查的情况和处理结果予以记录，由监督检查人员签字后归档。公众有权查阅行政机关监督检查记录。

行政机关应当创造条件，实现与被许可人、其他有关行政机关的计算机档案系统互联，核查被许可人从事行政许可事项活动情况。

第六十二条　行政机关可以对被许可人生产经营的产品依法进行抽样检查、检验、检测，对其生产经营场所依法进行实地检查。检查时，行政机关可以依法查阅或者要求被许可人报送有关材料；被许可人应当如实提供有关情况和材料。

行政机关根据法律、行政法规的规定，对直接关系公共安全、人身健康、生命财产安全的重要设备、设施进行定期检验。对检验合格的，行政机关应当发给相应的证明文件。

第六十三条　行政机关实施监督检查，不得妨碍被许可人正常的生产经营活动，不得索取或者收受被许可人的财物，不得谋取其他利益。

第六十四条　被许可人在作出行政许可决定的行政机关管辖区域外违法从事行政许可事项活动的，违法行为发生地的行政机关应当依法将被许可人的违法事实、处理结果抄告作出行政许可决定的行政机关。

第六十五条　个人和组织发现违法从事行政许可事项的活动，有权向行政机关举报，行政机关应当及时核实、处理。

第六十六条　被许可人未依法履行开发利用自然资源义务或者未依法履行利用公共资源义务的，行政机关应当责令限期改正；被许可人在规定期限内不改正的，行政机关应当依照有关法律、行政法规的规定予以处理。

第六十七条 取得直接关系公共利益的特定行业的市场准入行政许可的被许可人，应当按照国家规定的服务标准、资费标准和行政机关依法规定的条件，向用户提供安全、方便、稳定和价格合理的服务，并履行普遍服务的义务；未经作出行政许可决定的行政机关批准，不得擅自停业、歇业。

被许可人不履行前款规定的义务的，行政机关应当责令限期改正，或者依法采取有效措施督促其履行义务。

第六十八条 对直接关系公共安全、人身健康、生命财产安全的重要设备、设施，行政机关应当督促设计、建造、安装和使用单位建立相应的自检制度。

行政机关在监督检查时，发现直接关系公共安全、人身健康、生命财产安全的重要设备、设施存在安全隐患的，应当责令停止建造、安装和使用，并责令设计、建造、安装和使用单位立即改正。

第六十九条 有下列情形之一的，作出行政许可决定的行政机关或者其上级行政机关，根据利害关系人的请求或者依据职权，可以撤销行政许可：

（一）行政机关工作人员滥用职权、玩忽职守作出准予行政许可决定的；

（二）超越法定职权作出准予行政许可决定的；

（三）违反法定程序作出准予行政许可决定的；

（四）对不具备申请资格或者不符合法定条件的申请人准予行政许可的；

（五）依法可以撤销行政许可的其他情形。

被许可人以欺骗、贿赂等不正当手段取得行政许可的，应当予以撤销。

依照前两款的规定撤销行政许可，可能对公共利益造成重大损害的，不予撤销。

依照本条第一款的规定撤销行政许可，被许可人的合法权益受到损害的，行政机关应当依法给予赔偿。依照本条第二款的规定撤销行政许可的，被许可人基于行政许可取得的利益不受保护。

第七十条 有下列情形之一的，行政机关应当依法办理有关行政许可的注销手续：

（一）行政许可有效期届满未延续的；

（二）赋予公民特定资格的行政许可，该公民死亡或者丧失行为能力的；

（三）法人或者其他组织依法终止的；

（四）行政许可依法被撤销、撤回，或者行政许可证件依法被吊销的；

（五）因不可抗力导致行政许可事项无法实施的；

（六）法律、法规规定的应当注销行政许可的其他情形。

第七章 法律责任

第七十一条 违反本法第十七条规定设定的行政许可，有关机关应当责令设定该行政许可的机关改正，或者依法予以撤销。

第七十二条 行政机关及其工作人员违反本法的规定，有下列情形之一的，由其上级行政机关或者监察机关责令改正；情节严重的，对直接负责的主管人员和其他直接责任人员依法给予行政处分：

（一）对符合法定条件的行政许可申请不予受理的；

（二）不在办公场所公示依法应当公示的材料的；

（三）在受理、审查、决定行政许可过程中，未向申请人、利害关系人履行法定告知义务的；

（四）申请人提交的申请材料不齐全、不符合法定形式，不一次告知申请人必须补正的全部内容的；

（五）未依法说明不受理行政许可申请或者不予行政许可的理由的；

（六）依法应当举行听证而不举行听证的。

第七十三条 行政机关工作人员办理行政许可、实施监督检查，索取或者收受他人财物或者谋取其他利益,构成犯罪的,依法追究刑事责任;尚不构成犯罪的,依法给予行政处分。

第七十四条 行政机关实施行政许可,有下列情形之一的,由其上级行政机关或者监察机关责令改正,对直接负责的主管人员和其他直接责任人员依法给予行政处分;构成犯罪的,依法追究刑事责任:

(一)对不符合法定条件的申请人准予行政许可或者超越法定职权作出准予行政许可决定的;

(二)对符合法定条件的申请人不予行政许可或者不在法定期限内作出准予行政许可决定的;

(三)依法应当根据招标、拍卖结果或者考试成绩择优作出准予行政许可决定,未经招标、拍卖或者考试,或者不根据招标、拍卖结果或者考试成绩择优作出准予行政许可决定的。

第七十五条 行政机关实施行政许可,擅自收费或者不按照法定项目和标准收费的,由其上级行政机关或者监察机关责令退还非法收取的费用;对直接负责的主管人员和其他直接责任人员依法给予行政处分。

截留、挪用、私分或者变相私分实施行政许可依法收取的费用的,予以追缴;对直接负责的主管人员和其他直接责任人员依法给予行政处分;构成犯罪的,依法追究刑事责任。

第七十六条 行政机关违法实施行政许可,给当事人的合法权益造成损害的,应当依照国家赔偿法的规定给予赔偿。

第七十七条 行政机关不依法履行监督职责或者监督不力,造成严重后果的,由其上级行政机关或者监察机关责令改正,对直接负责的主管人员和其他直接责任人员依法给予行政处分;构成犯罪的,依法追究刑事责任。

第七十八条 行政许可申请人隐瞒有关情况或者提供虚假材料申请行政许可的,行政机关不予受理或者不予行政许可,并给予警告;行政许可申请属于直接关系公共安全、人身健康、生命财产安全事项的,申请人在一年内不得再次申请该行政许可。

第七十九条 被许可人以欺骗、贿赂等不正当手段取得行政许可的,行政机关应当依法给予行政处罚;取得的行政许可属于直接关系公共安全、人身健康、生命财产安全事项的,申请人在三年内不得再次申请该行政许可;构成犯罪的,依法追究刑事责任。

第八十条 被许可人有下列行为之一的,行政机关应当依法给予行政处罚;构成犯罪的,依法追究刑事责任:

(一)涂改、倒卖、出租、出借行政许可证件,或者以其他形式非法转让行政许可的;

(二)超越行政许可范围进行活动的;

(三)向负责监督检查的行政机关隐瞒有关情况、提供虚假材料或者拒绝提供反映其活动情况的真实材料的;

(四)法律、法规、规章规定的其他违法行为。

第八十一条 公民、法人或者其他组织未经行政许可,擅自从事依法应当取得行政许可的活动的,行政机关应当依法采取措施予以制止,并依法给予行政处罚;构成犯罪的,依法追究刑事责任。

第八章　附　则

第八十二条 本法规定的行政机关实施行政许可的期限以工作日计算,不含法定节假日。

第八十三条 本法自2004年7月1日起施行。

本法施行前有关行政许可的规定,制定机关应当依照本法规定予以清理;不符合本法规定的,自本法施行之日起停止执行。

中华人民共和国行政复议法

（1999 年 4 月 29 日第九届全国人民代表大会常务委员会第九次会议通过）

第一章　总　则

第一条　为了防止和纠正违法的或者不当的具体行政行为，保护公民、法人和其他组织的合法权益，保障和监督行政机关依法行使职权，根据宪法，制定本法。

第二条　公民、法人或者其他组织认为具体行政行为侵犯其合法权益，向行政机关提出行政复议申请，行政机关受理行政复议申请、作出行政复议决定，适用本法。

第三条　依照本法履行行政复议职责的行政机关是行政复议机关。行政复议机关负责法制工作的机构具体办理行政复议事项，履行下列职责：

（一）受理行政复议申请；

（二）向有关组织和人员调查取证，查阅文件和资料；

（三）审查申请行政复议的具体行政行为是否合法与适当，拟订行政复议决定；

（四）处理或者转送对本法第七条所列有关规定的审查申请；

（五）对行政机关违反本法规定的行为依照规定的权限和程序提出处理建议；

（六）办理因不服行政复议决定提起行政诉讼的应诉事项；

（七）法律、法规规定的其他职责。

第四条　行政复议机关履行行政复议职责，应当遵循合法、公正、公开、及时、便民的原则，坚持有错必纠，保障法律、法规的正确实施。

第五条　公民、法人或者其他组织对行政复议决定不服的，可以依照行政诉讼法的规定向人民法院提起行政诉讼，但是法律规定行政复议决定为最终裁决的除外。

第二章　行政复议范围

第六条　有下列情形之一的，公民、法人或者其他组织可以依照本法申请行政复议：

（一）对行政机关作出的警告、罚款、没收违法所得、没收非法财物、责令停产停业、暂扣或者吊销许可证、暂扣或者吊销执照、行政拘留等行政处罚决定不服的；

（二）对行政机关作出的限制人身自由或者查封、扣押、冻结财产等行政强制措施决定不服的；

（三）对行政机关作出的有关许可证、执照、资质证、资格证等证书变更、中止、撤销的决定不服的；

（四）对行政机关作出的关于确认土地、矿藏、水流、森林、山岭、草原、荒地、滩涂、海域等自然资源的所有权或者使用权的决定不服的；

（五）认为行政机关侵犯合法的经营自主权的；

（六）认为行政机关变更或者废止农业承包合同，侵犯其合法权益的；

（七）认为行政机关违法集资、征收财物、摊派费用或者违法要求履行其他义务的；

（八）认为符合法定条件，申请行政机关颁发许可证、执照、资质证、资格证等证书，或者申请行政机关审批、登记有关事项，行政机关没有依法办理的；

（九）申请行政机关履行保护人身权利、财产权利、受教育权利的法定职责，行政机关没有依法履行的；

(十)申请行政机关依法发放抚恤金、社会保险金或者最低生活保障费,行政机关没有依法发放的;

(十一)认为行政机关的其他具体行政行为侵犯其合法权益的。

第七条 公民、法人或者其他组织认为行政机关的具体行政行为所依据的下列规定不合法,在对具体行政行为申请行政复议时,可以一并向行政复议机关提出对该规定的审查申请:

(一)国务院部门的规定;

(二)县级以上地方各级人民政府及其工作部门的规定;

(三)乡、镇人民政府的规定。

前款所列规定不含国务院部、委员会规章和地方人民政府规章。规章的审查依照法律、行政法规办理。

第八条 不服行政机关作出的行政处分或者其他人事处理决定的,依照有关法律、行政法规的规定提出申诉。

不服行政机关对民事纠纷作出的调解或者其他处理,依法申请仲裁或者向人民法院提起诉讼。

第三章　行政复议申请

第九条 公民、法人或者其他组织认为具体行政行为侵犯其合法权益的,可以自知道该具体行政行为之日起六十日内提出行政复议申请;但是法律规定的申请期限超过六十日的除外。

因不可抗力或者其他正当理由耽误法定申请期限的,申请期限自障碍消除之日起继续计算。

第十条 依照本法申请行政复议的公民、法人或者其他组织是申请人。

有权申请行政复议的公民死亡的,其近亲属可以申请行政复议。有权申请行政复议的公民为无民事行为能力人或者限制民事行为能力人的,其法定代理人可以代为申请行政复议。有权申请行政复议的法人或者其他组织终止的,承受其权利的法人或者其他组织可以申请行政复议。

同申请行政复议的具体行政行为有利害关系的其他公民、法人或者其他组织,可以作为第三人参加行政复议。

公民、法人或者其他组织对行政机关的具体行政行为不服申请行政复议的,作出具体行政行为的行政机关是被申请人。

申请人、第三人可以委托代理人代为参加行政复议。

第十一条 申请人申请行政复议,可以书面申请,也可以口头申请;口头申请的,行政复议机关应当当场记录申请人的基本情况、行政复议请求、申请行政复议的主要事实、理由和时间。

第十二条 对县级以上地方各级人民政府工作部门的具体行政行为不服的,由申请人选择,可以向该部门的本级人民政府申请行政复议,也可以向上一级主管部门申请行政复议。

对海关、金融、国税、外汇管理等实行垂直领导的行政机关和国家安全机关的具体行政行为不服的,向上一级主管部门申请行政复议。

第十三条 对地方各级人民政府的具体行政行为不服的,向上一级地方人民政府申请行政复议。

对省、自治区人民政府依法设立的派出机关所属的县级地方人民政府的具体行政行为不服的,向该派出机关申请行政复议。

第十四条 对国务院部门或者省、自治区、直辖市人民政府的具体行政行为不服的,向作出该具体行政行为的国务院部门或者省、自治区、直辖市人民政府申请行政复议。对行政复议决定不服的,可以向人民法院提起行政诉讼;也可以向国务院申请裁决,国务院依照本法的规定作出最终裁决。

第十五条 对本法第十二条、第十三条、第十四条规定以外的其他行政机关、组织的具体行政行为不服的,按照下列规定申请行政复议:

(一)对县级以上地方人民政府依法设立的派出机关的具体行政行为不服的,向设立该派出机关的人民政府申请行政复议;

（二）对政府工作部门依法设立的派出机构依照法律、法规或者规章规定，以自己的名义作出的具体行政行为不服的，向设立该派出机构的部门或者该部门的本级地方人民政府申请行政复议；

（三）对法律、法规授权的组织的具体行政行为不服的，分别向直接管理该组织的地方人民政府、地方人民政府工作部门或者国务院部门申请行政复议；

（四）对两个或者两个以上行政机关以共同的名义作出的具体行政行为不服的，向其共同上一级行政机关申请行政复议；

（五）对被撤销的行政机关在撤销前所作出的具体行政行为不服的，向继续行使其职权的行政机关的上一级行政机关申请行政复议。

有前款所列情形之一的，申请人也可以向具体行政行为发生地的县级地方人民政府提出行政复议申请，由接受申请的县级地方人民政府依照本法第十八条的规定办理。

第十六条 公民、法人或者其他组织申请行政复议，行政复议机关已经依法受理的，或者法律、法规规定应当先向行政复议机关申请行政复议、对行政复议决定不服再向人民法院提起行政诉讼的，在法定行政复议期限内不得向人民法院提起行政诉讼。

公民、法人或者其他组织向人民法院提起行政诉讼，人民法院已经依法受理的，不得申请行政复议。

第四章 行政复议受理

第十七条 行政复议机关收到行政复议申请后，应当在五日内进行审查，对不符合本法规定的行政复议申请，决定不予受理，并书面告知申请人；对符合本法规定，但是不属于本机关受理的行政复议申请，应当告知申请人向有关行政复议机关提出。

除前款规定外，行政复议申请自行政复议机关负责法制工作的机构收到之日起即为受理。

第十八条 依照本法第十五条第二款的规定接受行政复议申请的县级地方人民政府，对依照本法第十五条第一款的规定属于其他行政复议机关受理的行政复议申请，应当自接到该行政复议申请之日起七日内，转送有关行政复议机关，并告知申请人。接受转送的行政复议机关应当依照本法第十七条的规定办理。

第十九条 法律、法规规定应当先向行政复议机关申请行政复议、对行政复议决定不服再向人民法院提起行政诉讼的，行政复议机关决定不予受理或者受理后超过行政复议期限不作答复的，公民、法人或者其他组织可以自收到不予受理决定书之日起或者行政复议期满之日起十五日内，依法向人民法院提起行政诉讼。

第二十条 公民、法人或者其他组织依法提出行政复议申请，行政复议机关无正当理由不予受理的，上级行政机关应当责令其受理；必要时，上级行政机关也可以直接受理。

第二十一条 行政复议期间具体行政行为不停止执行；但是，有下列情形之一的，可以停止执行：

（一）被申请人认为需要停止执行的；

（二）行政复议机关认为需要停止执行的；

（三）申请人申请停止执行，行政复议机关认为其要求合理，决定停止执行的；

（四）法律规定停止执行的。

第五章 行政复议决定

第二十二条 行政复议原则上采取书面审查的办法，但是申请人提出要求或者行政复议机关负责法制工作的机构认为有必要时，可以向有关组织和人员调查情况，听取申请人、被申请人和第三人的意见。

第二十三条 行政复议机关负责法制工作的机构应当自行政复议申请受理之日起七日内，将行政复议申请书副本或者行政复议申请笔录复印件发送被申请人。被申请人应当自收到申请书副本或者申请笔录复印件之日起十日内，提出书面答复，并提交当初作出具体行政行为的证据、依据和其他有关材料。

申请人、第三人可以查阅被申请人提出的书面答复、作出具体行政行为的证据、依据和其他有关材料，除涉及国家秘密、商业秘密或者个人隐私外，行政复议机关不得拒绝。

第二十四条　在行政复议过程中，被申请人不得自行向申请人和其他有关组织或者个人收集证据。

第二十五条　行政复议决定作出前，申请人要求撤回行政复议申请的，经说明理由，可以撤回；撤回行政复议申请的，行政复议终止。

第二十六条　申请人在申请行政复议时，一并提出对本法第七条所列有关规定的审查申请的，行政复议机关对该规定有权处理的，应当在三十日内依法处理；无权处理的，应当在七日内按照法定程序转送有权处理的行政机关依法处理，有权处理的行政机关应当在六十日内依法处理。处理期间，中止对具体行政行为的审查。

第二十七条　行政复议机关在对被申请人作出的具体行政行为进行审查时，认为其依据不合法，本机关有权处理的，应当在三十日内依法处理；无权处理的，应当在七日内按照法定程序转送有权处理的国家机关依法处理。处理期间，中止对具体行政行为的审查。

第二十八条　行政复议机关负责法制工作的机构应当对被申请人作出的具体行政行为进行审查，提出意见，经行政复议机关的负责人同意或者集体讨论通过后，按照下列规定作出行政复议决定：

（一）具体行政行为认定事实清楚，证据确凿，适用依据正确，程序合法，内容适当的，决定维持。

（二）被申请人不履行法定职责的，决定其在一定期限内履行。

（三）具体行政行为有下列情形之一的，决定撤销、变更或者确认该具体行政行为违法；决定撤销或者确认该具体行政行为违法的，可以责令被申请人在一定期限内重新作出具体行政行为：

1. 主要事实不清、证据不足的；

2. 适用依据错误的；

3. 违反法定程序的；

4. 超越或者滥用职权的；

5. 具体行政行为明显不当的。

（四）被申请人不按照本法第二十三条的规定提出书面答复、提交当初作出具体行政行为的证据、依据和其他有关材料的，视为该具体行政行为没有证据、依据，决定撤销该具体行政行为。

行政复议机关责令被申请人重新作出具体行政行为的，被申请人不得以同一的事实和理由作出与原具体行政行为相同或者基本相同的具体行政行为。

第二十九条　申请人在申请行政复议时可以一并提出行政赔偿请求，行政复议机关对符合国家赔偿法的有关规定应当给予赔偿的，在决定撤销、变更具体行政行为或者确认具体行政行为违法时，应当同时决定被申请人依法给予赔偿。

申请人在申请行政复议时没有提出行政赔偿请求的，行政复议机关在依法决定撤销或者变更罚款，撤销违法集资、没收财物、征收财物、摊派费用以及对财产的查封、扣押、冻结等具体行政行为时，应当同时责令被申请人返还财产，解除对财产的查封、扣押、冻结措施，或者赔偿相应的价款。

第三十条　公民、法人或者其他组织认为行政机关的具体行政行为侵犯其已经依法取得的土地、矿藏、水流、森林、山岭、草原、荒地、滩涂、海域等自然资源的所有权或者使用权的，应当先申请行政复议；对行政复议决定不服的，可以依法向人民法院提起行政诉讼。

根据国务院或者省、自治区、直辖市人民政府对行政区划的勘定、调整或者征用土地的决定，省、自治区、直辖市人民政府确认土地、矿藏、水流、森林、山岭、草原、荒地、滩涂、海域等自然资源的所有权或者使用权的行政复议决定为最终裁决。

第三十一条　行政复议机关应当自受理申请之日起六十日内作出行政复议决定；但是法律规定的行政复议期限少于六十日的除外。情况复杂，不能在规定期限内作出行政复议决定的，经行政复议机关的负责人批准，可以适当延长，并告知申请人和被申请人；但是延长期限最多不超过三十日。

行政复议机关作出行政复议决定，应当制作行政复议决定书，并加盖印章。

行政复议决定书一经送达，即发生法律效力。

第三十二条 被申请人应当履行行政复议决定。

被申请人不履行或者无正当理由拖延履行行政复议决定的，行政复议机关或者有关上级行政机关应当责令其限期履行。

第三十三条 申请人逾期不起诉又不履行行政复议决定的，或者不履行最终裁决的行政复议决定的，按照下列规定分别处理：

（一）维持具体行政行为的行政复议决定，由作出具体行政行为的行政机关依法强制执行，或者申请人民法院强制执行；

（二）变更具体行政行为的行政复议决定，由行政复议机关依法强制执行，或者申请人民法院强制执行。

第六章 法律责任

第三十四条 行政复议机关违反本法规定，无正当理由不予受理依法提出的行政复议申请或者不按照规定转送行政复议申请的，或者在法定期限内不作出行政复议决定的，对直接负责的主管人员和其他直接责任人员依法给予警告、记过、记大过的行政处分；经责令受理仍不受理或者不按照规定转送行政复议申请，造成严重后果的，依法给予降级、撤职、开除的行政处分。

第三十五条 行政复议机关工作人员在行政复议活动中，徇私舞弊或者有其他渎职、失职行为的，依法给予警告、记过、记大过的行政处分；情节严重的，依法给予降级、撤职、开除的行政处分；构成犯罪的，依法追究刑事责任。

第三十六条 被申请人违反本法规定，不提出书面答复或者不提交作出具体行政行为的证据、依据和其他有关材料，或者阻挠、变相阻挠公民、法人或者其他组织依法申请行政复议的，对直接负责的主管人员和其他直接责任人员依法给予警告、记过、记大过的行政处分；进行报复陷害的，依法给予降级、撤职、开除的行政处分；构成犯罪的，依法追究刑事责任。

第三十七条 被申请人不履行或者无正当理由拖延履行行政复议决定的，对直接负责的主管人员和其他直接责任人员依法给予警告、记过、记大过的行政处分；经责令履行仍拒不履行的，依法给予降级、撤职、开除的行政处分。

第三十八条 行政复议机关负责法制工作的机构发现有无正当理由不予受理行政复议申请、不按照规定期限作出行政复议决定、徇私舞弊、对申请人打击报复或者不履行行政复议决定等情形的，应当向有关行政机关提出建议，有关行政机关应当依照本法和有关法律、行政法规的规定作出处理。

第七章 附 则

第三十九条 行政复议机关受理行政复议申请，不得向申请人收取任何费用。行政复议活动所需经费，应当列入本机关的行政经费，由本级财政予以保障。

第四十条 行政复议期间的计算和行政复议文书的送达，依照民事诉讼法关于期间、送达的规定执行。

本法关于行政复议期间有关“五日”“七日”的规定是指工作日，不含节假日。

第四十一条 外国人、无国籍人、外国组织在中华人民共和国境内申请行政复议，适用本法。

第四十二条 本法施行前公布的法律有关行政复议的规定与本法的规定不一致的，以本法的规定为准。

第四十三条 本法自 1999 年 10 月 1 日起施行。1990 年 12 月 24 日国务院发布、1994 年 10 月 9 日国务院修订发布的《行政复议条例》同时废止。

中华人民共和国行政处罚法

（1996 年 3 月 17 日第八届全国人民代表大会第四次会议通过）

第一章　总　则

第一条　为了规范行政处罚的设定和实施，保障和监督行政机关有效实施行政管理，维护公共利益和社会秩序，保护公民、法人或者其他组织的合法权益，根据宪法，制定本法。

第二条　行政处罚的设定和实施，适用本法。

第三条　公民、法人或者其他组织违反行政管理秩序的行为，应当给予行政处罚的，依照本法由法律、法规或者规章规定，并由行政机关依照本法规定的程序实施。

没有法定依据或者不遵守法定程序的，行政处罚无效。

第四条　行政处罚遵循公正、公开的原则。

设定和实施行政处罚必须以事实为依据，与违法行为的事实、性质、情节以及社会危害程度相当。

对违法行为给予行政处罚的规定必须公布；未经公布的，不得作为行政处罚的依据。

第五条　实施行政处罚，纠正违法行为，应当坚持处罚与教育相结合，教育公民、法人或者其他组织自觉守法。

第六条　公民、法人或者其他组织对行政机关所给予的行政处罚，享有陈述权、申辩权；对行政处罚不服的，有权依法申请行政复议或者提起行政诉讼。

公民、法人或者其他组织因行政机关违法给予行政处罚受到损害的，有权依法提出赔偿要求。

第七条　公民、法人或者其他组织因违法受到行政处罚，其违法行为对他人造成损害的，应当依法承担民事责任。

违法行为构成犯罪，应当依法追究刑事责任，不得以行政处罚代替刑事处罚。

第二章　行政处罚的种类和设定

第八条　行政处罚的种类：

（一）警告；

（二）罚款；

（三）没收违法所得、没收非法财物；

（四）责令停产停业；

（五）暂扣或者吊销许可证、暂扣或者吊销执照；

（六）行政拘留；

（七）法律、行政法规规定的其他行政处罚。

第九条　法律可以设定各种行政处罚。

限制人身自由的行政处罚，只能由法律设定。

第十条　行政法规可以设定除限制人身自由以外的行政处罚。

法律对违法行为已经作出行政处罚规定，行政法规需要作出具体规定的，必须在法律规定的给予行政处罚的行为、种类和幅度的范围内规定。

第十一条　地方性法规可以设定除限制人身自由、吊销企业营业执照以外的行政处罚。

法律、行政法规对违法行为已经作出行政处罚规定，地方性法规需要作出具体规定的，必须在法律、行政法规规定的给予行政处罚的行为、种类和幅度的范围内规定。

第十二条　国务院部、委员会制定的规章可以在法律、行政法规规定的给予行政处罚的行为、种类和幅度的范围内作出具体规定。

尚未制定法律、行政法规的，前款规定的国务院部、委员会制定的规章对违反行政管理秩序的行为，可以设定警告或者一定数量罚款的行政处罚。罚款的限额由国务院规定。

国务院可以授权具有行政处罚权的直属机构依照本条第一款、第二款的规定，规定行政处罚。

第十三条　省、自治区、直辖市人民政府和省、自治区人民政府所在地的市人民政府以及经国务院批准的较大的市人民政府制定的规章可以在法律、法规规定的给予行政处罚的行为、种类和幅度的范围内作出具体规定。

尚未制定法律、法规的，前款规定的人民政府制定的规章对违反行政管理秩序的行为，可以设定警告或者一定数量罚款的行政处罚。罚款的限额由省、自治区、直辖市人民代表大会常务委员会规定。

第十四条　除本法第九条、第十条、第十一条、第十二条以及第十三条的规定外，其他规范性文件不得设定行政处罚。

第三章　行政处罚的实施机关

第十五条　行政处罚由具有行政处罚权的行政机关在法定职权范围内实施。

第十六条　国务院或者经国务院授权的省、自治区、直辖市人民政府可以决定一个行政机关行使有关行政机关的行政处罚权，但限制人身自由的行政处罚权只能由公安机关行使。

第十七条　法律、法规授权的具有管理公共事务职能的组织可以在法定授权范围内实施行政处罚。

第十八条　行政机关依照法律、法规或者规章的规定，可以在其法定权限内委托符合本法第十九条规定条件的组织实施行政处罚。行政机关不得委托其他组织或者个人实施行政处罚。

委托行政机关对受委托的组织实施行政处罚的行为应当负责监督，并对该行为的后果承担法律责任。

受委托组织在委托范围内，以委托行政机关名义实施行政处罚；不得再委托其他任何组织或者个人实施行政处罚。

第十九条　受委托组织必须符合以下条件：

（一）依法成立的管理公共事务的事业组织；

（二）具有熟悉有关法律、法规、规章和业务的工作人员；

（三）对违法行为需要进行技术检查或者技术鉴定的，应当有条件组织进行相应的技术检查或者技术鉴定。

第四章　行政处罚的管辖和适用

第二十条　行政处罚由违法行为发生地的县级以上地方人民政府具有行政处罚权的行政机关管辖。法律、行政法规另有规定的除外。

第二十一条　对管辖发生争议的，报请共同的上一级行政机关指定管辖。

第二十二条　违法行为构成犯罪的，行政机关必须将案件移送司法机关，依法追究刑事责任。

第二十三条　行政机关实施行政处罚时，应当责令当事人改正或者限期改正违法行为。

第二十四条　对当事人的同一个违法行为，不得给予两次以上罚款的行政处罚。

第二十五条　不满十四周岁的人有违法行为的，不予行政处罚，责令监护人加以管教；已满十四周岁不满十八周岁的人有违法行为的，从轻或者减轻行政处罚。

第二十六条 精神病人在不能辨认或者不能控制自己行为时有违法行为的，不予行政处罚，但应当责令其监护人严加看管和治疗。间歇性精神病人在精神正常时有违法行为的，应当给予行政处罚。

第二十七条 当事人有下列情形之一的，应当依法从轻或者减轻行政处罚：

（一）主动消除或者减轻违法行为危害后果的；

（二）受他人胁迫有违法行为的；

（三）配合行政机关查处违法行为有立功表现的；

（四）其他依法从轻或者减轻行政处罚的。

违法行为轻微并及时纠正，没有造成危害后果的，不予行政处罚。

第二十八条 违法行为构成犯罪，人民法院判处拘役或者有期徒刑时，行政机关已经给予当事人行政拘留的，应当依法折抵相应刑期。

违法行为构成犯罪，人民法院判处罚金时，行政机关已经给予当事人罚款的，应当折抵相应罚金。

第二十九条 违法行为在二年内未被发现的，不再给予行政处罚。法律另有规定的除外。

前款规定的期限，从违法行为发生之日起计算；违法行为有连续或者继续状态的，从行为终了之日起计算。

第五章 行政处罚的决定

第三十条 公民、法人或者其他组织违反行政管理秩序的行为，依法应当给予行政处罚的，行政机关必须查明事实；违法事实不清的，不得给予行政处罚。

第三十一条 行政机关在作出行政处罚决定之前，应当告知当事人作出行政处罚决定的事实、理由及依据，并告知当事人依法享有的权利。

第三十二条 当事人有权进行陈述和申辩。行政机关必须充分听取当事人的意见，对当事人提出的事实、理由和证据，应当进行复核；当事人提出的事实、理由或者证据成立的，行政机关应当采纳。

行政机关不得因当事人申辩而加重处罚。

第一节 简易程序

第三十三条 违法事实确凿并有法定依据，对公民处以五十元以下、对法人或者其他组织处以一千元以下罚款或者警告的行政处罚的，可以当场作出行政处罚决定。当事人应当依照本法第四十六条、第四十七条、第四十八条的规定履行行政处罚决定。

第三十四条 执法人员当场作出行政处罚决定的，应当向当事人出示执法身份证件，填写预定格式、编有号码的行政处罚决定书。行政处罚决定书应当当场交付当事人。

前款规定的行政处罚决定书应当载明当事人的违法行为、行政处罚依据、罚款数额、时间、地点以及行政机关名称，并由执法人员签名或者盖章。

执法人员当场作出的行政处罚决定，必须报所属行政机关备案。

第三十五条 当事人对当场作出的行政处罚决定不服的，可以依法申请行政复议或者提起行政诉讼。

第二节 一般程序

第三十六条 除本法第三十三条规定的可以当场作出的行政处罚外，行政机关发现公民、法人或者其他组织有依法应当给予行政处罚的行为的，必须全面、客观、公正地调查，收集有关证据；必要时，依照法律、法规的规定，可以进行检查。

第三十七条 行政机关在调查或者进行检查时，执法人员不得少于两人，并应当向当事人或者有关人员出示证件。当事人或者有关人员应当如实回答询问，并协助调查或者检查，不得阻挠。询问或者检查应当制作笔录。

行政机关在收集证据时，可以采取抽样取证的方法；在证据可能灭失或者以后难以取得的情况下，经行政机关负责人批准，可以先行登记保存，并应当在七日内及时作出处理决定，在此期间，当事人或者有关人员不得销毁或者转移证据。

执法人员与当事人有直接利害关系的，应当回避。

第三十八条 调查终结，行政机关负责人应当对调查结果进行审查，根据不同情况，分别作出如下决定：

（一）确有应受行政处罚的违法行为的，根据情节轻重及具体情况，作出行政处罚决定；

（二）违法行为轻微，依法可以不予行政处罚的，不予行政处罚；

（三）违法事实不能成立的，不得给予行政处罚；

（四）违法行为已构成犯罪的，移送司法机关。

对情节复杂或者重大违法行为给予较重的行政处罚，行政机关的负责人应当集体讨论决定。

第三十九条 行政机关依照本法第三十八条的规定给予行政处罚，应当制作行政处罚决定书。行政处罚决定书应当载明下列事项：

（一）当事人的姓名或者名称、地址；

（二）违反法律、法规或者规章的事实和证据；

（三）行政处罚的种类和依据；

（四）行政处罚的履行方式和期限；

（五）不服行政处罚决定，申请行政复议或者提起行政诉讼的途径和期限；

（六）作出行政处罚决定的行政机关名称和作出决定的日期。

行政处罚决定书必须盖有作出行政处罚决定的行政机关的印章。

第四十条 行政处罚决定书应当在宣告后当场交付当事人；当事人不在场的，行政机关应当在七日内依照民事诉讼法的有关规定，将行政处罚决定书送达当事人。

第四十一条 行政机关及其执法人员在作出行政处罚决定之前，不依照本法第三十一条、第三十二条的规定向当事人告知给予行政处罚的事实、理由和依据，或者拒绝听取当事人的陈述、申辩，行政处罚决定不能成立；当事人放弃陈述或者申辩权利的除外。

第三节 听证程序

第四十二条 行政机关作出责令停产停业、吊销许可证或者执照、较大数额罚款等行政处罚决定之前，应当告知当事人有要求举行听证的权利；当事人要求听证的，行政机关应当组织听证。当事人不承担行政机关组织听证的费用。听证依照以下程序组织：

（一）当事人要求听证的，应当在行政机关告知后三日内提出；

（二）行政机关应当在听证的七日前，通知当事人举行听证的时间、地点；

（三）除涉及国家秘密、商业秘密或者个人隐私外，听证公开举行；

（四）听证由行政机关指定的非本案调查人员主持；当事人认为主持人与本案有直接利害关系的，有权申请回避；

（五）当事人可以亲自参加听证，也可以委托一至二人代理；

（六）举行听证时，调查人员提出当事人违法的事实、证据和行政处罚建议；当事人进行申辩和质证；

（七）听证应当制作笔录；笔录应当交当事人审核无误后签字或者盖章。

当事人对限制人身自由的行政处罚有异议的，依照治安管理处罚条例有关规定执行。

第四十三条 听证结束后，行政机关依照本法第三十八条的规定，作出决定。

第六章　行政处罚的执行

第四十四条　行政处罚决定依法作出后，当事人应当在行政处罚决定的期限内，予以履行。

第四十五条　当事人对行政处罚决定不服申请行政复议或者提起行政诉讼的，行政处罚不停止执行，法律另有规定的除外。

第四十六条　作出罚款决定的行政机关应当与收缴罚款的机构分离。

除依照本法第四十七条、第四十八条的规定当场收缴的罚款外，作出行政处罚决定的行政机关及其执法人员不得自行收缴罚款。

当事人应当自收到行政处罚决定书之日起十五日内，到指定的银行缴纳罚款。银行应当收受罚款，并将罚款直接上缴国库。

第四十七条　依照本法第三十三条的规定当场作出行政处罚决定，有下列情形之一的，执法人员可以当场收缴罚款：

（一）依法给予二十元以下的罚款的；

（二）不当场收缴事后难以执行的。

第四十八条　在边远、水上、交通不便地区，行政机关及其执法人员依照本法第三十三条、第三十八条的规定作出罚款决定后，当事人向指定的银行缴纳罚款确有困难，经当事人提出，行政机关及其执法人员可以当场收缴罚款。

第四十九条　行政机关及其执法人员当场收缴罚款的，必须向当事人出具省、自治区、直辖市财政部门统一制发的罚款收据；不出具财政部门统一制发的罚款收据的，当事人有权拒绝缴纳罚款。

第五十条　执法人员当场收缴的罚款，应当自收缴罚款之日起二日内，交至行政机关；在水上当场收缴的罚款，应当自抵岸之日起二日内交至行政机关；行政机关应当在二日内将罚款缴付指定的银行。

第五十一条　当事人逾期不履行行政处罚决定的，作出行政处罚决定的行政机关可以采取下列措施：

（一）到期不缴纳罚款的，每日按罚款数额的百分之三加处罚款；

（二）根据法律规定，将查封、扣押的财物拍卖或者将冻结的存款划拨抵缴罚款；

（三）申请人民法院强制执行。

第五十二条　当事人确有经济困难，需要延期或者分期缴纳罚款的，经当事人申请和行政机关批准，可以暂缓或者分期缴纳。

第五十三条　除依法应当予以销毁的物品外，依法没收的非法财物必须按照国家规定公开拍卖或者按照国家有关规定处理。

罚款、没收违法所得或者没收非法财物拍卖的款项，必须全部上缴国库，任何行政机关或者个人不得以任何形式截留、私分或者变相私分；财政部门不得以任何形式向作出行政处罚决定的行政机关返还罚款、没收的违法所得或者返还没收非法财物的拍卖款项。

第五十四条　行政机关应当建立健全对行政处罚的监督制度。县级以上人民政府应当加强对行政处罚的监督检查。

公民、法人或者其他组织对行政机关作出的行政处罚，有权申诉或者检举；行政机关应当认真审查，发现行政处罚有错误的，应当主动改正。

第七章　法律责任

第五十五条　行政机关实施行政处罚，有下列情形之一的，由上级行政机关或者有关部门责令改正，可以对直接负责的主管人员和其他直接责任人员依法给予行政处分：

(一)没有法定的行政处罚依据的；

(二)擅自改变行政处罚种类、幅度的；

(三)违反法定的行政处罚程序的；

(四)违反本法第十八条关于委托处罚的规定的。

第五十六条 行政机关对当事人进行处罚不使用罚款、没收财物单据或者使用非法定部门制发的罚款、没收财物单据的，当事人有权拒绝处罚，并有权予以检举。上级行政机关或者有关部门对使用的非法单据予以收缴销毁，对直接负责的主管人员和其他直接责任人员依法给予行政处分。

第五十七条 行政机关违反本法第四十六条的规定自行收缴罚款的，财政部门违反本法第五十三条的规定向行政机关返还罚款或者拍卖款项的，由上级行政机关或者有关部门责令改正，对直接负责的主管人员和其他直接责任人员依法给予行政处分。

第五十八条 行政机关将罚款、没收的违法所得或者财物截留、私分或者变相私分的，由财政部门或者有关部门予以追缴，对直接负责的主管人员和其他直接责任人员依法给予行政处分；情节严重构成犯罪的，依法追究刑事责任。

执法人员利用职务上的便利，索取或者收受他人财物、收缴罚款据为己有，构成犯罪的，依法追究刑事责任；情节轻微不构成犯罪的，依法给予行政处分。

第五十九条 行政机关使用或者损毁扣押的财物，对当事人造成损失的，应当依法予以赔偿，对直接负责的主管人员和其他直接责任人员依法给予行政处分。

第六十条 行政机关违法实行检查措施或者执行措施，给公民人身或者财产造成损害、给法人或者其他组织造成损失的，应当依法予以赔偿，对直接负责的主管人员和其他直接责任人员依法给予行政处分；情节严重构成犯罪的，依法追究刑事责任。

第六十一条 行政机关为牟取本单位私利，对应当依法移交司法机关追究刑事责任的不移交，以行政处罚代替刑罚，由上级行政机关或者有关部门责令纠正；拒不纠正的，对直接负责的主管人员给予行政处分；徇私舞弊、包庇纵容违法行为的，比照刑法第一百八十八条的规定追究刑事责任。

第六十二条 执法人员玩忽职守，对应当予以制止和处罚的违法行为不予制止、处罚，致使公民、法人或者其他组织的合法权益、公共利益和社会秩序遭受损害的，对直接负责的主管人员和其他直接责任人员依法给予行政处分；情节严重构成犯罪的，依法追究刑事责任。

第八章 附 则

第六十三条 本法第四十六条罚款决定与罚款收缴分离的规定，由国务院制定具体实施办法。

第六十四条 本法自1996年10月1日起施行。

本法公布前制定的法规和规章关于行政处罚的规定与本法不符合的，应当自本法公布之日起，依照本法规定予以修订，在1997年12月31日前修订完毕。

附件

《刑法》有关条文

第一百八十八条　司法工作人员徇私舞弊，对明知是无罪的人而使他受追诉、对明知是有罪的人而故意包庇不使他受追诉，或者故意颠倒黑白做枉法裁判的，处五年以下有期徒刑、拘役或者剥夺政治权利；情节特别严重的，处五年以上有期徒刑。

中华人民共和国行政强制法

（2011年6月30日第十一届全国人民代表大会常务委员会第二十一次会议通过）

第一章　总　则

第一条　为了规范行政强制的设定和实施，保障和监督行政机关依法履行职责，维护公共利益和社会秩序，保护公民、法人和其他组织的合法权益，根据宪法，制定本法。

第二条　本法所称行政强制，包括行政强制措施和行政强制执行。

行政强制措施，是指行政机关在行政管理过程中，为制止违法行为、防止证据损毁、避免危害发生、控制危险扩大等情形，依法对公民的人身自由实施暂时性限制，或者对公民、法人或者其他组织的财物实施暂时性控制的行为。

行政强制执行，是指行政机关或者行政机关申请人民法院，对不履行行政决定的公民、法人或者其他组织，依法强制履行义务的行为。

第三条　行政强制的设定和实施，适用本法。

发生或者即将发生自然灾害、事故灾难、公共卫生事件或者社会安全事件等突发事件，行政机关采取应急措施或者临时措施，依照有关法律、行政法规的规定执行。

行政机关采取金融业审慎监管措施、进出境货物强制性技术监控措施，依照有关法律、行政法规的规定执行。

第四条　行政强制的设定和实施，应当依照法定的权限、范围、条件和程序。

第五条　行政强制的设定和实施，应当适当。采用非强制手段可以达到行政管理目的的，不得设定和实施行政强制。

第六条　实施行政强制，应当坚持教育与强制相结合。

第七条　行政机关及其工作人员不得利用行政强制权为单位或者个人谋取利益。

第八条　公民、法人或者其他组织对行政机关实施行政强制，享有陈述权、申辩权；有权依法申请行政复议或者提起行政诉讼；因行政机关违法实施行政强制受到损害的，有权依法要求赔偿。

公民、法人或者其他组织因人民法院在强制执行中有违法行为或者扩大强制执行范围受到损害的，有权依法要求赔偿。

第二章　行政强制的种类和设定

第九条　行政强制措施的种类：

（一）限制公民人身自由；

（二）查封场所、设施或者财物；

（三）扣押财物；

（四）冻结存款、汇款；

（五）其他行政强制措施。

第十条 行政强制措施由法律设定。

尚未制定法律，且属于国务院行政管理职权事项的，行政法规可以设定除本法第九条第一项、第四项和应当由法律规定的行政强制措施以外的其他行政强制措施。

尚未制定法律、行政法规，且属于地方性事务的，地方性法规可以设定本法第九条第二项、第三项的行政强制措施。

法律、法规以外的其他规范性文件不得设定行政强制措施。

第十一条 法律对行政强制措施的对象、条件、种类作了规定的，行政法规、地方性法规不得作出扩大规定。

法律中未设定行政强制措施的，行政法规、地方性法规不得设定行政强制措施。但是，法律规定特定事项由行政法规规定具体管理措施的，行政法规可以设定除本法第九条第一项、第四项和应当由法律规定的行政强制措施以外的其他行政强制措施。

第十二条 行政强制执行的方式：

（一）加处罚款或者滞纳金；

（二）划拨存款、汇款；

（三）拍卖或者依法处理查封、扣押的场所、设施或者财物；

（四）排除妨碍、恢复原状；

（五）代履行；

（六）其他强制执行方式。

第十三条 行政强制执行由法律设定。

法律没有规定行政机关强制执行的，作出行政决定的行政机关应当申请人民法院强制执行。

第十四条 起草法律草案、法规草案，拟设定行政强制的，起草单位应当采取听证会、论证会等形式听取意见，并向制定机关说明设定该行政强制的必要性、可能产生的影响以及听取和采纳意见的情况。

第十五条 行政强制的设定机关应当定期对其设定的行政强制进行评价，并对不适当的行政强制及时予以修改或者废止。

行政强制的实施机关可以对已设定的行政强制的实施情况及存在的必要性适时进行评价，并将意见报告该行政强制的设定机关。

公民、法人或者其他组织可以向行政强制的设定机关和实施机关就行政强制的设定和实施提出意见和建议。有关机关应当认真研究论证，并以适当方式予以反馈。

第三章　行政强制措施实施程序

第一节　一般规定

第十六条 行政机关履行行政管理职责，依照法律、法规的规定，实施行政强制措施。

违法行为情节显著轻微或者没有明显社会危害的，可以不采取行政强制措施。

第十七条 行政强制措施由法律、法规规定的行政机关在法定职权范围内实施。行政强制措施权不得委托。

依据《中华人民共和国行政处罚法》的规定行使相对集中行政处罚权的行政机关，可以实施法律、法规规定的与行政处罚权有关的行政强制措施。

行政强制措施应当由行政机关具备资格的行政执法人员实施，其他人员不得实施。

第十八条 行政机关实施行政强制措施应当遵守下列规定：

（一）实施前须向行政机关负责人报告并经批准；

（二）由两名以上行政执法人员实施；

（三）出示执法身份证件；

（四）通知当事人到场；

（五）当场告知当事人采取行政强制措施的理由、依据以及当事人依法享有的权利、救济途径；

（六）听取当事人的陈述和申辩；

（七）制作现场笔录；

（八）现场笔录由当事人和行政执法人员签名或者盖章，当事人拒绝的，在笔录中予以注明；

（九）当事人不到场的，邀请见证人到场，由见证人和行政执法人员在现场笔录上签名或者盖章；

（十）法律、法规规定的其他程序。

第十九条 情况紧急，需要当场实施行政强制措施的，行政执法人员应当在二十四小时内向行政机关负责人报告，并补办批准手续。行政机关负责人认为不应当采取行政强制措施的，应当立即解除。

第二十条 依照法律规定实施限制公民人身自由的行政强制措施，除应当履行本法第十八条规定的程序外，还应当遵守下列规定：

（一）当场告知或者实施行政强制措施后立即通知当事人家属实施行政强制措施的行政机关、地点和期限；

（二）在紧急情况下当场实施行政强制措施的，在返回行政机关后，立即向行政机关负责人报告并补办批准手续；

（三）法律规定的其他程序。

实施限制人身自由的行政强制措施不得超过法定期限。实施行政强制措施的目的已经达到或者条件已经消失，应当立即解除。

第二十一条 违法行为涉嫌犯罪应当移送司法机关的，行政机关应当将查封、扣押、冻结的财物一并移送，并书面告知当事人。

第二节 查封、扣押

第二十二条 查封、扣押应当由法律、法规规定的行政机关实施，其他任何行政机关或者组织不得实施。

第二十三条 查封、扣押限于涉案的场所、设施或者财物，不得查封、扣押与违法行为无关的场所、设施或者财物；不得查封、扣押公民个人及其所扶养家属的生活必需品。

当事人的场所、设施或者财物已被其他国家机关依法查封的，不得重复查封。

第二十四条 行政机关决定实施查封、扣押的，应当履行本法第十八条规定的程序，制作并当场交付查封、扣押决定书和清单。

查封、扣押决定书应当载明下列事项：

（一）当事人的姓名或者名称、地址；

（二）查封、扣押的理由、依据和期限；

（三）查封、扣押场所、设施或者财物的名称、数量等；

（四）申请行政复议或者提起行政诉讼的途径和期限；

（五）行政机关的名称、印章和日期。

查封、扣押清单一式二份，由当事人和行政机关分别保存。

第二十五条 查封、扣押的期限不得超过三十日；情况复杂的，经行政机关负责人批准，可以延长，但是延长期限不得超过三十日。法律、行政法规另有规定的除外。

延长查封、扣押的决定应当及时书面告知当事人，并说明理由。

对物品需要进行检测、检验、检疫或者技术鉴定的，查封、扣押的期间不包括检测、检验、检疫或者技术鉴定的期间。检测、检验、检疫或者技术鉴定的期间应当明确，并书面告知当事人。检测、检验、检疫或者技术鉴定的费用由行政机关承担。

第二十六条 对查封、扣押的场所、设施或者财物，行政机关应当妥善保管，不得使用或者损毁；造成损失的，应当承担赔偿责任。

对查封的场所、设施或者财物，行政机关可以委托第三人保管，第三人不得损毁或者擅自转移、处置。因第三人的原因造成的损失，行政机关先行赔付后，有权向第三人追偿。

因查封、扣押发生的保管费用由行政机关承担。

第二十七条 行政机关采取查封、扣押措施后，应当及时查清事实，在本法第二十五条规定的期限内作出处理决定。对违法事实清楚，依法应当没收的非法财物予以没收；法律、行政法规规定应当销毁的，依法销毁；应当解除查封、扣押的，作出解除查封、扣押的决定。

第二十八条 有下列情形之一的，行政机关应当及时作出解除查封、扣押决定：

(一)当事人没有违法行为；

(二)查封、扣押的场所、设施或者财物与违法行为无关；

(三)行政机关对违法行为已经作出处理决定，不再需要查封、扣押；

(四)查封、扣押期限已经届满；

(五)其他不再需要采取查封、扣押措施的情形。

解除查封、扣押应当立即退还财物；已将鲜活物品或者其他不易保管的财物拍卖或者变卖的，退还拍卖或者变卖所得款项。变卖价格明显低于市场价格，给当事人造成损失的，应当给予补偿。

第三节　冻　结

第二十九条 冻结存款、汇款应当由法律规定的行政机关实施，不得委托给其他行政机关或者组织；其他任何行政机关或者组织不得冻结存款、汇款。

冻结存款、汇款的数额应当与违法行为涉及的金额相当；已被其他国家机关依法冻结的，不得重复冻结。

第三十条 行政机关依照法律规定决定实施冻结存款、汇款的，应当履行本法第十八条第一项、第二项、第三项、第七项规定的程序，并向金融机构交付冻结通知书。

金融机构接到行政机关依法作出的冻结通知书后，应当立即予以冻结，不得拖延，不得在冻结前向当事人泄露信息。

法律规定以外的行政机关或者组织要求冻结当事人存款、汇款的，金融机构应当拒绝。

第三十一条 依照法律规定冻结存款、汇款的，作出决定的行政机关应当在三日内向当事人交付冻结决定书。冻结决定书应当载明下列事项：

(一)当事人的姓名或者名称、地址；

(二)冻结的理由、依据和期限；

(三)冻结的账号和数额；

(四)申请行政复议或者提起行政诉讼的途径和期限；

(五)行政机关的名称、印章和日期。

第三十二条 自冻结存款、汇款之日起三十日内，行政机关应当作出处理决定或者作出解除冻结决定；情况复杂的，经行政机关负责人批准，可以延长，但是延长期限不得超过三十日。法律另有规定的除外。

延长冻结的决定应当及时书面告知当事人，并说明理由。

第三十三条 有下列情形之一的，行政机关应当及时作出解除冻结决定：

(一)当事人没有违法行为；

(二)冻结的存款、汇款与违法行为无关;

(三)行政机关对违法行为已经作出处理决定,不再需要冻结;

(四)冻结期限已经届满;

(五)其他不再需要采取冻结措施的情形。

行政机关作出解除冻结决定的,应当及时通知金融机构和当事人。金融机构接到通知后,应当立即解除冻结。

行政机关逾期未作出处理决定或者解除冻结决定的,金融机构应当自冻结期满之日起解除冻结。

第四章 行政机关强制执行程序

第一节 一般规定

第三十四条 行政机关依法作出行政决定后,当事人在行政机关决定的期限内不履行义务的,具有行政强制执行权的行政机关依照本章规定强制执行。

第三十五条 行政机关作出强制执行决定前,应当事先催告当事人履行义务。催告应当以书面形式作出,并载明下列事项:

(一)履行义务的期限;

(二)履行义务的方式;

(三)涉及金钱给付的,应当有明确的金额和给付方式;

(四)当事人依法享有的陈述权和申辩权。

第三十六条 当事人收到催告书后有权进行陈述和申辩。行政机关应当充分听取当事人的意见,对当事人提出的事实、理由和证据,应当进行记录、复核。当事人提出的事实、理由或者证据成立的,行政机关应当采纳。

第三十七条 经催告,当事人逾期仍不履行行政决定,且无正当理由的,行政机关可以作出强制执行决定。

强制执行决定应当以书面形式作出,并载明下列事项:

(一)当事人的姓名或者名称、地址;

(二)强制执行的理由和依据;

(三)强制执行的方式和时间;

(四)申请行政复议或者提起行政诉讼的途径和期限;

(五)行政机关的名称、印章和日期。

在催告期间,对有证据证明有转移或者隐匿财物迹象的,行政机关可以作出立即强制执行决定。

第三十八条 催告书、行政强制执行决定书应当直接送达当事人。当事人拒绝接收或者无法直接送达当事人的,应当依照《中华人民共和国民事诉讼法》的有关规定送达。

第三十九条 有下列情形之一的,中止执行:

(一)当事人履行行政决定确有困难或者暂无履行能力的;

(二)第三人对执行标的主张权利,确有理由的;

(三)执行可能造成难以弥补的损失,且中止执行不损害公共利益的;

(四)行政机关认为需要中止执行的其他情形。

中止执行的情形消失后,行政机关应当恢复执行。对没有明显社会危害,当事人确无能力履行,中止执行满三年未恢复执行的,行政机关不再执行。

第四十条 有下列情形之一的,终结执行:

(一)公民死亡,无遗产可供执行,又无义务承受人的;

(二)法人或者其他组织终止,无财产可供执行,又无义务承受人的;

(三)执行标的灭失的;

(四)据以执行的行政决定被撤销的;

(五)行政机关认为需要终结执行的其他情形。

第四十一条 在执行中或者执行完毕后,据以执行的行政决定被撤销、变更,或者执行错误的,应当恢复原状或者退还财物;不能恢复原状或者退还财物的,依法给予赔偿。

第四十二条 实施行政强制执行,行政机关可以在不损害公共利益和他人合法权益的情况下,与当事人达成执行协议。执行协议可以约定分阶段履行;当事人采取补救措施的,可以减免加处的罚款或者滞纳金。

执行协议应当履行。当事人不履行执行协议的,行政机关应当恢复强制执行。

第四十三条 行政机关不得在夜间或者法定节假日实施行政强制执行。但是,情况紧急的除外。

行政机关不得对居民生活采取停止供水、供电、供热、供燃气等方式迫使当事人履行相关行政决定。

第四十四条 对违法的建筑物、构筑物、设施等需要强制拆除的,应当由行政机关予以公告,限期当事人自行拆除。当事人在法定期限内不申请行政复议或者提起行政诉讼,又不拆除的,行政机关可以依法强制拆除。

第二节 金钱给付义务的执行

第四十五条 行政机关依法作出金钱给付义务的行政决定,当事人逾期不履行的,行政机关可以依法加处罚款或者滞纳金。加处罚款或者滞纳金的标准应当告知当事人。

加处罚款或者滞纳金的数额不得超出金钱给付义务的数额。

第四十六条 行政机关依照本法第四十五条规定实施加处罚款或者滞纳金超过三十日,经催告当事人仍不履行的,具有行政强制执行权的行政机关可以强制执行。

行政机关实施强制执行前,需要采取查封、扣押、冻结措施的,依照本法第三章规定办理。

没有行政强制执行权的行政机关应当申请人民法院强制执行。但是,当事人在法定期限内不申请行政复议或者提起行政诉讼,经催告仍不履行的,在实施行政管理过程中已经采取查封、扣押措施的行政机关,可以将查封、扣押的财物依法拍卖抵缴罚款。

第四十七条 划拨存款、汇款应当由法律规定的行政机关决定,并书面通知金融机构。金融机构接到行政机关依法作出划拨存款、汇款的决定后,应当立即划拨。

法律规定以外的行政机关或者组织要求划拨当事人存款、汇款的,金融机构应当拒绝。

第四十八条 依法拍卖财物,由行政机关委托拍卖机构依照《中华人民共和国拍卖法》的规定办理。

第四十九条 划拨的存款、汇款以及拍卖和依法处理所得的款项应当上缴国库或者划入财政专户。任何行政机关或者个人不得以任何形式截留、私分或者变相私分。

第三节 代履行

第五十条 行政机关依法作出要求当事人履行排除妨碍、恢复原状等义务的行政决定,当事人逾期不履行,经催告仍不履行,其后果已经或者将危害交通安全、造成环境污染或者破坏自然资源的,行政机关可以代履行,或者委托没有利害关系的第三人代履行。

第五十一条 代履行应当遵守下列规定:

(一)代履行前送达决定书,代履行决定书应当载明当事人的姓名或者名称、地址,代履行的理由和依据、方式和时间、标的、费用预算以及代履行人;

(二)代履行三日前,催告当事人履行,当事人履行的,停止代履行;

(三)代履行时,作出决定的行政机关应当派员到场监督;

(四)代履行完毕,行政机关到场监督的工作人员、代履行人和当事人或者见证人应当在执行文书上签名或者盖章。

代履行的费用按照成本合理确定，由当事人承担。但是，法律另有规定的除外。

代履行不得采用暴力、胁迫以及其他非法方式。

第五十二条 需要立即清除道路、河道、航道或者公共场所的遗洒物、障碍物或者污染物，当事人不能清除的，行政机关可以决定立即实施代履行；当事人不在场的，行政机关应当在事后立即通知当事人，并依法作出处理。

第五章 申请人民法院强制执行

第五十三条 当事人在法定期限内不申请行政复议或者提起行政诉讼，又不履行行政决定的，没有行政强制执行权的行政机关可以自期限届满之日起三个月内，依照本章规定申请人民法院强制执行。

第五十四条 行政机关申请人民法院强制执行前，应当催告当事人履行义务。催告书送达十日后当事人仍未履行义务的，行政机关可以向所在地有管辖权的人民法院申请强制执行；执行对象是不动产的，向不动产所在地有管辖权的人民法院申请强制执行。

第五十五条 行政机关向人民法院申请强制执行，应当提供下列材料：

（一）强制执行申请书；

（二）行政决定书及作出决定的事实、理由和依据；

（三）当事人的意见及行政机关催告情况；

（四）申请强制执行标的情况；

（五）法律、行政法规规定的其他材料。

强制执行申请书应当由行政机关负责人签名，加盖行政机关的印章，并注明日期。

第五十六条 人民法院接到行政机关强制执行的申请，应当在五日内受理。

行政机关对人民法院不予受理的裁定有异议的，可以在十五日内向上一级人民法院申请复议，上一级人民法院应当自收到复议申请之日起十五日内作出是否受理的裁定。

第五十七条 人民法院对行政机关强制执行的申请进行书面审查，对符合本法第五十五条规定，且行政决定具备法定执行效力的，除本法第五十八条规定的情形外，人民法院应当自受理之日起七日内作出执行裁定。

第五十八条 人民法院发现有下列情形之一的，在作出裁定前可以听取被执行人和行政机关的意见：

（一）明显缺乏事实根据的；

（二）明显缺乏法律、法规依据的；

（三）其他明显违法并损害被执行人合法权益的。

人民法院应当自受理之日起三十日内作出是否执行的裁定。裁定不予执行的，应当说明理由，并在五日内将不予执行的裁定送达行政机关。

行政机关对人民法院不予执行的裁定有异议的，可以自收到裁定之日起十五日内向上一级人民法院申请复议，上一级人民法院应当自收到复议申请之日起三十日内作出是否执行的裁定。

第五十九条 因情况紧急，为保障公共安全，行政机关可以申请人民法院立即执行。经人民法院院长批准，人民法院应当自作出执行裁定之日起五日内执行。

第六十条 行政机关申请人民法院强制执行，不缴纳申请费。强制执行的费用由被执行人承担。

人民法院以划拨、拍卖方式强制执行的，可以在划拨、拍卖后将强制执行的费用扣除。

依法拍卖财物，由人民法院委托拍卖机构依照《中华人民共和国拍卖法》的规定办理。

划拨的存款、汇款以及拍卖和依法处理所得的款项应当上缴国库或者划入财政专户，不得以任何形式截留、私分或者变相私分。

第六章　法律责任

第六十一条　行政机关实施行政强制，有下列情形之一的，由上级行政机关或者有关部门责令改正，对直接负责的主管人员和其他直接责任人员依法给予处分：

（一）没有法律、法规依据的；

（二）改变行政强制对象、条件、方式的；

（三）违反法定程序实施行政强制的；

（四）违反本法规定，在夜间或者法定节假日实施行政强制执行的；

（五）对居民生活采取停止供水、供电、供热、供燃气等方式迫使当事人履行相关行政决定的；

（六）有其他违法实施行政强制情形的。

第六十二条　违反本法规定，行政机关有下列情形之一的，由上级行政机关或者有关部门责令改正，对直接负责的主管人员和其他直接责任人员依法给予处分：

（一）扩大查封、扣押、冻结范围的；

（二）使用或者损毁查封、扣押场所、设施或者财物的；

（三）在查封、扣押法定期间不作出处理决定或者未依法及时解除查封、扣押的；

（四）在冻结存款、汇款法定期间不作出处理决定或者未依法及时解除冻结的。

第六十三条　行政机关将查封、扣押的财物或者划拨的存款、汇款以及拍卖和依法处理所得的款项，截留、私分或者变相私分的，由财政部门或者有关部门予以追缴；对直接负责的主管人员和其他直接责任人员依法给予记大过、降级、撤职或者开除的处分。

行政机关工作人员利用职务上的便利，将查封、扣押的场所、设施或者财物据为己有的，由上级行政机关或者有关部门责令改正，依法给予记大过、降级、撤职或者开除的处分。

第六十四条　行政机关及其工作人员利用行政强制权为单位或者个人谋取利益的，由上级行政机关或者有关部门责令改正，对直接负责的主管人员和其他直接责任人员依法给予处分。

第六十五条　违反本法规定，金融机构有下列行为之一的，由金融业监督管理机构责令改正，对直接负责的主管人员和其他直接责任人员依法给予处分：

（一）在冻结前向当事人泄露信息的；

（二）对应当立即冻结、划拨的存款、汇款不冻结或者不划拨，致使存款、汇款转移的；

（三）将不应当冻结、划拨的存款、汇款予以冻结或者划拨的；

（四）未及时解除冻结存款、汇款的。

第六十六条　违反本法规定，金融机构将款项划入国库或者财政专户以外的其他账户的，由金融业监督管理机构责令改正，并处以违法划拨款项二倍的罚款；对直接负责的主管人员和其他直接责任人员依法给予处分。

违反本法规定，行政机关、人民法院指令金融机构将款项划入国库或者财政专户以外的其他账户的，对直接负责的主管人员和其他直接责任人员依法给予处分。

第六十七条　人民法院及其工作人员在强制执行中有违法行为或者扩大强制执行范围的，对直接负责的主管人员和其他直接责任人员依法给予处分。

第六十八条　违反本法规定，给公民、法人或者其他组织造成损失的，依法给予赔偿。

违反本法规定，构成犯罪的，依法追究刑事责任。

第七章　附　则

第六十九条　本法中十日以内期限的规定是指工作日，不含法定节假日。

第七十条 法律、行政法规授权的具有管理公共事务职能的组织在法定授权范围内，以自己的名义实施行政强制，适用本法有关行政机关的规定。

第七十一条 本法自2012年1月1日起施行。

中华人民共和国行政诉讼法

（2014年11月1日第十二届全国人民代表大会常务委员会第十一次会议修正通过）

第一章 总 则

第一条 为保证人民法院公正、及时审理行政案件，解决行政争议，保护公民、法人和其他组织的合法权益，监督行政机关依法行使职权，根据宪法，制定本法。

第二条 公民、法人或者其他组织认为行政机关和行政机关工作人员的行政行为侵犯其合法权益，有权依照本法向人民法院提起诉讼。

前款所称行政行为，包括法律、法规、规章授权的组织作出的行政行为。

第三条 人民法院应当保障公民、法人和其他组织的起诉权利，对应当受理的行政案件依法受理。

行政机关及其工作人员不得干预、阻碍人民法院受理行政案件。

被诉行政机关负责人应当出庭应诉。不能出庭的，应当委托行政机关相应的工作人员出庭。

第四条 人民法院依法对行政案件独立行使审判权，不受行政机关、社会团体和个人的干涉。

人民法院设行政审判庭，审理行政案件。

第五条 人民法院审理行政案件，以事实为根据，以法律为准绳。

第六条 人民法院审理行政案件，对行政行为是否合法进行审查。

第七条 人民法院审理行政案件，依法实行合议、回避、公开审判和两审终审制度。

第八条 当事人在行政诉讼中的法律地位平等。

第九条 各民族公民都有用本民族语言、文字进行行政诉讼的权利。

在少数民族聚居或者多民族共同居住的地区，人民法院应当用当地民族通用的语言、文字进行审理和发布法律文书。

人民法院应当对不通晓当地民族通用的语言、文字的诉讼参与人提供翻译。

第十条 当事人在行政诉讼中有权进行辩论。

第十一条 人民检察院有权对行政诉讼实行法律监督。

第二章 受案范围

第十二条 人民法院受理公民、法人或者其他组织提起的下列诉讼：

（一）对行政拘留、暂扣或者吊销许可证和执照、责令停产停业、没收违法所得、没收非法财物、罚款、警告等行政处罚不服的；

（二）对限制人身自由或者对财产的查封、扣押、冻结等行政强制措施和行政强制执行不服的；

（三）申请行政许可，行政机关拒绝或者在法定期限内不予答复，或者对行政机关作出的有关行政许可的其他决定不服的；

（四）对行政机关作出的关于确认土地、矿藏、水流、森林、山岭、草原、荒地、滩涂、海域等自然资源的所有权或者使用权的决定不服的；

(五)对征收、征用决定及其补偿决定不服的;

(六)申请行政机关履行保护人身权、财产权等合法权益的法定职责,行政机关拒绝履行或者不予答复的;

(七)认为行政机关侵犯其经营自主权或者农村土地承包经营权、农村土地经营权的;

(八)认为行政机关滥用行政权力排除或者限制竞争的;

(九)认为行政机关违法集资、摊派费用或者违法要求履行其他义务的;

(十)认为行政机关没有依法支付抚恤金、最低生活保障待遇或者社会保险待遇的;

(十一)认为行政机关不依法履行、未按照约定履行或者违法变更、解除政府特许经营协议、土地房屋征收补偿协议等协议的;

(十二)认为行政机关侵犯其他人身权、财产权等合法权益的。

除前款规定外,人民法院受理法律、法规规定可以提起诉讼的其他行政案件。

第十三条 人民法院不受理公民、法人或者其他组织对下列事项提起的诉讼:

(一)国防、外交等国家行为;

(二)行政法规、规章或者行政机关制定、发布的具有普遍约束力的决定、命令;

(三)行政机关对行政机关工作人员的奖惩、任免等决定;

(四)法律规定由行政机关最终裁决的行政行为。

第三章 管 辖

第十四条 基层人民法院管辖第一审行政案件。

第十五条 中级人民法院管辖下列第一审行政案件:

(一)对国务院部门或者县级以上地方人民政府所作的行政行为提起诉讼的案件;

(二)海关处理的案件;

(三)本辖区内重大、复杂的案件;

(四)其他法律规定由中级人民法院管辖的案件。

第十六条 高级人民法院管辖本辖区内重大、复杂的第一审行政案件。

第十七条 最高人民法院管辖全国范围内重大、复杂的第一审行政案件。

第十八条 行政案件由最初作出行政行为的行政机关所在地人民法院管辖。经复议的案件,也可以由复议机关所在地人民法院管辖。

经最高人民法院批准,高级人民法院可以根据审判工作的实际情况,确定若干人民法院跨行政区域管辖行政案件。

第十九条 对限制人身自由的行政强制措施不服提起的诉讼,由被告所在地或者原告所在地人民法院管辖。

第二十条 因不动产提起的行政诉讼,由不动产所在地人民法院管辖。

第二十一条 两个以上人民法院都有管辖权的案件,原告可以选择其中一个人民法院提起诉讼。原告向两个以上有管辖权的人民法院提起诉讼的,由最先立案的人民法院管辖。

第二十二条 人民法院发现受理的案件不属于本院管辖的,应当移送有管辖权的人民法院,受移送的人民法院应当受理。受移送的人民法院认为受移送的案件按照规定不属于本院管辖的,应当报请上级人民法院指定管辖,不得再自行移送。

第二十三条 有管辖权的人民法院由于特殊原因不能行使管辖权的,由上级人民法院指定管辖。

人民法院对管辖权发生争议,由争议双方协商解决。协商不成的,报它们的共同上级人民法院指定管辖。

第二十四条 上级人民法院有权审理下级人民法院管辖的第一审行政案件。

下级人民法院对其管辖的第一审行政案件，认为需要由上级人民法院审理或者指定管辖的，可以报请上级人民法院决定。

第四章　诉讼参加人

第二十五条　行政行为的相对人以及其他与行政行为有利害关系的公民、法人或者其他组织，有权提起诉讼。

有权提起诉讼的公民死亡，其近亲属可以提起诉讼。

有权提起诉讼的法人或者其他组织终止，承受其权利的法人或者其他组织可以提起诉讼。

第二十六条　公民、法人或者其他组织直接向人民法院提起诉讼的，作出行政行为的行政机关是被告。

经复议的案件，复议机关决定维持原行政行为的，作出原行政行为的行政机关和复议机关是共同被告；复议机关改变原行政行为的，复议机关是被告。

复议机关在法定期限内未作出复议决定，公民、法人或者其他组织起诉原行政行为的，作出原行政行为的行政机关是被告；起诉复议机关不作为的，复议机关是被告。

两个以上行政机关作出同一行政行为的，共同作出行政行为的行政机关是共同被告。

行政机关委托的组织所作的行政行为，委托的行政机关是被告。

行政机关被撤销或者职权变更的，继续行使其职权的行政机关是被告。

第二十七条　当事人一方或双方为二人以上，因同一行政行为发生的行政案件，或者因同类行政行为发生的行政案件、人民法院认为可以合并审理并经当事人同意的，为共同诉讼。

第二十八条　当事人一方人数众多的共同诉讼，可以由当事人推选代表人进行诉讼。代表人的诉讼行为对其所代表的当事人发生效力，但代表人变更、放弃诉讼请求或者承认对方当事人的诉讼请求，应当经被代表的当事人同意。

第二十九条　公民、法人或者其他组织同被诉行政行为有利害关系但没有提起诉讼，或者同案件处理结果有利害关系的，可以作为第三人申请参加诉讼，或者由人民法院通知参加诉讼。

人民法院判决第三人承担义务或者减损第三人权益的，第三人有权依法提起上诉。

第三十条　没有诉讼行为能力的公民，由其法定代理人代为诉讼。法定代理人互相推诿代理责任的，由人民法院指定其中一人代为诉讼。

第三十一条　当事人、法定代理人，可以委托一至二人作为诉讼代理人。

下列人员可以被委托为诉讼代理人：

（一）律师、基层法律服务工作者；

（二）当事人的近亲属或者工作人员；

（三）当事人所在社区、单位以及有关社会团体推荐的公民。

第三十二条　代理诉讼的律师，有权按照规定查阅、复制本案有关材料，有权向有关组织和公民调查，收集与本案有关的证据。对涉及国家秘密、商业秘密和个人隐私的材料，应当依照法律规定保密。

当事人和其他诉讼代理人有权按照规定查阅、复制本案庭审材料，但涉及国家秘密、商业秘密和个人隐私的内容除外。

第五章　证　据

第三十三条　证据包括：

（一）书证；

（二）物证；

(三)视听资料;

(四)电子数据;

(五)证人证言;

(六)当事人的陈述;

(七)鉴定意见;

(八)勘验笔录、现场笔录。

以上证据经法庭审查属实,才能作为认定案件事实的根据。

第三十四条 被告对作出的行政行为负有举证责任,应当提供作出该行政行为的证据和所依据的规范性文件。

被告不提供或者无正当理由逾期提供证据,视为没有相应证据。但是,被诉行政行为涉及第三人合法权益,第三人提供证据的除外。

第三十五条 在诉讼过程中,被告及其诉讼代理人不得自行向原告、第三人和证人收集证据。

第三十六条 被告在作出行政行为时已经收集了证据,但因不可抗力等正当事由不能提供的,经人民法院准许,可以延期提供。

原告或者第三人提出了其在行政处理程序中没有提出的理由或者证据的,经人民法院准许,被告可以补充证据。

第三十七条 原告可以提供证明行政行为违法的证据。原告提供的证据不成立的,不免除被告的举证责任。

第三十八条 在起诉被告不履行法定职责的案件中,原告应当提供其向被告提出申请的证据。但有下列情形之一的除外:

(一)被告应当依职权主动履行法定职责的;

(二)原告因正当理由不能提供证据的。

在行政赔偿、补偿的案件中,原告应当对行政行为造成的损害提供证据。因被告的原因导致原告无法举证的,由被告承担举证责任。

第三十九条 人民法院有权要求当事人提供或者补充证据。

第四十条 人民法院有权向有关行政机关以及其他组织、公民调取证据。但是,不得为证明行政行为的合法性调取被告作出行政行为时未收集的证据。

第四十一条 与本案有关的下列证据,原告或者第三人不能自行收集的,可以申请人民法院调取:

(一)由国家机关保存而须由人民法院调取的证据;

(二)涉及国家秘密、商业秘密和个人隐私的证据;

(三)确因客观原因不能自行收集的其他证据。

第四十二条 在证据可能灭失或者以后难以取得的情况下,诉讼参加人可以向人民法院申请保全证据,人民法院也可以主动采取保全措施。

第四十三条 证据应当在法庭上出示,并由当事人互相质证。对涉及国家秘密、商业秘密和个人隐私的证据,不得在公开开庭时出示。

人民法院应当按照法定程序,全面、客观地审查核实证据。对未采纳的证据应当在裁判文书中说明理由。

以非法手段取得的证据,不得作为认定案件事实的根据。

第六章 起诉和受理

第四十四条 对属于人民法院受案范围的行政案件,公民、法人或者其他组织可以先向行政机关申请复议,对复议决定不服的,再向人民法院提起诉讼;也可以直接向人民法院提起诉讼。

法律、法规规定应当先向行政机关申请复议，对复议决定不服再向人民法院提起诉讼的，依照法律、法规的规定。

第四十五条　公民、法人或者其他组织不服复议决定的，可以在收到复议决定书之日起十五日内向人民法院提起诉讼。复议机关逾期不作决定的，申请人可以在复议期满之日起十五日内向人民法院提起诉讼。法律另有规定的除外。

第四十六条　公民、法人或者其他组织直接向人民法院提起诉讼的，应当自知道或者应当知道作出行政行为之日起六个月内提出。法律另有规定的除外。

因不动产提起诉讼的案件自行政行为作出之日起超过二十年，其他案件自行政行为作出之日起超过五年提起诉讼的，人民法院不予受理。

第四十七条　公民、法人或者其他组织申请行政机关履行保护其人身权、财产权等合法权益的法定职责，行政机关在接到申请之日起两个月内不履行的，公民、法人或者其他组织可以向人民法院提起诉讼。法律、法规对行政机关履行职责的期限另有规定的，从其规定。

公民、法人或者其他组织在紧急情况下请求行政机关履行保护其人身权、财产权等合法权益的法定职责，行政机关不履行的，提起诉讼不受前款规定期限的限制。

第四十八条　公民、法人或者其他组织因不可抗力或者其他不属于其自身的原因耽误起诉期限的，被耽误的时间不计算在起诉期限内。

公民、法人或者其他组织因前款规定以外的其他特殊情况耽误起诉期限的，在障碍消除后十日内，可以申请延长期限，是否准许由人民法院决定。

第四十九条　提起诉讼应当符合下列条件：

（一）原告是符合本法第二十五条规定的公民、法人或者其他组织；

（二）有明确的被告；

（三）有具体的诉讼请求和事实根据；

（四）属于人民法院受案范围和受诉人民法院管辖。

第五十条　起诉应当向人民法院递交起诉状，并按照被告人数提出副本。

书写起诉状确有困难的，可以口头起诉，由人民法院记入笔录，出具注明日期的书面凭证，并告知对方当事人。

第五十一条　人民法院在接到起诉状时对符合本法规定的起诉条件的，应当登记立案。

对当场不能判定是否符合本法规定的起诉条件的，应当接收起诉状，出具注明收到日期的书面凭证，并在七日内决定是否立案。不符合起诉条件的，作出不予立案的裁定。裁定书应当载明不予立案的理由。原告对裁定不服的，可以提起上诉。

起诉状内容欠缺或者有其他错误的，应当给予指导和释明，并一次性告知当事人需要补正的内容。不得未经指导和释明即以起诉不符合条件为由不接收起诉状。

对于不接收起诉状、接收起诉状后不出具书面凭证，以及不一次性告知当事人需要补正的起诉状内容的，当事人可以向上级人民法院投诉，上级人民法院应当责令改正，并对直接负责的主管人员和其他直接责任人员依法给予处分。

第五十二条　人民法院既不立案，又不作出不予立案裁定的，当事人可以向上一级人民法院起诉。上一级人民法院认为符合起诉条件的，应当立案、审理，也可以指定其他下级人民法院立案、审理。

第五十三条　公民、法人或者其他组织认为行政行为所依据的国务院部门和地方人民政府及其部门制定的规范性文件不合法，在对行政行为提起诉讼时，可以一并请求对该规范性文件进行审查。

前款规定的规范性文件不含规章。

第七章　审理和判决

第一节　一般规定

第五十四条　人民法院公开审理行政案件，但涉及国家秘密、个人隐私和法律另有规定的除外。

涉及商业秘密的案件，当事人申请不公开审理的，可以不公开审理。

第五十五条　当事人认为审判人员与本案有利害关系或者有其他关系可能影响公正审判，有权申请审判人员回避。

审判人员认为自己与本案有利害关系或者有其他关系，应当申请回避。

前两款规定，适用于书记员、翻译人员、鉴定人、勘验人。

院长担任审判长时的回避，由审判委员会决定；审判人员的回避，由院长决定；其他人员的回避，由审判长决定。当事人对决定不服的，可以申请复议一次。

第五十六条　诉讼期间，不停止行政行为的执行。但有下列情形之一的，裁定停止执行：

（一）被告认为需要停止执行的；

（二）原告或者利害关系人申请停止执行，人民法院认为该行政行为的执行会造成难以弥补的损失，并且停止执行不损害国家利益、社会公共利益的；

（三）人民法院认为该行政行为的执行会给国家利益、社会公共利益造成重大损害的；

（四）法律、法规规定停止执行的。

当事人对停止执行或者不停止执行的裁定不服的，可以申请复议一次。

第五十七条　人民法院对起诉行政机关没有依法支付抚恤金、最低生活保障金和工伤、医疗社会保险金的案件，权利义务关系明确、不先予执行将严重影响原告生活的，可以根据原告的申请，裁定先予执行。

当事人对先予执行裁定不服的，可以申请复议一次。复议期间不停止裁定的执行。

第五十八条　经人民法院传票传唤，原告无正当理由拒不到庭，或者未经法庭许可中途退庭的，可以按照撤诉处理；被告无正当理由拒不到庭，或者未经法庭许可中途退庭的，可以缺席判决。

第五十九条　诉讼参与人或者其他人有下列行为之一的，人民法院可以根据情节轻重，予以训诫、责令具结悔过或者处一万元以下的罚款、十五日以下的拘留；构成犯罪的，依法追究刑事责任：

（一）有义务协助调查、执行的人，对人民法院的协助调查决定、协助执行通知书，无故推拖、拒绝或者妨碍调查、执行的；

（二）伪造、隐藏、毁灭证据或者提供虚假证明材料，妨碍人民法院审理案件的；

（三）指使、贿买、胁迫他人作伪证或者威胁、阻止证人作证的；

（四）隐藏、转移、变卖、毁损已被查封、扣押、冻结的财产的；

（五）以欺骗、胁迫等非法手段使原告撤诉的；

（六）以暴力、威胁或者其他方法阻碍人民法院工作人员执行职务，或者以哄闹、冲击法庭等方法扰乱人民法院工作秩序的；

（七）对人民法院审判人员或者其他工作人员、诉讼参与人、协助调查和执行的人员恐吓、侮辱、诽谤、诬陷、殴打、围攻或者打击报复的。

人民法院对有前款规定的行为之一的单位，可以对其主要负责人或者直接责任人员依照前款规定予以罚款、拘留；构成犯罪的，依法追究刑事责任。

罚款、拘留须经人民法院院长批准。当事人不服的，可以向上一级人民法院申请复议一次。复议期间不停止执行。

第六十条　人民法院审理行政案件，不适用调解。但是，行政赔偿、补偿以及行政机关行使法律、法规规定的自由裁量权的案件可以调解。

调解应当遵循自愿、合法原则，不得损害国家利益、社会公共利益和他人合法权益。

第六十一条 在涉及行政许可、登记、征收、征用和行政机关对民事争议所作的裁决的行政诉讼中，当事人申请一并解决相关民事争议的，人民法院可以一并审理。

在行政诉讼中，人民法院认为行政案件的审理需以民事诉讼的裁判为依据的，可以裁定中止行政诉讼。

第六十二条 人民法院对行政案件宣告判决或者裁定前，原告申请撤诉的，或者被告改变其所作的行政行为，原告同意并申请撤诉的，是否准许，由人民法院裁定。

第六十三条 人民法院审理行政案件，以法律和行政法规、地方性法规为依据。地方性法规适用于本行政区域内发生的行政案件。

人民法院审理民族自治地方的行政案件，并以该民族自治地方的自治条例和单行条例为依据。

人民法院审理行政案件，参照规章。

第六十四条 人民法院在审理行政案件中，经审查认为本法第五十三条规定的规范性文件不合法的，不作为认定行政行为合法的依据，并向制定机关提出处理建议。

第六十五条 人民法院应当公开发生法律效力的判决书、裁定书，供公众查阅，但涉及国家秘密、商业秘密和个人隐私的内容除外。

第六十六条 人民法院在审理行政案件中，认为行政机关的主管人员、直接责任人员违法违纪的，应当将有关材料移送监察机关、该行政机关或者其上一级行政机关；认为有犯罪行为的，应当将有关材料移送公安、检察机关。

人民法院对被告经传票传唤无正当理由拒不到庭，或者未经法庭许可中途退庭的，可以将被告拒不到庭或者中途退庭的情况予以公告，并可以向监察机关或者被告的上一级行政机关提出依法给予其主要负责人或者直接责任人员处分的司法建议。

第二节 第一审普通程序

第六十七条 人民法院应当在立案之日起五日内，将起诉状副本发送被告。被告应当在收到起诉状副本之日起十五日内向人民法院提交作出行政行为的证据和所依据的规范性文件，并提出答辩状。人民法院应当在收到答辩状之日起五日内，将答辩状副本发送原告。

被告不提出答辩状的，不影响人民法院审理。

第六十八条 人民法院审理行政案件，由审判员组成合议庭，或者由审判员、陪审员组成合议庭。合议庭的成员，应当是三人以上的单数。

第六十九条 行政行为证据确凿，适用法律、法规正确，符合法定程序的，或者原告申请被告履行法定职责或者给付义务理由不成立的，人民法院判决驳回原告的诉讼请求。

第七十条 行政行为有下列情形之一的，人民法院判决撤销或者部分撤销，并可以判决被告重新作出行政行为：

(一)主要证据不足的；

(二)适用法律、法规错误的；

(三)违反法定程序的；

(四)超越职权的；

(五)滥用职权的；

(六)明显不当的。

第七十一条 人民法院判决被告重新作出行政行为的，被告不得以同一的事实和理由作出与原行政行为基本相同的行政行为。

第七十二条 人民法院经过审理，查明被告不履行法定职责的，判决被告在一定期限内履行。

第七十三条 人民法院经过审理，查明被告依法负有给付义务的，判决被告履行给付义务。

第七十四条 行政行为有下列情形之一的，人民法院判决确认违法，但不撤销行政行为：

（一）行政行为依法应当撤销，但撤销会给国家利益、社会公共利益造成重大损害的；

（二）行政行为程序轻微违法，但对原告权利不产生实际影响的。

行政行为有下列情形之一，不需要撤销或者判决履行的，人民法院判决确认违法：

（一）行政行为违法，但不具有可撤销内容的；

（二）被告改变原违法行政行为，原告仍要求确认原行政行为违法的；

（三）被告不履行或者拖延履行法定职责，判决履行没有意义的。

第七十五条 行政行为有实施主体不具有行政主体资格或者没有依据等重大且明显违法情形，原告申请确认行政行为无效的，人民法院判决确认无效。

第七十六条 人民法院判决确认违法或者无效的，可以同时判决责令被告采取补救措施；给原告造成损失的，依法判决被告承担赔偿责任。

第七十七条 行政处罚明显不当，或者其他行政行为涉及对款额的确定、认定确有错误的，人民法院可以判决变更。

人民法院判决变更，不得加重原告的义务或者减损原告的权益。但利害关系人同为原告，且诉讼请求相反的除外。

第七十八条 被告不依法履行、未按照约定履行或者违法变更、解除本法第十二条第一款第十一项规定的协议的，人民法院判决被告承担继续履行、采取补救措施或者赔偿损失等责任。

被告变更、解除本法第十二条第一款第十一项规定的协议合法，但未依法给予补偿的，人民法院判决给予补偿。

第七十九条 复议机关与作出原行政行为的行政机关为共同被告的案件，人民法院应当对复议决定和原行政行为一并作出裁判。

第八十条 人民法院对公开审理和不公开审理的案件，一律公开宣告判决。

当庭宣判的，应当在十日内发送判决书；定期宣判的，宣判后立即发给判决书。

宣告判决时，必须告知当事人上诉权利、上诉期限和上诉的人民法院。

第八十一条 人民法院应当在立案之日起六个月内作出第一审判决。有特殊情况需要延长的，由高级人民法院批准，高级人民法院审理第一审案件需要延长的，由最高人民法院批准。

第三节 简易程序

第八十二条 人民法院审理下列第一审行政案件，认为事实清楚、权利义务关系明确、争议不大的，可以适用简易程序：

（一）被诉行政行为是依法当场作出的；

（二）案件涉及款额二千元以下的；

（三）属于政府信息公开案件的。

除前款规定以外的第一审行政案件，当事人各方同意适用简易程序的，可以适用简易程序。

发回重审、按照审判监督程序再审的案件不适用简易程序。

第八十三条 适用简易程序审理的行政案件，由审判员一人独任审理，并应当在立案之日起四十五日内审结。

第八十四条 人民法院在审理过程中，发现案件不宜适用简易程序的，裁定转为普通程序。

第四节 第二审程序

第八十五条 当事人不服人民法院第一审判决的，有权在判决书送达之日起十五日内向上一级人民法院提起上诉。当事人不服人民法院第一审裁定的，有权在裁定书送达之日起十日内向上一级人民法院提起上诉。逾期不提起上诉的，人民法院的第一审判决或者裁定发生法律效力。

第八十六条 人民法院对上诉案件，应当组成合议庭，开庭审理。经过阅卷、调查和询问当事人，对没有提出新的事实、证据或者理由，合议庭认为不需要开庭审理的，也可以不开庭审理。

第八十七条 人民法院审理上诉案件，应当对原审人民法院的判决、裁定和被诉行政行为进行全面审查。

第八十八条 人民法院审理上诉案件，应当在收到上诉状之日起三个月内作出终审判决。有特殊情况需要延长的，由高级人民法院批准，高级人民法院审理上诉案件需要延长的，由最高人民法院批准。

第八十九条 人民法院审理上诉案件，按照下列情形，分别处理：

（一）原判决、裁定认定事实清楚，适用法律、法规正确的，判决或者裁定驳回上诉，维持原判决、裁定；

（二）原判决、裁定认定事实错误或者适用法律、法规错误的，依法改判、撤销或者变更；

（三）原判决认定基本事实不清、证据不足的，发回原审人民法院重审，或者查清事实后改判；

（四）原判决遗漏当事人或者违法缺席判决等严重违反法定程序的，裁定撤销原判决，发回原审人民法院重审。

原审人民法院对发回重审的案件作出判决后，当事人提起上诉的，第二审人民法院不得再次发回重审。

人民法院审理上诉案件，需要改变原审判决的，应当同时对被诉行政行为作出判决。

第五节　审判监督程序

第九十条 当事人对已经发生法律效力的判决、裁定，认为确有错误的，可以向上一级人民法院申请再审，但判决、裁定不停止执行。

第九十一条 当事人的申请符合下列情形之一的，人民法院应当再审：

（一）不予立案或者驳回起诉确有错误的；

（二）有新的证据，足以推翻原判决、裁定的；

（三）原判决、裁定认定事实的主要证据不足、未经质证或者系伪造的；

（四）原判决、裁定适用法律、法规确有错误的；

（五）违反法律规定的诉讼程序，可能影响公正审判的；

（六）原判决、裁定遗漏诉讼请求的；

（七）据以作出原判决、裁定的法律文书被撤销或者变更的；

（八）审判人员在审理该案件时有贪污受贿、徇私舞弊、枉法裁判行为的。

第九十二条 各级人民法院院长对本院已经发生法律效力的判决、裁定，发现有本法第九十一条规定情形之一，或者发现调解违反自愿原则或者调解书内容违法，认为需要再审的，应当提交审判委员会讨论决定。

最高人民法院对地方各级人民法院已经发生法律效力的判决、裁定，上级人民法院对下级人民法院已经发生法律效力的判决、裁定，发现有本法第九十一条规定情形之一，或者发现调解违反自愿原则或者调解书内容违法的，有权提审或者指令下级人民法院再审。

第九十三条 最高人民检察院对各级人民法院已经发生法律效力的判决、裁定，上级人民检察院对下级人民法院已经发生法律效力的判决、裁定，发现有本法第九十一条规定情形之一，或者发现调解书损害国家利益、社会公共利益的，应当提出抗诉。

地方各级人民检察院对同级人民法院已经发生法律效力的判决、裁定，发现有本法第九十一条规定情形之一，或者发现调解书损害国家利益、社会公共利益的，可以向同级人民法院提出检察建议，并报上级人民检察院备案；也可以提请上级人民检察院向同级人民法院提出抗诉。

各级人民检察院对审判监督程序以外的其他审判程序中审判人员的违法行为，有权向同级人民法院提出检察建议。

第八章　执　行

第九十四条　当事人必须履行人民法院发生法律效力的判决、裁定、调解书。

第九十五条　公民、法人或者其他组织拒绝履行判决、裁定、调解书的，行政机关或者第三人可以向第一审人民法院申请强制执行，或者由行政机关依法强制执行。

第九十六条　行政机关拒绝履行判决、裁定、调解书的，第一审人民法院可以采取下列措施：

（一）对应当归还的罚款或者应当给付的款额，通知银行从该行政机关的账户内划拨。

（二）在规定期限内不履行的，从期满之日起，对该行政机关负责人按日处五十元至一百元的罚款。

（三）将行政机关拒绝履行的情况予以公告。

（四）向监察机关或者该行政机关的上一级行政机关提出司法建议。接受司法建议的机关，根据有关规定进行处理，并将处理情况告知人民法院。

（五）拒不履行判决、裁定、调解书，社会影响恶劣的，可以对该行政机关直接负责的主管人员和其他直接责任人员予以拘留；情节严重，构成犯罪的，依法追究刑事责任。

第九十七条　公民、法人或者其他组织对行政行为在法定期间不提起诉讼又不履行的，行政机关可以申请人民法院强制执行，或者依法强制执行。

第九十八条　行政机关或者行政机关工作人员作出的行政行为侵犯公民、法人或者其他组织的合法权益造成损害的，由该行政机关或者该行政机关工作人员所在的行政机关负责赔偿。

行政机关赔偿损失后，应当责令有故意或者重大过失的行政机关工作人员承担部分或者全部赔偿费用。

第九章　涉外行政诉讼

第九十九条　外国人、无国籍人、外国组织在中华人民共和国进行行政诉讼，适用本法。法律另有规定的除外。

第一百条　外国人、无国籍人、外国组织在中华人民共和国进行行政诉讼，同中华人民共和国公民、组织有同等的诉讼权利和义务。

外国法院对中华人民共和国公民、组织的行政诉讼权利加以限制的，人民法院对该国公民、组织的行政诉讼权利，实行对等原则。

第一百零一条　人民法院审理行政案件，关于期间、送达、财产保全、开庭审理、调解、中止诉讼、终结诉讼、简易程序、执行等，以及人民检察院对行政案件受理、审理、裁判、执行的监督，本法没有规定的，适用《中华人民共和国民事诉讼法》的相关规定。

第一百零二条　外国人、无国籍人、外国组织在中华人民共和国进行行政诉讼，委托律师代理诉讼的，应当委托中华人民共和国律师机构的律师。

第十章　附　则

第一百零三条　人民法院审理行政案件，应当收取诉讼费用。诉讼费用由败诉方承担，双方都有责任的由双方分担。收取诉讼费用的具体办法另行规定。

第一百零四条　本法自1990年10月1日起施行。

中华人民共和国国家赔偿法

（2012年10月26日第十一届全国人民代表大会常务委员会第二十九次会议通过）

第一章　总　则

第一条　为保障公民、法人和其他组织享有依法取得国家赔偿的权利，促进国家机关依法行使职权，根据宪法，制定本法。

第二条　国家机关和国家机关工作人员行使职权，有本法规定的侵犯公民、法人和其他组织合法权益的情形，造成损害的，受害人有依照本法取得国家赔偿的权利。

本法规定的赔偿义务机关，应当依照本法及时履行赔偿义务。

第二章　行政赔偿

第一节　赔偿范围

第三条　行政机关及其工作人员在行使行政职权时有下列侵犯人身权情形之一的，受害人有取得赔偿的权利：

（一）违法拘留或者违法采取限制公民人身自由的行政强制措施的；

（二）非法拘禁或者以其他方法非法剥夺公民人身自由的；

（三）以殴打、虐待等行为或者唆使、放纵他人以殴打、虐待等行为造成公民身体伤害或者死亡的；

（四）违法使用武器、警械造成公民身体伤害或者死亡的；

（五）造成公民身体伤害或者死亡的其他违法行为。

第四条　行政机关及其工作人员在行使行政职权时有下列侵犯财产权情形之一的，受害人有取得赔偿的权利：

（一）违法实施罚款、吊销许可证和执照、责令停产停业、没收财物等行政处罚的；

（二）违法对财产采取查封、扣押、冻结等行政强制措施的；

（三）违法征收、征用财产的；

（四）造成财产损害的其他违法行为。

第五条　属于下列情形之一的，国家不承担赔偿责任：

（一）行政机关工作人员与行使职权无关的个人行为；

（二）因公民、法人和其他组织自己的行为致使损害发生的；

（三）法律规定的其他情形。

第二节　赔偿请求人和赔偿义务机关

第六条　受害的公民、法人和其他组织有权要求赔偿。

受害的公民死亡，其继承人和其他有扶养关系的亲属有权要求赔偿。

受害的法人或者其他组织终止的，其权利承受人有权要求赔偿。

第七条　行政机关及其工作人员行使行政职权侵犯公民、法人和其他组织的合法权益造成损害的，该行政机关为赔偿义务机关。

两个以上行政机关共同行使行政职权时侵犯公民、法人和其他组织的合法权益造成损害的，共同行使行政职权的行政机关为共同赔偿义务机关。

法律、法规授权的组织在行使授予的行政权力时侵犯公民、法人和其他组织的合法权益造成损害的，被授权的组织为赔偿义务机关。

受行政机关委托的组织或者个人在行使受委托的行政权力时侵犯公民、法人和其他组织的合法权益造成损害的，委托的行政机关为赔偿义务机关。

赔偿义务机关被撤销的，继续行使其职权的行政机关为赔偿义务机关；没有继续行使其职权的行政机关的，撤销该赔偿义务机关的行政机关为赔偿义务机关。

第八条 经复议机关复议的，最初造成侵权行为的行政机关为赔偿义务机关，但复议机关的复议决定加重损害的，复议机关对加重的部分履行赔偿义务。

第三节 赔偿程序

第九条 赔偿义务机关有本法第三条、第四条规定情形之一的，应当给予赔偿。

赔偿请求人要求赔偿应当先向赔偿义务机关提出，也可以在申请行政复议或者提起行政诉讼时一并提出。

第十条 赔偿请求人可以向共同赔偿义务机关中的任何一个赔偿义务机关要求赔偿，该赔偿义务机关应当先予赔偿。

第十一条 赔偿请求人根据受到的不同损害，可以同时提出数项赔偿要求。

第十二条 要求赔偿应当递交申请书，申请书应当载明下列事项：

(一)受害人的姓名、性别、年龄、工作单位和住所，法人或者其他组织的名称、住所和法定代表人或者主要负责人的姓名、职务；

(二)具体的要求、事实根据和理由；

(三)申请的年、月、日。

赔偿请求人书写申请书确有困难的，可以委托他人代书；也可以口头申请，由赔偿义务机关记入笔录。

赔偿请求人不是受害人本人的，应当说明与受害人的关系，并提供相应证明。

赔偿请求人当面递交申请书的，赔偿义务机关应当当场出具加盖本行政机关专用印章并注明收讫日期的书面凭证。申请材料不齐全的，赔偿义务机关应当当场或者在五日内一次性告知赔偿请求人需要补正的全部内容。

第十三条 赔偿义务机关应当自收到申请之日起两个月内，作出是否赔偿的决定。赔偿义务机关作出赔偿决定，应当充分听取赔偿请求人的意见，并可以与赔偿请求人就赔偿方式、赔偿项目和赔偿数额依照本法第四章的规定进行协商。

赔偿义务机关决定赔偿的，应当制作赔偿决定书，并自作出决定之日起十日内送达赔偿请求人。

赔偿义务机关决定不予赔偿的，应当自作出决定之日起十日内书面通知赔偿请求人，并说明不予赔偿的理由。

第十四条 赔偿义务机关在规定期限内未作出是否赔偿的决定，赔偿请求人可以自期限届满之日起三个月内，向人民法院提起诉讼。

赔偿请求人对赔偿的方式、项目、数额有异议的，或者赔偿义务机关作出不予赔偿决定的，赔偿请求人可以自赔偿义务机关作出赔偿或者不予赔偿决定之日起三个月内，向人民法院提起诉讼。

第十五条 人民法院审理行政赔偿案件，赔偿请求人和赔偿义务机关对自己提出的主张，应当提供证据。

赔偿义务机关采取行政拘留或者限制人身自由的强制措施期间，被限制人身自由的人死亡或者丧失行为能力的，赔偿义务机关的行为与被限制人身自由的人的死亡或者丧失行为能力是否存在因果关系，赔偿义务机关应当提供证据。

第十六条 赔偿义务机关赔偿损失后，应当责令有故意或者重大过失的工作人员或者受委托的组织或者个人承担部分或者全部赔偿费用。

对有故意或者重大过失的责任人员，有关机关应当依法给予处分；构成犯罪的，应当依法追究刑事责任。

第三章 刑事赔偿

第一节 赔偿范围

第十七条 行使侦查、检察、审判职权的机关以及看守所、监狱管理机关及其工作人员在行使职权时有下列侵犯人身权情形之一的，受害人有取得赔偿的权利：

（一）违反刑事诉讼法的规定对公民采取拘留措施的，或者依照刑事诉讼法规定的条件和程序对公民采取拘留措施，但是拘留时间超过刑事诉讼法规定的时限，其后决定撤销案件、不起诉或者判决宣告无罪终止追究刑事责任的；

（二）对公民采取逮捕措施后，决定撤销案件、不起诉或者判决宣告无罪终止追究刑事责任的；

（三）依照审判监督程序再审改判无罪，原判刑罚已经执行的；

（四）刑讯逼供或者以殴打、虐待等行为或者唆使、放纵他人以殴打、虐待等行为造成公民身体伤害或者死亡的；

（五）违法使用武器、警械造成公民身体伤害或者死亡的。

第十八条 行使侦查、检察、审判职权的机关以及看守所、监狱管理机关及其工作人员在行使职权时有下列侵犯财产权情形之一的，受害人有取得赔偿的权利：

（一）违法对财产采取查封、扣押、冻结、追缴等措施的；

（二）依照审判监督程序再审改判无罪，原判罚金、没收财产已经执行的。

第十九条 属于下列情形之一的，国家不承担赔偿责任：

（一）因公民自己故意作虚伪供述，或者伪造其他有罪证据被羁押或者被判处刑罚的；

（二）依照刑法第十七条、第十八条规定不负刑事责任的人被羁押的；

（三）依照刑事诉讼法第十五条、第一百七十三条第二款、第二百七十三条第二款、第二百七十九条规定不追究刑事责任的人被羁押的；

（四）行使侦查、检察、审判职权的机关以及看守所、监狱管理机关的工作人员与行使职权无关的个人行为；

（五）因公民自伤、自残等故意行为致使损害发生的；

（六）法律规定的其他情形。

第二节 赔偿请求人和赔偿义务机关

第二十条 赔偿请求人的确定依照本法第六条的规定。

第二十一条 行使侦查、检察、审判职权的机关以及看守所、监狱管理机关及其工作人员在行使职权时侵犯公民、法人和其他组织的合法权益造成损害的，该机关为赔偿义务机关。

对公民采取拘留措施，依照本法的规定应当给予国家赔偿的，作出拘留决定的机关为赔偿义务机关。

对公民采取逮捕措施后决定撤销案件、不起诉或者判决宣告无罪的，作出逮捕决定的机关为赔偿义务机关。

再审改判无罪的，作出原生效判决的人民法院为赔偿义务机关。二审改判无罪，以及二审发回重审后作无罪处理的，作出一审有罪判决的人民法院为赔偿义务机关。

第三节　赔偿程序

第二十二条　赔偿义务机关有本法第十七条、第十八条规定情形之一的，应当给予赔偿。

赔偿请求人要求赔偿，应当先向赔偿义务机关提出。

赔偿请求人提出赔偿请求，适用本法第十一条、第十二条的规定。

第二十三条　赔偿义务机关应当自收到申请之日起两个月内，作出是否赔偿的决定。赔偿义务机关作出赔偿决定，应当充分听取赔偿请求人的意见，并可以与赔偿请求人就赔偿方式、赔偿项目和赔偿数额依照本法第四章的规定进行协商。

赔偿义务机关决定赔偿的，应当制作赔偿决定书，并自作出决定之日起十日内送达赔偿请求人。

赔偿义务机关决定不予赔偿的，应当自作出决定之日起十日内书面通知赔偿请求人，并说明不予赔偿的理由。

第二十四条　赔偿义务机关在规定期限内未作出是否赔偿的决定，赔偿请求人可以自期限届满之日起三十日内向赔偿义务机关的上一级机关申请复议。

赔偿请求人对赔偿的方式、项目、数额有异议的，或者赔偿义务机关作出不予赔偿决定的，赔偿请求人可以自赔偿义务机关作出赔偿或者不予赔偿决定之日起三十日内，向赔偿义务机关的上一级机关申请复议。

赔偿义务机关是人民法院的，赔偿请求人可以依照本条规定向其上一级人民法院赔偿委员会申请作出赔偿决定。

第二十五条　复议机关应当自收到申请之日起两个月内作出决定。

赔偿请求人不服复议决定的，可以在收到复议决定之日起三十日内向复议机关所在地的同级人民法院赔偿委员会申请作出赔偿决定；复议机关逾期不作决定的，赔偿请求人可以自期限届满之日起三十日内向复议机关所在地的同级人民法院赔偿委员会申请作出赔偿决定。

第二十六条　人民法院赔偿委员会处理赔偿请求，赔偿请求人和赔偿义务机关对自己提出的主张，应当提供证据。

被羁押人在羁押期间死亡或者丧失行为能力的，赔偿义务机关的行为与被羁押人的死亡或者丧失行为能力是否存在因果关系，赔偿义务机关应当提供证据。

第二十七条　人民法院赔偿委员会处理赔偿请求，采取书面审查的办法。必要时，可以向有关单位和人员调查情况、收集证据。赔偿请求人与赔偿义务机关对损害事实及因果关系有争议的，赔偿委员会可以听取赔偿请求人和赔偿义务机关的陈述和申辩，并可以进行质证。

第二十八条　人民法院赔偿委员会应当自收到赔偿申请之日起三个月内作出决定；属于疑难、复杂、重大案件的，经本院院长批准，可以延长三个月。

第二十九条　中级以上的人民法院设立赔偿委员会，由人民法院三名以上审判员组成，组成人员的人数应当为单数。

赔偿委员会作赔偿决定，实行少数服从多数的原则。

赔偿委员会作出的赔偿决定，是发生法律效力的决定，必须执行。

第三十条　赔偿请求人或者赔偿义务机关对赔偿委员会作出的决定，认为确有错误的，可以向上一级人民法院赔偿委员会提出申诉。

赔偿委员会作出的赔偿决定生效后，如发现赔偿决定违反本法规定的，经本院院长决定或者上级人民法院指令，赔偿委员会应当在两个月内重新审查并依法作出决定，上一级人民法院赔偿委员会也可以直接审查并作出决定。

最高人民检察院对各级人民法院赔偿委员会作出的决定，上级人民检察院对下级人民法院赔偿委员会作出的决定，发现违反本法规定的，应当向同级人民法院赔偿委员会提出意见，同级人民法院赔偿委员会应当在两个月内重新审查并依法作出决定。

第三十一条 赔偿义务机关赔偿后，应当向有下列情形之一的工作人员追偿部分或者全部赔偿费用：

（一）有本法第十七条第四项、第五项规定情形的；

（二）在处理案件中有贪污受贿，徇私舞弊，枉法裁判行为的。

对有前款规定情形的责任人员，有关机关应当依法给予处分；构成犯罪的，应当依法追究刑事责任。

第四章 赔偿方式和计算标准

第三十二条 国家赔偿以支付赔偿金为主要方式。

能够返还财产或者恢复原状的，予以返还财产或者恢复原状。

第三十三条 侵犯公民人身自由的，每日赔偿金按照国家上年度职工日平均工资计算。

第三十四条 侵犯公民生命健康权的，赔偿金按照下列规定计算：

（一）造成身体伤害的，应当支付医疗费、护理费，以及赔偿因误工减少的收入。减少的收入每日的赔偿金按照国家上年度职工日平均工资计算，最高额为国家上年度职工年平均工资的五倍。

（二）造成部分或者全部丧失劳动能力的，应当支付医疗费、护理费、残疾生活辅助具费、康复费等因残疾而增加的必要支出和继续治疗所必需的费用，以及残疾赔偿金。残疾赔偿金根据丧失劳动能力的程度，按照国家规定的伤残等级确定，最高不超过国家上年度职工年平均工资的二十倍。造成全部丧失劳动能力的，对其扶养的无劳动能力的人，还应当支付生活费。

（三）造成死亡的，应当支付死亡赔偿金、丧葬费，总额为国家上年度职工年平均工资的二十倍。对死者生前扶养的无劳动能力的人，还应当支付生活费。

前款第二项、第三项规定的生活费的发放标准，参照当地最低生活保障标准执行。被扶养的人是未成年人的，生活费给付至十八周岁止；其他无劳动能力的人，生活费给付至死亡时止。

第三十五条 有本法第三条或者第十七条规定情形之一，致人精神损害的，应当在侵权行为影响的范围内，为受害人消除影响，恢复名誉，赔礼道歉；造成严重后果的，应当支付相应的精神损害抚慰金。

第三十六条 侵犯公民、法人和其他组织的财产权造成损害的，按照下列规定处理：

（一）处罚款、罚金、追缴、没收财产或者违法征收、征用财产的，返还财产；

（二）查封、扣押、冻结财产的，解除对财产的查封、扣押、冻结，造成财产损坏或者灭失的，依照本条第三项、第四项的规定赔偿；

（三）应当返还的财产损坏的，能够恢复原状的恢复原状，不能恢复原状的，按照损害程度给付相应的赔偿金；

（四）应当返还的财产灭失的，给付相应的赔偿金；

（五）财产已经拍卖或者变卖的，给付拍卖或者变卖所得的价款；变卖的价款明显低于财产价值的，应当支付相应的赔偿金；

（六）吊销许可证和执照、责令停产停业的，赔偿停产停业期间必要的经常性费用开支；

（七）返还执行的罚款或者罚金、追缴或者没收的金钱，解除冻结的存款或者汇款的，应当支付银行同期存款利息；

（八）对财产权造成其他损害的，按照直接损失给予赔偿。

第三十七条 赔偿费用列入各级财政预算。

赔偿请求人凭生效的判决书、复议决定书、赔偿决定书或者调解书，向赔偿义务机关申请支付赔偿金。

赔偿义务机关应当自收到支付赔偿金申请之日起七日内，依照预算管理权限向有关的财政部门提出支付申请。财政部门应当自收到支付申请之日起十五日内支付赔偿金。

赔偿费用预算与支付管理的具体办法由国务院规定。

第五章　其他规定

第三十八条　人民法院在民事诉讼、行政诉讼过程中，违法采取对妨害诉讼的强制措施、保全措施或者对判决、裁定及其他生效法律文书执行错误，造成损害的，赔偿请求人要求赔偿的程序，适用本法刑事赔偿程序的规定。

第三十九条　赔偿请求人请求国家赔偿的时效为两年，自其知道或者应当知道国家机关及其工作人员行使职权时的行为侵犯其人身权、财产权之日起计算，但被羁押等限制人身自由期间不计算在内。在申请行政复议或者提起行政诉讼时一并提出赔偿请求的，适用行政复议法、行政诉讼法有关时效的规定。

赔偿请求人在赔偿请求时效的最后六个月内，因不可抗力或者其他障碍不能行使请求权的，时效中止。从中止时效的原因消除之日起，赔偿请求时效期间继续计算。

第四十条　外国人、外国企业和组织在中华人民共和国领域内要求中华人民共和国国家赔偿的，适用本法。

外国人、外国企业和组织的所属国对中华人民共和国公民、法人和其他组织要求该国国家赔偿的权利不予保护或者限制的，中华人民共和国与该外国人、外国企业和组织的所属国实行对等原则。

第六章　附　则

第四十一条　赔偿请求人要求国家赔偿的，赔偿义务机关、复议机关和人民法院不得向赔偿请求人收取任何费用。

对赔偿请求人取得的赔偿金不予征税。

第四十二条　本法自1995年1月1日起施行。

中华人民共和国治安管理处罚法

（2012年10月26日第十一届全国人民代表大会常务委员会第二十九次会议通过）

第一章　总　则

第一条　为维护社会治安秩序，保障公共安全，保护公民、法人和其他组织的合法权益，规范和保障公安机关及其人民警察依法履行治安管理职责，制定本法。

第二条　扰乱公共秩序，妨害公共安全，侵犯人身权利、财产权利，妨害社会管理，具有社会危害性，依照《中华人民共和国刑法》的规定构成犯罪的，依法追究刑事责任；尚不够刑事处罚的，由公安机关依照本法给予治安管理处罚。

第三条　治安管理处罚的程序，适用本法的规定；本法没有规定的，适用《中华人民共和国行政处罚法》的有关规定。

第四条　在中华人民共和国领域内发生的违反治安管理行为，除法律有特别规定的外，适用本法。

在中华人民共和国船舶和航空器内发生的违反治安管理行为，除法律有特别规定的外，适用本法。

第五条　治安管理处罚必须以事实为依据，与违反治安管理行为的性质、情节以及社会危害程度相当。

实施治安管理处罚，应当公开、公正，尊重和保障人权，保护公民的人格尊严。

办理治安案件应当坚持教育与处罚相结合的原则。

第六条 各级人民政府应当加强社会治安综合治理,采取有效措施,化解社会矛盾,增进社会和谐,维护社会稳定。

第七条 国务院公安部门负责全国的治安管理工作。县级以上地方各级人民政府公安机关负责本行政区域内的治安管理工作。

治安案件的管辖由国务院公安部门规定。

第八条 违反治安管理的行为对他人造成损害的,行为人或者其监护人应当依法承担民事责任。

第九条 对于因民间纠纷引起的打架斗殴或者损毁他人财物等违反治安管理行为,情节较轻的,公安机关可以调解处理。经公安机关调解,当事人达成协议的,不予处罚。经调解未达成协议或者达成协议后不履行的,公安机关应当依照本法的规定对违反治安管理行为人给予处罚,并告知当事人可以就民事争议依法向人民法院提起民事诉讼。

第二章 处罚的种类和适用

第十条 治安管理处罚的种类分为:

(一)警告;

(二)罚款;

(三)行政拘留;

(四)吊销公安机关发放的许可证。

对违反治安管理的外国人,可以附加适用限期出境或者驱逐出境。

第十一条 办理治安案件所查获的毒品、淫秽物品等违禁品,赌具、赌资,吸食、注射毒品的用具以及直接用于实施违反治安管理行为的本人所有的工具,应当收缴,按照规定处理。

违反治安管理所得的财物,追缴退还被侵害人;没有被侵害人的,登记造册,公开拍卖或者按照国家有关规定处理,所得款项上缴国库。

第十二条 已满十四周岁不满十八周岁的人违反治安管理的,从轻或者减轻处罚;不满十四周岁的人违反治安管理的,不予处罚,但是应当责令其监护人严加管教。

第十三条 精神病人在不能辨认或者不能控制自己行为的时候违反治安管理的,不予处罚,但是应当责令其监护人严加看管和治疗。间歇性的精神病人在精神正常的时候违反治安管理的,应当给予处罚。

第十四条 盲人或者又聋又哑的人违反治安管理的,可以从轻、减轻或者不予处罚。

第十五条 醉酒的人违反治安管理的,应当给予处罚。

醉酒的人在醉酒状态中,对本人有危险或者对他人的人身、财产或者公共安全有威胁的,应当对其采取保护性措施约束至酒醒。

第十六条 有两种以上违反治安管理行为的,分别决定,合并执行。行政拘留处罚合并执行的,最长不超过二十日。

第十七条 共同违反治安管理的,根据违反治安管理行为人在违反治安管理行为中所起的作用,分别处罚。

教唆、胁迫、诱骗他人违反治安管理的,按照其教唆、胁迫、诱骗的行为处罚。

第十八条 单位违反治安管理的,对其直接负责的主管人员和其他直接责任人员依照本法的规定处罚。其他法律、行政法规对同一行为规定给予单位处罚的,依照其规定处罚。

第十九条 违反治安管理有下列情形之一的,减轻处罚或者不予处罚:

(一)情节特别轻微的;

(二)主动消除或者减轻违法后果,并取得被侵害人谅解的;

(三)出于他人胁迫或者诱骗的;

(四)主动投案,向公安机关如实陈述自己的违法行为的;

(五)有立功表现的。

第二十条 违反治安管理有下列情形之一的,从重处罚:

(一)有较严重后果的;

(二)教唆、胁迫、诱骗他人违反治安管理的;

(三)对报案人、控告人、举报人、证人打击报复的;

(四)六个月内曾受过治安管理处罚的。

第二十一条 违反治安管理行为人有下列情形之一,依照本法应当给予行政拘留处罚的,不执行行政拘留处罚:

(一)已满十四周岁不满十六周岁的;

(二)已满十六周岁不满十八周岁,初次违反治安管理的;

(三)七十周岁以上的;

(四)怀孕或者哺乳自己不满一周岁婴儿的。

第二十二条 违反治安管理行为在六个月内没有被公安机关发现的,不再处罚。

前款规定的期限,从违反治安管理行为发生之日起计算;违反治安管理行为有连续或者继续状态的,从行为终了之日起计算。

第三章 违反治安管理的行为和处罚

第一节 扰乱公共秩序的行为和处罚

第二十三条 有下列行为之一的,处警告或者二百元以下罚款;情节较重的,处五日以上十日以下拘留,可以并处五百元以下罚款:

(一)扰乱机关、团体、企业、事业单位秩序,致使工作、生产、营业、医疗、教学、科研不能正常进行,尚未造成严重损失的;

(二)扰乱车站、港口、码头、机场、商场、公园、展览馆或者其他公共场所秩序的;

(三)扰乱公共汽车、电车、火车、船舶、航空器或者其他公共交通工具上的秩序的;

(四)非法拦截或者强登、扒乘机动车、船舶、航空器以及其他交通工具,影响交通工具正常行驶的;

(五)破坏依法进行的选举秩序的。

聚众实施前款行为的,对首要分子处十日以上十五日以下拘留,可以并处一千元以下罚款。

第二十四条 有下列行为之一,扰乱文化、体育等大型群众性活动秩序的,处警告或者二百元以下罚款;情节严重的,处五日以上十日以下拘留,可以并处五百元以下罚款:

(一)强行进入场内的;

(二)违反规定,在场内燃放烟花爆竹或者其他物品的;

(三)展示侮辱性标语、条幅等物品的;

(四)围攻裁判员、运动员或者其他工作人员的;

(五)向场内投掷杂物,不听制止的;

(六)扰乱大型群众性活动秩序的其他行为。

因扰乱体育比赛秩序被处以拘留处罚的,可以同时责令其十二个月内不得进入体育场馆观看同类比赛;违反规定进入体育场馆的,强行带离现场。

第二十五条 有下列行为之一的,处五日以上十日以下拘留,可以并处五百元以下罚款;情节较轻的,处五日以下拘留或者五百元以下罚款:

(一)散布谣言,谎报险情、疫情、警情或者以其他方法故意扰乱公共秩序的;

(二)投放虚假的爆炸性、毒害性、放射性、腐蚀性物质或者传染病病原体等危险物质扰乱公共秩序的;

(三)扬言实施放火、爆炸、投放危险物质扰乱公共秩序的。

第二十六条 有下列行为之一的,处五日以上十日以下拘留,可以并处五百元以下罚款;情节较重的,处十日以上十五日以下拘留,可以并处一千元以下罚款:

(一)结伙斗殴的;

(二)追逐、拦截他人的;

(三)强拿硬要或者任意损毁、占用公私财物的;

(四)其他寻衅滋事行为。

第二十七条 有下列行为之一的,处十日以上十五日以下拘留,可以并处一千元以下罚款;情节较轻的,处五日以上十日以下拘留,可以并处五百元以下罚款:

(一)组织、教唆、胁迫、诱骗、煽动他人从事邪教、会道门活动或者利用邪教、会道门、迷信活动,扰乱社会秩序、损害他人身体健康的;

(二)冒用宗教、气功名义进行扰乱社会秩序、损害他人身体健康活动的。

第二十八条 违反国家规定,故意干扰无线电业务正常进行的,或者对正常运行的无线电台(站)产生有害干扰,经有关主管部门指出后,拒不采取有效措施消除的,处五日以上十日以下拘留;情节严重的,处十日以上十五日以下拘留。

第二十九条 有下列行为之一的,处五日以下拘留;情节较重的,处五日以上十日以下拘留:

(一)违反国家规定,侵入计算机信息系统,造成危害的;

(二)违反国家规定,对计算机信息系统功能进行删除、修改、增加、干扰,造成计算机信息系统不能正常运行的;

(三)违反国家规定,对计算机信息系统中存储、处理、传输的数据和应用程序进行删除、修改、增加的;

(四)故意制作、传播计算机病毒等破坏性程序,影响计算机信息系统正常运行的。

第二节 妨害公共安全的行为和处罚

第三十条 违反国家规定,制造、买卖、储存、运输、邮寄、携带、使用、提供、处置爆炸性、毒害性、放射性、腐蚀性物质或者传染病病原体等危险物质的,处十日以上十五日以下拘留;情节较轻的,处五日以上十日以下拘留。

第三十一条 爆炸性、毒害性、放射性、腐蚀性物质或者传染病病原体等危险物质被盗、被抢或者丢失,未按规定报告的,处五日以下拘留;故意隐瞒不报的,处五日以上十日以下拘留。

第三十二条 非法携带枪支、弹药或者弩、匕首等国家规定的管制器具的,处五日以下拘留,可以并处五百元以下罚款;情节较轻的,处警告或者二百元以下罚款。

非法携带枪支、弹药或者弩、匕首等国家规定的管制器具进入公共场所或者公共交通工具的,处五日以上十日以下拘留,可以并处五百元以下罚款。

第三十三条 有下列行为之一的,处十日以上十五日以下拘留:

(一)盗窃、损毁油气管道设施、电力电信设施、广播电视设施、水利防汛工程设施或者水文监测、测量、气象测报、环境监测、地质监测、地震监测等公共设施的;

(二)移动、损毁国家边境的界碑、界桩以及其他边境标志、边境设施或者领土、领海标志设施的;

(三)非法进行影响国(边)界线走向的活动或者修建有碍国(边)境管理的设施的。

第三十四条 盗窃、损坏、擅自移动使用中的航空设施,或者强行进入航空器驾驶舱的,处十日以上十五日以下拘留。

在使用中的航空器上使用可能影响导航系统正常功能的器具、工具,不听劝阻的,处五日以下拘留或者五百元以下罚款。

第三十五条 有下列行为之一的,处五日以上十日以下拘留,可以并处五百元以下罚款;情节较轻的,处五日以下拘留或者五百元以下罚款:

(一)盗窃、损毁或者擅自移动铁路设施、设备、机车车辆配件或者安全标志的;

(二)在铁路线路上放置障碍物,或者故意向列车投掷物品的;

(三)在铁路线路、桥梁、涵洞处挖掘坑穴、采石取沙的;

(四)在铁路线路上私设道口或者平交过道的。

第三十六条 擅自进入铁路防护网或者火车来临时在铁路线路上行走坐卧、抢越铁路,影响行车安全的,处警告或者二百元以下罚款。

第三十七条 有下列行为之一的,处五日以下拘留或者五百元以下罚款;情节严重的,处五日以上十日以下拘留,可以并处五百元以下罚款:

(一)未经批准,安装、使用电网的,或者安装、使用电网不符合安全规定的;

(二)在车辆、行人通行的地方施工,对沟井坎穴不设覆盖物、防围和警示标志的,或者故意损毁、移动覆盖物、防围和警示标志的;

(三)盗窃、损毁路面井盖、照明等公共设施的。

第三十八条 举办文化、体育等大型群众性活动,违反有关规定,有发生安全事故危险的,责令停止活动,立即疏散;对组织者处五日以上十日以下拘留,并处二百元以上五百元以下罚款;情节较轻的,处五日以下拘留或者五百元以下罚款。

第三十九条 旅馆、饭店、影剧院、娱乐场、运动场、展览馆或者其他供社会公众活动的场所的经营管理人员,违反安全规定,致使该场所有发生安全事故危险,经公安机关责令改正,拒不改正的,处五日以下拘留。

第三节 侵犯人身权利、财产权利的行为和处罚

第四十条 有下列行为之一的,处十日以上十五日以下拘留,并处五百元以上一千元以下罚款;情节较轻的,处五日以上十日以下拘留,并处二百元以上五百元以下罚款:

(一)组织、胁迫、诱骗不满十六周岁的人或者残疾人进行恐怖、残忍表演的;

(二)以暴力、威胁或者其他手段强迫他人劳动的;

(三)非法限制他人人身自由、非法侵入他人住宅或者非法搜查他人身体的。

第四十一条 胁迫、诱骗或者利用他人乞讨的,处十日以上十五日以下拘留,可以并处一千元以下罚款。

反复纠缠、强行讨要或者以其他滋扰他人的方式乞讨的,处五日以下拘留或者警告。

第四十二条 有下列行为之一的,处五日以下拘留或者五百元以下罚款;情节较重的,处五日以上十日以下拘留,可以并处五百元以下罚款:

(一)写恐吓信或者以其他方法威胁他人人身安全的;

(二)公然侮辱他人或者捏造事实诽谤他人的;

(三)捏造事实诬告陷害他人,企图使他人受到刑事追究或者受到治安管理处罚的;

(四)对证人及其近亲属进行威胁、侮辱、殴打或者打击报复的;

(五)多次发送淫秽、侮辱、恐吓或者其他信息,干扰他人正常生活的;

(六)偷窥、偷拍、窃听、散布他人隐私的。

第四十三条 殴打他人的,或者故意伤害他人身体的,处五日以上十日以下拘留,并处二百元以上五百元以下罚款;情节较轻的,处五日以下拘留或者五百元以下罚款。

有下列情形之一的,处十日以上十五日以下拘留,并处五百元以上一千元以下罚款:

（一）结伙殴打、伤害他人的；

（二）殴打、伤害残疾人、孕妇、不满十四周岁的人或者六十周岁以上的人的；

（三）多次殴打、伤害他人或者一次殴打、伤害多人的。

第四十四条　猥亵他人的，或者在公共场所故意裸露身体，情节恶劣的，处五日以上十日以下拘留；猥亵智力残疾人、精神病人、不满十四周岁的人或者有其他严重情节的，处十日以上十五日以下拘留。

第四十五条　有下列行为之一的，处五日以下拘留或者警告：

（一）虐待家庭成员，被虐待人要求处理的；

（二）遗弃没有独立生活能力的被扶养人的。

第四十六条　强买强卖商品，强迫他人提供服务或者强迫他人接受服务的，处五日以上十日以下拘留，并处二百元以上五百元以下罚款；情节较轻的，处五日以下拘留或者五百元以下罚款。

第四十七条　煽动民族仇恨、民族歧视，或者在出版物、计算机信息网络中刊载民族歧视、侮辱内容的，处十日以上十五日以下拘留，可以并处一千元以下罚款。

第四十八条　冒领、隐匿、毁弃、私自开拆或者非法检查他人邮件的，处五日以下拘留或者五百元以下罚款。

第四十九条　盗窃、诈骗、哄抢、抢夺、敲诈勒索或者故意损毁公私财物的，处五日以上十日以下拘留，可以并处五百元以下罚款；情节较重的，处十日以上十五日以下拘留，可以并处一千元以下罚款。

第四节　妨害社会管理的行为和处罚

第五十条　有下列行为之一的，处警告或者二百元以下罚款；情节严重的，处五日以上十日以下拘留，可以并处五百元以下罚款：

（一）拒不执行人民政府在紧急状态情况下依法发布的决定、命令的；

（二）阻碍国家机关工作人员依法执行职务的；

（三）阻碍执行紧急任务的消防车、救护车、工程抢险车、警车等车辆通行的；

（四）强行冲闯公安机关设置的警戒带、警戒区的。

阻碍人民警察依法执行职务的，从重处罚。

第五十一条　冒充国家机关工作人员或者以其他虚假身份招摇撞骗的，处五日以上十日以下拘留，可以并处五百元以下罚款；情节较轻的，处五日以下拘留或者五百元以下罚款。

冒充军警人员招摇撞骗的，从重处罚。

第五十二条　有下列行为之一的，处十日以上十五日以下拘留，可以并处一千元以下罚款；情节较轻的，处五日以上十日以下拘留，可以并处五百元以下罚款：

（一）伪造、变造或者买卖国家机关、人民团体、企业、事业单位或者其他组织的公文、证件、证明文件、印章的；

（二）买卖或者使用伪造、变造的国家机关、人民团体、企业、事业单位或者其他组织的公文、证件、证明文件的；

（三）伪造、变造、倒卖车票、船票、航空客票、文艺演出票、体育比赛入场券或者其他有价票证、凭证的；

（四）伪造、变造船舶户牌，买卖或者使用伪造、变造的船舶户牌，或者涂改船舶发动机号码的。

第五十三条　船舶擅自进入、停靠国家禁止、限制进入的水域或者岛屿的，对船舶负责人及有关责任人员处五百元以上一千元以下罚款；情节严重的，处五日以下拘留，并处五百元以上一千元以下罚款。

第五十四条　有下列行为之一的，处十日以上十五日以下拘留，并处五百元以上一千元以下罚款；情节较轻的，处五日以下拘留或者五百元以下罚款：

（一）违反国家规定，未经注册登记，以社会团体名义进行活动，被取缔后，仍进行活动的；

（二）被依法撤销登记的社会团体，仍以社会团体名义进行活动的；

（三）未经许可，擅自经营按照国家规定需要由公安机关许可的行业的。

有前款第三项行为的，予以取缔。

取得公安机关许可的经营者，违反国家有关管理规定，情节严重的，公安机关可以吊销许可证。

第五十五条 煽动、策划非法集会、游行、示威，不听劝阻的，处十日以上十五日以下拘留。

第五十六条 旅馆业的工作人员对住宿的旅客不按规定登记姓名、身份证件种类和号码的，或者明知住宿的旅客将危险物质带入旅馆，不予制止的，处二百元以上五百元以下罚款。

旅馆业的工作人员明知住宿的旅客是犯罪嫌疑人员或者被公安机关通缉的人员，不向公安机关报告的，处二百元以上五百元以下罚款；情节严重的，处五日以下拘留，可以并处五百元以下罚款。

第五十七条 房屋出租人将房屋出租给无身份证件的人居住的，或者不按规定登记承租人姓名、身份证件种类和号码的，处二百元以上五百元以下罚款。

房屋出租人明知承租人利用出租房屋进行犯罪活动，不向公安机关报告的，处二百元以上五百元以下罚款；情节严重的，处五日以下拘留，可以并处五百元以下罚款。

第五十八条 违反关于社会生活噪声污染防治的法律规定，制造噪声干扰他人正常生活的，处警告；警告后不改正的，处二百元以上五百元以下罚款。

第五十九条 有下列行为之一的，处五百元以上一千元以下罚款；情节严重的，处五日以上十日以下拘留，并处五百元以上一千元以下罚款：

（一）典当业工作人员承接典当的物品，不查验有关证明、不履行登记手续，或者明知是违法犯罪嫌疑人、赃物，不向公安机关报告的；

（二）违反国家规定，收购铁路、油田、供电、电信、矿山、水利、测量和城市公用设施等废旧专用器材的；

（三）收购公安机关通报寻查的赃物或者有赃物嫌疑的物品的；

（四）收购国家禁止收购的其他物品的。

第六十条 有下列行为之一的，处五日以上十日以下拘留，并处二百元以上五百元以下罚款：

（一）隐藏、转移、变卖或者损毁行政执法机关依法扣押、查封、冻结的财物的；

（二）伪造、隐匿、毁灭证据或者提供虚假证言、谎报案情，影响行政执法机关依法办案的；

（三）明知是赃物而窝藏、转移或者代为销售的；

（四）被依法执行管制、剥夺政治权利或者在缓刑、暂予监外执行中的罪犯或者被依法采取刑事强制措施的人，有违反法律、行政法规或者国务院有关部门的监督管理规定的行为。

第六十一条 协助组织或者运送他人偷越国（边）境的，处十日以上十五日以下拘留，并处一千元以上五千元以下罚款。

第六十二条 为偷越国（边）境人员提供条件的，处五日以上十日以下拘留，并处五百元以上二千元以下罚款。

偷越国（边）境的，处五日以下拘留或者五百元以下罚款。

第六十三条 有下列行为之一的，处警告或者二百元以下罚款；情节较重的，处五日以上十日以下拘留，并处二百元以上五百元以下罚款：

（一）刻划、涂污或者以其他方式故意损坏国家保护的文物、名胜古迹的；

（二）违反国家规定，在文物保护单位附近进行爆破、挖掘等活动，危及文物安全的。

第六十四条 有下列行为之一的，处五百元以上一千元以下罚款；情节严重的，处十日以上十五日以下拘留，并处五百元以上一千元以下罚款：

（一）偷开他人机动车的；

（二）未取得驾驶证驾驶或者偷开他人航空器、机动船舶的。

第六十五条 有下列行为之一的，处五日以上十日以下拘留；情节严重的，处十日以上十五日以下拘留，可以并处一千元以下罚款：

(一)故意破坏、污损他人坟墓或者毁坏、丢弃他人尸骨、骨灰的;

(二)在公共场所停放尸体或者因停放尸体影响他人正常生活、工作秩序,不听劝阻的。

第六十六条 卖淫、嫖娼的,处十日以上十五日以下拘留,可以并处五千元以下罚款;情节较轻的,处五日以下拘留或者五百元以下罚款。

在公共场所拉客招嫖的,处五日以下拘留或者五百元以下罚款。

第六十七条 引诱、容留、介绍他人卖淫的,处十日以上十五日以下拘留,可以并处五千元以下罚款;情节较轻的,处五日以下拘留或者五百元以下罚款。

第六十八条 制作、运输、复制、出售、出租淫秽的书刊、图片、影片、音像制品等淫秽物品或者利用计算机信息网络、电话以及其他通信工具传播淫秽信息的,处十日以上十五日以下拘留,可以并处三千元以下罚款;情节较轻的,处五日以下拘留或者五百元以下罚款。

第六十九条 有下列行为之一的,处十日以上十五日以下拘留,并处五百元以上一千元以下罚款:

(一)组织播放淫秽音像的;

(二)组织或者进行淫秽表演的;

(三)参与聚众淫乱活动的。

明知他人从事前款活动,为其提供条件的,依照前款的规定处罚。

第七十条 以营利为目的,为赌博提供条件的,或者参与赌博赌资较大的,处五日以下拘留或者五百元以下罚款;情节严重的,处十日以上十五日以下拘留,并处五百元以上三千元以下罚款。

第七十一条 有下列行为之一的,处十日以上十五日以下拘留,可以并处三千元以下罚款;情节较轻的,处五日以下拘留或者五百元以下罚款:

(一)非法种植罂粟不满五百株或者其他少量毒品原植物的;

(二)非法买卖、运输、携带、持有少量未经灭活的罂粟等毒品原植物种子或者幼苗的;

(三)非法运输、买卖、储存、使用少量罂粟壳的。

有前款第一项行为,在成熟前自行铲除的,不予处罚。

第七十二条 有下列行为之一的,处十日以上十五日以下拘留,可以并处二千元以下罚款;情节较轻的,处五日以下拘留或者五百元以下罚款:

(一)非法持有鸦片不满二百克、海洛因或者甲基苯丙胺不满十克或者其他少量毒品的;

(二)向他人提供毒品的;

(三)吸食、注射毒品的;

(四)胁迫、欺骗医务人员开具麻醉药品、精神药品的。

第七十三条 教唆、引诱、欺骗他人吸食、注射毒品的,处十日以上十五日以下拘留,并处五百元以上二千元以下罚款。

第七十四条 旅馆业、饮食服务业、文化娱乐业、出租汽车业等单位的人员,在公安机关查处吸毒、赌博、卖淫、嫖娼活动时,为违法犯罪行为人通风报信的,处十日以上十五日以下拘留。

第七十五条 饲养动物,干扰他人正常生活的,处警告;警告后不改正的,或者放任动物恐吓他人的,处二百元以上五百元以下罚款。

驱使动物伤害他人的,依照本法第四十三条第一款的规定处罚。

第七十六条 有本法第六十七条、第六十八条、第七十条的行为,屡教不改的,可以按照国家规定采取强制性教育措施。

第四章 处罚程序

第一节 调 查

第七十七条 公安机关对报案、控告、举报或者违反治安管理行为人主动投案，以及其他行政主管部门、司法机关移送的违反治安管理案件，应当及时受理，并进行登记。

第七十八条 公安机关受理报案、控告、举报、投案后，认为属于违反治安管理行为的，应当立即进行调查；认为不属于违反治安管理行为的，应当告知报案人、控告人、举报人、投案人，并说明理由。

第七十九条 公安机关及其人民警察对治安案件的调查，应当依法进行。严禁刑讯逼供或者采用威胁、引诱、欺骗等非法手段收集证据。

以非法手段收集的证据不得作为处罚的根据。

第八十条 公安机关及其人民警察在办理治安案件时，对涉及的国家秘密、商业秘密或者个人隐私，应当予以保密。

第八十一条 人民警察在办理治安案件过程中，遇有下列情形之一的，应当回避；违反治安管理行为人、被侵害人或者其法定代理人也有权要求他们回避：

(一)是本案当事人或者当事人的近亲属的；

(二)本人或者其近亲属与本案有利害关系的；

(三)与本案当事人有其他关系，可能影响案件公正处理的。

人民警察的回避，由其所属的公安机关决定；公安机关负责人的回避，由上一级公安机关决定。

第八十二条 需要传唤违反治安管理行为人接受调查的，经公安机关办案部门负责人批准，使用传唤证传唤。对现场发现的违反治安管理行为人，人民警察经出示工作证件，可以口头传唤，但应当在询问笔录中注明。

公安机关应当将传唤的原因和依据告知被传唤人。对无正当理由不接受传唤或者逃避传唤的人，可以强制传唤。

第八十三条 对违反治安管理行为人，公安机关传唤后应当及时询问查证，询问查证的时间不得超过八小时；情况复杂，依照本法规定可能适用行政拘留处罚的，询问查证的时间不得超过二十四小时。

公安机关应当及时将传唤的原因和处所通知被传唤人家属。

第八十四条 询问笔录应当交被询问人核对；对没有阅读能力的，应当向其宣读。记载有遗漏或者差错的，被询问人可以提出补充或者更正。被询问人确认笔录无误后，应当签名或者盖章，询问的人民警察也应当在笔录上签名。

被询问人要求就被询问事项自行提供书面材料的，应当准许；必要时，人民警察也可以要求被询问人自行书写。

询问不满十六周岁的违反治安管理行为人，应当通知其父母或者其他监护人到场。

第八十五条 人民警察询问被侵害人或者其他证人，可以到其所在单位或者住处进行；必要时，也可以通知其到公安机关提供证言。

人民警察在公安机关以外询问被侵害人或者其他证人，应当出示工作证件。

询问被侵害人或者其他证人，同时适用本法第八十四条的规定。

第八十六条 询问聋哑的违反治安管理行为人、被侵害人或者其他证人，应当有通晓手语的人提供帮助，并在笔录上注明。

询问不通晓当地通用的语言文字的违反治安管理行为人、被侵害人或者其他证人，应当配备翻译人员，并在笔录上注明。

第八十七条 公安机关对与违反治安管理行为有关的场所、物品、人身可以进行检查。检查时，人民警察不得少于二人，并应当出示工作证件和县级以上人民政府公安机关开具的检查证明文件。对确有必要立即进行检查的，人民警察经出示工作证件，可以当场检查，但检查公民住所应当出示县级以上人民政府公安机关开具的检查证明文件。

检查妇女的身体，应当由女性工作人员进行。

第八十八条 检查的情况应当制作检查笔录，由检查人、被检查人和见证人签名或者盖章；被检查人拒绝签名的，人民警察应当在笔录上注明。

第八十九条 公安机关办理治安案件，对与案件有关的需要作为证据的物品，可以扣押；对被侵害人或者善意第三人合法占有的财产，不得扣押，应当予以登记。对与案件无关的物品，不得扣押。

对扣押的物品，应当会同在场见证人和被扣押物品持有人查点清楚，当场开列清单一式二份，由调查人员、见证人和持有人签名或者盖章，一份交给持有人，另一份附卷备查。

对扣押的物品，应当妥善保管，不得挪作他用；对不宜长期保存的物品，按照有关规定处理。经查明与案件无关的，应当及时退还；经核实属于他人合法财产的，应当登记后立即退还；满六个月无人对该财产主张权利或者无法查清权利人的，应当公开拍卖或者按照国家有关规定处理，所得款项上缴国库。

第九十条 为了查明案情，需要解决案件中有争议的专门性问题的，应当指派或者聘请具有专门知识的人员进行鉴定；鉴定人鉴定后，应当写出鉴定意见，并且签名。

第二节 决 定

第九十一条 治安管理处罚由县级以上人民政府公安机关决定；其中警告、五百元以下的罚款可以由公安派出所决定。

第九十二条 对决定给予行政拘留处罚的人，在处罚前已经采取强制措施限制人身自由的时间，应当折抵。限制人身自由一日，折抵行政拘留一日。

第九十三条 公安机关查处治安案件，对没有本人陈述，但其他证据能够证明案件事实的，可以作出治安管理处罚决定。但是，只有本人陈述，没有其他证据证明的，不能作出治安管理处罚决定。

第九十四条 公安机关作出治安管理处罚决定前，应当告知违反治安管理行为人作出治安管理处罚的事实、理由及依据，并告知违反治安管理行为人依法享有的权利。

违反治安管理行为人有权陈述和申辩。公安机关必须充分听取违反治安管理行为人的意见，对违反治安管理行为人提出的事实、理由和证据，应当进行复核；违反治安管理行为人提出的事实、理由或者证据成立的，公安机关应当采纳。

公安机关不得因违反治安管理行为人的陈述、申辩而加重处罚。

第九十五条 治安案件调查结束后，公安机关应当根据不同情况，分别作出以下处理：

（一）确有依法应当给予治安管理处罚的违法行为的，根据情节轻重及具体情况，作出处罚决定；

（二）依法不予处罚的，或者违法事实不能成立的，作出不予处罚决定；

（三）违法行为已涉嫌犯罪的，移送主管机关依法追究刑事责任；

（四）发现违反治安管理行为人有其他违法行为的，在对违反治安管理行为作出处罚决定的同时，通知有关行政主管部门处理。

第九十六条 公安机关作出治安管理处罚决定的，应当制作治安管理处罚决定书。决定书应当载明下列内容：

（一）被处罚人的姓名、性别、年龄、身份证件的名称和号码、住址；

（二）违法事实和证据；

（三）处罚的种类和依据；

（四）处罚的执行方式和期限；

（五）对处罚决定不服，申请行政复议、提起行政诉讼的途径和期限；

（六）作出处罚决定的公安机关的名称和作出决定的日期。

决定书应当由作出处罚决定的公安机关加盖印章。

第九十七条 公安机关应当向被处罚人宣告治安管理处罚决定书，并当场交付被处罚人；无法当场向被处罚人宣告的，应当在二日内送达被处罚人。决定给予行政拘留处罚的，应当及时通知被处罚人的家属。

有被侵害人的，公安机关应当将决定书副本抄送被侵害人。

第九十八条 公安机关作出吊销许可证以及处二千元以上罚款的治安管理处罚决定前，应当告知违反治安管理行为人有权要求举行听证；违反治安管理行为人要求听证的，公安机关应当及时依法举行听证。

第九十九条 公安机关办理治安案件的期限，自受理之日起不得超过三十日；案情重大、复杂的，经上一级公安机关批准，可以延长三十日。

为了查明案情进行鉴定的期间，不计入办理治安案件的期限。

第一百条 违反治安管理行为事实清楚，证据确凿，处警告或者二百元以下罚款的，可以当场作出治安管理处罚决定。

第一百零一条 当场作出治安管理处罚决定的，人民警察应当向违反治安管理行为人出示工作证件，并填写处罚决定书。处罚决定书应当当场交付被处罚人；有被侵害人的，并将决定书副本抄送被侵害人。

前款规定的处罚决定书，应当载明被处罚人的姓名、违法行为、处罚依据、罚款数额、时间、地点以及公安机关名称，并由经办的人民警察签名或者盖章。

当场作出治安管理处罚决定的，经办的人民警察应当在二十四小时内报所属公安机关备案。

第一百零二条 被处罚人对治安管理处罚决定不服的，可以依法申请行政复议或者提起行政诉讼。

第三节 执 行

第一百零三条 对被决定给予行政拘留处罚的人，由作出决定的公安机关送达拘留所执行。

第一百零四条 受到罚款处罚的人应当自收到处罚决定书之日起十五日内，到指定的银行缴纳罚款。但是，有下列情形之一的，人民警察可以当场收缴罚款：

(一)被处五十元以下罚款，被处罚人对罚款无异议的；

(二)在边远、水上、交通不便地区，公安机关及其人民警察依照本法的规定作出罚款决定后，被处罚人向指定的银行缴纳罚款确有困难，经被处罚人提出的；

(三)被处罚人在当地没有固定住所，不当场收缴事后难以执行的。

第一百零五条 人民警察当场收缴的罚款，应当自收缴罚款之日起二日内，交至所属的公安机关；在水上、旅客列车上当场收缴的罚款，应当自抵岸或者到站之日起二日内，交至所属的公安机关；公安机关应当自收到罚款之日起二日内将罚款缴付指定的银行。

第一百零六条 人民警察当场收缴罚款的，应当向被处罚人出具省、自治区、直辖市人民政府财政部门统一制发的罚款收据；不出具统一制发的罚款收据的，被处罚人有权拒绝缴纳罚款。

第一百零七条 被处罚人不服行政拘留处罚决定，申请行政复议、提起行政诉讼的，可以向公安机关提出暂缓执行行政拘留的申请。公安机关认为暂缓执行行政拘留不致发生社会危险的，由被处罚人或者其近亲属提出符合本法第一百零八条规定条件的担保人，或者按每日行政拘留二百元的标准交纳保证金，行政拘留的处罚决定暂缓执行。

第一百零八条 担保人应当符合下列条件：

(一)与本案无牵连；

(二)享有政治权利，人身自由未受到限制；

(三)在当地有常住户口和固定住所；

(四)有能力履行担保义务。

第一百零九条 担保人应当保证被担保人不逃避行政拘留处罚的执行。

担保人不履行担保义务，致使被担保人逃避行政拘留处罚的执行的，由公安机关对其处三千元以下罚款。

第一百一十条 被决定给予行政拘留处罚的人交纳保证金，暂缓行政拘留后，逃避行政拘留处罚的执行的，保证金予以没收并上缴国库，已经作出的行政拘留决定仍应执行。

第一百一十一条 行政拘留的处罚决定被撤销，或者行政拘留处罚开始执行的，公安机关收取的保证金应当及时退还交纳人。

第五章　执法监督

第一百一十二条 公安机关及其人民警察应当依法、公正、严格、高效办理治安案件，文明执法，不得徇私舞弊。

第一百一十三条 公安机关及其人民警察办理治安案件，禁止对违反治安管理行为人打骂、虐待或者侮辱。

第一百一十四条 公安机关及其人民警察办理治安案件，应当自觉接受社会和公民的监督。

公安机关及其人民警察办理治安案件，不严格执法或者有违法违纪行为的，任何单位和个人都有权向公安机关或者人民检察院、行政监察机关检举、控告；收到检举、控告的机关，应当依据职责及时处理。

第一百一十五条 公安机关依法实施罚款处罚，应当依照有关法律、行政法规的规定，实行罚款决定与罚款收缴分离；收缴的罚款应当全部上缴国库。

第一百一十六条 人民警察办理治安案件，有下列行为之一的，依法给予行政处分；构成犯罪的，依法追究刑事责任：

（一）刑讯逼供、体罚、虐待、侮辱他人的；

（二）超过询问查证的时间限制人身自由的；

（三）不执行罚款决定与罚款收缴分离制度或者不按规定将罚没的财物上缴国库或者依法处理的；

（四）私分、侵占、挪用、故意损毁收缴、扣押的财物的；

（五）违反规定使用或者不及时返还被侵害人财物的；

（六）违反规定不及时退还保证金的；

（七）利用职务上的便利收受他人财物或者谋取其他利益的；

（八）当场收缴罚款不出具罚款收据或者不如实填写罚款数额的；

（九）接到要求制止违反治安管理行为的报警后，不及时出警的；

（十）在查处违反治安管理活动时，为违法犯罪行为人通风报信的；

（十一）有徇私舞弊、滥用职权，不依法履行法定职责的其他情形的。

办理治安案件的公安机关有前款所列行为的，对直接负责的主管人员和其他直接责任人员给予相应的行政处分。

第一百一十七条 公安机关及其人民警察违法行使职权，侵犯公民、法人和其他组织合法权益的，应当赔礼道歉；造成损害的，应当依法承担赔偿责任。

第六章　附　则

第一百一十八条 本法所称以上、以下、以内，包括本数。

第一百一十九条 本法自2006年3月1日起施行。1986年9月5日公布、1994年5月12日修订公布的《中华人民共和国治安管理处罚条例》同时废止。

中华人民共和国行政监察法

（2010 年 6 月 25 日第十一届全国人民代表大会常务委员会第十五次会议通过）

第一章　总　则

第一条　为了加强监察工作，保证政令畅通，维护行政纪律，促进廉政建设，改善行政管理，提高行政效能，根据宪法，制定本法。

第二条　监察机关是人民政府行使监察职能的机关，依照本法对国家行政机关及其公务员和国家行政机关任命的其他人员实施监察。

第三条　监察机关依法行使职权，不受其他行政部门、社会团体和个人的干涉。

第四条　监察工作必须坚持实事求是，重证据、重调查研究，在适用法律和行政纪律上人人平等。

第五条　监察工作应当实行教育与惩处相结合、监督检查与制度建设相结合。

第六条　监察工作应当依靠群众。监察机关建立举报制度，公民、法人或者其他组织对于任何国家行政机关及其公务员和国家行政机关任命的其他人员的违反行政纪律行为，有权向监察机关提出控告或者检举。监察机关应当受理举报并依法调查处理；对实名举报的，应当将处理结果等情况予以回复。

监察机关应当对举报事项、举报受理情况以及与举报人相关的信息予以保密，保护举报人的合法权益，具体办法由国务院规定。

第二章　监察机关和监察人员

第七条　国务院监察机关主管全国的监察工作。

县级以上地方各级人民政府监察机关负责本行政区域内的监察工作，对本级人民政府和上一级监察机关负责并报告工作，监察业务以上级监察机关领导为主。

第八条　县级以上各级人民政府监察机关根据工作需要，经本级人民政府批准，可以向政府所属部门派出监察机构或者监察人员。

监察机关派出的监察机构或者监察人员，对监察机关负责并报告工作。监察机关对派出的监察机构和监察人员实行统一管理，对派出的监察人员实行交流制度。

第九条　监察人员必须遵纪守法，忠于职守，秉公执法，清正廉洁，保守秘密。

第十条　监察人员必须熟悉监察业务，具备相应的文化水平和专业知识。

第十一条　县级以上地方各级人民政府监察机关正职、副职领导人员的任命或者免职，在提请决定前，必须经上一级监察机关同意。

第十二条　监察机关对监察人员执行职务和遵守纪律实行监督的制度。

第十三条　监察人员依法执行职务，受法律保护。

任何组织和个人不得拒绝、阻碍监察人员依法执行职务，不得打击报复监察人员。

第十四条　监察人员办理的监察事项与本人或者其近亲属有利害关系的，应当回避。

第三章　监察机关的职责

第十五条　国务院监察机关对下列机关和人员实施监察：

(一)国务院各部门及其公务员；

(二)国务院及国务院各部门任命的其他人员；

(三)省、自治区、直辖市人民政府及其领导人员。

第十六条　县级以上地方各级人民政府监察机关对下列机关和人员实施监察：

(一)本级人民政府各部门及其公务员；

(二)本级人民政府及本级人民政府各部门任命的其他人员；

(三)下一级人民政府及其领导人员。

县、自治县、不设区的市、市辖区人民政府监察机关还对本辖区所属的乡、民族乡、镇人民政府的公务员以及乡、民族乡、镇人民政府任命的其他人员实施监察。

第十七条　上级监察机关可以办理下一级监察机关管辖范围内的监察事项；必要时也可以办理所辖各级监察机关管辖范围内的监察事项。

监察机关之间对管辖范围有争议的，由其共同的上级监察机关确定。

第十八条　监察机关对监察对象执法、廉政、效能情况进行监察，履行下列职责：

(一)检查国家行政机关在遵守和执行法律、法规和人民政府的决定、命令中的问题；

(二)受理对国家行政机关及其公务员和国家行政机关任命的其他人员违反行政纪律行为的控告、检举；

(三)调查处理国家行政机关及其公务员和国家行政机关任命的其他人员违反行政纪律的行为；

(四)受理国家行政机关公务员和国家行政机关任命的其他人员不服主管行政机关给予处分决定的申诉，以及法律、行政法规规定的其他由监察机关受理的申诉；

(五)法律、行政法规规定由监察机关履行的其他职责。

监察机关按照国务院的规定，组织协调、检查指导政务公开工作和纠正损害群众利益的不正之风工作。

第四章　监察机关的权限

第十九条　监察机关履行职责，有权采取下列措施：

(一)要求被监察的部门和人员提供与监察事项有关的文件、资料、财务账目及其他有关的材料，进行查阅或者予以复制；

(二)要求被监察的部门和人员就监察事项涉及的问题作出解释和说明；

(三)责令被监察的部门和人员停止违反法律、法规和行政纪律的行为。

第二十条　监察机关在调查违反行政纪律行为时，可以根据实际情况和需要采取下列措施：

(一)暂予扣留、封存可以证明违反行政纪律行为的文件、资料、财务账目及其他有关的材料；

(二)责令案件涉嫌单位和涉嫌人员在调查期间不得变卖、转移与案件有关的财物；

(三)责令有违反行政纪律嫌疑的人员在指定的时间、地点就调查事项涉及的问题作出解释和说明，但是不得对其实行拘禁或者变相拘禁；

(四)建议有关机关暂停有严重违反行政纪律嫌疑的人员执行职务。

第二十一条　监察机关在调查贪污、贿赂、挪用公款等违反行政纪律的行为时，经县级以上监察机关领导人员批准，可以查询案件涉嫌单位和涉嫌人员在银行或者其他金融机构的存款；必要时，可以提请人民法院采取保全措施，依法冻结涉嫌人员在银行或者其他金融机构的存款。

第二十二条　监察机关在办理违反行政纪律案件中，可以提请有关行政部门、机构予以协助。

被提请协助的行政部门、机构应当根据监察机关提请协助办理的事项和要求，在职权范围内予以协助。

第二十三条　监察机关根据检查、调查结果，遇有下列情形之一的，可以提出监察建议：

(一)拒不执行法律、法规或者违反法律、法规以及人民政府的决定、命令,应当予以纠正的;

(二)本级人民政府所属部门和下级人民政府作出的决定、命令、指示违反法律、法规或者国家政策,应当予以纠正或者撤销的;

(三)给国家利益、集体利益和公民合法权益造成损害,需要采取补救措施的;

(四)录用、任免、奖惩决定明显不适当,应当予以纠正的;

(五)依照有关法律、法规的规定,应当给予行政处罚的;

(六)需要给予责令公开道歉、停职检查、引咎辞职、责令辞职、免职等问责处理的;

(七)需要完善廉政、勤政制度的;

(八)其他需要提出监察建议的。

第二十四条 监察机关根据检查、调查结果,遇有下列情形之一的,可以作出监察决定或者提出监察建议:

(一)违反行政纪律,依法应当给予警告、记过、记大过、降级、撤职、开除处分的;

(二)违反行政纪律取得的财物,依法应当没收、追缴或者责令退赔的。

对前款第(一)项所列情形作出监察决定或者提出监察建议的,应当按照国家有关人事管理权限和处理程序的规定办理。

第二十五条 监察机关依法作出的监察决定,有关部门和人员应当执行。监察机关依法提出的监察建议,有关部门无正当理由的,应当采纳。

第二十六条 监察机关对监察事项涉及的单位和个人有权进行查询。

第二十七条 监察机关应当依法公开监察工作信息。

第二十八条 监察机关的领导人员可以列席本级人民政府的有关会议,监察人员可以列席被监察部门的与监察事项有关的会议。

第二十九条 监察机关对控告、检举重大违法违纪行为的有功人员,可以依照有关规定给予奖励。

第五章 监察程序

第三十条 监察机关按照下列程序进行检查:

(一)对需要检查的事项予以立项;

(二)制定检查方案并组织实施;

(三)向本级人民政府或者上级监察机关提出检查情况报告;

(四)根据检查结果,作出监察决定或者提出监察建议。

重要检查事项的立项,应当报本级人民政府和上一级监察机关备案。

第三十一条 监察机关按照下列程序对违反行政纪律的行为进行调查处理:

(一)对需要调查处理的事项进行初步审查;认为有违反行政纪律的事实,需要追究行政纪律责任的,予以立案;

(二)组织实施调查,收集有关证据;

(三)有证据证明违反行政纪律,需要给予处分或者作出其他处理的,进行审理;

(四)作出监察决定或者提出监察建议。

重要、复杂案件的立案,应当报本级人民政府和上一级监察机关备案。

第三十二条 监察机关对于立案调查的案件,经调查认定不存在违反行政纪律事实的,或者不需要追究行政纪律责任的,应当予以撤销,并告知被调查单位及其上级部门或者被调查人员及其所在单位。

重要、复杂案件的撤销,应当报本级人民政府和上一级监察机关备案。

第三十三条 监察机关立案调查的案件,应当自立案之日起六个月内结案;因特殊原因需要延长办案期限的,可以适当延长,但是最长不得超过一年,并应当报上一级监察机关备案。

第三十四条 监察机关在检查、调查中应当听取被监察的部门和人员的陈述和申辩。

第三十五条 监察机关作出的重要监察决定和提出的重要监察建议，应当报经本级人民政府和上一级监察机关同意。国务院监察机关作出的重要监察决定和提出的重要监察建议，应当报经国务院同意。

第三十六条 监察决定、监察建议应当以书面形式送达有关单位、人员。

监察机关对违反行政纪律的人员作出给予处分的监察决定，由人民政府人事部门或者有关部门按照人事管理权限执行。

人民政府人事部门或者有关部门应当将监察机关作出的给予处分的监察决定及其执行的有关材料归入受处分人员的档案。

第三十七条 有关单位和人员应当自收到监察决定或者监察建议之日起三十日内将执行监察决定或者采纳监察建议的情况通报监察机关。

第三十八条 国家行政机关公务员和国家行政机关任命的其他人员对主管行政机关作出的处分决定不服的，可以自收到处分决定之日起三十日内向监察机关提出申诉，监察机关应当自收到申诉之日起三十日内作出复查决定；对复查决定仍不服的，可以自收到复查决定之日起三十日内向上一级监察机关申请复核，上一级监察机关应当自收到复核申请之日起六十日内作出复核决定。

复查、复核期间，不停止原决定的执行。

第三十九条 监察机关对受理的不服主管行政机关处分决定的申诉，经复查认为原决定不适当的，可以建议原决定机关予以变更或者撤销；监察机关在职权范围内，也可以直接作出变更或者撤销的决定。

法律、行政法规规定由监察机关受理的其他申诉，依照有关法律、行政法规的规定办理。

第四十条 对监察决定不服的，可以自收到监察决定之日起三十日内向作出决定的监察机关申请复审，监察机关应当自收到复审申请之日起三十日内作出复审决定；对复审决定仍不服的，可以自收到复审决定之日起三十日内向上一级监察机关申请复核，上一级监察机关应当自收到复核申请之日起六十日内作出复核决定。

复审、复核期间，不停止原决定的执行。

第四十一条 上一级监察机关认为下一级监察机关的监察决定不适当的，可以责成下一级监察机关予以变更或者撤销，必要时也可以直接作出变更或者撤销的决定。

第四十二条 上一级监察机关的复核决定和国务院监察机关的复查决定或者复审决定为最终决定。

第四十三条 对监察建议有异议的，可以自收到监察建议之日起三十日内向作出监察建议的监察机关提出，监察机关应当自收到异议之日起三十日内回复；对回复仍有异议的，由监察机关提请本级人民政府或者上一级监察机关裁决。

第四十四条 监察机关在办理监察事项中，发现所调查的事项不属于监察机关职责范围内的，应当移送有处理权的单位处理；涉嫌犯罪的，应当移送司法机关依法处理。

接受移送的单位或者机关应当将处理结果告知监察机关。

第六章　法律责任

第四十五条 被监察的部门和人员违反本法规定，有下列行为之一的，由主管机关或者监察机关责令改正，对部门给予通报批评；对负有直接责任的主管人员和其他直接责任人员依法给予处分：

（一）隐瞒事实真相、出具伪证或者隐匿、转移、篡改、毁灭证据的；

（二）故意拖延或者拒绝提供与监察事项有关的文件、资料、财务账目及其他有关材料和其他必要情况的；

（三）在调查期间变卖、转移涉嫌财物的；

（四）拒绝就监察机关所提问题作出解释和说明的；

（五）拒不执行监察决定或者无正当理由拒不采纳监察建议的；

（六）有其他违反本法规定的行为，情节严重的。

第四十六条 泄露举报事项、举报受理情况以及与举报人相关的信息的，依法给予处分；构成犯罪的，依法追究刑事责任。

第四十七条 对申诉人、控告人、检举人或者监察人员进行报复陷害的，依法给予处分；构成犯罪的，依法追究刑事责任。

第四十八条 监察人员滥用职权、徇私舞弊、玩忽职守、泄露秘密的，依法给予处分；构成犯罪的，依法追究刑事责任。

第四十九条 监察机关和监察人员违法行使职权，侵犯公民、法人和其他组织的合法权益，造成损害的，应当依法赔偿。

第七章 附 则

第五十条 监察机关对法律、法规授权的具有公共事务管理职能的组织及其从事公务的人员和国家行政机关依法委托从事公共事务管理活动的组织及其从事公务的人员实施监察，适用本法。

第五十一条 本法自公布之日起施行。1990 年 12 月 9 日国务院发布的《中华人民共和国行政监察条例》同时废止。

中华人民共和国城乡规划法

（2007 年 10 月 28 日第十届全国人民代表大会常务委员会第三十次会议通过）

第一章 总 则

第一条 为了加强城乡规划管理，协调城乡空间布局，改善人居环境，促进城乡经济社会全面协调可持续发展，制定本法。

第二条 制定和实施城乡规划，在规划区内进行建设活动，必须遵守本法。

本法所称城乡规划，包括城镇体系规划、城市规划、镇规划、乡规划和村庄规划。城市规划、镇规划分为总体规划和详细规划。详细规划分为控制性详细规划和修建性详细规划。

本法所称规划区，是指城市、镇和村庄的建成区以及因城乡建设和发展需要，必须实行规划控制的区域。规划区的具体范围由有关人民政府在组织编制的城市总体规划、镇总体规划、乡规划和村庄规划中，根据城乡经济社会发展水平和统筹城乡发展的需要划定。

第三条 城市和镇应当依照本法制定城市规划和镇规划。城市、镇规划区内的建设活动应当符合规划要求。

县级以上地方人民政府根据本地农村经济社会发展水平，按照因地制宜、切实可行的原则，确定应当制定乡规划、村庄规划的区域。在确定区域内的乡、村庄，应当依照本法制定规划，规划区内的乡、村庄建设应当符合规划要求。

县级以上地方人民政府鼓励、指导前款规定以外的区域的乡、村庄制定和实施乡规划、村庄规划。

第四条 制定和实施城乡规划，应当遵循城乡统筹、合理布局、节约土地、集约发展和先规划后建设的原则，改善生态环境，促进资源、能源节约和综合利用，保护耕地等自然资源和历史文化遗产，保持地方特色、民族特色和传统风貌，防止污染和其他公害，并符合区域人口发展、国防建设、防灾减灾和公共卫生、公共安全的需要。

在规划区内进行建设活动，应当遵守土地管理、自然资源和环境保护等法律、法规的规定。

县级以上地方人民政府应当根据当地经济社会发展的实际，在城市总体规划、镇总体规划中合理确定城市、镇的发展规模、步骤和建设标准。

第五条 城市总体规划、镇总体规划以及乡规划和村庄规划的编制，应当依据国民经济和社会发展规划，并与土地利用总体规划相衔接。

第六条 各级人民政府应当将城乡规划的编制和管理经费纳入本级财政预算。

第七条 经依法批准的城乡规划，是城乡建设和规划管理的依据，未经法定程序不得修改。

第八条 城乡规划组织编制机关应当及时公布经依法批准的城乡规划。但是，法律、行政法规规定不得公开的内容除外。

第九条 任何单位和个人都应当遵守经依法批准并公布的城乡规划，服从规划管理，并有权就涉及其利害关系的建设活动是否符合规划的要求向城乡规划主管部门查询。

任何单位和个人都有权向城乡规划主管部门或者其他有关部门举报或者控告违反城乡规划的行为。城乡规划主管部门或者其他有关部门对举报或者控告，应当及时受理并组织核查、处理。

第十条 国家鼓励采用先进的科学技术，增强城乡规划的科学性，提高城乡规划实施及监督管理的效能。

第十一条 国务院城乡规划主管部门负责全国的城乡规划管理工作。

县级以上地方人民政府城乡规划主管部门负责本行政区域内的城乡规划管理工作。

第二章 城乡规划的制定

第十二条 国务院城乡规划主管部门会同国务院有关部门组织编制全国城镇体系规划，用于指导省域城镇体系规划、城市总体规划的编制。

全国城镇体系规划由国务院城乡规划主管部门报国务院审批。

第十三条 省、自治区人民政府组织编制省域城镇体系规划，报国务院审批。

省域城镇体系规划的内容应当包括：城镇空间布局和规模控制，重大基础设施的布局，为保护生态环境、资源等需要严格控制的区域。

第十四条 城市人民政府组织编制城市总体规划。

直辖市的城市总体规划由直辖市人民政府报国务院审批。省、自治区人民政府所在地的城市以及国务院确定的城市的总体规划，由省、自治区人民政府审查同意后，报国务院审批。其他城市的总体规划，由城市人民政府报省、自治区人民政府审批。

第十五条 县人民政府组织编制县人民政府所在地镇的总体规划，报上一级人民政府审批。其他镇的总体规划由镇人民政府组织编制，报上一级人民政府审批。

第十六条 省、自治区人民政府组织编制的省域城镇体系规划，城市、县人民政府组织编制的总体规划，在报上一级人民政府审批前，应当先经本级人民代表大会常务委员会审议，常务委员会组成人员的审议意见交由本级人民政府研究处理。

镇人民政府组织编制的镇总体规划，在报上一级人民政府审批前，应当先经镇人民代表大会审议，代表的审议意见交由本级人民政府研究处理。

规划的组织编制机关报送审批省域城镇体系规划、城市总体规划或者镇总体规划，应当将本级人民代表大会常务委员会组成人员或者镇人民代表大会代表的审议意见和根据审议意见修改规划的情况一并报送。

第十七条 城市总体规划、镇总体规划的内容应当包括：城市、镇的发展布局，功能分区，用地布局，综合交通体系，禁止、限制和适宜建设的地域范围，各类专项规划等。

规划区范围、规划区内建设用地规模、基础设施和公共服务设施用地、水源地和水系、基本农田和绿化用地、环境保护、自然与历史文化遗产保护以及防灾减灾等内容，应当作为城市总体规划、镇总体规划的强制性内容。

城市总体规划、镇总体规划的规划期限一般为二十年。城市总体规划还应当对城市更长远的发展作出预测性安排。

第十八条 乡规划、村庄规划应当从农村实际出发，尊重村民意愿，体现地方和农村特色。

乡规划、村庄规划的内容应当包括：规划区范围，住宅、道路、供水、排水、供电、垃圾收集、畜禽养殖场所等农村生产、生活服务设施、公益事业等各项建设的用地布局、建设要求，以及对耕地等自然资源和历史文化遗产保护、防灾减灾等的具体安排。乡规划还应当包括本行政区域内的村庄发展布局。

第十九条 城市人民政府城乡规划主管部门根据城市总体规划的要求，组织编制城市的控制性详细规划，经本级人民政府批准后，报本级人民代表大会常务委员会和上一级人民政府备案。

第二十条 镇人民政府根据镇总体规划的要求，组织编制镇的控制性详细规划，报上一级人民政府审批。县人民政府所在地镇的控制性详细规划，由县人民政府城乡规划主管部门根据镇总体规划的要求组织编制，经县人民政府批准后，报本级人民代表大会常务委员会和上一级人民政府备案。

第二十一条 城市、县人民政府城乡规划主管部门和镇人民政府可以组织编制重要地块的修建性详细规划。修建性详细规划应当符合控制性详细规划。

第二十二条 乡、镇人民政府组织编制乡规划、村庄规划，报上一级人民政府审批。村庄规划在报送审批前，应当经村民会议或者村民代表会议讨论同意。

第二十三条 首都的总体规划、详细规划应当统筹考虑中央国家机关用地布局和空间安排的需要。

第二十四条 城乡规划组织编制机关应当委托具有相应资质等级的单位承担城乡规划的具体编制工作。

从事城乡规划编制工作应当具备下列条件，并经国务院城乡规划主管部门或者省、自治区、直辖市人民政府城乡规划主管部门依法审查合格，取得相应等级的资质证书后，方可在资质等级许可的范围内从事城乡规划编制工作：

（一）有法人资格；

（二）有规定数量的经国务院城乡规划主管部门注册的规划师；

（三）有规定数量的相关专业技术人员；

（四）有相应的技术装备；

（五）有健全的技术、质量、财务管理制度。

规划师执业资格管理办法，由国务院城乡规划主管部门会同国务院人事行政部门制定。

编制城乡规划必须遵守国家有关标准。

第二十五条 编制城乡规划，应当具备国家规定的勘察、测绘、气象、地震、水文、环境等基础资料。

县级以上地方人民政府有关主管部门应当根据编制城乡规划的需要，及时提供有关基础资料。

第二十六条 城乡规划报送审批前，组织编制机关应当依法将城乡规划草案予以公告，并采取论证会、听证会或者其他方式征求专家和公众的意见。公告的时间不得少于三十日。

组织编制机关应当充分考虑专家和公众的意见，并在报送审批的材料中附具意见采纳情况及理由。

第二十七条 省域城镇体系规划、城市总体规划、镇总体规划批准前，审批机关应当组织专家和有关部门进行审查。

第三章 城乡规划的实施

第二十八条 地方各级人民政府应当根据当地经济社会发展水平，量力而行，尊重群众意愿，有计划、分步骤地组织实施城乡规划。

第二十九条 城市的建设和发展，应当优先安排基础设施以及公共服务设施的建设，妥善处理新区开发与旧区改建的关系，统筹兼顾进城务工人员生活和周边农村经济社会发展、村民生产与生活的需要。

镇的建设和发展，应当结合农村经济社会发展和产业结构调整，优先安排供水、排水、供电、供气、道路、通信、广播电视等基础设施和学校、卫生院、文化站、幼儿园、福利院等公共服务设施的建设，为周边农村提供服务。

乡、村庄的建设和发展，应当因地制宜、节约用地，发挥村民自治组织的作用，引导村民合理进行建设，改善农村生产、生活条件。

第三十条 城市新区的开发和建设，应当合理确定建设规模和时序，充分利用现有市政基础设施和公共服务设施，严格保护自然资源和生态环境，体现地方特色。

在城市总体规划、镇总体规划确定的建设用地范围以外，不得设立各类开发区和城市新区。

第三十一条 旧城区的改建，应当保护历史文化遗产和传统风貌，合理确定拆迁和建设规模，有计划地对危房集中、基础设施落后等地段进行改建。

历史文化名城、名镇、名村的保护以及受保护建筑物的维护和使用，应当遵守有关法律、行政法规和国务院的规定。

第三十二条 城乡建设和发展，应当依法保护和合理利用风景名胜资源，统筹安排风景名胜区及周边乡、镇、村庄的建设。

风景名胜区的规划、建设和管理，应当遵守有关法律、行政法规和国务院的规定。

第三十三条 城市地下空间的开发和利用，应当与经济和技术发展水平相适应，遵循统筹安排、综合开发、合理利用的原则，充分考虑防灾减灾、人民防空和通信等需要，并符合城市规划，履行规划审批手续。

第三十四条 城市、县、镇人民政府应当根据城市总体规划、镇总体规划、土地利用总体规划和年度计划以及国民经济和社会发展规划，制定近期建设规划，报总体规划审批机关备案。

近期建设规划应当以重要基础设施、公共服务设施和中低收入居民住房建设以及生态环境保护为重点内容，明确近期建设的时序、发展方向和空间布局。近期建设规划的规划期限为五年。

第三十五条 城乡规划确定的铁路、公路、港口、机场、道路、绿地、输配电设施及输电线路走廊、通信设施、广播电视设施、管道设施、河道、水库、水源地、自然保护区、防汛通道、消防通道、核电站、垃圾填埋场及焚烧厂、污水处理厂和公共服务设施的用地以及其他需要依法保护的用地，禁止擅自改变用途。

第三十六条 按照国家规定需要有关部门批准或者核准的建设项目，以划拨方式提供国有土地使用权的，建设单位在报送有关部门批准或者核准前，应当向城乡规划主管部门申请核发选址意见书。

前款规定以外的建设项目不需要申请选址意见书。

第三十七条 在城市、镇规划区内以划拨方式提供国有土地使用权的建设项目，经有关部门批准、核准、备案后，建设单位应当向城市、县人民政府城乡规划主管部门提出建设用地规划许可申请，由城市、县人民政府城乡规划主管部门依据控制性详细规划核定建设用地的位置、面积、允许建设的范围，核发建设用地规划许可证。

建设单位在取得建设用地规划许可证后，方可向县级以上地方人民政府土地主管部门申请用地，经县级以上人民政府审批后，由土地主管部门划拨土地。

第三十八条 在城市、镇规划区内以出让方式提供国有土地使用权的，在国有土地使用权出让前，城市、县人民政府城乡规划主管部门应当依据控制性详细规划，提出出让地块的位置、使用性质、开发强度等规划条件，作为国有土地使用权出让合同的组成部分。未确定规划条件的地块，不得出让国有土地使用权。

以出让方式取得国有土地使用权的建设项目，在签订国有土地使用权出让合同后，建设单位应当持建设项目的批准、核准、备案文件和国有土地使用权出让合同，向城市、县人民政府城乡规划主管部门领取建设用地规划许可证。

城市、县人民政府城乡规划主管部门不得在建设用地规划许可证中，擅自改变作为国有土地使用权出让合同组成部分的规划条件。

第三十九条 规划条件未纳入国有土地使用权出让合同的，该国有土地使用权出让合同无效；对未取得建设用地规划许可证的建设单位批准用地的，由县级以上人民政府撤销有关批准文件；占用土地的，应当及时退回；给当事人造成损失的，应当依法给予赔偿。

第四十条 在城市、镇规划区内进行建筑物、构筑物、道路、管线和其他工程建设的，建设单位或者个人应当向城市、县人民政府城乡规划主管部门或者省、自治区、直辖市人民政府确定的镇人民政府申请办理建设工程规划许可证。

申请办理建设工程规划许可证，应当提交使用土地的有关证明文件、建设工程设计方案等材料。需要建设单位编制修建性详细规划的建设项目，还应当提交修建性详细规划。对符合控制性详细规划和规划条件的，由城市、县人民政府城乡规划主管部门或者省、自治区、直辖市人民政府确定的镇人民政府核发建设工程规划许可证。

城市、县人民政府城乡规划主管部门或者省、自治区、直辖市人民政府确定的镇人民政府应当依法将经审定的修建性详细规划、建设工程设计方案的总平面图予以公布。

第四十一条 在乡、村庄规划区内进行乡镇企业、乡村公共设施和公益事业建设的，建设单位或者个人应当向乡、镇人民政府提出申请，由乡、镇人民政府报城市、县人民政府城乡规划主管部门核发乡村建设规划许可证。

在乡、村庄规划区内使用原有宅基地进行农村村民住宅建设的规划管理办法，由省、自治区、直辖市制定。

在乡、村庄规划区内进行乡镇企业、乡村公共设施和公益事业建设以及农村村民住宅建设，不得占用农用地；确需占用农用地的，应当依照《中华人民共和国土地管理法》有关规定办理农用地转用审批手续后，由城市、县人民政府城乡规划主管部门核发乡村建设规划许可证。

建设单位或者个人在取得乡村建设规划许可证后，方可办理用地审批手续。

第四十二条 城乡规划主管部门不得在城乡规划确定的建设用地范围以外作出规划许可。

第四十三条 建设单位应当按照规划条件进行建设；确需变更的，必须向城市、县人民政府城乡规划主管部门提出申请。变更内容不符合控制性详细规划的，城乡规划主管部门不得批准。城市、县人民政府城乡规划主管部门应当及时将依法变更后的规划条件通报同级土地主管部门并公示。

建设单位应当及时将依法变更后的规划条件报有关人民政府土地主管部门备案。

第四十四条 在城市、镇规划区内进行临时建设的，应当经城市、县人民政府城乡规划主管部门批准。临时建设影响近期建设规划或者控制性详细规划的实施以及交通、市容、安全等的，不得批准。

临时建设应当在批准的使用期限内自行拆除。

临时建设和临时用地规划管理的具体办法，由省、自治区、直辖市人民政府制定。

第四十五条 县级以上地方人民政府城乡规划主管部门按照国务院规定对建设工程是否符合规划条件予以核实。未经核实或者经核实不符合规划条件的，建设单位不得组织竣工验收。

建设单位应当在竣工验收后六个月内向城乡规划主管部门报送有关竣工验收资料。

第四章 城乡规划的修改

第四十六条 省域城镇体系规划、城市总体规划、镇总体规划的组织编制机关，应当组织有关部门和专家定期对规划实施情况进行评估，并采取论证会、听证会或者其他方式征求公众意见。组织编制机关应当向本级人民代表大会常务委员会、镇人民代表大会和原审批机关提出评估报告并附具征求意见的情况。

第四十七条 有下列情形之一的，组织编制机关方可按照规定的权限和程序修改省域城镇体系规划、城市总体规划、镇总体规划：

(一)上级人民政府制定的城乡规划发生变更，提出修改规划要求的；

(二)行政区划调整确需修改规划的;

(三)因国务院批准重大建设工程确需修改规划的;

(四)经评估确需修改规划的;

(五)城乡规划的审批机关认为应当修改规划的其他情形。

修改省域城镇体系规划、城市总体规划、镇总体规划前,组织编制机关应当对原规划的实施情况进行总结,并向原审批机关报告;修改涉及城市总体规划、镇总体规划强制性内容的,应当先向原审批机关提出专题报告,经同意后,方可编制修改方案。

修改后的省域城镇体系规划、城市总体规划、镇总体规划,应当依照本法第十三条、第十四条、第十五条和第十六条规定的审批程序报批。

第四十八条 修改控制性详细规划的,组织编制机关应当对修改的必要性进行论证,征求规划地段内利害关系人的意见,并向原审批机关提出专题报告,经原审批机关同意后,方可编制修改方案。修改后的控制性详细规划,应当依照本法第十九条、第二十条规定的审批程序报批。控制性详细规划修改涉及城市总体规划、镇总体规划的强制性内容的,应当先修改总体规划。

修改乡规划、村庄规划的,应当依照本法第二十二条规定的审批程序报批。

第四十九条 城市、县、镇人民政府修改近期建设规划的,应当将修改后的近期建设规划报总体规划审批机关备案。

第五十条 在选址意见书、建设用地规划许可证、建设工程规划许可证或者乡村建设规划许可证发放后,因依法修改城乡规划给被许可人合法权益造成损失的,应当依法给予补偿。

经依法审定的修建性详细规划、建设工程设计方案的总平面图不得随意修改;确需修改的,城乡规划主管部门应当采取听证会等形式,听取利害关系人的意见;因修改给利害关系人合法权益造成损失的,应当依法给予补偿。

第五章 监督检查

第五十一条 县级以上人民政府及其城乡规划主管部门应当加强对城乡规划编制、审批、实施、修改的监督检查。

第五十二条 地方各级人民政府应当向本级人民代表大会常务委员会或者乡、镇人民代表大会报告城乡规划的实施情况,并接受监督。

第五十三条 县级以上人民政府城乡规划主管部门对城乡规划的实施情况进行监督检查,有权采取以下措施:

(一)要求有关单位和人员提供与监督事项有关的文件、资料,并进行复制;

(二)要求有关单位和人员就监督事项涉及的问题作出解释和说明,并根据需要进入现场进行勘测;

(三)责令有关单位和人员停止违反有关城乡规划的法律、法规的行为。

城乡规划主管部门的工作人员履行前款规定的监督检查职责,应当出示执法证件。被监督检查的单位和人员应当予以配合,不得妨碍和阻挠依法进行的监督检查活动。

第五十四条 监督检查情况和处理结果应当依法公开,供公众查阅和监督。

第五十五条 城乡规划主管部门在查处违反本法规定的行为时,发现国家机关工作人员依法应当给予行政处分的,应当向其任免机关或者监察机关提出处分建议。

第五十六条 依照本法规定应当给予行政处罚,而有关城乡规划主管部门不给予行政处罚的,上级人民政府城乡规划主管部门有权责令其作出行政处罚决定或者建议有关人民政府责令其给予行政处罚。

第五十七条 城乡规划主管部门违反本法规定作出行政许可的,上级人民政府城乡规划主管部门有权责令其撤销或者直接撤销该行政许可。因撤销行政许可给当事人合法权益造成损失的,应当依法给予赔偿。

第六章　法律责任

第五十八条　对依法应当编制城乡规划而未组织编制，或者未按法定程序编制、审批、修改城乡规划的，由上级人民政府责令改正，通报批评；对有关人民政府负责人和其他直接责任人员依法给予处分。

第五十九条　城乡规划组织编制机关委托不具有相应资质等级的单位编制城乡规划的，由上级人民政府责令改正，通报批评；对有关人民政府负责人和其他直接责任人员依法给予处分。

第六十条　镇人民政府或者县级以上人民政府城乡规划主管部门有下列行为之一的，由本级人民政府、上级人民政府城乡规划主管部门或者监察机关依据职权责令改正，通报批评；对直接负责的主管人员和其他直接责任人员依法给予处分：

（一）未依法组织编制城市的控制性详细规划、县人民政府所在地镇的控制性详细规划的；

（二）超越职权或者对不符合法定条件的申请人核发选址意见书、建设用地规划许可证、建设工程规划许可证、乡村建设规划许可证的；

（三）对符合法定条件的申请人未在法定期限内核发选址意见书、建设用地规划许可证、建设工程规划许可证、乡村建设规划许可证的；

（四）未依法对经审定的修建性详细规划、建设工程设计方案的总平面图予以公布的；

（五）同意修改修建性详细规划、建设工程设计方案的总平面图前未采取听证会等形式听取利害关系人的意见的；

（六）发现未依法取得规划许可或者违反规划许可的规定在规划区内进行建设的行为，而不予查处或者接到举报后不依法处理的。

第六十一条　县级以上人民政府有关部门有下列行为之一的，由本级人民政府或者上级人民政府有关部门责令改正，通报批评；对直接负责的主管人员和其他直接责任人员依法给予处分：

（一）对未依法取得选址意见书的建设项目核发建设项目批准文件的；

（二）未依法在国有土地使用权出让合同中确定规划条件或者改变国有土地使用权出让合同中依法确定的规划条件的；

（三）对未依法取得建设用地规划许可证的建设单位划拨国有土地使用权的。

第六十二条　城乡规划编制单位有下列行为之一的，由所在地城市、县人民政府城乡规划主管部门责令限期改正，处合同约定的规划编制费一倍以上二倍以下的罚款；情节严重的，责令停业整顿，由原发证机关降低资质等级或者吊销资质证书；造成损失的，依法承担赔偿责任：

（一）超越资质等级许可的范围承揽城乡规划编制工作的；

（二）违反国家有关标准编制城乡规划的。

未依法取得资质证书承揽城乡规划编制工作的，由县级以上地方人民政府城乡规划主管部门责令停止违法行为，依照前款规定处以罚款；造成损失的，依法承担赔偿责任。

以欺骗手段取得资质证书承揽城乡规划编制工作的，由原发证机关吊销资质证书，依照本条第一款规定处以罚款；造成损失的，依法承担赔偿责任。

第六十三条　城乡规划编制单位取得资质证书后，不再符合相应的资质条件的，由原发证机关责令限期改正；逾期不改正的，降低资质等级或者吊销资质证书。

第六十四条　未取得建设工程规划许可证或者未按照建设工程规划许可证的规定进行建设的，由县级以上地方人民政府城乡规划主管部门责令停止建设；尚可采取改正措施消除对规划实施的影响的，限期改正，处建设工程造价百分之五以上百分之十以下的罚款；无法采取改正措施消除影响的，限期拆除，不能拆除的，没收实物或者违法收入，可以并处建设工程造价百分之十以下的罚款。

第六十五条　在乡、村庄规划区内未依法取得乡村建设规划许可证或者未按照乡村建设规划许可证的规定进行建设的，由乡、镇人民政府责令停止建设、限期改正；逾期不改正的，可以拆除。

第六十六条 建设单位或者个人有下列行为之一的，由所在地城市、县人民政府城乡规划主管部门责令限期拆除，可以并处临时建设工程造价一倍以下的罚款：

（一）未经批准进行临时建设的；

（二）未按照批准内容进行临时建设的；

（三）临时建筑物、构筑物超过批准期限不拆除的。

第六十七条 建设单位未在建设工程竣工验收后六个月内向城乡规划主管部门报送有关竣工验收资料的，由所在地城市、县人民政府城乡规划主管部门责令限期补报；逾期不补报的，处一万元以上五万元以下的罚款。

第六十八条 城乡规划主管部门作出责令停止建设或者限期拆除的决定后，当事人不停止建设或者逾期不拆除的，建设工程所在地县级以上地方人民政府可以责成有关部门采取查封施工现场、强制拆除等措施。

第六十九条 违反本法规定，构成犯罪的，依法追究刑事责任。

第七章 附 则

第七十条 本法自2008年1月1日起施行。《中华人民共和国城市规划法》同时废止。

中华人民共和国消防法

（2008年10月28日第十一届全国人民代表大会常务委员会第五次会议修订通过）

第一章 总 则

第一条 为了预防火灾和减少火灾危害，加强应急救援工作，保护人身、财产安全，维护公共安全，制定本法。

第二条 消防工作贯彻预防为主、防消结合的方针，按照政府统一领导、部门依法监管、单位全面负责、公民积极参与的原则，实行消防安全责任制，建立健全社会化的消防工作网络。

第三条 国务院领导全国的消防工作。地方各级人民政府负责本行政区域内的消防工作。

各级人民政府应当将消防工作纳入国民经济和社会发展计划，保障消防工作与经济社会发展相适应。

第四条 国务院公安部门对全国的消防工作实施监督管理。县级以上地方人民政府公安机关对本行政区域内的消防工作实施监督管理，并由本级人民政府公安机关消防机构负责实施。军事设施的消防工作，由其主管单位监督管理，公安机关消防机构协助；矿井地下部分、核电厂、海上石油天然气设施的消防工作，由其主管单位监督管理。

县级以上人民政府其他有关部门在各自的职责范围内，依照本法和其他相关法律、法规的规定做好消防工作。

法律、行政法规对森林、草原的消防工作另有规定的，从其规定。

第五条 任何单位和个人都有维护消防安全、保护消防设施、预防火灾、报告火警的义务。任何单位和成年人都有参加有组织的灭火工作的义务。

第六条 各级人民政府应当组织开展经常性的消防宣传教育，提高公民的消防安全意识。

机关、团体、企业、事业等单位，应当加强对本单位人员的消防宣传教育。

公安机关及其消防机构应当加强消防法律、法规的宣传，并督促、指导、协助有关单位做好消防宣传教育工作。

教育、人力资源行政主管部门和学校、有关职业培训机构应当将消防知识纳入教育、教学、培训的内容。

新闻、广播、电视等有关单位，应当有针对性地面向社会进行消防宣传教育。

工会、共产主义青年团、妇女联合会等团体应当结合各自工作对象的特点，组织开展消防宣传教育。

村民委员会、居民委员会应当协助人民政府以及公安机关等部门，加强消防宣传教育。

第七条 国家鼓励、支持消防科学研究和技术创新，推广使用先进的消防和应急救援技术、设备；鼓励、支持社会力量开展消防公益活动。

对在消防工作中有突出贡献的单位和个人，应当按照国家有关规定给予表彰和奖励。

第二章 火灾预防

第八条 地方各级人民政府应当将包括消防安全布局、消防站、消防供水、消防通信、消防车通道、消防装备等内容的消防规划纳入城乡规划，并负责组织实施。

城乡消防安全布局不符合消防安全要求的，应当调整、完善；公共消防设施、消防装备不足或者不适应实际需要的，应当增建、改建、配置或者进行技术改造。

第九条 建设工程的消防设计、施工必须符合国家工程建设消防技术标准。建设、设计、施工、工程监理等单位依法对建设工程的消防设计、施工质量负责。

第十条 按照国家工程建设消防技术标准需要进行消防设计的建设工程，除本法第十一条另有规定的外，建设单位应当自依法取得施工许可之日起七个工作日内，将消防设计文件报公安机关消防机构备案，公安机关消防机构应当进行抽查。

第十一条 国务院公安部门规定的大型的人员密集场所和其他特殊建设工程，建设单位应当将消防设计文件报送公安机关消防机构审核。公安机关消防机构依法对审核的结果负责。

第十二条 依法应当经公安机关消防机构进行消防设计审核的建设工程，未经依法审核或者审核不合格的，负责审批该工程施工许可的部门不得给予施工许可，建设单位、施工单位不得施工；其他建设工程取得施工许可后经依法抽查不合格的，应当停止施工。

第十三条 按照国家工程建设消防技术标准需要进行消防设计的建设工程竣工，依照下列规定进行消防验收、备案：

（一）本法第十一条规定的建设工程，建设单位应当向公安机关消防机构申请消防验收；

（二）其他建设工程，建设单位在验收后应当报公安机关消防机构备案，公安机关消防机构应当进行抽查。

依法应当进行消防验收的建设工程，未经消防验收或者消防验收不合格的，禁止投入使用；其他建设工程经依法抽查不合格的，应当停止使用。

第十四条 建设工程消防设计审核、消防验收、备案和抽查的具体办法，由国务院公安部门规定。

第十五条 公众聚集场所在投入使用、营业前，建设单位或者使用单位应当向场所所在地的县级以上地方人民政府公安机关消防机构申请消防安全检查。

公安机关消防机构应当自受理申请之日起十个工作日内，根据消防技术标准和管理规定，对该场所进行消防安全检查。未经消防安全检查或者经检查不符合消防安全要求的，不得投入使用、营业。

第十六条 机关、团体、企业、事业等单位应当履行下列消防安全职责：

（一）落实消防安全责任制，制定本单位的消防安全制度、消防安全操作规程，制定灭火和应急疏散预案；

（二）按照国家标准、行业标准配置消防设施、器材，设置消防安全标志，并定期组织检验、维修，确保完好有效；

(三)对建筑消防设施每年至少进行一次全面检测，确保完好有效，检测记录应当完整准确，存档备查；

(四)保障疏散通道、安全出口、消防车通道畅通，保证防火防烟分区、防火间距符合消防技术标准；

(五)组织防火检查，及时消除火灾隐患；

(六)组织进行有针对性的消防演练；

(七)法律、法规规定的其他消防安全职责。

单位的主要负责人是本单位的消防安全责任人。

第十七条 县级以上地方人民政府公安机关消防机构应当将发生火灾可能性较大以及发生火灾可能造成重大的人身伤亡或者财产损失的单位，确定为本行政区域内的消防安全重点单位，并由公安机关报本级人民政府备案。

消防安全重点单位除应当履行本法第十六条规定的职责外，还应当履行下列消防安全职责：

(一)确定消防安全管理人，组织实施本单位的消防安全管理工作；

(二)建立消防档案，确定消防安全重点部位，设置防火标志，实行严格管理；

(三)实行每日防火巡查，并建立巡查记录；

(四)对职工进行岗前消防安全培训，定期组织消防安全培训和消防演练。

第十八条 同一建筑物由两个以上单位管理或者使用的，应当明确各方的消防安全责任，并确定责任人对共用的疏散通道、安全出口、建筑消防设施和消防车通道进行统一管理。

住宅区的物业服务企业应当对管理区域内的共用消防设施进行维护管理，提供消防安全防范服务。

第十九条 生产、储存、经营易燃易爆危险品的场所不得与居住场所设置在同一建筑物内，并应当与居住场所保持安全距离。

生产、储存、经营其他物品的场所与居住场所设置在同一建筑物内的，应当符合国家工程建设消防技术标准。

第二十条 举办大型群众性活动，承办人应当依法向公安机关申请安全许可，制定灭火和应急疏散预案并组织演练，明确消防安全责任分工，确定消防安全管理人员，保持消防设施和消防器材配置齐全、完好有效，保证疏散通道、安全出口、疏散指示标志、应急照明和消防车通道符合消防技术标准和管理规定。

第二十一条 禁止在具有火灾、爆炸危险的场所吸烟、使用明火。因施工等特殊情况需要使用明火作业的，应当按照规定事先办理审批手续，采取相应的消防安全措施；作业人员应当遵守消防安全规定。

进行电焊、气焊等具有火灾危险作业的人员和自动消防系统的操作人员，必须持证上岗，并遵守消防安全操作规程。

第二十二条 生产、储存、装卸易燃易爆危险品的工厂、仓库和专用车站、码头的设置，应当符合消防技术标准。易燃易爆气体和液体的充装站、供应站、调压站，应当设置在符合消防安全要求的位置，并符合防火防爆要求。

已经设置的生产、储存、装卸易燃易爆危险品的工厂、仓库和专用车站、码头，易燃易爆气体和液体的充装站、供应站、调压站，不再符合前款规定的，地方人民政府应当组织、协调有关部门、单位限期解决，消除安全隐患。

第二十三条 生产、储存、运输、销售、使用、销毁易燃易爆危险品，必须执行消防技术标准和管理规定。

进入生产、储存易燃易爆危险品的场所，必须执行消防安全规定。禁止非法携带易燃易爆危险品进入公共场所或者乘坐公共交通工具。

储存可燃物资仓库的管理，必须执行消防技术标准和管理规定。

第二十四条 消防产品必须符合国家标准；没有国家标准的，必须符合行业标准。禁止生产、销售或者使用不合格的消防产品以及国家明令淘汰的消防产品。

依法实行强制性产品认证的消防产品，由具有法定资质的认证机构按照国家标准、行业标准的强制性要求认证合格后，方可生产、销售、使用。实行强制性产品认证的消防产品目录，由国务院产品质量监督部门会同国务院公安部门制定并公布。

新研制的尚未制定国家标准、行业标准的消防产品，应当按照国务院产品质量监督部门会同国务院公安部门规定的办法，经技术鉴定符合消防安全要求的，方可生产、销售、使用。

依照本条规定经强制性产品认证合格或者技术鉴定合格的消防产品，国务院公安部门消防机构应当予以公布。

第二十五条 产品质量监督部门、工商行政管理部门、公安机关消防机构应当按照各自职责加强对消防产品质量的监督检查。

第二十六条 建筑构件、建筑材料和室内装修、装饰材料的防火性能必须符合国家标准；没有国家标准的，必须符合行业标准。

人员密集场所室内装修、装饰，应当按照消防技术标准的要求，使用不燃、难燃材料。

第二十七条 电器产品、燃气用具的产品标准，应当符合消防安全的要求。

电器产品、燃气用具的安装、使用及其线路、管路的设计、敷设、维护保养、检测，必须符合消防技术标准和管理规定。

第二十八条 任何单位、个人不得损坏、挪用或者擅自拆除、停用消防设施、器材，不得埋压、圈占、遮挡消火栓或者占用防火间距，不得占用、堵塞、封闭疏散通道、安全出口、消防车通道。人员密集场所的门窗不得设置影响逃生和灭火救援的障碍物。

第二十九条 负责公共消防设施维护管理的单位，应当保持消防供水、消防通信、消防车通道等公共消防设施的完好有效。在修建道路以及停电、停水、截断通信线路时有可能影响消防队灭火救援的，有关单位必须事先通知当地公安机关消防机构。

第三十条 地方各级人民政府应当加强对农村消防工作的领导，采取措施加强公共消防设施建设，组织建立和督促落实消防安全责任制。

第三十一条 在农业收获季节、森林和草原防火期间、重大节假日期间以及火灾多发季节，地方各级人民政府应当组织开展有针对性的消防宣传教育，采取防火措施，进行消防安全检查。

第三十二条 乡镇人民政府、城市街道办事处应当指导、支持和帮助村民委员会、居民委员会开展群众性的消防工作。村民委员会、居民委员会应当确定消防安全管理人，组织制定防火安全公约，进行防火安全检查。

第三十三条 国家鼓励、引导公众聚集场所和生产、储存、运输、销售易燃易爆危险品的企业投保火灾公众责任保险；鼓励保险公司承保火灾公众责任保险。

第三十四条 消防产品质量认证、消防设施检测、消防安全监测等消防技术服务机构和执业人员，应当依法获得相应的资质、资格；依照法律、行政法规、国家标准、行业标准和执业准则，接受委托提供消防技术服务，并对服务质量负责。

第三章　消防组织

第三十五条 各级人民政府应当加强消防组织建设，根据经济社会发展的需要，建立多种形式的消防组织，加强消防技术人才培养，增强火灾预防、扑救和应急救援的能力。

第三十六条 县级以上地方人民政府应当按照国家规定建立公安消防队、专职消防队，并按照国家标准配备消防装备，承担火灾扑救工作。

乡镇人民政府应当根据当地经济发展和消防工作的需要，建立专职消防队、志愿消防队，承担火灾扑救工作。

第三十七条 公安消防队、专职消防队按照国家规定承担重大灾害事故和其他以抢救人员生命为主的应急救援工作。

第三十八条 公安消防队、专职消防队应当充分发挥火灾扑救和应急救援专业力量的骨干作用；按照国家规定，组织实施专业技能训练，配备并维护保养装备器材，提高火灾扑救和应急救援的能力。

第三十九条 下列单位应当建立单位专职消防队，承担本单位的火灾扑救工作：

（一）大型核设施单位、大型发电厂、民用机场、主要港口；

（二）生产、储存易燃易爆危险品的大型企业；

（三）储备可燃的重要物资的大型仓库、基地；

（四）第一项、第二项、第三项规定以外的火灾危险性较大、距离公安消防队较远的其他大型企业；

（五）距离公安消防队较远、被列为全国重点文物保护单位的古建筑群的管理单位。

第四十条 专职消防队的建立，应当符合国家有关规定，并报当地公安机关消防机构验收。

专职消防队的队员依法享受社会保险和福利待遇。

第四十一条 机关、团体、企业、事业等单位以及村民委员会、居民委员会根据需要，建立志愿消防队等多种形式的消防组织，开展群众性自防自救工作。

第四十二条 公安机关消防机构应当对专职消防队、志愿消防队等消防组织进行业务指导；根据扑救火灾的需要，可以调动指挥专职消防队参加火灾扑救工作。

第四章 灭火救援

第四十三条 县级以上地方人民政府应当组织有关部门针对本行政区域内的火灾特点制定应急预案，建立应急反应和处置机制，为火灾扑救和应急救援工作提供人员、装备等保障。

第四十四条 任何人发现火灾都应当立即报警。任何单位、个人都应当无偿为报警提供便利，不得阻拦报警。严禁谎报火警。

人员密集场所发生火灾，该场所的现场工作人员应当立即组织、引导在场人员疏散。

任何单位发生火灾，必须立即组织力量扑救。邻近单位应当给予支援。

消防队接到火警，必须立即赶赴火灾现场，救助遇险人员，排除险情，扑灭火灾。

第四十五条 公安机关消防机构统一组织和指挥火灾现场扑救，应当优先保障遇险人员的生命安全。

火灾现场总指挥根据扑救火灾的需要，有权决定下列事项：

（一）使用各种水源；

（二）截断电力、可燃气体和可燃液体的输送，限制用火用电；

（三）划定警戒区，实行局部交通管制；

（四）利用临近建筑物和有关设施；

（五）为了抢救人员和重要物资，防止火势蔓延，拆除或者破损毗邻火灾现场的建筑物、构筑物或者设施等；

（六）调动供水、供电、供气、通信、医疗救护、交通运输、环境保护等有关单位协助灭火救援。

根据扑救火灾的紧急需要，有关地方人民政府应当组织人员、调集所需物资支援灭火。

第四十六条 公安消防队、专职消防队参加火灾以外的其他重大灾害事故的应急救援工作，由县级以上人民政府统一领导。

第四十七条 消防车、消防艇前往执行火灾扑救或者应急救援任务，在确保安全的前提下，不受行驶速度、行驶路线、行驶方向和指挥信号的限制，其他车辆、船舶以及行人应当让行，不得穿插超越；收费公路、桥梁免收车辆通行费。交通管理指挥人员应当保证消防车、消防艇迅速通行。

赶赴火灾现场或者应急救援现场的消防人员和调集的消防装备、物资，需要铁路、水路或者航空运输的，有关单位应当优先运输。

第四十八条 消防车、消防艇以及消防器材、装备和设施，不得用于与消防和应急救援工作无关的事项。

第四十九条 公安消防队、专职消防队扑救火灾、应急救援，不得收取任何费用。

单位专职消防队、志愿消防队参加扑救外单位火灾所损耗的燃料、灭火剂和器材、装备等，由火灾发生地的人民政府给予补偿。

第五十条 对因参加扑救火灾或者应急救援受伤、致残或者死亡的人员，按照国家有关规定给予医疗、抚恤。

第五十一条 公安机关消防机构有权根据需要封闭火灾现场，负责调查火灾原因，统计火灾损失。

火灾扑灭后，发生火灾的单位和相关人员应当按照公安机关消防机构的要求保护现场，接受事故调查，如实提供与火灾有关的情况。

公安机关消防机构根据火灾现场勘验、调查情况和有关的检验、鉴定意见，及时制作火灾事故认定书，作为处理火灾事故的证据。

第五章 监督检查

第五十二条 地方各级人民政府应当落实消防工作责任制，对本级人民政府有关部门履行消防安全职责的情况进行监督检查。

县级以上地方人民政府有关部门应当根据本系统的特点，有针对性地开展消防安全检查，及时督促整改火灾隐患。

第五十三条 公安机关消防机构应当对机关、团体、企业、事业等单位遵守消防法律、法规的情况依法进行监督检查。公安派出所可以负责日常消防监督检查、开展消防宣传教育，具体办法由国务院公安部门规定。

公安机关消防机构、公安派出所的工作人员进行消防监督检查，应当出示证件。

第五十四条 公安机关消防机构在消防监督检查中发现火灾隐患的，应当通知有关单位或者个人立即采取措施消除隐患；不及时消除隐患可能严重威胁公共安全的，公安机关消防机构应当依照规定对危险部位或者场所采取临时查封措施。

第五十五条 公安机关消防机构在消防监督检查中发现城乡消防安全布局、公共消防设施不符合消防安全要求，或者发现本地区存在影响公共安全的重大火灾隐患的，应当由公安机关书面报告本级人民政府。

接到报告的人民政府应当及时核实情况，组织或者责成有关部门、单位采取措施，予以整改。

第五十六条 公安机关消防机构及其工作人员应当按照法定的职权和程序进行消防设计审核、消防验收和消防安全检查，做到公正、严格、文明、高效。

公安机关消防机构及其工作人员进行消防设计审核、消防验收和消防安全检查等，不得收取费用，不得利用消防设计审核、消防验收和消防安全检查谋取利益。公安机关消防机构及其工作人员不得利用职务为用户、建设单位指定或者变相指定消防产品的品牌、销售单位或者消防技术服务机构、消防设施施工单位。

第五十七条 公安机关消防机构及其工作人员执行职务，应当自觉接受社会和公民的监督。

任何单位和个人都有权对公安机关消防机构及其工作人员在执法中的违法行为进行检举、控告。收到检举、控告的机关，应当按照职责及时查处。

第六章 法律责任

第五十八条 违反本法规定，有下列行为之一的，责令停止施工、停止使用或者停产停业，并处三万元以上三十万元以下罚款：

（一）依法应当经公安机关消防机构进行消防设计审核的建设工程，未经依法审核或者审核不合格，擅自施工的；

（二）消防设计经公安机关消防机构依法抽查不合格，不停止施工的；

（三）依法应当进行消防验收的建设工程，未经消防验收或者消防验收不合格，擅自投入使用的；

（四）建设工程投入使用后经公安机关消防机构依法抽查不合格，不停止使用的；

（五）公众聚集场所未经消防安全检查或者经检查不符合消防安全要求，擅自投入使用、营业的。

建设单位未依照本法规定将消防设计文件报公安机关消防机构备案，或者在竣工后未依照本法规定报公安机关消防机构备案的，责令限期改正，处五千元以下罚款。

第五十九条 违反本法规定，有下列行为之一的，责令改正或者停止施工，并处一万元以上十万元以下罚款：

（一）建设单位要求建筑设计单位或者建筑施工企业降低消防技术标准设计、施工的；

（二）建筑设计单位不按照消防技术标准强制性要求进行消防设计的；

（三）建筑施工企业不按照消防设计文件和消防技术标准施工，降低消防施工质量的；

（四）工程监理单位与建设单位或者建筑施工企业串通，弄虚作假，降低消防施工质量的。

第六十条 单位违反本法规定，有下列行为之一的，责令改正，处五千元以上五万元以下罚款：

（一）消防设施、器材或者消防安全标志的配置、设置不符合国家标准、行业标准，或者未保持完好有效的；

（二）损坏、挪用或者擅自拆除、停用消防设施、器材的；

（三）占用、堵塞、封闭疏散通道、安全出口或者有其他妨碍安全疏散行为的；

（四）埋压、圈占、遮挡消火栓或者占用防火间距的；

（五）占用、堵塞、封闭消防车通道，妨碍消防车通行的；

（六）人员密集场所在门窗上设置影响逃生和灭火救援的障碍物的；

（七）对火灾隐患经公安机关消防机构通知后不及时采取措施消除的。

个人有前款第二项、第三项、第四项、第五项行为之一的，处警告或者五百元以下罚款。

有本条第一款第三项、第四项、第五项、第六项行为，经责令改正拒不改正的，强制执行，所需费用由违法行为人承担。

第六十一条 生产、储存、经营易燃易爆危险品的场所与居住场所设置在同一建筑物内，或者未与居住场所保持安全距离的，责令停产停业，并处五千元以上五万元以下罚款。

生产、储存、经营其他物品的场所与居住场所设置在同一建筑物内，不符合消防技术标准的，依照前款规定处罚。

第六十二条 有下列行为之一的，依照《中华人民共和国治安管理处罚法》的规定处罚：

（一）违反有关消防技术标准和管理规定生产、储存、运输、销售、使用、销毁易燃易爆危险品的；

（二）非法携带易燃易爆危险品进入公共场所或者乘坐公共交通工具的；

（三）谎报火警的；

（四）阻碍消防车、消防艇执行任务的；

（五）阻碍公安机关消防机构的工作人员依法执行职务的。

第六十三条 违反本法规定，有下列行为之一的，处警告或者五百元以下罚款；情节严重的，处五日以下拘留：

（一）违反消防安全规定进入生产、储存易燃易爆危险品场所的；

（二）违反规定使用明火作业或者在具有火灾、爆炸危险的场所吸烟、使用明火的。

第六十四条 违反本法规定，有下列行为之一，尚不构成犯罪的，处十日以上十五日以下拘留，可以并处五百元以下罚款；情节较轻的，处警告或者五百元以下罚款：

（一）指使或者强令他人违反消防安全规定，冒险作业的；

（二）过失引起火灾的；

（三）在火灾发生后阻拦报警，或者负有报告职责的人员不及时报警的；

（四）扰乱火灾现场秩序，或者拒不执行火灾现场指挥员指挥，影响灭火救援的；

（五）故意破坏或者伪造火灾现场的；

（六）擅自拆封或者使用被公安机关消防机构查封的场所、部位的。

第六十五条 违反本法规定，生产、销售不合格的消防产品或者国家明令淘汰的消防产品的，由产品质量监督部门或者工商行政管理部门依照《中华人民共和国产品质量法》的规定从重处罚。

人员密集场所使用不合格的消防产品或者国家明令淘汰的消防产品的，责令限期改正；逾期不改正的，处五千元以上五万元以下罚款，并对其直接负责的主管人员和其他直接责任人员处五百元以上二千元以下罚款；情节严重的，责令停产停业。

公安机关消防机构对于本条第二款规定的情形，除依法对使用者予以处罚外，应当将发现不合格的消防产品和国家明令淘汰的消防产品的情况通报产品质量监督部门、工商行政管理部门。产品质量监督部门、工商行政管理部门应当对生产者、销售者依法及时查处。

第六十六条 电器产品、燃气用具的安装、使用及其线路、管路的设计、敷设、维护保养、检测不符合消防技术标准和管理规定的，责令限期改正；逾期不改正的，责令停止使用，可以并处一千元以上五千元以下罚款。

第六十七条 机关、团体、企业、事业等单位违反本法第十六条、第十七条、第十八条、第二十一条第二款规定的，责令限期改正；逾期不改正的，对其直接负责的主管人员和其他直接责任人员依法给予处分或者给予警告处罚。

第六十八条 人员密集场所发生火灾，该场所的现场工作人员不履行组织、引导在场人员疏散的义务，情节严重，尚不构成犯罪的，处五日以上十日以下拘留。

第六十九条 消防产品质量认证、消防设施检测等消防技术服务机构出具虚假文件的，责令改正，处五万元以上十万元以下罚款，并对直接负责的主管人员和其他直接责任人员处一万元以上五万元以下罚款；有违法所得的，并处没收违法所得；给他人造成损失的，依法承担赔偿责任；情节严重的，由原许可机关依法责令停止执业或者吊销相应资质、资格。

前款规定的机构出具失实文件，给他人造成损失的，依法承担赔偿责任；造成重大损失的，由原许可机关依法责令停止执业或者吊销相应资质、资格。

第七十条 本法规定的行政处罚，除本法另有规定的外，由公安机关消防机构决定；其中拘留处罚由县级以上公安机关依照《中华人民共和国治安管理处罚法》的有关规定决定。

公安机关消防机构需要传唤消防安全违法行为人的，依照《中华人民共和国治安管理处罚法》的有关规定执行。

被责令停止施工、停止使用、停产停业的，应当在整改后向公安机关消防机构报告，经公安机关消防机构检查合格，方可恢复施工、使用、生产、经营。

当事人逾期不执行停产停业、停止使用、停止施工决定的，由作出决定的公安机关消防机构强制执行。

责令停产停业，对经济和社会生活影响较大的，由公安机关消防机构提出意见，并由公安机关报请本级人民政府依法决定。本级人民政府组织公安机关等部门实施。

第七十一条 公安机关消防机构的工作人员滥用职权、玩忽职守、徇私舞弊，有下列行为之一，尚不构成犯罪的，依法给予处分：

（一）对不符合消防安全要求的消防设计文件、建设工程、场所准予审核合格、消防验收合格、消防安全检查合格的；

（二）无故拖延消防设计审核、消防验收、消防安全检查，不在法定期限内履行职责的；

（三）发现火灾隐患不及时通知有关单位或者个人整改的；

（四）利用职务为用户、建设单位指定或者变相指定消防产品的品牌、销售单位或者消防技术服务机构、消防设施施工单位的；

（五）将消防车、消防艇以及消防器材、装备和设施用于与消防和应急救援无关的事项的；

（六）其他滥用职权、玩忽职守、徇私舞弊的行为。

建设、产品质量监督、工商行政管理等其他有关行政主管部门的工作人员在消防工作中滥用职权、玩忽职守、徇私舞弊，尚不构成犯罪的，依法给予处分。

第七十二条　违反本法规定，构成犯罪的，依法追究刑事责任。

第七章　附　则

第七十三条　本法下列用语的含义：

（一）消防设施，是指火灾自动报警系统、自动灭火系统、消火栓系统、防烟排烟系统以及应急广播和应急照明、安全疏散设施等。

（二）消防产品，是指专门用于火灾预防、灭火救援和火灾防护、避难、逃生的产品。

（三）公众聚集场所，是指宾馆、饭店、商场、集贸市场、客运车站候车室、客运码头候船厅、民用机场航站楼、体育场馆、会堂以及公共娱乐场所等。

（四）人员密集场所，是指公众聚集场所，医院的门诊楼、病房楼，学校的教学楼、图书馆、食堂和集体宿舍，养老院，福利院，托儿所，幼儿园，公共图书馆的阅览室，公共展览馆、博物馆的展示厅，劳动密集型企业的生产加工车间和员工集体宿舍，旅游、宗教活动场所等。

第七十四条　本法自 2009 年 5 月 1 日起施行。

中华人民共和国环境保护法

（2014 年 4 月 24 日第十二届全国人民代表大会常务委员会第八次会议修订通过）

第一章　总　则

第一条　为保护和改善环境，防治污染和其他公害，保障公众健康，推进生态文明建设，促进经济社会可持续发展，制定本法。

第二条　本法所称环境，是指影响人类生存和发展的各种天然的和经过人工改造的自然因素的总体，包括大气、水、海洋、土地、矿藏、森林、草原、湿地、野生生物、自然遗迹、人文遗迹、自然保护区、风景名胜区、城市和乡村等。

第三条　本法适用于中华人民共和国领域和中华人民共和国管辖的其他海域。

第四条　保护环境是国家的基本国策。

国家采取有利于节约和循环利用资源、保护和改善环境、促进人与自然和谐的经济、技术政策和措施，使经济社会发展与环境保护相协调。

第五条 环境保护坚持保护优先、预防为主、综合治理、公众参与、损害担责的原则。

第六条 一切单位和个人都有保护环境的义务。

地方各级人民政府应当对本行政区域的环境质量负责。

企业事业单位和其他生产经营者应当防止、减少环境污染和生态破坏,对所造成的损害依法承担责任。

公民应当增强环境保护意识,采取低碳、节俭的生活方式,自觉履行环境保护义务。

第七条 国家支持环境保护科学技术研究、开发和应用,鼓励环境保护产业发展,促进环境保护信息化建设,提高环境保护科学技术水平。

第八条 各级人民政府应当加大保护和改善环境、防治污染和其他公害的财政投入,提高财政资金的使用效益。

第九条 各级人民政府应当加强环境保护宣传和普及工作,鼓励基层群众性自治组织、社会组织、环境保护志愿者开展环境保护法律法规和环境保护知识的宣传,营造保护环境的良好风气。

教育行政部门、学校应当将环境保护知识纳入学校教育内容,培养学生的环境保护意识。

新闻媒体应当开展环境保护法律法规和环境保护知识的宣传,对环境违法行为进行舆论监督。

第十条 国务院环境保护主管部门,对全国环境保护工作实施统一监督管理;县级以上地方人民政府环境保护主管部门,对本行政区域环境保护工作实施统一监督管理。

县级以上人民政府有关部门和军队环境保护部门,依照有关法律的规定对资源保护和污染防治等环境保护工作实施监督管理。

第十一条 对保护和改善环境有显著成绩的单位和个人,由人民政府给予奖励。

第十二条 每年6月5日为环境日。

第二章 监督管理

第十三条 县级以上人民政府应当将环境保护工作纳入国民经济和社会发展规划。

国务院环境保护主管部门会同有关部门,根据国民经济和社会发展规划编制国家环境保护规划,报国务院批准并公布实施。

县级以上地方人民政府环境保护主管部门会同有关部门,根据国家环境保护规划的要求,编制本行政区域的环境保护规划,报同级人民政府批准并公布实施。

环境保护规划的内容应当包括生态保护和污染防治的目标、任务、保障措施等,并与主体功能区规划、土地利用总体规划和城乡规划等相衔接。

第十四条 国务院有关部门和省、自治区、直辖市人民政府组织制定经济、技术政策,应当充分考虑对环境的影响,听取有关方面和专家的意见。

第十五条 国务院环境保护主管部门制定国家环境质量标准。

省、自治区、直辖市人民政府对国家环境质量标准中未作规定的项目,可以制定地方环境质量标准;对国家环境质量标准中已作规定的项目,可以制定严于国家环境质量标准的地方环境质量标准。地方环境质量标准应当报国务院环境保护主管部门备案。

国家鼓励开展环境基准研究。

第十六条 国务院环境保护主管部门根据国家环境质量标准和国家经济、技术条件,制定国家污染物排放标准。

省、自治区、直辖市人民政府对国家污染物排放标准中未作规定的项目,可以制定地方污染物排放标准;对国家污染物排放标准中已作规定的项目,可以制定严于国家污染物排放标准的地方污染物排放标准。地方污染物排放标准应当报国务院环境保护主管部门备案。

第十七条 国家建立、健全环境监测制度。国务院环境保护主管部门制定监测规范,会同有关部门组织监测网络，统一规划国家环境质量监测站（点）的设置，建立监测数据共享机制，加强对环境监测的管理。

有关行业、专业等各类环境质量监测站（点）的设置应当符合法律法规规定和监测规范的要求。

监测机构应当使用符合国家标准的监测设备，遵守监测规范。监测机构及其负责人对监测数据的真实性和准确性负责。

第十八条 省级以上人民政府应当组织有关部门或者委托专业机构，对环境状况进行调查、评价，建立环境资源承载能力监测预警机制。

第十九条 编制有关开发利用规划，建设对环境有影响的项目，应当依法进行环境影响评价。

未依法进行环境影响评价的开发利用规划，不得组织实施；未依法进行环境影响评价的建设项目，不得开工建设。

第二十条 国家建立跨行政区域的重点区域、流域环境污染和生态破坏联合防治协调机制，实行统一规划、统一标准、统一监测、统一的防治措施。

前款规定以外的跨行政区域的环境污染和生态破坏的防治，由上级人民政府协调解决，或者由有关地方人民政府协商解决。

第二十一条 国家采取财政、税收、价格、政府采购等方面的政策和措施，鼓励和支持环境保护技术装备、资源综合利用和环境服务等环境保护产业的发展。

第二十二条 企业事业单位和其他生产经营者，在污染物排放符合法定要求的基础上，进一步减少污染物排放的，人民政府应当依法采取财政、税收、价格、政府采购等方面的政策和措施予以鼓励和支持。

第二十三条 企业事业单位和其他生产经营者，为改善环境，依照有关规定转产、搬迁、关闭的，人民政府应当予以支持。

第二十四条 县级以上人民政府环境保护主管部门及其委托的环境监察机构和其他负有环境保护监督管理职责的部门，有权对排放污染物的企业事业单位和其他生产经营者进行现场检查。被检查者应当如实反映情况，提供必要的资料。实施现场检查的部门、机构及其工作人员应当为被检查者保守商业秘密。

第二十五条 企业事业单位和其他生产经营者违反法律法规规定排放污染物，造成或者可能造成严重污染的，县级以上人民政府环境保护主管部门和其他负有环境保护监督管理职责的部门，可以查封、扣押造成污染物排放的设施、设备。

第二十六条 国家实行环境保护目标责任制和考核评价制度。县级以上人民政府应当将环境保护目标完成情况纳入对本级人民政府负有环境保护监督管理职责的部门及其负责人和下级人民政府及其负责人的考核内容，作为对其考核评价的重要依据。考核结果应当向社会公开。

第二十七条 县级以上人民政府应当每年向本级人民代表大会或者人民代表大会常务委员会报告环境状况和环境保护目标完成情况，对发生的重大环境事件应当及时向本级人民代表大会常务委员会报告，依法接受监督。

第三章 保护和改善环境

第二十八条 地方各级人民政府应当根据环境保护目标和治理任务，采取有效措施，改善环境质量。

未达到国家环境质量标准的重点区域、流域的有关地方人民政府，应当制定限期达标规划，并采取措施按期达标。

第二十九条 国家在重点生态功能区、生态环境敏感区和脆弱区等区域划定生态保护红线，实行严格保护。

各级人民政府对具有代表性的各种类型的自然生态系统区域，珍稀、濒危的野生动植物自然分布区域，重要的水源涵养区域，具有重大科学文化价值的地质构造、著名溶洞和化石分布区、冰川、火山、温泉等自然遗迹，以及人文遗迹、古树名木，应当采取措施予以保护，严禁破坏。

第三十条 开发利用自然资源，应当合理开发，保护生物多样性，保障生态安全，依法制定有关生态保护和恢复治理方案并予以实施。

引进外来物种以及研究、开发和利用生物技术，应当采取措施，防止对生物多样性的破坏。

第三十一条 国家建立、健全生态保护补偿制度。

国家加大对生态保护地区的财政转移支付力度。有关地方人民政府应当落实生态保护补偿资金，确保其用于生态保护补偿。

国家指导受益地区和生态保护地区人民政府通过协商或者按照市场规则进行生态保护补偿。

第三十二条 国家加强对大气、水、土壤等的保护，建立和完善相应的调查、监测、评估和修复制度。

第三十三条 各级人民政府应当加强对农业环境的保护，促进农业环境保护新技术的使用，加强对农业污染源的监测预警，统筹有关部门采取措施，防治土壤污染和土地沙化、盐渍化、贫瘠化、石漠化、地面沉降以及防治植被破坏、水土流失、水体富营养化、水源枯竭、种源灭绝等生态失调现象，推广植物病虫害的综合防治。

县级、乡级人民政府应当提高农村环境保护公共服务水平，推动农村环境综合整治。

第三十四条 国务院和沿海地方各级人民政府应当加强对海洋环境的保护。向海洋排放污染物、倾倒废弃物，进行海岸工程和海洋工程建设，应当符合法律法规规定和有关标准，防止和减少对海洋环境的污染损害。

第三十五条 城乡建设应当结合当地自然环境的特点，保护植被、水域和自然景观，加强城市园林、绿地和风景名胜区的建设与管理。

第三十六条 国家鼓励和引导公民、法人和其他组织使用有利于保护环境的产品和再生产品，减少废弃物的产生。

国家机关和使用财政资金的其他组织应当优先采购和使用节能、节水、节材等有利于保护环境的产品、设备和设施。

第三十七条 地方各级人民政府应当采取措施，组织对生活废弃物的分类处置、回收利用。

第三十八条 公民应当遵守环境保护法律法规，配合实施环境保护措施，按照规定对生活废弃物进行分类放置，减少日常生活对环境造成的损害。

第三十九条 国家建立、健全环境与健康监测、调查和风险评估制度；鼓励和组织开展环境质量对公众健康影响的研究，采取措施预防和控制与环境污染有关的疾病。

第四章 防治污染和其他公害

第四十条 国家促进清洁生产和资源循环利用。

国务院有关部门和地方各级人民政府应当采取措施，推广清洁能源的生产和使用。

企业应当优先使用清洁能源，采用资源利用率高、污染物排放量少的工艺、设备以及废弃物综合利用技术和污染物无害化处理技术，减少污染物的产生。

第四十一条 建设项目中防治污染的设施，应当与主体工程同时设计、同时施工、同时投产使用。防治污染的设施应当符合经批准的环境影响评价文件的要求，不得擅自拆除或者闲置。

第四十二条 排放污染物的企业事业单位和其他生产经营者，应当采取措施，防治在生产建设或者其他活动中产生的废气、废水、废渣、医疗废物、粉尘、恶臭气体、放射性物质以及噪声、振动、光辐射、电磁辐射等对环境的污染和危害。

排放污染物的企业事业单位，应当建立环境保护责任制度，明确单位负责人和相关人员的责任。

重点排污单位应当按照国家有关规定和监测规范安装使用监测设备，保证监测设备正常运行，保存原始监测记录。

严禁通过暗管、渗井、渗坑、灌注或者篡改、伪造监测数据，或者不正常运行防治污染设施等逃避监管的方式违法排放污染物。

第四十三条 排放污染物的企业事业单位和其他生产经营者，应当按照国家有关规定缴纳排污费。排污费应当全部专项用于环境污染防治，任何单位和个人不得截留、挤占或者挪作他用。

依照法律规定征收环境保护税的，不再征收排污费。

第四十四条 国家实行重点污染物排放总量控制制度。重点污染物排放总量控制指标由国务院下达，省、自治区、直辖市人民政府分解落实。企业事业单位在执行国家和地方污染物排放标准的同时，应当遵守分解落实到本单位的重点污染物排放总量控制指标。

对超过国家重点污染物排放总量控制指标或者未完成国家确定的环境质量目标的地区，省级以上人民政府环境保护主管部门应当暂停审批其新增重点污染物排放总量的建设项目环境影响评价文件。

第四十五条 国家依照法律规定实行排污许可管理制度。

实行排污许可管理的企业事业单位和其他生产经营者应当按照排污许可证的要求排放污染物；未取得排污许可证的，不得排放污染物。

第四十六条 国家对严重污染环境的工艺、设备和产品实行淘汰制度。任何单位和个人不得生产、销售或者转移、使用严重污染环境的工艺、设备和产品。

禁止引进不符合我国环境保护规定的技术、设备、材料和产品。

第四十七条 各级人民政府及其有关部门和企业事业单位，应当依照《中华人民共和国突发事件应对法》的规定，做好突发环境事件的风险控制、应急准备、应急处置和事后恢复等工作。

县级以上人民政府应当建立环境污染公共监测预警机制，组织制定预警方案；环境受到污染，可能影响公众健康和环境安全时，依法及时公布预警信息，启动应急措施。

企业事业单位应当按照国家有关规定制定突发环境事件应急预案，报环境保护主管部门和有关部门备案。在发生或者可能发生突发环境事件时，企业事业单位应当立即采取措施处理，及时通报可能受到危害的单位和居民，并向环境保护主管部门和有关部门报告。

突发环境事件应急处置工作结束后，有关人民政府应当立即组织评估事件造成的环境影响和损失，并及时将评估结果向社会公布。

第四十八条 生产、储存、运输、销售、使用、处置化学物品和含有放射性物质的物品，应当遵守国家有关规定，防止污染环境。

第四十九条 各级人民政府及其农业等有关部门和机构应当指导农业生产经营者科学种植和养殖，科学合理施用农药、化肥等农业投入品，科学处置农用薄膜、农作物秸秆等农业废弃物，防止农业面源污染。

禁止将不符合农用标准和环境保护标准的固体废物、废水施入农田。施用农药、化肥等农业投入品及进行灌溉，应当采取措施，防止重金属和其他有毒有害物质污染环境。

畜禽养殖场、养殖小区、定点屠宰企业等的选址、建设和管理应当符合有关法律法规规定。从事畜禽养殖和屠宰的单位和个人应当采取措施，对畜禽粪便、尸体和污水等废弃物进行科学处置，防止污染环境。

县级人民政府负责组织农村生活废弃物的处置工作。

第五十条 各级人民政府应当在财政预算中安排资金，支持农村饮用水水源地保护、生活污水和其他废弃物处理、畜禽养殖和屠宰污染防治、土壤污染防治和农村工矿污染治理等环境保护工作。

第五十一条 各级人民政府应当统筹城乡建设污水处理设施及配套管网，固体废物的收集、运输和处置等环境卫生设施，危险废物集中处置设施、场所以及其他环境保护公共设施，并保障其正常运行。

第五十二条 国家鼓励投保环境污染责任保险。

第五章 信息公开和公众参与

第五十三条 公民、法人和其他组织依法享有获取环境信息、参与和监督环境保护的权利。

各级人民政府环境保护主管部门和其他负有环境保护监督管理职责的部门,应当依法公开环境信息、完善公众参与程序,为公民、法人和其他组织参与和监督环境保护提供便利。

第五十四条 国务院环境保护主管部门统一发布国家环境质量、重点污染源监测信息及其他重大环境信息。省级以上人民政府环境保护主管部门定期发布环境状况公报。

县级以上人民政府环境保护主管部门和其他负有环境保护监督管理职责的部门,应当依法公开环境质量、环境监测、突发环境事件以及环境行政许可、行政处罚、排污费的征收和使用情况等信息。

县级以上地方人民政府环境保护主管部门和其他负有环境保护监督管理职责的部门,应当将企业事业单位和其他生产经营者的环境违法信息记入社会诚信档案,及时向社会公布违法者名单。

第五十五条 重点排污单位应当如实向社会公开其主要污染物的名称、排放方式、排放浓度和总量、超标排放情况,以及防治污染设施的建设和运行情况,接受社会监督。

第五十六条 对依法应当编制环境影响报告书的建设项目,建设单位应当在编制时向可能受影响的公众说明情况,充分征求意见。

负责审批建设项目环境影响评价文件的部门在收到建设项目环境影响报告书后,除涉及国家秘密和商业秘密的事项外,应当全文公开;发现建设项目未充分征求公众意见的,应当责成建设单位征求公众意见。

第五十七条 公民、法人和其他组织发现任何单位和个人有污染环境和破坏生态行为的,有权向环境保护主管部门或者其他负有环境保护监督管理职责的部门举报。

公民、法人和其他组织发现地方各级人民政府、县级以上人民政府环境保护主管部门和其他负有环境保护监督管理职责的部门不依法履行职责的,有权向其上级机关或者监察机关举报。

接受举报的机关应当对举报人的相关信息予以保密,保护举报人的合法权益。

第五十八条 对污染环境、破坏生态,损害社会公共利益的行为,符合下列条件的社会组织可以向人民法院提起诉讼:

(一)依法在设区的市级以上人民政府民政部门登记;

(二)专门从事环境保护公益活动连续五年以上且无违法记录。

符合前款规定的社会组织向人民法院提起诉讼,人民法院应当依法受理。

提起诉讼的社会组织不得通过诉讼牟取经济利益。

第六章 法律责任

第五十九条 企业事业单位和其他生产经营者违法排放污染物,受到罚款处罚,被责令改正,拒不改正的,依法作出处罚决定的行政机关可以自责令改正之日的次日起,按照原处罚数额按日连续处罚。

前款规定的罚款处罚,依照有关法律法规按照防治污染设施的运行成本、违法行为造成的直接损失或者违法所得等因素确定的规定执行。

地方性法规可以根据环境保护的实际需要,增加第一款规定的按日连续处罚的违法行为的种类。

第六十条 企业事业单位和其他生产经营者超过污染物排放标准或者超过重点污染物排放总量控制指标排放污染物的,县级以上人民政府环境保护主管部门可以责令其采取限制生产、停产整治等措施;情节严重的,报经有批准权的人民政府批准,责令停业、关闭。

第六十一条 建设单位未依法提交建设项目环境影响评价文件或者环境影响评价文件未经批准,擅自开工建设的,由负有环境保护监督管理职责的部门责令停止建设,处以罚款,并可以责令恢复原状。

第六十二条 违反本法规定，重点排污单位不公开或者不如实公开环境信息的，由县级以上地方人民政府环境保护主管部门责令公开，处以罚款，并予以公告。

第六十三条 企业事业单位和其他生产经营者有下列行为之一，尚不构成犯罪的，除依照有关法律法规规定予以处罚外，由县级以上人民政府环境保护主管部门或者其他有关部门将案件移送公安机关，对其直接负责的主管人员和其他直接责任人员，处十日以上十五日以下拘留；情节较轻的，处五日以上十日以下拘留：

（一）建设项目未依法进行环境影响评价，被责令停止建设，拒不执行的；

（二）违反法律规定，未取得排污许可证排放污染物，被责令停止排污，拒不执行的；

（三）通过暗管、渗井、渗坑、灌注或者篡改、伪造监测数据，或者不正常运行防治污染设施等逃避监管的方式违法排放污染物的；

（四）生产、使用国家明令禁止生产、使用的农药，被责令改正，拒不改正的。

第六十四条 因污染环境和破坏生态造成损害的，应当依照《中华人民共和国侵权责任法》的有关规定承担侵权责任。

第六十五条 环境影响评价机构、环境监测机构以及从事环境监测设备和防治污染设施维护、运营的机构，在有关环境服务活动中弄虚作假，对造成的环境污染和生态破坏负有责任的，除依照有关法律法规规定予以处罚外，还应当与造成环境污染和生态破坏的其他责任者承担连带责任。

第六十六条 提起环境损害赔偿诉讼的时效期间为三年，从当事人知道或者应当知道其受到损害时起计算。

第六十七条 上级人民政府及其环境保护主管部门应当加强对下级人民政府及其有关部门环境保护工作的监督。发现有关工作人员有违法行为，依法应当给予处分的，应当向其任免机关或者监察机关提出处分建议。

依法应当给予行政处罚，而有关环境保护主管部门不给予行政处罚的，上级人民政府环境保护主管部门可以直接作出行政处罚的决定。

第六十八条 地方各级人民政府、县级以上人民政府环境保护主管部门和其他负有环境保护监督管理职责的部门有下列行为之一的，对直接负责的主管人员和其他直接责任人员给予记过、记大过或者降级处分；造成严重后果的，给予撤职或者开除处分，其主要负责人应当引咎辞职：

（一）不符合行政许可条件准予行政许可的；

（二）对环境违法行为进行包庇的；

（三）依法应当作出责令停业、关闭的决定而未作出的；

（四）对超标排放污染物、采用逃避监管的方式排放污染物、造成环境事故以及不落实生态保护措施造成生态破坏等行为，发现或者接到举报未及时查处的；

（五）违反本法规定，查封、扣押企业事业单位和其他生产经营者的设施、设备的；

（六）篡改、伪造或者指使篡改、伪造监测数据的；

（七）应当依法公开环境信息而未公开的；

（八）将征收的排污费截留、挤占或者挪作他用的；

（九）法律法规规定的其他违法行为。

第六十九条 违反本法规定，构成犯罪的，依法追究刑事责任。

第七章 附 则

第七十条 本法自 2015 年 1 月 1 日起施行。

中华人民共和国旅游法

（2013年4月25日第十二届全国人民代表大会常务委员会第二次会议通过）

第一章 总 则

第一条 为保障旅游者和旅游经营者的合法权益，规范旅游市场秩序，保护和合理利用旅游资源，促进旅游业持续健康发展，制定本法。

第二条 在中华人民共和国境内的和在中华人民共和国境内组织到境外的游览、度假、休闲等形式的旅游活动以及为旅游活动提供相关服务的经营活动，适用本法。

第三条 国家发展旅游事业，完善旅游公共服务，依法保护旅游者在旅游活动中的权利。

第四条 旅游业发展应当遵循社会效益、经济效益和生态效益相统一的原则。国家鼓励各类市场主体在有效保护旅游资源的前提下，依法合理利用旅游资源。利用公共资源建设的游览场所应当体现公益性质。

第五条 国家倡导健康、文明、环保的旅游方式，支持和鼓励各类社会机构开展旅游公益宣传，对促进旅游业发展做出突出贡献的单位和个人给予奖励。

第六条 国家建立健全旅游服务标准和市场规则，禁止行业垄断和地区垄断。旅游经营者应当诚信经营，公平竞争，承担社会责任，为旅游者提供安全、健康、卫生、方便的旅游服务。

第七条 国务院建立健全旅游综合协调机制，对旅游业发展进行综合协调。

县级以上地方人民政府应当加强对旅游工作的组织和领导，明确相关部门或者机构，对本行政区域的旅游业发展和监督管理进行统筹协调。

第八条 依法成立的旅游行业组织，实行自律管理。

第二章 旅游者

第九条 旅游者有权自主选择旅游产品和服务，有权拒绝旅游经营者的强制交易行为。

旅游者有权知悉其购买的旅游产品和服务的真实情况。

旅游者有权要求旅游经营者按照约定提供产品和服务。

第十条 旅游者的人格尊严、民族风俗习惯和宗教信仰应当得到尊重。

第十一条 残疾人、老年人、未成年人等旅游者在旅游活动中依照法律、法规和有关规定享受便利和优惠。

第十二条 旅游者在人身、财产安全遇有危险时，有请求救助和保护的权利。

旅游者人身、财产受到侵害的，有依法获得赔偿的权利。

第十三条 旅游者在旅游活动中应当遵守社会公共秩序和社会公德，尊重当地的风俗习惯、文化传统和宗教信仰，爱护旅游资源，保护生态环境，遵守旅游文明行为规范。

第十四条 旅游者在旅游活动中或者在解决纠纷时，不得损害当地居民的合法权益，不得干扰他人的旅游活动，不得损害旅游经营者和旅游从业人员的合法权益。

第十五条 旅游者购买、接受旅游服务时，应当向旅游经营者如实告知与旅游活动相关的个人健康信息，遵守旅游活动中的安全警示规定。

旅游者对国家应对重大突发事件暂时限制旅游活动的措施以及有关部门、机构或者旅游经营者采取的安全防范和应急处置措施，应当予以配合。

旅游者违反安全警示规定，或者对国家应对重大突发事件暂时限制旅游活动的措施、安全防范和应急处置措施不予配合的，依法承担相应责任。

第十六条 出境旅游者不得在境外非法滞留，随团出境的旅游者不得擅自分团、脱团。

入境旅游者不得在境内非法滞留，随团入境的旅游者不得擅自分团、脱团。

第三章 旅游规划和促进

第十七条 国务院和县级以上地方人民政府应当将旅游业发展纳入国民经济和社会发展规划。

国务院和省、自治区、直辖市人民政府以及旅游资源丰富的设区的市和县级人民政府，应当按照国民经济和社会发展规划的要求，组织编制旅游发展规划。对跨行政区域且适宜进行整体利用的旅游资源进行利用时，应当由上级人民政府组织编制或者由相关地方人民政府协商编制统一的旅游发展规划。

第十八条 旅游发展规划应当包括旅游业发展的总体要求和发展目标，旅游资源保护和利用的要求和措施，以及旅游产品开发、旅游服务质量提升、旅游文化建设、旅游形象推广、旅游基础设施和公共服务设施建设的要求和促进措施等内容。

根据旅游发展规划，县级以上地方人民政府可以编制重点旅游资源开发利用的专项规划，对特定区域内的旅游项目、设施和服务功能配套提出专门要求。

第十九条 旅游发展规划应当与土地利用总体规划、城乡规划、环境保护规划以及其他自然资源和文物等人文资源的保护和利用规划相衔接。

第二十条 各级人民政府编制土地利用总体规划、城乡规划，应当充分考虑相关旅游项目、设施的空间布局和建设用地要求。规划和建设交通、通信、供水、供电、环保等基础设施和公共服务设施，应当兼顾旅游业发展的需要。

第二十一条 对自然资源和文物等人文资源进行旅游利用，必须严格遵守有关法律、法规的规定，符合资源、生态保护和文物安全的要求，尊重和维护当地传统文化和习俗，维护资源的区域整体性、文化代表性和地域特殊性，并考虑军事设施保护的需要。有关主管部门应当加强对资源保护和旅游利用状况的监督检查。

第二十二条 各级人民政府应当组织对本级政府编制的旅游发展规划的执行情况进行评估，并向社会公布。

第二十三条 国务院和县级以上地方人民政府应当制定并组织实施有利于旅游业持续健康发展的产业政策，推进旅游休闲体系建设，采取措施推动区域旅游合作，鼓励跨区域旅游线路和产品开发，促进旅游与工业、农业、商业、文化、卫生、体育、科教等领域的融合，扶持少数民族地区、革命老区、边远地区和贫困地区旅游业发展。

第二十四条 国务院和县级以上地方人民政府应当根据实际情况安排资金，加强旅游基础设施建设、旅游公共服务和旅游形象推广。

第二十五条 国家制定并实施旅游形象推广战略。国务院旅游主管部门统筹组织国家旅游形象的境外推广工作，建立旅游形象推广机构和网络，开展旅游国际合作与交流。

县级以上地方人民政府统筹组织本地的旅游形象推广工作。

第二十六条 国务院旅游主管部门和县级以上地方人民政府应当根据需要建立旅游公共信息和咨询平台，无偿向旅游者提供旅游景区、线路、交通、气象、住宿、安全、医疗急救等必要信息和咨询服务。设区的市和县级人民政府有关部门应当根据需要在交通枢纽、商业中心和旅游者集中场所设置旅游咨询中心，在景区和通往主要景区的道路设置旅游指示标识。

旅游资源丰富的设区的市和县级人民政府可以根据本地的实际情况，建立旅游客运专线或者游客中转站，为旅游者在城市及周边旅游提供服务。

第二十七条 国家鼓励和支持发展旅游职业教育和培训，提高旅游从业人员素质。

第四章 旅游经营

第二十八条 设立旅行社，招徕、组织、接待旅游者，为其提供旅游服务，应当具备下列条件，取得旅游主管部门的许可，依法办理工商登记：

（一）有固定的经营场所；

（二）有必要的营业设施；

（三）有符合规定的注册资本；

（四）有必要的经营管理人员和导游；

（五）法律、行政法规规定的其他条件。

第二十九条 旅行社可以经营下列业务：

（一）境内旅游；

（二）出境旅游；

（三）边境旅游；

（四）入境旅游；

（五）其他旅游业务。

旅行社经营前款第二项和第三项业务，应当取得相应的业务经营许可，具体条件由国务院规定。

第三十条 旅行社不得出租、出借旅行社业务经营许可证，或者以其他形式非法转让旅行社业务经营许可。

第三十一条 旅行社应当按照规定交纳旅游服务质量保证金，用于旅游者权益损害赔偿和垫付旅游者人身安全遇有危险时紧急救助的费用。

第三十二条 旅行社为招徕、组织旅游者发布信息，必须真实、准确，不得进行虚假宣传，误导旅游者。

第三十三条 旅行社及其从业人员组织、接待旅游者，不得安排参观或者参与违反我国法律、法规和社会公德的项目或者活动。

第三十四条 旅行社组织旅游活动应当向合格的供应商订购产品和服务。

第三十五条 旅行社不得以不合理的低价组织旅游活动，诱骗旅游者，并通过安排购物或者另行付费旅游项目获取回扣等不正当利益。

旅行社组织、接待旅游者，不得指定具体购物场所，不得安排另行付费旅游项目。但是，经双方协商一致或者旅游者要求，且不影响其他旅游者行程安排的除外。

发生违反前两款规定情形的，旅游者有权在旅游行程结束后三十日内，要求旅行社为其办理退货并先行垫付退货货款，或者退还另行付费旅游项目的费用。

第三十六条 旅行社组织团队出境旅游或者组织、接待团队入境旅游，应当按照规定安排领队或者导游全程陪同。

第三十七条 参加导游资格考试成绩合格，与旅行社订立劳动合同或者在相关旅游行业组织注册的人员，可以申请取得导游证。

第三十八条 旅行社应当与其聘用的导游依法订立劳动合同，支付劳动报酬，缴纳社会保险费用。

旅行社临时聘用导游为旅游者提供服务的，应当全额向导游支付本法第六十条第三款规定的导游服务费用。

旅行社安排导游为团队旅游提供服务的，不得要求导游垫付或者向导游收取任何费用。

第三十九条 取得导游证，具有相应的学历、语言能力和旅游从业经历，并与旅行社订立劳动合同的人员，可以申请取得领队证。

第四十条 导游和领队为旅游者提供服务必须接受旅行社委派，不得私自承揽导游和领队业务。

第四十一条 导游和领队从事业务活动，应当佩戴导游证、领队证，遵守职业道德，尊重旅游者的风俗习惯和宗教信仰，应当向旅游者告知和解释旅游文明行为规范，引导旅游者健康、文明旅游，劝阻旅游者违反社会公德的行为。

导游和领队应当严格执行旅游行程安排，不得擅自变更旅游行程或者中止服务活动，不得向旅游者索取小费，不得诱导、欺骗、强迫或者变相强迫旅游者购物或者参加另行付费旅游项目。

第四十二条 景区开放应当具备下列条件，并听取旅游主管部门的意见：

(一)有必要的旅游配套服务和辅助设施；

(二)有必要的安全设施及制度，经过安全风险评估，满足安全条件；

(三)有必要的环境保护设施和生态保护措施；

(四)法律、行政法规规定的其他条件。

第四十三条 利用公共资源建设的景区的门票以及景区内的游览场所、交通工具等另行收费项目，实行政府定价或者政府指导价，严格控制价格上涨。拟收费或者提高价格的，应当举行听证会，征求旅游者、经营者和有关方面的意见，论证其必要性、可行性。

利用公共资源建设的景区，不得通过增加另行收费项目等方式变相涨价；另行收费项目已收回投资成本的，应当相应降低价格或者取消收费。

公益性的城市公园、博物馆、纪念馆等，除重点文物保护单位和珍贵文物收藏单位外，应当逐步免费开放。

第四十四条 景区应当在醒目位置公示门票价格、另行收费项目的价格及团体收费价格。景区提高门票价格应当提前六个月公布。

将不同景区的门票或者同一景区内不同游览场所的门票合并出售的，合并后的价格不得高于各单项门票的价格之和，且旅游者有权选择购买其中的单项票。

景区内的核心游览项目因故暂停向旅游者开放或者停止提供服务的，应当公示并相应减少收费。

第四十五条 景区接待旅游者不得超过景区主管部门核定的最大承载量。景区应当公布景区主管部门核定的最大承载量，制定和实施旅游者流量控制方案，并可以采取门票预约等方式，对景区接待旅游者的数量进行控制。

旅游者数量可能达到最大承载量时，景区应当提前公告并同时向当地人民政府报告，景区和当地人民政府应当及时采取疏导、分流等措施。

第四十六条 城镇和乡村居民利用自有住宅或者其他条件依法从事旅游经营，其管理办法由省、自治区、直辖市制定。

第四十七条 经营高空、高速、水上、潜水、探险等高风险旅游项目，应当按照国家有关规定取得经营许可。

第四十八条 通过网络经营旅行社业务的，应当依法取得旅行社业务经营许可，并在其网站主页的显著位置标明其业务经营许可证信息。

发布旅游经营信息的网站，应当保证其信息真实、准确。

第四十九条 为旅游者提供交通、住宿、餐饮、娱乐等服务的经营者，应当符合法律、法规规定的要求，按照合同约定履行义务。

第五十条 旅游经营者应当保证其提供的商品和服务符合保障人身、财产安全的要求。

旅游经营者取得相关质量标准等级的，其设施和服务不得低于相应标准；未取得质量标准等级的，不得使用相关质量等级的称谓和标识。

第五十一条 旅游经营者销售、购买商品或者服务，不得给予或者收受贿赂。

第五十二条 旅游经营者对其在经营活动中知悉的旅游者个人信息，应当予以保密。

第五十三条 从事道路旅游客运的经营者应当遵守道路客运安全管理的各项制度，并在车辆显著位置明示道路旅游客运专用标识，在车厢内显著位置公示经营者和驾驶人信息、道路运输管理机构监督电话等事项。

第五十四条 景区、住宿经营者将其部分经营项目或者场地交由他人从事住宿、餐饮、购物、游览、娱乐、旅游交通等经营的，应当对实际经营者的经营行为给旅游者造成的损害承担连带责任。

第五十五条 旅游经营者组织、接待出入境旅游，发现旅游者从事违法活动或者有违反本法第十六条规定情形的，应当及时向公安机关、旅游主管部门或者我国驻外机构报告。

第五十六条 国家根据旅游活动的风险程度，对旅行社、住宿、旅游交通以及本法第四十七条规定的高风险旅游项目等经营者实施责任保险制度。

第五章 旅游服务合同

第五十七条 旅行社组织和安排旅游活动，应当与旅游者订立合同。

第五十八条 包价旅游合同应当采用书面形式，包括下列内容：

(一)旅行社、旅游者的基本信息；

(二)旅游行程安排；

(三)旅游团成团的最低人数；

(四)交通、住宿、餐饮等旅游服务安排和标准；

(五)游览、娱乐等项目的具体内容和时间；

(六)自由活动时间安排；

(七)旅游费用及其交纳的期限和方式；

(八)违约责任和解决纠纷的方式；

(九)法律、法规规定和双方约定的其他事项。

订立包价旅游合同时，旅行社应当向旅游者详细说明前款第二项至第八项所载内容。

第五十九条 旅行社应当在旅游行程开始前向旅游者提供旅游行程单。旅游行程单是包价旅游合同的组成部分。

第六十条 旅行社委托其他旅行社代理销售包价旅游产品并与旅游者订立包价旅游合同的，应当在包价旅游合同中载明委托社和代理社的基本信息。

旅行社依照本法规定将包价旅游合同中的接待业务委托给地接社履行的，应当在包价旅游合同中载明地接社的基本信息。

安排导游为旅游者提供服务的，应当在包价旅游合同中载明导游服务费用。

第六十一条 旅行社应当提示参加团队旅游的旅游者按照规定投保人身意外伤害保险。

第六十二条 订立包价旅游合同时，旅行社应当向旅游者告知下列事项：

(一)旅游者不适合参加旅游活动的情形；

(二)旅游活动中的安全注意事项；

(三)旅行社依法可以减免责任的信息；

(四)旅游者应当注意的旅游目的地相关法律、法规和风俗习惯、宗教禁忌，依照中国法律不宜参加的活动等；

(五)法律、法规规定的其他应当告知的事项。

在包价旅游合同履行中，遇有前款规定事项的，旅行社也应当告知旅游者。

第六十三条 旅行社招徕旅游者组团旅游，因未达到约定人数不能出团的，组团社可以解除合同。但是，境内旅游应当至少提前七日通知旅游者，出境旅游应当至少提前三十日通知旅游者。

因未达到约定人数不能出团的，组团社经征得旅游者书面同意，可以委托其他旅行社履行合同。组团社对旅游者承担责任，受委托的旅行社对组团社承担责任。旅游者不同意的，可以解除合同。

因未达到约定的成团人数解除合同的，组团社应当向旅游者退还已收取的全部费用。

第六十四条 旅游行程开始前，旅游者可以将包价旅游合同中自身的权利义务转让给第三人，旅行社没有正当理由的不得拒绝，因此增加的费用由旅游者和第三人承担。

第六十五条 旅游行程结束前，旅游者解除合同的，组团社应当在扣除必要的费用后，将余款退还旅游者。

第六十六条 旅游者有下列情形之一的，旅行社可以解除合同：

（一）患有传染病等疾病，可能危害其他旅游者健康和安全的；

（二）携带危害公共安全的物品且不同意交有关部门处理的；

（三）从事违法或者违反社会公德的活动的；

（四）从事严重影响其他旅游者权益的活动，且不听劝阻、不能制止的；

（五）法律规定的其他情形。

因前款规定情形解除合同的，组团社应当在扣除必要的费用后，将余款退还旅游者；给旅行社造成损失的，旅游者应当依法承担赔偿责任。

第六十七条 因不可抗力或者旅行社、履行辅助人已尽合理注意义务仍不能避免的事件，影响旅游行程的，按照下列情形处理：

（一）合同不能继续履行的，旅行社和旅游者均可以解除合同。合同不能完全履行的，旅行社经向旅游者作出说明，可以在合理范围内变更合同；旅游者不同意变更的，可以解除合同。

（二）合同解除的，组团社应当在扣除已向地接社或者履行辅助人支付且不可退还的费用后，将余款退还旅游者；合同变更的，因此增加的费用由旅游者承担，减少的费用退还旅游者。

（三）危及旅游者人身、财产安全的，旅行社应当采取相应的安全措施，因此支出的费用，由旅行社与旅游者分担。

（四）造成旅游者滞留的，旅行社应当采取相应的安置措施。因此增加的食宿费用，由旅游者承担；增加的返程费用，由旅行社与旅游者分担。

第六十八条 旅游行程中解除合同的，旅行社应当协助旅游者返回出发地或者旅游者指定的合理地点。由于旅行社或者履行辅助人的原因导致合同解除的，返程费用由旅行社承担。

第六十九条 旅行社应当按照包价旅游合同的约定履行义务，不得擅自变更旅游行程安排。

经旅游者同意，旅行社将包价旅游合同中的接待业务委托给其他具有相应资质的地接社履行的，应当与地接社订立书面委托合同，约定双方的权利和义务，向地接社提供与旅游者订立的包价旅游合同的副本，并向地接社支付不低于接待和服务成本的费用。地接社应当按照包价旅游合同和委托合同提供服务。

第七十条 旅行社不履行包价旅游合同义务或者履行合同义务不符合约定的，应当依法承担继续履行、采取补救措施或者赔偿损失等违约责任；造成旅游者人身损害、财产损失的，应当依法承担赔偿责任。旅行社具备履行条件，经旅游者要求仍拒绝履行合同，造成旅游者人身损害、滞留等严重后果的，旅游者还可以要求旅行社支付旅游费用一倍以上三倍以下的赔偿金。

由于旅游者自身原因导致包价旅游合同不能履行或者不能按照约定履行，或者造成旅游者人身损害、财产损失的，旅行社不承担责任。

在旅游者自行安排活动期间，旅行社未尽到安全提示、救助义务的，应当对旅游者的人身损害、财产损失承担相应责任。

第七十一条 由于地接社、履行辅助人的原因导致违约的，由组团社承担责任；组团社承担责任后可以向地接社、履行辅助人追偿。

由于地接社、履行辅助人的原因造成旅游者人身损害、财产损失的，旅游者可以要求地接社、履行辅助人承担赔偿责任，也可以要求组团社承担赔偿责任；组团社承担责任后可以向地接社、履行辅助人追偿。但是，由于公共交通经营者的原因造成旅游者人身损害、财产损失的，由公共交通经营者依法承担赔偿责任,旅行社应当协助旅游者向公共交通经营者索赔。

第七十二条 旅游者在旅游活动中或者在解决纠纷时,损害旅行社、履行辅助人、旅游从业人员或者其他旅游者的合法权益的,依法承担赔偿责任。

第七十三条 旅行社根据旅游者的具体要求安排旅游行程,与旅游者订立包价旅游合同的,旅游者请求变更旅游行程安排,因此增加的费用由旅游者承担,减少的费用退还旅游者。

第七十四条 旅行社接受旅游者的委托,为其代订交通、住宿、餐饮、游览、娱乐等旅游服务,收取代办费用的,应当亲自处理委托事务。因旅行社的过错给旅游者造成损失的,旅行社应当承担赔偿责任。

旅行社接受旅游者的委托,为其提供旅游行程设计、旅游信息咨询等服务的,应当保证设计合理、可行,信息及时、准确。

第七十五条 住宿经营者应当按照旅游服务合同的约定为团队旅游者提供住宿服务。住宿经营者未能按照旅游服务合同提供服务的,应当为旅游者提供不低于原定标准的住宿服务,因此增加的费用由住宿经营者承担;但由于不可抗力、政府因公共利益需要采取措施造成不能提供服务的,住宿经营者应当协助安排旅游者住宿。

第六章　旅游安全

第七十六条 县级以上人民政府统一负责旅游安全工作。县级以上人民政府有关部门依照法律、法规履行旅游安全监管职责。

第七十七条 国家建立旅游目的地安全风险提示制度。旅游目的地安全风险提示的级别划分和实施程序,由国务院旅游主管部门会同有关部门制定。

县级以上人民政府及其有关部门应当将旅游安全作为突发事件监测和评估的重要内容。

第七十八条 县级以上人民政府应当依法将旅游应急管理纳入政府应急管理体系,制定应急预案,建立旅游突发事件应对机制。

突发事件发生后,当地人民政府及其有关部门和机构应当采取措施开展救援,并协助旅游者返回出发地或者旅游者指定的合理地点。

第七十九条 旅游经营者应当严格执行安全生产管理和消防安全管理的法律、法规和国家标准、行业标准,具备相应的安全生产条件,制定旅游者安全保护制度和应急预案。

旅游经营者应当对直接为旅游者提供服务的从业人员开展经常性应急救助技能培训,对提供的产品和服务进行安全检验、监测和评估,采取必要措施防止危害发生。

旅游经营者组织、接待老年人、未成年人、残疾人等旅游者,应当采取相应的安全保障措施。

第八十条 旅游经营者应当就旅游活动中的下列事项,以明示的方式事先向旅游者作出说明或者警示:

(一)正确使用相关设施、设备的方法;

(二)必要的安全防范和应急措施;

(三)未向旅游者开放的经营、服务场所和设施、设备;

(四)不适宜参加相关活动的群体;

(五)可能危及旅游者人身、财产安全的其他情形。

第八十一条 突发事件或者旅游安全事故发生后,旅游经营者应当立即采取必要的救助和处置措施,依法履行报告义务,并对旅游者作出妥善安排。

第八十二条 旅游者在人身、财产安全遇有危险时,有权请求旅游经营者、当地政府和相关机构进行及时救助。

中国出境旅游者在境外陷于困境时,有权请求我国驻当地机构在其职责范围内给予协助和保护。

旅游者接受相关组织或者机构的救助后,应当支付应由个人承担的费用。

第七章　旅游监督管理

第八十三条　县级以上人民政府旅游主管部门和有关部门依照本法和有关法律、法规的规定，在各自职责范围内对旅游市场实施监督管理。

县级以上人民政府应当组织旅游主管部门、有关主管部门和工商行政管理、产品质量监督、交通等执法部门对相关旅游经营行为实施监督检查。

第八十四条　旅游主管部门履行监督管理职责，不得违反法律、行政法规的规定向监督管理对象收取费用。

旅游主管部门及其工作人员不得参与任何形式的旅游经营活动。

第八十五条　县级以上人民政府旅游主管部门有权对下列事项实施监督检查：

(一)经营旅行社业务以及从事导游、领队服务是否取得经营、执业许可；

(二)旅行社的经营行为；

(三)导游和领队等旅游从业人员的服务行为；

(四)法律、法规规定的其他事项。

旅游主管部门依照前款规定实施监督检查，可以对涉嫌违法的合同、票据、账簿以及其他资料进行查阅、复制。

第八十六条　旅游主管部门和有关部门依法实施监督检查，其监督检查人员不得少于二人，并应当出示合法证件。监督检查人员少于二人或者未出示合法证件的，被检查单位和个人有权拒绝。

监督检查人员对在监督检查中知悉的被检查单位的商业秘密和个人信息应当依法保密。

第八十七条　对依法实施的监督检查，有关单位和个人应当配合，如实说明情况并提供文件、资料，不得拒绝、阻碍和隐瞒。

第八十八条　县级以上人民政府旅游主管部门和有关部门，在履行监督检查职责中或者在处理举报、投诉时，发现违反本法规定行为的，应当依法及时作出处理；对不属于本部门职责范围的事项，应当及时书面通知并移交有关部门查处。

第八十九条　县级以上地方人民政府建立旅游违法行为查处信息的共享机制，对需要跨部门、跨地区联合查处的违法行为，应当进行督办。

旅游主管部门和有关部门应当按照各自职责，及时向社会公布监督检查的情况。

第九十条　依法成立的旅游行业组织依照法律、行政法规和章程的规定，制定行业经营规范和服务标准，对其会员的经营行为和服务质量进行自律管理，组织开展职业道德教育和业务培训，提高从业人员素质。

第八章　旅游纠纷处理

第九十一条　县级以上人民政府应当指定或者设立统一的旅游投诉受理机构。受理机构接到投诉，应当及时进行处理或者移交有关部门处理，并告知投诉者。

第九十二条　旅游者与旅游经营者发生纠纷，可以通过下列途径解决：

(一)双方协商；

(二)向消费者协会、旅游投诉受理机构或者有关调解组织申请调解；

(三)根据与旅游经营者达成的仲裁协议提请仲裁机构仲裁；

(四)向人民法院提起诉讼。

第九十三条　消费者协会、旅游投诉受理机构和有关调解组织在双方自愿的基础上，依法对旅游者与旅游经营者之间的纠纷进行调解。

第九十四条 旅游者与旅游经营者发生纠纷，旅游者一方人数众多并有共同请求的，可以推选代表人参加协商、调解、仲裁、诉讼活动。

第九章 法律责任

第九十五条 违反本法规定，未经许可经营旅行社业务的，由旅游主管部门或者工商行政管理部门责令改正，没收违法所得，并处一万元以上十万元以下罚款；违法所得十万元以上的，并处违法所得一倍以上五倍以下罚款；对有关责任人员，处二千元以上二万元以下罚款。

旅行社违反本法规定，未经许可经营本法第二十九条第一款第二项、第三项业务，或者出租、出借旅行社业务经营许可证，或者以其他方式非法转让旅行社业务经营许可的，除依照前款规定处罚外，并责令停业整顿；情节严重的，吊销旅行社业务经营许可证；对直接负责的主管人员，处二千元以上二万元以下罚款。

第九十六条 旅行社违反本法规定，有下列行为之一的，由旅游主管部门责令改正，没收违法所得，并处五千元以上五万元以下罚款；情节严重的，责令停业整顿或者吊销旅行社业务经营许可证；对直接负责的主管人员和其他直接责任人员，处二千元以上二万元以下罚款：

（一）未按照规定为出境或者入境团队旅游安排领队或者导游全程陪同的；

（二）安排未取得导游证或者领队证的人员提供导游或者领队服务的；

（三）未向临时聘用的导游支付导游服务费用的；

（四）要求导游垫付或者向导游收取费用的。

第九十七条 旅行社违反本法规定，有下列行为之一的，由旅游主管部门或者有关部门责令改正，没收违法所得，并处五千元以上五万元以下罚款；违法所得五万元以上的，并处违法所得一倍以上五倍以下罚款；情节严重的，责令停业整顿或者吊销旅行社业务经营许可证；对直接负责的主管人员和其他直接责任人员，处二千元以上二万元以下罚款：

（一）进行虚假宣传，误导旅游者的；

（二）向不合格的供应商订购产品和服务的；

（三）未按照规定投保旅行社责任保险的。

第九十八条 旅行社违反本法第三十五条规定的，由旅游主管部门责令改正，没收违法所得，责令停业整顿，并处三万元以上三十万元以下罚款；违法所得三十万元以上的，并处违法所得一倍以上五倍以下罚款；情节严重的，吊销旅行社业务经营许可证；对直接负责的主管人员和其他直接责任人员，没收违法所得，处二千元以上二万元以下罚款，并暂扣或者吊销导游证、领队证。

第九十九条 旅行社未履行本法第五十五条规定的报告义务的，由旅游主管部门处五千元以上五万元以下罚款；情节严重的，责令停业整顿或者吊销旅行社业务经营许可证；对直接负责的主管人员和其他直接责任人员，处二千元以上二万元以下罚款，并暂扣或者吊销导游证、领队证。

第一百条 旅行社违反本法规定，有下列行为之一的，由旅游主管部门责令改正，处三万元以上三十万元以下罚款，并责令停业整顿；造成旅游者滞留等严重后果的，吊销旅行社业务经营许可证；对直接负责的主管人员和其他直接责任人员，处二千元以上二万元以下罚款，并暂扣或者吊销导游证、领队证：

（一）在旅游行程中擅自变更旅游行程安排，严重损害旅游者权益的；

（二）拒绝履行合同的；

（三）未征得旅游者书面同意，委托其他旅行社履行包价旅游合同的。

第一百零一条 旅行社违反本法规定，安排旅游者参观或者参与违反我国法律、法规和社会公德的项目或者活动的，由旅游主管部门责令改正，没收违法所得，责令停业整顿，并处二万元以上二十万元以下罚款；情节严重的，吊销旅行社业务经营许可证；对直接负责的主管人员和其他直接责任人员，处二千元以上二万元以下罚款，并暂扣或者吊销导游证、领队证。

第一百零二条 违反本法规定，未取得导游证或者领队证从事导游、领队活动的，由旅游主管部门责令改正，没收违法所得，并处一千元以上一万元以下罚款，予以公告。

导游、领队违反本法规定，私自承揽业务的，由旅游主管部门责令改正，没收违法所得，处一千元以上一万元以下罚款，并暂扣或者吊销导游证、领队证。

导游、领队违反本法规定，向旅游者索取小费的，由旅游主管部门责令退还，处一千元以上一万元以下罚款；情节严重的，并暂扣或者吊销导游证、领队证。

第一百零三条 违反本法规定被吊销导游证、领队证的导游、领队和受到吊销旅行社业务经营许可证处罚的旅行社的有关管理人员，自处罚之日起未逾三年的，不得重新申请导游证、领队证或者从事旅行社业务。

第一百零四条 旅游经营者违反本法规定，给予或者收受贿赂的，由工商行政管理部门依照有关法律、法规的规定处罚；情节严重的，并由旅游主管部门吊销旅行社业务经营许可证。

第一百零五条 景区不符合本法规定的开放条件而接待旅游者的，由景区主管部门责令停业整顿直至符合开放条件，并处二万元以上二十万元以下罚款。

景区在旅游者数量可能达到最大承载量时，未依照本法规定公告或者未向当地人民政府报告，未及时采取疏导、分流等措施，或者超过最大承载量接待旅游者的，由景区主管部门责令改正，情节严重的，责令停业整顿一个月至六个月。

第一百零六条 景区违反本法规定，擅自提高门票或者另行收费项目的价格，或者有其他价格违法行为的，由有关主管部门依照有关法律、法规的规定处罚。

第一百零七条 旅游经营者违反有关安全生产管理和消防安全管理的法律、法规或者国家标准、行业标准的，由有关主管部门依照有关法律、法规的规定处罚。

第一百零八条 对违反本法规定的旅游经营者及其从业人员，旅游主管部门和有关部门应当记入信用档案，向社会公布。

第一百零九条 旅游主管部门和有关部门的工作人员在履行监督管理职责中，滥用职权、玩忽职守、徇私舞弊，尚不构成犯罪的，依法给予处分。

第一百一十条 违反本法规定，构成犯罪的，依法追究刑事责任。

第十章 附 则

第一百一十一条 本法下列用语的含义：

（一）旅游经营者，是指旅行社、景区以及为旅游者提供交通、住宿、餐饮、购物、娱乐等服务的经营者。

（二）景区，是指为旅游者提供游览服务、有明确的管理界限的场所或者区域。

（三）包价旅游合同，是指旅行社预先安排行程，提供或者通过履行辅助人提供交通、住宿、餐饮、游览、导游或者领队等两项以上旅游服务，旅游者以总价支付旅游费用的合同。

（四）组团社，是指与旅游者订立包价旅游合同的旅行社。

（五）地接社，是指接受组团社委托，在目的地接待旅游者的旅行社。

（六）履行辅助人，是指与旅行社存在合同关系，协助其履行包价旅游合同义务，实际提供相关服务的法人或者自然人。

第一百一十二条 本法自2013年10月1日起施行。

中华人民共和国拍卖法

（2004 年 8 月 28 日第十届全国人民代表大会常务委员会第十一次会议修订通过）

第一章　总　则

第一条　为了规范拍卖行为，维护拍卖秩序，保护拍卖活动各方当事人的合法权益，制定本法。

第二条　本法适用于中华人民共和国境内拍卖企业进行的拍卖活动。

第三条　拍卖是指以公开竞价的形式，将特定物品或者财产权利转让给最高应价者的买卖方式。

第四条　拍卖活动应当遵守有关法律、行政法规，遵循公开、公平、公正、诚实信用的原则。

第五条　国务院负责管理拍卖业的部门对全国拍卖业实施监督管理。

省、自治区、直辖市的人民政府和设区的市的人民政府负责管理拍卖业的部门对本行政区域内的拍卖业实施监督管理。

第二章　拍卖标的

第六条　拍卖标的应当是委托人所有或者依法可以处分的物品或者财产权利。

第七条　法律、行政法规禁止买卖的物品或者财产权利，不得作为拍卖标的。

第八条　依照法律或者按照国务院规定需经审批才能转让的物品或者财产权利，在拍卖前，应当依法办理审批手续。

委托拍卖的文物，在拍卖前，应当经拍卖人住所地的文物行政管理部门依法鉴定、许可。

第九条　国家行政机关依法没收的物品，充抵税款、罚款的物品和其他物品，按照国务院规定应当委托拍卖的，由财产所在地的省、自治区、直辖市的人民政府和设区的市的人民政府指定的拍卖人进行拍卖。

拍卖由人民法院依法没收的物品，充抵罚金、罚款的物品以及无法返还的追回物品，适用前款规定。

第三章　拍卖当事人

第一节　拍卖人

第十条　拍卖人是指依照本法和《中华人民共和国公司法》设立的从事拍卖活动的企业法人。

第十一条　拍卖企业可以在设区的市设立。设立拍卖企业必须经所在地的省、自治区、直辖市人民政府负责管理拍卖业的部门审核许可，并向工商行政管理部门申请登记，领取营业执照。

第十二条　设立拍卖企业，应当具备下列条件：

（一）有一百万元人民币以上的注册资本；

（二）有自己的名称、组织机构、住所和章程；

（三）有与从事拍卖业务相适应的拍卖师和其他工作人员；

（四）有符合本法和其他有关法律规定的拍卖业务规则；

（五）符合国务院有关拍卖业发展的规定；

（六）法律、行政法规规定的其他条件。

第十三条　拍卖企业经营文物拍卖的，应当有一千万元人民币以上的注册资本，有具有文物拍卖专业知识的人员。

第十四条　拍卖活动应当由拍卖师主持。

第十五条　拍卖师应当具备下列条件：

(一)具有高等院校专科以上学历和拍卖专业知识；

(二)在拍卖企业工作两年以上；

(三)品行良好。

被开除公职或者吊销拍卖师资格证书未满五年的，或者因故意犯罪受过刑事处罚的，不得担任拍卖师。

第十六条　拍卖师资格考核，由拍卖行业协会统一组织。经考核合格的，由拍卖行业协会发给拍卖师资格证书。

第十七条　拍卖行业协会是依法成立的社会团体法人，是拍卖业的自律性组织。拍卖行业协会依照本法并根据章程，对拍卖企业和拍卖师进行监督。

第十八条　拍卖人有权要求委托人说明拍卖标的的来源和瑕疵。

拍卖人应当向竞买人说明拍卖标的的瑕疵。

第十九条　拍卖人对委托人交付拍卖的物品负有保管义务。

第二十条　拍卖人接受委托后，未经委托人同意，不得委托其他拍卖人拍卖。

第二十一条　委托人、买受人要求对其身份保密的，拍卖人应当为其保密。

第二十二条　拍卖人及其工作人员不得以竞买人的身份参与自己组织的拍卖活动，并不得委托他人代为竞买。

第二十三条　拍卖人不得在自己组织的拍卖活动中拍卖自己的物品或者财产权利。

第二十四条　拍卖成交后，拍卖人应当按照约定向委托人交付拍卖标的的价款，并按照约定将拍卖标的移交给买受人。

第二节　委托人

第二十五条　委托人是指委托拍卖人拍卖物品或者财产权利的公民、法人或者其他组织。

第二十六条　委托人可以自行办理委托拍卖手续，也可以由其代理人代为办理委托拍卖手续。

第二十七条　委托人应当向拍卖人说明拍卖标的的来源和瑕疵。

第二十八条　委托人有权确定拍卖标的的保留价并要求拍卖人保密。

拍卖国有资产，依照法律或者按照国务院规定需要评估的，应当经依法设立的评估机构评估，并根据评估结果确定拍卖标的的保留价。

第二十九条　委托人在拍卖开始前可以撤回拍卖标的。委托人撤回拍卖标的的，应当向拍卖人支付约定的费用；未作约定的，应当向拍卖人支付为拍卖支出的合理费用。

第三十条　委托人不得参与竞买，也不得委托他人代为竞买。

第三十一条　按照约定由委托人移交拍卖标的的，拍卖成交后，委托人应当将拍卖标的移交给买受人。

第三节　竞买人

第三十二条　竞买人是指参加竞购拍卖标的的公民、法人或者其他组织。

第三十三条　法律、行政法规对拍卖标的的买卖条件有规定的，竞买人应当具备规定的条件。

第三十四条　竞买人可以自行参加竞买，也可以委托其代理人参加竞买。

第三十五条　竞买人有权了解拍卖标的的瑕疵，有权查验拍卖标的和查阅有关拍卖资料。

第三十六条　竞买人一经应价，不得撤回，当其他竞买人有更高应价时，其应价即丧失约束力。

第三十七条 竞买人之间、竞买人与拍卖人之间不得恶意串通,损害他人利益。

第四节 买受人

第三十八条 买受人是指以最高应价购得拍卖标的的竞买人。

第三十九条 买受人应当按照约定支付拍卖标的的价款,未按照约定支付价款的,应当承担违约责任,或者由拍卖人征得委托人的同意,将拍卖标的再行拍卖。

拍卖标的再行拍卖的,原买受人应当支付第一次拍卖中本人及委托人应当支付的佣金。再行拍卖的价款低于原拍卖价款的,原买受人应当补足差额。

第四十条 买受人未能按照约定取得拍卖标的的,有权要求拍卖人或者委托人承担违约责任。

买受人未按照约定受领拍卖标的的,应当支付由此产生的保管费用。

第四章 拍卖程序

第一节 拍卖委托

第四十一条 委托人委托拍卖物品或者财产权利,应当提供身份证明和拍卖人要求提供的拍卖标的的所有权证明或者依法可以处分拍卖标的的证明及其他资料。

第四十二条 拍卖人应当对委托人提供的有关文件、资料进行核实。拍卖人接受委托的,应当与委托人签订书面委托拍卖合同。

第四十三条 拍卖人认为需要对拍卖标的进行鉴定的,可以进行鉴定。

鉴定结论与委托拍卖合同载明的拍卖标的的状况不相符的,拍卖人有权要求变更或者解除合同。

第四十四条 委托拍卖合同应当载明以下事项:

(一)委托人、拍卖人的姓名或者名称、住所;

(二)拍卖标的的名称、规格、数量、质量;

(三)委托人提出的保留价;

(四)拍卖的时间、地点;

(五)拍卖标的交付或者转移的时间、方式;

(六)佣金及其支付的方式、期限;

(七)价款的支付方式、期限;

(八)违约责任;

(九)双方约定的其他事项。

第二节 拍卖公告与展示

第四十五条 拍卖人应当于拍卖日七日前发布拍卖公告。

第四十六条 拍卖公告应当载明下列事项:

(一)拍卖的时间、地点;

(二)拍卖标的;

(三)拍卖标的展示时间、地点;

(四)参与竞买应当办理的手续;

(五)需要公告的其他事项。

第四十七条 拍卖公告应当通过报纸或者其他新闻媒介发布。

第四十八条 拍卖人应当在拍卖前展示拍卖标的,并提供查看拍卖标的的条件及有关资料。

拍卖标的的展示时间不得少于两日。

第三节 拍卖的实施

第四十九条 拍卖师应当于拍卖前宣布拍卖规则和注意事项。

第五十条 拍卖标的无保留价的，拍卖师应当在拍卖前予以说明。

拍卖标的有保留价的，竞买人的最高应价未达到保留价时，该应价不发生效力，拍卖师应当停止拍卖标的的拍卖。

第五十一条 竞买人的最高应价经拍卖师落槌或者以其他公开表示买定的方式确认后，拍卖成交。

第五十二条 拍卖成交后，买受人和拍卖人应当签署成交确认书。

第五十三条 拍卖人进行拍卖时，应当制作拍卖笔录。拍卖笔录应当由拍卖师、记录人签名；拍卖成交的，还应当由买受人签名。

第五十四条 拍卖人应当妥善保管有关业务经营活动的完整账簿、拍卖笔录和其他有关资料。

前款规定的账簿、拍卖笔录和其他有关资料的保管期限，自委托拍卖合同终止之日起计算，不得少于五年。

第五十五条 拍卖标的需要依法办理证照变更、产权过户手续的，委托人、买受人应当持拍卖人出具的成交证明和有关材料，向有关行政管理机关办理手续。

第四节 佣 金

第五十六条 委托人、买受人可以与拍卖人约定佣金的比例。

委托人、买受人与拍卖人对佣金比例未作约定，拍卖成交的，拍卖人可以向委托人、买受人各收取不超过拍卖成交价百分之五的佣金。收取佣金的比例按照同拍卖成交价成反比的原则确定。

拍卖未成交的，拍卖人可以向委托人收取约定的费用；未作约定的，可以向委托人收取为拍卖支出的合理费用。

第五十七条 拍卖本法第九条规定的物品成交的，拍卖人可以向买受人收取不超过拍卖成交价百分之五的佣金。收取佣金的比例按照同拍卖成交价成反比的原则确定。

拍卖未成交的，适用本法第五十六条第三款的规定。

第五章 法律责任

第五十八条 委托人违反本法第六条的规定，委托拍卖其没有所有权或者依法不得处分的物品或者财产权利的，应当依法承担责任。拍卖人明知委托人对拍卖的物品或者财产权利没有所有权或者依法不得处分的，应当承担连带责任。

第五十九条 国家机关违反本法第九条的规定，将应当委托财产所在地的省、自治区、直辖市的人民政府或者设区的市的人民政府指定的拍卖人拍卖的物品擅自处理的，对负有直接责任的主管人员和其他直接责任人员依法给予行政处分，给国家造成损失的，还应当承担赔偿责任。

第六十条 违反本法第十一条的规定，未经许可登记设立拍卖企业的，由工商行政管理部门予以取缔，没收违法所得，并可以处违法所得一倍以上五倍以下的罚款。

第六十一条 拍卖人、委托人违反本法第十八条第二款、第二十七条的规定，未说明拍卖标的的瑕疵，给买受人造成损害的，买受人有权向拍卖人要求赔偿；属于委托人责任的，拍卖人有权向委托人追偿。

拍卖人、委托人在拍卖前声明不能保证拍卖标的的真伪或者品质的，不承担瑕疵担保责任。

因拍卖标的存在瑕疵未声明的，请求赔偿的诉讼时效期间为一年，自当事人知道或者应当知道权利受到损害之日起计算。

因拍卖标的存在缺陷造成人身、财产损害请求赔偿的诉讼时效期间，适用《中华人民共和国产品质量法》和其他法律的有关规定。

第六十二条　拍卖人及其工作人员违反本法第二十二条的规定，参与竞买或者委托他人代为竞买的，由工商行政管理部门对拍卖人给予警告，可以处拍卖佣金一倍以上五倍以下的罚款；情节严重的，吊销营业执照。

第六十三条　违反本法第二十三条的规定，拍卖人在自己组织的拍卖活动中拍卖自己的物品或者财产权利的，由工商行政管理部门没收拍卖所得。

第六十四条　违反本法第三十条的规定，委托人参与竞买或者委托他人代为竞买的，工商行政管理部门可以对委托人处拍卖成交价百分之三十以下的罚款。

第六十五条　违反本法第三十七条的规定，竞买人之间、竞买人与拍卖人之间恶意串通，给他人造成损害的，拍卖无效，应当依法承担赔偿责任。由工商行政管理部门对参与恶意串通的竞买人处最高应价百分之十以上百分之三十以下的罚款；对参与恶意串通的拍卖人处最高应价百分之十以上百分之五十以下的罚款。

第六十六条　违反本法第四章第四节关于佣金比例的规定收取佣金的，拍卖人应当将超收部分返还委托人、买受人。物价管理部门可以对拍卖人处拍卖佣金一倍以上五倍以下的罚款。

第六章　附　则

第六十七条　外国人、外国企业和组织在中华人民共和国境内委托拍卖或者参加竞买的，适用本法。

第六十八条　本法施行前设立的拍卖企业，不具备本法规定的条件的，应当在规定的期限内达到本法规定的条件；逾期未达到本法规定的条件的，由工商行政管理部门注销登记，收缴营业执照。具体实施办法由国务院另行规定。

第六十九条　本法自1997年1月1日起施行。

中华人民共和国文物保护法实施条例

（中华人民共和国国务院令第377号）

第一章　总　则

第一条　根据《中华人民共和国文物保护法》（以下简称“文物保护法”），制定本实施条例。

第二条　国家重点文物保护专项补助经费和地方文物保护专项经费，由县级以上人民政府文物行政主管部门、投资主管部门、财政部门按照国家有关规定共同实施管理。任何单位或者个人不得侵占、挪用。

第三条　国有的博物馆、纪念馆、文物保护单位等的事业性收入，应当用于下列用途：

（一）文物的保管、陈列、修复、征集；

（二）国有的博物馆、纪念馆、文物保护单位的修缮和建设；

（三）文物的安全防范；

（四）考古调查、勘探、发掘；

（五）文物保护的科学研究、宣传教育。

第四条　文物行政主管部门和教育、科技、新闻出版、广播电视行政主管部门，应当做好文物保护的宣传教育工作。

第五条　国务院文物行政主管部门和省、自治区、直辖市人民政府文物行政主管部门，应当制定文物保护的科学技术研究规划，采取有效措施，促进文物保护科技成果的推广和应用，提高文物保护的科学技术水平。

第六条 有文物保护法第十二条所列事迹之一的单位或者个人，由人民政府及其文物行政主管部门、有关部门给予精神鼓励或者物质奖励。

第二章 不可移动文物

第七条 历史文化名城，由国务院建设行政主管部门会同国务院文物行政主管部门报国务院核定公布。

历史文化街区、村镇，由省、自治区、直辖市人民政府城乡规划行政主管部门会同文物行政主管部门报本级人民政府核定公布。

县级以上地方人民政府组织编制的历史文化名城和历史文化街区、村镇的保护规划，应当符合文物保护的要求。

第八条 全国重点文物保护单位和省级文物保护单位自核定公布之日起一年内，由省、自治区、直辖市人民政府划定必要的保护范围，作出标志说明，建立记录档案，设置专门机构或者指定专人负责管理。

设区的市、自治州级和县级文物保护单位自核定公布之日起1年内，由核定公布该文物保护单位的人民政府划定保护范围，作出标志说明，建立记录档案，设置专门机构或者指定专人负责管理。

第九条 文物保护单位的保护范围，是指对文物保护单位本体及周围一定范围实施重点保护的区域。

文物保护单位的保护范围，应当根据文物保护单位的类别、规模、内容以及周围环境的历史和现实情况合理划定，并在文物保护单位本体之外保持一定的安全距离，确保文物保护单位的真实性和完整性。

第十条 文物保护单位的标志说明，应当包括文物保护单位的级别、名称、公布机关、公布日期、立标机关、立标日期等内容。民族自治地区的文物保护单位的标志说明，应当同时用规范汉字和当地通用的少数民族文字书写。

第十一条 文物保护单位的记录档案，应当包括文物保护单位本体记录等科学技术资料和有关文献记载、行政管理等内容。

文物保护单位的记录档案，应当充分利用文字、音像制品、图画、拓片、摹本、电子文本等形式，有效表现其所载内容。

第十二条 古文化遗址、古墓葬、石窟寺和属于国家所有的纪念建筑物、古建筑，被核定公布为文物保护单位的，由县级以上地方人民政府设置专门机构或者指定机构负责管理。其他文物保护单位，由县级以上地方人民政府设置专门机构或者指定机构、专人负责管理；指定专人负责管理的，可以采取聘请文物保护员的形式。

文物保护单位有使用单位的，使用单位应当设立群众性文物保护组织；没有使用单位的，文物保护单位所在地的村民委员会或者居民委员会可以设立群众性文物保护组织。文物行政主管部门应当对群众性文物保护组织的活动给予指导和支持。

负责管理文物保护单位的机构，应当建立健全规章制度，采取安全防范措施；其安全保卫人员，可以依法配备防卫器械。

第十三条 文物保护单位的建设控制地带，是指在文物保护单位的保护范围外，为保护文物保护单位的安全、环境、历史风貌对建设项目加以限制的区域。

文物保护单位的建设控制地带，应当根据文物保护单位的类别、规模、内容以及周围环境的历史和现实情况合理划定。

第十四条 全国重点文物保护单位的建设控制地带，经省、自治区、直辖市人民政府批准，由省、自治区、直辖市人民政府的文物行政主管部门会同城乡规划行政主管部门划定并公布。

省级、设区的市、自治州级和县级文物保护单位的建设控制地带，经省、自治区、直辖市人民政府批准，由核定公布该文物保护单位的人民政府的文物行政主管部门会同城乡规划行政主管部门划定并公布。

第十五条 承担文物保护单位的修缮、迁移、重建工程的单位，应当同时取得文物行政主管部门发给的相应等级的文物保护工程资质证书和建设行政主管部门发给的相应等级的资质证书。其中，不涉及建筑活动的文物保护单位的修缮、迁移、重建，应当由取得文物行政主管部门发给的相应等级的文物保护工程资质证书的单位承担。

第十六条 申领文物保护工程资质证书，应当具备下列条件：

(一)有取得文物博物专业技术职务的人员；

(二)有从事文物保护工程所需的技术设备；

(三)法律、行政法规规定的其他条件。

第十七条 申领文物保护工程资质证书，应当向省、自治区、直辖市人民政府文物行政主管部门或者国务院文物行政主管部门提出申请。省、自治区、直辖市人民政府文物行政主管部门或者国务院文物行政主管部门应当自收到申请之日起30个工作日内作出批准或者不批准的决定。决定批准的，发给相应等级的文物保护工程资质证书；决定不批准的，应当书面通知当事人并说明理由。文物保护工程资质等级的分级标准和审批办法，由国务院文物行政主管部门制定。

第十八条 文物行政主管部门在审批文物保护单位的修缮计划和工程设计方案前，应当征求上一级人民政府文物行政主管部门的意见。

第十九条 危害全国重点文物保护单位安全或者破坏其历史风貌的建筑物、构筑物，由省、自治区、直辖市人民政府负责调查处理。

危害省级、设区的市、自治州级、县级文物保护单位安全或者破坏其历史风貌的建筑物、构筑物，由核定公布该文物保护单位的人民政府负责调查处理。

危害尚未核定公布为文物保护单位的不可移动文物安全的建筑物、构筑物，由县级人民政府负责调查处理。

第三章 考古发掘

第二十条 申请从事考古发掘的单位，取得考古发掘资质证书，应当具备下列条件：

(一)有4名以上取得考古发掘领队资格的人员；

(二)有取得文物博物专业技术职务的人员；

(三)有从事文物安全保卫的专业人员；

(四)有从事考古发掘所需的技术设备；

(五)有保障文物安全的设施和场所；

(六)法律、行政法规规定的其他条件。

第二十一条 申领考古发掘资质证书，应当向国务院文物行政主管部门提出申请。国务院文物行政主管部门应当自收到申请之日起30个工作日内作出批准或者不批准的决定。决定批准的，发给考古发掘资质证书；决定不批准的，应当书面通知当事人并说明理由。

第二十二条 考古发掘项目实行领队负责制度。担任领队的人员，应当取得国务院文物行政主管部门按照国家有关规定发给的考古发掘领队资格证书。

第二十三条 配合建设工程进行的考古调查、勘探、发掘，由省、自治区、直辖市人民政府文物行政主管部门组织实施。跨省、自治区、直辖市的建设工程范围内的考古调查、勘探、发掘，由建设工程所在地的有关省、自治区、直辖市人民政府文物行政主管部门联合组织实施；其中，特别重要的建设工程范围内的考古调查、勘探、发掘，由国务院文物行政主管部门组织实施。

建设单位对配合建设工程进行的考古调查、勘探、发掘，应当予以协助，不得妨碍考古调查、勘探、发掘。

第二十四条 国务院文物行政主管部门应当自收到文物保护法第三十条第一款规定的发掘计划之日起 30 个工作日内作出批准或者不批准决定。决定批准的，发给批准文件；决定不批准的，应当书面通知当事人并说明理由。

文物保护法第三十条第二款规定的抢救性发掘，省、自治区、直辖市人民政府文物行政主管部门应当自开工之日起 10 个工作日内向国务院文物行政主管部门补办审批手续。

第二十五条 考古调查、勘探、发掘所需经费的范围和标准，按照国家有关规定执行。

第二十六条 从事考古发掘的单位应当在考古发掘完成之日起 30 个工作日内向省、自治区、直辖市人民政府文物行政主管部门和国务院文物行政主管部门提交结项报告，并于提交结项报告之日起 3 年内向省、自治区、直辖市人民政府文物行政主管部门和国务院文物行政主管部门提交考古发掘报告。

第二十七条 从事考古发掘的单位提交考古发掘报告后，经省、自治区、直辖市人民政府文物行政主管部门批准，可以保留少量出土文物作为科研标本，并应当于提交发掘报告之日起 6 个月内将其他出土文物移交给由省、自治区、直辖市人民政府文物行政主管部门指定的国有的博物馆、图书馆或者其他国有文物收藏单位收藏。

第四章 馆藏文物

第二十八条 文物收藏单位应当建立馆藏文物的接收、鉴定、登记、编目和档案制度，库房管理制度，出入库、注销和统计制度，保养、修复和复制制度。

第二十九条 县级人民政府文物行政主管部门应当将本行政区域内的馆藏文物档案，按照行政隶属关系报设区的市、自治州级人民政府文物行政主管部门或者省、自治区、直辖市人民政府文物行政主管部门备案；设区的市、自治州级人民政府文物行政主管部门应当将本行政区域内的馆藏文物档案，报省、自治区、直辖市人民政府文物行政主管部门备案；省、自治区、直辖市人民政府文物行政主管部门应当将本行政区域内的一级文物藏品档案，报国务院文物行政主管部门备案。

第三十条 文物收藏单位之间借用馆藏文物，借用人应当对借用的馆藏文物采取必要的保护措施，确保文物的安全。

借用的馆藏文物的灭失、损坏风险，除当事人另有约定外，由借用该馆藏文物的文物收藏单位承担。

第三十一条 国有文物收藏单位未依照文物保护法第三十六条的规定建立馆藏文物档案并将馆藏文物档案报主管的文物行政主管部门备案的，不得交换、借用馆藏文物。

第三十二条 修复、复制、拓印馆藏二级文物和馆藏三级文物的，应当报省、自治区、直辖市人民政府文物行政主管部门批准；修复、复制、拓印馆藏一级文物的，应当经省、自治区、直辖市人民政府文物行政主管部门审核后报国务院文物行政主管部门批准。

第三十三条 从事馆藏文物修复、复制、拓印的单位，应当具备下列条件：

(一)有取得中级以上文物博物专业技术职务的人员；

(二)有从事馆藏文物修复、复制、拓印所需的场所和技术设备；

(三)法律、行政法规规定的其他条件。

第三十四条 从事馆藏文物修复、复制、拓印，应当向省、自治区、直辖市人民政府文物行政主管部门提出申请。省、自治区、直辖市人民政府文物行政主管部门应当自收到申请之日起30个工作日内作出批准或者不批准的决定。决定批准的，发给相应等级的资质证书；决定不批准的，应当书面通知当事人并说明理由。

第三十五条 为制作出版物、音像制品等拍摄馆藏三级文物的，应当报设区的市级人民政府文物行政主管部门批准；拍摄馆藏一级文物和馆藏二级文物的，应当报省、自治区、直辖市人民政府文物行政主管部门批准。

第三十六条 馆藏文物被盗、被抢或者丢失的，文物收藏单位应当立即向公安机关报案，并同时向主管的文物行政主管部门报告；主管的文物行政主管部门应当在接到文物收藏单位的报告后24小时内，将有关情况报告国务院文物行政主管部门。

第三十七条 国家机关和国有的企业、事业组织等收藏、保管国有文物的，应当履行下列义务：

(一)建立文物藏品档案制度，并将文物藏品档案报所在地省、自治区、直辖市人民政府文物行政主管部门备案；

(二)建立、健全文物藏品的保养、修复等管理制度，确保文物安全；

(三)文物藏品被盗、被抢或者丢失的，应当立即向公安机关报案，并同时向所在地省、自治区、直辖市人民政府文物行政主管部门报告。

第五章 民间收藏文物

第三十八条 文物收藏单位以外的公民、法人和其他组织，可以依法收藏文物，其依法收藏的文物的所有权受法律保护。

公民、法人和其他组织依法收藏文物的，可以要求文物行政主管部门对其收藏的文物提供鉴定、修复、保管等方面的咨询。

第三十九条 设立文物商店，应当具备下列条件：

(一)有200万元人民币以上的注册资本；

(二)有5名以上取得中级以上文物博物专业技术职务的人员；

(三)有保管文物的场所、设施和技术条件；

(四)法律、行政法规规定的其他条件。

第四十条 设立文物商店，应当向省、自治区、直辖市人民政府文物行政主管部门提出申请。省、自治区、直辖市人民政府文物行政主管部门应当自收到申请之日起30个工作日内作出批准或者不批准的决定。决定批准的，发给批准文件；决定不批准的，应当书面通知当事人并说明理由。

第四十一条 依法设立的拍卖企业，从事文物拍卖经营活动的，应当有5名以上取得高级文物博物专业技术职务的文物拍卖专业人员，并取得国务院文物行政主管部门发给的文物拍卖许可证。

第四十二条 依法设立的拍卖企业申领文物拍卖许可证，应当向国务院文物行政主管部门提出申请。国务院文物行政主管部门应当自收到申请之日起30个工作日内作出批准或者不批准的决定。决定批准的，发给文物拍卖许可证；决定不批准的，应当书面通知当事人并说明理由。

第四十三条 文物商店购买、销售文物，经营文物拍卖的拍卖企业拍卖文物，应当记录文物的名称、图录、来源、文物的出卖人、委托人和买受人的姓名或者名称、住所、有效身份证件号码或者有效证照号码以及成交价格，并报核准其销售、拍卖文物的文物行政主管部门备案。接受备案的文物行政主管部门应当依法为其保密，并将该记录保存75年。

文物行政主管部门应当加强对文物商店和经营文物拍卖的拍卖企业的监督检查。

第六章 文物出境进境

第四十四条 国务院文物行政主管部门指定的文物进出境审核机构，应当有5名以上专职文物进出境责任鉴定员。专职文物进出境责任鉴定员应当取得中级以上文物博物专业技术职务并经国务院文物行政主管部门考核合格。

第四十五条 运送、邮寄、携带文物出境，应当在文物出境前依法报文物进出境审核机构审核。文物进出境审核机构应当自收到申请之日起15个工作日内作出是否允许出境的决定。

文物进出境审核机构审核文物，应当有3名以上文物博物专业技术人员参加；其中，应当有2名以上文物进出境责任鉴定员。

文物出境审核意见，由文物进出境责任鉴定员共同签署；对经审核，文物进出境责任鉴定员一致同意允许出境的文物，文物进出境审核机构方可作出允许出境的决定。

文物出境审核标准，由国务院文物行政主管部门制定。

第四十六条 文物进出境审核机构应当对所审核进出境文物的名称、质地、尺寸、级别，当事人的姓名或者名称、住所、有效身份证件号码或者有效证照号码，以及进出境口岸、文物去向和审核日期等内容进行登记。

第四十七条 经审核允许出境的文物，由国务院文物行政主管部门发给文物出境许可证，并由文物进出境审核机构标明文物出境标识。经审核允许出境的文物，应当从国务院文物行政主管部门指定的口岸出境。海关查验文物出境标识后，凭文物出境许可证放行。

经审核不允许出境的文物，由文物进出境审核机构发还当事人。

第四十八条 文物出境展览的承办单位，应当在举办展览前6个月向国务院文物行政主管部门提出申请。国务院文物行政主管部门应当自收到申请之日起30个工作日内作出批准或者不批准的决定。决定批准的，发给批准文件；决定不批准的，应当书面通知当事人并说明理由。

一级文物展品超过120件(套)的，或者一级文物展品超过展品总数的20%的，应当报国务院批准。

第四十九条 一级文物中的孤品和易损品，禁止出境展览。禁止出境展览文物的目录，由国务院文物行政主管部门定期公布。

未曾在国内正式展出的文物，不得出境展览。

第五十条 文物出境展览的期限不得超过1年。因特殊需要，经原审批机关批准可以延期；但是，延期最长不得超过1年。

第五十一条 文物出境展览期间，出现可能危及展览文物安全情形的，原审批机关可以决定中止或者撤销展览。

第五十二条 临时进境的文物，经海关将文物加封后，交由当事人报文物进出境审核机构审核、登记。文物进出境审核机构查验海关封志完好无损后，对每件临时进境文物标明文物临时进境标识，并登记拍照。

临时进境文物复出境时，应当由原审核、登记的文物进出境审核机构核对入境登记拍照记录，查验文物临时进境标识无误后标明文物出境标识，并由国务院文物行政主管部门发给文物出境许可证。

未履行本条第一款规定的手续临时进境的文物复出境的，依照本章关于文物出境的规定办理。

第五十三条 任何单位或者个人不得擅自剥除、更换、挪用或者损毁文物出境标识、文物临时进境标识。

第七章 法律责任

第五十四条 公安机关、工商行政管理、文物、海关、城乡规划、建设等有关部门及其工作人员，违反本条例规定，滥用审批权限、不履行职责或者发现违法行为不予查处的，对负有责任的主管人员和其他直接责任人员依法给予行政处分；构成犯罪的，依法追究刑事责任。

第五十五条 违反本条例规定，未取得相应等级的文物保护工程资质证书，擅自承担文物保护单位的修缮、迁移、重建工程的，由文物行政主管部门责令限期改正；逾期不改正，或者造成严重后果的，处5万元以上50万元以下的罚款；构成犯罪的，依法追究刑事责任。

违反本条例规定，未取得建设行政主管部门发给的相应等级的资质证书，擅自承担含有建筑活动的文物保护单位的修缮、迁移、重建工程的，由建设行政主管部门依照有关法律、行政法规的规定予以处罚。

第五十六条 违反本条例规定，未取得资质证书，擅自从事馆藏文物的修复、复制、拓印活动的，由文物行政主管部门责令停止违法活动;没收违法所得和从事违法活动的专用工具、设备;造成严重后果的,并处1万元以上10万元以下的罚款;构成犯罪的,依法追究刑事责任。

第五十七条 文物保护法第六十六条第二款规定的罚款,数额为200元以下。

第五十八条 违反本条例规定,未经批准擅自修复、复制、拓印、拍摄馆藏珍贵文物的,由文物行政主管部门给予警告;造成严重后果的,处2000元以上2万元以下的罚款;对负有责任的主管人员和其他直接责任人员依法给予行政处分。

第五十九条 考古发掘单位违反本条例规定,未在规定期限内提交结项报告或者考古发掘报告的,由省、自治区、直辖市人民政府文物行政主管部门或者国务院文物行政主管部门责令限期改正;逾期不改正的,对负有责任的主管人员和其他直接责任人员依法给予行政处分。

第六十条 考古发掘单位违反本条例规定,未在规定期限内移交文物的,由省、自治区、直辖市人民政府文物行政主管部门或者国务院文物行政主管部门责令限期改正;逾期不改正,或者造成严重后果的,对负有责任的主管人员和其他直接责任人员依法给予行政处分。

第六十一条 违反本条例规定,文物出境展览超过展览期限的,由国务院文物行政主管部门责令限期改正;对负有责任的主管人员和其他直接责任人员依法给予行政处分。

第六十二条 依照文物保护法第六十六条、第七十三条的规定,单位被处以吊销许可证行政处罚的,应当依法到工商行政管理部门办理变更登记或者注销登记;逾期未办理的,由工商行政管理部门吊销营业执照。

第六十三条 违反本条例规定,改变国有的博物馆、纪念馆、文物保护单位等的事业性收入的用途的,对负有责任的主管人员和其他直接责任人员依法给予行政处分;构成犯罪的,依法追究刑事责任。

第八章　附　则

第六十四条 本条例自2003年7月1日起施行。

中华人民共和国水下文物保护管理条例

(中华人民共和国国务院令第42号)

第一条 为了加强水下文物保护工作的管理,根据《中华人民共和国文物保护法》的有关规定,制定本条例。

第二条 本条例所称水下文物,是指遗存于下列水域的具有历史、艺术和科学价值的人类文化遗产:

(一)遗存于中国内水、领海内的一切起源于中国的、起源国不明的和起源于外国的文物;

(二)遗存于中国领海以外依照中国法律由中国管辖的其他海域内的起源于中国的和起源国不明的文物;

(三)遗存于外国领海以外的其他管辖海域以及公海区域内的起源于中国的文物。

前款规定内容不包括1911年以后的与重大历史事件、革命运动以及著名人物无关的水下遗存。

第三条 本条例第二条第(一)、(二)项所规定的水下文物属于国家所有,国家对其行使管辖权;本条例第二条第(三)项所规定的水下文物,国家享有辨认器物物主的权利。

第四条 国家文物局主管水下文物的登记注册、保护管理以及水下文物的考古勘探和发掘活动的审批工作。

地方各级文物行政管理部门负责本行政区域水下文物的保护工作,会同文物考古研究机构负责水下文物的确认和价值鉴定工作。对于海域内的水下文物,国家文物局可以指定地方文物行政管理部门代为负责保护管理工作。

第五条 根据水下文物的价值，国务院和省、自治区、直辖市人民政府可以依据《中华人民共和国文物保护法》第二章规定的有关程序，确定全国或者省级水下文物保护单位、水下文物保护区，并予公布。

在水下文物保护单位和水下文物保护区内，禁止进行危及水下文物安全的捕捞、爆破等活动。

第六条 任何单位或者个人以任何方式发现本条例第二条第(一)、(二)项所规定的水下文物，应当及时报告国家文物局或者地方文物行政管理部门；已打捞出水的，应当及时上缴国家文物局或者地方文物行政管理部门处理。

任何单位或者个人以任何方式发现本条例第二条第(三)项所规定的水下文物，应当及时报告国家文物局或者地方文物行政管理部门；已打捞出水的，应当及时提供国家文物局或者地方文物行政管理部门辨认、鉴定。

第七条 水下文物的考古勘探和发掘活动应当以文物保护和科学研究为目的。任何单位或者个人在中国管辖水域进行水下文物的考古勘探或者发掘活动，必须向国家文物局提出申请，并提供有关资料。未经国家文物局批准，任何单位或者个人不得以任何方式私自勘探或者发掘。

外国国家、国际组织、外国法人或者自然人在中国管辖水域进行水下文物的考古勘探或者发掘活动，必须采取与中国合作的方式进行，其向国家文物局提出的申请，须由国家文物局报经国务院特别许可。

第八条 任何单位或者个人经批准后实施水下文物考古勘探或者发掘活动，活动范围涉及港务监督部门管辖水域的，必须报请港务监督部门核准，由港务监督部门核准划定安全作业区，发布航行通告。

第九条 任何单位或者个人实施水下文物考古勘探或者发掘活动时，还必须遵守中国其他有关法律、法规，接受有关部门的管理；遵守水下考古、潜水、航行等规程，确保人员和水下文物的安全；防止水体的环境污染，保护水下生物资源和其他自然资源不受损害；保护水面、水下的一切设施；不得妨碍交通运输、渔业生产、军事训练以及其他正常的水面、水下作业活动。

第十条 保护水下文物有突出贡献，符合《中华人民共和国文物保护法》规定情形的，给予表彰、奖励。

违反本条例第五条、第六条、第七条的规定，破坏水下文物，私自勘探、发掘、打捞水下文物，或者隐匿、私分、贩运、非法出售、非法出口水下文物，具有《中华人民共和国文物保护法》规定情形的，依法给予行政处罚或者追究刑事责任。

违反本条例第八条、第九条的规定，造成严重后果的，由文物行政管理部门会同有关部门责令停止作业限期改进或者给予撤销批准的行政处罚，可以并处1000元至1万元的罚款。

第十一条 本条例由国家文物局负责解释。

第十二条 本条例的实施细则由国家文物局制定。

第十三条 本条例自发布之日起施行。

长城保护条例

（中华人民共和国国务院令第476号）

第一条 为了加强对长城的保护，规范长城的利用行为，根据《中华人民共和国文物保护法》(以下简称“文物保护法”)，制定本条例。

第二条 本条例所称长城，包括长城的墙体、城堡、关隘、烽火台、敌楼等。

受本条例保护的长城段落，由国务院文物主管部门认定并公布。

第三条 长城保护应当贯彻文物工作方针，坚持科学规划、原状保护的原则。

第四条 国家对长城实行整体保护、分段管理。

国务院文物主管部门负责长城整体保护工作，协调、解决长城保护中的重大问题，监督、检查长城所在地各地方的长城保护工作。

长城所在地县级以上地方人民政府及其文物主管部门依照文物保护法、本条例和其他有关行政法规的规定，负责本行政区域内的长城保护工作。

第五条 长城所在地县级以上地方人民政府应当将长城保护经费纳入本级财政预算。

国家鼓励公民、法人和其他组织通过捐赠等方式设立长城保护基金，专门用于长城保护。长城保护基金的募集、使用和管理，依照国家有关法律、行政法规的规定执行。

第六条 国家对长城保护实行专家咨询制度。制定长城保护总体规划、审批与长城有关的建设工程、决定与长城保护有关的其他重大事项，应当听取专家意见。

第七条 公民、法人和其他组织都有依法保护长城的义务。

国家鼓励公民、法人和其他组织参与长城保护。

第八条 国务院文物主管部门、长城所在地县级以上地方人民政府及其文物主管部门应当对在长城保护中作出突出贡献的组织或者个人给予奖励。

第九条 长城所在地省、自治区、直辖市人民政府应当对本行政区域内的长城进行调查；对认为属于长城的段落，应当报国务院文物主管部门认定，并自认定之日起1年内依法核定公布为省级文物保护单位。

本条例施行前已经认定为长城但尚未核定公布为全国重点文物保护单位或者省级文物保护单位的段落，应当自本条例施行之日起1年内依法核定公布为全国重点文物保护单位或者省级文物保护单位。

第十条 国家实行长城保护总体规划制度。

国务院文物主管部门会同国务院有关部门，根据文物保护法的规定和长城保护的实际需要，制定长城保护总体规划，报国务院批准后组织实施。长城保护总体规划应当明确长城的保护标准和保护重点，分类确定保护措施，并确定禁止在保护范围内进行工程建设的长城段落。

长城所在地县级以上地方人民政府制定本行政区域的国民经济和社会发展计划、土地利用总体规划和城乡规划，应当落实长城保护总体规划规定的保护措施。

第十一条 长城所在地省、自治区、直辖市人民政府应当按照长城保护总体规划的要求，划定本行政区域内长城的保护范围和建设控制地带，并予以公布。

省、自治区、直辖市人民政府文物主管部门应当将公布的保护范围和建设控制地带报国务院文物主管部门备案。

第十二条 任何单位或者个人不得在长城保护总体规划禁止工程建设的保护范围内进行工程建设。在建设控制地带或者长城保护总体规划未禁止工程建设的保护范围内进行工程建设，应当遵守文物保护法第十七条、第十八条的规定。

进行工程建设应当绕过长城。无法绕过的，应当采取挖掘地下通道的方式通过长城；无法挖掘地下通道的，应当采取架设桥梁的方式通过长城。任何单位或者个人进行工程建设，不得拆除、穿越、迁移长城。

第十三条 长城所在地省、自治区、直辖市人民政府应当在长城沿线的交通路口和其他需要提示公众的地段设立长城保护标志。设立长城保护标志不得对长城造成损坏。

长城保护标志应当载明长城段落的名称、修筑年代、保护范围、建设控制地带和保护机构。

第十四条 长城所在地省、自治区、直辖市人民政府应当建立本行政区域内的长城档案，其文物主管部门应当将长城档案报国务院文物主管部门备案。

国务院文物主管部门应当建立全国的长城档案。

第十五条 长城所在地省、自治区、直辖市人民政府应当为本行政区域内的长城段落确定保护机构；长城段落有利用单位的，该利用单位可以确定为保护机构。

保护机构应当对其所负责保护的长城段落进行日常维护和监测，并建立日志；发现安全隐患，应当立即采取控制措施，并及时向县级人民政府文物主管部门报告。

第十六条 地处偏远、没有利用单位的长城段落，所在地县级人民政府或者其文物主管部门可以聘请长城保护员对长城进行巡查、看护，并对长城保护员给予适当补助。

第十七条 长城段落为行政区域边界的，其毗邻的县级以上地方人民政府应当定期召开由相关部门参加的联席会议，研究解决长城保护中的重大问题。

第十八条 禁止在长城上从事下列活动：

（一）取土、取砖（石）或者种植作物；

（二）刻划、涂污；

（三）架设、安装与长城保护无关的设施、设备；

（四）驾驶交通工具，或者利用交通工具等跨越长城；

（五）展示可能损坏长城的器具；

（六）有组织地在未辟为参观游览区的长城段落举行活动；

（七）文物保护法禁止的其他活动。

第十九条 将长城段落辟为参观游览区，应当坚持科学规划、原状保护的原则，并应当具备下列条件：

（一）该长城段落的安全状况适宜公众参观游览；

（二）该长城段落有明确的保护机构，已依法划定保护范围、建设控制地带，并已建立保护标志、档案；

（三）符合长城保护总体规划的要求。

第二十条 将长城段落辟为参观游览区，应当自辟为参观游览区之日起5日内向所在地省、自治区、直辖市人民政府文物主管部门备案；长城段落属于全国重点文物保护单位的，应当自辟为参观游览区之日起5日内向国务院文物主管部门备案。备案材料应当包括参观游览区的旅游容量指标。

所在地省、自治区、直辖市人民政府文物主管部门和国务院文物主管部门，应当自收到备案材料之日起20日内按照职权划分核定参观游览区的旅游容量指标。

第二十一条 在参观游览区内举行活动，其人数不得超过核定的旅游容量指标。

在参观游览区内设置服务项目，应当符合长城保护总体规划的要求。

第二十二条 任何单位或者个人发现长城遭受损坏向保护机构或者所在地县级人民政府文物主管部门报告的，接到报告的保护机构或者县级人民政府文物主管部门应当立即采取控制措施，并向县级人民政府和上一级人民政府文物主管部门报告。

第二十三条 对长城进行修缮，应当依照文物保护法的规定办理审批手续，由依法取得文物保护工程资质证书的单位承担。长城的修缮，应当遵守不改变原状的原则。

长城段落已经损毁的，应当实施遗址保护，不得在原址重建。

长城段落因人为原因造成损坏的，其修缮费用由造成损坏的单位或者个人承担。

第二十四条 违反本条例规定，造成长城损毁，构成犯罪的，依法追究刑事责任；尚不构成犯罪，违反有关治安管理的法律规定的，由公安机关依法给予治安处罚。

第二十五条 违反本条例规定，有下列情形之一的，依照文物保护法第六十六条的规定责令改正，造成严重后果的，处5万元以上50万元以下的罚款；情节严重的，由原发证机关吊销资质证书：

（一）在禁止工程建设的长城段落的保护范围内进行工程建设的；

（二）在长城的保护范围或者建设控制地带内进行工程建设，未依法报批的；

（三）未采取本条例规定的方式进行工程建设，或者因工程建设拆除、穿越、迁移长城的。

第二十六条 将不符合本条例规定条件的长城段落辟为参观游览区的，由省级以上人民政府文物主管部门按照职权划分依法取缔，没收违法所得；造成长城损坏的，处5万元以上50万元以下的罚款。

将长城段落辟为参观游览区未按照本条例规定备案的，由省级以上人民政府文物主管部门按照职权划分责令限期改正，逾期不改正的，依照前款规定处罚。

在参观游览区内设置的服务项目不符合长城保护总体规划要求的，由县级人民政府文物主管部门责令改正，没收违法所得。

第二十七条 违反本条例规定，有下列情形之一的，由县级人民政府文物主管部门责令改正，造成严重后果的，对个人处1万元以上5万元以下的罚款，对单位处5万元以上50万元以下的罚款：

（一）在长城上架设、安装与长城保护无关的设施、设备的；

（二）在长城上驾驶交通工具，或者利用交通工具等跨越长城的；

（三）在长城上展示可能损坏长城的器具的；

（四）在参观游览区接待游客超过旅游容量指标的。

第二十八条 违反本条例规定，有下列情形之一的，由县级人民政府文物主管部门责令改正，给予警告；情节严重的，对个人并处1000元以上5000元以下的罚款，对单位并处1万元以上5万元以下的罚款：

（一）在长城上取土、取砖（石）或者种植作物的；

（二）有组织地在未辟为参观游览区的长城段落举行活动的。

第二十九条 行政机关有下列情形之一的，由上级行政机关责令改正，通报批评；对负有责任的主管人员和其他直接责任人员，依照文物保护法第七十六条的规定给予行政处分；情节严重的，依法开除公职：

（一）未依照本条例的规定，确定保护机构、划定保护范围或者建设控制地带、设立保护标志或者建立档案的；

（二）发现不符合条件的长城段落辟为参观游览区未依法查处的；

（三）有其他滥用职权、玩忽职守行为，造成长城损坏的。

第三十条 保护机构有下列情形之一的，由长城所在地省、自治区、直辖市人民政府文物主管部门责令改正，对负有责任的主管人员和其他直接责任人员依法给予行政处分；情节严重的，依法开除公职：

（一）未对长城进行日常维护、监测或者未建立日志的；

（二）发现长城存在安全隐患，未采取控制措施或者未及时报告的。

第三十一条 本条例自2006年12月1日起施行。

博物馆条例

（中华人民共和国国务院令第659号）

第一章 总 则

第一条 为了促进博物馆事业发展，发挥博物馆功能，满足公民精神文化需求，提高公民思想道德和科学文化素质，制定本条例。

第二条 本条例所称博物馆，是指以教育、研究和欣赏为目的，收藏、保护并向公众展示人类活动和自然环境的见证物，经登记管理机关依法登记的非营利组织。

博物馆包括国有博物馆和非国有博物馆。利用或者主要利用国有资产设立的博物馆为国有博物馆；利用或者主要利用非国有资产设立的博物馆为非国有博物馆。

国家在博物馆的设立条件、提供社会服务、规范管理、专业技术职称评定、财税扶持政策等方面，公平对待国有和非国有博物馆。

第三条 博物馆开展社会服务应当坚持为人民服务、为社会主义服务的方向和贴近实际、贴近生活、贴近群众的原则，丰富人民群众精神文化生活。

第四条 国家制定博物馆事业发展规划，完善博物馆体系。

国家鼓励企业、事业单位、社会团体和公民等社会力量依法设立博物馆。

第五条 国有博物馆的正常运行经费列入本级财政预算；非国有博物馆的举办者应当保障博物馆的正常运行经费。

国家鼓励设立公益性基金为博物馆提供经费，鼓励博物馆多渠道筹措资金促进自身发展。

第六条 博物馆依法享受税收优惠。

依法设立博物馆或者向博物馆提供捐赠的，按照国家有关规定享受税收优惠。

第七条 国家文物主管部门负责全国博物馆监督管理工作。国务院其他有关部门在各自职责范围内负责有关的博物馆管理工作。

县级以上地方人民政府文物主管部门负责本行政区域的博物馆监督管理工作。县级以上地方人民政府其他有关部门在各自职责范围内负责本行政区域内有关的博物馆管理工作。

第八条 博物馆行业组织应当依法制定行业自律规范，维护会员的合法权益，指导、监督会员的业务活动，促进博物馆事业健康发展。

第九条 对为博物馆事业作出突出贡献的组织或者个人，按照国家有关规定给予表彰、奖励。

第二章 博物馆的设立、变更与终止

第十条 设立博物馆，应当具备下列条件：

（一）固定的馆址以及符合国家规定的展室、藏品保管场所；

（二）相应数量的藏品以及必要的研究资料，并能够形成陈列展览体系；

（三）与其规模和功能相适应的专业技术人员；

（四）必要的办馆资金和稳定的运行经费来源；

（五）确保观众人身安全的设施、制度及应急预案。

博物馆馆舍建设应当坚持新建馆舍和改造现有建筑相结合，鼓励利用名人故居、工业遗产等作为博物馆馆舍。新建、改建馆舍应当提高藏品展陈和保管面积占总面积的比重。

第十一条 设立博物馆，应当制定章程。博物馆章程应当包括下列事项：

（一）博物馆名称、馆址；

（二）办馆宗旨及业务范围；

（三）组织管理制度，包括理事会或者其他形式决策机构的产生办法、人员构成、任期、议事规则等；

（四）藏品展示、保护、管理、处置的规则；

（五）资产管理和使用规则；

（六）章程修改程序；

（七）终止程序和终止后资产的处理；

（八）其他需要由章程规定的事项。

第十二条 国有博物馆的设立、变更、终止依照有关事业单位登记管理法律、行政法规的规定办理，并应当向馆址所在地省、自治区、直辖市人民政府文物主管部门备案。

第十三条 藏品属于古生物化石的博物馆，其设立、变更、终止应当遵守有关古生物化石保护法律、行政法规的规定，并向馆址所在地省、自治区、直辖市人民政府文物主管部门备案。

第十四条 设立藏品不属于古生物化石的非国有博物馆的，应当向馆址所在地省、自治区、直辖市人民政府文物主管部门备案，并提交下列材料：

（一）博物馆章程草案；

（二）馆舍所有权或者使用权证明，展室和藏品保管场所的环境条件符合藏品展示、保护、管理需要的论证材料；

（三）藏品目录、藏品概述及藏品合法来源说明；

（四）出资证明或者验资报告；

（五）专业技术人员和管理人员的基本情况；

（六）陈列展览方案。

第十五条 设立藏品不属于古生物化石的非国有博物馆的，应当到有关登记管理机关依法办理法人登记手续。

前款规定的非国有博物馆变更、终止的，应当到有关登记管理机关依法办理变更登记、注销登记，并向馆址所在地省、自治区、直辖市人民政府文物主管部门备案。

第十六条 省、自治区、直辖市人民政府文物主管部门应当及时公布本行政区域内已备案的博物馆名称、地址、联系方式、主要藏品等信息。

第三章 博物馆管理

第十七条 博物馆应当完善法人治理结构，建立健全有关组织管理制度。

第十八条 博物馆专业技术人员按照国家有关规定评定专业技术职称。

第十九条 博物馆依法管理和使用的资产，任何组织或者个人不得侵占。

博物馆不得从事文物等藏品的商业经营活动。博物馆从事其他商业经营活动，不得违反办馆宗旨，不得损害观众利益。博物馆从事其他商业经营活动的具体办法由国家文物主管部门制定。

第二十条 博物馆接受捐赠的，应当遵守有关法律、行政法规的规定。

博物馆可以依法以举办者或者捐赠者的姓名、名称命名博物馆的馆舍或者其他设施；非国有博物馆还可以依法以举办者或者捐赠者的姓名、名称作为博物馆馆名。

第二十一条 博物馆可以通过购买、接受捐赠、依法交换等法律、行政法规规定的方式取得藏品，不得取得来源不明或者来源不合法的藏品。

第二十二条 博物馆应当建立藏品账目及档案。藏品属于文物的，应当区分文物等级，单独设置文物档案，建立严格的管理制度，并报文物主管部门备案。

未依照前款规定建账、建档的藏品，不得交换或者出借。

第二十三条 博物馆法定代表人对藏品安全负责。

博物馆法定代表人、藏品管理人员离任前，应当办结藏品移交手续。

第二十四条 博物馆应当加强对藏品的安全管理，定期对保障藏品安全的设备、设施进行检查、维护，保证其正常运行。对珍贵藏品和易损藏品应当设立专库或者专用设备保存，并由专人负责保管。

第二十五条 博物馆藏品属于国有文物、非国有文物中的珍贵文物和国家规定禁止出境的其他文物的，不得出境，不得转让、出租、质押给外国人。

国有博物馆藏品属于文物的，不得赠与、出租或者出售给其他单位和个人。

第二十六条 博物馆终止的，应当依照有关非营利组织法律、行政法规的规定处理藏品；藏品属于国家禁止买卖的文物的，应当依照有关文物保护法律、行政法规的规定处理。

第二十七条 博物馆藏品属于文物或者古生物化石的，其取得、保护、管理、展示、处置、进出境等还应当分别遵守有关文物保护、古生物化石保护的法律、行政法规的规定。

第四章 博物馆社会服务

第二十八条 博物馆应当自取得登记证书之日起6个月内向公众开放。

第二十九条 博物馆应当向公众公告具体开放时间。在国家法定节假日和学校寒暑假期间，博物馆应当开放。

第三十条 博物馆举办陈列展览，应当遵守下列规定：

（一）主题和内容应当符合宪法所确定的基本原则和维护国家安全与民族团结、弘扬爱国主义、倡导科学精神、普及科学知识、传播优秀文化、培养良好风尚、促进社会和谐、推动社会文明进步的要求；

（二）与办馆宗旨相适应，突出藏品特色；

（三）运用适当的技术、材料、工艺和表现手法，达到形式与内容的和谐统一；

（四）展品以原件为主，使用复制品、仿制品应当明示；

（五）采用多种形式提供科学、准确、生动的文字说明和讲解服务；

（六）法律、行政法规的其他有关规定。

陈列展览的主题和内容不适宜未成年人的，博物馆不得接纳未成年人。

第三十一条 博物馆举办陈列展览的，应当在陈列展览开始之日10个工作日前，将陈列展览主题、展品说明、讲解词等向陈列展览举办地的文物主管部门或者其他有关部门备案。

各级人民政府文物主管部门和博物馆行业组织应当加强对博物馆陈列展览的指导和监督。

第三十二条 博物馆应当配备适当的专业人员，根据不同年龄段的未成年人接受能力进行讲解；学校寒暑假期间，具备条件的博物馆应当增设适合学生特点的陈列展览项目。

第三十三条 国家鼓励博物馆向公众免费开放。县级以上人民政府应当对向公众免费开放的博物馆给予必要的经费支持。

博物馆未实行免费开放的，其门票、收费的项目和标准按照国家有关规定执行，并在收费地点的醒目位置予以公布。

博物馆未实行免费开放的，应当对未成年人、成年学生、教师、老年人、残疾人和军人等实行免费或者其他优惠。博物馆实行优惠的项目和标准应当向公众公告。

第三十四条 博物馆应当根据自身特点、条件，运用现代信息技术，开展形式多样、生动活泼的社会教育和服务活动，参与社区文化建设和对外文化交流与合作。

国家鼓励博物馆挖掘藏品内涵，与文化创意、旅游等产业相结合，开发衍生产品，增强博物馆发展能力。

第三十五条 国务院教育行政部门应当会同国家文物主管部门，制定利用博物馆资源开展教育教学、社会实践活动的政策措施。

地方各级人民政府教育行政部门应当鼓励学校结合课程设置和教学计划，组织学生到博物馆开展学习实践活动。

博物馆应当对学校开展各类相关教育教学活动提供支持和帮助。

第三十六条 博物馆应当发挥藏品优势，开展相关专业领域的理论及应用研究，提高业务水平，促进专业人才的成长。

博物馆应当为高等学校、科研机构和专家学者等开展科学研究工作提供支持和帮助。

第三十七条 公众应当爱护博物馆展品、设施及环境，不得损坏博物馆的展品、设施。

第三十八条 博物馆行业组织可以根据博物馆的教育、服务及藏品保护、研究和展示水平，对博物馆进行评估。具体办法由国家文物主管部门会同其他有关部门制定。

第五章　法律责任

第三十九条 博物馆取得来源不明或者来源不合法的藏品，或者陈列展览的主题、内容造成恶劣影响的，由省、自治区、直辖市人民政府文物主管部门或者有关登记管理机关按照职责分工，责令改正，有违法所得的，没收违法所得，并处违法所得2倍以上5倍以下罚款；没有违法所得的，处5000元以上2万元以下罚款；情节严重的，由登记管理机关撤销登记。

第四十条 博物馆从事文物藏品的商业经营活动的，由工商行政管理部门依照有关文物保护法律、行政法规的规定处罚。

博物馆从事非文物藏品的商业经营活动，或者从事其他商业经营活动违反办馆宗旨、损害观众利益的，由省、自治区、直辖市人民政府文物主管部门或者有关登记管理机关按照职责分工，责令改正，有违法所得的，没收违法所得，并处违法所得 2 倍以上 5 倍以下罚款；没有违法所得的，处 5000 元以上 2 万元以下罚款；情节严重的，由登记管理机关撤销登记。

第四十一条 博物馆自取得登记证书之日起 6 个月内未向公众开放，或者未依照本条例的规定实行免费或者其他优惠的，由省、自治区、直辖市人民政府文物主管部门责令改正；拒不改正的，由登记管理机关撤销登记。

第四十二条 博物馆违反有关价格法律、行政法规规定的，由馆址所在地县级以上地方人民政府价格主管部门依法给予处罚。

第四十三条 县级以上人民政府文物主管部门或者其他有关部门及其工作人员玩忽职守、滥用职权、徇私舞弊或者利用职务上的便利索取或者收受他人财物的，由本级人民政府或者上级机关责令改正，通报批评；对直接负责的主管人员和其他直接责任人员依法给予处分。

第四十四条 违反本条例规定，构成犯罪的，依法追究刑事责任。

第六章　附　则

第四十五条 本条例所称博物馆不包括以普及科学技术为目的的科普场馆。

第四十六条 中国人民解放军所属博物馆依照军队有关规定进行管理。

第四十七条 本条例自 2015 年 3 月 20 日起施行。

历史文化名城名镇名村保护条例

（中华人民共和国国务院令第 524 号）

第一章　总　则

第一条 为了加强历史文化名城、名镇、名村的保护与管理，继承中华民族优秀历史文化遗产，制定本条例。

第二条 历史文化名城、名镇、名村的申报、批准、规划、保护，适用本条例。

第三条 历史文化名城、名镇、名村的保护应当遵循科学规划、严格保护的原则，保持和延续其传统格局和历史风貌，维护历史文化遗产的真实性和完整性，继承和弘扬中华民族优秀传统文化，正确处理经济社会发展和历史文化遗产保护的关系。

第四条 国家对历史文化名城、名镇、名村的保护给予必要的资金支持。

历史文化名城、名镇、名村所在地的县级以上地方人民政府，根据本地实际情况安排保护资金，列入本级财政预算。

国家鼓励企业、事业单位、社会团体和个人参与历史文化名城、名镇、名村的保护。

第五条 国务院建设主管部门会同国务院文物主管部门负责全国历史文化名城、名镇、名村的保护和监督管理工作。

地方各级人民政府负责本行政区域历史文化名城、名镇、名村的保护和监督管理工作。

第六条 县级以上人民政府及其有关部门对在历史文化名城、名镇、名村保护工作中做出突出贡献的单位和个人，按照国家有关规定给予表彰和奖励。

第二章 申报与批准

第七条 具备下列条件的城市、镇、村庄，可以申报历史文化名城、名镇、名村：

(一)保存文物特别丰富；

(二)历史建筑集中成片；

(三)保留着传统格局和历史风貌；

(四)历史上曾经作为政治、经济、文化、交通中心或者军事要地，或者发生过重要历史事件，或者其传统产业、历史上建设的重大工程对本地区的发展产生过重要影响，或者能够集中反映本地区建筑的文化特色、民族特色。

申报历史文化名城的，在所申报的历史文化名城保护范围内还应当有两个以上的历史文化街区。

第八条 申报历史文化名城、名镇、名村，应当提交所申报的历史文化名城、名镇、名村的下列材料：

(一)历史沿革、地方特色和历史文化价值的说明；

(二)传统格局和历史风貌的现状；

(三)保护范围；

(四)不可移动文物、历史建筑、历史文化街区的清单；

(五)保护工作情况、保护目标和保护要求。

第九条 申报历史文化名城，由省、自治区、直辖市人民政府提出申请，经国务院建设主管部门会同国务院文物主管部门组织有关部门、专家进行论证，提出审查意见，报国务院批准公布。

申报历史文化名镇、名村，由所在地县级人民政府提出申请，经省、自治区、直辖市人民政府确定的保护主管部门会同同级文物主管部门组织有关部门、专家进行论证，提出审查意见，报省、自治区、直辖市人民政府批准公布。

第十条 对符合本条例第七条规定的条件而没有申报历史文化名城的城市，国务院建设主管部门会同国务院文物主管部门可以向该城市所在地的省、自治区人民政府提出申报建议；仍不申报的，可以直接向国务院提出确定该城市为历史文化名城的建议。

对符合本条例第七条规定的条件而没有申报历史文化名镇、名村的镇、村庄，省、自治区、直辖市人民政府确定的保护主管部门会同同级文物主管部门可以向该镇、村庄所在地的县级人民政府提出申报建议；仍不申报的，可以直接向省、自治区、直辖市人民政府提出确定该镇、村庄为历史文化名镇、名村的建议。

第十一条 国务院建设主管部门会同国务院文物主管部门可以在已批准公布的历史文化名镇、名村中，严格按照国家有关评价标准，选择具有重大历史、艺术、科学价值的历史文化名镇、名村，经专家论证，确定为中国历史文化名镇、名村。

第十二条 已批准公布的历史文化名城、名镇、名村，因保护不力使其历史文化价值受到严重影响的，批准机关应当将其列入濒危名单，予以公布，并责成所在地城市、县人民政府限期采取补救措施，防止情况继续恶化，并完善保护制度，加强保护工作。

第三章 保护规划

第十三条 历史文化名城批准公布后，历史文化名城人民政府应当组织编制历史文化名城保护规划。

历史文化名镇、名村批准公布后，所在地县级人民政府应当组织编制历史文化名镇、名村保护规划。

保护规划应当自历史文化名城、名镇、名村批准公布之日起1年内编制完成。

第十四条 保护规划应当包括下列内容：

(一)保护原则、保护内容和保护范围；

(二)保护措施、开发强度和建设控制要求；

(三)传统格局和历史风貌保护要求；

(四)历史文化街区、名镇、名村的核心保护范围和建设控制地带；

(五)保护规划分期实施方案。

第十五条 历史文化名城、名镇保护规划的规划期限应当与城市、镇总体规划的规划期限相一致；历史文化名村保护规划的规划期限应当与村庄规划的规划期限相一致。

第十六条 保护规划报送审批前，保护规划的组织编制机关应当广泛征求有关部门、专家和公众的意见；必要时，可以举行听证。

保护规划报送审批文件中应当附具意见采纳情况及理由；经听证的，还应当附具听证笔录。

第十七条 保护规划由省、自治区、直辖市人民政府审批。

保护规划的组织编制机关应当将经依法批准的历史文化名城保护规划和中国历史文化名镇、名村保护规划，报国务院建设主管部门和国务院文物主管部门备案。

第十八条 保护规划的组织编制机关应当及时公布经依法批准的保护规划。

第十九条 经依法批准的保护规划，不得擅自修改；确需修改的，保护规划的组织编制机关应当向原审批机关提出专题报告，经同意后，方可编制修改方案。修改后的保护规划，应当按照原审批程序报送审批。

第二十条 国务院建设主管部门会同国务院文物主管部门应当加强对保护规划实施情况的监督检查。

县级以上地方人民政府应当加强对本行政区域保护规划实施情况的监督检查，并对历史文化名城、名镇、名村保护状况进行评估；对发现的问题，应当及时纠正、处理。

第四章 保护措施

第二十一条 历史文化名城、名镇、名村应当整体保护，保持传统格局、历史风貌和空间尺度，不得改变与其相互依存的自然景观和环境。

第二十二条 历史文化名城、名镇、名村所在地县级以上地方人民政府应当根据当地经济社会发展水平，按照保护规划，控制历史文化名城、名镇、名村的人口数量，改善历史文化名城、名镇、名村的基础设施、公共服务设施和居住环境。

第二十三条 在历史文化名城、名镇、名村保护范围内从事建设活动，应当符合保护规划的要求，不得损害历史文化遗产的真实性和完整性，不得对其传统格局和历史风貌构成破坏性影响。

第二十四条 在历史文化名城、名镇、名村保护范围内禁止进行下列活动：

(一)开山、采石、开矿等破坏传统格局和历史风貌的活动；

(二)占用保护规划确定保留的园林绿地、河湖水系、道路等；

(三)修建生产、储存爆炸性、易燃性、放射性、毒害性、腐蚀性物品的工厂、仓库等；

(四)在历史建筑上刻划、涂污。

第二十五条 在历史文化名城、名镇、名村保护范围内进行下列活动，应当保护其传统格局、历史风貌和历史建筑；制订保护方案，经城市、县人民政府城乡规划主管部门会同同级文物主管部门批准，并依照有关法律、法规的规定办理相关手续：

(一)改变园林绿地、河湖水系等自然状态的活动；

(二)在核心保护范围内进行影视摄制、举办大型群众性活动；

（三）其他影响传统格局、历史风貌或者历史建筑的活动。

第二十六条 历史文化街区、名镇、名村建设控制地带内的新建建筑物、构筑物，应当符合保护规划确定的建设控制要求。

第二十七条 对历史文化街区、名镇、名村核心保护范围内的建筑物、构筑物，应当区分不同情况，采取相应措施，实行分类保护。

历史文化街区、名镇、名村核心保护范围内的历史建筑，应当保持原有的高度、体量、外观形象及色彩等。

第二十八条 在历史文化街区、名镇、名村核心保护范围内，不得进行新建、扩建活动。但是，新建、扩建必要的基础设施和公共服务设施除外。

在历史文化街区、名镇、名村核心保护范围内，新建、扩建必要的基础设施和公共服务设施的，城市、县人民政府城乡规划主管部门核发建设工程规划许可证、乡村建设规划许可证前，应当征求同级文物主管部门的意见。

在历史文化街区、名镇、名村核心保护范围内，拆除历史建筑以外的建筑物、构筑物或者其他设施的，应当经城市、县人民政府城乡规划主管部门会同同级文物主管部门批准。

第二十九条 审批本条例第二十八条规定的建设活动，审批机关应当组织专家论证，并将审批事项予以公示，征求公众意见，告知利害关系人有要求举行听证的权利。公示时间不得少于20日。

利害关系人要求听证的，应当在公示期间提出，审批机关应当在公示期满后及时举行听证。

第三十条 城市、县人民政府应当在历史文化街区、名镇、名村核心保护范围的主要出入口设置标志牌。

任何单位和个人不得擅自设置、移动、涂改或者损毁标志牌。

第三十一条 历史文化街区、名镇、名村核心保护范围内的消防设施、消防通道，应当按照有关的消防技术标准和规范设置。确因历史文化街区、名镇、名村的保护需要，无法按照标准和规范设置的，由城市、县人民政府公安机关消防机构会同同级城乡规划主管部门制订相应的防火安全保障方案。

第三十二条 城市、县人民政府应当对历史建筑设置保护标志，建立历史建筑档案。

历史建筑档案应当包括下列内容：

（一）建筑艺术特征、历史特征、建设年代及稀有程度；

（二）建筑的有关技术资料；

（三）建筑的使用现状和权属变化情况；

（四）建筑的修缮、装饰装修过程中形成的文字、图纸、图片、影像等资料；

（五）建筑的测绘信息记录和相关资料。

第三十三条 历史建筑的所有权人应当按照保护规划的要求，负责历史建筑的维护和修缮。

县级以上地方人民政府可以从保护资金中对历史建筑的维护和修缮给予补助。

历史建筑有损毁危险，所有权人不具备维护和修缮能力的，当地人民政府应当采取措施进行保护。

任何单位或者个人不得损坏或者擅自迁移、拆除历史建筑。

第三十四条 建设工程选址，应当尽可能避开历史建筑；因特殊情况不能避开的，应当尽可能实施原址保护。

对历史建筑实施原址保护的，建设单位应当事先确定保护措施，报城市、县人民政府城乡规划主管部门会同同级文物主管部门批准。

因公共利益需要进行建设活动，对历史建筑无法实施原址保护、必须迁移异地保护或者拆除的，应当由城市、县人民政府城乡规划主管部门会同同级文物主管部门，报省、自治区、直辖市人民政府确定的保护主管部门会同同级文物主管部门批准。

本条规定的历史建筑原址保护、迁移、拆除所需费用，由建设单位列入建设工程预算。

第三十五条 对历史建筑进行外部修缮装饰、添加设施以及改变历史建筑的结构或者使用性质的，应当经城市、县人民政府城乡规划主管部门会同同级文物主管部门批准，并依照有关法律、法规的规定办理相关手续。

第三十六条 在历史文化名城、名镇、名村保护范围内涉及文物保护的，应当执行文物保护法律、法规的规定。

第五章 法律责任

第三十七条 违反本条例规定，国务院建设主管部门、国务院文物主管部门和县级以上地方人民政府及其有关主管部门的工作人员，不履行监督管理职责，发现违法行为不予查处或者有其他滥用职权、玩忽职守、徇私舞弊行为，构成犯罪的，依法追究刑事责任；尚不构成犯罪的，依法给予处分。

第三十八条 违反本条例规定，地方人民政府有下列行为之一的，由上级人民政府责令改正，对直接负责的主管人员和其他直接责任人员，依法给予处分：

(一)未组织编制保护规划的；

(二)未按照法定程序组织编制保护规划的；

(三)擅自修改保护规划的；

(四)未将批准的保护规划予以公布的。

第三十九条 违反本条例规定，省、自治区、直辖市人民政府确定的保护主管部门或者城市、县人民政府城乡规划主管部门，未按照保护规划的要求或者未按照法定程序履行本条例第二十五条、第二十八条、第三十四条、第三十五条规定的审批职责的，由本级人民政府或者上级人民政府有关部门责令改正，通报批评；对直接负责的主管人员和其他直接责任人员，依法给予处分。

第四十条 违反本条例规定，城市、县人民政府因保护不力，导致已批准公布的历史文化名城、名镇、名村被列入濒危名单的，由上级人民政府通报批评；对直接负责的主管人员和其他直接责任人员，依法给予处分。

第四十一条 违反本条例规定，在历史文化名城、名镇、名村保护范围内有下列行为之一的，由城市、县人民政府城乡规划主管部门责令停止违法行为、限期恢复原状或者采取其他补救措施；有违法所得的，没收违法所得；逾期不恢复原状或者不采取其他补救措施的，城乡规划主管部门可以指定有能力的单位代为恢复原状或者采取其他补救措施，所需费用由违法者承担；造成严重后果的，对单位并处50万元以上100万元以下的罚款，对个人并处5万元以上10万元以下的罚款；造成损失的，依法承担赔偿责任：

(一)开山、采石、开矿等破坏传统格局和历史风貌的；

(二)占用保护规划确定保留的园林绿地、河湖水系、道路等的；

(三)修建生产、储存爆炸性、易燃性、放射性、毒害性、腐蚀性物品的工厂、仓库等的。

第四十二条 违反本条例规定，在历史建筑上刻划、涂污的，由城市、县人民政府城乡规划主管部门责令恢复原状或者采取其他补救措施，处50元的罚款。

第四十三条 违反本条例规定，未经城乡规划主管部门会同同级文物主管部门批准，有下列行为之一的，由城市、县人民政府城乡规划主管部门责令停止违法行为、限期恢复原状或者采取其他补救措施；有违法所得的，没收违法所得；逾期不恢复原状或者不采取其他补救措施的，城乡规划主管部门可以指定有能力的单位代为恢复原状或者采取其他补救措施，所需费用由违法者承担；造成严重后果的，对单位并处5万元以上10万元以下的罚款，对个人并处1万元以上5万元以下的罚款；造成损失的，依法承担赔偿责任：

(一)改变园林绿地、河湖水系等自然状态的；

(二)进行影视摄制、举办大型群众性活动的；

(三)拆除历史建筑以外的建筑物、构筑物或者其他设施的；

(四)对历史建筑进行外部修缮装饰、添加设施以及改变历史建筑的结构或者使用性质的；

（五）其他影响传统格局、历史风貌或者历史建筑的。

有关单位或者个人经批准进行上述活动，但是在活动过程中对传统格局、历史风貌或者历史建筑构成破坏性影响的，依照本条第一款规定予以处罚。

第四十四条 违反本条例规定，损坏或者擅自迁移、拆除历史建筑的，由城市、县人民政府城乡规划主管部门责令停止违法行为、限期恢复原状或者采取其他补救措施；有违法所得的，没收违法所得；逾期不恢复原状或者不采取其他补救措施的，城乡规划主管部门可以指定有能力的单位代为恢复原状或者采取其他补救措施，所需费用由违法者承担；造成严重后果的，对单位并处 20 万元以上 50 万元以下的罚款，对个人并处 10 万元以上 20 万元以下的罚款；造成损失的，依法承担赔偿责任。

第四十五条 违反本条例规定，擅自设置、移动、涂改或者损毁历史文化街区、名镇、名村标志牌的，由城市、县人民政府城乡规划主管部门责令限期改正；逾期不改正的，对单位处 1 万元以上 5 万元以下的罚款，对个人处 1000 元以上 1 万元以下的罚款。

第四十六条 违反本条例规定，对历史文化名城、名镇、名村中的文物造成损毁的，依照文物保护法律、法规的规定给予处罚；构成犯罪的，依法追究刑事责任。

第六章 附 则

第四十七条 本条例下列用语的含义：

（一）历史建筑，是指经城市、县人民政府确定公布的具有一定保护价值，能够反映历史风貌和地方特色，未公布为文物保护单位，也未登记为不可移动文物的建筑物、构筑物。

（二）历史文化街区，是指经省、自治区、直辖市人民政府核定公布的保存文物特别丰富、历史建筑集中成片、能够较完整和真实地体现传统格局和历史风貌，并具有一定规模的区域。

历史文化街区保护的具体实施办法，由国务院建设主管部门会同国务院文物主管部门制定。

第四十八条 本条例自 2008 年 7 月 1 日起施行。

风景名胜区条例

（中华人民共和国国务院令第 474 号）

第一章 总 则

第一条 为了加强对风景名胜区的管理，有效保护和合理利用风景名胜资源，制定本条例。

第二条 风景名胜区的设立、规划、保护、利用和管理，适用本条例。

本条例所称风景名胜区，是指具有观赏、文化或者科学价值，自然景观、人文景观比较集中，环境优美，可供人们游览或者进行科学、文化活动的区域。

第三条 国家对风景名胜区实行科学规划、统一管理、严格保护、永续利用的原则。

第四条 风景名胜区所在地县级以上地方人民政府设置的风景名胜区管理机构，负责风景名胜区的保护、利用和统一管理工作。

第五条 国务院建设主管部门负责全国风景名胜区的监督管理工作。国务院其他有关部门按照国务院规定的职责分工，负责风景名胜区的有关监督管理工作。

省、自治区人民政府建设主管部门和直辖市人民政府风景名胜区主管部门，负责本行政区域内风景名胜区的监督管理工作。省、自治区、直辖市人民政府其他有关部门按照规定的职责分工，负责风景名胜区的有关监督管理工作。

第六条 任何单位和个人都有保护风景名胜资源的义务，并有权制止、检举破坏风景名胜资源的行为。

第二章 设 立

第七条 设立风景名胜区，应当有利于保护和合理利用风景名胜资源。

新设立的风景名胜区与自然保护区不得重合或者交叉；已设立的风景名胜区与自然保护区重合或者交叉的，风景名胜区规划与自然保护区规划应当相协调。

第八条 风景名胜区划分为国家级风景名胜区和省级风景名胜区。

自然景观和人文景观能够反映重要自然变化过程和重大历史文化发展过程，基本处于自然状态或者保持历史原貌，具有国家代表性的，可以申请设立国家级风景名胜区；具有区域代表性的，可以申请设立省级风景名胜区。

第九条 申请设立风景名胜区应当提交包含下列内容的有关材料：

(一)风景名胜资源的基本状况；

(二)拟设立风景名胜区的范围以及核心景区的范围；

(三)拟设立风景名胜区的性质和保护目标；

(四)拟设立风景名胜区的游览条件；

(五)与拟设立风景名胜区内的土地、森林等自然资源和房屋等财产的所有权人、使用权人协商的内容和结果。

第十条 设立国家级风景名胜区，由省、自治区、直辖市人民政府提出申请，国务院建设主管部门会同国务院环境保护主管部门、林业主管部门、文物主管部门等有关部门组织论证，提出审查意见，报国务院批准公布。

设立省级风景名胜区，由县级人民政府提出申请，省、自治区人民政府建设主管部门或者直辖市人民政府风景名胜区主管部门，会同其他有关部门组织论证，提出审查意见，报省、自治区、直辖市人民政府批准公布。

第十一条 风景名胜区内的土地、森林等自然资源和房屋等财产的所有权人、使用权人的合法权益受法律保护。

申请设立风景名胜区的人民政府应当在报请审批前，与风景名胜区内的土地、森林等自然资源和房屋等财产的所有权人、使用权人充分协商。

因设立风景名胜区对风景名胜区内的土地、森林等自然资源和房屋等财产的所有权人、使用权人造成损失的，应当依法给予补偿。

第三章 规 划

第十二条 风景名胜区规划分为总体规划和详细规划。

第十三条 风景名胜区总体规划的编制，应当体现人与自然和谐相处、区域协调发展和经济社会全面进步的要求，坚持保护优先、开发服从保护的原则，突出风景名胜资源的自然特性、文化内涵和地方特色。

风景名胜区总体规划应当包括下列内容：

(一)风景资源评价；

(二)生态资源保护措施、重大建设项目布局、开发利用强度；

(三)风景名胜区的功能结构和空间布局；

(四)禁止开发和限制开发的范围;

(五)风景名胜区的游客容量;

(六)有关专项规划。

第十四条 风景名胜区应当自设立之日起 2 年内编制完成总体规划。总体规划的规划期一般为 20 年。

第十五条 风景名胜区详细规划应当根据核心景区和其他景区的不同要求编制,确定基础设施、旅游设施、文化设施等建设项目的选址、布局与规模,并明确建设用地范围和规划设计条件。

风景名胜区详细规划,应当符合风景名胜区总体规划。

第十六条 国家级风景名胜区规划由省、自治区人民政府建设主管部门或者直辖市人民政府风景名胜区主管部门组织编制。

省级风景名胜区规划由县级人民政府组织编制。

第十七条 编制风景名胜区规划,应当采用招标等公平竞争的方式选择具有相应资质等级的单位承担。

风景名胜区规划应当按照经审定的风景名胜区范围、性质和保护目标,依照国家有关法律、法规和技术规范编制。

第十八条 编制风景名胜区规划,应当广泛征求有关部门、公众和专家的意见;必要时,应当进行听证。

风景名胜区规划报送审批的材料应当包括社会各界的意见以及意见采纳的情况和未予采纳的理由。

第十九条 国家级风景名胜区的总体规划,由省、自治区、直辖市人民政府审查后,报国务院审批。

国家级风景名胜区的详细规划,由省、自治区人民政府建设主管部门或者直辖市人民政府风景名胜区主管部门报国务院建设主管部门审批。

第二十条 省级风景名胜区的总体规划,由省、自治区、直辖市人民政府审批,报国务院建设主管部门备案。

省级风景名胜区的详细规划,由省、自治区人民政府建设主管部门或者直辖市人民政府风景名胜区主管部门审批。

第二十一条 风景名胜区规划经批准后,应当向社会公布,任何组织和个人有权查阅。

风景名胜区内的单位和个人应当遵守经批准的风景名胜区规划,服从规划管理。

风景名胜区规划未经批准的,不得在风景名胜区内进行各类建设活动。

第二十二条 经批准的风景名胜区规划不得擅自修改。确需对风景名胜区总体规划中的风景名胜区范围、性质、保护目标、生态资源保护措施、重大建设项目布局、开发利用强度以及风景名胜区的功能结构、空间布局、游客容量进行修改的,应当报原审批机关批准;对其他内容进行修改的,应当报原审批机关备案。

风景名胜区详细规划确需修改的,应当报原审批机关批准。

政府或者政府部门修改风景名胜区规划对公民、法人或者其他组织造成财产损失的,应当依法给予补偿。

第二十三条 风景名胜区总体规划的规划期届满前 2 年,规划的组织编制机关应当组织专家对规划进行评估,作出是否重新编制规划的决定。在新规划批准前,原规划继续有效。

第四章 保 护

第二十四条 风景名胜区内的景观和自然环境,应当根据可持续发展的原则,严格保护,不得破坏或者随意改变。

风景名胜区管理机构应当建立健全风景名胜资源保护的各项管理制度。

风景名胜区内的居民和游览者应当保护风景名胜区的景物、水体、林草植被、野生动物和各项设施。

第二十五条 风景名胜区管理机构应当对风景名胜区内的重要景观进行调查、鉴定,并制定相应的保护措施。

第二十六条 在风景名胜区内禁止进行下列活动:

(一)开山、采石、开矿、开荒、修坟立碑等破坏景观、植被和地形地貌的活动;

(二)修建储存爆炸性、易燃性、放射性、毒害性、腐蚀性物品的设施;

(三)在景物或者设施上刻划、涂污;

(四)乱扔垃圾。

第二十七条 禁止违反风景名胜区规划,在风景名胜区内设立各类开发区和在核心景区内建设宾馆、招待所、培训中心、疗养院以及与风景名胜资源保护无关的其他建筑物;已经建设的,应当按照风景名胜区规划,逐步迁出。

第二十八条 在风景名胜区内从事本条例第二十六条、第二十七条禁止范围以外的建设活动,应当经风景名胜区管理机构审核后,依照有关法律、法规的规定办理审批手续。

在国家级风景名胜区内修建缆车、索道等重大建设工程,项目的选址方案应当报国务院建设主管部门核准。

第二十九条 在风景名胜区内进行下列活动,应当经风景名胜区管理机构审核后,依照有关法律、法规的规定报有关主管部门批准:

(一)设置、张贴商业广告;

(二)举办大型游乐等活动;

(三)改变水资源、水环境自然状态的活动;

(四)其他影响生态和景观的活动。

第三十条 风景名胜区内的建设项目应当符合风景名胜区规划,并与景观相协调,不得破坏景观、污染环境、妨碍游览。

在风景名胜区内进行建设活动的,建设单位、施工单位应当制定污染防治和水土保持方案,并采取有效措施,保护好周围景物、水体、林草植被、野生动物资源和地形地貌。

第三十一条 国家建立风景名胜区管理信息系统,对风景名胜区规划实施和资源保护情况进行动态监测。

国家级风景名胜区所在地的风景名胜区管理机构应当每年向国务院建设主管部门报送风景名胜区规划实施和土地、森林等自然资源保护的情况;国务院建设主管部门应当将土地、森林等自然资源保护的情况,及时抄送国务院有关部门。

第五章 利用和管理

第三十二条 风景名胜区管理机构应当根据风景名胜区的特点,保护民族民间传统文化,开展健康有益的游览观光和文化娱乐活动,普及历史文化和科学知识。

第三十三条 风景名胜区管理机构应当根据风景名胜区规划,合理利用风景名胜资源,改善交通、服务设施和游览条件。

风景名胜区管理机构应当在风景名胜区内设置风景名胜区标志和路标、安全警示等标牌。

第三十四条 风景名胜区内宗教活动场所的管理,依照国家有关宗教活动场所管理的规定执行。

风景名胜区内涉及自然资源保护、利用、管理和文物保护以及自然保护区管理的,还应当执行国家有关法律、法规的规定。

第三十五条 国务院建设主管部门应当对国家级风景名胜区的规划实施情况、资源保护状况进行监督检查和评估。对发现的问题,应当及时纠正、处理。

第三十六条 风景名胜区管理机构应当建立健全安全保障制度，加强安全管理，保障游览安全，并督促风景名胜区内的经营单位接受有关部门依据法律、法规进行的监督检查。

禁止超过允许容量接纳游客和在没有安全保障的区域开展游览活动。

第三十七条 进入风景名胜区的门票，由风景名胜区管理机构负责出售。门票价格依照有关价格的法律、法规的规定执行。

风景名胜区内的交通、服务等项目，应当由风景名胜区管理机构依照有关法律、法规和风景名胜区规划，采用招标等公平竞争的方式确定经营者。

风景名胜区管理机构应当与经营者签订合同，依法确定各自的权利义务。经营者应当缴纳风景名胜资源有偿使用费。

第三十八条 风景名胜区的门票收入和风景名胜资源有偿使用费，实行收支两条线管理。

风景名胜区的门票收入和风景名胜资源有偿使用费应当专门用于风景名胜资源的保护和管理以及风景名胜区内财产的所有权人、使用权人损失的补偿。具体管理办法，由国务院财政部门、价格主管部门会同国务院建设主管部门等有关部门制定。

第三十九条 风景名胜区管理机构不得从事以营利为目的的经营活动，不得将规划、管理和监督等行政管理职能委托给企业或者个人行使。

风景名胜区管理机构的工作人员，不得在风景名胜区内的企业兼职。

第六章　法律责任

第四十条 违反本条例的规定，有下列行为之一的，由风景名胜区管理机构责令停止违法行为、恢复原状或者限期拆除，没收违法所得，并处50万元以上100万元以下的罚款：

（一）在风景名胜区内进行开山、采石、开矿等破坏景观、植被、地形地貌的活动的；

（二）在风景名胜区内修建储存爆炸性、易燃性、放射性、毒害性、腐蚀性物品的设施的；

（三）在核心景区内建设宾馆、招待所、培训中心、疗养院以及与风景名胜资源保护无关的其他建筑物的。

县级以上地方人民政府及其有关主管部门批准实施本条第一款规定的行为的，对直接负责的主管人员和其他直接责任人员依法给予降级或者撤职的处分；构成犯罪的，依法追究刑事责任。

第四十一条 违反本条例的规定，在风景名胜区内从事禁止范围以外的建设活动，未经风景名胜区管理机构审核的，由风景名胜区管理机构责令停止建设、限期拆除，对个人处2万元以上5万元以下的罚款，对单位处20万元以上50万元以下的罚款。

第四十二条 违反本条例的规定，在国家级风景名胜区内修建缆车、索道等重大建设工程，项目的选址方案未经国务院建设主管部门核准，县级以上地方人民政府有关部门核发选址意见书的，对直接负责的主管人员和其他直接责任人员依法给予处分；构成犯罪的，依法追究刑事责任。

第四十三条 违反本条例的规定，个人在风景名胜区内进行开荒、修坟立碑等破坏景观、植被、地形地貌的活动的，由风景名胜区管理机构责令停止违法行为、限期恢复原状或者采取其他补救措施，没收违法所得，并处1000元以上1万元以下的罚款。

第四十四条 违反本条例的规定，在景物、设施上刻划、涂污或者在风景名胜区内乱扔垃圾的，由风景名胜区管理机构责令恢复原状或者采取其他补救措施，处50元的罚款；刻划、涂污或者以其他方式故意损坏国家保护的文物、名胜古迹的，按照治安管理处罚法的有关规定予以处罚；构成犯罪的，依法追究刑事责任。

第四十五条 违反本条例的规定，未经风景名胜区管理机构审核，在风景名胜区内进行下列活动的，由风景名胜区管理机构责令停止违法行为、限期恢复原状或者采取其他补救措施，没收违法所得，并处5万元以上10万元以下的罚款；情节严重的，并处10万元以上20万元以下的罚款：

(一)设置、张贴商业广告的；

(二)举办大型游乐等活动的；

(三)改变水资源、水环境自然状态的活动的；

(四)其他影响生态和景观的活动。

第四十六条 违反本条例的规定，施工单位在施工过程中，对周围景物、水体、林草植被、野生动物资源和地形地貌造成破坏的，由风景名胜区管理机构责令停止违法行为、限期恢复原状或者采取其他补救措施，并处2万元以上10万元以下的罚款；逾期未恢复原状或者采取有效措施的，由风景名胜区管理机构责令停止施工。

第四十七条 违反本条例的规定，国务院建设主管部门、县级以上地方人民政府及其有关主管部门有下列行为之一的，对直接负责的主管人员和其他直接责任人员依法给予处分；构成犯罪的，依法追究刑事责任：

(一)违反风景名胜区规划在风景名胜区内设立各类开发区的；

(二)风景名胜区自设立之日起未在2年内编制完成风景名胜区总体规划的；

(三)选择不具有相应资质等级的单位编制风景名胜区规划的；

(四)风景名胜区规划批准前批准在风景名胜区内进行建设活动的；

(五)擅自修改风景名胜区规划的；

(六)不依法履行监督管理职责的其他行为。

第四十八条 违反本条例的规定，风景名胜区管理机构有下列行为之一的，由设立该风景名胜区管理机构的县级以上地方人民政府责令改正；情节严重的，对直接负责的主管人员和其他直接责任人员给予降级或者撤职的处分；构成犯罪的，依法追究刑事责任：

(一)超过允许容量接纳游客或者在没有安全保障的区域开展游览活动的；

(二)未设置风景名胜区标志和路标、安全警示等标牌的；

(三)从事以营利为目的的经营活动的；

(四)将规划、管理和监督等行政管理职能委托给企业或者个人行使的；

(五)允许风景名胜区管理机构的工作人员在风景名胜区内的企业兼职的；

(六)审核同意在风景名胜区内进行不符合风景名胜区规划的建设活动的；

(七)发现违法行为不予查处的。

第四十九条 本条例第四十条第一款、第四十一条、第四十三条、第四十四条、第四十五条、第四十六条规定的违法行为，依照有关法律、行政法规的规定，有关部门已经予以处罚的，风景名胜区管理机构不再处罚。

第五十条 本条例第四十条第一款、第四十一条、第四十三条、第四十四条、第四十五条、第四十六条规定的违法行为，侵害国家、集体或者个人的财产的，有关单位或者个人应当依法承担民事责任。

第五十一条 依照本条例的规定，责令限期拆除在风景名胜区内违法建设的建筑物、构筑物或者其他设施的，有关单位或者个人必须立即停止建设活动，自行拆除；对继续进行建设的，作出责令限期拆除决定的机关有权制止。有关单位或者个人对责令限期拆除决定不服的，可以在接到责令限期拆除决定之日起15日内，向人民法院起诉；期满不起诉又不自行拆除的，由作出责令限期拆除决定的机关依法申请人民法院强制执行，费用由违法者承担。

第七章　附　则

第五十二条 本条例自2006年12月1日起施行。1985年6月7日国务院发布的《风景名胜区管理暂行条例》同时废止。

中华人民共和国行政复议法实施条例

（中华人民共和国国务院令第499号）

第一章　总　则

第一条　为了进一步发挥行政复议制度在解决行政争议、建设法治政府、构建社会主义和谐社会中的作用，根据《中华人民共和国行政复议法》（以下简称“行政复议法”），制定本条例。

第二条　各级行政复议机关应当认真履行行政复议职责，领导并支持本机关负责法制工作的机构（以下简称“行政复议机构”）依法办理行政复议事项，并依照有关规定配备、充实、调剂专职行政复议人员，保证行政复议机构的办案能力与工作任务相适应。

第三条　行政复议机构除应当依照行政复议法第三条的规定履行职责外，还应当履行下列职责：

（一）依照行政复议法第十八条的规定转送有关行政复议申请；

（二）办理行政复议法第二十九条规定的行政赔偿等事项；

（三）按照职责权限，督促行政复议申请的受理和行政复议决定的履行；

（四）办理行政复议、行政应诉案件统计和重大行政复议决定备案事项；

（五）办理或者组织办理未经行政复议直接提起行政诉讼的行政应诉事项；

（六）研究行政复议工作中发现的问题，及时向有关机关提出改进建议，重大问题及时向行政复议机关报告。

第四条　专职行政复议人员应当具备与履行行政复议职责相适应的品行、专业知识和业务能力，并取得相应资格。具体办法由国务院法制机构会同国务院有关部门规定。

第二章　行政复议申请

第一节　申请人

第五条　依照行政复议法和本条例的规定申请行政复议的公民、法人或者其他组织为申请人。

第六条　合伙企业申请行政复议的，应当以核准登记的企业为申请人，由执行合伙事务的合伙人代表该企业参加行政复议；其他合伙组织申请行政复议的，由合伙人共同申请行政复议。

前款规定以外的不具备法人资格的其他组织申请行政复议的，由该组织的主要负责人代表该组织参加行政复议；没有主要负责人的，由共同推选的其他成员代表该组织参加行政复议。

第七条　股份制企业的股东大会、股东代表大会、董事会认为行政机关作出的具体行政行为侵犯企业合法权益的，可以以企业的名义申请行政复议。

第八条　同一行政复议案件申请人超过5人的，推选1～5名代表参加行政复议。

第九条　行政复议期间，行政复议机构认为申请人以外的公民、法人或者其他组织与被审查的具体行政行为有利害关系的，可以通知其作为第三人参加行政复议。

行政复议期间，申请人以外的公民、法人或者其他组织与被审查的具体行政行为有利害关系的，可以向行政复议机构申请作为第三人参加行政复议。

第三人不参加行政复议，不影响行政复议案件的审理。

第十条　申请人、第三人可以委托1～2名代理人参加行政复议。申请人、第三人委托代理人的，应当向行政复议机构提交授权委托书。授权委托书应当载明委托事项、权限和期限。公民在特殊情况下无法书面委托的,可以口头委托。口头委托的,行政复议机构应当核实并记录在卷。申请人、第三人解除或者变更委托的,应当书面报告行政复议机构。

第二节 被申请人

第十一条 公民、法人或者其他组织对行政机关的具体行政行为不服,依照行政复议法和本条例的规定申请行政复议的,作出该具体行政行为的行政机关为被申请人。

第十二条 行政机关与法律、法规授权的组织以共同的名义作出具体行政行为的,行政机关和法律、法规授权的组织为共同被申请人。

行政机关与其他组织以共同名义作出具体行政行为的,行政机关为被申请人。

第十三条 下级行政机关依照法律、法规、规章规定,经上级行政机关批准作出具体行政行为的,批准机关为被申请人。

第十四条 行政机关设立的派出机构、内设机构或者其他组织,未经法律、法规授权,对外以自己名义作出具体行政行为的,该行政机关为被申请人。

第三节 行政复议申请期限

第十五条 行政复议法第九条第一款规定的行政复议申请期限的计算,依照下列规定办理:

(一)当场作出具体行政行为的,自具体行政行为作出之日起计算;

(二)载明具体行政行为的法律文书直接送达的,自受送达人签收之日起计算;

(三)载明具体行政行为的法律文书邮寄送达的,自受送达人在邮件签收单上签收之日起计算;没有邮件签收单的,自受送达人在送达回执上签名之日起计算;

(四)具体行政行为依法通过公告形式告知受送达人的,自公告规定的期限届满之日起计算;

(五)行政机关作出具体行政行为时未告知公民、法人或者其他组织,事后补充告知的,自该公民、法人或者其他组织收到行政机关补充告知的通知之日起计算;

(六)被申请人能够证明公民、法人或者其他组织知道具体行政行为的,自证据材料证明其知道具体行政行为之日起计算。

行政机关作出具体行政行为,依法应当向有关公民、法人或者其他组织送达法律文书而未送达的,视为该公民、法人或者其他组织不知道该具体行政行为。

第十六条 公民、法人或者其他组织依照行政复议法第六条第(八)项、第(九)项、第(十)项的规定申请行政机关履行法定职责,行政机关未履行的,行政复议申请期限依照下列规定计算:

(一)有履行期限规定的,自履行期限届满之日起计算;

(二)没有履行期限规定的,自行政机关收到申请满60日起计算。

公民、法人或者其他组织在紧急情况下请求行政机关履行保护人身权、财产权的法定职责,行政机关不履行的,行政复议申请期限不受前款规定的限制。

第十七条 行政机关作出的具体行政行为对公民、法人或者其他组织的权利、义务可能产生不利影响的,应当告知其申请行政复议的权利、行政复议机关和行政复议申请期限。

第四节 行政复议申请的提出

第十八条 申请人书面申请行政复议的,可以采取当面递交、邮寄或者传真等方式提出行政复议申请。

有条件的行政复议机构可以接受以电子邮件形式提出的行政复议申请。

第十九条 申请人书面申请行政复议的,应当在行政复议申请书中载明下列事项:

(一)申请人的基本情况,包括:公民的姓名、性别、年龄、身份证号码、工作单位、住所、邮政编码;法人或者其他组织的名称、住所、邮政编码和法定代表人或者主要负责人的姓名、职务。

（二）被申请人的名称。

（三）行政复议请求、申请行政复议的主要事实和理由。

（四）申请人的签名或者盖章。

（五）申请行政复议的日期。

第二十条 申请人口头申请行政复议的，行政复议机构应当依照本条例第十九条规定的事项，当场制作行政复议申请笔录交申请人核对或者向申请人宣读，并由申请人签字确认。

第二十一条 有下列情形之一的，申请人应当提供证明材料：

（一）认为被申请人不履行法定职责的，提供曾经要求被申请人履行法定职责而被申请人未履行的证明材料；

（二）申请行政复议时一并提出行政赔偿请求的，提供受具体行政行为侵害而造成损害的证明材料；

（三）法律、法规规定需要申请人提供证据材料的其他情形。

第二十二条 申请人提出行政复议申请时错列被申请人的，行政复议机构应当告知申请人变更被申请人。

第二十三条 申请人对两个以上国务院部门共同作出的具体行政行为不服的，依照行政复议法第十四条的规定，可以向其中任何一个国务院部门提出行政复议申请，由作出具体行政行为的国务院部门共同作出行政复议决定。

第二十四条 申请人对经国务院批准实行省以下垂直领导的部门作出的具体行政行为不服的，可以选择向该部门的本级人民政府或者上一级主管部门申请行政复议；省、自治区、直辖市另有规定的，依照省、自治区、直辖市的规定办理。

第二十五条 申请人依照行政复议法第三十条第二款的规定申请行政复议的，应当向省、自治区、直辖市人民政府提出行政复议申请。

第二十六条 依照行政复议法第七条的规定，申请人认为具体行政行为所依据的规定不合法的，可以在对具体行政行为申请行政复议的同时一并提出对该规定的审查申请；申请人在对具体行政行为提出行政复议申请时尚不知道该具体行政行为所依据的规定的，可以在行政复议机关作出行政复议决定前向行政复议机关提出对该规定的审查申请。

第三章 行政复议受理

第二十七条 公民、法人或者其他组织认为行政机关的具体行政行为侵犯其合法权益提出行政复议申请，除不符合行政复议法和本条例规定的申请条件的，行政复议机关必须受理。

第二十八条 行政复议申请符合下列规定的，应当予以受理：

（一）有明确的申请人和符合规定的被申请人；

（二）申请人与具体行政行为有利害关系；

（三）有具体的行政复议请求和理由；

（四）在法定申请期限内提出；

（五）属于行政复议法规定的行政复议范围；

（六）属于收到行政复议申请的行政复议机构的职责范围；

（七）其他行政复议机关尚未受理同一行政复议申请，人民法院尚未受理同一主体就同一事实提起的行政诉讼。

第二十九条 行政复议申请材料不齐全或者表述不清楚的，行政复议机构可以自收到该行政复议申请之日起5日内书面通知申请人补正。补正通知应当载明需要补正的事项和合理的补正期限。无正当理由逾期不补正的，视为申请人放弃行政复议申请。补正申请材料所用时间不计入行政复议审理期限。

第三十条 申请人就同一事项向两个或者两个以上有权受理的行政机关申请行政复议的，由最先收到行政复议申请的行政机关受理；同时收到行政复议申请的，由收到行政复议申请的行政机关在10日内协商确定；协商不成的，由其共同上一级行政机关在10日内指定受理机关。协商确定或者指定受理机关所用时间不计入行政复议审理期限。

第三十一条 依照行政复议法第二十条的规定，上级行政机关认为行政复议机关不予受理行政复议申请的理由不成立的，可以先行督促其受理；经督促仍不受理的，应当责令其限期受理，必要时也可以直接受理；认为行政复议申请不符合法定受理条件的，应当告知申请人。

第四章 行政复议决定

第三十二条 行政复议机构审理行政复议案件，应当由2名以上行政复议人员参加。

第三十三条 行政复议机构认为必要时，可以实地调查核实证据；对重大、复杂的案件，申请人提出要求或者行政复议机构认为必要时，可以采取听证的方式审理。

第三十四条 行政复议人员向有关组织和人员调查取证时，可以查阅、复制、调取有关文件和资料，向有关人员进行询问。

调查取证时，行政复议人员不得少于2人，并应当向当事人或者有关人员出示证件。被调查单位和人员应当配合行政复议人员的工作，不得拒绝或者阻挠。

需要现场勘验的，现场勘验所用时间不计入行政复议审理期限。

第三十五条 行政复议机关应当为申请人、第三人查阅有关材料提供必要条件。

第三十六条 依照行政复议法第十四条的规定申请原级行政复议的案件，由原承办具体行政行为有关事项的部门或者机构提出书面答复，并提交作出具体行政行为的证据、依据和其他有关材料。

第三十七条 行政复议期间涉及专门事项需要鉴定的，当事人可以自行委托鉴定机构进行鉴定，也可以申请行政复议机构委托鉴定机构进行鉴定。鉴定费用由当事人承担。鉴定所用时间不计入行政复议审理期限。

第三十八条 申请人在行政复议决定作出前自愿撤回行政复议申请的，经行政复议机构同意，可以撤回。

申请人撤回行政复议申请的，不得再以同一事实和理由提出行政复议申请。但是，申请人能够证明撤回行政复议申请违背其真实意思表示的除外。

第三十九条 行政复议期间被申请人改变原具体行政行为的，不影响行政复议案件的审理。但是，申请人依法撤回行政复议申请的除外。

第四十条 公民、法人或者其他组织对行政机关行使法律、法规规定的自由裁量权作出的具体行政行为不服申请行政复议，申请人与被申请人在行政复议决定作出前自愿达成和解的，应当向行政复议机构提交书面和解协议；和解内容不损害社会公共利益和他人合法权益的，行政复议机构应当准许。

第四十一条 行政复议期间有下列情形之一，影响行政复议案件审理的，行政复议中止：

(一)作为申请人的自然人死亡，其近亲属尚未确定是否参加行政复议的；

(二)作为申请人的自然人丧失参加行政复议的能力，尚未确定法定代理人参加行政复议的；

(三)作为申请人的法人或者其他组织终止，尚未确定权利义务承受人的；

(四)作为申请人的自然人下落不明或者被宣告失踪的；

(五)申请人、被申请人因不可抗力，不能参加行政复议的；

(六)案件涉及法律适用问题，需要有权机关作出解释或者确认的；

(七)案件审理需要以其他案件的审理结果为依据，而其他案件尚未审结的；

(八)其他需要中止行政复议的情形。

行政复议中止的原因消除后，应当及时恢复行政复议案件的审理。

行政复议机构中止、恢复行政复议案件的审理，应当告知有关当事人。

第四十二条 行政复议期间有下列情形之一的，行政复议终止：

（一）申请人要求撤回行政复议申请，行政复议机构准予撤回的；

（二）作为申请人的自然人死亡，没有近亲属或者其近亲属放弃行政复议权利的；

（三）作为申请人的法人或者其他组织终止，其权利义务的承受人放弃行政复议权利的；

（四）申请人与被申请人依照本条例第四十条的规定，经行政复议机构准许达成和解的；

（五）申请人对行政拘留或者限制人身自由的行政强制措施不服申请行政复议后，因申请人同一违法行为涉嫌犯罪，该行政拘留或者限制人身自由的行政强制措施变更为刑事拘留的。

依照本条例第四十一条第一款第（一）项、第（二）项、第（三）项规定中止行政复议，满 60 日行政复议中止的原因仍未消除的，行政复议终止。

第四十三条 依照行政复议法第二十八条第一款第（一）项规定，具体行政行为认定事实清楚，证据确凿，适用依据正确，程序合法，内容适当的，行政复议机关应当决定维持。

第四十四条 依照行政复议法第二十八条第一款第（二）项规定，被申请人不履行法定职责的，行政复议机关应当决定其在一定期限内履行法定职责。

第四十五条 具体行政行为有行政复议法第二十八条第一款第（三）项规定情形之一的，行政复议机关应当决定撤销、变更该具体行政行为或者确认该具体行政行为违法；决定撤销该具体行政行为或者确认该具体行政行为违法的，可以责令被申请人在一定期限内重新作出具体行政行为。

第四十六条 被申请人未依照行政复议法第二十三条的规定提出书面答复、提交当初作出具体行政行为的证据、依据和其他有关材料的，视为该具体行政行为没有证据、依据，行政复议机关应当决定撤销该具体行政行为。

第四十七条 具体行政行为有下列情形之一，行政复议机关可以决定变更：

（一）认定事实清楚，证据确凿，程序合法，但是明显不当或者适用依据错误的；

（二）认定事实不清，证据不足，但是经行政复议机关审理查明事实清楚，证据确凿的。

第四十八条 有下列情形之一的，行政复议机关应当决定驳回行政复议申请：

（一）申请人认为行政机关不履行法定职责申请行政复议，行政复议机关受理后发现该行政机关没有相应法定职责或者在受理前已经履行法定职责的；

（二）受理行政复议申请后，发现该行政复议申请不符合行政复议法和本条例规定的受理条件的。

上级行政机关认为行政复议机关驳回行政复议申请的理由不成立的，应当责令其恢复审理。

第四十九条 行政复议机关依照行政复议法第二十八条的规定责令被申请人重新作出具体行政行为的，被申请人应当在法律、法规、规章规定的期限内重新作出具体行政行为；法律、法规、规章未规定期限的，重新作出具体行政行为的期限为 60 日。

公民、法人或者其他组织对被申请人重新作出的具体行政行为不服，可以依法申请行政复议或者提起行政诉讼。

第五十条 有下列情形之一的，行政复议机关可以按照自愿、合法的原则进行调解：

（一）公民、法人或者其他组织对行政机关行使法律、法规规定的自由裁量权作出的具体行政行为不服申请行政复议的；

（二）当事人之间的行政赔偿或者行政补偿纠纷。

当事人经调解达成协议的，行政复议机关应当制作行政复议调解书。调解书应当载明行政复议请求、事实、理由和调解结果，并加盖行政复议机关印章。行政复议调解书经双方当事人签字，即具有法律效力。

调解未达成协议或者调解书生效前一方反悔的，行政复议机关应当及时作出行政复议决定。

第五十一条 行政复议机关在申请人的行政复议请求范围内，不得作出对申请人更为不利的行政复议决定。

第五十二条 第三人逾期不起诉又不履行行政复议决定的，依照行政复议法第三十三条的规定处理。

第五章 行政复议指导和监督

第五十三条 行政复议机关应当加强对行政复议工作的领导。

行政复议机构在本级行政复议机关的领导下，按照职责权限对行政复议工作进行督促、指导。

第五十四条 县级以上各级人民政府应当加强对所属工作部门和下级人民政府履行行政复议职责的监督。

行政复议机关应当加强对其行政复议机构履行行政复议职责的监督。

第五十五条 县级以上地方各级人民政府应当建立健全行政复议工作责任制，将行政复议工作纳入本级政府目标责任制。

第五十六条 县级以上地方各级人民政府应当按照职责权限，通过定期组织检查、抽查等方式，对所属工作部门和下级人民政府行政复议工作进行检查，并及时向有关方面反馈检查结果。

第五十七条 行政复议期间行政复议机关发现被申请人或者其他下级行政机关的相关行政行为违法或者需要做好善后工作的，可以制作行政复议意见书。有关机关应当自收到行政复议意见书之日起60日内将纠正相关行政违法行为或者做好善后工作的情况通报行政复议机构。

行政复议期间行政复议机构发现法律、法规、规章实施中带有普遍性的问题，可以制作行政复议建议书，向有关机关提出完善制度和改进行政执法的建议。

第五十八条 县级以上各级人民政府行政复议机构应当定期向本级人民政府提交行政复议工作状况分析报告。

第五十九条 下级行政复议机关应当及时将重大行政复议决定报上级行政复议机关备案。

第六十条 各级行政复议机构应当定期组织对行政复议人员进行业务培训，提高行政复议人员的专业素质。

第六十一条 各级行政复议机关应当定期总结行政复议工作，对在行政复议工作中做出显著成绩的单位和个人，依照有关规定给予表彰和奖励。

第六章 法律责任

第六十二条 被申请人在规定期限内未按照行政复议决定的要求重新作出具体行政行为，或者违反规定重新作出具体行政行为的，依照行政复议法第三十七条的规定追究法律责任。

第六十三条 拒绝或者阻挠行政复议人员调查取证、查阅、复制、调取有关文件和资料的，对有关责任人员依法给予处分或者治安处罚；构成犯罪的，依法追究刑事责任。

第六十四条 行政复议机关或者行政复议机构不履行行政复议法和本条例规定的行政复议职责，经有权监督的行政机关督促仍不改正的，对直接负责的主管人员和其他直接责任人员依法给予警告、记过、记大过的处分；造成严重后果的，依法给予降级、撤职、开除的处分。

第六十五条 行政机关及其工作人员违反行政复议法和本条例规定的，行政复议机构可以向人事、监察部门提出对有关责任人员的处分建议，也可以将有关人员违法的事实材料直接转送人事、监察部门处理；接受转送的人事、监察部门应当依法处理，并将处理结果通报转送的行政复议机构。

第七章 附 则

第六十六条 本条例自2007年8月1日起施行。

行政执法机关移送涉嫌犯罪案件的规定

（中华人民共和国国务院令第310号）

第一条 为了保证行政执法机关向公安机关及时移送涉嫌犯罪案件，依法惩罚破坏社会主义市场经济秩序罪、妨害社会管理秩序罪以及其他罪，保障社会主义建设事业顺利进行，制定本规定。

第二条 本规定所称行政执法机关，是指依照法律、法规或者规章的规定，对破坏社会主义市场经济秩序、妨害社会管理秩序以及其他违法行为具有行政处罚权的行政机关，以及法律、法规授权的具有管理公共事务职能、在法定授权范围内实施行政处罚的组织。

第三条 行政执法机关在依法查处违法行为过程中，发现违法事实涉及的金额、违法事实的情节、违法事实造成的后果等，根据刑法关于破坏社会主义市场经济秩序罪、妨害社会管理秩序罪等罪的规定和最高人民法院、最高人民检察院关于破坏社会主义市场经济秩序罪、妨害社会管理秩序罪等罪的司法解释以及最高人民检察院、公安部关于经济犯罪案件的追诉标准等规定，涉嫌构成犯罪，依法需要追究刑事责任的，必须依照本规定向公安机关移送。

第四条 行政执法机关在查处违法行为过程中，必须妥善保存所收集的与违法行为有关的证据。

行政执法机关对查获的涉案物品，应当如实填写涉案物品清单，并按照国家有关规定予以处理。对易腐烂、变质等不宜或者不易保管的涉案物品，应当采取必要措施，留取证据；对需要进行检验、鉴定的涉案物品，应当由法定检验、鉴定机构进行检验、鉴定，并出具检验报告或者鉴定结论。

第五条 行政执法机关对应当向公安机关移送的涉嫌犯罪案件，应当立即指定2名或者2名以上行政执法人员组成专案组专门负责，核实情况后提出移送涉嫌犯罪案件的书面报告，报经本机关正职负责人或者主持工作的负责人审批。

行政执法机关正职负责人或者主持工作的负责人应当自接到报告之日起3日内作出批准移送或者不批准移送的决定。决定批准的，应当在24小时内向同级公安机关移送；决定不批准的，应当将不予批准的理由记录在案。

第六条 行政执法机关向公安机关移送涉嫌犯罪案件，应当附有下列材料：

（一）涉嫌犯罪案件移送书；

（二）涉嫌犯罪案件情况的调查报告；

（三）涉案物品清单；

（四）有关检验报告或者鉴定结论；

（五）其他有关涉嫌犯罪的材料。

第七条 公安机关对行政执法机关移送的涉嫌犯罪案件，应当在涉嫌犯罪案件移送书的回执上签字；其中，不属于本机关管辖的，应当在24小时内转送有管辖权的机关，并书面告知移送案件的行政执法机关。

第八条 公安机关应当自接受行政执法机关移送的涉嫌犯罪案件之日起3日内，依照刑法、刑事诉讼法以及最高人民法院、最高人民检察院关于立案标准和公安部关于公安机关办理刑事案件程序的规定，对所移送的案件进行审查。认为有犯罪事实，需要追究刑事责任，依法决定立案的，应当书面通知移送案件的行政执法机关；认为没有犯罪事实，或者犯罪事实显著轻微，不需要追究刑事责任，依法不予立案的，应当说明理由，并书面通知移送案件的行政执法机关，相应退回案卷材料。

第九条 行政执法机关接到公安机关不予立案的通知书后，认为依法应当由公安机关决定立案的，可以自接到不予立案通知书之日起3日内，提请作出不予立案决定的公安机关复议，也可以建议人民检察院依法进行立案监督。

作出不予立案决定的公安机关应当自收到行政执法机关提请复议的文件之日起 3 日内作出立案或者不予立案的决定，并书面通知移送案件的行政执法机关。移送案件的行政执法机关对公安机关不予立案的复议决定仍有异议的，应当自收到复议决定通知书之日起 3 日内建议人民检察院依法进行立案监督。

公安机关应当接受人民检察院依法进行的立案监督。

第十条 行政执法机关对公安机关决定不予立案的案件，应当依法作出处理；其中，依照有关法律、法规或者规章的规定应当给予行政处罚的，应当依法实施行政处罚。

第十一条 行政执法机关对应当向公安机关移送的涉嫌犯罪案件，不得以行政处罚代替移送。

行政执法机关向公安机关移送涉嫌犯罪案件前已经作出的警告，责令停产停业，暂扣或者吊销许可证、暂扣或者吊销执照的行政处罚决定，不停止执行。

依照行政处罚法的规定，行政执法机关向公安机关移送涉嫌犯罪案件前，已经依法给予当事人罚款的，人民法院判处罚金时，依法折抵相应罚金。

第十二条 行政执法机关对公安机关决定立案的案件，应当自接到立案通知书之日起 3 日内将涉案物品以及与案件有关的其他材料移交公安机关，并办结交接手续；法律、行政法规另有规定的，依照其规定。

第十三条 公安机关对发现的违法行为，经审查，没有犯罪事实，或者立案侦查后认为犯罪事实显著轻微，不需要追究刑事责任，但依法应当追究行政责任的，应当及时将案件移送同级行政执法机关，有关行政执法机关应当依法作出处理。

第十四条 行政执法机关移送涉嫌犯罪案件，应当接受人民检察院和监察机关依法实施的监督。

任何单位和个人对行政执法机关违反本规定，应当向公安机关移送涉嫌犯罪案件而不移送的，有权向人民检察院、监察机关或者上级行政执法机关举报。

第十五条 行政执法机关违反本规定，隐匿、私分、销毁涉案物品的，由本级或者上级人民政府，或者实行垂直管理的上级行政执法机关，对其正职负责人根据情节轻重，给予降级以上的行政处分；构成犯罪的，依法追究刑事责任。

对前款所列行为直接负责的主管人员和其他直接责任人员，比照前款的规定给予行政处分；构成犯罪的，依法追究刑事责任。

第十六条 行政执法机关违反本规定，逾期不将案件移送公安机关的，由本级或者上级人民政府，或者实行垂直管理的上级行政执法机关，责令限期移送，并对其正职负责人或者主持工作的负责人根据情节轻重，给予记过以上的行政处分；构成犯罪的，依法追究刑事责任。

行政执法机关违反本规定，对应当向公安机关移送的案件不移送，或者以行政处罚代替移送的，由本级或者上级人民政府，或者实行垂直管理的上级行政执法机关，责令改正，给予通报；拒不改正的，对其正职负责人或者主持工作的负责人给予记过以上的行政处分；构成犯罪的，依法追究刑事责任。

对本条第一款、第二款所列行为直接负责的主管人员和其他直接责任人员，分别比照前两款的规定给予行政处分；构成犯罪的，依法追究刑事责任。

第十七条 公安机关违反本规定，不接受行政执法机关移送的涉嫌犯罪案件，或者逾期不作出立案或者不予立案的决定的，除由人民检察院依法实施立案监督外，由本级或者上级人民政府责令改正，对其正职负责人根据情节轻重，给予记过以上的行政处分；构成犯罪的，依法追究刑事责任。

对前款所列行为直接负责的主管人员和其他直接责任人员，比照前款的规定给予行政处分；构成犯罪的，依法追究刑事责任。

第十八条 行政执法机关在依法查处违法行为过程中，发现贪污贿赂、国家工作人员渎职或者国家机关工作人员利用职权侵犯公民人身权利和民主权利等违法行为，涉嫌构成犯罪的，应当比照本规定及时将案件移送人民检察院。

第十九条 本规定自公布之日起施行。

国务院关于加强和改善文物工作的通知

（国发〔1997〕13号）

各省、自治区、直辖市人民政府，国务院各部委、各直属机构：

我国是有着悠久历史和灿烂文化的文明古国，拥有极为丰厚的历史文化遗产。保护和利用好祖国珍贵文物，是我们义不容辞的责任和义务。当前，在发展社会主义市场经济条件下，文物工作面临许多新情况和新问题，较为突出的是：造成文物损失的法人违法案件有所增加；盗掘古墓葬、盗窃馆藏文物、走私文物等犯罪活动和文物非法交易活动屡禁不止；一些地方文物保护工作得不到应有的重视和支持，影响了文物事业的正常发展。因此，必须以党的十四届六中全会精神为指导，继续坚持“保护为主，抢救第一”的方针，贯彻“有效保护，合理利用，加强管理”的原则，正确处理好文物保护与经济建设的关系、文物事业发展中社会效益和经济效益的关系，建立与社会主义市场经济体制相适应的文物保护体制。现就有关问题通知如下：

一、建立与社会主义市场经济体制相适应的文物保护体制

努力建立适应社会主义市场经济体制要求、遵循文物工作自身规律、国家保护为主并动员全社会参与的文物保护体制。各地方、各有关部门应把文物保护纳入当地经济和社会发展计划。纳入城乡建设规划，纳入财政预算，纳入体制改革，纳入各级领导责任制。财政预算中安排的文物保护经费应逐年有所增加，同时要制定相应的政策鼓励、引导并广泛吸收有关部门和企事业单位及个人参与文物保护事业。

国家文物行政管理部门要加强对全国文物工作的宏观管理，搞好全国文物事业发展的总体规划，根据工作需要对现行的法律法规加以补充完善，逐步健全我国文物保护的法律体系。地方各级人民政府要健全、完善所辖地区的文物保护管理制度，加强文物行政管理部门的力量。有关职能部门要进一步明确职责，在政府统一领导下互相配合、共同搞好文物保护工作。

要发动、组织人民群众参与文物保护工作，根据实际需要建立群众性的文物保护组织，明确责任和权利；尽快改变许多文物实际处于无人保护的状况。

二、正确处理文物保护与经济建设以及人民群众切身利益的关系，切实做好文物的抢救与保护工作

地方各级人民政府和有关部门要本着既有利于文物保护，又有利于经济建设和提高人民群众生活水平的原则，妥善处理文物保护与经济建设以及人民群众切身利益的一些局部性矛盾，把古文化遗址特别是大型遗址的保护纳入当地城乡建设和土地利用规划；充分考虑遗址所在地群众的切身利益，采取调整产业结构、改变土地用途等措施，努力扶持既有利于遗址保护又能提高当地群众生活水平的产业，从根本上改变古文化遗址保护的被动局面；尽量减轻由于保护遗址给当地群众生产、生活造成的负担，必要时采取适当方式给予补偿。

考古发掘坚持以配合基本建设为主，特别要配合做好大型基本建设项目的考古勘探、调查、发掘工作。为科学研究而进行的考古发掘，要充分考虑保护工作的需要，加强统一管理，严格审批制度。目前，由于文物保护方面的科学技术、手段等条件尚不具备，对大型帝王陵寝暂不进行主动发掘。今后，凡在文物保护单位和已普查登记的文物古迹点保护范围及建设控制地带内，基本建设项目的立项要事前征求文物行政管理部门的意见，由文物行政管理部门参与建设项目选址等有关文物保护设计方案的审批；文物保护和考古调查、勘探、发掘经费，要列入建设工程投资预算。因土地使用权出让和开发进行的地下文物的勘探发掘，所需经费由投资者承担，其区域内遗存的文物归国家所有。对已公布为全国重点文物保护

单位和省级文物保护单位的大型古文化遗址、古墓葬群、古石窟寺、古建筑群、近现代纪念建筑等，可根据需要分别制定保护管理的专项法规或规章。

必须加强对濒临毁灭的重要文物古迹和馆藏珍贵文物的抢救维修与保护。要统筹规划、集中资金、保证重点、讲究效益，切实抓好“九五”计划期间的文物维修工作。应把控制和减轻自然力对文物的损害作为重要课题，确定一批重点项目，组织联合攻关，充分运用现代科学技术和挖掘传统技术保护文物。

保护好历史文化名城是所在地人民政府及文物、城建规划等有关部门的共同责任。在历史文化名城城市建设中，特别是在城市的更新改造和房地产开发中。城建规划部门要充分发挥作用，加强城市规划管理，抢救和保护一批具有传统风貌的历史街区，同时加强对文物古迹特别是名城标志性建筑及周围环境的保护。

关于历史上曾经是宗教活动场所的古建筑重新恢复宗教活动问题，必须按党中央、国务院的有关文件规定执行。现由文化、文物及其他非宗教部门管理的寺观教堂等古建筑，不得设置功德箱、收取布施及从事宗教活动，更不得从事迷信活动。

三、充分发挥文物作用，为社会主义精神文明建设服务

要在有效保护、加强管理的前提下，充分发挥文物的社会教育作用、历史借鉴作用和科学研究作用。文物的利用必须服从和服务于社会主义精神文明建设的需要，坚持把社会效益放在首位，努力实现社会效益和经济效益的统一。要为公益性文物、博物馆事业单位创造有利于把社会效益放在首位的环境和条件，在资金上给予必要保证，在文化经济政策上给予支持。地方各级人民政府特别是文物比较集中地方的人民政府，在把文物作为地方优势加以利用的同时，要防止因单纯追求经济利益而损害文物的做法。重大的文物利用项目要事前进行充分的科学论证，严格履行审批手续，避免对文物的破坏性利用。

各级各类文物、博物馆单位组织的陈列展览和导游讲解活动，要坚持弘扬爱国主义、社会主义和革命传统，发挥自身优势，有计划、有重点地推出优秀文物陈列展览及文物图书和文物影视音像制品。要进一步加强近现代文物特别是革命文物的保护和利用，努力做好革命文物的普查、征集、保护、研究和展示工作。要确定一批有重大影响的革命博物馆、纪念馆（地），由各级人民政府给予必要的经费支持，逐步建成基础设施完备的爱国主义教育基地。

国家和各省、自治区、直辖市文物行政管理部门应分别确定并建设好一批重点博物馆。对文物系统之外的部门、企事业单位或个人兴办的博物馆，文物行政管理部门要制定相应的规章制度，给予必要的指导和监督。文物收藏单位要加强文物特别是珍贵文物的征集，进一步充实馆藏，搞好收藏单位之间的藏品调剂和交换。对不具备安全条件的收藏单位所收藏的珍贵文物，上级文物行政管理部门有权将其调运到指定单位保管。考古发掘单位的发掘项目结束后，要在3年内完成资料整理和考古发掘报告编写一工作。发掘出土的文物，除少量经国家或省、自治区、直辖市文物行政管理部门批准可作为标本留存外，要及时移交指定的博物馆。各省、自治区、直辖市文物行政管理部门要尽快编制所辖地区国有馆藏文物目录。在此基础上，国家文物行政管理部门要编制全国国有馆藏文物总目录。

要充分利用我国的文物优势，开展同境外有关方面的交流与合作，广泛争取国际组织、友好国家政府及团体、海外华人、港澳台同胞对我文物保护事业的资助和支持。开展对外文物合作与交流活动，必须维护国家权益、保证文物安全、严格审批程序，要统筹规划、统一管理，所得资金要用于发展我国文物事业。

四、加强和改善文物市场的管理

进入市场流通的文物是一种特殊商品，有关部门要密切配合，进一步加强和改善文物市场管理，加强调控和监督，保障文物市场的健康发展，从事文物收购、销售业务的经营单位，必须按照国家有关规定严格履行审批手续并在核准的范围内经营，未经批准的任何单位和个人都不得经营文物。工商行政管理部门要会同文物、公安部门坚决取缔非法经营文物的活动。对经批准的旧货市场，工商、文物和内贸行政管理部门要联合实行监管。各地海关要加强对文物出入境的监管工作，防止珍贵文物流失。

要依法规范文物拍卖市场。国家和省、自治区、直辖市文物行政管理部门及其文物鉴定机构，要加强对文物拍卖标的鉴定和许可审批工作，法律法规禁止买卖的文物不得作为拍卖标的进入拍卖市场。流传在社会的具有特别重要历史、科学、艺术价值的文物（包括文物的特殊品种）。应在一定范围内定向拍卖。国家对公民出售个人所有的传世珍贵文物有优先购买权。

五、强化执法力度，严厉打击文物犯罪活动

要在广泛、深入、持久地宣传有关文物保护的法律法规的同时，强化执法力度，着力抓好对法人违法案件的处理，追究当事人和责任人的行政或法律责任。公安、内贸、工商、海关、文物等有关部门要加强协作，形成合力，严厉打击盗掘、盗窃和走私文物等犯罪活动。公安机关应在重点文物收藏单位和文物犯罪多发地区加强防范，必要时可设立专门的公安派出机构。文物部门要建立健全文物保护责任制，配合公安机关打击文物犯罪活动，支持和鼓励文物管理人员与违法犯罪行为进行斗争。

六、加强队伍建设，提高文物管理工作的水平

做好文物工作，必须建设一支政治强、业务精、作风正的文物工作队伍。各有关部门和单位要高度重视队伍的思想建设，教育和要求广大干部坚持正确的政治方向，认真学习马列主义、毛泽东思想特别是邓小平建设有中国特色社会主义理论，树立全心全意为人民服务的思想和高尚的职业道德，自觉遵纪守法。同时，要组织广大干部努力学习和掌握有关方针政策、法律法规和专业知识，不断提高业务工作水平。

要进一步加强有关专业技术人才的培养，采取"馆校结合"、师承制等方式，切实解决文物保护技术、文物鉴定、文物修复、古建筑维修等人才短缺的问题。加强对文物保护传统技艺的整理、挖掘，注重发挥文物和博物馆界老专家、老技工的作用。应有计划地增加对外技术交流，选派优秀中青年科技人员到国外学习先进的文物保护科学技术。同时，注重培养兼通行政管理、经营管理、现代科技等知识的复合型人才，逐步提高文物部门专业人员的比例。要通过各种方式加强对现有文物行政管理人员的培训，促进管理工作的科学化、规范化。

国务院

1997 年 3 月 30 日

国务院关于加强文化遗产保护的通知

（国发〔2005〕42 号）

各省、自治区、直辖市人民政府，国务院各部委、各直属机构：

我国是历史悠久的文明古国。在漫长的岁月中，中华民族创造了丰富多彩、弥足珍贵的文化遗产。党中央、国务院历来高度重视文化遗产保护工作，在全社会的共同努力下，我国文化遗产保护取得了明显成效。与此同时，也应清醒地看到，当前我国文化遗产保护面临着许多问题，形势严峻，不容乐观。为了进一步加强我国文化遗产保护，继承和弘扬中华民族优秀传统文化，推动社会主义先进文化建设，国务院决定从 2006 年起，每年六月的第二个星期六为我国的"文化遗产日"。现就加强文化遗产保护有关问题通知如下：

一、充分认识保护文化遗产的重要性和紧迫性

文化遗产包括物质文化遗产和非物质文化遗产。物质文化遗产是具有历史、艺术和科学价值的文物，包括古遗址、古墓葬、古建筑、石窟寺、石刻、壁画、近代现代重要史迹及代表性建筑等不可移动文物，历史上各时代的重要实物、艺术品、文献、手稿、图书资料等可移动文物，以及在建筑式样、分布均匀或与环境景色结合方面具有突出普遍价值的历史文化名城(街区、村镇)。非物质文化遗产是指各种以非物质形态存在的与群众生活密切相关、世代相承的传统文化表现形式,包括口头传统、传统表演艺术、民俗活动和礼仪与节庆、有关自然界和宇宙的民间传统知识和实践、传统手工艺技能等以及与上述传统文化表现形式相关的文化空间。

我国文化遗产蕴含着中华民族特有的精神价值、思维方式、想象力,体现着中华民族的生命力和创造力,是各民族智慧的结晶,也是全人类文明的瑰宝。保护文化遗产,保持民族文化的传承,是连结民族情感纽带、增进民族团结和维护国家统一及社会稳定的重要文化基础,也是维护世界文化多样性和创造性,促进人类共同发展的前提。加强文化遗产保护,是建设社会主义先进文化,贯彻落实科学发展观和构建社会主义和谐社会的必然要求。

文化遗产是不可再生的珍贵资源。随着经济全球化趋势和现代化进程的加快,我国的文化生态正在发生巨大变化,文化遗产及其生存环境受到严重威胁。不少历史文化名城(街区、村镇)、古建筑、古遗址及风景名胜区整体风貌遭到破坏。文物非法交易、盗窃和盗掘古遗址古墓葬以及走私文物的违法犯罪活动在一些地区还没有得到有效遏制,大量珍贵文物流失境外。由于过度开发和不合理利用,许多重要文化遗产消亡或失传。在文化遗存相对丰富的少数民族聚居地区,由于人们生活环境和条件的变迁,民族或区域文化特色消失加快。因此,加强文化遗产保护刻不容缓。地方各级人民政府和有关部门要从对国家和历史负责的高度,从维护国家文化安全的高度,充分认识保护文化遗产的重要性,进一步增强责任感和紧迫感,切实做好文化遗产保护工作。

二、加强文化遗产保护的指导思想、基本方针和总体目标

(一)指导思想:坚持以邓小平理论和"三个代表"重要思想为指导,全面贯彻和落实科学发展观,加大文化遗产保护力度,构建科学有效的文化遗产保护体系,提高全社会文化遗产保护意识,充分发挥文化遗产在传承中华文化,提高人民群众思想道德素质和科学文化素质,增强民族凝聚力,促进社会主义先进文化建设和构建社会主义和谐社会中的重要作用。

(二)基本方针:物质文化遗产保护要贯彻"保护为主、抢救第一、合理利用、加强管理"的方针。非物质文化遗产保护要贯彻"保护为主、抢救第一、合理利用、传承发展"的方针。坚持保护文化遗产的真实性和完整性,坚持依法和科学保护,正确处理经济社会发展与文化遗产保护的关系,统筹规划、分类指导、突出重点、分步实施。

(三)总体目标:通过采取有效措施,文化遗产保护得到全面加强。到2010年,初步建立比较完备的文化遗产保护制度,文化遗产保护状况得到明显改善。到2015年,基本形成较为完善的文化遗产保护体系,具有历史、文化和科学价值的文化遗产得到全面有效保护;保护文化遗产深入人心,成为全社会的自觉行动。

三、着力解决物质文化遗产保护面临的突出问题

(一)切实做好文物调查研究和不可移动文物保护规划的制定实施工作。加强文物资源调查研究,并依法登记、建档。在认真摸清底数的基础上,分类制定文物保护规划,认真组织实施。国务院文物行政部门要统筹安排世界文化遗产、全国重点文物保护单位保护规划的编制工作,省级人民政府具体组织编制,报国务院文物行政部门审查批准后公布实施。国务院文物行政部门要对规划实施情况进行跟踪监测,检查落实。要及时依法划定文物保护单位的保护范围和建设控制地带,设立必要的保护管理机构,明确保护责任主体,建立健全保护管理制度。其他不可移动文物也要依据文物保护法的规定制定保护规划,落实保护措施。坚决避免和纠正过度开发利用文化遗产,特别是将文物作为或变相作为企业资产经营的违法行为。

(二)改进和完善重大建设工程中的文物保护工作。严格执行重大建设工程项目审批、核准和备案制度。凡涉及文物保护事项的基本建设项目,必须依法在项目批准前征求文物行政部门的意见,在进行必要的考古勘探、发掘并落实文物保护措施以后方可实施。基本建设项目中的考古发掘要充分考虑文物保护工作的实际需要，加强统一管理，落实审批和监督责任。

（三）切实抓好重点文物维修工程。统筹规划、集中资金，实施一批文物保护重点工程，排除重大文物险情，加强对重要濒危文物的保护。实施保护工程必须确保文物的真实性，坚决禁止借保护文物之名行造假古董之实。要对文物“复建”进行严格限制，把有限的人力、物力切实用到对重要文物、特别是重大濒危文物的保护项目上。严格工程管理，落实文物保护工程队伍资质制度，完善从业人员管理制度，建立健全各类文物保护技术规范，确保工程质量。

（四）加强历史文化名城（街区、村镇）保护。进一步完善历史文化名城（街区、村镇）的申报、评审工作。已确定为历史文化名城（街区、村镇）的，地方人民政府要认真制定保护规划，并严格执行。在城镇化过程中，要切实保护好历史文化环境，把保护优秀的乡土建筑等文化遗产作为城镇化发展战略的重要内容，把历史名城（街区、村镇）保护规划纳入城乡规划。相关重大建设项目，必须建立公示制度，广泛征求社会各界意见。国务院有关部门要对历史文化名城（街区、村镇）的保护状况和规划实施情况进行跟踪监测，及时解决有关问题；历史文化名城（街区、村镇）的布局、环境、历史风貌等遭到严重破坏的，应当依法取消其称号，并追究有关人员的责任。

（五）提高馆藏文物保护和展示水平。高度重视博物馆建设，加强对藏品的登记、建档和安全管理，落实藏品丢失、损毁追究责任制。实施馆藏文物信息化和保存环境达标建设，加大馆藏文物科技保护力度。提高陈列展览质量和水平，充分发挥馆藏文物的教育作用。加强博物馆专业人员培养，提高博物馆队伍素质。坚持向未成年人等特殊社会群体减、免费开放，不断提高服务质量和水平。

（六）清理整顿文物流通市场。加强对文物市场的调控和监督管理，依法严格把握文物流通市场准入条件，规范文物经营和民间文物收藏行为，确保文物市场健康发展。依法加强文物商店销售文物、文物拍卖企业拍卖文物的审核备案工作。坚决取缔非法文物市场，严厉打击盗窃、盗掘、走私、倒卖文物等违法犯罪活动。严格执行文物出入境审核、监管制度，加强鉴定机构队伍建设，严防珍贵文物流失。加强国际合作，对非法流失境外的文物要坚决依法追索。

四、积极推进非物质文化遗产保护

（一）开展非物质文化遗产普查工作。各地区要进一步做好非物质文化遗产的普查、认定和登记工作，全面了解和掌握非物质文化遗产资源的种类、数量、分布状况、生存环境、保护现状及存在的问题，及时向社会公布普查结果。3年内全国基本完成普查工作。

（二）制定非物质文化遗产保护规划。在科学论证的基础上，抓紧制定国家和地区非物质文化遗产保护规划，明确保护范围，提出长远目标和近期工作任务。

（三）抢救珍贵非物质文化遗产。采取有效措施，抓紧征集具有历史、文化和科学价值的非物质文化遗产实物和资料，完善征集和保管制度。有条件的地方可以建立非物质文化遗产资料库、博物馆或展示中心。

（四）建立非物质文化遗产名录体系。进一步完善评审标准，严格评审工作，逐步建立国家和省、市、县非物质文化遗产名录体系。对列入非物质文化遗产名录的项目，要制定科学的保护计划，明确有关保护的责任主体，进行有效保护。对列入非物质文化遗产名录的代表性传人，要有计划地提供资助，鼓励和支持其开展传习活动，确保优秀非物质文化遗产的传承。

（五）加强少数民族文化遗产和文化生态区的保护。重点扶持少数民族地区的非物质文化遗产保护工作。对文化遗产丰富且传统文化生态保持较完整的区域，要有计划地进行动态的整体性保护。对确属濒危的少数民族文化遗产和文化生态区，要尽快列入保护名录，落实保护措施，抓紧进行抢救和保护。

五、明确责任，切实加强对文化遗产保护工作的领导

（一）加强领导，落实责任。地方各级人民政府和有关部门要将文化遗产保护列入重要议事日程，并纳入经济和社会发展计划以及城乡规划。要建立健全文化遗产保护责任制度和责任追究制度。成立国家文化遗产保护领导小组，定期研究文化遗产保护工作的重大问题，统一协调文化遗产保护工作。地方各级人民政府也要建立相应的文化遗产保护协调机构。要建立文化遗产保护定期通报制度、专家咨询制度以及公众和舆论监督机制，推进文化遗产保护工作的科学化、民主化。要充分发挥有关学术机构、大专院校、企事业单位、社会团体等各方面的作用，共同开展文化遗产保护工作。

（二）加快文化遗产保护法制建设，加大执法力度。加强文化遗产保护法律法规建设，推进文化遗产保护的法制化、制度化和规范化。积极推动《非物质文化遗产保护法》《历史文化名城和历史文化街区、村镇保护条例》等法律、行政法规的立法进程，争取早日出台。抓紧制定和起草与文物保护法相配套的部门规章和地方性法规。抓紧研究制定保护文化遗产知识产权的有关规定。要严格依照保护文化遗产的法律、行政法规办事，任何单位或者个人都不得作出与法律、行政法规相抵触的决定；各级文物行政部门等行政执法机关有权依法抵制和制止违反有关法律、行政法规的决定和行为。严厉打击破坏文化遗产的各类违法犯罪行为，重点追究因决策失误、玩忽职守，造成文化遗产破坏、被盗或流失的责任人的法律责任。充实文化遗产保护执法力量，加大执法力度，做到执法必严，违法必究。因执法不力造成文化遗产受到破坏的，要追究有关执法机关和有关责任人的责任。

（三）安排专项资金，加强专业人才队伍建设。各级人民政府要将文化遗产保护经费纳入本级财政预算，保障重点文化遗产经费投入。抓紧制定和完善有关社会捐赠和赞助的政策措施，调动社会团体、企业和个人参与文化遗产保护的积极性。加强文化遗产保护管理机构和专业队伍建设，大力培养文化遗产保护和管理所需的各类专门人才。加强文化遗产保护科技的研究、运用和推广工作，努力提高文化遗产保护工作水平。

（四）加大宣传力度，营造保护文化遗产的良好氛围。认真举办“文化遗产日”系列活动，提高人民群众对文化遗产保护重要性的认识，增强全社会的文化遗产保护意识。各级各类文化遗产保护机构要经常举办展示、论坛、讲座等活动，使公众更多地了解文化遗产的丰富内涵。教育部门要将优秀文化遗产内容和文化遗产保护知识纳入教学计划，编入教材，组织参观学习活动，激发青少年热爱祖国优秀传统文化的热情。各类新闻媒体要通过开设专题、专栏等方式，介绍文化遗产和保护知识，大力宣传保护文化遗产的先进典型，及时曝光破坏文化遗产的违法行为及事件，发挥舆论监督作用，在全社会形成保护文化遗产的良好氛围。

与此同时，国务院有关部门也要切实研究解决自然遗产保护中存在的问题，加强自然遗产保护工作。

国务院

2005 年 12 月 22 日

国务院关于进一步做好旅游等开发建设活动中文物保护工作的意见

（国发〔2012〕63 号）

各省、自治区、直辖市人民政府，国务院各部委、各直属机构：

我国是历史悠久的文明古国，拥有极其丰富的文物资源。各类文物既是中华民族优秀传统文化的重要载体，也是旅游业可持续发展的重要基础。国家高度重视在旅游等开发建设活动中的文物保护工作，采取了一系列措施，既确保了文物安全，又有效利用了文物资源。但是也存在有的地方违法转让、抵押国有不可移动文物，将国有不可移动文物作为企业资产经营，过度开发利用文物资源、导致文物破坏或损毁，甚至擅自拆除文物古迹和历史文化街区、村镇以及历史建筑等问题。为进一步做好旅游等开发建设活动中的文物保护工作，现提出以下意见：

一、严格执行文物保护法律法规

国有不可移动文物不得转让、抵押，不得作为企业资产经营。文物古迹和历史建筑应当尽可能实施原址保护，不得擅自拆除、迁移。对于历史文化街区、村镇，要逐步改善基础设施、公共服务设施和居住环境，不得擅自拆除。国有不可移动文物已经全部毁坏的，不得擅自在原址重建、复建。辟为参观游览场所的国有文物保护单位，所在地人民政府应当依法设立专门机构负责管理，不得将文物保护单位管理机构作为企业的下属机构或交由企业管理。国有其他文物也要按照文物保护法律法规严格管理，不得赠与、出租或者出售给其他单位、个人，也不得抵押或作为企业资产经营。

二、严格履行涉及文物的旅游等开发建设活动审批

要加强各级文物保护单位的规划编制工作，提高规划的科学性。各地编制旅游等开发建设规划要符合城乡规划，并与文物保护单位的规划相衔接，坚持文物保护优先，把文物安全放在首位。旅游等开发建设项目要严格履行基本建设审批程序。在文物保护单位和历史文化街区、村镇以及历史建筑的保护范围和建设控制地带内实施建设工程的，要事先依法征得文物行政部门同意，报城乡规划部门批准；未经文物行政部门同意的，不得立项，更不得开工建设。

三、合理确定文物景区游客承载标准

文物、旅游等部门要立足文物安全，科学评估文物资源状况和游客流量，合理确定文物旅游景区的游客承载标准，并向社会公布。对于古遗址、古建筑、石窟寺等易受损害的文物资源，要通过预约参观、错峰参观等方式调节旅游旺季的游客人数，防止背离文物旅游景区实际、片面追求游客规模。要定期对利用古遗址、古建筑、石窟寺等易受损害的文物资源开展旅游等开发情况进行安全评估，对可能造成文物资源破坏的要及时采取保护措施，确保文物安全。

四、加大对文物保护的投入

各级人民政府要将文物保护经费列入本级财政预算，保证财政拨款随着财政收入增长而增加。要切实保障文物保护单位的日常维护经费和文物保护的抢救性投入。要加大基础建设投入，改善文物本体及其环境状况，加强文物保护基础设施和安全设施建设。国有文物保护单位的事业性收入应当专门用于文物保护。鼓励社会力量采取捐赠、设立文物保护社会基金等方式参与文物保护。文物旅游景区经营性收入要优先用于文物保护，具体比例由地方人民政府确定。文物保护单位管理机构要加强资金管理，严格遵守财务制度，提高资金使用效益。

五、加强文物旅游的指导和监管

旅游、文物等部门要把依法保护文物、确保文物安全列入旅游景区质量标准管理体系。对文物保护与安全管理规定不落实，造成文物破坏、损毁的，要依照相关规定处理并通报批评，涉嫌违法的要依法追究相关单位和人员责任。要建立文物旅游突发事件应急预警机制、巡视检查制度、专家咨询制度，定期组织评估文物保护与旅游发展状况并向社会公布，促进文物保护和文物资源的合理利用。

六、切实落实文物保护责任

县级以上地方人民政府及其文物行政部门是文物保护的第一责任人。地方各级人民政府要切实加强对文物保护工作的领导，把文物保护事业纳入本级国民经济和社会发展规划，加强文物保护机构队伍建设，定期解决文物保护面临的问题。国务院每两年组织开展一次文物保护法律法规落实情况检查，对领导不力、玩忽职守、决策失误，造成文物破坏损毁的，要严肃追究责任。

七、认真履行文物保护职责

进一步发挥全国文物安全工作部际联席会议制度的作用，对各地在旅游等开发建设活动中文物保护情况进行督导。文物行政部门要加强对文物保护的监督管理，统筹协调和指导文物保护工作，履行文物行政执法督察职责；旅游部门要在发展旅游中切实落实文物保护的相关规定；发展改革部门要加大对文物保护设施的投入，把好文物旅游基本建设项目立项审批关；财政部门要加大文物保护经费的投入，加强经费使用的监督管理；国土资源部门要加强对国有不可移动文物、考古遗址等重点文物保护用地及规划的监管；城乡规划、文物部门要加强对历史文化名城和历史文化街区、村镇以及历史建筑的保护；公安部门要加强对损毁文物特别是国家保护的珍贵文物或损毁全国重点文物保护单位、省级文物保护单位的违法犯罪活动的查处力度。

八、依法纠正违法违规行为

各地要对本行政区域内旅游等开发建设活动中涉及文物古迹和历史文化街区、村镇以及历史建筑等的保护情况进行一次检查，全面摸清有关情况，依法纠正违法违规行为。

(一)对于将国有不可移动文物转让、抵押的，要限期改正，予以回购、终止抵押。对于将国有不可移动文物作为企业资产经营的，要限期将其从企业资产中剥离；暂不具备剥离条件的，可以设定过渡期，并由省级人民政府向国务院报告。

(二)对于游客接待量超过承载量，造成文物破坏或可能造成文物安全隐患的，要限期改正。

(三)对于擅自拆除文物古迹和历史文化街区、村镇以及历史建筑的，由县级以上地方人民政府或其城乡规划、文物等部门依法定职权责令停止违法行为、限期恢复原状或者采取其他补救措施。历史文化街区、村镇遭到严重破坏的，由批准机关撤销历史文化街区、村镇称号。

(四)对于将文物保护单位管理机构作为企业的下属机构或交由企业管理的，要从企业中分离，恢复文物保护单位管理机构的事业单位性质，交由文物行政部门管理。

(五)对于把历史文化街区、村镇整体出让给企业管理经营的，要予以纠正。暂不具备条件的，应当由省级人民政府向国务院说明情况。

在检查工作中，对涉嫌违法的行为，要依法追究相关单位和人员的法律责任。检查结束后，各省、自治区、直辖市人民政府要在 2013 年 5 月底前将检查情况上报国务院。国务院将组织督查组对各地检查情况进行督导。

国务院

2012 年 12 月 19 日

关于加强我国世界文化遗产保护管理工作的意见

（国办发〔2004〕18 号）

目前，我国拥有世界文化遗产 21 处，具有极高的历史、科学、文化和艺术价值，是中华民族文化的精粹，是不可再生的宝贵资源。在党中央、国务院的高度重视下，在世界文化遗产所在地各级人民政府和有关部门积极努力下，我国世界文化遗产保护管理工作不断加强，世界文化遗产地及周边环境不断改善，社会效益和经济效益日益增强。但是，保护管理的形势仍十分严峻，一是一些地方世界文化遗产保护意识淡薄，重申报、重开发，轻保护、轻管理的现象比较普遍；二是少数地方对世界文化遗产进行超负荷利用和破坏性开发，存在商业化、人工化和城镇化倾向，使世界文化遗产的真实性、完整性受到损害；三是管理体制不顺，管理层次总体偏低，有的地方机构重叠，职能交叉；四是保护管理法制不健全，存在有法不依和无法可依的情况；五是保护管理经费严重不足。为加强和改善我国世界文化遗产的保护管理工作，现提出以下意见：

一、提高认识，端正世界文化遗产保护管理工作的指导思想

加强对世界文化遗产的保护管理，对于传承中华民族的优秀文化，弘扬和培育民族精神，增强民族自豪感和凝聚力，传播科学文化知识，促进旅游事业发展，加强同世界各国的文化交流，具有十分重要的意义和作用。各有关地区和部门要充分认识保护管理好世界文化遗产的重要性和紧迫性，严格执行《中华人民共和国文物保护法》和《风景名胜区管理暂行条例》等有关法律法规，认真履行《保护世界文化和自然遗产公约》，坚持"保护为主、抢救第一、合理利用、加强管理"的方针，确保世界文化遗产的真实性和完整性。要正确处理保护与利用、长远利益与眼前利益、整体利益与局部利益的关系，不能以牺牲和破坏世界文化遗产为代价无限度地开发利用，换取一时的经济利益。世界文化遗产保护管理属于社会公益性事业，是政府的职责。地方各级人民政府必须加强领导，统筹规划，统一管理，落实责任，把世界文化遗产保护管理作为一项重要工作坚持不懈地抓下去，逐步解决工作中存在的种种问题，确保世界文化遗产保护管理工作健康有序地进行。

二、强化责任，加强对世界文化遗产保护管理工作的领导

（一）国务院批准建立的国家文物保护部际联席会议，负责审定世界文化遗产保护规划，协调解决保护管理工作中的重大问题。国务院文物行政主管部门承担部际联席会议的日常工作，负责世界文化遗产保护和管理的监督工作。国务院国土资源、建设、林业、宗教、文物等部门，根据有关法律法规和国务院赋予的职能，依照世界文化遗产保护规划，对世界文化遗产地区域内的实体资源实施行业管理。要建立世界文化遗产保护的专家咨询机制和监测巡视制度，对世界文化遗产保护规划和专项法规的实施情况进行经常性的监督检查。

（二）世界文化遗产所在地省级人民政府要建立世界文化遗产保护管理协调机制，负责协调、指导本地区世界文化遗产保护管理工作。省级人民政府要加强对世界文化遗产所在地保护管理机构工作的指导，严格督促和检查。目前由县级人民政府管理的世界文化遗产保护管理机构，对其中贯彻执行国家法律法规不力、管理混乱并造成文化遗产毁损的，可由省级人民政府指定的机构负责实施管理。

（三）有关地方各级人民政府要坚持科学决策，依法行政，建立目标管理责任制和行政责任追究制，确保工作到位，责任到位，措施到位。要及时解决和排除保护管理工作中存在的问题和隐患，不得违反国家有关规定，将世界文化遗产租赁、承包、转让给个人、社会团体或企事业单位经营。已经租赁、承包或转让的，省级人民政府要进行检查，对违规的要限期纠正。对因失职、渎职行为造成世界文化遗产破坏的，要追究有关领导和责任人的责任。

三、加大力度，全面推进世界文化遗产的保护管理工作

（一）健全法制，规范管理。有关地区要根据遗产地的具体情况，制订和完善世界文化遗产保护的地方性法规和管理规章，明确保护管理工作的具体制度要求、保护标准和目标及相关的法律责任。要制订世界文化遗产地保护规划，明确世界文化遗产保护范围、保护措施和目标，并按程序审批。世界文化遗产的保护规划和目标措施，应当纳入当地的土地利用总体规划、城市和村镇建设规划、风景名胜区总体规划以及国民经济和社会发展计划，任何单位和个人不得擅自调整世界文化遗产保护规划。

（二）加大对世界文化遗产保护经费的投入和管理。各级财政部门应不断加大对世界文化遗产保护管理经费的投入，并采取措施鼓励个人、企业和社会团体对世界文化遗产保护的捐赠。全国重点文物保护专项资金的分配要重点向世界文化遗产倾斜。世界文化遗产保护范围内的经营项目实行特许经营，并将有偿出让的收入用于世界文化遗产的保护。根据"收支两条线"的原则，世界文化遗产的门票收入要实行专户集中统一管理,并全部用于世界文化遗产的保护管理。

(三)加强队伍建设,提高世界文化遗产保护管理人员素质。要深化改革,精简机构,优化结构,分流和压缩行政管理人员,建立健全专门执法监督队伍。要加强培训,提高世界文化遗产管理人员素质,逐步使专业人员达到职工总数的40%以上,并实行世界文化遗产保护管理人员持证上岗制度。世界文化遗产保护管理机构的主要负责人要分批接受系统培训,并取得国务院文物行政主管部门颁发的资格证书。

(四)利用科学技术加强世界文化遗产的保护。要加强对世界文化遗产保护管理工作规律性的研究,掌握世界文化遗产的各类基础资料和信息,充分发挥高新技术在保护管理工作中的作用,提高世界文化遗产保护管理工作的科技含量。要加强档案建设工作,尽快建立我国世界文化遗产管理动态信息系统和预警系统,加强对世界文化遗产保护情况的监测。

(五)通过宣传教育,普及与世界文化遗产相关的法律法规和知识,让更多人分享世界文化遗产蕴含的丰富价值,增强人民群众对世界文化遗产保护的意识,努力形成全社会关心、爱护并参与遗产保护的风气。要广泛动员全社会关心并支持世界文化遗产保护工作,充分发挥新闻媒体和群众监督作用,把世界文化遗产工作置于全社会的监督和支持之下。要在科学保护的前提下合理开发利用,充分发挥世界文化遗产的教育、科学和文化、宣传作用,不断提高世界文化遗产的社会效益和经济效益,推动当地经济社会的全面、协调和可持续发展。

文化部　建设部　文物局　发展改革委　财政部

国土资源部　林业局　旅游局　宗教局

2004年2月

部门规章、司法解释

中华人民共和国考古涉外工作管理办法

（国家文物局令第1号）

第一条 为了加强考古涉外工作管理，保护我国的古代文化遗产，促进我国与外国的考古学术交流，制定本办法。

第二条 本办法适用于在中国境内陆地、内水和领海以及由中国管辖的其他海域，中国有关单位（以下简称“中方”）同外国组织和国际组织（以下简称“外方”）所进行的考古调查、勘探、发掘和与之有关的研究、科技保护及其他活动。

第三条 任何外国组织、国际组织在中国境内进行考古调查、勘探、发掘，都应当采取与中国合作的形式。

第四条 国家文物局统一管理全国考古涉外工作。

第五条 本办法下列用语的含义是：

（一）考古调查是指以获取考古资料为目的，对古文化遗址、古墓葬、古建筑、石窟寺和其他地下、水下文物进行的考古记录和收集文物、自然标本等活动；

（二）考古勘探是指为了解地下、水下历史文化遗存的性质、结构、范围等基本情况而进行的探测活动；

（三）考古发掘是指以获取考古资料为目的，对古文化遗址、古墓葬和其他地下、水下文物进行的科学揭露、考古记录和收集文物、自然标本等活动；

（四）考古记录是指系统的文字描述、测量、绘图、拓印、照相、拍摄电影和录像活动；

（五）自然标本是指考古调查、勘探、发掘中所获取的自然遗存物。

第六条 中外合作进行考古调查、勘探、发掘活动，应当遵守下列原则：

（一）合作双方共同实施考古调查、勘探、发掘项目，并组成联合考古队，由中方专家主持全面工作；

（二）合作双方应当在中国境内共同整理考古调查、勘探、发掘所获取的资料并编写报告。报告由合作双方共同署名，中方有权优先发表；

（三）合作考古调查、勘探、发掘活动所获取的文物、自然标本以及考古记录的原始资料，均归中国所有，并确保其安全；

（四）合作双方都应当遵守中国的法律、法规和规章。

第七条 外方申请与中方合作进行考古调查、勘探、发掘时，应当按照下列规定向国家文物局提出书面申请：

（一）合作意向；

（二）对象、范围和目的；

（三）组队方案；

（四）工作步骤和文物的安全、技术保护措施等；

（五）经费、设备的来源及管理方式；

（六）意外事故的处理及风险承担。

第八条 申请合作考古调查、勘探、发掘的项目应当同时具备下列条件：

（一）有利于促进中国文物保护和考古学研究，有利于促进国际文化学术交流；

（二）中方已有一定的工作基础和研究成果，有从事该课题方向研究的专家；

（三）外方应当是专业考古研究机构，有从事该课题方向或者相近方向研究的专家，并具有一定的实际考古工作经历；

(四)有可靠的措施使发掘后的文物得到保护。

第九条 国家文物局会同中国社会科学院对外方的申请进行初步审查后,由国家文物局按照国家有关规定送请国防、外交、公安、国家安全等有关部门审查,经审查合格的,由国家文物局报请国务院特别许可。

第十条 合作考古调查、勘探、发掘项目获得国务院特别许可的,合作双方应当就批准的合作项目的具体事宜签订协议书。

第十一条 合作考古调查、勘探、发掘的文物或者自然标本需要送到中国境外进行分析化验或者技术鉴定的,应当报经国家文物局批准。化验、鉴定完毕后,除测试损耗外,原标本应当全部运回中国境内。

第十二条 外国留学人员(含本科生、研究生和进修生)以及外国研究学者在中国学习、研究考古学的批准期限在1年以上者,可以随同学习所在单位参加中方单独或者中外合作进行的考古调查、勘探、发掘活动。但须由其学习、研究所在单位征得考古调查、勘探、发掘单位的同意后,报国家文物局批准。

第十三条 外国公民、外国组织和国际组织在中国境内参观尚未公开接待参观者的文物点,在开放地区的,需由文物点所在的省、自治区、直辖市文物行政管理部门或者接待参观者的中央国家机关及其直属单位,在参观1个月以前向国家文物局申报参观计划,经批准后方可进行;在未开放地区的,需由文物点所在的省、自治区、直辖市文物行政管理部门或者接待参观者的中央国家机关及其直属单位,在参观1个月以前向国家文物局申报参观计划,经批准并按照有关涉外工作管理规定向有关部门办理手续后方可进行。

参观正在进行工作的考古发掘现场,接待单位须征求主持发掘单位的意见,经国家文物局批准后方可进行。

外国公民、外国组织和国际组织在参观过程中不得收集任何文物、自然标本和进行考古记录。

第十四条 国家文物局可以对合作考古调查、勘探、发掘工作实施检查,对工作质量达不到《田野考古工作规程》或者其他有关技术规范的要求的,责令暂停作业,限期改正。

第十五条 违反本办法第六条、第七条、第八条、第十条、第十一条的规定,根据情节轻重,由国家文物局给予警告、暂停作业、撤销项目、罚款1000元至1万元、没收其非法所得文物或者责令赔偿损失。

第十六条 违反本办法第十二条的规定,擅自接收外国留学人员、研究学者参加考古调查、勘探、发掘活动或者延长其工作期限的,国家文物局可以给予警告或者暂停该接收单位的团体考古发掘资格。

第十七条 外国公民、外国组织和国际组织违反本办法第十三条的规定,擅自参观文物点或者擅自收集文物、自然标本、进行考古记录的,文物行政管理部门可以停止其参观,没收其收集的文物、自然标本和考古记录。

第十八条 违反本办法的规定,构成违反治安管理的,依照《中华人民共和国治安管理处罚法》的规定处罚;构成犯罪的,依法追究刑事责任。

第十九条 台湾、香港、澳门地区的考古团体与大陆合作进行考古调查、勘探、发掘,可以参照本办法执行。

第二十条 文物研究、科技保护涉外工作的管理办法,由国家文物局根据本办法的原则制定。

第二十一条 本办法由国家文物局负责解释。

第二十二条 本办法自发布之日起施行。

考古发掘管理办法

（国家文物局令第 2 号）

第一章　总　则

第一条　为加强考古发掘管理工作，保护我国历史文化遗产，根据《中华人民共和国文物保护法》《中华人民共和国文物保护法实施细则》和《国务院关于加强和改善文物工作的通知》，特制定本办法。

第二条　本办法适用于在中国境内地下、内水和领海所进行的一切考古发掘和水下考古活动。

第三条　国家文物局统一管理全国考古发掘工作，一切考古发掘工作都必须履行报批手续。

第二章　资格审定

第四条　考古发掘实行团体和个人领队负责制。具有考古发掘团体领队资格的单位可申请考古发掘项目，具有考古发掘领队资格的个人经具有考古发掘团体领队资格的单位指派，担任考古发掘项目的领队。

第五条　中国社会科学院、中国科学院、国家文物局直属考古科研单位，高等院校考古系（专业）和省、自治区、直辖市所属文物考古机构及有条件的地、市所属文物考古机构，具备下列条件者可申请考古发掘团体领队资格：

（一）具备一定数量受过高等学校考古专业训练，能从事考古发掘的专业人员，其中具有考古发掘个人领队资格的专业人员不得少于 4 人；

（二）具有受过专业训练、能从事文物保护工作的科技人员；

（三）具备必需的考古发掘和文物保护设备；

（四）具备从事一般性文物保护处理的实验室；

（五）具有保证文物安全的文物库房和整理场地。

第六条　申请考古发掘个人领队资格的专业人员，必须具备下列条件：

（一）大学考古专业（含本科、硕士、博士研究生）毕业，取得中级专业技术职称后，从事考古发掘工作 2 年以上；非考古专业（含本科、硕士、博士研究生）毕业，取得中级专业技术职称后，从事考古发掘工作 2 年以上，经国家文物局田野考古培训班或国家文物局委托指定的考古研究单位考核合格者。

（二）具有独立组织考古调查、勘探、发掘的能力，胜任《田野考古工作规程》规定的领队职责，并能组织编写考古发掘报告。

（三）作为组织者之一或主要参加者，完成过一项以上较重要的考古发掘工作，并执笔完成年度考古发掘简报或作为主要成员参与完成中型考古发掘报告。

（四）在组织和实施考古发掘过程中，熟悉考古学某一领域的前沿问题，能根据学科发展趋势选定并研究有一定学术价值的课题，撰写有一定学术水平的论文。

第七条　由国家文物局组织有关部门和专家组成国家文物局考古发掘资格评议委员会负责考古发掘资格审定：

（一）申请考古发掘团体领队资格的单位，需提交考古发掘团体领队资格的申请报告，经所在省、自治区、直辖市文物行政管理部门研究同意后，报国家文物局考古发掘资格评议委员会评议；对评议通过的单位，由国家文物局审查批准并颁发证书。

(二)申请考古发掘领队资格的个人,需填写中华人民共和国考古发掘领队资格申请书一式两份,并提交1～2篇田野发掘简报和代表性学术论文;由所在单位推荐上报所在省、自治区、直辖市考古发掘资格初评组签署评议意见;经所在省、自治区、直辖市文物行政部门研究同意后,报国家文物局考古发掘资格评议委员会评议;对评议通过的个人,由国家文物局审查批准颁发证书。

(三)考古发掘资格审定工作原则上每一年一次,国家文物局考古发掘资格评议委员会可根据需要对申请单位和个人进行调查和组织考核。

(四)经国家文物局考古发掘资格评议委员会评议,国家文物局可注销不称职的单位和个人的考古发掘团体和个人领队资格。

第三章　项目申请和审批

第八条　申请考古发掘项目必须填写中华人民共和国考古发掘申请书,由考古发掘单位经发掘所在地的省、自治区、直辖市文物行政管理部门向国家文物局提出申请。

第九条　中华人民共和国考古发掘申请书包含下列内容:

(一)申请单位的名称及负责人姓名;

(二)发掘对象的名称、时代、级别、具体地点、面积和范围;

(三)前期准备(包括调查、勘探)情况;

(四)年度发掘点的具体位置和面积(附图);

(五)年度发掘的时间或期限;

(六)年度发掘的学术目的、计划;

(七)发掘经费的来源和数额;

(八)领队人员的姓名、专业职称、主持完成的发掘项目和代表性学术成果;

(九)主要业务人员的姓名、专业职称、在该项目中承担的任务;

(十)对可能出现遗迹现象的保护措施和出土文物保护的技术准备情况;

(十一)连续性项目的年度报告完成情况;

(十二)其他需要说明的问题。

第十条　考古发掘单位为科学研究而进行的主动发掘申请,申请书应在每年第一季度末以前按程序上报,同时必须提交立项说明书,内容包括发掘的学术目的、立项机构、发掘计划、完成时间等。

第十一条　国家文物局会同中国社会科学院在每年第一季度至第二季度初,集中对当年各项考古发掘申请进行审议,并颁发中华人民共和国考古发掘证照。

第十二条　考古发掘单位配合经济建设工程的考古发掘申请,应在发掘前三十日向国家文物局提出,但因工程建设中意外发现文物或者文物面临自然破坏危险,需抢救性发掘的遗址和墓葬,经省、自治区、直辖市文物行政管理部门同意后,可以先行发掘,自发掘开工日起十五日内补报发掘申请书。

第十三条　属全国重点文物保护单位和省级文物保护单位的古遗址或古墓葬受到自然或人为破坏时,各省、自治区、直辖市文物行政管理部门应先将受破坏的情况和拟采取的保护措施,向国家文物局报告,经国家文物局同意后方可实施。需进行抢救性发掘的项目,应同时填报发掘申请书。

第十四条　未取得考古发掘团体领队资格的文物考古机构,若需对因工程建设意外发现或面临自然破坏的遗址或墓葬进行小规模抢救性发掘,应经省、自治区、直辖市文物行政管理部门同意,并指派或聘请有考古发掘个人领队资格的人员主持进行发掘工作,同时经有考古发掘团体领队资格的单位上报发掘申请书,或由省、自治区、直辖市文物考古机构审议后经省、自治区、直辖市文物行政管理部门上报发掘申请书。

第四章 项目执行和监督

第十五条 考古发掘单位和主持发掘项目的领队人员，应严格执行田野考古工作规程，严格执行国家文物局批准的考古发掘项目计划，确保发掘质量和文物安全。

第十六条 在考古发掘工作中，考古发掘单位应事先提出保证出土文物和重要遗迹安全的保护措施。对发掘中发现的重要遗物和遗迹，应及时采取必要的保护措施。

第十七条 考古发掘中如有重要发现，考古发掘单位应在对社会公开发表之前，经省、自治区、直辖市文物行政管理部门及时向国家文物局报告。

第十八条 国家文物局对考古发掘工地实行检查与监督制度。国家文物局可组织对考古发掘工地进行检查，内容包括田野考古工作规程的执行情况、领队人员的工地日记、遗迹照片和绘图记录、经费使用情况及发掘工地的安全措施情况等。

第十九条 对于重大的考古发掘项目，国家文物局可组成专家小组或指派有经验的专业人员赴现场指导发掘工作。

第二十条 年度考古发掘项目结束后，考古发掘单位应及时将发掘经过、收获和经费使用情况，向所在地的省、自治区、直辖市文物行政管理部门和国家文物局提交书面报告，并尽快编写年度考古发掘报告。

第二十一条 考古发掘项目完成后，考古发掘单位应向国家文物局提交结项报告，内容包括发掘经过、主要收获、经费的来源和使用情况、发掘现场及拟保留的遗迹现象处理保护情况、对遗址的保护建议、田野考古发掘报告的编写计划等需要说明的情况。

第五章 考古资料与发掘报告

第二十二条 考古发掘领队人员在该项考古发掘工作结束后，应及时、认真地做好出土文物、各类标本、有关资料（包括文字记录、各种登记表格、照片、图纸）的整理工作。

第二十三条 考古发掘所获得的出土文物和各种资料归国家所有。考古发掘领队人员在考古发掘项目结束后应将有关资料（包括文字记录、各种登记表格、照片、图纸）及时交本单位资料室保管，出土文物和各类标本按出土时的登记表向库房移交。考古资料移交时要有专人负责核实、接收，文物移交时要填写入库登记表。

第二十四条 考古发掘报告的编写工作要在发掘结束后的 3 年内完成。年度发掘报告应在当年完成编写工作。

第六章 奖励与惩罚

第二十五条 对在田野考古工作中做出突出成绩的考古发掘单位和个人，根据《国家文物局田野考古奖励办法（试行）》和其他有关规定予以表彰、奖励。

第二十六条 对没有年度发掘报告或报告不合要求的考古发掘单位和个人，国家文物局将不再批准其下年度的发掘申请。

项目发掘报告编写工作未完成之前，国家文物局一般不再批准原考古发掘项目领队人员的新的领队发掘申请。

第二十七条 有下列行为的，视情节轻重，国家文物局可给予通报批评、暂停或取消考古发掘单位团体或个人领队资格：

（一）考古发掘单位或个人严重违反田野考古工作规程进行考古发掘的；

（二）考古发掘单位或个人未经文物行政管理部门批准擅自进行考古发掘的；

（三）考古发掘单位或个人未按规定及时办理或补报考古发掘申请的；

（四）考古发掘领队人员未按规定及时办理出土文物、各类标本和有关资料移交手续的。

第二十八条 违反本办法规定，造成古遗迹、古墓葬和珍贵文物损毁构成犯罪的，依法追究刑事责任。

第二十九条 任何外国机构、国际组织在中国境内进行考古调查、勘探、发掘，都应当采取与中国合作的形式。申请和审批办法按《中华人民共和国涉外工作管理办法》执行。

第七章 附 则

第三十条 水下文物的登记注册、保护管理以及水下文物的考古勘探和发掘活动的审批工作，按《中华人民共和国水下文物保护管理条例》执行。

第三十一条 原有规定如与本办法相抵触的，以本办法为准。

第三十二条 本办法由国家文物局负责解释。

第三十三条 本办法自发布之日起施行。

文物藏品定级标准

（文化部令第 19 号）

根据《中华人民共和国文物保护法》和《中华人民共和国文物保护法实施细则》的有关规定，特制定本标准。

文物藏品分为珍贵文物和一般文物。珍贵文物分为一、二、三级。具有特别重要历史、艺术、科学价值的代表性文物为一级文物；具有重要历史、艺术、科学价值的为二级文物；具有比较重要历史、艺术、科学价值的为三级文物。具有一定历史、艺术、科学价值的为一般文物。

一、一级文物定级标准

（一）反映中国各个历史时期的生产关系及其经济制度、政治制度，以及有关社会历史发展的特别重要的代表性文物；

（二）反映历代生产力的发展、生产技术的进步和科学发明创造的特别重要的代表性文物；

（三）反映各民族社会历史发展和促进民族团结、维护祖国统一的特别重要的代表性文物；

（四）反映历代劳动人民反抗剥削、压迫和著名起义领袖的特别重要的代表性文物；

（五）反映历代中外关系和在政治、经济、军事、科技、教育、文化、艺术、宗教、卫生、体育等方面相互交流的特别重要的代表性文物；

（六）反映中华民族抗御外侮，反抗侵略的历史事件和重要历史人物的特别重要的代表性文物；

（七）反映历代著名的思想家、政治家、军事家、科学家、发明家、教育家、文学家、艺术家等特别重要的代表性文物，著名工匠的特别重要的代表性作品；

（八）反映各民族生活习俗、文化艺术、工艺美术、宗教信仰的具有特别重要价值的代表性文物；

（九）中国古旧图书中具有特别重要价值的代表性的善本；

（十）反映有关国际共产主义运动中的重大事件和杰出领袖人物的革命实践活动，以及为中国革命做出重大贡献的国际主义战士的特别重要的代表性文物；

（十一）与中国近代（1840～1949）历史上的重大事件、重要人物、著名烈士、著名英雄模范有关的特别重要的代表性文物；

（十二）与中华人民共和国成立以来的重大历史事件、重大建设成就、重要领袖人物、著名烈士、著名英雄模范有关的特别重要的代表性文物；

（十三）与中国共产党和近代其他各党派、团体的重大事件，重要人物、爱国侨胞及其他社会知名人士有关的特别重要的代表性文物；

（十四）其他具有特别重要历史、艺术、科学价值的代表性文物。

二、二级文物定级标准

（一）反映中国各个历史时期的生产力和生产关系及其经济制度、政治制度，以及有关社会历史发展的具有重要价值的文物；

（二）反映一个地区、一个民族或某一个时代的具有重要价值的文物；

（三）反映某一历史人物、历史事件或对研究某一历史问题有重要价值的文物；

（四）反映某种考古学文化类型和文化特征，能说明某一历史问题的成组文物；

（五）历史、艺术、科学价值一般，但材质贵重的文物；

（六）反映各地区、各民族的重要民俗文物；

（七）历代著名艺术家或著名工匠的重要作品；

（八）古旧图书中具有重要价值的善本；

（九）反映中国近代（1840～1949）历史上的重大事件、重要人物、著名烈士、著名英雄模范的具有重要价值的文物；

（十）反映中华人民共和国成立以来的重大历史事件、重大建设成就、重要领袖人物、著名烈士、著名英雄模范的具有重要价值的文物；

（十一）反映中国共产党和近代其他各党派、团体的重大事件，重要人物、爱国侨胞及其他社会知名人士的具有重要价值的文物；

（十二）其他具有重要历史、艺术、科学价值的文物。

三、三级文物定级标准

（一）反映中国各个历史时期的生产力和生产关系及其经济制度、政治制度，以及有关社会历史发展的比较重要的文物；

（二）反映一个地区、一个民族或某一时代的具有比较重要价值的文物；

（三）反映某一历史事件或人物，对研究某一历史问题有比较重要价值的文物；

（四）反映某种考古学文化类型和文化特征的具有比较重要价值的文物；

（五）具有比较重要价值的民族、民俗文物；

（六）某一历史时期艺术水平和工艺水平较高，但有损伤的作品；

（七）古旧图书中具有比较重要价值的善本；

（八）反映中国近代（1840～1949）历史上的重大事件、重要人物、著名烈士、著名英雄模范的具有比较重要价值的文物；

（九）反映中华人民共和国成立以来的重大历史事件、重大建设成就、重要领袖人物、著名烈士、著名英雄模范的具有比较重要价值的文物；

（十）反映中国共产党和近代其他各党派、团体的重大事件，重要人物、爱国侨胞及其他社会知名人士的具有比较重要价值的文物；

（十一）其他具有比较重要的历史、艺术、科学价值的文物。

四、一般文物定级标准

(一)反映中国各个历史时期的生产力和生产关系及其经济制度、政治制度,以及有关社会历史发展的具有一定价值的文物;

(二)具有一定价值的民族、民俗文物;

(三)反映某一历史事件、历史人物,具有一定价值的文物;

(四)具有一定价值的古旧图书、资料等;

(五)具有一定价值的历代生产、生活用具等;

(六)具有一定价值的历代艺术品、工艺品等;

(七)其他具有一定历史、艺术、科学价值的文物。

五、博物馆、文物单位等有关文物收藏机构,均可用本标准对其文物藏品鉴选和定级。社会上其他散存的文物,需要定级时,可照此执行。

六、本标准由国家文物局负责解释。

附件

一级文物定级标准举例

一、玉、石器　时代确切,质地优良,在艺术上和工艺上有特色和有特别重要价值的;有确切出土地点,有刻文、铭记、款识或其他重要特征,可作为断代标准的;有明显地方特点,能代表考古学一种文化类型、一个地区或作坊杰出成就的;能反映某一时代风格和艺术水平的有关民族关系和中外关系的代表作。

二、陶器　代表考古学某一文化类型,其造型和纹饰具有特别重要价值的;有确切出土地点可作为断代标准的;三彩作品中造型优美、色彩艳丽、具有特别重要价值的;紫砂器中,器形完美,出于古代与近代名家之手的代表性作品。

三、瓷器　时代确切,在艺术上或工艺上有特别重要价值的;在纪年或确切出土地点可作为断代标准的;造型、纹饰、釉色等能反映时代风格和浓郁民族色彩的;有文献记载的名瓷、历代官窑及民窑的代表作。

四、铜器　造型、纹饰精美,能代表某个时期工艺铸造技术水平的;有确切出土地点可作为断代标准的;铭文反映重大历史事件、重要历史人物的或书法艺术水平高的;在工艺发展史上具有特别重要价值的。

五、铁器　在中国冶铸、锻造史上,占有特别重要地位的钢铁制品;有明确出土地点和特别重要价值的铁质文物;有铭文或错金银、镶嵌等精湛工艺的古代器具;历代名人所用,或与重大历史事件有直接联系的铁制历史遗物。

六、金银器　工艺水平高超,造型或纹饰十分精美,具有特别重要价值的;年代、地点确切或有名款,可作断代标准的金银制品。

七、漆器　代表某一历史时期典型工艺品种和特点的;造型、纹饰、雕工工艺水平高超的;著名工匠的代表作。

八、雕塑　造型优美、时代确切,或有题记款识,具有鲜明时代特点和艺术风格的金属、玉、石、木、泥和陶瓷、髹漆、牙骨等各种质地的、具有特别重要价值的雕塑作品。

九、石刻砖瓦　时代较早,有代表性的石刻;刻有年款或物主铭记可作为断代标准的造像碑;能直接反映社会生产、生活,神态生动、造型优美的石雕;技法精巧、内容丰富的画像石;有重大史料价值或艺术价值的碑碣墓志;文字或纹饰精美,历史、艺术价值特别重要的砖瓦。

十、书法绘画　元代以前比较完整的书画;唐以前首尾齐全有年款的写本;宋以前经卷中有作者或纪年且书法水平较高的；宋、元时代有名款或虽无名款而艺术水平较高的；具有特别重要价值的历代名人手迹；明清以来特别重要艺术流派或著名书画家的精品。

十一、古砚　时代确切，质地良好、遗存稀少的；造型与纹饰具有鲜明时代特征，工艺水平很高的端、歙等四大名砚；有确切出土地点，或流传有绪，制作精美，保存完好，可作断代标准的；历代重要历史人物使用过的或题铭价值很高的；历代著名工匠的代表作。

十二、甲骨　所记内容具有特别重要的史料价值，龟甲、兽骨比较完整的；所刻文字精美或具有特点，能起断代作用的。

十三、玺印符牌　具有特别重要价值的官私玺、印、封泥和符牌；明清篆刻中主要流派或主要代表人物的代表作。

十四、钱币　在中国钱币发展史上占有特别重要地位、具有特别重要价值的历代钱币、钱范和钞版。

十五、牙骨角器　时代确切，在雕刻艺术史上具有特别重要价值的；反映民族工艺特点和工艺发展史的；各个时期著名工匠或艺术家代表作，以及历史久远的象牙制品。

十六、竹木雕　时代确切，具有特别重要价值，在竹木雕工艺史上有独特风格，可作为断代标准的；制作精巧、工艺水平极高的；著名工匠或艺术家的代表作。

十七、家具　元代以前（含元代）的木质家具及精巧冥器；明清家具中以黄花梨、紫檀、鸡翅木、铁梨、乌木等珍贵木材制作、造型优美、保存完好、工艺精良的；明清时期制作精良的髹饰家具；明清及近现代名人使用的或具有重大历史价值的家具。

十八、珐琅　时代确切，具有鲜明特点，造型、纹饰、釉色、工艺水平很高的珐琅制品。

十九、织绣　时代、产地准确的；能代表一个历史时期工艺水平的具有特别重要价值的不同织绣品种的典型实物；色彩艳丽，纹饰精美，具有典型时代特征的；著名织绣工艺家的代表作。

二十、古籍善本　元以前的碑帖、写本、印本；明清两代著名学者、藏书家撰写或整理校订的、在某一学科领域有重要价值的稿本、抄本；在图书内容、版刻水平、纸张、印刷、装帧等方面有特色的明清印本（包括刻本、活字本、有精美版画的印本、彩色套印本）、抄本；有明清时期著名学者、藏书家批校题跋且批校题跋内容具有重要学术资料价值的印本、抄本。

二十一、碑帖拓本　元代以前的碑帖拓本；明代整张拓片和罕见的拓本；初拓精本；原物重要且已佚失，拓本流传极少的清代或近代拓本；明清时期精拓套帖；清代及清代以前有历代名家重要题跋的拓本。

二十二、武器　在武器发展史上，能代表一个历史阶段军械水平的；在重要战役或重要事件中使用的；历代著名人物使用的、具有特别重要价值的武器。

二十三、邮品　反映清代、民国、解放区邮政历史的、存量稀少的；中华人民共和国建国以来具有特别重要价值的邮票和邮品。

二十四、文件、宣传品　反映重大历史事件，内容重要，具有特别重要意义的正式文件或文件原稿；传单、标语、宣传画、号外、捷报；证章、奖章、纪念章等。

二十五、档案文书　从某一侧面反映社会生产关系、经济制度、政治制度和土地、人口、疆域变迁以及重大历史事件、重要历史人物事迹的历代诏谕、文告、题本、奏折、诰命、舆图、人丁黄册、田亩钱粮簿册、红白契约、文据、书札等官方档案和民间文书中，具有特别重要价值的。

二十六、名人遗物　已故中国共产党著名领袖人物、各民主党派著名领导人、著名爱国侨领、著名社会活动家的具有特别重要价值的手稿、信札、题词、题字等以及具有特别重要意义的用品。

注：二、三级文物定级标准举例可依据一级文物定级标准举例类推。

文物保护工程管理办法

（文化部令第 26 号）

第一章 总 则

第一条 为进一步加强文物保护工程的管理，根据《中华人民共和国文物保护法》和《中华人民共和国建筑法》的有关规定，制定本办法。

第二条 本办法所称文物保护工程，是指对核定为文物保护单位的和其他具有文物价值的古文化遗址、古墓葬、古建筑、石窟寺和石刻、近现代重要史迹及代表性建筑、壁画等不可移动文物进行的保护工程。

第三条 文物保护工程必须遵守不改变文物原状的原则，全面地保存、延续文物的真实历史信息和价值；按照国际、国内公认的准则，保护文物本体及与之相关的历史、人文和自然环境。

第四条 文物保护单位应当制定专项的总体保护规划，文物保护工程应当依据批准的规划进行。

第五条 文物保护工程分为：保养维护工程、抢险加固工程、修缮工程、保护性设施建设工程、迁移工程等。

（一）保养维护工程，系指针对文物的轻微损害所作的日常性、季节性的养护。

（二）抢险加固工程，系指文物突发严重危险时，由于时间、技术、经费等条件的限制，不能进行彻底修缮而对文物采取具有可逆性的临时抢险加固措施的工程。

（三）修缮工程，系指为保护文物本体所必需的结构加固处理和维修，包括结合结构加固而进行的局部复原工程。

（四）保护性设施建设工程，系指为保护文物而附加安全防护设施的工程。

（五）迁移工程，系指因保护工作特别需要，并无其他更为有效的手段时所采取的将文物整体或局部搬迁、异地保护的工程。

第六条 国家文物局负责全国文物保护工程的管理，并组织制定文物保护工程的相关规范、标准和定额。

第七条 具有法人资格的文物管理或使用单位，包括经国家批准，使用文物保护单位的机关、团体、部队、学校、宗教组织和其他企事业单位，为文物保护工程的业主单位。

第八条 承担文物保护工程的勘察、设计、施工、监理单位必须具有国家文物局认定的文物保护工程资质。资质认定办法和分级标准由国家文物局另行制定。

第九条 文物保护工程管理主要指立项、勘察设计、施工、监理及验收管理。

第二章 立项与勘察设计

第十条 文物保护工程按照文物保护单位级别实行分级管理，并按以下规定履行报批程序：

（一）全国重点文物保护单位保护工程，以省、自治区、直辖市文物行政部门为申报机关，国家文物局为审批机关。

（二）省、自治区、直辖市级文物保护单位保护工程以文物所在地的市、县级文物行政部门为申报机关，省、自治区、直辖市文物行政部门为审批机关。

市县级文物保护单位及未核定为文物保护单位的不可移动文物的保护工程的申报机关、审批机关由省级文物行政部门确定。

第十一条 保养维护工程由文物使用单位列入每年的工作计划和经费预算，并报省、自治区、直辖市文物行政部门备案。

抢险加固工程、修缮工程、保护性设施建设工程的立项与勘察设计方案按本办法第十条的规定履行报批程序。抢险加固工程中确因情况紧急需要即刻实施的，可在实施的同时补报。

迁移工程按《中华人民共和国文物保护法》第二十条的规定获得批准后，按本办法第十条的规定报批勘察设计方案。

第十二条 因特殊情况需要在原址重建已经全部毁坏的不可移动文物的，按《中华人民共和国文物保护法》第二十二条的规定获得批准后，按本办法第十条的规定报批勘察设计方案。

第十三条 工程项目的立项申报资料包括以下内容：

(一)工程业主单位及上级主管部门名称；

(二)拟立项目名称、地点，文物保护单位级别、时代，保护范围与建设控制地带的划定、公布与执行情况；

(三)保护工程必要性与实施可能性的技术文件与形象资料(录像或照片)；

(四)经费估算、来源及计划工期安排；

(五)拟聘请的勘察设计单位名称及资信。

第十四条 已立项的文物保护工程应当申报勘察、方案设计和施工技术设计文件。重大工程要在方案获得批准后，再进行技术设计。

第十五条 勘察和方案设计文件包括：

(一)反映文物历史状况、固有特征和损害情况的勘察报告、实测图、照片；

(二)保护工程方案、设计图及相关技术文件；

(三)工程设计概算；

(四)必要时应提供考古勘探发掘资料、材料试验报告书、环境污染情况报告书、工程地质和水文地质资料及勘探报告。

第十六条 施工技术设计文件包括：

(一)施工图；

(二)设计说明书；

(三)施工图预算；

(四)相关材料试验报告及检测鉴定结果。

第三章 施工、监理与验收

第十七条 文物保护工程中的修缮工程、保护性设施建设工程和迁移工程实行招投标和工程监理。

第十八条 重要文物保护工程按本办法第十条规定的程序报批招标文件及拟选用的施工单位。

第十九条 文物保护工程必须遵守国家有关施工的法律、法规和规章、规范，购置的工程材料应当符合文物保护工程质量的要求。施工单位应当严格按照设计文件的要求进行施工，其工作程序为：

(一)依据设计文件，编制施工方案；

(二)施工人员进场前要接受文物保护相关知识的培训；

(三)按文物保护工程的要求作好施工记录和施工统计文件，收集有关文物资料；

(四)进行质量自检，对工程的隐蔽部分必须与业主单位、设计单位、监理单位共同检验并做好记录；

(五)提交竣工资料；

(六)按合同约定负责保修，保修期限自竣工验收之日起计算，除保养维护、抢险加固工程以外，不少于五年。

第二十条 施工过程中如发现新的文物、有关资料或其他影响文物保护的重大问题，要立即记录，保护现场，并经原申报机关向原审批机关报告，请示处理办法。

第二十一条 施工过程中如需变更或补充已批准的技术设计，由工程业主单位、设计单位和施工单位共同现场洽商，并报原申报机关备案；如需变更已批准的工程项目或方案设计中的重要内容，必须经原申报机关报审批机关批准。

第二十二条 文物保护工程应当按工序分阶段验收。重大工程告一段落时，项目的审批机关应当组织或者委托有关单位进行阶段验收。

第二十三条 工程竣工后，由业主单位会同设计单位、施工单位、监理单位对工程质量进行验评，并提交工程总结报告、竣工报告、竣工图纸、财务决算书及说明等资料，经原申报机关初验合格后报审批机关。项目的审批机关视工程项目的实际情况成立验收小组或者委托有关单位，组织竣工验收。

第二十四条 对工程验收中发现的质量问题，由业主单位及时组织整改。

第二十五条 文物保护工程的业主单位、勘察设计单位、施工单位、申报机关和审批机关应当建立有关工程行政、技术和财务文件的档案管理制度。所有工程资料应当立卷存档并归入文物保护单位记录档案。

重要工程应当在验收后三年内发表技术报告。

第四章 奖励与处罚

第二十六条 文物保护工程设立优秀工程奖，具体办法由国家文物局制定。

第二十七条 违反本办法、或对文物造成破坏的，按《中华人民共和国文物保护法》及国务院有关规定处罚。

第五章 附 则

第二十八条 非国有不可移动文物的保护维修，参照执行本办法。

第二十九条 以前发布的规章与本办法相抵触的，以本办法的规定为准。

第三十条 本办法自2003年5月1日起施行。

文物行政处罚程序暂行规定

（文化部令第33号）

第一章 总 则

第一条 为规范文物行政部门的行政处罚行为，保护公民、法人和其他组织的合法权益，根据《中华人民共和国行政处罚法》《中华人民共和国文物保护法》及其他有关法律、行政法规的规定，制定本规定。

第二条 国务院文物行政部门以及县级以上地方各级文物行政部门，对违反文物保护法律、法规的行为实施行政处罚的，适用本规定。法律、法规另有规定的，从其规定。

第三条 文物行政部门实施行政处罚应当遵循以下原则：

（一）以法律、法规、规章为依据；

（二）遵循法定程序；

（三）公正、公平地行使法律赋予的行政职权；

（四）坚持处罚与教育相结合。

第四条 上级文物行政部门对下级文物行政部门实施的文物行政处罚行为进行监督。上级文物行政部门对下级文物行政部门违法作出的行政处罚决定，可责令其限期改正。逾期不改正的，上级文物行政部门有权依法对违法作出的行政处罚决定予以变更或者撤销。

第二章 管 辖

第五条 文物行政处罚由违法行为发生地的县级以上地方文物行政部门管辖。法律、法规另有规定的除外。

第六条 国务院文物行政部门督查并指导地方文物行政部门处理全国范围有重大影响的行政处罚案件。

省级文物行政部门可依据有关规定和本地区实际情况，规定辖区内的级别管辖。

第七条 上级文物行政部门必要时可依法直接管辖下级文物行政部门管辖的行政处罚案件；下级文物行政部门对其管辖的行政处罚案件，认为需要由上级文物行政部门管辖时，可以报请上级文物行政部门决定。

第八条 两个以上地方文物行政部门对同一违法行为均有管辖权时，应当由先立案的文物行政部门管辖。

地方文物行政部门因管辖权发生争议的，由争议双方协商解决；协商不成的，报请共同的上一级文物行政部门指定管辖，其共同的上一级文物行政部门也可以直接指定管辖。

第九条 地方文物行政部门发现案件不属于本单位管辖或者主管的，应当将相关材料移送有管辖权的文物行政部门或者相关的行政部门处理，同时报上一级文物行政部门备案。受移送的文物行政部门应当将案件处理结果及时函告移送案件的文物行政部门。

受移送的文物行政部门如果认为移送不当，应当报请共同的上一级文物行政部门指定管辖，不得再次移送。

第三章 立 案

第十条 文物行政部门对下列途径发现的违法案件应当及时处理：

（一）在检查中发现的；

（二）公民、法人及其他组织举报的；

（三）上级交办的，下级报请处理的，或者有关部门移送的。

第十一条 文物行政部门适用一般程序处理违法行为的，应当立案。

第十二条 文物行政部门发现违法行为具有下列情形的，应当在5日内立案：

（一）有明确的违法嫌疑人；

（二）有客观的违法事实；

（三）属于文物行政处罚的范围；

（四）属于本部门管辖。

决定立案的，应当填写立案审批表，报本部门主管负责人批准，并确定两名以上文物行政执法人员为案件承办人。

第十三条 文物行政执法人员在执法检查过程中，发现违法行为正在实施，情况紧急的，可以采取下列措施：

（一）对违法行为予以制止或者纠正；

(二)对涉案文物依法先行登记保存;

(三)收集、调取其他有关证据。

文物行政执法人员应当及时将有关情况和材料报告所属文物行政部门,并办理立案手续。

第十四条 有下列情形之一的文物行政执法人员,不能被确定为案件承办人:

(一)是案件当事人或者当事人近亲属的;

(二)与案件有直接利害关系的;

(三)与案件当事人有其他关系,可能影响案件公正处理的。

案件承办人具有上述情形之一的,应当自行申请回避。当事人认为案件承办人符合上述情形之一时,可以向文物行政部门申请回避。案件承办人的回避由本部门主管负责人决定。

第四章 调查取证

第十五条 案件立案后,案件承办人应当及时收集、调取证据。

第十六条 案件承办人调查案件,不得少于两人。案件承办人在调查取证时,应当出示执法证件。

对涉及国家机密、商业秘密和个人隐私的,案件承办人应当保守秘密。

第十七条 案件承办人可以对当事人及证明人进行询问。询问应当单独进行。询问前应当告知其如实陈述事实、提供证据。

询问应当制作笔录,并交被询问人核对;对没有阅读能力的,应当向其宣读。笔录如有差错、遗漏,应当允许其更正或者补充。经核对无误后,由被询问人逐页在笔录上签名或者盖章。案件承办人也应当在笔录上签名。被询问人拒绝签名或者盖章的,案件承办人应当在笔录上注明。

第十八条 案件承办人进行现场检查时,当事人应当在场。案件承办人应当制作现场检查笔录,当事人应当签名并注明对该笔录真实性的意见;当事人拒绝到场或者签名的,应当由案件承办人在现场笔录中注明。

第十九条 案件承办人可以要求当事人及证明人提供相关证明材料,并由材料提供人在有关材料上签名或者盖章。材料提供人拒绝签名或者盖章的,案件承办人应当在材料上注明。

第二十条 案件承办人调取的证据应当是原件、原物。调取原件、原物确有困难的,可由提交证据复制品的单位或者个人在复制品上盖章或者签名,并注明"与原件(物)相同"字样或者文字说明。

第二十一条 在证据可能灭失,或者以后难以取得的情况下,案件承办人应当填写先行登记保存证据审批表,报本部门主管负责人批准。先行登记保存证据时,案件承办人应当向当事人出具先行登记保存证据通知书。

第二十二条 文物行政部门实施先行登记保存证据时,应当有当事人在场。当事人拒绝到场的,案件承办人可以邀请有关人员参加。

对先行登记保存的证据应当开列物品清单,由案件承办人、当事人或者其他有关人员签名或者盖章。当事人拒绝签名、盖章或者接收物品清单的,应当由案件承办人在清单上签名并注明情况。

第二十三条 对于先行登记保存的证据,应当在7日内作出处理决定:

(一)需要进行技术检验或者鉴定的,送交检验或者鉴定;

(二)依法不需要没收的物品,退还当事人;

(三)依法应当移交有关部门处理的,移交有关部门。

法律另有规定的,从其规定。

第二十四条 文物行政部门在处理案件过程中,需要委托其他文物行政部门调查的,应当出具文物执法调查委托书。受委托的文物行政部门应当积极完成调查工作。

第二十五条 对案件处理过程中需要解决的专业性问题,文物行政部门应当委托专门机构或者聘请专业人员提出意见。

文物的鉴定，应当以办理案件的文物行政部门所在地省级文物鉴定机构的鉴定意见为准。国家文物鉴定机构可以根据办理案件的文物行政部门的申请，对省级文物鉴定机构的鉴定意见进行复核。

第五章　处罚决定

第一节　简易程序

第二十六条　对于违法事实清楚、证据确凿，依法应当作出下列行政处罚的，可以当场作出行政处罚决定：

(一)警告；

(二)对公民处以 50 元以下罚款；

(三)对法人或者其他组织处以 1000 元以下罚款。

第二十七条　文物行政执法人员当场作出行政处罚决定的，应当向当事人出示执法证件，并填写加盖文物行政部门公章的当场处罚决定书。

当场处罚决定书应当载明当事人的违法行为，行政处罚依据(适用的法律、法规、规章名称及具体条款)，具体处罚的内容、时间、地点，不服行政处罚决定申请行政复议或者提起行政诉讼的途径，以及文物行政部门名称等内容。

当场处罚决定书由文物行政执法人员填写并签名后，当场交付当事人。

第二十八条　文物行政执法人员当场作出的行政处罚决定，应当报所属文物行政部门备案。

第二节　一般程序

第二十九条　违法行为经立案并调查终结后，案件承办人应当制作调查终结报告，报文物行政部门负责人审查。

第三十条　办理案件的文物行政部门负责人对调查结果进行审查，根据不同情况分别作出如下决定：

(一)确有应当受行政处罚的违法行为的，根据情节轻重及具体情况，作出行政处罚决定；

(二)违法行为轻微，依法可以不予行政处罚的，不予行政处罚；

(三)违法事实不能成立的，不得给予行政处罚；

(四)违法行为已构成犯罪的，移送司法机关。

对情节复杂或者重大违法行为给予较重的行政处罚，文物行政部门的负责人应当集体讨论决定。

第三十一条　文物行政部门拟作出行政处罚决定的，应当由本部门负责人签发行政处罚告知书。行政处罚告知书应当载明拟作出行政处罚决定的事实、理由和依据，并告知当事人依法享有的陈述权、申辩权和其他权利。

第三十二条　当事人要求陈述、申辩的，应当在收到行政处罚告知书后 3 日内，向文物行政部门提出陈述、申辩意见以及相应的事实、理由。当事人在此期间未行使陈述权、申辩权的，视为放弃权利。当事人放弃权利的，由文物行政部门负责人签发行政处罚决定书，并送达当事人。

第三十三条　案件承办人应当充分听取当事人的陈述、申辩意见，对当事人提出的事实、理由进行复核，并向文物行政部门负责人提交复核报告。

案件承办人不得因当事人的申辩加重对当事人的处罚。

第三十四条　文物行政部门负责人根据复核情况作出最终决定，并签发行政处罚决定书。行政处罚决定书应当载明下列事项：

(一)当事人的姓名或者名称、地址；

(二)违反法律、法规或者规章的事实和证据；

（三）行政处罚的种类和依据；

（四）行政处罚的履行方式和期限；

（五）不服行政处罚决定，申请行政复议或者提起行政诉讼的途径和期限；

（六）作出行政处罚决定的文物行政部门名称和作出决定的日期。

行政处罚决定书应当加盖作出行政处罚决定的文物行政部门的印章。

第三节　听证程序

第三十五条　文物行政部门作出责令停产停业、吊销许可证或者执照、较大数额罚款等行政处罚决定之前，应当告知当事人有要求举行听证的权利；当事人要求听证的，文物行政部门应当组织听证。

地方文物行政部门对较大数额罚款的界定，依照当地省级人大常委会或者人民政府的具体规定执行。

第三十六条　文物行政部门对于符合听证程序条件的案件，应当在作出行政处罚决定前，向当事人送达听证通知。

第三十七条　当事人在收到听证通知后3日内提出听证要求的，文物行政部门应当在当事人提出听证要求之日起3日内确定听证人员的组成、听证时间、地点和方式，并在举行听证7日前通知当事人。

第三十八条　除涉及国家秘密、商业秘密或者个人隐私外，听证应当公开举行。

第三十九条　文物行政部门主管负责人应当指定本部门非本案承办人员担任听证主持人和书记员。

当事人认为听证主持人和书记员与本案有利害关系的，有权申请回避。听证主持人和书记员的回避由文物行政部门主管负责人决定。

第四十条　当事人收到听证通知后，应当按时参加听证，也可以委托1～2人代理听证。委托他人代理听证的，应当向听证主持人提交由当事人签名或者盖章的委托书。

当事人无正当理由不按时参加听证的，视为放弃听证要求。

第四十一条　举行听证时，案件承办人应当提出当事人违法的事实、证据和行政处罚建议；当事人可以进行申辩和质证。

第四十二条　举行听证应当制作听证笔录。听证笔录应当载明下列事项：

（一）案由；

（二）听证参加人姓名或者名称、地址；

（三）听证主持人、书记员姓名；

（四）举行听证的时间、地点；

（五）案件承办人提出的事实、证据和行政处罚建议；

（六）当事人陈述、申辩和质证的内容；

（七）听证参加人签名或者盖章。

听证结束后，听证笔录应当交当事人和案件承办人审核无误后签名或者盖章。当事人拒绝签名或者盖章的，应当在听证笔录上注明。

第四十三条　听证结束后，文物行政部门依照本规定第三十条的规定，作出决定。

第六章　送达和执行

第四十四条　行政处罚决定书应当当场交付当事人；当事人不在场的，文物行政部门应当依照民事诉讼法的有关规定在7日内送达当事人。

第四十五条　行政处罚决定书送达后，当事人应当在规定期限内对处罚决定予以履行。

当事人确有经济困难，需要延期或者分期缴纳罚款的，经当事人提出书面申请，报文物行政部门负责人批准。

第四十六条 作出罚款和没收违法所得决定的文物行政部门应当与收缴罚没款的机构分离。除按规定当场收缴的罚款外，文物行政执法人员不得自行收缴罚没款。

第四十七条 当场作出行政处罚决定，有下列情形之一的，文物行政执法人员可以当场收缴罚款：

（一）依法给予20元以下罚款的；

（二）不当场收缴事后难以执行的。

第四十八条 在边远、水上、交通不便地区，文物行政执法人员依照本规定作出罚款决定后，当事人向指定的银行缴纳罚款确有困难，经当事人提出，文物行政执法人员可以当场收缴罚款。

第四十九条 文物行政执法人员当场收缴罚款的，应当向当事人出具省级财政部门统一制发的罚款收据。

文物行政执法人员当场收缴的罚款，应当自收缴罚款之日起2日内交至文物行政部门；文物行政部门应当在2日内将罚款缴付指定的银行。

第五十条 当事人逾期不履行行政处罚决定的，文物行政部门应当申请人民法院强制执行。

第五十一条 行政处罚决定履行或者执行后，案件承办人应当填写结案报告，报文物行政部门负责人批准。

第七章 附 则

第五十二条 行政处罚决定执行完毕后，文物行政部门应当及时将案件材料立卷归档。

第五十三条 本规定自发布之日起施行。

博物馆管理办法

（文化部令第35号）

第一章 总 则

第一条 为贯彻落实科学发展观，规范博物馆管理工作，促进博物馆事业发展，根据《中华人民共和国文物保护法》《中华人民共和国文物保护法实施条例》《公共文化体育设施条例》《事业单位登记管理暂行条例》和《民办非企业单位登记管理暂行条例》等相关法律法规，制定本办法。

第二条 本办法所称博物馆，是指收藏、保护、研究、展示人类活动和自然环境的见证物，经过文物行政部门审核、相关行政部门批准许可取得法人资格，向公众开放的非营利性社会服务机构。

利用或主要利用国有文物、标本、资料等资产设立的博物馆为国有博物馆。

利用或主要利用非国有文物、标本、资料等资产设立的博物馆为非国有博物馆。

第三条 国家扶持和发展博物馆事业，鼓励个人、法人和其他组织设立博物馆。

县级以上人民政府应当将博物馆事业纳入本级国民经济和社会发展规划，事业经费列入本级财政预算。

博物馆的数量、种类、规模以及布局，应当根据本地区国民经济和社会发展水平、文物等资源条件和公众精神文化需求，统筹兼顾，优化配置。鼓励优先设立填补博物馆门类空白和体现行业特性、区域特点的专题性博物馆。

第四条 国家鼓励博物馆发展相关文化产业，多渠道筹措资金，促进自身发展。

博物馆依法享受税收减免优惠，享有通过依法征集、购买、交换、接受捐赠和调拨等方式取得藏品的权利。

第五条 博物馆应当发挥社会教育功能,传播有益于社会进步的思想道德、科学技术和文化知识。在博物馆参观或开展其他活动,应当爱护博物馆设施、展品和周边环境,遵守公共秩序。

第六条 国务院文物行政部门主管全国博物馆工作。

县级以上地方文物行政部门对本行政区域内的博物馆实施监督和管理。

第七条 县级以上文物行政部门应当促进博物馆行业组织建设,指导行业组织活动,逐步对博物馆实行分级、分类管理。

第八条 县级以上文物行政部门对发展博物馆事业做出突出贡献的机构、团体或个人,应当给予表彰或奖励。

第二章 博物馆设立、年检与终止

第九条 申请设立博物馆,应当具备下列条件:

(一)具有固定的馆址,设置专用的展厅(室)、库房和文物保护技术场所,展厅(室)面积与展览规模相适应,展览环境适宜对公众开放;

(二)具有必要的办馆资金和保障博物馆运行的经费;

(三)具有与办馆宗旨相符合、一定数量和成系统的藏品及必要的研究资料;

(四)具有与办馆宗旨相符合的专业技术和管理人员;

(五)具有符合国家规定的安全和消防设施;

(六)能够独立承担民事责任。

第十条 省级文物行政部门负责本行政区域内博物馆设立的审核工作。

博物馆名称一般不得冠以"中国""中华""国家"等字样(简称"中国"等字样);特殊情况确需冠以"中国"等字样的,应由中央机构编制委员会办公室会同国务院文物行政部门审核同意。

非国有博物馆的名称不得冠以"中国"等字样。

第十一条 申请设立博物馆,应当由馆址所在地市(县)级文物行政部门初审后,向省级文物行政部门提交下列材料:

(一)博物馆设立申请书;

(二)馆舍所有权或使用权证明;

(三)资金来源证明或验资报告;

(四)藏品目录及合法来源说明;

(五)陈列展览大纲;

(六)拟任法定代表人的基本情况及身份证明;

(七)专业技术和管理人员的证明材料。

申请设立非国有博物馆的,应同时提交博物馆章程草案。章程草案应当包括下列主要事项:

(一)办馆宗旨及藏品收藏标准;

(二)博物馆理事会、董事会或其他形式决策机构的产生办法、人员构成、任期、议事规则等;

(三)出资人不要求取得经济回报的约定;

(四)博物馆终止时的藏品处置方式;

(五)章程修改程序。

第十二条 省级文物行政部门应当自收到博物馆设立申请材料之日起 30 个工作日内出具审核意见。审核同意的,应报国务院文物行政部门备案。审核不同意的,应当书面说明理由。

经审核同意设立博物馆的,申请人应持审核意见及其他申报材料,向相关行政部门申请取得博物馆法人资格。

博物馆应当自取得法人资格之日起6个月内向社会开放。

本办法实施前已批准设立的博物馆，应当在本办法实施之日起6个月内，向省级文物行政部门提交本办法第十一条第一款规定的除(一)项之外的全部材料；非国有博物馆应同时提交博物馆章程。

第十三条 博物馆的建筑设计应当符合国家和行业颁布的有关标准和规范。博物馆建筑应当划分为陈列展览区、藏品库房区、文物保护技术区、公众服务区和办公区等，相对自成系统。

第十四条 国有博物馆建设工程的设计方案，应当报请所在地省级文物行政部门组织论证。

第十五条 博物馆应当于每年3月31日前向所在地市(县)级文物行政部门报送上一年度的工作报告，接受年度检查。工作报告内容应当包括有关法律和其他规定的执行情况，藏品、展览、人员和机构的变动情况以及社会教育、安全、财务管理等情况。

市(县)级文物行政部门应当于每年4月30日前，将上一年度本行政区域内博物馆年度检查的初步意见报送省级文物行政部门。省级文物行政部门应当于每年5月31日前，将上一年度本行政区域内博物馆的年度检查情况进行审核，并汇总报国务院文物行政部门备案。

第十六条 博物馆的名称、馆址、藏品、基本陈列以及非国有博物馆的章程等重要事项发生变更前，应当报省级文物行政部门审核。

博物馆法定代表人发生变更的，应当自变更之日起10日内报省级文物行政部门备案。

第十七条 博物馆终止前，应当向省级文物行政部门提出终止申请及藏品处置方案，接受主管文物行政部门指导，完成博物馆资产清算工作。

省级文物行政部门应当自收到博物馆终止申请和藏品处置方案之日起30个工作日内出具审核意见。藏品处置方案等符合法定要求的，准予终止；藏品处置方案等不符合法定要求的，责令其改正后准予终止。相关行政部门根据省级文物行政部门的审核意见，给予办理博物馆法人资格注销登记手续。

第十八条 国有博物馆终止的，其藏品由所在地省级文物行政部门指定的国有博物馆接收。

非国有博物馆终止的，其藏品属于法律规定可以依法流通的，允许其以法律规定的方式流通；依法不能流通的藏品，应当转让给其他博物馆；接受捐赠的藏品，应当交由其他博物馆收藏，并告知捐赠人。

第三章 藏品管理

第十九条 博物馆藏品的收藏、保护、研究、展示等，应当依法建立、健全相关规章制度，并报所在地市(县)级文物行政部门备案。

博物馆应具有保障藏品安全的设备和设施。馆藏一级文物和其他易损易坏的珍贵文物，应设立专库或专柜并由专人负责保管。

第二十条 博物馆应建立藏品总账、分类账及每件藏品的档案，并依法办理备案手续。

博物馆通过依法征集、购买、交换、接受捐赠和调拨等方式取得的藏品，应在30日内登记入藏品总账。

第二十一条 依法调拨、交换、借用国有博物馆藏品，取得藏品的博物馆可以对提供藏品的博物馆给予实物、技术、培训或资金方面的合理补偿。补偿数额的确定，应当考虑藏品保管、修复、研究、展示等过程中原收藏博物馆发生的实际费用。调拨、交换、借用国有博物馆藏品的申请文件，应当包括合理补偿的方案。

第二十二条 博物馆不够本馆收藏标准，或因腐蚀损毁等原因无法修复并无继续保存价值的藏品，经本馆或受委托的专家委员会评估认定后，可以向省级文物行政部门申请退出馆藏。

退出馆藏申请材料的内容，应当包括拟不再收藏的藏品名称、数量和退出馆藏的原因，并附有关藏品档案复制件。

第二十三条 国有博物馆所在地省级文物行政部门应当在收到退出馆藏申请材料的30个工作日内，组织专家委员会复审。专家委员会复审未通过的，终止该藏品的退出馆藏程序。

专家委员会复审通过的，省级文物行政部门应当将有关材料在国务院文物行政部门和有关省级文物行政部门的官方网站上公示30个工作日。期间如有其他国有文物收藏单位愿意接收有关藏品，则以调拨、交换等方式处理；期间如没有其他国有文物收藏单位愿意接收有关藏品，则由省级文物行政部门统一处置。处置方案报国务院文物行政部门批准后实施，处置所得资金应当用于博物馆事业发展。国有博物馆应当建立退出馆藏物品专项档案，并报省级文物行政部门备案。专项档案应当保存75年以上。

第二十四条 非国有博物馆申请藏品退出馆藏，申请材料应附理事会、董事会或其他形式决策机构的书面意见。博物馆所在地省级文物行政部门应当在收到申请材料的30个工作日内作出是否允许退出馆藏的决定，并报国务院文物行政部门备案。

第二十五条 博物馆应当以本馆藏品为基础，开展有关专业学科及应用技术的研究，提高业务活动的学术含量，促进专业人才的成长。在确保藏品安全的前提下，博物馆应当为馆外人员研究本馆藏品提供便利。

第四章 展示与服务

第二十六条 博物馆举办陈列展览，应当遵循以下原则：

(一)与本馆性质和任务相适应，突出馆藏品特色、行业特性和区域特点，具有较高的学术和文化含量；

(二)合理运用现代技术、材料、工艺和表现手法，达到形式与内容的和谐统一；

(三)展品应以原件为主，复原陈列应当保持历史原貌，使用复制品、仿制品和辅助展品应予明示；

(四)展厅内具有符合标准的安全技术防范设备和防止展品遭受自然损害的展出设施；

(五)为公众提供文字说明和讲解服务；

(六)陈列展览的对外宣传活动及时、准确，形式新颖。

第二十七条 博物馆应当根据办馆宗旨，结合本馆特点开展形式多样、生动活泼的社会教育和服务活动，积极参与社区文化建设。

鼓励博物馆利用电影、电视、音像制品、出版物和互联网等途径传播藏品知识、陈列展览及研究成果。

第二十八条 博物馆对公众开放，应当遵守以下规定：

(一)公告服务项目和开放时间；变更服务项目和开放时间的，应当提前7日公告；

(二)开放时间应当与公众的工作、学习及休闲时间相协调；法定节假日和学校寒暑假期间，应当适当延长开放时间；

(三)无正当理由，国有博物馆全年开放时间不少于10个月，非国有博物馆全年开放时间不少于8个月。

第二十九条 博物馆应当逐步建立减免费开放制度，并向社会公告。

国有博物馆对未成年人集体参观实行免费制度，对老年人、残疾人、现役军人等特殊社会群体参观实行减免费制度。

第三十条 鼓励博物馆研发相关文化产品，传播科学文化知识，开展专业培训、科技成果转让等形式的有偿服务活动。

第五章 附 则

第三十一条 博物馆违反本办法规定，情节严重的，由所在地省级文物行政部门撤销审核同意意见，由相关行政部门撤销博物馆法人资格。

博物馆违反其他法律、法规规定的，依照有关法律、法规的规定处罚。

第三十二条 本办法自2006年1月1日起施行。

古人类化石和古脊椎动物化石保护管理办法

（文化部令第38号）

第一条 为加强对古人类化石和古脊椎动物化石的保护和管理，根据《中华人民共和国文物保护法》制定本办法。

第二条 本办法所称古人类化石和古脊椎动物化石，指古猿化石、古人类化石及其与人类活动有关的第四纪古脊椎动物化石。

第三条 国务院文物行政部门主管全国古人类化石和古脊椎动物化石的保护和管理工作。

县级以上地方人民政府文物行政部门对本行政区域内的古人类化石和古脊椎动物化石的保护实施监督管理。

第四条 古人类化石和古脊椎动物化石分为珍贵化石和一般化石；珍贵化石分为3级。古人类化石、与人类有祖裔关系的古猿化石、代表性的与人类有旁系关系的古猿化石、代表性的与人类起源演化有关的第四纪古脊椎动物化石为一级化石；其他与人类有旁系关系的古猿化石、系统地位暂不能确定的古猿化石、其他重要的与人类起源演化有关的第四纪古脊椎动物化石为二级化石；其他有科学价值的与人类起源演化有关的第四纪古脊椎动物化石为三级化石。

一、二、三级化石和一般化石的保护和管理，按照国家有关一、二、三级文物和一般文物保护管理的规定实施。

第五条 古人类化石和古脊椎动物化石地点以及遗址地点，纳入不可移动文物的保护和管理体系，并根据其价值，报请核定公布为各级文物保护单位。

第六条 古人类化石和古脊椎动物化石的考古调查、勘探和发掘工作，按照国家有关文物考古调查、勘探和发掘的管理规定实施管理。

地下埋藏的古人类化石和古脊椎动物化石，任何单位或者个人不得私自发掘。

古人类化石和古脊椎动物化石的考古发掘项目，其领队及主要工作人员应当具有古生物学及其他相关学科的研究背景。

第七条 建筑工程涉及地下可能埋藏古人类化石和古脊椎动物化石的调查、勘探和发掘工作的程序和要求，按照国家有关建设工程涉及地下可能埋藏文物的调查、勘探和发掘工作的规定执行。

第八条 在进行建设工程或者在农业生产中，任何单位或者个人发现古人类化石和古脊椎动物化石，应当保护现场，立即报告当地文物行政部门。文物行政部门应当按照《中华人民共和国文物保护法》第三十二条第一款规定的要求和程序进行处理。

第九条 除出境展览或者因特殊需要经国务院批准出境外，古人类化石和古脊椎动物化石不得出境。

古人类化石和古脊椎动物化石出境展览，按照国家有关文物出境展览的管理规定实施管理。

古人类化石和古脊椎动物化石临时进境，按照国家有关文物临时进境的管理规定实施管理。

第十条 对保护古人类化石和古脊椎动物化石作出突出贡献的单位或个人，由国家给予精神鼓励或物质奖励。

第十一条 违反本办法规定的，依照有关规定追究法律责任。

第十二条 本办法自公布之日起施行。

世界文化遗产保护管理办法

（文化部令第41号）

第一条 为了加强对世界文化遗产的保护和管理，履行对《保护世界文化与自然遗产公约》的责任和义务，传承人类文明，依据《中华人民共和国文物保护法》制定本办法。

第二条 本办法所称世界文化遗产，是指列入联合国教科文组织《世界遗产名录》的世界文化遗产和文化与自然混合遗产中的文化遗产部分。

第三条 世界文化遗产工作贯彻保护为主、抢救第一、合理利用、加强管理的方针，确保世界文化遗产的真实性和完整性。

第四条 国家文物局主管全国世界文化遗产工作，协调、解决世界文化遗产保护和管理中的重大问题，监督、检查世界文化遗产所在地的世界文化遗产工作。

县级以上地方人民政府及其文物主管部门依照本办法的规定，制定管理制度，落实工作措施，负责本行政区域内的世界文化遗产工作。

第五条 县级以上地方人民政府应当将世界文化遗产保护和管理所需的经费纳入本级财政预算。

公民、法人和其他组织可以通过捐赠等方式设立世界文化遗产保护基金，专门用于世界文化遗产保护。世界文化遗产保护基金的募集、使用和管理，依照国家有关法律、行政法规和部门规章的规定执行。

第六条 国家对世界文化遗产保护的重大事项实行专家咨询制度，由国家文物局建立专家咨询机制开展相关工作。

世界文化遗产保护专家咨询工作制度由国家文物局制定并公布。

第七条 公民、法人和其他组织都有依法保护世界文化遗产的义务。

国家鼓励公民、法人和其他组织参与世界文化遗产保护。

国家文物局、县级以上地方人民政府及其文物主管部门应当对在世界文化遗产保护中作出突出贡献的组织或者个人给予奖励。

省级文物主管部门应当建立世界文化遗产保护志愿者工作制度，开展志愿者的组织、指导和培训工作。

第八条 世界文化遗产保护规划由省级人民政府组织编制。承担世界文化遗产保护规划编制任务的机构，应当取得国家文物局颁发的资格证书。世界文化遗产保护规划应当明确世界文化遗产保护的标准和重点，分类确定保护措施，符合联合国教科文组织有关世界文化遗产的保护要求。

尚未编制保护规划，或者保护规划内容不符合本办法要求的世界文化遗产，应当自本办法施行之日起1年内编制、修改保护规划。

世界文化遗产保护规划由省级文物主管部门报国家文物局审定。经国家文物局审定的世界文化遗产保护规划，由省级人民政府公布并组织实施。世界文化遗产保护规划的要求，应当纳入县级以上地方人民政府的国民经济和社会发展规划、土地利用总体规划和城乡规划。

第九条 世界文化遗产中的不可移动文物，应当根据其历史、艺术和科学价值依法核定公布为文物保护单位。尚未核定公布为文物保护单位的不可移动文物，由县级文物主管部门予以登记并公布。

世界文化遗产中的不可移动文物，按照《中华人民共和国文物保护法》和《中华人民共和国文物保护法实施条例》的有关规定实施保护和管理。

第十条 世界文化遗产中的文物保护单位，应当根据世界文化遗产保护的需要依法划定保护范围和建设控制地带并予以公布。保护范围和建设控制地带的划定，应当符合世界文化遗产核心区和缓冲区的保护要求。

第十一条 省级人民政府应当为世界文化遗产作出标志说明。标志说明的设立不得对世界文化遗产造成损害。

世界文化遗产标志说明应当包括世界文化遗产的名称、核心区、缓冲区和保护机构等内容，并包含联合国教科文组织公布的世界遗产标志图案。

第十二条 省级人民政府应当为世界文化遗产建立保护记录档案，并由其文物主管部门报国家文物局备案。

国家文物局应当建立全国的世界文化遗产保护记录档案库，并利用高新技术建立世界文化遗产管理动态信息系统和预警系统。

第十三条 省级人民政府应当为世界文化遗产确定保护机构。保护机构应当对世界文化遗产进行日常维护和监测，并建立日志。发现世界文化遗产存在安全隐患的，保护机构应当采取控制措施，并及时向县级以上地方人民政府和省级文物主管部门报告。

世界文化遗产保护机构的工作人员实行持证上岗制度，主要负责人应当取得国家文物局颁发的资格证书。

第十四条 世界文化遗产辟为参观游览区，应当充分发挥文化遗产的宣传教育作用，并制定完善的参观游览服务管理办法。

世界文化遗产保护机构应当将参观游览服务管理办法报省级文物主管部门备案。省级文物主管部门应当对世界文化遗产的参观游览服务管理工作进行监督检查。

第十五条 在参观游览区内设置服务项目，应当符合世界文化遗产保护规划的管理要求，并与世界文化遗产的历史和文化属性相协调。

服务项目由世界文化遗产保护机构负责具体实施。实施服务项目，应当遵循公开、公平、公正和公共利益优先的原则，并维护当地居民的权益。

第十六条 各级文物主管部门和世界文化遗产保护机构应当组织开展文化旅游的调查和研究工作，发掘并展示世界文化遗产的历史和文化价值，保护并利用世界文化遗产工作中积累的知识产权。

第十七条 发生或可能发生危及世界文化遗产安全的突发事件时，保护机构应当立即采取必要的控制措施，并同时向县级以上地方人民政府和省级文物主管部门报告。省级文物主管部门应当在接到报告2小时内，向省级人民政府和国家文物局报告。

省级文物主管部门接到有关报告后，应当区别情况决定处理办法并负责实施。国家文物局应当督导并检查突发事件的及时处理，提出防范类似事件发生的具体要求，并向各世界文化遗产所在地省级人民政府通报突发事件的发生及处理情况。

第十八条 国家对世界文化遗产保护实行监测巡视制度，由国家文物局建立监测巡视机制开展相关工作。

世界文化遗产保护监测巡视工作制度由国家文物局制定并公布。

第十九条 因保护和管理不善，致使真实性和完整性受到损害的世界文化遗产，由国家文物局列入中国世界文化遗产警示名单予以公布。

列入中国世界文化遗产警示名单的世界文化遗产所在地省级人民政府，应当对保护和管理工作中存在的问题提出整改措施，限期改进保护管理工作。

第二十条 违反本办法规定，造成世界文化遗产损害的，依据有关规定追究责任人的责任。

第二十一条 列入中国世界文化遗产预备名单的文化遗产，参照本办法的规定实施保护和管理。

第二十二条 本办法自公布之日起施行。

文物进出境审核管理办法

（文化部令第42号）

第一条 为加强对文物进出境审核的管理，根据《中华人民共和国文物保护法》和《中华人民共和国文物保护法实施条例》，制定本办法。

第二条 国家文物局负责文物进出境审核管理工作，指定文物进出境审核机构承担文物进出境审核工作。

文物进出境审核机构是文物行政执法机构，依法独立行使职权，向国家文物局汇报工作，接受国家文物局业务指导。

第三条 文物进出境审核机构由国家文物局和省级人民政府联合组建。省级人民政府应当保障文物进出境审核机构的编制、办公场所及工作经费。国家文物局应当对文物进出境审核机构的业务经费予以补助。

第四条 文物进出境审核机构应当具备以下条件：

（一）有7名以上专职文物鉴定人员，其中文物进出境责任鉴定员不少于5名；

（二）有固定的办公场所和必要的技术设备；

（三）工作经费全额纳入财政预算。

第五条 国家文物局根据文物进出境审核工作的需要，指定具备条件的文物进出境审核机构承担文物进出境审核工作，使用文物出境标识和文物临时进境标识，对允许出境的文物发放文物出境许可证。

第六条 文物进出境审核机构的工作人员实行持证上岗制度，不得在文物商店或者拍卖企业任职、兼职。文物进出境审核机构的主要负责人应当取得国家文物局颁发的资格证书。

文物进出境责任鉴定员应当取得大学本科以上学历和文物博物专业中级以上职称，并经国家文物局考核合格。

第七条 文物进出境审核机构的日常管理工作由所在地省级文物主管部门负责。省级文物主管部门应当制定相关管理制度，并报国家文物局备案。

文物进出境审核机构应当采取措施，保证审核工作高效公正。

第八条 下列文物出境，应当经过审核：

（一）1949年（含）以前的各类艺术品、工艺美术品；

（二）1949年（含）以前的手稿、文献资料和图书资料；

（三）1949年（含）以前的与各民族社会制度、社会生产、社会生活有关的实物；

（四）1949年以后的与重大事件或著名人物有关的代表性实物；

（五）1949年以后的反映各民族生产活动、生活习俗、文化艺术和宗教信仰的代表性实物；

（六）国家文物局公布限制出境的已故现代著名书画家、工艺美术家作品；

（七）古猿化石、古人类化石，以及与人类活动有关的第四纪古脊椎动物化石。

文物出境审核标准，由国家文物局定期修订并公布。

第九条 运送、邮寄、携带文物出境，应当在文物出境前填写文物出境申请表，报文物进出境审核机构审核。

文物进出境审核机构应当自收到文物出境申请之日起15个工作日内作出是否允许出境的审核意见。

第十条 文物进出境审核机构审核文物，应当有3名以上专职文物鉴定人员参加，其中文物进出境责任鉴定员不得少于2名。

文物出境许可证，由参加审核的文物进出境责任鉴定员共同签署。文物进出境责任鉴定员一致同意允许出境的文物，文物进出境审核机构方可加盖文物出境审核专用章。

第十一条 经审核允许出境的文物，由文物进出境审核机构标明文物出境标识，发放文物出境许可证。海关查验文物出境标识后，凭文物出境许可证放行。

文物出境许可证一式三联，第一联由文物进出境审核机构留存，第二联由文物出境地海关留存，第三联由文物出境携运人留存。

经审核不允许出境的文物，由文物进出境审核机构登记并发还。

根据出境地海关或携运人的要求，文物进出境审核机构可以为经审核属于文物复仿制品的申报物品出具文物复仿制品证明。

第十二条 因修复、展览、销售、鉴定等原因临时进境的文物，经海关加封后，报文物进出境审核机构审核、登记。文物进出境审核机构查验海关封志完好无损后，对每件临时进境文物进行审核，标明文物临时进境标识并登记。

临时进境文物复出境时，应向原审核、登记的文物进出境审核机构申报。文物进出境审核机构应对照进境记录审核查验，确认文物临时进境标识无误后，标明文物出境标识，发给文物出境许可证。

第十三条 临时进境文物在境内滞留时间，除经海关和文物进出境审核机构批准外，不得超过 6 个月。

临时进境文物滞留境内逾期复出境，依照文物出境审核标准和程序进行审核。

第十四条 因展览、科研等原因临时出境的文物，出境前应向文物进出境审核机构申报。文物进出境审核机构应当按国家文物局的批准文件办理审核登记手续。

临时出境文物复进境时，由原审核登记的文物进出境审核机构审核查验。

第十五条 文物进出境审核机构在审核文物过程中，发现涉嫌非法持有文物或文物流失问题的，应立即向公安机关和国家文物局报告。

第十六条 文物出境标识、文物临时进境标识和文物出境许可证，由文物进出境审核机构指定专人保管。使用上述物品，由文物进出境审核机构负责人签字确认。

第十七条 违反本办法规定，造成文物流失的，依据有关规定追究责任人的责任。

第十八条 文物出境标识、文物临时进境标识、文物出境许可证、文物复仿制品证明和文物出境申请表，由国家文物局统一制作。

第十九条 尚未组建文物进出境审核机构的省、自治区、直辖市，应当根据本办法的规定组建文物进出境审核机构；组建前的文物进出境审核工作由国家文物局指定文物进出境审核机构承担。

第二十条 本办法自公布之日起施行，1989 年文化部发布的《文物出境鉴定管理办法》同日废止。

文物认定管理暂行办法

（文化部令第 46 号）

第一条 为规范文物认定管理工作，根据《中华人民共和国文物保护法》制定本办法。

本办法所称文物认定，是指文物行政部门将具有历史、艺术、科学价值的文化资源确认为文物的行政行为。

第二条 《中华人民共和国文物保护法》第二条第一款所列各项，应当认定为文物。

乡土建筑、工业遗产、农业遗产、商业老字号、文化线路、文化景观等特殊类型文物，按照本办法认定。

第三条 认定文物，由县级以上地方文物行政部门负责。认定文物发生争议的，由省级文物行政部门作出裁定。

省级文物行政部门应当根据国务院文物行政部门的要求，认定特定的文化资源为文物。

第四条 国务院文物行政部门应当定期发布指导意见，明确文物认定工作的范围和重点。

第五条 各级文物行政部门应当定期组织开展文物普查，并由县级以上地方文物行政部门对普查中发现的文物予以认定。

各级文物行政部门应当完善制度，鼓励公民、法人和其他组织在文物普查工作中发挥作用。

第六条 所有权人或持有人书面要求认定文物的，应当向县级以上地方文物行政部门提供其姓名或者名称、住所、有效身份证件号码或者有效证照号码，以及认定对象的来源说明。县级以上地方文物行政部门应当作出决定并予以答复。

县级以上地方文物行政部门应当告知文物所有权人或持有人依法承担的文物保护责任。

县级以上地方文物行政部门应当整理并保存上述工作的文件和资料。

第七条 公民、法人和其他组织书面要求认定不可移动文物的，应当向县级以上地方文物行政部门提供其姓名或者名称、住所、有效身份证件号码或者有效证照号码。县级以上地方文物行政部门应当通过听证会等形式听取公众意见并作出决定予以答复。

第八条 县级以上地方文物行政部门认定文物，应当开展调查研究，收集相关资料，充分听取专家意见，召集专门会议研究并作出书面决定。

县级以上地方文物行政部门可以委托或设置专门机构开展认定文物的具体工作。

第九条 不可移动文物的认定，自县级以上地方文物行政部门公告之日起生效。

可移动文物的认定，自县级以上地方文物行政部门作出决定之日起生效。列入文物收藏单位藏品档案的文物，自主管的文物行政部门备案之日起生效。

第十条 各级文物行政部门应当根据《中华人民共和国文物保护法》第三条的规定，组织开展经常性的文物定级工作。

第十一条 文物收藏单位收藏文物的定级，由主管的文物行政部门备案确认。

文物行政部门应当建立民间收藏文物定级的工作机制，组织开展民间收藏文物的定级工作。定级的民间收藏文物，由主管的地方文物行政部门备案。

第十二条 公民、法人和其他组织，以及所有权人书面要求对不可移动文物进行定级的，应当向有关文物行政部门提供其姓名或者名称、住所、有效身份证件号码或者有效证照号码。有关文物行政部门应当通过听证会等形式听取公众意见并予以答复。

第十三条 对文物认定和定级决定不服的，可以依法申请行政复议。

第十四条 国家实行文物登录制度，由县级以上文物行政部门委托或设置专门机构开展相关工作。

文物登录，应当对各类文物分别制定登录指标体系。登录指标体系应当满足文物保护、研究和公众教育等需要。

根据私有文物所有权人的要求，文物登录管理机构应当对其身份予以保密。

第十五条 违反本办法规定，造成文物破坏的，对负有责任的主管人员和其他直接责任人员依法给予处分；构成犯罪的，依法追究刑事责任。

第十六条 古猿化石、古人类化石、与人类活动有关的第四纪古脊椎动物化石，以及上述化石地点和遗迹地点的认定和定级工作，按照本办法的规定执行。

历史文化名城、街区及村镇的认定和定级工作，按照有关法律法规的规定执行。

第十七条 本办法自2009年10月1日起施行。

大运河遗产保护管理办法

（文化部令第54号）

第一条 为加强对大运河遗产的保护，规范大运河遗产的利用行为，促进大运河沿线经济社会全面协调可持续发展，根据《中华人民共和国文物保护法》，制定本办法。

第二条 本办法所称大运河遗产，包括隋唐运河、京杭大运河、浙东运河的水工遗存，各类伴生历史遗存、历史街区村镇，以及相关联的环境景观等。

近代以来兴建的大运河水工设施，凡具有文化代表性和突出价值的，属于本办法所称的大运河遗产。

第三条 大运河遗产保护实行统一规划、分级负责、分段管理，坚持真实性、完整性、延续性原则，依照国家有关法律、行政法规和本办法的规定执行。

第四条 国家设立的大运河保护和申遗省部际会商小组，协调大运河遗产保护中的重大事项，会商解决重大问题。

国务院文物主管部门主管大运河遗产的整体保护工作，并与国务院国土、环保、交通、水利等主管部门合作，依法在各自的职责范围内开展相关工作。

大运河沿线县级以上地方人民政府文物主管部门，负责本行政区域内的大运河遗产保护工作，依法与其他相关主管部门合作开展工作，并将大运河遗产保护经费纳入本级财政预算。

第五条 国家鼓励公民、法人和其他组织参与大运河遗产保护。

公民、法人和其他组织可以通过捐赠等方式设立大运河遗产保护基金，用于大运河遗产保护。大运河遗产保护基金的募集、使用和管理，依照国家有关法律、行政法规的规定执行。

国务院文物主管部门、大运河沿线县级以上地方人民政府文物主管部门，应当对在大运河遗产保护中作出突出贡献的组织或者个人给予奖励。

第六条 大运河沿线省级人民政府文物主管部门应当组织调查本行政区域内的大运河遗产。

属于大运河遗产的不可移动文物，县级以上地方文物主管部门应当依法予以认定，并报同级人民政府核定公布为文物保护单位。大运河遗产中具有重大历史、艺术、科学价值的不可移动文物，应当确定为全国重点文物保护单位，报国务院核定公布。

第七条 国家实行大运河遗产保护规划制度。大运河遗产保护规划由总体规划、省级规划和市级规划构成。

大运河遗产保护总体规划，由国务院文物主管部门会同国务院有关部门制订，经大运河保护和申遗省部际会商小组审定后报国务院批准公布。大运河遗产保护总体规划应当与国家水利、航运、环境等规划相协调。

大运河遗产保护省级规划和市级规划，分别由省级和市级文物主管部门会同同级有关部门制订，报省级和市级人民政府批准公布，并报上级文物主管部门备案。

第八条 大运河遗产保护规划应当明确大运河遗产的构成、保护标准和保护重点，分类制定保护措施。

在大运河遗产保护规划划定的保护范围和建设控制地带内进行工程建设，应当遵守《中华人民共和国文物保护法》的有关规定，并实行建设项目遗产影响评价制度。建设项目遗产影响评价制度，由国务院文物主管部门制定。

除防洪、航道疏浚、水工设施维护、输水河道工程外，任何单位或者个人不得在大运河遗产保护规划划定的保护范围内进行破坏大运河遗产本体的工程建设。

第九条 大运河沿线县级以上地方人民政府文物主管部门，应当建立大运河遗产所在地标识系统，并向公众提供真实、完整的大运河遗产信息。

第十条　将大运河遗产所在地辟为参观游览区，必须保障公众和大运河遗产的安全。

在参观游览区内设置服务项目，必须符合大运河遗产保护规划的要求。

大运河遗产参观游览区保护、展示、利用功能突出，示范意义显著的，可以公布为大运河遗产公园。

第十一条　大运河遗产跨行政区域边界的，其毗邻的县级以上地方人民政府文物主管部门应当定期召开协调会议，研究解决大运河遗产保护中的重大问题。

第十二条　国家实行大运河遗产监测巡视制度，由国务院文物主管部门组织实施，定期发布监测巡视报告。

大运河遗产监测由国家、省级和市级监测系统构成，包括日常监测、定期监测和反应性监测；大运河遗产巡视由国家和省级巡视系统构成，包括定期巡视和不定期巡视。

第十三条　因保护和管理不善，致使真实性、完整性和延续性受到损害的大运河遗产，由国务院文物主管部门列入大运河遗产保护警示名单予以公布。

列入大运河遗产保护警示名单的遗产所在地保护机构，必须对保护和管理工作中存在的问题制订并公布整改措施，限期改进保护管理工作。

第十四条　违反本办法规定，造成大运河遗产损害，构成犯罪的，依法追究刑事责任；尚不构成犯罪的，由主管机关依法给予处罚。

有关行政机关不履行法定职责的，由上级行政机关责令改正，通报批评；对负有责任的主管人员和其他直接责任人员，由主管机关依法处理。

第十五条　本办法自2012年10月1日起施行。

最高人民法院　最高人民检察院关于办理盗窃刑事案件适用法律若干问题的解释

（法释〔2013〕8号）

为依法惩治盗窃犯罪活动，保护公私财产，根据《中华人民共和国刑法》《中华人民共和国刑事诉讼法》的有关规定，现就办理盗窃刑事案件适用法律的若干问题解释如下：

第一条　盗窃公私财物价值一千元至三千元以上、三万元至十万元以上、三十万元至五十万元以上的，应当分别认定为刑法第二百六十四条规定的“数额较大”“数额巨大”“数额特别巨大”。

各省、自治区、直辖市高级人民法院、人民检察院可以根据本地区经济发展状况，并考虑社会治安状况，在前款规定的数额幅度内，确定本地区执行的具体数额标准，报最高人民法院、最高人民检察院批准。

在跨地区运行的公共交通工具上盗窃，盗窃地点无法查证的，盗窃数额是否达到“数额较大”“数额巨大”“数额特别巨大”，应当根据受理案件所在地省、自治区、直辖市高级人民法院、人民检察院确定的有关数额标准认定。

盗窃毒品等违禁品，应当按照盗窃罪处理的，根据情节轻重量刑。

第二条　盗窃公私财物，具有下列情形之一的，“数额较大”的标准可以按照前条规定标准的百分之五十确定：

（一）曾因盗窃受过刑事处罚的；

（二）一年内曾因盗窃受过行政处罚的；

（三）组织、控制未成年人盗窃的；

（四）自然灾害、事故灾害、社会安全事件等突发事件期间，在事件发生地盗窃的；

（五）盗窃残疾人、孤寡老人、丧失劳动能力人的财物的；

（六）在医院盗窃病人或者其亲友财物的；

（七）盗窃救灾、抢险、防汛、优抚、扶贫、移民、救济款物的；

（八）因盗窃造成严重后果的。

第三条 二年内盗窃三次以上的，应当认定为“多次盗窃”。

非法进入供他人家庭生活，与外界相对隔离的住所盗窃的，应当认定为“入户盗窃”。

携带枪支、爆炸物、管制刀具等国家禁止个人携带的器械盗窃，或者为了实施违法犯罪携带其他足以危害他人人身安全的器械盗窃的，应当认定为“携带凶器盗窃”。

在公共场所或者公共交通工具上盗窃他人随身携带的财物的，应当认定为“扒窃”。

第四条 盗窃的数额，按照下列方法认定：

（一）被盗财物有有效价格证明的，根据有效价格证明认定；无有效价格证明，或者根据价格证明认定盗窃数额明显不合理的，应当按照有关规定委托估价机构估价。

（二）盗窃外币的，按照盗窃时中国外汇交易中心或者中国人民银行授权机构公布的人民币对该货币的中间价折合成人民币计算；中国外汇交易中心或者中国人民银行授权机构未公布汇率中间价的外币，按照盗窃时境内银行人民币对该货币的中间价折算成人民币，或者该货币在境内银行、国际外汇市场对美元汇率，与人民币对美元汇率中间价进行套算。

（三）盗窃电力、燃气、自来水等财物，盗窃数量能够查实的，按照查实的数量计算盗窃数额；盗窃数量无法查实的，以盗窃前六个月月均正常用量减去盗窃后计量仪表显示的月均用量推算盗窃数额；盗窃前正常使用不足六个月的，按照正常使用期间的月均用量减去盗窃后计量仪表显示的月均用量推算盗窃数额。

（四）明知是盗接他人通信线路、复制他人电信码号的电信设备、设施而使用的，按照合法用户为其支付的费用认定盗窃数额；无法直接确认的，以合法用户的电信设备、设施被盗接、复制后的月缴费额减去被盗接、复制前六个月的月均电话费推算盗窃数额；合法用户使用电信设备、设施不足六个月的，按照实际使用的月均电话费推算盗窃数额。

（五）盗接他人通信线路、复制他人电信码号出售的，按照销赃数额认定盗窃数额。

盗窃行为给失主造成的损失大于盗窃数额的，损失数额可以作为量刑情节考虑。

第五条 盗窃有价支付凭证、有价证券、有价票证的，按照下列方法认定盗窃数额：

（一）盗窃不记名、不挂失的有价支付凭证、有价证券、有价票证的，应当按票面数额和盗窃时应得的孳息、奖金或者奖品等可得收益一并计算盗窃数额。

（二）盗窃记名的有价支付凭证、有价证券、有价票证，已经兑现的，按照兑现部分的财物价值计算盗窃数额；没有兑现，但失主无法通过挂失、补领、补办手续等方式避免损失的，按照给失主造成的实际损失计算盗窃数额。

第六条 盗窃公私财物，具有本解释第二条第三项至第八项规定情形之一，或者入户盗窃、携带凶器盗窃，数额达到本解释第一条规定的“数额巨大”“数额特别巨大”百分之五十的，可以分别认定为刑法第二百六十四条规定的“其他严重情节”或者“其他特别严重情节”。

第七条 盗窃公私财物数额较大，行为人认罪、悔罪，退赃、退赔，且具有下列情形之一，情节轻微的，可以不起诉或者免予刑事处罚；必要时，由有关部门予以行政处罚：

（一）具有法定从宽处罚情节的；

（二）没有参与分赃或者获赃较少且不是主犯的；

（三）被害人谅解的；

（四）其他情节轻微、危害不大的。

第八条 偷拿家庭成员或者近亲属的财物，获得谅解的，一般可不认为是犯罪；追究刑事责任的，应当酌情从宽。

第九条 盗窃国有馆藏一般文物、三级文物、二级以上文物的，应当分别认定为刑法第二百六十四条规定的"数额较大""数额巨大""数额特别巨大"。

盗窃多件不同等级国有馆藏文物的，三件同级文物可以视为一件高一级文物。

盗窃民间收藏的文物的，根据本解释第四条第一款第一项的规定认定盗窃数额。

第十条 偷开他人机动车的，按照下列规定处理：

（一）偷开机动车，导致车辆丢失的，以盗窃罪定罪处罚。

（二）为盗窃其他财物，偷开机动车作为犯罪工具使用后非法占有车辆，或者将车辆遗弃导致丢失的，被盗车辆的价值计入盗窃数额。

（三）为实施其他犯罪，偷开机动车作为犯罪工具使用后非法占有车辆，或者将车辆遗弃导致丢失的，以盗窃罪和其他犯罪数罪并罚；将车辆送回未造成丢失的，按照其所实施的其他犯罪从重处罚。

第十一条 盗窃公私财物并造成财物损毁的，按照下列规定处理：

（一）采用破坏性手段盗窃公私财物，造成其他财物损毁的，以盗窃罪从重处罚；同时构成盗窃罪和其他犯罪的，择一重罪从重处罚。

（二）实施盗窃犯罪后，为掩盖罪行或者报复等，故意毁坏其他财物构成犯罪的，以盗窃罪和构成的其他犯罪数罪并罚。

（三）盗窃行为未构成犯罪，但损毁财物构成其他犯罪的，以其他犯罪定罪处罚。

第十二条 盗窃未遂，具有下列情形之一的，应当依法追究刑事责任：

（一）以数额巨大的财物为盗窃目标的；

（二）以珍贵文物为盗窃目标的；

（三）其他情节严重的情形。

盗窃既有既遂，又有未遂，分别达到不同量刑幅度的，依照处罚较重的规定处罚；达到同一量刑幅度的，以盗窃罪既遂处罚。

第十三条 单位组织、指使盗窃，符合刑法第二百六十四条及本解释有关规定的，以盗窃罪追究组织者、指使者、直接实施者的刑事责任。

第十四条 因犯盗窃罪，依法判处罚金刑的，应当在一千元以上盗窃数额的二倍以下判处罚金；没有盗窃数额或者盗窃数额无法计算的，应当在一千元以上十万元以下判处罚金。

第十五条 本解释发布实施后，《最高人民法院关于审理盗窃案件具体应用法律若干问题的解释》（法释〔1998〕4号）同时废止；之前发布的司法解释和规范性文件与本解释不一致的，以本解释为准。

国家和行业标准

文物保护单位标志

1 范围

本标准规定了文物保护单位标志的形式、内容和使用规范。

本标准适用于我国各级文物保护单位。

2 规范性引用文件

下列文件中的条款通过本标准的引用而成为标准的条款。凡是注日期的引用文件，其随后所有的修改单(不包括勘误的内容)或修订版均不适用于标准，然而，鼓励根据标准达成协议的各方研究是否可使用这些文件的最新版本。凡是不注日期的引用文件，其最新版本适用于本标准。

《中国文化遗产标志管理办法》，国家文物局文物政发〔2006〕5号，2006年2月6日发布。

3 术语和定义

下列术语和定义适用于本标准。

3.1 文物保护单位 officially protected site

具有历史、艺术、科学价值的古文化遗址、古墓葬、古建筑、石窟寺、石刻、壁画、近现代重要史迹和代表性建筑等不可移动文物，经各级人民政府核定公布成为文物保护单位。

3.2 文物保护单位级别 the grade of officially protected site

文物保护单位根据其所保护的不可移动文物的历史、艺术、科学价值，分为全国重点文物保护单位，省级文物保护单位，市、县级文物保护单位三个级别。

4 文物保护单位标志的形式

4.1 规格

标志形式采用横匾式，标志牌大小规格为3种格式，分别是60cm×40cm、105cm×70cm、150cm×100cm，可根据文物保护单位的具体情况选择适宜的格式。

4.2 材质

标志的材质应使用石材等坚固耐久材料。

4.3 颜色

标志牌的颜色应与字的颜色有明显区别。

4.4 式样

标志牌可以加边框装饰，但其式样应与标志牌、文物保护单位周围环境相协调。

5 文物保护单位标志的内容

5.1 标志牌正面内容

5.1.1 文字内容

标志牌正面应标示该文物保护单位的级别、名称、公布机关与公布日期、树立标志机关与树立日期。树立标志机关为省、自治区、直辖市或市级、县级人民政府。参见附录A的图A.1。各级文物保护单位的公布机关和树立标志机关如下：

a)全国重点文物保护单位由国务院公布，树立标志机关为省、自治区、直辖市人民政府；

b)省级文物保护单位由省、自治区、直辖市人民政府公布，树立标志机关为市、县人民政府；

c)市、县级文物保护单位由市、县级人民政府公布，树立标志机关为市、县人民政府。

5.1.2 中国文化遗产标志图案的使用

标志牌正面应使用中国文化遗产标志。文化遗产标志置于标志牌正面的左上角，其大小要根据文物保护单位标志牌文字的内容和编排做适当选择。文化遗产标志的使用规定按照《中国文化遗产标志管理办法》执行。参见附录 A 的图 A.1。

5.1.3 归入已公布的全国重点文物保护单位的文物保护单位名称书写格式

若某文物保护单位归入已公布的全国重点文物保护单位，标志牌的文物保护单位名称应书写已公布的全国重点文物保护单位的名称，被归入的文物保护单位名称加括号表示。

5.2 标志牌背面内容

标志牌的背面应书写文物保护单位的说明，内容为简要介绍文物保护单位名称、时代、性质、内容、价值和保护围、建设控制地带等。其内容应根据文物保护单位的级别，全国重点文物保护单位、省级文物保护单位由省级文物行政管理部门审定，市、县级文物保护单位由市、县级文物行政管理部门审定。若不便于在标志牌的背面书写文物保护单位的说明，应另立说明牌。参见附录 A 的图 A.2。

6 文物保护单位标志字体的格式

6.1 标志牌字体及要求

除文物保护单位名称的字体可用仿宋字体或楷书(含魏碑)、隶书外，其余一律采用仿宋字体。标志牌(含需要另外设立的说明牌)上的文字应当符合国家通用语言文字的规范。

6.2 民族自治地方标志牌

民族自治地方的文物保护单位，还应另外树立用当地少数民族文字书写(镌刻)的标志牌和需要设立的说明牌。

少数民族语言文字的使用依据宪法、民族区域自治法及其他法律的有关规定。汉字与少数民族文字的内容应一致。

6.3 标志牌文字的编排

文物保护单位按名称字数多少的不同，应有适当的安排，书写(镌刻)均为自左至右(少数民族文字按照其书写要求可以自右向左)。参见附录 A 的图 A.1、图 A.2。

7 文物保护单位标志的树立

7.1 标志牌树立数量和地点

标志牌可根据文物保护单位的围或文物分布情况设立数处，不分主次标志牌。标志牌应设立在文物保护单位出入口，设置多处的应树立在其他显明易见的地点。标志牌的树立应兼顾到游客参观和拍照的方便。

7.2 标志牌树立方式

标志牌采用基座树立的方式。基座式样应与标志牌、文物保护单位周围环境相协调。

也可以根据场地状况，采用悬挂、镶嵌的方式。悬挂、镶嵌的标志牌和说明牌不应设置在文物的本体上，也不能影响文物的展示。

7.3 说明牌的要求

需要另外设立的说明牌宜和标志牌的式样、大小、颜色、质地保持一致。树立方式参照 7.2。文物保护单位也可以根据场地、对外开放等情况设置外文说明牌，其内容应与汉字说明牌的内容保持一致。

附录 A(资料性附录)

文物保护单位标志示例

全国重点文物保护单位

安阳天宁寺塔

中华人民共和国国务院2001年6月25日 公布

河 南 省 人 民 政 府2001年10月1日 立

天宁寺塔简介

天宁寺塔（又称文峰塔）位于安阳市老城区文峰南街西端的天宁寺院内。始建于五代后周广顺二年（公元952年），宋、元、明、清历代均有修葺。

该塔为砖木结构密檐式佛塔，通高38.65米，由塔基、塔身、塔刹三部分组成。塔体平面为八角形，塔身自下而上逐层增大，塔檐逐层外展，形成上大下小的伞状外观。

一层塔身南面辟真门，东、西、北三面为砖雕假门，四隅面为砖雕假直棂窗。八面门窗之上为砖雕佛传故事，八根倚柱为砖雕龙柱形。外塔由砖制斗拱承托出檐，共分五层。各层均有四个通风拱券门洞，层层错置，塔体内部中空为筒状，其内梯级旋转而上，可达塔顶平台。塔刹为喇嘛塔形式，高10.8米，八角形刹基，覆钵式刹身，塔刹周围平台可容二百余人眺览安阳古城。

该塔历史悠久，造型奇特，雕刻工艺精湛，是我国古代劳动人民智慧的结晶，为全国罕见之珍品。

一般保护范围：自塔中心向东155米到唐子巷西沿，向西175米至西南营街西沿，向南153米，向北至西钟楼巷。

重点保护范围：以塔基外沿为准，向东、西、南、北四面各扩60米。

图 A.2　文物保护单位标志示例（背面）

文物保护单位开放服务规范

1　范围

本标准规定了文物保护单位开放服务中所涉及的术语和定义、总则、开放管理机构应具备的基本条件、开放、开放服务、安全等内容。

本标准适用于全国各级开放文物保护单位的服务。

2 规范性引用文件

下列文件中的条款通过本标准的引用而成为标准的条款。凡是注日期的引用文件,其随后所有的修改单(不包括勘误的内容)或修订版均不适用于标准,然而,鼓励根据标准达成协议的各方研究是否可使用这些文件的最新版本。凡是不注日期的引用文件,其最新版本适用于本标准。

GB 2894—1996 安全标志(neqISO3864:984)

GB 3095—1996 环境空气质量标准

GB 9669—1996 图书馆、博物馆、美术馆、展览馆卫生标准

GB 13495—1992 消防安全标志(neqISO6309:1987)

GB/T 15624.1—2003 服务标准化工作指南第1部分:总则

GB/T 16571—1996 文物系统博物馆安全防工程设计规范

GB/T 18883—2002 室内空气质量标准

GB/T 19004.2—1994 质量管理和质量体系要素第2部分:服务指南(idtISO 9004—2:1991,IDT)

GB 50016—2006 建筑设计防火规范

GB 50348—2004 安全防工程技术规范

GA 27—2002 文博系统博物馆风险等级和安全防护级别的规定

GA/T 75—1994 安全防工程程序与要求

3 术语和定义

下列术语和定义适用于本标准。

3.1 文物保护单位 officially protected site

具有历史、艺术、科学价值的古文化遗址、古墓葬、古建筑、石窟寺、石刻、壁画、近现代重要史迹和代表性建筑等不可移动文物,经各级人民政府确定成为文物保护单位。

3.2 文物保护单位级别 the grade of officially protected site

文物保护单位根据其所保护的不可移动文物的历史、艺术、科学价值,分为全国重点文物保护单位,省级文物保护单位,市、县级文物保护单位三个级别。

3.3 保护范围 protected area

文物保护单位的保护围,是指对文物保护单位本体及周围一定范围实施重点保护的区域。应当根据文物保护单位的类别、规模、内容以及周围环境的历史和现实情况合理划定,并在文物保护单位本体之外保持一定的安全距离,确保文物保护单位的真实性和完整性。

3.4 建设控制地带 buffer zone

文物保护单位的建设控制地带,是指在文物保护单位的保护围外,为保护文物保护单位的安全、环境、历史风貌,对建设项目加以限制的区域。应当根据文物保护单位的类别、规模、内容,以及周围环境的历史和现实情况合理划定。经省、自治区、直辖市人民政府批准,不同级别的单位由相应文物行政主管部门会同城乡规划行政主管部门划定并公布。

3.5 文物单体 individual heritage

文物保护单位的一类组成部分,以独立形式存在的文物个体。

3.6 展陈 exhibition

开放的文物保护单位,为真实地展示其自身的历史形象,恰当地使用多种艺术与技术手段和导游方案,准确地向公众阐释其价值。

3.7 参观点 visiting sight

文物保护单位开放区内的文物单体或规定向公众开放的区域。

3.8 游客服务中心 visitor center

开放的文物保护单位设立的为游客提供票务、信息、询、讲解、邮政、休息等游览设施和服务功能的专门场所。

3.9 游客承载量 visitor carrying capacity

是指在文物本体及其背景环境文物不受威胁与破坏的前提下，文物保护单位开放区在某一时段内，其所能承受的游客数量。

3.10 讲解员 interpreter

文物保护单位管理机构内专门从事引导参观、讲解本单位开放内容的服务人员。

3.11 管理人员 administration staff

文物保护单位管理机构内从事组织、协调游客管理事务，承担文物安全的工作人员。

3.12 突发事件 emergency events

本标准所界定的突发事件，一是指文物保护单位损毁、破坏、被盗的事件。二是指因自然灾害、事故灾难、公共卫生和社会安全等引发的突发公共事件。

4 总则

4.1 文物保护单位开放服务应坚持“保护为主、抢救第一、合理利用、加强管理”的工作方针。

4.2 所有的开放服务活动必须在保护好文物的前提下进行。

4.3 开放服务应以展示文物价值为主要内容，给公众留下难忘的参观经历。

5 开放管理机构应具备的基本条件

5.1 开放管理机构应设有专门的服务接待部门，配备专职人员。

5.2 应设有专门的文物保护专门机构，配备专职保卫人员。

5.3 应配备与开放服务相适应的文物保护设施和设备。

5.4 应具有适宜于对游客开放的内容和与之相适应的展示手段。

5.5 对因人为或自然因素而构成文物损害的潜在威胁已采用了相应的防护措施。

5.6 文物保护单位由多个机构管理的，应明确各机构之间的职责和协调方式。

5.7 文物保护单位管理机构应在符合本单位文物保护的前提下，制定开放服务的质量方针和目标，并组织实施。

6 开放

6.1 开放区域

6.1.1 应根据文物保护单位的级别、性质、特点、游客承载量确定开放区域。

6.1.2 开放活动对文物保护单位保护范围及其环境景观造成潜在威胁的区域不应开放。

6.2 开放内容

应展示文物保护单位的历史、艺术、科学价值。除特殊情况外，不得在文物保护单位展示与文物性质无关的内容。

6.3 开放方式

6.3.1 应根据文物保护单位的性质、特点和条件，采用人工讲解、语音导览和自由参观的方式进行。讲解内容应按照文物的价值编写，科学、准确、通俗，兼具知识性和趣味性。

6.3.2 应根据文物本体及景观的特点，精心设计合理的开放路线供游客参观。

6.3.3 应有整个文物保护单位的综合性介绍，文物保护单位整体与单体的解释宜设置中、英文简介。

6.3.4 需要通过遗址博物馆展陈的文物保护单位，应不断探索最有效的展陈形式，恰当地使用多种展示手段，准确、生动地向公众阐释文物价值。

7 开放服务

7.1 开放服务人员

7.1.1 应配备讲解员和管理人员，讲解员和管理人员应遵守职业道德和职业规范。

7.1.2 讲解员应具备以下工作能力：应熟练掌握本岗位的服务规范，熟悉文物保护单位的价值和文物保护基础知识；具有一定的文化素养和业务技能；具备较好的语言表达能力，普通话应达到规定的要求，少数民族地区讲解员还应具备使用当地少数民族语言讲解的能力。

7.1.3 根据游客需求，宜配备受过专业训练的外语讲解员。

7.1.4 讲解员、管理人员应穿着工作服或指定的服装，佩戴统一制作的工作牌。

7.1.5 文物保护单位的参观、讲解应由本单位的讲解员承担。非本单位人员引导参观、讲解的，应遵守文物保护单位开放参观及其讲解内容的规定和要求。

7.1.6 管理人员应熟练掌握本岗位的服务规范，具备较好的语言表达能力，普通话应达到规定的要求。

7.2 接待服务

7.2.1 文物保护单位对外开放时为满足公众的需要提供的接待服务，其服务质量应符合 GB/T 15624.1—2003 的有关要求。

7.2.2 开放区应设入出口，其设置位置应合理，方便公众购票和询。售、收票处应有遮阳避雨措施和一米线等设施。其形式、规模应与文物环境风貌协调。

7.2.3 开放区域应公开服务项目和服务价格。设置分参观点售票的单位，应分别设置单一门票或套票，由游客自主选择购买。

7.2.4 游客服务中心位置合理，规模适度，设施齐全，功能完善。

7.2.5 宜建立游客预约制以控制游客承载量。

7.2.6 入出口、售票处、主要参观点等场所，宜设置宣传文物本体的导游全景图、导览图、参观须知、参观点介绍牌、游览范围等。

7.2.7 应设置小件物品寄存处。

7.2.8 门票的背面可印有参观须知、游览路线，或专门提供相关印刷品。

7.2.9 开放区内游览（参观）路线布局合理、顺畅。应为残疾人提供特殊服务。

7.2.10 应向符合国家规定享受免费或优惠待遇的公众提供相应的优惠开放服务。

7.2.11 宜向游客提供与文物保护单位相关的出版物和音像制品供其选购。

7.2.12 不准拍摄或限制拍摄的文物保护单位开放参观点及馆藏文物，应设立中英文说明和相应的警示标志。

7.2.13 应建立开放服务投诉机制，及时、妥善地处理投诉，投诉档案记录完整。

7.3 开放服务人员的培训

7.3.1 应建立开放服务人员的培训机制。

7.3.2 特殊工作人员上岗前应进行必要的素质和技能检查、培训，国家规定需持证上岗的工作人员应取得相应的证书。

7.4 参观环境

7.4.1 文物开放区内为公众服务的各项设施，应符合国家关于文物保护、环境保护的规定，不能造成环境污染和其他公害，不能对文物保护单位的景观造成不良影响。

7.4.2 文物开放区内的各项营业性服务场所及从业人员应实施统一、规范管理，定点经营。

7.4.3 文物开放区内的环境空气质量应符合 GB 3095—1996 一类区、二类区标准。室内空气质量应符合 GB/T 18883—2002 中的“化学性”“生物性”“放射性”的规定。噪声值不应高于 60dB。卫生标准应符合 GB 9669—1996 的规定。

7.4.4 应科学监测、控制文物保护单位的游客承载量。

7.5 开放服务质量的保证与评估、监督

7.5.1 文物保护单位管理机构应按 GB/T 1900.2—1994 建立服务质量保证体系。

7.5.2 应开展游客调查项目，向游客发放并回收具有一定调查目的的“游客调查表”，并使其制度化。

8 安全

8.1 安全防范

8.1.1 符合 GB 50348—2004、GB/T 16571—1996、GA 27—2002、GA/T 75—1994 的有关规定。

8.1.2 安全标志符合 GB 2894—1996 的规定，标识应齐全、醒目、规范。

8.2 消防安全

8.2.1 应按照《中华人民共和国消防法》、公安部《机关团体企业事业单位消防安全管理规定》等法规及标准，制定部门消防管理规范，定期对所有工作人员进行消防安全教育、培训和演练。

8.2.2 在文物保护单位其开放区和其他高火险重点要害场所，应设置禁止烟火的明显标志。

8.2.3 消防安全标志应符合 GB 13495—1992 的规定，标识应齐全、醒目、规范。

8.2.4 文物保护单位依法修建的所有建筑物、构筑物及有关设施，都应符合GB 50016—2006 的防火规范。

8.2.5 各类消防器具、设备等设施的摆放，既方便使用又不影响文物的展陈。

8.3 游客安全

8.3.1 文物保护单位管理机构必须制定与游客有关的安全制度，建立责任追究制。

8.3.2 在文物保护单位开放区及其建设控制地带，要严格禁止可能造成重大安全事故的活动。

8.3.3 对可能危及游客人身、财物安全的场所，应向游客作出真实说明和明确的警示，设置安全标志和方便游客参观的设施。险峻地段应有专人负责安全提示，引导游客活动。

8.3.4 在游客集中和有安全隐患、偏僻、分散的参观点，应设有流动的安全保卫人员，其数量应与参观区域规模及性质相适应。

8.3.5 对文物开放区游客不能进入的地段、场所，应设置警示、禁止进入标志和防护设施。进行文物维修等施工的地段和场所，应设有明显的施工标志，并有有效的防护隔离措施。

8.3.6 有条件的单位应当设有救护站，配备救护人员。

8.4 突发事件的应急预案

应建立游客安全、文物安全以及自然灾害、事故灾难、公共、卫生、社会安全等突发事件的应急预案，当突发事件发生时，立即启动相应的应急预案。

文物运输包装规范

1 范围

本标准规定了文物运输包装过程中的基本技术要求。

本标准适用于由公路、铁路、航空承运的文物运输包装。

注：海路运输另行处理。

2 规范性引用文件

下列文件中的条款通过本标准的引用而成为标准的条款。凡是注日期的引用文件，其随后所有的修改单(不包括勘误的内容)或修订版均不适用于标准，然而，鼓励根据标准达成协议的各方研究是否可使用这些文件的最新版。凡是不注日期的引用文件，其最新版本适用于本标准。

GB/T 191—2008 包装储运图示标志(ISO 780:1997,MOD)

GB/T 1413 系列 1 集装箱分类、尺寸和额定质量(GB/T 1413—2008,ISO668:1995,IDT)

GB/T 4122.4 包装术语木容器(GB/T 4122.4—2002,ISO 2074:1990,NEQ)

GB/T 4456 包装用聚乙烯吹塑薄膜

GB/T 4768 防霉包装

GB/T 5048 防潮包装

GB/T 6543—2008 运输包装用单瓦楞纸箱和双瓦楞纸箱

GB/T 6544 瓦楞纸板

GB/T 7284 框架木箱

GB/T 7350 防水包装

GB/T 9846.3—2004 胶合板第 3 部分:普通胶合板通用技术条件

GB/T 10802—2006 通用软质聚醚型聚氨酯泡沫塑料

GB/T 12626 硬质纤维板

GB/T 16299 飞机底舱集装箱技术条件和试验方法

GB/T 16471—2008 运输包装件尺寸与质量界限

GB 18580 室内装饰装修材料 人造板及其制品中甲醛释放限量

GB 18581 室内装饰装修材料 溶剂型木器涂料中有害物质限量

GB/T 18944.1—2003 高聚物多孔弹性材料 海绵与多孔橡胶制品第 1 部分:片材(idt ISO 6916—1:1995)

JT/T 198—2004 营运车辆技术等级划分和评定要求

3 术语和定义

GB/T 4122.4 确立的以及下列术语和定义适用于本标准。

3.1 文物运输包装 shipping packaging of cultural relics

使用适当的包装材料、包装容器，并利用相关的技术(并不局限于包装技术)，保证文物在运输过程中的安全的过程。

3.2 文物包装容器 container for cultural relics

为保证文物安全存放、运输而使用的盛装器具总称，包括内、外包装箱。

3.3 内包装箱 innerbox

用于直接盛装文物的内层包装容器。

3.4 常规外包装箱 normal outer container

用于盛装内包装箱的固定规格的集装式直方体包装容器。

3.5 特殊外包装箱 special outer container

针对特殊形体、特殊重量、特殊材质文物的实际需要，而制作的特殊规格外包装容器。

3.6 防水包装 waterproof packaging

为防止水浸入文物包装箱内部而采取一定保护措施的包装。

3.7 防潮包装 moistureproof packaging

为防止潮气浸入文物包装箱内部而采取一定保护措施的包装。

3.8 防震包装 shockproof packaging

为减缓文物受到的冲击和振动，保护其免受损坏，而采取一定保护措施的包装。

3.9 防霉包装 mouldproof packaging

为防止文物出现霉变而采取一定保护措施的包装。

3.10 包装材料 packaging materials

用于制造文物包装容器和进行包装的过程中使用的材料。

3.11 表面防护包装材料 packaging materials for surface protection

可以直接接触文物的包装材料。

3.12 阻隔包装材料 packaging materials for blocking

用来阻隔文物包装容器内部与外部环境的温度、湿度以及气体等环境因素变化，保证文物保存环境稳定性的包装材料。

3.13 防震与缓冲包装材料 packaging materials for shockproof and cushion

为减缓文物受到的冲击和振动而垫衬在文物周围的包装材料。

3.14 箱体包装材料 packaging materials for container

制造箱档、箱板等构件的包装材料。

3.15 滑木 skid

构成底座或底盘的纵向主要构件。

3.16 枕木 load bearing or floor member

垂直于滑木且横向安装在滑木上，用于承受内装物载荷的构件。

3.17 垫木 filler piece

横向安装于滑木下面，用于调整起吊及叉车进叉方向的位置或垫于内装物下面以调整包装箱受力状态的构件。

3.18 框架木箱 wooden framed case

侧面和端面采用框架式结构的箱档与箱板结合，底盘采用滑木结构制成的木箱。

3.19 箱板 boards

构成箱面的板材，一般分为顶板、侧板、端板、底板等。

3.20 箱档 cleat

箱面上与箱板结合并起加固作用的板材。

3.21 堆码载荷 superimposed load

由包装箱框架承受的堆积载荷。

3.22 包装储运图示标志 indicated marks

在包装、运输过程中，为使文物包装箱存放、搬运适当，按标准格式在文物包装箱一定位置上，以简单醒目的图案和文字标明的特定记号和说明事项。

4 技术要求

4.1 基本要求

4.1.1 文物包装应结构合理、材料环保、确保文物安全。

4.1.2 包装时应注意对文物内部结构、质地及表面层的保护。

4.1.3 文物包装应做到防水、防潮、防霉、防虫、防震、防尘和防变形。

4.1.4 内包装箱、特殊外包装箱应根据文物的质地、外形、尺寸、包装运输条件进行设计。

4.1.5 包装箱外形尺寸应符合 GB/T 16471—2008 的要求。

4.1.6 重量超过 100kg 的装有文物的包装箱，在进行移动的过程中，应使用机械设备。起重、搬运设备的承载重量不应超过设备设计能力的 50%。

4.2 包装材料要求

文物包装材料主要分为:表面防护包装材料,阻隔、防震与缓冲包装材料、箱体包装材料三大类。

4.2.1 表面防护包装材料

应使用对文物无污染、柔软的材料,如绵纸、无酸纸、浅色纯棉制品。

4.2.2 阻隔、防震与缓冲包装材料

包装容器内部应采用无污染的包装材料,不宜使用会排放有害介质的材料。

4.2.2.1 聚乙烯吹塑薄膜

应符合 GB/T 4456 的要求。

4.2.2.2 溶剂型木器涂料面漆

应符合 GB 18581 的要求。可使用硝基类、聚氨酯类面漆,不宜使用酸固化涂料、不饱和树脂涂料。

4.2.2.3 海绵

应符合 GB/T 18944.1—2003 的要求。

4.2.2.4 软质聚氨酯泡沫塑料

应符合 GB/T 10802—2006 的要求。

4.2.3 箱体材料

箱体材料不应由于材料变形而导致文物损坏。

4.2.3.1 木材

4.2.3.1.1 文物包装箱用木材应在保证包装箱强度的前提下,根据合理用材的要求,选用适当的树种,主要受力构件应以落叶松、马尾松、紫云松、白松、榆木等为主。也可采用与上述木材物理、力学性能相近的其他树种。

4.2.3.1.2 包装用木材质量应符合 GB/T 7284 的要求,其中滑木、枕木、框架木及内包装板选用一等材,外包装板选用二等材。

4.2.3.1.3 木箱的箱板、箱档木材含水率一般为 8%~20%,滑木、枕木及框架木含水率一般不大于 25%。

4.2.3.1.4 天然木材必须经过熏蒸处理。

4.2.3.2 胶合板

应符合 GB/T 9846.3—2004。甲醛释放量应符合 GB 18580 的要求。

4.2.3.3 纤维板

应符合 GB/T 12626 的要求。甲醛释放量应符合 GB 18580 的要求。

4.2.3.4 瓦楞纸板

应符合 GB/T 6544 中优等品的要求。

4.3 制箱要求

4.3.1 一般要求

4.3.1.1 包装箱应具有较强的防震、防冲击、抗压、防潮、防水、防虫、防尘、防变形、保温和阻燃性能。箱体设计必须能够承受运输中的多次搬运以及环境的复杂变化。

4.3.1.2 根据文物的质地、外形、尺寸、包装运输条件,制作内包装箱、外包装箱。

直接盛装文物的包装箱,其箱体内部与文物应留有不小于 5cm 的空间,以便充填缓冲材料。

4.3.1.3 箱体四壁的边沿结合处,连接固定时应在缝隙间填装防水密封胶,以确保木质外包装箱的整体防水性能。

4.3.1.4 箱盖处安装时加装密封条,当箱盖关闭时,起到密封及防水作用。

4.3.1.5 外包装箱表面不应有突出的锁扣等装置,以避免箱体移位时发生拉挂等现象,影响箱体安全。

4.3.1.6 外包装箱应有明确的包装储运图示标志,并标明箱号。

4.3.2　外包装箱

外包装箱可分为常规外包装箱和特殊外包装箱两种。

4.3.2.1　常规外包装箱

4.3.2.1.1　箱体制作

箱体材料的选择按文物重量可分为以下三类：

a)文物重量≤100kg，用细木工板（厚度≥12mm）制作箱体四壁和顶部，用胶合板（厚度≥18mm）制作箱底，用胶合板（厚度≥18mm）制作箱档。

b)文物重量在100～250kg，用胶合板（厚度≥12mm）制作箱体四壁和顶部，用胶合板（厚度≥18mm）制作箱底，用胶合板（厚度≥18mm）制作箱体四壁和顶部箱档，用胶合板（厚度≥36mm）制作底部箱档。

c)文物重量在250～500kg，用胶合板（厚度≥18mm）制作箱体四壁和顶部，用胶合板（厚度≥30mm）制作箱底，用胶合板（厚度≥18mm）制作四壁和顶部箱档，用胶合板（厚度≥36mm）制作底部箱档。

箱体结构参见附录A。

4.3.2.1.2　箱体规格

常规外包装箱尺寸应符合GB/T 16299和GB/T 1413的要求，在符合航空、公路和铁路运输尺寸要求的前提下，可根据实际情况适当增减。

4.3.2.2　特殊外包装箱

重量≥500kg或需要独立包装的大型文物，应使用框架木箱等承重木箱。

4.3.3　内包装箱

箱体材料的选择按文物重量可分为以下三类：

a)文物重量≤30kg，用瓦楞纸箱做内包装盒。应符合GB/T 6543—2008的要求，单瓦楞纸箱应使用BS—1.4类或以上等级，双瓦楞纸箱应使用BD—1.3类或以上等级。

b)文物重量在30～50kg，用胶合板（厚度≥12mm）做内包装盒，胶合板所制作的板面之间用木螺钉连接。

c)文物重量≥50kg以上，用胶合板（厚度≥18mm）做内包装箱，胶合板所制作的板面之间用乳胶黏结，加木螺丝钉紧固。

4.4　防护包装要求

4.4.1　防震包装

4.4.1.1　在文物与包装箱体内部各面和内、外包装箱之间衬垫防震缓冲材料。防震缓冲材料应紧贴（或紧固）于文物和内包装箱或外包装箱内壁之间。

4.4.1.2　缓冲材料应质地柔软，富有弹性，不易疲劳变形、虫蛀及长霉。

4.4.2　防潮包装

防潮包装应符合GB/T 5048的要求。

4.4.3　防水包装

防水包装应符合GB/T 7350的要求。

4.4.4　防霉包装

防霉包装应符合GB/T 768的要求。

4.5　包装场地要求

4.5.1　包装场地应设在室内，相对宽敞。

4.5.2　文物、包装材料应摆放有序。

4.5.3　包装场地应封闭，易于对出入人员的管理，并有一定的保卫措施或人员。

4.5.4　室内包装场地应有环境控制系统，应保持在适宜于文物包装、存放的环境下。

4.6　装箱要求

4.6.1　文物包装时，应确保周围环境和文物包装箱内清洁、干燥、无有害介质。

4.6.2　文物表面可根据需要包裹一层表面防护包装材料。

4.6.3　选用适当的包装方法将文物水平放置在内包装箱内,并予以紧固。体量较大的文物,将其直接固定在特殊外包装箱内,并进行防震包装。

4.6.4　文物上可移动的附件原则上应分开单独包装,但应装在同一个包装箱内,并固定在适当的位置。成套的(由多件组成的)文物无法装入同一个包装箱内的,以个体为单位独立包装,并写明编号,以方便查找。

4.6.5　文物装箱后,其包装箱的重心应尽量靠下居中。

4.6.6　将若干个内包装箱按照较重文物在下,较轻文物在上的原则依次码入外包装箱内。内包装箱不应与外包装箱直接接触,在各箱体间应留有一定的空隙以便放置防震缓冲材料。

4.6.7　用防震缓冲材料填实空隙、固定、放入此箱文物清单,最后封箱。

4.7　存放、堆码载荷的安全要求

4.7.1　文物不得露天存放。

4.7.2　存放文物的库房应有环境控制系统,确保文物不受环境变化的影响。

4.7.3　文物外包装箱堆码不得超过两层。

4.7.4　堆码时应注意将体量大的文物包装件放置在下层,体量小的文物包装件放置在上层。

4.8　文物运输的技术、安全要求

4.8.1　运输工具的选择以保障文物安全为前提。

4.8.2　出发地与目的地之间有高速公路相通,且公路运输时间不超过24h的,可选择公路运输。

4.8.3　两地间距离过远,公路运输时间在24h以上,或道路状况不佳,沿线地形复杂,气候条件不利于公路运输时应采用铁路运输或空运方式。

4.8.4　公路运输时,在高速路上的车速不应超过80km/h,在国、省道上的车速不应超过60km/h。司机连续驾驶不得超过4h。

4.8.5　夜间不宜运输。晚上驻地休息时,装载文物的车辆应停放在安全条件较好的当地文博单位中,并留有专人值班看守。

4.8.6　使用汽车、火车运输,必须有专职人员押运。

4.8.7　装卸作业时,文物包装箱的倾斜角不得超过30°。

4.8.8　水平搬运外包装箱时应尽量降低箱体悬空距离。

4.9　文物运输车辆的技术要求

4.9.1　运输文物时,宜使用全封闭箱式车。车辆技术等级应达到JT/T 198—2004中要求的一级。

4.9.2　封闭厢式车厢内应安装有温度、湿度控制设备,根据文物需要,确定温、湿度控制围。车厢厢体内应装备有防火、保温夹层。

4.9.3　厢式车宜配备有液压升降板,以减少文物包装箱垂直移动的悬空距离,保证安全。

4.9.4　封闭厢式车宜配备气垫防震装置。车厢内应有紧固锁具装置,以便在车辆行驶时木质外包装箱在车厢内牢固、稳定。

4.10　文物承运人资质

委托的文物承运人的资质由国家有关行政部门根据有关规定认定并颁发资格证书。

5　文物包装箱内部环境控制

5.1　包装材料

包装时应使用阻隔包装材料。

5.2　环境监测

对环境要求严格的文物在包装箱内宜安装温湿度计,监测文物包装运输过程中环境的变化,以便对文物状况的变化进行分析。

5.3　环境控制

根据文物情况，应在包装箱内放置适合的调湿、吸附、防霉、防虫等材料。

6　文物包装信息的编制

6.1　包装箱内文物信息的编制

6.1.1　封箱前应对箱内文物进行清点，核对箱内文物状况，填写文物包装清单，列出文物的基本信息，并附文物照片。

6.1.2　文物包装清单至少一式四份，由文物交接双方经手人和相关方（包括承运人、押运人、保险公司等）签字认可，一份随文物一起装箱，其余由各方持有。

6.2　文物包装、运输操作信息的编制

根据文物的包装工艺，考虑运输过程中的各种因素，编制文物运输、装卸及包装拆解操作规程信息，对包装结构复杂的文物包装件，应在箱体上标注出主要固定结构的位置以及包装拆解的顺序。

6.3　包装运输标志

应符合 GB/T 191—2008 的要求。上盖与侧面或端面应有明确的位置对应标记，以便再次装箱时，易于查找箱盖的正确安放位置。

附录 A（资料性附录）

木质外包装箱结构示意图

A.1　箱体

木质外包装箱，见图 A.1。

A.1.1　箱档与箱体之间先涂乳胶并打螺丝连接，再打气钉加固。

A.1.2　木箱不可开的各面也用此法连接固定，并用角铁进一步加固，见图 A.2。

A.1.3　底部箱档与箱体用螺栓连接固定。

A.2　螺栓

A.2.1　可开面与箱体之间用直径 8mm 螺栓连接。见图 A.3。

A.3　防潮

箱内各面贴有防潮薄膜，可开的各面与木箱连接处贴有防水密封条。见图 A.4，图 A.5。

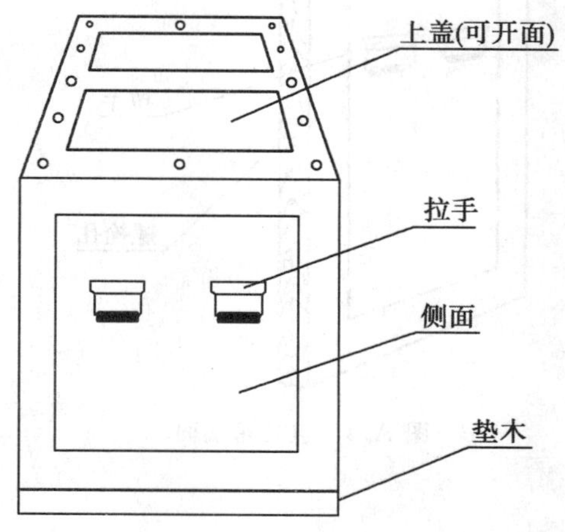

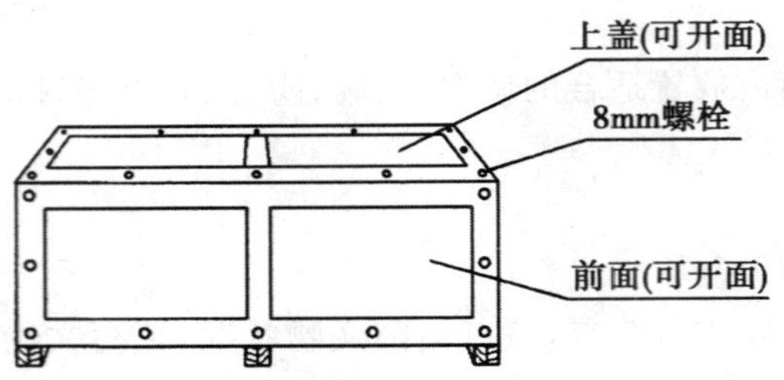

图 A.1　包装箱外观(端面、侧面)

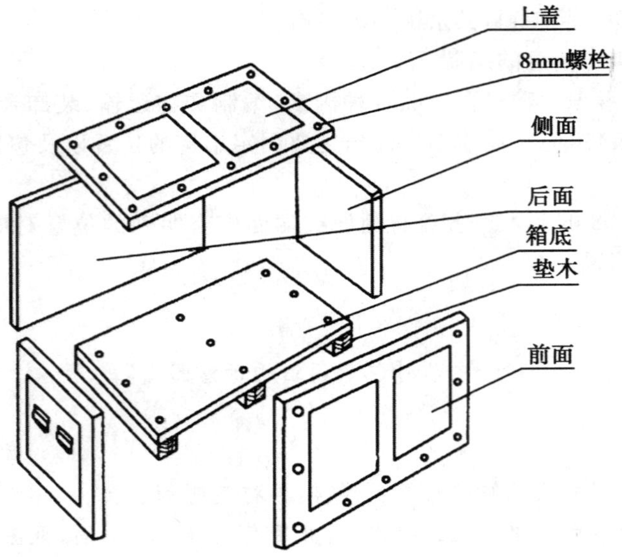

图 A.2　包装箱结构分解图

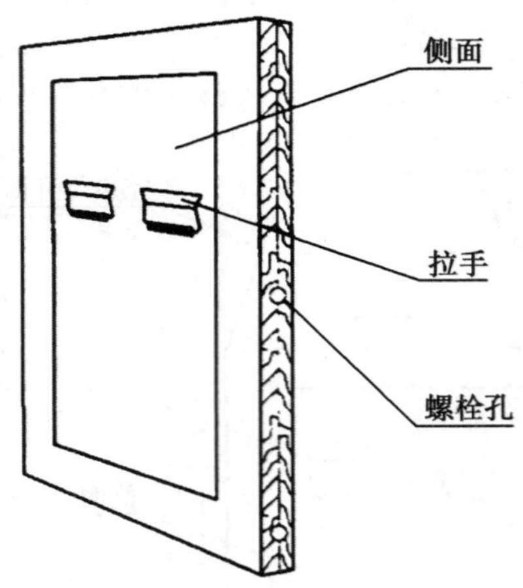

图 A.3　包装箱端面

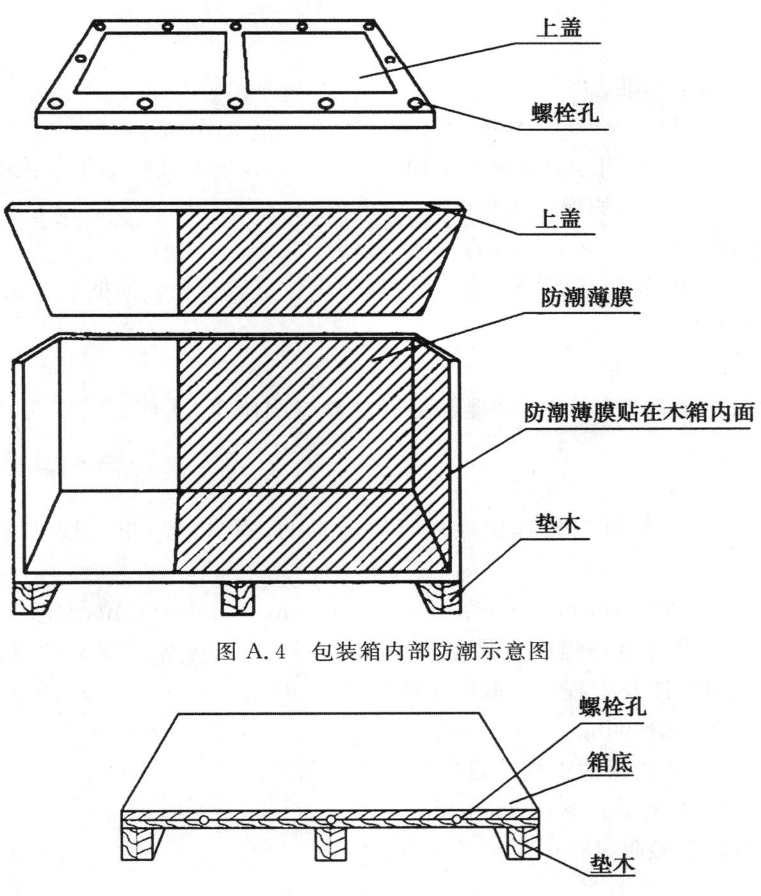

图 A.4 包装箱内部防潮示意图

图 A.5 包装箱底座

文物保护工程文件归档整理规范

1 范围

本标准规定了文物保护工程文件归档整理的围、内容和质量要求，统一文物保护工程文件归档整理的审查标准，界定文物保护工程文件归档整理的基术语。

本标准适用于文物保护工程文件的归档整理以及工程文件的审查移交。

2 规范性引用文件

下列文件对于标准的应用是必不可少的。凡是注日期的引用文件，仅注日期的版本适用于本标准。凡是不注日期的引用文件，其最新版(包括所有的修改单)适用于本标准。

GB/T 10609.3—2009 技术制图复制图的折叠方法

GB/T 11821—2002 照片档案管理规范

GB/T 17678—1999(所有部分)CAD 电子文件光盘存储、归档与档案管理要求

GB/T 18894—2002 电子文件归档与管理规范

GB/T 50328—2001 建设工程文件归档整理规范

3 术语和定义

下列术语和定义适用于标准。

3.1 文物保护工程项目 conservation project of cultural heritage

依法经文物行政主管部门批准，按照保护工程设计文件对核定为文物保护单位的或其他具有文物价值的不可移动文物单独立项实施的保护工程。

3.2 项目委托单位 project entrust organization

在某项文物保护工程中，与勘察、设计、施工、监理等单位签署委托合同的法人实体，包括古迹的业主单位、管理单位或其他机构。

3.3 单位工程 single project

具有单独的文物保护工程设计文件，并能够据以独立组织施工，实施完工后可作为文物保护项目组成部分的分项工程。

3.4 分部工程 subproject

是单位工程的组成部分，指可以按部位独立组织施工的工程内容，也可按文物保护工程的各工种划分。

3.5 文物保护工程文件 conservation project document of cultural heritage

在文物保护工程各阶段实施过程中直接形成的图纸、文字、声像等各类文件，包括工程准备阶段文件、工程施工阶段文件、竣工图及工程竣工验收阶段文件。

3.6 竣工图 as-built drawing

工程竣工后，真实反映文物保护工程项目实施结果的图样。

3.7 竣工验收文件 handing over document

文物保护工程项目竣工验收过程中形成的文件。

3.8 案卷 file

由互有联系的若干文件组成的档案保管单位。

[GB/T 50328—2001，术语 2.0.11]

3.9 立卷 filing

按照一定的原则和方法，将有保存价值的文件分门别类整理成案卷，亦称组卷。

[GB/T 50328—2001，术语 2.0.12]

3.10 归档 archiving

文件形成单位完成其工作任务，将形成的文件整理立卷后，按规定提交档案管理机构。

[GB/T 50328—2001，术语 2.0.13]

4 基本规定

4.1 项目委托单位以及勘察、设计、施工、监理等单位应将工程文件的形成和积累纳入工程实施管理的各个环节和有关人员的职责围。

4.2 在工程文件的归档整理工作中，项目委托单位应履行下列职责：

a)在与勘察、设计、施工、监理等单位签订协议或合同时，对提交项目委托单位的工程文件的名称、内容、套数、质量、提交时间等应提出明确要求；

b)收集和整理工程准备阶段、竣工验收阶段形成的文件，并应进行立卷归档；

c)负责组织、监督和检查勘察、设计、施工、监理等单位的工程文件的形成、积累和立卷归档工作，汇总勘察、设计、施工、监理等单位立卷归档的工程文件；

d)在工程质量竣工验收前，项目委托单位应提请文物管理部门对立卷归档的工程文件进行审查。

4.3 勘察、设计、施工、监理等单位应将单位形成的工程文件立卷后向项目委托单位提交。

4.4 文物保护工程项目实行施工总承包的，由总承包单位负责收集、汇总各分包单位形成的工程文件，立卷后按合同规定向项目委托单位提交；由若干个单位承接的，各承接单位应负责收集、整理其承接项目的工程文件，立卷后按合同规定向项目委托单位提交。

4.5 在工程质量竣工验收前，文物管理部门应对立卷归档的工程文件进行审查，主要审查工程文件内容的真实性和完整性。

4.6 文物保护工程文件的归档整理除执行标准外，病虫害防治、消防、防雷、安防、水电等相关专业的单位工程文件的归档整理应按有关规定执行。在文物保护工程中相关的新建建筑、基础设施等建设工程文件的归档整理，若标准未作规定的，则应执行 GB/T 50328—2001 的有关规定。

5 工程文件的归档范围及质量要求

5.1 工程文件的归档范围

5.1.1 对与文物保护工程相关的，从准备阶段到竣工验收阶段的整个过程中形成的具有保存价值的文字、图表、声像等各种载体的工程资料，均应收集齐全，整理立卷后归档。

5.1.2 工程文件的体归档范围应符合标准附录 A 的要求。

5.2 归档文件的质量要求

5.2.1 提交文物管理部门的归档工程文件应为原件。影印、复制的文件应注明原件存档单位，同时加盖提交单位公章并附证明人签字。

5.2.2 工程文件的内容及其深度必须符合国家有关工程勘察、设计、施工、监理等方面的技术规范、标准和规程。

5.2.3 工程文件的内容必须真实、准确、完整，与工程实际相符合。

5.2.4 工程文件应采用耐久性强的书写材料，如碳素墨水、蓝黑墨水，不得使用易褪色的书写材料，如红色墨水、纯蓝墨水、圆珠笔、复写纸、铅笔等。

5.2.5 工程文件应字迹清楚，图样清晰，图表整洁，签字盖章手续完备。

5.2.6 工程文件中文字材料幅面尺寸规格宜为 A4 幅面(297mm×210mm)。图纸宜采用国家标准图幅。

5.2.7 工程文件的纸张应采用能够长期保存的韧力大、耐久性强的纸张。

5.2.8 竣工图纸归档质量要求应符合本标准附录 B 的要求。

5.2.9 不同幅面的工程图纸应按 GB/T 10609.3—2009 统一折叠成 A4 幅面(297mm×210mm)，图标栏露在外面。

5.2.10 文物保护工程文件应包括完整的声像资料，真实、准确地记录工程实施的全过程，同时，尽量体现实施位置的前后对照。

a)照片资料包括常规照片和数码照片两类：

1)常规照片：包括底片、照片和文字说明三部分。归档整理应按 GB/T 11821—2002 要求执行。每张照片应写明被拍摄对象所在的体地点、时间、内容、部位以及拍摄角度等；照片必须用专业相纸冲洗，规格不得小于 5 英寸。

2)数码照片：包括数码照片、文字说明两部分。数码照片按采集渠道分为数码照相机照片和扫描照片两类。数码照片归档整理按 GB/T 18894—2002 要求执行。每张数码照片都应有简要、准确的文字说明，应写明被拍摄对象所在的体地点、时间、内容、部位以及拍摄角度等；归档的数码照片格式应为 TIFF、JPEG 格式，像素不低于 600 万。数码照片应为原件，经过修改的照片不得归档；文字说明采用 Word 文档格式。

b)录音、录像资料必须转换成光盘存储。光盘内应编制文件目录，采用 Word 文档格式。光盘上应标示有：序号、题名、密级、形成时间、保管期限、硬件及软件的环境等。

c)拓片及摹资料指摩崖石刻、碑碣、重要铭刻等拓片，壁画、岩画等摹本两类。

每张拓片或摹本都应有简要、准确的文字说明，应写明题名、所拓或所临摹文物部位、规格、捶拓人或摹作者、捶拓或临摹时间、录文等。拓片及摹资料应为宣纸。

5.2.11　工程文件中涉及电子文件的，应按 GB/T 18894—2002、GB/T 17678—1999 的统一要求执行。存储电子文件的载体上应标示有：光盘号、题名、密级、形成时间、保管期限、硬件及软件的环境等，电子文件的载体应设置成禁止写操作件的状态。

6　工程文件的立卷

6.1　立卷的原则和方法

6.1.1　立卷应遵循工程文件的自然形成规律，保持卷内文件的有机联系，便于档案的保管和利用。照片等影像资料的立卷还应遵循修缮前后对照的原则。

6.1.2　一个文物保护工程项目由多个单位工程组成时，工程文件应按单位工程组卷。

6.1.3　工程文件可按工程实施程序划分为工程准备阶段的文件、工程实施阶段的文件、工程竣工验收文件及竣工图、声像资料四部分进行立卷。

a)工程准备阶段文件可按工程实施顺序、专业等组卷；

b)工程实施阶段的文件可按单位工程、分部工程、专业、阶段等组卷；

c)工程竣工验收文件及竣工图按单位工程、专业等组卷；

d)声像资料可按工程实施顺序、专业、修缮前后对照等组卷。

6.1.4　立卷过程中宜遵循下列要求：

a)案卷不宜过厚，一般不超过 40mm；

b)案卷内不应有重份文件，不同载体的文件一般应分别组卷。

6.2　卷内文件的排列

6.2.1　文字材料按事项、专业顺序排列。同一事项的请示与批复、同一文件的印本与定稿、主件与附件不能分开，并按批复在前、请示在后，印本在前、定稿在后，主件在前、附件在后的顺序排列。

6.2.2　图纸按专业排列，同专业图纸按图号顺序排列。

6.2.3　既有文字材料又有图纸的案卷，文字材料排前，图纸排后。

6.2.4　声像资料的排列按形成时间顺序、同一主题内容、修缮前后对照等排列。

6.2.5　工程实施阶段文件的施工文件按管理、设计依据、文物本体、历史环境、残损修补记录、检测实(试)验记录、新发现文物古迹记录、评定、验收排列。

6.3　案卷的编目

6.3.1　编制卷内文件页号应符合下列规定：

a)卷内文件有书写内容的页面均应编写页号。编写页号以独立卷为单位，每卷单独编流水号，编写页号用黑墨印油打号机。

b)页号编写位置：单面书写的文件在右下角；双面书写的文件，正面在右下角，背面在左下角；空白页不标页码。

c)成套图纸或印刷成册的技术文件材料，自成一卷的，原目录可代替卷内目录，不必重新编写页号；成套图纸或印刷成册的技术文件材料必须分成两卷或两卷以上的，应根据重新分成的案卷，编写卷内目录，按编号规定编写页号，原目录应当以卷内材料对待，放在第一卷卷内目录后。

d)如成套图纸在原基础上补充了若干张图纸后，仍组成一卷的，补充的图纸补充在本套图纸末页之后，并在原目录上增加补充图纸的图号、图名。成套图纸新增加的图纸须编写页号，页号编写在原页序后依次续增。

e)如成套图纸中缺少了其中若干张图纸，在原目录中应去掉已作废的图纸，页次应重新编写。

f)案卷封面、卷内目录、卷内备考表不编写页号。

6.3.2 卷内目录的编制应符合下列规定：

a)卷内目录式样宜符合本标准附录C的要求。

b)序号：以一份文件、照片自然张为单位，用阿拉伯数字从1依次标注。

c)文件编号：填写工程文件原有的发文号；图纸应填写图号。

d)责任者：填写文件的直接形成单位和个人。有两个以上责任者时，选择两个主要责任者，其余用“等”代替。在工程文件中，除专家建议、领导讲话外均为单位形成，施工文件、监理文件、竣工验收文件基本上也为单位形成，责任者为形成单位。竣工图纸责任者为竣工图的编制单位。影像资料的责任者为摄影单位。

e)文件材料题名：填写文件标题应反映文件的内容。若不能反映文件主要内容，保留原文件名，自拟标题，外加“[]”号；图纸题名，即本张图纸的图名。

f)日期：填写文件形成的日期或声像资料摄录时间。

g)页号：除最后一份文件外，其他的填写文件在卷内所排的起始页号，每份文件无论是单页还是多页，都只填写首页上的页号。最后一份文件应填写起止页号，即本份文件首页和尾页的编号。

h)备注：备注项要填写本份文件需说明的问题。

i)卷内目录排列在卷内文件首页之前。

6.3.3 卷内备考表的编制应符合下列规定：

a)卷内备考表的式样宜符合标准附录D的要求；

b)卷内备考表主要标明卷内文件材料的总页数、文字、图纸、照片、拓片或摹、录音或录像各类文件材料页数（照片、拓片或摹本张数，录音或录像份数），以及立卷人（或审核人）对案卷组卷情况填写的准确、客观说明（或审查）等情况；

c)卷内备考表排列在卷内文件的尾页之后。

6.3.4 案卷封面的编制应符合下列规定：

a)案卷封面印刷在卷盒、卷夹的正表面，也可采用内封面形式。案卷封面的式样宜符合标准附录E的图E.1和图E.2的要求。

b)案卷封面的内容应包括：档号、档案馆号、工程名称、保护级别、工程等级、立卷单位、起止日期、保管期限、密级。

c)档号应由文物保护单位档案全宗号、档案案卷号两部分组成。档案号由档案保管单位填写。

d)档案馆号应填写档案馆给定的编号。档案馆号由档案馆填写。

e)工程名称由工程对象和工程性质组成，与工程合同名称相一致。

f)保护级别分为全国重点文物保护单位，省级文物保护单位，市、县级文物保护单位四级。

g)工程等级根据国家规定填写一、二、三、四共四个级别。

h)立卷单位应填写负责组卷的单位或部门。

i)起止日期应填写案卷内全部文件形成的起止日期。体应为：

1)文件材料卷起止日期为：本案卷所有文件中最早形成的文件日期，终止日期为本案卷文件中最晚形成的文件日期；

2)竣工图卷起止日期为本案卷竣工图章（标）上的最早日期为起，最晚日期为止；

3)声像资料卷起止日期为本案卷所有声像资料中最早摄录的日期，终止日期为本案卷声像资料中最晚摄录的日期。

j)保管期限分为永久、长期、短期三种期限。各类文件的保管期限详见附录A。

k)密级分为绝密、机密、秘密三种。同一案卷内有不同密级的文件，应以高密级为本卷密级。

6.3.5 常规照片档案和数码照片档案的编目按GB/T 11821—2002执行。数码照片档案应编制光盘目录和盘内照片目录。

a)光盘目录应逐张编制。项目应包括光盘号、题名、密级、形成时间、保管期限、张数、备注等。

b)盘内照片应逐张编制目录。项目包括光盘号、保管期限、照片号、照片题名、责任者、拍摄时间、摄影者、类别、备注等。

c)光盘按形成时间为序。光盘上应注明盘号，设置光盘封面，填写相关内容说明(应包括光盘号、题名、密级、形成时间、保管期限、硬件及软件的环境等)，光盘封面内容与盘内内容要保持一致。

6.3.6　卷内目录、卷内备考表、案卷内封面应采用70g以上白色书写纸制作，幅面统一采用A4幅面。

6.4　案卷装订

6.4.1　案卷可采用装订与不装订两种形式。文字材料必须装订。既有文字材料，又有图纸的案卷应装订。装订应采用线绳三孔左侧装订法，要整齐、牢固，便于装进装具内和从装具内取出，并在使用时减少案卷破损和掉页，且便于保管和利用。

只有图纸案卷的可以散装在装具内，不装订的案卷要注意页号的编写，每件文件上要加盖档号章，填写档号章内容，按照编号顺序排列好后装盒，并将卷内目录置于文件之前，备考表置于文件之后，装入盒内。档号章尺寸为：20mm×50mm，如图1所示。

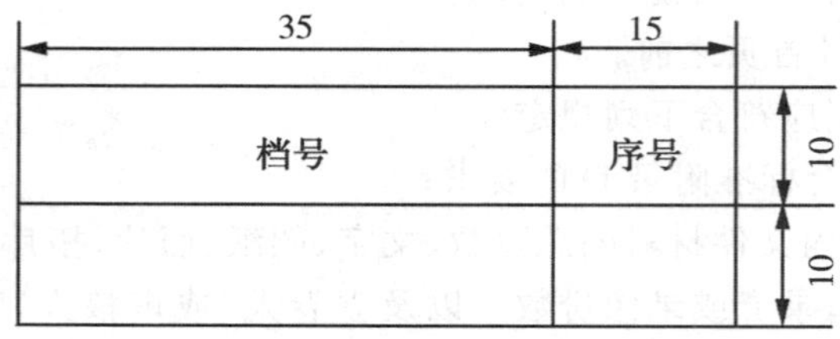

图1

6.4.2　装订时必须剔除金属物和塑料制品。

6.4.3　凡立卷的工程文件(包括文字材料和图纸)小于A4幅面的，一律采用A4幅面的白纸衬托，衬托一般采用五点衬托法，即四角和非装订的中点。

6.5　卷盒、卷夹、案卷脊背

6.5.1　案卷装具一般采用卷盒、卷夹两种形式，体要求如下：

a)卷盒的外表尺寸为310mm×220mm、430mm×310mm，厚度分别为20mm、30mm、40mm、50mm；

b)卷夹的外表尺寸为310mm×220mm，厚度一般为20～30mm；

c)卷盒、卷夹应采用无酸纸制作。

6.5.2　案卷脊背的内容：包括保管期限、档号、工程名称、案卷页(件)数等。式样应符合本标准附录F。

6.5.3　盒或卷夹封面、背脊的字迹统一采用黑色。字号统一采用三号仿宋字体。填写应内容清晰，书迹端正。

7　工程文件的归档与移交

7.1　归档应符合下列规定：

a)归档文件须完整、准确、系统，能够反映文物保护工程项目实施的全过程。工程文件归档围详见本标准附录A。文件材料的质量符合标准关于工程文件的质量要求。

b)归档的文件必须经过分类整理，并应组成符合要求的案卷。

7.2　归档时间应符合下列规定：

a)根据实施程序和工程特点，工程文件归档可以按阶段分期进行，也可以在单位或分部工程通过竣工验收后进行；

b)勘察、设计单位应当在任务完成时，施工、监理单位应当在工程质量竣工验收前将各自形成的工程文件立卷后向项目委托单位提交。

7.3 勘察、设计、施工、监理等单位向项目委托单位提交立卷归档的工程文件时，应编制清单，双方签字、盖章后方可交接。

7.4 项目委托单位在汇总勘察、设计、施工单位立卷归档的工程文件后，应根据相关规范要求对工程文件进行审查。

7.5 对立卷归档的工程文件进行审查时，应重点审核以下内容：

a)工程文件是否齐全、系统、完整；

b)工程文件的内容是否真实、准确地反映工程实施过程和工程实际状况；

c)工程文件是否已整理立卷，立卷顺序和要求是否符合本标准规定；

d)竣工图绘制方法、图式及规格等是否符合专业技术要求，图面是否整洁，是否盖竣工图章；

e)文件的形成、来源是否符合实际，要求单位或个人签章的文件，其签章手续必须完备；

f)文件材质、幅面、书写、绘图、用墨等是否符合要求。

7.6 文物保护工程经申请同意后，可同时进行工程文件审查和施工质量验收。

7.7 终止或暂停实施的文物保护工程的相关工程文件，暂由项目委托单位保管。

7.8 对工程文件提交后新实施的保护工程，包括依据保修合同条款实施的，项目委托单位应当组织设计、施工、监理单位据实修改、完善原工程文件，并在工程竣工验收合格后向原提交的文物管理部门提交一套符合规定的工程文件。

7.9 项目委托单位向文物管理部门提交文物保护工程文件时，应先办理提交有关手续，填写提交目录，双方签字、盖章后方可交接。

附录 A（规范性附录）

文物保护工程文件归档范围和保管期限表

文物保护工程文件归档范围的保管期限的归档文件、保存单位（项目委托单位、施工单位、勘察设计单位、监理单位、文物管理部门）和保管期限等如表 A.1 所示。

表 A.1 文物保护工程文件归档范围和保管期限

序号	归档文件	保存单位和保管理期限				
		项目委托单位	施工单位	勘察设计单位	监理单位	文物管理部门
文物保护工程准备阶段文件（由项目委托单位负责收集、整理、归档）						
一	项目准备阶段申请立项文件及批复等					
1	项目立项报告及相关资料	永久				√
2	项目立项报告的审批意见	永久				√
3	与项目立项有关的会议纪要	永久				√
4	保护资金的申请及批复文件	永久				√
5	迁移、原址复原工程的报审及审批意见	永久				√
6	关于迁移、原址复原工程的论证会议纪要	永久				√
7	其他与工程立项有关的应归档文件	永久				√
二	文物古迹内住户搬迁安置文件等					
1	有关住户搬迁的政策性文件	长期				√
2	住户安置意见、方案、协议等	长期				√

续表

序号	归档文件	保存单位和保管理期限				
		项目委托单位	施工单位	勘察设计单位	监理单位	文物管理部门
3	其他应当归档文件	长期				√
三	勘察(测)设计基础资料					
1	文物古迹价值评估报告	永久	长期	长期	长期	√
2	工程勘察报告					
①	残损情况勘测调查报告	永久	长期	长期	长期	√
②	工程地质(含水文、环境、灾害等)勘察报告	永久	长期	长期	长期	√
③	建筑基础及结构安全性检测报告	永久	长期	长期	长期	√
④	建(构)筑物构件材质鉴定报告	永久	长期	长期	长期	√
⑤	彩绘颜料和依附载体采样分析报告	永久	长期	长期	长期	√
⑥	文物古迹各类病害、危害情况调查分析报告	永久	长期	长期	长期	√
⑦	岩土工程物理、力学特性测试报告	永久	长期	长期	长期	√
⑧	其他有助于研究制订保护措施的勘察报告、采样记录及实验室分析报告	永久	长期	长期	长期	√
3	工程监测报告	永久	长期	长期	长期	√
4	考古勘探发掘资料、考古发掘保护性回填资料、文物保护工程考古配合资料	永久	长期	长期	长期	√
四	方案设计文件					
1	文物保护规划	永久		永久		√
2	文物保护工程方案设计文件					
①	文物保护工程(含白蚁防治、安防、防雷、消防等考项保护)设计方案	永久		永久		√
②	保护工程设计方案论证会议纪要	永久		永久		√
③	保护工程设计方案的报审及批准文件	永久	长期	永久	长期	√
④	彩绘、壁画等专项保护设计方案	永久		永久		√
⑤	其他有关的专业设计方案	永久		永久		√
⑥	有关行政主管部门(消防、水利、港航、白蚁防治、气象等)的批准文件	永久	长期	永久	长期	√
3	施工图设计文件					
①	施工图及说明书	永久	长期	永久	长期	√
②	施工图设计文件报审与批准文件	永久	长期	永久	长期	√
五	招投标文件及合民					
1	工程施工招投标文件	长期	长期			
2	工程施工承包合同	永久	长期			√

续表

序号	归档文件	保存单位和保管理期限				
		项目委托单位	施工单位	勘察设计单位	监理单位	文物管理部门
3	工程监理招投标文件	长期			长期	
4	监理委托合同	永久			长期	√
5	主要材料及设备采购招投标文件	长期				
6	主要材料及设备采购合同	永久				√
7	勘察设计委托合同	永久		长期		√
8	其他应当归档的合同	永久				√
六	工程开工与质量监督审批文件					
1	文物保护工程开工审查表	永久	长期		长期	√
2	文物保护工程施工许可凭证	永久	长期		长期	√
3	工程质量监督资料	永久	长期	长期	√	
七	财务文件					
1	工程投资估算材料	短期				
2	工程设计概算材料	短期				
3	工程施工预算材料	长期			长期	
八	项目负责人质量承诺					
1	项目委托单位项目管理负责人质量保证书	长期				√
2	监理单位项目负责人质量责任书	长期			长期	√
3	施工单位项目负责人质量责任书	长期	长期			√
4	施工单位技术负责人质量责任书	长期	长期			√
文物保护工程施工阶段文件之监理文件(监理单位负责收集、整理、归档)						
一	监理规划和监理实施细则	永久			长期	√
二	工程进度控制文件					
1	工程开工/复工审批表	长期	长期		长期	√
2	工程开工/复工暂停令	长期	长期		长期	√
3	工程施工进度计划报审表	长期	长期		长期	
三	工程质量控制文件					
1	施工组织设计(方案)报审及审查意见	永久	长期		长期	√
2	监理月报中的有关质量问题	永久			永久	√
3	监理会议纪要中的有关质量问题记录	永久			永久	√
4	不合格工程质量整改通知及回复	永久	长期		长期	√
5	质量事故报告及处理意见	永久			长期	√
四	工程造价控制文件					
1	工程投标实测复查报告	长期			长期	√

续表

序号	归档文件	保存单位和保管理期限				
		项目委托单位	施工单位	勘察设计单位	监理单位	文物管理部门
2	文物古迹构件解体/落料登记表	永久	长期		长期	√
3	预付款报审与支付单	短期	短期		短期	
4	月付款报审及支付单	短期	短期		短期	
5	设计变更、洽商费用报审与签认单	永久	长期		长期	√
6	工程实际造价核查记录	长期			长期	√
7	工程竣工决算审核意见书	永久	长期		长期	√
五	保护工程各参与单位资质					
1	施工单位资质材料	长期	长期		长期	
2	施工单位管理和专业人员资格材料	长期	长期		长期	
3	试验、检测单位资质材料	长期	长期		长期	
4	供货单位资质材料	长期	长期		长期	
六	工程监理通知					
1	有关进度控制的监理通知	长期			长期	
2	有关质量控制的监理通知	永久			永久	√
3	有关造价控制的监理通知	长期			长期	
七	合同与其他事项管理					
1	工程延期报告及审批单	永久			长期	√
2	费用索赔报告及审批单	长期			长期	
3	合同争议、违约报告及处理意见	永久			长期	√
4	合同变更材料	永久	长期	√		
八	监理工作总结					
1	监理日志				长期	
2	月报总结	长期			长期	
3	专题总结	长期			短期	
4	工程竣工总结	长期			长期	√
5	质量评价意见(报告)	永久			永久	√
文物保护工程施工阶段文件之施工技术文件(施工单位负责收集、整理、归档)						
一	施工技术准备					
1	施工组织设计报审及审查意见	永久	长期		长期	√
2	技术交底记录	长期	长期		长期	
3	图纸会审记录	永久	长期	长期		√
4	施工预算编制及审查意见	长期	短期		短期	

续表

序号	归档文件	保存单位和保管理期限				
		项目委托单位	施工单位	勘察设计单位	监理单位	文物管理部门
二	施工现场准备					
1	施工安全措施	短期	短期		短期	
2	施工环保措施	短期	短期			
3	文物安全保证措施	长期	长期			√
4	文物保护法律法规培训情况	短期	短期			
三	设计变更、洽商记录					
1	设计会议会审记录	永久	永久	永久		√
2	设计变更记录	永久	永久	永久		√
3	工程洽商记录	永久	长期	长期		√
四	工程材料、设备证明及检测报告等					
1	工程材料检测、试验汇总表	永久		长期	长期	√
2	工程材料检测、试验报告					
①	工程材料进场报验记录	长期	长期		长期	
②	工程材料选样送检记录	长期	长期		长期	
③	灌浆材料性能测试报告	永久	长期		长期	√
④	化学保护材料性能测试报告	永久	长期		长期	√
⑤	其他材料质量合格证明及检测报告	永久	长期		长期	√
⑥	现代材料试用检(试)验报告	长期	长期		长期	√
3	工程设备检验报告	短期	短期		短期	√
五	残损、修理及补配记录					
1	文物古迹细部、构件残损状况汇总表	永久	长期		长期	√
2	文物古迹细部、构件清污做法汇总表	永久	长期		长期	√
3	文物古迹细部、构件清污做法登记表	永久	长期		长期	√
4	文物古迹细部、构件修复结果登记表	永久	长期		长期	√
5	文物古迹构件防腐、防虫汇总表	永久	长期		长期	√
6	文物古迹构件防腐、防虫登记表	永久	长期		长期	√
六	施工试验记录					
1	文物保护关键工艺试(实)验报告	永久	长期		长期	√
2	新材料、新技术试验报告	永久	长期		长期	√
3	砂浆、混凝土试块强度检测报告	长期	长期		长期	√
4	商品混凝土出厂合格证、复试报告	长期	长期		长期	√
5	现场锚固拉拔试验报告	永久	长期		长期	√
6	壁画、彩绘颜料试验报告	永久	长期		长期	√

续表

序号	归档文件	保存单位和保管理期限				
		项目委托单位	施工单位	勘察设计单位	监理单位	文物管理部门
7	其他应当归档的施工试验记录	长期	长期		长期	√
七	施工记录					
1	工程定位测量检查记录	永久	长期		长期	√
2	高程控制	永久	长期	长期	√	
3	大木工程施工检查记录	永久	长期		长期	√
4	砖石工程施工检查记录	永久	长期		长期	√
5	屋面工程施工检查记录	永久	长期		长期	√
6	地面与楼面工程施工检查记录	永久	长期		长期	√
7	雕塑工程施工检查记录	永久	长期		长期	√
8	装饰工程施工检查记录	永久	长期		长期	√
9	筋混凝土工程施工检查记录	永久	长期		长期	√
10	防腐、油饰等工程施工检查记录	永久	长期		长期	√
11	水电安装工程施工记录	长期	长期		长期	√
12	建筑物位移状况观测记录	永久	长期		长期	√
13	工程竣工测量结果	永久	长期		长期	√
14	化学保护施工检查记录	永久	永久		长期	√
15	锚固施工质量检查记录	永久	长期		长期	√
16	灌浆施工质量检查记录	永久	长期		长期	√
17	新材料、新技术检查记录	永久	长期		长期	√
18	施工日志、大事记		长期			
19	其他应当归档的施工记录	永久	长期		长期	√
八	隐蔽工程检查(验收)记录					
1	地基加固工程	永久	永久		永久	√
2	结构加固工程	永久	永久		永久	√
3	防雷工程隐蔽部分验收记录	永久	永久		永久	√
4	白蚁防治工程隐蔽部分验收记录	永久	永久		永久	√
5	电气管线地埋工程验收记录	永久	长期		长期	√
6	混凝土浇注隐蔽工程验收记录	永久	长期		长期	√
7	灌浆加固施工验收记录	永久	永久		永久	√
8	其他应当归档的施工隐蔽验收记录	永久	长期		长期	√
九	新发现彩绘、题记及其他文物古迹记录	永久	永久		永久	√
十	工程质量事故处理记录					
1	工程质量事故报告	永久	永久		永久	√

续表

序号	归档文件	保存单位和保管理期限				
		项目委托单位	施工单位	勘察设计单位	监理单位	文物管理部门
2	工程质量事故调查、处理记录	永久	永久		永久	√
十一	工程质量检验记录					
1	检验批质量验收记录	长期	长期		长期	
2	工序(分项)工程质量验收记录	永久	永久		永久	√
3	分部(子分部)工程质量验收记录	永久	永久		永久	√
4	基础及结构加固工程验收记录	永久	永久		永久	√
5	其他应当归档的质量验收记录	永久	永久		永久	√
文物保护工程竣工图(施工单位负责编制、整理、归档)						
一、	综合竣工图					
1	总平面布置图	永久	永久		永久	√
2	竖向布置图	永久	永久		永久	√
3	设计总说明书	永久	永久		永久	√
二	文物古迹周围相关工程竣工图					
1	给水、消防、雨水、污水、热力等管网综合图	永久	永久		永久	√
2	电气(包括电力、电讯、电视系统等)管线综合图	永久	永久		永久	√
3	环境整治工程竣工图	永久	永久		永久	√
三	文物古迹本体保护工程竣工图					
1	建筑物保护工程竣工图	永久	永久		永久	√
2	基础及结构加固工程竣工图	永久	永久		永久	√
3	危岩土加固工程竣工图	永久	永久		永久	√
4	彩绘、壁画保护工程竣工图	永久	永久		永久	√
5	防雷工程竣工图	永久	永久		永久	√
6	白蚁防治工程竣工图	永久	永久		永久	√
7	其他文物古迹本体保护工程竣工图	永久	永久		永久	√
四	基础设施工程竣工图					
1	装修(装饰)工程竣工图	永久	永久		永久	√
2	电气工程竣工图	永久	永久		永久	√
3	给排水工程(消防工程)竣工图	永久	永久		永久	√
文物保护工程竣工验收阶段文件(由项目委托单位负责收集、整理、归档)						
一	文物保护工程竣工总结					
1	文物保护工程概况表	永久				√
2	项目委托单位提供的工程竣工报告	永久				√
3	施工单位提供的施工总结报告	永久	永久			√

续表

序号	归档文件	保存单位和保管理期限				
		项目委托单位	施工单位	勘察设计单位	监理单位	文物管理部门
4	设计单位提供的工程质量检查报告	永久			永久	√
5	监理单位提供的工程质量评估报告	永久	永久	√		
二	竣工验收记录					
1	单位(子单位)工程施工质量验收记录	永久	永久		永久	√
2	单位(子单位)工程质量控制资料核查记录	永久	长期		长期	√
3	单位(子单位)工程观感质量检查记录	永久	长期		长期	√
4	分部(子分部、分项)工程施工质量验收记录	永久	永久		永久	√
5	施工现场质量监督检查记录	永久	永久		永久	√
6	验收单位竣工验收意见书	永久	永久		永久	√
7	竣工验收报告	永久	永久		永久	√
8	竣工验收备案表	永久	长期			√
9	相关行政主管部门(消防、水利、白蚁防治、气象等)专项验收认可文件	永久	永久		永久	√
10	竣工验收会议纪要	永久	长期		长期	√
11	文物保护工程质量保修书	永久	长期			√
12	其他应当归档的验收记录资料	永久	长期			√
三	工程结算及决算审核资料	永久	长期		长期	√
四	声像、电子文件					
1	照片资料					
①	工程前后文物古迹全貌及周边环境	永久	永久	永久	永久	√
②	文物古迹位移、变形、细部残损等情况	永久	永久	永久		√
③	文物古迹局部、细部修缮后情况	永久	永久		永久	
④	文物古迹残损部件修缮、补配后的情况	永久	永久		永久	√
⑤	隐蔽工程施工情况	永久	永久		永久	√
⑥	施工技术处理情况	永久	永久		永久	√
⑦	施工中主要的质量检查、验收等活动	永久	永久		永久	√
⑧	与工程有关的评审、论证会议等活动	永久	永久		永久	√
⑨	新发现的题记、壁画、碑碣和其他文物	永久	永久		永久	√
⑩	其他具有保存价值的照片资料	永久				√
2	拓片及摹资料					
①	摩崖石刻、碑碣、重要铭刻等拓片	永久				√
②	壁画、岩画等摹本	永久				√
3	录像资料					

续表

序号	归档文件	保存单位和保管理期限				
		项目委托单位	施工单位	勘察设计单位	监理单位	文物管理部门
①	隐蔽工程施工情况	永久	永久		永久	√
②	主要施工技术处理情况	永久	永久		永久	√
③	其他具保存价值的录像资料	永久				√
4	录音资料					
①	与工程有关的评审、论证会议等活动	永久				√
5	电子文件	永久				√

注:"√"表示向文物管理部门提交。

附录 B(规范性附录)

竣工图纸归档质量要求

B.1　竣工图纸必须使用新的蓝图或计算机直接出图打印,计算机出图必须清晰,不得使用计算机出图的复印件。

B.2　竣工图纸必须与工程实际相符,变更内容必须修改、注记到位(包括被修改部分的相关图纸),标明变更修改依据。修改、注记的方法采用下列五种方法:

a)对于文字和数字的修改,可采用杠改法,即用一条细实线将被修改的部分划去,在其附近的适当位置,填写变更后的内容,并注明修改依据。

b)对于少量图形的修改,可采用叉改法,即用"伊"将被修改部分划去,在其附近的适当位置,绘制修改后的图形,注明修改内容及修改依据。

c)对于较多图形的修改,可采用圈改法,即将被修改的部分圈出,在其附近的适当位置,绘制修改后的图形,注明修改内容及修改依据。

d)作废图纸不归档,但必须在原施工图目录上进行标注,并注明依据。

e)修改依据的要求以及注记方法:

1)在设计变更的依据性文件中,应当包含被修改图的图号等内容;

2)设计变更通知单、技术核定单、业务联系单、工程会议纪要等设计变更的依据性文件应注记其原始编号或日期。

B.3　利用施工图改绘竣工图的,按以下三种形式编制:

a)凡按图施工无变更的,在原施工图上加盖竣工图章并签字后作为竣工图。

b)施工中虽有一般性设计变更,但能将原施工图加以修改补充作为竣工图的,可不重新绘制,在原施工图上修改,注明修改依据,加盖竣工图章并签字后作为竣工图。

c)凡施工图结构、工艺、平面布置等有重大改变,或变更部分超过图面1/3的,不宜再在原施工图上修改、补充的,应依据原施工图和设计变更文件重新绘制竣工图。重绘图按原图编号,末尾加注"竣"字或在新图图标内注明"竣工阶段"。

B.4　所有竣工图均应逐张加盖竣工图章并签字认可。

a)竣工图章的基本内容应包括:"竣工图"字样、施工单位、编制人、审核人、技术负责人、编制日期、监理单位、现场监理、总监。

b)竣工图章尺寸为:40mm×70mm,如图 B.1 所示。

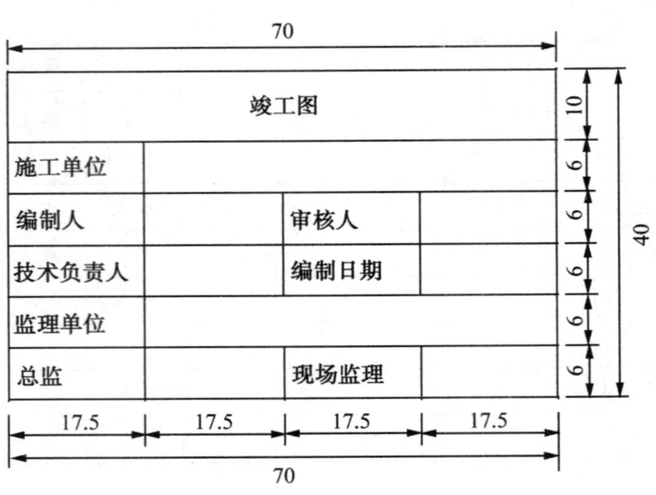

图 B.1 竣工图章示例

c)竣工图章应使用不易褪色红印泥或印油，应加盖在蓝图右下角设计图签的上方(即图标栏上方空白处)。

d)技术负责人、总监必须在审核后签字。

附录 C(规范性附录)

卷内目录式样

卷内目录的文件编号、责任者、文件材料题名、日期、页号、备注等如表 C.1 所示。

表 1　　卷内目录样式

序号	文件编号	责任者	文件材料题名	日期	页号	备注

附录 D(规范性附录)

卷内备考表式样

卷内备考表内的文件材料、文字材料、图纸材料、声像材料数量、说明如表 D.1 所示。

表 D.1　　卷内备考表式样

本案卷共有文件材料____页，其中：文字材料____页，图纸材料____页，照片____张，拓片或摹本____张，录音或录像材料____份。 说明：____________________ ____________________ ____________________ ____________________ ____________________ ____________________ ____________________ ____________________ ____________________ ____________________ ____________________ ____________________ ____________________ 立卷人： ________年____月____日 审核人： ________年____月____日

附录 E(规范性附录)

案卷封面式样

图 E.1 和图 E.2 给出了 A4、A3 案卷封面的档号、档案馆号、工程名称、保护级别、工程等级、立卷单位、起止日期、保管期限等。

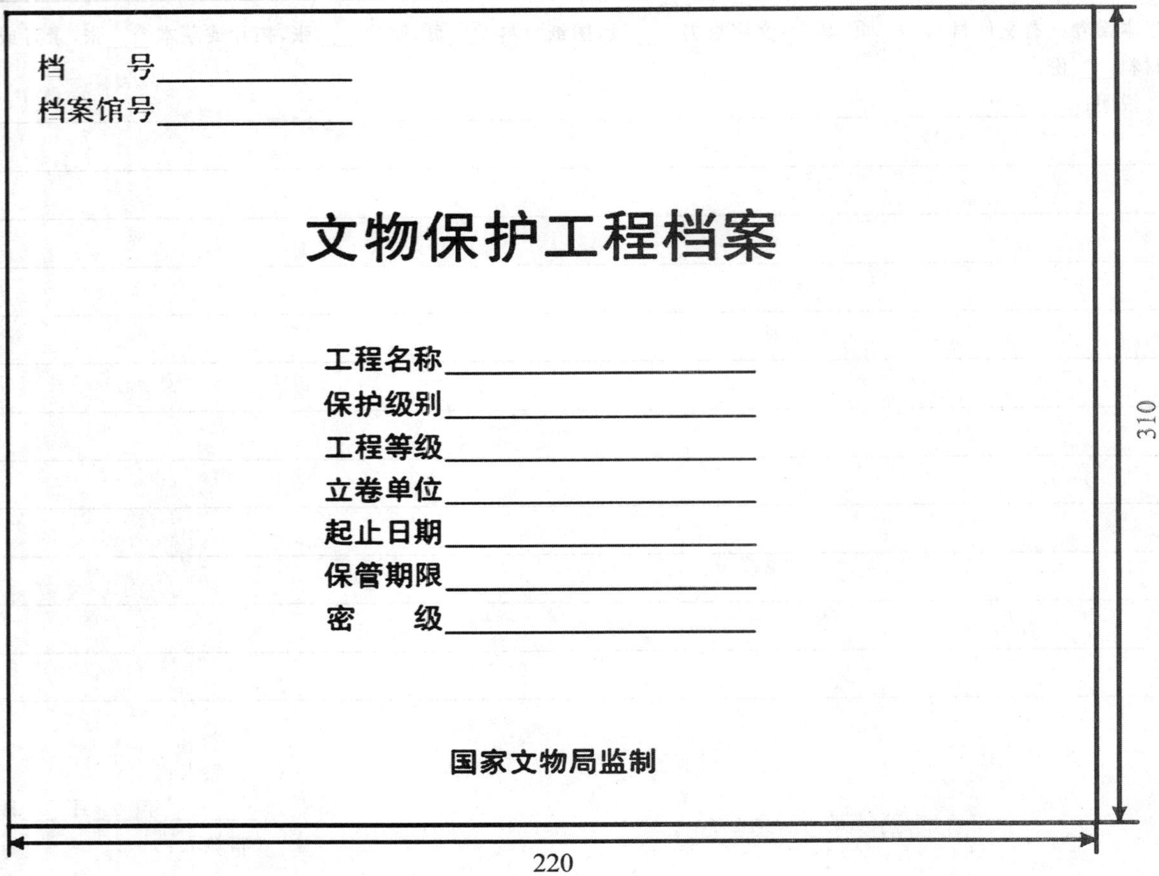

档　　号____________
档案馆号____________

文物保护工程档案

工程名称____________
保护级别____________
工程等级____________
立卷单位____________
起止日期____________
保管期限____________
密　　级____________

国家文物局监制

310

220

图 E.1　A4 案卷封面式样

封面尺寸:310mm×220mm

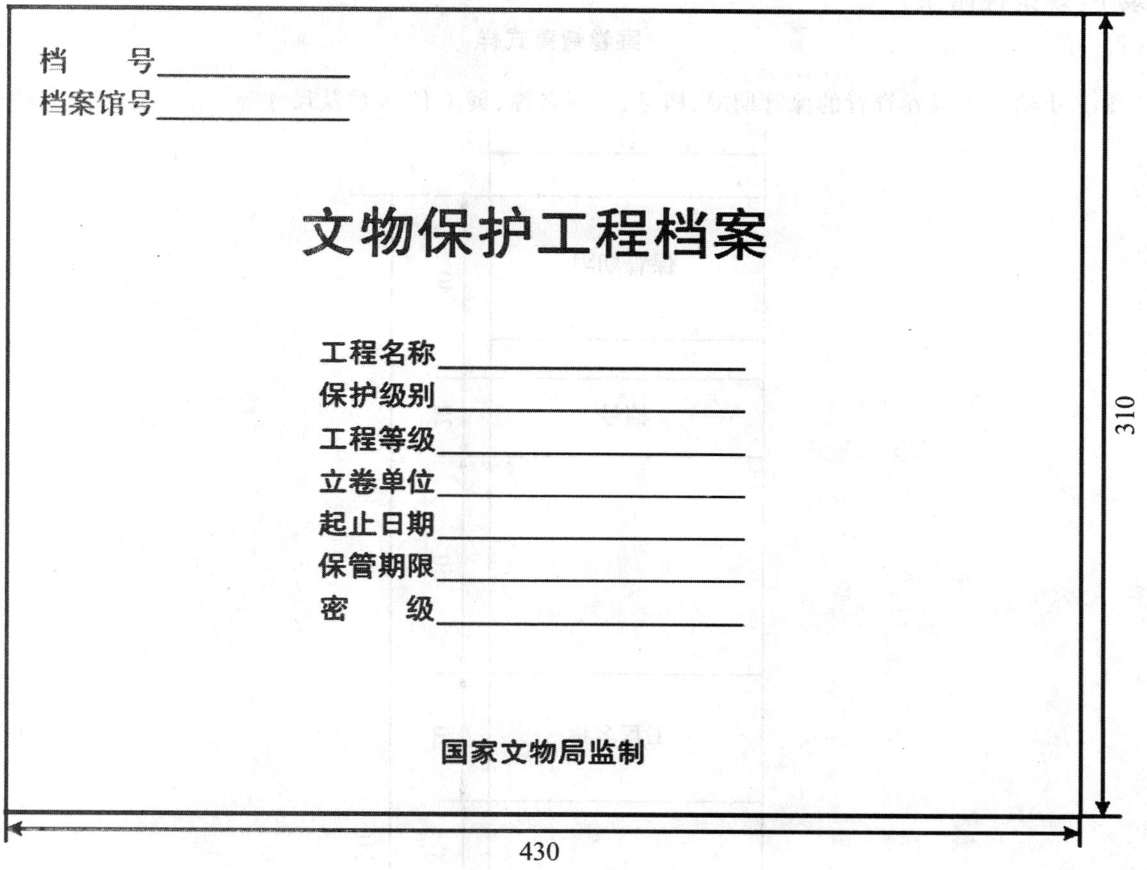

档　　号＿＿＿＿＿＿＿＿
档案馆号＿＿＿＿＿＿＿＿

文物保护工程档案

工程名称＿＿＿＿＿＿＿＿＿＿＿＿
保护级别＿＿＿＿＿＿＿＿＿＿＿＿
工程等级＿＿＿＿＿＿＿＿＿＿＿＿
立卷单位＿＿＿＿＿＿＿＿＿＿＿＿
起止日期＿＿＿＿＿＿＿＿＿＿＿＿
保管期限＿＿＿＿＿＿＿＿＿＿＿＿
密　　级＿＿＿＿＿＿＿＿＿＿＿＿

国家文物局监制

310

430

图 E.2　A3 案卷封面式样

封面尺寸：310mm×220mm

附录 F(规范性附录)

案卷脊背式样

图 F.1 给出了案卷脊背的保管期限、档号、工程名称、页（件）数及尺寸等。

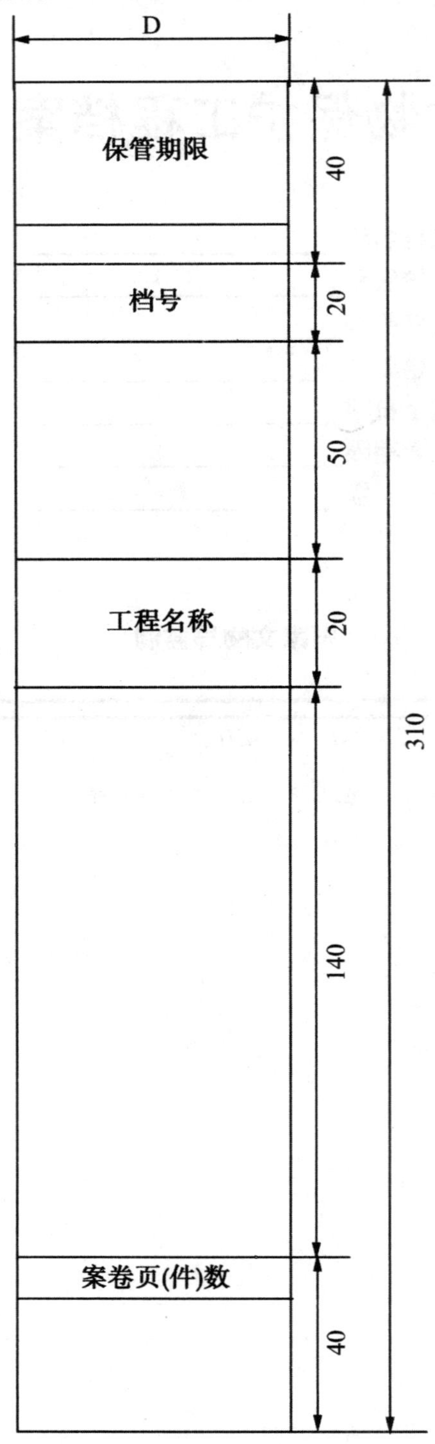

图 F.1　案卷脊背式样

脊背厚度(D)：20mm、30mm、40mm、50mm 四种

文物系统博物馆风险等级和安全防护级别的规定

1 范围

本标准规定了文物系统博物馆及其藏品、藏品部位风险等级的划分、防护级别的确定、安全防范系统技术要求和管理要求。

本标准适用于文物系统博物馆，也适用于考古所、文物管理所、文物商店、各级文物保护单位。非文物系统博物馆可参照使用。

2 规范性引用文件

下列文件中的条款通过本标准的引用而成为本标准的条款。凡是注日期的引用文件，其随后所有的修改单(不包括勘误的内容)或修订版均不适用于本部分，然而，鼓励根据本标准达成协议的各方研究是否使用这些文件的最新版本。凡是不注日期的引用文件，其最新版本适用于本标准。

GB/T 16571 文物系统博物馆安全防范工程设计规范

GA/T 75 安全防范工程程序与要求

GA 308——2001 安全防范系统验收规则

GA/T 367——2001 视频安防监控系统技术要求

GA/T 368——2001 入侵报警系统技术要求

3 术语和定义

下列术语和定义适用于本标准。

3.1 博物馆 museums

文物、标本的收藏、展示、研究和开展相关教育、服务的单位与场所。

3.2 藏品 antique

馆藏文物、标本的总称。

3.3 风险等级 level of risk

博物馆、藏品部位、藏品所处的危险程度，分别表示为单位风险、部位风险和目标风险。

3.4 防护级别 level of protection

为保护博物馆、藏品部位、藏品的安全所采取的技防、物防、人防等防范措施的水平。

3.5 保卫力量 guard force

为实施安全防范所配置的系统操作、管理、维护人员和响应报警事件的专业队伍。

3.6 探测(装置)系统 detection (devices) systems

对入侵、盗窃、抢劫、内部作案等行为具有探测、报警功能，并按需要予以声音、图像复核的技术防范(装置)系统。

3.7 入侵延迟(时间) intrusion delay (time)

对非法入侵者的盗窃、抢劫行为，实施探测、报警、设置障碍、拦截，以延迟入侵者的侵犯行为的措施。从入侵者侵入警戒边界线开始，到实现其侵犯目的所需花费的最小时间，称为入侵延迟时间。

3.8 报警响应时间 response time for alarm

从探测器探测到入侵目标、发出报警信息到报警监控中心设备接收并显示报警信号所需要的时间。

3.9 处警响应时间 response time for handing alarm

保卫队伍接到报警信号后，在小于入侵延迟时间的范围内，到达报警现场所用的时间。

3.10 目标防护 object protection

对藏品实物目标的防护。

3.11 部位防护 site protection

对博物馆内存有藏品的局部场所、局部空间的防护。

3.12 单位防护 protection of organizational unit

对整个博物馆的防护。

3.13 复合探测 multiple detection

对一个具体目标，使用两种或两种以上探测技术（或装置）进行警戒的技术措施。

3.14 室内周界防护 bound alarm in building

设置在建筑物内的入侵探测警戒线。

3.15 实体防护装置 physical protection devices

用来防护各级藏品的实体屏障，如保险柜、防爆玻璃展柜、防弹玻璃展柜、防盗门、防盗窗、防火文件柜等。

4 风险等级的划分

4.1 风险分类

根据《中华人民共和国文物保护法》《文物藏品定级标准》《博物馆藏品管理办法》的有关规定进行风险分类。风险分为单位风险、部位风险和目标风险。目标风险的划分依据《文物藏品定级标准》的规定进行分级，本标准只对单位风险、部位风险进行如下分级。

4.2 风险分级

4.2.1 三级风险

4.2.1.1 三级风险单位

具备下列条件之一的定为三级风险单位：

a)10000 件藏品以下的博物馆；

b)有藏品的县级文物保护单位。

4.2.1.2 三级风险部位

具备下列条件之一的定为三级风险部位：

a)三级藏品 300 件以下的库房；

b)陈列 500 件藏品以下的展厅（室）。

4.2.2 二级风险

4.2.2.1 二级风险单位

具备下列条件之一的定为二级风险单位：

a)10000 件藏品以上，50000 件藏品以下的博物馆；

b)省（市）级文物保护单位。

4.2.2.2 二级风险部位

具备下列条件之一的定为二级风险部位：

a)二级藏品及专用库房或专用柜；

b)三级藏品 300 件以上（含 300 件）的库房；

c)陈列藏品 500 件以上（含 500 件）的展厅（室）；

d)陈列的现代小型武器；

e)二、三级藏品修复室、养护室。

4.2.3　一级风险

4.2.3.1　一级风险单位

具备下列条件之一的定为一级风险单位：

a)国家级或省级博物馆；

b)有50000件藏品以上的单位；

c)列入世界文化遗产的单位或全国重点文物保护单位。

4.2.3.2　一级风险部位

具备下列条件之一的定为一级风险部位：

a)一级藏品及其专用库房或专用柜；

b)二级藏品300件以上(含300件)或三级藏品500件以上(含500件)的库房；

c)收藏、陈列具有重大科学价值的古脊椎动物化石和古人类化石，以及经济价值贵重的文物(金、银、宝石等)的场所；

d)陈列1000件(含1000件)藏品以上的展厅(室)；

e)一级藏品修复室、养护室；

f)武器藏品专用库房或专用柜。

5　防护级别的确定

5.1　概述

防护级别的确定，原则上应与风险等级相对应，即一级风险单位、一级风险部位的防护级别应达到一级防护要求；二级风险单位、二级风险部位的防护级别应达到二级防护要求；三级风险单位、三级风险部位的防护级别应达到三级防护要求。

5.2　目标防护级别

5.2.1　防护级别Ⅲ

对藏品目标，只使用一种探测装置或只使用一种实体防护装置的技术防护措施。

5.2.2　防护级别Ⅱ

对藏品目标，在防护级别Ⅲ的基础上增加声音复核或图像复核手段的技术防护措施。

5.2.3　防护级别Ⅰ

对藏品目标，使用两种探测装置进行警戒布防或使用一种探测装置和一种实体防护装置进行复合警戒布防，且配置声音、图像复核手段的技术防护措施。

5.3　部位防护级别

5.3.1　防护级别Ⅲ

对防护部位所在空间采取复合探测技术，配置声音复核或图像复核装置的技术防护措施。

5.3.2　防护级别Ⅱ

对防护部位所在空间的门、窗、通道或一间至几间房屋组成的区域采取复合探测技术，配置声音复核及图像复核装置或出入口控制与实体防护装置组合的技术防护措施。

5.3.3　防护级别Ⅰ

对防护部位采取室内周界探测技术、空间复合探测技术，配置声音复核、图像复核和出入口控制与实体防护装置的技术防护措施。

5.4　单位防护级别

5.4.1　防护级别Ⅲ

5.4.1.1　三级风险单位应满足部位防护级别Ⅲ和目标防护级别Ⅲ的要求，应参照纵深防护体系的要求，建立技术防范系统，可只设防护区。

5.4.1.2　技术防范系统的入侵延迟时间不小于5min，处警响应时间不大于3min，报警响应时间不大于 2s。

5.4.1.3　重要的三级文物应有实体保护装置，其本身的入侵延迟时间不小于 2min。

5.4.1.4　三级风险单位应设置报警值班室，应有专业保卫人员负责保安巡逻和安防设备的使用和维修工作。

5.4.2　防护级别Ⅱ

5.4.2.1　二级风险单位应满足部位防护级别Ⅱ和目标防护级别Ⅱ的要求，应按照局部纵深防护体系的要求建立技术防范系统，可只设防护区和禁区二级风险部位应置于防护区或禁区内。

5.4.2.2　技术防范系统的入侵延迟时间不小于 8min，处警响应时间不大于 3min，报警响应时间不大于 2s。

5.4.2.3　重要的二级藏品应有防抢劫的实体保护装置，其本身的入侵延迟时间不小于 3min。

5.4.2.4　二级风险单位应配置专职保卫人员负责保安巡逻和安防系统的维修使用工作。报警中心应配有自卫器具和通信工具。

5.4.3　防护级别Ⅰ

5.4.3.1　一级风险单位应满足部位防护级别Ⅰ和目标防护级别Ⅰ的要求，应按照整体纵深防护体系的要求建立技术防范系统。一级风险单位的技术防范系统，应设置周界、监视区、防护区和禁区。一级风险部位应置于防护区或禁区内。

5.4.3.2　技术防范系统的入侵延迟时间不小于 10min，处警响应时间不大于 3min，报警响应时间不大于 2s。

5.4.3.3　重要的一级藏品应有防抢劫的实体防护装置，其本身的入侵延迟时间应不小于 5min。

5.4.3.4　一级风险单位应建立专业保卫队伍，在防护区或禁区内设立报警监控中心，中心控制室应配备自卫器具、通信工具和卫生、通风设备。

6　安全防范系统技术要求

6.1　总则

各级安全防范系统工程的设计应符合 GB/T 16571、GA/T 367、GA/T 368 和相关国家标准、行业标准的规定，同时要符合以下各级防范系统的具体要求。

6.2　三级安全防范系统

6.2.1　三级风险单位应建立以报警和实体防护为主的防盗窃、防抢劫防范系统。实体防护装置的防破坏能力应符合 5.4.1.3 的要求。

6.2.2　三级风险部位大于 $100m^2$ 时，应以报警装置组成室内周界报警系统，部位内的二级藏品应采用实体防护措施加强防护。设置在室外的大型三级藏品要采取适当的实体防护措施。

6.2.3　重要出入口及文物库房应安装电视监控装置、紧急报警装置和电话对讲装置。

6.2.4　应建立报警值班室，室内报警控制器应能显示、记录、贮存报警信息，报警信息应记录在磁盘上。

6.3　二级安全防范系统

6.3.1　二级防范系统在重要的局部区域应按照局部纵深防护的指导思想进行设计。应综合或选择设置入侵报警、电视监控、出入口控制、实体防护装置。系统应有报警、电视监控及声音复核、信息存储等功能，实体防护装置的防破坏能力应符合5.4.2.3的要求。

6.3.2　二级风险单位应建立室外或室内周界报警系统，可以是全部周界防护或局部周界防护。

6.3.3　直接通向藏品展厅和文物库房的通道应设置电视监控装置、紧急报警装置或电话对讲装置。藏品修复室应设立出入口控制装置，室内应配备藏品贮存柜和紧急报警装置及通信工具。

6.3.4　大于 200m 的藏品展厅或藏品贮存库应建立室内周界报警系统，文物库房门应设置出入口控制装置，展厅的窗户应采用报警与实体防护相结合的防护方式。

6.3.5 二级文物的字画、丝织品、玻璃陶瓷等藏品应放在防弹玻璃制作的专用框架或展柜内。普通玻璃展柜可粘贴钛金薄膜以增加抗暴能力。

6.3.6 设置在室外的大型二级藏品，可建立高800～1200mm的栅栏墙或砖制围墙，围墙与文物的距离可在3.5m范围内。有条件的，可通过地下缆线安装振动报警器接到报警控制室。

6.3.7 二级安全防范系统应建立报警控制室，报警监控装置应能显示、记录、贮存并打印所有的报警信息。报警监控装置应留有与上一级报警网络进行通信的接口。重要报警信息资料应存在光盘、磁盘、硬盘或录像带上。

6.4 一级安全防范系统

6.4.1 一级安全防范系统要按照整体纵深防护的指导思想进行设计。应综合设置入侵报警、电视监控、出入口控制、实体防护等装置。系统应具有报警与图像信号显示、声音复核、信息存储、系统自检等功能，出入口控制、实体防护装置的防破坏能力应符合5.4.3.3的要求。

6.4.2 一级风险单位应建立室外周界报警系统，周界报警系统应覆盖全部周界。周界的出入口应设置出入口控制装置或电视监控装置或必要的报警装置。周界步行巡逻时间大于30min时，宜设立巡更系统。

6.4.3 工作人员使用的重要出入口、直接通向藏品展厅、藏品的通道和入口(包括藏品库房、藏品修复室)应配置出入口控制装置，重要出入口还应加装电视监控装置。供参观的文物展区的出入口控制装置，在参观期间可停止工作，清场后应进入工作状态，出入口处宜设置紧急报警装置或电话对讲装置供工作人员在报警时使用。

6.4.4 藏品、展品所处房屋、厅、室的门窗均应设置报警装置，位于一层的窗户还应有实体防护栅栏或安装防弹玻璃。

6.4.5 一级风险部位大于100m^{2}时，应在其周边设立周界报警系统，展示的一级藏品应放在防弹玻璃展柜或防暴玻璃展柜中，其防破坏延迟时间应不小于5min一级藏品在贮存时，应放在专用藏品保险柜内，并且上锁。

6.4.6 一级文物的字画、丝织品、玻璃陶瓷等藏品在展示时均应有防弹玻璃制作的专用框架或装有报警装置的展柜对其进行防护。设置在室外的大型一级藏品，要采取不低于6.3.6规定的防范措施

6.4.7 文物修复室要安装防盗安全门，修复室内应有存放一级文物的保险柜或文件柜。室内应有紧急报警装置和通信联络工具。

6.4.8 一级安全防范系统应有专门的报警监控中心，该室一般应有双门进入室内的结构，两门之间的距离一般在2m以上，以形成一个预警通道。双门应使用防盗安全门，并安装出入口控制装置和/或电视监控装置。

6.4.9 系统中使用的所有设备、器材均应符合国家或行业有关标准的要求。供电系统应配置不间断电源。

6.4.10 报警信号、电视监控图像信号、声音复核信号应做到同步自动切换，同时也可手动任意切换，报警信号显示屏的信号显示应能指出报警现场的位置。报警监控装置应显示、记录、贮存所有的报警信号、图像信号，并可随时打印。

6.4.11 所有报警信息资料应存在光盘、磁盘、硬盘或录像带上，重要资料应长期保存。

7 管理要求

7.1 认定、审批与验收程序

7.1.1 一级风险单位的等级认定由本单位依据本标准提出申请，经省、自治区、直辖市文物部门、公安机关审核，国家文物局和公安部批准；二、三级风险单位的等级认定，由本单位依据本标准提出申请，省、自治区、直辖市文物管理部门、公安机关审核批准。

7.1.2 一级风险单位的安全技术防范工程设计方案由建设单位组织论证，省、自治区、直辖市文物

部门、公安机关审核后，报国家文物局和公安部批准。

7.1.3 二、三级风险单位的安全技术防范工程方案由建设单位组织论证，报省、自治区、直辖市文物部门、公安机关审核批准。

7.1.4 安全技术防范工程的设计施工程序应符合 GA/T 75 的规定安全技术防范工程竣工后，由建设单位和审批单位根据 GA 308 的有关规定，共同组织验收。

7.2 建设方责任

7.2.1 博物馆的法人代表是本单位安全防范工作的法定责任人，负责领导和组织本标准的贯彻实施。

7.2.2 上级文物管理部门和公安机关负责本标准贯彻实施的监督、检查。

7.2.3 博物馆应按照《博物馆安全保卫工作规定》的要求，根据“人防、物防、技防相结合”的原则和本标准第 5 章中关于处警响应时间的要求，建立相应的保卫组织，配备保卫干部和专职保卫人员。

7.2.4 博物馆的报警监控中心应配备值班人员和设备维修人员，值班人员应经过岗位培训和考核合格，方能上岗。

7.2.5 博物馆应在年度经费总额内划出相应比例，保证安全技术防范工作的经费。

7.2.6 博物馆应制定周密可行的防盗、防抢、防火等应急预案；系统发生重大故障时应采取应急措施。

7.2.7 报警系统出现故障后，一级风险单位应在三日内、二级风险单位应在七日内、三级风险单位应在十五日内修复完毕。建设方应与承建方签订售后服务合同。

博物馆和文物保护单位安全防范系统要求

1 范围

本标准规定了博物馆和文物保护单位安全防范系统的人力防范、实体防范、技术防范要求，是安全防范系统设计、施工、检验、验收的基本依据。

本标准适用于博物馆和文物保护单位(古建筑、石窟寺及石刻、古文化遗址、古墓葬等)及考古发掘工地的新建、改建、扩建的安全防范系统。纪念馆、近现代重要史迹及代表性建筑、考古研究所、文物商店和其他收藏、临时展出文物场所的安全防范系统可参照使用。

2 规范性引用文件

下列文件对于本文件的应用是必不可少的。凡是注明时间的引用文件，仅注日期的版本适用于本文件。凡是不注日期的引用文件，其最新版本(包括所有的修改单)适用于本文件。

GB 10409—2001 防盗保险柜

GB/T 15408 安全防范系统供电技术要求

GB 17565—2007 防盗安全门通用技术条件

GB 50343 建筑物电子信息系统防雷技术规范

GB 50348—2004 安全防范工程技术规范

GB 50394—2007 入侵报警系统工程设计规范

GB 50395—2007 视频安防监控系统工程设计规范

GB 50396—2007 出入口控制系统工程设计规范

GA 27 文物系统博物馆风险等级和安全防护级别的规定

GA/T 70 安全防范工程费用预算编制办法

GA/T 74 安全防范系统通用图形符号

GA/T 644 电子巡查系统技术要求

GA/T 669.1 城市监控报警联网系统 技术标准 第1部分:通用技术要求

GA/T 670 安全防范系统雷电浪涌防护技术要求

GA/T 761 停车库(场)安全管理系统技术要求

JGJ 66 博物馆建筑设计规范

3 术语和定义

GB 50348—2004 界定的以及下列术语和定义适用于本文件。

3.1 博物馆 museum

征集、典藏、保护、研究、展示有关历史、文化、艺术、自然科学、技术等方面的文物、标本等实物的场所。

3.2 文物保护单位 unit of cultural heritage protection

中华人民共和国各级人民政府依法核定公布的、具有重要价值的地面、地下不可移动文物和对文物本体及周围一定范围实施重点保护的区域的总称。

注1:根据不可移动文物的价值,文物保护单位一般分为全国重点文物保护单位、省级文物保护单位和市、县级文物保护单位,分别由国务院、省级人民政府和市、市/县级人民政府划定其保护范围,设立文物保护标志及说明,建立记录档案,并区别情况分别设置专门机构或者专人负责管理。

注2:根据不可移动文物的类型,文物保护单位一般可分为古文化遗址、古墓葬、古建筑、石窟寺及石刻、近现代重要史迹和代表性建筑等。

3.3 人力防范(人防) personnel protection

执行安全防范任务的具有相应素质人员和/或人员群体的一种有组织的防范手段(包括人、组织和管理等)。

[GB 50348—2004,定义 2.0.19]

3.4 实体防范(物防) physical protection

用于安全防范目的、能延迟风险事件发生的各种物理防范手段[包括建(构)筑物、屏障、器具设备等]。

3.5 技术防范(技防) technical protection

利用各种电子信息设备组成系统以提高探测、延迟、反应能力和防护功能的安全防范手段。

3.6 安全防范系统 security and protection system

以保障博物馆和文物保护单位安全、防止风险事件发生或将风险事件造成的危害降低到最低程度为目的,通过科学规划,合理设计,将人力防范(人防)、实体防范(物防)、技术防范(技防)等手段有机组合、综合应用而建立的防御体系。

3.7 探测 detection

感知显性风险事件或/和隐形风险事件发生并发出报警的手段。

[GB 50348—2004,定义 2.0.14]

3.8 延迟 delay

延长或/和推迟风险事件发生进程的措施

[GB 50348—2004,定义 2.0.15]

3.9 反应 response

为制止风险事件的发生所采取的行动。

3.10 防护对象(单位、部位、目标) protection object

由于面临风险而需对其进行保护的对象,通常包括某个单位、某个建(构)筑物或建(构)筑物群,或其内外的某个局部范围以及某个具体的实际目标。

[GB 50348—2004,定义 2.0.22]

3.11 风险等级 level of risk

存在于防护对象及其周围的、对其安全构成威胁的程度。

3.12 防护级别 level of protection

为保障防护对象的安全所采取的防范措施(人防、物防、技防)的水平。

3.13 误报警 false alarm

风险事件未发生,由于自动装置对未设计、未设定的报警状态做出响应、部件的错误动作或损坏而发出的报警。

3.14 漏报警 leakage alarm

风险事件已经发生,而系统未能做出报警响应或指示。

[GB 50348—2004,定义 2.0.18]

3.15 报警响应时间 response time for alarm

从入侵探测装置(包括紧急报警装置)探测到目标后产生报警状态信息到监控中心控制设备接收到该信息并发出报警信号所需的时间,用 T 探测表示。

3.16 入侵延迟时间 intrusion delay time

从系统探测到入侵行为开始,至入侵者开始对防护对象实施侵犯行为所用的最小时间,用 T 延迟表示。

3.17 处警响应时间 response time for handing alarm

从监控中心控制设备接收到报警信息到安全保卫人员到达报警现场所用的时间,用 T 反应表示。

3.18 周界 perimeter

需要进行实体防范或/和技术防范的某个区域的边界。

3.19 监视区 surveillance area

实体防范设施或/和技术防范系统所组成的周界警戒线与防护区边界之间的区域。

3.20 防护区 protection area

允许公众出入的、防护目标所在的区域或部位。

[GB 50348—2004,定义 2.0.25]

3.21 禁区 restricted area

不允许未授权人员出入(或窥视)的防护区域或部位。

[GB 50348—2004,定义 2.0.26]

3.22 盲区 blind zone

在警戒范围内,安全防范手段未能覆盖的区域。

[GB 50348—2004,定义 2.0.27]

3.23 纵深防护 longitudinal-depth protection

根据防护对象所处的环境条件和安全管理的要求,对整个防范区域实施由外到里层层设防的防范措施。

注:纵深防护分为整体纵深防护和局部纵深防护两种类型。

3.24 纵深防护体系 longitudinal-depth protection systems

兼有周界、监视区、防护区和禁区的安全防护体系。

[GB 50348—2004,定义 2.0.31]

3.25 入侵报警系统 intruder alarm system

利用传感器技术和电子信息技术探测并指示非法进入或试图非法进入设防区域(包括主观判断面临被劫持、遭抢劫或其他危急情况时,故意触发紧急报警装置)的行为、处理报警信息、发出报警信息的电子系统。

3.26　视频安防监控系统　video surveillance system

利用视频技术探测、监视设防区域并实时显示、记录现场图像的电子系统。

3.27　出入口控制系统　access control system

利用自定义符识别或/和模式识别技术对出入目标进行识别并控制出入口执行机构启/闭的电子系统。

3.28　声音复核装置(系统)　audio detect and check device(system)

利用音频技术探测现场声音、对报警区域的声音进行拾音收听，以确定警情真实性的电子装置(系统)。

3.29　电子巡查系统　electronic patrol system

对安全保卫人员的巡逻路线、方式及过程进行管理和控制的电子系统。

3.30　防爆安全检查系统　security inspection system for anti-explosion

检查人员、行李、货物是否携带爆炸物、武器、管制刀具、易燃易爆品或其他违禁物品的电子系统。

3.31　安全管理系统　security management system

对入侵报警、视频安防监控、出入口控制、声音复核、电子巡查等系统进行组合或集成，实现对各子系统的有效联动、管理和/或监控的电子系统。

3.32　监控中心　surveillance and control centre

技术防范系统的中央控制室，系统的信息汇集、处理、共享节点。

注：监控管理人员在此对安全防范系统进行集中管理、控制，对监控信息进行使用、处置。

4　安全防范系统总体要求

4.1　系统基本构成

4.1.1　安全防范系统由人力防范、实体防范、技术防范等组成。

4.1.2　人力防范的主要内容包括安全保卫机构的设置、安全保卫制度的建设、安全保卫人员的配备与管理等。

4.1.3　实体防范的主要内容包括周界实体防范、防护区实体防范、禁区实体防范和防护目标实体防范等。

4.1.4　技术防范的主要内容包括入侵报警系统、视频安防监控系统、出入口控制系统、声音复核系统、安防专用通信系统、电子巡查系统、防爆安全检查系统、安全管理系统等。实际应用中，根据安全防范的需要，技术防范措施可以是上述的某个系统，也可以是由上述的某些系统作为子系统的组合或集成。

4.2　系统建设原则

4.2.1　安全防范系统的建设应纳入单位或部门工程建设的总体规划，根据管理要求、使用功能和建设投资等因素，进行综合设计、同步施工和独立验收。

4.2.2　安全防范系统的建设应坚持尽可能减少对文物干预、与环境相协调的原则，充分考虑文物保护的特殊性，科学规划、合理设计、规范施工、有效使用。

4.2.3　安全防范系统的建设应坚持人防、物防、技防相结合，探测、延迟、反应相协调的原则，满足$T_{探测}+T_{反应}\leqslant T_{延迟}$的要求。

4.2.4　安全防范系统的建设应坚持防护级别与风险等级相适应的原则。博物馆和文物保护单位风险等级的划分和防护级别的确定应符合GA 27的规定。

4.2.5　安全防范系统的建设应坚持纵深防护的原则，合理划分周界、监视区、防护区、禁区，应体现安全防范系统的均衡性。

4.2.6　技术防范系统应以规范化、结构化、模块化、集成化的方式实现，应能适应系统维护和技术发展的需要，应采用成熟而先进的技术和可靠而适用的设备。

4.2.7　技术防范系统的设备应满足安全性、电磁兼容性、环境适应性、可扩展性及联动/集成功能等要求。应优先选用符合环保、节能要求的设备/材料。

4.2.8　安全防范工程的设施、检验、验收应符合 GB 50348－2004 中第 6 章、第 7 章、第 8 章的规定。

4.2.9　应建立安全防范系统维护保养的长效机制，保证系统有效运行。技术防范设备/系统出现故障时，应采取有效的应急措施，确保文物安全。设备/系统故障宜在 24 h 内恢复功能。

4.2.10　安全防范系统设计文件中，应有明确的反映系统整体防范效能的技术性能指标。

4.2.11　设计流程与设计文件编制参见附录 A。

5　人力防范要求

5.1　安全保卫机构设置

5.1.1　安全保卫工作应按照国家有关现行法律、法规、规章的要求执行。

5.1.2　应当根据内部安全保卫工作需要，设置与安全保卫任务相适应的安全保卫机构。

5.2　安全保卫制度建设

5.2.1　应根据安全保卫工作的需要，建立健全各项安全保卫制度和措施。

5.2.2　安全保卫制度和措施不得与法律、法规、规章的规定相抵触，应与本单位安全防范的实际情况相适应，应内容翔实，应具有可操作性。

5.2.3　应根据本单位安全保卫工作的实际情况，制定安全防范突发事件应急预案。

5.3　安全保卫人员配备与管理

5.3.1　应配备能够适应安全保卫要求的专职、兼职安全保卫人员。

5.3.2　对于从事安全保卫工作的人员，应坚持“先审查、后录用”的原则，并登记备案。

5.3.3　安全保卫人员应接受有关法律知识和安全保卫业务、技能以及相关专业知识的培训，具备与其职责相适应的综合素质和业务技能，并持证上岗。

5.3.4　应根据应急预案组织模拟演练，每季度应演练 1 次。演练应做详细记录，并针对演练中发现的问题及时修订完善应急预案，提出整改措施。

5.3.5　应注重保护安全保卫人员的人身安全，应为安全保卫人员配备相应的通信设备、执行保卫任务所必需的器具(械)及人身防护器材，不得以经济效益、财产安全或者其他任何借口忽视其人身安全。

5.3.6　应根据防范区域面积、现场环境、交通状况等实际情况，为安全保卫人员配备适当的交通工具。交通工具的类型、性能应与现场实际情况相适应，应能满足安全防范处警响应时间的要求。

6　实体防范要求

6.1　基本要求

6.1.1　实体防范是安全防范的重要措施，应优先采用。

6.1.2　实体防范设施应满足安全防范的要求，不得对防护对象及其环境造成损伤或破坏。

6.1.3　对实体防范设施易于攀登、隐藏人员的部位，应设置防攀爬、防翻越，防藏匿的障碍物。

6.2　周界实体防范要求

6.2.1　周界宜建立实体防范设施(金属栅栏、砖、石或混凝土围墙等)，且不易攀爬。

6.2.2　金属栅栏的材质、组件规格等应满足安全防范的要求，金属栅栏的竖杆间距应不大于 150mm，1m 以下部分不应有横撑。

6.2.3　新建的砖、石围墙的厚度不宜小于 370mm，高度不宜小于 2.2m。

6.3　重要区域/部位实体防范要求

6.3.1　展示、存放藏品的重要区域，应设置实体防范设施。若外墙为玻璃幕墙时，应在幕墙玻璃内侧设置实体防范设施。

6.3.2　展示、存放藏品的重要区域，室内通向室外的所有通风口、管道口与室外开口之间的通道宜为 S 型。室内直径大于 200mm 或横截面大于 200mm×200mm 的通风口、管道口或其他孔洞及直接通向室外的所有通风口、管道口或其他孔洞，应设置实体防范设施。

6.3.3 金属栅栏用于窗户、通风口、管道口或其他孔洞防护时，金属栅栏的材质、组件规格等应满足防范的要求，安装应牢固可靠，并采取防拆卸措施。

6.3.4 藏品库房应安装防盗安全门。重要藏品库房防盗安全门的防护能力应不低于GBl 7565—2007规定的甲级防盗安全级别。

6.3.5 存放藏品的临时库房内应设置防盗保险柜。存放普通藏品的防盗保险柜的抗破坏能力应不低于GB 10409—2001规定的A2类的要求，存放珍贵藏品的防盗保险柜的抗破坏能力应不低于GB 10409—2001规定的B2类的要求。

6.3.6 存放珍贵藏品的展柜应由具有防砸性能的透明防护屏障及相关框架组合而成，应安装防盗锁，并应具有防撬功能。

6.3.7 裸露的展品应设置实体隔离设施，实体隔离设施与展品距离宜不小于1.5m。

7 技术防范要求

7.1 基本要求

7.1.1 根据建筑物或防护对象的分布和现场环境条件，确定周界、监视区、防护区、禁区的位置，建立纵深防护体系。不具备建立整体纵深防护体系条件的，应建立局部纵深防护体系。

7.1.2 技术防范系统的防护范围应包括周界警戒线内的全部区域。周界的防区划分应有利于报警时准确定位，不同方向应为不同防区，同方向单个防区不宜大于100 m。周界入侵探测的防护范围应完整封闭，不应有盲区。用于周界防护的室外控制器、设备箱(柜)应设置在周界防护范围内，其防护等级不应低于IP55，并采取可靠的防拆、防破坏措施。

7.1.3 技术防范系统中的技防设施不得对防护对象造成损伤或破坏。对于古建筑、石窟寺及石刻、古文化遗址、古墓葬等安全防范工程，确需在文物本体上敷设管线、安装前端设备时，应征求文物专家意见，尽可能减少对文物本体和环境的影响。

7.1.4 技术防范系统应建立专用的有线和/或无线通信系统。

7.1.5 技术防范系统的安全性除应符合GB 50348—2004中3.5的规定外，还应满足下列要求：

a)技术防范系统中选用的设备应符合国家法律法规和现行强制性标准的要求，并经具有资质的检验、认证机构检验或认证合格。

b)技术防范系统各子系统应具备在现场环境条件下不间断独立运行的能力，任何子系统的故障不应影响其他子系统的正常工作。

c)技术防范系统应能对操作人员的登录、交接进行身份验证和管理，并能设定操作权限。系统控制主机应具有存储功能，在电源中断或关机后，系统日期、时间、所有编程设置、历史记录事件等信息均应保持。

7.1.6 技术防范系统的电磁兼容性应符合GB 50348—2004中3.6的规定。

7.1.7 技术防范系统的可靠性应符合GB 50348—2004中3.7的规定。

7.1.8 技术防范系统的环境适应性应符合GB 50348—2004中3.8的规定。

7.1.9 技术防范系统的防雷与接地应符合GB 50348—2004中3.9及GB 50343的规定。应根据环境因素、当地雷暴日和雷电活动规律、设备所在雷电防护区和系统对雷电电磁脉冲的抗扰度、雷电事故受损程度以及系统设备的重要性，按GA/T 670的要求采取相应的防护措施。

7.1.10 技术防范系统的传输与布线除应符合GB 50348—2004中3.11的规定外，还应满足下列要求：

a)技术防范系统应建立满足系统功能/性能要求的传输系统。有线传输系统应独立敷设专用管线，独立组网。不适宜采用有线传输的区域和部位，可采用无线传输方式，但应保证传输信息的有效性、安全性和抗干扰性能。

b)系统敷设的线缆应采用金属管/槽、不延燃或阻燃型塑料管/槽保护。

c)古建筑宜采用阻燃型线缆,并采用金属管/槽保护。

7.1.11　技术防范系统的供电除应符合 GB/T 15408 的规定外,还应满足下列要求:

a)系统备用电源在主电源中断后的持续工作时间应满足各子系统的技术要求和安全防范使用/管理需要;

b)安装在古建筑物上的前端设备应选用低压供电,供电电压不宜高于 36 V。

7.1.12　技术防范系统的可扩展性应满足使用/管理的需要。主控设备配置和重要防范区域内的管线布设应留有一定的冗余度,以满足系统扩容的要求。

7.1.13　根据安全保卫工作使用/管理要求,需要对技术防范系统进行联网时,应对联网系统的结构、组网模式等进行统筹规划,参照 GA/T 669.1 的相关要求执行。

7.1.14　技术防范系统应具有与其他系统联网的接口。

7.2　入侵报警系统要求

7.2.1　入侵报警系统应综合考虑防区分布、环境特点等因素,合理选择不同探测原理、不同技术性能的入侵探测装置,结合防护要求构成点、线、面、空间或其组合的综合防护系统。

7.2.2　入侵探测装置的选型应综合考虑影响探测装置正常工作的各种可能的干扰因素,探测装置的防护范围、灵敏度、环境适应性等应满足安全防范使用/管理要求。

7.2.3　入侵探测装置应与视频安防监控、出入口控制、声音复核、辅助照明等装置联动。

7.2.4　入侵报警发生时,系统除应发出声、光警示信号外,报警信息显示还应满足下列之一的要求:

a)在显示终端上自动显示报警信号的相关文字信息(报警时间、报警位置、警情类型、应急预案等)和报警区域的电子地图,并以醒目标识显示具体的报警位置。电子地图宜能进行缩放。

b)在模拟地图板上以醒目的光信号显示报警的具体位置。

c)在控制设备上显示报警的时间和防区编号。

7.2.5　系统报警响应时间应符合 GB 50394—2007 中 5.2.8 的规定。声光警报器报警声压应不小于 80dB(A),报警持续时间应保持到操作员确认警情后自动或手动解除。

7.2.6　系统应具有事件记录和检索、打印功能,宜具有实时打印报警信息功能。系统记录信息应包括事件发生时间、地点、性质、操作记录及日志等,记录信息的时间精度为“秒”。记录信息应具有防销毁、防篡改功能。

7.2.7　入侵报警系统除应满足 7.2.1～7.2.6 的要求外,其他要求应符合GB 50394—2007的相关规定。

7.3　视频安防监控系统要求

7.3.1　前端视频采集设备安装位置的环境照度不能满足视频监视需要时,应配置辅助照明装置,但辅助照明光源不得对防护对象造成损伤。辅助照明装置宜采用监控中心集中供电,采用现场供电 GB/T 16571—2012 时,应配置相应的备用电源装置。

7.3.2　出入口设置的视频安防监控装置,应能清楚地显示出入人员面部特征、机动车号牌等信息。

7.3.3　具有智能视频功能的视频安防监控系统,应能根据使用/管理需要设置视频警戒区域和报警触发条件。

7.3.4　系统应能对前端视频信号进行监测,并能即时给出视频信号丢失的报警信息。

7.3.5　监控中心图像显示设备应能清晰、完整地显示前端视频设备采集的图像。显示设备的分辨率指标应高于系统采集、传输过程规定的分辨率指标。显示设备的数量应根据系统规模和使用/管理需要合理配置。

7.3.6　视频图像的记录内容应包括日期、时间、摄像机地址、图像内容等信息。记录图像的格式、帧率、图像信息保存时间应满足使用/管理的需求。重要区域、部位的视频图像记录像素应不小于 704×576(4CIF),记录帧率应不小于 25fps,图像信息保存时间应不小于 30d。

7.3.7 视频安防监控区域内设有声音复核装置的系统，报警录像时应对相应的音频信号进行同步记录，并可同步回放。报警联动录像记录像素应不小于704×576(4CIF)，记录帧率应不小于25fps。

7.3.8 系统应保持图像和/或声音记录信息的原始完整性，并具备防篡改、防销毁、防窃取等功能。

7.3.9 系统宜配置视/音频记录信息的备份设备，备份设备应纳入系统统一管理，并能快捷检索。经授权的操作人员可对授权范围内的视/音频记录信息进行备份或转录。

7.3.10 根据使用/管理需求，系统可设置分控装置，并应能对分控用户的图像监视、记录查询权限进行设置和修改。

7.3.11 视频安防监控系统除符合7.3.1～7.3.10的要求外，其他要求应符合GB 50395—2007的相关规定。

7.4 出入口控制系统要求

7.4.1 出入口控制系统的设置应满足紧急情况下人员疏散的要求。出入口控制执行机构被应急开启后，监控中心应能实时显示相应的状态。

7.4.2 使用系统设置的胁迫码通行时，监控中心应能即时接收到胁迫报警信号；重要区域/部位的出入口控制系统宜设置人体生物特征识别装置，宜具有双向验证、防反传、防尾随等功能。

7.4.3 出入口控制系统除应满足7.4.1～7.4.2的要求外，其他要求应符合GB 50396—2007的相关规定。

7.5 声音复核系统要求

7.5.1 系统应能清晰地探测现场内人的语音、人走动、撬、挖、凿、锯、砸等动作发出的声音。

7.5.2 在背景噪声不大于45 dB(A)的情况下，声音复核装置灵敏度调到最大值的90%时所能探测的最大范围，应满足现场入侵探测和/或视频安防监控覆盖范围的要求。

7.5.3 在控制端宜有背景噪声和入侵声响的电平指示，电平指示动态范围应满足7.5.1的要求。

7.5.4 使用数字声音复核系统时，应保证声音信息的原始完整性和时效性。

7.5.5 声音复核系统作为音频报警使用时，报警阈值应能根据现场环境条件进行设定和调整。

7.5.6 声音复核系统的设备选型与设置、传输方式、线缆选型与布线应符合以下要求：

a)声音复核系统的谐波失真应不大于5%，信噪比应不小于50dB，频率响应宜为100 Hz～12kHz±3dB。声音探测的有效性应满足入侵探测和/或视频监视复核的要求。

b)声音复核装置应便于隐蔽安装，用于室外环境时应具有良好的密封性和环境适应性。

c)根据信号传输方式、传输距离、系统的安全性、电磁兼容性等要求，合理选择传输介质。采用线缆传输时，前端声音探测装置与系统主机之间、系统主机与管理终端之间的导线宜采用铜芯屏蔽双绞线，其线径根据传输距离而定，线芯最小截面积不宜小于0.50mm^2。当现场与监控中心距离较远或电磁环境较恶劣时，可选用光缆传输方式。

d)系统布线应符合7.1.10的规定。

7.6 专用通信系统要求

7.6.1 专用通信系统可分为有线对讲系统和无线对讲系统两种类型。根据现场情况，可选择采用有线和/或无线对讲通信方式。

7.6.2 有线对讲系统应满足下列要求：

a)主机应具有对分机的故障检测、循环拾音收听、广播等功能。

b)主机可同时显示多路分机的呼叫，并保持记忆。

c)主机与分机可互相呼叫，主机与分机间接通后，应能实现双方通话，语音音质应清晰，不应出现振鸣现象。

d)系统应根据信号传输方式、传输距离、系统的安全性、电磁兼容性等要求，合理选择传输介质。采用线缆传输时，分机与主机之间的导线宜采用铜芯屏蔽双绞线，其线径根据传输距离而定，线芯最小截面积不宜小于0.50mm^2。当现场与监控中心距离较远或电磁环境较恶劣时，可选用光缆传输。

e)系统布线应符合 7.1.10 的规定。

7.6.3　无线对讲系统应满足下列要求：

a)无线对讲设备的使用应符合无线电管理的相关要求；

b)无线对讲通信覆盖范围根据设计任务书(使用/管理需要)的要求确定，应保证无线对讲在要求的范围内无盲区；

c)无线对讲信号应流畅，声音应清晰可辨；

d)室外架设天线时，应根据现场情况采取可靠的雷电防护措施。

7.7　电子巡查系统要求

7.7.1　技术防范系统宜选用在线式电子巡查系统。在规定时间内未收到巡查信息时，系统应发出报警信号，并联动相应区域的视频安防监控、声音复核装置进行复核。

7.7.2　在线式电子巡查系统可独立设置，也可与出入口控制系统联合设置。独立设置的在线式电子巡查系统应能与安全管理系统联网。

7.7.3　在线式电子巡查系统的传输方式、线缆选型与布线应符合 7.1.10 的规定。

7.7.4　采用离线式电子巡查系统时，巡查人员应随时保持与监控中心值班人员的通信联络。

7.7.5　电子巡查点应根据建筑物的规模、特点、防护对象及安全防范使用/管理要求合理设置，应确保安全保卫人员进行巡查时不会触发入侵探测装置产生报警。

7.7.6　电子巡查系统除应满足 7.7.1～7.7.5 的要求外，其他要求应符合GA/T 644的相关规定。

7.8　防爆安全检查系统要求

7.8.1　根据安全保卫工作的要求，结合建筑物特点和出入口管理的需要，可在适当区域/位置设置防爆安全检查系统。

7.8.2　防爆安全检查系统应能对规定的违禁物品(爆炸物、武器、管制刀具、易燃易爆品或其他违禁物品)进行实时、有效地探测、显示、记录和报警。探测不应对人体和物品产生伤害，不应引起爆炸物起爆。

7.8.3　设置防爆安全检查系统时，应配置对检出的可疑物品进行相应处置的器材。

7.9　安全管理系统要求

7.9.1　系统应具有与其他弱电系统集成的接口和能力。

7.9.2　系统宜具有对其他子系统校时功能。系统主时钟与北京时间的偏差应保持不大于 60s，系统中具有计时功能的设备与系统主时钟的偏差应保持不大于 5s。

7.9.3　技术防范系统宜:建立以综合管理平台为核心的安全管理系统。安全管理系统的管理主机宜采用双机热备份配置。

7.9.4　安全管理系统除应满足 7.9.1～7.9.3 的要求外，其他要求应符合GB 50348—2004 中 3.10 的规定。

7.10　监控中心/安防专用设备间要求

7.10.1　技术防范系统应设置监控中心。系统规模较大、主控设备较多时宜设置安防专用设备间。监控中心/安防专用设备间应设置为禁区。监控中心应配备专用的有线和/或无线通信设备、专用防护器械，应设置紧急报警装置和声光警报装置。

7.10.2　监控中心/安防专用设备间的位置应远离产生粉尘、油烟、有害气体、强振源和强噪声源以及生产或贮存具有腐蚀性、易燃、易爆物品的场所，应避开强电磁场干扰。

7.10.3　监控中心/安防专用设备间的使用面积应与技术防范系统的规模相适应，监控中心布局应根据设备的数量、外形尺寸和使用/管理需要确定，并应考虑系统扩容的需要。通常情况下，监控中心的使用面积不宜小于 $20m^2$，应有保证值班人员正常工作的相应辅助设施。

7.10.4　监控中心/安防专用设备间的顶棚、壁板(包括夹芯材料)和隔断应为不燃烧体。室内装修应选用气密性好、不起尘、易清洁、符合环保要求、在温湿度变化作用下变形小、具有表面静电耗散性能的材料，墙壁和顶棚表面应平整、光滑、不起尘、避免眩光。

7.10.5 监控中心/安防专用设备间地面应满足使用功能要求，应防静电、光滑、平整、不起尘。当铺设防静电活动地板时，防静电地板应具有防火、环保、耐污耐磨性能，活动地板的高度应根据电缆布线或空调送风的要求确定。

7.10.6 监控中心/安防专用设备间门的尺寸应满足设备和材料运输的要求，门应向疏散方向开启，且应自动关闭，并应保证在任何情况下均能从室内开启。

7.10.7 监控中心/安防专用设备间内的温度、相对湿度应满足电子设备的使用要求。室内温度宜为18℃～28℃，相对湿度宜为35%～75%。监控中心/安防专用设备间宜结合建筑条件采取适当的通风换气措施。

7.10.8 监控中心/安防专用设备间内的主要照明光源宜采用高效节能荧光灯，灯具应采取分区、分组的控制措施。室内照度标准值宜为500 lx，照明均匀度不应小于0.7，应采取措施减少作业面上的光幕反射和反射眩光。

7.10.9 监控中心/安防专用设备间的供电应符合GB/T 15408的相关规定；防雷和接地应满足人身安全和电子信息系统正常运行的要求，并应符合GB 50343和GA/T 670的相关规定。

7.10.10 监控中心/安防专用设备间的设备布置应满足机房管理、人员操作和安全、设备和物料运输、设备散热、安装和维护的要求。用于搬运设备的通道净宽应不小于1.5 m；面对面布置的机柜或机架正面之间的距离不宜小于1.2m；背对背布置的机柜或机架背面之间的距离不宜小于1m。

7.10.11 当需要在机柜或机架背面、侧面维修测试时，机柜背面、侧面与墙之间的距离应不小于0.8m；设备维修测试在正面即可完成时，机架或机柜可以贴墙安装，但应采取有利于设备散热的措施。

7.10.12 监控中心/安防专用设备间的布线、进出线端口的设置、安装等应符合GB 50348—2004中3.11的相关规定。线槽、线管应完全封闭，机架、机柜、操作台等除散热孔、进线孔外应完全封闭。

7.10.13 监控中心不宜设置高噪声的设备。当必须设置时，应采取有效的隔声措施。

7.10.14 监控中心/安防专用设备间应采取防鼠害和防虫害措施。

8 博物馆安全防范系统要求

8.1 一级风险

8.1.1 人力防范要求

8.1.1.1 人力防范应符合第5章的规定。

8.1.1.2 应配备专职安全保卫人员，并将安全保卫机构的设置和人员的配备情况报主管部门备案。

8.1.1.3 博物馆应由专职安全保卫人员巡查，详细记录巡查情况，并对发现的隐患和问题及时处置。

8.1.1.4 重要区域/部位应由专职安全保卫人员进行重点保护；藏品出/入库、展厅布展期间，应由专职安全保卫人员进行重点保护。

8.1.1.5 技术防范系统应配备专职系统管理人员。监控中心应配备专职值班人员，应确保每周7×24h有人员值守。

8.1.1.6 安全防范处警响应时间应不大于3min。

8.1.2 实体防范要求

8.1.2.1 实体防范应符合第6章的规定，并满足JGJ 66的要求。

8.1.2.2 藏品卸运交接区应设置具有防盗功能的实体防护设施。

8.1.2.3 藏品库区的总库门应安装具有防盗、防火、防烟、防水等功能的安全门，其中防盗能力应不低于GB 17565—2007规定的甲级防盗安全级别。

8.1.2.4 监控中心/安防专用设备间的门、窗应设置实体防范设施。监控中心/安防专用设备间应安装防盗安全门，防盗安全门的防护能力应不低于GBl 7565—2007规定的甲级防盗安全级别。

8.1.3　技术防范要求

8.1.3.1　博物馆外周界的防护应满足下列要求：

a)博物馆外周界应设置入侵探测装置和视频安防监控装置，可设置声音复核装置；

b)博物馆外周界出入口应设置视频安防监控装置；

c)博物馆外周界应设置电子巡查装置。

8.1.3.2　公众服务区的防护应满足下列要求：

a)公众服务区包括公共活动区、服务设施、教育用房、停车库(场)等区域；

b)公众服务区应设置视频安防监控装置，对人流、物流、车流进行有效的视频探测与监视，宜设置入侵报警装置和声音复核装置；

c)公众服务区对外开放的主入口宜设置防爆安全检查装置；

d)停车库(场)宜设置对车辆进行监控和管理的电子系统，并符合GA/T 761的相关要求；

e)公共活动区、停车库(场)、公众服务区的主要通道及其他需安全保卫人员巡查的部位应设置电子巡查装置。

8.1.3.3　陈列展览区的防护应满足下列要求：

a)陈列展览区包括常设展厅、临时展厅及室外展区等。展陈文物的中央大厅视为展厅。

b)陈列展览区建筑物外周界或室内周界应设置入侵探测装置和/或视频安防监控装置，宜设置声音复核装置。

c)展厅的门、窗、管道口、布展通道等应设置入侵探测装置。

d)陈列展览区的参观通道应设置视频安防监控装置，应能对人员的活动情况进行有效的视频探测与监视。

e)展厅内重要区域/部位应设置入侵探测、视频安防监控和声音复核装置。

f)珍贵藏品展柜内应设置入侵探测装置，展柜的布置区域应设置视频安防监控装置。重要展品无展柜保护、直接展陈时，应设置技术防范装置，并具有现场声、光警示功能。

g)出入口应设置视频安防监控装置。重要出入口应设置出入口控制装置。

h)室外展区应设置入侵探测和/或视频安防监控装置，宜具有现场声、光警示功能。

i)室外重要展品应设置入侵探测、视频安防监控装置，宜设置声音复核装置。

j)重要区域/部位设置的视频安防监控装置，宜具有智能视频功能。

k)陈列展览区应设置有线紧急报警、有线对讲等装置。安全保卫人员宜随身配备内部无线紧急报警装置。

8.1.3.4　藏/展品卸运交接区的防护应满足下列要求：

a)藏/展品卸运交接区应设为禁区；

b)藏/展品卸运交接区宜设置周界入侵探测装置；

c)藏/展品卸运交接区应设置视频安防监控装置，应能清晰、完整地监控藏/展品装卸、交接的全过程；

d)藏/展品卸运交接区应设置有线紧急报警、有线对讲、声音复核等装置。

8.1.3.5　藏/展品运输通道的防护应满足下列要求：

a)宜根据博物馆建筑结构，结合藏品库房、藏/展品卸运交接区、陈列展览区的分布情况，设置藏/展品运输通道；

b)藏/展品运输通道应设置视频安防监控装置，对藏/展品的运输过程进行全程跟踪监控。

8.1.3.6　藏品保护技术区的防护应满足下列要求：

a)藏品保护技术区包括藏品整理、清洗、消毒、干燥、试验、修复、摄影、鉴赏等区域/部位；

b)出入口宜设置视频安防监控和出入口控制装置；

c)门、窗和管道口应设置入侵探测装置；

d)室内应设置入侵探测、紧急报警和视频安防监控装置,宜设置声音复核装置。

8.1.3.7　藏品库区/库房的防护应满足下列要求:

a)藏品库区/库房应设为禁区。

b)库区/库房外周界、室内周界应设置入侵探测装置和视频安防监控装置,宜设置声音复 GB/T 16571—2012 核装置。

c)藏品库房的门、窗和管道口应设置入侵探测装置。

d)藏品库区/库房通道内应设置视频安防监控装置,对藏品的运输过程进行全程跟踪监控。

e)藏品库房内应设置入侵探测、视频安防监控和声音复核装置。

f)出入口应设置视频安防监控、出入口控制等装置。出入口控制系统宜具有防胁迫、防尾随、关门提示等功能。藏品库区主出入口、存放珍贵藏品库房的出入口控制识读装置宜采用生物特征识别技术,宜采用双向验证。

g) 藏品库房与外界相邻的墙体、天花板、地板等应设置入侵探测装置;与内部公共区域相邻的墙体、天花板、地板等宜设置入侵探测装置。入侵探测装置应能对撬、挖、凿、砸、钻、爆破等行为进行有效探测。

h) 藏品库区/库房应设置有线紧急报警和有线对讲等装置。

8.1.3.8　重要机房、强/弱电间的防护应满足下列要求:

a)重要机房、强/弱电间应设置入侵探测装置,宜设置视频安防监控装置;

b)重要机房出入口应设置出入口控制装置,强/弱电间出入口宜设置出入口控制装置。

8.1.3.9　业务与科研区、行政管理区的防护应满足下列要求:

a)宜设置视频安防监控、入侵探测装置;

b)重要区域/部位应设置视频安防监控和入侵探测装置,宜设置出入口控制装置。

8.1.3.10　监控中心/安防专用设备间应满足下列要求:

a)监控中心/安防专用设备间应符合 7.10 的规定。

b)监控中心宜设置专用的设备间、卫生间、休息间。单独设置的安防专用设备间应设为禁区。

c)监控中心/安防专用设备间应设置出入口控制装置,宜具有防胁迫、防尾随、关门提示等功能监控中心/安防专用设备间室内、室外通道应设置视频安防监控装置。

d)监控中心出入口宜设置可视对讲装置。

8.2　二级风险

8.2.1　人力防范要求

8.2.1.1　人力防范应符合第 5 章的规定。

8.2.1.2　博物馆应由专职安全保卫人员巡查,详细记录巡查情况,并对发现的隐患和问题及时处置。

8.2.1.3　重要区域/部位应由专职安全保卫人员进行重点保护;藏品出/入库、展厅布展期间,应由专职安全保卫人员进行重点保护。

8.2.1.4　监控中心应配备专职值班人员,应确保每周 7×24h 有人员值守。

8.2.1.5　安全防范处警响应时间应不大于 3min。

8.2.2　实体防范要求

8.2.2.1　实体防范应符合第 6 章的规定,并满足 JGJ 66 的要求。

8.2.2.2　藏品卸运交接区应设置具有防盗功能的实体防护设施。

8.2.2.3　藏品库区的总库门应安装防盗安全门,其防护能力应不低于 GB 17565—2007 规定的甲级防盗安全级别。

8.2.2.4　监控中心的门、窗和管道口应设置实体防范设施。监控中心应安装防盗安全门,防盗安全门的防护能力应不低于 GB 17565—2007 规定的乙级防盗安全级别。

8.2.3　技术防范要求

8.2.3.1 博物馆外周界的防护应满足下列要求：

a)博物馆外周界应设置入侵探测装置，宜设置视频安防监控装置，可设置声音复核装置；

b)博物馆外周界出入口应设置视频安防监控装置；

c)博物馆外周界宜设置电子巡查装置。

8.2.3.2 公众服务区的防护应满足下列要求：

a)公众服务区包括公共活动区、服务设施、教育用房、停车库(场)等区域；

b)公众服务区应设置视频安防监控装置，对人流、物流、车流进行有效的视频探测与监视，可设置入侵报警装置或声音复核装置；

c)停车库(场)可设置对车辆进行监控和管理的电子系统，并符合GA/T 761的相关要求；

d)公共活动区、停车库(场)、公众服务区的主要通道及其他需安全保卫人员巡查的部位宜设置电子巡查装置。

8.2.3.3 陈列展览区的防护应满足下列要求：

a)陈列展览区的防护应符合8.1.3.3a)～f)、h)～i)的规定。

b)出入口应设置视频安防监控装置。重要出入口宜设置出入口控制装置。

c)展厅/展室内应根据展陈情况合理设置入侵探测、视频安防监控、有线紧急报警等装置，宜设置有线对讲和声音复核等装置。视频监控图像应能清晰地显示人员的活动情况。

d)陈列展览区应设置有线紧急报警装置，宜设置有线对讲等装置。

8.2.3.4 藏/展品卸运交接区的防护应满足下列要求：

a)可根据建筑物结构特点和藏/展品进出管理流程，设置藏/展品卸运交接区；

b)藏/展品卸运交接区的防护应符合8.1.3.4b)、c)的规定。

8.2.3.5 藏/展品运输通道的防护应满足下列要求：

a)可根据博物馆建筑结构，结合藏品库房、藏/展品卸运交接区、陈列展览区的分布情况，设置藏/展品运输通道；

b)藏/展品运输通道应设置视频安防监控装置，对藏/展品的运输过程进行跟踪监控。

8.2.3.6 藏品保护技术区的防护应满足下列要求：

a)藏品保护技术区包括藏品整理、清洗、消毒、干燥、试验、修复、摄影、鉴赏等区域/部位；

b)出入口宜设置视频安防监控装置；

c)门、窗和管道口宜设置入侵探测装置；

d)室内宜设置入侵探测和声音复核装置，重要部位应设置视频安防监控装置。

8.2.3.7 藏品库区/库房的防护应满足下列要求：

a)藏品库区/库房防护应符合8.1.3.7a)～c)的规定。

b)藏品库区/库房通道内应设置视频安防监控装置，对藏品的运输过程进行跟踪监控。

c)藏品库房内应设置入侵探测和声音复核装置，宜设置视频安防监控装置。

d)出入口应设置视频安防监控、出入口控制等装置。藏品库区主出入口、存放珍贵藏品库房的出入口控制识读装置宜采用双向验证。

e)藏品库房与外界相邻的墙体、天花板、地板等宜设置入侵探测装置。入侵探测装置应能对撬、挖、凿、砸、钻、爆破等行为进行有效探测。

f)藏品库区/库房应设置有线紧急报警装置，宜设置有线对讲装置。

8.2.3.8 重要机房、强/弱电间的防护应满足下列要求：

a)重要机房、强/弱电间宜设置入侵探测装置；

b)重要机房出入口宜设置出入口控制装置和/或视频安防监控装置。强/弱电间出入口宜设置视频安防监控装置。

8.2.3.9 业务与科研区、行政管理区的防护应满足下列要求：

a)可设置视频安防监控和/或入侵探测装置；

b)重要区域/部位应设置视频安防监控和/或入侵探测装置，可设置出入口控制装置。

8.2.3.10 监控中心应满足下列要求：

a)监控中心应符合7.10的规定；

b)监控中心应设置出入口控制装置，可设置可视对讲装置；

c)监控中心室内、室外通道应设置视频安防监控装置。

8.3 三级风险

8.3.1 人力防范要求

8.3.1.1 人力防范应符合第5章的规定。

8.3.1.2 博物馆应由安全保卫人员巡查，详细记录巡查情况，并对发现的隐患和问题及时处置。

8.3.1.3 重要部位应由专职安全保卫人员进行重点保护；藏品出/入库、展厅布展期间，应由安全保卫人员进行重点保护。

8.3.1.4 监控中心应配备值班人员，应确保每周7×24h有人员值守。

8.3.2 实体防范要求

8.3.2.1 实体防范应符合第6章的规定，并满足JGJ 66的要求。

8.3.2.2 藏品库房的门、窗和管道口应设置实体防范设施。

8.3.2.3 监控中心的门、窗和管道口应设置实体防范设施。监控中心应安装防盗安全门，防盗安全门的防护能力应不低于GB 17565—2007规定的乙级防盗安全级别。

8.3.3 技术防范要求

8.3.3.1 博物馆外周界的防护应满足下列要求：

a)博物馆外周界宜设置入侵探测装置，可设置视频安防监控装置；

b)博物馆外周界出入口宜设置视频安防监控装置；

c)博物馆外周界可设置电子巡查装置。

8.3.3.2 公众服务区的防护应满足下列要求：

a)公众服务区包括公共活动区、服务设施等区域；

b)公众服务区应设置视频安防监控装置，对人流、物流、车流进行有效的视频探测与监视；

c)公众服务区内需安全保卫人员巡查的部位可设置电子巡查装置。

8.3.3.3 陈列展览区的防护应满足下列要求：

a)陈列展览区包括常设展厅、临时展厅及室外展区等。

b)陈列展览区建筑物外周界或室内周界宜设置入侵探测装置和/或视频安防监控装置。

c)陈列展览区的出入口及参观通道应设置视频安防监控装置，应能对人员的活动情况进行有效的视频探测与监视。

d)展厅/展室的门、窗、管道口、布展通道等应设置入侵探测装置；展厅/展室内应根据展陈情况合理设置入侵探测、视频安防监控、有线紧急报警等装置。视频监控图像应能清晰地显示人员的活动情况。

e)室外重要展品应设置视频安防监控装置，宜设置声音复核装置。

8.3.3.4 藏品库房的防护应满足下列要求：

a)藏品库房应设为禁区。

b)藏品库房外周界、室内周界应设置入侵探测装置和/或视频安防监控装置。

c)藏品库房的门、窗和管道口应设置入侵探测装置；藏品库房内应设置入侵探测装置，宜设置声音复核装置，重要部位应设置视频安防监控装置。

d)重要库房宜设置出入口控制和视频安防监控装置。藏品库房通道应设置视频安防监控装置。

8.3.3.5 监控中心应满足下列要求:

a)监控中心应符合7.10的规定;

b)监控中心应设置出入口控制装置,室内应设置视频安防监控装置。

9 古建筑安全防范系统要求

9.1 一级风险

9.1.1 人力防范要求

9.1.1.1 人力防范应符合第5章的规定。

9.1.1.2 古建筑应由专职安全保卫人员巡查,详细记录巡查情况,并对发现的隐患和问题及时处置。

9.1.1.3 重要区域/部位应根据安全防范需要由专职安全保卫人员进行重点保护。

9.1.1.4 技术防范系统应配备专职系统管理人员。监控中心应配备专职值班人员,应确保每周7×24 h有人员值守。

9.1.1.5 安全防范处警响应时间由建设单位根据防范区域面积、现场环境、交通状况、人员配置等实际情况,在设计任务书中予以明确。

9.1.2 实体防范要求

9.1.2.1 实体防范应符合第6章的规定。

9.1.2.2 古建筑的周界应结合现场环境、防护对象、人力防范、技术防范的实际情况,设置实体防范古建筑的重要区域/部位应结合建筑物结构、现场环境条件及安全防范需要,设置实体防范设施。

9.1.3 技术防范要求

9.1.3.1 古建筑外周界防护应满足下列要求:

a)古建筑外周界应设置入侵探测和视频安防监控装置,宜设置声音复核装置;

b)周界出入口应设置视频安防监控装置;

c)古建筑外周界应设置电子巡查装置。

9.1.3.2 古建筑本体防护应满足下列要求:

a)应设置视频安防监控装置。视频安防监控装置应根据环境条件和建筑格局合理设置,应能有效对古建筑本体进行监视。

b)古建筑对外的门、窗、管道口等应设置入侵探测装置,宜设置声音复核装置。

c)可设置紧急广播系统。

9.1.3.3 区域/部位的防护应满足下列要求:

a)古建筑作为博物馆使用时,技术防范系统应符合8.1.3.2~8.1.3.9的要求;

b)有点灯、燃香等活动的区域,应设置视频安防监控装置和电子巡查装置;

c)保存有壁画、塑像、碑刻及其他重要文物的区域,应设置入侵探测和视频安防监控装置,宜设置声音复核装置;

d)古建筑作为配套服务用房使用时,应设置视频安防监控装置,除对古建筑本体进行监视外,还应对人员活动情况进行有效的视频探测与监视。

9.1.3.4 监控中心应满足下列要求:

a)监控中心应符合7.10的规定。

b)监控中心宜结合现场情况就近设立。通过远程控制中心进行管理时,应保证信号传输的有效性、安全性和抗干扰性能。

c)监控中心应设置出入口控制装置,室内、室外通道应设置视频安防监控装置。

d)监控中心出入口宜设置可视对讲装置。

e)监控中心宜设置专用的设备间、卫生间、休息间。

f)单独设置的安防专用设备间应设为禁区。应设置出入口控制装置,室内应设置视频安防监控装置。

9.2 二级风险

9.2.1 人力防范要求

9.2.1.1 人力防范应符合第5章的规定。

9.2.1.2 古建筑应由安全保卫人员巡查,详细记录巡查情况,并对发现的隐患和问题及时处置。

9.2.1.3 重要区域/部位应根据安全防范需要由专职安全保卫人员进行重点保护。

9.2.1.4 监控中心应配备专职值班人员,应确保每周7×24 h有人员值守。

9.2.1.5 安全防范处警响应时间由建设单位根据防范区域面积、现场环境、交通状况、人员配置等实际情况,在设计任务书中予以明确。

9.2.2 实体防范要求

9.2.2.1 实体防范应符合第6章的规定。

9.2.2.2 古建筑的周界宜结合现场环境、防护对象、人力防范、技术防范的实际情况,设置实体防范设施。

9.2.2.3 古建筑的重要区域/部位应结合建筑物结构、现场环境条件及安全防范需要,设置实体防范设施。

9.2.3 技术防范要求

9.2.3.1 古建筑外周界防护应满足下列要求:

a)古建筑外周界宜设置入侵探测装置和/或视频安防监控装置。周界同时设置入侵探测和视频安防监控装置时,应具备联动功能。

b)周界出入口应设置视频安防监控装置。

c)古建筑处周界宜设置电子巡查装置。

9.2.3.2 古建筑本体防护应满足下列要求:

a)应设置视频安防监控装置。视频安防监控装置应根据环境条件和建筑格局合理设置,应能有效对古建筑本体进行监视。

b)古建筑对外的门、窗、管道口等宜设置入侵探测装置。

c)可设置紧急广播系统。

9.2.3.3 区域/部位的防护应满足下列要求:

a)古建筑作为博物馆使用时,技术防范系统应符合8.2.3.2~8.2.3.9的要求;

b)有点灯、燃香等活动的区域,应设置视频安防监控装置,宜设置电子巡查装置;

c)保存有壁画、塑像、碑刻及其他重要文物的区域,应设置入侵探测和/或视频安防监控装置,可设置声音复核装置;

d)古建筑作为配套服务用房使用时,宜设置视频安防监控装置,除对古建筑本体进行监视外,还应对人员活动情况进行有效的视频探测与监视。

9.2.3.4 监控中心应满足下列要求:

a)监控中心应符合9.1.3.4a)~c)的规定;

b)监控中心出入口可设置可视对讲装置。

9.3 三级风险

9.3.1 人力防范要求

9.3.1.1 人力防范应符合第5章的规定。

9.3.1.2 古建筑应由安全保卫人员巡查,详细记录巡查情况,并对发现的隐患和问题及时处置。

9.3.1.3 重要区域/部位应根据安全防范需要由安全保卫人员进行重点保护。

9.3.1.4 监控中心应配备值班人员,应确保每周7×24h有人员值守。

9.3.1.5 安全防范处警响应时间由建设单位根据防范区域面积、现场环境、交通状况、人员配置等实际情况，在设计任务书中予以明确。

9.3.2 实体防范要求

9.3.2.1 实体防范应符合第6章的规定。

9.3.2.2 古建筑的重要区域/部位宜结合建筑物结构、现场环境条件及安全防范需要，设置实体防范设施。

9.3.3 技术防范要求

9.3.3.1 古建筑外周界防护应满足下列要求：

a)古建筑外周界可设置入侵探测装置和/或视频安防监控装置。周界同时设置入侵探测和视频安防监控装置时，应具备联动功能。

b)周界出入口宜设置视频安防监控装置。

c)古建筑外周界可设置电子巡查装置。

9.3.3.2 古建筑本体防护应满足下列要求：

a)应设置视频安防监控装置。视频安防监控装置应根据环境条件和建筑格局合理设置，应能有效对古建筑本体进行监视。

b)古建筑对外的门、窗、管道口等可设置入侵探测装置。

9.3.3.3 区域/部位的防护应满足下列要求：

a)古建筑作为博物馆使用时，技术防范系统应符合8.3.3.2～8.3.3.4的要求；

b)有点灯、燃香等活动的区域，应设置视频安防监控装置，可设置电子巡查装置；

c)保存有壁画、塑像、碑刻及其他重要文物的区域，宜设置入侵探测和/或视频安防监控装置；

d)古建筑作为配套服务用房使用时，宜设置视频安防监控装置，除对古建筑本体进行监视外，还应对人员活动情况进行有效的视频探测与监视。

9.3.3.4 监控中心应满足下列要求：

a)监控中心应符合9.1.3.4a)、b)的规定；

b)监控中心应设置出入口控制装置，室内应设置视频安防监控装置。

10 石窟寺和石刻安全防范系统要求

10.1 一级风险

10.1.1 人力防范要求

10.1.1.1 人力防范应符合第5章的规定。

10.1.1.2 石窟寺和石刻周界、公众服务区及陈列展示区应由专职安全保卫人员巡查，详细记录巡查情况，并对发现的隐患和问题及时处置。

10.1.1.3 重要区域/部位应由专职安全保卫人员进行重点保护。

10.1.1.4 技术防范系统应配备专职系统管理人员。监控中心应配备专职值班人员，应确保每周7×24h有人员值守。

10.1.1.5 安全防范处警响应时间由建设单位根据防范区域面积、现场环境、交通状况、人员配置等实际情况，在设计任务书中予以明确。

10.1.2 实体防范要求

10.1.2.1 实体防范应符合第6章的规定

10.1.2.2 石窟寺和石刻周界应结合现场环境、防护对象、人力防范、技术防范的实际情况，设置实体防范设施。

10.1.2.3 出入口应设置实体防范设施。

10.1.2.4 参观通道宜设置与防护对象分隔的实体隔离设施。

10.1.2.5　洞窟的门、窗户、通风口等应设置实体防范设施。对外开放洞窟内的塑像、壁画及其他展陈文物应设置实体防范设施。

10.1.2.6　田野石刻、小型摩崖石刻等室外石刻(群)宜设置实体防范设施。大型摩崖石刻(群)应在易于攀爬、易于接触到防护目标的区域或部位设置实体防范设施。

10.1.3　技术防范要求

10.1.3.1　石窟寺和石刻周界防护应满足下列要求：

a)防护目标集中的石窟(石刻)群、重要的散存石窟(石刻)应设置周界入侵探测装置和视频安防监控装置；

b)周界出入口应设置视频安防监控装置；

c)石窟寺和石刻周界应设置电子巡查装置。

10.1.3.2　公众服务区的防护应满足下列要求：

a)公众服务区的防护应符合8.1.3.2的规定；

b)根据安全防范使用/管理需要,宜设置紧急广播装置；

c)有点灯、燃香等活动的区域,应设置视频安防监控装置和电子巡查装置。

10.1.3.3　参观通道的防护应满足下列要求：

a)参观通道应设置视频安防监控装置,应能对通道内人员的活动进行实时监控；

b)参观通道宜设置声音复核装置,可设置紧急报警、紧急广播、对讲等装置。

10.1.3.4　洞窟的防护应满足下列要求：

a)洞窟的门、窗户、通风口等应设置入侵探测装置。重要洞窟的门宜设置出入口控制装置。

b)重要洞窟入口、甬道及重要区域/部位宜设置入侵探测、视频安防监控、声音复核等装置,但不得对防护对象造成损伤和破坏。

c)对外开放的重要洞窟内应设置紧急报警和对讲装置。

d)重要洞窟外应设置视频安防监控装置,宜设置入侵探测装置。

10.1.3.5　石刻的防护应满足下列要求：

a)石刻宜设置入侵探测、视频安防监控或声音复核装置,但不得对防护对象造成损伤和破坏。视频图像宜能监视石刻的全貌。

b)应在石刻周边易于攀爬、易于接触到防护对象的区域或部位设置入侵探测、视频安防监控装置,宜设置声音复核装置。

10.1.3.6　监控中心应符合9.1.3.4的规定。

10.2　二级风险

10.2.1　人力防范要求

10.2.1.1　人力防范应符合第5章的规定。

10.2.1.2　石窟寺和石刻周界、公众服务区及陈列展示区应由安全保卫人员巡查,应详细记录巡查情况,并对发现的隐患和问题及时处置。

10.2.1.3　重要区域/部位应由专职安全保卫人员进行重点保护。

10.2.1.4　监控中心应配备专职值班人员,应确保每周7×24h有人员值守。

10.2.1.5　安全防范处警响应时间由建设单位根据防范区域面积、现场环境、交通状况、人员配置等实际情况,在设计任务书中予以明确。

10.2.2　实体防范要求

10.2.2.1　实体防范应符合第6章的规定。

10.2.2.2　石窟寺和石刻周界宜结合现场环境、防护对象、人力防范、技术防范的实际情况,设置实体防范设施。

10.2.2.3　出入口应设置实体防范设施。

10.2.2.4　参观通道宜设置与防护对象分隔的实体隔离设施。

10.2.2.5　洞窟的门、窗户、通风口等宜设置实体防范设施。对外开放洞窟内的塑像、壁画及其他展陈文物应设置实体防范设施。

10.2.2.6　田野石刻、小型摩崖石刻等室外石刻(群)宜设置实体防范设施。大型摩崖石刻(群)宜在易于攀爬、易于接触到防护目标的区域或部位设置实体防范设施。

10.2.3　技术防范要求

10.2.3.1　石窟寺和石刻周界防护应满足下列要求:

a)防护目标集中的石窟(石刻)群、重要的散存石窟(石刻)宜设置周界入侵探测装置和/或视频安防监控装置。周界同时设置入侵探测和视频安防监控装置时,应具备联动功能。

b)周界出入口应设置视频安防监控装置。

c)石窟寺和石刻周界宜设置电子巡查装置。

10.2.3.2　公众服务区的防护应满足下列要求:

a)公众服务区的防护应符合 8.2.3.2 的规定;

b)根据安全防范使用/管理需要,可设置紧急广播装置;

c)有点灯、燃香等活动的区域,应设置视频安防监控装置,宜设置电子巡查装置。

10.2.3.3　参观通道的防护应满足下列要求:

a)参观通道应设置视频安防监控装置,应能对通道内人员的活动进行实时监控;

b)参观通道可设置声音复核、紧急报警等装置。

10.2.3.4　洞窟的防护应满足下列要求:

a)重要洞窟的门、窗户、通风口等应设置入侵探测装置;

b)重要洞窟入口、甬道及重要区域/部位可设置入侵探测、声音复核或视频安防监控等装置,但不得对防护对象造成损伤和破坏;

c)对外开放的重要洞窟内应设置紧急报警装置,宜设置对讲装置;

d)重要洞窟外应设置视频安防监控装置,宜设置入侵探测装置。

10.2.3.5　石刻的防护应满足下列要求:

a)石刻可设置入侵探测、视频安防监控或声音复核装置,但不得对防护对象造成损伤和破坏。视频图像宜能监视石刻的全貌。

b)宜在石刻周边易于攀爬、易于接触到防护目标的区域或部位设置入侵探测、视频安防监控装置,可设置声音复核装置。

10.2.3.6　监控中心应符合 9.2.3.4 的规定。

10.3　三级风险

10.3.1　人力防范要求

10.3.1.1　人力防范应符合第 5 章的规定。

10.3.1.2　石窟寺和石刻周界及重要区域/部位应由安全保卫人员巡查,应详细记录巡查情况,并对发现的隐患和问题及时处置。

10.3.1.3　重要区域/部位应由安全保卫人员进行重点保护。

10.3.1.4　监控中心应配备值班人员,应确保每周 7×24h 有人员值守。

10.3.1.5　安全防范处警响应时间由建设单位根据防范区域面积、现场环境、交通状况、人员配置等实际情况,在设计任务书中予以明确。

10.3.2　实体防范要求

10.3.2.1　实体防范应符合第 6 章的规定。

10.3.2.2　石窟寺和石刻周界可结合现场环境、防护对象、人力防范、技术防范的实际情况,设置实体防范设施。需要重点保护的洞窟、室外石刻宜设置周界实体防范设施。

10.3.2.3　洞窟的门、窗户、通风口等可设置实体防范设施。对外开放洞窟内的塑像、壁画及其他展陈文物宜设置实体防范设施。

10.3.2.4　田野石刻、小型摩崖石刻等室外石刻(群)可设置实体防范设施。大型摩崖石刻(群)可在易于攀爬、易于接触到防护目标的区域或部位设置实体防范设施。

10.3.3　技术防范要求

10.3.3.1　石窟寺和石刻周界防护应满足下列要求:

a)防护目标集中的石窟(石刻)群、重要的散存石窟(石刻)可设置周界入侵探测装置和/或视频安防监控装置。周界同时设置入侵探测和视频安防监控装置时,应具备联动功能。

b)周界出入口应设置视频安防监控装置。

c)石窟寺和石刻周界可设置电子巡查装置。

10.3.3.2　重要区域/部位防护应满足下列要求:

a)重要洞窟的门、窗户、通风口等宜设置入侵探测和/或声音复核装置,重要洞窟外应设置视频安防监控装置;

b)重要的室外石刻宜设置入侵探测和/或视频安防监控装置,可设置声音复核装置;

c)可设置电子巡查装置。

10.3.3.3　监控中心应符合 9.3.3.4 的规定。

11　古文化遗址、古墓葬安全防范系统要求

11.1　基本要求

11.1.1　古文化遗址、古墓葬应根据其保护范围、环境条件、重要程度等,配备相应的安全保卫人员,因地制宜地建立实体防范设施,设置技术防范系统。

11.1.2　古文化遗址、古墓葬的周界应依据考古资料确定。实体防范设施的设立、技术防范系统的设置均应充分考虑古文化遗址、古墓葬本体的安全,不得对古文化遗址、古墓葬本体造成损伤和破坏。

11.2　人力防范要求

11.2.1　人力防范应符合第 5 章的规定。

11.2.2　古文化遗址、古墓葬应由安全保卫人员巡查,详细记录巡查情况,并对发现的隐患和问题及时处置。

11.2.3　重要区域/部位应由专职安全保卫人员进行重点保护。

11.2.4　技术防范系统宜配备系统管理人员。监控中心应配备值班人员,应确保每周 7×24h 有人员值守。

11.2.5　安全防范处警响应时间由建设单位根据防范区域面积、现场环境、交通状况、人员配置等实际情况,在设计任务书中予以明确。

11.3　实体防范要求

11.3.1　实体防范应符合第 6 章的规定。

11.3.2　古文化遗址、古墓葬核心区域和库房及其他陈列、存放文物场所,应结合现场环境和人力防范、技术防范的条件,设置实体防范设施。

11.4　技术防范要求

11.4.1　古文化遗址、古墓葬核心区域和库房及其他陈列、存放文物场所的周界宜设置入侵探测、视频安防监控、声音复核、电子巡查等装置。

11.4.2　周界出入口应设置视频安防监控装置。

11.4.3　核心区域应设置视频安防监控装置,宜设置入侵探测、声音复核装置。用于地下文物保护的入侵探测装置应能可靠探测撬、挖、凿、砸、钻、爆破等盗窃、盗掘行为,并在不破坏、不影响防护对象的前提下尽可能隐蔽安装。

11.4.4　展陈区域应根据建(构)筑物特点、展品陈设情况等,参照 8.2.3.3 的规定设置技术防范系统。

11.4.5　文物库房及其他存放文物场所应根据建(构)筑物特点、藏品情况等,参照 8.2.3.7 的规定设置技术防范系统。

11.4.6　监控中心应符合 9.2.3.4 的规定。

12　考古发掘工地安全防范系统要求

12.1　基本要求

12.1.1　按计划进行的主动发掘工地,考古发掘单位应事先提出保证出土文物和重要遗迹安全的措施。

12.1.2　配合经济建设工程的考古发掘及抢救性发掘工地,应根据现场情况提出保证出土文物和重要遗迹安全的措施。

12.1.3　应根据现场环境条件和考古发掘区分布情况,确定周界的位置和范围,并设置明显的隔离警示标识。

12.2　人力防范要求

12.2.1　考古发掘工地应根据安全保卫工作的需要,设置与安全保卫任务相适应的安全保卫机构。

12.2.2　安全保卫人员的配备与管理应符合 5.3 的规定。

12.2.3　考古发掘工地的文物库房应配备专职的安全保卫人员。

12.3　实体防范要求

12.3.1　考古发掘工地宜结合现场实际情况设置实体防范设施,并符合第 6 章的规定。

12.3.2　设有参观通道的考古发掘工地,宜设置与发掘区完全分隔的实体隔离设施。

12.3.3　文物库房的门、窗应设置实体防范设施,库房门应安装防盗安全门。

12.4　技术防范要求

12.4.1　具有重要价值且发掘工作持续时间较长的重要考古发掘工地,周界应设置入侵探测和视频安防监控装置,宜设置现场声光警示装置。周界防护应完整封闭,不留盲区。

12.4.2　周界入侵探测装置应与视频安防监控、辅助照明装置以及现场声光警示装置联动。现场声光警示装置的声压应不小于 100 dB(A),报警持续时间应保持到操作员确认警情后自动或手动解除。

12.4.3　考古发掘工地周界的出入口、应设置视频安防监控装置,并采取出入检查/验证措施。

12.4.4　考古发掘区外围应设置视频安防监控装置,对发掘区进行完整的视频监控和图像记录。

12.4.5　考古发掘区内重要的探方(沟)宜设置视频安防监控装置,对发掘作业过程、重要遗物的起取出土等情况进行完整的视频监控和图像记录。

12.4.6　重要的墓葬发掘现场,宜根据现场条件设置入侵探测和声音复核装置,宜在墓道(门)入口处设置视频安防监控装置。

12.4.7　考古发掘区与考古工地库房之间的出土遗物运送通道宜设置视频安防监控装置,对出土遗物的运送过程实施跟踪监控。

12.4.8　对外开放的考古发掘工地,参观通道出入口应设置视频安防监控装置,并采取出入检查/验证措施。参观通道宜设置视频安防监控装置。

12.4.9　考古发掘工地的文物库房出入口应设置视频安防监控装置,宜设置出入口控制装置。库房内应设置入侵探测和紧急报警装置,宜设置声音复核装置。库房内通道和重要部位应设置视频安防监控装置,应与入侵探测装置联动。

12.4.10　考古发掘工地、文物库房宜设置电子巡查装置。

12.4.11　考古发掘工地应设置监控室。具有重要价值且发掘工作持续时间较长的重要考古发掘工地,参照 9.1.3.4 的规定设置监控中心。

附录A(资料性附录)

设计流程及设计文件编制

A.1 设计流程

A.1.1 安全防范系统设计应按照“编制设计任务书→现场勘察→初步设计→方案论证→工图设计(正式设计)文件”的流程进行。

A.1.2 建设单位应向安全防范系统设计单位提供有关建筑概况、电气和管槽路由等资料。

A.2 设计任务书的编制

A.2.1 安全防范系统设计前,建设单位应根据安全防范需求,提出设计任务书。

A.2.2 设计任务书应包括以下内容:

a)任务来源;

b)政府部门的相关规定和管理要求(含防护对象的风险等级和防护级别);

c)建设单位的安全管理现状与要求;

d)工程项目的内容和要求(包括功能需求、性能指标、监控中心要求、培训和维修服务等);

e)建设工期;

f)工程投资控制数额及资金来源。

A.3 现场勘察

A.3.1 安全防范系统设计前,设计单位与建设单位应进行现场勘察,并编制现场勘察报告。

A.3.2 现场勘察应符合GB 50348—2004中3.2的规定。

A.4 初步设计文件的编制

A.4.1 初步设计的依据应包括以下内容:

a)相关法律法规和国家现行标准;

b)工程建设单位或其主管部门的有关管理规定:

c)设计任务书;

d)现场勘察报告、相关图纸及资料。

A.4.2 初步设计应包括以下内容:

a)建设单位的需求分析与工程设计的总体构思(含防护体系的构架和系统配置);

b)防护区域的划分、前端设备的布设与选型;

c)中心设备(包括控制主机、显示设备、记录设备等)的选型;

d)信号的传输方式、路由及管线敷设说明;

e)监控中心的选址、面积、温湿度、照明等要求和设备布局;

f)系统安全性、可靠性、电磁兼容性、环境适应性等的说明;

g)系统供电、防雷与接地的说明;

h)各子系统的接口关系(如联动、集成方式等);

i)系统建成后的预期效果说明和系统扩展性的考虑;

j)对人防、物防的要求和建议;

k)售后服务与技术培训的承诺。

A.4.3 初步设计文件应包括设计说明、设计图纸、主要设备材料清单、工程概算书及主要设备材料的检验报告或认证证书。

A.4.4 初步设计文件的编制应包括以下内容:

a)设计说明应包括工程项目概述、布防策略、系统配置及其他必要的说明。

b)设计图纸应包括系统图、平面图、监控中心布局示意图及必要说明。

c)设计图纸应符合以下规定:

1)图纸应符合国家制图相关标准的规定，标题栏应完整，文字应准确、规范，应有相关人员签字，设计单位盖章；

2)图形符号应符合 GA/T 74 的规定；

3)在平面图应标明尺寸、比例和指北针；

4)在平面图中应包括设备名称、规格、数量和其他必要的说明。

d)系统图应包括以下内容：

1)主要设备类型及配置数量；

2)信号传输方式、系统主干的管槽线缆走向和设备连接关系；

3)供电方式：

4)接口方式(含各子系统之间的接口关系)；

5)其他必要的说明。

e)平面图应包括以下内容：

1)应标明监控中心的位置及面积；

2)应标明前端设备的布设位置、设备类型和数量等；

3)管线走向设计应对主干管路的路由等进行标注；

4)其他必要的说明。

f)对安装部位有特殊要求的，宜提供安装示意图等工艺性图纸。

g)监控中心布局示意图应包括以下内容：

1)平面布局和设备布置；

2)线缆敷设方式：

3)供电要求；

4)其他必要的说明。

h)主要设备材料清单应包括设备材料名称、规格、数量等。

i)按照工程内容，根据 GA/T 70 等国家现行相关标准的规定，编制工程概算书。

A.5　方案论证

A.5.1　工程项目完成初步设计后，应由建设单位组织相关人员对安全防范系统工程初步设计进行方案论证。

A.5.2　方案论证应提交以下资料：

a)设计任务书；

b)现场勘察报告；

c)初步设计文件；

d)主要设备材料的型号、生产厂家、检验报告或认证证书。

A.5.3　方案论证应包括以下内容：

a)系统设计内容是否符合风险等级、防护级别及设计任务书的要求；

b)系统设计的总体构思是否合理；

c)设备选型是否满足现场适应性、可靠性的要求；

d)系统设备配置和监控中心的设置是否符合防护级别的要求；

e)信号传输方式、路由和管线敷设方案是否合理；

{)系统安全性、可靠性、电磁兼容性、环境适应性是否符合相关标准的规定；

s)系统供电、防雷与接地是否满足相关规定和使用要求；

h)系统的可扩展性、接口方式是否满足使用要求；

i)初步设计文件是否符合 A.4.3 和 A.4.4 的规定；

j)建设工期是否符合工程现场的实际情况和满足建设单位的要求；

k)工程概算是否合理；

l)售后服务承诺和技术培训内容是否可行。

A.5.4 方案论证应对A.5.3的内容做出评价，形成结论(通过、基本通过、不通过)，提出整改意见，并经建设单位确认。

A.6 施工图设计(正式设计)文件的编制

A.6.1 施工图设计文件编制的依据应包括以下内容：

a)初步设计文件；

b)方案论证中提出的整改意见和设计单位所做出的并经建设单位确认的整改措施。

A.6.2 施工图设计文件应包括设计说明、设计图纸、主要设备材料清单和工程预算书。

A.6.3 施工图设计文件的编制应符合以下规定：

a)施工图设计说明应对初步设计说明进行修改、补充、完善，包括设备材料的施工工艺说明、管线敷设说明等，并落实整改措施。

b)施工图纸应包括系统图、平面图、监控中心布局图及必要说明，应符合A.4.4c)的规定。

c)系统图应在A.4.4d)的基础上，充实系统配置的详细内容(如立管图等)，标注设备数量，补充设备接线图，完善系统内的供电设计等。

d)平面图应包括以下内容：

1)前端设备布防图应正确标明设备安装位置、安装方式和设备编号等，并列出设备统计表；

2)前端设备布防图可根据需要提供安装说明和安装大样图；

3)管线敷设图应标明管线的敷设安装方式、型号、路由、数量，末端出线盒的位置高度等；分线箱应根据需要，标明线缆的走向、端子号，并根据要求在主干线路上预留适当数量的备用线缆，并列出材料统计表；

4)管线敷设图可根据需要提供管路敷设的局部大样图；

5)其他必要的说明。

e)监控中心布局图应包括以下内容：

1)监控中心的平面图应标明控制台和显示设备柜(墙)的位置、外形尺寸、边界距离等；

2)根据人机工程学原理，确定控制台、显示设备、机柜以及相应控制设备的位置、尺寸；

3)根据控制台、显示设备柜(墙)、设备机柜及操作位置的布置，标明监控中心内管线走向、开孔位置；

4)标明设备连线和线缆的编号；

5)说明对地板敷设、温湿度、风口，灯光等装修要求；

6)其他必要的说明。

f)按照施工内容，根据GA/T 70等国家现行相关标准的规定，编制工程预算书。

安全防范系统验收规则

1 范围

本标准对安全防范系统的质量验收，从设计、施工、效果及技术服务等方面提出了必须遵循的基本要求，是对安全防范系统(工程)进行验收的依据。

本标准适用于一、二级安全防范系统(工程)的验收，三级安全防范系统(工程)的验收可适当简化。

2 引用标准

下列标准所包含的条文，通过在本标准中引用而构成为本标准的条文。本标准出版时，所示版本均为有效。所有标准都会被修订,使用本标准的各方应探讨使用下列标准最新版本的可能性。

GB/T 16571—1996 文物系统博物馆安全防范系统设计规范

GB/T 16676—1996 银行营业场所安全防范系统设计规范

GB 50057—1994 建筑防雷设计规范

GB 50198—1994 民用闭路监视电视系统工程技术规范

GA/T 74—2000 安全防范系统通用图形符号

GA/T 75—1994 安全防范工程程序与要求

JGJ/T 16—1992 建筑电气设计技术规程

3 定义

本标准采用下列定义。

3.1 安全技术防范(简称"技防")

以运用技防产品、实施技防工程为手段,结合各种相关现代科学技术,预防、制止违法犯罪和重大治安事故,维护社会公共安全活动。

3.2 安全技术防范产品(简称"技防产品")

用于防入侵、防盗窃、防抢劫、防破坏、防爆炸和安全检查等方面的特种器材。

3.3 安全防范系统(工程)

以维护社会公共安全和预防、制止重大治安事故为目的,综合运用技防产品和其他相关产所组成的电子系统或网络。

4 验收条件

4.1 初步设计方案通过论证

根据 GA/T 75—1994 规定,一、二级系统(工程)必须经初步设计方案论证通过,并根据论证意见由建设单位和设计、施工单位共同签署整改落实意见。

4.2 系统试运行达到设计要求并为建设单位认可

4.2.1 试运行:系统调试开通后,应至少试运行一个月,并做好试运行记录(见表 1)。

4.2.2 试运行报告:建设单位依据试运行记录,提出系统试运行报告。内容包括:

a)系统运行起讫日期,试运行是否正常;

b)故障(包括误报警、漏报警)产生的次数、原因和排除故障的日期;

c)系统功能是否符合设计要求以及综合评述。

4.2.3 试运行期间设计、施工单位应配合建设单位,建立系统的值勤、操作和维护管理制度。

4.3 技术培训

依据合同有关条款对有关人员进行培训。培训应提供有关设备、系统操作和日常维护的说明、方法等技术资料。培训内容应征得建设单位同意。

4.4 系统竣工

4.4.1 系统按设计任务的规定内容全部建成,经试运行达到设计要求并为建设单位认可视为竣工。少数非主要项目未按规定全部建成,经建设单位与设计、施工单位协商,对遗留问题有明确处理办法,经试运行并为建设单位认可后,也可视为竣工。

4.4.2 系统竣工后由设计、施工单位写出竣工报告。竣工报告内容包括:工程概况、安装的主要设备、对照设计任务书或合同所完的质量自我评估、提出维修服务条款。

4.5 初验合格

4.5.1 由建设单位(含监理单位)组织设计、施工单位根据设计任务书或合同提出的设计使用要求进行初验,要求初验合格并写出初验报告。参加初验的人员应签名。

4.5.2 初验报告包括以下内容：

a)系统试运行评述；

b)对照设计任务书要求，系统功能检测情况及质量主观评价；

c)对照正式设计方案，核对安装设备数量和型号的结果；

d)施工质量初验意见(含隐蔽工程随工验收单，见表2)。

4.6 系统检测

4.6.1 一、二级安全防范系统(工程)在正式验收前，设计、施工单位必须向公安技防管理部门申请办理委托系统检测手续，并由公安技防管理部门向检测机构出具检测委托书。

4.6.2 系统检测机构必须是经国家质量监督检验检疫总局、公安部认可的部级以上的检测机构，或是经省、自治区、直辖市地方质量监督检验检疫总局、省级公安技防管理部门认可的省级检测机构。

4.6.3 申请办理系统检测手续应报送以下资料：

a)系统试运行报告；

b)系统竣工报告；

c)系统初验报告。

4.6.4 设计、施工单位将检测委托书送检测机构并附以下图纸资料：

a)系统初验报告；

b)按照正式设计方案施工的系统原理框图、平面布防图、器材设备清单等。

4.6.5 检测机构在接到检测委托书和以上图纸资料后，应及时对系统进行检测，并出具系统检测报告。

4.6.6 检测报告应准确、公正、完整、规范，并注重量化。系统在线测试抽检比例：电视监控系统按前端设备数的20％～30％；其他系统按前端设备数的10％～15％；总数10台以下的，至少不低于3台。

4.7 验收图纸资料

一、二级安全防范系统(工程)在正式验收前，设计、施工单位应向验收小组(验收委员会)报送下列验收图纸资料(全套验收图纸资料应满足验收机构人员的需要，三级工程可参照提供相关验收图纸资料)：

a)设计任务书；

b)合同；

c)初步设计方案论证意见，并附论证会方案评审小组(评审委员会)名单；

d)初步设计方案通过论证后，设计、施工单位和建设单位共同签署的整改落实意见；

e)正式设计方案与相关图纸(包括系统原理框图、平面布防图及器材配置表、线槽管道布线图、系统中心控制室布置图、器材设备清单等)；

f)系统试运行报告；

g)系统竣工报告；

h)初验报告(附隐蔽工程随工验收单，见表2)；

i)决算报告；

j)系统检测报告。

5 系统验收的组织与职责 5.1 验收组织

系统验收由建设单位会同公安技防管理部门组织安排。

5.2 验收参加单位(人员)

出席验收会的单位(人员)由建设单位的上级业务主管部门，建设单位(含工程总包单位、使用单位、监理单位)，设计施工单位，公安技防管理部门、公安业务主管部门和一定数量的技术专家，必要时还应有检测机构代表参加。

5.3 验收机构

5.3.1 系统验收时要协商组成验收小组，或验收委员会。

5.3.2 验收小组（验收委员会）由建设单位负责人、建设单位上级业务主管部门、公安技防管理部门、公安业务主管部门以及不低于验收机构人员总数40%的技术专家组成，并推选组长、副组长（主任、副主任）。

5.4 验收机构职责与要求

5.4.1 验收机构对系统（工程）应作出正确、公正、客观的验收结论。不利验收公正性的人员不能参加验收小组。

5.4.2 对国家、省级重点安全防范系统（工程）和金融、文博等要害单位的安全防范系统（工程）的验收，应执行国家或公共安全行业的相关标准、规范，严格把关。

5.4.3 验收中，对照设计任务书，合同或正式设计方案，按第6章的规定，逐项进行审查。发现系统有重大缺陷或明显不符合要求的，应向设计施工单位提出质询，并视答辩情况决定验收工作是否继续进行。

5.4.4 验收机构应对系统建设中存在的主要问题提出整改意见和建议。

6 验收内容

6.1 施工验收

6.1.1 基本要求

a)施工验收由验收小组（验收委员会）指定的施工验收组负责验收。

b)施工应按照设计文件及JGJ/T 16等相关标准的要求进行，按图施工，不得随意更改。若根据实际情况确需作局部调整或变更的，应按程序进行审批，并提供建设（使用）单位和设计、施工单位双方认可的更改审核单（见表3）。更改审核单可由设计、施工单位提出，经本单位负责人审核，报建设单位批准。重大变更要报公安技防管理部门备案，必要时要经审查认可。

c)施工验收前，设计、施工单位应提供工程正式设计文件及相关图纸施工记录等。

6.1.2 施工验收内容

施工验收主要验收工程施工质量，包括设备安装质量和管线敷设质量。

a)按表4规定的项目和要求，分别检查前端设备和终端设备的安装质量。

b)在进行施工验收时，复核随工验收单的检查结果（管线敷设时，工程建设单位或监理单位应会同设计、施工单位共同对管线敷设质量进行随工验收，并填写隐蔽工程随工验收单）。

c)复核土建施工单位提供的弱电系统接地电阻测试数据，应符合GB 50198标准要求；检查接地系统是否按等电位接地要求施工，并符合GB 50057标准要求。

d)抽查明敷管线及明装接线盒、桥架、管井中线缆接头等施工工艺（视频线缆应一线到位，尽量避免接头），并应符合JGJ/T 16等相关标准的要求。

6.2 技术验收

6.2.1 基本要求

a)技术验收由验收小组（验收委员会）指定的技术验收组负责检查验收。

b)对照原初步设计论证意见与整改情况以及系统检测报告，检查系统的主要功能和主要技术指标，应符合国家或公共安全行业相关标准、规范的要求和设计任务书或合同提出的技术要求。

c)对照系统竣工报告、系统初验报告，检查系统设备的配置（数量、型号及安装部位）应符合正式设计方案要求。

d)检查系统选用的技防产品，应符合国家或公共安全行业有关标准和管理的规定。

e)检查系统中的备用电源。备用电源在主电源断电时，应能自动切换，保证系统在规定的时间内正常工作。

f)对具有集成功能的安全防范系统,应按照正式设计方案和相关标准进行检查。

g)按表 5 要求,对工程按各分系统项目进行现场功能抽检复查,并做好记录。

6.2.2 报警系统的抽查与验收

a)根据试运行报告,复核误、漏报警情况;对入侵探测器的安装位置、角度、探测范围做步行测试抽查;做防拆保护抽查;检查室外周界报警探测装置形成的警戒范围有无盲区。

b)系统布防、撤防、旁路和报警显示功能。

c)当有联动要求时,抽查其对应的灯光、摄像机、录像机等到联动功能。

d)对于已建成区域性安全防范报警网络的地区,检查系统直接或间接联网的条件。

6.2.3 电视监控系统的抽查与验收

a)对照系统检测报告,系统的技术指标应满足 GB 50198—1994 中 2.1.6 的要求。

b)系统结构与配置同正式设计方案的符合度。

c)监视图像主观评价不低于 4 级,记录图像的回放质量至少能辨别人的面部特征。

d)操作与控制的功能检查:如图像切换、云台转动是否平稳,镜头的光圈、变焦等功能是否正常,避免逆光效果等。

e)摄像时间、摄像机位置和电梯内楼层显示等图像的标识符,显示是否稳定正常;电梯内的摄像机的安装位置(要求安装在电梯厢门左或右侧上角)是否能有效监视电梯乘员。

f)对金融系统银行营业场所、文博系统,是否满足 GB/T 16676 和 GB/T 16571 的相关要求。

6.2.4 出入口控制系统的抽查与验收

a)系统工作是否正常,并按正式设计方案达到相关功能要求。

b)系统存储通行目标的相关信息,对非正常通行是否具有报警功能。

c)楼寓对讲电控防盗门作为一种出入口控制系统是否能正常工作;开锁继电器是否有自我保护功能。可视对讲系统的图像是否能辨别来访者。

d)出入口控制的联网报警部分,是否符合相关技术要求。

6.2.5 巡更管理系统的抽查与验收

a)按正式设计方案检查系统具有的巡更时间、地点、人员和顺序等数据的显示、归档、查询、打印等功能;

b)在线式巡更系统是否具有即时报警功能。

6.2.6 中心控制室的检查与验收

a)检查通信联络手段(一般不少于两种);

b)是否具有自身防范、防火和雷电防护等安全设施。

6.3 资料审查

6.3.1 基本要求

a)资料审查由工程验收小组(验收委员会)指定的资料审查组负责审查;

b)工程正式验收时,设计、施工单位应按 4.7 规定的要求提供全套验收图纸资料;

c)图纸资料应保证质量,做到内容齐全、标记正确、文字清楚、数据准确、图文表一致;

d)图样的绘制应符合 GA/T 74 及国家标准的有关规定。

6.3.2 审查内容

a)按 6.3.1 中 c)、d)要求审查设计、施工单位提供的验收图纸资料的编制质量(准确性、规范性)和与工程实际的符合度,并填写于表 6;

b)根据工程规模,审查验收图纸资料的完整性,包括日常维修服务条款,并填写于表 6。

7 验收结论与整改

验收小组(验收委员会)根据施工验收(表 4)技术验收(表 5)及资料审查(表 6)的结果,认真如实地作出验收结论。对验收通过或基本通过的安全防范系统(工程),设计施工单位应根据验收结论写出经建设单位认可的整改方案,建设单位上级主管部门、公安技防管理部门和公安业务主管部门应督促、协调、检查整改方案的落实。

7.1　验收判据

施工质量验收:按表 2 要求对隐蔽工程质量进行复核,并根据各单项的检查结果,综合后填写验收意见;按表 4 要求,对设备安装质量和明装管线质量进行检查并根据各单项的检查结果统计出合格率。

技术质量验收:按表 5 要求,对系统实施情况同正式设计方案的符合度和系统功能进行现场复核抽查,并根据各单项的检查结果统计出合格率。

资料审查:按表 6 要求,对资料的完整性、准确性、规范性进行审查,并根据各单项的审查结果统计出合格率。

按表 4 至表 6 的规定,合格率大于等于 0.8 判为通过;合格率小于 0.8、大于等于 0.6,判为基本通过;合格率小于 0.6,判为不通过。

7.2　验收结论

验收结论分通过、基本通过和不通过三种,并汇总于表 7。

7.2.1　验收通过

对照验收判据,施工质量、技术质量和资料审查均为优良、经试运行和检测达到设计任务书或合同要求并符合相关标准者,判为通过,即 $K_S \geqslant 0.8$;$K_J \geqslant 0.8$;$K_Z \geqslant 0.8$ 的,判为通过。

7.2.2　验收基本通过

验收中出现各别项目达不到规定要求但不影响使用,K_S、K_J、K_Z 均$\geqslant 0.6$,但达不到 7.2.1 要求的,判定为基本通过。

7.2.3　验收不通过

施工质量对照表 2、表 4 有明显问题,$K_S < 0.6$;技术质量对照正式设计方案有较严重缺陷,不能满足设计任务书或合同要求,$K_J < 0.6$,或者重要指标达不到相关标准规定;资料不齐全、不规范,对照工程实际有明显差错,$K_Z < 0.6$ 的,判定为不通过,或者 K_S、K_J、K_Z 中有一项小于 0.6 的,或者重点项目(见表 5,序号右上角打 *)检查结果不合格的,均判定为不通过。

7.2.4　提出建议与要求

验收小组(验收委员会)在作出验收结论时,对验收中存在的主要问题提出建议与要求,并填写于表 7 中。

7.3　验收不通过的系统不得交付使用。设计、施工单位应根据验收结论提出的问题,抓紧落实整改后再进行验收;系统复测时应适当提高原不通过部分的抽样比例。

7.4　验收会结束,应及时把全套验收图纸资料退回设计、施工单位。

7.5　验收通过或基本通过后,设计、施工单位应根据验收结论写出整改落实措施,并经建设单位认可。

8　系统移交

8.1　系统竣工图纸资料修改整理归档

验收通过或基本通过后,设计、施工单位应按下列要求整理编制系统竣工图纸资料,一式三份交建设单位。建设单位签收盖章后,其中一份交还设计、施工单位。

8.1.1　提供经修改、校对并符合 4.7 规定的验收图纸资料。

8.1.2　验收结论(含验收机构组成人员名单)。

8.1.3　设计、施工单位根据验收结论写出的并经建设单位认可的整改落实措施。

8.1.4　设计、施工单位提供的有关设备日常维护和系统操作的使用说明书。

8.2　系统验收通过或基本通过并有整改落实措施后,才能正式移交投入使用。建设单位或使用单位应有专人负责，并建立系统操作、保养、管理等制度；系统设计、施工单位应建立、落实维修服务制度。

8.3　办理登记手续

设计、施工单位应按8.1的要求将经整理编制的全套竣工图纸资料复印件报送公安技防管理部门办理登记竣工手续。

8.4　涉及机密级以上的图纸资料，建设单位，设计、施工单位和相关单位及其人员必须遵守国家有关保密规定，并将知密面控制在最小范围。

表1　**系统试运行纪录**

系统名称：________　系统（工程）级别________

建设（使用）单位：________　设计、施工单位：________

日期/时间	系统运行情况（含误、漏报警）	备注	值班人

注：

1.系统运行情况中，正常打“√”并每天不少于填写一次；不正常的备注栏内及时说明情况（包括修复日期）。

2.系统有报警部分的，报警试验每天进行一次。无漏报警的，在对应的空格内打“√”，有漏报警的打“×”，并在备注栏内说明情况；出现误报警的也在相应备注栏内如实填写。

表 2

隐蔽工程随工验收单

工程名称：____________________

<table>
<tr><td colspan="2">建设单位/总承包单位</td><td colspan="2">设计、施工单位</td><td>监理单位</td></tr>
<tr><td colspan="2"></td><td colspan="2"></td><td></td></tr>
<tr><td rowspan="5">隐蔽工程内容与检查</td><td rowspan="2">检查内容(共 6 项)</td><td colspan="3">检查结果</td></tr>
<tr><td>安装质量</td><td>楼层(部门)</td><td>图号</td></tr>
<tr><td></td><td></td><td></td><td></td></tr>
<tr><td></td><td></td><td></td><td></td></tr>
<tr><td></td><td></td><td></td><td></td></tr>
<tr><td>验收意见</td><td colspan="4"></td></tr>
<tr><td colspan="2">建设单位/总承包单位</td><td colspan="2">设计、施工单位</td><td>监理单位</td></tr>
<tr><td colspan="2">验收人：
日期：
盖章：</td><td colspan="2">验收人：
日期：
盖章：</td><td>验收人：
日期：
盖章：</td></tr>
<tr><td colspan="5">注：
1. 检查内容包括：(1)管道排列、走向、弯曲处理、固定方式；(2)管道连接、管道搭铁、接地；(3)管口安放护圈标识；(4)接线盒及桥架加盖；(5)线缆对管道及线间绝缘电阻；(6)线缆接头处理等。
2. 检查结果的安装质量栏内，按检查内容序号，合格的打“√”，基本合格的打“△”，不合格的打“×”，并注明对应的楼层(部位)、图号。
3. 综合安装质量的检查结果，在验收意见栏内填写验收意见并扼要说明情况。</td></tr>
</table>

表 3

更改审核单

系统(工程)名称：____________________

<table>
<tr><td>更改情况</td><td>更改原因</td><td>原为</td><td colspan="2">更改为</td></tr>
<tr><td></td><td></td><td></td><td colspan="2"></td></tr>
<tr><td></td><td></td><td></td><td colspan="2"></td></tr>
<tr><td colspan="3">申请：　　　　日期：</td><td rowspan="4">分发单位</td><td></td></tr>
<tr><td colspan="3">审核：　　　　日期：</td><td></td></tr>
<tr><td colspan="3">批准：　　　　日期：</td><td></td></tr>
<tr><td colspan="3">更改实施日期：</td><td></td></tr>
</table>

表 4 **设备安装质量检查**

系统(工程)名称:____________ 设计、安装单位:____________

	项目	要求	方法	检查结果			抽查百分数
前端设备	1. 安装位置(方向)	合理,有效	现场抽查观察	正确	基本正确	不正确	5%～10%(10 台以下至少验收3 台)
	2. 安装质量(工艺)	牢固、整洁、美观、规范	现场抽查观察	良好	基本良好	不好	
	3. 线缆连接	视频电缆一线到位,接插件可靠,电源线与信号线、控制线分开,走向顺直,无扭绞	复核、抽查或对照图纸资料	符合要求	基本符合要求	不符合要求	
	4. 通电	工作正常	现场通电检查	正常	基本正常	不正常	100%
控制室终端设备	5. 操作台、机架	安装平稳、合理	现场观察体会	合理	基本合理	不合理	100%
	6. 控制设备安装	操作方便、安全	现场观察体会	合理	基本合理	不合理	
	7. 开关、按钮	灵活、安全	现场观察询问	良好	基本良好	不好	
	8. 机柜、设备接地	符合 GB 50057 等电位接地要求	现场观察询问	符合	基本符合	不符合	
	9. 接地电阻	符合 GB 50198 规定	对照表 2 并按(6.1.2C 要求)	合格	不合格		
	10. 机架电缆线扎及标识	整齐,有明显编号、标识	现场观察	整齐、有标识	基本整齐有标识	不整齐或无标识	
	11 电源引入线缆标识	引入线端标识明显、牢靠	现场观察	有,牢靠	基本符合要求	不符合要求	
	12 通电	工作正常	现场通电检查	正常	基本正常	不正常	
检查结果统计:K_S(合格率)			安装质量检查结果				
施工验收组人员签名:				验收日期:			

注:1. 在验收结果栏,按实际情况在相应空格内打"√"(左列打"√",视为合格;中列打"√",视为基本合格;右列打"√",视为不合格)。

2. 检查结果统计:K_S(合格率)=[合格数+基本合格数×0.6]/项目检查数(项目检查数如无要求或实际缺项未检查的,不计在内)。

3. 检查结论:K_S(合格率)≥0.8 判为通过;0.8>K_S≥0.6,判为不通过;必要时作简要说明。

表 5 **技术验收**

系统名称：________________ 设计、施工单位：________________

	序号	检查项目	检查要求与方法	检查结果		
				合格	基本合格	不合格
基本要求	1	系统主要技术性能	6.2.1b)			
	2	设备配置	6.2.1c)			
	3	主要技防产品、设备的质量保证	6.2.1d)			
	4	备用供电	6.2.1e)			
	5	系统集成功能	6.2.1f)			
报警系统	6	误、漏报警，报警检查	6.2.2a)			
	7*	系统布、撤防、报警显示	6.2.2b)			
	8	联动功能	6.2.2c)			
	9	直接或间接联网	6.2.2d)			
电视监控	10*	主要技术指标	6.2.3a)			
	11	系统结构与配置	6.2.3b)			
	12*	图像质量	6.2.3c)			
	13	操作与控制	6.2.3d)			
	14	字符标识，电梯厢摄像机	6.2.3e)			
	15	重要场所设计	6.2.3f)			
出入口控制	16	系统功能	6.2.4a)			
	17	存储信息与控制	6.2.4b)			
	18	楼寓对讲	6.2.4c)			
	19	联网报警	6.2.4d)			
巡更	20	数据显示、归档、查询、打印	6.2.5a)			
	21	即时报警	6.2.5b)			
控制室	22	通信联络	6.2.6a)			
	23	自身防范	6.2.6b)			
	24	雷电防护	6.2.6c)			
检查结果统计：K_J(合格率)			检查结论			
验收人员签名：			验收日期：			

注：1. 在检查结果栏，按实际情况在相应空格内打"√"(左列打"√"，视为合格；中列打"√"，视为基本合格；右列打"√"，视为不合格)。

2. 检查结果统计：K_J(合格率)=[合格数+基本合格数×0.6]/项目检查数(项目检查数如无要求或实际工程缺项未检查的，不计在内)。

3. 检查结果：K_J(合格率)≥0.8，判为通过；0.8>K_J≥0.6 判为基本通过；K_J<0.6 判为不通过。

* 为重点项目，检查结果只要有一项不合格，即为不通过。

表 6 **资料审查**

系统名称：__________________

序号	审查内容	审查结果					
		完整性			准确性		
		完整（或有）	基本完整	不完整（或无）	合格	基本合格	不合格
1	设计任务书						
2	合同（或协议书）						
3	初步设计方案论证意见（含评审机构组成人员名单）						
4	通过初步设计方案论证的整改落实意见						
5	正式设计方案和相关图纸						
6	系统试运行报告						
7	竣工报告						
8	初验报告（含隐蔽工程随工验收单）						
9	工程决算报告						
10	系统检测报告						
11	系统使用说明书（含操作说明及日常维护）						
12	相关图纸绘制规范要求	规范		基本规范	不规范		
审查结果统计：K_J（合格率）		审查结论					
审查人员签名：			日期：				

注：

1. 在审查结果栏，按实际情况在相应的空格内打“√”（左列打“√”，视为合格；中列打“√”，视为基本合格；右列打“√”，视为不合格）。
2. 对三级安全防范系统，序号第 3、4、10 项内容可简或略。
3. 审查结果统计：K_Z（合格率）＝［合格数＋基本合格数×0.6］/项目审查数，（项目审查数如不作为要求的，不计在内）。
4. 审查结论：K_Z（合格率）≥0.8 判为通过；0.8＞K_Z≥0.6，判为基本通过 K_Z＜0.6，判为不通过。

表 7　　　　　　　　　　　　　　　验收结论汇总

系统名称：____________________　　　　设计、施工单位：____________________

施工验收结论		验收人签名：　　　年　　月　　日
技术验收结论		验收人签名：　　　年　　月　　日
资料审查结论		审查人签名：　　　年　　月　　日
系统验收结论		验收小组(委员会)组长、 副组长(主任、副主任) 签名：
建议与要求： 年　　月　　日		
注： 1. 本汇总表需附表 4、表 5、表 6 及出席验收会与验收机构人员名单(签到)。 2. 验收结论一律填写“通过”或“基本通过”或“不通过”。		

文物建筑防雷技术规范

1　范围

本标准规定了文物建筑的防雷分类,防雷工程勘察设计、安装施工及维护与管理的要求。

本标准适用于核定公布为文物保护单位的文物建筑的雷电防护。其他不可移动文物中的文物建筑可参照执行。

2　规范性引用文件

下列文件对于本文件的应用是必不可少的。凡是注日期的引用文件,仅注日期的版本适用于本文件。凡是不注日期的引用文件,其最新版本(包括所有的修改单)适用于本文件。

GB/T 21431 建筑物防雷装置检测技术规范

GB 50057—2010 建筑物防雷设计规范

GB 50601—2010 建筑物防雷工程施工与质量验收规范

3　术语和定义

下列术语和定义适用于本文件。

3.1　文物建筑　heritage buildings

公布为不可移动文物的建筑物和构筑物。

3.2　山墙　gable wall

建筑物两端沿进深方向砌筑的外墙。

3.3　正脊兽　ridge animal

置于屋面正脊上由玻璃件或砖、石雕制作的神兽状饰物、构件。

3.4　防雷装置　lightning protection system;LPS

用于减少闪击击于建(构)筑物或建(构)筑物附近造成的物质性损害和人身伤亡,由外部防雷装置和内部防雷装置组成。

[GB 50057—2010,定义 2.0.5]

3.5　接闪器　air-termination system

由拦截闪击的接闪杆、接闪带、接闪线、接闪网以及金属屋面、金属构件等组成。

[GB 50057—2010,定义 2.0.8]

3.6　引下线　down-conductor system

用于将雷电流从接闪器传导至接地装置的导体。

[GB 50057—2010,定义 2.0.9]

3.7　接地装置　earth-termination system

接地体和接地线的总合,用于传导雷电流并将其流散入大地。

[GB 50057—2010,定义 2.0.10]

3.8　接地体　earth electrode

埋入土壤中或混凝土基础中作散流用的导体。

[GB 50057—2010,定义 2.0.11]

3.9　雷击电磁脉冲　lightning electromagnetic impulse

雷电流经电阻、电感、电容耦合产生的电磁效应,包含闪电电涌和辐射电磁场。

[GB 50057—2010,定义 2.0.25]

3.10　电涌保护器　surge protective device;SPD

用于限制瞬态过电压和分泄电涌电流的器件。它至少含有一个非线性元件。

[GB 50057—2010,定义 2.0.29]

4　防雷分类

4.1　应根据文物建筑的重要性、所处环境及发生雷击可能性、雷击史等将文物建筑防雷分为三类。

4.2　在可能发生对地闪击的地区,下列建筑应划为第一类防雷文物建筑:

——全国重点文物保护单位的文物建筑;

——年预计雷击次数不小于 0.05 次/年或有雷击史或高度超过 26m 的省级文物保护单位的文物建筑。

4.3　在可能发生对地闪击的地区,下列建筑应划为第二类防雷文物建筑:

——省级文物保护单位的文物建筑;

——年预计雷击次数不小于 0.05 次/年或有雷击史或高度超过 26m 的市、县级文物保护单位的文物建筑。

4.4　在可能发生对地闪击的地区,其他市、县级文物保护单位中的文物建筑,应划为第三类防雷文物建筑。

4.5　年预计雷击次数应按 GB 50057—2010 附录 A 计算。

5 勘察设计

5.1 勘察

在文物建筑防雷设计前，应勘察下列内容：

——文物建筑的保护级别、结构材质说明、管理使用情况汇报；

——文物建筑所在地的地理、地质、土壤、气象、环境等条件和雷电活动规律，以及文物建筑本身和邻近区域内雷击灾害的史料；

——文物建筑防雷装置的现状，增建、改建的必要性说明；

——文物建筑现状总平面图，单体的平面和正、侧立面图，并辅以照片记录；

——文物建筑内金属构件和较大金属物体的情况；

——文物建筑内的低压电气系统和电子系统的组成状况；

——文物建筑常驻人员和流动人员情况；

——文物建筑周边的高大树木及构筑物情况。

5.2 设计

5.2.1 防雷设计应包括下列内容：

——工程概述；

——明确设计依据；

——确定文物建筑防雷类别；

——提出文物保护要求，分析防雷方式、设备器材、施工工艺对文物本体和外观风貌的影响；

——作出设计说明，包括防雷方式的选定、设备器材的确定及技术计算书，管线敷设和器材安装的文物保护措施等；

——进行图纸设计，提供接闪带平面图和安装后形态的立面图，引下线与接地装置图，在文物建筑构件上的安装大样图，禁止使用示意图；

——列出主要设备、器材清单。

5.2.2 防雷设计应提供下列文件：

——设计任务书；

——勘察报告，附勘测图纸和现状照片；

——设计说明；

——设计图纸；

——设计概算或预算。

6 防雷装置要求

6.1 接闪器

6.1.1 根据文物建筑的勘察现状，接闪器宜采用接闪带(网)、独立接闪杆、接闪带(网)与短接闪杆组合等形式。设计时应充分结合文物建筑的类型和屋顶制式，优先采用对文物建筑影响最小的方法。

6.1.2 当屋顶面积较大，按 GB 50057 的要求需设置接闪网时，其网格尺寸应符合表 1 中要求。当敷设在正脊上的接闪器能保护到文物建筑的檐口时，可仅在正脊、垂脊和戗脊处敷设接闪器。

表 1　　接闪网格尺寸　　单位为米(m)

文物建筑防雷类别	第一类防雷文物建筑	第二类防雷文物建筑	第三类防雷文物建筑
接闪网格尺寸	≤10×10 或 12×8	≤20×20 或 24×16	不设接闪网

6.1.3 接闪杆的保护范围应按滚球法计算确定,各类防雷文物建筑的滚球半径见表2。

表2　文物建筑防雷类别及其对应的保护范围滚球半径　　单位为米(m)

文物建筑防雷类别	第一类防雷文物建筑	第二类防雷文物建筑	第三类防雷文物建筑
滚球半径	45	60	75

6.1.4 不宜在建筑体上设置接闪器时,可在文物建筑周边设置独立接闪杆。独立接闪杆应将文物建筑置于直击雷防护区内。

6.1.5 当文物建筑上有大尺寸金属物,如铁杵、铁链、金属宝顶等符合接闪器材料规格时,可作为接闪器。

6.1.6 当文物建筑为钢筋混凝土结构时,接闪器应符合GB 50057—2010中4.3.1和4.4.1的规定。

6.1.7 高度超过60m的文物建筑其防侧击雷措施应符合GB 50057—2010中4.3.9和4.4.8的规定。

6.1.8 文物建筑屋面上的金属物体,如宝瓶、鳌头等可就近与接闪器连接。

6.1.9 接闪器材料、结构和最小截面应符合GB 50057—2010中表5.2.1的规定,第一类文物防雷建筑宜选用铜材。接闪器支架宜采用亚光不锈钢。

6.2 引下线

6.2.1 布置引下线时,应从文物建筑上接闪器下端焊接牢固后沿山墙、后檐墙、墙角或塔身、檐柱顺直引下。建筑物正面应避免明敷。当文物建筑通面阔长度大于引下线规定的间距时,可仅在正面墙角各敷一根引下线,同时可增加山墙、后檐墙及墙角引下线的根数,其平均间距应满足表3中的要求。

表3　引下线分布间距要求　　单位为米(m)

文物建筑防雷类别	第一类防雷文物建筑	第二类防雷文物建筑
分布间距	≤18	≤25

6.2.2 第三类防雷文物建筑专设引下线不应少于两根,引下线间距可不作要求。除第一类文物建筑其基底面积小于30m^{2}时,可仅设一根引下线。

6.2.3 引下线应经最短路径与接闪器、接地装置进行电气连接。专设引下线应沿建筑物外墙表面明敷,其材料、结构和最小截面应符合GB 50057—2010中表5.2.1的规定。

6.2.4 当文物建筑为钢筋混凝土结构时,引下线应符合GB 50057—2010中4.3.5和4.4.5的规定。

6.2.5 外露引下线,其距地面2.7m以下的导体用耐1.2/50μs冲击电压100kV的绝缘层隔离,或用不小于3mm厚的交联聚乙烯层隔离。

6.2.6 第一类防雷文物建筑引下线宜选用铜材。

6.2.7 第一类防雷文物建筑,宜在引下线上安装可记录接闪情况的装置。

6.3 接地装置

6.3.1 文物建筑接地装置宜采用相互连接形成闭合环形的接地装置,文物建筑保护要求较高时,可采用独立接地体。

6.3.2 接地装置的冲击接地阻值应符合表4要求。

表 4　　　　　　　　　　　**接地装置的冲击接地电阻值**　　　　　　　　　　　单位为欧姆(Ω)

文物建筑防雷类别	第一类防雷文物建筑	第二类防雷文物建筑	第三类防雷文物建筑
冲击接地电阻值	≤10	≤30	≤30

6.3.3　当因土壤电阻率较高，接地装置的冲击接地电阻值难以达到表 4 的要求时，可采用如下降阻方法：

——采用多支线外引接地装置，外引长度应符合 GB 50057—2010 附录 C 的规定；

——接地体埋于较深的低电阻率土壤中；

——采用降阻材料；

——置换低电阻率的土壤。

6.3.4　当环形接地所包围的面积符合 GB 50057—2010 中 4.3.6 和 4.4.6 的规定时，接地装置的冲击接地电阻值可不计及。

6.3.5　接地装置距文物建筑出入口或人行道等人员可能经过的地方，水平距离应不少于 3m。当客观原因导致小于 3m 时，应采取下列方法之一防止跨步电压：

——敷设 5cm 厚沥青层或 15cm 厚砾石层使地面电阻率大于 50kΩ · m。防护层不应影响文物建筑地面形式；

——设置护栏、警示牌，降低人员进入此范围内的可能性。

6.3.6　接地装置材料、结构和最小截面应符合 GB 50057—2010 中表 5.4.1 的规定。

6.4　电气系统和电子系统

进入文物建筑的金属线缆的铠装层和金属管道应与建筑物的防雷装置进行等电位连接。未采取屏蔽措施的线缆与防雷装置的安全距离，应符合一类防雷文物建筑不小于 20cm，二类、三类不小于 10cm 的要求。

7　防雷装置的安装施工

7.1　接闪器

7.1.1　在不损害文物建筑构件的前提下，接闪带(网)应沿文物建筑屋面的正脊、垂脊、戗脊、屋面檐角等易受雷击的部位随形敷设，屋面正脊兽等装饰物应置于接闪带(网)之下。接闪带在建筑物垂脊、戗脊的端头应外延不少于 15cm。

7.1.2　接闪带(网)的支架高度不宜小于 15cm。固定支架应均匀，其间距应符合GB 50601—2010中表 5.1.2 的规定。

7.1.3　短接闪杆的安装应垂直和牢固。接闪带之间的连接应采用搭焊、热熔焊、螺丝扣连接和专用连接件等方法。

7.1.4　独立接闪杆应能承受 0.7 kN/m^2 的基本风压，在经常发生台风和大于 11 级大风的地区，宜增大接闪杆的尺寸。

7.1.5　接闪器的安装参见附录 A 中的图 A.1，焊接应符合 GB 50601—2010 中6.1.2的要求。

7.2　引下线

7.2.1　专设引下线应按设计要求分段固定，并应以最短路径敷设到接地体。敷设时应平正顺直、无急弯。沿墙体敷设的引下线的固定支架应符合本标准 6.1.2 的要求。固定位置应选择构件接缝处，不应直接钉入。

7.2.2　引下线沿文物建筑木结构敷设时，引下线或固定支架应采取抱箍等不损伤文物构件的方式固定，并与木结构之间做绝缘处理。

7.2.3　引下线之间的连接应采用搭焊、热熔焊、螺丝扣连接和压接等方法。

7.2.4 采用多根专设引下线时，应在各引下线上距地面0.3～1.8m处装设断接卡。

7.2.5 引下线的安装参见附录A中的图A.2，焊接应符合GB 50601—2010中5.1.1的要求。

7.2.6 引下线安装过程中，对文物建筑地面、基础等有扰动的部位，应按原状恢复。

7.3 接地装置

7.3.1 接地装置应按设计要求施工。人工接地体在土壤中的埋设深度不应小于0.5m，并宜敷设在当地冻土层以下，垂直接地的长度不宜小于2.5m，垂直接地体的水平距离不宜小于5m。

7.3.2 接地装置与引下线的焊接和接地装置之间的焊接应符合GB 50601—2010中4.1.2的要求。接地装置的安装参见附录A中的图A.3。

7.3.3 接地装置安装过程中，对文物建筑基础、地面等有扰动的部位，应按原状恢复。

7.4 电气系统和电子系统

7.4.1 等电位连接施工应符合GB 50601—2010第7章的要求。

7.4.2 电涌保护器的安装应符合GB 50601—2010第10章的要求。

8 维护与管理

8.1 在文物建筑修缮期间，应保证防雷装置的有效性。如将防雷装置临时拆除，施工阶段应设置临时防雷措施，且对施工设施采取防雷措施。

8.2 对防雷工程文件和检测记录等资料，应及时归档，妥善保管。

8.3 严禁在接闪器和引下线上悬挂电话线、广播线、电视接收天线及低压架空线等。

8.4 文物建筑防雷装置应由专人负责日常的检查、维护和管理。在发生雷击、台风、地震后应及时检查，发现隐患时应及时采取措施。检查内容应包括如下各项：

a)直观检查接闪器、引下线的总体情况；

b)新增的电气设备与防雷装置的位置和间距；

c)接闪器和引下线上是否悬挂电话线、广播线、电视接收天线及低压架空线等；

d)SPD的功能状况，接闪情况装置的记录值。

8.5 文物建筑的防雷装置检测应按GB/T 21431的要求，由当地具有检测资质的机构每年检测一次。对检测中发现的问题要及时进行整改。检查维护和检测应有详细记录，并由参加检测人员填写、整理。

附录A（资料性附录）

文物建筑防雷装置安装示意图

A.1 屋面接闪带安装示意图（图A.1）

单位为米(m)

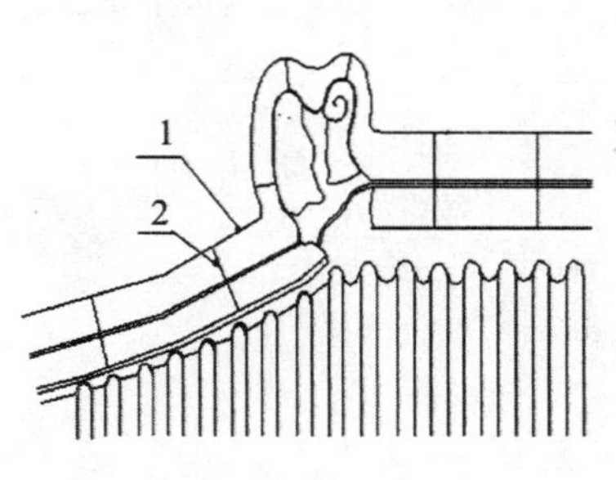

a)兽头及屋脊接闪带示意图

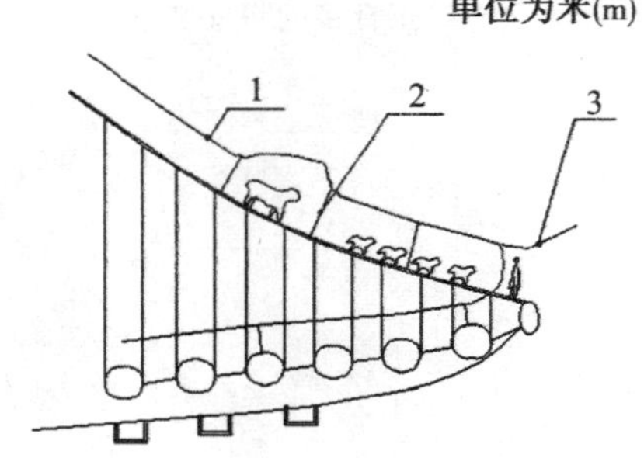

b)挑檐接闪带（杆）示意图

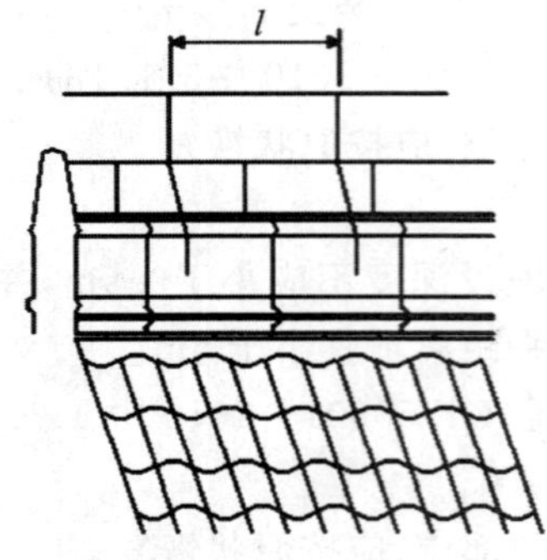

c)正脊接闪带示意图

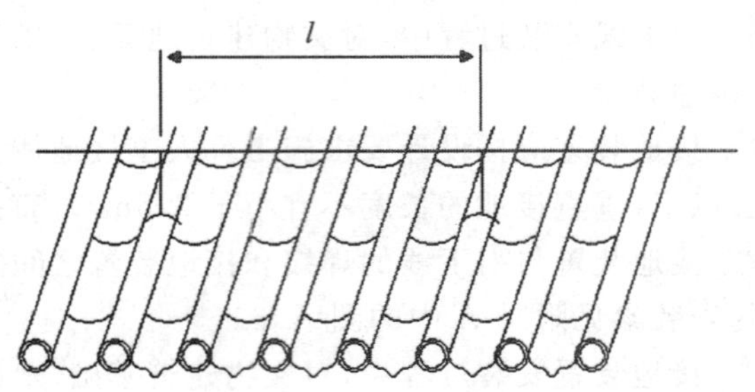

d)檐口接闪带或屋面网格示意图

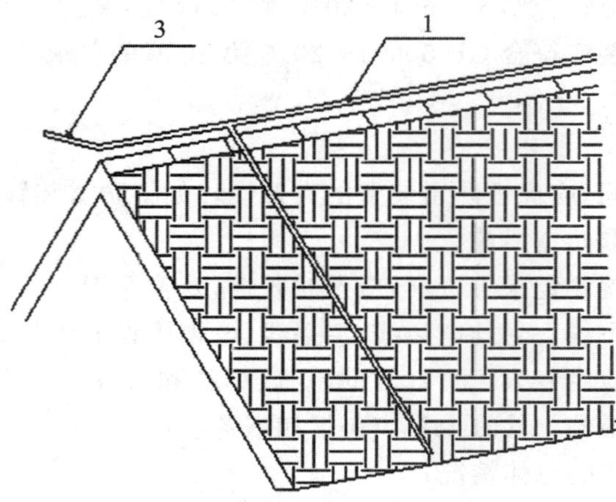

e)接闪带(网)紧贴文物建筑屋脊敷设示意图

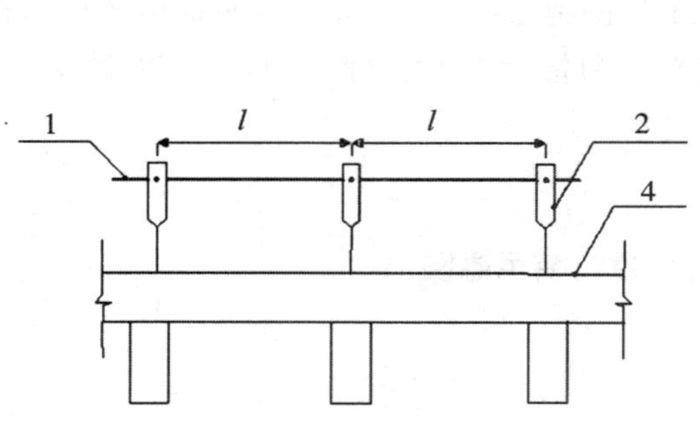

f)正脊接闪带安装图

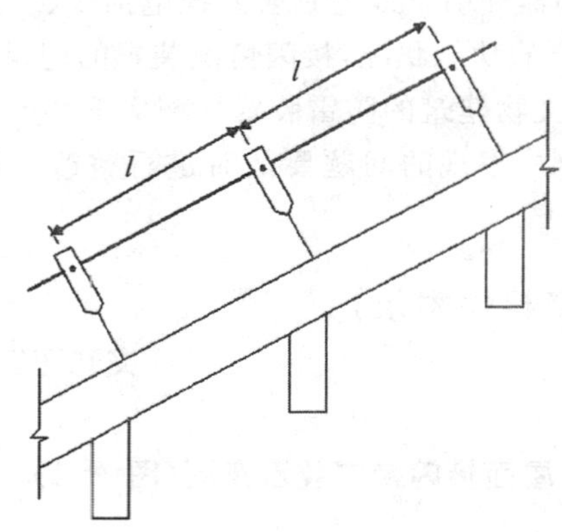

g)垂脊接闪带安装图

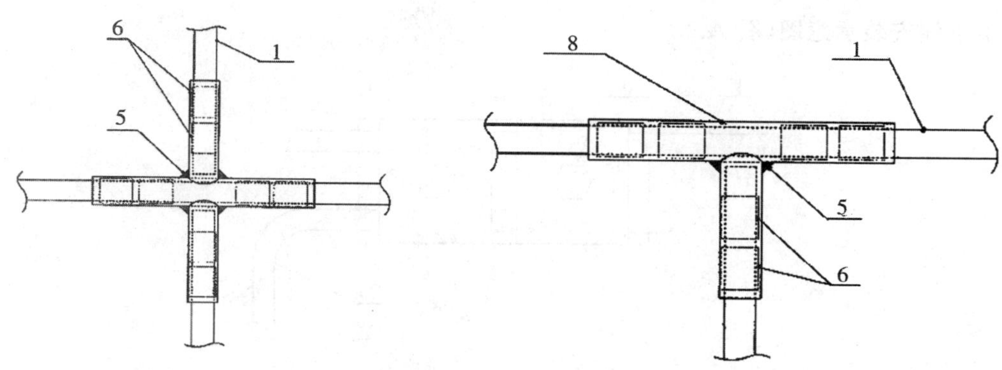

h)接闪带交叉连接安装图

i)接闪带的三通管安装图

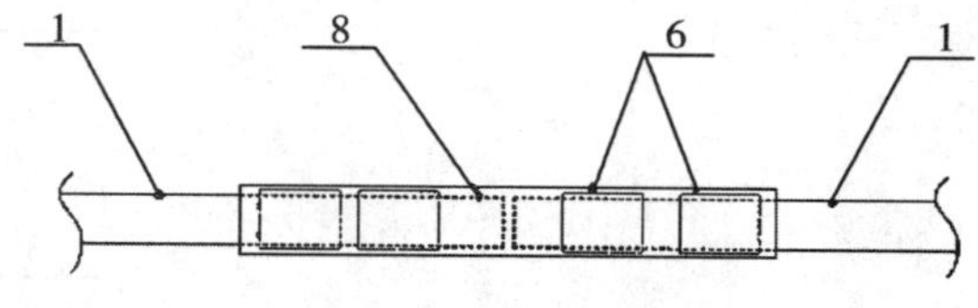

j)接闪带直通套管安装图

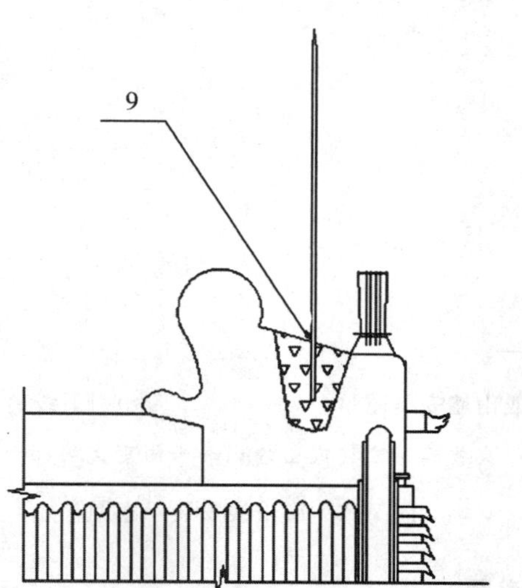

k)接闪短针密封胶固定图

布置方式	扁形导体和绞线的 l	单根圆形导体的 l
水平面上的水平导体	500	1000
垂直面上的水平导体	500	1000

说明：1——接闪带；2——固定支架；3——短接闪杆；4——正脊；5——焊接；6——压接处；7——三通；8——直通套管；9——密封胶。

图 A.1　屋面接闪带安装示意图

A.2 引下线安装示意图(图 A.2)

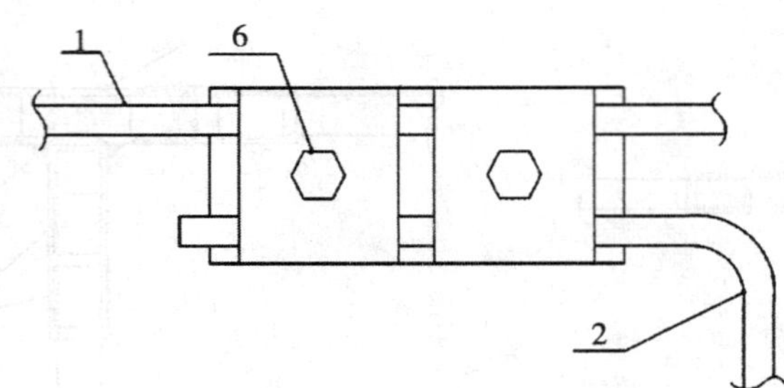

a)引下线与接闪带连接图

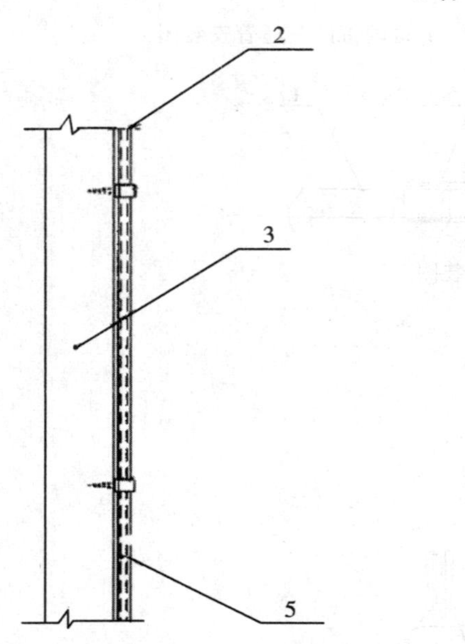

b)引下线紧贴立柱或山墙安装图

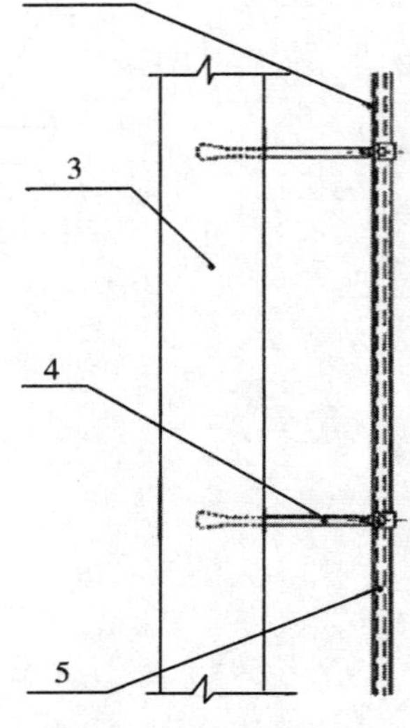

c)引下线离开立柱或山墙安装图

说明:1——接闪带;2——引下线;3——文物建筑立柱或山墙;4——固定支架;5——交联聚乙烯层;6——螺栓。

图 A.2 引下线安装示意图

A.3 接地装置敷设安装示意图

单位为米(m)

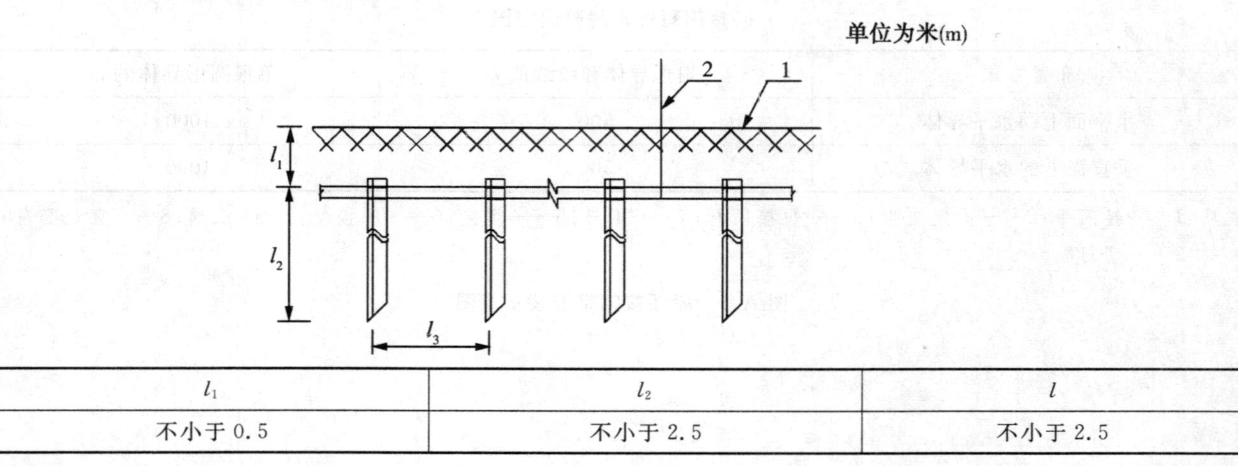

l_1	l_2	l
不小于 0.5	不小于 2.5	不小于 2.5

说明:1——地面;2——引下线。

图 A.3 接地装置敷设安装示意图

文物建筑防雷工程勘察设计和施工技术规范(试行)

1 总则

1.1 为加强对文物建筑防雷工程的质量监督管理,统一文物建筑防雷工程的勘察设计和施工技术管理,防止或减少雷击文物建筑的损失,制定本规范。

1.2 本规范适应于核定为文物保护单位和其他具有文物价值的古建筑、石窟寺和石刻、近现代重要史迹及代表性建筑等防雷工程的勘察设计和施工。

1.3 文物建筑防雷工程,应以不改变文物原状为原则,以保护文物建筑为目的。坚持防雷装置与建筑环境保持一致,与建筑风格相协调,建筑保护与人身安全保护并重,做到技术先进、安全可靠、经济合理。

1.4 在文物保护工程中,应综合考虑将防雷工程纳入。在对文物建筑进行维护修缮时,应一并对防雷装置进行维护修缮或增补。

1.5 本规范规定了文物建筑防直击雷电磁脉冲的技术要求,文物建筑的防雷工程应从客观实际出发,选择防直击雷或(和)防雷击电磁脉冲技术措施。

1.6 文物建筑防雷工程中使用的防雷装置应符合相关国家标准的要求,并通过国家指定检测机构的型式试验。

1.7 文物建筑防雷工程除应符合本规范外,尚应符合国家现行有关标准的规定。

2 规范性引用文件

下列文件中的条款通过本规范的引用而成为本规范的条款。凡是注日期的引用文件,其随后所有的修改单(不包括勘误的内容)或修订版均不用于本规范。然而,鼓励根据本规范达成协议的各方研究是否可使用这些文件的最新版本。凡是不注日期的引用文件,其最新版本适用于本规范。

GB/T 18802.12—2006/IEC 61643—12.2002 低压配电系统的电涌保护器(SPD)第 12 部分:选择和使用导则

GB/T 21714.1—2008/IEC 62305—3:2006 雷电防护第 3 部分:建筑物的物理损坏和生命危险

GB 50057 建筑物防雷设计规范

GB 50165-1992 古建筑木结构维修与加固技术规范

CJJ 39－1991 古建筑修建工程质量检验评定标准(北方地区)

CJJ 70－1996 古建筑修建工程质量检验评定标准(南方地区)

QX/T 10.3－2007 电涌保护器 第 3 部分:在电子系统信号网络中的选择和使用导则

3 术语和定义

下列术语和定义适用于本规范。

3.1 文物建筑 heritage buildings

各级文物保护单位中的古建筑或虽未明确作为文物保护单位但具有文物价值的古建筑。其中包括确定文物保护单位的古墓葬、石窟寺和石刻、近现代重要史迹及代表性建筑。

3.2 古建筑 old buildings

古代遗存的或经文物主管部门批准的按古代传统规则做法复建的建筑物。

3.3　单体建筑　single buildings

独立的单个建筑或多个有关联的单个建筑中的某一建筑物。

3.4　群体建筑　buildings complex

由多个有关联的单体建筑组成的一群(或一组)建筑。

3.5　庑殿式古建筑　historical buildings with hip roof

屋顶形制为四面五脊,有单檐或重檐的古建筑,为古建筑殿堂之最高级别。又称为四合舍、四阿式或五脊殿。

3.6　歇山式古建筑　historical buildings with hip and gable roof

屋顶有一条正脊、四条垂脊和四条戗脊共九脊的古建筑,是悬山式和庑殿式相结合的屋顶形制,有单檐或重檐,多用于重要使用功能的建筑物和王公贵族的府第。又称为九脊顶殿。

3.7　悬山式古建筑　historical buildings with overhanging roof at the gable sides

屋顶前后两坡呈人字或金字形,边间檩条挑出山墙的古建筑,屋顶由一条正脊和四条垂脊组成,正脊常饰以花卉走兽。又称为挑山式。

3.8　硬山式古建筑　historical buildings without overhanging roof at the gable sides

屋顶前后两坡与房屋山墙做平的古建筑,屋顶由一条正脊和四条垂脊组成。

3.9　卷棚式古建筑　historical buildings without top ridge

屋顶做圆弧形不做脊,一般用筒瓦铺顶的古建筑。可分为悬山卷棚、硬山卷棚。又称为元宝顶或回顶。

3.10　攒角式式古建筑　historical buildings with all the ridges intersecting one point

几道垂脊交合于顶部的古建筑,上做宝顶。可分为三角攒顶,四角攒顶、多角攒顶、圆攒顶、盔顶以及将攒顶切去一截而成的盝顶,多用于亭、阁、坛。又称为尖顶。

3.11　重檐　double-eaved

古建筑为多层,按建筑层数可分为副檐、重檐、三层檐等。多用于庑殿、歇山式古建筑和亭、塔。又称为双滴水、三滴水等。

3.12　正脊　top ridge

屋顶上前后两坡屋面相交处的屋脊。

3.13　垂脊　vertical ridges

庑殿顶自正脊两端至四周的屋脊和歇山、挑山、硬山顶自正脊两端眼前后坡向下的屋脊以及多角攒角顶、盔顶和盝顶自宝顶向下的屋脊。

3.14　戗脊　gable ridges

歇山顶四角筑于角梁之上与垂脊相交的屋脊。又称岔脊。

3.15　博脊　ridges at the bottom of gable boards

歇山顶两侧屋面上部贴于山花板外或进入博风板内侧的屋脊和重檐建筑的下檐上部贴于上檐额坊下的屋脊。重檐建筑的博脊和盝顶上为一圈的脊又称围脊。

3.16　角脊　corner ridges

翼角部位上的脊。

3.17　宝顶　roof pommel

攒尖式屋顶中央的尖(圆)顶。多用于塔、坛、亭。

3.18　吻兽　ridge animal

置于屋顶脊上或翼角上的由砖雕、石雕或琉璃件构成神兽、仙人、花卉、走兽状的装饰物,有时起到瓦筒钉帽的作用。又称为鸱尾。

3.19　鸱广带　with chi-Canton

固定吻兽的金属板和金属链条。

3.20 翼角 upturned roof-corner

庑殿式、歇山式、攒角式建筑物顶屋檐的外转角部分。又称为转角或戗角。翼角端部利用檐椽和飞椽外端逐渐向上升高的做法称为翼角起翘。

3.21 檐椽 eave rafter

木构架中最外侧一步架上的椽，一般常向外伸挑，构成挑椽。

3.22 飞檐 flying rafter

置于檐椽外端之上，使屋檐继续向外伸挑的方木椽。

3.23 山墙 gable wall

建筑物两端沿进深方向砌筑的墙。

3.24 檐墙 eave wall

建筑物前后屋檐下随檐柱砌筑的墙。

3.25 通面阔 overall length of bays at long sides

建筑物横向即平行于桁檩方向相邻两檐柱中心线间的距离称为面阔。各间面阔的总和称为通面阔。

3.26 通进深 overall length of bays at short sides

建筑物纵向即平行于梁架方向相邻两柱中心线间的距离称为进深。各间进深的总和，即前后檐柱中心线间的距离总和称为通进深。

3.27 步架 horizontal and vertical length in timber framework

木构架中相邻两檩中心线的水平距离。

3.28 防雷装置 lightning protection system(LPS)

一个完整的系统，它用于减少由于雷电闪击在建筑上造成的物理损害，它由外部防雷装置和内部防雷装置组成。在特定情况下可仅由外部防雷装置或内部防雷装置组成。

3.29 外部防雷装置 external lightning protection system

由接闪器、引下线和接地装置组成的部分 LPS，主要用于直击雷的防护。

3.30 内部防雷装置 internal lightning protection system

除外部防雷装置外，所有其他的防雷装置，如防雷等电位连接、间隔距离等，主要用于防止或减少雷电流在需要防护空间内产生的电磁效应。

3.31 雷击电磁脉冲 lightning electromagnetic impulse(LEMP)

雷电流的电磁效应，它包括传导的雷电流和辐射脉冲电磁场效应。可能对低压电气系统和电子系统造成损害，也可能造成电气火灾。

3.32 接闪器 air-termination system

用于拦截雷电闪击的接闪杆(避雷针)、接闪导线(避雷带、线、网)以及金属屋面和金属构件等组成的这部分外部防雷装置。

3.33 引下线 down-conductor system

用于将雷电流从接闪器传导到接地装置的这部分外部防雷装置。

3.34 接地装置 earth-termination system

接地体和接地线的总合，用于传导雷电流并将其流散入大地的这部分外部防雷装置。

3.35 防雷等电位连接 lightning equipotential bonding(EB)

将分开的诸金属物体直接用连接导体或经电涌保护器等电位连接到防雷装置以减少雷电流引发的电位差。

3.36 电涌保护器 surge protective device(SPD)

目的在于限制瞬态过电压和分走电涌电流的器件，它至少含有一个非线性元件。

4 基本规定

4.1 文物保护原则

文物建筑防雷工程勘察设计和施工，必须遵守不改变文物原状的文物保护原则。原状系指文物建筑单体或群体中一切有历史意义的遗存状况。新增的防雷装置应安装牢固、设计寿命长并尽量做到与原貌协调一致。

如必须在建筑体上安装固定防雷装置，必须尽量减少对建筑本体的扰动。

4.2 文物建筑防雷分类

文物建筑防雷应根据其文物价值、雷击的可能性及可能造成的后果分为以下三类：

第一类防雷文物建筑：属于全国重点文物保护单位的文物建筑及属于省、自治区和直辖市极重点文物保护单位的文物建筑，且根据 GB 50057 中“建筑物年预计雷击次数”的计算方法，预计雷击次数等于或大于 0.05 次/a，应划为第一类防雷文物建筑。

第二类防雷文物建筑：属于省、自治区和直辖市级重点文物保护单位的文物建筑及市县级（包括市县级）以下级别的文物保护单位的文物建筑，且根据 GB 50057 中“建筑物年预计雷击次数”的计算方法，预计雷击次数大于或等于 0.01 次/a 且小于 0.05 次/a，应划为第二类防雷文物建筑。

第三类防雷文物建筑：市县级（包括市县级）及以下级别的文物保护单位的文物建筑和其他文物建筑。

群体文物建筑中如防雷类别不同时，应以其中最高一级的文物建筑防雷类别进行防雷设计。

4.3 防直击雷和雷击电磁脉冲

文物建筑防雷主要是防直击雷造成的损害，应安装外部防雷装置（接闪器、引下线和接地装置）来拦截雷山，并通过引下线将雷电流散流入大地。

当文物建筑内安装有低压电气系统和（或）电子系统时，文物建筑内有大型金属构件或存有体积较大的金属物体时，尚应防雷击电磁脉冲（LEMP）。应采取等电位连接措施和在低压电气系统及电子系统中安装电涌保护器（SPD）等。

4.4 人身安全的防范

为保护游人或文物建筑管理人员的人身安全，防雷装置的设计和安装中注意对跨步电压、接触电压和闪络电压的防护。

4.5 现场勘察

在对文物建筑进行防雷设计前，应对文物建筑所在的地理、地质、土壤、气象、环境等条件和雷电活动规律进行调研，特别是要了解文物建筑本身和邻近区域内雷击灾害的史料。

应认真查阅文物建筑的史料，充分了解文物建筑的结构、材质和维护记录，应绘制出工程主体文物建筑的正面和侧面实测图（现状图），并辅以照片记录。

要调查文物建筑内金属构件和较大金属物体的情况，以及进入文物建筑内的低压电气系统和电子系统的组成。

在完成上述勘察任务后，应形成勘察报告书。

勘察报告内容参见本规范附录 A

4.6 防雷设计原则

第一类防雷文物建筑的防雷设计应符合现行国家标准《建筑物防雷设计规范》GB 50057 中对第二类防雷建筑的要求；第二类防雷文物建筑的防雷设计应符合 GB 50057 中对第三类防雷文物建筑的要求；第三类防雷文物建筑的防雷设计应符合本规范中的有关条目。

防雷设计应用如下内容：

——概述；

——勘察报告书；

——设计依据；
——具体设计内容；
——施工及管理；
——工程概算；
——文物保护措施。
——第二、三类防雷文物建筑的防雷工程，可直接进行工程施工设计。

5 接闪器的设计和安装施工

5.1 接闪器种类

5.1.1 独立接闪杆(避雷针)。

5.1.2 架空接闪导线(避雷线)。

5.1.3 直接装设在建筑物上的接闪杆、接闪导线(避雷针、避雷带或避开雷网)。

5.1.4 上述三种方法可单独或组合采用。在安全可靠的前提下，应优先采用对文物建筑影响最小的方法。

5.2 接闪器的材料要求

接闪器的材料必须采用金属材料，宜优先使用铜质材料。各种金属材料的最小截面要求见表1。

表1 接闪线(带)、接闪杆和引下线的材料、结构和最小截面

材料	结构	最小截面(mm^2)	注
铜	单根扁铜	50[8)]	最小厚度2mm
	单根圆铜[7)]	50[8)]	直径8mm
	铜绞线	50[8)]	每股线最小直径1.7mm
	单根圆铜[3)-4)]	200[8)]	直径16mm
材料	结构	最小截面(mm^2)	注
镀锡铜[1)]	单根扁铜	50[8)]	最小厚度2mm
	单根圆铜[7)]	50[8)]	直径8mm
	铜绞线	50[8)]	每股线最小直径1.7mm
铝	单根扁铝	70	最小厚度3mm
	单根圆铝	50[8)]	直径8mm
	铝绞线	50[8)]	每股线最小直径1.7mm
铝合金	单根扁形导体	50[8)]	最小厚度2.5mm
	单根圆形导体	50	直径8mm
	绞线	50[8)]	每股线最小直径1.7mm
	单根圆形导体[3)]	200[8)]	直径16mm
热浸镀锌钢[2)]	单根扁钢	50[8)]	最小厚度2.5mm
	单根圆钢[9)]	50	直径8mm
	绞线	50[8)]	每股线最小直径1.7mm
	单根圆钢[3)4)9)]	200[8)]	直径16mm

续表

材料	结构	最小截面(mm^2)	注
不锈钢[5)]	单根扁钢[6)]	50[3)]	最小厚度 2mm
	单根圆钢[6)]	50	直径 8mm
	绞线	70[8)]	每股线最小直径 1.7mm
	单根圆钢[3)4)]	200[8)]	直径 16mm

注:1)热浸或电镀锡的镀层最了小厚度为 1μm。

2)镀锌层宜光滑连贯、无焊剂斑点,镀锌层最小厚度为 50μm。

3)仅应用于接闪杆,当应用于机械应力(如风荷载)没达到临界值之处,可采用直径 10mm、最长 1m 的接闪杆,并增加固定。

4)仅应用于入地之处。

5)铬≥16%,镍≥8%,碳≤0.07%。

6)对埋于混凝土中以及与可燃料直接接触的不锈钢,其最小尺寸直增大至直径 10mm 的 $78mm^2$(单根圆钢)和最小厚度 3mm 的 $75mm^2$(单根扁钢)。

7)在机械强度没有重要要求之处,$50mm^2$(直径 8mm)可减为 $28mm^2$(直径 6mm),在这种情况下,应考虑减小固定支架间的间距。

8)当温升和机械受力是重点考虑之处,这些尺寸可加大至 $60mm^2$(单根扁形导体)和 $78mm^2$(单根圆形导体)。

9)避免在单位能量 10MJ/Ω 下熔化的最小截面是钢 $16mm^2$、铝 $25mm^2$、铜 $50mm^2$、不锈钢 $50mm^2$。

10)厚度、宽度和直径的误差为±10%。

5.3 接闪器的布置

接闪器的布置应符合表 2 的规定。

表 2 接闪器布置

建筑物防雷类别	滚球半径 h_r(m)	接闪网网格尺寸(m)
第一类防雷文物建筑	45	≤10×10 或≤12×8
第二类防雷文物建筑	60	≤20×20 或≤24×16
第三类防雷文物建筑	75	≤25×25 或≤30×20

布置接闪器时,应充分结合文物建筑的型类和屋顶形制。

对高度相对较低的文物建筑,如城墙、桥、经幢、墓塔(塔群)、低矮的群体文物建筑、密集组群可采用独立接闪杆的形式。

当文物建筑因为复杂的花脊或因年久而造成正脊或垂脊塌陷,无法安装接闪导线时,宜在文物建筑周边设立接闪杆,但不应对古建景观造成明显的破坏。

对于殿堂、城楼、庙宇、土楼、塔、牌楼(坊)、民居、墙(壁)、廊、垂花门等文物建筑一般应采用接闪导线(避雷带、避雷网)的形式,也可在其顶部采用接闪杆(避雷针)与接闪导线结合的形式。

当接闪杆与被保护文物建筑距离较远又不宜架设过高时,可使用带有提前放电功能的接闪器(EBS),以达到不增加接闪杆高度而扩大保护范围的目的,其保护范围的计算依据可参照有关标准。

对陵墓、石窟等特殊文物建筑应因地制宜的安装接闪器,如在石窟顶部或附近的山体上安装独立接闪杆。

对教堂等文物建筑宜采用塔尖上安装接闪杆,教堂的屋面安装接闪导线(避雷带、网)相结合的形式。

接闪杆的高度应按表 2 规定的滚球半径要求按滚球法计算,以使被保护的建筑物在其保护范围之内。

5.4 接闪器的安装

5.4.1 接闪导线

接闪导线(避雷带、避雷网)应安装在庑殿式、悬山式、硬山式、攒角式屋顶的正脊、垂脊、盝顶、围脊和戗脊上。屋顶面积较大、防雷类别较高的文物建筑,尚应在屋檐和屋面瓦上敷设接闪导线,以形成网格尺寸不小于表2要求的接闪网。当接闪网在屋面敷设时靠近檩条上方,以减轻屋面的负重。接闪网格尺寸宜为步架的整倍数。

5.4.2 接闪杆

接闪杆分为独立接闪杆和安装在文物建筑上接闪杆两种。独立闪杆的安装方法可见规范附录B中的做法。安在文物建筑上的接闪杆可安装在庑殿式、歇山式、悬山式、硬山式屋顶的正脊两端,也可安装在上述文物建筑及卷棚式文物建筑的两侧山墙上。攒角式文物建筑上的接闪杆可利用金属材料制成的宝顶,如塔顶的铁刹、坛顶的金属球或包覆石、木球体的金属外皮,这些金属材料的最小截面积不应小于表1中的要求,钢板、钛板和铜板的厚度不应小于0.5mm。具体安装方法参见本规范附录B。

5.4.3 固定支架

接闪导线的固定支架高度应距瓦面100～150mm,支架宜采用固定卡式支架方式,不锈钢宜涂保护漆随屋面颜色,具体做法见本规范附录B。

第一类防雷文物建筑,固定支架应采用拉丝不锈钢卡式固定件。禁止在支架与瓦件之间采用固定螺丝连结。固定支架应能承受49N(5kgf)的垂直拉力。

固定支架的最小间距要求见表3。

表3　明敷接闪导体和引下线固定支架的最小间距要求

布置方式	扁形导体和绞线固定支架的间距(mm)	单根圆形导体固定支架的间距(mm)
水平面上的水平导体	500	1000
垂直面上的水平导体	500	1000
地面至20m处的垂直导体	1000	1000
从20m处起往上的垂直导体	500	1000

5.4.4 吻兽、翼角、重檐的保护

在正脊安装接闪杆进行直击雷防护时,正脊上的吻兽、屋檐处的翼角和飞檐均应在接闪杆的保护范围内。使用接闪杆导线(带、网)保护时,接闪导线应平正顺直或弯曲随形的在正脊和(或)垂脊及戗脊处的吻兽上方敷设,并用固定支架固定;在翼角起翘处,接闪导线应弯成一角度小于90°的弧线将翼角包覆。

有重檐的庑殿、坛、塔、亭第一类防雷文物建筑重檐高度为45m或以上和第二类防雷文物建筑高度为60m或以上时,应在重檐檐口安装呈闭合状的接闪导线。在第一类防雷文物建筑的每一层重檐檐口上应装设接闪导线。

5.4.5 焊接要求

接闪带(网)的连接宜使用焊接连接,扁钢与扁钢的搭接长度应为扁钢宽度的2倍,且不小于三面施焊;圆钢与圆钢搭接长度应为圆钢直径的6倍,且不小于双面施焊;圆钢与扁钢的搭接长度应为圆钢直径的6倍,且不小于双面施焊。铜材与铜材或铜材与钢材连接工艺应采用放热焊接,并应做到:焊接的导体必须完全包在接头上,要保证连接部分的金属完全熔化、连接牢固,接头应平滑且无贯穿性气孔。

6 引下线的设计和安装施工

6.1 引下线的材料要求

引下线的材料必须采用金属材料,宜优先使用铜材。

第一类防雷文物建筑的引下线应使用铜绞线，方面弯曲和有利于泄散雷电流。各种金属材料引下线的最小截面要求见表1。

6.2　引下线的布置

文物建筑防雷引下线宜采用明敷、明敷与暗敷结合的形式敷设，优先采用明敷形式。暗敷的部位必须有利于检修和安全。引下线平均间距不应大于表4中的要求。

表4　　各类防雷文物建筑引下线间距最小要求

文物建筑防雷类别	间距
第一类防雷文物建筑	18m
第二类防雷文物建筑	25m
第三类防雷文物建筑	30m

布置引下线时，应从文物建筑上接闪器下端焊接牢固后沿山墙、后檐墙、墙角或塔身、檐柱顺直引下。在游人较多的建筑物正面应尽量避免明敷。当文物建筑通面阔长度大于引下线规定的间距时，可仅在正面墙角各敷一根引下线，同时可增加山墙。后檐墙及墙角引下线的根数，以满足平均间距的要求。

6.3　引下线的安装

6.3.1　固定支架

引下线的固定支架要求同本规范5.3.3中的要求。

如需固定在砖体墙上，应将固定金属扁体选择缝隙处。如在柱体上固定应采用卡箍式。

引下线固定支架不应直接钉入瓦件、砖件、石件和木构件上。

6.3.2　防接触电压和闪络电压

明敷引下线在人员可能停留或经过的区域敷设时，应采用如下措施之一防止接触电压和(或)闪络电压对人体造成的伤害：

——外漏引下线采用高2.7m的能耐受100kV冲击电压(1.2/50μs波形)的绝缘层隔离，如使用不小于3mm厚的交联聚乙烯层。

——使用护栏和(或)警告牌，使人不得靠近或进入危险区域，护栏与引下线水平距离不应小于3m。

6.3.3　焊接和卡接要求

引下线焊接要求同本规范5.3.5中的要求。引下线沿廊柱引下线不应使用钉入柱内的固定支架，而应采用抱箍进行固定。在易受机械损伤之处，地面上1.7m至地面下0.3m的一段接地引下线应采用镀锌角铁、改性塑料管或橡胶等保护，并在每一根引下线上距地面不低于0.3m处设断接卡连接。

6.4　雷击计数器

为监测和记录雷击状况，宜在一根主要引下线上安装雷击计数器。

7　接地装置的设计和安装施工

7.1　接地装置的材料要求

7.1.1　人工接地极必须采用金属材料。各种金属材料的结构和最小尺寸要求见表5。

表 5　　接地体的材料、结构和最小尺寸

材料	结构	最小尺寸			注
		垂直接地体直径(mm)	水平接地体	接地板	
铜	铜绞线3)	—	50mm²	—	每股最小直径 1.7mm
	单根圆铜3)	—	50mm²	—	直径 8mm
	单根扁铜3)	—	50mm²	—	最小厚度 2mm
	单根圆铜	15	—	—	—
	铜管	20	—	—	最小壁厚 2mm
	整块铜板	—	—	500mm×500mm	最小厚度 2mm
钢	单根圆钢1)2)	16	直径 10mm	—	热镀锌
	热镀锌钢管1)2)	25	—	—	最小壁厚 2mm
	热镀锌扁钢1)	—	90mm²	—	最小壁厚 3mm
	热镀锌钢板1)	—	—	500mm×500mm	最小厚度 3mm
	热镀锌圆钢4)	14	—	—	径向镀铜层至少 250μm,铜含量 99.9%
	裸圆钢5)	—	直径 10mm	—	—
	裸扁钢5)	—	75mm²	—	最小厚度 3mm
	热镀锌钢绞线5)	—	70mm²	—	每股最小直径 1.7mm
	热镀锌角钢1)	50mm×50mm×3mm	—	—	—
不锈钢6)	圆形导体	16	直径 10mm	—	—
	扁形导体	—	100mm²	—	最小厚度 2mm

注:1)镀锡层应光滑连贯、无焊接斑点,镀锌层最小厚度 50μm,扁钢为 70μm。

2)热镀锌之前螺纹应先加工好。

3)也可采用镀锡。

4)铜应与钢结合良好。

5)当完全埋在混凝土中时才允许采用。

6)铬≥16%,镍≥5%,钼≥2%,碳≤0.08%。

7.1.2　在土壤电阻率较大的地区,宜使用金属体的电解离子接地棒,以降低接地体的接地电阻值。

7.2　接地装置的布置

7.2.1　文物建筑的防雷接地可采用 A 型或 B 型地。宜优先采用 A 型地,对文物建筑基础影响最小。

A 型接地:与引下线连接的单独的人工水平接地体和(或)人工垂直接地体,即在每根引下线终端的接地。要求如下:

——每一接地体的接地极宜不小于两根,可采取在土壤中接地线端头(不应小于0.6m深处)焊接左右两根水平接地极,或两根垂直接地极或水平接地极、垂直接地极各一根。

——接地极的冲击接地电阻值:第一类防雷文物建筑不宜大于 10Ω,第二、三类防雷文物建筑不宜大于 30Ω。

——当由于土壤电阻率较高等原因无法实现冲击接地电阻的要求时,可通过加长接地极总长度的方法来解决:对第一类防雷文物建筑,当土壤电阻率 ρ 不大于 800Ω·m 时,接地极的总长度应大于 5m;在土壤电阻率 ρ 大于 800Ω·m,小于 3000Ω·m 时,接地极的总长度应大于(ρ—550)/50 的长度要求。对第二、三类防雷文物建筑，当土壤电阻率 ρ 小于 3000Ω·m 时，接地极的总长度应大于 5m。此时，防雷接地的冲击接地电阻值可不计及。

B 型接地：围绕着文物建筑外墙或基础 1m 内的环形闭合接地，要求如下：

——B 型地应埋在地面 0.6m 以下，可采用人工水平接地极或人工水平与垂直接地结合的方式：

——接地极的冲击接地电阻值：第一类防雷文物建筑不宜大于 10Ω，第二、三类防雷文物建筑不宜大于 30Ω。

——当由于在土壤电阻率较高等原因无法实现冲击接地电阻值的要求时，可通过加大 B 型地的等效半径的方法来解决。对第一类防雷文物建筑，当土壤电阻率 ρ 不大于 800Ω·m 时，B 型地所包围的面积应大于 $79m^2$；在土壤电阻率 ρ 大于 800Ω·m 时，小于 3000Ω·m 时，B 型地所包围的面积等效半径 R 应大于(ρ——550)/50。对第二、三类防雷文物建筑，土壤电阻率小于 3000Ω·m 时，B 型地所包围的面积应大于 $79m^2$。此时，防雷接地的冲击接地电阻值可不计及。

7.2.2 人工钢质垂直地级的长度宜为 2.5m，其间距以及水平人工接地极之间的距离宜为 5m，当受地方限制时可适当减小。

7.2.3 降低接地电阻的方法有：

——将垂直地体深到低电阻率的土壤中；

——换土；

——使用降阻剂。

7.3 防跨步电压

为防止跨步电压对游人和文物建筑管理人员造成的伤害，应采用以下一种或多种方法防跨步电压：

——接地体尽量设置在人不可能停留或经过的区域；

——在接地体 3m 范围内铺设 5cm 厚的砾石层，使地面电阻率大于 5kΩ. M。防护层不应影响古建基础和地面恢复。

——使用护栏和(或)警告牌使人进入接地体 3m 范围内地面的可能性减少到最低程度。

7.4 焊接要求

各接地极之间的焊接和接地极与引下接线的焊接要求同本规范 5.3.5 中的要求。接地极宜采用放热焊接(Exothermic Weld，又称热熔焊接工艺)。当采用通常的焊接方法时，应在焊接处做防腐处理。如施工现场禁用明火，也可采用螺栓紧固的卡夹器连接。

8 低压电气系统和电子系统的防护

8.1 等电位连接

文物建筑内部和(或)外部安装的低压电气系统和电子系统，如照明、采暖、通风、安防、火灾报警、通信等设备的金属构件、线缆的金属外护层或在线缆上穿的金属管和接地线均应与建筑物的防雷装置以及进入建筑物的金属管道(如水管、通风管道)进行等电位连接。

对于不能采用导体直接连接的带电导体，应通过加装电涌保护器(SPD)的方法进行暂态等电位连接。SPD 的接地线应就近连接到等电位连接导体上。

8.2 电涌保护器(SPD)的选择和使用

8.2.1 低压配电系统的接地型式

文物建筑中使用的低压配电系统应采用 TN-S 系统。当使用 TN-C 系统时，应在总配电盘(柜)处将中性保护线(PEN)分为中性线(N)和保护线(PE)，之后的分支线路上 N 线严禁重复接地。

8.2.2 低压配电系统中的 SPD

低压配电系统中的 SPD 的选择和安装应符合 GB/T 18802.12 中的规定要求。当需要采用 SPD 进行防护时，在直击雷非防护区($LPZ0_A$ 区)或直击雷防护区($LPZ0_B$ 区)与第一屏蔽防护区(LPZ1 区)交界处安装的 SPD 应应选用使用 I 级分类试验(T1)的 SPD，其冲击电流 limp 值在每一保护模式中不应小于

12.5kA，电压保护水平 U_P 不应大于2.5kA，最大持续运行电压 U_C 应大于 $1.15U_O$。

8.2.3 电子系统中的SPD

电子系统中的SPD的选择和安装应符合QX/T 10.3中的规定要求。当需要采用SPD进行防护时，在直击雷非防护区（$LPZ0_A$ 区）或直击雷防护区（$LPZ0_B$ 区）与第一屏蔽防护区（LPZ1区）交界处安装的SPD应选用使用10/350μs或10/250μs波形冲击试验的D1或D2型SPD，其放电电流值在每一保护线中不应小于0.5KA～2.5KA，电压保护水平 U_P 不应大于电子设备耐冲击过电压额定值 U_W 的0.8倍，最大持续运行电压应大于设备的工作电压 U_N 的1.2倍。

9 质量管理和施工验收

9.1 基本规定

防雷工程施工现场的质量管理，除应符合现行国家标准《建筑工程施工质量验收统一标准》GB 50300—2001中3.0.1“施工现场质量管理应有相应的施工技术标准。健全的质量管理体系。施工质量检验制度和综合施工质量水平判断评定考核制度”的要求和应按本规范附录C的样式增填写“施工现场质量管理检查记录”外，尚应符合下列规定：

(1)施工中的电工、焊工、电气及电子调试人员和防雷施工技术人员等均应具备相应的资格并持证上岗。

(2)施工单位必须具备相应的施工资质，如电气工程施工资质或防雷工程施工资质。

(3)在安装和调试中使用的各种计量器具，应检定合格并在检定合格有效期内使用。

9.2 产品质量要求

防雷工程采用的主要材料、半成品、成品以及配件应进行现场验收合格后方可投入工程使用。供应商应提供产品的检验报告等文件。当产品为大批量时，可根据供购双方的合同对产品检验批进行主控项目及部分一般项目的验收（交接）试验。

防雷装置的接闪器、引下线和接地装置的材料、规范应符合本规范表1和表5的要求。SPD应符合现行国家标准《低压配电系统的电涌保护器（SPD）第1部分：性能要求和试验方法》GB 18802.1—2002和《低压电涌保护器第21部分：电信和信号网络的电涌保护器（SPD）——性能要求和试验方法》GB 18802.1—2004的要求。等电位连接导体应符合本规范表6的要求。

表6　防雷装置各连接部件的最小截面

等电位连接部件	材料	截面(mm^2)
等电位连接带（铜或热镀锌钢）	Cu(铜)、Fe(铁)	50
从等电位连接带至接地装置或至其他等电位连接带的连接导体	Cu(铜)	16
	Al(铝)	25
	Fe(铁)	50
从屋内金属装置至等电位连接带的连接导体	Cu(铜)	6
	Al(铝)	10
	Fe(铁)	16

续表

等电位连接部件			材料	截面(mm^2)
连接电涌保护器的导体	电气系统	Ⅰ级试验的电涌保护器	Cu(铜)	6
		Ⅱ级试验的电涌保护器		2.5
		Ⅲ级试验的电涌保护器		1.5
	电子系统	D1 类电涌保护器		1.2
		其他类的电涌保护器(连接导体的截面可小于 $1.2mm^2$)		根据具体情况确定

注:连接单台或多台Ⅰ级分类试验或 D1 类 SPD 的单根导体的最小截面 S_{min}(mm^2)尚应满足下式的要求 $S_{min} \geq /_{imp}/8$,式中 $/_{imp}$ 为确定流入该导体的雷电流(kA)。

9.3 施工验收

9.3.1 防雷工程施工质量的验收应符合本规范和相关质量验收、质量评价的标准,并应符合施工所依据的工程技术文件,如工程勘察、设计文件的要求,并不得低于本规范的规定。

9.3.2 防雷工程施工质量的验收应在施工单位自行检查的基础上进行。参加工程施工质量验收的各方人员应具备规定的资格。

9.3.3 隐蔽工程在隐蔽前应由施工单位通知有关单位进行验收,并应形成验收文件。

9.3.4 检验批的质量检验抽样方案应符合现行国家标准《建筑工程施工质量验收统一标准》GB 50300—2001 中 3.0.4 和 3.0.5 的规定。

9.3.5 防雷工程施工质量优良评价,应按现行国家标准《建筑工程施工质量验收统一标准》GB 50300—2001 和《建筑工程施工质量评价标准》GB/T 50375—2006 的规定,并按本规范附录 C“检验批量验收记录”及 GB 50300 中附录 E“分项工程质量验收记录”、附录 F“分部(子分部)工程质量验收记录”进行综合评定。

10 防雷装置的维护和检测

10.1 文物建筑的防雷的防雷装置应进行经常性的维护和定期检查、检测。文物建筑管理机构应指专人负责,特别是在发生雷击、台风、地震后应及时检查和维护。

10.2 文物建筑的防雷装置检测应按《建筑物防雷装置检测技术规范》GB/T 21431—2008 的要求,由当地具有检测资质的机构每年检测一次。对检测中发现的问题要及时进行整改。

10.3 检查维护和检测应有详细记录,并由参加检测人员填写、整理。

记录内容应包括:

(1)接闪器、引下线的总体情况;

(2)保护措施和材料现状;

(3)接地装置的接地电阻;

(4)SPD 的功能状况,雷击计数器的记录值;

(5)对雷击防护装置做出评估和建议,以及整改情况。

附录 A

现场勘察报告内容

A.1 工程设计应建立在现场勘察、调查研究的基础上进行。

在现场勘察中应解决以下三个问题:

1.明确文物建筑防雷类别。

2. 明确文物建筑结构类型、材料特性。

3. 雷击风险评估，确定雷电对文物建筑可能引起的损失和危害程度。

A.2　现场勘察应包括下列内容，且做好现场记录。

1. 建筑物、建筑群的外形尺寸及相互关系；

2. 建筑物或建筑群与周围建筑群的关系；

3. 文物建筑的文物级别；

4. 建筑物的结构形式及建筑材料特性；

5. 建筑物的屋顶形式、形状和坡度等；

6. 屋顶外露设施及特性；

7. 建筑物的装饰工艺、材料；

8. 建筑物内常住人员和流动人员情况；

9. 建筑物的出入口状况和疏散的方便程度；

10. 建筑物内陈列品的特性；

11. 建筑物所在地区的地理、地质、土壤、气象、环境等条件和雷电活动规律；

12. 建筑物所在及其周围的现代系统、设置、管道的状况；

13. 建筑物最易受到雷击的部位和受雷击易损坏的部位以及建筑物的雷击历史；

14. 可能影响、妨碍影响雷击路径的建筑物或其他障碍物；

A.3 现场勘察可采用调查、访问、目测和仪测结合的方式进行，勘察记录整理形成报告，且作为设计依据之一。

A.4 现场勘察的报告，除了写明勘察时间，并应有勘察人员签字。

A.5 现场勘察报告应作为设计文件的附件存档保存。

附录 B

防雷装置的安装方法

B.1　接闪器安装

B.1.1　接闪杆(避雷针)安装

正脊两端安装接闪杆见图 B.1.1.a 和 B.1.1.b。

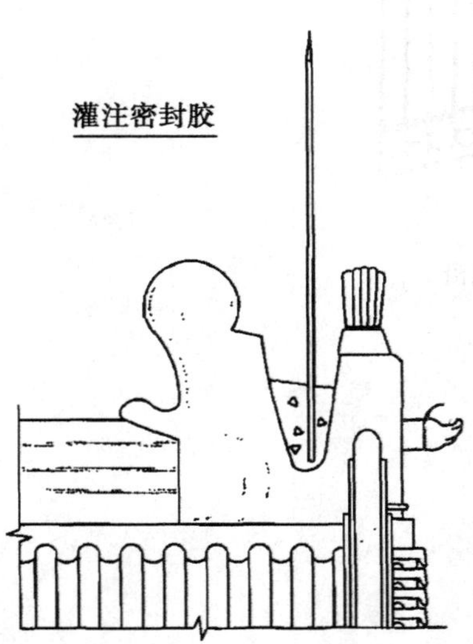

图 B.1.1.a　安装在正脊吻兽中央

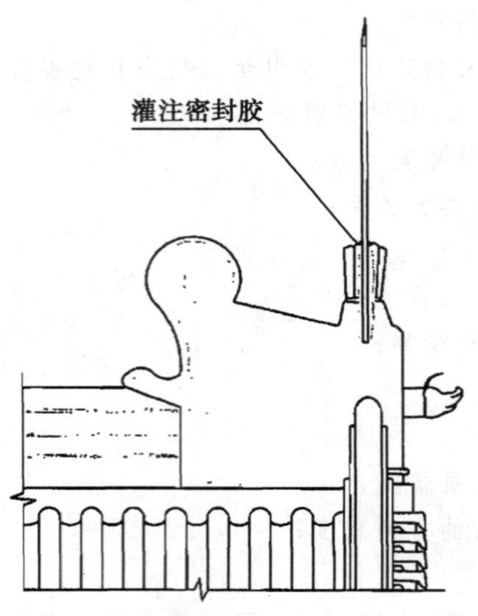

图 B.1.1.b 安装在吻兽上

注:1.避雷针的安装高度视吻兽的大小,以高出吻兽剑把 1～2m 为宜。其中,安装于吻兽剑把部位的避雷针,以高出吻兽剑把本身高度 1.5～2 倍为宜。

2.避雷针在吻兽内的支撑部分应与吻兽的固定支持件可靠固定避雷针在吻兽内的支撑部分固定安装后,应用灰(浆)填(灌)满、夯实。

3.避雷针与吻兽的连接处需采取(如灌注耐高温密封胶等)防水措流。

4.避雷针与引下线的连接由设计根据实际情况确定,本图未给出避雷针与引下线的连接部位及方式。

B.1.2 接闪导线(避雷带)安装见图 B.1.2.a 至 B.1.2.b。

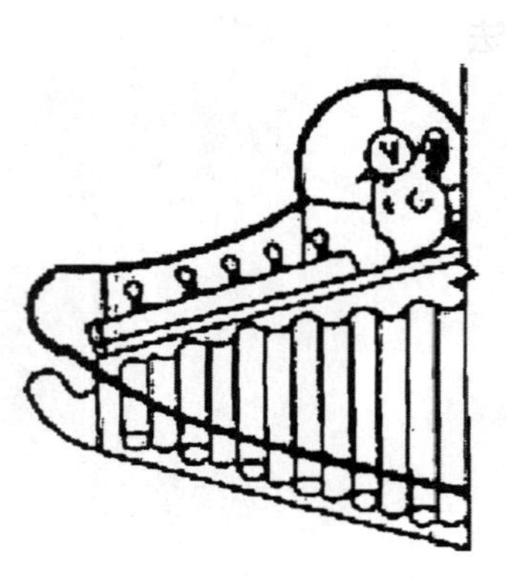

B.1.2.a 挑沿

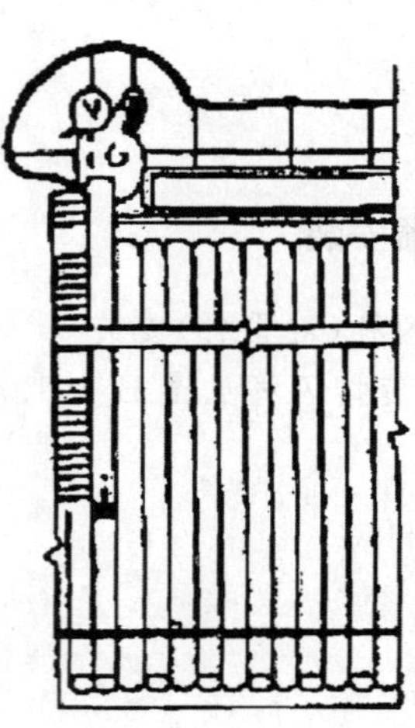

图 B.1.2.b 正脊

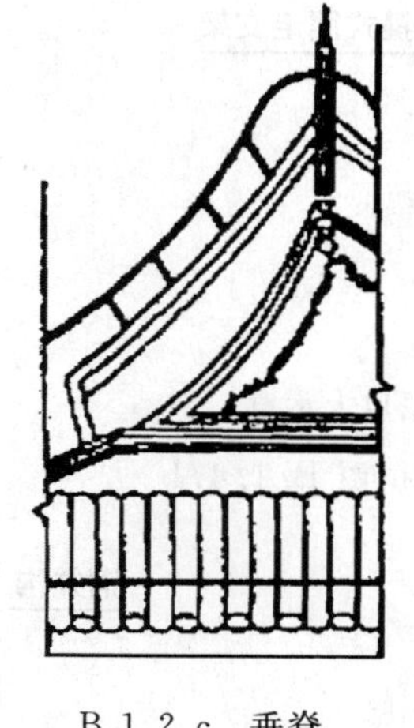

B. 1. 2. c　垂脊

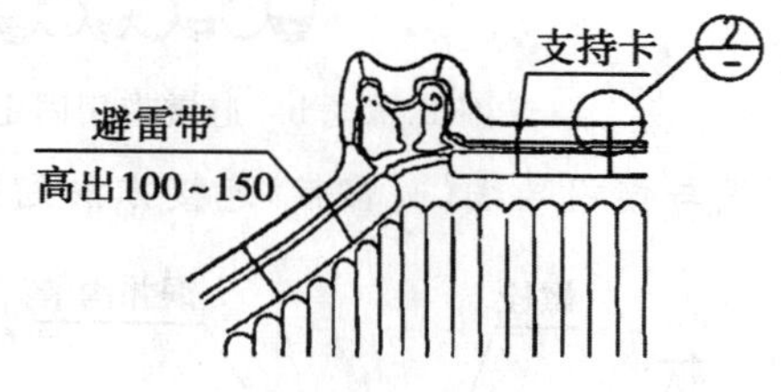

图 B. 1. 2. d　兽头

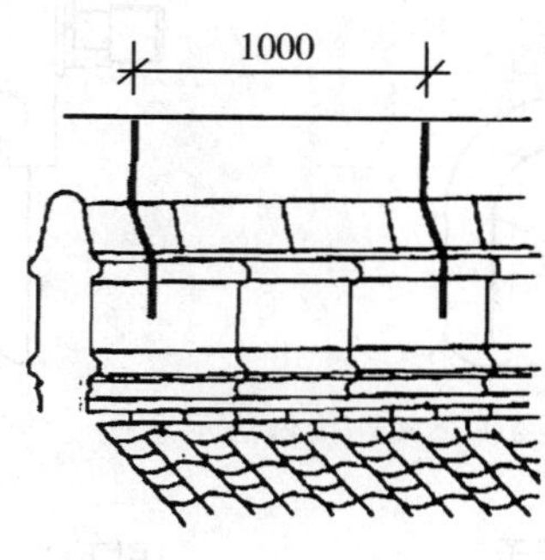

B. 1. 2. e　脊上

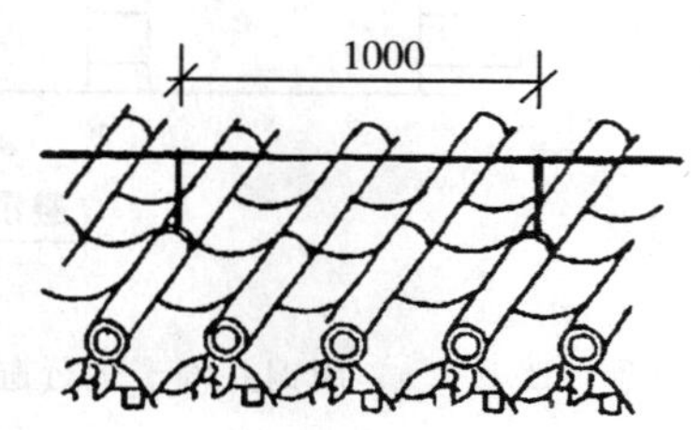

图 B. 1. 2. f　檐口

B. 1. 3　屋面固定支架安装见图 B. 1. 3. a 和 B. 1. 3. b。

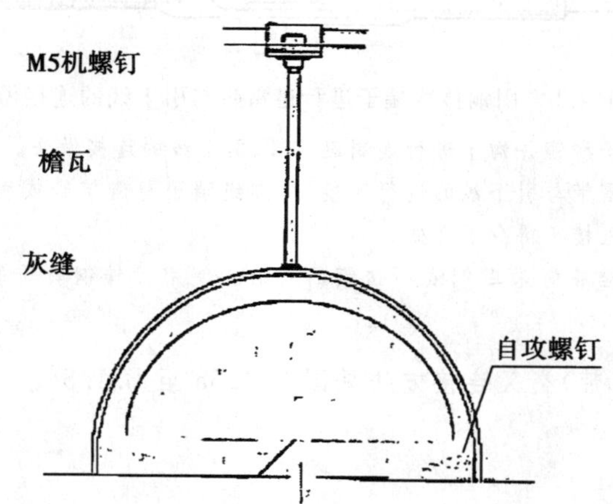

图 B. 1. 3. a　檐瓦抱箍式固定支架安装做法示意

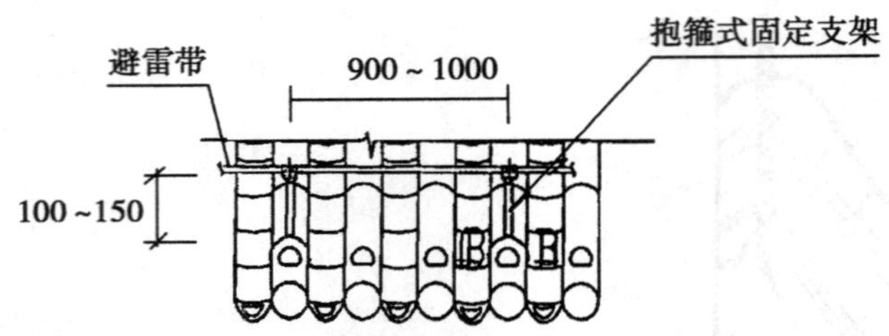

图 B.1.3.b 避雷带用固定支架固定在檐口上示意

B.1.4 引下线与接闪导线(避雷带)连接方法见图 B.1.4.a 和图 B.1.4.b。

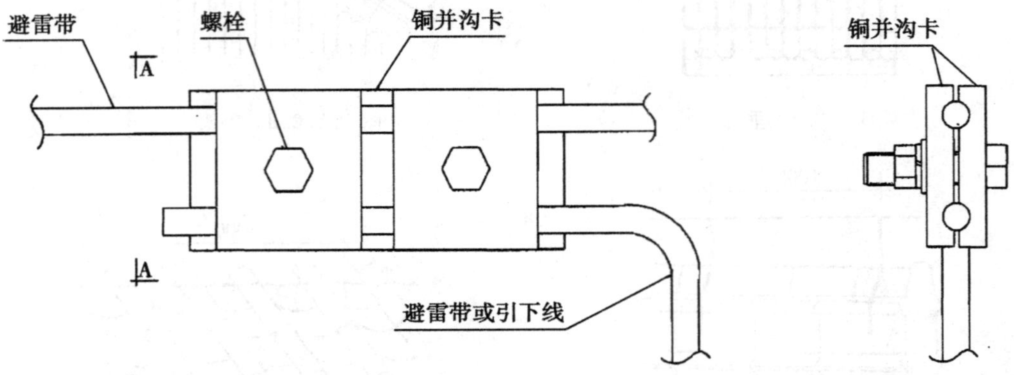

B.1.4.a 用铜并沟卡进行避雷带或引下线的直线或交叉连接做法示意

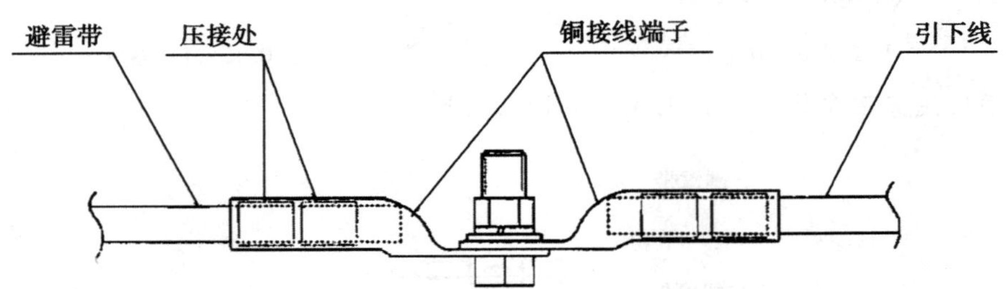

B.1.4.b 用铜接线端子进行避雷带与引下线的连接做法示意

注:1. 本图给出通过铜线端子和铜并沟卡进行铜制避雷带、引下线的连接做法。

2. 通过铜接线端子将避雷带与引下线的进行连接时,接线端子与避雷带或引下线的连接部位需用液压箝压接固定。每一连接部位的压接不得少于两处。

3. 连接铜接线端子的螺栓最好采用铜或不锈钢的材质。使用镀锌钢材质的螺栓时,需将铜接线端子进行涮锡处理。

B.1.5 接闪导线(避雷带)交叉连接方法见图 B.1.5a 至 B.1.5c。

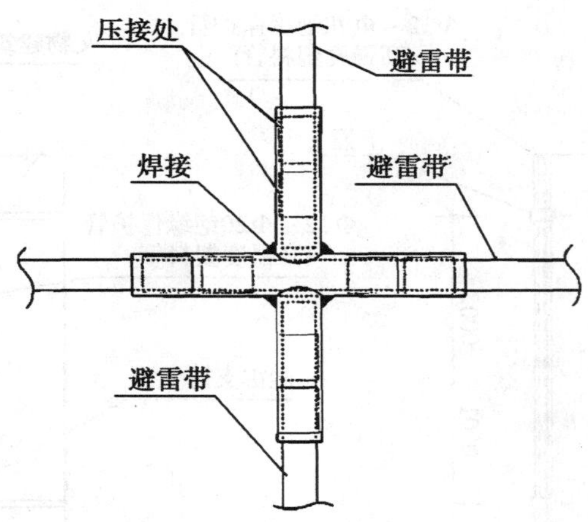

B.1.5.a 用四通(十字)连接管进行避雷带的交叉连接做法示意

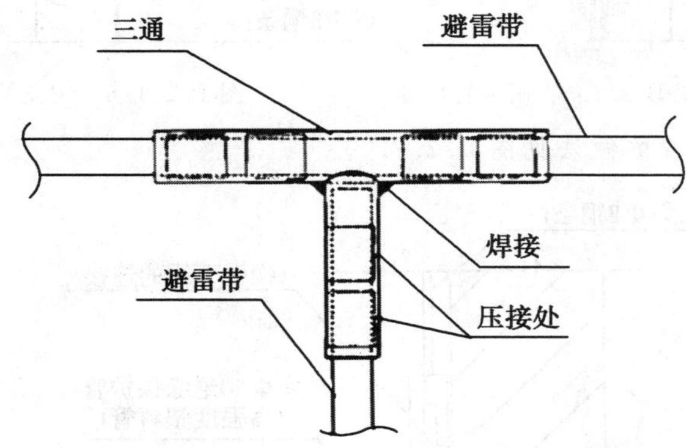

图 B.1.5.b 用三通(T字)连接管进行避雷带的交叉连接做法示意

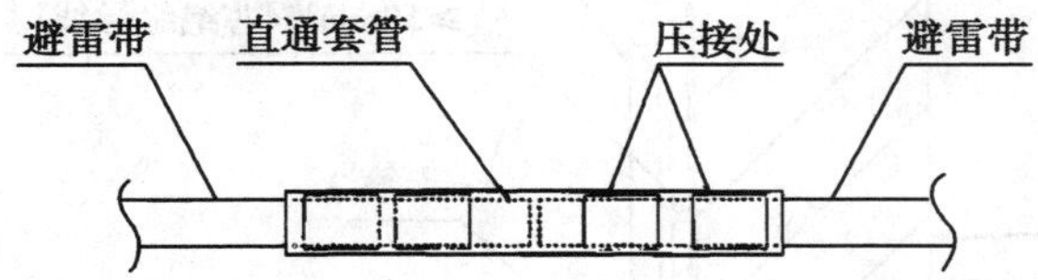

图 B.1.5.c 用直通套管进行避雷带的连接做法示意

注:1.本图给出通过连接管进行铜制避雷带的连接做法。

2.在通过直通、T字、十字连接管将直接或叉连接的避雷带进行连接时,连接部位需用液压箝将套管与避雷带压接固定,每一连接部位的压接不得少于两处。

3.连接铜管的壁厚不得小于1mm。

B.2 引下线安装

B2.1 引下线沿立柱用卡箍或固定支架的做法见图 B.2.1.a 和图 B.2.1.b。

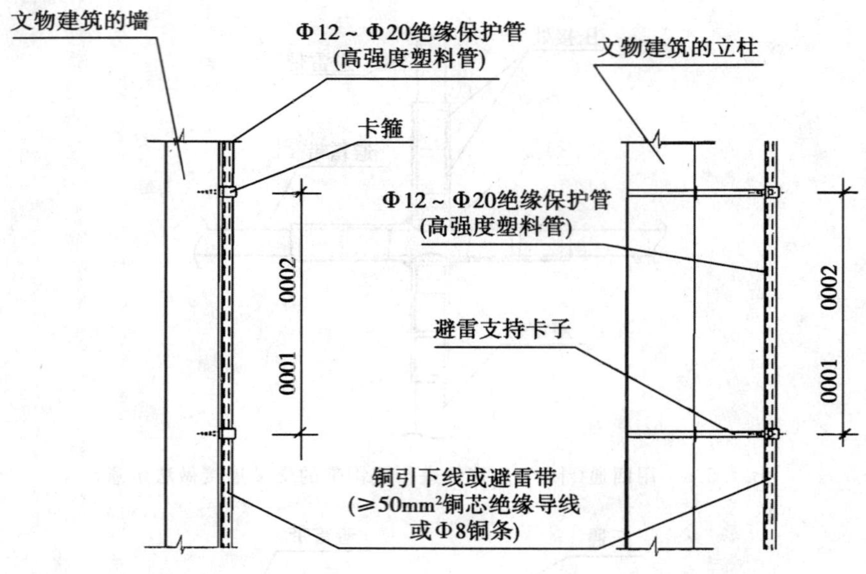

图 B.2.1.a　用卡箍固定　　　　图 B.2.1.b　用支持卡子固定

B2.2　引下线入地保护管的做法见图 B.2.2.a。

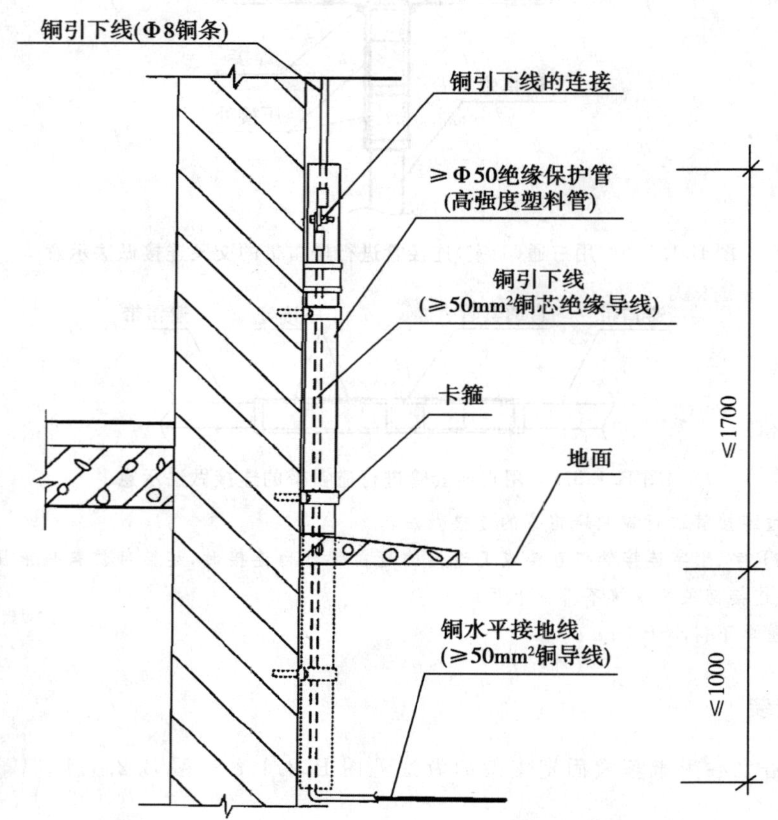

图 B.2.2.a　铜引下线入地保护管的安装做法示意

B.3　接地极的安装

B.3.1　普通地极安装见图 B.3.1.a 至 B.3.1.d。

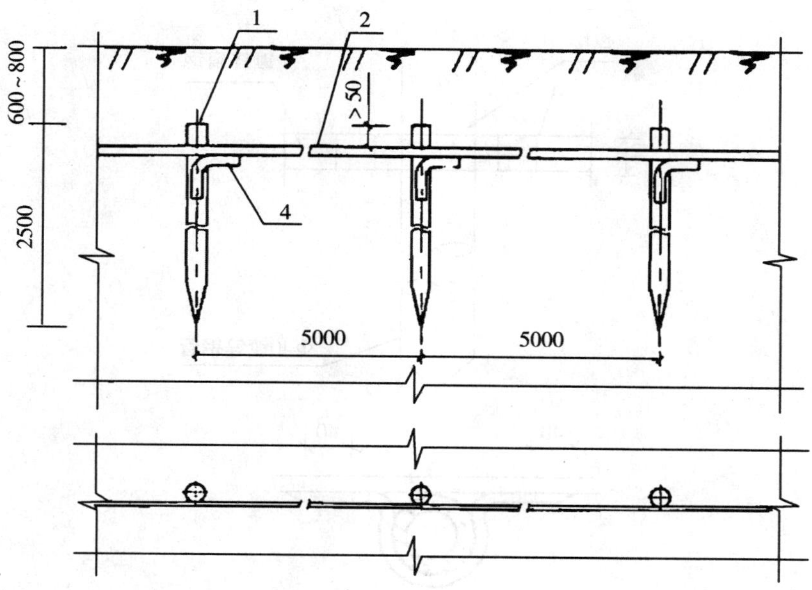

图 B.3.1.a 接地极安装

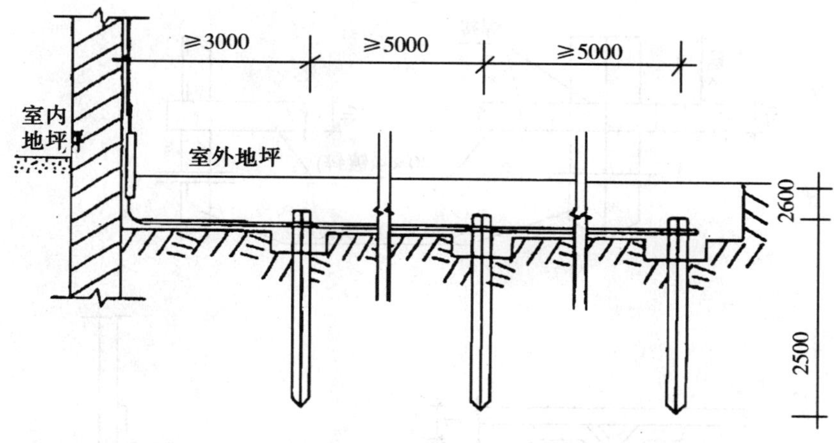

图 B.3.1.b 接地装置安装

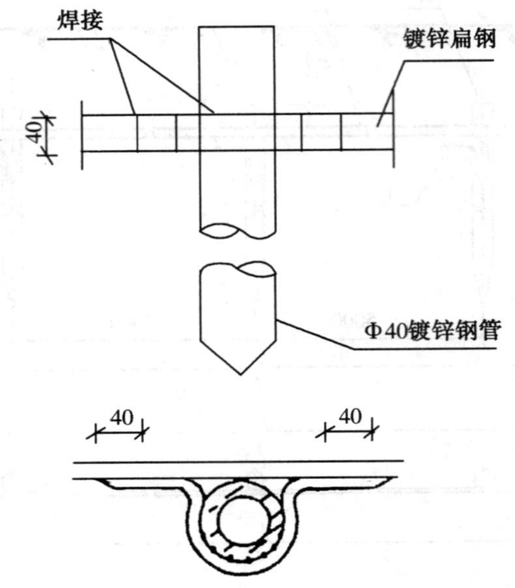

图 B.3.1.c 钢管接地极做法

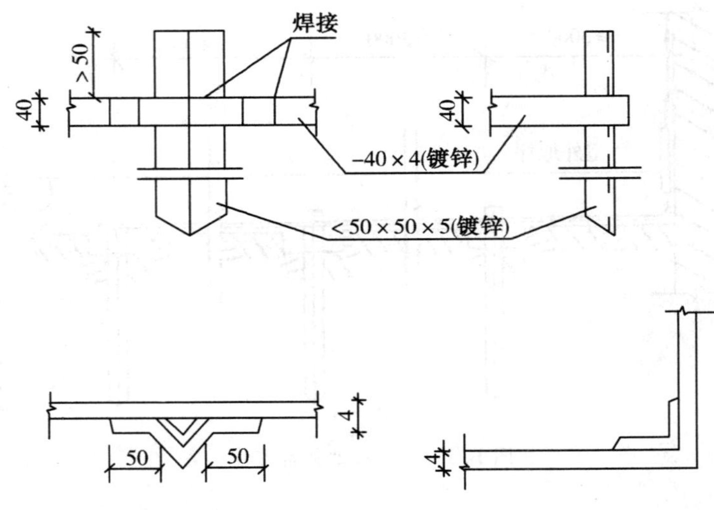

图 B.3.1.d 扁钢接地极做法

B.3.2 电解离子接地极安装见图 B.3.2。

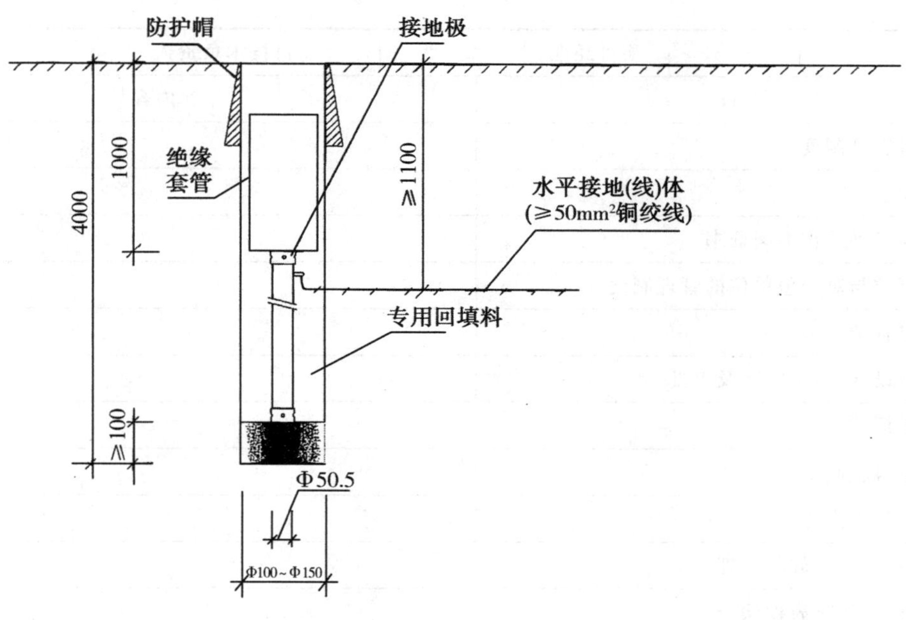

图 B.3.2　电解离子接地棒安装示意图

注：1. 安装程序

1.1 将接地极两端密封胶带除去。

1.2 将接地极置于直径为 100～150 毫米，深度为 4 米的垂直孔中。

1.3 将接地极与水平接地体可靠电气连接。

1.4 将专用回填料用水调为浆状，灌入安装接地极的垂直孔中。

1.5 将接地极防护帽安装在接地极的上端。

2. 若接地极的安装位置距人行道的距离小于 3 米，则需采取相应的绝缘措施。如：将接地极埋深超过 1 米；在接地极的上部距地面 1 米部分外套绝缘护套管(图中虚线所示)等。

3. 若水平接地体敷设的位置距人行道的距离小于 3 米，则需采取将水平接地体埋深超过 1 米的绝缘措施。

附录 C

施工现场质量管理检查记录表

C0.1　施工现场质量管理检查应由施工单位按表 C.0.1 的样式填写。总监理工程师(或建设单位项目负责人)进行检查，并做出检查结论。

表 C.0.1　　**施工现场质量管理检查记录表**　　开工日期：

编号：

工程名称		施工许可证(开工证)	
建设单位		项目负责人	
设计单位		项目负责人	
监理单位		总监理工程师	

续表

<table>
<tr><td>施工单位</td><td></td><td>项目经理</td><td></td><td>项目技术负责人</td><td></td></tr>
<tr><td>序号</td><td colspan="2">项目</td><td colspan="3">内容</td></tr>
<tr><td>1</td><td colspan="2">现场质量管理制度</td><td colspan="3"></td></tr>
<tr><td>2</td><td colspan="2">质量责任制</td><td colspan="3"></td></tr>
<tr><td>3</td><td colspan="2">主要专业工种操作上岗证书</td><td colspan="3"></td></tr>
<tr><td>4</td><td colspan="2">分包方资质与对分包单位的管理制度</td><td colspan="3"></td></tr>
<tr><td>5</td><td colspan="2">施工图审查情况</td><td colspan="3"></td></tr>
<tr><td>6</td><td colspan="2">施工组织设计、施工方案及审批</td><td colspan="3"></td></tr>
<tr><td>7</td><td colspan="2">施工技术标准</td><td colspan="3"></td></tr>
<tr><td>8</td><td colspan="2">工程质量检验制度</td><td colspan="3"></td></tr>
<tr><td>9</td><td colspan="2">施工安全技术措施</td><td colspan="3"></td></tr>
<tr><td>10</td><td colspan="2">现场设备、材料存放与管理</td><td colspan="3"></td></tr>
<tr><td>11</td><td colspan="2">检测设备、计量仪表检验</td><td colspan="3"></td></tr>
<tr><td>12</td><td colspan="2">开工报告</td><td colspan="3"></td></tr>
<tr><td>13</td><td colspan="2"></td><td colspan="3"></td></tr>
<tr><td colspan="6">检查结论：

总监理工程师：　　　　年　月　日
（建设单位项目负责人）</td></tr>
</table>

附录 D

检验批质量验收记录表

D.0.1　检验批的质量验收记录由施工项目专业质量检查员填写，监理工程师（建设单位项目专业技术负责人）组织项目专业质量检查员进行验收，并按表 D.0.1 记录。

表 D.0.1　　检验批质量验收记录表

<table>
<tr><td>工程名称</td><td></td><td>分项工程名称</td><td></td><td>验收部位</td><td></td></tr>
<tr><td>施工单位</td><td colspan="2"></td><td>专业工长</td><td></td><td>项目经理</td><td></td></tr>
<tr><td>施工执行标准名称及编号</td><td colspan="6"></td></tr>
</table>

续表

分包单位		分包项目经理		施工班组长	
	质量验收规范的规定		施工单位检查评定记录	监理(建设)单位验收记录	
主控项目	1				
	2				
	3				
	4				
	5				
	6				
	7				
	8				
	9				
一般项目	1				
	2				
	3				
	4				
施工单位检查评定结果	项目专业质量检查员			年　月　日	
监理(建设)单位验收结论	监理工程师 (建设单位项目专业技术负责人)			年　月　日	

附录 E

文物建筑屋顶形制

E.1　屋顶形式

E.1.1 庑殿式见图 E.1.1.a 和 E.1.1.b。

图 E.1.1.a

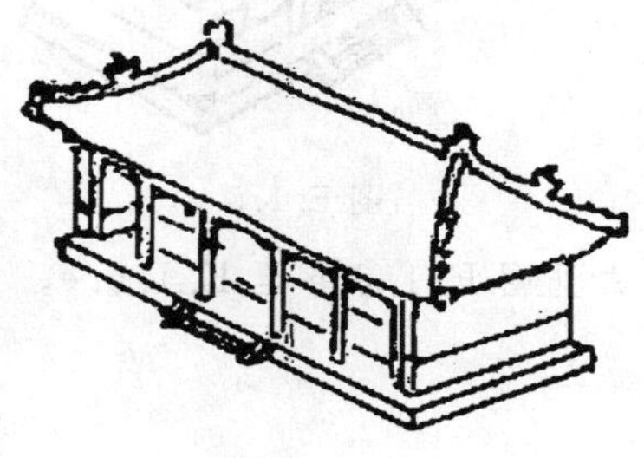

图 E.1.1.b

E.1.2 歇山式见图 E.1.2.a 和 E.1.2.b。

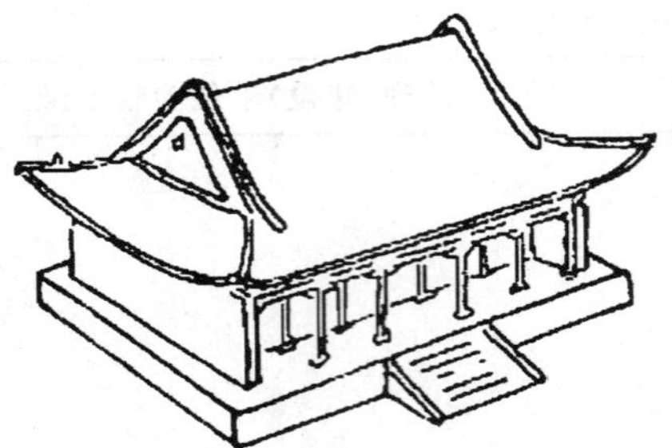

图 E.1.2.a

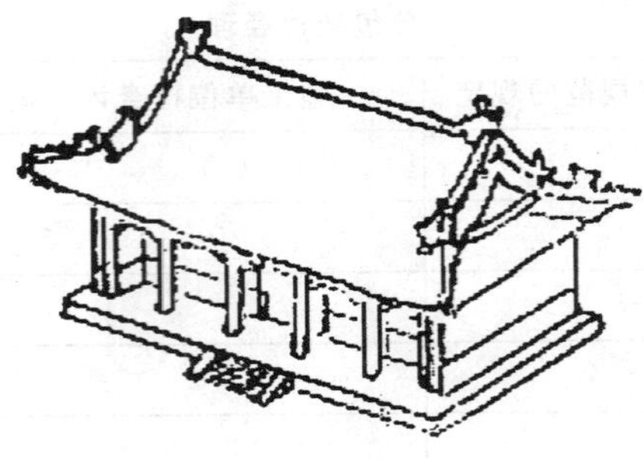

图 E.1.2.b

E.1.3 悬山式见图 E.1.3.a 和图 E.1.3.b。

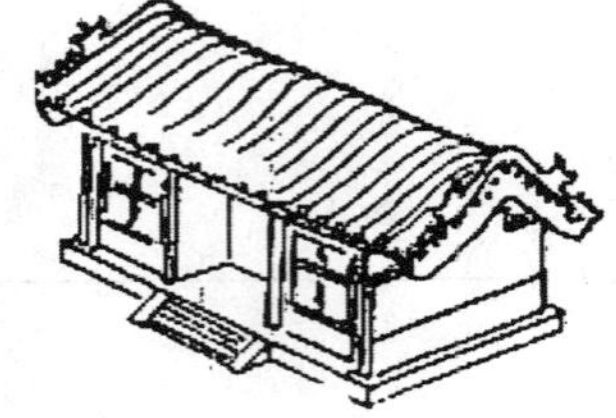

图 E.1.3.a

图 E.1.3.b

E.1.4 硬山式见图 E.1.4.a 和图 E.1.4.b。

图 E.1.4.a

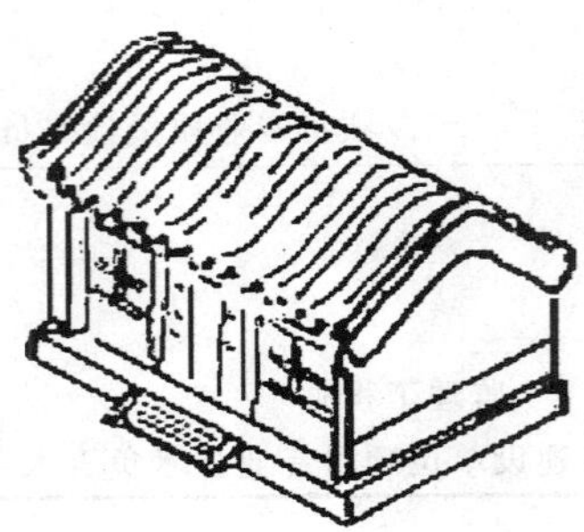

图 E.1.4.b

E.1.5 卷棚式见图 E.1.5.a 和图 E.1.5.b。

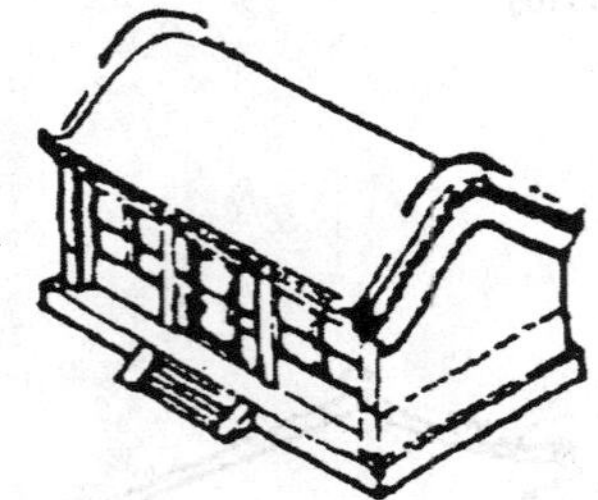

图 E.1.5.a

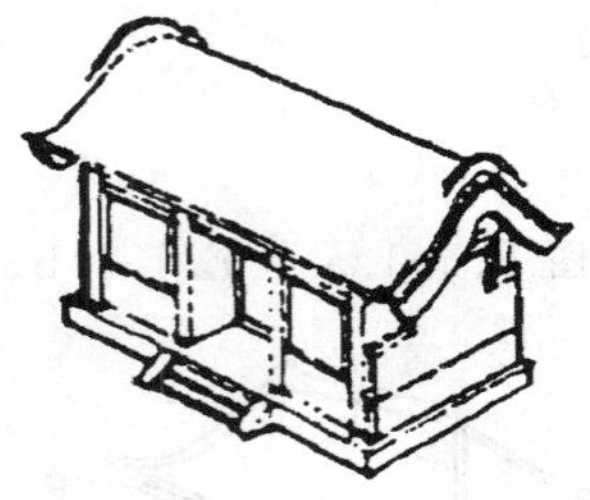

图 E.1.5.b

E.1.6 攒角式见图 E.1.6.a 至 E.1.6.e。

图 E.1.6.a 三角攒角

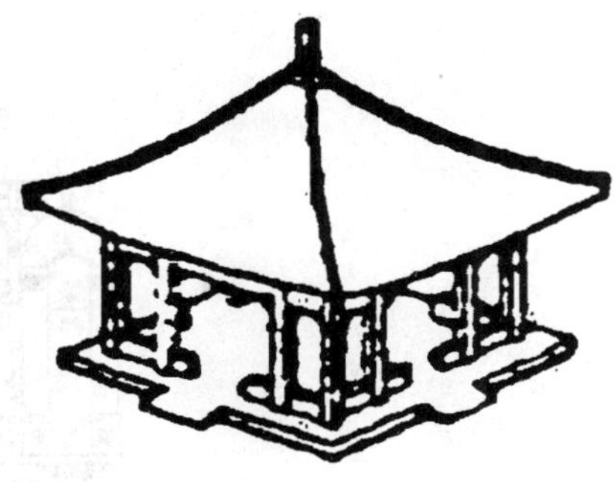

图 E.1.6.b 四角攒角

图 E.1.6.c 圆攒顶

图 E.1.6.d 盔顶

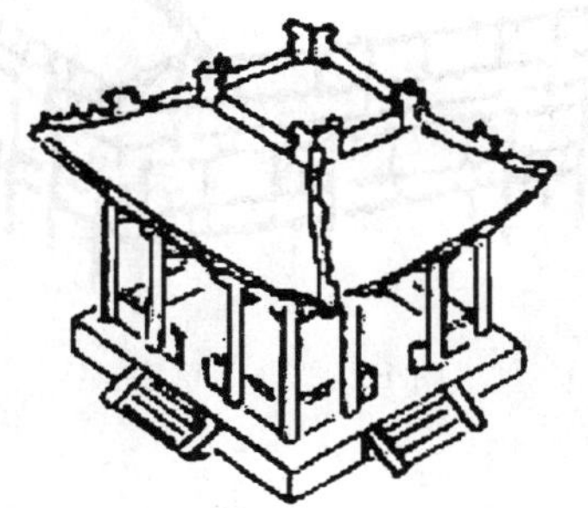

图 E.1.6.e 盝顶

E.1.7 有区域特色的屋顶形制见图 E.1.7.a 至 E.1.7.d。

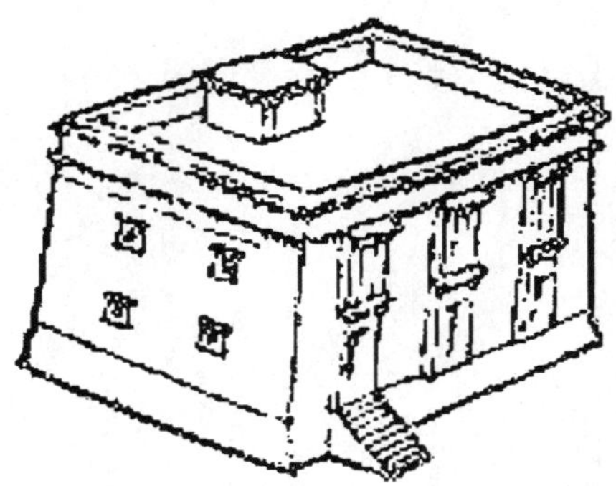

图 E.1.7.a 藏式

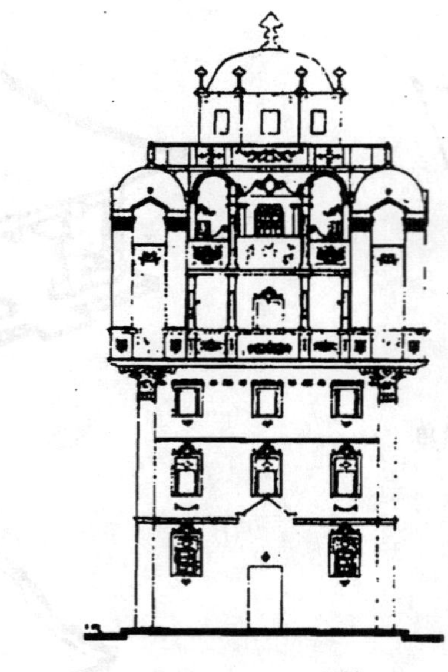

图 E.1.7.b　碉楼

图 E.1.7.c　草寮

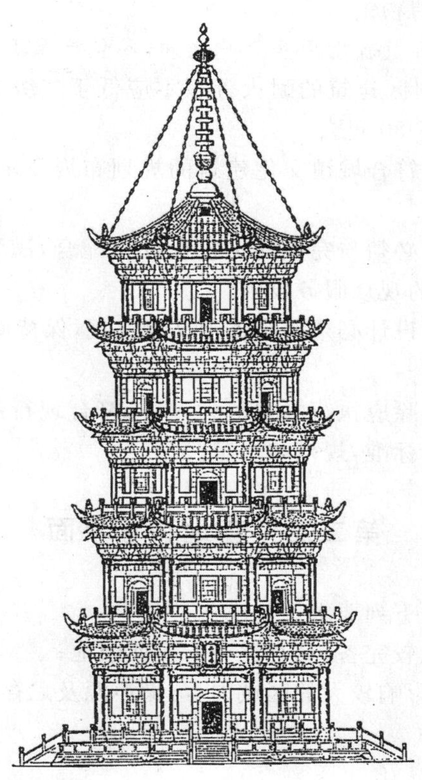

图 E.1.7.d 塔

附录 F

本规范用词说明

F.1 为便于在执行本规范条文时的区别对待，对要求严格程度不同的用词说明如下：

(1)表示很严格，非这样不可的用词：正面词采用“必须”，反面词采用“严禁”。

(2)表示严格，在正常情况下均应这样的用词：正面词采用“应”，反面词采用“不应”或“不得”。

(3)表示允许稍有选择，在条件许可时首先应这样做的用词：正面词采用“宜”，反面词采用“不宜”。

(4)表示有选择，在一定条件下可以这样做的用词，采用“可”。

博物馆建筑设计规范

第一章 总 则

第 1.0.1 条 为适应博物馆建设的需要，保证博物馆建筑设计符合适用、安全、卫生等基本要求，特制定本规范。

第 1.0.2 条 本规范适用于社会历史类和自然历史类博物馆的新建和扩建设计、改建设计及其他类别博物馆设计可参照本规范有关条文执行。

第 1.0.3 条 博物馆分为大、中、小型。大型馆（建筑规模大于 10000m²）一般适用于中央各部委直属博物馆和各省、自治区、直辖市博物馆；中型馆（建筑规模为 4000～10000m²）一般适用于各系统省厅（局）直属博物馆和省辖市（地）博物馆；小型馆（建筑规模小于 4000m²）一般适用于各系统市（地）、县（县级市)局直局博物馆和县(县级市)博物馆。

注:建筑规模仅指博物馆的业务及辅助用房面积之和,不包括职工生活用房面积。

第 1.0.4 条 藏品库区和陈列区建筑的耐火等级不应低于二级。大、中型馆的耐久年限不应少于100 年,小型馆的耐久年限不应少于 50 年。

第 1.0.5 条 博物馆建筑必须符合城镇文化建筑的规划布局要求,并应反映所在地区建筑艺术、科学技术和文化发展的先进水平。

第 1.0.6 条 博物馆建筑设计必须与完整的工艺设计相配合,满足藏品的收藏保管、科学研究和陈列展览等基本功能,并应设置配套的观众服务设施。

第 1.0.7 条 对古建筑的改建设计必须符合各项文物法规,保持原有建筑风貌,并应满足防火、防盗等安全要求。藏品库房以新建为宜。

第 1.0.8 条 博物馆建筑设计除应执行本规范外,尚应符合现行的《民用建筑设计通则》(JGJ37)以及国家和专业部门颁布的有关设计标准,规范和规定。

第二章 基地和总平面

第 2.0.1 条 基地选择应符合下列要求:

一、交通便利、城市公用设施比较完备、具有适当的发展余地;

二、不应选在有害气体和烟尘影响较大的区域内,与噪声源及贮存易燃、易爆物场所的相关距离应符合有关部门的规定;

三、场地干燥,排水通畅、通风良好。

第 2.0.2 条 总平面布置应符合下列要求:

一、因地制宜,全面规划,一次或分期建设。

二、大、中型馆应独立建造。小型馆若与其他建筑合建,必须满足环境和使用功能要求,并自成一区,单独设置出入口。

三、馆区内宜合理布置观众活动、休息场地。

四、馆区内不应建造职工生活用房。若职工生活用房毗邻馆区建筑布置,必须加以分隔,并各设直通外部道路的出入口。

五、馆区内应功能分区明确,室外场地和道路布置应便于观众活动、集散和藏品装卸运送。

六、陈列室和藏品库房若临近车流量集中的城市主要干道布置,沿街一侧的外墙不宜开窗;必须设窗时,应采取防噪声、防污染等措施。

七、除当地规划部门有专门规定外,新建博物馆建筑的基地覆盖率不宜大于 40%。

八、应根据建筑规模或日平均观众流量,设置自行车和机动车停放场地。

第三章 建筑设计

第一节 一般规定

第 3.0.1 条 博物馆应由藏品库区、陈列区、技术及办公用房、观众服务设施等部分组成。

第 3.1.2 条 观众服务设施应包括售票处、存物处、纪念品出售处、食品小卖部、休息处、厕所等。

第 3.1.3 条 陈列室不宜布置在 4 层或 4 层以上。大、中型馆内 2 层或 2 层以上的陈列室宜设置货客两用电梯;2 层或 2 层以上的藏品库房应设置载货电梯。

第 3.1.4 条 藏品的运送通道应防止出现台阶,楼地面高差处可设置不大于 1∶12 的坡道。珍品及对温湿度变化较敏感的藏品不应通过露天运送。

第 3.1.5 条 当藏品库房、陈列室在地下室或半地下室时，必须有可靠的防潮和防水措施，配备机械通风装置。

第 3.1.6 条 藏品库房和陈列室内不应敷设给排水管道，在其直接上层不应设置饮水点、厕所等有可能积水的用房。

第 3.1.7 条 除特殊藏品或展品外，藏品库房和陈列室的楼面活荷载应按 $4KNm^2$ 设计。

第二节 藏品库区

第 3.2.1 条 藏品库区应由藏品库房、缓冲间、藏品暂存库房、鉴赏室、保管装具贮藏室、管理办公室等部分组成。

第 3.2.2 条 藏品暂存库房、鉴赏室、贮藏室、办公室等用房应设在藏品库房的总门之外。

第 3.2.3 条 收藏对温湿度较敏感的藏品，应在藏品库区或藏品库房的入口处设缓冲间，面积不应小于 $6m^2$。

第 3.2.4 条 大、中型馆的藏品宜按质地分间贮藏，每间库房的面积不宜小于 $50m^2$。

第 3.2.5 条 重量或体积较大的藏品宜放在多层藏品库房的地面层上。

第 3.2.6 条 每间藏品库房应单独设门。窗地面积比不宜大于 1/20。珍品库房不宜设窗。

第 3.2.7 条 藏品库房的开间或柱网尺寸应与保管装具的排列和藏品进出的通道相适应。

第 3.2.8 条 藏品库房的净高应为 2.4～3m。若有梁或管道等突出物，其底面净高不应低于 2.2m。

第 3.2.9 条 藏品库房不宜开设除门窗以外的其他洞口，必须开洞时应采取防火、防盗措施。

第三节 陈列区

第 3.3.1 条 陈列区应由陈列室、美术制作室、陈列装具贮藏室、进厅、观众休息处、报告厅、接待室、管理办公室、警卫值班室、厕所等部分组成。

第 3.3.2 条 陈列室应布置在陈列区内通行便捷的部分，并远离工程机房。陈列室之间的空间组织应保证陈列的系统性、顺序性、灵活性和参观的可选择性。

第 3.3.3 条 陈列室的面积、分间应符合灵活布置展品的要求，每一陈列主题的展线长度不宜大于 300m。

第 3.3.4 条 陈列室单跨时的跨度不宜小于 8m，多跨时的柱距不宜小于 7m。室内应考虑在布置陈列装具时有灵活组合和调整互换的可能性。

第 3.3.5 条 陈列室的室内净高除工艺、空间、视距等有特殊要求外，应为 3.5～5m。

第 3.3.6 条 陈特殊要求采用全部人工照明外，普通陈列室应根据展品的特征和陈列设计的要求确定天然采光与人工照明的合理分布和组合。

第 3.3.7 条 陈列室应防止直接眩光和反射眩光，并防止阳光直射展品。展品面的照度通常应高于室内一般照度，并根据展品特征，确定光线投射角。

第 3.3.8 条 当陈列室面积较大时，室内宜有相应的吸声处理。

第 3.3.9 条 陈列室的地面应采用耐磨、防滑、易清洁的材料。有条件时可选用有利于减轻观众步行噪声的铺地材料。

第 3.3.10 条 大、中型馆内陈列室的每层楼面应配置男女厕所各一间，若该层的陈列室面积之和超过 $1000m^2$，则应再适当增加厕所的数量。男女厕所内至少应各设 2 只大便器，并配有污水池。

第 3.3.11 条 大、中型馆宜设置报告厅，位置应与陈列室较为接近，并便于独立对外开放。

第 3.3.12 条 报告厅宜按 $1～2m^2$ 墩座设计，室内应设置电化教育设施。当规模大于或等于 300 座时，室内应作吸声处理。有条件时可设置空气调节。

第 3.3.13 条 大、中型馆宜设置教室和接待室，分间面积宜为 $50\ m^2$。小型馆的接待室兼作教学使用时，应设置电化教育设施。

第四节　技术及办公用房

第3.4.1条　技术及办公用房应由鉴定编目室、摄影室、熏蒸室、实验室、修复室、文物复制室、标本制作室、研究阅览室、行政管理办公室及其库房等部分组成。

第3.4.2条　大型馆必须设置熏蒸室、物理和化学实验室，位置应方便藏品的运送。中、小型馆若有馆际协作安排，可不设熏蒸室。

第3.4.3条　鉴定编目室、摄影室、修复室等用房应接近藏品库区布置，专用的研究阅览室及图书资料库应有单独的出入口与藏品库区相通。

第3.4.4条　鉴定编目室、实验室、修复室、文物复制室、标本制作室等用房的窗地面积比不应小于1/6，室内光线应稳定、柔和。

第四章　藏品防护

第一节　一般规定

第4.1.1条　藏品防护应包括温湿度、防潮、防水、光照、防烟尘、防有害气体、防虫、防鼠和防盗等要求。其他如防火、防雷等要求除应符合专业规范外，尚应执行本规范第五、六章的有关规定。

第4.1.2条　藏品库房和陈列室围护结构的保温和隔热要求应根据室内温湿度要求、当地室外气象的计算参数以及是否设置采暖、通风、空气调节等设备的具体情况合理确定。门窗应密闭，外墙的热惰性指标(D)不应小于4，屋顶的热惰性指标(D)不应小于3。

第4.1.3条　当藏品库房和陈列室设置采暖时，围护结构的总热阻(R_0)应按现行的《民用建筑热工设计规程》(JGJ 24)计算所得的最小总热阻的基数上，外墙再增加20%、屋顶再增加30%进行设计。

第4.1.4条　当藏品库房和陈列室设置空气调节时，围护结构的传热系数(K_0)可参照现行的《采暖通风与空气调节设计规范》(JGJ 19)中推荐的数值采用。

第4.1.5条　当藏品库房和陈列室不设置采暖、通风与空气调节设备时，外墙的总热阻(R_0)不应小于0.66$m^2 \cdot K/W$，屋顶的总热阻(K_0)不应小于0.90$m^2 \cdot K/W$。

第4.1.6条　藏品库房应分别装置厚度不小于0.8mm的金属板窗、玻璃窗、金属板门和金属栅栏门；若设置采暖、空气调节设备时则应采取密闭保温措施。

第4.1.7条　绿化设计宜选用有利于降温、滞尘、净化空气的树种，不得选用易生虫害和飞花扬絮的树种，并应防止紧贴藏品库房和陈列室的散水坡或排水沟种植。

第二节　温湿度要求

第4.2.1条　收藏对温湿度变化较敏感珍品的库房应设置空气调节设备。

第4.2.2条　设置空气调节设备的藏品库房，冬季温度不应低于10℃，夏季温度不应高于26℃，相对湿度应保持基本稳定，并根据藏品材质类别确定参数，推荐值参照表4.2.2。

表4.2.2　藏品相对湿度

藏品材质类别	相对湿度(%)
金银器、青铜器、古钱币、陶瓷、石器、玉器、玻璃等	40～50
纸质书画、纺织品、腊叶植物标本等	50～60
竹器、木器、藤器、漆器、骨器、象牙、古生化石等	55～65
墓葬壁画等	45～55
一般动、植物标本等	40～60

第 4.2.3 条 未设空气调节设备的藏品库房，相对湿度不应大于 70%，并宜控制昼夜间的相对湿度差不大于 5%，贯彻恒湿变温的原则。

第三节 防潮和防水

第 4.3.1 条 屋顶的排水系统应严防渗漏；藏品库房的地下层室内和地面层地面应有可靠的防潮措施。

第 4.3.2 条 水池、喷泉不应紧贴藏品库房和陈列室布置。

第四节 光照要求

第 4.4.1 条 藏品库房的窗扇玻璃厚度不应小于 3mm，并宜采用漫射玻璃或其他防止阳光直射的装置。收藏对光特别敏感藏品的库房可选用过滤紫外线、吸收红外线的玻璃，或在玻璃上进行滤膜处理。

第 4.4.2 条 藏品库房室内和对光特别敏感展品的照明应选用白炽灯，并有遮光装置。陈列室内的一般照明宜用紫外线少的光源。

第 4.4.3 条 陈列室的一般照度应根据展品类别确定，推荐值参照表 4.4.3。

表 4.4.3 **展品照度推荐值**

展品类别	照度推荐值(LX)
对光不敏感：金属、石材、玻璃、陶瓷、珠宝、搪瓷、珐琅等	≤300(色温≤6500K)
对光较敏感：竹感、木器、藤器、漆器、骨器、油画、壁画、角制品、天然皮革、动物标本等	≤180(色温≤4000K)
对光特别敏感：纸质书画、纺织品、印刷品、树胶彩画、染色皮革、植物标本等	≤50(色温≤2900K)

第五节 防烟尘和防有害气体

第 4.5.1 条 若大气环境中的烟雾灰尘或有害气体的日平均浓度超过限值，设置通风或空气调节的藏品库房和陈列室应对新风采取过滤净化措施。浓度限值应符合表4.5.1的规定。

表 4.5.1 **烟雾灰尘和有害气体浓度限值**

污染物类别	浓度限值(mg/m^2)
烟雾灰尘	0.15
二氧化硫(SO_2)	0.01
二氧化氮(NO_2)	0.01
臭氧(O_3)	0.01
一氧化氮(NO)	0.05
一氧化碳(CO)	4.00

第 4.5.2 条 锅炉房、熏蒸室、化学实验室等用房应与藏品库房和陈列室间隔一定的距离，废气排放应作净化处理。

第 4.5.3 条 固定的保管和陈列装具应表面平整，构造简洁紧密。

第六节 防虫和防鼠

第 4.6.1 条 食品小卖部、食品仓库等用房严禁靠近藏品库区和陈列区布置。未设空气调节设备的藏品库房和陈列室应在能开启的外门窗上装置可拆卸的纱扇。

第 4.6.2 条 藏品库房和陈列室的通风孔洞应加设防鼠、防虫装置，门与地面的缝隙不应大于 5mm。有鼠地区的陈列室外门宜为金属门或下缘包覆金属板的木门。

第七节 防盗

第 4.7.1 条 藏品库房的外窗和陈列室的地面层、二层外窗必须有可靠的安全防盗装置。

第 4.7.2 条 藏品库房和陈列室在外墙上的水平连续遮阳、不同标高建筑相连外的高侧外窗、地下室和半地下室的采光通风口等处应设安全防盗装置。

第 4.7.3 条 藏品库房和陈列室周围不应有可供攀缘入室的高大乔木、电杆、外水落管、墙板等物。藏品库区不宜设置室外楼梯。

第 4.7.4 条 藏品库房总门、珍品库房及珍品陈列室应设置安全监视系统和防盗自动报警系统。

第五章 防火

第一节 建筑防火

第 5.1.1 条 藏品库区的防火分区面积，单层建筑不得大于 $1500m^2$，多层建筑不得大于 $1000m^2$，同一防火分区内的隔间面积不得大于 $500m^2$。陈列区的防火分区面积不得大于 $2500m^2$，同一防火分区内的隔间面积不得大于 $1000m^2$。

第 5.1.2 条 藏品库房、陈列室的隔墙应为非燃烧体。防火分区内的隔间应采用耐火极限不低于 3h 的隔墙和乙级防火门分隔。封闭式竖井的围护结构应采用非燃烧体及丙级防火门。

第 5.1.3 条 藏品库房和陈列室内的固定装修应选用非燃烧体或阻燃材料。

第二节 安全疏散

第 5.2.1 条 藏品库区的电梯和安全疏散楼梯应设在每层藏品库房的总门之外，疏散楼梯宜采用封闭楼梯间。

第 5.2.2 条 陈列室的外门应向外开启，不得设置门槛。

第三节 消防设施

第 5.3.1 条 大、中型馆必须设置火灾自动报警系统。

第 5.3.2 条 珍品库房及大、中型馆内收藏纸质书画、纺织品等遇水即损藏品的库房应设置气体灭火装置。大型馆内的普通藏品库房和陈列室宜设置预防作用的自动喷水灭火系统。

第六章 建筑设备

第一节 给排水

第 6.1.1 条 馆区内应有完整的排水系统将水就近排入城市的排水管网或水体。污水排放应符合国家及地方的规定。

第 6.1.2 条 中、小型馆雨水管道的暴雨量设计重现期宜采用一年，大型馆宜采用二年。

第 6.1.3 条 应根据结构形式和气候条件选择合适的屋面排水方式。藏品库房和陈列室的屋面应采用外排水系统，当必须采用内排水时应由管道将雨水以最短的距离引至室外。

第二节　暖通空调

第 6.2.1 条　设置空气调节的藏品库房，室内温湿度应满足藏品防护的要求，符合第 4.2.2 条的规定。

第 6.2.2 条　藏品库房和陈列室的采暖宜采用热风系统。若使用以水或汽为热媒的采暖装置，应采取有效的措施防止渗漏。严禁明火采暖。

第 6.2.3 条　藏品库房和陈列室的采暖系统应分布合理，避免局部过热，藏品库房宜设置使室内相对湿度稳定在 40%～65%的加湿装置。

第 6.2.4 条　通风和空气调节的风管及其保温材料应采用非燃烧体。风管不宜穿过防火墙，必须穿过时应在该处设置防火阀，风管穿过墙、板的空隙处应用非燃烧体填充严密。风管应有良好的气密性，连接处必须有可靠的密闭措施。

第 6.2.5 条　通风和空气调节的新风应经清洁过滤，在污染严重地区还应采取净化措施，符合第 4.5.1 条的规定。

第 6.2.6 条　空气调节设备宜安装在专门的机房内，并装置防火隔声门。机房内应采取消声、减振措施。

第 6.2.7 条　熏蒸室应设置独立的排风系统，废气排放应符合国家及地方的规定。

第三节　电气

第 6.3.1 条　大型馆的电气负荷不得低于二级，中、小型馆不得低于三级，防火、防盗报警系统应按一级电气负荷设计或设置应急备用电源。

第 6.3.2 条　监视和报警电气线路应与照明和动力电气线路分开设置，并敷设隐蔽。

第 6.3.3 条　藏品库房的电源开关应统一安装在藏品库区的藏品库房总门之外，并有防止漏电的安全保护装置。藏品库房内的照明宜分区控制。

第 6.3.4 条　藏品库房和陈列室的电气照明线路应采用铜芯绝缘导线暗线敷设，古建筑改建可为铜芯导线塑料护套线明线敷设。防火、防盗报警系统的电气线路应采用铜芯导线，并装套钢管保护。

第 6.3.5 条　陈列室内应设置使用电化教育设施的电气线路和插座。

第 6.3.6 条　熏蒸室的电气开关必须在室外控制。

第 6.3.7 条　大型馆的陈列室应设置火灾事故照明和疏散导向标志。重要藏品库房宜有警卫照明。

第 6.3.8 条　大型馆不应低于二级防雷，中、小型馆不应低于三级防雷。珍品库房应为一级防雷。

附录一

名词解释

1. 博物馆建筑：供收集、保管、研究和陈列、展览有关自然、历史、文化、艺术、科学、技术方面的实物或标本之用的公共建筑。

2. 馆区：对基地内各类建筑物及道路、广场、绿地等占用的整个区域的总称。

3. 藏品库区：对藏品库房及为保管藏品而专设的房间、通道、场地等占用的空间的总称。

4. 藏品库房：存放各类文物和标本的专设房间。

5. 暂存库房：暂时存放尚未清理、消毒的各类文物和标本的专设房间。

6. 珍品库房：存放各类具有较高历史、艺术、科学价值的一级藏品及保密性藏品、经济价值贵重藏品的专设藏品库房。

7. 藏品库房总门：藏品库房及其室外通道、场地等所在区域的大门，位于藏品库区之内。

8. 缓冲间：在藏品库区或藏品库房的入口处专设的过渡房间，主要用以防止藏品在短时间内经受较剧烈的温湿度变化。

9. 装具:陈列和保管中使用的橱柜、台座、屏风、支架、板面、箱盒、镜框、瓶罐等器具。

10. 熏蒸室:用化学药品气化的方法对文物和标本进行杀虫灭菌工作的专设房间。

11. 陈列区:对陈列室及为参观、教育、休息而专设的房间、通道、场地等占用的空间的总称。

12. 陈列室:陈列、展览各类文物和标本的专设房间。

13. 技术用房:对藏品和展品进行科学研究、技术处理的专设房间。

附录二

用词说明

一、为便于在执行本规范条文时区别对待,对于要求严格程度不同的用词,说明如下:

1. 表示很严格,非这样做不可的:

正面词采用“必须”;

反面词采用“严禁”。

2. 表示严格,在正常情况下均应这样做的:

正面词采用“应”;

反面词采用“不应”或“不得”。

3. 表示允许稍有选择,在条件许可时,首先应这样做的:

正面词采用“宜”或“可”;

反面词采用“不宜”。

二、条文中指明按其他有关标准执行的写法为,“应按……执行”或“应符合……要求(或规定)”。非必须按所指定的标准执行的写法为,“可参照……的要求(或规定)”。

国家文物局文件

世界遗产保护

关于加强和改善世界遗产保护管理工作的意见

（文物发〔2002〕16号）

各省、自治区、直辖市文化厅（局）、文物局（文管会）、计委、财政厅（局）、教育厅（教委）、建设厅（建委）、国土厅（局）、环保厅（局）、林业（农林）厅（局）：

1972年11月16日，联合国教科文组织第十七届会议在巴黎通过了《保护世界文化和自然遗产公约》（以下简称《世界遗产公约》）。考虑到文化遗产和自然遗产越来越多地受到自然和人为破坏的威胁、许多国家和地区对遗产保护工作的不完善，以及各类遗产损失对人类社会的有害影响，《世界遗产公约》要求将那些具有突出重要性的文化或自然遗产作为全人类世界遗产的一部分加以保护。《世界遗产公约》及其基本准则已得到国际社会的普遍欢迎和尊重。

我国历史悠久，文物古迹众多，自然景观丰富。建国以来，党和政府一贯重视文化和自然遗产保护工作，我国有关文化和自然遗产保护的法规、政策和措施，其原则、内容与《世界遗产公约》的基本精神是完全一致的。1985年，我国正式加入了《世界遗产公约》，对国际社会作出了为全人类妥为保护中国境内世界遗产的庄严承诺。此后，我国的世界遗产保护事业发展迅速，至今已形成相当规模。我国列入世界遗产名录的项目已达28处（组），居世界前列，保护、管理世界遗产的工作水平不断提高。世界遗产保护事业在保护我国文物古迹、自然景观，促进我国社会主义精神文明和物质文明建设，宣传我国的悠久历史与灿烂文明，展示我国的壮丽山河与自然风貌，扩大中华文化的国际影响等方面发挥了积极作用。世界遗产工作已经成为我国坚持社会可持续发展战略、建设社会主义现代国家的重要组成部分，也是我国在教育、科学、文化、环境等方面参与国际事务并积极发挥作用的重要领域之一。

当前，我国的世界遗产保护事业面临着不少问题和困难，距离《世界遗产公约》的要求还存在一定差距，主要表现在法制建设有待加强，保护资金不足，专业人才缺乏，重大项目决策程序不够完善以及开发利用过度、忽视保护，甚至出现一些建设性破坏等现象。为进一步改善和加强我国世界遗产的保护管理工作，特提出如下意见：

一、各级行政主管部门要进一步端正和提高对保护世界遗产重要性的认识

保护世界文化和自然遗产事业已成为全球文化建设和环境保护的重要组成部分，对全世界人民精神和社会文化生活的构建，对保持人类文化多样化、生态多样性和促进世界各国、各民族之间的相互尊重和理解，对历史人文环境、自然演变的科学印迹和优美自然景观的保护与延续，进而对人类文明和社会的可持续发展，都具有无可替代的意义和作用。妥善保护和保存世界遗产，是一个国家法治健全、社会安定和民族团结、文明进步的标志。保护好我国的世界遗产，是对广大人民群众进行爱国主义教育和优秀传统文化教育的需要，是国家生态环境建设和可持续发展的需要，关系到我国人民特别是子孙后代的生存环境和生活质量，关系到国家与社会的整体利益和长远利益，也关系到国家与民族的国际形象。做好世界遗产的保护管理工作，是各地、各有关部门的重要职责，也是当代人义不容辞的历史使命。

二、进一步加强对世界遗产的保护管理工作，做好规划，完善制度

我国现在已有涉及世界遗产资源保护管理的《中华人民共和国文物保护法》《风景名胜区管理暂行条例》《森林和野生动物类型自然保护区管理办法》和规划、环保、国土资源等多方面的法规。在实际工作中，一些地方对现行相关法律法规了解不够、执行不力，甚至有法不依、各行其是。在加紧研究制订中国世界遗产保护管理专项法规的同时，各地应进一步宣传并贯彻好现行有关法规，切实检查法规执行情况，对严重违背法规，损害世界遗产的事件，必须依法查处，坚决予以纠正。

作为依法保护管理好世界遗产的重要措施，各地要依据有关法规、政策和技术规范，抓紧制订各个世界遗产地的保护和管理规划；已有规划不够合理、不够完善的，要及时修订、调整、补充。各地都要严格按规划办事。同时，要依据《世界遗产公约》的要求，制订教育和宣传计划，广泛、深入宣传保护世界遗产的重要意义和保护的科学方法，努力增强民众对世界文化、自然遗产的保护和尊重意识，把世界遗产工作置于全社会的支持、监督和保障之下。

三、正确处理世界遗产保护与利用的关系

有效保护、保存和展示文化和自然遗产，是《世界遗产公约》的基本要求。从世界范围看，对世界遗产的主要威胁来自于错位开发和超容量开发。我国的世界遗产也面临同样的威胁。

世界遗产是具有特殊重要性、珍稀性和脆弱易损性的不可再生资源，必须把对遗产的保护放在第一位，一切开发、利用和管理工作，都应以遗产的保护和保存为前提，都要以有利于遗产的保护和保存为根本。这是世界遗产事业存在和发展的基础。要清醒地认识到，对世界遗产的保护、管理和利用，有很强的专业性、政策性和敏感的国内外影响；任何遗产地都有其科学的容量和适宜的开发方式，要坚决反对无限度无规划的恶性开发和使用。凡涉及世界遗产的重大建设项目、开发利用计划和管理体制的事项，均需符合国家有关保护法规和有关保护规划要求，严格执行环境影响评价制度，并经依法审批。各地要站在讲政治、讲大局的高度，努力使局部利益服从整体利益，眼前利益服从长远利益，妥善处理好保护和利用的关系，切实保障世界遗产的完整和真实。

四、树立“公约意识”，遵守国际规则

《世界遗产公约》在国际社会具有广泛的重要影响。它的各项具体规定和要求，应得到切实遵守。这不仅是依法行政的基本要求，也是中国政府履行国际承诺的具体体现。联合国教科文组织在《关于在国家一级保护文化和自然遗产的建议》中，对《世界遗产公约》各个缔约国的文化和自然遗产的保护，从国家政策、行政组织、保护措施、教育和文化行动、国际合作等方面都具体提出了建议和要求，反映了国际社会对文化和自然遗产保护的先进理念，值得我们高度重视。在我国加入 WTO 之后，更应该牢固树立“公约意识”，增强依照《世界遗产公约》开展工作的自觉性和主动性，杜绝忽视相关国际公约和准则的随意性做法。要认真、完全地履行申报世界遗产时的承诺。已定为世界遗产地的单位，对申报遗产时的原状如有任何变更，均须依照有关规定，履行报批手续，并通报世界遗产委员会。

五、各部门、各单位要明确责任，各司其职，密切配合，多层次、全方位地做好世界遗产的保护管理工作

保护、规划、管理和利用世界遗产资源，涉及文化、文物、计划、财政、教育、建设、国土、环保、林业等部门。各世界遗产地应建立有效的工作机制，加强对有关世界遗产工作的综合协调和宏观管理。各部门应在各级党委和政府的统一领导下，明确责任，相互协作，共同以大局为重，在各自的职权范围内切实做好工作。涉及遗产保护、管理发生重大问题或出现不良苗头时，该遗产地的责任单位要及时采取相应保护措施；确实无力解决的，应及时报告当地党委和政府，并报上级业务主管部门。对各种造成遗产损失的失职、渎职行为，要追究行政乃至法律责任。

文化部　国家文物局　国家计委
财政部　教育部　建设部
国土资源部　环保总局　国家林业局
2002 年 4 月 25 日

世界文化遗产申报项目审核管理规定

（文物保发〔2010〕27 号）

第一条　为加强和规范世界文化遗产申报项目审核工作，依据《中华人民共和国文物保护法》和《世界文化遗产保护管理办法》，并参照《保护世界文化和自然遗产公约》及其《操作指南》，制订本规定。

第二条　本规定所称世界文化遗产申报项目，是指已列入《中国世界文化遗产预备名单》并在联合国教科文组织备案，拟申报列入联合国教科文组织《世界遗产名录》的文化遗产项目。

第三条　国家文物局负责世界文化遗产申报项目的审核工作。省级文物行政部门负责本行政区域内世界文化遗产申报项目的初审工作。

第四条　世界文化遗产申报项目中、英文申报文本，由文化遗产所在地市或县人民政府组织编制。

世界文化遗产申报项目，涉及一个省、自治区、直辖市行政区域内多个市、县的，由省级文物行政部门协调有关市或县人民政府统一组织编制申报文本；涉及多个省、自治区、直辖市的，由各有关省级文物行政部门进行协商，统一组织编制申报文本。

第五条　世界文化遗产申报项目中、英文申报文本（纸质件和电子件各一式三份），由组织编制机构报省级文物行政部门。

第六条　省级文物行政部门依据《实施保护世界文化和自然遗产公约操作指南》的相关要求，对申报文本进行初审。

第七条　省级文物行政部门对于初审同意的世界文化遗产申报项目，应当报请省级人民政府批准后，在 3 月 31 日前将该项目中、英文申报文本及初审意见、当地民众和利益相关方支持申报的情况说明、省级人民政府批准文件等材料，一并报国家文物局。涉及多个省、自治区、直辖市的世界文化遗产申报项目，应当由有关省级文物行政部门共同报国家文物局。

第八条　国家文物局收到申报材料后，委托专业机构对申报材料进行评估。

第九条　接受委托的专业机构应当自受托之日起 60 日内，组织有关专家依据《实施保护世界文化和自然遗产公约操作指南》，对申报项目进行评估，并向国家文物局提交评估报告，提出推荐申报的建议。

第十条　国家文物局依据专业机构的评估报告，对世界文化遗产申报项目和申报文件进行审核，并将审核意见告知有关省级文物行政部门。

第十一条　经国家文物局审核同意的世界文化遗产申报项目，由相关部门报请国务院批准后，向联合国教科文组织世界遗产中心正式提交申报文本。

第十二条　申报世界文化和自然混合遗产项目，其中文化遗产部分的审核管理，参照本规定执行。

第十三条　本规定自颁布之日起施行。

世界文化遗产申报工作规程(试行)

（文物保函〔2013〕1595号）

第一章 总 则

第一条 为规范世界文化遗产申报工作，促进文化遗产保护管理，依据《中华人民共和国文物保护法》、文化部《世界文化遗产保护管理办法》和国家文物局《世界文化遗产申报审核管理规定》，参照联合国教科文组织《保护世界文化和自然遗产公约》《实施世界遗产公约操作指南》(以下简称《操作指南》)及世界遗产委员会咨询机构和世界遗产中心《世界遗产资源手册——世界遗产申报准备》等，制订本规程。

第二条 本规程主要适用于已列入《中国世界遗产预备名单》并在联合国教科文组织备案，拟申报列入联合国教科文组织《世界遗产名录》的文化遗产项目，以及文化和自然双重遗产项目中的文化遗产部分。

第三条 开展世界文化遗产申报工作(以下简称“申报工作”)，应当遵循加强领导、明确职责、分级负责、各司其职、分阶段推进的原则，各级政府、文物主管部门，有关管理机构，利益相关者，专业单位、专业咨询机构和专家，应当在申报工作中承担相应的责任、权利和义务。世界文化遗产申报项目所在地地方人民政府(以下简称“所在地地方政府”)是申报工作的责任主体。

第四条 申报工作应当树立正确理念，以加强保护为最终目标，以揭示和宣传文化遗产的突出普遍价值为基本要求，不断提高文化遗产保护管理水平，力求发挥文化遗产在提升人与社会综合文明素质中的积极作用。

世界文化遗产申报涉及遗产地环境建设与居民生活。既要以申报工作为契机，善于解决遗产保护与环境协调方面存在的历史遗留问题，使申报同时变为环境和谐、家园美化的过程；又要立足国情，尊重合理的历史沿革，准确解读并把握国际理念、规则和应用尺度，勤俭节约，量力而行，避免奢华之风、过度拆迁和利益相关者纷争。

第五条 围绕申报开展的保护、展示、监测和环境整治等工作，应在深入开展申报项目的突出普遍价值、真实性、完整性研究的基础上，按照“不改变文物原状”原则，最小干预，因地制宜，确保文化遗产的真实性、完整性和展示利用的可持续性。遗址保护与展示，一般不支持、不提倡复建历史上已毁损无存的文物古迹。如确有必要，需经充分论证和依法报批。

第六条 申报工作应当建立有效的宣传、教育和社会沟通渠道，鼓励遗产地开展多种形式的宣传教育活动，确保当地群众特别是利益相关者的知情权、参与权和监督权，使申报工作达成社会共识。宣传教育应注重对文化遗产的认识、保护管理、环境谐调和可持续发展，并遵守相关国际规则。

第二章 相关方的责任和义务

第七条 国家文物局负责全国世界文化遗产申报工作的项目审核、指导监督和宏观管理，并承担相应的涉外沟通工作责任。

第八条 省级人民政府负责本行政区域内申报工作的组织、领导和协调。

省级文物行政部门负责本行政区域内申报工作的项目审核和指导监督，督促所在地地方政府，制定申报工作实施计划和时间表，落实责任人、工作经费，确保各项工作如期完成。

第九条 所在地地方政府是申报工作的责任主体，负责申报工作的具体实施和工作推进，组建申报专门机构，制定相关地方规章，协调利益相关者，保证申报工作有序开展。

申报项目保护管理机构负责依法做好相关遗产的保护、管理、研究工作。

第十条 所在地地方政府应依据相关法律法规的要求，经过履行相关程序，委托具备相关专业资质和世界文化遗产保护领域从业经历的专业单位，承担申报文本和保护管理规划编制、补充和修改等工作。

第十一条 受所在地地方政府委托负责编制申报文本和保护管理规划的专业单位，应根据委托协议(合同)，在约定时间内完成编制任务，并根据申报工作的阶段性进展，特别是相关国际组织的反馈要求，完成申报文本、保护管理规划的修改完善工作。

所在地地方政府和受委托的专业单位可在委托协议(合同)中，在满足申报时间和程序要求的前提下，规定双方责任、义务、工作完成时限及费用支付方式。协议(合同)双方可在出现国际咨询机构和世界遗产委员会对申报项目的评估或审议结论为“登录”“补报”“重报”和“不予登录”等不同情况时，约定各自相应的职责、义务和费用。

第十二条 受国家文物局委托的专业咨询机构负责按照《保护世界文化和自然遗产公约》及其《操作指南》等国际公约和相关国内法律法规的要求，开展申报项目专业评估工作。

申报项目评估实行专家评审制度。参与项目评审的专家从中国世界文化遗产专家委员会和专家库中随机产生。专家遴选应坚持回避原则。参与每个项目评审的专家人数不得少于5人。

第十三条 受所在地地方政府或各级文物行政部门委托，中国世界文化遗产专家委员会和专家库中的专家依照《中国世界文化遗产专家咨询管理办法》，开展申报咨询工作，供所在地地方政府或主管部门行政决策参考。

第三章　申报准备和条件

第十四条 鼓励和提倡有申报潜力和申报意向的所在地地方政府组织开展申报前期准备工作，可以包括国内外咨询、研讨活动；充分的社会动员协调，与相关部门、机构、社团组织和利益相关者达成共识；立法和规划前期工作；经费筹措；人员培训等。

第十五条 具备以下第十六条至第二十七条所列全部条件的，可以向国家文物局提交申报申请文件。如有第二十八条至三十条所列情况，应做好相关工作。

第十六条 文化遗产或其组成要素被公布为省级及以上文物保护单位，依法完成“四有”工作(划定必要的保护范围，作出标志说明，建立记录档案，并区别情况分别设置专门机构或者专人负责)，并通过验收。

第十七条 开展文化遗产基础研究、价值研究和比较分析，提炼出具有说服力的突出普遍价值，包括申报列入《世界遗产名录》的适用标准、真实性、完整性及有效的保护管理体系等。

第十八条 划定申报世界遗产所必需的遗产区和缓冲区。遗产区应当包含体现突出普遍价值的所有组成要素，包括历史建筑(群)、遗址、历史街区等人文要素，以及地形、地貌、生态环境等自然要素；缓冲区应当包括与遗产紧密相关的环境，为遗产区保护提供保障，并向非遗产区协调过渡。遗产区和缓冲区的划定应关注到特有的景观特征和传统内涵。

遗产区和缓冲区区划应与文物保护单位保护范围和建设控制地带区划相衔接；因遗产区和缓冲区保护管理的要求，需要对文物保护单位保护范围和建设控制地带进行调整的，应依法履行程序。

第十九条 颁布实施文化遗产保护的地方专项法规和规章。

按照世界文化遗产保护管理要求，编制文化遗产保护管理规划，明确遗产保护管理、协调机制、阐释展示、旅游开发压力应对、风险防范、监测预警、利益相关者协调等规划内容，并已经相关地市级以上人民政府颁布实施。

第二十条 设立文化遗产保护管理专门机构，人员、经费、办公场所配备到位，并且拥有一定数量的文化遗产保护专业人员，能够保持机构良性运转。

第二十一条 文化遗产所在县级以上人民政府建立遗产保护、申遗领导和工作机制，并设立必要的办事机构。

第二十二条 开展必要的文化遗产专题研究、考古调查发掘、勘察测绘等基础工作，对遗产的发展脉络、价值特征和文化内涵有较全面、系统和清晰的了解；相关研究和考古等成果已经发表或出版。

第二十三条 除有可能同时申报列入《世界遗产名录》和《濒危世界遗产名录》的项目之外，一般申报项目均应已排除文化遗产本体明显的安全隐患，近期无需开展大规模修缮工作。

制定遗产风险防范和灾害防护的有效措施和相关规划，能够有效应对遗产面临的各种威胁。

近三年内，拟申报的遗产区和缓冲区范围内未发生损毁遗产本体、破坏遗产风貌和环境景观的事件。

第二十四条 按照相关要求和标准，设立完备的遗产监测体系、数据库和有效反应机制。

第二十五条 有基本准确、全面、恰当、生动的阐释与展示体系和设施，能够有针对性地阐释遗产特征、价值、保护现状和历史沿革等；合理设定游客承载量，并制订相应的游客管理和服务措施。

第二十六条 近三年内，拟申报的遗产区和缓冲区范围内未新增明显影响遗产真实性、完整性和环境景观的不协调建（构）筑物；原有不协调建（构）筑物已经拆除或得到有效整治；相关规划中无新建不协调建（构）筑物的计划。

第二十七条 在文化遗产的项目申报、规划编制、保护管理、展示服务、环境整治等工作中，进行必要性和可行性论证，全面评估历史发展沿革，充分考虑当地实际情况，周密测算和评判拟采取措施可能对地方政治、经济、社会等产生的影响，以公示、听证等方式征求申报项目所有利益相关者的意见。相关项目实施前应依法履行审批手续。

第二十八条 如果属于活态遗产类型的申报项目，应有确保遗产可持续保护和利用，并能保持其原有主要特征、功能、传统与活力的策略及保障机制。

第二十九条 涉及多个省、自治区、直辖市的申报项目，由相关省级人民政府协商一致后，建立省际联合申报协商工作机制，并确定牵头单位。涉及一个省、自治区、直辖市行政区域内多个市、县的，由省级人民政府建立联合申报工作机制。

第三十条 涉及外交、民族、宗教、历史疆界、国家统一等方面重大问题的申报项目，须由相关省级人民政府会商国家相关部门，并征求相关专业咨询机构意见，必要时可由国家文物局协助与国家相关部门进行会商。

第四章　工作方法和程序

第三十一条 国家文物局每年 3 月 31 日前受理省级文物行政部门提交的以下申报材料：

相关省级人民政府对申报项目的支持意见；

按照《操作指南》规范要求编制的申报文本及相关省级文物行政部门初审意见；

文化遗产保护地方专项法规、规章及颁布实施文件；

文化遗产保护管理规划等相关规划及所在地地方政府颁布实施文件；

所在地地方政府关于利益相关者协调情况说明；

涉及外交、民族、宗教、历史疆界、国家统一等方面重大问题的申报项目会商相关部门文件。

上述材料需提交纸质件、电子件各一式三份。

第三十二条 受国家文物局委托开展评估工作的专业咨询机构，在收到国家文物局转来的相关申报材料后 10 个工作日之内，对申报材料是否完整、是否符合本规程确定的申报条件等提出审核意见，并告国家文物局。

第三十三条 国家文物局根据专业咨询机构的审核意见，确定待考察评估项目，并委托相关专业咨询机构，组织中国世界文化遗产专家委员会和专家库专家，按照《操作指南》及本规程要求，对待考察评估项目进行现场考察和书面评估。现场考察应重点考察申报项目的保护管理情况，书面评估应重点对申报项目是否具备突出普遍价值进行评估。

专业咨询机构根据专家现场考察和书面评估意见，组织中国世界文化遗产专家委员会和专家库专家进行集体评审，形成第三年度申报项目的初审意见，并对申报文本和保护管理规划提出具体修改意见。专业咨询机构于当年5月31日前将申报项目初审意见和相关修改意见以书面文件形式提交国家文物局。

第三十四条 国家文物局于当年6月15日前，对专业咨询机构的初审意见进行研究审议，形成第三年度中国世界文化遗产申报项目的终审意见，并将终审意见及申报工作建议函告相关省级文物行政部门，由其向省级人民政府报告。

第三十五条 申报项目所在地省级人民政府研究接受国家文物局对申报项目的终审意见和工作建议后，应正式提出申报申请，并由国家文物局函商中国联合国教科文组织全国委员会。

第三十六条 所在地地方政府根据国家文物局终审意见和工作建议，组织修改完善申报文本和保护管理规划，经相关省级文物行政部门审核后，于当年8月15日前报国家文物局审核。

第三十七条 国家文物局于当年9月30日前商请中国联合国教科文组织全国委员会将申报文本提交世界遗产中心初审。

第三十八条 国家文物局在收到世界遗产中心对申报文本的初审意见后，立即通知相关省级文物行政部门，请其指导、督促所在地地方政府组织相关专业单位，根据世界遗产中心初审意见对申报文本进行必要的修改完善及英文文本核校工作。

第三十九条 相关省级文物行政部门于次年1月5日前，将修改完善后的中英文申报文本终稿(包括保护管理规划、地图、光盘、幻灯片等资料)报送国家文物局，并须附相关专业咨询机构审核意见和3名以上专家对申报文本英文终稿审校一致的意见。

第四十条 国家文物局于次年1月10日前，将申报文本中、英文终稿送达中国联合国教科文组织全国委员会；经国务院批准后，正式提交联合国教科文组织世界遗产中心。

第四十一条 国家文物局在收到世界遗产中心关于世界文化遗产申报文本终稿格式审核意见后，告知相关省级文物行政部门。

第四十二条 国家文物局指导、督促有关地方各级政府及文物行政部门，以专业准备为主，做好接受世界遗产委员会国际咨询机构对申报项目现场考察评估相关工作。

第四十三条 在世界遗产委员会国际咨询机构集体评估形成初审意见需补充材料的情况下，所在地地方政府应组织相关专业单位，按照国际咨询机构的要求完成补充材料，经相关省级文物行政部门初审后，报请国家文物局提交国际咨询机构。

第四十四条 当世界遗产委员会会议对申报项目审议决议为“补报”时，所在地地方政府应组织相关专业单位，在规定时限内完成补充材料，经相关省级文物行政部门初审后，报请国家文物局提交世界遗产中心；当世界遗产委员会决议为“重报”或“不予登录”时，所在地地方政府应组织相关专业单位，根据决议要求开展后续工作，并明确有关各方责任与义务。

第五章　其他事项

第四十五条 申报材料中涉密数据的申请、解密、公开等事宜，由所在地地方政府依法履行相关审批程序；相关涉密数据的使用、管理，应遵守国家保密法律法规。

第四十六条 申报工作所需经费原则上由所在地地方政府承担。整治、拆迁、考古、测绘、文物保护等工作所需费用可根据现行相关标准掌握；编制申报文本和相关规划等，应既保证相关专业单位获得合理报酬，又避免过高收费。

第四十七条 在申报工作中一旦出现违法行为，或引发利益相关者强烈不满造成重大负面社会影响，或未按照规定时间节点完成申报工作且持续推进不力，国家文物局将商相关省级人民政府同意后，中止或推迟申报。

第四十八条 申报文本、保护管理规划等相关申报资料和成果归委托协议(合同)双方共同所有,并报国家文物局指定的专业咨询机构备份存档;其保存、管理和使用,须遵守相关法律法规。

第四十九条 对于涉及国家领土主权、文化安全以及跨国申报等文化遗产项目,在特定情况下,国家文物局经商相关省级人民政府及国家有关部门同意后,报经国务院批准,可直接指定世界文化遗产申报项目。有关协调工作机制另行确定。

第六章 附 则

第五十条 本规程自发布之日起施行。

中国世界文化遗产专家咨询管理办法

(2006年12月8日经国家文物局第20次局务会议审议通过,
自2006年12月8日起施行)

第一条 为加强和规范中国世界文化遗产的保护和管理,充分发挥专家咨询在世界文化遗产工作中的作用,依据《世界文化遗产保护管理办法》制定本办法。

第二条 世界文化遗产、文化与自然混合遗产中的文化遗产部分和《中国世界文化遗产预备名单》的文化遗产的申报、保护和管理实行专家咨询制度。

第三条 建立中国世界文化遗产专家库和专家委员会,为国家文物局开展世界文化遗产申报、保护和管理等工作提供专业咨询。

专家委员会成员每届任期3年。

第四条 国家文物局从文物保护、规划、建筑、考古、历史、景观、法规等相关领域内遴选具有较高学术造诣的专家学者组成专家库。

专家库实施开放动态管理,具备条件的专家可随时纳入专家库。根据需要,可邀请少量外籍专家进入专家库。

第五条 国家文物局按照以下标准从专家库中遴选专家组成专家委员会:

(一)热爱世界文化遗产事业,具有良好的职业道德,具有高度的责任心;

(二)具有科学的文化遗产保护理念,熟悉世界文化遗产相关工作内容和程序,了解国际相关领域的现状和发展动向;

(三)从事与文化遗产保护相关的专业研究,在相关领域具有较高的学术造诣,经验丰富,有突出业绩;

(四)身体健康,能够承担相关工作。

第六条 在进行世界文化遗产监测、巡视工作时,国家文物局可征询专家委员会意见,或委托专业咨询机构进行咨询,也可直接听取专家意见。

对于世界文化遗产的申报、预备名单的设定等世界文化遗产工作中的重大事项,国家文物局可委托专家委员会提出咨询评估意见,为科学决策提供参考。

第七条 在进行审核世界文化遗产文物保护工程项目,审批世界文化遗产缓冲区内工程建设项目,验收世界文化遗产保护工程等工作时,国家文物局可征询专家委员会意见,或委托专业咨询机构进行咨询,也可直接听取专家意见。

第八条 国家文物局可委托世界文化遗产专家委员会开展世界文化遗产保护与管理的重大课题研

究，为世界文化遗产工作提供理论支撑。

第九条 非经国家文物局委托或专家委员会指派，任何人不得以专家委员会或世界文化遗产专家库成员身份进行活动。对于违反规定的专家，国家文物局可将其从专家库和专家委员会中除名。

第十条 专家在执行咨询任务时，要坚持公平公正的原则，严守职业道德，保守工作秘密。对与本人有利害关系的咨询事项应主动申明并回避。未经授权或许可，专家不得擅自泄露尚未公布的专家委员会有关决定，不得代表各级文物行政部门或专家委员会发表个人意见。咨询任务结束后，专家应毫无保留地将了解到的情况，以及个人的意见和建议反映给专家委员会和国家文物局。

第十一条 受国家文物局委托而发生的专家咨询，所需经费从国家文物局相关专项经费中列支。

第十二条 地方各级文物部门及各遗产地管理机构要配合受国家文物局委托而进行的专家咨询工作，并为此提供必要条件。

第十三条 地方各级文物部门及各遗产地管理机构开展世界文化遗产申报、保护和管理工作，也应实行专家咨询制度，其专家咨询工作可参照本办法制定相关办法。

第十四条 本办法自颁布之日起实施。

第十五条 本办法由国家文物局负责解释。

中国世界文化遗产监测巡视管理办法

（2006 年 12 月 8 日经国家文物局第 20 次局务会议审议通过，
自 2006 年 12 月 8 日起施行）

第一条 为了加强我国世界文化遗产的保护管理，更好地履行《保护世界文化和自然遗产公约》缔约国的责任和义务，依据《中华人民共和国文物保护法》和《中国世界文化遗产保护管理办法》制定本办法。

第二条 本办法适用于列入《世界遗产名录》的中国世界文化遗产及世界文化与自然混合遗产中的文化遗产部分。

第三条 国家对世界文化遗产实行国家、省、世界文化遗产地三级监测和国家、省两级巡视制度。监测包括日常监测、定期监测、反应性监测；巡视包括定期或不定期巡视。

国务院文物行政部门负责制订世界文化遗产监测巡视工作的方针、政策、管理制度和技术规范；组织或委托专业机构实施反应性监测；组织定期或不定期巡视。

省级文物行政部门负责对本辖区内世界文化遗产进行定期监测、反应性监测，及定期或不定期巡视。

世界文化遗产保护管理机构负责世界文化遗产的日常监测。

第四条 日常监测的内容包括文物本体保存状况、核心区和缓冲区内的自然、人为变化、周边地区开发对文物本体的影响、游客承载量等。

定期监测是指省级文物行政部门每五年对世界文化遗产实行的系统监测以及每年对列入《濒危世界遗产名录》或者《中国世界文化遗产警示名单》的世界文化遗产进行的重点监测。系统监测的内容包括对保护规划执行情况、遗产保护、管理、展示、宣传等情况的全面监测；重点监测内容包括对保护存在问题采取的解决方法及成效的监测。

反应性监测是针对保护管理出现的问题进行的一种专门监测，内容包括对威胁到遗产保护的异常情况或危险因素进行监测。

第五条 国家或省级文物行政部门组织对遗产地进行定期或不定期巡视，巡视内容包括审核监测结果，检查保护、管理状况，并提出整改要求。

第六条 世界文化遗产保护管理机构须于每年 1 月将上年度的日常监测报告上报省级文物行政部门。

省级文物行政部门须将审核后的年度日常监测报告于每年3月上报国务院文物行政部门,并按照国务院文物行政部门的要求按时报送定期监测报告。

国务院文物行政部门每年向社会公布世界文化遗产保护管理监测结果。

第七条 国家、省、世界文化遗产保护管理机构分别对反应性监测、定期监测、日常监测工作形成记录档案,并妥善保管。

国务院文物行政部门负责建立并运行世界文化遗产保护管理记录档案数据库系统。

第八条 鼓励使用先进科学技术手段,对世界文化遗产开展多学科、多部门合作的监测。

国务院文物行政部门负责建设世界文化遗产动态监测管理系统。

第九条 监测资料、监测数据的真实性、全面性必须予以保证。国家和省级文物行政部门对未按规定开展监测工作、未按时报送以及隐瞒、篡改监测结果的机构和个人予以警告并依法责令改正。

对监测巡视中发现的问题,世界文化遗产保护管理机构应按要求及时整改。未按期整改的,国务院文物行政部门可将其列入《中国世界文化遗产警示名单》或根据情况列入《濒危世界遗产名录》。

第十条 本办法中规定的世界文化遗产监测巡视工作所需费用从国家和省级文物行政部门和世界文化遗产保护管理机构的事业经费中列支。

第十一条 与本办法相关的《中国世界文化遗产监测技术规范》另行制定。

第十二条 列入《中国世界文化遗产预备名单》的文化遗产,其监测巡视工作参照本办法实行。

第十三条 本办法自公布之日起实施。

第十四条 本办法由国家文物局负责解释。

大运河遗产展示与标识系统设计指导意见

(文物保函〔2012〕1993号

一、适用范围

本指导意见适用于列入大运河遗产的河道和遗产点的展示和标识系统设计工作。

二、制定原则

本指导意见按照整体性与规范性相结合、秩序性与灵活性相结合、民族性与地域性相结合、独特性与经济性相结合的原则制定。

三、大运河遗产展示设计指导意见

1. 展示对象

大运河遗产展示对象以列入大运河遗产的河道和遗产点为主,可外延至构成大运河遗产的自然与人文环境等等。

2. 展示方式

各地应当根据该地区大运河遗产点段的性质特点和保存情况,选择能全面系统展示其价值内涵和风貌特色的展示方式,展示方式应结合遗产保护和环境整治进行,因地制宜。

大运河遗产展示可以有多种表达方式,其主要方式有现场实景展示、博物馆/陈列馆展示、遗址公园展示、标识/解说展示、遗产小道展示、艺术展示、多媒体展示等等,它们可以单独使用,也可以组合使用。

四、大运河遗产标识系统设计指导意见

(一)大运河遗产标识系统设计原则

在进行大运河遗产标识系统设计时，应重点考虑标识系统的整体性、连续性和独特性，并将其作为景观的重要组成部分融入大运河的背景环境中。

(二)大运河遗产标识系统框架结构和设置原则

1.系统框架结构

根据大运河遗产的性质、特点和构成类型，建立由引导标志系统、解说系统和安全警示系统组成的大运河遗产标识系统，大运河遗产标识系统的框架结构如下：

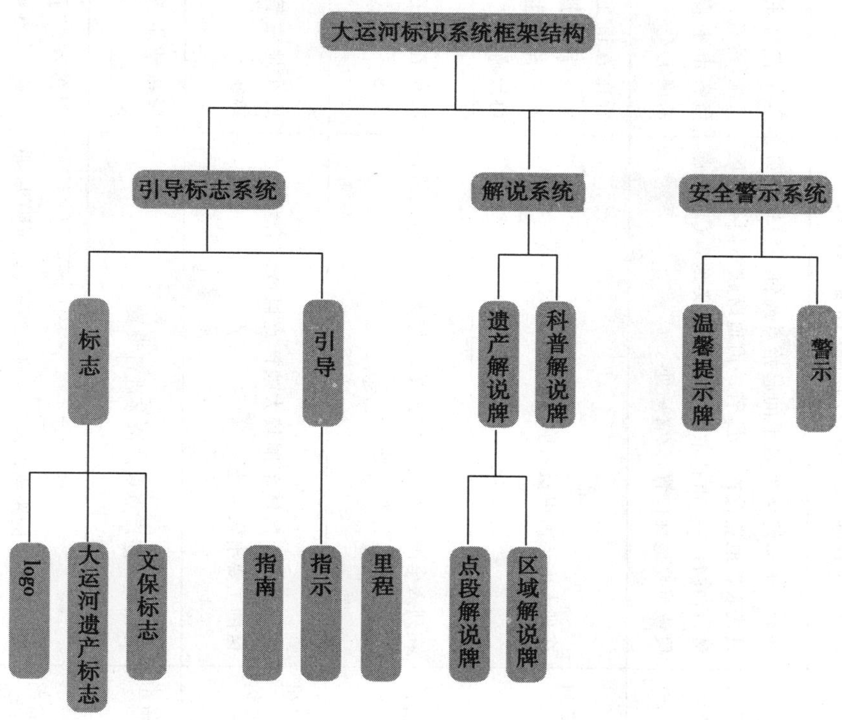

2.设置原则

在进行大运河遗产标识系统设计时，应遵循以下设置原则：

表一 **大运河遗产标识系统设置原则**

<table>
<tr><th colspan="4">标识系统名称</th><th>内容设置原则</th><th>位置设置原则</th><th>设置主体</th><th>备注</th></tr>
<tr><td rowspan="7">标志系统</td><td rowspan="4">遗产标志碑</td><td colspan="2">★大运河Logo</td><td>代表大运河的符号性视觉形象，简单明了，易识别、易记忆</td><td>适用于整个大运河遗产标识系统，可单独使用，也可与其他标牌组合使用，在组合使用时，其设置位置应位于标牌左上角并列于世遗标志的右侧</td><td>国家层面统一设计</td><td>可用于出版物、宣传品、徽章及大运河遗产保护网站及相关网页上</td></tr>
<tr><td rowspan="2">★大运河遗产标志</td><td>★河道标志</td><td>“中国大运河”中英两国文字及大运河Logo</td><td>在列入大运河申遗名单的起始点或每一河道段最具代表性地点设置一处，若一河道跨越不同行政区域，可在每一省市选取具有特殊意义地点（重要点段或重要地标位置）设置一处</td><td>所在省市主管部门实施，跨省河段由所经省市主管部门协商确定</td><td>可与遗产解说牌合并设置</td></tr>
<tr><td>★遗产点标志</td><td>“中国大运河”中英两国文字及大运河Logo</td><td>在列入大运河申遗名单的每一遗产点设置一处</td><td>所在省市主管部门实施，跨省遗产点由所经省市主管部门协商确定</td><td>可与遗产解说牌合并设置</td></tr>
<tr><td colspan="2">★文保标志</td><td>根据《中华人民共和国文物保护法》等法律法规和《GBT 22527-2008 文物保护单位标志》要求设置</td><td>在列入全国重点文物保护单位与大运河相关的每一遗产点段设置一处</td><td>所在省市主管部门实施</td><td></td></tr>
<tr><td rowspan="3">引导标志牌</td><td colspan="2">指南</td><td>以综合地图和指南的形式向游客提供遗产点段周边环境的全景。应有大运河 logo</td><td>主要设置于区域范围较大遗产点段或综合型遗产区的主要出入口处</td><td>所在地主管部门统筹实施</td><td rowspan="3">航运、道路交通引导由相关主管部门按国家行业相关标准设置。大运河遗产所在地应积极与上述部门沟通，加强对遗产点段的交通引导。同时与旅游部门合作，将遗产点段纳入旅游引导标志系统</td></tr>
<tr><td colspan="2">指示</td><td>对范围较大的遗产区提供陆路、水路指路服务设施。应有大运河 logo</td><td>根据具体遗产点段的情况进行设置</td><td>所在地主管部门统筹实施</td></tr>
<tr><td colspan="2">里程</td><td>以线路里程讯息为主，反映水路、陆路距离大运河起始点及各主要遗产点段之间的里程关系。应有大运河 logo</td><td>按相对固定的距离设置于运河全线段、运河码头、重要遗产点段、重要城市节点</td><td>所在省市主管部门实施，跨省河段由所经省市主管部门协商确定</td></tr>
</table>

续表

标识系统名称			内容设置原则	位置设置原则	设置主体	备注
解说系统	遗产解说牌	★点段解说牌	按照《大运河申遗文本》的内容阐述遗产点段的讯息。应有大运河 logo	设置于列入大运河申遗名单的每一遗产点段；对于区域范围较大遗产点段可分设遗产构成说明牌	省市主管部门统筹，所在地主管部门实施	可与遗产标志合并设置
		区域解说牌	对区域范围较大遗产点段或综合型遗产区的遗产进行总体阐述。应有大运河 logo	主要设置于区域范围较大遗产点段或综合型遗产区的主要出入口处	省市主管部门统筹，所在地主管部门实施	
	科普解说牌		介绍大运河沿岸水利水工、航行、漕运、水文、气象、环境、动植物等相关科普知识。应有大运河 logo	设置于大运河沿线与大运河遗产相关科普对象分布处	省市主管部门统筹，所在地主管部门实施	
安全警示系统	警示牌		参照国家及行业规定和要求制作	设置于大运河遗产区域可能存在文物、生命、财产破坏风险的地点	所在地主管部门统筹实施	
	温馨提示牌		以婉转温馨的话语来提示保护大运河遗产及其环境，维护文物尊严	设置于大运河沿线需重点维护的遗产点段	所在地主管部门统筹实施	包含对人身、交通和设施安全的提醒
关于世界遗产标志的使用	大运河遗产标志、引导标志牌、遗产解说牌、科普解说牌等标识或展示设施上应预留空间，待申遗成功后添加“世界遗产”标志					

注：1. 带★号者为必设标识牌，未带★者为选设标识牌。

2. 文物保护单位标志碑是大运河遗产标识系统的重要组成部分之一，尚未设立文保标志碑的地市应按文保标志的相关要求尽快设立。

3. 符合本意见要求的已设大运河标志牌可在增加大运河 logo 后纳入大运河遗产标识系统。

4. 为提高大运河遗产标识系统的解说和宣传效力，建议有条件的省市在解说系统中增加二维码的应用。

（三）大运河遗产标识系统风格和形态设计要求

1. 大运河遗产标识系统的风格设计

大运河遗产标识系统设计时应重点体现大运河遗产的民族精神、地域特色和国际化风格。

2. 大运河遗产标识系统的形态设计

表二　　大运河遗产标识系统形态要素控制表

<table>
<tr><th colspan="4">标识系统名称</th><th>形式</th><th>材料</th><th>字体/字数/颜色</th><th>语种</th></tr>
<tr><td rowspan="7">引导标志系统</td><td rowspan="4">标志</td><td colspan="2">大运河 Logo</td><td colspan="4">国家层面统一设计</td></tr>
<tr><td rowspan="2">大运河遗产标志</td><td>河道标志</td><td>基座式</td><td>石材，各遗产地可选用大运河建设过程中常用的坚固石材，采用传统工艺处理材料面层</td><td>字体可选仿宋、楷书、隶书
颜色可选金色、红色</td><td>中英文</td></tr>
<tr><td>遗产点标志</td><td>基座式</td><td>石材，各遗产地可选用大运河建设过程中常用的坚固石材，采用传统工艺处理材料面层</td><td>仿宋、楷书、隶书
颜色可选金色、红色</td><td>中英文</td></tr>
<tr><td colspan="2">文保标志</td><td colspan="4">按照《GBT 22527—2008 文物保护单位标志》要求设置</td></tr>
<tr><td rowspan="3">引导</td><td colspan="2">指南</td><td>落地式</td><td>石材、木材、石木</td><td>仿宋，黑色</td><td rowspan="3">中英文</td></tr>
<tr><td colspan="2">指示</td><td>落地式</td><td>石材、木材、石木</td><td>仿宋，黑色</td></tr>
<tr><td colspan="2">里程</td><td>落地式</td><td>石材、木材、石木</td><td>仿宋，黑色</td></tr>
<tr><td rowspan="3">解说系统</td><td rowspan="2">遗产解说牌</td><td colspan="2">点段解说牌</td><td>基座式、落地式、平面式（依附于墙体上）</td><td>石材、木材、石木结合材料</td><td>标题可选用仿宋、楷书、隶书，正文一律采用仿宋，横排。字数控制在200～300字。颜色黑色、绿色</td><td>中英文</td></tr>
<tr><td colspan="2">区域解说牌</td><td>基座式、落地式</td><td>石材、木材、石木结合材料</td><td>标题可选用仿宋、楷书、隶书，正文一律采用仿宋，横排。字数控制在200～300字。颜色黑色、绿色</td><td>中英文</td></tr>
<tr><td>科普解说牌</td><td colspan="2"></td><td>落地式</td><td>石材、木材</td><td>仿宋。字数控制在150～200字。文字颜色为黑色、绿色</td><td>中英文</td></tr>
<tr><td rowspan="2">安全警示系统</td><td>警示牌</td><td colspan="2"></td><td>落地式</td><td>石材、木材</td><td>仿宋。字数控制在4～20字。文字颜色为黑色、绿色</td><td>中英文</td></tr>
<tr><td>温馨提示牌</td><td colspan="2"></td><td>落地式</td><td>石材、木材</td><td>仿宋。字数控制在4～20字。颜色为黑色、绿色</td><td>中英文</td></tr>
</table>

在进行大运河遗产标识系统形态设计时不仅要考虑标识牌的形式、材料、肌理、色彩、比例、尺度等纯形态要素，还应该考虑采光、位置、空间、视觉等环境要素，通过对大运河遗产点段形态要素的分析研究、解构重组，形成形态与设计理念完美统一的标识系统。

表三　　大运河遗产标识系统信息界面尺度控制表　　单位:mm

<table>
<tr><td></td><td colspan="3">标志牌名称</td><td>横式(长×宽)</td><td>竖式(宽×高)</td><td>备注</td></tr>
<tr><td rowspan="7">引导标志系统</td><td rowspan="4">标志</td><td colspan="2">大运河 Logo</td><td>运用于不同载体时,可视内容和版面进行调整</td><td>运用于不同载体时,可视内容和版面进行调整</td><td></td></tr>
<tr><td rowspan="2">大运河遗产标志</td><td>河道标志</td><td rowspan="2">不限定创意尺度空间,根据实际需要设计确定</td><td rowspan="2">不限定创意尺度空间,根据实际需要设计确定</td><td rowspan="2">应将其作为景观的重要组成部分,应有一定的场所空间,渲染环境氛围</td></tr>
<tr><td>遗产点标志</td></tr>
<tr><td colspan="2">文保标志</td><td colspan="3">按照《GBT 22527—2008 文物保护单位标志》要求设置</td></tr>
<tr><td rowspan="3">引导</td><td colspan="2">指南</td><td>通用型 1050×700
加长型 1800×700</td><td>700×1400</td><td>可结合
地图设置</td></tr>
<tr><td colspan="2">指示</td><td>根据指示的具体内容确定</td><td>根据指示的具体内容}</td><td></td></tr>
<tr><td colspan="2">里程</td><td>根据里程的具体内容确定</td><td>根据里程的具体内容确定</td><td></td></tr>
<tr><td rowspan="3">解说系统</td><td rowspan="2">遗产解说牌</td><td colspan="2">点段解说牌</td><td>通用型 1050×700
加长型 1800×700
版面可图文并茂</td><td>700×1400</td><td>与标志碑合并设置时可不受本尺寸限制</td></tr>
<tr><td colspan="2">区域解说牌</td><td>通用型 1050×700
加长型 1800×700
版面可图文并茂</td><td>700×1400</td><td>加长型的长度可视需要适当加长</td></tr>
<tr><td>科普解说牌</td><td colspan="2"></td><td>通用型 800×500
加长型 1000×400</td><td>500×800</td><td></td></tr>
<tr><td rowspan="2">安全警示系统</td><td>警示牌</td><td colspan="2"></td><td>600×500</td><td>400×800</td><td>可以采用自由形</td></tr>
<tr><td>温馨提示牌</td><td colspan="2"></td><td>600×500</td><td>400×800</td><td>可以采用自由形</td></tr>
</table>

注:尺寸可依据遗产环境及解说内容等的实际情况进行适当调整。

附件一

大运河遗产标志

创意设计

标志以运河河道与漕舫船为主要设计元素，以中国传统书法艺术为表现手法，将极富动感的运河水、漕舫船、草书“运”等元素有机结合起来。

标志寓意大运河之水奔腾不息、文化源远流长，同时激发无限遐想。

创意设计——效果延伸

中国大运河遗产标志在主体设计图案的基础上可衍生出多种创意效果，结合不同的使用场所和使用方式选用相应的表现形式。通过不同的色彩，表现大运河不同遗产类别，例如运用色彩联想的表现，蓝色的标志运用在现仍有水的河道，金色的标志运用在河道遗址。也可采用加盖印章来区别不同的遗产类别。

创意说明：

以中国传统文化中的红色和金色为主色彩。

创意说明：

以中国传统文化中的金色为主色彩，运用在河道遗址。

创意说明：

以运河水的蓝色为主色彩，形成直观的色彩联想。

创意说明：

运用在石材上的肌理表现。

C68 M42 Y20 K1
R94 G132 B168

C17 M100 Y100 K9
R190 G0 B0

C5 M20 Y70 K 0
R242 G201 B104

C75 M68 Y67 K90
R0 G0 B0

C0 M0 Y0 K0
R255 G255 B255

附件二

大运河遗产标志碑范例设计说明

大运河遗产标志碑是国家对大运河实施有效保护和管理的主要手段之一,是大运河遗产景观的重要组成部分。大运河遗产标志碑应与遗产本体及其背景环境和谐相融,在设计时应使标志碑的形态风格与其所处的遗产空间、环境风貌相得益彰,使功能和效果高度统一。大运河遗产标志碑应达到总体效果自然美观、整体结构安全稳固。

本范例根据《大运河遗产展示与标识系统设计指导意见》的要求,针对大运河遗产的特点和其所处的环境设计。范例造型主要有横式自然形、竖式人工型与平面横匾型三种。

范例一为横式自然形标志碑,适用于大运河遗产全线段,但需要有一定的场所空间。

范例二为竖式人工型标志碑,适用于郊野及场地条件较为局促的遗产点段。

范例三为平面横匾型标志碑,适用于场地条件极为局促或规模较小的遗产点,可装嵌于建(构)筑物的墙体上。

范例一与范例二是标志碑与解说碑合二为一,范例三仅为标志碑。范例一在制作过程中可根据采购到的自然石材的外观造型进行版面设计,范例二与范例三应根据范例要求规格与样式设计。

在版面制作时,应预留"世界文化遗产"的中英文字、"世界遗产标志"及设立机构等信息的空间,但在申遗成功之前不得添加或预刻"世界遗产"标志或相关文字:在标志碑安装时应确保碑身与碑座间的连接紧密(抗倾覆)。

本范例仅供参考。

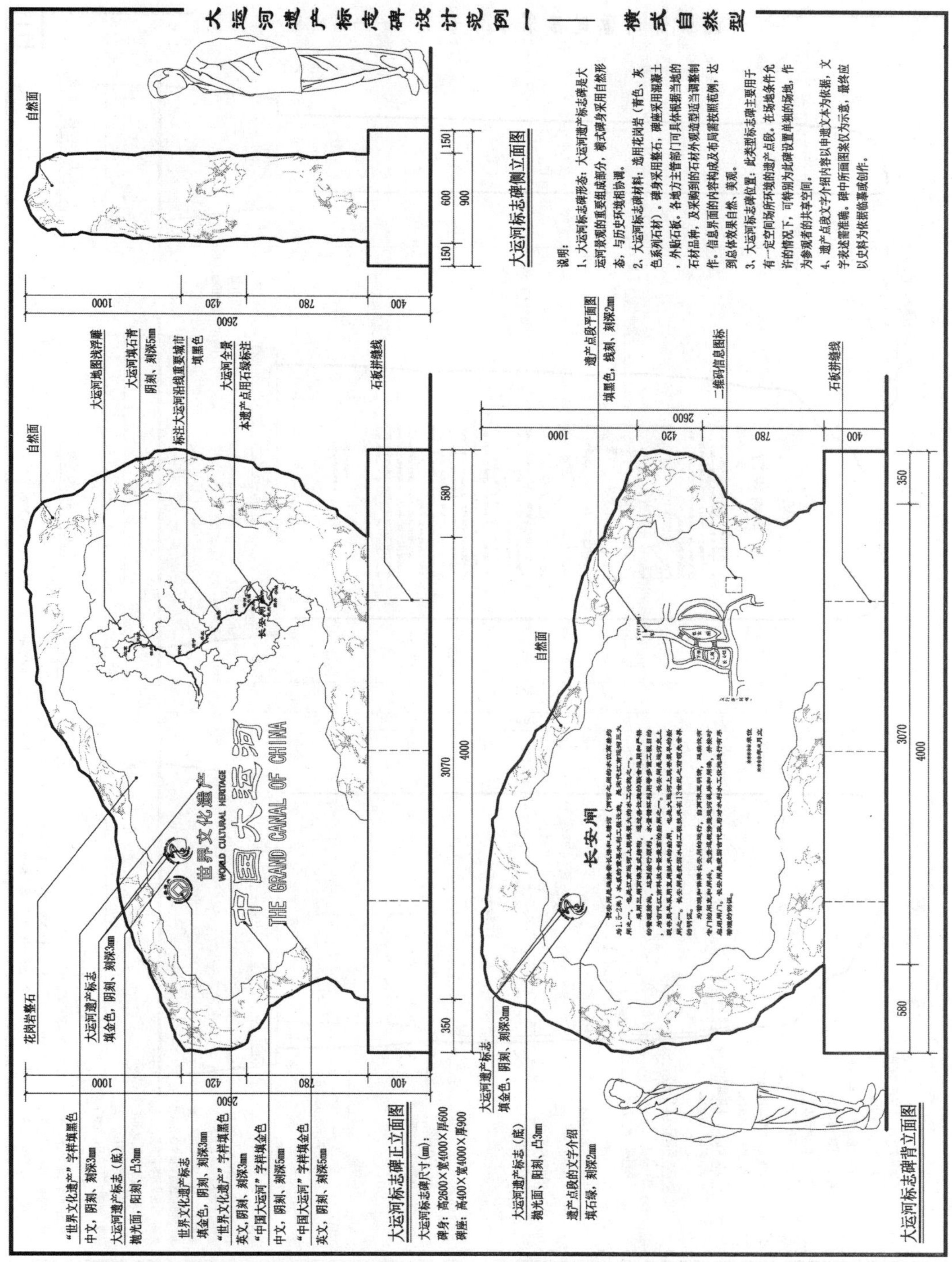
大运河遗产标志碑设计范例一——横式自然型
花岗岩整石
自然面
“世界文化遗产”字样填黑色
中文，阴刻、刻深3mm
大运河遗产标志
填金色，阴刻、刻深3mm
大运河遗产标志（底）
抛光面，阳刻、凸3mm
世界文化遗产标志
填金色，阴刻、刻深3mm
“世界文化遗产”字样填黑色
英文，阴刻、刻深3mm
“中国大运河”字样填金色
中文，阴刻、刻深5mm
“中国大运河”字样填金色
英文，阴刻、刻深5mm
世界文化遗产
WORLD CULTURAL HERITAGE
中国大运河
THE GRAND CANAL OF CHINA
大运河地图浅浮雕
大运河填石青
阴刻、刻深5mm
标注大运河沿线重要城市
填黑色
大运河全景
本遗产点用石绿标注
长安闸
石板拼缝线
1000
420
780
400
2600
350
3070
580
4000
大运河标志碑正立面图
大运河标志碑尺寸(mm)：
碑身：高2600×宽4000×厚600
碑座：高400×宽4000×厚900
150
600
900
大运河标志碑侧立面图
说明：
1、大运河标志碑形态：大运河遗产标志碑是大运河景观的重要组成部分，横式碑身采用自然形态，与历史环境相协调。
2、大运河标志碑材料：选用花岗岩（青色、灰色系列石材）。碑身采用整石，碑座采用混凝土，外贴石板。各地方主管部门可具体根据当地的石材品种，及采购到的石材外观造型适当调整制作。信息界面的内容构成及布局需按照范例，达到总体效果自然、美观。
3、大运河标志碑位置：此类型标志碑主要用于有一定空间场所环境的遗产点段。在场地条件允许的情况下，可特别为此碑设置单独的场地，作为参观者的共享空间。
4、遗产点段文字介绍内容以申遗文本为依据，文字表述需准确。碑中所画图案仅为示意，最终应以史料为依据临摹或创作。
大运河遗产标志
填金色、阴刻、刻深3mm
大运河遗产标志（底）
抛光面、阳刻、凸3mm
遗产点段的文字介绍
填石绿，刻深2mm
长安闸
遗产点段平面图
填黑色，线刻、刻深2mm
二维码信息图标
大运河标志碑背立面图

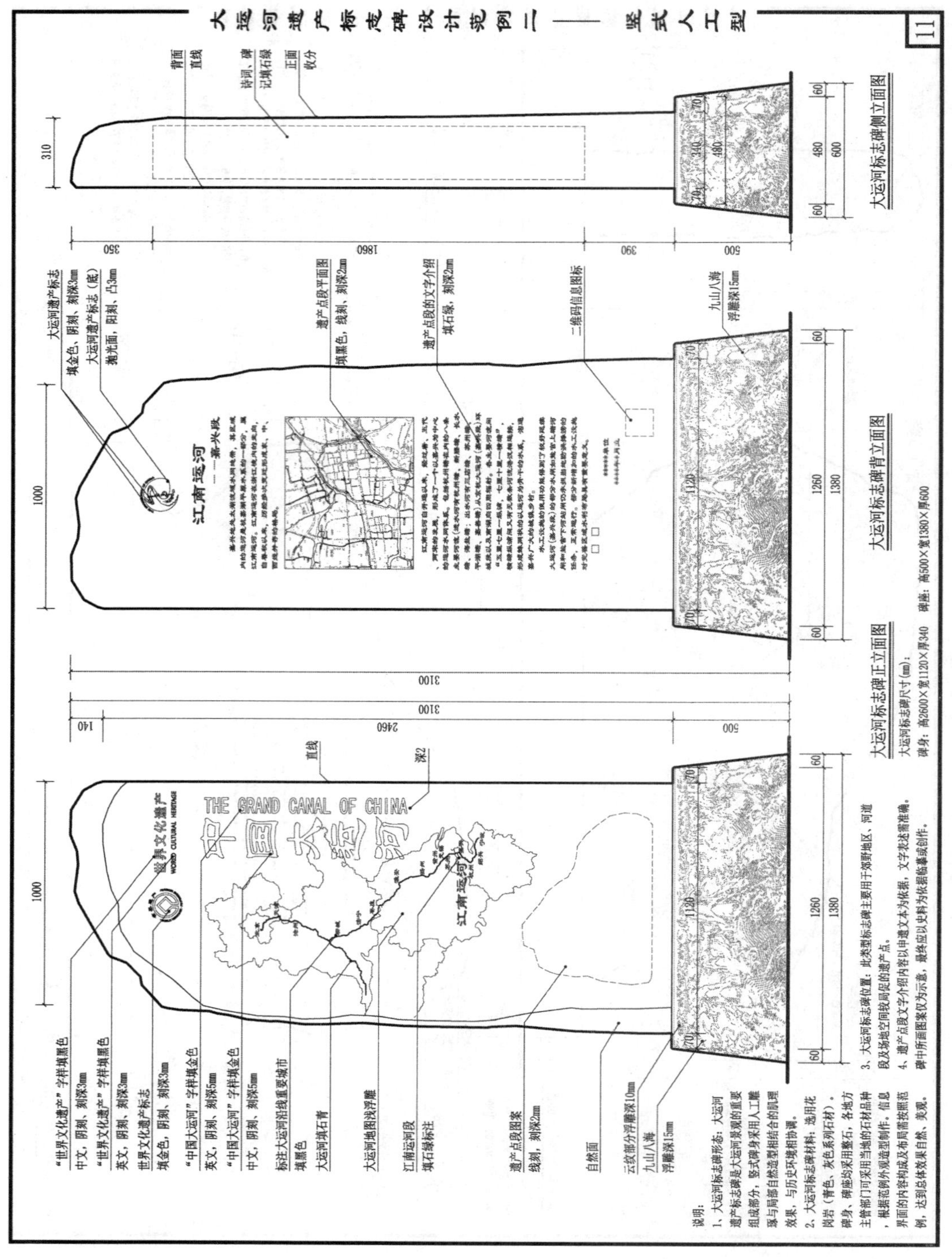

大运河遗产标志碑设计范例二——竖式人工型
11
“世界文化遗产”字样填黑色
中文，阴刻，刻深3mm
“世界文化遗产”字样填黑色
英文，阴刻，刻深3mm
世界文化遗产标志
填金色，阴刻，刻深3mm
“中国大运河”字样填金色
英文，阴刻，刻深5mm
“中国大运河”字样填金色
中文，阴刻，刻深5mm
标注大运河沿线重要城市
填黑色
大运河填石青
大运河地图浅浮雕
江南运河段
填石绿标注
遗产点段图案
线刻，刻深2mm
自然面
云纹部分浮雕深10mm
九山八海
浮雕深15mm
世界文化遗产
WORLD CULTURAL HERITAGE
中国大运河
THE GRAND CANAL OF CHINA
江南运河
直线
深2
大运河遗产标志
填金色，阴刻，刻深3mm
大运河遗产标志（底）
抛光面，阳刻，凸3mm
江南运河
——嘉兴段
遗产点段平面图
填黑色，线刻，刻深2mm
遗产点段的文字介绍
填石绿，刻深2mm
二维码信息图标
九山八海
浮雕深15mm
背面
直线
诗词、碑
记填石绿
正面
收分
1000
1000
310
140
2460
3100
3100
350
1860
390
500
500
500
70
1120
70
70
1120
70
70
340
70
480
60
1260
60
1380
60
1260
60
1380
60
480
60
600
大运河标志碑正立面图
大运河标志碑背立面图
大运河标志碑侧立面图
大运河标志碑尺寸(mm)：
碑身：高2600×宽1120×厚340　碑座：高500×宽1380×厚600
说明：
1、大运河标志碑形态：大运河遗产标志碑是大运河景观的重要组成部分，竖式碑身采用人工雕琢与局部自然造型相结合的肌理效果，与历史环境相协调。
2、大运河标志碑材料：选用花岗岩（青色、灰色系列石材）。碑身、碑座均采用整石，各地方主管部门可采用当地的石材品种，根据范例外观造型制作。信息界面的内容构成及布局需按照范例，达到总体效果自然、美观。
3、大运河标志碑位置：此类型标志碑主要用于郊野地区、河道段及场地空间较局促的遗产点。
4、遗产点段文字介绍内容以申遗文本为依据，文字表述需准确。碑中所画图案仅为示意，最终应以史料为依据临摹或创作。

大运河遗产标志碑设计范例三——平面横匾型

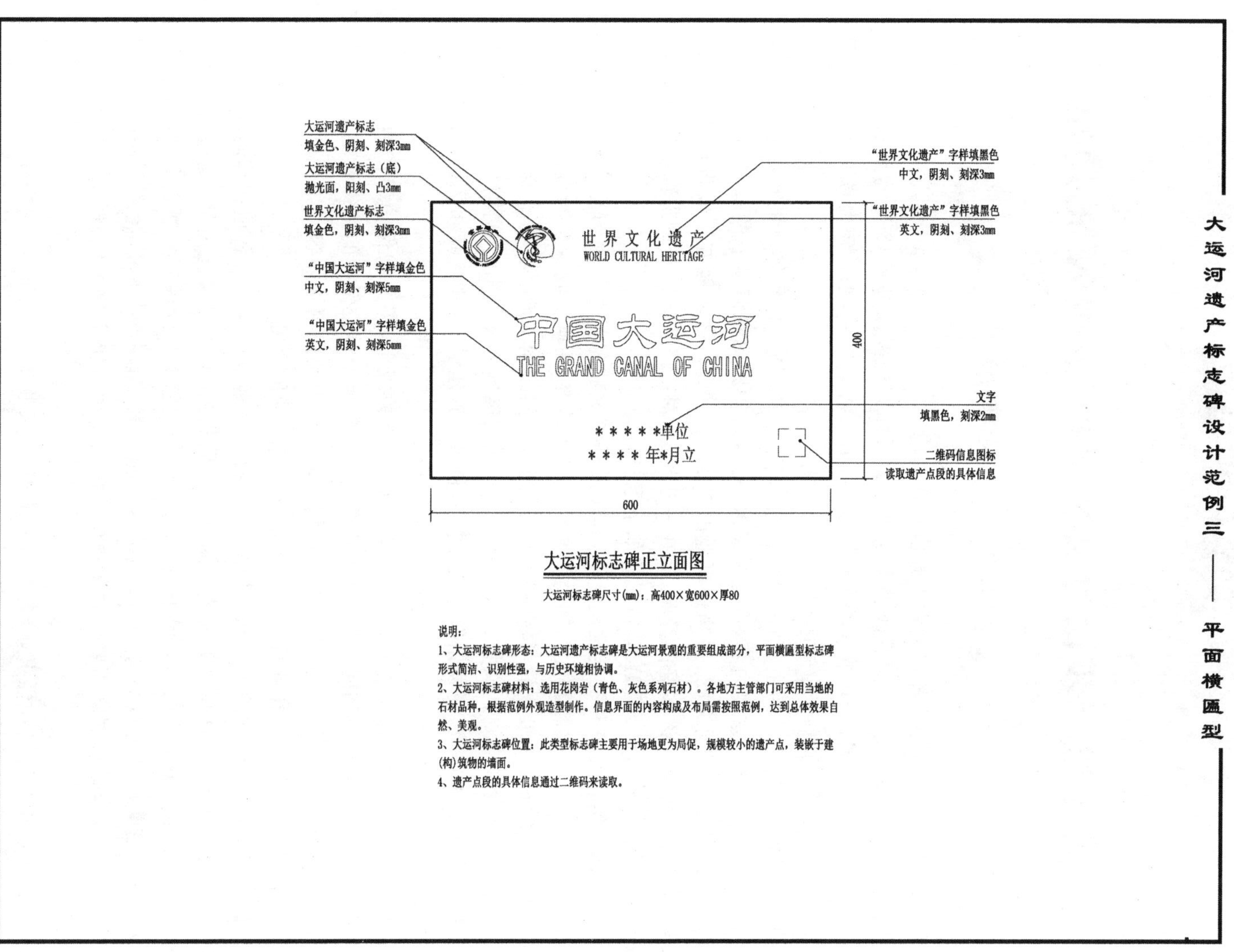

大运河标志碑正立面图

大运河标志碑尺寸(mm)：高400×宽600×厚80

说明：

1、大运河标志碑形态：大运河遗产标志碑是大运河景观的重要组成部分，平面横匾型标志碑形式简洁、识别性强，与历史环境相协调。

2、大运河标志碑材料：选用花岗岩（青色、灰色系列石材）。各地方主管部门可采用当地的石材品种，根据范例外观造型制作。信息界面的内容构成及布局需按照范例，达到总体效果自然、美观。

3、大运河标志碑位置：此类型标志碑主要用于场地更为局促，规模较小的遗产点，装嵌于建(构)筑物的墙面。

4、遗产点段的具体信息通过二维码来读取。

文物保护单位

关于进一步做好文物保护“五纳入”的通知

（文物办发〔2003〕26 号）

各省、自治区、直辖市人民政府、各相关省级政府工作部门：

1997 年，国务院发布《关于加强和改善文物工作的通知》（国发〔1997〕13 号），要求各地、各部门将文物保护纳入经济和社会发展计划，纳入城乡建设规划，纳入财政预算，纳入体制改革，纳入各级领导责任制，把各级政府保护文物的责任进一步具体化。

“五纳入”是建立国家保护为主，动员全社会共同参与的文物保护新体制的核心，是全面建设小康社会必须大力发展先进文化的重要内容，也是国家保护文物、发展博物馆事业的基本措施。“五纳入”的提出和贯彻，有力地推动了我国文物、博物馆事业的发展。五年来，许多地方积极贯彻落实“五纳入”的要求，并结合本地实际，创造了许多好的经验，但在一些地方，对“五纳入”工作的贯彻落实还存在着不平衡。为进一步做好文物保护“五纳入”工作，特提出如下意见：

一、将文物保护纳入经济和社会发展计划，其实质是将文物保护紧密地与全商建设小康社会的宏伟目标相结合，与我国社会主义精神文明和物质文明建设相结合，明确文物保护和事业发展的任务和目标，实现文物的长期保护和文物事业的可持续发展。各地应专门编制本地区文物事业发展计划，并将其纳入当地国民经济和社会发展计划。文物比较丰富的地区在明确本地文物工作总体目标的同时，要分别提出文物维修项目、文物保护单位、博物馆等文物保护和利用设施建设、人才培养和队伍建设等工作的具体目标和工作措施。

二、必须严格按照《文物保护法》和《城市规划法》的有关规定，将文物保护工作纳入城乡建设规划。各地在编制和调整城乡建设规划时，应当充分考虑对于文物保护单位保护的特殊要求。文物保护单位及其建设控制地带的划定和保护，应当作为总体规划和详细规划的强制性内容。城乡建设中各类建设项目的选址，涉及不可移动文物的，在项目审批前要征求文物部门的意见。

三、要研究、探索科学的保护手段和保护方式，加强对大遗址的保护。各地在编制和调整城乡建设规划时，要考虑古文化遗址、古墓葬区等大遗址的保护发展规划，对于古文化遗址、古墓葬等要切实加强保护。历史文化名城和历史文化街区的保护规划，必须包括文物保护的内容。规划中应当划定历史文化街区、地下文物埋葬密集区和各级文物保护单位的保护范围及建设控制地带，制定严格的文物保护措施和控制要求。各地城乡建设规划部门要会同文物行政部门制定历史文化名城保护规划和历史文化保护区保护规划。

四、文物保护属于社会公益性事业，各级政府应按照《文物保护法》和现行财政体制的规定，将文物保护所需经费纳入本级财政预算，按照分级管理、分级负担的原则，为文物事业发展提供经费保证。各级人民政府用于文物保护的财政拨款应随着当地财政收入的增长而增加。

五、为支持和加强文物保护工作，中央财政设立国家重点文物保护专项补助经费，对困难地区的重点文物保护及维修等项目给予专项补助。文物丰富地区的县级以上人民政府应设立文物保护专项经费，用于本行政区域的重点文物保护工作。

六、为拓宽文物事业资金投入渠道，适应社会主义市场经济要求，各级政府要进一步贯彻落实国务院确定的文化经济政策及财税优惠政策（详见国发〔2000〕41 号），并结合当地文物开发利用情况，建立多渠道投入机制，促进文物保护事业的发展。国有博物馆、纪念馆、文物保护单位等的事业性收入，应专门用于文物保护;国家鼓励通过捐赠等方式设立文物保护社会基金,吸引社会资金专门用于文物保护。

七、将文物保护纳入体制改革,中心工作是建立完善的文物保护管理体制,凝聚社会力量投入文物保护事业。为此,地方各级政府要加强对文物保护工作的领导,落实文物保护职责,理顺工作关系,建立健全各项工作制度,努力促进我国文物保护事业健康发展。各级文物行政部门要承担对本行政区域内文物保护实施监督管理的责任,强化行业管理职能,维护文物管理秩序。

八、中央政府已建立国家文物保护部际协调会议制度,由发展改革、公安、民政、司法、财政、国土、建设、文化、海关、税务、环保、工商、林业、旅游、宗教、文物等相关部门组成。各地可结合当地实际需要,建立有关部门参加的协调会议制度或文物管理委员会,加强对文物工作的领导和协调。

九、把文物保护纳入领导责任制。各级政府除指定专人分管文物工作外,还应将文物保护作为考核领导干部政绩的内容之一。国务院文物行政部门和各级地方人民政府应定期对"五纳入"工作的先进地方进行表彰。对于各地方出现的损害文物事件,除应分别追究相关责任人员的行政及法律责任外,同时应追究政府主要负责同志的领导责任。

国家文物局
中央机构编制委员会办公室
中华人民共和国国家发展和改革委员会
中华人民共和国财政部
中华人民共和国建设部
中华人民共和国文化部
国家税务总局
2003 年 6 月 2 日

文物保护工程勘察设计资质管理办法(试行)

(文物保发〔2014〕13 号)

一、总　则

第一条　为加强文物保护工程勘察设计资质管理,根据《中华人民共和国文物保护法》《中华人民共和国文物保护法实施条例》《文物保护工程管理办法》的有关规定,制定本办法。

第二条　从事古文化遗址、古墓葬、古建筑、石窟寺和石刻、近现代重要史迹及代表性建筑、壁画等不可移动文物的保护工程勘察设计资质管理,适用本办法。

第三条　文物保护工程勘察设计是指为文物保护工程而进行的调查、研究、勘察测绘、制定保护方案、工程设计及工程必要性可行性分析、技术经济分析,编制保护规划,并提供勘察成果资料、设计文件及规划文件的活动。

第四条　文物保护工程勘察设计单位应当按照本办法的规定申请资质及业务范围,取得相应等级的资质证书后,在许可的业务范围内从事文物保护工程勘察设计活动。

第五条　文物保护工程勘察设计资质等级分为甲、乙、丙级。

第六条　国家文物局负责审定文物保护工程勘察设计甲级资质,颁发甲级资质证书。

省级文物主管部门负责审定本辖区注册企、事业单位的文物保护工程勘察设计乙、丙级资质,颁发相应的资质证书。

省级文物主管部门负责文物保护工程勘察设计资质的年检和日常管理工作。

第七条 文物保护工程勘察设计资质的业务范围分为古文化遗址古墓葬、古建筑、石窟寺和石刻、近现代重要史迹及代表性建筑、壁画、保护规划等六类。

二、专业人员

第八条 文物保护工程责任设计师是指经过文物保护工程勘察设计的相关培训，并通过考核，取得相应从业范围证书的文物保护工程勘察设计专业人员。

第九条 文物保护工程责任设计师不得同时受聘于两家或两家以上文物保护工程资质单位。

第十条 文物保护工程勘察设计实行责任设计师负责制。责任设计师在主持文物保护工程勘察设计中，应当全面负责所承担项目的组织管理和质量控制，在勘察设计文件上签字并对文件质量负直接责任。

第十一条 文物保护工程责任设计师应当具备以下条件：

(一)熟悉文物保护法律法规，具有较强的文物保护意识，遵循文物保护的基本原则、科学理念、行业准则和职业操守；

(二)从事文物保护工程勘察设计相关技术工作八年以上；

(三)主持完成至少二项工程等级为一级，或至少四项工程等级为二级，且通过相应文物主管部门审批的文物保护工程勘察设计项目；或者作为主要技术人员参与完成至少四项工程等级为一级，或至少八项工程等级为二级，且通过相应文物主管部门审批的文物保护工程勘察设计项目；

(四)近五年内主持完成的文物保护工程勘察设计，没有发生因勘察设计质量问题对文物造成损坏或人员伤亡等重大责任事故。

近五年内，主持完成的文物保护工程勘察设计或相关科研项目因工程质量、管理创新、科技创新，获得国家级、省部级奖项的专业人员，申请担任文物保护工程责任设计师的，可适当放宽前款(二)、(三)项标准。

第十二条 文物保护工程责任设计师的从业范围分为古文化遗址古墓葬、古建筑、石窟寺和石刻、近现代重要史迹及代表性建筑、壁画、保护规划等六类。

第十三条 省级文物主管部门负责组织开展文物保护工程责任设计师的培训和继续教育工作。

文物保护工程责任设计师的培训内容应当包括文物保护的法律法规、保护原则、标准规范等相关专业知识，培训时间不得少于40课时。

第十四条 文物保护工程责任设计师由全国性文物保护行业协会组织考核。经考核合格的人员，由全国性文物保护行业协会颁发文物保护工程责任设计师证书，并将名单向社会公布，同时报国家文物局备案。

前款所指的全国性文物保护行业协会由国家文物局向社会公布。

三、资质标准

第十五条 甲级资质标准：

(一)法定代表人与文物保护工程责任设计师均熟悉文物保护法律法规，具有较强的文物保护意识，遵循文物保护的基本原则、科学理念、行业准则和职业操守。

(二)经主管机关核准登记的法人单位，独立承担完成不少于十项、工程等级为二级的文物保护工程勘察设计，并已通过相应文物主管部门审批。

(三)近三年内完成的文物保护工程勘察设计中，没有发生因勘察设计质量问题造成文物损坏或人员伤亡等重大责任事故。

(四)文物保护工程责任设计师不少于5人(其中应聘并固定在该单位的离退休人员不超过20%)；其中，每一项业务范围都应有2名以上具有相应从业范围的文物保护工程责任设计师；有协助责任设计师从事文物保护工程勘察设计工作的必要的专职技术人员。

第十六条 乙级资质标准：

(一)法定代表人与文物保护工程责任设计师均熟悉文物保护法律法规，具有较强的文物保护意识，遵循文物保护的基本原则、科学理念、行业准则和职业操守；

(二)经主管机关核准登记的法人单位，独立承担完成不少于十项、工程等级为三级的文物保护工程勘察设计，并已通过相应文物主管部门审批；

(三)近三年内完成的文物保护工程勘察设计中，没有发生因勘察设计质量问题造成文物损坏或人员伤亡的重大责任事故；

(四)文物保护工程责任设计师不少于3人(其中应聘并固定在该单位的离退休人员不超过20%)；其中，每一项业务范围都应有1名以上具有相应从业范围的文物保护工程责任设计师；有协助责任设计师从事文物保护工程勘察设计工作的必要的专职技术人员。

第十七条 丙级资质标准由省级文物主管部门参照本办法，并根据本地区的实际情况制定公布。

第十八条 文物保护工程勘察设计单位应当根据自身资质等级和业务范围承担相应的勘察设计项目(文物保护工程勘察设计分级见附表)：

甲级资质的勘察设计单位可以承担其业务范围内所有级别文物保护工程的勘察设计项目；

乙级资质的勘察设计单位可以承担其业务范围内工程等级为二级及以下的勘察设计项目；

丙级资质的勘察设计单位可以承担其业务范围内工程等级为三级的勘察设计项目。

四、资质申请与审批

第十九条 申请文物保护工程勘察设计甲级资质或申请增加甲级资质业务范围的单位，应当报请所在地省级文物主管部门初审合格后报国家文物局审批。

申请乙级及以下文物保护工程勘察设计资质或申请增加乙级及以下资质业务范围的单位，应当报请所在地市、县级文物主管部门初审合格后报省级文物主管部门审批。

第二十条 近五年内，因工程质量、管理创新、科技创新获得与文物保护工程勘察设计相关的国家级、省部级奖项的文物保护工程勘察设计单位，经所在地省级文物主管部门推荐，申请文物保护工程勘察设计甲级资质的，可适当放宽第十五条(二)、(四)项标准。

第二十一条 申请文物保护工程勘察设计资质或申请增加业务范围的，应当提交以下材料：

(一)文物保护工程勘察设计资质申请表；

(二)企业单位法人营业执照副本，事业单位主管机关颁发的单位法人证书或文件；

(三)法定代表人任职文件、身份证复印件；

(四)文物保护工程责任设计师的劳动合同(事业单位为聘任合同)、任职文件、文物保护工程责任设计师证书、社会保险证明、身份证复印件；

(五)完成的具有代表性的文物保护工程勘察设计合同及审批文件。

第二十二条 国家文物局和省级文物主管部门每年第一季度组织审定文物保护工程勘察设计资质，并颁发相应的资质证书和勘察设计图纸报审章。

五、监督管理

第二十三条 文物保护工程勘察设计资质证书是从事文物保护工程勘察设计的凭证，只限本单位使用，不得涂改、伪造、转让、出借。

文物保护工程勘察设计单位出具的设计文件均应加盖勘察设计图纸报审章。

第二十四条 文物保护工程勘察设计资质证书由国家文物局监制，分为正本和副本，正本1本，副本6本，正、副本具有同等法律效力，有效期为12年。

第二十五条 在资质证书有效期内，文物保护工程勘察设计单位名称、地址、法定代表人、经济性质等发生变更的，应当在工商部门办理变更手续后三十日内，到文物保护工程资质证书发证机关办理资质证书变更手续。原证书应交回发证机关注销。

第二十六条 办理名称、地址、法定代表人、经济性质等变更手续的,应当提交以下材料:

(一)资质证书变更申请;

(二)资质证书原件;

(三)变更后的企业法人营业执照或事业单位法人证书及文件;

(四)甲级勘察设计资质单位办理变更的,应提交所在地省级文物主管部门初审文件。

第二十七条 文物保护工程勘察设计资质单位改制、合并、分立的,应当按照本办法规定重新申报材料,申请取得文物保护工程勘察设计资质。

第二十八条 省级文物主管部门每两年进行一次文物保护工程勘察设计资质年检,一般在当年第四季度进行。

第二十九条 文物保护工程勘察设计资质单位参加年检,应当提交以下材料:

(一)文物保护工程勘察设计资质年检申报表;

(二)文物保护工程资质证书副本原件和复印件;

(三)企业单位法人营业执照副本,事业单位主管机关颁发的单位法人证书或文件复印件;

(四)法人代表、文物保护工程责任设计师身份证复印件;文物保护工程责任设计师社会保险证明及劳动合同(事业单位为聘任合同)复印件;

(五)两年内具有代表性的文物保护工程勘察设计合同首页、签字页、批复文件的复印件。

第三十条 省级文物主管部门对符合相应资质等级标准的文物保护工程勘察设计资质单位,应当认定年检合格,并在其资质证书副本上加盖年检合格章。

省级文物主管部门应当将甲级资质单位的年检结论,报国家文物局备案。

年检合格的文物保护工程勘察设计资质单位由文物保护工程资质证书发证机关颁发勘察设计图纸报审章。

第三十一条 省级文物主管部门对有下列情形之一的文物保护工程勘察设计资质单位,应当认定年检不合格:

(一)企业营业执照、事业单位主管机关颁发的单位法人证书或文件等证照不全,或不在有效期内的;证照信息与文物保护工程资质证书不符的。

(二)文物保护工程责任设计师发生变动,未达到相应资质等级标准的。

(三)有超越资质等级、业务范围或以其他单位的名义承揽业务的行为,由省级文物主管部门责令整改并记录在案的。

(四)有不按照经文物主管部门批复的立项报告勘察设计的行为,由省级文物主管部门责令整改并记录在案两次的。

(五)有违反文物保护工程基本原则、规范和标准进行勘察设计的行为,由省级文物主管部门责令整改并记录在案两次的。

(六)其他违法违规行为。

第三十二条 省级文物主管部门认定文物保护工程勘察设计甲级资质单位年检不合格的,应当责令其整改,整改期不得超过六个月。整改后仍不符合文物保护工程勘察设计甲级资质标准的,应当报请国家文物局依法组织听证,吊销其文物保护工程勘察设计甲级资质。

省级文物主管部门认定文物保护工程勘察设计乙、丙级资质单位年检不合格的,应当责令其整改。整改期不得超过六个月。整改后仍不符合文物保护工程勘察设计相应资质标准的,应当降低其资质等级,或依法组织听证,吊销其文物保护工程勘察设计资质。

第三十三条 文物保护工程勘察设计资质证书遗失的,应当于三十日内在媒体上声明作废,并向文物保护工程资质证书发证机关申请补发证书。

第三十四条 文物保护工程勘察设计资质单位撤销、破产倒闭的,应在三十日内将原资质证书交回原发证机关，办理注销手续。

第三十五条 在规定时间内没有参加资质年检或逾期不办理资质证书变更手续的，其资质证书自行失效。

第三十六条 对有以下行为的文物保护工程勘察设计资质单位，由省级文物主管部门责令改正，并记录在案：

（一）超越资质等级、业务范围或以其他单位的名义承揽业务的；

（二）不按照经文物主管部门批复的立项报告勘察设计的；

（三）违反文物保护工程基本原则、规范和标准进行勘察设计的。

第三十七条 对有以下行为的文物保护工程勘察设计资质单位，由文物保护工程资质证书发证机关降低其资质等级，或经依法组织听证，吊销其文物保护工程勘察设计资质：

（一）在文物保护工程勘察设计中，发生因勘察设计质量问题造成文物损坏或人员伤亡等重大责任事故的；

（二）涂改、伪造、转让、出借或采取其他不正当手段取得文物保护工程勘察设计资质证书的。

第三十八条 对弄虚作假或者以不正当手段取得文物保护工程责任设计师证书的，由发证机构注销其文物保护工程责任设计师证书。

第三十九条 对涂改、伪造、转让、出借文物保护工程责任设计师证书的，由发证机构注销其文物保护工程责任设计师证书。

第四十条 文物保护工程责任设计师在文物保护工程勘察设计中，违反有关文物保护的法律法规、基本原则、科学理念、行业准则和职业操守，造成恶劣社会影响，或因勘察设计质量问题造成文物损坏、人员伤亡等重大责任事故的，由发证机构注销其文物保护工程责任设计师证书并向社会公告。

第四十一条 由发证机构注销文物保护工程责任设计师证书的，五年内不得参加文物保护工程责任设计师考核。

六、附则

第四十二条 本办法自发布之日起施行。

附件

文物保护工程（勘察设计）等级分级表

工程级别	工程主要内容
一级	全国重点文物保护单位和国家文物局指定的重要文物的修缮工程、迁移工程、重建工程的方案及施工图设计，保护规划编制。
二级	1.全国重点文物保护单位的保养维护工程、抢险加固工程的方案及施工图设计。 2.省级文物保护单位的修缮工程、迁移工程、重建工程的方案及施工图设计、保护规划编制。 3.市、县级文物保护单位和尚未核定公布为文物保护单位的不可移动文物的迁移工程、重建工程。
三级	1.省级文物保护单位的保养维护工程、抢险加固工程的方案及施工图设计。 2.市、县级文物保护单位和尚未核定公布为文物保护单位的不可移动文物的保养维护工程、抢险加固工程、修缮工程的方案及施工图设计、保护规划编制。

注：壁画保护涵盖壁画、彩塑保护。

文物保护工程施工资质管理办法(试行)

(文物保发〔2014〕13号)

一、总　则

第一条　为加强文物保护工程施工资质管理，根据《中华人民共和国文物保护法》《中华人民共和国文物保护法实施条例》《文物保护工程管理办法》的有关规定，制定本办法。

第二条　从事古文化遗址、古墓葬、古建筑、石窟寺和石刻、近现代重要史迹及代表性建筑、壁画等不可移动文物的保护工程施工资质管理，适用本办法。

第三条　文物保护工程施工单位应当按照本办法的规定申请资质及业务范围，取得相应等级的资质证书后，在许可的业务范围内从事文物保护工程施工活动。

第四条　文物保护工程施工资质等级分为一、二、三级。

第五条　国家文物局负责审定文物保护工程施工一级资质，颁发一级资质证书。

省级文物主管部门负责审定本辖区注册企、事业单位的文物保护工程施工二、三级资质，颁发相应的资质证书。

省级文物主管部门负责文物保护工程施工资质的年检和日常管理工作。

第六条　文物保护工程施工资质的业务范围分为古文化遗址古墓葬、古建筑、石窟寺和石刻、近现代重要史迹及代表性建筑、壁画等五类。

二、专业人员

第七条　文物保护工程施工专业人员是指经过文物保护工程施工的相关培训，并通过考核，取得相应类别和从业范围证书的专业人员。

第八条　文物保护工程施工专业人员分为文物保护工程施工技术人员和责任工程师。

文物保护工程施工专业人员不得同时受聘于两家或两家以上文物保护工程资质单位。

第九条　文物保护工程施工技术人员包括各专业工种技术人员、资料员、安全员等。

第十条　文物保护工程施工技术人员应当参与文物保护工程施工相关专业技术工作三年以上，或者具有文物保护工程施工相关专业的初级技术职务。

第十一条　文物保护工程施工实行责任工程师负责制。责任工程师应当全面负责所承担的文物保护工程项目施工的现场组织管理和质量控制，并对文物安全和工程质量负直接责任。

责任工程师不得同时承担两个或两个以上文物保护工程项目施工的管理工作。

第十二条　文物保护工程责任工程师应当具备以下条件：

(一)熟悉文物保护法律法规，具有较强的文物保护意识，遵循文物保护的基本原则、科学理念、行业准则和职业操守。

(二)从事文物保护工程施工管理八年以上。

(三)主持完成至少二项工程等级为一级，或至少四项工程等级为二级，且工程验收合格的文物保护工程施工项目；或者作为主要技术人员参与管理至少四项工程等级为一级，或至少八项工程等级为二级，且工程验收合格的文物保护工程施工项目。

(四)近五年内主持完成的文物保护工程施工中，没有发生文物损坏或者人员伤亡等重大责任事故。

近五年内，主持完成的文物保护工程施工或相关科研项目因工程质量、管理创新、科技创新，获得国家级、省部级奖项的专业人员，申请担任文物保护工程责任工程师的，可适当放宽前款(二)、(三)项标准。

第十三条　文物保护工程责任工程师的从业范围分为古文化遗址古墓葬、古建筑、石窟寺和石刻、近现代重要史迹及代表性建筑、壁画等五类。

第十四条 省级文物主管部门负责组织开展文物保护工程施工专业人员的培训和继续教育工作。

文物保护工程施工专业人员的培训内容应当包括文物保护的法律法规、保护原则、标准规范等相关专业知识，培训时间不得少于40课时。

第十五条 文物保护工程责任工程师由全国性文物保护行业协会组织考核。经考核合格的人员，由全国性文物保护行业协会颁发文物保护工程责任工程师证书，并将名单向社会公布，同时报国家文物局备案。

前款所指的全国性文物保护行业协会由国家文物局向社会公布。

省级文物主管部门或受其委托的专业机构负责组织文物保护工程施工技术人员考核，考核合格的人员由国家文物局公布的全国性文物保护行业协会颁发文物保护工程施工技术人员证书。

第十六条 省级文物主管部门对本地区长期从事文物保护工程施工，熟练掌握传统工艺技术，经文物保护工程施工专业人员培训、年龄在50周岁以上的老工匠，可决定免予考核，由国家文物局公布的全国性文物保护行业协会颁发文物保护工程施工技术人员证书。

三、资质标准

第十七条 一级资质标准：

(一)法定代表人与专业人员均熟悉文物保护法律法规，具有较强的文物保护意识，遵循文物保护的基本原则、科学理念、行业准则和职业操守。

(二)经主管机关核准登记的法人单位，独立承担完成不少于十项、工程等级为二级的文物保护工程，工程质量合格，通过验收。

(三)近三年内完成的文物保护工程施工中，没有发生文物损坏或人员伤亡等重大责任事故。

(四)文物保护工程责任工程师不少于5人；其中，每一项业务范围都应有2名以上具有相应从业范围的文物保护工程责任工程师。

(五)具有15名以上文物保护工程施工技术人员，各专业工种技术人员、资料员、安全员等配置齐全。

(六)具有文物保护工程所需的专业技术装备。

第十八条 二级资质标准：

(一)法定代表人与专业人员均熟悉文物保护法律法规，具有较强的文物保护意识，遵循文物保护的基本原则、科学理念、行业准则和职业操守；

(二)经主管机关核准登记的法人单位，独立承担完成不少于十项、工程等级为三级的文物保护工程，工程质量合格，通过验收；

(三)近三年内完成的文物保护工程施工中，没有发生文物损坏或人员伤亡的重大责任事故；

(四)文物保护工程责任工程师不少于3人；其中，每一项业务范围都应有1名以上具有相应从业范围的文物保护工程责任工程师；

(五)具有10名以上文物保护工程施工技术人员

(六)具有文物保护工程所需的专业技术装备。

第十九条 三级资质标准由省级文物主管部门参照本办法，并根据本地区的实际情况制定公布。

第二十条 文物保护工程施工单位应当根据自身资质等级和业务范围承担相应的施工项目(文物保护工程施工分级见附表)：

一级资质的施工单位可以承担其业务范围内所有级别文物保护工程的施工项目；

二级资质的施工单位可以承担其业务范围内工程等级为二级及以下的施工项目；

三级资质的施工单位可以承担其业务范围内工程等级为三级的施工项目。

四、资质申请与审批

第二十一条 申请文物保护工程施工一级资质或申请增加一级资质业务范围的单位，应当报请所在地省级文物主管部门初审合格后报国家文物局审批。

申请二级及以下文物保护工程施工资质或申请增加二级及以下资质业务范围的单位，应当报请所在地市、县级文物主管部门初审合格后报省级文物主管部门审批。

第二十二条 长期在特定区域从事特定类型文物保护工程施工，熟练掌握传统特色工艺技术，业绩突出的文物保护工程施工单位，经所在地省级文物主管部门推荐，可以向国家文物局申请取得特定范围文物保护工程施工一级资质。申请上述特定范围一级资质的单位，可适当放宽第十七条(二)、(四)、(五)条标准。

省级文物主管部门可以参照前款规定，对申请特定范围文物保护工程施工二级资质的单位，适当放宽相关标准。

第二十三条 近五年内，因工程质量、管理创新、科技创新获得与文物保护工程施工相关的国家级、省部级奖项的文物保护工程施工单位，经所在地省级文物主管部门推荐，申请文物保护工程施工一级资质的，可适当放宽第十七条(二)、(四)、(五)条标准。

第二十四条 申请文物保护工程施工资质或申请增加业务范围的，应当提交以下材料：

(一)文物保护工程施工资质申请表。

(二)企业单位法人营业执照副本；事业单位主管机关颁发的单位法人证书或文件。

(三)法定代表人任职文件、身份证复印件。

(四)文物保护工程责任工程师劳动合同(事业单位为聘任合同)、任职文件、文物保护工程责任工程师证书、社会保险证明、身份证复印件。

(五)文物保护工程施工技术人员劳动合同、文物保护工程施工技术人员证书、身份证复印件。

(六)完成的具有代表性的文物保护工程施工合同及验收文件。

第二十五条 国家文物局和省级文物主管部门每年第一季度组织审定文物保护工程施工资质，并颁发相应的资质证书。

五、监督管理

第二十六条 文物保护工程施工资质证书是从事文物保护工程施工的凭证，只限本单位使用，不得涂改、伪造、转让、出借。

第二十七条 文物保护工程施工资质证书由国家文物局监制，分为正本和副本，正本 1 本，副本 6 本，正、副本具有同等法律效力，有效期为 12 年。

第二十八条 在资质证书有效期内，文物保护工程施工单位名称、地址、法定代表人、经济性质等发生变更的，应当在工商部门办理变更手续后 30 日内，到文物保护工程资质证书发证机关办理资质证书变更手续。原证书应交回发证机关注销。

第二十九条 办理名称、地址、法定代表人、经济性质等变更手续的，应当提交以下材料：

(一)资质证书变更申请；

(二)资质证书原件；

(三)变更后的企业法人营业执照或事业单位法人证书及文件；

(四)一级施工资质单位办理变更的，应提交所在地省级文物主管部门初审文件。

第三十条 文物保护工程施工资质单位改制、合并、分立的，应当按照本办法规定重新申报材料，申请取得文物保护工程施工资质。

第三十一条 省级文物主管部门每两年进行一次文物保护工程施工资质年检，一般在当年第四季度进行。

第三十二条 文物保护工程施工资质单位参加年检，应当提交以下材料：

（一）文物保护工程施工资质年检申报表。

（二）文物保护工程资质证书副本原件和复印件。

（三）企业单位法人营业执照副本，事业单位主管机关颁发的单位法人证书或文件复印件。

（四）法人代表身份证复印件；文物保护工程责任工程师、技术人员的身份证、劳动合同复印件；文物保护工程责任工程师的社会保险证明复印件。

（五）两年内具有代表性的文物保护工程施工合同首页、签字页、竣工验收证明的复印件。

第三十三条 省级文物主管部门对符合相应资质等级标准的文物保护工程施工资质单位，应当认定年检合格，并在其资质证书副本上加盖年检合格章。

省级文物主管部门应当将一级资质单位的年检结论，报国家文物局备案。

第三十四条 省级文物主管部门对有下列情形之一的文物保护工程施工资质单位，应当认定年检不合格：

（一）企业营业执照、事业单位主管机关颁发的单位法人证书或文件等证照不全，或不在有效期内的；证照信息与文物保护工程资质证书不符的。

（二）文物保护工程施工专业人员发生变动，未达到相应资质等级标准的。

（三）有超越资质等级、业务范围或以其他单位的名义承揽工程的行为，由省级文物主管部门责令整改并记录在案的。

（四）有未经相应文物主管部门许可，擅自施工；或不按照经文物主管部门批复的工程设计图纸、施工技术标准施工的行为，由省级文物主管部门责令整改并记录在案两次的。

（五）有违反文物保护工程基本原则、规范和标准施工；或使用不合格材料；或未对相关材料等进行检验、检测的行为，由省级文物主管部门责令整改并记录在案两次的。

（六）其他违法违规行为。

第三十五条 省级文物主管部门认定文物保护工程施工一级资质单位年检不合格的，应当责令其整改，整改期不得超过6个月。整改后仍不符合文物保护工程施工一级资质标准的，应当报请国家文物局依法组织听证，吊销其文物保护工程施工一级资质。

省级文物主管部门认定文物保护工程施工二、三级资质单位年检不合格的，应当责令其整改，整改期不得超过6个月。整改后仍不符合文物保护工程施工相应资质标准的，应当降低其资质等级，或依法组织听证，吊销其文物保护工程施工资质。

第三十六条 文物保护工程施工资质证书遗失的，应当于30日内在媒体上声明作废，并向文物保护工程资质证书发证机关申请补发证书。

第三十七条 文物保护工程施工资质单位撤销、破产倒闭的，应在30日内将原资质证书交回原发证机关，办理注销手续。

第三十八条 在规定时间内没有参加资质年检或逾期不办理资质证书变更手续的，其资质证书自行失效。

第三十九条 对有以下行为的文物保护工程施工资质单位，由省级文物主管部门责令改正，并记录在案：

（一）超越资质等级、业务范围或以其他单位的名义承揽工程的。

（二）未经相应文物主管部门许可，擅自施工的；不按照经文物主管部门批复的工程设计图纸、施工技术标准施工的。

（三）违反文物保护工程基本原则、规范和标准进行施工的；使用不合格材料或未对相关材料等进行检验、检测的。

（四）承担的文物保护工程施工项目管理混乱的；或工程质量差，造成文物安全隐患的。

第四十条 对有以下行为的文物保护工程施工资质单位，由文物保护工程资质证书发证机关降低其资质等级，或经依法组织听证，吊销其文物保护工程施工资质：

（一）在文物保护工程施工中，发生文物损坏或人员伤亡等重大责任事故的；

（二）涂改、伪造、转让、出借或采取其他不正当手段取得文物保护工程施工资质证书的。

第四十一条 对弄虚作假或者以不正当手段取得文物保护工程施工专业人员证书的，由发证机构注销其文物保护工程施工专业人员证书。

第四十二条 对涂改、伪造、转让、出借文物保护工程施工专业人员证书的，由发证机构注销其文物保护工程施工专业人员证书。

第四十三条 文物保护工程施工专业人员在文物保护工程施工中，违反有关文物保护的法律法规、基本原则、科学理念、行业准则和职业操守，造成恶劣的社会影响，或发生文物损坏、人员伤亡等重大责任事故的，由发证机构注销其文物保护工程施工专业人员证书并向社会公告。

第四十四条 由发证机构注销文物保护工程施工专业人员证书的，五年内不得参加文物保护工程施工专业人员考核。

六、附则

第四十五条 本办法自发布之日起施行。

附件

文物保护工程（施工）等级分级表

工程级别	工程主要内容
一级	全国重点文物保护单位和国家文物局指定的重要文物的修缮工程、迁移工程、重建工程。
二级	1.全国重点文物保护单位的保养维护工程、抢险加固工程。 2.省级文物保护单位的修缮工程、迁移工程、重建工程。 3.市、县级文物保护单位和尚未核定公布为文物保护单位的不可移动文物的迁移工程、重建工程。
三级	1.省级文物保护单位的保养维护工程、抢险加固工程。 2.市、县级文物保护单位和尚未核定公布为文物保护单位的不可移动文物的保养维护工程、抢险加固工程、修缮工程。

注：壁画保护涵盖壁画、彩塑保护。

文物保护工程监理资质管理办法（试行）

（文物保发〔2014〕13号）

一、总　则

第一条 为加强文物保护工程监理资质管理，根据《中华人民共和国文物保护法》《中华人民共和国文物保护法实施条例》《文物保护工程管理办法》的有关规定，制定本办法。

第二条 从事古文化遗址、古墓葬、古建筑、石窟寺和石刻、近现代重要史迹及代表性建筑、壁画等不可移动文物的保护工程监理资质管理，适用本办法。

第三条 文物保护工程监理单位应当按照本办法的规定申请资质及业务范围，取得相应等级的资质证书后，在许可的业务范围内从事文物保护工程监理活动。

第四条 文物保护工程监理资质等级分为甲、乙、丙级。

第五条 国家文物局负责审定文物保护工程监理甲级资质，颁发甲级资质证书。

省级文物主管部门负责审定本辖区注册企、事业单位的文物保护工程监理乙、丙级资质，颁发相应的资质证书。

省级文物主管部门负责文物保护工程监理资质的年检和日常管理工作。

第六条 文物保护工程监理资质的业务范围分为古文化遗址古墓葬、古建筑、石窟寺和石刻、近现代重要史迹及代表性建筑、壁画等五类。

二、专业人员

第七条 文物保护工程监理专业人员是指经过文物保护工程监理的相关培训，并通过考核，取得相应类别和从业范围证书的专业人员。

第八条 文物保护工程监理专业人员分为文物保护工程监理员和责任监理师。

文物保护工程监理专业人员不得同时受聘于两家或两家以上文物保护工程资质单位。

第九条 文物保护工程监理员包括各专业工种监理人员、资料员、检测员等。

第十条 文物保护工程监理员应当参与文物保护工程监理相关专业技术工作三年以上，或者具有文物保护工程监理相关专业的初级技术职务。

第十一条 文物保护工程监理实行责任监理师负责制。责任监理师对所负责监理的文物保护工程负有全面的监理责任，对文物安全和工程质量负监管责任。

第十二条 文物保护工程责任监理师应当具备以下条件：

(一)熟悉文物保护法律法规，具有较强的文物保护意识，遵循文物保护的基本原则、科学理念、行业准则和职业操守。

(二)从事文物保护工程监理管理八年以上。

(三)主持监理至少二项工程等级为一级，或至少四项工程等级为二级，且工程验收合格的文物保护工程项目；或者作为主要人员参与监理至少四项工程等级为一级，或至少八项工程等级为二级，且工程验收合格的文物保护工程项目。

(四)近五年内主持完成监理的文物保护工程中，没有发生文物损坏或者人员伤亡等重大责任事故。

第十三条 文物保护工程责任监理师的从业范围分为古文化遗址古墓葬、古建筑、石窟寺和石刻、近现代重要史迹及代表性建筑、壁画等五类。

第十四条 省级文物主管部门负责组织开展文物保护工程监理专业人员的培训和继续教育工作。

文物保护工程监理专业人员的培训内容应当包括文物保护的法律法规、保护原则、标准规范等相关专业知识，培训时间不得少于40课时。

第十五条 文物保护工程责任监理师由全国性文物保护行业协会组织考核。经考核合格的人员，由全国性文物保护行业协会颁发文物保护工程责任监理师证书，并将名单向社会公布，同时报国家文物局备案。

前款所指的全国性文物保护行业协会由国家文物局向社会公布。

省级文物主管部门或受其委托的专业机构负责组织文物保护工程监理员考核，考核合格的人员由国家文物局公布的全国性文物保护行业协会颁发文物保护工程监理员证书。

三、资质标准

第十六条 甲级资质标准：

(一)法定代表人与专业人员均熟悉文物保护法律法规，具有较强的文物保护意识，遵循文物保护的基本原则、科学理念、行业准则和职业操守。

(二)经主管机关核准登记的法人单位，独立承担完成不少于十项、工程等级为二级的文物保护工程监理，工程质量合格，通过验收。

（三）近三年内监理的文物保护工程中，没有发生文物损坏或人员伤亡等重大责任事故。

（四）文物保护工程责任监理师不少于5人；其中，每一项业务范围都应有2名以上具有相应从业范围的文物保护工程责任监理师。

（五）具有10名以上文物保护工程监理员，各专业工种监理人员、资料员、检测员等配置齐全。

第十七条 乙级资质标准：

（一）法定代表人与专业人员均熟悉文物保护法律法规，具有较强的文物保护意识，遵循文物保护的基本原则、科学理念、行业准则和职业操守。

（二）经主管机关核准登记的法人单位，独立承担完成不少于十项、工程等级为三级的文物保护工程的监理，工程质量合格，通过验收。

（三）近三年内监理的文物保护工程中，没有发生文物损坏或人员伤亡等重大责任事故。

（四）文物保护工程责任监理师不少于3人；其中，每一项业务范围都应有1名以上具有相应从业范围的文物保护工程责任监理师。

（五）具有8名以上文物保护工程监理员。

第十八条 丙级资质标准由省级文物主管部门参照本办法，并根据本地区的实际情况制定公布。

第十九条 文物保护工程监理单位应当根据自身资质等级和业务范围承担相应的监理项目（文物保护工程监理分级见附表）：

甲级资质的监理单位可以承担其业务范围内所有级别文物保护工程的监理项目；

乙级资质的监理单位可以承担其业务范围内工程等级为二级及以下的监理项目；

丙级资质的监理单位可以承担其业务范围内工程等级为三级的监理项目。

四、资质申请与审批

第二十条 申请文物保护工程监理甲级资质或申请增加甲级资质业务范围的单位，应当报请所在地省级文物主管部门初审合格后报国家文物局审批。

申请乙级及以下文物保护工程监理资质或申请增加乙级及以下资质业务范围的单位，应当报请所在地市、县级文物主管部门初审合格后报省级文物主管部门审批。

第二十一条 申请文物保护工程监理资质或申请增加业务范围的，应当提交以下材料：

（一）文物保护工程监理资质申请表；

（二）企业单位法人营业执照副本；事业单位主管机关颁发的单位法人证书或文件；

（三）法定代表人任职文件、身份证复印件；

（四）文物保护工程责任监理师劳动合同（事业单位为聘任合同）、任职文件、文物保护工程责任监理师证书、社会保险证明、身份证复印件；

（五）文物保护工程监理员劳动合同、文物保护工程监理员证书、身份证复印件；

（六）完成的具有代表性的文物保护工程监理合同及验收文件。

第二十二条 国家文物局和省级文物主管部门每年第一季度组织审定文物保护工程监理资质，并颁发相应的资质证书。

五、监督管理

第二十三条 文物保护工程监理资质证书是从事文物保护工程监理的凭证，只限本单位使用，不得涂改、伪造、转让、出借。

第二十四条 文物保护工程监理资质证书由国家文物局监制，分为正本和副本，正本1本，副本6本，正、副本具有同等法律效力，有效期为12年。

第二十五条 在资质证书有效期内，文物保护工程监理单位名称、地址、法定代表人、经济性质等发生变更的，应当在工商部门办理变更手续后30日内，到文物保护工程资质证书发证机关办理资质证书变更手续。原证书应交回发证机关注销。

第二十六条 办理名称、地址、法定代表人、经济性质等变更手续的，应当提交以下材料：

(一)资质证书变更申请。

(二)资质证书原件。

(三)变更后的企业法人营业执照或事业单位法人证书及文件。

(四)甲级监理资质单位办理变更的，应提交所在地省级文物主管部门初审文件。

第二十七条 文物保护工程监理资质单位改制、合并、分立的，应当按照本办法规定重新申报材料，申请取得文物保护工程监理资质。

第二十八条 文物保护工程监理单位与施工单位有隶属关系或其他有碍监理公正利害关系者，不得承担该项保护工程的监理业务。

第二十九条 省级文物主管部门每两年进行一次文物保护工程监理资质年检，一般在当年第四季度进行。

第三十条 文物保护工程监理资质单位参加年检，应当提交以下材料：

(一)文物保护工程监理资质年检申报表。

(二)文物保护工程资质证书副本原件和复印件。

(三)企业单位法人营业执照副本，事业单位主管机关颁发的单位法人证书或文件复印件。

(四)法人代表身份证复印件；文物保护工程责任监理师、监理员的身份证、劳动合同复印件；文物保护工程责任监理师的社会保险证明复印件。

(五)两年内具有代表性的文物保护工程监理合同首页、签字页、竣工验收证明复印件。

第三十一条 省级文物主管部门对符合相应资质等级标准的文物保护工程监理资质单位，应当认定年检合格，并在其资质证书副本上加盖年检合格章。

省级文物主管部门应当将甲级资质单位的年检结论，报国家文物局备案。

第三十二条 省级文物主管部门对有下列情形之一的文物保护工程监理资质单位，应当认定年检不合格：

(一)企业营业执照、事业单位主管机关颁发的单位法人证书或文件等证照不全，或不在有效期内的；证照信息与文物保护工程资质证书不符的。

(二)文物保护工程监理专业人员发生变动，未达到相应资质等级标准的。

(三)有超越资质等级、业务范围或以其他单位的名义承揽监理工程的行为，由省级文物主管部门责令整改并记录在案的。

(四)有不按照文物行政部门审批的工程设计图纸或者监理技术标准监理的行为，由省级文物主管部门责令整改并记录在案两次的。

(五)有违反文物保护工程基本原则、规范和标准进行监理活动；或未对相关材料等进行检验、检测的行为，由省级文物主管部门责令整改并记录在案两次的。

(六)其他违法违规行为。

第三十三条 省级文物主管部门认定文物保护工程监理甲级资质单位年检不合格的，应当责令其整改，整改期不得超过6个月。整改后仍不符合文物保护工程监理甲级资质标准的，应当报请国家文物局依法组织听证，吊销其文物保护工程监理甲级资质。

省级文物主管部门认定文物保护工程监理乙级、丙级资质单位年检不合格的，应当责令其整改，整改期不得超过六个月。整改后仍不符合文物保护工程监理相应资质标准的，应当降低其资质等级，或依法组织听证，吊销其文物保护工程监理资质。

第三十四条 文物保护工程监理资质证书遗失的，应当于30日内在媒体上声明作废，并向文物保护工程资质证书发证机关申请补发证书。

第三十五条 文物保护工程监理资质单位撤销、破产、倒闭的，应在30日内将原资质证书交回原发证机关，办理注销手续。

第三十六条 在规定时间内没有参加资质年检或逾期不办理资质证书变更手续的，其资质证书自行失效。

第三十七条 对有以下行为的文物保护工程监理资质单位，由省级文物主管部门责令改正，并记录在案：

(一)超越资质等级、业务范围或以其他单位的名义承揽业务的。

(二)不按照文物主管部门审批的工程设计图纸或者监理技术标准监理的。

(三)违反文物保护工程基本原则、规范和标准进行监理活动的；未对相关材料等进行检验、检测的。

第三十八条 对有以下行为的文物保护工程监理资质单位，由文物保护工程资质证书发证机关降低其资质等级，或经依法组织听证，吊销其文物保护工程监理资质：

(一)在监理的文物保护工程中，发生文物损坏或人员伤亡等重大责任事故的。

(二)涂改、伪造、转让、出借或采取其他不正当手段取得文物保护工程监理资质证书的。

第三十九条 对弄虚作假或者以不正当手段取得文物保护工程监理专业人员证书的，由发证机构注销其文物保护工程监理专业人员证书。

第四十条 对涂改、伪造、转让、出借文物保护工程监理专业人员资格证书的，由发证机构注销其文物保护工程监理专业人员证书。

第四十一条 文物保护工程监理专业人员在文物保护工程监理中，违反有关文物保护的法律法规、基本原则、科学理念、行业准则和职业操守，造成恶劣的社会影响；或发生文物损坏、人员伤亡等重大责任事故的，由发证机构注销其文物保护工程监理专业人员证书并向社会公告。

第四十二条 由发证机构注销文物保护工程监理专业人员证书的，五年内不得参加文物保护工程监理专业人员考核。

六、附则

第四十三条 本办法自发布之日起施行。

附件

文物保护工程(监理)等级分级表

工程级别	监理工程主要内容
一级	全国重点文物保护单位和国家文物局指定的重要文物的修缮工程、迁移工程、重建工程。
二级	1.全国重点文物保护单位的保养维护工程、抢险加固工程。 2.省级文物保护单位的修缮工程、迁移工程、重建工程。 3.市、县级文物保护单位和尚未核定公布为文物保护单位的不可移动文物的迁移工程、重建工程。
三级	1.省级文物保护单位的保养维护工程、抢险加固工程。 2.市、县级文物保护单位和尚未核定公布为文物保护单位的不可移动文物的保养维护工程、抢险加固工程、修缮工程。

注：壁画保护涵盖壁画、彩塑保护。

全国重点文物保护单位记录档案工作规范(试行)

(文物保发〔2003〕93号)

第一章 总 则

第一条 为了加强全国重点文物保护单位记录档案(以下简称“记录档案”)的编制和管理工作,依照《中华人民共和国文物保护法》《全国重点文物保护单位保护范围、标志说明、记录档案和保管机构工作规范》等法规的有关规定制订本规范。

第二条 记录档案包括对全国重点文物保护单位本身的记录和有关文献。内容分为科学技术资料和行政管理文件。形式有文字、图纸、照片、拓片、摹本、电子文件等。

第三条 记录档案必须科学、准确、翔实。记录档案分为主卷、副卷、备考卷。主卷以保护管理工作记录和科学资料为主。副卷收载有关行政管理文件及日常工作情况。备考卷收载与本处文物保护单位有关、可供参考的论著及资料。

第二章 主 卷

第四条 主卷包括:文字、图纸、照片、拓片及摹本、保护规划及保护工程方案、文物调查及考古发掘资料、文物保护工程及防治监测、文物展示、电子文件、续补等十种案卷。

第五条 文字卷包括以下内容:

(一)全国重点文物保护单位登记表。

(二)地理位置。

(三)自然与人文环境。

(四)历史沿革。

(五)基本状况描述。

(六)价值评估。

(七)相关研究情况。

(八)历次调查、发掘、保护工程、展示情况。

(九)保护范围、建设控制地带及建设项目控制情况。

(十)保护标志情况。

(十一)保护机构情况。

(十二)安全保卫工作情况。

(十三)附属文物登记表。

(十四)重要文物藏品登记表。

(十五)古树名木登记表。

第六条 图纸卷包括以下内容:

(一)总体图纸:地形地貌图;地质图;行政区划图;文物分布图;保护范围和建设控制地带图等。

(二)考古图纸:考古发掘平面图;典型地层剖面图;重要遗迹分布图和平、剖面图;典型器物图等。

(三)建筑图纸:建筑群体总平面图;单体平面图、立面图、剖面图;结构图、节点大样图等。

(四)历史资料性图纸和研究复原图等。

第七条 照片卷包括以下内容：

（一）全景照片；群体和单体的外景、内景、重要部位照片。

（二）附属文物、重要文物藏品、主要古树名木照片。

（三）保护标志牌、说明牌及界桩照片。

（四）重大活动照片。

（五）重大事故、自然灾害或其他异常现象照片。

（六）历史资料性照片。

第八条 拓片及摹本卷包括以下内容：

（一）摩崖石刻、碑碣、重要铭刻等拓片。

（二）壁画、岩画等摹本。

第九条 保护规划及保护工程方案卷包括以下内容：

（一）保护规划。

（二）保护工程方案。

第十条 文物调查及考古发掘资料卷包括以下内容：

（一）文物调查记录。

（二）考古发掘记录、工作报告等。

第十一条 文物保护工程及防治监测卷包括以下内容：

（一）文物保护工程记录、竣工报告等。

（二）文物监测、病害防治记录及成效报告等。

第十二条 文物展示卷包括以下内容：

文物展览及陈列方案、工作报告等。

第十三条 电子文件卷包括以下内容：

与本处全国重点文物保护单位有关的各类电子文件。

第十四条 续补卷包括以下内容：

收录主卷内容的动态续补。

第三章 副 卷

第十五条 副卷包括：行政管理文件、法律文书、大事记、续补等四种案卷。

第十六条 行政管理文件卷包括以下内容：

各级人民代表大会、政府和文物行政管理部门发布的，关于本处全国重点文物保护单位的专项法规、文件、布告、通知等。

第十七条 法律文书卷包括以下内容：

各级政府、文物行政管理部门或文物保护管理机构与使用单位、群众性保护组织等签署的责任书、保护合同及其他法律文书。

第十八条 大事记卷包括以下内容：

与本处全国重点文物保护单位相关的重大事件记录。

第十九条 续补卷包括以下内容：

收录副卷内容的动态续补。

第四章 备考卷

第二十条 备考卷包括参考资料、论文、图书、续补等四种案卷。

第二十一条 参考资料卷包括以下内容：

与本处全国重点文物保护单位有关、具有参考价值的非正式出版的各种资料。

第二十二条 论文卷包括以下内容：

与本处全国重点文物保护单位有关的正式发表的研究论文、散见于各种出版物的考古发掘报告(简报)、文摘、报道、历史文献等。上述论文资料数量较多的,可选取有代表性的归档,其余部分编入目录。

第二十三条 图书卷包括以下内容：

与本处全国重点文物保护单位有关的各种图书。上述图书资料数量较多的,可选取有代表性的归档,其余部分编入目录。

第二十四条 续补卷包括以下内容：

收录备考卷内容的动态续补。

第五章 管理、装帧和归档

第二十五条 全国重点文物保护单位的记录档案,由省、自治区、直辖市文物行政管理部门组织制作并指定机构负责管理,要建立严格的收集、整理、借阅、使用制度。记录档案的主卷、副卷、备考卷必须报送国家文物局和省、自治区、直辖市文物行政管理部门备案。保存记录档案必须有符合国家标准的安全场地和设施,并指派专人负责。

第二十六条 全国重点文物保护单位记录档案(主卷、副卷、备考卷)的制作,统一使用国家文物局监制的卷盒、卷内表格、专用纸等。

第二十七条 根据归档的实际需要,案卷可采用装订和不装订两种形式。案卷装订不允许使用金属物。

第二十八条 制作档案的书写材料及工具,应符合耐久性要求(如:热敏纸、复写纸、铅笔、圆珠笔、红墨水、纯蓝墨水等不能使用)。

第二十九条 全国重点文物保护单位记录档案必须按下列要求归档：

(一)图纸:总体图纸中的地图,必须使用国家专业部门制作的图纸。各类专业图纸应由受过专业训练的技术人员按照国家相关标准绘制。测绘图纸一般应参照国家标准规定的幅面尺寸套用,如图幅较大无法套用的,可自行制定幅面尺寸,但同一个项目的一套基本图纸,幅面尺寸应尽量统一。所有图纸应采用底图或晒蓝图、电脑打印图。

(二)照片:必须采用专业相纸冲洗,规格不得小于5英寸。

(三)拓片:必须用宣纸捶拓。

(四)摹本:尽量用宣纸临摹。

(五)保护规划、保护工程方案、文物调查记录、考古发掘记录、考古发掘报告、文物保护工程记录、文物保护工程报告、文物监测及病害防治记录与成效报告等(包括其中的图纸、照片等全部资料),全文本归档,不拆分。

(六)电子文件,一律采用通用格式存储于不可擦除型光盘(一式两套)。各种磁带、磁盘、幻灯片、电影胶片、录像带、录音带等其他载体的信息必须转换成光盘存储。光盘内应编制文件目录。

(七)专项法规、文件、布告、通知,责任书、保护合同及其他法律文书需采用原件或副本。

(八)正式出版的研究论文、考古发掘报告、文摘、报道等需采用原件或副本。

第三十条 与全国重点文物保护单位记录档案内容相关的变化情况应及时按主卷、副卷、备考卷分别组成续补卷补入档案。

第六章　附　则

第三十一条　其他不可移动文物记录档案的编制和管理工作可参照本规范执行。

第三十二条　本规范由国家文物局负责解释。

第三十三条　本规范自公布之日起实施。

文物拍摄管理暂行办法

（文物办发〔2001〕027 号）

第一条　为弘扬中华民族优秀历史文化遗产，加强文物拍摄管理工作，根据《中华人民共和国文物保护法》第八章第三十二条的规定，制定本办法。

第二条　本办法适用于所有因制作出版物、音像制品以及其他各种需要而拍摄文物的活动。

第三条　因制作出版物、音像制品以及其他各种需要而拍摄文物的活动必须履行报批手续。各级政府文物行政管理部门负责审批各级文物保护单位和馆藏文物的拍摄申请。文物收藏、研究单位为研究和保管工作需要所进行的拍摄活动，普通观众在对社会开放的文物单位所进行的纪念拍照活动，不在报批范围内。

第四条　全国重点文物保护单位和馆藏一级文物的拍摄，由国家文物局审批，在审批同意后向拍摄申请单位颁发文物拍摄许可证（见附件），许可证仅适用于报请国家文物局审批的项目。省、自治区、直辖市及县、自治县、市级文物保护单位和馆藏二级以下（含二级）文物的拍摄，由文物所在地的省、自治区、直辖市文物行政管理部门审批。

特殊情况下，国家文物局可以直接审批各级文物保护单位和各级馆藏文物的拍摄申请。

第五条　提出拍摄文物申请的单位必须具备以下资格：

1. 具有独立的法人资格；

2. 有足够的能力可以确保拍摄文物的安全；

3. 有足够的能力可以承担由于拍摄活动而造成文物损坏的法律责任。

第六条　具备本办法第五条所列资格的单位需要拍摄文物，要根据所拍摄文物保护单位和文物的等级，至少提前 10 个工作日向相应的文物行政管理部门提出书面申请，申请内容包括：

1. 拍摄文物的目的、项目及具体内容；

2. 拍摄对象：文物保护单位的名称、级别、所在地及拍摄范围，文物的名称、等级及收藏单位；

3. 故事性、专题性音像片有关文物拍摄部分的分镜头剧本；

4. 上级主管部门的项目批件；

5. 文物行政管理部门所需的其他有关材料。

各级文物行政管理部门应在严格审核的基础上，及时批复拍摄申请。

第七条　境外机构和团体需要拍摄文物，由负责接待的国家机关外事部门在征得拍摄对象所在的省、自治区、直辖市文物部门的同意后向国家文物局提出申请，也可以由拍摄对象所在地的省、自治区、直辖市的文物部门向国家文物局提出申请，由国家文物局审批。

第八条　文物部门与外国机构和团体合作制作音像制品或出版物以文物为主要内容时，除了要向国家文物局报送本办法第六条规定的申请材料外，还须报送有关各方合作意向书文本一式两份，经国家文物局批准后方可进行。

第九条　各级文物保护单位管理机构和文物收藏单位，必须在接到国家文物局或省、自治区、直辖市文物行政管理部门同意拍摄文物的批件或文物拍摄许可证后，方可接待拍摄。

第十条 故事性影视片、商业性广告片的拍摄仅限于对公众开放的文物保护单位的外景，一般不得拍摄文物保护单位内景及馆藏文物。

第十一条 确需使用文物保护单位内景拍摄者，须根据文物保护单位的级别报经相应文物行政管理部门批准，并与文物保护单位管理机构签订拍摄文物保护单位内景保护文物责任书。

第十二条 经批准拍摄文物保护单位内景或馆藏文物时，不得移动室内陈设物品及各类文物的位置，不得在室内置景，不得利用室内电源，不得使用强光灯，摄制人员不得接触文物。

第十三条 特殊的珍贵文物及书画、壁画、丝织品、漆器等易损易坏文物一般不得拍摄，可由文物收藏单位提供有关资料。特殊情况确需拍摄的，必须报经国家文物局审批。

第十四条 申请拍摄文物的单位应按照文物行政管理部门批准的拍摄项目进行拍摄，严格执行有关协议。拍摄活动必须由文物管理单位的安全保卫人员和文物保管人员在现场指导、监督和操作，确保文物安全。文物管理单位认为有必要时，可以要求拍摄单位商请公安、消防及其他保证文物安全的人员进驻拍摄现场。

第十五条 各级文物行政管理部门应制定专门规定和标准，合理收取因文物拍摄所发生的文物保护利用费、文物管理人员的劳务费、因拍摄文物影响正常开放所造成的门票损失费。各地文物行政管理部门的收费规定和标准须在当地政府有关管理部门审批并报国家文物局备案后生效。经批准收取的文物保护利用费，只能用于文物保护，不得挪作他用。

第十六条 对公众开放的各级文物保护单位和博物馆公开展出的文物，除因文物保护的特殊需要而另有专门规定及说明者外，参观者可以拍照留念。但参观者不得以收集资料为目的对文物进行系统拍摄，如有需要，应参照本办法执行。

第十七条 国内新闻单位以制作时事新闻为目的所进行的摄像、照相采访不需履行报批手续，但应征得被采访的文物部门同意。

第十八条 考古发掘现场原则上不得拍摄。国内新闻单位因新闻采访需要拍摄正在进行工作的考古发掘现场，应得到主持发掘单位的同意。但制作专题类、直播类节目应报请国家文物局审批。境外机构和团体需要拍摄正在进行的考古发掘现场，需征求主持发掘单位的意见，经发掘地所在的省、自治区、直辖市文物管理部门同意，报国家文物局批准后方可进行。

第十九条 对不执行本办法，未经批准擅自拍摄或超范围拍摄各级文物保护单位和馆藏文物的行为，各级文物管理部门可根据情节对拍摄者予以处罚并没收拍摄所得全部文物资料，情节严重者，移送当地公安、司法部门处理。

第二十条 对不执行本办法，擅自接待、越权审批或超范围提供拍摄的文物管理单位，由上级文物行政管理部门给予责任人通报批评或行政处分。

第二十一条 对文物摄制过程中未严格执行本办法或相关操作规程造成文物损坏的，由直接责任者承担相关的法律责任。对造成文物损坏严重甚至损毁的，依据《中华人民共和国刑法》有关规定，追究当事人的刑事责任。

第二十二条 本办法由国家文物局负责解释。

第二十三条 本办法自发布之日起施行。以前颁布的有关规定凡与本办法不符者，按本办法执行。

国有文物保护单位经营性活动管理规定(试行)

（文物政发〔2011〕16 号）

第一条 为规范国有文物保护单位的经营性活动，根据《中华人民共和国文物保护法》制定本规定。

第二条 本规定所称国有文物保护单位的经营性活动，是指在建立博物馆、保管所或者辟为参观游览场所的国有文物保护单位开展的经营性活动。

第三条 国有文物保护单位的经营性活动，旨在提高社会服务能力和水平，更好地满足公众的基本需求。

鼓励国有文物保护单位管理机构开展与自身性质、任务相适应，面向公众的服务类经营性活动，保护发展文化遗产。

第四条 国有文物保护单位的经营性活动，必须遵守有关法律法规，严格履行审批程序；经营性活动的收入应当用于文物事业发展，任何机构或者个人不得侵占、挪用。

国有文物保护单位开展经营性活动，不得增加文物保护单位及其环境的安全风险；经营性活动的内容和规模，应当与文物保护单位的文化属性和承载力相适应。

安全防范设施设备未达标的国有文物保护单位，不得开展经营性活动。

第五条 国有文物保护单位的经营性活动，不得采取以下方式：

(一)背离公共文化属性，以各种名目对公众设置准入门槛的；

(二)将文物保护单位作为企业资产经营的；

(三)租赁、承包、转让、抵押文物保护单位，以营利为目的进行商业开发的；

(四)妨碍公共安全，对文物保护单位造成安全隐患的；

(五)其他违背法律法规情形的。

第六条 国有文物保护单位的经营性活动，由文物保护单位管理机构为主体开展。未设置管理机构的国有文物保护单位，不得开展经营性活动。

第七条 文物保护单位管理机构与其他机构合作开展经营性活动，应当签署合作协议。合作协议签署前，应当由文物保护单位管理机构报与文物保护单位级别相应的文物行政部门批准；世界文化遗产、全国重点文物保护单位报所在地省、自治区、直辖市文物行政部门批准。合作协议有效期不得超过5年。

第八条 国有文物保护单位经营性活动的方案，由文物保护单位管理机构报与文物保护单位级别相应的文物行政部门备案；世界文化遗产、全国重点文物保护单位报所在地省、自治区、直辖市文物行政部门备案。未经备案同意的，不得实施。

第九条 各级文物行政部门应当依法加强对国有文物保护单位经营性活动的监督管理。

第十条 违反本规定开展经营性活动，依法追究相关机构和个人的责任。

第十一条 其他文物博物馆单位经营性活动的管理，参照本规定执行。

第十二条 本规定自发布之日起施行。

文物复制拓印管理办法

(文物政发〔2011〕1号)

第一条 为加强文物复制、拓印管理，根据《中华人民共和国文物保护法》《中华人民共和国文物保护法实施条例》和国务院有关行政审批的决定，制定本办法。

第二条 馆藏文物的复制、拓印，适用本办法；馆藏文物的仿制，不适用本办法。

第三条 文物复制是指依照文物的体量、形制、质地、纹饰、文字、图案等历史信息，基本采用原技艺方法和工作流程，制作与原文物相同制品的活动；文物拓印是指在文物本体覆盖一定的材料，通过摹印文物上的纹饰、文字、图案等，制作拓片的活动。

第四条 文物本体及其内容涉及国家秘密的，复制、拓印活动应当按照国家保密法律法规的规定执行。

前款规定的文物及其内容的密级，按照国家保密法律法规的规定确定。

第五条 复制、拓印文物，不得对文物造成损害。

未依法区分等级的文物不得复制、拓印。因文物保存状况和文物本体特点不适宜复制、拓印的，不得复制、拓印。

为科学研究、陈列展览需要拓印文物的，元代及元代以前的，应当翻刻副版拓印；元代以后的，可以使用文物原件拓印。在文物原件上拓印的，禁止使用尖硬器具捶打。

批量制作文物复制品、拓片，不得使用文物原件。

第六条 利用文物原件进行复制、拓印应坚持少而精的原则，严格控制复制品、拓片数量。文物复制品应有表明复制的标识和数量编号，文物拓片应当标明拓印单位、时间和数量编号。

第七条 从事文物复制、拓印的单位，应当依法取得相应等级的资质证书。

第八条 复制、拓印文物，应当依法履行审批手续。

第九条 文物复制、拓印报批材料应当包括文物的收藏单位或管理机构名称，文物名称、等级、时代、质地，文物来源或所处地点，文物照片，复制品、拓片用途及数量，复制、拓印方案，文物复制、拓印单位资质等级以及合同草案等内容。

第十条 文物收藏单位或管理机构与从事文物复制、拓印的单位签订的文物复制、拓印合同草案，应当包括合作各方的名称和地址，复制品或拓片的种类、数量、质量，复制或拓印的时间、地点及方法，文物安全责任，文物资料的交接和使用方式，有关知识产权的归属，复制品或拓片的交付，违约责任，争议解决办法等内容。

第十一条 为陈列展览、科学研究等用途制作的文物复制品、拓片，应当予以登记并妥善保管，不得挪作他用。

第十二条 为销售等目的制作的文物复制品、拓片，应附有制作说明书。说明书内容应当包括文物名称、时代，文物收藏单位或管理机构名称，复制品、拓片的名称，复制或拓印单位名称，监制单位名称，制作时间，复制品或拓片数量编号。

第十三条 未经文物行政主管部门同意，国有文物收藏单位或管理机构及其工作人员不得向任何单位或个人提供文物复制、拓印模具和技术资料。

第十四条 违反本办法规定，造成文物或国家权益损害的，依法追究有关责任单位和个人的法律责任。

第十五条 不可移动文物的单体文物的复制、拓印，参照本办法执行。不可移动文物的单体文物的仿制、仿建、复建，按照国家有关规定执行。

第十六条 本办法自发布之日起施行。国家文物局 1979 年 9 月 4 日发布的《拓印古代石刻的暂行规定》，1998 年 8 月 20 日发布的《文物复制暂行管理办法》同时废止。

全国重点文物保护单位保护规划编制审批办法

（文物办发〔2003〕87 号）

第一条 为加强文物保护单位保护规划编制和审批的管理，根据《中华人民共和国文物保护法》《中华人民共和国城市规划法》《中华人民共和国文物保护法实施条例》及其他相关法律法规，制定本办法。

第二条 本办法的适用范围为全国重点文物保护单位保护规划的编制和审批。

第三条 文物保护单位保护规划是实施文物保护单位保护工作的法律依据，是各级人民政府指导、管理文物保护单位保护工作的基本手段。

第四条 编制文物保护单位保护规划，必须坚持“保护为主、抢救第一、合理利用、加强管理”的文物工作方针,正确处理文物保护与经济建设的关系,文物保护与合理利用的关系,促进文物保护事业的可持续发展,使文物保护单位及其环境得到有效保护。

第五条 文物保护单位保护规划应当纳入所在地的国民经济和社会发展规划、城乡建设发展规划,应当与相关的生态保护、环境治理、土地利用等各类专门性规划相衔接。

第六条 全国重点文物保护单位保护规划应当在省级文物行政部门指导下,由所在地的县级以上人民政府组织编制。

跨省、自治区、直辖市的全国重点文物保护单位保护规划,由国家文物局指定或协调有关省、自治区、直辖市组织编制;跨地、市、县的全国重点文物保护单位保护规划,由省级文物行政部门指定或协调有关政府机构组织编制。

第七条 承担编制文物保护单位保护规划的单位,必须具有国家文物局认定的相应资质。

第八条 国家鼓励文物保护规划理论和技术的研究、创新与运用,提倡多学科结合,提高文物保护单位保护规划的编制水平。

第九条 编制文物保护单位保护规划应当满足下列基本原则和要求:

(一)尽可能减少对文物本体的干预,保存文物本体的真实性,注重文物环境的保护和改善,保护文物本体及其环境的完整性;

(二)做好前期调研和评估工作,充分考虑文物本体的组成要素及其环境的历史格局,提高保护措施的科学性、前瞻性和可操作性;

(三)坚持科学、适度、持续、合理地利用,统筹协调文物保护与地方经济发展的关系。

第十条 编制文物保护单位保护规划应当对文物保护单位的历史沿革、现存状况、保护和管理状况、考古工作状况以及研究的历史和成果等进行深入的调查分析,对文物所在地的自然与生态环境、社会和经济发展状况等进行普遍的了解,取得准确的、充分的基础资料。

编制组织单位应配合提供编制文物保护规划所需要的基础资料。

第十一条 文物保护单位保护规划可根据文物保护单位的规模和复杂程度分为总体规划和专项规划。

规模特大、情况复杂的文物保护单位应首先进行可行性研究并编制总体保护规划纲要。

第十二条 文物保护单位保护规划一般应当包括下列主要内容:

(一)评估文物保护单位的价值、重要性及其环境影响、社会与人文影响;

(二)评估文物本体及其环境的保存、保护、管理和利用现状,分析主要破坏因素;

(三)明确规划原则、性质、目标、重点和保护对象等;

(四)划分保护范围与建设控制地带,提出管理规定;

(五)制定保护措施,包括保护工程和保护技术要求;

(六)制定相关的环境治理和生态保护措施;

(七)提出其他相关领域规划的要求;

(八)划定功能分区,限定利用功能;

(九)制定开放计划,核定游客容量控制指标,确定展示项目、路线组织和必要的服务设施;

(十)说明规划范围内拟建项目的必要性,编制选址策划,提出建筑功能设定、规模测算和建筑设计的规划要求;

(十一)提出管理建议,确定日常养护和监测内容,考虑社区参与计划;

(十二)编制规划分期、实施重点与投资估算,提出实施保障。

第十三条 文物保护单位保护规划中保护目标、保护范围及建设控制地带的划分与管理规定、文物本体的主要保护措施、利用功能限定和游客容量控制指标等内容,应当作为保护规划的强制性内容。

第十四条 保护规划的期限一般为20年。

规划期内可根据要求分为近期、中期、远期。近期规划一般不超过5年,应优先解决文物保护单位存在的主要问题，安排亟待实施的保护项目。

第十五条 保护规划成果一般由规划文本、规划图纸、规划说明和基础材料汇编组成。

总体保护规划纲要包括文字说明和必要的示意性图纸。

第十六条 文物保护单位保护规划编制深度应满足保护的有效性和实施的可操作性。《全国重点文物保护单位保护规划编制要求》作为本办法附件与本办法一同发布并施行。

第十七条 全国重点文物保护单位保护规划编制完成后，应当由规划编制组织单位报省级文物行政部门会同建设规划等部门组织评审，并由省级人民政府批准公布。省级人民政府在批准公布全国重点文物保护单位保护规划前，应征得国家文物局同意。

第十八条 对全国重点文物保护单位保护规划的内容进行调整或修改，应当按照原报批程序进行。

第十九条 省级和市、县级文物保护单位保护规划的编制审批办法，由省级文物行政部门参照本办法另行制订。

第二十条 本办法由国家文物局负责解释。

第二十一条 本办法自公布之日起施行。

全国重点文物保护单位保护规划编制要求

第一章 总 则

第一条 为统一文物保护单位保护规划技术文件的内容和深度，依据《全国重点文物保护单位保护规划编制审批管理办法》，制定本要求。

第二条 本要求是和《全国重点文物保护单位保护规划编制审批管理办法》配套的具体规定，编制文物保护单位保护规划除遵守本要求外，尚应符合其他有关标准、规范的规定。

第三条 文物保护单位保护规划设计成果的各组成部分要求如下：

（一）规划文本：表达规划的意图、目标和对规划的有关内容提出的规定性要求，文字表达应当规范、准确、肯定、含义清楚。

（二）规划图纸：用图像表达现状和规划内容。要求清晰准确，图例统一，图纸表达内容应与规划文本一致。规划图纸应绘制在近期测绘的现状地形图上，规划图上应显示出现状和地形。图纸上应标注图名、比例尺、图例、绘制时间、规划设计单位名称。

（三）规划说明：内容包括文物保护单位的价值与重要性、现状、管理等各项评估的详细内容，论证规划意图，解释规划文本等。

（四）基础资料汇编：内容包括有关文物保护单位的各类基础资料与规划依据等。

第二章 规划文本

第四条 规划文本基本内容：

规划文本内容一般应包括各类专项评估、规划原则与目标、保护区划与措施、若干专项规划、分期与估算五部分基本内容；规模特大、情况复杂的文物保护单位规划文本还应包括土地利用协调、居民社会调控、生态环境保护等相关内容。

规划文本的体例一般为：

（一）总则；

（二）专项评估；

（三）规划框架；

（四）保护区划；

（五）保护措施；

（六）环境规划；

（七）展示规划；

（八）管理规划；

（九）规划分期；

（十）投资估算；

（十一）附则。

第五条 总则编制内容：

表述规划对象的概况（含行政区划、类型、保护级别与公布时间）和规划性质、编制依据、规划范围、规划期限等。

第六条 专项评估编制内容：

明确保护对象，提出价值评估（含文物价值与社会价值）、现状评估、管理评估、利用评估的结论和主要破坏因素或现存主要问题。

第七条 规划框架：

提出规划原则与目标、基本对策、规划重点、总体布局等内容。

第八条 保护区划编制内容：

（一）保护区划：文物保护单位保护规划应根据确保文物保护单位安全性、完整性的要求划定或调整保护范围，根据保证相关环境的完整性、和谐性的要求划定或调整建设控制地带。

在考古调查、勘探工作尚未全面展开的情况下，编制保护规划应当分析文物分布的密集区、可能分布密集区和可能分布区，以此确定文物保护单位的分布范围、重点保护对象和不同的区划等级或类别。

各类保护区划必须明确四至边界，注明占地规模，制定管理规定。

（二）区划等级：保护范围可根据文物价值和分布状况进一步划分为重点保护区和一般保护区。

建设控制地带可根据控制力度和内容分类。

（三）制定管理规定：各类保护区划的管理规定应当依据《中华人民共和国文物保护法》和相关法律法规，结合文物保护单位的实际情况编制。

涉及城镇建设用地的建设控制地带应提出详细的建设控制要求，包括建筑物的体量、高度、色彩、造型等，必要时应提出建筑密度、适建项目等要求。

第九条 保护措施编制内容：

（一）制定保护措施：根据文物保护单位的价值与现状评估，针对破坏因素，结合保护目标，制定保护措施。

保护措施的制定要以各项评估为依据，区分保护力度，划分措施等级。

保护措施既包括技术层面的各种具体措施（化学的、生物的、工程的），也包括各类管理控制要求。

一般保护措施应满足文物的保存、管理、安防和日常维护要求。

特殊保护措施必须经由专业技术论证，要考虑可逆性。

涉及防火、防洪、防震等急性灾变的保护措施应制定应急措施预案。

（二）制定专项保护工程及其他工程规划：涉及古建筑群修缮、岩（土）体加固、防灾工程等专项保护工程时，应提出具体规划要求、技术路线、实施方案计划等，注明其对文物保护单位本体的干扰程度，测算工程量，制定分期实施计划。

（三）说明保护范围内规划建造项目的必要性，编制选址策划，提出建筑功能设定、规模测算和建筑设计的规划要求。

第十条 环境规划编制内容：

(一)提出环境治理与保护要求：环境治理内容包括禁止开山采石、保持视线通廊、空间景观整治、道路修建改建、居民搬迁调控、不协调建造物的拆除或整饰要求等。

环境保护内容包括编制环境质量标准、垃圾处理方式和污染治理等要求。

(二)提出生态保护要求：生态保护内容包括维护地形地貌、防止水土流失、策划水系疏浚、防治风蚀沙化、农业综合治理等。

(三)编制景观保护规划：参考历史环境资料，提出与文物保护单位环境相和谐的景观保护设计要求，包括环境风貌、视通廊、空间景观等内容；同时结合生态保护要求，确定植被类型与品种要求，编制绿化景观规划。

第十一条 展示规划编制内容：

(一)制定展示原则、目标和方式等；

(二)划分功能分区，提出展示和使用要求；

(三)规划展示主题、布局等内容；

(四)组织展示路线；

(五)策划展示设施；

(六)设置游客服务设施；

(七)测算开放容量(包括最大控制容量/日、控制容量/年等)；

(八)其他内容。

第十二条 管理规划编制内容：

(一)提出管理机构、经费与人员编制要求；

(二)提出管理办法制订要求；

(三)提出管理机构的责权范围与日常工作内容；

(四)提出培训计划和宣传、教育计划。

第十三条 分期规划编制内容：

提出分期依据，列出各期规划实施重点和措施。

第十四条 投资估算编制内容：

(一)列出估算依据，核算有关数据；

(二)对规划各项内容进行分期、分类的资金投入估算；

(三)提出规划实施保障，或资金筹措及有关政策建议；

(四)可评估社会效益或经济效益。

第十五条 附则

(一)文本的法律效力；

(二)规划解释权；

(三)执行时间。

第十六条 规划文本可根据文物保护单位的类别、规模和复杂程度，增补下列相关的专项规划章节。编制深度参照国家有关技术规范标准，涉及专门性规划的内容以建议方式表述。

(一)道路交通调整规划；

(二)人口调控或社会居民调控规划；

(三)土地利用调整规划；

(四)基础设施调整规划；

(五)建筑保护与更新模式规划；

(六)利用功能调整规划等。

第三章　规划图纸

第十七条　保护规划基本图纸与内容：

（一）区位图：标明文物保护单位在行政辖区的位置。

（二）环境图：标明文物保护单位与相关地理形貌及其周围地区的关系。

（三）现状图：标明文物保护单位分布范围及其相关环境因素，注明相关经济技术指标。本体面积单位：平方米（m^2），占地面积单位：公顷（hm^2）。

（四）评估图：标明文物保护单位的价值等级、完好程度、病害类别、破坏速度、主要破坏因素以及历代建造或修缮记录、功能利用现状等评估内容。

（五）保护规划总图：综合性标明保护范围内的主要规划内容。

（六）保护区划图：标明文物保护单位的保护范围、建设控制地带等保护区划的边界、占地面积和分级分类内容，注明相关经济技术指标；标注保护对象。

（七）保护措施图：标明各种保护措施、保护工程的实施范围和相关经济技术指标。涉及历史文化保护区性质的文物保护单位（古村镇、坞堡等）应参照历史文化保护区规划编制要求补充绘制相关的规划图。

（八）环境规划图：标明环境规划涉及的各项内容实施范围与相关经济技术指标。

（九）展示规划图：标明展示目标位置与名称、说明标牌位置、参观路线、停车场、游客服务设施或陈列馆室等，注明相关经济技术指标。

（十）管理规划图：标明围栏、门卫、监控及其他安防设施的位置，巡查管理分片范围等。

（十一）基础设施图：包括道路交通、排水沟渠和工程管网。其中：道路交通图应规定交通出入口方位，确定保护范围内路网系统及其与外围道路的联系，主要道路的断面；工程管网图应确定消防设施、给排水管线、电力电讯等各单项工程管线的走向、管径等，制定相应的规划实施要求（环境和谐要求）；必要时配竖向规划图。

（一）分期规划图：标明规划各期实施内容的范围与经济技术指标。

（二）工程方案图：各类保护、展示、管理工程的主要设计方案图

第十八条　保护规划说明图纸与内容：

（一）测绘图：即文物保护单位文物的标准测绘图（古建筑测绘图、石窟测绘图、考古发掘平、剖面图等）。

（二）历史沿革图：相关历史时期行政区划图、方志图和文献中的相关图形资料。

（三）相关示意图：标示文物保护单位的结构格局、文化谱系区划、地理气候区划等相关信息的示意图。

第十九条　保护规划补充性图纸与内容：

（一）用地功能分区图：适用于规划范围较大、非单一功能规划用地的文物保护单位，应标明用地分类、用地性质、各类用地规模等。

（二）地形地貌分析图：适用于地形地貌复杂的文物保护单位及其环境。

（三）环境整治规划图：适用于规划范围较大、环境整治内容复杂的文物保护单位。

（四）道路交通调整规划图：适用于涉及城镇体系交通关系调整的文物保护单位。标明保护范围内道路系统及与外部道路系统的联系，标明各级道路的红线位置、道路横断面、路口转弯半径等，表示机动车道与非机动车道以及人行道的分流和衔接、停车场的位置和出入口。大型文物保护单位可简化制图。

（五）土地利用协调规划图：适用于涉及土地利用性质调整的文物保护单位，应分类标绘土地利用现状，深度以《城市用地分类与规划建设用地标准》中的中类为主，小类为辅；必要时应配“土地利用现状图”。

（六）社会居民调控规划图：适用于人口调整规模跨乡镇行政区划的文物保护单位，应绘制搬迁型、缩

小型、控制型居民点和定向安置选址等内容；必要时配“人口分布密度现状图”和“人口分布密度规划图”。

（七）建设用地发展方向规划图：适用于涉及城乡建设发展方向的文物保护单位。

（八）生态环境保护图：适用于涉及大面积生态保护的文物保护单位。

（九）保护规划补充性图：纸的绘制内容可分别参照《城市规划编制办法实施细则》(1995)、《风景名胜区规划规范》GB 50298—1999、《历史文化名城保护规划编制要求》(1994)、历史文化名城保护规划和村镇规划等技术文件的对应条款。

第二十条 规划图纸绘制要求：

文物保护单位保护规划基本图纸绘制规定

图纸资料名称	制图选择		图纸形式	绘制标准
	总图	分图		
1.位置	▲	△	示意图	无
2.环境	▲	△	简化规划图	不限
3.现状	▲	△	标准规划图	符合 CJJ 8-99 的 4.1 条
4.评估	▲	△	标准规划图	在标准现状图上绘制
5.保护规划总图	▲	—	标准规划图	不限
6.保护区划	▲	△	标准规划图	参照 CJJ 8-99* 的 6.1 条
7.保护措施	▲	△	标准规划图	在标准现状图上绘制
8.环境规划	△	△	标准规划图	在标准现状图上绘制
9.展示规划	▲	△	标准规划图	在标准现状图上绘制
10.管理规划	△	△	简化规划图	在标准现状图上绘制
11.基础设施	▲	△	标准规划图	在标准现状图上绘制
12.分期规划	▲	—	标准规划图	在标准现状图上绘制
13.工程方案	△	△	工程设计图	符合 GB/T 50104—2001**

▲必绘图纸　　△根据规划涉及内容确定

* CJJ 8—99《中华人民共和国行业标准城市测量规范》(4.1 城市地形测量一般规定；6.1 城市地籍测量一般规定)。

** GB/T 50104—2001《中华人民共和国国家标准建筑制图标准》。

文物保护单位保护规划补充性图纸绘制规定

图纸资料名称	制图选择		图纸形式	绘制标准
	总图	分图		
1.功能分区	▲	△	标准规划图	在标准现状图上绘制
2.地形地貌分析	▲	△	简化规划图	在标准现状图上绘制
3.环境整治规划	▲	△	简化规划图	在标准现状图上绘制
4.道路交通规划	▲	△	简化规划图	在标准现状图上绘制
5.土地利用调整	▲	△	标准规划图	在标准现状图上绘制
6.建设用地发展方向	△	—	简化规划图	在标准现状图上绘制
7.居民社会调控	▲	△	简化规划图	在标准现状图上绘制
8.生态环境保护	▲	△	简化规划图	在标准现状图上绘制

▲必绘图纸　　△根据规划涉及内容确定

文物保护单位保护规划图纸比例规定 *

比例	建筑类	石窟类	遗址类	其他
1：100～200	单体	—	—	1. 古墓葬、造像石刻等类的规划图纸根据文物保护单位内容、参照同类标准绘制 2. 近现代类的规划图纸根据文物保护单位类型、参照古代同类标准绘制
1：200～500**	群体	小型：10 窟以下	—	
1：500～2000	片区	中型：10～50 窟	小型：＜50hm^2	
1：1000～5000	—	大型：50 窟以上	中型：50～500hm^2	
1：5000～10000	—	—	大型：500～5000hm^2	
1：10000～50000	—	—	特大型：5000hm^2 以上	
备注	片区包括历史文化保护区、村镇等类型	必须绘制立面图	按照保护范围占地面积统计	

* 本表格比例可根据实际需要酌情放大。

** 该栏比例标准参照《城市规划编制办法实施细则》(1995 年)中“修建性详细规划”图纸比例标准。

第二十一条 规划图纸绘制要求说明：

(一)基本图纸可根据实际情况，表现内容简单的可绘制综合图；表现内容复杂的可在综合图的基础上拆分单项内容、独立成图。

(二)分图一般应在总图的比例上酌情加大。

(三)用于规划实施阶段的图纸深度与比例应参照建筑设计总平面图要求绘制。

第四章 规划说明与基础资料

第二十二条 规划说明用于论证规划意图、解释规划文本。

编制格式可以由保护对象说明、专项评估报告、专项规划说明、规划实施保障建议等内容组成。

第二十三条 保护对象说明：

收集与整理文物保护单位的所有图、文档案，明确说明规划的保护对象，包括文物保护单位的构成内容及其相关历史环境因素，编制概括、准确的文物清单，配置必要的分析示意图。

考古基础资料不能满足确定保护对象的规划需求时，可在补充探查与实地调研的基础上，编制专项调查报告，分析、确定保护对象的分布情况，为规划确定保护对象提供依据。

第二十四条 专项评估报告：

(一)价值评估：评估文物保护单位的文物价值(包括历史价值、艺术价值和科学价值)和社会文化价值(对社会、文化、经济的影响作用)。

(二)现状评估：评估文物保护单位及其环境现存状况的真实性、完整性、延续性。真实性评估主要内容为现存各类工程干扰情况；完整性评估主要内容为保护区划状况、文物残损状况以及病害类型；延续性评估主要内容为破坏速度与破坏因素等。

(三)管理评估：评估文物保护单位的管理状况，包括“四有”建档情况、管理措施现状(保护级别公布、政府文件、管理机构、管理规章)、管理设备、技能与人才队伍以及历年保护工作的重要事件等相关工作评价。

(四)利用评估：评估文物保护单位的利用状况，包括社会教育效益、旅游经济效益、开放容量情况、交通与服务设施的配置与使用情况、展示设施的使用情况等。

(五)上述 4 项为保护规划的基本专项评估，评估结论最终应进行综合归纳，提炼出现存主要问题或主要破坏因素。

（六）价值突出、规模特大、情况复杂的文物保护单位还可以酌情增加档案建设、保护措施、监测体系、游客管理、学术研究、宣传教育等评估内容。

第二十五条 专项规划说明：

专项规划说明主要用于解释和说明规划文本中各专项规划的条款与编制依据。

有关工程的策划说明应包括选址、功能、规模的论证，说明有关建筑设计的各项规划要求。

开放容量的计算应包括详细的计算依据与过程，列出算式。

投资估算的计算应说明计算依据、计算过程，以及投资项目的不同类别、不同规划实施期限的计算数额；提出资金筹措渠道或来源。

第二十六条 规划实施保障建议：

规划实施保障建议主要援引我国有关文物保护的现行法律法规，结合地方社会经济文化具体条件，根据规划实施过程的各个环节，提出规划实施方式与支撑保障的建议，供规划实施者参考。

第二十七条 编制保护规划需搜集、研究的基础资料一般包括下列内容：

（一）符合国家勘察、测量规定的测绘图（包括各个时期的航拍、地形地貌图等）。

（二）历史文献资料和相关的地理、地震、气候、环境、水文等资料；必要时，应由专业部门提供专项评估报告。

（三）文物调查、勘探、发掘的相关资料和报告。

（四）历年保护措施的实施情况与监测记录。

（五）文物保护单位及其周边环境的现状图文资料。

（六）文物保护单位所在地当前的社会、文化、经济、交通、人口、地理、气候、水文、地质等基础资料和城乡建设发展的相关规划文件。

（七）文物展示、服务设施情况，历年游客人数与收费统计等。

（八）机构、经费、人员编制、政府管理文件等。

（九）其他相关资料。

文物保护行业标准管理办法(试行)

（文物博发〔2004〕48号）

第一章 总 则

第一条 为加强文物保护行业标准的管理，根据《中华人民共和国标准化法》《中华人民共和国文物保护法》等法律法规，制定本办法。

第二条 本办法适用于文物保护行业标准的制定（修订）、审批和发布工作。

第三条 文物保护行业标准是指文物保护和博物馆行业范围内的技术标准、规范等。文物保护行业标准分为强制性标准和推荐性标准，范围包括：

（一）不可移动文物；

（二）可移动文物；

（三）文物调查与考古发掘；

（四）博物馆；

（五）文物保护、博物馆信息化及信息建设；

(六)文物保护行业内的其他领域。

第四条 文物保护行业标准应当与国家相关标准相符,当与国家标准不一致时,必须有充分的法律依据和科学依据,并经国家标准审批部门批准。

第五条 文物保护行业标准属于科技成果。对文物保护行业标准中技术水平高,取得显著效益的,可以纳入科技奖励范围,予以奖励。

第二章 组织管理

第六条 文物保护行业标准工作的组织管理,采取国家文物局、专业标准化技术委员会、标准编制单位三级管理的方式。

第七条 国家文物局是文物保护行业标准的归口管理部门,履行下列职责:

(一)贯彻国家标准化工作的法律、法规、方针、政策,并制定在文物保护行业实施的具体办法;

(二)制定文物保护行业的标准化工作规划、计划;

(三)承担国家下达的草拟国家标准的任务,组织制定文物保护行业标准;

(四)指导省、自治区、直辖市文物行政主管部门的行业标准工作;

(五)组织文物保护行业实施标准;

(六)对标准实施情况进行监督检查;

(七)管理文物保护行业的质量认证工作。

国家文物局行业标准管理办公室(以下简称"标准办")负责文物保护行业标准的日常管理工作。

第八条 国家文物局设立专业标准化技术委员会,负责提出本行业标准计划的建议,参加标准草案的审查工作。

第九条 国家文物局确定行业标准(或某项标准)的编制单位,负责标准的草拟和修改。凡有能力承担标准起草的单位,经批准立项后均可以编制标准。

第三章 行业标准的编制与审批

第十条 标准的编制,必须贯彻执行国家的有关法律、法规、方针、政策,适应文物保护行业的特点和技术发展的要求。

第十一条 标准的编制,应积极采用成熟的新理念、新技术、新工艺和新材料等方面的成果。

第十二条 标准的编制,应及时了解和掌握国内外先进标准的发展动态。经过分析论证或测试验证,符合我国国情的国外先进技术经验可纳入标准。

第十三条 标准的条文应严谨明确,文字简练,其术语、符号、代号、计量单位和制图方法等应符合有关规定和标准。

第十四条 制定或修订行业标准的工作程序,分为立项、调研起草、讨论、送审和报批五个阶段。

第十五条 专业标准化技术委员会提出制定、修订本行业标准的规划和年度计划。标准办组织有关专家进行咨询后,报国家文物局审定,下达实施。

第十六条 标准编制单位根据下达的年度计划,在前期调研工作的基础上提出标准制定或修订工作大纲,经专业标准化技术委员会讨论通过后,方可实施。

第十七条 在编制过程中,工作大纲内容有较大变动或编写组成员发生变化,应由编制单位报国家文物局批准。

第十八条 编制单位根据工作大纲开展必要的调研工作。对标准中存在分歧的主要技术问题,需召开专题研讨会,并形成会议纪要。

第十九条 编制单位在完成各项准备工作的基础上,编写标准征求意见稿。

第二十条 标准征求意见稿应由编制单位发送20个以上有关单位和专家征求意见，形成标准送审稿。

第二十一条 专业标准化委员会按《全国专业标准化技术委员会章程》的规定，组织审查标准送审稿，形成标准报批稿，报国家文物局批准。

第二十二条 标准送审稿应附有“标准编制说明”“意见汇总处理表”和其他有关附件。采用国际标准时，应附有该标准的原文和译文。

第二十三条 文物保护行业标准由国家文物局审批、编号、发布。

行业标准报批时，应有“标准报批稿”“标准编制说明”“标准审查会议纪要”或“函审结论”及其“函审单”“意见汇总处理表”和其他附件。采用国际标准或国外先进标准时，应附有该标准的原文或译文。

行业标准的审批必须尊重“审查会议纪要”或“函审结论”。对报批稿进行修改应有充分科学论据，并征求专业标准化技术委员会的意见。对报批稿有重大修改时，应进行重新审查。

确定行业标准的强制性或推荐性，应由专业标准化技术委员会提出意见，由国家文物局审定。

第四章 标准的发布和复审

第二十四条 文物保护行业标准代号为：WW。行业标准的编号由行业标准代号、标准顺序号及年号组成。

(一)强制性行业标准编号

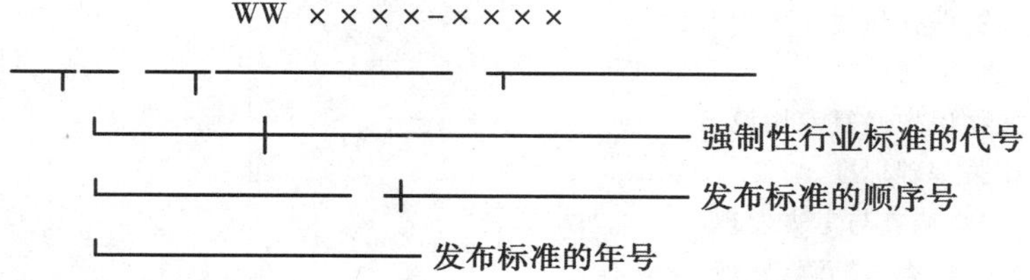

(二)推荐性行业标准编号

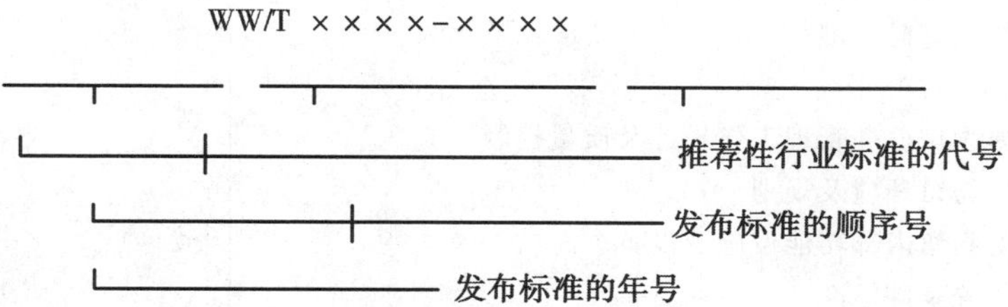

第二十五条 国家文物局在行业标准发布后三十日内，将已发布的行业标准及编制说明连同发布文件各一份，送国务院标准化行政主管部门备案。

第二十六条 国家文物局确定行业标准的出版，局部修订的标准以文件形式发布，在相关媒体上公布。

第二十七条 标准发布实施后，标准的解释和管理工作由国家文物局负责。

第二十八条 行业标准实施后，应根据科学技术的发展和经济建设的需要适时进行复审；复审周期一般不超过五年，确定其继续有效、修订或废止。行业标准的复审工作由国家文物局组织专业标准化技术委员会或专业标准化技术归口单位进行。

行业标准的复审也可采用会议审查或函审。复审时一般要有参加过该标准审查工作的单位和人员参加。

标准复审后，应提出“复审报告”，报送国家文物局审批。

第五章　附　则

第二十九条　本办法由国家文物局负责解释。

第三十条　本办法自发布之日起施行。

附件

文物保护行业标准归口管理范围一览表

行业标准主管部门	行业标准管理范围	备注
国家文物局	一、不可移动文物 1. 文物的认定、定级和评估 2. 维修与抢救工程技术、材料及质量控制 3. 文物保护单位的环境及规划 4. 世界文物遗产的业务管理工作规范 5. 相关基础标准 二、可移动文物 1. 文物认定和定级 2. 文物保护修复与检测、材料及质量控制 3. 文物保存环境 4. 文物流通 5. 文物保护修复专用设备 6. 相关基础标准 三、文物调查与考古发现 1. 文物调查与勘测、发现 2. 考古发掘的业务管理工作规范及质量控制 3. 考古发掘的环境 4. 相关专用设备 5. 相关基础标准 四、博物馆 1. 博物馆业务管理工作规范及质量控制 2. 博物馆环境及规划 3. 博物馆内部功能设施及设备 4. 相关基础标准 五、文物保护、博物馆信息化及信息建设 1. 文物、博物馆档案建设 2. 文物、博物馆信息化业务管理和服务工作规范 3. 文物、博物馆信息化建设专用设备 4. 相关基础标准	

全国重点文物保护单位文物保护工程立项报告规范文本(试行)

(办保函〔2013〕376号)

编号：__________

全国重点文物保护单位

××××(工程对象名称)×××(保护工程类型)立项报告

编制单位：__________(盖章)__________

申报单位：__________(盖章)__________

年　　月　　日

目 录

1. 文物保护单位基本信息

<table>
<tr><td>文物保护单位名称</td><td colspan="2"></td></tr>
<tr><td>公布批次</td><td colspan="2"></td></tr>
<tr><td>所在地</td><td colspan="2">省(自治区、市)　　县(市)　　镇(乡、街道)　　村</td></tr>
<tr><td>使用管理单位</td><td colspan="2"></td></tr>
<tr><td>上级主管部门</td><td colspan="2"></td></tr>
<tr><td colspan="3">文物保护单位简介</td></tr>
<tr><td colspan="3">文物保护单位保护工作沿革</td></tr>
<tr><td rowspan="4">保护规划
编制情况</td><td>□ 已经省级人民政府批准公布</td><td>公布时间：________</td></tr>
<tr><td>□ 已经国家文物局批准同意</td><td>批准时间：________</td></tr>
<tr><td>□ 正在编制</td><td>预计完成时间：________</td></tr>
<tr><td>□ 尚未开始编制</td><td>预计启动编制时间：________</td></tr>
</table>

2. 项目概况

<table>
<tr><td>工程对象名称</td><td></td></tr>
<tr><td>保护工程类型</td><td>□抢险加固工程　□修缮工程　□迁建工程　□安防工程
□消防工程　□防雷工程　□其他保护性设施建设工程</td></tr>
<tr><td colspan="2">项目内容</td></tr>
</table>

项目是否列入文物保护规划	□是　□否

3.项目实施的必要性

4.项目实施的可行性

基础工作描述
保障条件

5.项目实施计划

6.经费估算(万元)

<table>
<tr><th>经费类别</th><th>工作内容及估算</th><th>经费合计</th></tr>
<tr><td>前期经费概算</td><td></td><td></td></tr>
<tr><td>工程经费估算</td><td></td><td></td></tr>
<tr><td colspan="2">工程总估算</td><td></td></tr>
<tr><td rowspan="2">其中拟申请国家
重点文物保护
专项补助经费</td><td>拟申请国家重点文物保护专项补助前期经费
________万元</td><td rowspan="2"></td></tr>
<tr><td>拟申请国家重点文物保护专项补助工程经费
________万元</td></tr>
</table>

7. 附件

7.1　图纸；

7.2　现状照片；

7.3　相关试验、监测报告等；

7.4　保护规划公布文件、保护范围和建设控制地带公布文件等；

7.5　其他相关材料。

立项报告编制说明

1. 立项范围

立项范围包括全国重点文物保护单位中的古文化遗址、古墓葬、古建筑、石窟寺及石刻、近现代重要史迹及代表性建筑等不可移动文物和壁画、彩塑等相关附属文物的抢险加固工程、修缮工程、保护性设施建设工程、迁建工程。安防、消防、防雷工程属保护性设施建设工程。

2. 立项报告的编制和申报

立项报告由全国重点文物保护单位的使用管理单位组织编制。由所在地文物行政部门统一向省级文物行政部门申报。

省级文物行政部门负责对工程内容、必要性、可行性、经费估算等申报内容进行科学评估，经初审同意后，向国家文物局申报。

3. 立项报告填写

3.1　编号

立项报告编号由省级文物行政部门分年度统一编写。编号由年度代码、中华人民共和国省级行政区划代码、全国重点文物保护单位类别代码和立项报告流水号组成（见对照表）。作为附属文物的壁画、彩塑的类别代码按其所在文物保护单位的类别代码归类。如古建筑中的壁画、彩塑类别代码为3。

示例：

文物保护工程名称：山西应县佛宫寺释迦塔修缮工程

编号：2013-14-3-001

附件

对照表

中华人民共和国省级行政区划代码对照表

11	北京市	12	天津市	13	河北省
14	山西省	15	内蒙古自治区	21	辽宁省
22	吉林省	23	黑龙江省	31	上海市
32	江苏省	33	浙江省	34	安徽省
35	福建省	36	江西省	37	山东省
41	河南省	42	湖北省	43	湖南省
50	重庆市	51	四川省	52	贵州省
53	云南省	54	西藏自治区	61	陕西省
62	甘肃省	63	青海省	64	宁夏回族自治区
65	新疆维吾尔自治区				

全国重点文物保护单位类别代码对照表

1	古文化遗址	2	古墓葬
3	古建筑	4	石窟寺及石刻
5	近代现代重要史迹和代表性建筑	6	其他

3.2 立项报告名称

封面所填立项报告名称中应明确工程对象名称和保护工程类型。

工程对象名称应明确到拟实施项目的具体单元(如单体建筑、一组建筑群、一组院落等)。

保护工程类型包括抢险加固工程、修缮工程、迁建工程、安防工程、消防工程、防雷工程和其他保护性设施建设工程。

如故宫太和殿修缮工程立项报告。

3.3 文物保护单位基本信息

3.3.1 文物保护单位名称和公布批次

是指国务院核定公布的全国重点文物保护单位名单所使用的名称和公布的批次。

3.3.2 所在地

是指申报文物保护工程的全国重点文物保护单位所坐落的地点,应以中华人民共和国行政区划所规定的行政区划单位名称填写。

3.3.3 使用管理单位

是指直接使用管理该全国重点文物保护单位的机构名称。

3.3.4 上级主管部门

是指使用管理单位的直接上级主管部门的机构名称。

3.3.5 文物保护单位简介

是指该全国重点文物保护单位的基本情况的整体介绍,包括文物构成、地上文物分布、地下文物埋藏情况等。

3.3.6 文物保护单位保护工作沿革

简要说明该全国重点文物保护单位历次维修情况、考古发掘情况等,其中应重点说明此次工程对象近年来所开展的保护工程内容、效果、经费投入情况等。三防工程应说明安防、消防、防雷设施情况及现状。

3.3.7　保护规划编制情况

根据该全国重点文物保护单位保护规划编制工作开展情况，在对应栏中打√，并注明相应时间。

3.4　项目概况

3.4.1　工程对象名称和保护工程类型

应与封面立项报告名称保持一致。

3.4.2　项目内容

包括拟开展的前期工作、工程内容、范围、规模和拟采取的保护措施等。三防工程应注明防护的主要部位、拟选用的主要技术和主要设备及预期效果等。

3.5　项目实施的必要性

重点描述存在的主要问题及危害性，包括问题类型、特点、位置、面积、残损程度、危害性、影响因素等。三防工程应重点说明安全风险的类型、影响因素、特点，风险部位位置、面积、现有危害，设防紧迫程度等。

3.6　项目实施的可行性

3.6.1　基础工作描述

重点描述立项保护对象已有的各项基础工作，包括测绘、勘察、考古、试验、监测、研究、保护等各项工作及成果清单。

3.6.2　保障条件

地方政府对申请立项的项目提供的相关政策条件、技术条件、管理机构、人员条件、资金条件和现场施工条件；安防、消防、防雷设施的管理运行条件等。

3.7　项目实施计划

包括前期工作安排、设计工作安排及保护工程实施工期估算等。

3.8　经费估算

包括前期经费概算、工程经费估算等。前期经费概算应根据实际工作需求重点作详细测算和列支，包括地形测绘、地质勘察、本体测绘、病害调查与评估、安全风险评估、监测、材料检测分析试验、本体修复加固试验、方案设计等。工程经费估算应根据工程内容和工程年度实施计划列支。

3.9　附件

3.9.1　图纸

包括总平面图和工程对象平面图。石窟寺需附总立面图。

总平面图应标注本次申请立项的工程对象的位置、区域及历年已完成的保护工程区域、位置、内容及完成时间。三防工程还应注明现有的安防、消防、防雷设施情况等。

工程对象平面图应标注现状及规模。

3.9.2　照片

包括整体风貌照片、工程对象照片和病害照片。

整体风貌照片应能反映工程对象与周边文物及环境的关系。

工程对象照片应能反映保护(防护)对象的基本状况、价值和安全风险。

病害照片应能详细反映保护(防护)对象的问题、病害类型、破坏形式、损伤程度等。

所有照片应标注名称、拍摄时间、拍摄方位，并配以简要说明。

3.9.3　大型和重要工程应增加用于立项申请的概念性方案设计作为附件，以说明项目的必要性和可行性。

3.10　表格可根据填报内容自行增加。

文物保护工程设计文件编制深度要求(试行)

(办保函〔2013〕375 号)

第一章　总　则

1.1　为加强对文物保护工程勘察设计文件编制工作的管理,规范文物保护工程申报文件的深度,保证勘察设计质量,制定本规定。

1.2　本规定根据《中华人民共和国文物保护法》《中华人民共和国文物保护法实施条例》《文物保护工程管理办法》等法规编制。

1.3　根据文物保护工程专业特征,将保护工程分为建筑类、遗址类、石窟寺及石刻类、安全防护类等工程。

1.4　文物保护工程涉及本规定不能涵盖的专业内容时,编制深度应符合相关行业标准的规定,编制原则和基本形式应参照本规定的要求。

1.5　文物保护工程设计一般分为现状勘察及方案设计、施工图设计两个阶段。大型和重要工程增加用于立项申请的概念性方案设计,说明项目的必要性和可行性;小型简单工程在完成现状勘察文件的基础上可以直接进入施工图设计。

1.6　文物保护工程中涉及锚固、灌浆、防风化、防渗排水、防洪、油饰彩画、壁画塑像等专项设计时,应符合第七章的相关提示与要求。

第二章　一般要求

2.1　勘察

2.1.1　现状勘察的目的是探查和评估文物保存状态、破坏因素、破坏程度和产生原因,为工程设计提供基础资料和必要的技术参数。

2.1.2　勘察主要包括:对文物的形制与结构、环境影响、保存状态以及具体的损伤、病害进行的测绘、探查、检测、调查研究并提出勘察结论等内容。

a. 测绘,测量并记录文物现存状态、结构、病害及分布区的地形、地貌。

b. 探查,查明文物损伤及病害的类型、程度及原因。

c. 检测,对病害成因和文物的安全性进行测试检查,包括工程地质和水文地质检测、建筑材料分析试验、环境检测等;检测要符合相关专业的现行国家标准。

d. 调查研究,收集文物历史资料、考古资料和历次维修资料,了解文物的原材料、原形制、原工艺、原做法,判别文物年代等。

e. 勘察结论,在上述工作的基础上,对文物形制、年代、价值、环境和病害原因进行分析评估,提出文物保存现状的结论性意见和保护建议。

2.2　设计

2.2.1　方案设计依据现状勘察结果编制。

2.2.2　方案设计应达到下列要求:

a. 说明保护的必要性。

b. 保证技术措施的合理性和可行性。

c. 确定工程项目、工程规模，工程量估算和工程造价估算。

d. 指导施工图设计。

2.2.3　施工图设计，根据已批准的方案设计文件和批准文件中的修正意见编制。

2.2.4　施工图设计应达到下列要求：

a. 对工程规模、工程部位、工程范围进行控制。

b. 指导施工，实施对病害的具体技术性措施。

c. 能据以编制工程招投标文件、编制工程预算并核算各项经济指标的准确性。

d. 满足设备材料采购、基本构件制作及施工组织方案编制的需要。

2.3　文件编制

2.3.1　文物保护工程设计文件可分为勘察设计文件和施工图设计文件。

2.3.2　勘察设计文件的编排顺序：

a. 封面：写明方案名称、设计阶段、设计单位、编制时间。

b. 扉页：写明建设单位或委托单位、勘察设计单位，并加盖单位公章和勘察设计资质专用章。写明勘察设计单位法定代表人、技术总负责人、项目主持人及专业负责人的姓名，并经上述人员签署。

c. 目录。

d. 现状勘察。

e. 方案设计。

f. 工程概算。

2.3.3　施工图设计文件的编排顺序：

a. 封面：写明工程名称、编制单位、编制时间。

b. 扉页：写明设计单位，并加盖单位公章和勘察设计资质专用章。写明单位法定代表人、技术总负责人、项目主持人及专业负责人、审校人姓名，并经上述人员签署。

c. 目录。

d. 施工图设计说明。

e. 施工图图纸。

f. 施工图预算。

2.3.4　方案设计提交后陆续发现的新的现状勘察资料，应补充在文件中（包括图纸、文字、照片）。

2.3.5　因工程需要直接进行施工图设计时，现状勘察内容须编入施工图设计文件。

2.3.6　图纸和文字说明必须完整、准确、清晰，名称、名词应采用行业通用术语。制图应符合规范标准，比例的确定以清楚表达测绘和设计内容为原则。

2.3.7　所有图纸上都应标注出图日期、图名图号，并加盖设计单位勘察设计资质专用章。

2.3.8　所有图纸的汇签栏中都应完整地签署项目负责人、设计人、审校人等的姓名。

2.3.9　设计文件篇幅较多时，可以按序分册装订。

第三章　建筑类保护工程设计文件

3.1　适用范围

3.1.1　本章规定适用于古代、近现代建筑物和构筑物等建筑类文物（以下称为文物建筑）的抢险加固工程、修缮工程、迁移工程和原址复建工程。

3.1.2　保养维护工程可根据实际情况编制。

3.1.3　文物保护单位范围内必要的管理服务设施建设、文物库房设施建设、保护性设施建设等类工程的方案设计文件编制可参照本章规定。

3.1.4　本章规定不包括建筑内的壁画、泥塑等附属文物的保护工程。

3.2 现状勘察

3.2.1 现状勘察文件包括现状勘察报告、现状实测图纸和现状照片。

3.2.2 现状勘察报告：

a.建筑历史沿革，主要反映现存建(构)筑物和附属物的始建和存续历史、使用功能的演变等方面的情况。根据需要可附必要的考古调查资料。

b.历次维修情况。说明历史上历次维修时间和内容，重点说明近期维修的工程性质、范围、经费等情况。

c.文物价值评估，主要说明文物保护单位级别、批准公布年代，分别明确文物建筑总体以及维修单体的历史价值、艺术价值、科学价值和社会价值等。

d.现状描述，明确项目范围，表述建(构)筑物的形制、年代特征和保存现状，表述病害损伤部位和隐患现象、程度以及历史变更状况，表述环境对文物本体的影响，并列出勘察记录统计表。

e.损伤和病害的成因分析和安全评估结论，主要说明勘察和调查研究的基本成果，结论要科学、准确、简洁。必要时需附有工程地质、岩土、建筑结构安全检测等有关专业的评估或鉴定报告。

3.2.3 现状实测图纸：

a.区位图：文物所在的区域位置，比例一般为1：10000～1：50000。

b.保护范围总图：反映保护范围周边环境与文物本体的关系。比例为1：200～1：10000。

c.现状总平面图：

(1)反映建(构)筑物的平面和竖向关系，地形标高，其他相关遗存、附属物、古树、水体和重要地物的位置。

(2)工程内容和工程范围。

(3)标明或编号注明建筑物、构筑物的名称。

(4)庭院或场地铺装的形式、材料、损伤状态。

(5)工程对象与周边建筑物的平面关系及尺寸。

(6)指北针或风玫瑰图、比例。比例一般为 1：500～1：2000。

d.平面图：

(1)建筑的现状平面形制、尺寸。有相邻建筑物时，应将相连部分局部绘出。多层建筑应分层绘制平面图。

(2)柱、墙等竖向承载结构和围护结构布置。

(3)平面尺寸和重要构件的断面尺寸、厚度要标注完整。尺寸应有连续性，各尺寸线之间的关系准确。

(4)标注必要的标高。

(5)标注说明台基、地面、柱、墙、柱础、门窗等平面图上可见部件的残损和病害现象。

(6)建筑地面以下有沟、穴、洞室的，应在图中反映并表述病害现象。

(7)地基发生沉降变形时，应反映其范围、程度和裂缝走向。

(8)门窗或地下建筑等损伤和病害在平面图中表述有困难时，可以索引至详图表达。图形不能表达的状态和病害现象，应用文字形式注明。

(9)比例一般为1：50～1：200。

e.立面图：

(1)建(构)筑物的立面形制特征。原则上应绘出各方向的立面；对于平面对称、形制相同的立面，可以省略。

(2)立面左右有紧密相连的相邻建(构)筑物时，应将相连部分局部绘出。

(3)立面图应标出两端轴线和编号、标注台阶、檐口、屋脊等处标高，标注必要的竖向尺寸。

(4)表达所有墙面、门窗、梁枋构件等图面可见部分的病害损伤现象和范围、程度。

(5)比例一般为 1∶50～1∶100。

f. 剖面图：

(1)按层高层数、内外空间形态构造特征绘制；如一个剖面不能表达清楚时，应选取多个剖视位置绘制剖面图。

(2)剖面两端应标出相应轴线和编号。

(3)单层建(构)筑物标明室内外地面、台基、檐口、屋顶或全标高，多层建筑分层标注标高。

(4)剖面上必要的各种尺寸和构件断面尺寸、构造尺寸均应标示。

(5)剖面图重点反映屋面、屋顶、楼层、梁架结构、柱及其他竖向承载结构的损伤、病害现象或完好程度。残损的部构件位置、范围、程度。

(6)在剖面图中表达有困难的，或重要的残损、病害现象，应索引至详图中表达。

(7)比例一般为 1∶50～1∶100。

g. 结构平面图：

(1)反映结构的平面关系，结构平面图可根据表达内容的不同，按镜面反射法、俯视法绘制。

(2)标注水平构件的残损、病害现象及程度、范围。

(3)比例一般为 1∶50～1∶100。

h. 详图：

(1)反映基本图件难以表述清楚的残损、病害现象或完好程度、构造节点。

(2)详图与平、立、剖基本图的索引关系必须清楚。

(3)构部件特征及与相邻构部件的关系。

(4)比例一般为 1∶5～1∶20。

3.2.4　现状照片：

a. 必须真实、准确、清晰，依序编排。

b. 重点反映工程对象的整体风貌、时代特征、病害、损伤现象及程度等内容。

c. 反映环境、整体和残损病害部位的关系。

d. 与现状实测图、文字说明顺序相符。

e. 现状照片应有编号或索引号，有简要的文字说明。

3.3　方案设计

3.3.1　方案设计文件包括设计说明和设计图纸两部分内容。

3.3.2　设计说明：

a. 设计依据。包括项目立项批准文件、有关政策法规、已批准的总体保护规划、保护及功能方面的需求(设计委托书有关内容或设计合同有关内容)等。

b. 设计原则和指导思想。

c. 工程性质。根据病害和问题确定工程性质，说明要达到的修复效果和景观效果。同一工程包含不同性质的子项工程时，要逐一说明。

d. 工程范围和规模。工程规模应量化。

e. 保护措施。针对病害采取的修缮防治措施，材料、做法的技术要求，必要时可作多种措施的方案比较，并提出推荐方案。采用新材料或涉及建筑安全的结构材料时，应有严格的技术要求和材料的检测报告及质量标准说明。

f. 说明与保护措施有关系的地理环境、气象特征、场地条件等。

3.3.3　设计图纸：

a. 总平面图：

(1)表达工程完成后的建(构)筑物平面关系和竖向关系，反映地形标高及相应范围内的树木、水体、其他重要地物和其他文物遗存，标示工程对象、工程范围和室外工程的材料、做法，标注或编号列表注明建(构)筑物名称。

(2)表达场地措施、竖向设计,包括防洪、场地排水、环境整治、场地防护、土方工程等,标注相关主要尺寸、标高,标注工程对象和周边建(构)筑物的平面尺寸。

(3)指北针或风玫瑰图。

(4)比例一般为1∶500～1∶2000。

b.平面图:

(1)主要表述的内容为:台基、地面、柱、墙、柱础、门窗等平面图中所能反映、涵盖的工程内容、材料做法。

(2)反映工程实施后的平面形态、尺寸,当各面有紧密连接的相邻建(构)筑物时,应将相连部分局部绘出。以图形、图例或文字形式在图面上表述针对损伤和病害所采取的技术措施,反映原有柱、墙等竖向承载结构的平面布置、围护结构的平面布置和工程设计中拟添加的竖向承载加固的构部件的布置。

(3)标注必要的室内外标高。首层平面绘制指北针。

(4)比例一般为1∶50～1∶200。

c.立面图:

(1)表达工程实施之后的立面形态。原则上应绘出各方向的立面;对完全相同且无设计内容的立面可以省略。当建筑物立面上有相邻建筑时需表明两者之间的立面关系。

(2)立面图要标注两端轴线、重要标高和尺寸。柱身、墙身和其他砌体外墙面上采取的工程措施和材料做法,标注门、窗、屋盖、梁枋和其他在立面上有所反映的构部件的工程措施和材料做法,工程内容要尽可能量化。

(3)比例一般为1∶50～1∶200。

d.剖面图:

(1)反映实施工程后的建筑空间形态,根据工程性质和具体实施部位不同,选择能够完整反映工程意图的剖面表达,如一个剖面不能达到上述目的时,应选择多个剖面绘制。

(2)工程内容主要表述地面、结构承载体、水平梁枋和梁架、屋盖等在平面图、立面图上所不能反映的构部件的工程设计措施和材料做法。

(3)比例一般为1∶30～1∶100。

e.详图:

(1)反映基本图件难以表述清楚的构件及构造节点。

(2)详图与平、立、剖基本图的索引关系必须清楚,定位关系明确。

(3)构部件特征及与相邻构部件的关系。

(4)比例一般为1∶5～1∶20。

3.4　工程概算

3.4.1　基本要求:

a.工程概算,应以相应的设计文件为基准进行编制。概算所列项目、数量应与方案设计文件相符,二者不能脱节。

b.工程概算依据应选择科学、适用的定额;当无定额依据时,允许以市场价格为依据进行编制。

3.4.2　编制依据:

a.现状勘察与方案设计。

b.国家有关的工程造价管理的法规、政策。

c.工程所在地(或全国通用的)现行适用的专项工程和安装工程的概算定额、预算定额、综合预算定额,以及有效的单位估价表、材料和构配件预算价格、工程费用定额和有关规定。

d.类似或可比工程的造价构成或技术经济指标。

e.现行的有关材料运杂费率。

f. 因工程场地条件而发生的其他规定之内的工程费用标准。

g. 管理单位或业主提供的有关工程造价的其他资料。

3.4.3　概算书编排内容

a. 封面(或扉页)。写明工程名称、编制单位、编制日期,应有编制人、审核人签字并加盖编制人员资质证章和法人公章。

b. 概算编制说明书。内容应包括:工程概述,说明工程的规模和性质;编制依据,主要说明所选用的定额、指标和其他标准;编制方法和其他必要的情况说明。

c. 概算汇总表。由明细表子目汇总、合成。依次列出直接费、间接费和取费费率、其他费用、合计和总计费用。

d. 概算明细表。依序套用定额子目、编号;无定额及其他标准作为依据的子目,要特别标注清楚。

3.5　施工图设计

3.5.1　施工图设计文件包括施工图设计说明和施工图图纸。

3.5.2　设计说明包括工程概述、技术要求和工程做法说明等几部分内容,其他有关的工程地质、水文地质勘察报告或结构、材料检测评估报告应作为附件,编入设计说明文件。

3.5.3　工程概述:

a. 设计依据。批准的方案设计和批准文件内容。

b. 工程性质。明确工程的基本属性,即保养维护工程、抢险加固工程、修缮工程、保护性设施建设工程、迁移工程、原址复建工程等。

c. 工程规模和设计范围。主要表述工程所涉及的范围和子项工程组成情况。

3.5.4　技术要求和工程做法:着重表述技术措施、材料要求、工艺操作标准及特殊处理手段等方面的内容。一般应按施工工种逐一进行说明。工程中所涉及的新材料、新技术的有关资料或施工要求,应做专项说明。

3.5.5　现代材料和结构类型的文物建(构)筑物,图纸深度还应符合相关规定。

3.5.6　施工图图纸:

a. 总平面图:

(1)反映文物的建(构)筑物的组群关系、场地地形、相关地物、坐落方向、工程对象、工程范围等内容。反映出工程对象与周围环境的相互关系。

(2)标注或编号列表说明建(构)筑物名称,注明工程对象的定位尺寸和轮廓尺寸。如涉及室外工程时,要在总图上有明确的范围标示;较简单的室外工程,允许直接在总图上标出工程内容和做法;复杂的室外工程,必须另外绘制单项工程图纸。

(3)指北针或风玫瑰图。

(4)比例一般为1∶200～1∶2000。

b. 平面图:

(1)反映空间布置及柱、墙等竖向承载结构和围护结构的布置,表述设计中拟添加的竖向承载结构布置,标明室内外各部分标高。

(2)轴线清晰,依序编号,包括:平面总尺寸、轴线间尺寸和轴线总尺寸、门窗口尺寸、柱子断面和承重墙体厚度尺寸、平面上铺装材料的尺寸和其他各种构、部件的定型、定位尺寸。单体建筑有相连的、关系密切的建筑物时,平面图中要有表达,以明确二者的相互关系。

(3)以图形、图例、文字等形式表述设计采取的技术措施、工程做法。主要表述台基、地面、柱、墙、柱础、门窗、台阶等平面图中可见部位的技术措施和工程做法。平面图中不能表述清楚的工程做法和详细构造,应索引至相应的详图表达。

(4)比例一般为1∶50～1∶100。

c. 立面图:

(1)反映建(构)筑物的外观形制特征和立面上可见的工程内容。原则上应包括各方向立面,如形式重复,而且不需标注工程做法时,允许选择有代表性的立面图。立面图上应详细标注工程部位,标注必要的标高和竖向尺寸。

(2)立面左右有相邻建(构)筑物相接时,必须绘出相接物的局部。

(3)立面图应标画两端轴线,并标注编号。立面有转折,而用展开立面形式表达时,转折处的轴线必须标明。建筑室外地平、台阶、柱高、檐口、屋脊等部位标高,竖向台基、窗板、坐凳、窗上口、门上口或门洞上口、脊高或顶点等分段尺寸和总尺寸均应标注,各道尺寸线之间关系必须明确。

(4)用图形、图例、简注等形式表述能够在立面上反映的工程措施、材料做法,明确限定实施部位。重点表达墙面、门窗、室外台阶、屋檐、山花、屋盖、可见的梁枋、屋面形式和做法等所有立面上可见内容。

(5)比例一般为 1∶50～1∶100。

d. 剖面图:

(1)表述地面、竖向的结构支承体,水平的梁枋和梁架、屋盖等部分的形态、构造关系、工程措施和材料做法方面的设计内容。应选择最能够完整反映建(构)筑物形态或空间特征、结构特征和工程意图的剖切位置绘制。如某单一剖面不能满足要求时,应选择多个不同的剖切位置绘制剖面图。

(2)剖面两端标画轴线,并注明编号。标注竖向、横向的分段尺寸、定形定位尺寸、总尺寸以及构件断面尺寸、构造尺寸。单层的建(构)筑物应标注室内外地面、台基、柱高、檐口、屋顶顶点的标高,多层建(构)筑物还应标注分层标高。

(3)用图形、图例、简要文字详尽表述设计的技术措施、工程材料做法。重点表述部位为屋面构造、梁架结构、楼层结构、地面铺装铺墁的层次做法、可见的柱和其他承载结构等方面内容。实施范围有清楚界定。

(4)剖面有所反映,但须与其他图纸共同阅读才能反映的内容,除在本图标注外,还必须转引至相关图纸。对于剖面图不能详尽表述的内容,应绘出索引,引至相应的局部放大剖面和详图中表达。

(5)比例一般为 1∶50～1∶100。

e. 结构平面图:

(1)反映木结构古建筑的梁架、楼层结构、暗层结构平面布置和砖石结构古建筑、近现代建筑的梁板、基础、支承结构的平面布置。尤其是在其他图纸中难以表述清楚的平面形式和工程性内容。

(2)图面应有清楚的轴线和编号。尺寸标注包括:轴线间尺寸、轴线总尺寸、各种构部件的定位尺寸和定形尺寸、结构构件的断面尺寸等。

(3)图面表述的技术性措施、材料做法应重点表述其他图纸难以反映的设计内容和结构形态。难以在图中表述清楚的局部、节点、特殊构造,应采取局部放大平面、详图进行表述。

(4)比例一般为 1∶50～1∶100。

f. 详图:

(1)详图表述平、立、剖面等基本图不能清楚表达的局部结构节点、构造形式、节点、复杂纹样和工程技术措施等。凡在工程中需详尽表述的内容,均应首选用详图形式予以表述。

(2)详图尺寸必须细致、准确。难以明确尺寸的情况下,允许用规定各部比例关系的方式补充尺寸标注。表明在建筑中的相对位置和构造关系。详图编号应与基本图纸对应。

(3)如有特殊需要,加绘轴测图。

(4)比例一般为 1∶5～1∶20。

3.6 施工图预算

3.6.1 施工图预算书基本要求:

a. 预算必须以相应的施工图设计文件为前提编制,预算所列项目、工程量必须与设计文件的相关内容对应。

b. 预算可以采用定额法编制,也可以采用实物法编制。取费标准执行国家和地方的相关规定。

c.采用预算定额法编制预算时，必须选择适用定额。某部分项目确实缺乏适用定额时，允许以市场价格为依据编制补充定额，并附综合单价的组价明细与依据。

3.6.2 预算编制依据：

a.施工图设计技术文件。

b.国家和工程所在地政府有关工程造价管理的法规、政策。

c.工程所在地(或全国通用的)主管部门的现行的、适用的工程预算定额和有关的专业安装工程预算定额、材料与构配件预算价格、工程费用定额及有关取费规定和相应的价格调整文件。

d.现行的其他费用定额、指标和价格。

e.因工程场地条件而发生的其他规定之内的工程费用标准。

f.采用实物法编制预算书时，工程直接费以市场价为依据，取费标准仍应执行国家和工程所在地主管部门的相关规定。

3.6.3 预算书编排内容：

a.封面(或扉页)。标写项目或工程名称、编制单位、编制日期，应有编制人、审核人签字，并加盖编制人员资质证照和编制单位法人公章。

b.预算编制说明书。其内容应包括：工程概述，说明工程的性质和规模；编制依据，对所选用的定额、指标、相关标准和文件规定进行清楚的说明；编制方法和其他必要的情况说明。

c.预算汇总表。由明细表子目汇总、合成。依次列直接费、间接费和取费费率、其他费用、合计费用。

d.预算明细表。套用定额子目要准确并编号清楚；无定额和其他标准作为依据的子目，要标注清楚。

第四章 遗址类保护工程设计文件

4.1 适用范围

4.1.1 本章规定适用于古城址、古窑址、古墓葬、古代聚落址等生产生活遗址在保养维护、抢险加固、修缮工程中进行的保护性回填、加固、支护、归安、修补等保护工程。

4.1.2 如需要对遗址本体采取附加构筑物保护，在遗址载体实施防洪工程或应用锚固工程、灌浆工程、防渗排水工程、防风化保护等措施，应进行专项设计，设计深度见相关专业的设计规定和国家现行有关技术标准，并应参考本规定第七章所列要求与提示。

4.1.3 本章规定不包括遗址内的壁画、泥塑等附属文物的保护工程。

4.2 现状勘察

4.2.1 现状勘察文件包括现状勘察报告、现状实测图纸和现状照片。

4.2.2 现状勘察报告：

a.历史沿革。主要反映现存遗址和附属物的始建和存续历史、使用功能的演变等方面的情况。

b.历次维修情况。说明历史上历次维修时间和内容，重点说明近期维修的工程性质、范围、经费等情况。

c.文物价值评估。主要说明文物保护单位级别、批准公布年代；分别说明文物遗存整体以及保护对象的历史价值、艺术价值、科学价值和社会价值等。

d.现状描述。说明遗址分布，表述文物遗存的形制、年代特征和保存现状，表述病害损伤部位和隐患现象、程度以及本体和环境历史变迁的影响。

e.损伤和病害的成因分析和安全评估结论。主要说明勘察和调查研究的基本成果，结论要科学、准确、简洁，必要时可附有结构安全检测等有关专业的评估或鉴定报告。

4.2.3 根据工程需要可增加附件，内容包括考古资料调查和研究、遗址材料分析、工程地质和水文地质勘察的成果汇编。

a.考古资料调查和研究。收集考古资料，查明与遗址保护工程相关的地下遗存规模、范围边界、主要构成特点和考古学价值评估，为保护工程提供设计依据。

b. 遗址材料分析。对遗址的各种材料进行物理、化学和生物学性状的定性、定量分析，为加固和修补工程提供材料学依据。

c. 工程地质和水文地质勘察。查明遗址所在区域的地质构造、承载力、地下水等工程地质和水文地质的相关因素，为加固和支护遗址本体的工程设计提供相关的技术参数，对遗址的破坏程度和发展趋势做出定量评价，为保护工程设计提供基础依据。

4.2.4 遗址因条件所限暂时无法调查清楚的，应特殊说明。

4.2.5 现状实测图纸：

a. 区位图：

标注文物所在的区域位置，比例一般为 1∶10000～1∶50000。

b. 保护范围总图：

反映遗址区文物分布、保护范围周边环境与文物本体的关系，各遗存范围和遗存性质、遗存规模等。标注遗址、遗存分布边界尺寸、指北针或风玫瑰图。

比例一般为 1∶200～1∶10000。

c. 现状总平面图：

(1)标明遗址的平面和竖向关系，地形标高，其他相关遗存、植被、水体和重要地物的位置。

(2)标明工程对象的范围。

(3)标明或编号注明遗址、遗存的名称。

(4)标示遗址、遗存的轮廓边界及高程变化。

(5)标明方向和比例。比例一般为 1∶500～1∶5000。

d. 工程对象实测图：

(1)实测图应包括平、立、剖面图及详图。

(2)实测图应标明遗存体的形态、局部变化以及变形、开裂、凹洞、塌陷等状况及材质差异特征。比例一般为 1∶50～1∶200。

(3)对重要局部、构件、构造应测绘详图。详图与工程对象实测图的索引关系必须清楚，反映基本图件难以表述清楚的残损、病害现象或完好程度、构造节点；反映构部件特征及与相邻构部件的关系。比例一般为 1∶5～1∶20。

4.2.6 现状照片：

a. 现状照片必须真实、准确、清晰，依序编排。

b. 重点反映工程对象的整体风貌、时代特征、病害、损伤现象及程度等内容。

c. 反映环境、整体和残损病害部位的关系。

d. 与现状实测图、文字说明顺序相符。

e. 现状照片应有编号或索引号，有简要的文字说明。

f. 根据需要，大遗址可增加卫星影像照片。

4.3 方案设计

4.3.1 方案设计文件包括设计说明和设计图纸两部分内容。

4.3.2 设计说明：

a. 设计依据。包括项目立项批准文件、有关政策法规、已批准的总体保护规划、保护及功能方面的需求等。

b. 设计目标。

c. 设计原则和指导思想。

d. 工程性质。根据病害和问题确定工程性质，说明要达到的修复效果和景观效果，同一工程包含不同性质的子项工程时，要逐一说明。

e. 工程范围和规模。工程规模要量化。

f. 保护措施。针对病害采取修缮防治措施，材料、做法的技术要求，必要时可作多种措施的方案比较，并提出推荐方案。采用新材料或涉及遗址安全的结构材料时，应有严格的技术要求和材料检测报告及质量标准说明。如需要应用锚固工程、灌浆工程、防渗排水工程、防风化、壁画保护等措施，应进行专项设计，具体要求见附件。

g. 说明与保护措施有关系的地理环境、气象特征、场地条件等。

4.3.3 设计图纸：

a. 总平面图：

(1)标示工程对象、工程范围；标注或编号列表注明遗址的文物遗存名称。

(2)标示工程措施的布局、内容以及道路、环境整治内容、防洪、防护设施等，标注相关主要尺寸、标高。

(3)指北针或风玫瑰图。

(4)比例一般为 1∶500～1∶5000。

b. 工程措施图：

(1)表达技术措施所必要的单体或局部平、立、剖面图，标注工程措施、内容、材料和工艺，标注相关外包尺寸、详细尺寸、标高、剖切位置、详图索引关系、图例等，说明措施内容和范围。

(2)比例一般为 1∶50～1∶200。

(3)如有必要增加工程措施结构及节点详图。

c. 其他相关专业，如建筑、给水排水、电、消防、安防、环保、绿化等设计图纸，按各专业相关设计标准和技术规范执行。

d. 对遗址影响较大的保护构筑物应有景观分析或景观效果图。

e. 场地环境设计图。

4.4 工程概算

4.4.1 基本要求：

a. 工程概算，以相应的设计文件为基准进行编制。概算所列项目、数量应与方案设计文件相符，二者不能脱节。

b. 工程概算依据应选择科学、适用的定额；当无定额依据时，允许以市场价格为依据进行编制。

4.4.2 编制依据：

a. 现状勘察及方案设计。

b. 国家有关的工程造价管理的法规、政策。

c. 工程所在地(或全国通用的)现行适用的专项工程和安装工程的概算定额、预算定额、综合预算定额，以及有效的单位估价表、材料和构配件预算价格、工程费用定额和有关规定。

d. 类似或可比工程的造价构成或技术经济指标。

e. 现行的有关材料运杂费率。

f. 因工程场地条件发生的其他规定之内的工程费用标准。

g. 管理单位或业主提供的有关工程造价的其他资料。

4.4.3 概算书编排内容：

a. 封面(或扉页)。写明工程名称、编制单位、编制日期，应有编制人、审核人签字并加盖编制人员资质证章和法人公章。

b. 概算编制说明书。内容应包括：工程概述，说明工程的规模和性质；编制依据，主要说明所选用的定额、指标和其他标准；编制方法和其他必要的情况说明。

c. 概算汇总表。由明细表子目汇总、合成。依次列出直接费、间接费和取费费率、其他费用、合计和总计费用。

d. 概算明细表。依序套用定额子目、编号；无定额及其他标准作为依据的子目，要特别标注清楚。

4.5 施工图设计

4.5.1 施工图设计文件包括设计说明和图纸。

4.5.2 设计说明包括工程概述、技术要求和工程做法说明，其他有关的工程地质、水文地质勘察报告或结构、材料检测评估报告应作为附件，编入设计说明文件。

4.5.3 工程概述：

a. 设计依据。批准的方案设计和批准文件。

b. 工程性质。明确工程的基本类型，即保养维护工程、抢险加固工程、修缮工程、保护性设施建设工程等。

c. 工程规模和设计范围。主要表述工程所涉及的范围和子项工程组成情况。

4.5.4 技术要求和工程做法：着重表述技术措施、材料要求、工艺操作标准及特殊处理手段、施工时对场地文物遗迹的保护要求等方面的内容。工程中所涉及的新材料、新技术的有关资料或施工要求应做专项说明。

4.5.5 使用的特殊材料（指非传统工艺材料），应提供实验室试验数据和现场试验报告。

4.5.6 施工图图纸：

a. 总平面图：

标明场地措施、竖向设计，包括：防洪、场地排水、环境整治、场地防护、土方工程等，标注相关主要尺寸、标高、方向。

比例一般为 1∶200～1∶5000。

b. 遗址区内施工场地控制图：

施工辅助区应尽量在遗址区以外。如不能避开，应根据遗址的分布，标明施工过程中保护措施和加工、生活区的控制要求。

比例一般为 1∶200～1∶2000。

c. 各相关专业平、立、剖面图：

按专业技术标准表达保护技术措施。需解体维修和塌落归安的构件，应通过测绘图（或影像图）绘制遗存构件现状编号图和维修、归安构件编号图，标注相关外包尺寸、详细尺寸、标高、剖切位置、详图索引关系等。

比例一般为：1∶50～1∶100。

d. 重要构造做法的节点大样图：标注详细尺寸、标高、剖切位置、详图索引关系等。

4.6 施工图预算

4.6.1 施工图预算书基本要求：

a. 以相应的施工图设计文件为前提编制，预算所列项目、工程量，必须与设计文件的相关内容对应，严禁二者脱节和不符。

b. 预算可以采用定额法编制，也可以采用实物法编制。取费标准执行国家和地方的相关规定。

c. 采用预算定额法编制预算时，必须选择适用定额。某部分项目确实缺乏适用定额时，允许以市场价格为依据进行编制。

4.6.2 预算编制依据：

a. 施工图设计技术文件。

b. 国家和工程所在地政府有关工程造价管理的法规、政策。

c. 工程所在地（或全国通用的）主管部门的现行的、适用的工程预算定额和有关的专业安装工程预算定额、材料与构配件预算价格、工程费用定额及有关取费规定和相应的价格调整文件。

d. 现行的其他费用定额、指标和价格。

e. 因工程场地条件而发生的其他规定之内的工程费用标准。

f.采用实物法编制预算书时，工程直接费以市场价为依据，取费标准仍应执行国家和工程所在地主管部门的相关规定。

4.6.3 预算书编排内容：

a.封面(或扉页)。写明项目或工程名称、编制单位、编制日期，应有编制人、审核人签字，并加盖编制人员资质证照和编制单位法人公章。

b.预算编制说明书。其内容应包括：工程概述，说明工程的性质和规模；编制依据，对所选用的定额、指标、相关标准和文件规定进行清楚的说明；编制方法和其他必要的情况说明。

c.预算汇总表。由明细表子目汇总、合成。依次列直接费、间接费和取费费率、其他费用、合计费用。

d.预算明细表。套用定额子目要准确并编号清楚；无定额和其他标准作为依据的子目，要标注清楚。

第五章　石窟寺及石刻类保护工程设计文件

5.1 适用范围

5.1.1 本章规定适用于石窟寺及石刻本体及其载体的维修加固工程和抢救工程；石窟、石刻附属的古代栈道、窟檐、排水设施等；石雕、碑刻的防风化保护工程；窟檐、栈道、保护棚、围墙、护栏等附加构筑物；防治危及文物安全的水害、地震、滑坡、崩塌、风沙等灾害治理工程。

5.1.2 本章规定不包括石窟内壁画、泥塑等附属文物的保护工程。

5.2 现状勘察

5.2.1 现状勘察文件包括现状勘察报告、现状实测图和现状照片。

5.2.2 现状勘察报告：

a.历史沿革。主要反映现存石窟、石刻以及附属物的始建和存续历史、使用功能的演变等方面的情况。

b.历次维修情况。说明历史上历次维修时间和内容，重点说明近期维修的工程性质、范围、经费等情况。

c.文物价值评估。主要说明文物保护单位级别、批准公布年代；分别说明文物遗存整体以及保护对象的历史价值、艺术价值、科学价值和社会价值等。

d.现状描述。明确工程范围，说明地形地貌、水文气象、岩性、石窟的分布，表述文物遗存的形制、年代特征和保存现状，表述病害损伤部位和隐患现象、程度以及历史变更状况，评价不良地质现象、人类工程活动及环境对文物本体的影响。

e.损伤和病害的成因分析和安全评估结论。主要说明勘察和调查研究的基本成果，岩体稳定性分析及计算，节理裂隙统计(倾向、倾角、长、宽、填充物)，石质文物建筑基础及构件稳定性评价，结论要科学、准确、简洁，必要时可附结构安全检测等有关专业的评估或鉴定报告。

5.2.3 根据工程需要可增加附件，内容包括考古资料调查和研究、石质材料分析、工程地质和水文地质勘察的成果汇编。

a.考古资料调查和研究。收集考古资料、查明与石窟保护工程相关的地下遗存，为保护工程提供设计依据。

b.石质材料分析。对石窟石刻材质进行物理、化学和生物学性状的定性、定量分析，为加固和修补工程提供材料学依据。

勘察工作中石质文物室内试验的主要项目：

(1)物理性质实验：岩矿鉴定，比重、密度、孔隙度、含水量、吸水率、渗透性、可溶盐、软化崩解等。

(2)物质成分分析：主要是分析风化产物及盐类对石质的影响。

(3)化学成分分析(氧化物百分含量)。

(4)力学强度(抗压、抗剪、抗拉强度实验)。

(5)水质样品试验:根据勘查目的的不同,提出不同的分析项目,多数用于评价地下水,雨水对石质文物的影响。

c. 工程地质和水文地质勘察。查明文物所在区域的地貌特征、地质构造、承载力、岩体性质和风化程度、裂隙特征、地下水等工程地质和水文地质的相关因素,为加固和支护工程设计提供相关的技术参数,对遗址的破坏程度和发展趋势做出定量评价,为保护工程设计提供基础依据。

d. 勘察报告中如有关于工程与水文地质勘察内容,应附有勘察任务委托书、主管机关批准文件。

5.2.4 现状实测图纸:

a. 区位图:标注文物所在的区域位置,比例一般为 1∶10000～1∶50000。

b. 保护范围总图:反映文物分布、保护范围周边环境与文物本体的关系,明确载体范围。

标注文物分布边界尺寸、指北针或风玫瑰图。

比例一般为 1∶200～1∶10000。

c. 区域总平面图:根据保护工程性质和规模的要求进行绘制:洞窟及造像龛的宽度和深度,在地形图上大于 5 毫米的应按实际标明,小于 5 毫米的可用符号表示其中心位置;排水防渗工程应标明微地形、地面及地下排水沟、水系及其附属物;稳定性加固工程应标明危岩、陡坎、斜坡、人工砌筑物等。

比例一般为 1∶200～1∶2000。

d. 总平面图:

(1)表达文物的平面和竖向关系,地形标高,其他相关遗存、植被、水体和重要地物的位置。

(2)表达工程对象的范围。

(3)标明或编号注明文物的名称。

(4)标示岩体的高程变化。

(5)标示地形和地物的关系,标明测绘基准点并附图例;标示各文物遗存的轮廓边界、底部标高和顶部标高。

(6)标明方向和比例。比例一般为 1∶500～1∶2000。

e. 总立面图:根据设计要求选择适宜的制图投影面,一般应选择垂直面为投影面。其测量坐标系统要与国家地形测量坐标系统一。

比例一般为 1∶50～1∶500。

f. 石窟测绘图:包括单体洞窟(包括大型造像)的平面、立面、剖面测绘,表述残损状况。横、纵断面位置的选取应最大限度地表现主造像及主要龛的形态特点,对于大型洞窟或摩崖造像龛,纵横断面至少要有三个层位。

比例一般为 1∶20～1∶100。

g. 石质文物建筑测绘:按建筑类测绘要求执行,对重要物件应测绘大样图,明显断裂、倾斜现象等应在图上标明。

比例一般为 1∶20～1∶100。

h. 详图:对重要局部、构件、构造应测绘详图。

(1)详图与工程对象实测图的索引关系必须清楚。

(2)反映基本图件难以表述清楚的残损、病害现象或完好程度、构造节点。

(3)反映构部件特征及与相邻构部件的关系。

(4)比例一般为 1∶5～1∶20。

5.2.5 现状照片:

a. 现状照片必须真实、准确、清晰,依序编排。

b. 重点反映工程对象的整体风貌、时代特征、病害、损伤现象及程度等内容。

c. 反映环境、整体和残损病害部位的关系。

d. 与现状实测图、文字说明顺序相符。

5.3　方案设计

5.3.1　方案设计文件包括设计说明和设计图纸。

5.3.2　设计说明：

a. 设计依据。包括项目立项批准文件、有关政策法规、已批准的总体保护规划、勘察结论、保护及功能方面的需求(设计委托书有关内容或设计合同有关内容)等。

b. 设计原则和指导思想。

c. 工程性质。根据病害和问题确定工程性质，说明要达到的修复效果和景观效果。同一工程包含不同性质的子项工程时，要逐一说明。

d. 工程范围和规模。工程规模应量化。

e. 保护措施。针对病害采取的修缮防治措施，材料、做法的技术要求，必要时可作多种措施的方案比较，并提出推荐方案。采用新材料或涉及建筑安全的结构材料时，应有严格的技术要求和材料的检测报告及质量标准说明。如需要应用锚固工程、灌浆工程、防渗排水工程、防风化保护等措施，应进行专项设计，具体要求见附件。

f. 说明与保护措施有关系的地理环境、气象特征、场地条件等。

g. 被确定使用的特殊材料(如化学灌浆材料、表面防风化材料)应提供实验室试验数据、应用实例和现场试验报告。

5.3.3　设计图纸：

a. 总平面图：

(1)标示工程对象、工程范围；标注或编号列表注明文物名称。

(2)标示工程措施的内容、布局以及道路、防洪、场地排水、环境整治、防护设施等相关内容，标注相关主要尺寸、标高。

(3)指北针或风玫瑰图。

(4)比例一般为1：500～1：2000。

b. 工程措施图：表达保护措施所必要的平、立、剖面图(包括必要的分区平面图、立面图和若干纵横剖面图)，标注工程措施、内容、材料和工艺，标注相关尺寸、标高、剖面位置、详图索引关系等。

比例一般为1：50～1：200。

如有必要增加工程措施结构及节点详图。

c. 其他相关专业，如建筑、水文、地质等设计图纸，按各专业相关设计标准和技术规范执行。

d. 对文物影响较大的保护构筑物应有景观分析或景观效果图。

5.4　工程概算

5.4.1　基本要求：

a. 工程概算，应以相应的设计文件为基准进行编制。概算所列项目、数量应与方案设计文件相符，二者不能脱节。

b. 工程概算依据应选择科学、适用的定额；当无定额依据时，允许以市场价格为依据进行编制。

5.4.2　编制依据：

a. 现状勘察与方案设计。

b. 国家有关的工程造价管理的法规、政策。

c. 工程所在地(或全国通用的)现行适用的专项工程和安装工程的概算定额、预算定额、综合预算定额，以及有效的单位估价表、材料和构配件预算价格、工程费用定额和有关规定。

d. 类似或可比工程的造价构成或技术经济指标。

e. 现行的有关材料运杂费率。

f. 因工程场地条件发生的其他规定之内的工程费用标准。

g. 管理单位或业主提供的有关工程造价的其他资料。

5.4.3　概算书编排内容：

a.封面(或扉页)。写明工程名称、编制单位、编制日期,应有编制人、审核人签字并加盖编制人员资质证章和法人公章。

b.概算编制说明书。内容应包括:工程概述,说明工程的规模和性质;编制依据,主要说明所选用的定额、指标和其他标准;编制方法和其他必要的情况说明。

c.概算汇总表。由明细表子目汇总、合成。依次列出直接费、间接费和取费费率、其他费用、合计和总计费用。

d.概算明细表。依序套用定额子目、编号;无定额及其他标准作为依据的子目,要特别标注清楚。

第六章　安全防护类保护工程设计文件

6.1　适用范围

6.1.1　本章规定适用于各类文物的安防、消防、防雷等专项工程勘察设计文件。

6.1.2　本规定对文物建筑的安全防护设计具有通用性。对于具体的工程项目设计,执行本规定时可根据项目内容和设计范围对条文进行合理的取舍。

6.2　一般要求

6.2.1　安防、消防、防雷工程勘察设计要单独编制文件,不能混编。

6.2.2　设计内容要表述工程实施的必要性和技术措施的合理性、科学性、可靠性,根据设计文件,可宏观判定工程实施对文物可能产生的影响程度,设计文件能满足编制施工组织方案和相应的经济文件等内容的需要。

6.2.3　设计文件的主要内容包括资格报审文件、勘察设计文件、委托中规定的其他文件(人员培训规则,售后服务承诺,工程验收细则、设备设施介绍等)。

6.3　资格报审

6.3.1　资格报审文件包括立项批准文件、设计任务书、设计单位资质证明。

6.3.2　设计任务书由甲方提出的设计内容和要求,并加盖公章。

6.3.3　设计单位资质证明包括专项工程勘察设计资质证书(复印件并加盖公章)、设计单位简介和主要业绩。

6.4　现状勘查

6.4.1　现状勘察文件包括勘察报告和现状照片。

6.4.2　勘察报告:

a.文物概况。包括文物的历史沿革及结构法式特征的要点说明,文物保护单位级别,文物价值综述,安全防范风险等级或消防、防雷建筑分类。

b.项目所在地的地理环境、自然气象特征、场地条件等,与工程有直接关系的灾害性事件的影响程度,以及其他的自然破坏因素。

c.专项设施现状评估。清晰表述文物区域的专项设施现状,包括已有消防、防雷、安防系统内容,分析并评估当前功能状况是否满足文物保护需求,科学论证增建或改造专项系统工程的必要性和重要性。

d.论证专项系统工程的建设对于文物本体及环境保护是否存在负面影响,以此作为设计文件制定的重要依据。

e.附必要的总平面图、已有的设施系统图和拟设防对象的平、立面现状实测图等。

f.勘察报告需甲、乙双方勘察人员签字并加盖双方单位公章。

6.4.3　现状照片:真实、准确、清晰的反映工程环境、工程对象现状;照片依序编排,并配以简要的文字说明。

6.5　方案设计

6.5.1　方案设计文件包括设计说明书、设计图纸。

6.5.2　设计说明书：a.设计依据。包括项目立项申请报告、立项批准文件、勘察结论、防护及功能方面的需求（设计任务书有关内容）、现行政策法规、规范标准、已批准的总体保护规划等。

b.设计原则和指导思想。

c.工程性质、范围和规模。指工程的基本属性、实施范围和量化后的规模。

d.设计方案做法说明和技术要求。着重表述系统构架、性能指标、设备器材构成、施工工艺要求等方面的内容。

e.实施中针对文物本体及环境所采取的必要保护措施，附属用房（中控室、消防水池和水泵房）的选址，建筑风格、对文物环境的影响分析及处理措施。

f.主要设备、器材清单附表说明。

6.5.3　安防设计内容要点：

a.被盗风险评估，确定安全防范等级，重点防护部位和目标。

b.安全技术防范系统原理和系统性能指标。

c.入侵报警系统设计。

d.视频安防监控系统设计。

e.出入口控制系统设计。

f.声音复核装置（系统）设计。

g.电子巡查系统设计。

h.防爆安检系统设计。

I.安全管理系统与监控中心设计。

j.工程检测细则。

k.工程验收细则。

l.人员培训与日常管理要求。

6.5.4　消防设计内容要点：

a.火灾风险评估，确定建筑防火等级。

b.火灾自动报警系统设计。

c.消防给水系统设计。

d.其他灭火设施设计。

e.消防配电系统设计。

f.工程检测细则。

g.工程验收细则。

h.人员培训与日常管理要求。

6.5.5　防雷设计内容要点：

a.雷灾历史原因分析和风险评估。

b.确定防雷等级、类别，直击雷防护范围和雷击电磁脉冲保护对象。

c.建筑物的防雷设计，在符合防雷设计规范的基础上，各种管线敷设和设备安装，尤其是独立式避雷塔布置，要分析说明对文物本体和文物外观风貌的影响。

d.古树名木的防雷设计。

e.电源、消防报警、监控系统的防雷设计。

f.避雷系统材料选择、节点安装，接地体、避雷器的作用介绍等。

g.须具备反映避雷带平面定位的平面图和反映避雷带安装后形态的立面图，避雷与接地的内容应以图纸方式表述清楚。

h.日常管理要求。

6.5.6 设计图纸：

a.总平面图：表达工程完成后建（构）筑物平面关系和竖向关系；反映地形标高及相应范围内的重要地物；准确标示工程对象，工程范围，专项附属建（构）筑物的具体位置及设计尺度等重要数据；标注清楚或编号列表注明建（构）筑物名称；标注工程对象与周边建（构）筑物的平面尺寸；绘出方向标及比例尺。

比例一般为1∶500～1∶2000。

b.专项设计平面图、布防图（防护范围图）、中控室布置图和系统图：

(1)按专业设计规范进行专项设计。绘图标准执行《房屋建筑制图统一标准》(GB)。

(2)反映工程实施后设施设备的状态、定位；尺寸标注应完备、准确；平面上绘制指北针。

(3)以图形、图例或文字形式在图面上进一步标注表述工程采取的技术措施、工程做法。

(4)比例一般为1∶50～1∶200。

c.详图：某些重要部位、复杂局部节点以及安装设备可能会扰动到的文物本体安装节点，须用详图进行说明作为方案设计的组成部分。详图应精确、完整，尺寸标注清楚，定位关系明确。

比例一般为1∶5～1∶20。

d.附属建（构）筑物设计方案图：设计图纸应包括单体平面图、立面图，反映附属建（构）筑物在总平面图中的位置图，并画出保护范围和建设控制地带界限，体量较大的应增加视线影响分析图和效果图。

6.6 工程概算

6.6.1 基本要求

a.工程概算，应以相应的设计文件为基准进行编制。概算所列项目、数量应与方案设计文件相符。

b.预算可以采用定额法编制，也可以采用清单法编制。允许以市场价格为依据进行编制。取费标准执行国家和工程所在地的相关规定。

6.6.2 编制依据：

a.所有设计技术文件。包括：现状勘察文件、设计说明书、方案设计图纸。

b.国家和工程所在地政府有关工程造价管理的法规、政策。

c.工程所在地（或全国通用的）现行适用的消防工程和安装工程的定额标准。

d.类似或可比工程的造价构成或技术经济指标。

e.现行的有关材料运杂费率。

f.因工程场地条件发生的其他规定之内的工程费用标准。

g.管理单位或业主提供的有关工程造价的其他资料。

6.6.3 概算书编排内容：

a.封面（或扉页）。写明工程名称、编制单位（公章）、编制日期，应有编制人、审核人和法人签字。

b.概算编制说明书。内容应包括：工程概述，工程的规模和性质；编制依据，所选用的定额、指标和其他标准；编制方法和其他必要的情况说明。

c.概算汇总表。由明细表子目汇总、合成。依次列出直接费、间接费和取费费率、其他费用、合计和总计费用。

d.概算明细表。依序套用定额子目、编号；无定额及其他标准作为依据的子目，要特别标注清楚。

第七章 专项设计要求与提示

7.1 原址重建工程设计

重点说明重建的必要性，评估其文物价值，尤其是复建建筑的价值，对原址现状及周边环境表述清楚。

提供必要的重建设计依据，如历史照片、图纸、考古调查、文献等相关资料。说明考证分析过程和结论。

对现存遗址遗存提出保护措施。

设计图纸应完整表达重建对象的外观形式和内部空间形态，平面和竖向的尺寸要标注完整，材料选择、结构形式等方面的内容应表达清楚。

7.2　迁移工程设计

充分阐释文物迁移的必要性、可行性，涉及地质、水文等应提交相关评估报告。

评估新迁地点的环境情况，应与原环境尽量一致，提交新址的工程地质勘查报告，也可提出两个以上新迁地点方案比选。

说明迁移工程的基本流程和实施搬迁过程的技术要求。

图纸包括现状测绘、拆卸加固、包装运输、新址归安等。图纸深度与一般维修工程图纸相同。

7.3　近现代文物建筑结构、设备改造工程设计

说明近现代文物建筑的价值评估，说明历史上及现在的使用功能情况。阐述结构变化与设备更新的必要性和合理性，为适应功能更新进行结构和设备改造的可行性。

评估改造工程对文物建筑产生的影响，特殊情况应由专业部门进行结构安全评估。

图纸应反映改造前后平、立、剖面图对比，施工中保护文物的措施。

7.4　文物保护单位保护范围内必要的配套设施建设工程设计

首先应说明保护范围的界限和保护规定。

从文物保护角度出发说明建设的必要性。

评估建筑物（或构筑物）的选址、造型、色彩和体量等方面对于文物本体的干扰和景观的影响；拟添加设施对于文物本体安全的影响程度。

图纸应反映总体平面位置、保护范围、建筑的平立面及对环境影响分析图等。

7.5　锚固工程设计

根据地质勘查报告，找出不稳定岩体的形状、位置及大小。

按岩性类别用工程类比法或经验公式确定锚杆类型和参数，或查阅有关岩体工程中的锚固设计规范。

通过勘察单位提供的现场锚杆抗拉试验确定锚杆的锚固力以及作用范围。

在上述试验基础上，设计锚杆长度、方向、间距、直径等参数，并应匹配适当，保证有足够的安全储备。

应根据不同岩土特性、场地地震烈度等变化，锚固后岩体稳定性安全系数（Ks）最高不能超过2.5。锚杆布置在文物附近的，应充分保证文物安全，并防止锚杆锈蚀造成工程隐患。

7.6　灌浆工程设计

化学灌浆粘接方法主要用于石窟摩崖的岩体裂隙、洞窟危岩、崩塌的加固保护。它能提高其整体性强度和抗变形的能力，并可收到不改变文物原貌的效果。经常可与锚固工程结合使用。材料的选择、操作工艺，都应经过实验、研究和检测、通过鉴定后才能使用。

灌浆材料的选择原则是：材料具有耐久性和稳定性，对岩体裂缝的黏结力接近或略大于文物及其载体的力学强度，可灌性好，室温下能固化，施工方便，对材料的色泽和毒性也应重视。

详细写出施工工艺说明、技术指标、操作规程等。

7.7　防风化工程设计

要尽量少在文物上附加新材料，应以改善文物保存的环境为重点。尤其要慎用化学材料，一般只用在风化严重，需要抢修的文物上，以延缓文物损坏的速度，且不能妨碍后人对它进行再保护。

在勘察报告基础上，对石质风化原因进一步作微观分析，确定被保护的对象及范围。

选择化学保护材料时应考虑环境、文物、材质、保护材料性能及对文物、人员的安全程度、经费可行性等因素。应对多种材料进行比较、筛选，在充分试验的基础上，确定被选用的保护材料。

详细写出施工工艺说明，如对孔隙率要求减少到什么程度，透气透水性如何控制，渗透深度的控制，如何形成梯度渐变，如何防止表面固结成膜。处理后表面不能变色，不玄光。使用的工具、喷射距离、压力大小、浓度配比、喷涂次数等，都应明确阐述。

室内试验项目主要包括：防护层的结构与形态（包括材料渗透深度，材料固结后的有效组成及重量，材料在空隙内的结构形态）；物理力学性质（孔隙率、透气性、孔隙直径与体积的分布规律、固结强度）；防止水侵入的能力（表面吸水率、饱和吸水率、孔隙指数、毛细管运动速度、透水性、憎水性）；抗风化能力（耐老化性能、抗冻融试验、安定性试验、干湿循环试验、化学稳定性、重涂性）以及其他特殊项目，如崩解、膨胀性等。根据当地实际情况，可选择其中重要、必需的项目进行试验。

现场试验项目主要包括材料的渗透深度、憎水性、透水性、固结强度等。试验步骤：根据石质文物的风化成因确定风化的类型；选择试验的地点；用实验室选定的材料进行施工；进行保护效果的检测；检测方法应尽量采用无损或微损技术。

在总结上述试验成果的基础上，编制石质文物保护的施工计划、施工工艺、资金预算和日程安排。

7.8　防渗排水工程设计

内容包括：窟顶修筑防渗排水工程；窟前地面排水工程；降低地下水位；治理窟内渗水及窟内排除潮湿结露等。

在勘察报告基础上明确：地层构造与渗水的关系，降雨量及汇水面积，地表水流向，地表水、地下水、泉水、凝结水对石质文物的影响，裂隙走向的范围与渗入窟内的通道，洞内温湿度的年月日变化规律与外界气象要素的联系。

防渗水工程设计中，应对防渗铺盖材料的名称、性能、施工方法详细说明；排水沟设计时应有可排水量的计算；在洞窟后部或下部开凿截水廊道时，对隧洞位置及断面尺寸设计要进行围岩应力场分析，证明对洞窟的稳定没有影响；岩溶地区治水要在搞清溶蚀裂隙、落水洞与渗水关系基础上进行设计；对窟内凝结水的防治设计时要有至少一年的温湿度观察资料，并阐明凝结水及气流变化规律。

7.9　防洪工程设计

涉及文物保护单位的洪水防护工程，是专业性较强的工程项目。设计单位应具有水利工程专业的设计资质证书。根据工程大小和难易程度，可聘用不同资质等级的设计单位。

委托单位应向设计单位提交设计任务书，内容包括：要求防洪工程所保护的范围；设计防洪标准（多少年一遇的洪水）；工程中对文物保护的要求；工程竣工后对文物环境的影响程度与后果评价等。

设计单位须提交的成果有：工程勘察报告、设计说明书、设计图纸及计算书等。内容包括流域概况，气象、水文测验和资料情况，径流、洪水资料分析，文物保护区的工程地质条件（地层、岩性、构造、岩土物理力学性质等），工程中对文物的保护措施等。图纸应包括工程布置总平面图，坝、堤剖面结构图，文物保护措施设计图等，以及有关表格、曲线、计算书等。

防洪工程设计的外观效果，应尽量与原有环境协调一致。

7.10　防护棚罩设计

防护棚罩是指在遗址、石窟、摩崖、墓葬等保护方案中，为了保护文物所采用现代结构材料建造的有遮蔽作用的附属保护设施。设计标准要参照相关专业的设计规范。

防护棚罩的设计首先应考虑保护文物功能的需要，外观形式要与文物及周边环境相协调，不能喧宾夺主。

棚罩的地面支撑点，应尽量设置在文物遗址之外，不能影响遗址的结构及力学稳定。

设计中要考虑排水防渗设施。如需对外展示，应满足观众参观的基本要求；同时要采取有效措施保证游客及文物本体的安全。

7.11　油饰彩画设计

详细调查现存的油饰彩画，明确说明年代、形制、做法、材料、范围和保存状况，准确评估其价值。

彩画评估时，应充分结合古建筑的年代、规格、形制、做法、功能进行分析说明。

油饰彩画原状保护方案和重新油饰的设计方案应分别编制。原状保护方案应说明原状保存部分的保护措施，如清洗、加固、粘贴等。重新油饰设计方案需说明重新油饰彩画的必要性、依据和具体做法。

油饰、地仗做法要尽可能保持传统工艺、使用传统材料。

加固、灌浆、粘接、清洗、封护等保护用新材料应进行现场试验或说明成功经验。

图纸应包括现状勘察和设计图纸、总平面图、建筑立面图、彩画大样图。图纸应满足古代建筑彩画病害与图示的要求。

应附必要的现状照片。

7.12 壁画塑像设计

详细调查现存的壁画、塑像，明确说明年代、形制、做法、材料、范围和保存状况，准确评估其价值。

探查壁画、塑像所依附的墙体、构筑物、岩体的稳定性和损坏、病害情况，具体说明其变形、沉降、渗漏对壁画、塑像的影响。

壁画、塑像的保护要与所在文物建筑、石窟等文物本体保护统筹考虑，科学安排保护工作程序，通过文物载体的保护，解决漏雨、渗水、稳定等问题。

多种病害共存时，要分清影响程度，提出工序安排，综合治理。

塑像的油饰、地仗做法要尽可能保持传统工艺、使用传统材料。

加固、灌浆、粘接、清洗、封护等保护用新材料和工艺应进行现场试验或说明成功经验。

具有艺术独创性的壁画、塑像，应充分理解其创作理念，对缺失、残损部分或构件不宜盲目修复。修补部分应考虑整体外观效果的协调。

调查环境影响因素，重视对文物环境的保护，如排水、防渗、防风化的防护措施。

提出有针对性的监测建议。

图纸应满足古代壁画病害与图示的要求。

全国重点文物保护单位文物保护工程申报审批管理办法(试行)

（文物保函〔2014〕64 号）

第一章 总 则

第一条 为规范全国重点文物保护单位文物保护工程申报审批工作，提高审批质量和效率，依据《中华人民共和国文物保护法》《中华人民共和国文物保护法实施条例》和《文物保护工程管理办法》的有关规定，制定本办法。

第二条 本办法适用于全国重点文物保护单位的抢险加固、修缮、保护性设施建设及迁移等文物保护工程。

第三条 文物保护工程的申报审批分为立项申报审批、技术方案申报审批和经费申报审批三个环节。

第二章 立项申报审批

第四条 全国重点文物保护单位的管理机构按照《全国重点文物保护单位文物保护工程立项报告规范文本(试行)》的要求编写立项报告，报省级文物行政部门初审。

第五条 省级文物行政部门对文物保护工程的性质、内容、范围、规模等情况进行初审后，报国家文物局审批。

第六条 国家文物局对文物保护工程立项的可行性、必要性进行审核，并出具立项批复意见。

第七条 国家文物局对重大或特殊文物保护工程的立项审批，应当征询专家或咨询评估机构意见。

第三章 技术方案及经费申报审批

第八条 全国重点文物保护单位的管理机构根据国家文物局的立项批复意见，组织相关资质单位按照《文物保护工程设计文件编制深度要求（试行）》编写技术方案，报省级文物行政部门审批。

第九条 省级文物行政部门在审批前，应当将技术方案送交国家文物局确定的咨询评估机构进行评估。

咨询评估机构应当组织专家对技术方案进行评估，向省级文物行政部门提交评估报告，并报国家文物局备案。技术方案需要修改的，咨询评估机构应当提出明确的修改意见，并对修改后的技术方案进行再次评估。

省级文物行政部门根据评估报告出具方案批复意见，并将批复意见和通过评估的技术方案报国家文物局备案。

第十条 文物保护工程经费的申报与审批按照《国家重点文物保护专项补助资金管理办法》的有关规定执行。

第十一条 咨询评估机构的技术方案评估费用由委托其进行评估的文物行政部门承担。

第四章 职责与监督

第十二条 国家文物局对文物保护工程申报审批的各个环节进行指导和监督。

第十三条 省级文物行政部门应当指定专门机构或专人，依法在规定期限内完成文物保护工程立项文件的初审、技术方案的批复及备案工作，并接受国家文物局的指导和监督。

第十四条 咨询评估机构应严格按照公平公正的原则履行评估职责，在规定期限内完成评估工作，对评估报告负责，并接受国家文物局和社会监督。

技术方案评估应当在 30 个工作日内完成；对修改后的技术方案的再次评估，一般不应超过 20 个工作日。

第十五条 在文物保护工程申报审批过程中，如发现存在程序违规、弄虚作假、营私舞弊等行为的，国家文物局视情节给予通报批评、责令限期整改；对文物保护工程造成严重后果的，依法追究法律责任。

第五章 附 则

第十六条 本办法由国家文物局负责解释。

文物安全与行政执法

关于文物系统依法行政和建设法治政府的意见

（文物政函〔2011〕180 号）

各省、自治区、直辖市文物局（文化厅）：

贯彻依法治国基本方略，推进依法行政，建设法治政府，是我们党治国理政从理念到方式的革命性变化，是我国政治体制改革迈出的重要一步，具有划时代的重要意义。为在新形势下深入贯彻全国依法行政工作会议精神，全面落实《国务院关于加强法治政府建设的意见》（国发〔2010〕33 号），有效推进文物系统依法行政工作，进一步推动法治政府建设，现提出以下意见：

一、充分认识文物行政部门在加强法治政府建设中的责任和使命

依据文物保护法律法规开展文物保护工作，是文物行政部门的法定职责。文物行政部门作为政府工作部门之一，也是建设法治政府的重要力量。依法行政、依法处理各种问题，是文物行政部门当前和今后一个时期必须高度重视并应当着力做好的工作。各级文物行政部门要认真贯彻国务院和地方政府依法行政、建设法治政府的要求，积极创新依法行政的体制机制，不断增强干部队伍依法行政的意识和能力，注重提高制度建设质量，有效规范行政权力运行，严格执行文物保护法律法规，积极开展文物保护法律法规宣传普及工作，进一步树立文物行政部门的公信力和良好形象，为保障文物事业科学发展与社会和谐稳定发挥更加积极的作用。

二、切实提高文物行政部门干部队伍法治意识

要建立和完善学法用法制度。文物行政部门工作人员特别是领导干部，要带头学法、尊法、守法、用法，自觉养成依法办事的习惯，确保所有行政行为都于法有据、程序正当，特别是加强对文物保护法律、法规、规章的学习研究和贯彻执行。要加强全体文物工作者文物保护法律法规知识的培训，定期组织行政执法人员参加专门的法律知识和执法实践培训；法律法规培训工作应当经常化、制度化，并把培训情况、学习成绩作为考核内容和任职晋升的依据之一。要切实提高运用法治思维和法律手段解决经济社会发展中突出矛盾和问题的能力。各级文物行政部门要切实转变机关工作作风，增强行政管理、行政审批、行政处罚中的法治意识、服务意识和效率意识。

三、积极健全和完善文物保护法律法规制度

继续加强文物保护制度建设，做到文物工作各个方面均有法可依、有章可循，加快构建文物保护法律法规体系步伐。要认真做好文物立法工作调研，着力健全和完善现行文物保护法律法规，抓紧研究制定文物工作中急需的法律制度，适时将文物工作中的有效政策、成熟经验和成功做法上升为法律规定。要及时制定与法律、法规、规章配套的标准和细则，增强法律、法规、规章的实施效果。立法工作要切实做到依法立法、科学立法、民主立法，增强法律制度的科学性和可操作性；要加强法制机构在文物立法工作中的组织协调和督促指导作用，进一步规范文物立法工作程序，加强立项、起草过程中的论证、沟通与协调，积极听取社会各方面的意见建议，切实提高立法质量和立法效率。要认真开展文物保护法律、法规、规章实施情况评估工作，及时应对文物保护法律、法规、规章实施中出现的情况和问题。要定期对现行规章和规范性文件进行清理，确保规章和规范性文件始终与法律法规保持协调一致，适应文物工作实践需要。积极

推动文物保护的地方立法工作，依据现行文物保护法律法规并结合各地实际，制定或完善文物保护的地方性法规和政府规章。

四、大力推进依法科学民主决策

要加强行政决策制度化建设，健全行政决策程序规则，推进行政决策的科学化、民主化、法治化；不断健全和完善文物行政机关议事规则，细化对主要领导干部决策权力的监督。要把公众参与、专家论证、风险评估、合法性审查和集体讨论决定，作为重大决策的必经程序；凡事关文物安全、文保工程、考古工作、博物馆建设与管理、社会文物管理、申报世界文化遗产等方面的重大政策、重大项目等决策事项，都要进行合法性、合理性、可行性和可控性评估，对决策可能引发的各种风险进行科学预测、综合研判，确定风险等级并制定相应的化解处置预案；未经合法性审查或者经审查不合法的，以及未经风险评估的重大事项，一律不得作出决策。建立健全重大决策跟踪反馈和评估制度，对违反决策程序、出现重大决策失误、造成重大损失的，要按照谁决策、谁负责的原则严格追究责任。

五、全面加强文物行政执法能力

文物行政部门要严格依照法定权限和程序行使权力、履行职责，改进和创新文物行政执法工作方式，正确处理管理与服务、处罚与教育、法律效果与社会效果的关系。要特别重视行政审批和行政处罚制度化建设，严格规范行政审批和行政处罚的主体、对象、程序、时限、裁量标准、责任义务以及相关处罚和审批文书，对文物行政执法中的重大案件实行备案制度。要继续加强和完善文物行政执法人员资格管理和持证上岗制度。积极充实文物行政执法队伍，尤其要重视基层文物行政执法队伍建设，落实文物保护法律法规的执法责任。要为文物行政执法队伍提供必需的物质保障，提高行政执法装备现代化水平。建立健全文物行政执法评议考核制度，把评议考核结果作为行政执法人员奖励惩处、晋职晋级的重要依据。严格落实责任追究制度，狠抓执法纪律和职业道德教育，全面提高执法人员素质，做到严格规范公正文明执法，预防和惩治执法腐败行为。要特别重视解决与人民群众利益直接相关和社会最为关注的文物保护问题，严厉查处危害和破坏文物安全的违法案件，维护正常的文物管理秩序，积极营造良好的文物行政执法环境。

六、全面推进政务公开

要认真贯彻实施政府信息公开条例，加大主动公开力度。信息公开要及时、准确、具体，对人民群众申请公开政府信息的，要依法在规定时限内予以答复，并做好相应服务工作。要全面推进办事公开制度，依法公开办事依据、条件、要求、过程和结果，充分告知行政相对人办事项目有关信息。充分利用现代信息技术，建设好互联网政务信息服务平台，方便人民群众通过互联网办事和了解文物工作动态。要把政务公开与行政审批制度改革结合起来，有序推进网上审批，改善服务质量，提高服务效率，降低行政成本、减轻申请人负担。

七、强化监督和问责

各级文物行政部门要自觉接受人大、政协、政府及有关部门的监督。上级文物行政部门要切实加强对下级文物行政部门的监督，及时纠正违法或者不当的行政行为。要积极创造条件拓展社会监督的渠道和形式，依法保障人民群众的知情权和监督权。要建立和完善专家咨询制度和志愿者工作机制，以更加积极的态度听取专家和志愿者的意见与建议。探索建立依法行政社会评议制度，接受社会的广泛评议和监督。要认真对待群众举报投诉，支持新闻媒体对文物违法或者不当行政行为进行曝光。对群众举报投诉、新闻媒体反映的问题，要认真调查核实，及时依法处理，并将处理结果及时向社会公布。对文物行政部门工作人员违法违纪行为，要坚决依法依纪进行处理，绝不姑息迁就。

八、加强组织领导和督促检查

建立由文物行政部门主要负责人牵头的领导协调机制，研究部署具体工作任务，扎实推进依法行政和法治政府建设工作。加强依法行政工作考核，科学设定考核指标并纳入各级文物行政部门目标考核、绩效考核评价体系，将考核结果作为对文物行政部门领导班子和领导干部综合考核评价的重要内容。加强依法行政工作和法治政府建设的督促指导和监督检查，文物行政部门每年要向上一级党委、政府报告推进依法行政工作情况。要定期总结评估依法行政和法治政府建设工作，及时改进工作中的不足，解决工作中的问题；对依法行政工作和法治政府建设中的好经验好做法，要及时予以宣传推广。

今后一段时期，是文化遗产事业向更高层次科学发展的重要阶段，各级文物行政部门要以高度的责任感，充分重视并积极贯彻本意见的各项要求，将依法行政和法治政府建设的任务转化为具体工作项目，列入中长期事业发展规划和年度工作计划，提供人员和经费保障，采取有效措施，稳步推进，狠抓落实，切实取得富有实效的工作成果，把文物系统依法行政和法治政府建设推进到一个新的更高的水平。

国家文物局
2011 年 2 月 24 日

国家文物局突发事件应急工作管理办法

（文物办发〔2003〕87 号）

第一条 为了有效预防、及时处理和解决文物保护工作中的突发事件，确保文物安全，制定本办法。

第二条 本办法所称突发事件，是指由人为或自然因素引起的突发性的危及文物安全和文物保护工作秩序的事件。

第三条 突发事件应急工作，应当贯彻统一领导、分级负责、反应及时、措施果断、加强合作的原则。

第四条 县级以上文物行政主管部门及其国有的文物事业单位，应当建立严格的突发事件防范和应急处理责任制，切实履行各自职责，保证突发事件应急处理工作的正常进行。

第五条 县级以上文物行政主管部门及其国有的文物事业单位，应当依照法律、行政法规的规定，做好文物安全保卫工作，防范突发事件的发生。

县级以上文物行政主管部门应当定期对突发事件应急处理人员进行相关知识的培训；应当对公众开展突发事件应急知识的专门教育，增强社会对突发事件的防范意识和应对能力。

第六条 县级以上文物行政主管部门应当指定专门机构或人员负责开展突发事件的日常监测工作。

第七条 在监测过程中发现的潜在隐患以及可能发生的突发事件，应当及时采取措施进行处理，并依照本办法规定的报告程序和时限及时报告。

第八条 国有文物事业单位应当在知道突发事件发生后或者应当知道突发事件发生后 2 小时内向所在地县级以上文物行政主管部门报告。

第九条 有下列情形之一的，县级以上文物行政主管部门应当在接到报告 2 小时内，向同级人民政府和上级文物行政主管部门报告，并同时向国家文物局报告：

（一）属于一级风险单位的文物收藏单位发生文物丢失或者损坏的；

（二）其他文物收藏单位发生一级文物丢失或者损坏的；

（三）全国重点文物保护单位因人为因素导致发生严重破坏事件的；

（四）未经报批在全国重点文物保护单位保护范围内施工的；

（五）施工中发现重要文物、经文物部门制止、施工单位拒不停工的；

（六）因自然灾害或其他不可预知因素造成全国重点文物保护单位严重损坏的；

（七）法律法规规定的其他重大安全事故。

除此之外的突发事件，由省、自治区、直辖市文物行政主管部门在接到报告后，视事件严重程度报国家文物局备案。与省级文物保护单位有关的突发事件应当报国家文物局备案。

第十条 突发事件报告应包括如下内容：

（一）事件发生或可能发生的地区（单位、部门）、时间、地点和现场情况；

（二）事件的简要经过和文物损失情况的初步估计；

（三）事件原因的初步分析；

（四）事件发生后已经采取的措施及效果；

（五）其他需要报告的事项。

第十一条 任何单位和个人对突发事件，不得隐瞒、缓报、谎报或者授意他人隐瞒、缓报、谎报。

第十二条 接到报告的文物行政主管部门依照本办法报告的同时，应当立即组织力量对报告事项调查核实、确证，采取必要的控制措施，并及时向有关部门报告调查情况。

第十三条 国家文物局根据突发事件发生的情况，及时向国务院有关部门和各省、自治区、直辖市政府及文物行政主管部门通报。

突发事件发生地的省、自治区、直辖市文物行政主管部门，应根据突发事件发生的情况，向相关单位通报。

第十四条 县级以上文物行政主管部门应当建立突发事件报告、举报制度，并向社会公布突发事件报告、举报电话。

接到报告、举报的文物行政主管部门，应当立即就有关问题进行调查处理。

第十五条 省级以上文物行政主管部门接到突发事件报告后，应当视事件严重程度，决定是否有必要组成突发事件应急处理小组对突发事件进行调查处理。

突发事件应急处理小组人员构成应当包括突发事件所涉及的有关部门负责人以及相关的文物专家。

省级以上文物行政主管部门应当确定突发事件应急处理小组的专家预备清单。

第十六条 县级以上文物行政主管部门对未依照本办法规定履行其相应职责的有关责任人，依法给予行政处分；构成犯罪的，依法追究刑事责任。

第十七条 县级以上文物行政主管部门应当对参加突发事件应急处理工作做出贡献的机构和个人，给予表彰和奖励。

第十八条 本办法自公布之日起施行。

关于请立即纠正擅自改变文物保护单位管理体制问题的通知

（文物办发〔2003〕2号）

各省、自治区、直辖市文物局（文化厅、文管会）：

2001年文化部与我局《关于禁止擅自改变文物保护单位管理体制有关问题的通知》下发后，全国范围内擅自改变文物保护单位管理体制的情况得到遏制，许多文物保护单位的管理问题得到解决。但是，在一些地方，此类问题仍然时有发生，特别是擅自将文物保护单位交由旅游企业开发经营，文物工作的正常秩序被扰乱，文物安全得不到有效保障。根据修订后的《中华人民共和国文物保护法》关于国有文物保护单位不得作为企业资产经营，如果必须作其他用途，应当按相应级别报上一级文物行政部门审批的规定，以及全国文物工作会议上国务院领导同志关于必须立即纠正擅自改变文物保护单位管理体制问题，不得将国有文物保护单位作为企业资产经营的指示精神，我局重申以下意见：

1. 各级文物行政部门要坚决执行《中华人民共和国文物保护法》,认真贯彻“保护为主、抢救第一、合理利用、加强管理”的文物工作方针,协助本级人民正确处理经济建设、社会发展与文物保护的关系,确保文物安全。基本建设、旅游发展必须遵守文物工作方针,其活动不得对文物造成损害。

2. 按照《中华人民共和国文物保护法》的规定,国有文物保护单位,除可以建立博物馆、保管所或者辟为参观游览场所外,如果必须作其他用途的,应当经核定公布该文物保护单位的人民政府文物行政部门征得上一级文物行政部门同意后,报核定公布该文物保护单位的人民政府批准。国人不可移动文物不得转让、抵押。建立博物馆、保管所或者辟为参观游览场所的国有文物保护单位不得作为企业资产经营。

3. 未依法定程序批准,已改变文物保护单位管理体制或隶属关系和性质、任务、用途的,应由上级人民政府督促做出改变决定的人民政府尽快予以纠正,恢复原管理体制或隶属关系和性质、任务,认真做好各项善后工作,确保文物安全和正常开放。

4. 各省级文物行政部门要尽快把本通知精神人面准确地向当地党委、政府做一次专题汇报,并尽传达到各市、县级文物行政部门。同时,要采取有效措施,结合《中华人民共和国文物保护法》的贯彻落实工作,调查了解本行政区域内各级文物保护单位的管理体制情况,凡涉及拍卖、租赁、转让、抵押文物保护单位,改变原来管理体制者,必须责令限期改正,逾期仍未纠正者,应根据《中华人民共和国文物保护法》对擅自改变国有文物保护单位的用途的行为给予相应行政处罚,并将执法检查情况于 3 月 15 日前书面报我局。

2003 年 1 月 20 日

文化部、国家文物局关于禁止擅自改变文物保护单位管理体制的通知

(文物发〔2001〕24 号)

各省、自治区、直辖市文化厅(局)、文物局,文管会:

一个时期以来,一些地方擅自改变文物保护单位的管理体制,对本应由政府实施保护管理的文物保护单位转移到企业开发经营,甚至向国内外进行招标承包。最近一些地方连续发生的文物毁坏事件,与文物保护单位管理体制的变更所带来的片面追求经济效益、忽视保护和管理、保护和使用脱节等问题直接有关,已经造成了无可挽回的损失和十分恶劣的影响。为制止擅自改变文物保护单位管理体制的现象继续发生,有效保护好祖国历史文化遗产,现就有关问题通知如下:

一、根据《中华人民共和国文物保护法》规定,国务院和各级人民政府核定公布的各级文物保护单位,由各级人民政府文化、文物行政管理部门代表政府对其实施保护管理。这一体制经过几十年的实践,证明是完全符合我国国情、符合文物工作规律且行之有效的,应继续坚持并进一步完善这一体制。当前情况下,不得擅自改变文物保护单位管理部门的社会公益性性质,由企业(公司)管理或领导。

二、根据《中共中央关于加强社会主义精神文明建设若干重要问题的决议》和《国务院关于加强和改善文物工作的通知》精神,文物保护单位的管理工作是文物事业的重要组成部分,是建立文物保护新体制的重要基础,各级政府和文化、文物行政管理部门必须坚持“保护为主、抢救第一”和“有效保护,合理利用,加强管理”的方针和原则,切实做好文物保护单位的管理工作。在明确职责、确保文物安全的前提下,加强与有关部门的协调与合作,充分发挥文物工作对社会主义精神文明和物质文明建设的促进作用。

三、任何改变文物保护单位管理体制或隶属关系和用途的,必须严格执行《中华人民共和国文物保护法》等法律法规的有关规定,根据文物保护单位的级别,由当地文化、文物行政管理部门报原公布的人民政府批准;全国重点文物保护单位应经省、自治区、直辖市人民政府同意,并报国务院批准。

四、未依法定程序批准，已改变文物保护单位管理体制或隶属关系及性质、任务、用途的，必须予以纠正，恢复原管理体制或隶属关系及性质、任务。纠正过程中要认真做好各项善后工作，确保文物安全和对社会的正常开放。

五、因擅自改变文物保护单位管理体制或隶属关系及性质、任务、用途等造成文物损坏的，要依法追究有关责任人员的法律责任；情节严重、触犯法律的，要依法追究直接责任人的刑事责任。

六、各地文化、文物行政管理部门接此通知后，应抓紧落实，并把本行政区域内改变全国重点文物保护单位和省级文物保护单位管理体制或隶属关系及性质、任务、用途的情况以及纠正情况等，于 7 月 31 日前报送文化部、国家文物局。

文化部　国家文物局

2001 年 7 月 11 日

文化部、国家文物局关于加强文物行政执法机构建设的通知

（文物督发〔2009〕39 号）

各省、自治区、直辖市文化厅（局）、文物局（文管会），新疆生产建设兵团文化局，北京、天津、上海、重庆市文化市场行政执法总队：

文物保护是文化建设的重要组成部分。文物行政执法是《文物保护法》赋予文物行政部门的神圣职责，是推进文物系统依法行政、促进文物事业科学发展的重要内容。《文物保护法》及其他法律法规赋予文物行政部门 120 多项执行法律的职责，其中行政处罚职责 30 余项，明确规定了各级文物行政部门是文物行政执法的主体。

当前，大规模经济建设与文物保护的矛盾凸现，法人违法、破坏损毁文物的现象屡禁不止；盗窃、盗掘、走私文物等犯罪活动十分猖獗，文物安全形势十分严峻，文物行政执法任务更为艰巨。同时，一些地区文物行政执法机构建设尚不健全，执法人员短缺，不同程度存在执法主体不明晰、执法责任不落实等现象，使文物行政执法工作不能有效、顺利开展。为进一步加强文物行政执法工作，推动各地文物行政执法机构建设，现提出如下意见：

一、地方各级文化、文物行政部门要充分认识文物行政执法机构建设的重要性和紧迫性，结合当地实际加强文物行政执法机构建设，积极推动文物行政执法工作。

二、各省级文物行政部门负责监督指导本辖区内的文物行政执法工作，并积极推动地方各级文物行政执法队伍建设，充实人员，提升执法能力，规范执法行为。地方各级文化、文物行政部门应内设文物执法督察的专职机构，强化监管责任，切实履行职责。地方各级文化、文物行政部门要积极会同有关部门研究落实人员配置、执法装备与经费问题等。

三、《文化部关于加强文化市场综合执法指导工作的通知》（文市发〔2009〕37 号）要求的文化市场综合执法机构整合组建，不包括现有的文物行政执法队伍。文物行政执法工作按照《文物保护法》的规定，由文物行政部门和其他法定部门负责。

特此通知。

文化部　国家文物局

2009 年 11 月 29 日

关于加强和改进文物安全工作的指导意见

（文物督发〔2012〕7号）

各省、自治区、直辖市外事、发展改革、科技、公安、财政、国土资源、环境保护、住房城乡建设、文化、工商行政管理、旅游、宗教、法制、气象、文物主管部门，海关广东分署、各直属海关：

文物安全关系文化遗产事业科学发展全局，关系国家文化安全大局，关系人民群众基本文化权益。在党中央、国务院高度重视和全社会关心支持下，经过各地区、各部门的长期共同努力，文物安全工作取得一定成效。但是，当前一些地区盗窃、盗掘、盗捞、走私文物的犯罪活动突出，文物保护单位火灾事故多发，博物馆安全案件出现反弹，破坏不可移动文物的违法案件时有发生，文物安全形势依然严峻，总体处于案件、事故多发期。为全面贯彻落实全国文物工作会议精神，进一步加强和改进文物安全工作，提出以下意见：

一、指导思想和主要目标

（一）指导思想

坚持以邓小平理论、“三个代表”重要思想和科学发展观为指导，严格执行《中华人民共和国文物保护法》等法律法规，坚持“安全第一、预防为主；属地管理、单位负责；打防结合、综合治理”，健全文物安全责任体系，夯实文物安全基础条件，解决文物安全突出问题，坚决遏制文物安全事故和违法犯罪案件多发势头，促进文物安全形势稳定向好发展，为推动社会主义文化大发展大繁荣、建设社会主义文化强国提供坚强保障。

（二）主要目标

到2015年，“政府主导、部门协作、单位负责、社会参与、打防结合、综合治理”的文物安全工作格局基本形成，文物安全法规与标准规范体系初步构建，风险突出的文物、博物馆单位安全防范设施基本达标，重大文物违法犯罪案件与火灾事故得到有效遏制，人民群众满意度显著提高。

二、健全文物安全责任体系

（三）坚持“属地管理”，将地方各级人民政府依法落实文物保护管理职责作为确保文物安全的立足点，夯实安全基础。推动地方政府加强对文物安全工作的组织领导，依法设置文物保护机构，充实文物执法力量，建设安全防范设施，保障文物安全投入。在文物资源丰富的地区，推动各级人民政府将文物安全纳入政府绩效评估指标体系，建立管理目标责任制。

（四）坚持“谁主管、谁负责”，将各部门依法落实文物保护法定职责作为文物安全的重要保障，形成长效机制。公安、国土、环境保护、住房城乡建设、海关、工商、旅游、宗教部门和其他有关国家机关，要依法认真履行所承担的文物保护职责，维护文物管理秩序。各级文物行政部门要严格履行文物安全监管职责，加强安全检查和行政执法督察，对辖区内文物、博物馆单位实施严格的监督管理。

（五）坚持“单位负责”，将文物、博物馆单位依法落实文物安全主体责任作为促进文物安全形势好转的着力点，实现重心下移。文物收藏单位、不可移动文物使用单位（或使用人、所有人）是文物安全责任主体，其法定代表人或者使用人、所有人是本单位文物安全第一责任人。各单位要全面落实治安、消防等各项安全管理要求，全员实施安全岗位责任制，逐级签订安全目标责任书。

（六）坚持“责任追究”，落实《国务院关于加强文化遗产保护的通知》（国发〔2005〕42号）要求，建立文物安全责任追究制度。严厉追究因决策失误、玩忽职守、失职渎职造成文物破坏、被盗或流失的责任人的法律责任；因执法不力造成文物受到破坏的，要追究有关执法机关和责任人的责任。

三、完善文物安全防控体系

（七）健全机构队伍。各级文物行政部门应建立健全安全监管与执法机构，配置专职人员，完善执法装备与设施。公安机关应根据需要，在重要文物、博物馆单位设立派出所、警务室。文物、博物馆单位应依法设置安全保卫部门，按比例配备专职安全保卫人员，配置防卫器械，技防、消防控制室操作人员必须持证上岗。距离公安消防队较远、被列为全国重点文物保护单位的古建筑群的管理单位，应建立单位专职消防队；其他文物、博物馆单位应根据需要，建立志愿消防队等多种形式的消防组织。

（八）加强源头管控。行政审批部门要严格按照文物保护法律法规办事，涉及文物保护事项的基本建设项目，须依法在项目批准前征求文物部门意见。文物部门要严格执行安全管理相关法律法规，博物馆安防、消防、防雷设施未经公安机关、气象部门依法审核验收的，省级文物行政部门不得核准设立；博物馆安全条件不达标的，一律不得对外开放。

（九）强化末端守护。完善对不可移动文物特别是尚未核定公布为文物保护单位的不可移动文物的安全管理，加强对基层和农村地区文物安全工作的组织领导，建立文物安全末端守护机制。各级文物行政部门要通过签订文物安全责任书等形式，逐处落实不可移动文物的保护机构或保护管理责任人，明确具体保护措施，并公告施行。积极发挥乡镇综合文化站作用，大力发展群众文物保护员队伍，完善“县”“乡”“村”三级文物安全保护网络。

（十）增强防范能力。在文物资源富集地区，试点创建“文物安全综合管理实验区”，加强示范引领。开展“文物、博物馆单位安全管理综合达标”，实施量化考核，全面提升文物、博物馆单位安全管理水平。持续完善文物保护单位安全防范设施，重点建设全国重点文物保护单位中古墓葬、古遗址等防盗设施和文物建筑的消防、防雷设施，试点开展重点海域水下文物安全防范工作。各地要制定、实施本地区文物安全防范设施建设规划，切实提升防范能力和水平。

（十一）治理安全隐患。各级文物行政部门要坚持预防为主，以隐患排查整治为重点，认真开展安全检查与巡查，建立文物安全隐患挂牌督办、跟踪治理和逐项整改销号制度，重大隐患及时向当地政府报告。文物、公安、旅游、宗教、气象等部门要建立联合安全检查工作机制，大力推进综合治理。国土、气象、文物部门要建立文物防灾减灾预警联动机制，提升重大地质、气象灾害预警与应急处置能力。公安机关要加强重要文物、博物馆单位周边巡逻防控，必要时开展专项整治，维护文物单位周边治安秩序。

四、严厉打击文物违法犯罪

（十二）坚决查处违法案件。各级文物行政部门要常态化开展执法巡查，督察各地落实文物保护法和相关法规情况，督促整改违法违规行为。充分发挥各部门的职能作用，集中力量联合处置文物行政违法突发事件，查处违法行为。对涉及多行业、多部门或跨区域破坏文物的违法行为，由牵头部门组织联合专项执法督察。

（十三）严肃处理安全事故。各级文物行政部门要督促文物、博物馆单位严格落实突发事件报告制度，按照“原因不查清不放过、责任者得不到处理不放过、整改措施不落实不放过、教训不吸取不放过”的原则，依法调查处理文物安全责任事故，及时查明原因，弥补漏洞，完善措施，举一反三改进安全工作。

（十四）严厉打击文物犯罪。公安、海关、工商、文物等部门要加强协调配合，始终保持对盗窃、盗掘、倒卖、走私文物违法犯罪活动的高压态势，建立严打、严防、严管、严治的长效工作机制，适时开展打击文物犯罪专项行动。公安部、海关总署、国家文物局建立“联合防范和打击文物犯罪工作机制”，对重大文物犯罪案件和重大走私文物案件进行联合督办；各级公安机关要建立“重大文物案件快侦快破机制”，坚决避免案件积压和文物流失。公安、海洋、文物部门要严厉打击盗捞、破坏水下文物违法犯罪活动，确保水下文物安全。

五、组织协调与监督保障

（十五）加强统筹协调。进一步发挥全国文物安全工作部际联席会议制度作用，统筹协调指导文物安全工作，研究解决重大问题，提出政策建议和工作思路。有关部门要按照职能分工，加强协调，密切配合，共同推进。各地要逐级建立相应的工作协调机制，各级文物部门要充分发挥职能作用，确保联席会议制度取得实效。

（十六）完善管理制度。在文物保护法律法规框架下，制订完善文物保护单位、博物馆安全管理与文物建筑消防安全管理规章，配套出台监督检查制度、隐患整改制度、应急处置制度、责任追究制度等专门规定。制订完善文物、博物馆安全技术防范和消防、防雷技术标准，完善文物安全管理标准，形成较为完备的文物安全标准规范体系。

（十七）加大投入力度。探索建立中央、地方、单位共同承担的文物安全多渠道投入机制。中央财政进一步加大对全国重点文物保护单位安全防范设施投入和免费开放博物馆经费的支持和保障力度。地方各级政府要在文物保护经费中，保障文物安全与行政执法合理支出。国有文物、博物馆单位要依法使用事业收入，留足用好安全巡查、设备运行、安全检测、演练培训等安全经费。

（十八）提高科技应用。坚持技术适用、经济合理、切实可行的原则，积极推进科技手段在文物安全防范领域的应用，提升防盗、防火、防雷、防破坏技术能力。试点建设文物安全与行政执法监控预警系统。充分发挥"全国文物安全工作部际联席会议办公室文物犯罪信息中心"职能作用，建好、用好"全国文物犯罪信息管理系统"，推进信息共享，为防范和打击文物犯罪提供信息和技术支持。

（十九）注重宣传培训。深入开展文物行业职业道德教育和典型案例警示教育，加强"心防"。积极开展文物行政执法人员培训，提高执法能力和执法水平。积极开展文物、博物馆单位全员安全培训，确保一线人员熟练掌握安全知识和技能。面向公安、海关等部门一线执法人员培训文物知识，提高执法监管能力。多种形式宣传文物保护法律法规和先进典型，宣传打击文物违法犯罪成果，提高全社会文物保护意识，引导群众关心支持和积极参与文物保护工作。

（二十）主动接受监督。坚持信息公开，深入推行文物安全公示公告制度，对重大文物案件和安全事故进行通报，对文物行政执法和安全监管情况进行公示，主动接受社会、舆论和公众监督。建立、完善舆情收集机制和举报奖励制度，及时核查处置媒体曝光和群众举报的文物安全案件、事故、隐患，督促落实整改，推进群防群治。

国家文物局　文化部　外交部　国家发展和改革委员会
科学技术部　公安部　财政部　国土资源部
环境保护部　住房和城乡建设部　海关总署　国家工商行政管理总局
国家旅游局　国家宗教事务局　国务院法制办公室　中国气象局
2012 年 11 月 15 日

依法没收、追缴文物的移交办法

（文物保发〔1999〕017）

一、根据《中华人民共和国文物保护法》及其实施细则第二、三十七、三十八、三十九、四十四条的有关规定，特制定本办法。

二、本办法规定的依法移交的文物，系指各级执法部门在查处违法犯罪活动中依法没收、追缴的除依法返还受害人以外的所有文物，包括珍贵文物和一般文物。依法移交的文物属于国有资产。

三、本办法规定的负责移交文物的执法部门，系指在查处违法犯罪活动中依法没收、追缴文物的各级公安部门、工商行政管理部门和海关等执法部门(以下统称移交部门)。

四、本办法规定的负责接收文物的部门，系指国家和各省、自治区、直辖市(以下简称“省级”)文物行政管理部门。经国家或省级文物行政管理部门授权，地、市、县的文物行政管理部门或有关国有博物馆可具体承办文物接收事宜(以下统称接收部门)。

五、依法移交文物的移交和接收，在结案后应立即全部无偿移交给接收部门。

六、移交部门应负责移交前的文物安全和保护工作。移交部门如果在结案前不具备保证文物安全无损的安全防范条件、防止自然力损害的保管条件和修复的技术力量，或者自没收、追缴之时起已逾一年未能结案的，应将文物及时移送接收部门指定的国有博物馆暂存。暂存单位应负责文物的安全，并为执法部门对有关文物的取证提供方便。

七、移交部门向接收部门移交文物，接收部门应及时组织国家或省级文物鉴定机构对移交文物进行鉴定，造具文物登记清单并评定级别。移交时由交接双方及承办机构负责确认移交文物登记清单，履行实物查点、交接和签字等完备手续。

八、交接情况每年年终由省级执法部门和接收部门汇总，分别向公安部、海关总署、国家工商行政管理局等有关执法部门和国家文物局报告，并报财政部备案。

九、接收的移交文物由国家文物局或省级文物行政管理部门根据文物保护、研究和利用等需要，指定具备条件的国有博物馆收藏保管，其中，一级文物应由省级文物行政管理部门报国家文物局备案。当地重复品较多的文物，可以由国家文物局组织，在跨省区的国有博物馆之间进行交换、调拨。确实没有收藏价值的一般文物，报经国家文物局批准，根据归口经营，统一管理的原则投入流通，办理文物标的的鉴定许可事宜，由国家文物局或指定省级文物行政管理部门依法委托具有文物拍卖经营资格权的拍卖行进行拍卖，所得收入全部缴拍卖文物所在地的省级财政部门。

十、按照《中华人民共和国文物保护法》及其实施细则关于奖励的规定，除执法部门对办案有功者予以表彰外，对移交文物总体价值较高、保护文物作出突出贡献的执法部门或单位，文物主管部门应当将鉴定结论如实报告其上级主管部门或人民政府，提请予以奖励。

十一、各级财政、公安、工商行政管理、文物行政管理部门和海关要加强对执行本办法的行政监督，违反本办法的依法给予行政处罚，构成犯罪的，追究其刑事责任。

公安部、国家文物局打击和防范文物犯罪联合长效工作机制

为全面贯彻全国文物工作会议精神，落实全国文物安全工作部际联席会议有关要求，确保文物安全，保障文物事业繁荣发展，公安部、国家文物局研究决定，双方共同建立“打击和防范文物犯罪联合长效工作机制”。

一、共同建立日常协调工作机构

由公安部刑侦局和国家文物局督察司联合设立“打击文物犯罪工作协调组”，公安部刑侦局局长和国家文物局督察司司长任组长，组成人员相对固定。协调组每半年召开一次会议，通报、总结全国文物安全工作情况，分析研判文物安全形势，研究部署打击文物犯罪工作，督察、督办重大文物犯罪案件，协调重大文物案件侦办事宜，指导各地加强文物安全防范工作。

二、部署开展打击文物犯罪工作

督促指导各级公安机关将文物犯罪列入日常重点打击范围,各级文物部门将文物犯罪列入日常重点打击范围,各级文物部门将文物安全防范和配合公安机关打击文物犯罪作为日常重点工作。公安部和国家文物局适时选择文物犯罪案件高发地区,部署开展打击文物犯罪专项行动,侦破大案要案,打击犯罪团伙,追缴涉案文物,震慑文物犯罪。

三、推进打击文物犯罪信息化建设

共同加强"全国文物安全工作部际联席会议办公室文物犯罪信息中心"建设,明确信息中心的组织机构和运行方式,实现全国各地公安、文物部门共建共享。拓展"全国文物犯罪信息管理系统"功能,及时汇集、统计和研判全国文物犯罪信息,将涉嫌文物违法犯罪高危人员纳入动态管控范围。充分发挥信息中心的信息支撑作用,推动对文物犯罪案件的跨区域协查侦办,提升破案攻坚能力。

四、加强文物犯罪案件督察督办

建立重大文物犯罪案件联合督察督办制度,对各地公安机关报告和文物部门通报的重大文物犯罪案件挂牌督办,明确责任人。公安部刑侦局与国家文物局督察司组成督察组,不定期对挂牌督办案件的侦办与安全防范工作整改情况进行巡视、督办。

五、协调做好涉案文物鉴定和移交

督促协调各级文物部门及时向公安机关提供本地区文物资源情况和文物安全状况,发现文物犯罪行为及时报案并提供线索;对涉案文物积极提供鉴定服务,为公安机关存放涉案文物提供便利条件。督促协调各级公安和文物部门按有关规定做好涉案文物移交工作。

六、建立文物安全信息沟通制度

建立通畅的信息沟通交流渠道,及时互相通报各自掌握的文物犯罪案件信息和防范与打击文物犯罪工作情况,每半年通报一次文物犯罪案件统计数据,为双方及时总结全国打击和防范文物犯罪工作情况,分析文物安全形势,研究采取政策措施提供依据。

七、深化打击文物犯罪国际合作

落实我国与有着国家签订的关于防止盗窃、盗掘和非法进出境文物的政府间双边协定中关于打击防范文物犯罪的各项工作。积极开展文物安全与执法领域国际交流,建立、健全向国际组织通报涉案文物信息机制等国际合作机制,有序开展打击文物犯罪国际刑事司法合作,坚决维护国家权益。

公安部、国家文物局关于进一步加强博物馆安全工作的通知

(公通字〔2011〕33 号)

各省、自治区、直辖市公安厅、局,文物局(文化厅),新疆生产建设兵团公安局:

近年来,各地文物主管部门和公安机关密切配合,认真开展博物馆安全保卫工作,确保了全国博物馆安全形势总体稳定。但是,自今年以来,全国连续发生 3 起博物馆文物被盗、被抢案件。1 月 28 日,3 名

犯罪分子闯入湖北省黄冈博物馆，打晕值班人员，抢走战国时期青铜器3件(案件已破)；2月10日，江苏省如皋市博物馆16件文物被盗，案件至今未破；5月8日，故宫博物院9件参展文物被盗(案件已破)，引起了社会对博物馆安全的广泛关注。针对当前博物馆安全工作面临的严峻形势，为进一步加强博物馆安全管理工作，确保馆藏文物安全，现将有关要求通知如下：

一、高度重视，进一步强化博物馆安全工作

文物是中华民族的宝贵遗产，博物馆是集中收藏、展示文物的重要场所，目前我国经文物行政部门审核备案的博物馆共有3020座，馆藏文物2700多万件。做好博物馆安全工作，确保文物安全，对弘扬民族文化、传承中华文明具有重要意义。当前我国正处于经济转轨、社会转型的重要时期。部分犯罪分子受社会上一夜暴富思想的影响，在倒卖文物高额利润的刺激下，必然会将作案目标投向文物大量集中的各类博物馆。涉及博物馆的案件往往案情重大、社会关注度高，有的还可能引发炒作，产生不良社会影响。各地文物主管部门和公安机关要充分认识做好博物馆安全工作的重要性和面临形势的严峻性，认真分析研究当前文物安全工作中出现的新情况、新问题，针对工作中存在的薄弱环节，进一步加强组织领导，强化工作措施，落实工作责任，认真履行各项安全管理职能，扎扎实实抓好博物馆各项安全措施的落实，切实保障博物馆及馆藏文物安全。

二、明确安全责任，进一步强化博物馆内部安全管理措施

博物馆主要领导作为博物馆安全的第一责任人，要依法履行安全职责，切实把博物馆安全作为首要任务来抓，严格按照《企业事业单位内部治安保卫条例》的规定，把博物馆治安保卫工作纳入单位内部管理目标，建立健全各项安全管理制度，落实人防、物防、技防等安全措施。要依据相关法规和本馆实际，建立健全门卫、值班、巡逻、文物保管、安全检查、突发事件应急管理、安防设施设备维护监测、安全案件报告、安全隐患整改、安全教育培训等各项安全保卫制度和操作程序。要建立馆领导夜间馆内带班制度，带班期间不得脱岗。要建立检查考核机制，确保各项安全制度落实到具体工作岗位和具体工作环节。

三、严格安全监管，进一步排查整治安全隐患

各地文物主管部门和公安机关要切实履行安全监管职责，督促指导博物馆加强和完善安全保卫基础工作。各省级文物主管部门要严格按照《博物馆管理办法》(文化部令第35号)的规定，严把博物馆设立审核关口，凡不符合国家安全规定的，不得批准设立博物馆。各地文物主管部门和公安机关要切实加强博物馆安全保卫人员的教育培训，全面提高辖区内博物馆安全保卫队伍的安全防范技能；要指导各博物馆建立健全应急管理机制，分类制定各类突发案(事)件的应急预案，并每半年组织一次应急演练，提高各博物馆自身应对突发事件的能力；要对博物馆安全保卫工作实施定期和不定期安全检查，发现安全隐患和管理漏洞要及时提出整改意见，对重大安全隐患要实施挂牌跟踪督办，直至彻底整改。今年年底之前，各地公安机关和文物主管部门要联合开展对核定为三级以上风险单位的博物馆安全大检查，并认真填写上报博物馆安全情况检查统计表(见附件)，对发现的安全隐患要实行定单位、定人员、定责任、定时限，明确整改要求，逐一跟踪督办，整改不到位的，要暂停开放。公安部将会同国家文物局对核定为一级风险单位的博物馆安全情况进行抽查。

四、推动风险等级达标，进一步提高博物馆安全技术防范水平

各级文物主管部门和公安机关要按照《文物系统博物馆风险等级和安全防护级别的规定》(GA 27-2002)和国务院办公厅《关于保留部分非行政许可审批项目的通知》(国办发〔2004〕62号)的有关要求，认真组织开展博物馆风险等级的评定和达标工作。评定公布为一级风险单位的博物馆技防工程方案由省级公安机关审核后，报公安部审批并组织验收；评定公布为二、三级风险单位的博物馆技防工程方案，报省级公安机关审批并组织验收；利用全国重点文物保护单位建立的博物馆，技防工程方案在报国家文物局审核同意后送公安机关审批;利用省级以下文物保护单位建立的博物馆,技防工程方案在报省级文物行政部门审核同意后送公安机关审批。各地公安机关和文物主管部门要加强博物馆安全防范技术工程施工监管,确保工程质量和安全防范系统效能。对未经公安机关组织审核的技防工程方案不得施工;对未经公安机关审批验收的博物馆不得对外开放。要认真落实博物馆报警系统与公安机关联网工作,核定为三级以上风险单位的博物馆要逐步实现与当地公安机关的报警联动,实现一键报警。

五、实施综合治理,进一步完善馆藏文物安全长效工作机制

各地文物主管部门和公安机关要针对本地实际情况,认真研究建立博物馆安全防范长效机制,形成防范文物违法犯罪的合力;要建立联席会议制度,定期分析研判博物馆安全形势,有针对性地落实防范措施。各级文物主管部门要加大文物安全投入,不断提高博物馆人防、物防、技防水平,全面增强博物馆自身安全防范能力。各地公安机关要针对当地博物馆安全形势,强化侦查破案,严厉打击馆藏文物犯罪活动;要进一步加强巡逻防控工作,加大巡逻密度,提高博物馆周边治安防控工作水平;对文物犯罪活动突出的地方要适时组织开展专项整治,对接报的各类涉及博物馆的案(事)件要及时出警,依法妥善处置,对重大文物案件,上级公安机关要进行督办,限期破案。

各地有关工作情况及《博物馆安全情况检查统计表》,请于12月底前报公安部和国家文物局。

附件:博物馆安全情况检查统计表

公　安　部

国家文物局

2011年8月30日

附件

博物馆安全情况检查统计表

填表单位:　　　　　　　　　　　　填表日期:

博物馆基本情况																
博物馆数量(个)					管藏文物数量(件)					近3年博物馆发案情况(单位:起)					报警系统与公安机关联网的博物馆数量(个)	联网率(%)
合计	一级风险单位	二级风险单位	三级风险单位	其他博物馆	合计	一级文物	二级文物	三级文物	一般文物	合计	盗窃	抢劫	破坏馆舍及文物	其他案件		

公安机关工作开展情况								
出动警力(人次)	检查各类博物馆(个)	未达标博物馆(个)				发现各类安全隐患(个)	已整改各类隐患(个)	整改率(%)
		合计	一级风险单位	二级风险单位	三级风险单位			

填表人:　　　　　　　　电话:

备注:本表由各地公安机关和文物行政部门共同填报,分别加盖公章。

关于进一步规范全国宗教旅游场所燃香活动的意见

（旅发〔2009〕30 号）

各省、自治区、直辖市旅游局、工商局、质监局、宗教局、民宗委(厅、局)、文物局：

近年来，各地依法加强宗教活动场所的管理，规范旅游市场秩序，总体情况是好的。但是，部分宗教旅游场所对燃香活动管理力度不够，对当地寺院宫观、旅游景区的文化资源和生态环境造成不同程度的影响，安全隐患和事故时有发生。有的强拉或诱导游客和信教群众花高价烧高香，扰乱了宗教旅游场所秩序，侵犯了消费者合法权益，社会各方面反映强烈。国务院领导同志对此高度重视，专门作出了重要指示和工作要求。为认真贯彻落实国务院领导同志的指示精神，加强全国宗教旅游场所燃香活动的规范和监管，国家旅游局会同国家工商总局、国家质检总局、国家宗教事务局、国家文物局、国家标准委联合提出意见如下：

一、总体要求和工作目标

保护资源和环境是我国长期坚持的基本国策。中华民族博大精深的宗教文化资源和得天独厚的自然生态环境，是旅游业赖以生存和发展的基础。规范宗教旅游场所燃香活动，是引导旅游发展、文化传承、环境保护协调发展方式的具体措施之一。各地各有关部门要按照科学发展观的要求，围绕构建社会主义和谐社会的总体目标，增强责任意识和大局意识，进一步规范全国宗教旅游场所燃香活动，保障人民群众的合法权益，保护文化资源和生态环境，维护宗教旅游场所的文明、安全、环保和秩序。

二、加强组织领导和部门合作

规范燃香活动是一项政策性强、群众性强、综合性强的工作，涉及环节多，需要各相关部门的通力合作。

（一）建立分工负责的部门联动机制

各相关部门在各自职能范围内，明确监管职责，加强部门间的沟通、协调与配合，制定工作措施。联合印发《关于进一步规范全国宗教旅游场所燃香活动的意见》，进行工作部署。

（二）各地各相关部门加强组织领导

各地各级有关部门要对规范燃香活动的重要性予以高度重视，加强组织领导，在地方党委、政府的领导下，结合本地区实际情况和特点，制定具体措施办法，进行专项部署。有关情况及时向各主管部门反映。

三、主要任务和部门职责分工

（一）加强宗教活动场所的管理

各地宗教部门要依据《宗教事务条例》等有关法律法规，规范宗教活动场所的管理，提高宗教活动场所及宗教教职人员安全意识和环保意识，将文明敬香纳入创建和谐寺院宫观活动的考评内容。要指导建立和落实香烛明火、消防安全、文物保护、生态环境保护等各项管理措施和规章制度，明确燃香点必须设专人管理，禁止烧高香、成把烧香和在殿堂内等禁火区烧香的要求。对燃香活动管理不规范的宗教活动场所，要责令整改；情节严重的，责令该场所撤换直接负责的主管人员。对未经依法登记为宗教活动场所的寺观设立燃香点的，由宗教事务部门牵头予以取缔。对于重大宗教活动、节假日、香会期、节庆活动等燃香旺季和高峰时段，宗教事务部门要会同相关部门提前组织开展联合检查，做好安全应急预案，加强燃香点现场指导。

（二）加强宗教旅游景区的管理

各地旅游部门要联合相关部门，对以宗教活动场所为主要游览内容的旅游景区，加强燃香活动专项治理和联合检查，严厉打击强拉游客烧香许愿、骗取钱财等违规违法行为，规范旅游市场秩序。加强对旅行社、旅游景区经营行为和导游人员服务质量的规范化管理，采取有效措施，严禁旅游企业、导游人员以任何名义和借口诱导游客烧高香。在燃香点设置倡导文明和环保的宣传标识、安全警示牌、防火标志和消防指示牌。在九华山、峨眉山、普陀山、五台山、雍和宫、寒山寺、灵隐寺、少林寺、灵山景区、武当山等著名宗教旅游场所开展文明燃香试点。

（三）引导旅游景区提升发展质量

旅游部门要将规范燃香活动，作为旅游景区质量等级评定与复核、文明风景旅游区创建工作的重点内容。充分发挥全国各宗教名山名寺、名胜古迹和宗教旅游景区的示范作用，注重挖掘和弘扬中华民族宗教文化内涵，推进资源节约型、环境友好型宗教旅游发展方式和消费模式，提升旅游景区竞争力和发展质量。

（四）进一步保障文物安全

各地文物部门要认真贯彻《中华人民共和国文物保护法》等法律法规，对开展宗教活动的文物保护单位提出具体要求，将文明燃香作为保障文物安全的重要措施之一，强化安全意识，全面落实文物安全主体责任制。未登记为宗教活动场所，仅作为文物保护单位的寺院宫观，不得进行燃香活动。

（五）加强对进香群众和信教群众的引导

宗教部门应推动佛教协会、道教协会等宗教团体发出文明燃香倡议，以全国主要寺院、宫观等宗教旅游场所为重点，规范燃香地点、敬香数量、敬香规格和敬香形式，倡导游客和进香群众选用符合安全、环保的规格要求的香类产品，树立文明燃香风气。

（六）加强国民旅游文明素质教育

各地旅游部门、旅游协会，应通过多种方式宣传文明燃香的意义、内容和方式，进一步贯彻落实《中国公民国内旅游文明行为公约》，引导游客、进香群众和当地居民明确认识“保护生态环境”“保护文物古迹”是公民应尽义务，使文明燃香逐步成为公民的广泛共识和自觉行动。旅游景区、旅行社及导游人员应担负起教育游客在旅游活动中保护旅游资源的职责。

（七）制定香类产品质量及宗教活动场所燃香安全要求的国家标准

国务院标准化行政主管部门进一步完善香类产品质量标准，以满足人民群众身体健康需要。同时，为保护生态环境及宗教活动场所的安全，研究制定燃香安全规范，为规范燃香活动提供技术支撑。

（八）加强生产环节的监管

各地质监部门要广泛宣传香类产品质量及宗教活动燃香安全国家标准，并组织对宗教旅游场所用香产品生产企业执行香类产品质量及燃香安全国家标准的情况进行检查，督促生产企业根据国家有关法律法规和标准要求生产产品。

（九）加强销售环节的监管

各地工商部门要依法加强对销售宗教旅游场所用香经营者的监管，依法查处销售假冒伪劣宗教旅游场所用香的违法违规行为，维护消费者的合法权益。

（十）充分发挥新闻媒体宣传和舆论监督优势

各地旅游、工商、质监、宗教、文物部门，要通过报刊、广播、电视、网络等媒体，大力宣传对宗教文化旅游资源保护和文明旅游行为，引导和监督文明燃香活动，增强经营者、民众和游客的社会责任感，积极营造良好的社会氛围。对燃香活动中的不文明、危害安全和环保的行为及时予以曝光。

四、工作进度安排

此次专项工作自 2009 年 5 月开始至 9 月结束，分四个阶段进行。

第一阶段（5 月）：建立部门联动机制，研究制订工作方案。

第二阶段(6～7 月):印发《关于进一步规范全国宗教旅游场所燃香活动的意见》,进行工作部署。各地集中排查问题,落实各项措施,开展专项工作。重点抓好文明燃香试点。

第三阶段(8 月):相关部门组成若干联合督查组,对全国重点宗教旅游场所进行督导检查。

第四阶段(9 月上旬):各地对此专项工作进行总结,提出相关意见和建议,以及下一步工作措施。国家旅游局会同各部门,对各地开展专项工作的情况进行分析、汇总,完成专项工作报告上报国务院领导。

国家旅游局　国家工商行政管理总局
国家质量监督检验检疫总局　国家宗教事务局
国家文物局　国家标准化管理委员会
2009 年 6 月 18 日

关于印发新增全国文明燃香试点单位名单的通知

(旅办发〔2012〕120 号)

各省、自治区、直辖市旅游局(委)、工商局、质量技术监督局、宗教局、民宗委(厅、局)、文物局:

2009 年以来,各地按照《关于进一步规范全国宗教旅游场所燃香活动的意见》(旅发〔2009〕30 号)和"规范全国宗教、旅游场所燃香活动电视电话会议"的要求,认真组织开展规范燃香活动,取得了初步成效。六部门确定的首批 10 个全国文明燃香试点单位,积累了宝贵经验,发挥了示范作用。

为了更好地推动有关燃香国家标准的贯彻实施,充分发挥文明燃香示范带动作用,形成更加广泛的影响力,引导规范燃香工作广泛深入地开展,六部门决定扩大文明燃香试点范围。经研究,确定新增 30 个全国文明燃香试点单位(名单附后)。为组织好试点工作,现就有关要求通知如下。

一、加强组织领导

开展规范燃香、文明燃香活动是关系到安全、资源环境和文物保护、旅游服务质量的一项长期性重要工作,各地要高度重视,切实加强组织领导,落实监管责任,加大对文明燃香试点单位的指导和支持力度。要加强旅游景区、寺院宫观、文物管理单位的协调配合,制定文明燃香实施方案,完善燃香管理制度和措施,及时总结经验和组织交流推广,为全国规范燃香工作提供借鉴。

二、加强监督管理

旅游、宗教、工商、质监、文物等相关部门要加强协作,加大监督检查力度。要依照《宗教事务条例》《文物保护法》《旅行社条例》等有关法律法规,坚决查处旅游景区违规燃香,利用假僧人敛财等扰乱宗教活动场所、旅游市场秩序和文物管理秩序的行为。各旅游景区中,未登记为宗教活动场所的文物保护单位的寺院宫观,不得进行燃香活动。加强旅游景区、旅行社经营行为和导游人员服务质量的规范化管理。

三、加强标准实施

要按照《关于贯彻实施〈燃香类产品安全通用技术条件〉等 3 项国家标准的通知》(国标委服务联〔2011〕58 号)要求,结合本地区、本单位实际,组织开展不同形式的标准宣贯活动,推动试点单位积极贯彻实施《燃香类产品安全通用技术条件》(GB 26386—2011)、《燃香类产品有害物质测试方法》(GB/T 26393—2011)和《宗教活动场所和旅游场所燃香安全规范》(GB 26529-2011)国家标准。

四、加强宣传引导

要充分利用新闻媒体,大力倡导文明燃香,宣传文明燃香的先进经验,扩大示范效应。要指导试点单位,印制发放有关燃香国家标准和文明燃香的宣传资料,引导广大游客和进香群众了解燃香标准,了解燃香文化和礼仪,增强文明意识,选用符合标准的燃香类产品,遵守宗教活动场所和旅游场所燃香安全要求及规范。

五、加强信息通报

各地各部门要加强文明燃香试点工作的信息沟通,定期通报文明燃香试点进展情况。如遇到重要问题,及时反馈上级主管部门。六部门将适时开展对试点单位的调研和检查工作。

国家旅游局　国家工商行政管理总局
国家质量监督检验检疫总局　国家宗教事务局
国家文物局　国家标准化管理委员会
2012 年 3 月 16 日

附件

新增全国文明燃香试点单位名单

国家旅游局、国家工商总局、国家质检总局、国家宗教局、国家文物局和国家标准委六部门于 2009 年确定安徽九华山、四川峨眉山、浙江普陀山、山西五台山、北京雍和宫、江苏寒山寺、浙江灵隐寺、河南少林寺、江苏灵山大佛景区、湖北武当山共 10 个全国文明燃香试点单位。现六部门确定新增以下 32 个单位为全国文明燃香试点单位。

北　京

1. 潭柘寺

天　津

2. 盘山风景名胜区

河　北

3. 承德普宁寺

辽　宁

4. 辽阳广佑寺
5. 阜新海棠山风景区

江　苏

6. 常州天宁禅寺

浙　江

7. 天台山风景区
8. 新昌大佛寺

安　徽

9. 芜湖广济寺

福　建

10. 莆田湄洲岛国家旅游度假区

江　西

11. 庐山风景名胜区

12. 龙虎山天师府

山 东

13. 泰山景区

14. 济南千佛山风景名胜区

湖 北

15. 武汉归元禅寺

湖 南

16. 南岳衡山旅游区

广 东

17. 惠州罗浮山冲虚古观和黄龙古观

18. 韶关云门寺

广 西

19. 贵港桂平西山风景名胜区

海 南

20. 三亚南山文化旅游区

重 庆

21. 重庆华岩寺

四 川

22. 乐山大佛景区

23. 凉山州冕宁县灵山景区

云 南

24. 大理崇圣寺

25. 大理鸡足山景区

陕 西

26. 宝鸡法门寺文化景区

27. 榆林白云山白云观

甘 肃

28. 平凉崆峒山风景名胜区

青 海

29. 西宁塔尔寺

新 疆

30. 昌吉天山天池景区

关于进一步加强文物行政执法工作的通知

（文物办发〔2003〕47 号）

各省、自治区、直辖市文化厅（局）、文物局，文管会：

新修订的《中华人民共和国文物保护法》（以下简称《文物保护法》）与《中华人民共和国文物保护法实施条例》（以下简称《实施条例》）已经颁布实施，两部法规进一步明确了文物行政部门依法行政的职责与任务。各级文物行政部门要结合本地区、本单位的实际情况，积极、有效开展文物行政执法工作，维护法律的尊严，提高行政执法水平。为保证法律、法规全面、正确、有效地实施，坚决制止各种违法犯罪活动，确保国家文物不受损失，现就加强文物行政执法工作通知如下：

一、加大宣传贯彻《文物保护法》的力度

各级文物行政部门必须高度重视文物行政执法工作，带头学习《文物保护法》及《实施条例》，认真贯彻“保护为主、抢救第一、合理利用、加强管理”的文物工作方针，把做好本区域内的文物保护宣传工作作为一项大事来抓。要利用各种新闻媒体，加大宣传力度，扩大宣传范围，使《文物保护法》深入人心，使全社会树立保护文物有责、破坏文物违法的观念。对具有典型意义、社会影响较大的违法行为要充分运用新闻媒体公开曝光，为开展文物行政执法工作创造良好氛围。

二、加强文物行政执法队伍建设

开展行政执法工作的关键是执法机构和人员的落实。各级文物行政部门要根据本地区、本部门的实际情况，依据《文物保护法》的规定在县级以上文物行政部门建立行政执法机构，暂不具备条件的要设立专职文物行政执法人员，行使《文物保护法》赋予的行政执法职责和任务，处理文物行政违法事件。

文物行政执法人员应具有良好的政治素质，掌握一定的法律、法规和文物博物馆专业知识。执法人员必须定期接受培训，实行持证上岗制度，行使行政执法职能时必须出示有效证件。禁止使用合同工、临时工实施行政执法工作。各级文物行政部门要对文物执法队伍建设和配置必要装备所需经费给予保障，使执法人员积极、有效地履行法律、法规赋予的职责。

三、加大行政执法力度，落实执法责任制

文物行政执法要遵循公正、公开的原则，依据《文物保护法》的规定，坚持过错与处罚相适应，惩戒与教育相结合的原则。严格依法办事，做到有法必依、执法必严、违法必究。要建立行政执法定期报告制度，增强执法人员的法律意识和责任意识。

各级文物行政执法部门和人员，要按照执法权限和职责，建立健全执法岗位责任制和目标责任制，签订行政执法责任书，逐级分解执法目标和法律责任，使之落实到具体岗位、具体人，使违法事件做到早发现、早制止、早处理。

四、规范行政执法程序

各级文物行政执法部门要按照《文物保护法》等有关法律、法规的规定，制订文物行政执法程序，并结合实际情况细化，使其具有可操作性，从而有效保障各项执法工作正常运行。

文物行政执法人员在执行公务时，应认真执行听证制度、调查取证与处罚决定分开制度；要规范行政处罚决定、执行及登记、备案工作；在进行行政处罚时应严格执行国务院“罚缴分离”和“收支两条线”的规定。

五、建立健全行政执法监督机制

各级文物行政部门要完善文物行政执法内外监控制度，在行政执法过程中，要自觉接受各级政府和社会各界的监督，逐步形成立体化、全方位、多层次监控体系。执法过程中应实行行政执法公开明示制度、执法审核制度；落实行政执法评议考核制度，行政执法检查制度和举报、投诉回访制度；坚持行攻执法过错责任追究制度；对于因执法人员执法过错，而给公民人身或财产造成损害、给法人或者其他组织造成损失的，应依法予以赔偿，对负责的主管人员和其他直接责任人员依法追究责任。

特此通知。

国家文物局

2003 年 7 月 15 日

关于加强文物行政执法工作的指导意见

(文物督函〔2011〕265号)

各省、自治区、直辖市文物局(文化厅):

行政执法是文物行政部门的重要职责。2002年,《中华人民共和国文物保护法》修订施行以来,各地不断加强文物行政执法工作,完善机制,强化措施,执法力度逐步加大,执法效果显著,有力保障了文物事业的发展繁荣。

当前,文物行政执法工作面临的形势依然严峻,仍存在许多困难和问题。一方面文物违法行为屡禁不止,必须继续加大执法力度;另一方面,文物行政执法机构不健全、执法人员素质不高,有法不依、执法不严、违法不究等现象仍不同程度的存在。进一步加强文物行政执法工作,有利于履行主管部门职责、维护法律权威和文化遗产尊严,有利于提高文物保护意识、团结全社会力量积极参与,有利于树立法治政府的形象、体现为人民群众服务的宗旨。现就加强文物行政执法工作提出如下意见。

一、提高思想认识 强化组织领导

(一)加强文物行政执法工作的总体要求

坚持以邓小平理论和"三个代表"重要思想为指导,深入贯彻落实科学发展观,贯彻"保护为主、抢救第一、合理利用、加强管理"的文物工作方针,坚持"有权必有责、用权受监督、违法受追究、侵权须赔偿"的基本要求,完善规章制度,健全执法队伍,加强能力建设,规范执法监督,提高执法质量,提升执法效能,完善执法体制机制。

(二)充分认识文物行政执法工作的重要性

文物行政执法工作是贯彻文物工作方针、履行文物工作各项法定职能的重要手段之一。各地必须充分认识加强行政执法工作的重要性,正确处理执法与文物保护、执法与行政管理、执法与事业发展的关系。其中心任务就是要贯彻文物保护法律法规,运用执法手段,查处违法违规行为,促进文物保护与管理政策措施的落实,保障国家文化权益,保障文物安全。

(三)加强对文物行政执法工作的组织领导

各级文物行政部门必须把贯彻执行文物保护法律法规提到本部门工作的重要位置上,把严肃查处各种文物违法行为,强化文物执法监督作为文物行政执法工作的重点。各级文物行政部门的负责人要切实承担起领导文物行政执法工作的责任,组织、协调、监督行政区域内的文物行政执法工作;对行政执法工作中的重大问题和难点,要主动出面解决,抓典型,出经验,全面推动本部门的文物行政执法工作;要建立本部门的行政执法责任制,把执法业绩作为工作考核的主要内容。

二、理顺执法体制 加强队伍建设

(四)理顺文物行政执法体制

文物行政执法工作要按照属地管理的原则,减少文物行政执法层级,执法重心适当下移,逐步建立健全以地市、县区级文物执法机构为执法主体的执法体制。省级文物执法机构主要负责监督检查指导本行政区域内的文物执法工作。情节严重、影响恶劣的重大违法案件,可由省级文物行政执法机构直接负责。

(五)文物行政执法工作的范畴

文物行政执法是指文物行政部门依照法律法规赋予的职责,督促检查文物保护与管理情况,查处违法违规行为等工作。主要有以下形式:一是上级文物行政部门对下级文物行政部门开展文物行政执法工作的检查指导;二是文物行政部门对本行政区域内文物、博物馆单位贯彻执行文物保护法律法规情况开展检查、巡查和督察等;三是文物行政部门依法处理文物违法行为,并实施行政处罚;四是文物行政部门及时向司法机关移交涉嫌犯罪的文物违法案件;五是文物行政部门在行政检查和行政处罚过程中做出责令改正等行政决定。具体工作范畴各地可根据实际情况自行制定。

(六)加强文物行政执法机构建设

各省级文物行政部门应结合当地实际,积极推动本行政区域内各级文物行政执法机构队伍建设,充实执法人员,规范执法行为,提升执法能力。各级文物行政部门应内设文物执法督察的专职机构,强化监管责任,切实履行职责。各地要积极会同有关部门研究落实文物行政执法人员配置、执法装备与经费问题等。

(七)强化文物行政执法人员培训

各地要积极开展文物行政执法人员培训工作。以法律、法规、相关政策、案例分析和工作方式与程序为主要培训内容,采取灵活多样的方式,重点培训各级文物行政执法人员,进一步明确岗位职责,全面提升队伍素质。各地要制订培训计划,培训工作要保质保量铺网式进行,力争在5年内使本辖区内文物行政执法人员整体轮训一遍。同时,要对热心于文物保护工作的业余文保员、志愿者和信息员进行培训,引导全社会积极参与文物行政执法工作。

三、完善工作机制 创新工作方法

(八)积极开展文物行政执法巡查

巡查工作是实现文物行政执法关口前移的有效方法。各地应积极组织力量定期对文物、博物馆单位的保护管理情况开展日常检查,监管视角前移,及时发现和整改隐患,及时制止与查处违法行为,防患于未然。要积极研究制定文物行政执法日常巡查办法,明确相关要求、职责和工作量化标准,巡查情况要如实记录,逐步建立辖区内文物、博物馆单位巡查基本档案。文物行政执法巡查要坚持"属地管理、分级负责"原则,充分发挥文物行政部门主体地位。

(九)积极建立和推行执法信息公示、公告制度

信息公开是推进依法行政、提高工作透明度的有效举措。各地应通过多种方式及时公开执法信息,切实做到行政执法依据公开、权限公开、程序公开以及行政执法相对人依法应享有的权利和应履行的义务公开;应定期汇总并上报本辖区内文物行政执法工作基本情况,完善执法信息系统建设。通过公示、公告制度,形成长效监督制约机制,促进各级地方人民政府和各部门切实履行文物保护职责,警示、震慑文物犯罪和违法违规行为。

(十)加强部门协作和区域合作

部门协作和区域合作是推动文物行政执法工作的重要保障。各级文物行政部门要积极与公安、海关、工商、建设、国土、环保等部门沟通配合,逐步建立联合执法工作机制,共同研究加强文物行政执法的政策措施,形成文物行政执法协调体系和长效机制;要研究建立区域性的文物行政执法工作沟通协调机制,沟通情况,统一认识,共同研究执法中遇到的新情况、新问题,协调解决疑难问题。

(十一)及时移送涉嫌犯罪的文物违法案件

各地在行政执法过程中查处的文物违法案件,依照法律规定,凡是达到刑事追诉标准、涉嫌犯罪的,应按照有关规定,及时向公安机关移送,切实防止"以罚代刑"现象的发生;对于在查处过程中不移送涉嫌犯罪案件的,应依法依纪追究相关责任。

四、强化执法监督 规范执法行为

(十二)规范文物行政执法主体

各地要进一步规范文物行政执法主体,明确责任,履行法定职责,要坚决纠正将文物行政执法权交由不具备文物行政执法资格的单位和组织行使的做法。文物行政执法人员必须持证上岗,经培训合格方可取得执法证件。省级文物行政部门要监督实施,定期检查、清理不具备行政执法资格的机构、队伍、人员等,确保实施具体文物行政执法行为时,主体有效、人员合法、行为规范。

(十三)明确文物行政执法责任

行政执法责任制是规范和监督行政机关行政执法活动的一项重要制度。各地要通过依法界定执法职责,明确执法权限,促使执法主体依法履行职责,既不越权又不失职;通过分解执法职责,把执法责任层层落实到具体的执法机构、执法岗位和执法人员,将责任落到实处;通过评议考核和责任追究,加强对执法活动的监督。对实施不当或者违法的行政执法行为应责令限期整改,依法依纪应采取组织处理措施的,按照干部管理权限和规定程序办理;涉嫌犯罪的,移送司法机关处理。

(十四)逐步建立文物行政执法评议考核机制

行政执法评议考核是评价行政执法工作情况的重要机制。各地要逐步建立健全相关制度、办法和标准等,遵循公开、公平、公正原则,定期对文物行政执法工作和行政执法人员进行评议考核,对行政执法绩效突出的行政执法机构和行政执法人员予以表彰,充分调动行政执法机构和行政执法人员提高行政执法质量和水平的积极性。

(十五)强化文物行政执法监督

要强化上级文物行政执法机构对下级文物行政执法机构的监督、检查和指导职能,进一步加强对文物行政执法机构和执法人员的监督,重点对文物行政执法过程中执法不严、违法不究、执法程序不当等行为进行监督。要建立健全社会监督机制,逐步完善群众举报投诉制度,拓宽群众监督渠道,自觉接受社会舆论和人民群众的监督。对群众举报、新闻媒体反映的违法行为要认真调查、核实,并依法及时做出处理。

五、广泛宣传动员 营造执法氛围

(十六)积极争取政府及相关部门的重视和支持

各级文物行政部门要定期向当地党委、人大、政府、政协上报和向相关部门通报执法信息,进一步加大文物法制宣传,以执法依据、执法目的和执法效果为主要宣传内容,争取上级领导和各部门重视与支持。

(十七)努力营造良好的执法氛围

要充分利用国际博物馆日和中国文化遗产日等节日,组织开展形式多样的宣传活动,运用新闻媒体宣传法律法规,定期公布文物行政执法检查、督察和文物违法行为处理信息,加大对故意违法以及社会影响恶劣的违法行为的曝光力度,提高全社会文物保护意识,形成良好的执法氛围和执法环境。

请各地根据上述意见制定具体实施办法,确保各项政策措施落到实处,及时将贯彻落实上述意见的办法和实施情况上报我局。

国家文物局
2011年3月16日

文物安全与行政执法信息上报及公告办法

(文物督发〔2012〕1号)

第一条 为加强文物安全监管,推进文物行政执法,及时汇总和公告全国文物安全与行政执法工作以及文物案件情况,依据《中华人民共和国文物保护法》等法律、法规和文件,制订本办法。

第二条 本办法所称文物案件包括文物安全案件和文物行政违法案件。

国家文物局按本办法规定对文物案件进行公告。

第三条 县级以上文物行政部门按本办法规定上报文物安全与行政执法工作情况和文物案件信息,确保报送信息及时准确。

第四条 文物、博物馆单位应当在知道文物案件发生后2小时内,向主管的文物行政部门报告已掌握的案件情况。

有下列情形之一的,县级以上文物行政部门应当在接到报告2小时内,向同级人民政府和上级文物行政部门报告。省级文物行政部门应当在接到报告 2 小时内通过电话或者传真形式报告国家文物局督察司，并在 3 日内正式行文报国家文物局：

（一）世界文化遗产地、全国重点文物保护单位和省级文物保护单位发生的文物案件；

（二）核定、公布为三级以上风险单位的博物馆、纪念馆等文物收藏单位发生的文物案件；

（三）尚未核定公布为三级以上风险单位的博物馆、纪念馆和其他文物收藏单位发生的一级文物丢失或者损毁案件；

（四）其他重大文物案件。

第五条　文物安全案件报告主要包括以下内容：

（一）涉案文物、博物馆单位名称、级别、保护机构和保护管理现状；

（二）发案时间、地点、经过，文物损失和人员伤亡情况；

（三）涉案可移动文物名称、数量、级别和受损情况；

（四）案件原因分析及处理结果；

（五）案发现场和文物受损等图片资料；

（六）其他情况。

第六条　文物行政违法案件报告主要包括以下内容：

（一）涉案文物、博物馆单位名称、级别、保护机构和保护管理现状；

（二）违法相对人名称、违法性质；

（三）违法行为发生的时间、地点和违法事实；

（四）违法行为对文物造成的损失；

（五）违法行为的调查处理情况；

（六）案发现场、文物受损等图片资料；

（七）其他情况。

第七条　省级文物行政部门每半年向国家文物局报送文物安全与行政执法工作情况统计表、文物安全案件统计表和文物行政违法案件统计表。上半年于当年 6 月 15 日前报送，下半年于当年 12 月 15 日前报送。

省级文物行政部门同时报送各项报表的书面和电子文本，电子文本通过国家文物局“文物安全与行政执法管理信息系统”报送。

第八条　国家文物局按以下形式实施公告：

（一）专项通报：不定期对重大文物案件处理情况进行通报。

（二）年中通报：每年 6 月 30 日前，通报上半年全国文物安全与行政执法工作情况。

（三）年度通报：每年 12 月 31 日前，通报本年度全国文物安全与行政执法工作情况。

第九条　国家文物局实施的专项通报、年中通报和年度通报印发各省级文物行政部门，印送全国文物安全工作部际联席会议各成员单位，并按有关规定进行信息公开。

第十条　对于下列行为，国家文物局进行通报批评，情节严重的，向当地人民政府通报或者提出行政处理建议：

（一）不按本办法规定的时限、内容、形式和要求，报送文物案件和各项统计报表的；

（二）对国家文物局通报的文物案件负有调查处理责任的文物行政部门或者文物、博物馆单位，不按通报要求认真调查处理，不按时限要求报送调查处理结果的。

（三）对国家文物局督察、督办的文物安全与行政执法工作事项，无正当理由不予落实或者不及时报告落实结果的。

第十一条　省级文物行政部门根据本办法，制定本省行政区域内的文物安全与行政执法信息上报与公告办法。

第十二条　本办法自印发之日起施行。

附件 1

______省文物安全与行政执法工作情况____年____半年统计表

项目		文物单位数量	安全检查工作情况				执法巡查工作情况				文物安全案件(起)							行政违法案件(起)		
			安全检查次数	检查数量	发现隐患数量	整改数量	执法巡查次数	巡查数量	发现违法行为数量	调查处理数量	火灾事故	盗窃案件	盗抢案件	盗掘案件	安全责任事故	其他安全案件	发生违法案件数	立案件数	行政处罚件数	改正违法行为件数
总计																				
省级文物行政部门																				
市县文物行政部门																				
不可移动文物	合计																			
	国保单位																			
	省保单位																			
	市、县保单位																			
	其他不可移动文物																			
世界文化遗产地																				
文物收藏单位	合计																			
	一级风险单位																			
	二级风险单位																			
	三级风险单位																			
	其他文物收藏单位																			

填表单位：　　　　审核人：　　　　填表人：　　　　联系电话：

附件 2

______省____年____半年文物安全案件统计表

<table>
<tr><th>序　号</th><th>案发单位名称</th><th>案发单位级别</th><th>案件类别</th><th>案发时间</th><th>案件基本情况</th><th>案件处理情况</th></tr>
<tr><td></td><td></td><td></td><td></td><td></td><td></td><td></td></tr>
<tr><td></td><td></td><td></td><td></td><td></td><td></td><td></td></tr>
<tr><td></td><td></td><td></td><td></td><td></td><td></td><td></td></tr>
<tr><td>统计</td><td colspan="6">20____年____半年全省省级以上文物保护单位共发生文物安全案件____起，其中，全国重点文物保护单位____起，省级文物保护单位____起；世界文化遗产地____起；省级以上文物保护单位发生火灾事故____起，盗窃案件____起，盗抢案件____起，盗掘案件____起，安全责任事故____起。确定公布为三级以上风险单位的文物收藏单位共发生文物安全案件____起，发生文物火灾事故____起，盗窃案件____起，盗抢案件____起，盗掘案件____起，安全责任事故____起。</td></tr>
</table>

填表单位：　　　审核人：　　　填表人：　　　联系电话：

附件 3

______省______年______半年文物行政违法案件统计表

<table>
<tr><th>序号</th><th>案发单位名称</th><th>案发单位级别</th><th>发案时间</th><th>案件基本情况</th><th>案件处理情况</th></tr>
<tr><td></td><td></td><td></td><td></td><td></td><td></td></tr>
<tr><td></td><td></td><td></td><td></td><td></td><td></td></tr>
<tr><td></td><td></td><td></td><td></td><td></td><td></td></tr>
<tr><td></td><td></td><td></td><td></td><td></td><td></td></tr>
<tr><td>统计</td><td colspan="5">20____年____半年全省省级以上文物保护单位共发生文物行政违法案件____起，全国重点文物保护单位____起，省级文物保护单位____起；世界文化遗产地____起；确定公布为三级以上风险单位的文物收藏单位共发生文物行政违法案件____起。</td></tr>
</table>

填表单位：　　　审核人：　　　填表人：　　　联系电话：

附件 4

附表填写说明

一、____省文物安全与行政执法工作情况______年____半年统计表填写说明

（一）省级文物行政部门对表中各项内容汇总填写后，统一报国家文物局；

（二）文物单位数量：是指本省区域内世界文化遗产地、各级保护单位和各级文物、博物馆风险单位数量；

（三）安全检查次数：是指文物行政部门对文物、博物馆单位采取现场检查以及其他方式实施安全检查次数；

（四）检查数量：是指文物行政部门开展安全检查，共检查的文物、博物馆单位数量；

（五）发现隐患数量：是指文物行政部门对文物、博物馆单位实施安全检查发现的安全隐患项数；

（六）整改数量：是指文物、博物馆单位对文物行政部门检查发现的安全隐患整改项数；

（七）执法巡查次数：是指文物行政部门对文物、博物馆单位采取现场巡查以及其他方式实施执法巡查次数；

（八）巡查数量：是指文物行政部门开展行政执法巡查，共巡查的文物、博物馆单位数量；

（九）发现违法行为数量：是指文物行政部门对文物、博物馆单位实施执法巡查，发现行政违法案件件数；

（十）调查处理数量：是指文物行政部门对执法巡查发现的行政违法案件进行调查和依法处理的件数；

（十一）安全责任事故：是指文物、博物馆单位发生由于故意或者过失造成文物损毁的安全事故（文物火灾除外）；

（十二）其他安全案件：是指文物、博物馆单位发生的除火灾、文物被盗窃、抢劫、盗掘案件和安全责任案件以外的其他安全案件数量；

（十三）发生违法案件数：是指文物、博物馆单位发生的行政违法案件数量；

（十四）立案件数：是指文物行政部门对文物、博物馆单位发生的行政违法案件依法立案查处的数量；

（十五）行政处罚件数：是指文物行政部门对文物、博物馆单位发生的行政违法案件实施行政处罚的案件数量；

（十六）改正违法行为件数：是指对文物、博物馆单位发生的行政违法案件，经文物行政部门实施行政处罚，违法相对人改正违法行为数量。

（十七）对世界文化遗产地实施的安全检查与执法巡查，以及发生的文物案件，在表中“世界文化遗产地”项目中单独填报，并根据其所属的文物保护单位级别，在“文物保护单位”项目中同时填报。

二、______省____年____半年文物安全案件统计表、______省____年____半年文物行政违法案件统计表填写说明

（一）省级文物行政部门对本行政区内世界文化遗产地、省级以上文物保护单位、核定公布为三级以上风险单位的文物收藏单位发生的文物案件进行汇总，分别填写______省____年____半年文物安全案件统计表、______省____年____半年文物行政违法案件统计表统一报国家文物局；

（二）案发单位：是指发生文物案件的文物、博物馆单位名称，既是文物保护单位也博物馆、纪念馆的填写文物保护单位名称；

（三）案发单位级别：是指文物保护单位级别或者文物收藏单位风险等级；

（四）案件类别（______省____年____半年文物安全案件统计表）：是指火灾事故、文物被盗、文物被抢劫、古墓葬被盗掘、安全责任事故和其他文物安全案件六类；

（五）案发时间：是指案件发生的初始时间，如果案件是持续的，写明案件发生初始时间和结束时间；

（六）案件基本情况包括：按《文物安全与行政执法信息上报及公告办法》中第5、6条规定内容简要填写；

（七）案件处理情况：案件处理主体、处理意见和处理结果。

文物保护单位执法巡查办法

（文物督发〔2011〕21号）

第一条 为了规范文物保护单位执法巡查工作，推动各地文物行政部门、文物执法机构依法履行文物行政执法监管职责，提高监管效率与能力，及时发现、制止并依法查处文物违法行为，根据《中华人民共和国文物保护法》《中华人民共和国文物保护法实施条例》等法律、法规制定本办法。

第二条 本办法所称文物保护单位执法巡查工作，是指各级文物行政部门、文物执法机构，对本行政区域内各级文物保护单位进行的日常性检查工作。

第三条 文物保护单位执法巡查工作按照属地管理、分级负责的原则实施。各地可根据实际情况，参照本办法制定相应的实施细则，开展文物保护单位执法巡查工作。

第四条 国家文物局负责对全国重点文物保护单位进行抽查；对各地开展的文物保护单位执法巡查工作进行督察。

第五条 各省、自治区、直辖市文物行政部门、文物执法机构负责对本行政区域内省级以上（含省级）的文物保护单位进行巡查、抽查；对本行政区域内各设区市、县（市、区）文物行政部门、文物执法机构开展的文物保护单位执法巡查工作进行督察。

第六条 各设区市的文物行政部门、文物执法机构重点负责对本行政区域内市级以上（含市级）文物保护单位进行巡查，每年对每个市级以上（含市级）文物保护单位至少巡查一次；对本行政区域内县级文物保护单位进行抽查；对本行政区域内县（市、区）文物行政部门、文物执法机构开展的文物保护单位执法巡查工作进行督察。

第七条 各县（市、区）文物行政部门、文物执法机构负责对本行政区域内各级文物保护单位进行巡查，每年对本行政区域内每处文物保护单位至少巡查一次。

第八条 文物保护单位的管理使用单位（人）或者产权单位（人）应当配合各级文物行政部门、文物执法机构开展执法巡查，不得拒绝、阻碍。

文物保护单位的管理使用单位（人）或者产权单位（人）应当定期对文物保护单位的保护管理状况开展自查，对发现的问题及时整改，对发现的违法行为及时向所在地文物行政部门、文物执法机构报告。

第九条 上级文物行政部门、文物执法机构对文物保护单位执法巡查工作进行督察的内容包括：

（一）该行政区域内文物保护单位执法巡查工作的总体情况；

（二）对下级文物行政部门、执法机构开展的文物保护单位执法巡查工作进行抽查、督察的情况；

（三）在文物保护单位执法巡查和有关抽查、督察工作中发现的问题及整改意见的落实情况。

第十条 上级文物行政部门、文物执法机构对文物保护单位执法巡查工作进行督察，可采取以下方法：

（一）查看文物保护单位执法巡查、督察的工作计划；

（二）查看文物保护单位执法巡查工作相关文件和措施；

（三）查看文物保护单位执法巡查的电子与纸质档案；

（四）查看文物保护单位执法巡查工作抽查、督察的材料；

（五）实地检查。

第十一条 文物行政部门、文物执法机构开展文物保护单位执法巡查，应当重点检查以下内容：

（一）文物保护单位是否划定保护范围和建设控制地带，是否作出标志说明，是否建立记录档案，是否设置专门机构或者专人负责管理；

（二）文物保护单位内及其保护范围、建设控制地带内是否发生违法建设行为；

（三）是否发生擅自迁移、拆除文物保护单位或者擅自修缮文物保护单位，明显改变文物原状的违法行为；

（四）是否发生擅自在原址重建已全部毁坏的文物保护单位，造成文物破坏的违法行为；

（五）是否发生施工单位未取得文物保护工程资质证书，擅自从事文物修缮、迁移、重建的违法行为；

（六）是否发生擅自改变国有文物保护单位的用途、转让或者抵押国有文物保护单位或者将国有文物保护单位作为企业资产经营的违法行为；

（七）是否发生将非国有文物保护单位转让或者抵押给外国人的违法行为；

（八）是否发生考古发掘单位未经批准擅自在文物保护单位内进行考古发掘的违法行为；

（九）是否发生未经批准擅自在文物保护单位开展经营性活动的违法行为；

（十）其他涉及文物保护单位的违法违规行为。

第十二条 开展文物保护单位执法巡查工作时，巡查人员应当做好以下工作：

（一）如实记录被巡查文物保护单位的名称、类别、级别、地址、管理机构、使用或者所有权人、所有权属，以及巡查时间、巡查人员、发现的情况和采取的相应措施等；

（二）对被巡查文物保护单位的外观全景、主要组成部分和重要构件、标志说明、保护范围与建设控制地带状况及发现的违法行为现场等进行摄影、摄像；

（三）查阅被巡查文物保护单位的监测措施、维护保养记录、记录档案、依法开展有关工作的审批文件及其他书面材料，必要时应当复制存档。

第十三条 巡查、督察工作结束后，文物行政部门、文物执法机构应当及时以书面形式向被检查单位反馈意见。反馈意见应当明确指出存在的问题、违反的相关规定，并提出整改要求。

第十四条 各级文物行政部门、文物执法机构应当及时查处巡查、督察中发现的违法行为，对涉嫌构成犯罪的依法移交司法机关。

第十五条 文物保护单位执法巡查工作结束后，巡查人员要将基本工作情况、发现的问题、采取的措施和有关建议书面报告所属文物行政部门或者文物执法机构。

第十六条 文物行政部门、文物执法机构应当及时将巡查记录、文字和影像资料等整理归档，建立电子与纸质档案。

巡查档案示范文本，由国家文物局制定。

第十七条 本办法自发布之日起施行。

国家文物局文物安全案件督察督办管理规定(试行)

（文物督发〔2011〕18 号）

第一条 为加强文物安全监管工作，依法督察、督办各类文物安全案件，依据《中华人民共和国文物保护法》等法律、法规和规章，制定本规定。

第二条 国家文物局督察、督办文物安全案件适用本规定。

第三条 文物安全案件包括文物、博物馆单位发生的下列案件：

（一）盗窃、盗掘、抢劫、走私等文物犯罪案件；

（二）火灾事故；

（三）文物安全责任事故；

（四）其他文物安全案件。

第四条 督察、督办文物安全案件要按照有关法律、法规、规章和文件的规定，坚持“原因不查清不放过、责任者得不到处理不放过、整改措施不落实不放过、教训不吸取不放过”。

第五条 国家文物局开展文物安全案件信息收集与舆情监控工作。对从以下途径获知并需由国家文物局督察、督办的文物安全案件，及时填写文物安全案件登记表：

（一）在文物安全检查或者专项督察中发现的；

（二）相关部门转办的；

（三）各级文物行政部门上报的；

（四）通过舆情收集的；

（五）公民、法人或者其他组织举报的；

（六）其他途径获知的。

第六条 对已登记的文物安全案件，及时向案发地省级文物行政部门发《国家文物局文物安全案件督察通知》，由案发地省级文物行政部门调查核实，依法处理，限时上报。

对未按《国家文物局文物安全案件督察通知》要求时限上报案件情况及处理结果的，向案发地省级文物行政部门发《国家文物局文物安全案件督办单》，要求查清和说明未报原因，并再次提出限时办理要求。

第七条 对下列文物安全案件，国家文物局可以派督察组，会同案发地省级文物行政部门进行现场督察、督办：

（一）世界文化遗产地、全国重点文物保护单位发生的重大文物安全案件；

（二）省级文物保护单位发生的特大文物安全案件；

（三）国有博物馆发生的重大文物安全案件；

（四）其他重大文物安全案件。

第八条 国家文物局督察组会同省级文物行政部门现场督察、督办文物安全案件，按以下程序进行：

（一）查看案件现场、听取汇报、查阅资料，了解案发过程、案发原因、文物损失及案件处理等情况；

（二）对涉案的文物、博物馆单位实施安全检查，查找文物安全隐患；

（三）需要当场处置的，现场对文物安全案件提出处理意见和要求，对案发的文物、博物馆单位存在的安全隐患提出整改意见；

（四）现场督察结束后，向案发地省级文物行政部门提出书面督察、督办意见。

第九条 根据文物安全案件性质，需要由相关部门督察、督办或者联合督察、督办的，及时将案件情况通报相关部门，提出督察、督办建议，并配合或者联合相关部门做好督察、督办工作。

第十条 建立文物安全案件档案。文物安全案件档案内容包括：案发单位简介、案件基本情况、调查处理和督办情况、处理结果、媒体报道等文字和图片资料。

第十一条 对连续多次发生文物安全案件、文物安全监管工作需要加强的地区，组织实施文物安全专项督察。

第十二条 文物安全专项督察按以下程序进行：

（一）制订督察方案，明确督察时间、地域、范围、主要内容、工作日程和督察组组成人员等事项，事先通知被督察地区省级文物行政部门；

（二）采取现场检查、观摩演练、听取报告、进行座谈、查阅档案资料等形式，检查文物安全工作存在的问题；

（三）当场向被督察地区文物行政部门和被督察单位反馈督察意见；

（四）全面汇总专项督察情况，起草并提交书面督察报告；

（五）向被督察地区省级文物行政部门书面通报专项督察意见，指出文物安全工作存在的主要问题，提出意见、建议和整改要求；

（六）要求省级文物行政部门限时上报整改落实情况，并适时对被督察地区进行实地核查。

第十三条 在督办文物安全案件、实施文物安全专项督察或者在其他工作中，发现文物、博物馆单位存在严重安全隐患的，可直接向被检查单位发《文物安全隐患整改通知书》。

第十四条 对按本规定提出的督察、督办意见和文物安全隐患整改要求的落实情况进行跟踪督办。

有下列行为之一的，向案发地省级人民政府通报情况，提出督察建议：

(一)对发生的文物安全案件，不及时处置或者因处置不力造成文物损失扩大的；

(二)瞒报、迟报文物安全案件，造成不良社会影响的；

(三)不按国家文物局督察、督办意见落实安全隐患整改措施的。

第十五条 按照文物安全监管与行政执法情况公示公告制度的要求，及时对各省、自治区、直辖市文物安全工作情况及文物安全案件进行专项通报、季度通报和年度通报。

第十六条 《国家文物局文物安全案件督察通知》《国家文物局文物安全案件督办单》《文物安全隐患整改通知书》加盖国家文物局行政执法督察专用章，并存档备查。

第十七条 各省、自治区、直辖市文物行政部门督察、督办文物安全案件，可参照本规定执行。

第十八条 本规定自印发之日起试行。

附件 1

文物安全案件登记表

<table>
<tr><td>案件名称</td><td colspan="3"></td><td>接案日期</td><td></td></tr>
<tr><td rowspan="2">案件来源
及联系人</td><td colspan="3" rowspan="2"></td><td>案件性质</td><td></td></tr>
<tr><td>承办人员</td><td></td></tr>
<tr><td>案件基本情况</td><td colspan="5"></td></tr>
<tr><td>领导批示</td><td colspan="5"></td></tr>
<tr><td>案件处理</td><td colspan="5"></td></tr>
<tr><td rowspan="4">督办情况</td><td>督办时间</td><td>督办方式</td><td colspan="3">答复情况</td></tr>
<tr><td></td><td></td><td colspan="3"></td></tr>
<tr><td></td><td></td><td colspan="3"></td></tr>
<tr><td></td><td></td><td colspan="3"></td></tr>
<tr><td>督察督办结果</td><td colspan="5"></td></tr>
</table>

〔 〕第　号

附件 2

国家文物局文物安全案件督察通知

(安督察〔 〕第　号)

________________：

现将________________________________案件情况转给你局(厅)。请你局(厅)立即进行调查核实，依法处理，并于______年____月____日前将调查处理结果书面报告我局。

(国家文物局行政执法督察专用章)

______年____月____日

附件 3

国家文物局文物安全案件督办单

安督办〔　　〕第　号

________________：

我局于______年____月____日向你局（厅）下发了《国家文物局文物安全案件督察通知》（安督察〔____〕第____号），要求你局（厅）依法调查处理，并于______年____月____日前书面报告我局。但你局（厅）至仍未上报案件及有关处理情况。

请你局说明未报原因，并务必于______年____月____日前将调查处理情况书面上报我局。

（国家文物局行政执法督察专用章）

________年______月______日

附件 4

文物安全隐患整改通知书

〔　　〕第　　号

<table>
<tr><td>被检查单位</td><td colspan="2"></td><td>检查时间</td><td>年　月　日</td></tr>
<tr><td>存在的安全隐患</td><td colspan="4"></td></tr>
<tr><td>整改意见</td><td colspan="4"></td></tr>
<tr><td>整改期限</td><td colspan="4">于______年____月____日前整改完毕，并于______年____月____日前经省文物局（文化厅）函告国家文物局。</td></tr>
<tr><td>被检查单位签收</td><td>签收人：
年　月　日</td><td>检查单位</td><td colspan="2">（国家文物局行政执法督察专用章）
检查人（签名）：
年　月　日</td></tr>
</table>

文物消防安全检查规程(试行)

(文物督发〔2011〕17号)

第一章　总　则

第一条　为预防和减少文物、博物馆单位火灾危害,规范文物消防安全检查工作,提高消防安全管理水平,依据《中华人民共和国文物保护法》《中华人民共和国消防法》等相关法律、法规,制定本规程。

第二条　文物消防安全检查工作贯彻"预防为主、防消结合"的方针,坚持"从严管理、防患未然"的原则。

第三条　上级文物行政部门对下级文物行政部门实施消防安全督察、文物行政部门实施消防安全检查和文物、博物馆单位实施消防安全自查,适用本规程。

第四条　文物消防安全检查的范围包括:

(一)具有火灾危险性的文物保护单位和经县级人民政府文物行政部门登记并公布的其他不可移动文物;

(二)博物馆、纪念馆、陈列馆等文物收藏单位;

(三)文物库房、文物修复室、文物科技保护室等文物保管和科技保护场所;

(四)文物保护工程施工工地;

(五)其他文物、博物馆单位。

第五条　实施文物消防安全检查,要落实文物保护和消防安全管理的法律、法规、规章和行业标准,切实增强检查与消除火灾隐患能力、组织扑救初起火灾能力、组织人员疏散逃生能力、消防宣传教育培训能力、文物抢救能力。

第六条　各文物、博物馆单位的消防安全责任人和消防安全管理人负责组织和实施消防安全检查,督促和落实火灾隐患整改工作。

第七条　各级文物行政部门和文物、博物馆单位要配合当地公安机关消防机构确定本地区文物消防安全重点单位或者文物、博物馆单位的消防安全重点部位,按当地公安机关消防机构的要求做好文物消防安全工作。

第二章　检查内容

第八条　文物消防安全检查的基本内容包括:

(一)消防安全责任制和组织机构建设

1.消防安全责任人和消防安全管理人履行消防安全职责情况;

2.距离当地公安消防队较远的列为全国重点文物保护单位的大型古建筑群消防队伍建设情况,其他文博单位的兼职消防队伍建设情况;

3.文物、博物馆单位消防安全责任制建立情况,消防安全责任书签订及安全责任落实情况。

(二)消防安全管理制度

1.消防安全制度和保障消防安全的操作规程制订情况;

2.确保消防安全管理制度和操作规程落实的保障措施情况;

3.消防安全管理制度在具体工作中的实际执行情况。

（三）人员管理

1.消防安全责任人、消防安全管理人、专兼职消防工作人员、消防控制室操作人员接受消防安全专门培训情况；

2.工作人员对消防安全法规、消防安全知识、消防安全管理制度的掌握情况；

3.工作人员对消防设施、设备、器材的操作技能情况；

4.消防控制室操作人员持证上岗情况；

5.消防安全工作人员值班情况。

（四）消防设施设备和消防车通道

1.消防水源和消防给水设施建设情况；

2.火灾报警、灭火等设施设备建设情况；

3.灭火器材配置及有效情况；

4.消防安全标志的设置情况；

5.消防设施设备检测和日常维护保养情况；

6.消防车通道设置情况。

（五）用火、用电、用油、用气管理

1.是否存在违反规定用火、用电、用油、用气情况；

2.用于文物保护必要的电器设备和电气线路是否规范安装敷设，是否采取有效阻燃措施；

3.对电器设备和电气线路是否进行定期安全检查；

4.是否存有易燃易爆物品及其管理情况。

（六）火灾隐患整改

1.消防安全检查发现火灾隐患的记录；

2.火灾隐患整改结果；

3.文物火灾隐患整改情况记录表内容和归档情况。

（七）周边防火环境

1.文物、博物馆单位周边的企事业单位和人民群众生产生活可能引发文物火灾危害情况；

2.对周边可能引发火灾危害的预防和应对措施情况；

3.对周边企事业单位和人民群众文物防火宣传工作情况。

（八）防雷措施

1.避雷设施安装和验收情况；

2.避雷设施日常维护和检测情况。

（九）与公安机关消防机构联动

1.文物、博物馆单位与当地公安机关消防机构就文物防火工作的联系、沟通情况；

2.文物、博物馆单位与当地公安机关消防机构建立火灾扑救联动机制情况。

（十）灭火和应急疏散预案

1.灭火和应急疏散预案制订情况；

2.内容和程序是否科学、有效，具有可操作性；

3.日常演练情况；

4.现场演练是否符合程序并具有防火、灭火效能。

（十一）消防安全档案

1.档案内容是否规范、完整；

2.档案的更新情况；

3.档案的保管情况。

（十二）文物、博物馆单位消防安全工作的其他情况

第九条 对古建筑(包括具有火灾危险性的近现代文物建筑)除按本规程第八条规定内容检查外,重点检查以下内容:

(一)古建筑殿屋内是否存在用于生产生活的用火、用电问题,在古建筑厢房、走廊、庭院等处确需用火、用电的,是否采取有效的防火安全措施;

(二)是否存在古建筑之间及毗连古建筑私搭乱建棚、房问题;

(三)是否存在古建筑本体上直接安装电源开关、电线,或者在古建筑内使用电气设备等问题;

(四)在古建筑附属设施上或者保护范围内架设电线、安装电气设备,是否对古建筑消防安全构成危害;

(五)非宗教活动场所的古建筑内是否存在燃灯、烧纸、焚香问题,指定为宗教活动场所的古建筑是否在指定地点内燃灯、烧纸、焚香,是否采取有效防火措施;

(六)保护范围内是否堆放柴草、木料等可燃易燃物品;

(七)古建筑与毗连的其他建筑之间防火分隔墙建设或者消防通道设置情况,坐落在森林区域或者位于郊野的古建筑周边是否有防火隔离带;

(八)古寺庙、道观、庙堂内悬挂的帐幔、伞盖等易燃物品防火处理情况;

(九)可能引发古建筑火灾的其他情况。

第十条 对博物馆(包括纪念馆、陈列馆)除按本规程第八条规定内容检查外,重点检查以下内容:

(一)新建博物馆在投入使用前其消防设施、设备经公安机关消防机构验收情况;

(二)内装与布展工程现场防火措施情况;

(三)展柜、展台、展墙等展具和装饰材料防火性能情况;

(四)展厅照明灯具、音响、闭路电视、电动模型、放映机等电器设备的使用与管理情况;

(五)用于陈列展览的电动图表、模型、沙盘、布景箱和装在壁板上的灯光箱、显示图表箱等设计、安装是否符合防火要求;

(六)可能引发博物馆火灾的其他情况。

第十一条 对文物保护工程施工工地除按本规程第八条规定内容检查外,重点检查以下内容:

(一)承建工程项目合同是否约定防火安全内容;

(二)施工方法和施工技术是否符合消防要求;

(三)施工现场用火作业、易燃可燃材料堆场、仓库、易燃废品集中站和生活区等区域划分是否符合防火要求;

(四)施工作业期间搭设的临时性建筑的防火措施;

(五)施工所需焊、割作业点、氧气瓶、乙炔瓶、易燃易爆物品的安全隔离措施;

(六)施工使用的焊灯、喷灯等明火作业安全管理情况;

(七)施工现场废料、垃圾等可燃物品清理情况;

(八)可能引发文物保护工程施工工地火灾的其他情况。

第十二条 对文物库房除按本规程第八条规定内容检查外,重点检查以下内容:

(一)存放文物的柜、箱、架、囊、匣等是否用非易燃材料制作或者作阻燃处理;

(二)是否存在易燃材料包装物同文物一起进入库房问题;

(三)除湿、照明、通信等电器设备安全管理情况;

(四)可能引发文物库房火灾的其他情况。

第十三条 对文物修复室、文物科技保护室除按本规程第八条规定内容检查外,重点检查以下内容:

(一)文物修复和科技保护设施、设备的防火性能情况;

(二)用于文物修复或者科技保护的易燃易爆物品储存、保管是否符合安全要求;

(三)可能引发文物修复室、文物科技保护室火灾的其他情况。

第十四条 对已向社会开放的文物、博物馆单位,除分别检查本规程第九条、第十条规定内容外,还需重点检查以下内容：

（一）安全出口、疏散通道是否畅通；

（二）安全疏散指示标志是否醒目，应急照明灯是否完好；

（三）参观游览人员携带火种的检查和监管措施情况；

（四）保证参观人员和文物安全的其他消防安全措施情况。

第十五条　文物、博物馆单位自行组织扑灭的初起火灾，要认真检查火场，彻底扑灭和清除不易完全熄灭的物品，设专人在火灾现场值守，防止死灰复燃。

第三章　检查形式和方式

第十六条　文物、博物馆单位按本规程规定组织实施以下形式的消防安全自查：

（一）防火巡查：由消防安全工作人员对本单位消防安全重点部位防火工作进行每日巡查；

（二）定期检查：由消防安全管理人组织对本单位消防安全工作情况实施定期检查，至少每月检查一次；

（三）随机抽查：由消防安全管理人组织对本单位所属各部门和安全重点岗位实施随机抽查，检验各项防火制度和措施的落实情况；

（四）重要节日或重大活动前检查：国家法定节假日前，文物、博物馆单位举办重大活动前，气候干旱的火灾易发期、多发期，由消防安全管理人提前组织开展消防安全重点检查。

第十七条　文物行政部门按本规程规定组织实施以下形式的消防安全检查：

（一）定期检查：对本辖区的文物、博物馆单位组织定期检查，市、县级文物行政部门至少每季度检查一次，省级文物行政部门至少每半年检查一次；

（二）重点抽查：对本辖区内文物、博物馆单位实施不定期抽查；

（三）专项督察：对辖区内文物消防安全管理存在严重问题或者文物火灾隐患突出的地区，集中实施消防安全专项督察。

第十八条　文物消防安全检查采取以下方式：

（一）现场排查：对文物、博物馆单位及其周边环境进行全面排查，查找可能引发文物火灾的安全隐患；

（二）查阅档案记录：查看文物、博物馆单位消防安全档案和各项消防安全工作记录，了解消防安全制度建设和安全管理情况；

（三）座谈、问询、问卷：举办座谈会，随机问询工作人员，发放调查问卷，了解消防安全组织机构和人员队伍建设情况；

（四）现场设置火情：检验文物、博物馆单位对初起火灾事故应急处置能力；

（五）观摩消防演练：检验消防安全预案的科学性和防范与扑救火灾效能；

（六）启动设施设备：检验消防设施、设备的性能；

（七）查看检测标识：检查消防设备、器材检测情况；

（八）其他方式。

第四章　检查程序

第十九条　文物、博物馆单位开展消防安全巡查，要将巡查情况记入防火巡查记录表，发现火灾隐患要及时处理，并向本单位消防安全责任人和消防安全管理人报告。

第二十条　文物、博物馆单位开展消防安全自查按以下程序进行：

（一）组织检查组：由具有消防安全管理经验和消防安全专业知识、技能的人员组成检查组；

(二)确定检查范围:消防安全检查范围既要全面,又要根据本单位防火工作实际突出检查的重点部位;

(三)现场检查:对文物、博物馆单位及周边环境进行全面检查,将检查情况填入文物消防安全检查记录,并由检查组人员签字;

(四)总结报告:检查结束后,对检查情况进行全面认真总结,分析查找存在的问题和隐患,提出改进工作的意见和建议,报本单位消防安全责任人和消防安全管理人;

(五)记入档案:将文物消防安全检查记录、消防安全检查总结以及火灾隐患整改情况记入消防安全检查档案。

第二十一条　各级文物行政部门对文物、博物馆单位开展消防安全检查按以下程序进行:

(一)人员组织:由具有消防安全管理经验和消防安全专业知识、技能的人员组成消防安全检查组;

(二)制订检查实施方案:确定本辖区内被检查的文物、博物馆单位范围、重点单位、检查工作步骤和具体要求等;

(三)实地检查:对下级文物行政部门文物消防安全工作和辖区内文物、博物馆单位开展检查;

(四)当场反馈意见:检查组要现场向被检查的文物、博物馆单位反馈检查情况,提出具体的整改意见和要求;

(五)汇总检查结果:检查结束后,检查组要对检查结果进行归纳总结,形成书面检查报告,报组织消防安全检查的文物行政部门;

(六)反馈书面意见:组织消防安全检查的文物行政部门根据检查组的书面检查报告,向被检查地区文物行政部门下发书面意见。

第二十二条　各级文物行政部门和各文物、博物馆单位要建立消防安全检查档案,将消防安全检查情况登记入档。

第五章　火灾隐患整改

第二十三条　文物、博物馆单位要对消防安全自查中发现的安全隐患进行逐项登记,逐项整改。能当场整改的要立即整改;不能当场立即整改的,在火灾隐患未消除前,应当落实防范措施,确保隐患整改期间的消防安全。对本单位自身不能解决的重大火灾隐患,要提出解决方案并向其上级文物行政主管部门或者当地人民政府报告。

火灾隐患整改完毕,文物、博物馆单位应当填写文物火灾隐患整改情况记录表,由消防安全责任人和消防安全管理人签名后存档备查。

第二十四条　各级文物行政部门在检查中发现文物、博物馆单位存在火灾隐患的,要向被检查单位发《火灾隐患整改通知书》,提出具体的整改意见和要求;发现严重危害文物安全的重大火灾隐患的,要向当地人民政府通报;发现文物、博物馆单位对发生的火灾事故未按要求上报或者未依法处理的,要及时提出处理意见,并将处理情况向当地人民政府通报。

第二十五条　各级文物行政部门要对文物、博物馆单位存在的重大火灾隐患整改实施挂牌督办,发《重大文物火灾隐患整改挂牌督办单》。督办单包括火灾隐患内容、督办要求与期限、整改责任单位等内容。

文物行政部门挂牌督办的重大火灾隐患,要由专人负责跟踪督促整改。重大火灾隐患整改完毕经督办单位检验合格后,挂牌督办程序结束。火灾隐患挂牌督办整改情况存档备查。

第六章　责任追究

第二十六条　各级文物行政部门和文物、博物馆单位要建立文物消防安全责任制，明确消防安全管理职责和工作职责，实施责任追究。

第二十七条　文物、博物馆单位不按本规程规定认真实施消防安全自查的，或者对存在的火灾隐患不按要求整改的，由文物行政部门责令改正，并予以通报。

文物行政部门不按本规程要求开展文物消防安全检查的，或者对文物、博物馆单位火灾隐患整改督办不力的，由上级文物行政部门责令改正，并予以通报。

由于不认真实施文物消防安全检查，不按要求整改火灾隐患，对文物消防安全工作放任自流、玩忽职守，以致发生火灾事故造成文物损失的，依法追究法律责任。

第七章　附　则

第二十八条　本规程附表由各地文物行政部门和文物、博物馆单位在消防安全检查及管理工作中应用。

第二十九条　本规程自印发之日起试行。

附表 1

防火巡查记录表

巡查时间	年　月　日	巡查人	
巡查部位			
发现的火灾隐患和安全问题			
采取的措施和处理结果			
巡查人员签名	年　月　日		

附表 2

文物消防安全检查记录

检查单位		检查时间	
被检查单位			
检查的内容			
发现的火灾隐患和安全问题			
处理情况			

检查人员(签名)____________________

被检查部门负责人(签名)____________________

附表 3

文物火灾隐患整改通知单

<table>
<tr><td colspan="2">消防安全检查单位</td><td></td><td>检查时间</td><td></td></tr>
<tr><td colspan="2">火灾隐患整改责任单位</td><td colspan="3"></td></tr>
<tr><td>火灾隐患</td><td colspan="4"></td></tr>
<tr><td>整改要求</td><td colspan="4"></td></tr>
<tr><td colspan="2">整改期限</td><td colspan="3"></td></tr>
<tr><td>被检查单位签收</td><td>被检查单位负责人签名：
年　月　日</td><td>检查人</td><td colspan="2">检查单位(盖章)
检查人：
年　月　日</td></tr>
</table>

附表 4

重大文物火灾隐患整改挂牌督办单

序号	文物、博物馆单位名称	火灾隐患情况	整改要求	整改期限	整改责任单位和整改责任人

督办单位联系人：　　　　联系电话：

附表 5

文物火灾隐患整改情况记录表

<table>
<tr><td>火灾隐患单位或者隐患部位</td><td colspan="3"></td></tr>
<tr><td>发现火灾隐患途径</td><td>□日常防火巡查　□本单位组织自查
□文物行政部门检查　□公安消防机关检查</td><td>发现日期</td><td>年　月　日</td></tr>
<tr><td>火灾隐患</td><td colspan="3"></td></tr>
<tr><td>整改情况</td><td colspan="3"></td></tr>
<tr><td>消防安全责任人和消防安全管理人意见</td><td>消防安全责任人签字

年　月　日</td><td colspan="2">消防安全管理人签字

年　月　日</td></tr>
<tr><td>备　注</td><td colspan="3"></td></tr>
</table>

关于加强历史文化名城名镇名村及文物建筑消防安全工作的指导意见

（公消〔2014〕99 号）

为深刻吸取云南独克宗古城、贵州报京侗寨火灾事故教训，严防此类事故再次发生，现就加强历史文化名城、名镇、名村及文物建筑消防安全工作提出以下指导意见：

一、健全消防安全责任体系

（一）坚持政府主导。公安机关、城乡规划、城乡建设和文物部门积极争取当地党委、政府的重视和支持，将名城、名镇、名村及文物建筑消防安全工作纳入国民经济和社会发展规划；推动有立法权的地方人大、政府制定有关地方性消防法规、规章，加强对名城、名镇、名村及文物建筑的消防安全保护；建立消防经费保障机制，推进消防规划编制实施；推动名城、名镇建立消防安全委员会、消防工作联席会议，建立部门消防工作协调机制，定期研究、解决消防安全突出问题，适时开展专项整治。对区域性重大隐患和屡禁不止、屡查不改的消防违法行为，提请政府牵头综合治理。

（二）城乡规划建设部门加强规划建设管理。城乡规划部门牵头编制消防规划，推动地方政府做好消防站、消防供水、消防车通道等建设工作，不得擅自改变规划确定的消防站、消防通道等用地的使用性质；将消防内容实施情况作为城乡规划检查督查的重要内容，会同公安消防、文物等部门对消防内容实施情况进行检查，确保各项消防设施按规划建设；对名城、名镇、名村内消防审查不符合要求的新建、改建、扩建建设工程，不予核发建设工程规划许可证。对于历史文化街区、名镇、名村核心保护范围内消防设施的设置，按照《历史文化名城名镇名村保护条例》执行。

（三）文物部门加强行业监管。文物部门落实行业监管责任，将消防安全列入文物保护工作的重要内容；督促指导文物建筑管理、使用单位落实消防安全主体责任；按照文物消防安全检查规程，对文物建筑开展消防安全检查，对文物保护工程施工现场加强消防安全监管；对火灾事故加强执法督察；配合当地公安机关消防机构确定本地区文物消防安全重点单位或者文物、博物馆单位的消防安全重点部位。

（四）公安消防部门加强监督检查。公安消防部门依法对名城、名镇、名村内的社会单位和文物建筑加强消防监督管理，组织火灾隐患排查治理，开展消防宣传教育培训，指导单位加强消防安全“四个能力”建设，推动重点单位落实“户籍化”管理要求。对保护范围内的消防安全重点单位每年至少检查一次。

（五）严格考核和责任追究。公安部、住房城乡建设部、国家文物局适时组织开展专项督察，并提请将督察结果纳入国务院对省级政府消防工作考核内容。各地争取 2014 年底前推动省级政府制定下发指导意见贯彻实施方案，并将名城、名镇、名村和文物建筑消防安全纳入社会管理综合治理、政府目标责任考评，每年组织对有关部门履职情况进行监督检查，对失职渎职或发生重特大火灾事故的，依法依纪追究相关人员的责任。

二、加强消防基础建设

（一）科学编制消防规划

城乡规划、文物部门将消防规划纳入历史文化名城、名镇、名村和文物保护规划，作为保护规划审批的必要条件。2017 年底以前，城乡规划部门根据城市总体规划的消防要求，将消防内容纳入历史文化街区保护性详细规划，细化名镇、名村保护规划中消防内容；文物部门根据现有消防规划，编制完成文物建筑集中分布区的区域性消防专项规划，并报请当地政府颁布实施。历史文化街区保护性详细规划、文物建筑集中分布区的区域性消防专项规划和名镇、名村的保护规划，应包括易燃易爆危险品场所布局、消防供水、消防站(点)、消防装备、消防车通道、防火分隔、火灾危险源控制、用火用电设施改造、违法违章建筑整治等内容。

(二)加强消防设施建设

推动政府将名城、名镇、名村及文物建筑的消防站、消防供水、消防车通道等消防基础设施建设纳入新型城镇化和新农村建设,并与城乡基础设施建设同步实施。2020年底以前,基本完成消防基础设施建设、改造任务。文物部门组织实施“文物消防安全百项工程”,用3至5年时间,完成100处以全国重点文物保护单位为核心的古城、古村寨和古建筑群的消防安全工程建设。文物和公安消防部门联合开展木结构建筑阻燃防火技术研究和文物建筑专用消防设施设备研发,鼓励应用先进消防技术装备,加快推广电气火灾防控技术。

(三)建立多种形式消防力量

2015年底以前,推动政府按照名城、名镇保护范围内接到出动指令后5分钟内到达的原则,设立公安消防队、政府专职消防队,社区设消防点。100户以上的村寨建立志愿消防队,100户以下的村寨设消防点。文物建筑管理、使用单位明确专人负责消防安全或建立志愿消防队,有条件的建立专职消防队,同时依托当地乡镇、街道和村、居民委员会消防安全网格化管理组织,提高自防自救能力。各类消防队伍结合保护对象特点,配备相应的消防装备器材。

三、强化火灾防控措施

(一)加强源头管理

名城、名镇、名村严格把控旅游开发强度与火灾防控能力的匹配程度,对核心保护范围采取更加严格的人防、物防、技防措施,鼓励单位、居(村)民投保房屋财产火灾保险和火灾公众责任保险。严格市场准入,对名城、名镇、名村保护范围内新建、改建、扩建建设工程,不符合消防安全要求的,城乡规划、公安消防部门不得审批同意;涉及文物保护事项的基本建设项目,文物部门在项目批准前要提出消防安全保护性意见;对消防安全保护措施不到位的国有文物建筑,文物部门不得同意对公众开放或开展经营性活动;对达不到消防安全条件的单位、场所,相关部门不得核发许可证照。

(二)强化隐患整治

由于规划中消防内容不落实,导致消防水源、消防站、消防车通道等公共消防设施欠账的,提请地方政府组织有关部门建设改造。文物建筑消防安全保护措施不到位的,文物部门应督促管理、使用单位落实整改责任、措施、资金,积极实施技术改造,并列支专门经费予以支持。公安机关消防机构对发现的火灾隐患,应严格依法查处,积极指导社会单位整改。公安消防、城乡规划、文物等部门建立工作协作机制,定期组织开展分析评估,对消防安全突出问题进行集中治理;对擅自改变使用性质、非法生产经营的,提请政府组织相关部门依法予以拆除或取缔;对于区域性火灾隐患突出、消防设施严重缺乏的,提请政府挂牌督办。

(三)落实主体责任

名城、名镇、名村内的社会单位及文物建筑管理、使用单位应明确消防安全管理人,建立健全并落实消防安全管理制度,组织落实防火检查、设施维护、宣传培训、消防演练、隐患整改等工作。名城、名镇、名村及文物建筑出租房屋用于生产经营的,必须明确并落实租赁双方的消防安全责任。名村和列为文物保护单位的村寨应制定村民防火公约,推行“多户联防”制度,由村民家庭组成联防组,配备必要的灭火器材,轮流值班巡查,互相提醒消防安全,协助扑救初起火灾。木结构建筑连片密集区要因地制宜采取设置防火隔离带、开辟防火间距等措施,防止“火烧连营”。

(四)加强宣传培训

名城、名镇、名村结合历史和地域文化特点,将消防知识融入当地民俗文化,因地制宜设置消防宣传栏、橱窗,利用各种载体开展提示性消防常识宣传。文物建筑、火灾风险较大的建筑张贴防火警示标识、标牌,旅游景区向游客宣传防火安全须知。火灾多发季节、重大节假日和民俗活动期间,开展有针对性的消防宣传活动。定期对乡镇、街道、社区、村寨和单位的消防安全责任人、管理人、从业人员进行消防安全教育培训。街道、乡镇依托社区服务中心、农村文化室，定期组织居(村)民参加消防教育和灭火逃生体验，普及安全用火、用电、用气和火灾报警、初起火灾扑救、逃生自救常识。

(五)提高火灾扑救能力

名城、名镇、名村及文物建筑管理、使用单位应结合保护特点，制定火灾事故应急预案，强化单位预案与地方政府有关部门应急预案的有效衔接，并定期组织演练。根据当地气象条件，尤其是大风天气和重要防火季节，加强值班巡逻，强化火灾预警响应。公安消防队、政府专职消防队应定期开展“六熟悉”，掌握建筑结构、火灾特点、道路状况、水源分布等情况，并加强与志愿消防队、单位专职消防队的联勤联训，每年开展不少于2次的联合实战演练，提高协同作战能力。对名城、名镇、名村保护范围内的市政消火栓和文物建筑配置的室外消火栓每季度至少进行一次出水测试，寒冷地区消防给水管网应采取防冻措施。

博物馆与馆藏文物

中国文物、博物馆工作者职业道德准则

(中国文物学会、中国博物馆协会2012年7月4日修订)

中国文物学会　中国博物馆协会为加强文物、博物馆行业作风和职业道德建设，特制定本准则。

一、忠诚文物事业。以保护文化遗产、弘扬中华文化为己任；以奉献社会、服务人民为宗旨。

二、严格依法履责。坚决贯彻文物工作方针，坚定执行《中华人民共和国文物保护法》，勇于同文物违法犯罪行为作斗争。

三、追求科学精神。尊重知识、尊重人才，遵循规律，求真务实，改革创新。

四、恪尽职业操守。不收藏文物，不买卖文物，不违规占用文物及资料，不以文物、博物馆职业身份牟取私利。

五、树立文明新风。自觉遵纪守法，践行社会公德，艰苦奋斗，甘于奉献。

近现代文物征集参考范围

(文物博发〔2003〕38号)

中华人民共和国成立以来，特别是改革开放以来，近现代文物特别是革命文物征集、保护工作取得了令人瞩目的成绩。各地博物馆、纪念馆运用近现代文物向人民群众和青少年进行爱国主义、革命传统教育，普及科学文化知识，特别是传播近代以来中国人民为民族独立和解放而艰苦拼搏的历史知识，在社会主义政治文明、精神文明和物质文明建设中发挥了重要作用。但从全国总的情况看，反映我国近现代社会发展变化的文物征集面较窄，收藏较少，反映社会主义革命和建设的文物收藏更少。这不仅难以全面反映1840年以来波澜壮阔、艰难曲折的中国近现代历史，也导致许多博物馆、纪念馆的陈列展览缺乏珍贵文物的支撑，吸引力和感染力受到局限。随着现代科学技术和经济建设的快速发展，社会生产、生活和物质条件迅猛改善，近现代历史上各类具有重要价值的实物资料加速消亡，抢救保护工作日趋紧迫，刻不容缓。

为加强近现代文物的征集工作，特提出以下征集范围：

一、反映中国近现代社会历史变革及有关社会历史发展的文物。

1.近代中国(1840 年～1919 年“五四运动”爆发之前)重大事件、重要人物、著名烈士和爱国志士的有关文物。

2.现代中国(1919 年“五四运动”爆发～1949 年 9 月 30 日)重大事件、重要人物、著名英烈和爱国志士的有关文物。

3.当代中国(1949 年 10 月 1 日中华人民共和国成立以来)重大事件、重要人物、著名烈士、著名英雄模范的有关文物。

重点征集：

——中国共产党成立以来重大历史事件、重要领袖人物、著名革命烈士的有关文物。

——近代以来中国各党派、团体的重大事件、重要人物和著名爱国侨领、社会知名人士的有关文物。

——近代以来中国著名的思想家、政治家、革命家、军事家、科学家、发明家、教育家、文学家、艺术家、企业家等和其他社会名流的有关文物。

——国际共产主义运动中的重大事件、重要人物，以及为中国革命和建设作出重大贡献的国际友人的有关文物。

二、反映中国近现代政治、经济、军事、科技、教育、文化、卫生、体育、宗教等方面发展的文物。

1.有关政权建设、政治制度、政策法令等的文物。

2.有关经济建设、经济制度、经济政策、生产技术、生产工具、重要产品等的文物。重点征集工业、农业、商业、财税、交通、海关、邮电、能源、金融(货币)等领域的代表性文物。

3.有关国防建设、军队建制、武器装备等的文物。

4.有关科技体制、科技设备、科技发明、科技成果等的文物。

5.有关教育制度、教育发展、重大活动和重要成果等的文物。

6.有关文化(含艺术、新闻出版等)事业发展、重大活动和重要成果等的文物。

7.有关卫生、体育事业发展、重大活动和重要成果等的文物。

8.有关宗教工作、宗教组织、宗教政策等的文物。

三、反映中国近现代各民族的社会发展及民族关系、民族团结、民族自治、维护祖国统一等方面的文物。

四、反映中国近现代各民族的生产活动、生活习俗、文化艺术和宗教信仰等方面的文物。

1.各民族有代表性的生产工具、生活用品和有关宗教信仰的典型物品。

2.各民族有代表性的年画、剪纸、风筝、皮影，雕刻、漆器、壁画、蜡染，服饰、头饰、刺绣、地毯等民间艺术品、工艺品。

五、反映近代以来中国人民反抗剥削压迫的重大事件和重要人物的文物。

六、反映近代以来中国人民抵御外侮、反抗侵略的重大事件和重要人物的文物。

七、反映近代以来中外关系、友好往来和政治、经济、军事、科技、文化、艺术、卫生、体育、宗教等方面相互交流的文物。

1.中国参与创建联合国和参与联合国活动，以及参与其他国际组织、各种国际会议的有关文物。

2.中国与世界各国建立外交关系的有关文物。

3.中国对外交往、与其他国家合作交流的有关文物。

4.中国参与各类国际竞赛、评比活动并获奖的有关文物。

5.中国政府、政党及其领导人与外国政府、政党及其领导人友好交往，中国民间团体、知名人士与国际友好团体、友好人士交往的有关文物。

近现代一级文物藏品定级标准(试行)

（文物博发〔2003〕38号）

第一条 为加强对近现代文物的保护和管理，深入开展爱国主义和革命传统教育，促进社会主义政治文明、精神文明和物质文明建设，根据《中华人民共和国文物保护法》《文物藏品定级标准》等，制定本标准。

第二条 近现代文物藏品是指博物馆、纪念馆和其他文物收藏单位收藏的1840年以来的文物，按照历史、艺术、科学价值区分为珍贵文物和一般文物，珍贵文物分为一级文物、二级文物、三级文物。

本标准适用于综合类博物馆、近现代历史类博物馆、纪念馆、名人故居陈列馆(室)的近现代一级文物藏品。其他文物收藏单位、其他级别的近现代文物藏品可比照本标准确定等级。

第三条 一级文物必须是经过科学考证，确为原件、源流具有确凿依据且数量为仅有或稀有的珍贵文物，并应具有以下一项或几项条件：

(一)对反映全国性重大历史事件、人物具有直接见证意义或重要佐证意义的；

(二)对反映地方性重大历史具有直接见证意义或重要佐证意义的；

(三)某一领域中的重大发明、发现，具有开创性、代表性或里程碑意义的；

(四)文物反映的物主明确并拥有很高知名度，且能反映物主主要业绩的；

(五)有确切、生动的形成经过和流传经过的；

(六)载有时代特征或特殊意义的铭文、注记或图案标志的。

第四条 近现代文物种类繁多，依其形式、用途和意义，可分为文献，手稿，书刊传单，勋章徽章证件，旗帜，印信图章，武器装备(含各种军用物品)，反映社会发展的文物，反映祖国大陆与港、澳、台关系的文物，反映对外关系的文物，音像制品，名人遗物，艺术品、工艺美术品，货币、邮票等实用艺术类物品，实用器物，杂项等十六类。各类一级文物的定级标准，按不同种类分别确定。

第五条 文献：各种重要会议之决议、决定、宣言，各种机关(党派、政府、军队、团体及其他机构)的文书、布告、电报、报告、指示、通知、总结等原始正式文件，凡数量稀少并具有下列情况之一的，确定为一级文物：

(一)1840年以来全国性党、政、军机构(包括太平天国、同盟会、中华民国临时政府、各民主党派等)成立后第一次印发的文告、宣言；

(二)1949年以前有影响的地方性党、政、军机关(包括各省、市军政府、都督府、苏维埃政府等)成立后第一次印发的文书、文告；

(三)1949年以前全国和省级以上群众团体(工会、农会、青年团等)第一次代表大会印发的重要文件；

(四)具有重大历史意义的会议的重要决议、决定、宣言等；

(五)国家首次颁布并有重要意义的法律、法规等；

(六)反映重大事件且有特殊形成经过和流传经过的文件；

(七)虽非第一次，但有重要内容，并盖有发文机关印信关防和发文者印章的，有张贴和使用痕迹的布告、文件；

(八)确知原件已无存，最早的翻印件并有特殊情节，现存数量为仅有或极其稀少的重要文献；

(九)其他具有重要历史意义或特殊意义的文献。

第六条 手稿：全国性领袖人物、著名军政人物、著名烈士、著名英雄模范人物、著名作家及各界公认的著名人物等亲笔起草的文件、电报、作品、信函、题词等的原件，凡具有下列情况之一的，确定为一级文物：

(一)著名人物为重要会议、重要事件起草的文件、电报、文告原稿;

(二)著名人物为报刊所写的有广泛影响的新闻、社论、评论原稿;

(三)著名人物作有重要批语或重要修改并保留手迹的文稿;

(四)著名人物的日记、笔记或其他记录,有重要史料价值的;

(五)著名人物为重要会议、重要活动、著名英烈人物所写的有重要内容和广泛影响的题词;

(六)著名人物为具有重要历史地位的机构、书刊等题写的名称中有特殊意义的;

(七)著名人物所写具有重要内容或对重大事件有佐证价值的信函;

(八)著名作家的代表性著作的手稿;

(九)其他具有重要历史意义或特殊意义的手稿。

第七条 书刊、传单:书刊包括书籍、报纸、期刊、号外、时事材料、文件汇编等印刷品;传单包括重大事件和历次大规模群众性运动中散发、张贴的传单、标语、漫画,重要战役的捷报,也包括交战双方向敌方散发的宣传品。数量稀少并有下列情况之一的,确定为一级文物:

(一)在全国或某一地区产生过重大影响,年代较早,存世已很稀少的书刊;

(二)具有重要历史意义的原始版本或最早版本、存世稀少的出版物;

(三)领袖或著名人物阅读过并写有重要眉批、评语和心得的书刊;

(四)反映重大历史事件,具有典型性,现存稀少或流传经过有特殊情节的书刊、传单;

(五)因战乱或其他原因,有些报刊已残缺,现存部分极珍贵,对重大史实有佐证作用的;

(六)其他具有重要历史意义或特殊意义的书刊、传单。

第八条 勋章、徽章、证件:各种奖章、勋章、奖状(立功喜报)、纪念章、机关(学校、团体)证章、证件、证书、代表证,以及其他标志符号等,有下列情况之一的,确定为一级文物:

(一)勋章(奖章)等级和受勋人身份很高,留存数量稀少的;

(二)中央级机关颁发给著名英雄模范、先进人物的勋章、奖章、奖状、证书、喜报(1949年以前颁发机关可放宽至大战略区、大行政区);

(三)在奥运会和世界性运动会上所得的金质奖章及证书,以及打破世界纪录和全国纪录的奖章及证书;

(四)反映重大历史事件,有特殊情节的勋章、奖章、奖状、纪念章、证章;

(五)著名人物出席重要会议的代表证,编号、发证机关及印章齐全者;

(六)物主不详,但铭文、编号齐全,或设计图案独特新颖,由权威机关制发,对重大事件有佐证作用的纪念章、证章,数量稀少的;

(七)具有重大影响的著名学校、著名人物的毕业证书和学位证书;

(八)其他具有重要历史意义或特殊意义的勋章、徽章、证件。

第九条 旗帜:国旗、军旗、奖旗、舰旗、校旗、队旗、锦旗、贺幛等各种标志性、识别性旗帜,有下列情况之一的,确定为一级文物:

(一)立法机关通过的国旗、军旗设计图案及样品;

(二)在重大场合首次使用的国旗、军旗;

(三)在特殊场合使用过的国旗、军旗及其他旗帜(如地球卫星第一次带上太空的国旗,第一次插上珠穆朗玛峰的国旗等);

(四)著名英模单位在作战时或执行任务时使用的旗帜(红旗、国旗、军旗、队旗等);

(五)高级领导机关授予著名英模单位的奖旗、锦旗;

(六)著名学校、军舰使用过的第一面校旗、舰旗等;

(七)其他具有重要历史意义或特殊意义的旗帜、贺幛、挽幛。

第十条 印信图章:国家机关、军队、政党、群众团体等使用过的关防、公章、各种印信,著名人物个人使用过的印章等,有下列情况之一的,确定为一级文物:

(一)中央国家机关(如太平天国、中华民国、北洋军阀政府、中华苏维埃共和国中央执行委员会、中华人民共和国中央人民政府、中央军委等)使用过的玺印、关防、印章;

(二)各省、市、自治区人民政府首次使用的印章;

(三)1949 年以前各地军、政高级领导机关使用过的印章、关防;

(四)著名历史人物使用过的有代表性的个人印章;

(五)其他有特殊意义或流传经过的印信图章。

第十一条 武器装备:各种兵器、弹药和军用车辆、机械、器具、地图、通信器材、防护器材、观测器材、医疗器材及其他军用物品,有下列情况之一的,确定为一级文物:

(一)高级将领、重大武装起义中的领袖人物或代表人物在重要军事行动中使用过的兵器、望远镜及其他物品;

(二)著名战斗英雄或英雄单位使用过的有特殊标志、特殊功勋或被授予称号的有关兵器、机械、器具、装备及其他物品;

(三)在军事史上具有重大意义的兵器、装备、舰船、航空航天器材及其他物品;

(四)在著名战争、战役、战斗中缴获敌人的有重要意义的兵器、装备及其他物品;

(五)1949 年以前各根据地兵工厂制造的有代表性的兵器及相关物品;

(六)有铭文、有特殊流传经过和特殊意义的兵器、装备及其他物品;

(七)有重要历史佐证意义、可揭露敌方侵略罪行的武器和其他军用物品;

(八)其他具有重要历史意义或特殊意义的武器装备及军用物品。

第十二条 反映社会发展的文物:反映近现代中国社会、经济、文化、科技、民族、宗教信仰及生态等各方面发展变化的重要遗存和见证物,下列具有典型性、代表性的,确定为一级文物:

(一)反映中国近现代社会性质、社会制度变化的重要文物(如签订的不平等条约、设立租界的界碑、反映帝国主义对华经济文化侵略,太平天国、洋务运动、推翻帝制、建立民国,中华人民共和国成立,土地制度、土地改革、农业合作化、公私合营、人民公社、"革委会"、家庭联产承包责任制等社会变革的重要文物);

(二)反映中国经济发展的重要文物(如反映生产力发展各阶段的代表性生产工具、近代老字号企业、经济特区、国有企业、民营企业、股份制企业、基础设施建设、资源、生态、人民生活水平等的重要文物);

(三)反映中国科技发展水平的文物(包括有重要意义的各种仪器、科学实验、重大成果、发明专利等);

(四)反映中国教育、卫生、文化、体育等事业发展的重要文物;

(五)反映中国民族关系、民族自治区建设等方面的重要文物;

(六)反映中国国防建设(军队、民兵、武警、国防设施、国防科技等)的重要文物;

(七)其他具有重要历史意义或特殊意义的反映社会发展的文物。

第十三条 反映祖国大陆与港、澳、台关系的文物,下列具有重大意义的,确定为一级文物:

(一)反映收回台湾主权和促进台湾回归祖国的重要文物;

(二)反映中国与英国、葡萄牙谈判及收回香港、澳门主权的重要文物;

(三)反映祖国大陆与港、澳、台地区经济、文化往来等方面的重要文物。

第十四条 反映对外关系的文物:中外友好往来及政治、经济、军事、科技、文化、艺术、卫生、体育、宗教等方面相互交流的文物,下列具有重大意义的,确定为一级文物:

(一)中国代表参与联合国创建和参与联合国工作的重要文物;

(二)中国代表参与各种国际组织、国际会议活动的重要文物;

(三)反映中国与外国签订条约、发表联合声明,以及中国发布宣言、文告、照会等的重要文物;

(四)反映中国与邻国划定边界的重要文物(如界碑);

(五)外国国家元首、政府首脑、各方面要员赠送中国领导人的有重大意义的礼品;

(六)中国与外国的城市间结为友好城市的代表性、标志性文物;

(七)与外国友好团体、民间组织交往中有典型意义的文物;

(八)其他具有重要历史意义或特殊意义的反映对外关系的文物。

第十五条 音像制品:照片(含底片)、录音带、录音唱片、纪录片、录像带、光盘等,形成时间较早、存世稀少、能反映重要人物的重要活动、对重大历史事件有佐证意义的原版作品,或流传经过中有特殊情节的原版作品,确定为一级文物。

第十六条 名人遗物:领袖人物、著名烈士、著名英模及社会各界名人的遗存物,凡不能归入以上十类文物的,除名人日常生活的一般用品外,可酌情选取最能体现名人成长过程和生平业绩的,定为一级文物。

第十七条 艺术品、工艺美术品:从两个互相区别又互有联系的角度确定一级文物。一是从近现代历史的角度出发,对享有盛誉的作者创作的表现近现代重大历史题材、堪称代表作的作品,或者有极特殊情节、特殊意义的作品,确定为一级文物;二是从艺术水平和艺术发展史的角度出发,对极少数确已受到公认的、艺术价值极高、具有时代意义的作品,确定为一级文物。

第十八条 货币、邮票等实用艺术类物品:从两个互相区别又互有联系的角度确定一级文物。一是从近现代历史的角度出发,对表现近现代重大历史题材的,或者有极特殊情节、特殊意义的实用艺术类物品,确定为一级文物;二是从艺术水平和艺术发展史的角度出发,对极少数具有时代独创性、首创性和唯一性的,确已受到公认、价值极为突出的实用艺术类物品,确定为一级文物。

第十九条 金器、银器、铜器、玉器、漆器等实用器物:材质、工艺极其珍稀或经济价值特别昂贵的,确定为一级文物。

第二十条 杂项:不能归入以上十五类文物的,列为杂项。其中确有重大历史意义或其他特殊意义的,确定为一级文物。

第二十一条 一级文物集品的确定。集品是指那些由若干部件构成的不可分割的组合式文物藏品,如成套的报纸、期刊,多卷本文集,著名人物的多本日记,名人书信、手稿合订本,成套的军装(含军帽、军上衣、军裤、帽徽、肩章、领章、胸章、臂章、腰带、佩剑)等。凡部件齐全的,作为一个完整集品,按各类一级文物的定级标准定为一级文物(一个编号下含若干分号);凡部件不全的,作为残缺的集品,对其中确符合一级文物定级标准的,将现有部件按尚不完整的集品定为一级文物,待发现尚缺的部件后再作补充,直至补充完整。

关于全国博物馆、纪念馆免费开放的通知

(中宣发〔2008〕2号)

各省、自治区、直辖市党委宣传部,财政部(局),文化厅(局),文物局(文管会):

为贯彻落实党的十七大精神,充分发挥博物馆、纪念馆宣传和传播先进文化的重要作用,加强公共文化服务体系建设和公民思想道德建设,现就全国博物馆、纪念馆向社会免费开放有关事宜通知如下:

一、博物馆、纪念馆免费开放的重要意义

博物馆、纪念馆是陈列、展示、宣传人类文化和自然遗存的重要场所,是国民教育体系的重要组成部分。博物馆、纪念馆向全社会免费开放是党的十七大关于社会主义文化大发展大繁荣的具体实践,是加强社会主义核心价值体系建设和公民思想道德建设的有效手段,是进一步提高政府为全社会提供公共文化服务水平的重要举措,是实现和保障人民群众基本文化权益的积极行动。博物馆、纪念馆免费开放符合世界文物展示业的发展趋势,有利于完善我国现代国民教育体系和履行教育功能,有利于发挥博物馆

和纪念馆作为公益性文化机构的社会价值，有利于加强国际文化交流和中华民族优秀文化的宣传推广。各地区、各有关部门要统一思想，提高认识。积极行动，切实把免费开放工作做实、做细、做好，为公众提供更多、更好的公共文化产品和服务。

二、博物馆、纪念馆免费开放的实施范围和步骤

（一）实施范围

全国各级文化文物部门归口管理的公共博物馆、纪念馆，全国爱国主义教育示范基地全部免费开放。其中，文物建筑及遗址类博物馆暂不实行全部免费开放，继续对未成年人、老年人、现役军人、残疾人和低收入人群等特殊群体实行减免门票等优惠政策。博物馆、纪念馆、纪念馆按照市场化运作举办的特别（临时）展览，可根据实际情况确定门票价格。

（二）实施步骤

2008年，中央级文化文物部门归口管理的博物馆全部向社会免费开放；各省级综合博物馆全部向社会免费开放；各级宣传和文化文物部门归口管理的列入全国爱国主义教育示范基地的博物馆、纪念馆全部向社会免费开放；浙江、福建、湖北、江西、安徽、甘肃和新疆等7省（区）文化文物系统归口管理的省、市、县级博物馆全部向社会免费开放。鼓励有条件的省（区、市）探索全面实行免费开放。

2009年，除文物建筑及遗址类博物馆外，全国各级文化文物部门归口管理的公共博物馆、纪念馆，全面爱国主义教育示范基地全部向社会免费开放。

鼓励暂不能完全免费开放的博物馆、纪念馆实行低票价政策，继续对未成年人、老年人、现役军人、残疾人等社会群体实行免费或优惠参观，并向社会承诺定期免费日，制定灵活多样的门票制度，如家庭套票、特定时段票等，吸引公众走进博物馆和纪念馆。

三、博物馆、纪念馆免费开放的保障机制

要以博物馆、纪念馆免费开放为契机，实现“三个结合”：一是与文化体制改革中公益类文化事业单位改革要求相结合，进一步加大博物馆经费保障力度；二是与构建公共财政体制相结合，进一步完善财政投入方式，激励博物馆提高服务能力和服务质量；三是与博物馆运行规律相结合，推进我过博物馆机制改革和管理创新。

（一）各级财政部门应将博物馆、纪念馆免费开放相关经费纳入财政预算，切实予以保障。中央财政设立专项资金，重点补助地方博物馆免费开放所需资金，鼓励改善陈列布展和举办临时展览，支持重点博物馆提升服务能力，对实行低票价的博物馆和自行实行免费并取得良好效果的省份给予奖励。其中，博物馆、纪念馆免费开放单位门票收入减少部分全部由中央财政负担；运转经费增量部分由中央财政分别按照东部20%、中部60%和西部80%的比例进行补助。

地方财政部门要承担相应职责，保障当地博物馆、纪念馆免费或优惠开放的资金投入。要统筹使用中央和地方财政资金，落实配套设施建设和设备更新经费，落实增强接待能力、增设服务项目、改进服务手段所需资金，落实人员培训经费及增加业务时间和业务强度的必要补助，保证博物馆正常、高效运转。

（二）要研究制定博物馆、纪念馆文化产品经营收入税收优惠政策，促进其依托文物藏品、陈列展示推出各类文化产品，拓展和延伸文化传播功能。鼓励社会力量对博物馆、纪念馆进行捐赠，拓宽博物馆经费来源渠道。

（三）按照文化遗产保护和传播的重要程度科学界定博物馆等级，将部分地方所属的代表中华民族历史文明的重点博物馆确定为国家级博物馆，由中央政府承担更多的投入和管理责任。省级和省级以下博物馆也要参照此原则，进行科学分级，加强资源整合。市级和县级应重点发展特色博物馆，避免重复投资。

四、博物馆、纪念馆免费开放的工作要求

(一)改善管理和服务,努力满足观众需求。各有关博物馆要积极借鉴已经免费开放博物馆的经验,切实做好免费开放的前期准备。充分考虑免费开放后观众量短时间内急剧增加,对博物馆、纪念馆的管理、运行造成的巨大压力,科学地测算确定博物馆的接待能力,建立每日参观人数总量控制和疏导制度。健全开放服务管理制度,制定突发事件的应急预案,完善应急处理机制。加强媒体宣传,并在博物馆、纪念馆显著位置公示免费开放管理办法、服务项目、开放时间、文明参观须知等制度措施,方便公众了解和监督,引导观众有序、文明参观。同时要努力改善文物安全保护和观众服务设施条件,增加安全、保洁、讲解咨询等服务人员,强化内部管理,加强安全防范,切实保证免费开放的安全、规范、有序。

(二)坚持以人为本,提高展示传播水平。各有关博物馆、纪念馆应贴近实际、贴近生活、贴近群众作为不懈的追求,准确把握免费开放后观众及其精神文化需求呈现出多层次、多方面、多样式的特点,在展示传播的内容上、形式上更加积极探索和大胆创新,成为文化教育和传播中心,成为公众流连忘返的文化园地。将专业性、学术性和知识性、趣味性、观赏性有机结合,不断创造新的文化样式,实现题材、品种、风格和载体的极大丰富,使陈列展览更具吸引力、感染力,打造公众喜闻乐见的文化品牌。要充分发挥博物馆、纪念馆社会教育功能,积极推进博物馆进校园、进社区和建设数字博物馆,不断拓展服务领域、方式和手段,提供更加人性化的服务设施和服务项目,努力强化文化的感染力和辐射力。

(三)改革创新,增加博物馆、纪念馆活力。各有关博物馆、纪念馆要以免费开放为契机,认真研究和把握博物馆运行规律,按照国家关于文化事业体制改革的要求和部署,加强体制和机制创新。以深化人事制度改革为突破口,优化内部组织结构,整合内部资源,转变运营方式,完善激励机制,提高运行效率。要采取有效措施、创造有利条件,最大限度的动员社会各方面力量支持参与博物馆志愿者队伍的壮大,使之成为支持免费开放工作及博物馆发展的坚定,可信赖的社会力量。

(四)加强管理,切实做好博物馆、纪念馆免费开放的协调、指导工作。要在各级党委、政府的领导下,各级宣传、财政、文化、文物部门要指导、督促各地做好免费开放工作,并对各单位实施情况进行督促检查和考评,对开放中出现的问题和困难及时沟通、协调。各级文物行政部门要发挥行业管理作用,加快完善博物馆、纪念馆管理法律法规和行业标准,建立政府主导、法律规范、社会参与的博物馆管理体系,建立以展示教育、开放服务为核心的评价体系和政府、社会、公众代表相结合的监督体系,开展评估定级和分类指导。

中共中央宣传部　财政部
文化部
国家文物局
2008 年 1 月 23 日

国家文物局、教育部关于加强高校博物馆建设与发展的通知

(文物博发〔2011〕10 号)

各省、自治区、直辖市文物局(文化厅)、教育厅(教委),教育部直属各高等学校:

高校博物馆是为了教育、研究、欣赏的目的,由高等学校利用所收藏的文物、标本、资料等文化财产设立并向公众开放,致力于服务高等教育发展和社会文化发展的社会公益性组织。改革开放以来,特别是

进入21世纪以来，随着科教兴国和文化大发展大繁荣战略的实施，高校博物馆蓬勃发展，为满足广大人民群众日益增长的精神文化、教育学习需求做出了积极贡献。与此同时，高校博物馆发展中还存在一些问题，博物馆的建设、管理及运营状况与时代要求仍有较大差距，社会服务能力和水平尚待提高，这些问题在一定程度上制约了高校博物馆社会功能的发挥。

为加强高校博物馆建设与发展，充分发挥其在科教兴国、学习型社会和公共文化服务体系建设中的作用，现就加强高校博物馆建设与发展的有关事项通知如下：

一、各地、各有关部门应充分认识高校博物馆的重要意义，切实重视和支持高校博物馆建设与发展。高校博物馆具有鲜明特色，是现代教育体系和博物馆事业的重要组成部分，是探索和实践新型人才培养模式、实现高等教育现代化的重要机构，是开展探究式学习、参与式教学、实践教学的适宜场所，是开展原创科研的重要基地，也是构建公共文化服务体系，建设和谐社会的一支重要力量。高水平高校博物馆是大学深厚学术和文化积淀的重要标志，是优秀大学的重要标志。要将高校博物馆纳入国民经济和社会发展规划，纳入高等教育事业发展规划，纳入博物馆事业发展规划，因地制宜，制定符合各地高校博物馆发展的目标、措施，鼓励和引导具有中国特色的高校博物馆的科学发展。

二、教育部门要进一步明确高校博物馆在现代高等教育体系中的基础性地位，加强扶持和管理。教育部将会同国家文物局等有关部门制定“普通高等院校博物馆规程”，设立高校博物馆发展指导委员会，建立高校博物馆建设与发展联席工作会议，编制和实施高校博物馆发展规划，明确发展目标，确定发展任务，保障发展资源，并定期向社会发布高校博物馆建设与发展状况信息，增进社会对高校博物馆的认知，引领高校博物馆发展。

三、文物部门要加强履行博物馆业务指导职责，按照《博物馆管理办法》等规定，积极辅导协调高等学校做好高校博物馆的设立注册登记工作，指导高校博物馆业务活动，将高校博物馆纳入行业评估和质量监控体系。积极协调在高校博物馆之间，以及高校博物馆与区域其他博物馆建立长效的交流、协作机制，将高校博物馆纳入博物馆协作网，在藏品保护、陈列展览、社会教育、科学研究、人才培养等业务活动领域开展密切的交流合作，实现优势互补、资源共享。加强博物馆行业协会框架内的高校博物馆专业组织建设，制定行业规范，鼓励高校博物馆加入博物馆行业协会，促进行业自律。

四、要加强对高校博物馆发展的战略研究和统筹规划。高校博物馆建设应以保护、管理和发展文化遗产为基础，以激励和实现知识的创造、分享、传播为中心任务，以服务和支持高等教育发展为主导，以坚持高校博物馆自身特色为动力，以服务高等教育现代化、支持创建优秀大学为主要目标。要从实际出发，着力于凸显大学优势学科特色，完善博物馆功能，把增加博物馆的数量与提高质量结合起来，当前尤其要在提高质量上狠下工夫。要加强博物馆建设工程前期可行性研究、立项、实施等环节的协调指导和评估论证，促进科学决策。要避免不顾实际和可能，盲目追求建设规模的现象。要加强重点博物馆建设，使一批高校博物馆率先跻身国内一流博物馆行列，并向世界先进水平迈进。

五、加强博物馆基础工作，提高专业化水平。大力支持高校博物馆加强系统收藏相关学术领域的实物研究资料和实物性研究成果，提高和优化收藏品质量。建立健全藏品科学保护机制，加强藏品管理及信息化建设，完善建档备案、日常管理等制度体系。强化预防性保护理念，改善馆藏文物保存条件，遏制因环境不利和管理不善致使文物受损的现象。充分发挥藏品资源以及高校专业力量优势，搭建开放的高水平研究平台，大力推进博物馆的学术研究，以科技创新推动博物馆的管理创新和工作创新。

六、增强社会服务能力，提升社会服务效益。高校博物馆不仅要积极支持并辅助高校教学和学科建设，参与和融入大学校园文化建设，也要切实履行公共文化设施职能，充分实现社会教育功能。高校博物馆要积极创造条件，最大限度地向社会和公众开放，开放时间应符合《博物馆管理办法》规定。要努力提升高校博物馆在展览展示和宣传教育方面的工作水平，大力传播有益于社会进步的思想道德、科学技术和文化知识，不断丰富社会各界群众的精神文化生活。鼓励高校博物馆以各种形式参与公共文化服务体系建设，鼓励将高校博物馆纳入中小学教育内容，鼓励高校博物馆开展各种进社区活动，并积极探索博物馆数字化，通过现代信息技术增强博物馆文化传播、辐射影响力。鼓励高校博物馆积极参与对外文化交流。

七、加强高校博物馆队伍建设，实施人才强馆。支持高校博物馆科学设置岗位，完善职位管理，健全评价激励机制，注重学术梯队和优秀中青年队伍建设，稳定高水平专业技术队伍。同时不断壮大以广大学生为主体的博物馆志愿工作队伍，使志愿服务与素质培养、专业志向和公益精神有机结合。

特此通知。

国家文物局

2011年5月22日

中央地方共建国家级博物馆管理暂行办法

（文物博发〔2010〕32号）

第一章 总 则

第一条 为贯彻落实中宣部、财政部、文化部和国家文物局《关于全国博物馆、纪念馆免费开放的通知》（中宣发〔2008〕2号）和国家文物局、财政部《关于开展中央地方共建国家级博物馆工作的通知》（文物博函〔2009〕1387号），规范中央地方共建国家级博物馆的建设和管理，制定本办法。

第二条 中央地方共建国家级博物馆是由国家文物局、财政部共同认定，中央和省级人民政府联合共建的代表中华文明的地方所属重点博物馆。

第三条 中央地方共建国家级博物馆坚持择优认定、定期评估、动态调整和稳定支持的原则，其建设内容和目标是，通过调动中央与地方两个积极性，加大投入力度，大幅提高重点博物馆的藏品保护、陈列展览、科学研究、社会教育和公共服务水平，造就一批国内一流、国际先进的博物馆；构建以点带面、立足区域、辐射全国、面向世界的博物馆综合资源共享平台，推动我国博物馆整体水平迈向世界先进行列。

第四条 中央财政设立专项经费，支持中央地方共建国家级博物馆提升藏品保护、陈列展览、科学研究、人才培养、文化交流、社会教育和公共服务水平。专项经费管理办法另行制定。

第二章 管理职责

第五条 国家文物局、财政部负责中央地方共建国家级博物馆的宏观管理，主要职责是：

（一）组织编制和实施中央地方共建国家级博物馆发展规划，制定相关政策和管理制度；

（二）组织审定中央地方共建国家级博物馆年度计划和项目申请，合理安排专项资金；

（三）组织开展中央地方共建国家级博物馆承担中央支持项目的验收和绩效考评；

（四）组织开展中央地方共建国家级博物馆运行状况年度评估。

第六条 省级人民政府负责中央地方共建国家级博物馆的日常管理，主要职责是：

（一）负责本地区中央地方共建国家级博物馆的培育和推荐；

（二）指导及监督中央地方共建国家级博物馆的运行和管理；

（三）落实地方支出责任，足额安排中央地方共建国家级博物馆运行经费及事业发展所需项目经费，逐步加大投入力度，建立经费稳定增长机制；

（四）配合开展中央地方共建国家级博物馆绩效考评与年度评估。

第三章　培育与认定

第七条　中央地方共建国家级博物馆采取专家评审、行政决策的方式，从省级博物馆中有计划、有重点地遴选和培育，每5年核定一次，予以总量控制。

第八条　国家文物局会同财政部制定中央地方共建国家级博物馆认定标准，由省级人民政府组织申报。

第九条　申请认定为中央地方共建国家级博物馆的，应为已运行和对外开放两年以上的省级博物馆，并具备下列基本条件：

(一)文物藏品具有极高历史、艺术、科学价值，形成完整体系；

(二)陈列展览与本馆使命、宗旨紧密契合，社会影响力强；

(三)专业技术力量雄厚，能够承担国家重要文化遗产保护、研究和展示任务；

(四)具备良好的基础设施，文化传播与社会服务功能有效发挥；

(五)建立完善有效的管理制度，制定并向社会公布科学的中长期发展规划。

第十条　省级人民政府组织具备条件的单位填写《中央地方共建国家级博物馆认定申请报告》，审核后报国家文物局。国家文物局组织评审，商财政部择优认定。

第十一条　列为中央地方共建国家级博物馆培育对象的，培育期限一般不超过两年。省级人民政府提供培育期间所需的相关条件保障。

第十二条　中央地方共建国家级博物馆培育计划完成后，经省级人民政府审核并报国家文物局，国家文物局组织专家验收通过的，商财政部予以认定。

第四章　管理与运行

第十三条　中央地方共建国家级博物馆应完善法人治理结构，逐步实行理事会决策、馆长负责的管理体制和运行机制。理事会成员由主管部门委派，由政府相关部门的代表、馆长、职工代表以及热心博物馆事业的社会人士代表担任。

建立由本单位人员、社会相关人员组成的藏品征集、学术研究、展示教育等专业委员会制度，负责向理事会、馆长等决策、执行机构和人员提供咨询建议，落实员工和公众对博物馆经营管理的参与权。

第十四条　中央地方共建国家级博物馆馆长人选应为具有丰富博物馆管理经验和全国性学术影响的专家，馆长实行任期目标责任制，在任期内，非法定或特殊情况，不应随意更换馆长。

第十五条　中央地方共建国家级博物馆应深化人事制度改革，建立相应的竞争、激励、约束机制，优化组织结构，科学设置岗位，完善职位管理，保持合理的人员结构和规模。

应当注重学术梯队和优秀中青年队伍建设，稳定高水平专业技术队伍。

第十六条　中央地方共建国家级博物馆应制定章程、中长期发展规划和年度工作计划，经省级人民政府有关部门审核后，报国家文物局和财政部核准。

第十七条　中央地方共建国家级博物馆的省级行政主管部门应当根据共建要求，制定专门的管理制度，明晰本部门与中央地方共建国家级博物馆之间的事权责任。

中央地方共建国家级博物馆承担的省部级(含)以上藏品保护、陈列展览、科学研究、人才培养、文化交流、社会教育和公共服务重大项目，必须纳入绩效考评计划。

第十八条　中央地方共建国家级博物馆之间应建立战略协作机制，并整合全国博物馆资源，实施文化遗产保护、研究、展示、利用行动计划。

每年应有计划地举办全国性专题展览，在全国范围内进行巡展和博物馆文化推广。

第十九条　中央地方共建国家级博物馆负有对本省(区、市)和全国中小博物馆、民办博物馆加强业务指导和人员培训的义务。

积极推动中央地方共建国家级博物馆对中小博物馆的托管或连锁运营。

第二十条 中央地方共建国家级博物馆应积极推动博物馆事业社会化，引导和争取社会力量支持博物馆的建设与发展，鼓励社会力量对博物馆进行捐赠，不断壮大“博物馆之友”、博物馆志愿者队伍，发挥行业示范和引导作用。

第二十一条 中央地方共建国家级博物馆应依托文物藏品、陈列展览等文化元素，大力开发具有影响力的文化产品，创造特色鲜明、在国内外具有竞争力的创意品牌，成为博物馆文化产品研发的示范基地。

第二十二条 中央地方共建国家级博物馆应加大开放力度，保障藏品、科研资料、仪器设备的开放共享，建设成为文化遗产领域国家公共平台；并积极开展国际文化遗产、博物馆合作和交流，参与重大国际文化遗产、博物馆合作计划。

第五章 考核与评估

第二十三条 中央地方共建国家级博物馆每年末编制年度工作报告，经省级人民政府有关部门审核并出具相关意见后，于次年2月末之前报国家文物局和财政部，同时接受中央和地方有关部门的监督、审计。工作报告内容应包括年度计划的执行情况，藏品、展览及社会教育工作情况，人员和机构变动情况，安全、财务管理情况（含中央财政专项经费使用情况）等内容。

第二十四条 国家文物局每年组织对中央地方共建国家级博物馆的运行状况进行评估，评估结果予以公告，并作为次年中央财政专项经费安排的重要依据。评估办法由国家文物局另行制定。

第二十五条 中央地方共建国家级博物馆连续三年居于评估末位的，不再列入中央地方共建国家级博物馆序列。

第六章 附 则

第二十六条 鼓励各省（区、市）比照中央地方共建国家级博物馆的模式，按照省（区、市）地共建的原则，建设省级博物馆。

第二十七条 本办法自发布之日起施行。

全国博物馆评估办法

（国家文物局2008年2月发布，2012年5月修订）

第一条 为加强博物馆行业管理，提高博物馆质量，充分发挥博物馆的社会服务功能，促进博物馆事业发展，依据《中华人民共和国文物保护法》《博物馆管理办法》，制定本办法。

第二条 凡在中华人民共和国境内，正式登记、接受年检的，具有文物和标本的收藏保管、科学研究、陈列展览功能，向社会开放、正常运行三年以上的各类博物馆，均可申请参加博物馆评估。

第三条 博物馆评估工作由国家文物局组织开展，遵循自愿申报、行业评估、动态管理、分级指导和公平、公正、公开的原则，按照自评、申报、评定、公布的程序进行。

凡经评估认定的博物馆，国家文物局将在各项业务活动和国内外交流、人员培训等方面给予优先支持。

第四条 国家文物局负责制定博物馆评估标准，并对评估标准的实施进行监督检查。

国家文物局组织设立全国博物馆评估委员会。全国博物馆评估委员会负责全国博物馆评估工作的组织和管理。

省级文物行政部门组织设立本辖区博物馆评估委员会。省(自治区、直辖市)博物馆评估委员会在全国博物馆评估委员会的指导下,开展相应等级博物馆的评估工作。

第五条 博物馆经评估确定相应等级,从高到低依次为一级博物馆、二级博物馆、三级博物馆。一、二、三级博物馆占全国博物馆数量的比例分别控制在3%、6%、9%以内。

第六条 申请评估的博物馆应依照博物馆评估标准开展自评,填写《博物馆评估申请书》,并向属地的省(自治区、直辖市)博物馆评估委员会提出申请。

第七条 省(自治区、直辖市)博物馆评估委员会对申请评估的博物馆进行考察和评估,对一级博物馆提出推荐意见,经本省级文物行政部门审核后,报送全国博物馆评估委员会评定;对二级、三级博物馆提出评定意见,经本省级文物行政部门审核同意后,报送全国博物馆评估委员会复核。

第八条 全国博物馆评估委员会对省(自治区、直辖市)博物馆评估委员会推荐的一级博物馆的材料进行审核,并组织专家小组进行现场评估。

专家小组在核实材料、实地考察、咨询评议的基础上,提出现场评估报告。

全国博物馆评估委员会根据申请单位的《博物馆评估申请书》、省(自治区、直辖市)博物馆评估委员会的推荐意见和现场评估报告,进行综合评议,并以打分方式产生一级博物馆的评定意见。

第九条 全国博物馆评估委员会将一级博物馆的评定意见和二、三级博物馆的复核结果,报国家文物局审定。

国家文物局适时公告新达标的各级博物馆名单。

第十条 博物馆的等级标牌、证书由国家文物局统一制作、颁发。

第十一条 被评定为相应等级的博物馆,须将等级标牌置于其主入口处的最明显位置,接受社会监督。

第十二条 博物馆评估工作(含晋升等级)每三年开展一次。具体申报时间由国家文物局确定。

初次申请评估的博物馆,可申请不高于二级的博物馆等级。

本办法发布前设立的博物馆,初次申请评估,不受前款条件限制。

第十三条 各级博物馆评估机构对所评博物馆要进行监督检查和复核。复核以年度运行评估等方式进行。全面复核至少每三年进行一次。

第十四条 等级复核工作主要由省(自治区、直辖市)博物馆评估委员会组织和实施。全国博物馆评估委员会有计划、有重点地进行一级博物馆复核。

第十五条 经复核达不到要求的博物馆,按以下方法作出处理:

(一)三级、二级博物馆达不到标准规定,省(自治区、直辖市)博物馆评估委员会根据具体情况,报请省级文物行政部门作出签发警告通知书、通报批评、降低或取消等级的处理。降低或取消等级的通知,须报全国博物馆评估委员会和国家文物局备案。

一级博物馆达不到标准规定,全国博物馆评估委员会根据具体情况,报请国家文物局作出签发警告通知书、通报批评、降低或取消等级的处理。

对于取消或降低等级的博物馆,需由相应的评定机构对外公告。

(二)博物馆接到警告通知书、通报批评、降低或取消等级的通知后,须认真整改,并在规定期限内将整改情况上报相应的等级评定机构。

(三)凡被降低、取消等级的博物馆,自降低或取消等级之日起三年内,不得重新申请新的资质等级。

第十六条 全国博物馆评估委员会、省(自治区、直辖市)博物馆评估委员会及其现场评估小组须严格遵循相关评估工作程序、规则和纪律,接受有关管理部门、博物馆行业、社会各界和公证机构的监督。

第十七条 申请评估的博物馆,一经核实有弄虚作假、行贿舞弊等违法违规行为的,由主管的文物行政管理部门取消其评估资格。

参与博物馆评估工作的专家和工作人员不得徇私舞弊。如有违纪、违规行为，一经查实，由主管的文物行政管理部门给予相应处理。

第十八条　本办法自公布之日起实施。

博物馆评估标准

1　前言

本标准的制定旨在加强博物馆质量管理，促进博物馆履行保护、诠释和推广人类的文化和自然遗产的职责，提高博物馆社会教育和公共文化服务质量，繁荣中国特色社会主义文化。

本标准在制定过程中，总结了国内博物馆的管理经验，借鉴了国内外有关资料和技术规程，并直接引用了部分国家标准或标准条文。同时，根据《博物馆评估暂行标准》自 2008 年至今近四年时间的实施情况，在原标准基础上对一些内容进行了修订，使其更加符合博物馆的发展实际。

本标准从实施之日起，代替《博物馆评估暂行标准》。

本标准由国家文物局提出。

本标准由国家文物局归口并负责解释。

本标准起草单位：国家文物局博物馆与社会文物司。

2　范围

2.1　本标准规定了博物馆等级划分的依据、条件及评定的基本要求。

2.2　本标准适用于全国范围内所有正式登记并接受年检，具有文物、标本收藏保管、科学研究、陈列展览功能的，对外开放的各类博物馆。

3　依据的法律法规和文件

《中华人民共和国文物保护法》

《中华人民共和国教育法》

《中华人民共和国科学技术普及法》

《公共文化体育设施条例》

《博物馆管理办法》

《中共中央关于印发〈爱国主义教育实施纲要〉的通知》

《中共中央宣传部　文化部　国家文物局关于进一步加强博物馆宣传展示和社会服务工作的通知》

《文化部　国家文物局关于公共文化设施向未成年人等社会群体免费开放的通知》

《中共中央宣传部　财政部　文化部　国家文物局关于全国博物馆、纪念馆免费开放的通知》

《中国文物博物馆工作人员职业道德准则》

《博物馆馆长专业资格条件(试行)》

《国际博物馆协会章程》

《国际博物馆协会博物馆职业道德准则》

4　引用的标准和规范

下列文件中的条款，通过本标准的引用而自然成为本标准的条款。凡是注日期的引用文件，其随后所有的修改版(不包括勘误的内容)或修订版均不适用于本标准。凡是不注日期的引用文件，其最新版本适用于本标准。

GA 27—2002《文物系统博物馆风险等级和安全防护级别的规定》
GB/T 16571—1996《文物系统博物馆安全防范工程设计规范》
JGJ 66—9l《博物馆建筑设计规范》
GB Jl6—87《建筑设计防火规范》
GB 50193—93《高层民用建筑设计防火规范》
GB 50222《建筑内部装修设计防火规范》
GB 50263—97《气体灭火系统施工及验收规范》
GB 50261—96《自动喷水灭火系统施工及验收规范》
GB 3095—1996《环境空气质量标准》
GB/T 18883—2002《室内空气质量标准》
GB 50325—2001《民用建筑工程室内环境污染物控制规范》
GB 3096—1993《城市区域环境噪声规范》
GH ZBI—1999《地表水环境质量规范》
GB 10001.1—2000《标志用公共信息图形符号》
GB/T 17775—2003《旅游景区质量等级的划分与评定》
GB/T 24001—2004《环境管理行为规范》
GB/T 28001《职业健康安全管理体系》
GB 9664《文化娱乐场所卫生标准》
GB 16153《饭馆(餐厅)卫生标准》
《博物馆照明设计规范》

5 术语

本标准采用下列定义：

博物馆：是指征集、收藏、保护、研究、展示人类活动和自然环境的见证物，经过文物行政部门审核、相关行政部门批准，取得法人资格，向公众开放的非营利性社会服务机构。

藏品：是指具有收藏、研究、展示价值的文物、标本、模型等的总称。

藏品库房：是指藏品集中保存的特定建筑物。

藏品保护修复场所：是指博物馆运用传统修复工艺和现代科学技术手段对藏品进行科学分析、检测和保护、修复的特定建筑物。

展厅：是指博物馆用作向公众展示藏品的特定建筑物。

出境展览：是指单独或合作在境外(含港、澳、台地区)举办的展览。

6 博物馆等级及标志

6.1 博物馆划分为三级，从高到低依次为一级、二级、三级博物馆。

6.2 博物馆的等级证书、标牌由国家文物局统一制作和颁发。

7 博物馆等级划分条件

7.1 一级

7.1.1 综合管理与基础设施

7.1.1.1 法人治理结构

法人治理结构完善，理事会(董事会)和监事会或其他形式的决策、监督机构健全，运行机制有效。

7.1.1.2 章程与发展规划

有正式批准和发布的博物馆章程和博物馆发展规划，年度工作计划符合发展规划要求。

7.1.1.3 建筑与环境

a)建筑功能区块布局合理,自成系统。

b)环境整洁、美观、舒适,绿化率高;室内空气质量好。

7.1.1.4 人力资源

a)人才结构、梯次合理,专业技术人员占在编人员的75%以上;高、中级管理人员具备大学以上文化程度。

b)员工考核、培训制度健全,人员、经费落实,业务培训全面,效果良好,上岗人员培训合格率达100%。

7.1.1.5 财务管理

a)财务管理制度完善并有效实施,有充足的事业经费来源和保证。

b)有多渠道、来源稳定的社会资助。

7.1.1.6 安全保障

a)一、二、三级风险单位按要求落实完善的安全防范系统,一、二、三级风险部位按要求落实完善的安全防范措施。

b)有与博物馆规模相适应的管理规范、人员配置齐全的保卫工作机构;保卫工作规章制度健全,措施得当,有处置各类突发事件的应急预案;保卫人员受过专业培训,素质高、业务精,工作程序规范、准确;档案齐全,交接班制度完善、记录齐全;定期组织安全演练。

c)消防组织健全,责任明确,管理制度完善,有处置各类火灾的应急预案;有与单位规模相适应的完善的消防设施、设备及安全、有效的防雷装置,并由专人管理,定期进行检查、维修、更新;定期组织消防演练,消防人员设备操作熟练、规范。

d)公共安全制度完善,应急预案科学、规范;安全出口、疏散通道通畅,标志醒目;应急照明、救生等设施、设备完好;节日期间有应急医护人员。

7.1.1.7 办公信息化

有功能完善、运行可靠的局域网办公信息系统。

7.1.2 藏品管理与科学研究

7.1.2.1 藏品管理

a)藏品资源与本馆的宗旨、使命相符,形成完整的体系。

b)藏品20000件以上,或珍贵文物2000件以上;具有很高的历史、文化、科学、艺术价值,或其中一类价值具世界意义。

c)有适应本馆藏品状况、功能完善的藏品数据库。

d)有与本馆宗旨、使命相符的藏品征集政策和收藏范围;有规范的藏品征集组织与制度,对征集的藏品进行鉴定;有多种征集渠道,征集经费充足,使用合理、效果好。

e)藏品管理制度完善;藏品入藏手续齐全、资料完整;藏品总登记账清晰,账物相符;分类账准确合理,编目科学翔实;藏品档案记录规范,新入藏的藏品及时建档备案,并及时登记入藏品总账。

f)库房面积满足收藏需要;库房管理制度完善;库房设施、设备齐全,藏品存放环境达标;藏品提用手续齐全,进、出库记录完整;藏品存放科学、合理、规范;三级以上藏品均配备有符合要求的装具,一级文物和其他易损易坏的珍贵文物有专柜或专库存放,并由专人负责保管;根据藏品质地控制温湿度,照明符合设计规范要求;库房整洁,空气质量好。

g)藏品保护修复场所规模较大、设备齐全,并能有效运转;文物藏品修复资质和具备文物藏品修复资格的人员多;藏品修复、保养程序科学、规范,效果好。

7.1.2.2 学术研究与科技

a)学术机构健全,学术带头人为有全国性学术影响的专家;定期举办国际、国内学术活动;定期出版高质量的学术刊物;馆内人员经常在核心期刊发表专业论文、出版学术专著;系统收藏相关中外文学术期刊。

b)有科技部门,有素质高、结构合理的科技队伍,有较大规模的实验室及相应科研仪器设备,能独立承担国际合作项目和国家级、省部级科研课题;取得重大科技成果或引进新技术,并运用到工作中,取得显著效果。

7.1.3. 陈列展览与社会服务

7.1.3.1 影响力

a)有博物馆品牌标志,并全面、恰当地运用;有完善的博物馆宣传计划,全国性媒体经常报道博物馆动态。

b)在国内外有很高的知名度和很好的声誉;公众影响力很强,年观众50万人次以上,其中海外观众2万人次以上;经常举办出境展览或引进外展。

7.1.3.2 展示和教育

a)展厅环境优美、空气质量好,照明符合设计规范要求,展柜内微环境适宜展品保存。

b)基本陈列主题明确,鲜明体现本馆特色;策划方案科学,经过国家级专家论证;内容研究深入,展品组织得当,文字说明准确、生动、有文采;展览设计准确表达陈列主题,艺术感染力强;及时进行内容和展品更新;社会美誉度高。

c)采取多种合作模式,经常举办有全国性影响力的临时展览;临时展览有完善的前期策划和营销计划,展览的社会、经济效益好。

d)有社会教育机构和专门从事社会教育工作的人员,馆内设有专门的教育服务区;有完善的社会教育工作方案和针对不同观众群体的社会教育计划;经常与教育部门以及其他单位联系或建立共建单位,开展有针对性的教育活动,积极举办不同形式的讲座等活动,服务学校、工厂、社区和农村等不同观众群体;为省级(含)以上爱国主义教育、科普教育基地。

e)有高素质、稳定的讲解员队伍;有两种(含)以上语言的、适合不同观众群体的科学、准确、生动、有文采的讲解词;定期进行义务讲解;有针对特殊观众群体的讲解服务;有两种(含)以上语言的现代化自助语音讲解设备。

7.1.3.3 社会服务

a)有"博物馆之友"等群众组织,人员结构合理,依照章程定期开展活动;博物馆志愿者队伍稳定、具有相当规模,全部实施上岗培训,每名志愿者每年为博物馆或观众服务48小时以上。

b)博物馆每年开放时间300天以上;基本陈列定期免费开放,且在60天以上;日常免费、优惠开放制度和措施向社会公示;年免费接待青少年观众人数占观众总人数的20%以上;科学管理观众容量。

c)交通便捷,可进入性好;博物馆出入口处道路通畅,有无障碍通道;外部中、外文引导标识设置科学、合理,清楚、美观。

d)售票地点设在室内;参观游览线路合理、顺畅;观众服务中心位置合理,规模适度,设施齐全,功能体现充分,咨询服务人员配备齐全,业务熟练,服务热情;中、外文的博物馆导览等基本信息资料特色突出,品种齐全,内容丰富,文字优美,制作精美,适时更新,并免费为观众提供;基本陈列的标牌、展品等有中、外文说明;设有免费物品寄存处、特殊人群服务设施和设备、餐饮服务设施和纪念品销售服务设施等;展厅内有观众休息设施;卫生设施、设备布局合理,数量满足需要,并与环境相协调;各种设施、设备中、外文标识清楚。

e)有专门网站,设计简洁大方,界面友好,互动性强,内容丰富,信息更新及时,支持两种(含)以上语言;馆内建立有多种形式的互动式或参与式的多媒体文化、科普、教育服务设施,服务有特色、质量高。

f)文化产品本馆特色突出,种类丰富,制作精美,销售情况好。

g)提供藏品代为保管、鉴定、养护、修复及咨询等公众服务项目,公众满意度高。

h)观众调查制度健全,调查方法多样,调查成果充分运用。

7.2 二级

7.2.1 综合管理与基础设施

7.2.1.1 法人治理结构

法人治理结构完善，理事会（董事会）和监事会或其他形式的决策、监督机构健全，运行机制有效。

7.2.1.2 章程与发展规划

有正式批准和发布的博物馆章程和博物馆发展规划，年度工作计划符合发展规划要求。

7.2.1.3 建筑与环境

a）建筑功能区块布局合理。

b）环境整洁，绿化率高；室内空气质量较好。

7.2.1.4 人力资源

a）人才结构、梯次比较合理，专业技术人员占在编人员的70%以上；高、中级管理人员具备大专以上文化程度，其中80%以上具备大学以上文化程度。

b）员工考核、培训制度健全，人员、经费落实，业务培训全面，效果良好，上岗人员培训合格率达100%。

7.2.1.5 财务管理

a）财务管理制度完善并有效实施，有基本满足需要的事业经费来源和保证。

b）有稳定的社会资助。

7.2.1.6 安全保障

a）一、二、三级风险单位按要求落实完备的安全防范系统，一、二、三级风险部位按要求落实完备的安全防范措施。

b）有与博物馆规模相适应的管理规范、人员配置齐全的保卫工作机构；保卫工作规章制度健全，措施得当，有处置一般突发事件的应急预案；保卫人员受过专业培训，工作程序规范；档案齐全，交接班制度完善、记录齐全；定期组织安全演练。

c）消防组织健全，责任明确，管理制度完善，有处置特定火灾的应急预案；消防设施、设备配备合理，有安全、有效的防雷装置，并定期进行检查、维修、更新；定期组织消防演练，保卫人员熟练、规范操作消防设备。

d）公共安全制度健全，应急预案科学、规范；安全出口、疏散通道通畅，标志醒目；应急照明设备完好。

7.2.1.7 办公信息化

有局域网办公信息系统。

7.2.2 藏品管理与科学研究

7.2.2.1 藏品管理

a）藏品资源与本馆的宗旨、使命相符，形成相对完整的体系。

b）藏品10000件以上，或珍贵文物1000件以上；具有较高的历史、文化、科学、艺术价值，或其中一类价值具全国意义。

c）有基本适应本馆藏品状况、功能相对完善的藏品数据库。

d）有与本馆宗旨、使命相符的藏品征集政策和收藏范围；有规范的藏品征集组织与制度，对征集的藏品进行鉴定；有多种征集渠道，征集经费基本满足需要，使用合理、效果好。

e）藏品管理制度完善；藏品入藏手续齐全、资料完整；藏品总登记账清晰，账物相符；分类账准确合理，编目科学翔实；藏品档案记录规范，新入藏的藏品及时建档备案，并及时登记入藏品总账。

f）库房面积满足收藏需要；库房管理制度健全；库房设施、设备基本符合藏品存放环境标准；藏品提用手续齐全，进、出库记录完整；藏品存放合理、规范；二级以上藏品均配备有符合要求的装具，一级文物和其他易损易坏的珍贵文物有专柜或专库存放并由专人负责保管；库房重点部位能控制温湿度，采光照明基本符合规范要求；库房整洁、空气无异味。

g）有藏品保护修复场所和基本的设备；有文物藏品修复资质和具备文物藏品修复资格的人员；藏品修复、保养程序科学、规范，效果好。

7.2.2.2　学术研究与科技

a)学术机构健全,学术带头人为有省级学术影响的专家;定期举办省级学术活动;定期出版较高质量的学术刊物;馆内人员经常在省级刊物发表专业论文、出版学术专著。

b)有专门科技人员和必要的设施设备,能独立承担省部级科研课题,能借助或引进专业科技力量开展相关科学技术研究工作,并将有关成果运用到实际工作中。

7.2.3　陈列展览与社会服务

7.2.3.1　影响力

a)有博物馆品牌标志并有效运用;有系统的博物馆宣传计划,省级媒体经常报道博物馆动态。

b)在省内外有较高的知名度和较好的声誉;公众影响力较强,年观众30万人次以上,其中海外观众1万人次以上;经常举办国内巡展和引进展览。

7.2.3.2　展示和教育

a)展厅环境整洁,照明符合设计规范要求,珍贵文物展品的保存环境达标。

b)基本陈列主题明确,较好体现本馆特色;策划方案合理,经过省级专家论证;内容研究较深入,展品组织较得当,文字说明准确、生动;展览设计较准确地表达陈列主题,艺术感染力较强;定期进行内容和展品更新;社会美誉度较高。

c)采取多种合作模式,经常举办有省级影响力的临时展览;临时展览有周密的前期策划和营销计划,展览的社会、经济效益较好。

d)有社会教育机构和专门从事社会教育工作的人员,馆内设有专门的未成年人教育服务区;有周密的社会教育工作方案和针对不同观众群体的社会教育计划;经常与教育部门以及其他单位联系或建立共建单位,开展有针对性的教育活动,积极举办不同形式的讲座等活动,服务学校、工厂、社区和农村等不同观众群体;为省级爱国主义教育、科普教育基地。

e)有较高素质、稳定的讲解员队伍;有适合不同观众群体的科学、准确、生动的讲解词;定期进行义务讲解;有针对特殊观众群体的讲解服务;有现代化自助语音讲解设备。

7.2.3.3　社会服务

a)有“博物馆之友”等群众组织,依照章程定期开展活动。博物馆志愿者队伍稳定、有一定规模,全部实施上岗培训,每名志愿者每年为博物馆或观众服务48小时以上。

b)博物馆每年开放时间300天以上;基本陈列定期免费开放,且在60天以上;日常免费、优惠开放制度和措施向社会公示;年免费接待青少年观众人数占观众总人数的30%以上;科学管理观众容量。

c)交通方便,可进入性良好;博物馆出入口处道路通畅,一般有无障碍通道;外部中、外文引导标识设置合理,清楚、美观。

d)售票地点设在室内;参观游览线路合理、顺畅;设有观众服务中心或相应场所,咨询服务人员业务熟悉,服务热情;中、外文的博物馆导览等基本信息资料品种多,内容丰富,制作较好,并免费为观众提供;基本陈列的标牌有中、外文说明;设有免费物品寄存处、特殊人群服务设施和设备和纪念品销售服务设施等;展厅内有观众休息设施;卫生设施、设备布局合理,数量满足需要;各种设施、设备中、外文标识清楚。

e)有专门网站,网站内容有特色,定期更新;馆内有互动式或参与式的多媒体文化、科普、教育服务设施,服务有特色、质量较高。

f)文化产品本馆特色突出,种类较丰富,制作较精美,销售情况较好。

g)提供藏品代为保管、鉴定、养护及咨询等公众服务项目,公众满意度较高。

h)观众调查制度比较健全,调查方式较多,调查成果有效运用。

7.3　三级

7.3.1　综合管理与基础设施

7.3.1.1　法人治理结构

法人治理结构完善,理事会(董事会)和监事会或其他形式的决策、监督机构健全,运行机制有效。

7.3.1.2 章程与发展规划

有正式批准和发布的博物馆章程和博物馆发展规划,年度工作计划符合发展规划要求。

7.3.1.3 建筑与环境

a)建筑功能区块布局基本合理。

b)环境整洁,室内空气质量较好。

7.3.1.4 人力资源

a)人才结构、梯次基本合理,专业技术人员占在编人员的70%以上;高、中级管理人员具备大专以上文化程度,其中50%以上具备大学以上文化程度。

b)员工考核、培训制度健全,人员、经费落实,业务培训全面,效果良好,上岗人员培训合格率达100%。

7.3.1.5 财务管理

a)财务管理制度完善并有效实施,有基本的事业经费来源和保证。

b)有社会资助。

7.3.1.6 安全保障

a)一、二、三级风险单位按要求落实相应的安全防范系统,一、二、三级风险部位按要求落实相应的安全防范措施。

b)有与博物馆规模相适应的专职保卫人员;保卫工作规章制度健全,措施得当,有处置一般突发事件的应急预案;保卫人员受过专业培训,工作程序规范;档案齐全,交接班制度完善、记录齐全;定期组织安全演练。

c)消防责任明确,管理制度完善;有针对一般火灾的消防应急预案;消防设施、设备按要求配备,有安全、有效的防雷装置,并定期进行检查、维修、更新;定期组织消防演练,保卫人员能够熟练、规范操作消防设备。

d)公共安全制度健全,应急预案规范;安全出口、疏散通道通畅,标志醒目,应急照明设备完好。

7.3.1.7 办公信息化

有基本的行政、业务工作数据库;在编专业技术人员会熟练使用计算机,人均电脑占有率不低于50%。

7.3.2 藏品管理与科学研究

7.3.2.1 藏品管理

a)藏品资源与本馆的性质、任务相符,形成基本的体系。

b)藏品5000件以上,或珍贵文物500件以上;具有较高的历史、文化、科学、艺术价值,或其中一类价值具省级意义。

c)有藏品数据库。

d)有与本馆宗旨、使命相符的藏品征集政策和收藏范围;有规范的藏品征集组织与制度,对征集的藏品进行鉴定;征集经费使用合理、效果好。

e)藏品管理制度健全;藏品入藏手续齐全、资料完整;藏品总登记账清晰,账物相符;藏品档案记录规范;新入藏的藏品及时建档备案,并及时登记入藏品总账。

f)库房面积基本满足收藏需要;库房管理制度健全;库房设施、设备基本适应藏品存放环境要求;藏品提用手续齐全,进、出库记录完整;藏品存放规范;一级藏品均配备有符合要求的装具,一级文物和其他易损易坏的珍贵文物有专柜或专库存放并由专人负责保管;库房重点部位能控制温湿度,采光照明基本符合规范要求;库房整洁,空气无异味。

g)藏品保养制度和措施健全,效果较好。

7.3.2.2 学术研究与科技

a)有学术机构,学术带头人为有地区性学术影响的专家;定期举办区域内学术活动;定期出版学术刊物;馆内人员每年在省级(含)以上刊物发表专业论文。

b)有一定科研能力,能借助或引进专业科技力量开展相关科学技术研究工作,并将有关成果运用到实际工作中。

7.3.3. 陈列展览与社会服务

7.3.3.1 影响力

a)有博物馆品牌标志;有较为系统的博物馆宣传计划,地区级媒体经常报道博物馆动态。

b)在省内有较高的知名度和较好的声誉;公众影响力较强,年观众10万人次以上;定期举办省内巡展和引进展览。

7.3.3.2 展示和教育

a)展厅环境整洁,照明符合设计规范要求,珍贵文物展品的保存环境基本达标。

b)基本陈列主题明确,体现本馆特色;策划方案比较合理,省级专家参加论证;内容研究具有一定深度,展品组织较合理,文字说明准确;展览设计较好表达陈列主题;不定期进行内容和展品更新;有一定社会美誉度。

c)采取多种合作模式,定期举办有地区性影响力的临时展览;临时展览有前期策划和营销计划,展览的社会效益较好。

d)有社会教育机构和专门从事社会教育工作的人员;有具体可行的社会教育工作方案和针对不同观众群体的社会教育计划;经常与教育部门以及其他单位联系或建立共建单位,开展有针对性的教育活动,积极举办不同形式的讲座等活动,服务学校、工厂、社区和农村等不同观众群体;为地市级爱国主义教育、科普教育基地。

e)有较高素质、稳定的讲解员队伍;有适合不同观众群体的科学、准确、生动的讲解词;定期进行义务讲解;有针对未成年观众群体的讲解服务。

7.3.3.3 社会服务

a)博物馆志愿者队伍稳定、有一定规模,全部实施上岗培训,每名志愿者每年为博物馆或观众服务48小时以上。

b)年开放时间300天以上;基本陈列定期免费开放,且在60天以上;日常免费、优惠开放制度和措施向社会公示;年免费接待青少年观众人数占观众总人数的40%以上;科学管理观众容量。

c)交通方便,可进入性较好;博物馆出入口处道路通畅;外部引导标识设置比较合理,清楚、美观。

d)售票地点设在室内;参观游览线路基本合理、顺畅;设有观众咨询服务场所,服务人员业务熟悉,服务热情;博物馆导览等基本信息资料内容丰富,制作较好,并免费为观众提供;设有免费物品寄存处和纪念品销售服务设施等;卫生设施、设备布局合理,数量满足需要。

e)文化产品开发体现本馆特色。

f)提供藏品代为保管、养护及咨询等公众服务项目。

g)定期进行观众调查,并尽可能运用调查成果。

8 评分细则

8.1 本细则共计1000分,共分为三个大项,各大项分值为:综合管理与基础设施200分;藏品管理与科学研究300分;影响力与社会服务500分。评估时,综合管理与基础设施项最低分值应在80分(含)以上;藏品管理与科学研究项最低分值应在120分(含)以上;陈列展览与社会服务项最低分值应在200分(含)以上。

8.2 一级博物馆需达到800分,二级博物馆需达到600分,三级博物馆需达到400分。

8.3 评分细则计分表(附后)。

评分细则计分表(修订)

说明：■栏为打分点，所有■分值总和为1000分。

序号	评定项目	检查评定方法与说明	大项分值栏	分项分值栏	次分项分值栏	小项分值栏	次小项分值栏	自检计分栏	推荐单位计分栏	评定单位计分栏
1	综合管理与基础设施	本项得分，一级博物馆不低于160分，二级博物馆不低于120分，三级博物馆不低于80分	**200**							
1.1	法人治理结构	本指标属于博物馆管理体制机制改革导向性指标，不具备条件者不得分		14						
1.1.1	决策机构				7					
1.1.1.1	有理事会(董事会)或其他形式的决策机构	理事会等决策机构由博物馆举办者或其代表、馆长、职工代表、社会人士组成。组成人员中三分之一以上应具备5年以上博物馆或相关领域工作经验				2				
1.1.1.2	有工作章程					2				
1.1.1.3	人员结构合理					1				
1.1.1.4	开展相应活动					1				
1.1.1.5	有理事会(董事会)或其他形式的决策机构年度工作报告					1				
1.1.2	监督机构				7					
1.1.2.1	有监事会或其他形式的监督机构	监事会等监督机构由博物馆举办者代表、职工代表组成。组成人员中职工代表比例不低于三分之一				2				
1.1.2.2	有工作章程					2				
1.1.2.3	人员结构合理					1				
1.1.2.4	开展相应活动					1				
1.1.2.5	有监事会或其他形式的监督机构年度工作报告					1				

续表

序号	评定项目	检查评定方法与说明	大项分值栏	分项分值栏	次分项分值栏	小项分值栏	次小项分值栏	自检计分栏	推荐单位计分栏	评定单位计分栏
1.2	博物馆章程与发展规划			20						
1.2.1	有博物馆章程	章程应明确博物馆的法律地位、性质、宗旨、业务范围、发展战略、运行原则与机制等重大事项			5					
1.2.2	发展规划	指博物馆的整体发展规划			8					
1.2.2.1	有符合本馆性质和功能定位的事业发展中长期规划	中长期指5年以上。规划体例完备，思路清晰，目标明确，重点突出，保障措施具体				3				
1.2.2.2	规划经过专家论证	检查专家签名的论证意见				3				
1.2.2.3	规划经过上级主管部门批准	检查批复文件				2				
1.2.3	年度工作计划	思路清楚、目标明确、操作性强			3					
1.2.4	博物馆有年检报告	《博物馆管理办法》第十五条规定2006年起开始年检。年检结论合格的4分，基本合格者得2分，不合格者不得分			4					
1.3	建筑与环境			16						
1.3.1	建筑功能区块布局	根据《博物馆建筑设计规范 JGJ 66-91》“3.1 一般规定”中的条款酌情给分			5					
	建筑功能区块布局合理，自成系统				5					
	建筑功能区块布局较合理，相对自成系统				3					
	建筑功能区块布局基本合理				1					
1.3.2	环境卫生				11					
1.3.2.1	室外卫生	无乱堆、乱放、乱建现象，施工场地维护完好；无污水、污物；酌情给分				3				
1.3.2.2	室内卫生	整洁、美观、舒适；酌情给分				3				
1.3.2.3	室内空气质量	清新，无异味；酌情给分				3				

续表

序号	评定项目	检查评定方法与说明	大项分值栏	分项分值栏	次分项分值栏	小项分值栏	次小项分值栏	自检计分栏	推荐单位计分栏	评定单位计分栏
1.3.2.4	绿化	根据室外植被覆盖、室内绿化情况酌情给分				2				
1.4	人力资源			30						
1.4.1	人员资质与比例	“人员资质”指从事专业技术岗位的业务人员。根据人事部《〈事业单位岗位设置管理试行办法〉实施意见》(国人部发〔2006〕87 号)的规定,主要以专业技术提供社会公益服务的事业单位,应保证专业技术岗位占主体,一般不低于单位岗位总量的 70%			5					
	有专业资质的人员达到在编人数的 75%以上				5					
	有专业资质的人员达到在编人数的 70%以上				3					
	有专业资质的人员不低于在编人数的 60%				1					
1.4.2	人才梯次结构				10					
1.4.2.1	专业技术人员中高、中、初级职称人员比例适当	人事部《〈事业单位岗位设置管理试行办法〉实施意见》(国人部发〔2006〕87 号)规定:“专业技术高级、中级、初级岗位之间的结构比例全国总体控制目标为 1∶3∶6。”根据该比例,业务人员梯次、结构合理;酌情给分				4				
1.4.2.2	高、中级管理人员	高级管理人员指馆级领导,中级管理人员指各部门负责人。				6				
	高、中级管理人员都具备大学以上文化程度					6				
	高、中级管理人员	85%以上具备大学以上文化程度				4				
	高、中级管理人员都具有大专以上文化程度					2				

续表

序号	评定项目	检查评定方法与说明	大项分值栏	分项分值栏	次分项分值栏	小项分值栏	次小项分值栏	自检计分栏	推荐单位计分栏	评定单位计分栏
1.4.3	人员培训	指参加市(地)级(含)以上文物行政部门组织的专业培训			12					
1.4.3.1	有切实可行的人员培训制度					3				
1.4.3.2	有相应的培训经费					2				
1.4.3.3	人员培训工作有计划、有秩序地开展					3				
1.4.3.4	上岗人员培训合格率达到100%，有相应证书	合格率未达到100%的，酌情给分；合格率低于80%不得分				4				
1.4.4	有科学的员工考核、奖励制度并有效实施				3					
1.5	财务管理			30						
1.5.1	财务管理制度完善				5					
1.5.2	财务管理制度有效实施	无违反财务管理制度、财经纪律的现象			5					
1.5.3	经费来源与保证	以上年度财务决算报告为依据			10					
	人均事业经费在5万元(含)以上	事业经费指纳入本级财政预算，除职工工资福利、设施设备维护、行政办公费以外的业务工作经费			10					
	人均事业经费在3万(含)～5万元				8					
	人均事业经费在1万(含)～3万元				6					
	人均事业经费在7千元～1万元				4					
1.5.4	社会资助	三年内实际接受资助的项目，包括无偿赠送的物资(含文物)及赠款，额度不限，以捐赠协议等书面证据为依据			10					
1.5.4.1	渠道					5				

续表

序号	评定项目	检查评定方法与说明	大项分值栏	分项分值栏	次分项分值栏	小项分值栏	次小项分值栏	自检计分栏	推荐单位计分栏	评定单位计分栏
	多渠道					5				
	单一渠道					3				
1.5.4.2	稳定性					5				
	有定期的社会资助					5				
	有不定期的社会资助					2				
1.6	安全保障			80						
1.6.1	风险与防护	参照《文物系统博物馆风险等级和安全防护级别的规定》(GA 27—2002)要求评分			40					
1.6.1.1	有中心控制室					2				
1.6.1.2	中心控制室能随时掌握报警现场位置					1				
1.6.1.3	报警资料保存完整、能随时提用					1				
1.6.1.4	有与公安部门联动的装置					1				
1.6.1.5	有室外周界报警系统					3				
1.6.1.6	室外设置电视监控装置					3				
1.6.1.7	室外周界出入口设置出入口控制装置					3				
1.6.1.8	室外有实体防护装置					2				
1.6.1.9	有巡更系统					1				
1.6.1.10	展厅出入口有出入口控制装置					3				

续表

序号	评定项目	检查评定方法与说明	大项分值栏	分项分值栏	次分项分值栏	小项分值栏	次小项分值栏	自检计分栏	推荐单位计分栏	评定单位计分栏
1.6.1.11	藏品库房出入口、通道处有出入口控制装置					3				
1.6.1.12	修复场所出入口、通道处有出入口控制装置					3				
1.6.1.13	内部重要出入口有电视监控装置					3				
1.6.1.14	内部重要部位有实体防护装置					2				
1.6.1.15	展厅内有周界报警系统					2				
1.6.1.16	展厅内有振动报警设备					1				
1.6.1.17	库房内有周界报警系统					2				
1.6.1.18	库房内有振动报警设备					1				
1.6.1.19	重要展柜安装防弹玻璃或设置报警装置					3				
1.6.2	安全保卫	参照《博物馆安全保卫工作规定》评分			15					
1.6.2.1	有保卫工作机构	设置有与博物馆规模相适应的保卫工作机构				1				
1.6.2.2	保卫人员配置	按规定配备相应数量保卫人员				1				
1.6.2.3	规章制度完善					2				
1.6.2.4	教育培训制度完善					2				
1.6.2.5	操作规程规范	检查保卫人员实际操作情况				2				
1.6.2.6	档案齐全	检查安全档案				1				
1.6.2.7	巡查记录完整	检查巡查记录				1				
1.6.2.8	交接班制度规范	检查交接班记录等				1				

续表

序号	评定项目	检查评定方法与说明	大项分值栏	分项分值栏	次分项分值栏	小项分值栏	次小项分值栏	自检计分栏	推荐单位计分栏	评定单位计分栏
1.6.2.9	有安全防范应急预案	检查应急预案				1				
1.6.2.10	安全保卫演练					3				
	每年举行2次(含)以上					3				
	每年举行1次					1				
1.6.3	消防安全	参照《机关、团体、企业、事业单位消防安全管理规定》评分			12					
1.6.3.1	消防组织健全,消防安全责任明确					2				
1.6.3.2	消防安全管理制度完善					2				
1.6.3.3	消防安全操作规程规范					2				
1.6.3.4	消防设施齐全、完好有效					2				
1.6.3.5	防雷装置安全、有效					2				
1.6.3.6	有消防安全应急预案					2				
1.6.4	公共安全					13				
1.6.4.1	有参观游览安全制度并公示					2				
1.6.4.2	安全疏散标志醒目、美观					2				
1.6.4.3	安全出口、疏散通道畅通					2				
1.6.4.4	应急照明设备完好					2				
1.6.4.5	应急措施完备、责任到人					2				
1.6.4.6	有公共安全应急预案	检查人员熟悉安全设施的性能和使用方法,以及妥善处理突发事件的能力				3				
1.7	办公信息化			10						
1.7.1	行政、业务工作数据库	检查办公自动化程度			5					

续表

序号	评定项目	检查评定方法与说明	大项分值栏	分项分值栏	次分项分值栏	小项分值栏	次小项分值栏	自检计分栏	推荐单位计分栏	评定单位计分栏
	有完善的数据库				5					
	有简单的数据库				2					
1.7.2	局域网				5					
	有功能完善、运行可靠的局域网				5					
	有简单的局域网或在部分工作中使用局域网				2					
2	**藏品管理与科学研究**	本项得分，一级博物馆不低于240分，二级博物馆不低于180分，三级博物馆不低于120分	**300**							
2.1	藏品管理			150						
2.1.1	藏品现状	科技馆的展品视同藏品			30					
2.1.1.1	藏品体系					5				
	与本馆性质任务相符，形成完整体系					5				
	与本馆性质任务相符，基本形成完整体系					3				
	与本馆性质任务相符，形成一定体系					1				
2.1.1.2	藏品数量与质量	依据《博物馆藏品管理办法》第八条第三款“藏品计件”、第四款“藏品计量单位”				10				

续表

序号	评定项目	检查评定方法与说明	大项分值栏	分项分值栏	次分项分值栏	小项分值栏	次小项分值栏	自检计分栏	推荐单位计分栏	评定单位计分栏
	藏品数量10万件/套以上，或珍贵文物2万件/套以上					10				
	藏品数量3万件/套以上，或珍贵文物6千件/套以上					7				
	藏品数量4千件/套以上，或珍贵文物400件/套以上					3				
	藏品数量500件/套以上					1				
2.1.1.3	藏品的历史文化科学价值					15				
	具有极高历史、文化、科学价值，其中一类价值具有全国意义	“其中一类”指与本馆性质任务相符，形成完整体系的文物、标本群				15				
	具有很高历史、文化、科学价值，或其中一类具有省级意义					10				
	具有较高历史、文化、科学价值，或其中一类具有地区意义					5				
2.1.2	藏品数据库	藏品管理系统			10					
	有完善的藏品数据库				10					
	有简单的藏品数据库				5					
2.1.3	藏品征集				15					
2.1.3.1	明确藏品征集政策和范围	与本馆性质、任务相符				2				
2.1.3.2	明确入藏标准和程序					2				
2.1.3.3	有藏品征集机构					1				
2.1.3.4	有专门负责征集的人员					1				

续表

序号	评定项目	检查评定方法与说明	大项分值栏	分项分值栏	次分项分值栏	小项分值栏	次小项分值栏	自检计分栏	推荐单位计分栏	评定单位计分栏
2.1.3.5	有具备文物鉴定资质的人员	具备其中之一：1.本馆设有文物进出境鉴定站或省级文物鉴定委员会；2.本馆至少有1名在编人员有文物进出口责任鉴定员资格；3.本馆至少有1名在编人员是国家或省级文物鉴定委员会委员				1				
2.1.3.6	有藏品征集经费	纳入本级财政预算的支出科目				1				
2.1.3.7	藏品征集经费使用合理、效果好	所征集的藏品与本馆性质任务相符，并与现有藏品构成互补，有利于充实藏品体系				2				
2.1.3.8	藏品来源渠道	三年内新增藏品情况				5				
	考古发掘品移交						3			
	海关、公安等部门罚没移交						1			
	其他渠道						1			
2.1.4	藏品接收与入账	检查藏品账卡、档案记录情况，重点查是否及时补充新增内容			15					
2.1.4.1	入藏的藏品有完整、清晰的原始资料					2				
2.1.4.2	入藏手续齐全					3				
2.1.4.3	藏品登记					5				
	藏品总账清晰、账物相符						3			
	分类账科学合理，编目详明，查用方便						2			
2.1.4.4	藏品档案完备，记录规范					3				
2.1.4.5	新入藏的藏品备案及时					2				
2.1.5	藏品存放				15					
2.1.5.1	藏品分类保存	按质地分类				3				

续表

序号	评定项目	检查评定方法与说明	大项分值栏	分项分值栏	次分项分值栏	小项分值栏	次小项分值栏	自检计分栏	推荐单位计分栏	评定单位计分栏
2.1.5.2	藏品分库保存					3				
2.1.5.3	重要的珍贵藏品有专用柜					3				
2.1.5.4	藏品放置					3				
	科学、合理、规范					3				
	合理、规范					2				
	基本合理					1				
2.1.5.5	藏品装具					3				
	所有藏品均有符合要求的装具					3				
	70%藏品且三级以上藏品均有符合要求的装具					2				
	二级及以上藏品均有符合要求的装具					1				
2.1.6	藏品提用	参考《博物馆藏品管理办法》评分			5					
2.1.6.1	提用手续齐全					3				
2.1.6.2	进出库记录完备					2				
2.1.7	库房面积				5					
	满足藏品收藏需要				5					
	基本满足藏品收藏需要				2					
2.1.8	库房管理				8					
2.1.8.1	库房管理制度	检查库房管理制度和库房日记登记情况，酌情给分				3				
2.1.8.2	库房管理人员	藏品库房应有专人管理				3				

续表

序号	评定项目	检查评定方法与说明	大项分值栏	分项分值栏	次分项分值栏	小项分值栏	次小项分值栏	自检计分栏	推荐单位计分栏	评定单位计分栏
2.1.8.3	库房环境整洁	堆放违禁物品的不得分				2				
2.1.9	库房设施	参考《馆藏文物保存环境达标试行规范》评分			17					
2.1.9.1	库房建筑和保管设备应安全、坚固、适用					2				
2.1.9.2	温湿度控制设施					5				
	温湿度设施完善、设备齐全，按藏品质地控制温湿度					5				
	温湿度设施基本完善、设备基本齐全，能控制温湿度					3				
	有简单的温湿度控制设备					1				
2.1.9.3	照明设施符合设计规范要求	参考《博物馆照明设计规范》评分				2				
2.1.9.4	通风设施完善、设备运转正常					2				
2.1.9.5	有防腐蚀措施					2				
2.1.9.6	有防霉变措施					2				
2.1.9.7	防虫					2				
2.1.10	藏品保护与修复				30					
2.1.10.1	藏品保护修复场所	本馆独立拥有				7				
	有较大规模、设备齐全的藏品保护修复场所					7				
	有一定规模和设备的藏品保护修复场所					4				
	有藏品保护修复室并配备简单设备					2				

续表

序号	评定项目	检查评定方法与说明	大项分值栏	分项分值栏	次分项分值栏	小项分值栏	次小项分值栏	自检计分栏	推荐单位计分栏	评定单位计分栏
2.1.10.2	文物藏品修复资质	指由省级以上文物行政部门颁发的可移动文物修复资质或可移动文物技术保护设计资质				6				
	单位具备多种类文物藏品的修复资质					6				
	单位具备单一种类文物藏品的修复资质					3				
2.1.10.3	人员的文物藏品修复资质	指从事修复工作的人员具有省级以上文物行政部门颁发的可移动文物修复资格，或具有中级以上文物博物等相关专业技术职务				7				
	有数量较多的具备文物修复资质的人员	5人以上				7				
	有一定数量的具备文物修复资质的人员	3～4人				4				
	有数量较少的具备文物修复资质的人员	1～2人				2				
2.1.10.4	有藏品检测报告					2				
2.1.10.5	有藏品分析报告					2				
2.1.10.6	有藏品修复方案并报批					2				
2.1.10.7	有藏品修复报告					2				
2.1.10.8	有藏品日常养护记录					2				
2.2	学术研究与科技			150						
2.2.1	学术组织				10					

续表

序号	评定项目	检查评定方法与说明	大项分值栏	分项分值栏	次分项分值栏	小项分值栏	次小项分值栏	自检计分栏	推荐单位计分栏	评定单位计分栏
2.2.1.1	有学术委员会或其他形式的学术组织	本馆独立设立				2				
2.2.1.2	有组织章程					2				
2.2.1.3	人员结构	应体现出学科的专业性和多样性				6				
	有外聘专家	都具备高级职称					2			
	有单位内部的正高级职称人员						2			
	有单位内部的副高级职称人员						2			
2.2.2	学术活动	以上年度统计数据为依据			10					
2.2.2.1	举办国际学术会议	由本馆独立或牵头主办的国际会议，每举办一个得2分，最多4分				4				
2.2.2.2	举办国内学术会议	由本馆独立或牵头主办的国内会议，每举办一个得1分，最多2分				2				
2.2.2.3	参加国际学术会议	指本馆在编职工到国外境外参加国际学术会议，每参加1次得1分，最多2分				2				
2.2.2.4	参加国内学术会议	指本馆在编职工参加非本馆主办的国内学术会议				1				
2.2.2.5	派出访问学者	指本馆在编职工到国外境外从事与本馆业务有关的讲学、研究或学习活动持续三个月以上者，以书面证明为依据				1				
2.2.3	学术刊物	以书代刊不属期刊，其中定期出版的属定期出版学术刊物，不定期的属编辑论文集			14					
2.2.3.1	期刊	具有正式刊号，公开发行				6				
	列入核心期刊					6				
	普通期刊					3				
2.2.3.2	定期出版学术刊物	三年内每出版一期得1分，最多2分				2				

续表

序号	评定项目	检查评定方法与说明	大项分值栏	分项分值栏	次分项分值栏	小项分值栏	次小项分值栏	自检计分栏	推荐单位计分栏	评定单位计分栏
2.2.3.3	编辑论文集	三年内每公开发行一种得1分，最多3分；未公开发行无论多少种均得1分				3				
	公开发行					3				
	未公开发行					1				
2.2.3.4	馆内人员出版学术专著、科普读物	署名为第一作者，按三年内年度平均数统计				3				
	出版3种以上					3				
	出版2种以上					2				
	出版1种以上					1				
2.2.4	学术论文	署名为第一作者，按三年内年度平均数统计			7					
2.2.4.1	馆内人员在国际知名期刊上发表论文	每发表一篇1分，最多3分				3				
2.2.4.2	馆内人员在省级以上刊物发表论文					3				
	中级以上专业技术人员人均发表论文2篇以上					3				
	中级以上专业技术人员人均发表论文1篇以上					2				
	有论文发表					1				
2.2.4.3	馆内人员在国内其他刊物上发表论文					1				
2.2.5	学术刊物收藏	三年内的收藏刊物			4					
2.2.5.1	有外文学术期刊	系统收藏3种(含)以上外文学术期刊得2分，其他情况得1分				2				
2.2.5.2	有中文学术期刊	系统收藏中文学术期刊得2分，其他情况得1分				2				

续表

序号	评定项目	检查评定方法与说明	大项分值栏	分项分值栏	次分项分值栏	小项分值栏	次小项分值栏	自检计分栏	推荐单位计分栏	评定单位计分栏
	10种(含)以上					2				
	10种以下					1				
2.2.6	单位内部设置有科技部门	开展与文物保护科学与技术相关的科技活动的部门			5					
2.2.7	科技人员学历结构	从事与文物保护相关的科学与技术活动的人员			10					
	全部学士以上,其中硕士比例不低于50%,博士比例不低于15%				10					
	全部学士以上,其中硕士比例不低于25%,博士比例不低于10%				8					
	全部学士以上,其中硕士比例不低于25%				6					
	全部大专以上,其中学士比例不低于60%				3					
2.2.8	科技人员知识结构				10					
	有精通专业,并熟练掌握一门外语的人员					4				
	有从事文物博物馆学研究的人员					4				
	有从事其他学科研究的人员					2				
2.2.9	科研经费	以三年内科研经费实际接受或支出凭证为依据			10					
	有国际援助					3				
	有财政支持的专项科研经费					4				
	自筹科研经费					3				
2.2.10	科研仪器设备	本馆独立拥有,仍在发挥作用的仪器设备			10					

续表

序号	评定项目	检查评定方法与说明	大项分值栏	分项分值栏	次分项分值栏	小项分值栏	次小项分值栏	自检计分栏	推荐单位计分栏	评定单位计分栏
	总价在200万元(含)以上				10					
	总价在50万(含)～200万元之间				7					
	总价在5万～50万元之间				4					
	总价低于5万元				2					
2.2.11	科研实验室	本馆独立拥有，区别于文物修复室的单独的科研实验室			10					
	有常规实验室					4				
	有仪器室					3				
	其他实验室					3				
2.2.12	科研基地				10					
	国家文物局重点科研基地				10					
	省级科研基地				5					
2.2.13	科研课题	3年内本馆独立或牵头承担的科研项目			15					
	承担国际合作项目					5				
	承担国家级科研课题					5				
	承担省部级科研课题					3				
	承担其他科研课题					2				
2.2.14	专利与奖励				15					
2.2.14.1	科研项目获得国家专利	3年内获国家专利3项(含)以上得5分，2项得4分，1项得2分				5				
2.2.14.2	科研项目获奖	按3年内获最高级别奖计分				10				

续表

序号	评定项目	检查评定方法与说明	大项分值栏	分项分值栏	次分项分值栏	小项分值栏	次小项分值栏	自检计分栏	推荐单位计分栏	评定单位计分栏
	获得国家级奖项					10				
	获得省部级奖项					8				
	获得其他奖项					5				
2.2.15	新技术引进	3 年内引进与藏品保护、研究、展示、教育、传播等相关的技术手段			10					
	引进新技术,在工作中取得显著成果	每个得 2 分,最多得 10 分			10					
	引进新技术,在工作中取得一定效果	每个得 1 分,最多得 5 分			5					
3	**陈列展览与社会服务**	本项得分,一级博物馆不低于 400 分,二级博物馆不低于 300 分,三级博物馆不低于 200 分	**500**							
3.1	影响力			90						
3.1.1	博物馆具有独特的品牌形象并形成外在标志	指正式的博物馆馆标			5					
3.1.2	博物馆注册品牌标志	检查注册文件			5					
3.1.3	品牌标志运用				10					
	建筑显著位置上有品牌标志					2				
	宣传品上有品牌标志					2				
	文化产品上有品牌标志					2				
	门票上有品牌标志					2				
	工作服上有品牌标志					2				
3.1.4	博物馆宣传	检查三年内的宣传推广工作			30					
3.1.4.1	有系统的宣传计划和措施	宣传计划文本				5				
3.1.4.2	电视宣传片					5				

续表

序号	评定项目	检查评定方法与说明	大项分值栏	分项分值栏	次分项分值栏	小项分值栏	次小项分值栏	自检计分栏	推荐单位计分栏	评定单位计分栏
	有介绍本馆的电视专题片					5				
	在其他电视宣传片中对本馆有重点介绍	领导人等参观博物馆的报道不在此列				2				
3.1.4.3	电视宣传片播放级别					10				
	在中央级电视台播放					10				
	在省级电视台播放					6				
	在市、县级电视台播放					3				
3.1.4.4	报刊宣传					5				
	专题介绍	专栏、专版、专刊					5			
	综合报道中有重点介绍	领导人等参观博物馆的报道不在此列				2				
3.1.4.5	报刊级别					5				
	中央级报刊					5				
	省级报刊					3				
	市、县级报刊					1				
3.1.5	博物馆公众影响力	三年内年度观众构成			10					
	国外、境外观众占年观众量30%以上				10					
	国内远程观众占年观众量30%以上	指与本馆所属级别相符的行政区划以外的观众，如省级博物馆的远程观众指本省以外的国内观众，县级博物馆远程观众指本县以外的国内观众			5					
	国内远程观众占年观众量10%以上				2					
3.1.6	博物馆声誉	可参考游客意见评分			10					

续表

序号	评定项目	检查评定方法与说明	大项分值栏	分项分值栏	次分项分值栏	小项分值栏	次小项分值栏	自检计分栏	推荐单位计分栏	评定单位计分栏
	有极好的声誉	受到95%以上游客和绝大多数专业人员的普遍赞誉			10					
	有很好的声誉	受到85%以上游客和大多数专业人员的普遍赞誉			8					
	有较好的声誉	受到75%以上游客和多数专业人员的赞誉			5					
	有一定的声誉	受到65%以上游客和部分专业人员的赞誉			2					
3.1.7	旅游影响力	参考三年内国内外大型知名旅行社推出的固定旅游线路上是否将该博物馆作为推荐景点来确定			10					
	国际旅游推荐景点				10					
	国内旅游推荐景点				6					
	省际旅游推荐景点				3					
3.1.8	进出境展览	三年内由本馆独立或牵头主办、承办			10					
	举办出境展览	出借藏品举办展览除外				5				
	引进境外展览					5				
3.2	展示和教育			245						
3.2.1	展厅				15					
3.2.1.1	空气清新、质量好					2				
3.2.1.2	清洁卫生					2				
3.2.1.3	照明符合设计规范要求	参照《博物馆照明设计规范》给分				5				
3.2.1.4	展柜微环境适宜展品保护	参照《馆藏文物保存环境达标试行规范》给分				6				
	所有文物展柜					6				
	珍贵文物展柜					4				
	一级文物展柜					2				

续表

序号	评定项目	检查评定方法与说明	大项分值栏	分项分值栏	次分项分值栏	小项分值栏	次小项分值栏	自检计分栏	推荐单位计分栏	评定单位计分栏
3.2.2	基本陈列				100					
3.2.2.1	策划选题					15				
	主题鲜明,能体现本馆特色						5			
	展览主题有创意						5			
	展览主题有时代感						5			
3.2.2.2	有可行性分析报告					4				
3.2.2.3	策划方案科学合理					4				
3.2.2.4	有陈列大纲并经专家论证	检查专家签名的论证意见				5				
3.2.2.5	展品组织得当					5				
3.2.2.6	形式设计					15				
	准确表达陈列主题和思想内容						4			
	艺术风格突出						3			
	展线流畅						2			
	辅助性展品运用恰当						2			
	声光电等科技手段运用适度						3			
	说明牌精致美观						1			
3.2.2.7	制作精良					5				
3.2.2.8	展览互动性、趣味性强	现场察看并随机访问观众				5				
3.2.2.9	文字说明					10				

续表

序号	评定项目	检查评定方法与说明	大项分值栏	分项分值栏	次分项分值栏	小项分值栏	次小项分值栏	自检计分栏	推荐单位计分栏	评定单位计分栏
	准确、恰当						3			
	通俗、易懂						3			
	信息量大	文字说明能让一般观众了解展品、展览的丰富信息					2			
	说明牌有两种(含)以上文字						2			
3.2.2.10	展品经常更新	对照藏品提用情况检查,酌情给分				5				
3.2.2.11	展具展品整洁					2				
3.2.2.12	辅助设施运行正常					5				
3.2.2.13	履行验收评估程序					5				
3.2.2.14	获奖情况	按三年内获最高级别奖计分				10				
	获十大陈列精品等国家级奖项	获精品奖、特别奖得满分,单项奖、提名奖得8分				10				
	获省级奖					7				
	获地(市)级奖					4				
3.2.2.15	陈列展览资料保存完整					5				
3.2.3	临时展览	以三年内举办临时展览的年度平均值计算;不含进出境展览和商品展销等			50					
3.2.3.1	数量					15				
	10个以上					15				
	6～9个					10				
	3～5个					7				
	1～2个					3				
3.2.3.2	举办模式					6				

续表

序号	评定项目	检查评定方法与说明	大项分值栏	分项分值栏	次分项分值栏	小项分值栏	次小项分值栏	自检计分栏	推荐单位计分栏	评定单位计分栏
	自主创作						2			
	引进展览						2			
	合作办展						2			
3.2.3.3	宣传推介					5				
	有专门的临时展览宣传推介人员						1			
	有前期策划						2			
	有临时展览宣传方案						2			
3.2.3.4	宣传形式					7				
	电视						1			
	电台						1			
	报刊						1			
	网络						1			
	海报						1			
	举行开幕式						1			
	其他形式						1			
3.2.3.5	临时展览观众量	按三年内所有临时展览观众总量除以展出时间的平均数计算				9				
	日均 2000 人以上					9				
	日均 1500～1999 人					7				
	日均 1000～1499 人					5				
	日均 1000 人以下					2				
3.2.3.6	社会评价	检查相关评价记录				8				

续表

序号	评定项目	检查评定方法与说明	大项分值栏	分项分值栏	次分项分值栏	小项分值栏	次小项分值栏	自检计分栏	推荐单位计分栏	评定单位计分栏
	报纸报道评价好						2			
	电台、电视台评价好						2			
	网络评价好						1			
	观众留言评价好						3			
3.2.4	社会教育				50					
3.2.4.1	有社会教育机构					3				
3.2.4.2	有专门从事社教工作的人员					3				
3.2.4.3	社教工作开展					10				
	有针对不同社会群体观众的社教工作方案						4			
	与教育管理部门沟通助教	根据效果酌情给分					3			
	与不同单位进行教育共建	根据效果酌情给分					3			
3.2.4.4	巡展	按三年内年均巡展数计算				15				
	在其他城市巡展	每举办一个得 2 分，最多 6 分					6			
	有社区巡展	每举办一个得 1 分，最多 3 分					3			
	有进校园展览	每举办一个得 1 分，最多 3 分					3			
	有乡村巡展	每举办一个得 1 分，最多 3 分					3			
3.2.4.5	讲座	指本馆组织的与本馆工作性质、特点相符的讲座，按三年内年均讲座数计算				12				

续表

序号	评定项目	检查评定方法与说明	大项分值栏	分项分值栏	次分项分值栏	小项分值栏	次小项分值栏	自检计分栏	推荐单位计分栏	评定单位计分栏
	在社区举办讲座	每举办一个得1分，最多3分					3			
	在企业、机关等处举办讲座	每举办一个得1分，最多3分					3			
	在学校举办讲座	每举办一个得1分，最多3分					3			
	在乡村举办讲座	每举办一个得1分，最多3分					3			
3.2.4.6	馆内设有专门的教育区域	有专门的未成年人展室、教室、活动室等得2分，其他得1分				2				
3.2.4.7	教育基地	爱国主义教育，国防、科普教育基地等，按最高级别计算				5				
	国家级					5				
	省级					3				
	地(市)级					2				
	县级					1				
3.2.5	讲解服务				30					
3.2.5.1	讲解人员数量	与接待规模相适应，完全满足需要得3分，基本满足需要2分，有一定数量的讲解员1分				3				
3.2.5.2	讲解语种					7				
	汉语						2			
	国内少数民族语言						2			
	英语						2			
	其他	如手语等					1			
3.2.5.3	讲解员基本条件					5				

续表

序号	评定项目	检查评定方法与说明	大项分值栏	分项分值栏	次分项分值栏	小项分值栏	次小项分值栏	自检计分栏	推荐单位计分栏	评定单位计分栏
	全部具有大学以上文化程度，普通话标准					5				
	全部具有大专以上文化程度，且大学以上人员比例不低于70%，普通话标准					4				
	全部具有中专以上文化程度，且大专以上人员比例不低于70%，普通话标准					3				
	全部具有中专以上文化程度，普通话标准					1				
3.2.5.4	自助语音讲解设备					1				
	免费使用					4				
	有偿使用					2				
3.2.5.5	自助语音讲解设备有多语种讲解服务	3个语种以上				2				
3.2.5.6	讲解词	检查有关资料，酌情给分				5				
	科学、准确、生动、有文采						3			
	有针对不同群体观众的讲解词						2			
3.2.5.7	免费讲解					1				
	全部免费讲解					4				
	定时免费讲解					2				

续表

序号	评定项目	检查评定方法与说明	大项分值栏	分项分值栏	次分项分值栏	小项分值栏	次小项分值栏	自检计分栏	推荐单位计分栏	评定单位计分栏
3.3	社会服务			135						
3.3.1	群众组织				10					
3.3.1.1	有“博物馆之友”等群众组织	博物馆之友由热心向博物馆提供人力、财力、智力支持的人士和机构组成,或称博物馆会员				3				
3.3.1.2	有组织章程					2				
3.3.1.3	人员数量、结构合理					2				
3.3.1.4	定期开展活动	检查年度活动记录,1 次活动得 1 分,不超过 3 分				3				
3.3.2	志愿者	抽查志愿者名册并随机访问			10					
3.3.2.1	志愿者队伍					5				
	有一定规模的志愿者队伍	本馆在编人员与志愿者人数比达 1∶1				5				
	有稳定的志愿者队伍	本馆在编人员与志愿者人数比达 1∶0.8				3				
	有基本稳定的志愿者队伍	本馆在编人员与志愿者人数比达 1∶0.5				2				
	有志愿者					1				
3.3.2.2	定期进行志愿者培训	年度培训 1 次得 1 分,不超过 3 分				3				
3.3.2.3	志愿者服务	每个志愿者每年为博物馆服务不低于 12 次，累计时间不低于 48 小时。30%以上志愿者服务时间达不到上述最低要求的,不得分				2				
3.3.3	开放				20					
3.3.3.1	开放时间					5				
	全年开放	365 天				5				
	年开放时间 300 天以上					3				
	年开放时间 240 天以上	低于 240 天(不含)不得分				2				
3.3.3.2	免费开放	免费开放办法和制度应公示				10				

续表

序号	评定项目	检查评定方法与说明	大项分值栏	分项分值栏	次分项分值栏	小项分值栏	次小项分值栏	自检计分栏	推荐单位计分栏	评定单位计分栏
	对公众全面免费开放					10				
	对公众定期免费开放，时间不低于52天/年；同时对未成年人等特定人群常年免费开放					6				
	对未成年人等特定人群常年或定期免费开放					4				
3.3.3.3	免费开放观众比例	按三年内年均观众量计算				5				
	为总观众量的80%以上					5				
	为总观众量的40%以上					3				
	为总观众量的10%以上					1				
3.3.4	交通				10					
3.3.4.1	有公交线路通达					4				
3.3.4.2	有停车场或其他停车措施					4				
3.3.4.3	博物馆外部停车、导览标识清楚					2				
3.3.5	参观游览服务				25					
3.3.5.1	售票或领票处					2				
	室内购、领票					2				
	室外购、领票	有顶棚等遮拦雨雪、阳光等设施的，可视为室内购、领票				1				
3.3.5.2	有导览图					2				
3.3.5.3	内部参观游览线路合理、顺畅，标识清楚	综合考虑参观游览线路的科学安排和应急疏散要求				3				
3.3.5.4	有免费资料提供	包括博物馆介绍、展览介绍、文物藏品介绍资料等，保证可随时发放				3				

续表

序号	评定项目	检查评定方法与说明	大项分值栏	分项分值栏	次分项分值栏	小项分值栏	次小项分值栏	自检计分栏	推荐单位计分栏	评定单位计分栏
3.3.5.5	有物品免费存放处					2				
3.3.5.6	有纪念品、书籍出售服务设施	博物馆书店、纪念品商店，根据设施特色和服务情况酌情给分				2				
3.3.5.7	有餐饮服务设施	根据餐饮服务设施功能、卫生情况酌情给分				2				
3.3.5.8	有特殊人群服务设施	根据为老年人、残疾人、婴幼儿设置的特殊服务设施情况酌情给分				3				
3.3.5.9	展厅内有观众休息设施					2				
3.3.5.10	卫生设施	卫生间标识清楚，数量充足，卫生清洁；垃圾及时清理，污物排放、废物管理规范；酌情给分				4				
3.3.6	网站、信息资料、多媒体服务				20					
3.3.6.1	网站内容					5				
	内容丰富					5				
	内容一般					2				
3.3.6.2	支持语言					2				
	支持多语种					2				
	仅有汉语					1				
3.3.6.3	网站设计精美、生动，有艺术感					3				
3.3.6.4	网站内容及时更新	每周更新一次以上得 2 分，每月更新一次以上得 1 分				2				
3.3.6.5	信息资料服务					2				
	有设施完善的信息资料中心，资料存储量大					2				
	有图书资料室，资料存储量一般					1				
3.3.6.6	多媒体服务					3				

续表

序号	评定项目	检查评定方法与说明	大项分值栏	分项分值栏	次分项分值栏	小项分值栏	次小项分值栏	自检计分栏	推荐单位计分栏	评定单位计分栏
	内容丰富					3				
	内容基本满足观众需要					1				
3.3.6.7	影视系统服务					3				
	有专门的影视厅					3				
	仅有影视播放系统					1				
3.3.7	文化产品研发和经营				20					
3.3.7.1	产品体现本馆藏品和陈列展览特色					3				
3.3.7.2	产品制作精美					2				
3.3.7.3	产品品位高、有内涵					3				
3.3.7.4	产品种类丰富					2				
3.3.7.5	产品销售					10				
	有针对不同消费群体的不同价格						3			
	有一种以上的产品受群众欢迎，且销量高						4			
	有销售次计划和稳定的渠道						3			
3.3.8	便利社会的服务项目				5					
3.3.8.1	有承诺制度并公示					1				
3.3.8.2	为公众提供收藏品寄存、代保管服务					2				
3.3.8.3	为公众提供资料查询、藏品养护、修复的咨询和帮助					2				
3.3.9	观众调查与投诉				15					

续表

序号	评定项目	检查评定方法与说明	大项分值栏	分项分值栏	次分项分值栏	小项分值栏	次小项分值栏	自检计分栏	推荐单位计分栏	评定单位计分栏
3.3.9.1	定期征询观众意见 1 年内少于 6 次不得分，抽查记录					2				
3.3.9.2	征询观众意见方式					2				
	采用多种方式	网站调查、调查表、留言本等				2				
	采用单一方式	仅有留言本				1				
3.3.9.3	征询观众意见数量	以上年度统计数据为依据				3				
	1000 人以上					3				
	1000 人以下					1				
3.3.9.4	观众意见处理	征询意见有分析、有通报、有改进措施				3				
	有情况分析						1			
	有情况通报						1			
	有改进措施						1			
3.3.9.5	观众投诉					5				
	投诉处理制度健全						1			
	有投诉服务设施	包括投诉接待办公室、投诉电话、投诉信箱等					1			
	投诉处理及时、效果好	检查投诉处理记录					3			
3.4	观众量统计	三年内年均来馆参观人次		30						

续表

序号	评定项目	检查评定方法与说明	大项分值栏	分项分值栏	次分项分值栏	小项分值栏	次小项分值栏	自检计分栏	推荐单位计分栏	评定单位计分栏
	90万(含)人以上				30					
	60万(含)～90万人				25					
	30万(含)～60万人				20					
	20万(含)～30万人				15					
	10万(含)～15万人				10					
	5万(含)～10万人				5					
	5万人以下				2					
总分值	自检分值：	推荐单位检查分值	评定单位评定分值：							

国家一级博物馆运行评估规则

第一章　总　则

第一条　为加强国家一级博物馆(以下简称“一级博物馆”)的管理,规范一级博物馆的运行评估工作,根据《博物馆管理办法》《全国博物馆评估办法》等相关法律法规,制定本规则。

第二条　对一级博物馆的运行状况进行评估,旨在鼓励先进,淘汰落后,提高一级博物馆管理、运行水平,推动博物馆体制机制创新,促进博物馆事业发展。

评估内容包括:藏品管理、科学研究、陈列展览与社会教育、公共关系与服务、博物馆管理与发展建设等。

第三条　评估工作坚持“公平、公正、公开”的原则。

第四条　国家文物局定期组织一级博物馆运行评估。评估工作由中国博物馆协会(以下简称“博物馆协会”)负责实施。

第二章　评估组织

第五条　国家文物局组织一级博物馆运行评估工作,其主要职责是:

(一)审核评估工作方案和有关规章制度,发布评估通知;

(二)监督协调评估工作;

(三)审核评估报告,审定并公布评估结果。

第六条　博物馆协会负责实施一级博物馆的运行评估工作,其主要职责是:

(一)编制和修订评估规则、指标体系和实施方案;

(二)受理评估申报;

(三)开展评估工作;

(四)撰写评估报告和评估工作报告,报送国家文物局审核。

第七条　各省、自治区、直辖市文物行政部门协助组织评估工作,其主要职责是:

(一)组织本行政区划内一级博物馆参加评估;

(二)审核评估申报材料的规范性和完整性;

(三)为评估工作给予协调和支持。

第八条　一级博物馆应认真准备并积极参加评估工作,其主要职责是:

(一)按要求填报国家一级博物馆运行评估申报书(以下简称“评估申报书”);

(二)确保评估申报书及相关材料的完整性、真实性和准确性;

(三)准备评估申报书所涉及的有关证明材料,以备现场抽查复核。

第三章　评估程序

第九条　一级博物馆应在评估通知印发后2个月内,按照评估通知的要求,经省、自治区、直辖市文物行政部门审核后向博物馆协会报送评估申报书及相关材料。

第十条　博物馆协会于申报截止之日起15日内对评估申报材料进行形式审核,协调申报单位补充完善评估材料。

第十一条　博物馆协会组织开展评估活动。评估活动分为定性评估、定量评估和抽查复核。

第十二条　定性评估采取专家通信方式。

(一)定性评估工作应于评估申报材料的形式审核结束后15日内完成。

(二)定性评估按"国家一级博物馆运行评估指标体系"一级评估指标分组进行,每组专家为不少于3名的奇数。

(三)定性评估由专家根据评估指标体系对定性评估内容进行评价打分,并写出书面评估意见。

第十三条　定量评估

定量评估由博物馆协会汇总评估申报书中的有关量化数据,运用专门的统计计算系统进行处理,自动生成定量评估分值。

第十四条　抽查复核

(一)抽查复核在定性评估和定量评估结束之日起15日内完成,各抽查复核组至少包括3名专家,博物馆协会指定1名专家担任抽查复核组组长。

(二)抽查复核由博物馆协会分类、随机抽取10%左右的一级博物馆,对照申报材料进行现场复核。

(三)抽查复核组根据现场抽查复核情况,写出书面复核意见,提交博物馆协会。

第四章　评估结果

第十五条　定性评估、定量评估和抽查复核结束后,由博物馆协会负责组织撰写评估报告,并拟定初评结果,报国家文物局审定。

第十六条　经国家文物局审定的初评结果,由博物馆协会向社会公示,公示期为10天。

初评结果分为合格、基本合格和不合格3个档次。

第十七条　初评结果公示期满后,由博物馆协会将公示情况报送国家文物局。

国家文物局审定并公布评估结果。

第十八条　评估结果为"基本合格"的一级博物馆,应根据评估意见进行整改。连续两次评估结果为"基本合格"的,必须重新参加一级博物馆定级评估。经定级评估仍未能达到相应标准的,取消其一级博物馆资质等级。

第十九条　评估结果为"不合格"的一级博物馆,将直接取消其一级博物馆资质等级。

第五章　保障措施

第二十条　未按评估通知如期报送申报材料且未申明正当理由的,按自动放弃"国家一级博物馆"资质等级处理。

第二十一条　参评单位不得以任何方式妨碍评估工作的正常开展。

第二十二条　对评估过程和结果持有异议的单位和个人,可于公示期内向博物馆协会提交书面意见及有关材料。

第二十三条　评估专家应从国家文物局核定的评估专家库中随机抽选。

第二十四条　评估工作实行回避制度。与参评单位有直接利害关系的评估专家及评估工作人员,不得参与该单位的评估活动。

第二十五条　参与评估工作的单位和人员,应当在评估工作中严格遵守国家法律、法规及有关工作规定,履行相关职责和义务。

第二十六条　评估中如发现参评单位弄虚作假或申报材料严重不实的,将被取消"国家一级博物馆"资质等级。

第六章　附　则

第二十七条　本规则自发布之日起施行。

国家一级博物馆运行评估指标体系

一、评估指标体系编制目的、原则

（一）评估指标体系编制目的

国家一级博物馆运行评估指标体系的编制目的主要包括两点：一是为国家一级博物馆运行评估提供标准和依据，规范运行评估工作；二是通过确立运行评估指标体系，进一步明晰国家一级博物馆的发展方向，为贯彻实施对博物馆"分级分类管理"提供支持。

（二）评估指标体系编制原则

国家一级博物馆运行评估指标体系的编制遵循以下基本原则，确保评估指标体系的合理性和专业性：

1. 系统性原则

明确国家一级博物馆的定位，把握博物馆的基本属性与功能，以确保指标体系内部各指标之间具有严密的逻辑关系，使该指标体系能够全面地评判一级博物馆的实际运行状况。

2. 科学性原则

主要体现在：①特征性，指标应能反映评价对象的特征；②准确性，指标的概念要清楚，含义要清晰，内部各指标要协调统一；③独立性，指标体系中各指标间不应有很强的关联性，不应出现过多的信息包容、涵盖。

3. 导向性原则

根据"以评促建、以评促改"的运行评估目的，指标体系设置应具有较强的导向性，反映国家和社会对一级博物馆的发展要求，引导、规范一级博物馆的发展方向，同时带动二、三级博物馆以及其他基层博物馆的发展。

4. 可比性原则

指标体系设置应具有可比性。首先，指标体系应确保一级博物馆对自身运行状况进行纵向对比；其次，指标体系应确保所有一级博物馆进行横向对比，从而充分实现运行评估的目的。

5. 可行性原则

指标体系的设计必须考虑现实的可行性，指标体系应适应评估的方式，适应评估活动对时间、成本的限制，适应指标使用者对指标的理解接受程度和判断能力，适应信息基础。

6. 动态性原则

博物馆运行本身是一个动态过程，而且国家一级博物馆体系也处在不断建设和发展过程当中，因此，国家一级博物馆指标体系应根据国家一级博物馆的实际发展阶段和变化在一定范围内可进行动态调整。

二、国家一级博物馆运行评估指标体系框架

国家一级博物馆运行评估指标体系包括定性评估指标体系和定量评估指标体系，定性和定量得分两者权重比例为 8∶2。

(一)定性评估指标体系框架

定性评估指标体系框架如图 1 所示：

- 定性评估指标体系
  - 1. 藏品管理
    - 1.1 藏品搜集
    - 1.2 藏品保护
    - 1.3 藏品保护
  - 2. 科学研究
    - 2.1 学术活动
    - 2.2 代表性研究成果
  - 3. 陈列展览与社会教育
    - 3.1 基本陈列
    - 3.2 代表性原创临时展
    - 3.3 博物馆讲解
    - 3.4 教育项目
  - 4. 公共关系与服务
    - 4.1 公共关系
    - 4.2 公众服务
    - 4.3 博物馆网站
  - 5. 博物馆管理与发展建设
    - 5.1 发展规划
    - 5.2 制度建设
    - 5.3 安全管理
    - 5.4 人才培养

图 1　定性评估指标体系框架图

(二)定量评估指标体系框架

定量评估指标体系框架如图 2 所示：

- 定量评估指标体系
  - 1. 藏品
    - 1.1 藏品搜集
    - 1.2 藏品修复
  - 2. 科学研究
    - 2.1 承担项目
    - 2.2 研究成果
    - 2.3 学术会议
  - 3. 展览与教育
    - 3.1 展览
    - 3.2 教育项目
  - 4. 人才培养
    - 4.1 中青年人才引进
    - 4.2 员工进修与培训

图 2　定量评估指标体系框架图

三、国家一级博物馆运行评估指标体系详细说明

(一)国家一级博物馆运行评估——定性评估指标体系

一级指标	权重	二级指标	权重	考察要点
藏品管理	20%	藏品搜集	5%	a)从博物馆的使命、目的和观众的角度,制定、优化有针对性的藏品搜集规划和年度计划,并在博物馆网站等公共平台发布藏品搜集规划、计划及其有效执行情况(1%); b)藏品搜集活动行为符合国家法律法规和国际博物馆协会博物馆职业道德准则(1%); c)藏品搜集的数量和质量(2%); d)所搜集的藏品立即付诸陈列展览和学术研究等利用活动(1%)。
		藏品保护	8%	a)藏品预防性保护措施得当,保存(含展示)环境符合标准,藏品养护及时(5%); b)藏品修复保护技术研发和相关资质获得(1%); c)按照藏品修复的相关规定有计划地为本馆,以及其他博物馆提供藏品修复服务(2%)。
		藏品保管	7%	a)未发生因提用、运输、陈列展览、科学研究、修复和保养等,而造成藏品损毁的事件(3%); b)藏品账目清晰、编目详明、档案资料完备(1%); c)藏品数字化信息登录、维护及时规范(2%); d)藏品名录等信息通过博物馆网站、公开出版物等向社会发布(1%)。
科学研究	20%	学术活动	8%	a)学术委员会章程在博物馆网站等公共平台发布,学术委员会馆外知名专家成员的比例逐步提高(1%); b)学术委员会定期召开会议,审定博物馆研究规划、重大学术活动计划,积极发挥学术指导作用(2%); c)结合本馆藏品保护、利用等方面的需求,与其他博物馆、高等学校、科研院所等单位开展合作研究的范围、频率和深度(1%); d)举办或参加国际性、全国性和地区性学术会议,发表重要学术研究成果(1%); e)学术活动的成果对博物馆业务提升和人才培养发挥的作用(2%)。
		代表性研究成果	12%	a)与博物馆运营密切相关的,有关博物馆管理、藏品保护、陈列展览、观众服务、社会教育、公共关系等方面的代表性研究成果的数量和质量(5%); b)代表性研究成果转化利用率,对博物馆业务提升的直接支撑作用(4%); c)代表性研究成果在业界的影响力(1%); d)中青年研究人员对代表性研究成果的贡献率(2%)。

续表

一级指标	权重	二级指标	权重	考察要点
陈列展览与社会教育	35%	基本陈列	5%	a)基本陈列中展品更新、充实的频率与幅度(2%)； b)根据学术研究最新成果,以及观众反馈的意见,对基本陈列内容、形式及时、正确地作出调整(1%)； c)基本陈列能够持续、鲜明地反映博物馆收藏体系,体现博物馆宗旨与定位、彰显博物馆特色,相配套的学术交流和社会教育活动持续、系统(1%)； d)基本陈列文化品牌的社会认知、认可度(1%)。(注:对基本陈列作出重大调整的,可参照代表性原创临时展览的有关标准进行考核)
		代表性原创临时展览	15%	a)展览富有创意,主题明确,符合博物馆使命、目的及社会需求(1%)； b)展览内容能够体现最新研究成果,具有较高的学术、文化含量(4%)； c)展品组织科学合理、层次清晰、重点突出,信息传达有效性强(2%)； d)展览形式设计有新的探索或突破,并与内容设计和谐统一(2%)； e)展览制作精良、经济高效(1%)； f)相配套的高水平学术交流和社会教育活动系统、持续(2%)； g)通过网上虚拟展示提高文化传播水平(1%)； h)展览文化品牌社会认知、认可度(1%)； i)展览输送至境内外其他博物馆展出(1%)。
		博物馆讲解	5%	a)结合学术研究的最新动态、观众反馈意见等,根据不同类型观众(成年、少儿等)的认知心理和审美习惯等不同特点,提供和不断优化针对性强的讲解内容(2%)； b)根据观众需求,提供和不断优化定时免费讲解、团队特约讲解、专家(策展人)导览、自动语音导览等多种方式的讲解服务(1%)； c)根据观众需求,提供和不断优化汉语(含相关方言)和英语等国外语种以及手语等特殊方式的讲解服务(1%)； d)发挥博物馆志愿者的作用,优化讲解队伍、提高讲解水平(1%)。
		教育项目	10%	a)优化与教育部门联系协作机制,根据本馆特色,结合中小学有关课程的教学内容,制订教育活动计划,并组织开展相关学习、实践活动(3%)； b)优化未成年人教育基础设施设备、辅导员队伍(1%)； c)针对所在地区的社区、企业等需求提供教育服务项目(1%)； d)教育项目丰富多彩,系列化,菜单化(2%)； e)通过数字博物馆等方式实施远程教育(1%)； f)有计划地举办专题讲座、论坛等活动(1%)； g)教育项目活动品牌创建及其社会认知、认可度(1%)。

续表

一级指标	权重	二级指标	权重	考察要点
公共关系与服务	15%	公共关系	7%	a)根据博物馆年度宣传推广计划,开展主题明确、形式多样的博物馆相关宣传推广活动(1%); b)依据在博物馆网站等公开发布的博物馆志愿者章程、博物馆之友章程,有计划地开展志愿者招募活动和博物馆之友活动,志愿者、博物馆之友对博物馆的贡献率逐步提高(1%); c)有效运用互联网、手机等新型媒体和博客、微博等新型手段传播博物馆文化(1%); d)与国内外其他博物馆建立业务合作关系,实现馆际互助与资源共享(2%); e)对中小博物馆和民办博物馆的对口帮扶(1%); f)与企业、社会团体、媒体机构等建立良好合作网络关系,整合社会资源,扩大社会影响(1%);
		公众服务	5%	a)根据本馆藏品、展览特色和地方文化特色,为公众提供设计优美、制作精良的文化产品,并营销良好,文化产品品牌社会认知、认可度高(3%); b)为社会提供藏品保护、研究等咨询服务(1%); c)有计划地开展多种形式的公众调查活动,了解和掌握公众需求,征询公众意见和建议(1%)。
		博物馆网站	3%	a)及时更新博物馆及其藏品、展览等管理运行的信息,保证信息内容的完整性、时效性和准确性(1%); b)通过网站为公众提供参观预约、虚拟展示、藏品赏析、资料分享、咨询答疑、文化产品营销、互动联系等便捷、有效的在线服务,并保证用户的问题、意见和建议得到及时处理和反馈(1%); c)网站设计简洁大方,界面友好,方便用户使用(1%)。
博物馆管理与发展建设	10%	发展规划	2%	a)根据博物馆的定位、使命和发展方针,优化博物馆发展规划,并及时在博物馆网站等公共平台发布(1%); b)根据规划制订博物馆年度计划,有效率地开展各项业务活动(1%)。
		制度建设	1%	a)根据在博物馆网站等公共平台发布的博物馆章程,结合本馆的业务活动和管理需求,不断完善管理制度体系,探索体制机制创新,以提高工作效率和运行水平(1%)。
		安全管理	5%	a)符合国家关于博物馆公共文化设施安全的有关标准,应急预案有效(2%); b)安保制度体系、措施完备,执行有效(3%)。
		人才培养	2%	a)人才培养计划符合实际需求,执行效果好(1%); b)员工特别是中青年接受再教育和开展专业培训活动的频率与深度(1%)。

（二）国家一级博物馆运行评估——定量评估指标体系

一级指标	权重	二级指标	权重	考察要点	单位
藏品	15%	藏品搜集	10%	藏品搜集数量	件/套
		藏品修复	5%	藏品修复数量	件/套
科学研究	25%	承担项目	8%	省部级以上研究项目（包含国际合作研究项目）	项
				横向合作研究项目	项
				其他研究项目	项
		研究成果	12%	省部级以上获奖成果	项
				著作	部
				图录	本
				论文	篇
				科普读物、教材	本
				获得专利数	项
		学术会议	5%	举办国际性学术会议	次
				举办国内学术会议	次
				参加国际性学术会议	人次
				参加国内学术会议	人次
展览与教育	45%	展览	25%	省部级以上获奖陈列展览	个
				原创性临时展览	个
				引进临时展览	个
				输出原创性展览	个
				观众数	万人次
		教育项目	20%	专题讲座、论坛	项
				中小学教育项目	项
				家庭教育项目	项
				社区教育项目	项
				教师培训项目	项
				其他教育项目	项
人才培养	15%	中青年人才引进培养	5%	获省部级（含）以上的荣誉称号和获奖者（50岁以下）	人
				高级职称者（45岁以下）	人
		员工进修与培训	10%	出国进修（培训）人员（含访问学者）	人次
				国内进修（培训）人员	人次

国家二、三级博物馆运行评估规则(试行)

第一章　总　则

第一条　为加强国家二、三级博物馆(以下简称“二、三级博物馆”)的管理，规范二、三级博物馆的运行评估工作，根据《博物馆管理办法》《全国博物馆评估办法》等相关法律法规，制定本规则。

第二条　对二、三级博物馆的运行状况进行评估，旨在建立科学的博物馆激励机制和约束机制，实现动态管理，提高二、三级博物馆管理、运行水平，深化博物馆体制机制创新，促进博物馆事业发展。

第三条　二、三级博物馆运行评估的内容包括：藏品管理、科学研究、陈列展览与社会教育、公共关系与服务、博物馆管理与发展建设等。

第四条　评估工作坚持“公平、公正、公开”的原则。

第五条　二、三级博物馆运行评估每三年组织一次，评估时间由国家文物局统一确定。评估工作由各省(自治区、直辖市)文物行政部门负责实施。

第二章　评估组织

第六条　国家文物局组织设立全国博物馆评估委员会，负责制订二、三级博物馆运行评估规则和评估指标，指导和监督各省(自治区、直辖市)开展运行评估工作。

第七条　各省(自治区、直辖市)文物行政部门负责实施二、三级博物馆运行评估工作，其主要职责是：

(一)编制本省(自治区、直辖市)评估工作实施方案、评分细则、评估申报书，并报国家文物局审核；

(二)受理评估申报；

(三)开展评估工作；

(四)撰写评估报告，审定评估结果，报国家文物局复核后，向社会公布。

第八条　各二、三级博物馆应认真准备并积极参加运行评估工作，其主要职责是：

(一)认真填报并确保评估申报书及相关材料的完整性、真实性和准确性；

(二)准备评估申报书所涉及的有关证明及附件材料，以备现场抽查复核；

(三)积极配合现场复核工作。

第三章　评估程序

第九条　各省(自治区、直辖市)文物行政部门应在评估通知印发后6个月内组织完成本省的评估工作。

第十条　评估过程分为定性评估、定量评估和抽查复核。

(一)定性评估按“国家二、三级博物馆运行评估指标体系”的一级评估指标分组进行，每组专家为不少于3名的奇数(相关专家的资格规定和产生办法要在本省评估工作实施方案中载明)。由专家根据评估指标体系和本省(自治区、直辖市)评分细则对定性评估内容进行评价打分，并写出书面评估意见。

(二)定量评估由省(自治区、直辖市)文物行政部门汇总评估申报书中的有关量化数据，使用专门的统计计算系统，根据评估指标体系进行处理，自动生成定量评估分值。

(三)抽查复核由省(自治区、直辖市)文物行政部门分类、随机抽取一定比例的二三级博物馆，由至少3名专家组成的抽查复核组，对照申报材料进行现场复核，并写出书面复核意见。

第四章　评估结果

第十一条　评估结果分为优秀、合格、基本合格和不合格 4 个档次。各档次分数线由省(自治区、直辖市)文物行政部门根据实际情况划定，其中优秀档次的比例不得高于总数的 10%(不足 1 个的按 1 个计)，并载明于本省(自治区、直辖市)评估工作实施方案和评分细则中。

第十二条　评估结果为“优秀”的三级博物馆，经履行《全国博物馆评估办法》第七、第九条规定的认定程序后，可晋升为二级博物馆；评估结果为“优秀”的二级博物馆可以优先推荐参加国家一级博物馆定级评估。

第十三条　评估结果为“基本合格”的二、三级博物馆，应根据评估意见进行整改。连续两次评估结果均为“基本合格”的，由省(自治区、直辖市)博物馆评估委员会重新对其进行定级评估，并根据评估结果降低或取消其博物馆资质等级。

第十四条　评估结果为“不合格”的二、三级博物馆，由省(自治区、直辖市)博物馆评估委员会重新对其进行定级评估，并根据评估结果降低或取消其博物馆资质等级。

第十五条　晋升、降低、取消博物馆资质等级的通知，须报全国博物馆评估委员会和国家文物局备案。

凡被降低、取消等级的博物馆，自降低或取消等级之日起三年内，不得重新申请新的资质等级。

第五章　保障措施

第十六条　未按评估通知如期报送申报材料且未申明正当理由的，按自动放弃“国家二、三级博物馆”资质等级处理。

第十七条　参评单位不得以任何方式妨碍评估工作的正常开展。

第十八条　评估工作实行回避制度。与参评单位有直接利害关系的评估专家及评估工作人员，不得参与该单位的评估活动。

第十九条　参与评估工作的单位和人员，应当在评估工作中严格遵守国家法律、法规及有关工作规定，履行相关职责和义务。

第二十条　评估中如发现参评单位弄虚作假或申报材料严重不实的，将由国家文物局取消其“国家二、三级博物馆”资质等级。

第六章　附　则

第二十一条　本规则自发布之日起施行。

国家二、三级博物馆运行评估指标体系(试行)

一、评估指标体系编制目的

国家二、三级博物馆(以下简称“二、三级博物馆”)运行评估指标体系的编制目的主要包括两点：一是为二、三级博物馆运行评估提供标准和依据，规范运行评估工作；二是通过确立运行评估指标体系，进一步明晰二、三级博物馆的发展方向，规范其管理工作，引导其向专业化、规范化方向发展，提升其专业水准、服务水平和社会形象，实现“以评促建、以评促改”的运行评估目的。

二、评估指标体系编制原则

（一）系统性原则

明确国家二、三级博物馆的定位，把握博物馆的基本属性与功能，以确保指标体系内部各指标之间具有严密的逻辑关系，使该指标体系能够全面地评判二、三级博物馆的实际运行状况。

（二）科学性原则

主要体现在：1. 特征性，指标应能反映评价对象的特征；2. 准确性，指标的概念要清楚，含义要清晰，内部各指标要协调统一；3. 独立性，指标体系中各指标间不应有很强的关联性，不应出现过多的信息包容、涵盖。

（三）导向性原则

根据“以评促建、以评促改”的运行评估目的，指标体系设置应具有较强的导向性，反映国家和社会对二、三级博物馆的发展要求，引导、规范其发展方向，同时带动其他博物馆的发展。

（四）可比性原则

指标体系设置应具有可比性。首先，指标体系应确保二、三级博物馆对自身运行状况进行纵向对比；其次，指标体系应确保同一参评区域内所有二、三级博物馆进行横向对比，从而充分实现运行评估目的。

（五）动态性原则

博物馆运行本身是一个动态过程，而且博物馆体系也处在不断建设和发展过程当中，因此，二、三级博物馆指标体系应根据博物馆的实际发展阶段和变化在一定范围内可进行动态调整。

三、评估指标体系使用办法

国家文物局负责制定国家二、三级博物馆运行评估指标体系及指标权重。

各省（区、市）文物行政部门可在指标体系的总体框架下，结合本省实际情况自行制定考察要点和评分细则，报国家文物局核准后实施。

四、评估指标体系框架

国家二、三级博物馆运行评估指标体系包括定性评估指标体系和定量评估指标体系。

定性评估和定量评估得分两者权重比例为 7∶3。

（一）定性评估指标体系

1. 国家二级博物馆

一级指标	权重	二级指标	权重
藏品管理	20%	藏品搜集	5%
		藏品保护	7%
		藏品保管	8%
科学研究	10%	学术活动	6%
		代表性研究成果	4%
陈列展览与社会教育	30%	基本陈列	8%
		临时展览	7%
		博物馆讲解	5%
		教育项目	10%

续表

一级指标	权重	二级指标	权重
公共关系与服务	20%	公共关系	9%
		公众服务	9%
		网络及新媒体	2%
博物馆管理与发展建设	20%	发展规划	2%
		制度建设	3%
		安全管理	10%
		人才培养	3%

2. 国家三级博物馆

一级指标	权重	二级指标	权重
藏品管理	20%	藏品搜集	4%
		藏品保护	7%
		藏品保管	9%
科学研究	10%	学术活动	7%
		代表性研究成果	3%
陈列展览与社会教育	30%	基本陈列	8%
		临时展览	7%
		博物馆讲解	5%
		教育项目	10%
公共关系与服务	20%	公共关系	9%
		公众服务	9%
		网络及新媒体	2%
博物馆管理与发展建设	20%	发展规划	3%
		制度建设	4%
		安全管理	10%
		人才培养	3%

（二）定量评估指标体系

1. 国家二级博物馆

一级指标	权重	二级指标	权重	单位
藏品	20%	藏品搜集	8%	件/套
		藏品保护	12%	件/套
科研与人才	20%	承担或参与项目	2%	项
		研究成果	3%	项
		学术活动	5%	次
		人才引进	4%	人
		进修培训	6%	人次

续表

一级指标	权重	二级指标	权重	单位
展览与教育	30%	展览	10%	个
		教育活动	20%	项
开放与服务	30%	开放	8%	天
		观众	8%	万人次
		讲解	6%	次
		志愿者及博物馆之友	8%	人

2. 国家三级博物馆

一级指标	权重	二级指标	权重	单位
藏品	20%	藏品搜集	8%	件/套
		藏品保护	12%	件/套
科研与人才	15%	承担或参与项目	2%	项
		研究成果	2%	项
		学术活动	5%	次
		人才引进	2%	人
		进修培训	4%	人次
展览与教育	35%	展览	15%	个
		教育活动	20%	项
开放与服务	30%	开放	8%	天
		观众	8%	万人次
		讲解	6%	次
		志愿者及博物馆之友	8%	人

关于加强革命文物工作的若干意见

（文物博发〔2008〕22号）

各省、自治区、直辖市党委宣传部，发展和改革部门，教育、民政、财政、建设、文化厅（局、委），旅游、文物局，团委：

当前，我国正处在全面建设小康社会的关键时期。深入贯彻党的十七大精神，落实《中共中央、国务院关于进一步加强和改进未成年人思想道德建设的若干意见》（中发〔2004〕8号）、《国务院关于加强文化遗产保护的通知》（国发〔2005〕42号）和《中共中央办公厅、国务院办公厅关于印发〈2004～2010年全国红色旅游发展规划纲要〉的通知》（中办发〔2004〕35号），充分发挥革命文物的教育作用，对于建设社会主义核心价值体系，巩固全党全国各族人民团结奋斗的共同思想基础，加快改革开放和现代化建设步伐，推动中华民族伟大复兴，具有重大意义。现就加强革命文物的保护、利用和管理工作，提出如下意见：

一、充分认识加强革命文物工作的重要性和紧迫性

(一)革命文物是自1840年以来,中华民族为争取民族独立、实现伟大复兴而奋斗,特别是中国共产党领导下的新民主主义革命和社会主义革命与建设光辉历程的重要实物见证。革命文物包括各类与革命运动、重大历史事件或者英烈人物有关的,具有重要纪念意义、教育意义或者史料价值的近代现代重要史迹、实物、代表性建筑,蕴含着中华民族和中国共产党人的精神价值与优良传统。加强革命文物的保护、利用和管理工作,用以爱国主义为核心的民族精神和以改革创新为核心的时代精神鼓舞斗志、引领风尚,是建设社会主义先进文化,构建社会主义和谐社会的必然要求。

(二)在党中央、国务院的高度重视和统一部署下,爱国主义教育基地建设不断推进,《2004～2010年全国红色旅游发展规划纲要》逐步落实,革命文物工作取得了显著成绩,为弘扬爱国主义和革命传统,加强公民道德建设和公共文化服务体系建设,做出了重要贡献。

(三)当前革命文物工作快速发展,形势喜人,但仍存在着不少新的情况和问题。一些地方和部门对做好革命文物工作的重大意义认识不足、重视不够,片面追求经济开发而使得不少革命文物史迹及其环境风貌遭到破坏;资金投入不足、保护措施有限,部分革命遗迹自然损毁严重,甚至面临彻底塌毁的危险;一些博物馆、纪念馆和革命旧址、烈士陵园的基础设施较差,展示手段落后,吸引力、感染力不强。这些问题,必须引起足够重视,采取有效措施,切实加以解决。

二、加强革命文物工作的指导思想、基本原则和总体目标

(四)指导思想:认真贯彻落实党的十七大精神,以邓小平理论和“三个代表”重要思想为指导,深入贯彻落实科学发展观,紧紧抓住革命文物保护、利用和管理三个关键环节,贴近实际、贴近生活、贴近群众,努力提高工作水平,更好地为爱国主义教育、弘扬和培育民族精神服务,为公民道德建设服务,为实现全面建设小康社会的奋斗目标服务。

(五)基本原则:坚持统筹兼顾、分类管理,形成政府主导,各有关部门分工协作,社会力量积极参与的工作机制。正确处理经济社会发展和革命文物保护的关系,坚持依法保护和科学保护,维护革命文物的真实性和完整性。坚持把社会效益放在首位,进一步加大革命文物保护的投入,强化创新意识和精品意识,提高展示服务水平。

(六)总体目标:通过采取有效措施,革命文物工作得到全面加强。到2015年,基本建立科学完备的革命文物保护管理体系和宣传教育体系,革命文物的安全得到有效保障,展示服务水平得到全面提升,社会教育作用得到充分发挥。

三、加强革命文物工作的基本要求

(七)高度重视,加强革命文物工作的领导。各地各部门要切实加强对革命文物工作的领导,加大宣传、贯彻《中华人民共和国文物保护法》等相关法律法规的力度,大力提倡、动员和引导全社会参与革命文物工作,依法保护、利用和管理好革命文物。要把革命文物工作作为深入贯彻落实科学发展观,促进社会主义精神文明建设和经济社会可持续发展的重要举措,切实抓紧抓好。

(八)深入调查,依法做好革命文物资源的登记、建档。各地要按照国务院关于第三次全国文物普查的统一部署,着眼于全面反映近代以来中国社会发展历程,加强对能够体现近现代和当代经济社会发展的各类代表性革命文物的调查、登记、评估和建档。加强对可移动革命文物的征集、鉴定、建档和保管等工作。借助信息化技术,摸清革命文物底数,夯实革命文物工作基础。

(九)加强统筹,切实做好革命文物保护规划的制定实施工作。各地要结合革命文物资源的实际情况,抓紧研究制订革命文物保护利用总体规划和专项规划,落实保护措施。要把近现代重要史迹和代表性建筑作为文化遗产保护的重要内容,纳入经济社会发展规划和城乡规划。对具有重大影响和纪念意义的旧址群,要继续做好专项保护规划的制定、发布和实施工作。

要立足长远，区分缓急，突出重点，加大对重要濒危革命文物史迹的保护力度。严格维修保护工程方案设计、实施的科学管理，确保文物的真实性。强化预防性保护理念，遏制因环境不利和管理不善致使馆藏革命文物受损的现象。

要严格遵照党中央、国务院有关文件的规定，加强宏观调控和分类指导，统筹安排革命纪念设施的建设和管理。新建和扩建革命纪念设施，应充分论证，严格报批，着力于功能完善，规模适当，环境协调；改建革命纪念设施，应尊重原有建筑的历史传统，提倡将具有使用价值的纪念建筑物辟为革命纪念馆(地)；对已不存在的革命文物"复建"，要严加限制。

(十)改进创新，提升革命文物的展示服务水平。要按照"贴近实际、贴近生活、贴近群众"的要求，实施资源整合与共享战略，精心组织好各种革命文物的陈列展览。重视基本陈列(包括革命旧址原状陈列)的研究和创新，坚持有址可寻、有物可看、有史可讲、有事可说的原则，突出陈列展览的个性特点。善于运用现代科技手段，增强陈列展览的表现力、吸引力和感染力。

要强化革命文物的社会教育功能，将革命传统教育和对革命文物的保护教育纳入国民教育体系，纳入公民道德建设和社会主义荣辱观教育体系，纳入未成年人思想道德建设规划和学校教育教学中。加强革命博物馆、纪念馆、革命旧址、烈士陵园等爱国主义教育基地与学校、部队、企事业单位和社会团体的协作联系，构建共建共育的长效机制。各类革命纪念设施要完善开放制度，强化内部管理，增强自身活力，改善服务质量，提高服务水平。充分挖掘革命文物资源的内涵，大力发展红色旅游，为推动经济社会发展服务。

(十一)精心组织，不断加大对革命文物的宣传普及力度。

各类革命文物保护机构要经常举办展示、论坛、讲座等活动，充分运用报刊、广播、电视、互联网等大众传媒，普及革命文物保护成果和法律法规知识，增强全社会的革命文物保护意识。

各地各部门要根据本意见，抓紧制定具体措施和办法。国家文物局将会同有关部门在适当时候对各地各部门贯彻落实的情况进行督查。

国家文物局　中宣部　发展改革委　教育部
民政部　财政部　住房城乡建设部　文化部
国家旅游局　共青团中央
2008年3月20日

关于促进民办博物馆发展的意见

(文物博发〔2010〕11号)

各省、自治区、直辖市文物局、民政、财政、国土资源、住房和城乡建设、文化厅(局、委)、国家税务局、地方税务局：

民办博物馆是为了教育、研究、欣赏的目的，由社会力量利用非国有文物、标本、资料等资产依法设立并取得法人资格，向公众开放的非营利性社会服务机构。进入新世纪以来，文化体制改革逐步深化，民办博物馆发展迅速。但是由于民办博物馆在我国还是一个新事物，尚处于探索阶段，还存在着准入制度不完善、扶持政策不健全、管理运行不规范、社会作用不明显等问题，严重制约了民办博物馆的健康发展。

为贯彻党的十七大关于推动社会主义文化大发展大繁荣的精神，落实中央关于深化文化体制改革的总体部署，进一步调动社会力量参与文化遗产保护和社会主义先进文化建设的积极性，现就积极鼓励、大力支持民办博物馆发展提出以下意见：

一、高度重视,积极促进民办博物馆健康发展

(一)民办博物馆来自于民间、成长于民间、服务于民间,是我国经济社会持续稳定发展大背景下公民文化需求增长的必然结果,是具有文化普及鲜明特色的公共文化服务机构,是动员全社会广泛参与,共同构建公共文化服务体系,促进文化大发展、大繁荣,建设和谐社会的一支重要力量。

(二)各地、各有关部门要切实提高对支持民办博物馆发展重要性的认识,明确和坚持积极鼓励,大力支持,正确引导,依法管理的指导思想,将民办博物馆纳入国民经济和社会发展规划,纳入博物馆事业发展规划,因地制宜,分类指导,制定符合各地民办博物馆发展的目标、措施和相关政策,支持、鼓励和引导民办博物馆的科学发展。民政、财政、国土资源、住房城乡建设、文化、税务、文物等行政部门和行业组织要加强协调,形成合力,加强调查研究,对民办博物馆在创办、开放、发展中遇到的具体困难和问题,给予必要的关注,及时帮助切实解决,保障民办博物馆健康发展。

二、加强扶持,为民办博物馆创造良好的发展环境

(三)规范民办博物馆准入制度。加快出台《博物馆条例》,完善博物馆管理基本制度体系,明确民办博物馆与公立博物馆同等的法律地位。文物、民政行政部门制订民办博物馆登记管理办法,细化民办博物馆准入标准,完善审批程序,健全民办博物馆准入制度。依照《中华人民共和国文物保护法》等法规的规定,加强对拟申办民办博物馆藏品来源合法性和真实性审查,明确博物馆对藏品的合法所有权。鼓励社会力量兴办填补博物馆门类空白和体现行业特性、区域特点的专题性博物馆。兴办民办博物馆应符合城乡规划。对符合设立条件的民办博物馆,要按照《民办非企业单位登记管理暂行条例》和《博物馆管理办法》等有关规定,及时审核和给予登记注册。要加强对民办博物馆凭证执业、依法办馆的监督,按照法律法规和规章的规定,做好民办博物馆的登记、年检、执业和监督管理工作。要开展经常性的执法检查活动,严厉打击非法办馆行为,坚决取缔无证执业,规范竞争行为,营造公平有序的发展环境,保障合法博物馆的正当权益。

(四)切实帮助解决民办博物馆的馆舍与经费保障问题。推广民办公助、公建民营等形式,在有条件的地区,建立政府对民办博物馆单位的资助机制。各地可利用在布局结构调整后闲置的房产,支持民办博物馆发展。可在旅游景区和文化产业园区内规划建设民办博物馆,为民办博物馆提供馆舍和基础设施运行保障。对符合国家《划拨用地目录》规定的非营利性民办博物馆的建设用地,经县级以上人民政府批准,可以划拨方式供地。民办博物馆建设必须贯彻节约集约用地的原则,严格执行《博物馆建设用地指标》的规定,严禁改变博物馆用地的土地用途,不得以划拨土地使用权抵押。民办博物馆因故终止的,其用地由国家依法收回后继续作为博物馆建设用地。协调金融机构为符合条件的民办博物馆提供贷款。鼓励企业、事业单位、社会团体以及个人等社会力量向民办博物馆提供捐赠。鼓励民办博物馆依托藏品、展览研发推广博物馆文化产品。民办博物馆在接收捐赠、门票收入、非营利性收入等方面,可按照现行税法规定享受有关优惠政策。

(五)加强对民办博物馆的专业指导和扶持。文物行政部门要积极探索新形势下民办博物馆的管理体制、机制和办法,根据民办博物馆自愿办馆、自筹资金、自负责任、自主管理的特点,通过法规、政策、标准、评估、督导等措施为博物馆的目标管理和质量管理提供服务。民办博物馆在行业准入、等级评定、人员培训、职称评定、科研活动、陈列展览,以及人才、学术的交流、合作、奖励、政府政策信息服务等方面,与国有博物馆一视同仁,同等待遇。对具有门类特点、行业个性或地域文化、民族(民俗)唯一性的民办博物馆,以及致力于抢救濒危文化遗产、填补某领域文化空白或稀缺的新建民办博物馆,给予必要和适当的倾斜性扶持。鼓励国有博物馆对民办博物馆的藏品保护、陈列展览、科学研究等业务活动实施帮扶。加强博物馆行业协会建设,制定行业规范,鼓励民办博物馆加入行业协会,促进行业自律。

(六)努力形成有利于民办博物馆健康发展的社会舆论氛围。要充分利用广播、电视、报纸、网络等媒体,大力宣传政府鼓励、支持、引导民办博物馆发展的方针政策,宣传民办博物馆在社会主义先进文化建设中的重要地位和作用，宣传民办博物馆中涌现出的先进典型，扩大民办博物馆的影响。对优秀民办博物馆以及在民办博物馆事业方面做出突出贡献的单位和个人，给予表彰。

三、依法办馆，全面提高民办博物馆的质量

（七）建立健全民办博物馆内部管理制度。文物、民政行政部门要把民办博物馆纳入质量监管体系，通过评估定级和年度检查、考评等方式，指导民办博物馆严格遵守国家相关政策法规和技术标准规范以及国际博物馆协会职业道德准则，健全以理事会（董事会）、监事会为核心的法人治理结构，完善博物馆章程和发展规划，依法自我管理、科学运行，承担相应的社会义务。要落实民办博物馆的法人财产权，对举办者和其他投资者投入民办博物馆的藏品、资产、国有资产、受赠的财产、收取的费用以及办馆积累，应当分别登记建账，并依法享有法人财产权。民办博物馆存续期间，对博物馆所有资产依法享有占有、使用、收益和处分的权力，任何组织和个人不得侵占和非法干涉。

（八）规范民办博物馆的藏品管理。藏品是博物馆赖以生存的物质基础，保障藏品安全并充分发挥其社会作用是博物馆的基本义务。民办博物馆应当依照《中华人民共和国文物保护法》《博物馆管理办法》《博物馆藏品管理办法》等法规和国际博物馆协会职业道德准则要求，加强藏品收集，建立、健全藏品收藏、保护、研究、展示等相关规章制度，建立健全藏品总账、分类账及每件藏品的档案，并报所在地市（县）级文物行政部门备案。民办博物馆处置无保存价值的藏品，以及民办博物馆终止时的藏品处置，必须进行严格的评估，并报所在地省级文物行政部门审批。民办博物馆不再收藏的藏品应优先转让给其他博物馆收藏。处置藏品所得应当用于博物馆收藏新的藏品、改善藏品保管条件和博物馆日常维护等用途。

（九）切实加强民办博物馆展示服务工作。民办博物馆要落实“以质量求生存、以特色求发展”的办馆理念，加强人才队伍建设，加强科学研究，大力提升展示服务水平。要把博物馆的特色和品牌建设作为直接关系民办博物馆生存的大事来抓紧抓好，满足社会对优质博物馆文化资源的需求。文物行政部门要加强对民办博物馆陈列展览、社会教育和服务活动的指导，严格基本陈列内容审查，抵制低俗之风。民办博物馆要完善开放服务制度，开展进校园、进社区活动，纳入当地旅游线路，开展博物馆文化旅游活动。根据公平、择优的原则，采用公开招标和政府购买服务的方式，支持民办博物馆参与公共文化服务体系和国民教育体系建设。对于社会服务功能发挥良好、成绩突出的民办博物馆，可按规定命名为爱国主义教育基地和青少年教育基地。鼓励民办博物馆积极参与对外文化交流。

国家文物局　　民政部　　财政部
国土资源部　　住房和城乡建设部
文化部　　国家税务总局
2010 年 1 月 29 日

关于推进国有博物馆对口支援民办博物馆工作的意见

（文物博函〔2013〕818 号）

各省、自治区、直辖市文物局（文化厅）：

为贯彻落实国家文物局、民政部、财政部、国土资源部、住房和城乡建设部、文化部、国家税务总局《关于促进民办博物馆发展的意见》（文物博发〔2010〕11 号）精神，帮助民办博物馆提高专业化水平，现就推进国有博物馆对口支援民办博物馆工作提出以下意见：

一、充分认识推进国有博物馆对口支援民办博物馆工作的重要性

推进国有博物馆对口支援民办博物馆工作，提高民办博物馆质量和服务能力，是贯彻落实科学发展观、促进博物馆事业全面协调可持续发展的必然要求，是深化博物馆体制改革的重要内容，是落实《博物馆事业中长期发展规划纲要（2011～2020年）》"民办博物馆帮扶工程"的重要举措。各级文物行政部门、博物馆要全面理解和把握支援民办博物馆工作的现实意义和深远的历史意义，统一认识，高度重视，加强领导，精心组织，积极推进，确保国有博物馆对口支援民办博物馆工作不断取得新的成效。

二、国有博物馆对口支援民办博物馆工作目标

完善国有博物馆对口支援民办博物馆工作制度，践行国有博物馆的社会责任，国有博物馆发挥资源优势，以自愿、无偿的方式，"一对一"的持续（一般不应短于三年）帮扶民办博物馆的藏品保护、陈列展览、科学研究、人才培养等业务活动和规范化管理，争取受援民办博物馆达到或接近国家三级博物馆的水平，培育一批法人治理结构规范、专业水平高、社会影响力大的优质民办博物馆，并积极推动民办博物馆与国有博物馆在合作中相互借鉴，共同进步，在竞争中优势互补，相互促进。

三、国有博物馆对口支援民办博物馆实施范围

凡依照《博物馆管理办法》登记注册，法人治理结构基本规范，藏品体系健全且产权明晰，展示服务工作基础较好，在本地区具有一定代表性，正常运行三年以上且年检合格的民办博物馆，可列入国有博物馆对口支援范畴。优先对口支援具有门类特点、行业个性或地域文化、民族（民俗）文化代表性的民办博物馆，以及致力于抢救濒危文化遗产、填补某领域文化空白的民办博物馆。

鼓励国家一级博物馆和省级博物馆等专业力量雄厚的国有博物馆与具备发展潜力的民办博物馆结成长期稳定的对口支援和协作关系，中央地方共建国家级博物馆在完成本省（自治区、直辖市）范围内对口支援任务的同时，承担一定的支援其他地区民办博物馆的任务。

四、国有博物馆对口支援民办博物馆工作内容

国有博物馆针对民办博物馆的实际需求，开展人才支援和技术支援。

以选派中级职称和副高级职称为主的经验丰富的专业人员定期到民办博物馆驻点指导民办博物馆业务和管理工作为主要形式，组织开展藏品清库、鉴定、定级、建账、建档、养护、修复、陈列内容设计和艺术设计、教育项目策划、文化产品开发等业务活动示范、专题讲座、技术培训，帮助民办博物馆提升藏品保护、完善展示服务，健全工作制度和技术操作规程，培养一批业务骨干和学术带头人，提高博物馆运行水平。

国有博物馆可以同时采取免费接收民办博物馆专业人员进修、培训等形式，对民办博物馆进行支援。

鼓励中央地方共建国家级博物馆、省博物馆等实力雄厚的国有博物馆通过托管、连锁合作等形式加强与民办博物馆合作，探索长效机制，推动优质博物馆资源辐射，促进民办博物馆能力建设。

五、国有博物馆对口支援民办博物馆工作要求

加强业务指导。省级文物行政部门要积极协调符合条件的国有博物馆和民办博物馆建立对口支援协作关系，组织双方协商制定切实可行的对口支援实施方案和年度计划，明确支援目标、项目内容、支援方式、工作任务和保障措施；签订协议书，明确双方职责，保证任务落实。国有博物馆对口支援民办博物馆的实施方案和协议草案，应当经主管的文物行政部门初审后，报省级文物行政部门组织评估、核准，并以适当方式向社会公开。

强化责任意识。对口支援双方都应确定负责对口支援工作的馆领导和组织机构，加强沟通协调，做到人员落实、任务落实和经费落实，认真组织实施对口支援的各项具体工作。国有博物馆要建立派驻人员管理制度，加强对派驻人员支援绩效的考核，确保受援单位长期有派驻人员帮助工作并真正发挥作用。民办博物馆应根据工作需要，为对口支援创造必要的支撑条件，确保对口支援工作顺利开展；要以对口支援为契机，更新思想观念，调动员工积极性，全面推动博物馆的各项工作，不断提高办馆实力和办馆效益。

受援民办博物馆要模范遵守博物馆法规和职业道德，不断完善法人治理结构，扩大博物馆理事会成员社会人士代表的比例；制定、公布藏品征集、保护、管理、处置的政策、标准，区分藏品等级，建立规范的藏品总账、分类账和藏品档案，并报主管的文物行政部门备案；无正当理由，全年向公众开放时间不得少于 8 个月；制定、公布中长期发展规划和年度工作计划；如博物馆终止，藏品优先转让给其他博物馆。

做好督查考核。省级文物行政部门要会同相关部门建立健全国有博物馆对口支援民办博物馆工作协调管理制度，定期对对口支援工作进行督导检查和绩效考核，对工作完成较好的单位，总结推广经验。主管的文物行政部门要将对口支援工作纳入国有博物馆目标责任制，加强对口支援工作的日常监督管理，定期向省级文物行政部门报告工作进展，并开展新闻宣传工作。国家文物局将对口支援纳入博物馆评估定级以及国家一级博物馆、中央与地方共建国家级博物馆的年度运行评估考核指标范畴。

落实保障措施。省级文物行政部门要抓住文化体制改革的机遇，坚持政府支持、统筹规划、提升能力、共同发展的原则，将对口支援纳入博物馆事业发展规划，制定对口支援的具体实施办法和计划。要积极争取各级政府的财政支持，积极争取将对口支援工作列入各级政府的民办博物馆发展专项资金优先支出范畴。鼓励公平竞争，政府委托民办博物馆承担有关遗产保护、研究、展示任务，拨付项目经费。同时积极鼓励社会力量捐助国有博物馆对口支援民办博物馆工作。

国家文物局

2013 年 6 月 5 日

可移动文物修复管理办法

第一章 总 则

第一条 为加强可移动文物修复管理，提高可移动文物修复的科学性和规范性，根据《中华人民共和国文物保护法》和《中华人民共和国文物保护法实施条例》，制定本办法。

第二条 本办法适用于博物馆、图书馆和其他文物收藏单位，以及国家机关、国有企事业单位收藏保管的可移动文物的修复。

第三条 修复可移动文物应当坚持不改变文物原状原则，全面保存和延续文物的历史、艺术、科学的信息与价值，将科学研究贯穿于修复的全过程，应认真执行文物修复操作规程和相关技术标准，采用先进、适用的技术手段和有效的管理方法，确保修复质量。

第四条 可移动文物修复包括价值评估、现状调查、病害评测、方案编制、保护修复实施、效果评估、档案建立、预防性保护等活动。

第五条 可移动文物修复应由取得可移动文物修复资质的单位承担。

第二章 资质管理

第六条 从事可移动文物修复的单位应当经省、自治区、直辖市文物行政部门批准并取得资质。

第七条 申请可移动文物修复资质的单位应具备以下条件：

(一)有 7 名以上具有 5 年以上文物修复工作经验，曾主持或主要参与 50 件以上珍贵文物的保护修复工作,且取得中级以上文物博物专业技术职称的主要技术人员,其中具有高级技术职称的人员不少于2人;聘用退休人员作为主要技术人员,不得超过主要技术人员总数的20%;主要技术人员不得同时受聘于两家或两家以上可移动文物修复资质单位。

(二)工作场所和技术设备应满足《可移动文物保护修复室规范化建设与仪器装备基本要求》(GB/T 30238—2013)规定的区域技术中心以上的标准条件和功能。

(三)文物保管场所安全条件符合《文物系统博物馆风险等级和安全防护级别的规定(GA 27—2002)》。

(四)有健全的管理制度和质量管理体系。

第八条 可移动文物修复资质申报材料:

(一)可移动文物修复资质申请表。

(二)主要技术人员的职称证书、身份证复印件、工作资历或业绩证明及聘用(任职)证明。

(三)承担过的主要可移动文物保护修复项目的相关文件。

(四)工作场所和技术设备符合《可移动文物保护修复室规范化建设与仪器装备基本要求》(GB/T 30238—2013)的证明资料。

(五)符合《文物系统博物馆风险等级和安全防护级别的规定(GA 27—2002)》条件的场所证明资料。

(六)主要管理制度和质量管理体系的相关文件。

(七)申请单位法人资格证书。

(八)省、自治区、直辖市文物行政部门需要的其他材料。

第九条 决定批准的,由省、自治区、直辖市文物行政部门颁发资质证书。

资质证书分为正本和副本,具有同等法律效力。资质证书只限于本单位使用,不得转让、转借。

第十条 自修复资质证书核发之日起30日内,省、自治区、直辖市文物行政部门应当将批准的修复资质单位向社会公布并报国务院文物行政部门备案。

第十一条 修复资质单位应在资质证书核定的业务范围内承揽业务,不受地域范围的限制。

第十二条 资质证书登记事项发生变更的,应当在变更后30个工作日内到原审批部门办理变更手续。

第十三条 因破产、停业或其他原因终止业务活动的,应当在终止业务活动30个工作日内到原审批部门办理注销手续。

第十四条 修复资质变更、注销等情况,由省、自治区、直辖市文物行政部门向社会公布并报国务院文物行政部门备案。

第三章　修复管理

第十五条 修复馆藏珍贵文物,应当报省、自治区、直辖市文物行政部门批准。修复馆藏一级文物,应当经省、自治区、直辖市文物行政部门批准后报国务院文物行政部门备案。

批准前,应出具独立第三方机构或专家评审意见。

第十六条 文物修复的申报材料应当包括:

(一)文物修复申请文件;

(二)文物修复方案;

(三)方案编制单位的资质证明;

(四)方案编制委托协议;

(五)审批部门需要的其他材料。

第十七条 文物修复的申报材料应符合下列条件,不符合的,不予批准或者要求申报单位补充齐全后审批。

(一)文物修复方案应当由具有资质的单位编制;
(二)文物修复事项属于修复资质单位业务范围;
(三)文物信息、修复的必要性和工作目标明确;
(四)修复程序及修复技术路线科学合理;
(五)预防性保护措施明确;
(六)符合我国法律、法规其他有关规定。

第十八条 文物修复工作应由具有修复资质的单位按照批准的修复方案实施。

必要时可以根据修复实际情况合理调整修复方案并报原审批部门备案。因特殊情况需要重大调整或者变更的,应当报原审批部门批准。

第十九条 修复完成后3个月内应进行验收。馆藏一级文物修复由省、自治区、直辖市文物行政部门组织验收,结果报国务院文物行政部门备案。

第二十条 文物收藏单位应当将修复方案、修复记录、验收报告、修复报告等文物修复的全部资料整理立卷,归入相应的文物档案。

第二十一条 文物收藏单位应当按照修复方案中的预防性保护措施,对修复的文物进行保护,并对文物的保存状况、保存环境,以及可能威胁到文物安全的异常情况或者其他危险因素进行定期监测并记录。

第四章 监督检查

第二十二条 可移动文物修复资质实行年度报告和公示制度。

每年1月15日前,修复资质单位应向所在地省、自治区、直辖市文物行政部门提交上一年度资质证书登记事项变动情况和开展业务活动情况的报告,并向社会公布。

第二十三条 国务院文物行政部门将组织行业协会或第三方机构对修复资质单位开展运行评估。评估规则另行制定。

第二十四条 各省、自治区、直辖市文物行政部门应根据年度报告和运行评估结果对资质单位加强指导,建立健全资质单位的管理和退出机制。

第二十五条 每年3月1日前,各省、自治区、直辖市文物行政部门应当将上一年度行政区域内馆藏文物修复基本情况(包括修复文物名录、文物等级、修复单位等)向社会公布并报国务院文物行政部门备案。

第二十六条 国务院文物行政部门将组织行业协会或第三方机构,对馆藏文物修复及管理情况进行定期检查或抽查,结果向社会公布。

第五章 附 则

第二十七条 各省、自治区、直辖市文物行政部门可根据本办法制定具体实施细则。

第二十八条 本办法自2014年8月1日起施行。2007年国家文物局颁布的《可移动文物修复资质管理办法(试行)》和《可移动文物技术保护设计资质管理办法(试行)》同时废止。

附件

可移动文物修复资质
申请表

申 请 单 位________________________________（盖章）

法定代表人________________________________（签章）

填 报 日 期　　　年　　月　　日

目　录

一、填表说明

1. 申报单位必须是独立的法人单位。

2. 单位名称：企业填写企业法人营业执照上的名称；事业单位填写事业单位法人证书上的名称，并与印章一致。

3. 有职称的技术人员专业分为：管理、工程、文博、统计、经济、会计等。

4. 可移动文物修复专职技术人员指本单位聘用的从事可移动文物修复工作的人员（每年在本单位工作时间不少于6个月）。

5. 主要仪器设备指可移动文物修复所需的专业设备。

6. 填写“承担过的主要可移动文物修复项目”指10年以内本单位承担的修复项目，并提供有关文物行政主管部门的批准、验收文件或用户验收报告。

7. 申请业务范围参照《馆藏文物登录规范》（WW/T 0017-2013）

附录A“馆藏文物基本信息登录说明”中A.2“类别”和附录D“馆藏文物类别说明”。

8. 下载使用《资质申请表》，打印、复印一律用A4纸，纸面不敷时，可另加页。

9. 本表一式四份，须签字和盖章处不得复印。

二、声明

本人　　　　(法定代表人)　　　　　　　　(身份证号码)郑重声明，本单位可移动文物修复单位资质的申请资料、填写数据及所包含的附件资料内容是真实的，同样我在此所作的声明也是真实有效的。并愿意对在资质申请过程中有关部门调查的结果承担责任。

我授权　　　　(联系人姓名)具体经办此次可移动文物修复单位资质的申请工作。我知道虚假的声明与资料是严重的违法行为，本单位如有不实之行为，愿接受文物行政主管部门依据有关法律法规给予的处罚。

单位：(公章)

法定代表人：(签名)

年　月　日

三、单位基本情况

表 1

<table>
<tr><td colspan="2">单位名称</td><td colspan="4"></td><td>成立时间</td><td></td></tr>
<tr><td colspan="2">单位性质</td><td colspan="4"></td><td rowspan="2">注册资金</td><td rowspan="2"></td></tr>
<tr><td colspan="2">组织机构代码</td><td colspan="4"></td></tr>
<tr><td colspan="3">主管单位名称</td><td colspan="5"></td></tr>
<tr><td colspan="3">法定人代表人</td><td>姓名</td><td colspan="2"></td><td>职务/职称</td><td></td></tr>
<tr><td colspan="3">单位通信地址</td><td colspan="5"></td></tr>
<tr><td colspan="3">联系电话</td><td colspan="3"></td><td>传真</td><td></td></tr>
<tr><td colspan="3">电子邮件</td><td colspan="3"></td><td>邮编</td><td></td></tr>
<tr><td rowspan="8">有职称的技术人员数量</td><td colspan="2">专业名称</td><td colspan="2">高级职称</td><td>中级职称</td><td>初级职称</td><td>小　计</td></tr>
<tr><td colspan="2"></td><td colspan="2"></td><td></td><td></td><td></td></tr>
<tr><td colspan="2"></td><td colspan="2"></td><td></td><td></td><td></td></tr>
<tr><td colspan="2"></td><td colspan="2"></td><td></td><td></td><td></td></tr>
<tr><td colspan="2"></td><td colspan="2"></td><td></td><td></td><td></td></tr>
<tr><td colspan="2"></td><td colspan="2"></td><td></td><td></td><td></td></tr>
<tr><td colspan="2"></td><td colspan="2"></td><td></td><td></td><td></td></tr>
<tr><td colspan="2"></td><td colspan="2"></td><td></td><td></td><td></td></tr>
<tr><td colspan="3">总　计</td><td colspan="2"></td><td></td><td></td><td></td></tr>
</table>

四、单位简介

表 2

详述单位成立时间、人员构成、从事过的可移动文物修复情况及质量情况；综述拥有的仪器设备、技术保护条件以及相关成果等。（限 3000 字以内）

五、可移动文物修复专职技术人员(表3)

序号	姓名	性别	年龄	毕业情况					职称		职务	从事可移动修复工作年限	现从事的工作	公民身份号码	用工形式	
				学历	学位	毕业院校	毕业时间	专业	职称	任职时间					在编	聘用

六、承担过的主要可移动文物修复项目(表4)

4-1类别(按业务范围分类,一表一类):

序号	项目名称	基本内容	完成时间	文物情况			批准/验收文号	批准/验收机构
				等级	数量	质量		

七、主要专业设备(表5)

序号	专业设备名称	型号规格	单位	数量	购置时间	备注

八、文物保管场所安全条件

详述单位文物保管场所的安全条件，相关证明资料可另附。

九、申请的资质等级和业务范围

<table>
<tr><td rowspan="2">申请内容</td><td>资质等级及业务范围：

单位法人签字　　　　　　公章

日期：　　年　　月　　日</td></tr>
<tr><td>增加以下业务范围：

单位法人签字　　　　　　公章

日期：　　年　　月　　日</td></tr>
</table>

十、审批意见

<table>
<tr><td rowspan="1">上级文物行政部门意见</td><td>负责人签字　　　　公章
日期：　　年　　月　　日</td></tr>
<tr><td rowspan="2">发证机关审批意见</td><td>经审查，准予承担以下可移动文物修复业务：
证书编号：
负责人签字　　　　公章
日期：　　年　　月　　日</td></tr>
<tr><td>依法审查，不同意你单位的申请。理由：
负责人签字　　　　公章
日期：　　年　　月　　日</td></tr>
</table>

十一、附件:相关证明资料

1. 法人资格证书、骨干技术人员职称证复印件。
2. 可移动文物修复的批准/验收文件复印件。
3. 可移动文物修复相关资料复印件。
4. 符合《文物系统博物馆风险等级和安全防护级别的规定(GA 27—2002)》条件的场所证明资料。
5. 主要管理制度和质量管理体系的相关文件。

文物进出境

文物进出境责任鉴定员管理办法

(文物博发〔2010〕42号)

第一章　总　则

第一条　为加强对文物进出境责任鉴定员(以下简称"责任鉴定员")的管理,根据《中华人民共和国文物保护法》《中华人民共和国文物保护法实施条例》和《文物进出境审核管理办法》,制定本办法。

第二条　责任鉴定员是指获得国家文物局规定的鉴定资格,并在文物进出境审核机构承担文物进出境审核业务,签署文物进出境审核文件的文物鉴定专业人员。

第三条　责任鉴定员应当依据国家有关法律法规要求,科学、客观、公正地开展文物进出境审核工作,承担相应的法律责任。

第二章　鉴定资格认定

第四条　责任鉴定员鉴定资格认定,原则上实行全国统一的分类考试制度。边疆省区民族类文物责任鉴定员的考试,经国家文物局批准后可以单独组织。

第五条　参加责任鉴定员鉴定资格考试的人员应具备以下条件:

(一)拥护中华人民共和国宪法,遵守有关文物保护的法律法规,具有良好的品行;

(二)具有大学本科以上学历和文物博物专业中级以上职称,或在国有文物收藏单位工作五年以上;

(三)身体健康,具有正常履行职责的身体条件;

(四)国家文物局规定的其他条件。

第六条　按照统一安排,报名者应当向省级文物行政主管部门报名,经国家文物局审查合格后参加考试。

第七条　考试合格人员,由国家文物局颁发文物进出境责任鉴定员资格证,并在国家文物局政府网站予以公布。

第八条　取得文物进出境责任鉴定员资格证并在文物进出境审核机构工作的人员,由国家文物局向海关部门备案。

未取得文物进出境责任鉴定员资格证的人员不得从事文物进出境审核业务。

第三章　权利和义务

第九条　责任鉴定员享有下列权利：

(一)独立表达鉴定审核意见；

(二)要求申请人如实提供审核业务所需的相关信息和资料；

(三)拒绝办理单证不真实、手续不齐全的审核业务；

(四)参加文物行政主管部门组织的相关业务培训；

(五)参加其他文物门类的鉴定资格考试；

(六)法律法规规定的其他权利。

第十条　责任鉴定员履行下列义务：

(一)认真履行文物进出境审核机构职责和工作规定；

(二)完成上级部门指派的审核任务；

(三)如实表达审核意见，对审核结论负责；

(四)保守在审核过程中知悉的商业秘密或个人隐私；

(五)参加文物行政主管部门举办的有关业务培训；

(六)法律法规规定的其他义务。

第四章　监督和管理

第十一条　国家文物局负责全国文物进出境审核管理工作，负责组织鉴定资格考试、鉴定培训和责任鉴定员年检等工作。

第十二条　国家文物局就下列事项对责任鉴定员进行监督检查：

(一)遵守相关法律法规的情况；

(二)遵守文物进出境审核工作程序和执行文物出境审核标准的情况；

(三)遵守职业道德和职业纪律的情况；

(四)法律法规规定的其他事项。

第十三条　文物进出境审核机构应当定期将责任鉴定员名单报国家文物局备案；责任鉴定员发生变化的，应当于三十日内报国家文物局备案。

第十四条　文物进出境审核机构负责对所属责任鉴定员进行管理和考核，并实行差错登记制度。

第十五条　因进出境审核工作需要，文物进出境审核机构确需聘用具有鉴定资格退休人员的，由所在文物进出境审核机构向主管部门和国家文物局提出申请，经批准后聘用。

第十六条　国家文物局建立责任鉴定员管理数据库，对责任鉴定员遵守法律法规、遵守职业道德和职业纪律、履行工作职责、培训考核、差错、年检等情况实施动态管理。

第十七条　国家文物局每两年对责任鉴定员进行一次考核。

第十八条　责任鉴定员不得在文物商店或者拍卖企业任职、兼职，不得以责任鉴定员名义从事商业性文物鉴定活动。

第五章　奖励和处分

第十九条　有下列事迹之一的责任鉴定员，由国家文物局给予精神鼓励或者物质奖励，并可作为申报评定文物博物系列高级专业技术职务任职资格的一项主要业绩：

(一)认真执行文物保护法律、法规，保护文物贡献突出的；

(二)长期从事文物进出境审核工作，严格执行文物进出境审核标准，作出显著成绩的；

(三)在文物鉴定的科学技术、学术研究方面有重要成果的。

第二十条 有下列行为之一的责任鉴定员，由上级主管部门视情节轻重，依法给予相应行政处分；构成违法或犯罪的，依法予以处理；受到开除处分或者行政、刑事处罚的，由国家文物局吊销其文物进出境责任鉴定员资格证：

(一)不履行本办法第十条规定，情节严重的；

(二)一年内出现三次以上审核差错记录，后果严重的；

(三)未按规定接受国家文物局考核的；

(四)伪造、变造、买卖或者盗用、涂改文物进出境审核文件、印章、标识、封志的；

(五)其他违反文物进出境法律法规，情节严重的。

第六章 附 则

第二十一条 本办法自发布之日起施行。

文物出境审核标准

(文物博发〔2007〕30 号)

一、为加强我国文化遗产保护，防止珍贵文物流失，根据《中华人民共和国文物保护法》《中华人民共和国文物保护法实施条例》，制定本标准。

二、文物进出境审核机构在开展文物出境审核工作时，执行本标准。

三、本标准以 1949 年为主要标准线。凡在 1949 年以前(含 1949 年)生产、制作的具有一定历史、艺术、科学价值的文物，原则上禁止出境。其中，1911 年以前(含 1911 年)生产、制作的文物一律禁止出境。

四、少数民族文物以 1966 年为主要标准线。凡在 1966 年以前(含 1966 年)生产、制作的有代表性的少数民族文物禁止出境。

五、现存我国境内的外国文物、图书，与我国的文物、图书一样，分类执行本标准。

六、凡有损国家、民族利益，或者有可能引起不良社会影响的文物，不论年限，一律禁止出境。

七、未列入本标准范围之内的文物，如经文物进出境审核机构审核，确有重大历史、艺术、科学价值的，应禁止出境。

八、本标准所列文物分属不同审核类别的，按禁止出境下限执行。

九、本标准由国家文物局负责解释并定期修订。

十、本标准实施后，此前国家文物局发布的其他规定与本标准不一致的，以本标准为准。

审核类别		禁　限
1.化石		
	古猿化石、古人类化石以及与人类活动有关的第四纪古脊椎动物化石	一律禁止出境
2.建筑物的实物资料		
2.1 建筑模型、图样	建筑的木制模型、纸制烫样、平面立面图、内部装修画样及工程作法等	1911 年以前的禁止出境
	具有重要历史、艺术、科学价值的	1949 年以前的禁止出境
2.2 建筑物装修、构件	包括园林建筑构件	1911 年以前的禁止出境
	具有重要历史、艺术、科学价值的	1949 年以前的禁止出境
3.绘画、书法		
3.1 中国画及书法		1911 年以前的禁止出境 1911 年后参照名单执行
	肖像、影像、画像、风俗画、战功图、纪事图、行乐图等	1949 年以前的禁止出境 属于本人或其亲属的肖像、影像、画像等不在此限
3.2 油画、水彩画、水粉画	包括素描(含速写)、漫画、版画的原作和原版等	1949 年以前的禁止出境 1949 年后参照名单执行
	具有重大历史、艺术价值,产生广泛社会影响的	一律禁止出境
3.3 壁画	宫殿、庙宇、石窟、墓葬中的壁画等	1949 年以前的禁止出境
	近现代著名壁画的原稿、设计方案及图稿	一律禁止出境
4.碑帖、拓片		
	碑碣、墓志、造像题记、摩崖等拓片及套帖	1949 年以前的禁止出境
	古器物拓片,包括铭文、纹饰及全形拓片	1949 年以前的禁止出境
	新发现的重要的或原作已毁损的石刻等拓片	一律禁止出境
5.雕塑		
	人像、佛像、动植物造型及摆件等	1911 年以前的禁止出境
	名家作品	参照名单执行
	具有重大历史、艺术价值,产生广泛社会影响的	一律禁止出境
6.铭刻		
6.1 甲骨	包括残破、无字或后刻文字及花纹的甲骨和卜骨	一律禁止出境

续表

审核类别		禁　限
6.2 玺印		1911 年以前的禁止出境
	名家制印	参照名单执行
	历代官印，包括玺、印、戳记等	一律禁止出境
	各类军政机构、党派、群众团体使用过的，以及其他有特殊意义的印章、关防、印信等；著名人物使用过的有代表性的个人印章	1949 年以前的禁止出境
6.3 封泥		一律禁止出境
6.4 符契	包括符节、铁券、铅券、腰牌等	1911 年以前的禁止出境
6.5 勋章、奖章、纪念章		1911 年以前的禁止出境
	反映重大历史事件，有特殊意义的；颁发给著名人物的；有重要艺术价值的	1949 年以前的禁止出境 属于本人或其亲属的不在此限
6.6 碑刻	历代石经、刻石、碑刻、经幢、墓志等	1949 年以前的禁止出境
6.7 版片	书版、图版、画版、印刷版等	1949 年以前的禁止出境
7. 图书文献		
7.1 竹简、木简	包括无字的	一律禁止出境
7.2 书札		1911 年以前的禁止出境
	名人书札	1949 年以前的禁止出境 属于本人或其亲属的一般来往函件不在此限
7.3 手稿		1911 年以前的禁止出境
	涉及重大历史事件的或著名人物撰写的重要文件、电报、信函、题词、代表性著作的手稿等	一律禁止出境 属于本人的信函、题词、代表性著作的手稿等不在此限
7.4 书籍		1911 年以前的禁止出境
	存量不多的木板书及石印、铅印的完整的大部丛书，如图书集成、四部丛刊、丛书集成、万有文库等	1949 年以前的禁止出境
	有重要历史、学术价值的报刊、教材、图册等	1949 年以前的禁止出境
	有重大影响的出版物的原始版本或最早版本	1949 年以前的禁止出境
	有领袖人物重要批注手迹的	一律禁止出境
	地方志、家谱、族谱	1949 年以前的禁止出境
7.5 图籍	各种方式印刷和绘制的天文图、舆地图、水道图、水利图、道里图、边防图、战功图、盐场图、行政区划图等	1949 年以前的禁止出境
	非公开发售的各种地图等	一律禁止出境

续表

审核类别		禁　限
7.6 文献档案		1911 年以前的禁止出境
	有重要历史价值的	一律禁止出境
	重大事件或历次群众性运动中散发、张贴的传单、标语、漫画等	一律禁止出境
	重要战役的战报及相关宣传品等	一律禁止出境
8. 钱币		
8.1 古钱币	各种实物货币、金属称量货币、压胜钱、金银钱等	1911 年以前的禁止出境
8.2 古钞	宝钞、银票、钱票、私钞等	1911 年以前的禁止出境
8.3 近现代机制币	金、银、铜、镍等金属币和纪念币	1949 年以前的禁止出境
8.4 近现代钞票	具有重要历史、艺术、科学价值的	1949 年以前的禁止出境
8.5 钱范	古代各种钱范和近代各种硬币的模具	一律禁止出境
8.6 钞版	各时期各种材质的钞版	一律禁止出境
8.7 钱币设计图稿	包括样钱、雕母、母钱等	一律禁止出境
9. 舆服		
9.1 车船舆轿	包括零部件	1911 年以前的禁止出境
9.2 车具、马具	包括零部件	1911 年以前的禁止出境
9.3 鞋帽		1911 年以前的禁止出境
9.4 服装		1911 年以前的禁止出境
9.5 首饰		1911 年以前的禁止出境
9.6 佩饰		1911 年以前的禁止出境
10. 器具		
10.1 生产工具		1911 年以前的禁止出境
	反映近现代生产力发展的代表性实物，如工业设备、仪器等	1949 年以前的禁止出境
10.2 兵器		1911 年以前的禁止出境
	中国自制的各种枪炮	1949 年以前的禁止出境
	名人使用过的或有记年记事铭文的	一律禁止出境
10.3 乐器	包括舞乐用具	1911 年以前的禁止出境
	已故著名艺人使用过的	一律禁止出境
10.4 仪仗		1911 年以前的禁止出境
10.5 度量衡	包括附件	1911 年以前的禁止出境
10.6 法器	包括乐器、幡、旗等	1911 年以前的禁止出境
10.7 明器	各种材质所制的专为殉葬用的俑及器物	1911 年以前的禁止出境
10.8 仪器	包括日晷、罗盘、天文钟、天文仪、算筹等有关天文历算的仪器和科学实验仪器及其部件	1949 年以前的禁止出境

续表

审核类别		禁　限
10.9 家具	各种材质的家具及其部件	1911 年以前的禁止出境
	黄花梨、紫檀、乌木、鸡翅木、铁梨木家具	1949 年以前的禁止出境
10.10 金属器	青铜器	1911 年以前的禁止出境
	金、银、铜、铁、锡、铅等制品	1911 年以前的禁止出境
10.11 陶瓷器	包括具有历史、艺术、科学价值的残片	1911 年以前的禁止出境
	官窑器、民窑堂名款器，有纪年、纪事或作为历史事件标志性的器物及残件	1949 年以前的禁止出境
	名家制品	参照名单执行
10.12 漆器		1911 年以前的禁止出境
	名家、名作坊或有名人款识的制品	参照名单执行
10.13 织绣品	各种织物、刺绣及其制成品和残片，包括附属于手卷、画轴、册页上的包首、隔水等所用织绣品	1911 年以前的禁止出境
	地毯、挂毯等	1911 年以前的禁止出境
	成匹的各种绸、缎、绫、罗、纱、绢、锦、棉、麻、呢、绒等织物	1949 年以前的禁止出境
	织绣、印染等名家制品	参照名单执行
	缂丝、缂毛（包括残片）	1949 年以前的禁止出境
10.14 钟表		1911 年以前的禁止出境
10.15 烟壶		1911 年以前的禁止出境
	名家制品	参照名单执行
10.16 扇子	包括扇骨、扇面	1911 年以前的禁止出境
	名家制品	参照名单执行
11. 民俗用品		
11.1 民间艺术作品	年画、神马、剪纸、泥人等各种类型的民间艺术作品	1911 年以前的禁止出境
	具有重要艺术价值的	1949 年以前的禁止出境
11.2 生活及文娱用品	灯具、锁具、餐具、茶具、棋牌、玩具等	1911 年以前的禁止出境
	稀有的具有地方特色的代表性实物和民间文化用品	1949 年以前的禁止出境
12. 文具		
12.1 纸	素纸，包括信笺及手卷、册页所附的素纸	1911 年以前的禁止出境
	腊笺、金花笺、印花笺、暗花笺等	1949 年以前的禁止出境
12.2 砚		1911 年以前的禁止出境
	名家制砚或名人用砚	1949 年以前的禁止出境
12.3 笔	包括笔杆	1911 年以前的禁止出境
12.4 墨	包括墨模	1949 年以前的禁止出境
12.5 其他文具	各种材质的笔筒、笔架、镇纸、臂格、墨床、墨盒等	1911 年以前的禁止出境
	名家制品或名人用品	1949 年以前的禁止出境

续表

审核类别		禁　限
13.戏剧曲艺用品		
	包括戏衣、皮影、木偶以及各种与戏剧曲艺有关的道具	1911 年以前的禁止出境
	唱片	1949 年以前的禁止出境
14.工艺美术品		
14.1 玉石器	包括翡翠、玛瑙、水晶、孔雀石、碧玺、绿松石、青金石等各种玉石及琥珀、雄精、珊瑚等制品	1911 年以前的禁止出境
	材质珍稀,工艺水平高,有一定历史价值和其他特殊意义的	1949 年以前的禁止出境
14.2 玻璃器		1911 年以前的禁止出境
14.3 珐琅器	掐丝珐琅、画珐琅等	1911 年以前的禁止出境
14.4 木雕		1911 年以前的禁止出境
14.5 牙角器	象牙、犀角制品	一律禁止出境
	车渠、玳瑁等其他骨、角制品	1911 年以前的禁止出境
14.6 藤竹器	各种藤竹制品、草编制品等	1911 年以前的禁止出境
14.7 火画	包括通草画、纸织画等	1911 年以前的禁止出境
14.8 玻璃油画	肖像画、风俗画	1949 年以前的禁止出境,属于本人或其亲属的肖像画不在此限
	一般故事画、寿意画等	1911 年以前的禁止出境
14.9 铁画		1949 年以前的禁止出境
15.邮票、邮品		
	珍贵的邮票、实寄封、明信片、邮简等	1911 年以前的禁止出境
		1949 年以前的禁止出境
	邮票及未发行邮票的设计原图、印样	一律禁止出境
	邮票的印版	一律禁止出境
16.少数民族文物		
16.1 民族服饰	包括各种材质的佩饰	1966 年以前的禁止出境
16.2 生产工具	能够反映民族传统生产方式的工具	1966 年以前的禁止出境
16.3 民俗生活用品	反映民族传统生活方式、具有民族工艺特点的	1966 年以前的禁止出境
16.4 建筑物实物资料	具有代表性的民族建筑构件	1966 年以前的禁止出境
16.5 民族工艺品	木雕、木刻、骨雕、漆器、陶器、银器、面具、唐卡、刺绣、织物、乐器等	1966 年以前的禁止出境
16.6 宗教祭祀、礼仪活动用品	少数民族宗教祭祀及其他民族礼仪活动的用品	1966 年以前的禁止出境
16.7 文献、书画、碑帖、石刻	包括以少数民族语言文字记录的、有关本民族的文献档案,文艺作品的刻本、抄本,绘画、家谱、书札、碑帖、石刻等	1966 年以前的禁止出境
16.8 名人遗物	与重要历史事件、活动相关的	一律禁止出境

文物出境展览管理规定

（文物办发〔2005〕13号）

第一章　总　则

第一条　为加强文物出境展览的管理，根据《中华人民共和国文物保护法》和《中华人民共和国文物保护法实施条例》，制定本规定。

第二条　本规定所称文物出境展览，是指下列机构在境外（包括外国及我国香港、澳门特别行政区和台湾地区）举办的各类文物展览：

（一）国家文物局；

（二）国家文物局指定的从事文物出境展览的单位；

（三）省级文物行政部门；

（四）境内各文物收藏单位。

第三条　出境展览的文物应当经过文物收藏单位的登记和定级，并已在国内公开展出。

第四条　国家文物局负责全国文物出境展览的归口管理，其职责是：

（一）审核文物出境展览计划，制定并公布全国文物出境展览计划；

（二）审批文物出境展览项目；

（三）组织或指定专门机构承办大型文物出境展览；

（四）制定并定期公布禁止和限制出境展览文物的目录；

（五）监督和检查文物出境展览的情况；

（六）查处文物出境展览中的违法、违规行为。

第五条　省级文物行政部门负责本行政区域文物出境展览的归口管理，其职责是：

（一）核报文物出境展览计划；

（二）核报文物出境展览项目；

（三）协调文物出境展览的组织工作；

（四）核报禁止和限制出境展览文物的目录；

（五）核报展览协议书及展览结项有关资料；

（六）监督和检查文物出境展览的情况；

（七）查处文物出境展览中的违法、违规行为。

第六条　文物出境展览应确保文物安全。文物出境展览的承办单位应落实文物安全责任制，并对文物安全负全责。

第七条　举办文物出境展览应适当收取筹展费、文物养护费等有关费用。

第二章　文物出境展览的审批和结项

第八条　文物出境展览，应当报国家文物局批准。其中一级文物展品超过120件（套），或者一级文物展品超过展品总数的20%的，由国家文物局报国务院审批。

第九条　年度计划的报批程序：

（一）国家文物局指定的从事文物出境展览的单位，各省级文物行政部门以及境内文物收藏单位，应在每年的5月底前向国家文物局书面申报下一年度文物出境展览计划。地方各级文物行政部门所辖的文物收藏单位的出境展览计划，应经省级文物行政部门提出意见后报国家文物局。

（二）国家文物局应于每年的6月底前制定并公布下一年度全国文物出境展览计划。

第十条 文物出境展览项目的报批程序：

（一）国家文物局指定的从事文物出境展览的单位，各省级文物行政部门以及境内文物收藏单位，应在展览项目实施的6个月前提出项目的书面申请报国家文物局审批。地方各级文物行政部门所辖的文物收藏单位举办出境展览，应经省级文物行政部门提出意见后报国家文物局审批。

（二）国家文物局应自收到申请之日起30个工作日内作出批准或者不批准的决定。决定批准的，发给批准文件；决定不批准的，应书面通知当事人并说明理由。

第十一条 文物出境展览项目的书面申请应包括下列内容：

（一）合作各方的有关背景资料、资信证明和境外合作方的邀请信。

（二）经过草签的展览协议书草案，内容包括：

1.举办展览的机构、所在地及国别；

2.展览的名称、时间、出展场地；

3.展品的安全、运输、保险，及赔偿责任和费用；

4.展品的点交方式及地点；

5.展览派出人员的安排及所需费用；

6.展览有关费用和支付方式；

7.有关知识产权问题。

（三）展品目录、文物出境展览展品申报表和展品估价。文物出境展览展品申报表应按国家文物局制定的统一格式填写，并附汇总登记表。

上述书面申请应另附电子文本一份。

第十二条 下列文物禁止出境展览：

（一）古尸；

（二）宗教场所的主尊造像；

（三）一级文物中的孤品和易损品；

（四）列入禁止出境文物目录的；

（五）文物保存状况不宜出境展览的。

第十三条 下列文物限制出境展览：

（一）简牍、帛书；

（二）元代以前的书画、缂丝作品；

（三）宋、元时期有代表性的瓷器孤品；

（四）唐写本、宋刻本古籍；

（五）宋代以前的大幅完整丝织品；

（六）大幅壁画和重要壁画；

（七）唐宋以前的陵墓石刻及泥塑造像；

（八）质地为象牙、犀角等被《濒危野生动植物物种国际贸易公约》列为禁止进出口物品种类的文物。

第十四条 未经批准，任何单位和个人不得对外作出文物出境展览的承诺或签订有关的正式协议书。

第十五条 经批准的文物出境展览协议书草案、展品目录、展品估价等，如需更改应重新履行报批程序。

第十六条 文物出境展览的承办单位应于展览协议书签订之日起1个月内将展览协议书报送国家文物局备案。

第十七条 文物出境展览的承办单位应于展览结束之日起2个月内向国家文物局提交文物出境展览结项备案表、结项报告及展览音像资料。

第三章 出境展览文物的出境及复进境

第十八条 出境展览的文物出境，应持国家文物局的批准文件，向文物进出境审核机构申请，由文物进出境审核机构审核、登记，并从国家文物局指定的口岸出境。海关凭国家文物局的批准文件和文物进出境审核机构出具的证书放行。出境展览的文物复进境，应向海关申报，经原文物进出境审核机构审核查验后，凭原文物进出境审核机构出具的证书办理海关结项手续。

第十九条 文物出境展览的期限不得超过1年。因特殊需要，经原审批机关批准可以延期，但是延期最长不得超过1年。

第四章 文物出境展览的展品安全

第二十条 文物出境展览的承办单位应对出境展览的文物进行严格的安全检查，现状不能保证安全的文物一律不得申报出境展览。

第二十一条 出境展览的文物应当按照经批准的展品估价保险。出境展览文物保险的险种至少应包括财产一切险和运输一切险。

第二十二条 文物出境展览的点交应当在符合文物保管条件和安全条件的场地进行。点交现场应当采取有针对性的安全保卫措施，严格规定点交流程。点交记录应详尽准确。

第二十三条 出境展览文物的包装工作应严格按照技术规范执行。由包装公司承担文物出境展览的包装工作时，包装公司应具备包装中国文物展品的资信和能力，承办单位负责对包装工作进行监督和指导。

第二十四条 文物出境展览的运输工作应由具备承运中国文物展品的资信和能力的运输公司承担。承办单位负责对运输工作进行监督和指导。

第二十五条 文物出境展览的承办单位应确保境外展览的场地、设施和方式符合中国文物陈列的安全要求。

第二十六条 制作展览图录的照片原则上由出境展览的承办单位提供，不得允许外方合作者自行拍摄。重要文物展览的电视和广告宣传需要摄录展品的，由出境展览的承办单位根据《文物拍摄管理暂行办法》的规定执行。

第五章 文物出境展览人员的派出

第二十七条 文物出境应派出代表团参加展览开幕活动，并配备工作组参与展品点交，监督和指导陈列的布置和撤除，监督展览协议书的执行情况。根据展览工作的需要，展览承办单位应派出工作组评估境外展览的场地和设施是否符合中国文物陈列的要求。

第二十八条 文物出境展览工作人员应热爱祖国，维护国家的主权和利益，维护民族尊严，严格遵守外事纪律，熟悉展览及展品情况。工作组应由具有中级以上专业技术职务的人员(或从事文物保管等工作五年以上的人员)参加。大型文物展览工作组组长应由具有高级专业技术职务的人员担任。

第二十九条 出境展览的承办单位应当为文物出境展览工作人员在境外工作期间安排人身安全及紧急医疗保险。

第六章　罚　则

第三十条　违反本规定,有下列行为之一的,由国家文物局根据情节轻重,给予警告、通报批评、暂停文物出境展览等处罚：

(一)未经批准,签订文物出境展览协议书的；

(二)未如实申报文物出境展览项目有关内容的；

(三)工作人员玩忽职守,造成文物灭失、损毁,或其他恶劣影响的；

(四)未经批准,延长文物出境展览时间或在境外停留时间的；

(五)未在规定期限内报送文物出境展览协议书、结项备案表和结项报告,或未如实填写文物出境展览展品申报表及结项备案表的。

暂停文物出境展览的时间视情节轻重确定,最短时间为1年。

第七章　附　则

第三十一条　文物出境展览合同纠纷的解决适用中国法律。

第三十二条　其他收藏文物的单位举办文物出境展览,参照本规定执行。

第三十三条　国家文物局原发布的有关规定凡有与本规定相抵触的内容,以本规定为准。

第三十四条　本规定由国家文物局负责解释。

第三十五条　本规定自颁布之日起施行。

文物入境展览管理暂行规定

(文物博发〔2010〕23号)

第一条　为加强文物入境展览的管理,根据《中华人民共和国文物保护法》及其实施条例等相关法规,制订本规定。

第二条　本规定所称文物入境展览,是指文物系统的博物馆等文物收藏单位(以下简称"举办单位"),利用外国及香港、澳门特别行政区和台湾地区博物馆提供的文物,在境内举办的公益性展览。

第三条　文物入境展览应当符合中华人民共和国法律法规和政策,及国际组织关于保护文化财产及促进国际交流的公约规范。

第四条　国家文物局负责全国文物入境展览的管理,履行以下职责：

(一)制定文物入境展览管理的政策和规定；

(二)审核文物入境展览项目；

(三)监督、协调文物入境展览项目实施。

第五条　省级文物行政部门负责本行政区域文物入境展览的管理,履行以下职责：

(一)监督文物入境展览管理政策和规定的执行；

(二)核报文物入境展览项目；

(三)监督、协调文物入境展览项目实施；

(四)核报展览协议书及展览结项材料。

第六条　举办单位应当于展览项目实施前3个月,向省级文物行政部门提交申请。省级文物行政部门初审同意后,报国家文物局审核。

申请材料包括：

（一）文物入境展览申报表（包括文物入境展览展品目录及展品登记表）；

（二）展览协议书草案（包括展览的名称、时间、地点、展品目录，及展品安全、保险、点交、运输、知识产权的使用与保护，境外来华人员、展览相关费用等，双方的权利和义务）；

（三）文物提供方出具的证明文物真实性和来源合法性的法律文件；

（四）展览举办各方的有关背景资料、资信证明；

文物入境展览申报表和展览协议书草案应同时报送纸质和电子文档各一份。

省级文物行政部门初审意见应当包括：展览缘由，主（承）办单位，展览名称、时间、地点，展品数量，展品保险估价，筹展及人员费用，入境口岸等内容，及联系人、联系方式。

第七条　文物入境展览展品涉及《濒危野生动植物种国际贸易公约》所规定的濒危物种制品的，申报时应当附具国家有关部门的批准文件。

第八条　经核准的文物入境展览协议书草案、展品目录等，如需修改或者变更的，应当重新履行报审手续。

第九条　举办单位应当于展览协议书签订之日起1个月内，将协议书副本报省级文物行政部门审核，并报国家文物局备案。

第十条　举办单位应当负责入境展品的安全，并确保展览的场地、设施和展示方式符合文物展览的要求。

第十一条　举办单位应于展览结束之日起2个月内，将展览结项备案表、结项报告及相关音像资料，报省级文物行政部门审核，并报国家文物局备案。

第十二条　文物入境展览的展品进境，举办单位应持国家文物局的核准文件，由指定的文物进出境审核机构审核、登记，并从指定的口岸进境。入境展览的文物复出境，应向原进境口岸申报，经原文物进出境审核机构审核查验后，办理海关手续。

第十三条　违反本规定，有下列行为之一的，由国家文物局根据情节轻重，给予警告或暂停举办文物入境展览等处分：

（一）未如实申报文物入境展览项目申请材料的；

（二）未经核准，擅自签订文物入境展览协议书的；

（三）展览内容不当，造成恶劣社会影响的；

（四）造成文物安全责任事故的；

（五）未及时报送文物入境展览协议书、结项备案表和结项报告的。

第十四条　本规定自发布之日起施行。

附件一

文物入境展览申报表

展览名称：

展览时间：

展览地点：

申报单位(公章)

负责人(签字)

年 月 日

国 家 文 物 局 制

<table>
<tr><td>展览名称</td><td colspan="3"></td></tr>
<tr><td>来展国别
（地区）</td><td colspan="3"></td></tr>
<tr><td>展出时间</td><td colspan="3"></td></tr>
<tr><td>展出地点</td><td></td><td>展览面积</td><td></td></tr>
<tr><td>展品情况</td><td colspan="3">总计　　　件(套)</td></tr>
<tr><td>经费预算</td><td></td><td>经费来源</td><td></td></tr>
<tr><td>展品保险</td><td></td><td>承保人</td><td></td></tr>
<tr><td rowspan="2">承办单位</td><td>境内</td><td colspan="2"></td></tr>
<tr><td>境外</td><td colspan="2"></td></tr>
<tr><td rowspan="2">参展单位</td><td>境内</td><td colspan="2"></td></tr>
<tr><td>境外</td><td colspan="2"></td></tr>
<tr><td>协办后援
单位</td><td colspan="3"></td></tr>
<tr><td>入境海关</td><td></td><td>文物进出境审核机构</td><td></td></tr>
</table>

文物入境展览展品目录

编号	文物名称	数量	收藏单位	估价	备注

文物入境展览展品登记表

目录编号

文物名称			
质地		年代	
尺寸		数量	
完残状况		收藏单位	
文物简介			
照片			

附件二

文物入境展览结项备案表

展览名称：

备案单位(公章)

负责人(签字)

年 月 日

国 家 文 物 局 制

<table>
<tr><td>展览名称</td><td colspan="2"></td><td colspan="2"></td><td></td></tr>
<tr><td>展览核准文件</td><td colspan="2"></td><td colspan="2"></td><td></td></tr>
<tr><td>来展国别/地区</td><td colspan="2"></td><td colspan="2"></td><td></td></tr>
<tr><td>展览时间</td><td colspan="2"></td><td colspan="2">展览地点</td><td></td></tr>
<tr><td>展品情况</td><td colspan="5">总计　　　件(套)</td></tr>
<tr><td rowspan="2">承办单位</td><td>境内</td><td colspan="4"></td></tr>
<tr><td>境外</td><td colspan="4"></td></tr>
<tr><td rowspan="2">参展单位</td><td>境内</td><td colspan="4"></td></tr>
<tr><td>境外</td><td colspan="4"></td></tr>
<tr><td>协办后援单位</td><td colspan="5"></td></tr>
<tr><td rowspan="4">入出境海关手续</td><td>海关备案号</td><td colspan="2"></td><td>文物进出境
审核机构</td><td></td></tr>
<tr><td>入境口岸</td><td colspan="2"></td><td>时间</td><td></td></tr>
<tr><td>出境口岸</td><td colspan="2"></td><td>时间</td><td></td></tr>
<tr><td>结案时间</td><td colspan="2"></td><td></td><td></td></tr>
<tr><td>观众人数</td><td colspan="2"></td><td>免费观众
人数</td><td colspan="2"></td></tr>
<tr><td>门票收入</td><td colspan="2"></td><td>文化产品
收入</td><td colspan="2"></td></tr>
<tr><td>经费支出</td><td colspan="5"></td></tr>
<tr><td>展览总体情况
及效益评价</td><td colspan="5"></td></tr>
</table>

关于规范文物出入境展览审批工作的通知

（文物博函〔2012〕583 号）

各省、自治区、直辖市文物局（文化厅）：

近年来，各地积极贯彻落实国家文物局发布的《文物出国（境）展览管理规定》和《文物入境展览管理暂行规定》，文物出入境展览水平和质量不断提高。为进一步加强文物出入境展览管理，促进文物出入境展览交流的专业化、科学化，现就规范文物出入境展览审批有关事项通知如下：

一、加强策划展览能力建设，制订科学的展览大纲

博物馆等文物出入境展览举办单位，要坚持以我为主、为我所用的原则，加强与境外合作博物馆沟通协作，充分做好展览前期准备特别是展览大纲研究编制，强调展览的思想性、学术性。要积极组织我方专家主动参与展览选题、内容设计、形式设计和图录编制以及有关学术研讨、宣传推广各项活动的方案拟订及论证，充分体现我方最新研究成果，科学、准确传播中华文化和人类优秀文明成果，更好地满足公众多元化的精神文化需求。

二、科学遴选文物展品，确保文物展品安全

博物馆等文物出入境展览举办单位，要坚持文物安全第一的原则，从符合博物馆标准的角度，加强评估论证，强化安全措施，确保文物展品安全。一级文物中的孤品和易损品，未定级文物、未在国内正式展出过或未在国内报刊公开发表的文物和其他保存状况差不适宜出境展览的文物，以及处于休眠养护期的文物，一律不得出境展览。要避免选用博物馆基本陈列（含原状陈列）中的文物特别是核心文物出境展览，切实维护基本陈列（含原状陈列）的完整性。

三、完善交流机制，确定合适的合作办展主体

博物馆等文物出入境展览举办单位，要加强境外合作办展博物馆资格和条件的评估论证。鼓励深化与境外知名博物馆直接合作办展，积极创造条件逐步实现互换展览。加强出境展览中拟同场展出除我方文物之外的中国文物展品，以及入境展览中拟包含的非文博机构或私人的文物展品的真实性和来源合法性的评估论证，确保展览符合博物馆标准。

四、完善申报材料，严格按规定履行审批手续

博物馆等文物出入境展览举办单位，要编制严谨规范的展览项目申报文本，并附展览方案和展览大纲。省级文物行政部门要严把文物出入境展览项目初审关，对拟举办的文物出入境展览组织专家评估论证，重点针对展览方案和展览大纲、文物清单、安全保障、境外合作单位资质、展览协议草案、文物保险估价等提出明确意见，上报文件中应附专家评估论证意见。要严格遵循展览审批时限，确保做到出境展览项目实施前 6 个月、入境展览项目实施前 3 个月上报我局审批。今后凡不按规定时限申请许可的出入境展览项目，我局原则上不予受理。

五、加强资料收集，及时建立完善的档案

博物馆等文物出入境展览举办单位应加强展览全过程相关资料的系统收集，建立完备的展览档案，展览结束后要及时全面总结，并于展览结束之日起2个月内，将展览结项备案表、结项报告及相关音像资料报省级文物行政部门审核后报我局备案。今后凡不按规定及时办理文物出入境展览结项备案的，我局将暂停审批其新的文物出入境展览项目。

特此通知。

国家文物局

2012年3月12日

出境展览文物安全规定(试行)

（文物博函〔2013〕1612号）

第一条 为了提高文物安全管理水平，有效防范出境展览文物安全事故，根据《中华人民共和国文物保护法》等法律法规，制定本规定。

第二条 本规定适用于博物馆等文物出境展览承办单位举办出境展览的文物安全工作。

文物出境展览承办单位应切实履行职责，积极会同相关文物收藏单位等境内外合作机构落实文物安全责任制，确保文物安全。

第三条 各级文物行政主管部门及有关部门或机构，文物出境展览承办单位、文物收藏单位的负责人和工作人员，对本辖区、本单位出境展览文物安全事故的防范、发生，负有领导责任或者直接责任。

第四条 文物出境展览承办单位应优选具有良好资信的境外博物馆作为合作伙伴，首次举办中国文物展览或距最近一次举办中国文物展览三年以上的境外展场，必须通过现场评估确保展场设施条件符合文物陈列的安全要求。

第五条 出境展览文物遴选，必须严格遵照国家有关法律法规，坚持以我为主，现状不能保证安全的文物一律不得申报出境展览。

第六条 文物收藏单位必须建立健全文物借展制度，对拟出境展览文物组织文物、展览、科技保护等领域专家，结合文物(修复)档案，对文物本体连接的牢固性、腐蚀度、外表装饰脱落程度、脆弱性，以及是否能够经受移动和长途运输等进行严格的安全状况评估，专家署名的书面意见应作为文物出境展览项目申报文本的附件。

文物出展前，文物收藏单位应再次核查参展文物安全状况并进行必要保养加固。

文物收藏单位对文物安全状况评估意见的真实性负全责。

第七条 省级文物行政主管部门应严格履行文物安全监管核报职责，针对本辖区拟出境展览的文物的安全状况组织专家核查论证，专家署名的书面意见应作为出境展览项目初审意见的附件。

第八条 必须为出境展览的文物购买墙对墙保险，险种至少应包括财产一切险和运输一切险。

第九条 出境展览文物的点交必须由文物出境展览承办单位与境外合作方直接进行，并严格执行《馆藏文物展览点交规范(WW/T 0019-2008)》。点交现场应符合文物安全保管条件并采取有针对性的安全保卫措施。点交记录应详尽准确，至少包括以下内容：(一)文物基本信息；(二)文物修复情况及有伤部位；(三)拿持、包装、运输文物的注意事项；(四)文物陈列要求。

第十条 出境展览文物的包装、运输须遵循《文物运输包装规范(GB/T 23862—2009)》。

出境展览文物的包装、运输由第三方提供服务的，文物出境展览承办单位应当或要求境外合作方通过公开招标方式，优选具有良好资信的包装、运输服务商。

包装、运输合同须详尽载明文物包装质量、安全运达要求及违约赔偿责任，违约赔偿责任应包括验收合格方能支付运输合同尾款(不低于总款30%);如因包装、运输不当造成文物损毁,除按规定扣除合同尾款外,由文物出境展览承办单位联合文物收藏单位和境外合作方与包装、运输服务商共同委托专家对文物价值及损失情况进行评估,提出损失金额,包装、运输服务商应据此在1个月内给予赔偿。

文物出境展览承办单位应监督和指导文物包装、运输服务商制定和落实科学严密的包装、运输(含通关)方案,包装、运输方案应符合文物收藏单位的专业技术要求和标准;对重要和结构复杂的易损文物,还应要求包装、运输服务商采取有针对性的特殊包装、运输措施,最大限度降低风险。

第十一条 文物出境展览承办单位应委派熟悉展览及出展文物的高级专业人员为组长的工作组,全程监督和指导进行文物布撤展,布撤展方案应符合文物收藏单位的专业技术要求和标准;对重要和结构复杂的易损文物布撤展,应安排文物收藏单位的专业人员特别加强操作监管。

第十二条 文物出境展览承办单位与境外合作方签署的展览协议,须详尽载明文物展出及保存的安全要求及违约赔偿责任和金额。文物出展受损,除赔偿修复费用外,须同时赔偿文物的减值损失。

第十三条 出境展览突发文物安全事故,须立即将受损文物从展览撤出并妥善保存,做好详细受损情况记录并由现场第一负责人在第一时间向文物出境展览举办单位汇报并附书面受损报告。

文物出境展览举办单位和文物收藏单位确认文物受损后,按程序上报省级文物行政部门和国家文物局,并按实际情况和文物损坏程度向有关机构索赔。

受损文物的修复,须按国家有关规定执行。

第十四条 违反本规定,有下列情形之一的,分别给予处罚:

(一)文物出境展览承办单位未落实安全管理责任,监管不力造成文物安全事故的,追究单位负责人和直接责任人的责任。

(二)文物收藏单位、省级文物行政部门未按规定对文物安全状况进行评估、核查,造成文物安全事故的,追究单位负责人和直接责任人的责任。

(三)文物收藏单位未按规定对文物包装、运输、布撤展提出专业技术要求和标准并配合抓好落实,造成文物安全事故的,追究单位负责人和直接责任人的责任。

(四)凡对文物安全事故不按规定上报或隐瞒不报、谎报、拖延报告或者阻挠事故查处的,追究单位负责人的责任。

(五)对发生文物安全事故的包装、运输服务商,在其完成彻底整改前不得与其合作,事故记录作为其今后服务申请审查的依据;2年内发生2起以上文物安全事故的,自最近事故之日起三年内不得与其合作。

(六)对发生文物安全事故的文物出境展览承办单位、文物收藏单位、省级文物行政部门,国家文物局视情节轻重给予警告、通报批评、暂停文物出境展览等处罚,暂停文物出境展览最短时间为1年。

第十五条 本规定自发布之日起施行。

国家文物局

2013年8月27日

关于颁发"1949年后已故著名书画家"和"1795至1949年间著名书画家"作品限制出境鉴定标准的通知

（文物保发〔2001〕42号）

各省、自治区、直辖市文化厅(局)、文物局、文管会：

我局曾于1989年、1990年两次颁发了建国后已故著名书画家作品限制出境的鉴定标准，保护了一大批近、现代著名书画家的珍贵作品。根据目前国内近、现代著名书画家作品的存量、艺术和学术价值以及出境等情况，仍有不少著名书画家的作品应得到国家的保护，列入文物出境鉴定范围。对此我局进行了充分的调查和研究，并征求了文物、美术界的意见，对1989年文物字第185号文所列著名书画家名单做了相应的增补和调整。现将《1949年后已故著名书画家作品限制出境的鉴定标准》和《1795到1949年间著名书画家作品限制出境鉴定标准》印发给你们，请遵照执行。

1989年颁发的《对建国后已故著名书画家作品限制出境的鉴定标准》(1989年文物字第185号)，从2001年12月1日起废止。

2001年11月15日

附件

1949年后已故著名书画家作品限制出境的鉴定标准

为了保护国家文化遗产，加强管理，下列已故著名书画家全部作品列入文物出境限制，范围：

一、作品一律不准出境者(10人)

王式廓　何香凝　李可染　林风眠　徐悲鸿
高崙(剑父)　黄质(宾虹)　傅抱石　潘天寿　董希文

二、作品原则上不准出境者(23人)

于右任　于照(非闇)　丰子恺　石鲁　齐璜(白石)
刘奎龄　刘海粟　张爰(大千)　沈尹默　吴作人
吴湖帆　陈云彰(少梅)　陆俨少　林散之　赵朴初
高嵡(奇峰)　钱松喦　郭沫若　黄胄　蒋兆和
谢稚柳　溥儒(心畬)　颜文樑

三、精品不准出境者(107人)

丁衍庸　马叙伦　马一浮　马晋　王贤(个簃)
王心竟　王伟　王雪涛　王叔晖　王福庵
王襄　王蘧常　方人定　方济众　邓散木
邓尔疋　叶浅予　叶恭绰　戈荃(湘岚)　白蕉
冯迥(超然)　冯建吴　田世光　古元　朱屺瞻
朱家济　朱复戡　吕凤子　刘子久　刘继卣
刘凌沧　江寒汀　关良　吴家琭(玉如)　吴茀之

吴显曾(光宇)	吴华源	吴桐(琴木)	吴徵(待秋)	吴熙曾(镜汀)
陈之佛	陈子奋	陈子庄(石壶)	陈年(半丁)	陈秋草
张大壮	张书旂	张克和(石园)	张宗祥	张其翼
张振铎	张肇铭	李英(苦禅)	李铁夫	李耕
李琼玖	陆翀(抑非)	陆维钊	来楚生	沙孟海
宋文治	何瀛(海霞)	余任天	应野平	邵章
苏葆桢	郑昶(午昌)	郑诵先	周仁(怀民)	周思聪
周肇祥	周元亮	赵少昂	赵起(云壑)	赵望云
罗惇(复堪)	胡小石	胡佩衡	贺天健	容庚
徐宗浩	徐操	秦裕(仲文)	陶一清	钱君匋
唐云	高二适	顾廷龙	诸乐三	郭味蕖
曹克家	常书鸿	黄幻吾	黄君璧	黄秋园
黄般若	黄新波	商承祚	章士钊	董揆(寿平)
谢之光	谢无量	傅增湘	黎冰鸿	溥伒
溥佺	蔡鹤汀			

附件

1795 到1949 年间著名书画家作品限制出境鉴定标准

根据国内存量,避免出现空白,下列著名书画家全部作品列入文物出境限制范围:

一、作品一律不准出境者(20 人)

王文治(梦楼)	王宸(蓬心)	邓石如(顽伯)	任熊(渭长)	张惠言(皋文)
赵之谦(撝叔)	华冠(吉崖)	段玉裁(茂堂)	刘彦冲(泳之)	金礼嬴(五云)
洪亮吉(雅存)	余集(秋室)	费丹旭(晓楼)	徐三庚(袖海)	董婉贞(双湖)
张崟(夕庵)	虚谷(倦鹤)	改琦(七芗)	黄易(小松)	蕃恭寿(莲巢)

二、作品原则上不准出境者(32 人)

王杰(伟人)	王鸣盛(礼堂)	方薰(兰士)	永瑆(少厂)	林则徐(少穆)
冯敏昌(伯求)	铁保(梅庵)	纪昀(晓岚)	伊秉绶(墨卿)	任颐(伯年)
严复(几道)	奚冈(铁生)	吴荣光(荷屋)	钱杜(叔美)	沈宗骞(芥舟)
孙星衍(渊如	刘墉(石庵)	姚鼐(姬传)	翁方纲(覃溪)	陈师曾(衡恪)
钱大昕(竹汀)	汪承霈(时斋)	吴俊卿(昌硕	李叔同(弘一)	袁枚(子才)
钱坫(十兰)	戴熙(醇士)	黎简(二樵)	法式善(梧门)	梁同书(山舟)
梁启超(任公)	董诰(蔗林)			

三、精品和各时期代表作品不准出境者(193 人)

丁以诚(义门)	丁佛言(松游)	万上遴(辋冈)	任预(立凡)	尤荫(水村)
文鼎(后山)	王引之(伯申)	王礼(秋言)	王芑孙(惕甫)	王学诰(椒畦)
王昶(德甫)	王闓运(湘绮)	王素(小梅)	王懿荣(正孺)	计芬(小隅)
龙启瑞(翰臣)	包世臣(慎伯)	任薰(阜长)	石韫玉(琢堂)	冯洽(秋鹤)
冯誉骥(展云)	司马钟(绣谷)	万承纪(廉山)	左宗棠(季高)	江介(石如)
朱文新(涤斋)	朱为弼(椒堂)	那彦成(绎堂)	朱鹤年(野云)	朱孝纯(子颖)

朱昂之(青立)　朱本(素人)　朱偁(梦庐)　朱熊(梦泉)　阮元(芸台)
许乃钊(信臣)　毕沅(秋帆)　毕涵(焦麓)　毕简(仲白)　汤金钊(敦甫)
汤贻汾(雨生)　汤涤(定之)　达受(六舟)　刘德六(子和)　祁寯藻(叔颖)
吴鼒(山尊)　何翀(丹山)　沙馥(山春)　佘启祥(春帆)　余绍宋(越园)
吴大澂(清卿)　何绍基(子贞)　宋湘(芷湾)　吴熙载(让之)　吴庆云(石仙)
宋光宝(藕堂)　沈曾植(寐叟)　吴榖祥(秋农)　吴锡麟(榖人)　汪昉(叔明)
汪葑(芥亭)　李育(梅生)　陆恢(廉夫)　宋葆淳(倦陬)　汪启淑(秀峰)
李兆洛(申耆)　汪恭(竹坪)　李鸿章(少荃)　李修易(乾斋)　张之万(子青)
张之洞(香涛)　张兆祥(龢庵)　张如芝(墨池)　张洽(月川)　张问陶(船山)
张廷济(叔未)　张伯英(勺甫)　张泽(善子)　张祥河(诗舲)　张培敦(研樵)
张度(叔宪)　张敔(雪鸿)　张裕钊(廉卿)　张槃(小蓬)　张熊(子祥)
张燕昌(芑堂)　陈介祺(簠斋)　张穆(石舟)　陈鸿寿(曼生)　陈希祖(玉方)
陈树人(猛进)　陈豫钟(秋堂)　招子庸(铭山)　苏六朋(枕琴)　严钰(香府)
金启(耘麓)　金城(北楼)　郑孝胥(苏戡)　陈澧(兰甫)　杨岘(藐翁)
杨守敬(惺吾)　武亿(虚谷)　苏长春(仁山)　林纾(琴南)　居巢(古泉)
杨沂孙(濠叟)　英和(煦斋)　周镐(子京)　俞礼(达夫)　罗天池(六湖)
罗振玉(雪堂)　赵魏(晋斋)　姚元之(伯昂)　姚文田(秋农)　俞樾(曲园)
俞明(涤凡)　姚燮(梅伯)　胡远(公寿)　赵秉冲(研怀)　胡锡珪(三桥)
洪范(石农)　姜渔(笠人)　姜筠(颖生)　姜熏(晓泉)　赵之琛(次闲)
赵光(蓉舫)　钮树玉(蓝田)　倪田(墨耕)　郭尚先(兰石)　郭麐(频伽)
殷树柏(云楼)　翁同龢(叔平)　翁雒(小海)　真然(莲溪)　秦祖永(逸芬)
秦炳文(谊亭)　桂馥(未谷)　徐世昌(菊人)　徐坚(朗亭)　莫友芝(郘亭)
高剑僧(秋溪)　高树程(迈庵)　陶樑(凫芗)　钱松(叔盖)　钱维乔(竹初)
钱伯坰(鲁斯)　钱泳(梅溪)　钱慧安(吉生)　钱振鍠(名山)　顾麟士(鹤逸)
顾沄(若波)　顾光旭(晴沙)　顾洛(西梅)　顾皋(缄石)　顾莼(南雅)
顾鹤庆(弢庵)　章炳麟(太炎)　顾蕙(墨庄)　康有为(长素)　黄山寿(旭初)
黄均(榖原)　曹贞秀(墨琴)　梁章钜(茝林)　梁蔼如(青崖)　屠倬(琴坞)
盛大(子履)　黄钺(左田)　程庭鹭(序伯)　黄培芳(香石)　萧俊贤(厔泉)
曾国藩(涤生)　萧愻(谦中)　曾熙(家髯)　曾燠(宾谷)　程璋(瑶笙)
焦循(理堂)　舒位(铁云)　瑛宝(梦禅)　董洵(小池)　蒋宝龄(霞竹)
蒋莲(香湖)　蒋敬(敬之)　谢兰生(里甫)　蒲华(作英)　鲍俊(逸卿)
阙岚(雯山)　翟大坤(云屏)　翟继昌(琴峰)　熊景亨(笛江)　缪炳泰(象贤)
潘思牧(樵侣)　戴衢亨(莲士)

关于发布《1949年后已故著名书画家作品限制出境鉴定标准(第二批)》的通知

(文物博发〔2013〕3号)

各省、自治区、直辖市文物局(文化厅),各国家文物进出境审核管理处:

为加强我国近现代著名书画家作品保护,我局曾于2001年颁发《1949年后已故著名书画家作品限制出境的鉴定标准》,各地文物进出境审核管理机构严格执行标准,规范作品审核和出境限制,阻止了珍贵近现代书画作品流失。

2001 年以后，一些著名书画家先后逝世。为加强对这些书画家作品的保护，我局在征求文物、文化、美术界专家意见的基础上，拟定增补了相关出境鉴定标准。

现将《1949 年后已故著名书画家作品限制出境鉴定标准（第二批）》印发给你们，请遵照执行。

国家文物局

2013 年 2 月 4 日

附件

1949 年后已故著名书画家作品限制出境鉴定标准

（第二批）

为了保护国家文化遗产，加强管理，下列已故著名书画家相关作品列入文物出境限制范围，作为对 2001 年颁发的《1949 年后已故著名书画家作品限制出境的鉴定标准》的补充：

一、作品一律不准出境者（1 人）

吴冠中

二、作品原则上不准出境者（2 人）

关山月　陈逸飞

三、代表作不准出境者（21 人）

于希宁	王朝闻	白雪石	亚　明	刘旦宅	刘炳森
许麟庐	启　功	张　仃	宗其香	郑乃珖	彦　涵
娄师白	黄苗子	萧淑芳	崔子范	程十发	蔡若虹
黎雄才	潘絜兹	魏紫熙			

关于加强文物进出境审核工作的通知

（文物博发〔2008〕60 号）

各省、自治区、直辖市文物局（文化厅、文管会）：

为贯彻落实《文物进出境审核管理办法》，全面加强文物进出境审核管理，我局于近期开展了文物进出境审核机构核查工作。经核查发现，近年来，虽然我国文物进出境审核工作取得了新的进展，抢救保护了大量珍贵文物，为防止文物流失作出了重要贡献。但仍然存在着机构建设薄弱、专业人才匮乏、工作经费紧张、技术手段落后等突出问题，与《文物进出境审核管理办法》的要求和当前审核工作的现实需要还有较大差距。现就进一步加强文物进出境审核工作的相关事宜，通知如下：

一、推荐机构建设

根据核查情况，我局已授予北京等 14 个国家文物进出境鉴定站文物进出境审核资质，并授权其在履行文物进出境审核职能时，使用“国家文物进出境审核管理处”的名称进行工作。我局将继续积极支持相关省、自治区、直辖市设立文物进出境审核机构，对已符合规定条件的机构依法授予文物进出境审核资质。我局将定期组织对文物进出境审核机构进行评估、考核，对工作实绩突出的机构予以表彰和奖励，对工作滞后的机构责令整改，对长期未能达标的机构暂停或撤销其文物进出境审核资质，逐步建立文物进出境审核机构动态管理机制。

二、加强人才培养

各相关省级文物行政部门要选派品行良好、具有一定文物鉴定基础的中青年专业人员到文物进出境审核机构工作，确保文物进出境审核机构足额配置专职文物鉴定人员。充分发挥文物进出境责任鉴定员的重要作用，专职文物进出境责任鉴定员的人用、调动应当由所在省级文物行政部门报我局备案。我局将进一步加大文物进出境责任鉴定员的培训、考核工作力度，加强培训的针对性和绩效考核，提高鉴定人员的专业素质和政策水平。

三、加大经费投入

各相关省级文物行政部门要会同有关部门采取有力措施，设立文物进出境审核工作的专项经费，加大对文物进出境审核机构的资金投入，切实保障文物进出境审核工作的正常开展。我局将按照《文物进出境审核管理办法》的规定，对文物进出境审核机构的业务经费予以补助。

四、提高科技检测能力

各文物进出境审核机构应努力发挥优势，与相关科研机构加强合作，在充分利用传统文物鉴定方法的同时，更多地利用现代科技手段，增强文物进出境审核工作中的科技检测能力。为此，我局将积极支持有条件的文物进出境审核机构逐步建立区域性的文物科技检测中心。

国家文物局

2008 年 11 月 4 日

关于加强古建筑物保护和禁止古建筑构件出境的通知

（文物保发〔2001〕003 号）

各省、自治区、直辖市文化厅（局）、文物局、文管会：

近年以来，许多地方由于进行城市改造和国内外一些文物商贩大量收购古建筑构件，造成我国一些地区的传统民居、宗族祠堂、庙宇、亭台楼阁等被拆、被毁、被盗、被非法出售，包括部分已经公布为国家级和省级文物保护单位的古建筑，给不可移动文化遗产的保护带来极大的冲击。为了切实加强古建筑和传统民居建筑的保护工作，现通知如下：

一、大力开展《文物保护法》的宣传活动。坚决执行“保护为主，抢救第一”的文物工作方针，采取切实有效措施，保护民族历史文化遗产。

二、凡被列入历史文化名城、名镇、历史文物街区的各类古建筑，以及各级政府公布的文物保护单位，文物行政管理部门要按照“四有”要求，进一步加强安全防范措施，严格管理。凡发现古建筑构件被盗、被拆、被毁，要及时报告公安部门立案依法查处。

三、文物行政管理部门应对本行政区域内的传统民居进行普查，建立记录档案。对其中具有重要文物价值的，要尽快报请地方政府公布为相应级别的文物保护单位；对具有一定文物价值、但未被公布为文物保护单位的，要会同地方政府的有关部门，制定保护措施，并告知民居的所有者或使用者，妥善保护。

四、加强对文物监管品市场的管理，严禁买卖受国家法律保护的古建筑物构件和其他不可移动文物。对盗窃、购销、走私受保护的古建筑物构件和其他不可移动文物的单位和个人，要会同工商、公安、海关等执法部门予以查处。

五、各文物出境鉴定站停止办理古建筑物构件以及与古建筑相关的其他不可移动文物的出境鉴定手续。

国家文物局

2001年2月9日

文物鉴定与认定

国家文物鉴定委员会管理规定

（自2006年1月12日起施行）

第一条 为健全国家文物鉴定委员会（以下称“本会”）工作制度，充分发挥文物鉴定专家在文化遗产保护管理工作中的作用，根据《中华人民共和国文物保护法》和《中华人民共和国文物保护法实施条例》，制定本规定。

第二条 性质与任务

本会是国家文物局为文物保护管理工作而设立的文物鉴定咨询机构。由国家文物局聘请文物、博物馆及相关行业著名专家学者组成。其主要职责是：根据国家文物管理工作需要，对文化遗产的历史、艺术、科学价值和等级进行鉴定和评价，为文物征集、保护、管理和执行有关文物保护法规提供依据。

第三条 机构设置

本会设委员若干名，其中主任委员（一名）、副主任委员（三名），均由国家文物局聘任。

本会设专业组，委员按其鉴定专长分别参加一个专业组，每个专业组设召集人一名。

秘书处设于国家文物局博物馆司社会文物处，秘书长一名，由该处负责人担任。秘书处负责本会的日常工作，承担鉴定任务的组织工作。

第四条 标准和条件

委员应具备下列条件：

（一）热爱文物保护事业，遵纪守法，具有良好的职业道德。实事求是，以国家利益为重；

（二）从事文物的专业研究，在相应领域有多年的鉴定工作经历，经验丰富，在文物研究领域有突出业绩；

（三）具有文物博物专业高级技术职务或相关专业高级技术职务；

（四）身体健康，能够承担本会的相关工作。

第五条 产生办法

本会委员限额，缺额递补，原则上每两年增补一次。

委员候选人由现任委员及各省、自治区、直辖市文物行政主管部门和相关行业主管部门推荐，经专业组讨论后，交委员会进行差额无记名投票，根据得票数依次入选，满额为止。新入选委员经征得其本人及所在单位或当地文物行政主管部门同意，由国家文物局审定并公示，如无异议，再予公布并颁发聘书。

第六条 工作范畴

（一）为国家文物保护管理的行政决策提供咨询；

（二）为国家重点珍贵文物征集和博物馆馆藏珍贵文物征集、保护进行监督指导，提供鉴定咨询，承担相关研究工作；

（三）参与国有馆藏文物一级品鉴定确认工作；

（四）受国家文物局委托，对涉及重大刑事案件的文物司法鉴定结论进行复核；

（五）总结文物鉴定经验，交流学术研究成果，培养文物鉴定人才；

（六）国家文物局的其他任务。

第七条 工作程序

（一）根据工作需要，由秘书处组织委员开展工作；

（二）涉及重大文物鉴定事项时，每一文物类别的鉴定委员不少于三名；

（三）工作完成后，需向国家文物局提交所有参与工作的委员签署的鉴定结论。

第八条 权利与义务

委员享有以下权利：

（一）拥有不受任何单位或个人干涉，以独立身份充分表达自己意见的权利；

（二）以委员身份向国家文物局提出工作意见或建议；

（三）承担文物司法鉴定时，可要求相关部门采取保密措施；

（四）应国家文物局要求开展工作，获得相应工作报酬；

（五）根据个人意愿，退出本会；

（六）法律、法规和规章规定的其他权利。

委员应履行以下义务：

（一）执行《中华人民共和国文物保护法》及相关法律、法规和规章；

（二）应国家文物局要求，以本会委员身份参与相关工作，提供公正、客观和具体的意见，并对自己的意见负责。凡可能出现影响鉴定结论公正性的情况时，应遵循回避原则；

（三）不得在文物拍卖企业任职；

（四）未经国家文物局许可，不得以本会委员身份执行文物鉴定任务；不得以本会委员名义开具鉴定证书。与国家文物鉴定委员会无关的个人行为，须自行承担责任；

（五）保守工作秘密；

（六）法律、法规和规章规定的其他义务。

第九条 终止聘任

（一）由于健康原因、年龄原因或移居海外一年以上，不能履行相关职责的；

（二）本会委员触犯国家法律，危害国家利益，违背职业道德，违反本规定的。

经国家文物局审核批准，可解除其聘约，要求其退出本会。

第十条 经费

本会所需活动经费，按计划从国家文物事业经费中拨付。

第十一条 附则

本规定自公布之日起实施，《国家文物鉴定委员会条例》（草案）（1985年9月1日文化部党组〈扩大〉会议原则通过）同时废止。

本规定由国家文物局负责解释。

国家广播电影电视总局
国家文物局关于加强对文物鉴定类
广播电视节目管理的通知

（广发〔2012〕54号）

各省、自治区、直辖市广播影视局，文物局（文化厅），新疆生产建设兵团广播电视局，中央三台、中国教育电视台：

近年来，各地电台电视台开办了一批文物鉴定类广播电视节目，为弘扬传承我国优秀传统文化发挥了积极作用。但也有个别节目过分关注文物经济价值，宣扬错误投资收藏理念，存在过度娱乐化现象。为确保广播电视节目更好地传播文物知识、树立文物保护观念、正确引导文物收藏，根据《中华人民共和国文物保护法》《广播电视管理条例》等相关规定，现就进一步加强文物鉴定类广播电视节目的规范和管理提出如下要求：

一、各级广播影视行政部门、文物行政部门及各广播电视播出机构，要坚持以社会主义核心价值体系引领文物鉴定类广播电视节目的制作和播出，把社会效益放在首位，重点宣传文物的历史价值、科学价值和艺术价值，宣传文物保护法律法规，引导广大民众树立正确的收藏观，为弘扬我国优秀传统文化、保护文物资源、促进文物市场健康有序发展营造良好的舆论氛围。

二、文物鉴定类广播电视节目的内容必须符合《中华人民共和国文物保护法》及相关法规的规定。节目中出现的用于鉴定的文物必须为文物收藏单位收藏的以及公民、法人和其他组织以合法方式取得的文物；节目中出现的用于鉴定的文物必须为法律规定允许买卖的文物；文物鉴定类广播电视节目不得从事文物的商业经营活动，不得利用文物鉴定类广播电视节目开展模拟交易、广告推销等文物商业经营活动。

三、文物鉴定类广播电视节目要坚持正确导向，科学展示文物鉴定的复杂过程，明确提示投资文物收藏的风险，文物估价要提供市场依据。

四、文物鉴定类广播电视节目中的专家必须是省级文物部门审核通过的专家库成员。各省级文物行政部门要建立适应文物类电视节目需求的专家库，节目中出现的文物需提前由专家审核、对文物的鉴定须由专家作出，提高文物鉴定类广播电视节目的权威性，确保节目中出现的文物合法合规、文物鉴定程序严谨科学。

五、文物鉴定类广播电视节目要内容真实。不得编造文物流传故事、诱导“持宝人”杜撰虚假收藏故事，不得在节目中由演员扮演“持宝人”，不得暗示或要求专家修改文物评估结果、高估文物市场价格。节目制作机构要提前对节目中出现的文物持有者、嘉宾的身份信息进行审核，确保节目中所展示相关信息的真实性。

六、各文物收藏单位要充分发挥馆藏文物资源优势，积极参与电视节目制作。各文博单位、文物商店、拍卖公司等具有合法文物收藏和交易资质的机构，要为文物鉴定类广播电视节目在文物遴选、估价、文物法律法规和专业知识等方面提供帮助。

七、自本通知发布之日起，各级广播电视机构要对照相关规定，对已开办的文物鉴定类广播电视节目进行全面检查。各省级广播电视行政管理部门要加强对文物鉴定类广播电视节目的管理，同省级文物行政部门建立沟通协调工作机制，加强交流合作，互通管理信息，共同规范管理好文物鉴定类广播电视节目。

特此通知。

国家广播电影电视总局

国家文物局

2012年7月4日

关于贯彻实施《文物认定管理暂行办法》的指导意见

各省、自治区、直辖市文物局(文化厅、文管会):

《文物认定管理暂行办法》已于2009年10月1日起施行。为配合该办法的实施,现提出以下指导意见:

一、关于文物认定的标准

按照《中华人民共和国文物保护法》,各地在开展文物认定工作过程中,可以考虑将中华人民共和国成立作为文物认定的年代依据之一。文物认定的对象可以包括中华人民共和国成立以前制作或形成的各类可移动和不可移动的文化资源,以及中华人民共和国成立以后制作或形成的具有重要或代表性的可移动和不可移动的文化资源。

二、关于文物认定的机构和人员

文物认定的决定由县级以上地方文物行政部门作出。县级以上地方文物行政部门可以直接进行文物认定,也可以设置专门机构或委托有条件的文物、博物馆事业单位开展认定工作,但是不得委托社会中介机构。同时,文物行政部门应当加强对现有机构和人员的培训,不断提高文物认定工作水平。

三、关于文物认定工作的经费

文物认定是县级以上地方文物行政部门履行职能的行政行为。根据有关规定,国家行政机关在职责范围内办理公务,除国家法律、法规另有规定外,不许收费。各级文物行政部门要积极向同级人民政府争取经费支持,将文物认定工作经费列入财政预算。

四、关于认定工作的程序

文物认定的主体是县级以上地方文物行政部门,包括省、市、县级文物行政部门。除文物行政部门已设置或委托办理机构外,申请人可以向上述任一文物行政部门提出文物认定申请。

申请人依法要求认定可移动文物的,应向其户籍所在地的县级以上地方文物行政部门提出。申请人依法要求认定不可移动文物的,应向认定对象所在地的县级以上地方文物行政部门提出。

县级以上地方文物行政部门受理文物认定申请后,原则上应在20个工作日内作出决定并予以答复。需要委托专业机构或者专家评估论证,以及需要以听证会形式听取公众意见的,所需时间不计算在20个工作日内。

五、关于文物认定申请书的内容

申请人依法要求认定文物的,所提交的书面材料除包括申请人的基本情况外,还应包括申请对象的基本信息。要求认定可移动文物的,申请人应当提供认定对象的合法来源说明。各地可根据工作实际需要,补充收集其他必要信息。

六、关于听取公众意见

听取公众意见可根据需要采取不同形式,如书面调查、实地走访、座谈会、听证会、网络征求意见等。听证会是听取公众意见的方式之一,可根据实际需要决定是否召开。

七、关于馆藏文物备案

各级文物行政部门应当高度重视馆藏文物的备案工作，积极要求文物收藏单位完善藏品档案，及时依法备案，严格履行法律规定的工作程序。

文物认定工作能够推动文物保护的各项基础工作，能够提高全社会的文物保护意识。地方各级文物行政部门要增强法治意识，切实做好文物认定工作。

国家文物局

2009年12月18日

文物经营活动管理

文物拍卖管理暂行规定

（文物办发〔2003〕46号）

第一条 为加强对文物拍卖的规范管理，保护祖国历史文化遗产，根据《中华人民共和国文物保护法》《中华人民共和国拍卖法》和《中华人民共和国文物保护法实施条例》等有关法律法规，制订本规定。

第二条 以下列物品为拍卖标的的拍卖活动，适用本规定：

1.1949年以前的各种艺术品、工艺美术品；

2.1949年以前的文献资料以及具有历史、艺术、科学价值的手稿和图书资料；

3.1949年以前，反映各民族社会制度、社会生产、社会生活的代表性实物；

4.1949年以后，与重大历史事件、革命运动或者著名人物有关的，具有重要纪念意义、教育意义或者史料价值的实物；

5.1949年以后，国家文物局公布的列入限制出境范围的中国已故著名书画家作品。

第三条 依法设立的拍卖企业从事本规定第二条所列文物拍卖活动的（以下称文物拍卖企业），须经所在地的省、自治区、直辖市文物行政部门审核同意后，向国家文物局申请文物拍卖许可证。

第四条 申请文物拍卖许可证时，应当提供下列材料：

1.拍卖企业设立时，所在地的省、自治区、直辖市拍卖行业管理部门的审核许可文件和工商行政管理部门颁发的营业执照复印件；

2.注册资本的验资证明；

3.5名以上取得高级文物博物专业技术职务的文物拍卖专业人员的资格证明材料；

4.所在地的省、自治区、直辖市文物行政部门的审核意见。

第五条 国家文物局应当自收到申请之日起30个工作日内作出批准或者不批准的决定。决定批准的，发给文物拍卖许可证；决定不批准的，应当书面通知当事人并说明理由。文物拍卖许可证不得出租、出借或转让。

第六条 从事文物拍卖的专业人员应当符合下列条件并取得文物拍卖专业人员资格：

1.熟知国家文物保护的法律、法规和规章；

2.具备一定的文物保护知识和鉴定能力；

3.具备一定的文物拍卖运作知识和能力。

第七条 文物拍卖专业人员资格由国家文物局认定。经认定合格的，发给文物拍卖专业人员资格证书。

第八条 国家文物局对取得文物拍卖许可证的拍卖企业和取得文物拍卖专业人员资格证书的人员进行年审。

第九条 文物拍卖企业应当在每年三月底之前向所在地的省、自治区、直辖市人民政府文物行政部门报送年审表。

省、自治区、直辖市人民政府文物行政部门根据企业经营情况和文物拍卖专业人员从业情况提出初审意见后报国家文物局；国家文物局作出合格或者不合格的年审结论，并发布公告。

第十条 文物拍卖企业拍卖的文物，在拍卖前必须经所在地的省、自治区、直辖市人民政府文物行政部门审核。

省、自治区、直辖市人民政府文物行政部门审核拍卖标的时应当征求有关文物专业机构或专家意见。不能形成一致意见的，应当报国家文物局审核。

文物行政部门不负责对文物拍卖标的出具真伪鉴别证明或价格评估证明。

参加文物拍卖标的审核的专家，不得在文物拍卖企业任职。

第十一条 省、自治区、直辖市人民政府文物行政部门应当在拍卖公告发布日15日前将拍卖标的资料及审核意见报国家文物局备案。

第十二条 下列文物不得作为文物拍卖标的：

1.依照法律应当上交国家的中国境内出土的文物；

2.依照法律应当移交文物行政部门的文物，包括国家各级执法部门在查处违法犯罪活动中依法没收、追缴的文物；

3.银行、冶炼厂、造纸厂以及废旧物资回收单位拣选的文物；

4.国有文物收藏单位以及其他国家机关、部队和国有企业、事业组织等收藏、保管的文物；

5.国有文物购销经营单位收存的珍贵文物；

6.非国有馆藏珍贵文物；

7.物主处分权有争议的文物；

8.其他依法律法规规定不得流通的文物。

第十三条 文物拍卖企业为使竞买人了解文物拍卖标的是否准许携运出境，可事先征求文物进出境审核机构意见。买受人如将文物携运出境，须依法另行办理文物出境审核手续。

第十四条 文物拍卖企业在境外征集的文物拍卖标的，携运入境时，应向海关申报，经海关将文物加封后，交由当事人报文物进出境审核机构办理临时进境手续。

临时进境文物在境内的滞留期一般不超过十二个月，如有特殊需要，应当办理延期手续，延期不得超过六个月。

第十五条 来自境外的文物拍卖标的拍卖成交后需要出境时，符合下列情形之一的，按国家有关私人携带文物出境的规定办理手续：

1.买受人为境内公民或法人的；

2.在境内滞留时间超过本办法第十四条规定的期限的。

第十六条 国家对文物拍卖企业拍卖的珍贵文物拥有优先购买权。

国家文物局和省、自治区、直辖市文物行政部门可以要求拍卖企业对拍卖标的中具有特别重要历史、科学、艺术价值的文物定向拍卖，竞买人范围限于国有文物收藏单位。

第十七条 文物拍卖企业应当在文物拍卖活动结束后30天内，按照《中华人民共和国文物保护法实施条例》第四十三条第一款规定的内容，将该次文物拍卖记录报所在地的省、自治区、直辖市文物行政部门备案。

国家优先购买的文物的拍卖记录，由省、自治区、直辖市文物行政部门报国家文物局备案。

第十八条 文物拍卖企业未经省、自治区、直辖市文物行政部门批准，不得利用互联网举行文物拍卖活动。经批准可以利用互联网举行文物拍卖活动的文物拍卖企业，在开展文物拍卖活动时，应当遵守本规定的规定。

第十九条 文物拍卖企业违反本规定的，由文物行政部门责令改正。情节严重的，由原发证机关吊销许可证书。

第二十条 本规定自发布之日起实施。

关于对申领和颁发文物拍卖许可证有关事项的通知

（文物博发〔2003〕95 号）

各省、自治区、直辖市文物局（文化厅、文管会）：

为加强文物保护，规范文物拍卖经营活动，促使文物市场健康有序的发展，根据《中华人民共和国文物保护法》《中华人民共和国拍卖法》《中华人民共和国文物保护法实施条例》《文物拍卖管理暂行规定》，国家文物局《整顿和规范文物市场秩序的通知》（文物保发〔2001〕052 号）和国家文物局、国家经济贸易委员会、公安部、文化部、海关总署、国家工商行政管理总局联合颁发的“关于印发《整顿规范文物市场方案》的通知”（文物保发〔2001〕57 号）的有关精神，现就申领和颁发文物拍卖许可证的有关事项通知如下：

一、拍卖企业从事文物拍卖活动，必须依法申领和取得文物拍卖许可证。截至 2004 年 4 月 30 日止，凡未取得文物拍卖许可证的拍卖企业，不得从事文物拍卖经营活动。

二、申领和批准颁发文物拍卖许可证，要符合法律法规规定，遵循优存劣汰、分类经营、严格管理、稳步发展的整体布局原则。

文物拍卖经营范围按品种分为以下三类：

（一）陶瓷、玉、石、金属器等；

（二）书画、古籍、邮品、手稿及文献资料等；

（三）竹、漆、木器、家具、纺织品等。

根据文物市场现状，为保护古遗址、古墓葬等不受破坏，对经营第一类文物从严控制。现未从事文物拍卖的拍卖企业申领许可证，暂批准其经营第二、三类文物或第二类文物。

三、各地应抓紧对现有文物拍卖企业有关人员的高级文物博物专业技术职务的评聘工作。

四、高级文物博物专业技术职务的文物拍卖专业人员资质的认定。

（一）委托各省级文物行政主管部门进行文物拍卖专业人员资格的初审。申报文物拍卖专业人员资格的材料，由拍卖企业统一报送。

（二）申领文物拍卖许可证的企业，不具有 5 名以上高级文物博物专业技术职务人员的，不足名额可采取临时措施，允许聘请具有高级文物博物专业技术职务离退休一年以上的人员，但该人员须符合以下条件：

①非国家、省、市级文物鉴定委员会委员；

②非参与文物拍卖标的、文物商店销售和文物出入境审核的人员；

③非受聘于两家（含）以上拍卖企业的人员。

五、拍卖企业要严格按照规定要求报送申报材料。

（一）申报文物拍卖专业人员资格的，在申报时应提供下列材料：

（1）文物拍卖专业人员资格申报表一式三份。

（2）有关证明材料原件或复印件，学历、学位证书、专业技术职务证书、接受国家和省级有关部门组织的培训证明的复印件由所在单位加盖印章。

(3)所在单位出具的良好职业道德证明。

(二)依法设立的拍卖企业,申领文物拍卖许可证,除提供本企业文物拍卖专业人员资格申报材料外,还应提供下列材料:

(1)文物拍卖许可证申请表一式三份;

(2)所在地的省、自治区、直辖市文物行政部门的审核意见及拍卖行业、特种行业和工商行政管理部门审核许可设立拍卖企业文件的复印件;

(3)注册资本的验资证明;

(4)已从事文物拍卖经营活动的拍卖企业,应加密上报2001～2003年规定的文物拍卖记录一式三份,图录和标的闪存盘(USBFLASH)。

(5)有关申报材料不得弄虚作假,一经发现,立即取消该企业的申报资格。

六、申报程序

(一)各省、自治区、直辖市文物行政部门负责将初审合格材料汇总后,统一报送国家文物局。

(二)国家文物局对符合条件的拍卖企业,颁发文物拍卖许可证,并在新闻媒体发布公告。

七、拍卖企业要加强人才培养,使专职人员符合法规规定的条件。应逐年减少聘用离退休人员,从2006年12月30日起,各文物拍卖企业报请年检或申领文物拍卖许可证,不得聘用离退休人员申请文物拍卖专业人员资格。

国家文物局

2003年12月24日

附件 1

文物拍卖专业人员资格
申报表

单 位 名 称 ____________

申报人姓名 ____________

身份证号码 ____________

申 报 时 间 ____年____月____日

国家文物局印制

填写注意事项

1. 本申报表一律用钢笔或签字笔由申报人如实填写（如用计算机打印，申报表封面应由申报人签名），字迹工整清晰。由于字迹潦草、难以认清所产生的后果，责任自负。

2. **"专业、学历"**栏中应填写符合认定条件的专业学历。

3. "从事文物拍卖工作情况"栏中，应按时间顺序分别填写。其中：**"本人业务分工"**应明确填写工作性质。如填写不下，可另加附页，每页均应加盖单位印章。

4. 表格中除原单位证明意见、受聘企业意见、省级文物行政部门初审意见、国家文物局审核意见、备注外，均由申报人填写。

5. 本申报表中内容如有不实，将取消其申报资格。

<table>
<tr><td rowspan="2">姓名</td><td>现名</td><td></td><td>身份证号</td><td colspan="3"></td><td rowspan="4">照片</td></tr>
<tr><td>曾用名</td><td></td><td>出生年月</td><td colspan="3"></td></tr>
<tr><td colspan="2">性别</td><td></td><td>民族</td><td></td><td>籍贯</td><td></td></tr>
<tr><td rowspan="3">工作单位</td><td>单位名称</td><td colspan="5"></td></tr>
<tr><td>职务</td><td colspan="2"></td><td>职称</td><td colspan="3"></td></tr>
<tr><td>通信地址</td><td colspan="3"></td><td>邮编</td><td colspan="2"></td></tr>
<tr><td>学历</td><td>毕业时间</td><td>院校</td><td>专业</td><td>学制</td><td colspan="3">学位</td></tr>
<tr><td></td><td></td><td></td><td></td><td></td><td colspan="3"></td></tr>
<tr><td colspan="2">受聘拍卖企业</td><td colspan="2"></td><td>受聘时间</td><td colspan="3"></td></tr>
<tr><td colspan="2">从事文物拍卖专业累计工作时间</td><td></td><td>受聘业务范围职务</td><td colspan="4"></td></tr>
<tr><td rowspan="11">主要学习及工作经历</td><td>起止时间</td><td>单位或学校</td><td colspan="5">学习何种内容或从事何种专业工作</td></tr>
<tr><td></td><td></td><td colspan="5"></td></tr>
<tr><td></td><td></td><td colspan="5"></td></tr>
<tr><td></td><td></td><td colspan="5"></td></tr>
<tr><td></td><td></td><td colspan="5"></td></tr>
<tr><td></td><td></td><td colspan="5"></td></tr>
<tr><td></td><td></td><td colspan="5"></td></tr>
<tr><td></td><td></td><td colspan="5"></td></tr>
<tr><td></td><td></td><td colspan="5"></td></tr>
<tr><td></td><td></td><td colspan="5"></td></tr>
<tr><td></td><td></td><td colspan="5"></td></tr>
</table>

	名　称	发表刊物、期号及出版单位	备注
主要科研成果、论著及专业论文			
奖惩情况			

从事文物拍卖工作情况	时间	征集文物标的、参加文物拍卖及为国有博物馆提供藏品情况	所在拍卖企业	本人业务分工

（可加附页）

原工作单位的证明意见	签章 年　月　日
受聘企业意见	签章 年　月　日
省级文物行政部门初审意见	签章 年　月　日
国家文物局审核意见	签章 年　月　日
备注	

附件 2

《文物拍卖许可证》申请表

单位名称 ________________(盖章)

法人代表 ________________

申报时间 ____年____月____日

国家文物局印制

填写注意事项

1. 本申报表一律用钢笔或签字笔由申报企业如实填写(如用计算机打印,申报表封面应由申报人签名),字迹工整清晰。由于字迹潦草、难以认清所产生的后果,责任自负。

2. **“持有证照”**栏中应填写本企业已经获得的各类证件、执照。

3. **“最近三年文物拍卖记录”**栏中,应按时间顺序分别填写。其中:**“拍出文物去向”**栏中应填写拍出文物的主要流向。如填写不下,可另加附页,每页均应加盖单位印章。

4. 表格中除上级主管部门推荐意见、省级文物行政部门初审意见、国家文物局审核意见、备注外,均由申报企业填写。

5. 本申报表中内容如有不实,将取消其申报资格。

<table>
<tr><td rowspan="3">申请单位</td><td>名称</td><td colspan="7"></td><td colspan="2" rowspan="4">法人代表
（照片）</td></tr>
<tr><td>地址</td><td colspan="7"></td></tr>
<tr><td>电话</td><td colspan="2"></td><td colspan="2">邮编</td><td colspan="3"></td></tr>
<tr><td rowspan="3">法人代表</td><td>姓名</td><td colspan="2"></td><td colspan="2">性别</td><td colspan="3"></td></tr>
<tr><td>常住地址</td><td colspan="9"></td></tr>
<tr><td>电话</td><td colspan="2"></td><td colspan="2">身份证号</td><td colspan="5"></td></tr>
<tr><td rowspan="17">公司状况</td><td>注册资金</td><td colspan="2">万元</td><td colspan="2">成立时间</td><td colspan="5"></td></tr>
<tr><td>经营范围</td><td colspan="9"></td></tr>
<tr><td rowspan="4">持有证照</td><td colspan="2">发证机构</td><td colspan="2">证件名称</td><td colspan="2">发证时间</td><td colspan="3">证号</td></tr>
<tr><td colspan="2"></td><td colspan="2"></td><td colspan="2"></td><td colspan="3"></td></tr>
<tr><td colspan="2"></td><td colspan="2"></td><td colspan="2"></td><td colspan="3"></td></tr>
<tr><td colspan="2"></td><td colspan="2"></td><td colspan="2"></td><td colspan="3"></td></tr>
<tr><td rowspan="2">人员总数</td><td rowspan="2"></td><td rowspan="2">其中</td><td colspan="5">取得拍卖师资格的人数</td><td colspan="2"></td></tr>
<tr><td colspan="5">取得高级文物博物专业技术职务的人数</td><td colspan="2"></td></tr>
<tr><td rowspan="6">取得高级文物博物专业技术职务的人员情况</td><td>姓名</td><td>出生年月</td><td>所学专业</td><td>学历</td><td>职称</td><td>从事文物拍卖工作年限</td><td colspan="3">在本单位工作年限</td></tr>
<tr><td></td><td></td><td></td><td></td><td></td><td></td><td colspan="3"></td></tr>
<tr><td></td><td></td><td></td><td></td><td></td><td></td><td colspan="3"></td></tr>
<tr><td></td><td></td><td></td><td></td><td></td><td></td><td colspan="3"></td></tr>
<tr><td></td><td></td><td></td><td></td><td></td><td></td><td colspan="3"></td></tr>
<tr><td></td><td></td><td></td><td></td><td></td><td></td><td colspan="3"></td></tr>
<tr><td colspan="2">其他</td><td colspan="8"></td></tr>
</table>

上级主管部门 推荐意见	（签章） 年　月　日
省级文物 行政部门 初审意见	（签章） 年　月　日
国家文物局 审核意见	（签章） 年　月　日
备注	

附件 3

文物拍卖记录表

文物名称	图录标的	来源	出卖人			买受人			拍卖时间	成交价格	备注
			姓名或名称	住所	身份证或有效证照号码	姓名或名称	住所	身份证或有效证照号码			

关于加强文物拍卖标的审核工作的通知

（文物博发〔2006〕14 号）

各省、自治区、直辖市文物局(文化厅、文管会)：

改革开放以来，文物拍卖经历了由试点摸索到逐步规范发展的历程。特别是近年来，我国文物拍卖在促进文物依法有序流通，满足公众的收藏鉴赏需要，丰富社会文化生活，促进中华文化的传播交流等方面发挥了积极作用。与此同时，有关文物拍卖的法制建设和依法管理日益加强。《文物保护法》及《文物保护法实施条例》等法律法规，对经营文物拍卖的拍卖企业(以下简称“文物拍卖企业”)的设立和文物拍卖标的审核、记录、备案、国家优先购买权等做出了明确规定。各省、自治区、直辖市文物行政部门(以下简称“省级文物行政部门”)在文物拍卖标的审核、拍卖记录备案等项工作中，依法监督管理，规范文物经营行为，促进了文物市场的健康发展。但是，当前文物拍卖经营活动中也存在一些突出问题，如文物拍卖企业拍卖的文物未经审核、超范围经营、未按规定对文物拍卖活动作出规范记录并办理备案手续，甚至拍卖出土文物等，影响了正常的文物拍卖秩序，给文物违法犯罪活动以可乘之机。

为贯彻落实《国务院关于加强文化遗产保护的通知》(国发〔2005〕42 号)，进一步加强对文物市场的监督管理，维护正常的文物流通秩序，现就加强文物拍卖标的审核工作通知如下：

一、省级文物行政部门负责对所辖行政区域内举办的文物拍卖活动进行文物拍卖标的审核，在拍卖公告发布的 15 日前，将拍卖标的资料、图录及审核意见报国家文物局备案。

二、文物行政部门对拍卖标的审核，是指依法审查该物品可否作为文物拍卖标的，不负责对拍卖标的出具年代鉴定结论、真伪鉴别证明或价格评估证明。

审核中如需标明文物拍卖标的是否准许携运出境，必须征求文物进出境审核机构的意见。

三、依法设立的文物拍卖企业拍卖下列物品，拍卖前必须报拍卖活动所在地的省级文物行政部门审核。未经核准的，一律不许拍卖。

(一)1949 年以前的各种艺术品、工艺美术品；

(二)1949 年以前的文献资料以及具有历史、艺术、科学价值的手稿和图书资料；

(三)1949 年以前，反映各民族社会制度、社会生产、社会生活的代表性实物；

(四)1949 年以后，与重大历史事件或者著名人物有关的，具有重要纪念意义、教育意义或者史料价值的实物；

(五)1949 年以后，国家文物局公布的列入限制出境范围的中国已故著名书画家作品。

四、下列物品不得作为文物拍卖标的：

(一)依照法律应当上交国家的出土文物，包括自境外征集，但不能提供合法来源证明的中国文物；

(二)国有不可移动文物中的壁画、雕塑、建筑构件等；

(三)依照法律应当移交文物行政部门的文物，包括国家各级执法部门在查处违法犯罪活动中依法没收、追缴的文物；

(四)银行、冶炼厂、造纸厂以及废旧物资回收单位拣选的文物；

(五)固有文物收藏单位以及其他国家机关、部队和国有企业、事业组织等收藏、保管的文物，包括宗教场所管理的文物；

(六)固有文物购销经营单位收存的珍贵文物；

(七)依法设立的非国有博物馆收藏的珍贵文物；

(八)物主处分权有争议的文物；

(九)损害国家荣誉和利益或有可能产生不良社会影响的实物、手稿、图书资料及艺术品、工艺美术品等；

(十)《濒危野生动植物种国际贸易公约》和国家有关规定禁止买卖的动植物种制品;

(十一)其他法律法规规定不得流通的文物。

五、省级文物行政部门应当要求拍卖企业依照文物行政部门的审核意见发布拍卖公告及举办标的展示,印制拍卖图录,制作专题片,开展报刊、广播、电视、互联网等各种形式的媒体宣传。

六、省级文物行政部门应严格要求文物拍卖企业在文物拍卖活动结束后30天内,将该次拍卖活动的记录资料(文物的名称、图录、来源、文物的出卖人、委托人和买受人的姓名或者名称、住所、有效身份证件号码或者有效证照号及成交价格等),报核准其拍卖的文物行政部门备案。接受备案的文物行政部门应当依法为其保密,并将该记录保存75年。

2006年6月2日

关于加强文物拍卖标的审核备案工作的通知

(文物博发〔2008〕52号)

各省、自治区、直辖市文物局(文化厅、文管会):

近年来,各级文物行政部门按照《文物保护法》有关规定要求,努力做好文物拍卖标的审核备案工作,制止拍卖出土、出水文物或以出土文物名义进行宣传等违法行为,取得了明显成效。

同时,文物拍卖活动中仍然存在一些违规现象,如文物拍卖标的申报不及时,申报材料不全,利用联合拍卖、异地拍卖规避监管,超范围经营等,影响了文物拍卖市场的正常秩序。

为进一步规范文物拍卖标的管理,明确文物拍卖标的审核备案程序,现就加强文物拍卖标的审核备案工作的有关要求通知如下:

一、具有文物拍卖资质的企业(以下简称"拍卖企业")应报请住所地的省级文物行政部门审核文物拍卖标的,并提供相关资料(包括每一件文物拍卖标的的名称、年代、质地、作者、规格和图片)。

二、联合拍卖文物的拍卖企业,如其住所地均在同一省、自治区、直辖市(以下简称"省"),应共同报请该省级文物行政部门审核文物拍卖标的。

如其住所地不在同一省,其中一家或多家拍卖企业住所地与拍卖地在同一省的,应共同报请该省级文物行政部门审核文物拍卖标的;拍卖企业住所地与拍卖地均不在同一省的,应分别报请住所地省级文物行政部门审核文物拍卖标的。

联合拍卖文物的拍卖企业,均应具备文物拍卖资质。其文物拍卖资质范围不同的,按照资质最低的一方确定文物拍卖资质。

三、拍卖企业在住所地以外的省拍卖文物,其住所地省级文物行政部门审核文物拍卖标的,应将审核意见抄送拍卖地省级文物行政部门;也可在收到拍卖申请后5个工作日内,经商拍卖地省级文物行政部门同意,委托后者审核文物拍卖标的。

拍卖地省级文物行政部门应在接受委托之日起15个工作日内,将文物拍卖标的审核意见书面告知申请企业,并抄送拍卖企业住所地省级文物行政部门。

四、省级文物行政部门应组织有关文物专业机构或专家,对文物拍卖标的进行实物审核,并将审核意见书面告知申请企业。

文物拍卖标的审核意见应明确每件拍卖标的是否允许拍卖。不允许拍卖的,应说明理由。

五、省级文物行政部门最迟应在拍卖公告发布前10个工作日,将文物拍卖标的审核意见和资料(含纸件一式二份,电子件一份)报送至国家文物局备案。

如认为文物标的不应拍卖,国家文物局将在收到备案文件后10个工作日内,将意见书面告知省级文物行政部门。未书面告知备案意见的，视为同意。

六、拍卖企业在住所地以外的省拍卖文物的，应在报请住所地省级文物行政部门审核文物拍卖标的的同时，将文物拍卖标的资料报拍卖地省级文物行政部门备案。

拍卖地省级文物行政部门认为文物标的不应拍卖的，应在收到备案文件后15个工作日内，将备案意见书面告知拍卖企业及其住所地省级文物行政部门，并抄报国家文物局。未书面告知备案意见的，视为同意。

七、国家文物局认为文物标的不应拍卖并出具书面意见的，相关省级文物行政部门应及时告知拍卖企业，并监督拍卖企业予以撤拍。

八、拍卖企业违反上述规定，未将文物拍卖标的报请有关文物行政部门审核、备案的，有关文物行政部门应当责令改正，或提请工商行政管理部门予以行政处罚；情节严重的，由国家文物局吊销文物拍卖许可证。

有关文物行政部门违反上述规定，未依法履行文物拍卖标的审核、备案工作的，对负有责任的主管人员和其他直接责任人员，依法给予行政处分。

请各单位高度重视文物拍卖标的审核备案工作，加强管理，促进文物拍卖市场健康有序发展。

国家文物局

2008年9月11日

关于进一步做好文物拍卖标的审核工作的意见

（文物博函〔2012〕1484号）

各省、自治区、直辖市文物局（文化厅）：

为切实加强对文物拍卖经营活动的管理，促进文物拍卖市场健康发展，针对当前文物拍卖中存在的知假拍假、虚假宣传、超范围经营等突出问题，现就进一步做好文物拍卖标的（以下简称“标的”）审核工作通知如下：

一、进一步提高对标的审核管理工作的认识

标的审核工作既是文物拍卖管理工作的关键环节，又是法律赋予文物行政部门的一项执法职能。加强标的审核工作，对落实文物保护责任，规范文物流通秩序，满足人民群众收藏鉴赏需要，促进文化产业健康发展具有十分重要的意义。各级文物行政部门要高度重视拍卖标的审核工作，进一步提高认识，健全工作机制，充实管理队伍，落实审核责任，切实把标的审核管理工作抓实抓好。

二、加强文物拍卖经营资质查验工作

文物拍卖经营资质的合法、有效是开展标的审核工作的前提。省级文物行政主管部门在受理标的审核申报时，应依据拍卖经营资质年审情况，及时开展对文物拍卖企业（以下简称“企业”）拍卖经营资质的查验。各级文物行政部门积极配合工商、公安部门，对未经许可擅自从事文物拍卖经营等违法活动的企业进行查处。

三、根据有关规定，下列标的不得上拍

（一）出土（水）文物、以出土（水）文物名义进行宣传的；

（二）被盗窃、盗掘、走私的文物或明确属于历史上被非法掠夺的中国流失文物；

（三）依照法律应当移交文物行政部门的文物，包括国家各级执法部门在查处违法犯罪活动中依法没收、追缴的文物；

（四）国有文物收藏单位及其他国家机关、部队和国有企业、事业单位等收藏、保管的文物；

（五）国有不可移动文物的附属构件；

（六）国有文物商店收存的珍贵文物；

（七）涉嫌损害国家利益或有可能产生不良社会影响的；

（八）其他法律法规规定不得流通的文物。

四、强化拍卖专业人员征集鉴定责任

标的报审材料中，须有本企业文物拍卖专业人员（含已考取文物拍卖企业专业人员资格证书的人员）标的征集鉴定意见。对出具虚假征集鉴定意见、造成不良社会影响的，取消其专业人员资格。

五、健全标的审核制度

省级文物行政部门作为文物拍卖标的的审核主体，应完善审核工作制度，建立标的审核专家库并报国家文物局备案。每类标的须经两名以上专家审核并意见一致的，方可报审。报送国家文物局的备案材料中，须包括审核意见及审核专家名单。

六、严格标的报审管理

企业须整场报审文物拍卖会标的，包括含有文物的拍卖会标的，不得少报、假报或以艺术品名义报审含有文物的拍卖会标的。企业应配合文物行政部门开展实物审核（或复核）工作。

省级文物行政部门受理企业标的审核申请后，须于20个工作日内将审核意见报国家文物局备案。国家文物局网站将即时公告备案收文确认信息。如有不同意见，国家文物局将于5个工作日内以书面形式反馈。国家文物局同意备案材料后，省级文物行政部门方可办理批复文件。

七、规范拍卖图录管理

企业须在所有拍卖图录显著位置刊登相关批复文件。拍卖图录文字严禁使用“罕见”“仅存”“国宝”等诱导性词语。不得擅自更改标的定名。

八、建立企业诚信档案

企业违反上述规定，国家文物局将视情节轻重，给予责令整改、暂停直至撤销其文物拍卖经营资质的处罚，并记入企业诚信档案。国家文物局结合行业管理，将企业诚信档案作为企业年审和增加文物经营范围的考评依据。

本意见自发布之日起实施。

国家文物局

2012年7月2日

关于印发《全国文物拍卖管理工作座谈会会议纪要》的通知

（办博函〔2011〕78 号）

各省、自治区、直辖市文物局（文化厅）：

2011 年 1 月 11 日，国家文物局在江苏省南京市召开了全国文物拍卖管理工作座谈会。现将此次会议纪要印发给你们，请贯彻执行。

特此通知。

国家文物局

2011 年 2 月 15 日

全国文物拍卖管理工作座谈会会议纪要

2011 年 1 月 11 日，国家文物局召开全国文物拍卖管理工作座谈会。来自全国 24 个省、自治区、直辖市文物行政管理部门的负责同志，以及商务部、海关总署、国家工商行政管理总局、北京市工商局有关同志参加了会议。国家文物局副局长宋新潮出席并作了重要讲话。

会议认为，在党中央、国务院加快振兴文化产业和推动文化大发展大繁荣的大背景下，近年来文物艺术品拍卖市场取得长足发展，市场规模不断扩大，拍卖经营活动日趋规范与活跃。同时，我国的文物拍卖市场在发展规模、发展方式、自身定位甚至社会责任、法律意识等方面还存在诸多不足和需要亟待完善的方面，这其中有企业自身的问题，有社会经济整体环境的问题，也有相关法律法规不健全、政府主管部门管理服务不到位的问题，需要各有关部门认真面对和加以解决。

与会代表充分肯定了文物拍卖市场在吸引海外中国文物回流、满足人民群众多层次的文化需求、推动文化产业的发展振兴、提升我国的文化软实力、促进文化大发展大繁荣等方面发挥的积极作用，对当前文物拍卖管理工作中存在的文物拍卖标的备案复核程序、文物拍卖标的审核范围和重点、文物拍卖专业人员资格认定等问题进行了深入的分析，提出了明确的解决思路和措施。

经过会议认真讨论，会议确定以下事项：

一、认真执行《关于加强文物拍卖标的审核工作的通知》及《关于加强文物拍卖标的审核备案工作的通知》规定的文物艺术品拍卖标的审核和备案制度。各省级文物行政部门必须在拍卖公告发布 15 日之前向国家文物局报送拍卖会拍卖标的清单、图录及省级文物部门审核意见；或拍卖会结束 30 个工作日内向国家文物局报送拍卖会成交记录。

二、严格确定文物拍卖标的重点。会议重申以下文物不得作为拍卖标的或应加以严格审核的内容：①出土（水）文物；②以出土（水）文物名义宣传的复仿制品；③国有不可移动文物的附属构件；④国有文物购销经营单位收藏的珍贵文物；⑤损害国家利益或有可能产生不良社会影响的实物；⑥被盗掘、盗窃、走私的涉案文物或明确属于历史上被非法掠夺的中国流失文物；⑦涉嫌危害国家安全和损害民族利益的物品；⑧涉嫌丑化国家形象及政治人物的非主流艺术品；⑨带有黄色暴力内容等的物品等。

三、认真研究治理拍卖企业“知假拍假”问题。会议认为，文物部门要认真反思以往拍卖标的审核“管真不管假”的不正确做法和认识，要进一步认识拍卖标的审核工作对文物艺术品拍卖市场健康有序发展的积极作用。通过拍卖标的审核工作从制度上完善文物艺术品拍卖市场的各项规范。同时，应对拍卖企业宣传及拍卖图录加强管理，制定相关规范标准。

四、加强对文物网络交易活动监管，对现有涉及文物经营的交易所和网站进行评估，提出相关规范政策，逐步建立经营准入和网上拍卖标的审核制度。

五、加强文物拍卖管理队伍建设和完善文物拍卖专业人员培养。针对省级文物行政主管部门管理机构和队伍建设薄弱现状，各地文物部门要高度重视和切实加强机构建设；进一步加强文物拍卖专业人员培养工作，扩大培训考核的范围和增加科目；不断完善文物拍卖专业人员资格管理制度，稳步扩大文物拍卖企业聘用高级文博职称人员的试点地区。

文物拍卖企业资质年审管理办法

（文物博函〔2011〕2号）

第一条 为规范文物拍卖企业资质年审工作，根据《中华人民共和国文物保护法》《中华人民共和国拍卖法》和国家文物局《文物拍卖管理暂行规定》等法律法规，制定本办法。

第二条 本办法所称文物拍卖企业资质年审，系指国务院文物行政部门和省级文物行政部门对取得文物拍卖资质的拍卖企业文物拍卖活动和专业人员从业等情况进行定期检查审核的监督管理制度。

年审结果作为是否许可文物拍卖企业继续从事文物拍卖活动的依据。

第三条 年审工作每两年开展一次，凡取得文物拍卖资质的拍卖企业均须参加。

第四条 国务院文物行政部门负责管理全国文物拍卖企业资质年审工作。

省级文物行政部门负责本辖区内文物拍卖企业资质年审的初审工作。

第五条 文物拍卖企业须于审核年度的6月30日前向所在地省级文物行政部门报送年审材料，内容包括：

（一）文物拍卖企业资质年审申报表（见附件）；

（二）上两年度文物拍卖经营情况报告；

（三）文物拍卖许可证（副本原件，如许可证有效期届满须交回正本原件）；

（四）上一年度工商行政管理部门年检合格的企业法人营业执照及商务行政管理部门年检合格的拍卖经营许可证（均为副本复印件，并加盖企业公章）；

（五）上两年度文物拍卖图录及拍卖记录（纸质和电子文本各一份）；

（六）上两年度省级文物行政部门审核历次文物拍卖活动的核准文件（复印件）；

（七）企业聘用的文物拍卖专业人员的资格证书及双方签订的劳动合同，或聘用的文博高级职称人员的身份证、职称证、退休证及双方签订的聘用协议（均为复印件）。

企业聘用文博高级职称人员的年龄不得超过70周岁。如企业新聘用符合条件的文博高级职称人员，还需提供人员所在地省级文物行政部门出具的该人员非国家、省、市级文物鉴定委员会委员以及非文物拍卖标的审核、文物商店销售和文物进出境审核人员的证明文件。

第六条 省级文物行政部门应于7月31日前完成文物拍卖企业资质年审的初审工作，根据文物拍卖企业证照、经营和人员从业等情况提出初审意见，连同企业报送材料一并报国务院文物行政部门。

第七条 国务院文物行政部门应于9月30日前完成文物拍卖企业资质年审的复核工作，并向社会公布年审结果。

第八条 国务院和省级文物行政部门在年审工作中发现需要进一步核实情况的，可要求文物拍卖企业补报材料或进行相关调查。

第九条 年审结果合格的文物拍卖企业，由国务院文物行政部门在其文物拍卖许可证副本上加盖年审合格章后发还。

第十条 文物拍卖企业无故未按期提交年审材料，由国务院文物行政部门撤销其文物拍卖资质。

第十一条 有下列情形之一的文物拍卖企业，由国务院文物行政部门责令其限期整改或暂停其文物拍卖资质：

（一）一个自然年度内未独立举办一场文物拍卖会的；

（二）因故未按要求报送年审材料的；

（三）擅自拍卖国家禁止经营文物的；

（四）从事文物购销经营活动的；

（五）文物拍卖活动未经省级文物行政部门事前核准的；

（六）未对文物拍卖活动进行规范记录并向国务院文物行政部门办理备案手续的；

（七）文物拍卖专业人员或文博高级职称人员聘用不符合相关要求的；

（八）超出文物拍卖许可证核定的经营范围征集文物拍卖标的的；

（九）超出文物拍卖许可证核定的经营范围从事文物拍卖活动的；

（十）涂改、出租、出借或转让文物拍卖许可证的；

（十一）其他违规行为，尚未达到撤销文物拍卖资质处罚程度的。

第十二条 有下列情形之一的文物拍卖企业，由国务院文物行政部门撤销其文物拍卖资质：

（一）擅自拍卖国家禁止经营的文物，产生严重不良社会影响或构成犯罪的；

（二）有违法违规行为，拒不接受调查处理，或不按期整改，情节严重的；

（三）企业股权变更后，成为外资企业、中外合资企业、中外合作企业的；

（四）提交虚假材料或者采取其他欺诈手段隐瞒重要事实取得文物拍卖许可证的；

（五）企业法人营业执照被工商行政管理部门吊销或拍卖经营许可证被商务行政管理机关吊销的；

第十三条 被暂停文物拍卖资质的拍卖企业，可在暂停期终止后，申请恢复文物拍卖资质。

第十四条 被撤销文物拍卖资质的拍卖企业，由国务院文物行政部门收回文物拍卖许可证，企业须依法到工商行政管理部门办理变更登记或者注销登记，且三年内不得申请文物拍卖资质。

第十五条 本办法由国务院文物行政部门负责解释。

第十六条 本办法自发布之日起施行。

附件

文物拍卖企业资质年审申报表

<table>
<tr><td colspan="2">企业名称</td><td></td><td>注册资本</td><td></td></tr>
<tr><td colspan="2">企业法人营业执照编号</td><td></td><td>拍卖经营批准证书编号</td><td></td></tr>
<tr><td colspan="2">住所</td><td colspan="3"></td></tr>
<tr><td colspan="2">文物拍卖许可证编号</td><td></td><td>文物拍卖许可证有效期至</td><td></td></tr>
<tr><td colspan="2">法定代表人</td><td></td><td>联系电话</td><td></td></tr>
<tr><td colspan="2">联系人</td><td></td><td>联系电话</td><td></td></tr>
<tr><td rowspan="3">企业经营情况</td><td>文物拍卖范围</td><td></td><td>文物拍卖金额（万元）</td><td></td></tr>
<tr><td>文物拍卖场次</td><td></td><td>文物拍卖件数</td><td></td></tr>
<tr><td>撤拍文物场次</td><td></td><td>撤拍文物件数</td><td></td></tr>
<tr><td colspan="5">文物拍卖情况（可另附页，下同）</td></tr>
</table>

拍卖时间	拍卖会名称	拍卖记录（有/无）	拍卖图录（有/无）	拍卖金额（万元）	省级文物行政部门审核意见

<table>
<tr><td colspan="4">文博高级职称人员聘用情况</td></tr>
<tr><td>姓名</td><td>原工作单位</td><td>职称</td><td>聘用期限</td></tr>
<tr><td></td><td></td><td></td><td></td></tr>
<tr><td></td><td></td><td></td><td></td></tr>
<tr><td></td><td></td><td></td><td></td></tr>
<tr><td></td><td></td><td></td><td></td></tr>
<tr><td></td><td></td><td></td><td></td></tr>
<tr><td colspan="4">文物拍卖专业人员聘用情况</td></tr>
<tr><td>姓名</td><td>职务</td><td>考试通过科目</td><td>聘用期限</td></tr>
<tr><td></td><td></td><td></td><td></td></tr>
<tr><td></td><td></td><td></td><td></td></tr>
<tr><td></td><td></td><td></td><td></td></tr>
<tr><td></td><td></td><td></td><td></td></tr>
<tr><td></td><td></td><td></td><td></td></tr>
<tr><td></td><td></td><td></td><td></td></tr>
<tr><td></td><td></td><td></td><td></td></tr>
<tr><td>聘用人员
变更情况</td><td colspan="3">企业股权
变更情况</td></tr>
<tr><td>文物拍卖许可
证变更情况</td><td colspan="3"></td></tr>
<tr><td>申报企业</td><td colspan="3">法定代表人(签字)：　　　　盖章
年　月　日</td></tr>
<tr><td>省级文物行政
部门初审意见</td><td colspan="3">盖章
年　月　日</td></tr>
<tr><td>备注</td><td colspan="3"></td></tr>
</table>

文物艺术品拍卖规程

（SB/T 10538—2009，中华人民共和国商务部 2009 年 12 月 25 日发布，
2010 年 7 月 1 日实施）

1 范围

本标准确定了文物艺术品拍卖的基本原则、主要程序和基本要求。

本标准适用于各类文物艺术品经营性拍卖活动。

2 术语和定义

下列术语和定义适用于本标准。

2.1 拍卖 auction

以公开竞价的形式，将特定物品或者财产权利转让给最高应价者的买卖方式。

2.2 拍卖当事人 parties to auction

参与拍卖活动的拍卖人、委托人、竞买人、买受人。

2.3 拍卖人 auctioneer

从事拍卖活动的企业法人。

2.4 委托人 client

委托拍卖人拍卖物品或者财产权利的公民、法人或者其他组织。

2.5 竞买人 bidder

参加竞购拍卖标的的公民、法人或者其他组织。

2.6 拍卖标的 object of auction

委托人委托拍卖人拍卖的物品或者财产权利。

2.7 买受人 vendee

以最高应价购得拍卖标的的竞买人。

2.8 拍卖图录 catalogue

拍卖人于拍卖日前制作、对拍卖标的进行介绍的图片或者文字资料。

2.9 拍卖规则 condition of business

在拍卖活动中各方参与者应当共同遵守的相关规定。

2.10 委托拍卖合同 contract for authorization of auction

拍卖人与委托人签订的确立委托拍卖关系的协议。

2.11 预展 preview

拍卖人依法对拍卖标的进行的公开展示活动。

2.12 委托竞投 absentee bid

拍卖人应竞买人的请求，在拍卖现场为其提供的代为传递竞买信息的服务。

2.13 成交确认书 written confirmation

拍卖成交后由买受人和拍卖人签署的对拍卖成交事实予以确认的书面凭证。

3 基本原则

3.1 文物艺术品拍卖应遵守有关法律、行政法规，遵循公开、公平、公正、诚实信用的原则。

3.2 文物艺术品拍卖应遵循有利于历史文化遗产保护与传承，有利于优秀文物艺术品传播的原则。

4 拍卖标的征集

4.1 拍卖标的征集应遵守国家有关拍卖标的范围的规定，并与本企业的拍卖资质相符。

4.2 拍卖人在征集前可通过适当的媒介对其征集活动进行宣传，主要宣传内容包括：征集时间、征集地点、征集范围以及联络方式。

4.3 拍卖人征集拍卖标的时，应安排相应专业人员参加现场征集活动，携带加盖公章的拍卖人营业执照复印件或者相关证明。

4.4 拍卖人境外征集拍卖标的时，应遵守国家关于拍卖标的进出境管理的相关规定。

5 拍卖委托

5.1 委托拍卖合同的签订

拍卖人接受委托人的拍卖委托的，应与委托人签订书面委托拍卖合同(参见附录A)。

拍卖人与委托人签订委托拍卖合同时，拍卖人应要求委托人提供身份证明：

a)委托人为自然人的，应提供有效身份证或者护照或者中华人民共和国政府认可的其他有效身份证件；

b)委托人为法人或者其他组织的，应提供有效注册登记文件、法定代表人身份证明或者合法的授权委托证明文件；

c)代理人委托拍卖标的的，应提供授权委托书和委托人、代理人的有效身份证件。授权委托书应载明代理人的姓名或者名称、代理事项、代理权限和有效期。

拍卖人与委托人签订委托拍卖合同时，有权要求委托人提供拍卖标的的所有权证明或者依法可以处分该拍卖标的的证明及其他资料，并有权要求委托人说明该拍卖标的的来源和瑕疵。

拍卖人与委托人应准确、清晰、完整填写委托拍卖合同的各项内容，有附件的委托拍卖合同应在附件中注明主合同编号。

委托拍卖合同至少一式三份，由拍卖人财务部门、业务部门和委托人分别留存。

委托拍卖合同确需修改时，可直接在原合同上进行修改，或者签订补充协议。直接在原合同上进行修改的，合同修改处应由合同双方签字或者签章确认。

5.2 委托拍卖合同的管理

拍卖人应建立委托拍卖合同管理制度，对委托拍卖合同的执行情况进行跟踪，采取必要的保密措施，予以妥善保存。

5.3 拍卖标的的交付时限

委托人应按照约定于拍卖预展两个工作日前将委托拍卖标的交付拍卖人。

5.4 拍卖标的保险

委托人将拍卖标的交付拍卖人后，委托人要求为拍卖标的安排保险的，拍卖人应代为安排保险，相关费用由委托人承担。无法投保的，双方另行约定拍卖标的的保管责任。

6 拍卖标的的鉴定与审核

6.1 鉴定与审核程序

6.1.1 委托拍卖合同签订前，拍卖人应对征集的拍卖标的进行初步鉴定，根据鉴定结果决定是否接受委托。

6.1.2 委托拍卖合同签订后，拍卖人认为需要对拍卖标的做进一步鉴定的，可依法进行鉴定。拍卖标的鉴定结论与委托拍卖合同载明的拍卖标的状况不相符的，拍卖人有权要求变更或者解除合同。

6.1.3 拍卖人应依法将拟上拍的文物拍卖标的报所在地的省、自治区、直辖市人民政府文物行政部门审核，并依据审核意见确定是否上拍。对未通过审核的拍卖标的，拍卖人应告知委托人，并与其解除该标的的委托拍卖合同。

6.2 鉴定记录

拍卖人对拍卖标的进行鉴定时，应制作鉴定记录。鉴定记录内容包括鉴定时间、地点、鉴定人或者鉴定机构、鉴定意见和结论。

7 拍卖标的的保管

7.1 库房基本设施

拍卖标的库房应安装适合的影像采集、报警和消防系统，满足各类拍卖标的基本的保管条件。对有特殊要求的拍卖标的，应视情况配备相应的防水、防尘、防虫、防火、防盗等保管设施。

7.2 拍卖标的存放

库房存放拍卖标的，应依照拍卖标的材质、包装形态、质量以及安全要求，设定合理的存放方式，避免拍卖标的受损。

7.3 库房安全管理

7.3.1 库房应严禁烟火，在明显处悬挂禁止烟火标志。库房安全设备应定期检查，如有故障，应立即修理更换。

7.3.2 拍卖人应建立库房管理制度。非库房管理人员进入库房应有库房管理员在场。所有进入库房人员不应携带私人箱包、提袋、大衣、雨具以及易燃易爆品，库房内不宜使用钢笔、印油等易污损拍卖标的的文具。库房管理员班前班后应检查各类库房设施，并填写检查记录。

7.4 库房盘点管理

拍卖人应建立库房定期盘点制度，对库存拍卖标的进行定期盘点。盘点数量与账面数量若有差异，应立即会同相关部门查明原因，并及时处理。

库房管理员岗位变更时，应按规定履行拍卖标的移交工作。

7.5 运输包装

拍卖标的临时出库时应根据材质的不同，妥善包装，满足短途或者长途运输要求。拍卖人可根据实际情况以及各类拍卖标的的特点，制定短途、长途运输包装技术要求。

8 拍卖图录的制作

8.1 拍卖活动举办前，拍卖人应制作拍卖图录，以便相关各方了解拍卖活动以及拍卖标的的基本情况。

8.2 拍卖图录的内容应符合政府行政主管部门的审核意见。对于禁止出境的拍卖标的、无保留价的拍卖标的，拍卖人应于拍卖图录上特别标注。拍卖图录一般包括以下内容：拍卖活动名称、预展以及拍卖的时间和地点、拍卖规则等相关各方应知悉的内容、委托竞投授权书文本、拍卖人联络方式等信息、拍卖标的基本情况以及特别说明。基本情况一般包括拍卖标的名称、作者及其生辰、年代、形式、质地、尺寸、参考价等内容。

8.3 全部拍卖标的应刊印于拍卖图录，并可根据需要配附图片，图片应尽可能准确反映拍卖标的的实际状况和品质。

8.4 应竞买人的要求，拍卖人可提供拍卖标的状态报告，作为拍卖图录的补充。

9 拍卖会的实施

9.1 申报与备案

拍卖会举办之前，拍卖人应根据有关法律、行政法规的要求完成向有关行政主管部门的拍卖会申报、备案工作。

9.2　拍卖公告

拍卖人应于拍卖日七日前发布拍卖公告，拍卖公告应包括以下内容：拍卖的时间和地点、拍卖标的或者拍卖场次、拍卖标的的预展时间和地点、参与竞买应当办理的手续、拍卖人联系方式、需要公告的其他事项。

9.3　日程安排与岗位设置

拍卖日程通常包括：新闻发布、拍卖公告、拍卖标的预展、现场拍卖、财务结算、拍卖标的交付等各阶段的实施日期和期限。

拍卖会应设置现场指挥、客户接待、安全保卫、新闻报道、联络协调、后勤保障等主要岗位。

9.4　拍卖标的预展

9.4.1　拍卖标的预展要求

拍卖人应在拍卖前展示拍卖标的，并提供查看拍卖标的的条件以及有关资料。拍卖标的的展示时间不得少于两日。

预展场地应符合国家有关文物艺术品展示场地的要求，展板、展架、灯具等应符合国家安全标准。

拍卖人可选择专业机构负责展区设计、展场布置工作。

9.4.2　展场布置

拍卖人可根据需要设置：展场布局图，计算机系统、通信系统、影像采集系统以及咨询接待处、竞投登记处、结算处、媒体接待处、委托竞投处、图录资料发放处等。

根据国家有关规定，展场明显处应设置安全疏散图示。

9.5　竞买人登记

9.5.1　竞买人为自然人的，应提供本人有效身份证件。竞买人为法人或者其他组织的，应提供有效的注册登记文件、法定代表人身份证明或者合法的授权委托证明文件。竞买人委托他人代为办理竞买登记手续的，代理人应出具授权委托书和竞买人、代理人的有效身份证件。授权委托书应载明代理人的姓名或者名称、身份证件种类以及号码、代理事项、代理权限和有效期。拍卖人应核对代理人的有效身份证件，并复制留存。

9.5.2　拍卖人和竞买人应签署竞买协议(参见附录B)。竞买协议文本的内容包括：竞买人和拍卖人的基本情况、竞买牌号、双方在拍卖活动中的主要权利和义务、拍卖规则。

9.5.3　拍卖人发放的竞买号牌为竞买人参与现场竞价的唯一凭证。

9.6　代为竞买和委托竞投

9.6.1竞买人可自行参加竞买，也可委托其代理人参加竞买，竞买结果以及相关法律责任由竞买人承担。

9.6.2　竞买人委托拍卖人代为竞投的，竞买人应采用委托竞投授权书(参见附录C)的形式向拍卖人提出委托竞投的请求。拍卖人接受竞买人委托竞投请求的，应在拍卖现场设置委托竞投席，为竞买人提供代为传递竞买信息的服务。

9.7　拍卖现场

9.7.1　会场要求

拍卖人应根据拍卖标的状况和竞买号牌的发放数量合理布置拍卖会场。

拍卖人可在拍卖会场设置投影系统和影像采集系统，并根据需要设立委托竞投席。

拍卖人应落实拍卖会场的安全消防措施。

9.7.2　拍卖主持

拍卖师应于拍卖前宣布拍卖规则和注意事项。

拍卖师原则上应按照拍卖图录中的拍卖标的顺序依次拍卖，如有调整应在拍卖前予以说明。

拍卖标的无保留价的，拍卖师应在拍卖前予以说明。

9.7.3　保留价规则

拍卖标的有保留价的，竞买人的最高应价未达到保留价时，该应价不发生效力，拍卖师应停止拍卖标的的拍卖。

9.7.4　拍卖成交

竞买人的最高应价经拍卖师落槌或者以其他公开表示买定的方式确认后，拍卖成交。

拍卖成交后，买受人和拍卖人应签署成交确认书(参见附录D)。

9.7.5　拍卖笔录

拍卖人进行拍卖时，应制作拍卖笔录。拍卖笔录应由拍卖师、记录人签名；拍卖成交的，还应由买受人签名。

10　拍卖结算与拍卖标的交付

10.1　买受人结算

拍卖成交后，买受人凭成交确认书、竞买保证金收据与拍卖人办理结算事宜。

买受人委托他人代为付款的，代理人应出具买受人的授权委托书。授权委托书应载明代理人的姓名或者名称、身份证件种类以及号码、代理事项、代理权限和有效期。拍卖人应核对代理人的有效身份证件，并复印留存。

10.2　委托人结算

拍卖人收到买受人支付的价款后，应按照约定与委托人结算。委托人委托他人办理结算事宜时，代理人应出具委托人的授权委托书。授权委托书应当载明代理人的姓名或者名称、身份证件种类以及号码、代理事项、代理权限和有效期。拍卖人应核对代理人的有效身份证件，并复印留存。

拍卖人应根据国家有关税务规定履行代扣代缴义务。

10.3　买受人提取拍卖标的

买受人持拍卖标的提取凭证办理提取手续。买受人提取拍卖标的后，拍卖人应当场收回拍卖标的提取凭证。

买受人委托他人提取拍卖标的时，代理人应出具买受人的授权委托书以及拍卖标的提取凭证。授权委托书应载明代理人的姓名或者名称、身份证件种类以及号码、代理事项、代理权限和有效期。拍卖人应核对代理人的有效身份证件，并复制留存。

10.4　拍卖标的退还

拍卖标的未上拍或者未成交，拍卖人应及时通知委托人凭有效身份证件以及相关凭证办理退还手续，领取拍卖标的。

委托人委托他人办理领取事宜时，代理人应当出具委托人的授权委托书。授权委托书应载明代理人的姓名或者名称、身份证件种类以及号码、代理事项、代理权限和有效期。拍卖人应核对代理人的有效身份证件，并复制留存。

11　争议的解决途径

参与拍卖活动的拍卖当事人产生争议时，可采取以下解决途径：

a)各方进一步协商和解；

b)申请第三方进行调解；

c)协商和解、调解不成可向行政管理部门申诉解决；

d)各方达成协议，向国家仲裁机构提出仲裁申请；

e)向人民法院提起诉讼。

12 拍卖档案的管理

12.1 档案资料的内容

档案资料的内容包括：

a)委托拍卖合同、委托人提供的对拍卖标的享有所有权或者处分权的证明以及其他资料、证照复印件等，拍卖标的的保管、保险、交付等事项的有关资料。

b)拍卖公告，包括刊登公告的报纸等新闻媒介发布载体以及广播、电视的公告刊登证明。

c)拍卖标的资料，包括拍卖图录、与拍卖标的相关的各类图片、文字资料、鉴定记录，以及有关部门的批复文件。

d)预展以及拍卖现场的影像、文字资料。

e)竞买登记文件，包括竞买协议、竞买人的身份证明复印件、委托代理竞买授权书，以及代理人的身份证件复印件。

f)拍卖规则、注意事项、重要声明等。

g)成交确认书、拍卖笔录、委托竞投授权书。

h)有关拍卖业务经营活动的完整账簿和其他有关资料。

12.2 档案资料的管理

拍卖人可自行选择档案管理方式。管理方式包括：以拍卖会为单元整理存档；以资料的内容为单元分类存档。

拍卖资料应当真实、准确、完整，方便查阅。每个拍卖档案均应建立档案目录和编号。

12.3 档案保管期限

拍卖人应妥善保管档案资料，保管期限自委托拍卖合同终止之日起计算，不得少于五年。

附录A(资料性附录)

委托拍卖合同

××××公司委托拍卖合同

委托人：__________________ 合同编号：__________________

委托人联系人：______ 国籍：______ 证件号码：____________ 电话：__________

联系地址：__________________ 邮编：__________________

开户银行：________________ 账号：________________ 传真：__________

拍卖人：××××公司 法定代表人：__________ 拍卖人代表：______________

联系地址：__________________ 邮编：________ 电话：________ 传真：__________

委托人与拍卖人就委托拍卖本合同第七条所列拍卖标的之相关事宜，订立合同如下：

一、委托人就下列拍卖标的不可撤销地向拍卖人保证：自己对所委托拍卖标的拥有所有权或享有处分权，对该拍卖标的的拍卖不会侵害任何第三方的合法权益(包括著作权权益)，亦不违反相关法律、法规的规定；自己已尽其所知，就该拍卖品的来源和瑕疵向拍卖人进行了全面、详尽的披露和说明，不存在任何隐瞒或虚构之处。如其违反上述保证，致使拍卖人蒙受损失时，委托人应负责赔偿拍卖人因此所遭受的一切损失，并承担因此而发生的一切费用和支出。

二、委托人授权拍卖人对拍卖标的进行与拍卖有关的各种形式的展示，并印刷、制作拍卖图录及各类宣传品。

三、委托人在拍卖日前任何时间，向拍卖人发出书面通知说明理由后，可撤回其拍卖标的。但撤回拍卖标的时，若该拍卖标的已列入的图录或其他宣传品已开始印刷，则应支付相当于该拍卖标的保险金额百分之________的款项并支付其他各项费用。如图录或任何其他宣传品尚未印刷，也需支付相当于该拍卖品保险金额百分之________的款项并支付其他各项费用。

四、委托人保证自己不参与同时也不委托他人代为参与竞买自己委托的拍卖标的。如其违反本保证，委托人应自行承担相应之法律责任，并赔偿因此给拍卖人造成的全部损失。

五、除委托人另有书面指示外，在委托人与拍卖人订立本合同并将拍卖标的交付拍卖人后，所有拍卖标的将自动受保于拍卖人的保险，保险金额以保留价为准(无保留价的，以该拍卖标的约定的保险金额为准；调整拍卖保留价的，以调整后的保留价为准)。凡属因拍卖人为拍卖标的所购保险承保范围内的事件或灾害所导致的拍卖标的毁损、灭失，应根据中华人民共和国有关保险的法律和规定处理。拍卖人在向保险公司进行理赔，并获得保险赔偿后，将保险赔款扣除拍卖人费用(佣金除外)的余款支付给委托人。

六、图录费收取标准：整页人民币____元；1/2 页人民币____元；1/3 页人民币____元；1/4 页人民币____元。

七、委托拍卖标的如下：

图录号	序号	作者/年代	作　品	质地	形式	尺寸/cm	拍卖标的现状	保留价/元	其他

八、委托人同意按照如下标准向拍卖人支付佣金及费用：

拍卖标的成交		拍卖标的未成交		其他费用	
保险费	成交价之　%	保险费	保留价之　%	装裱/镜框/囊匣/修复/清洗	人民币　元/件
佣　金	成交价之　%	未拍出手续费	保留价之　%	火漆费	人民币　元/件
图录费	人民币　元/件	图录费	人民币　元/件	文物局鉴定费	人民币　元/件

九、拍卖人认为需要对本合同第七条所列拍卖标的进行鉴定的，可以进行鉴定。鉴定结论与本合同载明的拍卖标的状况不符的，拍卖人有权变更或解除本合同。若拍卖标的因任何原因未上拍，拍卖人应于拍卖开始前书面告知委托人，委托人应自收到拍卖人领取通知之日起三十日内取回该拍卖标的。超过上述期限，每逾一日，拍卖人有权按保留价的万分之另收保管费，并按拍卖规则之规定处理。

十、拍卖人对本合同第七条所列拍卖标的的拍卖日期、拍卖场次、拍卖地点及在拍卖图录中作内容说明等事宜拥有决定权。

十一、根据政府之税务规定，拍卖人将代扣委托人应缴纳之税费。

十二、拍卖标的成交后，如买受人已按《××××公司拍卖规则》的规定付清全部购买价款，拍卖人应自拍卖成交日起三十五天后将扣除委托人应付佣金及各项费用后的余额以________方式支付委托人。

十三、特别约定：1. 上述第________号无保留价作品________________________的保险金额为人民币________元。

2. ____。

十四、本合同自签署之日起生效，至双方权利义务履行完毕之日终止。若拍卖标的未成交，委托人应自收到拍卖人领取通知之日起三十日内自负费用取回该拍卖标的，并向拍卖人支付未拍出手续费及其他各项费用，超过上述期限，每逾一日，拍卖人有权按保留价的万分之另收保管费，并按拍卖规则之规定处理。

十五、本合同及本合同附件为不可分割的同一整体，由双方分别签署，具有同等法律效力。

十六、本合同的约定与《××××公司拍卖规则》的相关条款不一致的，以本合同的约定为准；本合同未约定事宜，委托人与拍卖人按照签订本合同时施行的《××××公司拍卖规则》的相关条款执行。签订本合同时施行的《××××公司拍卖规则》详见本合同背面，为本合同之组成部分。

十七、本合同有关的任何争议，相关各方均有权向拍卖人住所地人民法院提起诉讼。解决该等争议适用中华人民共和国法律。

十八、本合同由双方于________年________月________日签署。

委托人(签章)：________________　拍卖人(签章)：________________

附录 B(资料性附录)

竞买协议

竞买牌号

×××××公司竞买协议

拍卖会名称：

竞买人：

中文姓名(请用正楷)________ 英文名____________ 英文姓____________

国家____________ 证件种类____________________ 号码________________

手持电话________________________ 电子邮箱________________________

单位名称________________________ 职务________________________

单位地址________________________ 单位邮编________________________

单位电话________________________ 单位传真________________________

家庭地址________________________ 家庭邮编________________________

家庭电话________________________ 家庭传真________________________

付款方式________________________ 预交保证金______________________

邮寄地址 □单位地址 □家庭地址

拍卖人：××××拍卖公司

地址_____________ 邮编_____________ 电话_____________ 传真_____________

竞买人与拍卖人经友好协商，自愿达成以下协议，以兹共同信守：

1.本竞买协议背面之××××公司拍卖规则为本协议之组成部分，竞买人已认真阅读该拍卖规则，并同意在拍卖活动中遵守拍卖规则中的一切条款，如拍卖成交，同意自拍卖成交日起________日内向××××公司一次付清相当于成交价________%的佣金等全部购买价款并领取拍卖标的(包装及搬运费用，运输保险费用，出境鉴定费自理)。

2.竞买人知悉，拍卖人对拍卖标的的真伪及/或品质不承担瑕疵担保责任。拍卖人通过拍卖图录、状态报告等方式对拍卖标的所作的介绍与评价均为参考性意见，不构成对拍卖标的的任何担保。竞买人承诺自行审看拍卖标的原物，并对自己竞买某拍卖标的的行为承担法律责任。拍卖人应向竞买人说明委托人已告知的拍卖标的瑕疵，并合法披露拍卖标的的相关信息。

3. 竞买人参加拍卖活动，应在领取竞买号牌前交纳保证金。保证金的具体数额由拍卖人在拍卖日前公布。上述保证金在拍卖结束后________个工作日内，若竞买人未能购得拍卖标的，则全额无息返还竞买人；若竞买人购得拍卖标的，则抵作购买价款的一部分。若有余额，则于竞买人领取拍卖标的时，一并返还。若竞买人未履行任何一件拍卖标的交易中规定的义务，则保证金不予返还。

4. 竞买人应妥善保管竞买号牌，不得将竞买号牌出借他人使用，否则，竞买人须对他人使用其竞买号牌竞买拍卖标的的行为承担全部法律责任。

5. 拍卖人及其工作人员不得以竞买人的身份参与自己组织的拍卖活动，并不得委托他人代为竞买。

6. 竞买人竞得拍卖标的并全额支付购买价款后，即可获得拍卖标的的所有权，双方按照拍卖规则之规定办理拍卖标的交接。

7. 竞买人知悉，根据《中华人民共和国文物保护法》之规定，拍卖图录中凡有"＊"标记之拍卖标的以及拍卖前公布禁止出境的拍卖标的，拍卖人将不办理出境手续。

8. 本协议任何一方违反本协议约定的，违约方应赔偿守约方因此所遭受的一切损失，并承担因此而发生的一切费用和支出。

9. 本协议签署于________年________月________日，并自双方签署之日起生效，至双方权利义务履行完毕之日终止。本协议一式两份，双方各执一份，具相同法律效力。

竞买人（签字）________________　　　　拍卖人（盖章）________

经办人：________

审核人：________

附录 C（资料性附录）

委托竞投授权书

×××××拍卖会

××专场

年　月　日

拍卖会编号：　　　　请邮寄或传真至：

××××公司　　　　地址：

邮编：　　　　电话：

传真：　　　　人民币账户：

开户名称：　　　　账号：

开户行：

敬请注意：

1. 本图录中及拍卖前宣布增加的带有"＊"标记之拍卖标的禁止出境，故本公司恕不办理该标记拍卖标的之出境手续。

2. 填写此授权书时，须清晰填写相关项目。如两个或两个以上委托人以相同委托价对同一拍卖标的出价且最终拍卖标的以该价格成交，则本公司最先收到授权委托书者为该拍卖标的的买受人。

3. 本公司恕不接受书面形式以外的其他任何形式传送的委托竞投授权书。

4. 本公司本着从客户利益出发的原则，以尽可能低的价格为委托人代为竞投，成交价格不得高于表列委托价。

■请仔细核查所填写内容：

委托人姓名________________________

身份证/护照号码____________________

地址____

____

电话________________ 传真________________ 邮编________________

委托人签字________________ 日期________________

兹申请并委托××××公司就下列编号拍卖标的按表列委托价格进行竞投，并同意如下条款：

一、若竞投成功，委托人须自拍卖成交日起______日内向××××公司一次性支付成交价及相当于成交价百分之____的佣金及其他各项费用，并领取拍卖标的（包装及搬运费用、运输保险费用、出境鉴定费自理）。

二、委托人知悉××××公司对拍卖标的真伪及/或品质不承担瑕疵担保责任。

三、××××公司《拍卖规则》之委托竞投之免责条款为不可争议之条款。委托人不追究××××公司及其工作人员竞投未成功或未能代为竞投的相关责任。

四、委托人须于拍卖日二十四小时前向××××公司出具本委托竞投授权书，并同时缴纳保证金人民币____万元。如在规定时间内拍卖人未收到委托人支付的保证金，则本委托无效。

五、委托人承诺已仔细阅读刊印于本图录上的××××公司拍卖规则，并同意遵守该拍卖规则的一切条款。

图录号	拍卖标的名称	出价（人民币元）

此表可复印使用

附录D（资料性附录）

成交确认书

××××公司成交确认书

编号：

拍卖会名称____

拍卖标的图录号、名称____

竞买牌号____

成交价______________________________ 佣金________________%

买受人签字__________________________ 日期________________

●买受人已认真阅读××××公司的拍卖规则，同意在拍卖交易中遵守拍卖规则中的一切条款，并按规定向××××公司支付佣金及其他各项费用。

拍卖人公章________________

大遗址保护与考古

考古调查、勘探、发掘经费预算定额管理办法

(〔90〕文物字第248号)

第一章 总 则

第一条 为加强考古经费管理,保证考古工作正常进行,根据《中华人民共和国文物保护法》和有关法规制定本办法。

第二条 本办法适用于文物考古单位为科学研究和配合建设工程及其他动土工程而进行的考古调查、勘探和考古发掘经费预算编制工作。

第二章 考古调查、勘探预算定额

第三条 考古调查是为了解地面、地下的古代文化遗存而进行的查阅文献、实地踏勘、采集标本并做出文字、绘图、摄影记录,提出勘探或考古发掘计划等工作。调查经费预算定额的内容有:调查人员的交通、住宿、补助费、民工费、技术工人费、文具及工具损耗费、设备更新折旧费、文物包装运输费、资料整理费及不可预见费。调查经费按每平方公里500～1000元编列。调查面积不足1平方公里按1平方公里计。调查面积超过10平方公里,由文物部门核收10%的管理费。

第四条 考古勘探是为了解地下古代文化遗存的性质、结构、范围、面积等基本情况而进行的钻探工作。勘探经费预算定额内容有:勘探人员的交通费、住宿费、补助费、民工费、技术工人费、文具及工具损耗费、设备更新折旧费、资料整理费、回填费、不可预见费等。

第五条 普探指采用每平方米布孔5个的梅花点布孔法而进行的勘探工作。普通土质、孔深在2.5米深之内的普探定额标准以每百平方米用工数量为6～8工/日计算。

第六条 重点勘探指为了解墓葬及其他遗迹现象并在地面作出形状标记而必须进行的钻探工作。普通土质、孔深在2.5米深之内的重点勘探预算定额标准以每百平方米用工数量为80～120工/日计算。

第七条 较软土质以上述定额标准为基数最多核减25%。较硬、特硬土质或带水操作以此为标准增加50%～150%。孔深在2.5米以上,深度每增加0.5米,预算定额相应递增10%。

第八条 普探面积最低从100平方米起计算。重点勘探面积最低从10平方米起计算。

第三章 考古发掘经费预算定额

第九条 考古发掘经费预算内容包括:

一、人工费用

1. 民工费;

2. 技术工人费。

二、其他发掘费用

1. 消耗材料费;

2.器材、设备更新折旧费；

3.记录资料费；

4.运输费；

5.占地补偿费；

6.临时建筑设施费；

7.标本测试鉴定费。

三、发掘工作管理费

四、安全保卫费

五、不可预见费

第十条 人工费用：是指雇用的民工和技术工人所需的费用。

1.民工费用：日工资标准按当地有关规定执行，用工数量标准每平方米8～12工/日。

2.技术工人费用：依其从事的工种和熟练程度确定日工资标准，一般为当时当地民工日工资额的150%～250%。技术工人用工数量标准为民工用工数量的15%～25%。

第十一条 消耗材料是指在田野发掘、文物修复和资料整理等工作中自然损耗的小型工具、文具、包装、覆盖材料等的费用开支。

第十二条 器材、设备更新、折旧费指对发掘单位拥有的固定资产，如照相机、录像机、测绘仪器、小型运输工具、柜架等用于田野发掘、文物修复、资料整理工作等而损耗的补偿费用。

第十三条 资料记录费是指田野发掘、文物修复、资料整理等工作所必需的文字、录像、摄影、照相、绘图、测量等工作的费用及印刷费用。

第十四条 交通运输费是指田野发掘、资料整理过程中民工和技术工人往来，器材设备、消耗材料、出土文物及生活资料的运输所需费用。

第十五条 占地补偿费是指田野发掘中临时占用耕地的补偿。补偿面积一般为实际发掘面积的100%～300%。补偿数额视实际情况按季计算，经济作物可按特殊情况处理，但最多不得超过发掘费总数的12%。

第十六条 临时建筑设施费是指田野发掘进驻期间所必需的临时性建筑设施。包括民工和技术工人住宿房、伙房、值班房、工作用房、文物库房及水电设施等。

第十七条 文物标本测试鉴定费指必须送往专门科研单位或由有关专家对文物标本进行测试鉴定的费用。

第十八条 上述费用预算定额见附表一，各项费用在考古发掘工作各个阶段中所占比例见附表二。

第十九条 管理费指持有中华人民共和国考古发掘证照进行考古发掘工作的单位所必须列支的人员及管理费用，包括工作人员的办公、交通、住宿、补助、补贴及民工和技术工人的医疗、劳动保险、有关部门收取的劳动管理费等项费用。其定额标准为人工费用及其他发掘所需费用总数的20%。

第二十条 发掘现场的安全保卫费用指为保证考古发掘现场及出土文物安全而雇用的专门保卫人员及购置必要的保卫器械、设施所需费用，其定额标准为人工费用及其他发掘所需费用总数的10%。

第二十一条 不可预见费定额标准为人工费用及其他发掘所需费用总数的3%～5%。

第二十二条 以上预算定额适用于耕土层及文化层平均厚度在1～2米以内的古代遗址。文化层平均厚度不足1米者，以此为基数递减30%，文化层平均厚度不足0.5米者以此为基数递减50%。文化层平均厚度在2米以上，每增加0.5米预算定额相应递增15%。

第二十三条 发掘对象为耕土层及覆土层平均厚度在0.5米以上遗址时，按每立方米用工数量为2工/日，另外编制清理耕土及覆土层预算定额。耕土层及覆土层在2米以上时，每增加0.5米，该预算定额相应递增15%。

第二十四条 一般考古发掘的面积最低从10平方米起计算。

第四章　考古发掘特殊项目预算定额

第二十五条　发掘对象为大中型墓葬或其他特殊遗迹时，可按发掘对象的形制、规模计算劳动力投入量，以此为基数另加200%～300%的其他发掘费用。其中符合下列条件之一者可视实际需要单独计算发掘定额：

1.形制特殊；

2.规模巨大；

3.出土文物可能特别丰富或需进行特别保护；

4.其他如洞穴、沙漠、贝丘、悬棺、地下水位较高等特殊遗址。

第二十六条　发掘工作中可能有塌陷、滑坡等一定危险时，可列支一定数额的安全加固费，定额标准不得超过发掘费总额的5%。

第二十七条　发掘对象符合下列条件之一者，应额外增加不超过发掘费总额20%的文物保护费和不超过发掘费总额10%的资料出版费：

1.发掘总面积超过5000平方米的古代遗址；

2.发掘总数在200座以上的古代墓葬；

3.出土文物特别珍贵、丰富或遗迹特别重要的。

第二十八条　从考古发掘单位驻在地到考古发掘工地间的距离超过25公里时，增编远征费，标准为预算定额总数的2%～3%。增编远征费后，应适当核减临时建筑设施费预算定额。

第二十九条　考古发掘中发现特殊重要遗迹现象，因建设工种等原因不能就地保存，需要易地保护，视实际需要编制预算。

第五章　附　则

第三十条　各省、自治区、直辖市文物行政管理部门可视本地实际情况，根据本办法制定当地考古调查、勘探、发掘预算定额管理办法，报国家文物局备案。

第三十一条　本办法自颁布之日起实行。

关于加强基本建设工程中考古工作的指导意见

（文物保发〔2006〕42号）

为进一步增强基本建设工程中考古工作的主动性、计划性、科学性，基本建设工程中考古工作应按以下工作程序和规范要求进行，确保基本建设考古工作顺利开展：

一、开展基本建设工程中考古工作，应严格履行以下工作程序

（一）在工程建设的“项目建议书”阶段，由文物考古机构收集建设项目涉及和影响区域内文物分布情况，提出初步文物保护意见，报省级文物行政部门确认后向设计单位提交文物影响评估报告。

（二）在工程建设的“可行性研究”阶段，由省级文物行政部门组织文物考古机构，对建设项目涉及和影响区域进行专项考古调查，编制文物调查工作报告，报省级文物行政部门认可后提交设计单位或建设单位。

（三）在工程建设的“初步设计”阶段，由省级文物行政部门组织具有考古勘探资质的单位，根据文物调查工作报告对建设项目涉及和影响区域有可能埋藏文物的地点进行勘探，向建设单位提交考古勘探工作报告，提交前应报省级文物行政部门备案。

（四）在工程实施前，由省级文物行政部门委托具有考古发掘资质的单位，依据考古勘探工作报告，编制考古发掘计划，经省级文物行政部门初步审查后报送国家文物局。考古发掘单位依据发掘计划与建设单位签订工作合同，填报考古发掘申请书，经批准后实施。如发掘计划发生变更，应及时上报。

（五）田野考古工作结束后，省级文物行政部门根据工程需要组织项目验收，并对工程建设项目进行评估。考古发掘单位应向建设单位提交考古发掘工作报告，并按规定填报考古发掘工作汇报表。

（六）考古发掘报告编写完成后，考古发掘单位需将发掘资料和出土文物移交给省级以上文物行政部门指定的文物收藏单位。

二、基本建设工程中的考古工作，应按照以下规范进行

（一）文物影响评估

文物影响评估是由文物考古单位依据已掌握的资料，对建设项目涉及和影响区域内文物与建设工程的相互影响做出的分析评估。

文物影响评估报告的内容应包括：建设项目涉及和影响区域内已有文物普查资料成果，已公布为各级文物保护单位保护范围和建设控制地带的相关资料，对项目选址及设计方案的初步建议。

涉及省级以上文物保护单位的应报国家文物局。

（二）考古调查

考古调查是对建设项目涉及和影响区域进行专门的实地踏察，全面了解文物分布以及受影响情况。

文物调查工作报告应由文字、图纸、照片等部分组成，必要时应附以表格说明。文字应包括调查时间、工作过程、主要收获、初步认识、文物保护建议等；图纸应包括建设项目地理位置图、文物点与建设项目的关系图、文物分布图等；照片应包括调查工作场景、重要文物点的现状、采集的文物标本等。

文物调查工作报告应于调查工作结束后10个工作日内完成。

（三）考古勘探

考古勘探主要依据文物调查工作报告对建设项目涉及和影响区域内的已知文物点和有可能埋藏文物的地点进行考古钻探，查明地下文物分布状况。

考古勘探工作报告由文字、图纸和照片等部分组成。文字内容应包括时间、地点、范围、面积、堆积深度、勘探结果、保护意见等；图纸包括文物点分布图、勘探平面图等；照片包括工作场景、遗迹、遗物等。

考古勘探工作报告应于勘探工作结束后15个工作日内完成。

（四）考古发掘

考古发掘是指确因工程建设需要，对无法避让的文物埋藏点进行的抢救性发掘，主要依据考古勘探工作报告和经批准的考古发掘工作计划进行，考古发掘工作开展前应制定文物保护预案。

考古发掘应严格按照《考古发掘管理办法》和《田野考古工作规程》进行，要充分运用现代科技手段开展多学科研究，尽可能提取更多的信息。要重视标本的采集、检测和鉴定工作。遇有重要发现，应及时报文物行政部门，并会同建设单位共同商定保护措施。

（五）验收与评估

考古发掘工作的验收应根据工程需要进行。工作结束后7个工作日内，考古发掘单位应书面提请省级文物行政部门组织专家会同建设单位进行考古工地验收。验收工作结束后应及时形成书面验收意见并反馈给被验收单位。

验收内容应包括考古发掘证照、资质资格，考古发掘资料，《田野考古工作规程》执行情况，发掘计划执行情况、经费使用情况以及文物和人员安全情况等。

待考古工地验收工作结束后，省级文物行政部门应组织专家根据考古发掘结果，评估建设工程对文物的影响，研提对工程建设项目的意见。涉及全国重点文物保护单位和省级文物保护单位的，应报国家文物局。

考古发掘工作报告应全面反映发掘工作的过程和主要收获。由文字、图纸和照片等部分组成，文字内容包括工程概况、发掘时间、地点、经过、重要发现、保护措施及建议等；图纸包括工程位置图、考古发掘地点与工程的位置关系图、考古发掘总平面图等；照片包括发掘地点地貌、发掘现场、重要遗迹遗物等。

考古发掘工作报告应于考古工地通过验收后15个工作日内提交。跨省区项目的《考古发掘工作报告》应抄报国家文物局。

（六）资料与文物移交

所有考古发掘资料严禁长期由个人保管，应在田野发掘工作结束后60个工作日内移交本单位资料保管部门专门保管，在进行考古发掘资料整理工作时，可依据工作计划借阅相关资料。出土文物及标本应严格按照规定移交库房保管。

（七）考古发掘报告的编写须在3年内完成。

三、适应工程建设管理需要，建立考古工作监理制度

（一）为进一步规范基本建设考古工作，加强对建设项目考古工作的监督，保障基本建设和考古工作顺利进行，应逐步建立基本建设考古工作监理制度。

（二）基本建设工程中的考古工作，应根据建设单位的需要开展综合监理或单项考古项目监理。省级文物行政部门根据需要也可对其他重要的考古工作组织监理。

（三）从事考古监理工作的单位和个人应当取得考古发掘资质和领队资格证书。

（四）监理工作要严格依照《中华人民共和国文物保护法》《考古发掘管理办法》和《田野考古工作规程》以及其他相关法律、规定进行。监理单位应承担相应的法律责任。

（五）考古监理工作内容主要包括审查考古工作计划、工作方案、规程、协议等的执行情况，审查经费的使用情况，对计划变更提出意见，对发现的问题提出书面整改意见并抄送委托单位，考古工作结束后出具监理报告。

（六）监理单位须尊重被监理单位的知识产权，未经委托方和被监理单位同意，不得引用、发表监理项目的各种资料和成果。

（七）监理单位不得与被监理单位有行政或经营性隶属关系。监理业务，不得转让。不允许其他单位假借监理单位的名义执行监理业务。

（八）考古工作监理实行有偿监理。监理费用列入建设工程预算。

四、加强管理，明确职责，确保基本建设考古工作顺利开展

（一）基本建设项目的考古调查、勘探、发掘工作由省级文物行政部门统一负责协调管理和组织实施。跨省区建设项目的考古工作，由工程所在地的省级文物行政部门联合组织实施，并将实施情况抄报国家文物局；特别重要的考古项目，由国家文物局进行协调。省级以下各级文物行政部门负责协助做好本辖区内建设项目的考古发掘工作。

（二）省级文物行政部门要加强对本辖区内建设项目文物考古工作的管理，切实履行检查和监督职责。督促考古工作单位履行报批手续，严格审核考古工作计划，检查《田野考古工作规程》执行情况、领队职责的履行情况、经费使用情况以及工地安全措施等，确保基本建设考古工作符合有关法规和规范的要求。

对于重要考古发掘项目，国家文物局组织专家进行指导、检查和监督。

（三）各文物考古单位要加强内部管理，建立健全工作程序和管理制度，规范考古勘探和考古发掘工作，确保考古工作质量。同时，要加强文物保护经费的管理，确保专款专用，并自觉接受有关部门的审计。

要切实树立课题意识，对重要的考古发掘项目要事先制定出明确的课题研究计划，注重解决学术课题，提高科研水平。

要强化文物保护理念，以发掘促进保护。要积极探索新技术的推广和运用，积极开展多学科、多领域合作研究，提高考古发掘工作的科技含量。

（四）基本建设考古发掘工作要认真落实领队负责制。领队要按照《田野考古工作规程》的规定，认真履行职责，增强责任心，保证田野考古发掘工作质量和工地安全。

（五）已承担下列正在进行的考古发掘项目之一的领队，不得同时担任其他考古发掘项目的领队：

1. 主动性考古发掘项目；

2. 涉及省级以上文物保护单位的考古发掘项目；

3. 发掘面积超过2000平方米的考古发掘项目；

4. 其他重要考古发掘项目。

确因工作需要，需同时担任多个考古发掘项目领队的，发掘项目不得跨地市、跨工程，且发掘面积总量不得超过3000平方米，项目数量不得超过3个。

跨年度考古发掘项目原则上不得更换领队。如因特殊情况确实需要更换领队的，应及时报国家文物局同意。

（六）对于违反相关规定的，国家文物局将视情节轻重，给予通报批评、暂停或取消考古发掘单位资质或领队资格；构成犯罪的，依法追究刑事责任。

田野考古工作规程

（文物保发〔2009〕6号）

第一章 总 则

第一条 田野考古工作是考古学研究的基础，也是保护文化遗产的重要手段。为贯彻执行《中华人民共和国文物保护法》，确保田野考古工作符合科学要求，特制订本规程。

第二条 田野考古工作必须服从文物保护的需要。

第三条 从事田野考古工作的单位和个人必须严格遵守本规程。

第二章 考古调查

第四条 考古调查的任务是发现、确认和研究文化遗存，为文化遗产保护提供依据。

考古调查应尽量选择避免损伤遗址文化堆积的技术。利用自然科学技术手段进行调查应与实地踏查相结合。

遗址的确认以发现原生文化堆积为准，应注意与地点的区分。

第五条 准备工作

（一）调查前应对拟调查地区已有考古成果、历史文献、地图、遥感照片，以及地质、环境等相关资料进行收集和分析研究。

（二）根据调查目的制订工作方案，包括规划调查区域、对象、内容、技术方法等。

（三）组建调查队伍，做好物质准备。

第六条 考古调查的基本内容包括调查对象的位置、范围与面积、堆积状况、年代与文化面貌、环境、保存现状等。

（一）测量遗址的地理坐标，并标注在地图上。

（二）遗址范围与面积依据已暴露文化堆积的位置，并参照地表散见遗物的分布范围确定，必要时适当辅以勘探手段。

(三)遗址的文化堆积状况包括埋藏深度、堆积层次和厚度、暴露的遗迹遗物等。可通过直接观察堆积断面,并综合各观察点的情况进行整体推断,必要时可进行勘探。

(四)有选择地采集暴露在断面上的遗物和拣选地表散落的特征遗物,以了解遗址的年代、文化面貌等。

(五)调查遗址的现代和古代景观环境。

(六)评估遗址保存现状,提出文物保护建议。

第七条 考古勘探

考古勘探是考古调查的重要手段之一。提倡各种无损伤探测新技术的研究和应用。勘探结束后,应及时完成考古勘探工作报告。

采用钻探手段进行考古勘探时,探孔应按照“错列”的方式布设,不宜过密。探孔应及时回填。

已局部暴露的城垣、夯土基址等遗迹应慎用钻探手段。

墓葬的钻探一般以探到墓口为宜。

第八条 考古调查记录

考古调查记录应包括文字、测绘和影像三种形式,构成统一的记录体系。

(一)调查的文字记录包括工作日记、调查记录表、考古调查断面观察记录表、钻探记录表等。

(二)采集的遗物必须编号记录。

(三)调查了解的遗址范围、堆积断面位置、重要遗迹现象位置、采集区以及探孔分布位置等须标注在大比例尺的遗址图上。

(四)遗址调查中发现的地层断面应测图记录。勘探所获堆积结构、层次、遗迹形状或分布范围等应有图示记录。

(五)遗址全貌和重要局部应进行摄影。重要的碑刻、题记等应制作拓片。捶拓必须遵守有关规定,确保文物安全。

(六)调查资料应登记、存档,并录入数据库。

(七)调查结束后应及时提交调查工作报告和文物保护建议。

第三章 考古发掘单位和领队职责

第九条 考古发掘单位职责

(一)指定考古发掘项目领队,监督、检查、指导领队工作。

(二)按规定上报考古发掘申请和汇报,做好跨年度或多次发掘项目的衔接工作。

(三)负责考古资料的审查、清点、保管和移交。

(四)采取措施确保工地安全,及时上报安全事故。

(五)及时上报重要发现。

第十条 领队职责

考古发掘项目实行领队负责制。

(一)主持制订发掘方案、文物保护预案,组织各项发掘准备工作。

(二)按照考古发掘执照许可内容调整发掘方案,主持发掘工作,协调各技术系统的运作,确保各项工作严格遵守本规程。

(三)及时完成考古发掘工作报告。

(四)及时上报安全事故。

(五)及时上报重要发现。

第四章　考古发掘

第十一条　考古发掘中的文物保护

(一)考古发掘位置的选择应考虑文物保护的需要。

(二)考古发掘前必须制订文物保护预案、防灾预案和安全预案,并根据考古发掘情况及时调整。

重要考古发掘项目必须配备专业文物保护人员。

(三)重要迹象须慎重处置,做好相关记录,采取相应的保护措施。

(四)遇有重要发现,及时上报文物行政部门。

第十二条　考古发掘的测绘

(一)考古发掘前,应确定三维测绘坐标系统,设置测量基点。坐标系统纵轴一般取正北方向。

(二)发掘中所有测点数据的采测,必须包括相对于测量基点的三维坐标数据。

(三)根据遗址坐标系统布设探方,进行编号。

第十三条　考古发掘的作业方法

(一)探方(沟)是发掘作业的工作单位。应指定专人负责每个探方(沟)的发掘。

(二)考古发掘一般采用探方法。探方应留隔梁和关键柱。需要了解遗存堆积层位或结构时,可采用探沟解剖。

第十四条　考古发掘的原则性要求

(一)依据土质、土色、包含物及参考其他相关现象区分堆积单位。

(二)完整把握遗迹单位的边界形态。

(三)根据地层学原理,依照堆积形成的相反顺序逐一按堆积单位发掘。

(四)堆积单位是考古发掘的最小作业单位。发掘过程中,应注意把握堆积间的界面。较大或复杂的遗迹现象,应采取分部揭露的方法,如先发掘二分之一或四分之一。处理大面积层状堆积时,应控制各部分的发掘进度,保持一致。

(五)要注意观察、分析和判断遗迹或遗物间的关系,注意控制和协调工作进度。

(六)人类活动迹象清楚的活动面是重要的遗迹现象,发掘中应尽量完整揭露,详细观察,多手段记录。

(七)发掘完毕后,无特殊原因探方(沟)必须回填,并注意生态环境保护。

第十五条　发掘资料采集

(一)遗物分人工遗物和自然遗存。人工遗物应全部采集,人类遗骸、哺乳动物骨骼一般应全部采集,植物遗存、贝丘遗址内的软体动物遗骸及其他小型动物遗骸应抽样采集。必要时,遗迹、遗痕也要采集。

(二)发掘资料的采集要考虑系统性、针对性和有效性。

(三)按堆积单位采集遗物,单位归属不清的遗物单独包装。

(四)重要堆积单位的土除留取分析样品外,应全部过筛收集遗物。

(五)年代学分析样品、环境样品应按照地层序列采集。

(六)脆弱易损遗存的采集、遗痕翻模、壁画揭取、地层剖面揭取、重要遗迹的整体起取等工作,应由专业技术人员进行。

(七)所有采集品必须有相应的包装措施和详备的编号记录。

(八)抽样采集时须记录抽样方式、采样位置和采样方法。

第十六条　发掘记录

(一)发掘记录应包括文字、测绘和影像三种形式,构成统一的记录系统。指代单位的符号必须符合相关规范,编号不得重复,给出后不得更改。堆积单位的隶属关系应清楚。

(二)文字记录包括工地日记、探方日记、发掘记录表、遗迹单位总记录,以及遗迹编号、影像、资料采集和入库等登记表格。

（三）测绘记录包括发掘区总平、剖面图；探方总平面图、四壁剖面图、各层下开口遗迹平面图；遗迹平、剖面（侧视）图。

（四）影像记录包括摄影资料、摄像资料等，应重视对各种遗迹现象和发掘工作过程的描述。

（五）资料汇总与存档。

1.单个遗迹单位资料汇总。包括发掘记录表，遗迹单位总记录，遗迹平、剖面（侧视）图、细部结构图，遗物及样品采集记录，各类其他形式的记录。

2.探方资料汇总。包括探方总记录，探方日记，探方总平面图、四壁剖面图，各层下开口遗迹平面图，探方地层关系系络图，测绘、影像、采样登记表及各类其他形式的记录。

3.发掘区资料汇总。包括工地总日记，发掘区总平、剖面图，发掘区地层关系总系络图，测绘、影像及采样记录总表，遗迹编号记录，及各类其他形式的记录。

4.上述资料应统一存档。

第十七条　在发掘过程中应建立临时库房，并指定专人对发掘物资、出土文物和记录资料等进行管理。

发掘结束后，发掘物资、出土文物和记录资料等应及时清点、核实、移交。

第五章　发掘资料整理

第十八条　发掘资料整理工作的主要任务包括：按照一定的技术要求对考古资料进行整理，并建立资料库；运用地层学、类型学方法分析考古资料，确认遗存的相对关系。

（一）全面核校发掘期间的记录资料。严禁改动原始记录，如原始记录有误，须另纸勘误。

（二）根据原始记录清点遗物，按单位整理、修复遗物。

（三）遗物整理的记录有文字、实测绘图（临摹）、影像、拓片等形式。文物标本应制作器物卡片。

（四）根据需要对发掘取得的人类学标本、动植物遗存、环境样品、文物标本等及时进行分析和检测。

（五）根据类型学原理检验发掘期间对遗迹单位相互关系的判断。

（六）按遗迹单位将各种资料整理记录和发掘记录汇总，建立资料库。为便于档案的管理、查询和进一步研究，可建立电子数据库。

第六章　发掘成果刊布

第十九条　发掘报告

（一）田野工作结束后应及时编写、发表发掘报告，多年发掘的大型遗址应及时发表阶段性报告。

（二）发掘报告必须客观、真实、全面、系统。

（三）发掘报告内容主要包括：遗址的自然地理环境、历史沿革、既往工作；发掘工作经过和发掘方法；文化堆积与分期；遗迹与遗物；编写者的认识；有关专业技术报告等。

第二十条　考古发掘单位应创造条件，尽可能使公众了解考古工作成果。

第七章　发掘资料管理

第二十一条　文字、测绘、影像和实物等各类资料必须由考古发掘单位负责管理，严防损坏和遗失，任何个人不得私自保存。

实物资料应与登记表所列项目相符。文字、测绘、影像等资料应与档案袋、登记册所列项目相符。

移交和接收各类资料必须履行交接手续，并记录在案。

所有实物资料的处置，应在考古报告发表之后，由考古发掘单位提出方案报请主管部门批准后方可进行。

第八章　附　则

第二十二条　本规程自2009年10月1日起生效。《田野考古工作规程》(试行)同日废止。

附　录

一、野外作业技术要点

(一)遗址测绘

1. 遗址测绘是为了获取反映遗址环境地貌特征的地形图。地形图的内容应包括：测量控制点、等高线、居民地、工矿建(构)筑物及其他设施、交通及附属设施、管线及附属设施、水系及附属设施、境界、地貌和土质、植被和其他重要标志性地物等各项地物、地貌要素以及地理名称注记等。

2. 地形图应全面反映遗址微地貌特征和所处区域的自然、人文景观。地形图的比例尺不能小于1∶10000。

3. 遗址测绘必须首先建立三维测绘坐标系统，并在遗址上设立相应的永久性测量控制点。大型遗址需设立多个测量控制点，建立有效的测量控制网，以满足遗址各区域测量精度的需求。如有条件，重要遗址的三维测绘坐标系统应与国家地理坐标系控制点建立有效关联。

4. 地形图的绘制可充分利用各类已有资料，包括测量控制点资料、大比例尺地形图、航空和卫星影像图，但必须与遗址三维测绘坐标系统建立有效关联。地形图需要转换成相同的坐标系统，航空和卫星影像图必须进行精确校正和配准。

5. 遗址测绘需同时考虑到考古和文物保护工作的需要，对遗址进行适当分区。

6. 遗址测绘必须严格遵守《中华人民共和国测绘法》的相关规定，做好保密工作。

(二)考古调查

1. 区域系统调查

(1)区域系统调查以全面系统记录调查区域内遗迹、遗物的分布状况为主要目标。

(2)区域系统调查为集体调查项目，必须设有负责人。负责人主持和协调各项工作，包括制订工作方案、协调工作进度、审查成员的各项工作状况、主持编写调查报告等。

(3)区域系统调查的方法应强调工作的系统性、有效性和全面性，需使用统一的区域系统调查记录表。

(4)实地调查过程中，成员之间应保持适当距离，在负责人统一协调、指挥下有序展开。每个或每组成员均要按照调查工作方案所设定的调查网格观察、采集、记录地表暴露遗迹、遗物，填写区域系统调查记录表。一个调查网格需填写一张记录表。

(5)调查网格的大小应尽量保持统一，可根据实际情况做出调整，但必须及时记录。

(6)发现暴露遗迹现象较多的断面，应做重点观察，并单独记录，填写考古调查断面观察记录表，做好文字、测绘和影像记录。

(7)每天工作结束后，由专人收取、审核各成员填写的区域系统调查记录表，填写审核意见，将表格数据输入相应的数据库，并将表格及相关资料整理、归类。

(8)由负责人主持，定期召开全体成员参加的调查工作总结会，并根据调查的实际情况及时调整工作方案。

2. 遗址调查

(1)遗址调查是通过对单个遗址的详细调查，了解遗址的环境特征、景观布局、分布范围、堆积特征、功能结构、文化性质、保存状况等信息，建立遗址档案资料，为考古和遗址保护工作提供必备的资料。

(2)遗址调查的主要方法有地层断面观察、地表遗物采集和勘探等。应根据调查结果详细填写遗址调查记录表，重要遗迹现象须标注在大比例尺地形图上。为记录的准确、便捷，方便分析、管理，提倡采用矢量化的电子地图。

(3)地层断面观察主要是观察、记录遗址上不同地点地层断面所暴露的文化堆积。

①观察地层断面时应划分出已暴露文化堆积的层次关系，但不得随意铲挖，避免对遗址造成破坏。

②观察地层断面应做完整的文字、测绘和影像记录，填写考古调查断面观察记录表。地层断面的每个观察点均要单独编号。

③地层断面上暴露出的遗物应依照地层关系按堆积单位采集。如需收集供自然科学研究的样品，在满足最低需求的前提下控制样品采集量。

(4)地表遗物应按抽样方式采集。要重点采集能够说明遗址文化内涵的典型遗物，同时应注意不同类型遗物的分布范围和密度。

(5)必要时可对遗址进行适当的勘探，以了解文化堆积的分布范围、重要遗迹的形制、布局等信息。采用钻探法进行勘探时：

①应测量探孔的三维坐标，将其位置标注在地图上，并填写钻探记录表。

②探孔布设一般为等距错列分布(示意图一)。

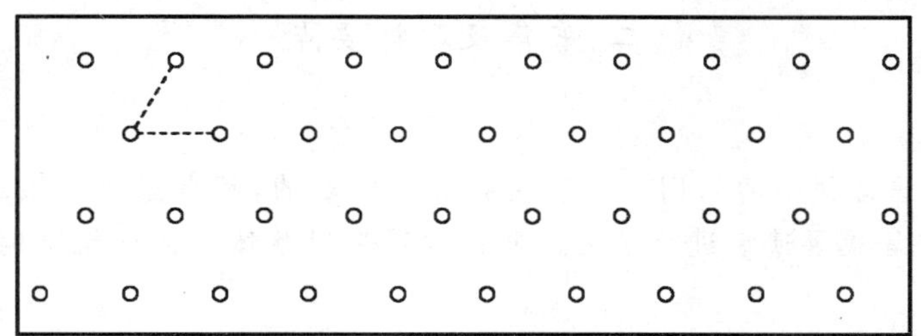

示意图一　钻探探孔布设示意图

(参考：Clive Orton，2000. *Sampling in Archaeology*，p.91. Cambridge University Press)

(6)遗址景观环境的调查应组织相关专业人员进行，根据具体情况设定调查、取样、记录的内容和方法，并撰写专项调查报告。

(三)考古发掘

1. 探方(沟)发掘

(1)为便于开展发掘工作，可首先对遗址进行分区管理。遗址分区应便于探方编号，避免出现三位数字，每区一般以400米×400米为宜。

(2)探方(沟)是田野发掘的基本工作单位，田野发掘中可根据文化堆积的实际情况选择不同大小的探方(沟)。一般来说，探方的规格有1米×1米、5米×5米、10米×10米几种。

1米×1米探方常用于旧石器遗址或新石器遗址中的石器加工场等特殊遗迹的发掘。一般采用小水平层的方法发掘。

5米×5米探方是遗址发掘中最常用的规格。

10米×10米探方常用于堆积现象简单或规模较大的遗迹的发掘，如大型宫殿建筑、墓葬等。

(3)探方(沟)一般取正方向，并与遗址的三维测绘坐标系统保持一致。特殊情况下，如地形狭窄的沿江、沿河地区等可根据地势选择探方(沟)的方向。

(4)探方的编号系统应与遗址的分区和三维测绘坐标系统建立关联，编号方式应简捷，便于查阅。编号应按照“T＋南北向编号＋东西向编号”或“遗址分区号＋T＋探方号（南北向＋东西向）”的样式编写，如探方“TS08W06”或“ⅢT7274”。

(5)探方发掘过程中要保留东边和北边各1米宽的隔梁，探方东北部1米×1米为关键柱。隔梁与关键柱可有效观察探方内地层堆积的变化，变化情况应及时在隔梁的剖面上标示清楚。发掘过程中，如果隔梁和关键柱妨碍了对地层和遗迹现象的整体观察把握，可在绘制剖面图后打掉。

(6)探沟是探方的一种特殊形式。探沟发掘的主要目的是解剖、探察遗存的堆积层位关系，作业方法可参照探方。探沟深度超过2米，则需考虑留出便于出土的台阶，台阶宽度应不窄于1米。

2. 地层堆积的发掘

(1)堆积单位和遗迹单位是考古发掘中观察、发掘、记录工作的两个核心概念。

堆积单位是发掘现场可区分的最小堆积，是田野考古工作中发掘、记录文化堆积的最小单位，一个堆积单位应独立填写一张发掘记录表。

遗迹单位由一个或多个堆积单位组成，是相对完整的功能单位。

(2)探方和遗迹单位符号一般应采用其汉语拼音的第一个字的大写声母表示，如：T—探方（沟）；H—灰坑；F—房屋；M—墓葬；C—沟；J—井；L—路；Y—窑；Z—灶；Q—墙。堆积单位的编号应纳入遗迹单位编号中，如：H1①—灰坑H1填土第①层。

(3)判断不同堆积单位之间早晚关系应采用平、剖面结合的方法，可先从关系清楚的堆积单位人手。

(4)重要的遗迹单位应及时采取保护措施，视实际情况采取现场保护的方法，或切割搬迁至实验室进行发掘和保护。

二、采集及取样要点

（一）要求

1. 重要遗迹应坚持原址保护的原则。原址保护确有困难的，可考虑整体搬迁保护。应注意对人的手、足等印迹及工具痕迹等重要遗痕进行采集。采集时可采用整体或部分切割的方式，尽可能保持其完整性。

2. 遗物采集可根据研究需要和具体情况使用不同方法，但必须保证采集方法的系统性、针对性和有效性。

(1)系统性。遗物的采集和取样自始至终应保持统一的标准。

(2)针对性。在无法对遗址内各种资料实行全部采集的情况下，应根据遗址发掘的不同目的确定资料采集方法。

(3)有效性。采集方法应规范，采集种类、样品数量和样品大小应满足工作需要。

3. 各类遗物均应按堆积单位采集、取样和编号。

4. 置放原地的遗物，如随葬品、房子或窖穴内摆放物品、人类和动物遗骸等，应在完成测绘、影像记录、编号后起取。

5. 所有采集品必须同时附有相应的标签。标签要写明采集品的种类、质地、数量、所属单位、采集方法、采集者和采集日期等。

（二）种类

1. 人工遗物

人工遗物指由人类制造、加工或使用的物品，如石玉器、骨角器、陶瓷器、木漆器、金属器等。应注意采集制作人工遗物使用的原料、制造和加工过程中产生的坯料、废料、残次品等包含加工工艺特征的遗物。

2. 自然遗存

自然遗存指遗留在遗址内，与阐释人类活动相关的动植物（包括人类遗骸）、矿物遗存等。

(1)人类遗骸及其他人类学标本。

(2)动物类遗存:大型哺乳动物、小型哺乳动物、鱼类、鸟类、爬行类、陆生软体动物、水生软体动物、昆虫、有孔虫类和寄生虫等各类动物遗存。

(3)植物类遗存:木头(木炭)、果实、种籽等大植物遗存;植硅石、花粉、植物孢子、硅藻等微植物遗存。

(4)土壤、烧土、沉积物标本。

(三)方法

1. 全部采集

全部采集是采集文化堆积中发现的所有遗物。

只要条件允许,对重要堆积单位的土除留取分析样品外,应全部过筛收集各类遗物。

2. 抽样采集

抽样采集是在无法实现全部采集的情况下,采用的U部分认识整体的一种采集方式,包括:随机抽样、系统抽样、目的抽样等。

(1)随机抽样。又称"简单随机抽样",采用随机性的原则进行取样,是最简单、最普遍的抽样方法。抽样时,要保证每个样本被独立地、等概率地抽取。

(2)系统抽样。又称"等距抽样",是首先将总体平均分成几个部分,然后按照预先定出的规则,从每个部分中抽取一个个体,得到所需样本的方法。

系统抽样方法也可保证每个样本被抽取到的可能性相等。这种方法可用于总体中个体数较多的情况,同时操作简便,不易出错,应用广泛,但在使用过程中应尽量避免可能产生的系统误差。

(3)目的抽样。又称"判断抽样",是一种由专家或研究人员根据自己的判断决定所选样本的方法。这种抽样方法一般是对调查对象的总体先作总的了解,然后主观地、有意识地抽取具有代表性的典型个案,并通过典型个案的调查研究以掌握总体的情况。

目的抽样一般适用于下列两种情况:

①探索性研究,为设计、进行正式抽样或全部采集打下基础。

②总体范围较小,只能提取极少数样本,且用随机抽样可能遗漏重要或具有代表性遗存的情况。

(四)技术

1. 直接提取

适用于一般遗物的采集。重要遗物(如"小件")在采集前应首先记录其空间位置数据(即三维坐标)、埋藏状态等信息,编号后起取。器物中的包含物应注意保留。

2. 筛选

筛选法是使用筛子采集土壤样品中遗物的方法,主要用于选取个体较小的遗物。同一遗址筛选作业使用的所有筛子的网眼应统一规格,通常使用0.8厘米×0.8厘米~1厘米×1厘米网眼的筛子。筛选法分为干筛法和湿筛法:

(1)干筛法是在土壤样品干燥状态下进行筛选的方法,适用于土遗址的发掘取样。一般先将发掘出的土壤样品晾干,再进行筛选。

(2)湿筛法是土壤样品在水中筛选的方法,适用于饱水环境土遗址的发掘取样。

3. 水选

水选法又称"浮选法",是利用水的比重原理对遗址文化堆积中的样品进行选取的方法。又可分为轻选法和重选法,两种方法可同时进行。

(1)水选法既可使用浮选机,也可手工进行。进行时需准确测量、记录水选土壤样品的体积。

(2)水选过程中的用水应干净清洁,并保证土样完全冲洗干净,不能残留土块,建议不使用漂洗剂。

(3)水选后,漂浮于水面的有机质遗存应直接使用筛网做轻选收集并阴干;渣子部分做重选收集,阴干后再使用不同规格的筛子筛选,提取其中的遗物,如小型水生动物骨骼、小型鸟类和哺乳类动物骨骼、小石渣、小陶片及大块植物遗存等。

(4)采用水选法应使用统一规格的筛网。通常轻选使用0.2毫米×0.2毫米～0.25毫米×0.25毫米网眼的筛子,重选使用1毫米×1毫米～2毫米×2毫米网眼的筛子。

4. 柱状剖面采集

柱状剖面采集是在一个地层剖面上采集系列样品的方去。采样前需清理出一个新鲜的地层剖面,并划分清楚层位关系。一般应自下而上采集,保证样品不被污染。

(五)采集及取样技术方法举例

1. 动物骨骼的采集

对不同类型和个体的动物骨骼可用以下方法提取:

(1)完整的动物骨骼必要时可整体起取。

(2)部分哺乳动物、鸟类、鱼类等的破碎骨骼,一般情况下应采用筛选法全部采集。

(3)部分昆虫、鱼类、软体动物、鸟类、小型哺乳动物等的破碎骨骼,可抽样采集土壤样品,在水洗获取植物遗存时重选收集,或直接用小尺寸的筛子进行筛选。

2. 植物遗存的采集

(1)大植物遗存,如木炭、果实和种籽类。抽样采集足够的土壤样品,经水选法后,提取轻选标本,阴干后送实验室鉴定。

(2)微植物遗存,如植硅石、孢粉、硅藻类。可选择抽样采集足够的土壤样品,或采用柱状剖面的方法采集土壤样品,密封包装后送实验室进一步提取。

(3)易受污染的微植物遗存,如孢粉、植硅石土壤样品的采集,应在新鲜的地层剖面上或地层堆积中使用清洁的工具采集。采集完一个单位,必须清洗采集工具后方能采集另一个单位。采集到的样品应立即密封包装,防止污染。应尽量避免在附近农作物开花时节或大风中取样。应记录采样时的环境气候。

3. 土壤、烧土、沉积物样品的采集

(1)烧土采用抽样采集的方法直接起取。

(2)土壤和沉积物采用柱状剖面的方法采集。应使用专用工具在新鲜的地层剖面上采集。必须保持样品的土壤结构。采集样品应以避免污染的硬包装的形式加固,并在外包装上标注样品在剖面上的方向和序列。应保证样品的土壤结构在运输过程中不被损坏。

4. 碳十四测年样品的采集

(1)选择层位关系明确的堆积单位采集所需样品。

(2)按照堆积序列采集系列样品。系列样品指在一个连续堆积上按堆积单位采集的样品。如果一处连续堆积不能代表整个遗址堆积,应在不同地点采集若干个系列样品。

(3)一个堆积单位应尽量多采集样品,同时要注意采集不同类型的测年样品,如木炭、种籽、骨骼等,以尽量避免样品本身的年龄误差。

(4)同一堆积单位采集的样品,需保证样品的完整性,如完整的种籽、骨骼、木块、皮革等。不得将不同个体的样品混合采集和包装。

(5)详细记录采集样品的考古信息,要注意同一堆积单位的每个样品的空间位置。

(六)取样数量

除人工遗物需全部采集外,下表列举了采集各类自然遗存所需最少数量的土壤样品供参考。

考古资料取样数量参考表

分类	遗存类型	土壤类型	潜在信息	获取及研究方式	需要的样品量
微遗存	硅藻	所有	堆积环境的盐度、酸度	实验室处理，400X显微镜观察	100毫升
	花粉、植物孢子等	所有	地区性的植被环境及变化/地区性的水文及气候/遗迹单位的功能/人类活动对景观的干预/作物管理/植物资源		50毫升或柱状剖面取样
	植硅石	所有	地区性植被环境、水文、气候/遗迹单位的功能/农业相关问题		100～200毫升或柱状剖面取样
	有孔虫类	所有	潮汐环境下的盐度和水位变化		100毫升
	寄生虫卵	饱水环境	病理学/环境及生业经济形态		250毫升
大遗存	果实、种籽	所有（炭化）/饱水或干燥环境（未炭化）	地区性植被/植物类资源的利用/农业相关问题：作物生产、加工与储存/地区性景观和土地利用	浮选（炭化）、湿筛（未炭化饱水环境），至0.2～0.5毫米，10×～60×显微镜观察	20升左右
	木头（木炭）	所有（炭化）/饱水或干燥环境（未炭化）	地区林业资源的构成/树木资源的开发、管理与利用	浮选（木炭）、湿筛（未炭化饱水环境），150×～400×显微镜观察	20升左右，或可见性全部采集
	昆虫	所有（炭化）/饱水或干燥环境（未炭化）	地区性景涉林地结构/虫害研究	实验室处理，筛选至0.3毫米，10×～60×显微镜观察	10～20升
	水生软体动物	碱性或中性，小型（碱性）	堆积环境的盐度第贝类的采集与消费	小型需筛选至0.5毫米	小型需10升
	陆生软体动物	碱性或中性，小型（碱性）	地区性植被结构		
	鸟类骨骼	所有（非酸性）	狩猎/食物储存与管理/动物驯化	手工拣选、筛选、浮选，至1毫米	取定量土样后的全部堆积
	鱼类骨骼	所有（非酸性）	渔猎/鱼类食品的加工与消费	手工拣选、筛选、浮选，至1毫米	取定量土样后的全部堆积
	小型哺乳动物	所有（非酸性）	地区性生态环境/动物群研究	手工拣选、筛选、浮选，至1毫米	取定量土样后的全部堆积
	大型哺乳动物	所有（非酸性）	狩猎/动物驯化/动物的消费模式（加工、储存、管理与消费）/动物的病理学等	手工拣选、筛选	取定量土样后的全部堆积
	人骨	所有（非酸性）	食谱/病理学/人口/生活方式或埋藏方式	手工拣选、筛选	

续表

分类	遗存类型	土壤类型	潜在信息	获取及研究方式	需要的样品量
土壤、沉积物	微形态学分析	所有	成土作用/土壤结构与人工干预/遗迹单位的功能/堆积埋藏学研究	连续柱状剖面或局部特征剖面	
	化学分析		成土作用与气候影响/土壤酸碱度/耕种与畜牧管理的影响	连续柱状剖面	
	颗粒分析		沉积序列/水流冲积的影响	连续柱状剖面	

（参考：Muphy and Wiltshire，1994. *A guide to sampling archaeological deposits for environmental analysis*. [Available upon request from English Heritage]；Museum of London Archaeology，1994. Archaeological Site Manual，3rd ed.）

三、记录要点

（一）基本要求

1. 田野考古记录是对田野考古工作过程和工作对象的描述，为考古学研究和文化遗产保护提供基础资料。

2. 田野考古记录应客观、真实、全面、系统。

应保证田野考古记录的即时性，当日工作结束，或每项田野工作完成，相关的记录必须尽快完成。

（二）文字记录要点

1. 工作日记

（1）工作日记主要用于记述田野考古工作过程。所有参加考古工作的专业人员均须撰写相应的工作日记。表格等其他文字记录形式难以详细阐释和容纳的内容均应记人工作日记。

（2）工作日记主要包括调查日记、工地总日记和探方日记等。

①调查日记：用于记录田野考古调查的工作过程。主要内容包括日期、天气、调查区域的自然和人文环境、地表植被、调查人员构成和职责分工、工作进展情况、重要遗迹现象的发现情况、遗物收集情况、记录情况、用工状况、初步认识、记录者和记录时间等。

②工地总日记：用于记录田野考古发掘工地的总体工作过程。由考古领队撰写。主要内容包括日期、天气、考古工作人员组成、用工状况、各探方工作进度、遗迹现象发掘情况、遗物采集情况、各类记录完成情况、下一步工作计划、记录者、记录时间等。

③探方日记：用于记录田野考古发掘中各探方的工作过程。每个探方应单独记录。主要内容包括日期、天气、发掘者、用工状况、探方发掘进度、层位关系和遗迹现象的判断、堆积单位和遗迹单位的发掘情况、重要遗迹遗物的示意图、各类记录的完成情况、记录者、记录时间等。

2. 记录表格

（1）记录表格包括工作记录表和工作登记表。工作记录表包括区域系统调查记录表、遗址调查记录表、考古调查断面观察记录表、钻探记录表、发掘记录表、墓葬发掘记录表、采样记录表等；工作登记表包括遗迹编号登记表、测绘登记表、影像登记表、入库登记表、出土器物（标本）编号登记表等。

（2）工作记录表格的内容和要求：

①区域系统调查记录表：区域系统调查记录表由区域系统调查中每个（组）调查成员填写，其基本填写单元为调查设计的调查网格。内容应包括遗址名称和遗址编号、网格编号、网格大小、三维地理坐标、地表植被及其他覆盖物、天气状况、地表遗迹遗物暴露状况、遗物采集方法及数量、记录者、记录日期和时间、审核者、审核时间等。

涉及断面暴露遗迹的观察，应填写考古调查断面观察记录表。

②遗址调查记录表：每个遗址填写一份遗址调查记录表，内容包括：遗址名称、编号、地图号、所属行政区划（应具体到行政村）、位置（地理坐标、海拔高度、附近水流名称和距离、离河面高度等）、地貌与环境

(地形、地貌、相对高度、水流、土壤、植被、动物、气候、资源、道路等)、既往工作情况、遗址堆积状况(遗址面积、遗址类别、文化层深度、文化层厚度、暴露遗迹遗物状况、文化内涵、保存状况等)、文化性质与年代、剖面观察情况、标本采集情况、遗址评价及工作建议、调查人员、调查日期等。

③考古调查断面观察记录表:考古调查断面观察记录表用于区域系统调查和遗址调查中暴露遗迹现象断面观察的记录,每处断面观察地点填写一份记录表。内容包括遗址名称、遗址编号、日期、天气、断面描述(包括编号、长度、深度、方向和倾斜度)、观察地点描述(包括编号、宽度、深度、位置)、暴露堆积或遗迹单位的层位关系、堆积或遗迹单位描述(包括类型、编号、堆积描述、遗迹形状描述)、遗物采集情况、绘图号、照相号、记录者、记录日期、审核者、审核日期等。

考古调查断面观察记录表与区域系统调查记录表和遗址调查记录表配合使用时,应统一编号。

④钻探记录表:钻探记录表用于遗址调查过程中的钻探记录,每个探孔应填写一份记录表。内容包括遗址名称、钻探区域、探孔编号、位置(三维坐标)、堆积深度和厚度及描述(包括钻探各层的土色、土质、致密度、堆积性质、包含物、采集遗物)、钻探者、记录者、钻探日期、审核者及意见等。

⑤发掘记录表:发掘记录表是田野考古发掘中用于记录堆积单位的表格,以堆积单位为填写单元。内容包括遗址名称、工作单位、探方号、遗迹单位号、堆积单位号、绘图号、照相号、摄像号、层位关系描述(所有与发掘的堆积单位有直接叠压、打破关系的各堆积单位之间的关系)、堆积特征描述(堆积特征包括堆积的深度、厚度和坡度等,其描述应以堆积不同部位的顶部和底部的高程点坐标形式记录)、堆积描述(包括土质、土色、致密度、堆积形状、包含物、保存状况、堆积性质、发掘方式)、形状描述(主要记录平面、剖面形状、口径、底径、深度、壁面)、遗物采集情况、示意图、记录者、记录日期、审核者、审核日期等。

发掘记录表是构建堆积单位之间关系"系络图"的基本单元。一个堆积单位填写一份发掘记录表。

⑥采样记录表:采样记录表主要用于记录田野发掘过程中自然遗存样品等的采集情况。

采样记录表的形式多样,可根据采集不同类型自然遗存的需要设计采样记录表。一般情况下,采样记录表至少应包括:样品类型、样品编号、遗址名称、土壤样品占堆积单位土壤总量的百分比、样品规格、取样方式、样品体量、取样工具、取样时天气状况、样品包装方式、污染状况、有关文化堆积的背景说明、取样目的、送样地点和负责人、绘图号、照相号、摄像号、取样者和取样时间等。样品在所处堆积单位的空间位置以及堆积单位之间的层位关系应以示意图的形式加以说明。

(3)工作记录表格的填写内容示例:

①堆积单位的描述:

1)土色:依序描述深浅、色调、主色。

2)土质:黏土、淤泥,粉沙土(沙粒直径小于0.1毫米),细沙土(沙粒直径0.1~0.2毫米),粗沙土(沙粒直径0.2~2.0毫米),砾石(直径大于2毫米。细砾直径2~60毫米,粗砾直径大于60毫米)。

田野发掘土质判断简易方法示意图见示意图二。

3)致密度:疏松(非常轻易用手铲挖掘),较疏松(较容易用手铲挖掘),较致密(可以用手铲挖掘,但需用力才能用手捻碎),致密(需用其他工具辅助挖掘,几乎无法用手捻碎)。

4)堆积形状:包括水平状、坡状、波状、凸镜状、凹镜状,其他。

堆积形状描述示意图见示意图三。

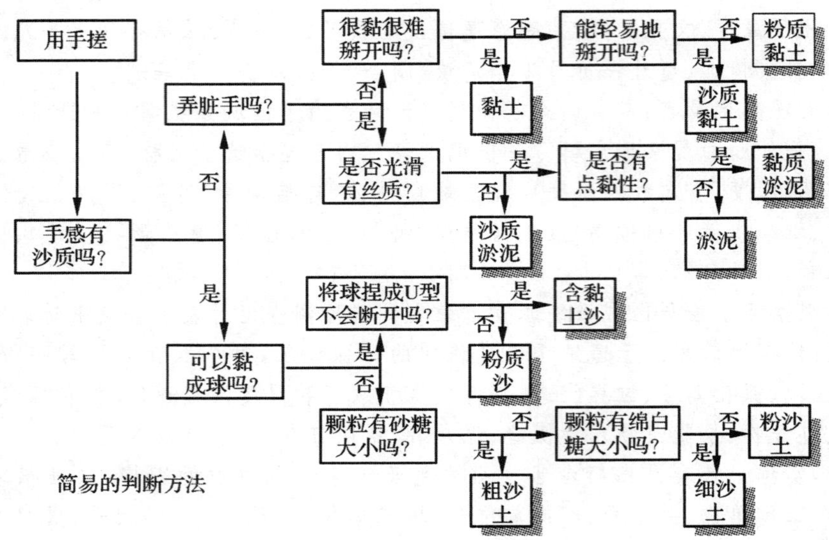

示意图二　田野发掘土质判断简易方法示意图

（参考：Museum of London Archaeology Service，1994. *Archaeological Site Manual*，3rd ed.）

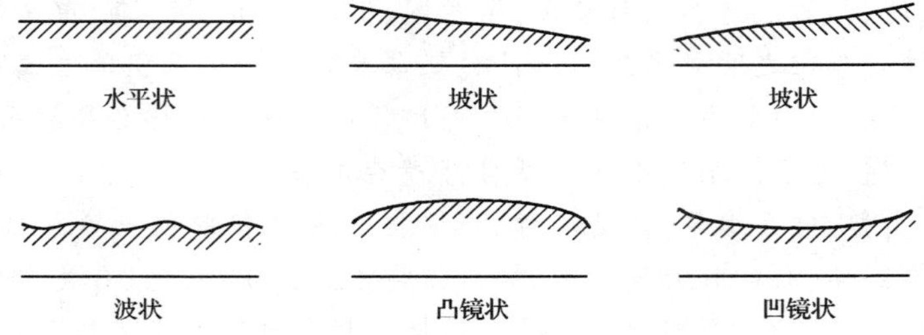

示意图三　堆积形状描述示意图

5）包含物：描述各类包含物的比例、粒径/分选度、圆整度/破碎程度。

包含物比例描述示意图见示意图四。

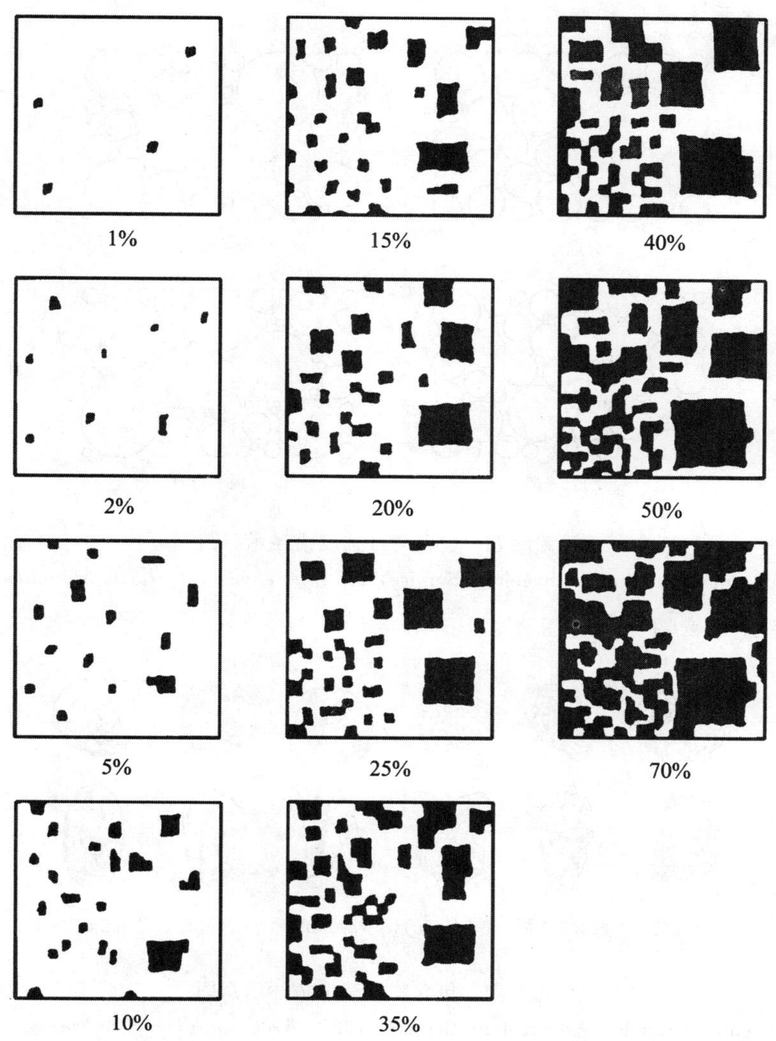

示意图四　包含物比例描述示意图

（参考：Museum of London Archaeology Service，1994. *Archaeological Site Manual*，3rd ed.）

包含物分选度描述示意图见示意图五。

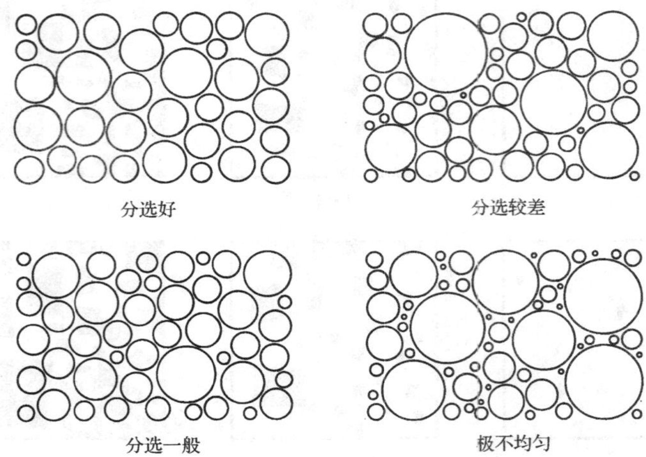

示意图五　包含物分选度描述示意图

（参考：Museum of London Archaeology Service，1994. *Archaeological Site Manual*，3rd ed.）

包含物圆整度描述示意图见示意图六。

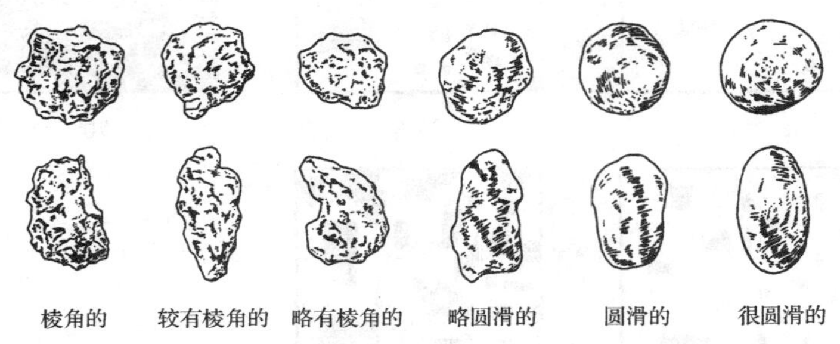

示意图六　包含物圆整度描述示意图

（参考：Museum of London Archaeology Service，1994. *Archaeological Site Manual*，3rd ed.）

②遗迹单位形状描述：

1）平面形状：如圆形、椭圆形、方形、长方形、条形、不规则形等。

多边形要求描述转角，如圆角长方形。

多边形和不规则形应绘示意图。

2）口部：描述边缘状态，分为明显、较明显、不明显。

遗迹单位口部边缘形态描述示意图见示意图七。

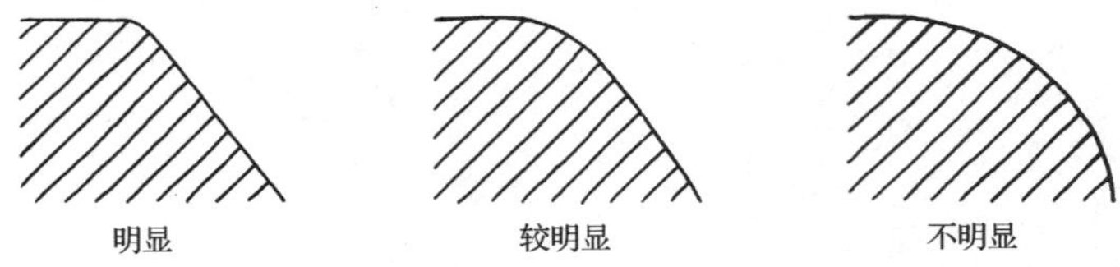

示意图七　遗迹单位口部边缘形态描述示意图

（参考：Museum of London Archaeology Service，1994. *Archaeological Site Manual*，3rd ed.）

3）剖面形状：用锥形、筒形、袋形、弧形和尖底、圜底、平底等分别描述壁部和底部。

遗迹单位剖面形状描述示意图见示意图八。

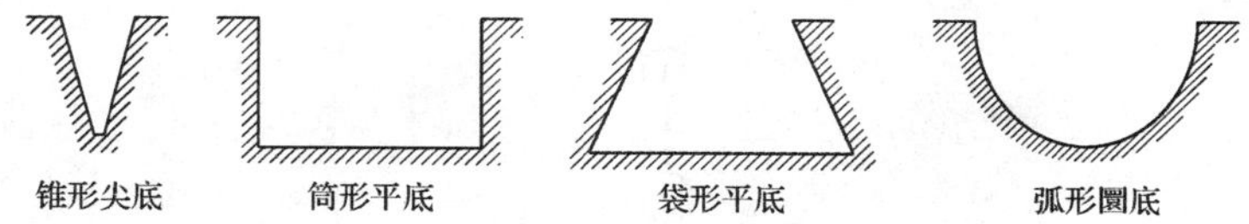

示意图八　遗迹单位剖面形状描述示意图

4)壁面:描述有无加工痕迹、倾斜度或陡缓程度、粗糙或光滑。

5)底部:描述边缘形态,分为明显、较明显、不明显。

遗迹单位底部边缘形态描述示意图见示意图九。

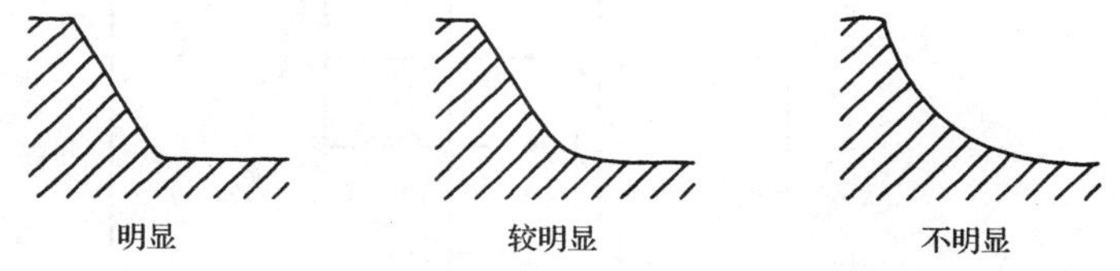

示意图九　遗迹单位底部边缘形态描述示意图

(参考:Museum of London Archaeology Service, 1994. *Archaeological Site Manual*, 3rd ed.)

6)底面:描述有无加工痕迹、粗糙或光滑。

7)其他:如果是柱洞,记录倾斜角和方向。

3. 遗迹单位总记录

(1)一个遗迹单位常由多个堆积单位组成,每个堆积单位均应填写一张发掘记录表,完成一个遗迹单位发掘后,应对所有的堆积单位记录资料进行汇总。

(2)遗迹单位总记录包括发掘过程和方法的记述、年代和性质的判断、构成遗迹单位的各堆积单位间层位关系描述、与其他遗迹单位间层位关系描述、堆积综述、遗迹单位形制、采集遗物和样品情况描述等。

4. 堆积或遗迹单位关系"系络图"

"系络图"是用图形的形式表达堆积单位之间、堆积单位与遗迹单位之间以及遗迹单位之间的层位关系。

探方遗迹单位关系“系络图”见示意图一〇。

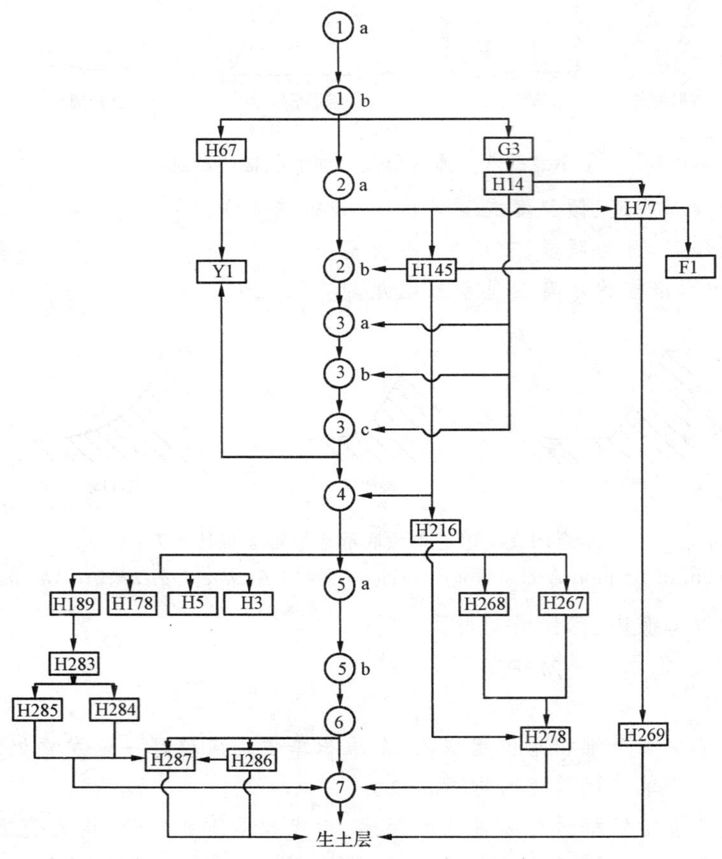

注:图中箭头表示堆积单位、遗迹单位之间的叠压或打破关系

示意图一〇　探方遗迹单位关系系络图

(三)发掘区测绘记录要点

1. 发掘区的测绘记录是通过测量、绘图手段记录各类遗迹现象的空间位置、形状和结构特征的记录方式,以平面图、剖面图和必要的侧视图的形式体现。

2. 发掘区的测绘记录包括发掘区总平、剖面图,探方总平面图、四壁剖面图、各层下开口遗迹平面图,遗迹平、剖面(侧视)图。剖面图的剖线和侧视图的视角需在平面图上表示清楚。剖面图与侧视图应与平面图保持统一比例。

(1)发掘区总平、剖面图用来记录整个发掘区内的地层堆积和遗迹现象,比例尺为1∶50或1∶100。如发掘区内现象复杂,可根据情况分层或分类绘制。

(2)探方总平面图、四壁剖面图、各层下开口遗迹平面图用来记录各探方内的地层堆积和遗迹现象,比例尺为1∶20或1∶50。

(3)遗迹平、剖面(侧视)图用来记录各遗迹的形状和结构特征,比例尺为1∶10或1∶20。结构复杂的单体遗迹应绘制不同功能单元的平、剖面(侧视)图,如房屋内部的灶、柱洞等;具有叠压、打破关系的成组遗迹可联合绘制平、剖面(侧视)图,如形成打破关系的成组灰坑等。

3. 测绘图的要素:

(1)平面图须在图上注明两个以上测点的三维坐标,有高程变化的地方须注明高程值;剖面(侧视)图须注明高程值,并在对应平面图上标注剖面或侧视面的位置。

(2)每幅图须注明图名、图号、比例、绘图方式、绘图者、审核者、绘图日期、图例、方向等。

(3)发掘过程中对发掘对象的判断如有变化,应重新测绘,但原图应保留。

4. 应尽量采用高精度的测绘仪器，如电子全站仪或高精度 CPS 接收机。测绘点的坐标应取自遗址三维测绘坐标系统。

5. 所有遗迹测绘点坐标应详细填写记录表，统一管理、建档。

6. 遗迹测绘主要有三种绘图方式：

(1)现场手绘：

①现场手绘是仪器测量与手工绘图相结合的测绘记录方式。

②测量点是原始数据，不能更改，它们之间连线时应保留测点，限制对图纸的过度修饰。

(2)摄影测绘：

①采用摄影测量的方式进行遗迹测绘，须依据测绘点坐标，并采用适当的方法对影像进行校正。摄影测绘适用于外形轮廓复杂的遗迹，如置放原地的人和动物骨骼、出土物丰富的墓葬、石器作坊遗迹等。

②摄影时应选择好测绘点的位置和数量。测绘点的数量和分布须满足图像校正精度的要求，并应参照照相机的拍摄位置、角度、镜头曲率来确定。测绘点的位置和坐标应标注在原图上。

③摄影时测绘点的位置应着重标记，选用镜头曲率较小的照相机拍摄。

④校正后的正投影照片可按比例缩放后，采用手工方式描绘，亦可使用计算机直接进行矢量描绘。

(3)全息三维激光扫描测绘：

全息三维激光扫描测绘是使用专用激光扫描测绘仪器与计算机连接，直接测绘所需遗迹外形轮廓的测绘方法。这种方法适用于外形轮廓复杂的遗迹测绘，如石窟寺、砖室墓等。

7. 探方发掘结束后，须按探方仔细核对、汇总各类绘图资料(包括遗迹图和探方图)，详细填写绘图登记表。

(四)影像记录要点

影像记录是使用照相机、摄像机等摄影摄像器材记录调查、发掘过程和遗迹现象的记录手段。

1. 工作过程影像记录

包括遗址调查发掘前后的全景、工作人员合影、不同发掘阶段的工地全景、各探方发掘过程、重要遗迹现象发掘过程、重要样品采集过程以及其他重要工作场景等影像资料。

2. 遗迹影像记录

包括遗迹发掘前后不同角度拍摄的影像资料，应全面反映遗迹形状和结构特征，特殊部位要拍特写。

(1)同一拍摄对象须在同样拍摄条件下拍摄正片、数码片，并确保拍摄质量。

(2)考古发掘区必须拍摄全景照片。规模大的遗迹可使用小型飞机、气球等辅助手段拍摄。

(3)所有影像资料应做完整记录，填写登记表。照相登记表的内容包括照片类型、胶卷编号、胶卷卷数、照片编号、照相内容、拍摄方向、天气、拍摄指数(如光圈、快门速度、焦距、白平衡、ISO 数值和曝光补偿等情况)、相机型号(如相机类型、品牌，镜头类型、品牌)、时间、拍摄者。摄像登记表的内容包括盘号、分段号、场景、长度、拍摄内容、拍摄方向、天气、摄像机型号、时间、拍摄者。数码影像资料应在计算机内分类整理建档。

四、库房管理要点

(一)库房管理

1. 临时库房应具备保存文物的相应条件，由专人负责，并建立完备的管理制度。出土文物应及时入库存放，确保文物安全。

2. 出土文物入库应详细填写入库登记表，按类别妥善保管。

出土文物出入库时应履行交接手续。检查标签填写是否完整、准确，核对标签与实物是否相符。

3. 临时库房无法满足出土文物所需保存保管条件时，应及时将出土文物转入具有条件的地点存放。

(二)记录资料汇总与存档

1. 记录资料汇总是指汇总考古发掘现场各类记录资料,包括单个遗迹单位资料、探方资料和发掘区资料汇总。

2. 所有记录资料在汇总前均须经过严格审核。

3. 所有记录资料汇总完毕后应统一入库存档。遗迹单位资料汇总按探方整理存档,探方资料汇总按发掘区整理存档,发掘区资料汇总按发掘年度整理存档。

五、资料整理要点

(一)整理修复

1. 根据不同材质特点,对遗物进行清洗、修复或采取其他必要的技术处理。应按照器物的制作、使用(转用)、废弃和埋藏过程的顺序对文物标本进行观察,详细记录。

2. 对数量大、不能复原的遗物应进行多角度观察和测量,如材质、颜色、重量、数量、尺寸、形状、部位、表面纹饰和痕迹等,并进行分类统计,填写各类相关记录表。

3. 文物标本应按堆积单位统一编号,并记录到出土器物(标本)编号登记表中。编号应标注在遗物的不明显处。

4. 文物标本应进行各种属性观察和测量,并填写器物登记卡片。如陶器登记卡片内容包括:器物编号、出土地点、器物名称、照相号、绘图号、拓片号、体量(口径、底径、通高、壁厚、重量、容量)、制法(质料、成型、修整、装饰、火候、烧成后装饰)、使用(使用痕迹、修补痕迹、转用痕迹)、型式描述(含形态、装饰、纹饰的型式分类)、检测、存放地点、标本架号、记录者、审核者和日期等。

5. 文物标本应实测绘图、临摹、照相和拓片,并填写相应的登记表,附在器物登记卡片上。

实测绘图应尽量采用大比例尺,常用比例尺为1∶1、1∶2、1∶4。各类观察结果应直接描绘、记录在原始图纸上。实测图采用正投影方法绘制,应表现剖面和内部结构。具体绘图方法应符合有关规范。

提倡使用现代科学技术方法进行绘图,如摄影测绘、三维激光扫描、数字建模等。

拍摄文物标本时应放置比例尺。文物标本应拍摄正片和数码片,必要时拍摄局部特写。

拓片主要用于表现文物标本表面或里面的文字、纹饰、符号、制作痕迹等。拓片须注明所拓文物标本的部位。

(二)标本入库

标本须分类入库,按遗迹单位——探方——发掘区——年度的顺序存放。未列入标本的遗物,应妥善保存。

(三)样品送检

样品送检前应列出清单,办理相关手续。检测后按清单查收检测结果,并回收剩余样品。

(四)建立资料库与电子数据库

1. 资料库

按照遗迹单位统一汇总所有田野发掘记录和资料整理记录,形成完整的资料档案,并统一按照“遗迹单位——探方——发掘区——年度”的顺序整理建档,形成资料库。

2. 电子数据库

电子数据库应基于田野工作的各项文字、影像和测绘记录。其中,记录表格是构建数据库的主体;其他文字、测绘和影像记录应统一归类,并在数据库中建立有效链接。各表格之间应关系清晰,符合数据库的结构要求,便于统一管理、检索、查询、数据的扩充和数据库的升级。

各考古项目可根据需要设计不同的电子数据库。

表格样式*

一　区域系统调查记录表

年度：　　　调查区域：　　　工作单位：　　　底册号：　　　流水号：

<table>
<tr><td>遗址名称</td><td colspan="2">遗址编号</td><td colspan="2">网格编号</td><td>网格大小</td><td>日期</td><td>天气</td></tr>
<tr><td></td><td colspan="2"></td><td colspan="2"></td><td></td><td></td><td></td></tr>
<tr><td>地理坐标</td><td colspan="7">X(N)：　　　Y(E)：　　　Z(H)：　　　（米）</td></tr>
<tr><td>测绘仪器</td><td colspan="7">类型：　　　编号：　　　测量精度（米）：</td></tr>
<tr><td>地表覆盖物</td><td colspan="7">种类：　　　遗物可视状况：好□；一般□；差□；不见□</td></tr>
<tr><td colspan="8">遗物部分</td></tr>
<tr><td rowspan="2">种类</td><td colspan="5">丰富程度</td><td rowspan="2">采集方法及数量</td><td rowspan="2">初步年代判断</td></tr>
<tr><td>很丰富</td><td>丰富</td><td>一般</td><td>差</td><td>无</td></tr>
<tr><td>____
____
____
____
____</td><td>□
□
□
□
□</td><td>□
□
□
□
□</td><td>□
□
□
□
□</td><td>□
□
□
□
□</td><td>□
□
□
□
□</td><td>____
____
____
____
____</td><td></td></tr>
<tr><td colspan="8">遗迹部分</td></tr>
<tr><td>类型</td><td colspan="2">编号</td><td colspan="2">层位关系</td><td>堆积描述</td><td>形状描述</td><td>遗物采集</td></tr>
<tr><td>____
____
____</td><td colspan="2">____
____
____</td><td colspan="2">____
____
____</td><td>____
____
____</td><td>____
____
____</td><td>____
____
____</td></tr>
<tr><td colspan="8">绘图号：　　　照相号：　　　考古调查断面观察记录表编号：</td></tr>
<tr><td colspan="8">备注：</td></tr>
<tr><td colspan="2">记录者：</td><td colspan="2">记录时间：</td><td colspan="2">审核者：</td><td colspan="2">审核时间：</td></tr>
</table>

* 此仅为表格样式示例。表格可以从国家文物局政府网站 www.sach.gov.cn 下载。各考古项目可根据需要修改使用。

二 遗址调查记录表

年度：　　　　　　工作单位：　　　　　　底册号：　　　　　　流水号：

<table>
<tr><td>遗址名称</td><td colspan="2"></td><td>编号</td><td></td><td>地图号</td><td colspan="2"></td></tr>
<tr><td>隶属</td><td colspan="7">省　　市／县　　区／乡　　村　　（米）</td></tr>
<tr><td rowspan="2">遗址位置</td><td>地理坐标</td><td></td><td colspan="2">附近水流名称、距离</td><td colspan="3">（米）</td></tr>
<tr><td>海拔高度</td><td></td><td colspan="2">离河面高度</td><td colspan="3">（米）</td></tr>
<tr><td colspan="8">地貌与环境：（地形、地貌、相对高度、水流、土壤、植被、动物、气候、资源、道路……）</td></tr>
<tr><td colspan="2">既往工作情况</td><td colspan="6"></td></tr>
<tr><td rowspan="5">遗址堆积状况</td><td>遗址面积</td><td colspan="2">（米）</td><td>遗址类别</td><td colspan="3"></td></tr>
<tr><td>文化层深度</td><td colspan="2">（米）</td><td>文化层厚度</td><td colspan="3">（米）</td></tr>
<tr><td>暴露遗迹遗物情况</td><td colspan="2"></td><td></td><td colspan="3"></td></tr>
<tr><td>文化内涵</td><td colspan="2"></td><td></td><td colspan="3"></td></tr>
<tr><td>保存状况</td><td colspan="2"></td><td></td><td colspan="3"></td></tr>
<tr><td colspan="2">文化性质与年代</td><td colspan="6"></td></tr>
<tr><td colspan="2">剖面观察情况</td><td colspan="6"></td></tr>
<tr><td rowspan="3">标本采集情况</td><td>文化遗存</td><td colspan="6"></td></tr>
<tr><td rowspan="2">自然遗存</td><td>人类学标本</td><td colspan="2"></td><td>动物标本</td><td colspan="2"></td></tr>
<tr><td>植物标本</td><td colspan="2"></td><td>土壤、烧土、沉积物标本</td><td colspan="2"></td></tr>
<tr><td colspan="2">遗址评价及工作建议</td><td colspan="6"></td></tr>
<tr><td>调查人员</td><td colspan="7"></td></tr>
<tr><td>绘图号</td><td></td><td>绘图者</td><td></td><td>照相号</td><td></td><td>摄像号</td><td></td></tr>
<tr><td>调查日期</td><td colspan="7"></td></tr>
<tr><td>备注</td><td colspan="7"></td></tr>
</table>

三　考古调查断面观察记录表

年度：　　　　　　　　工作单位：　　　　　　　　底册号：　　　　　　　　流水号：

<table>
<tr><td colspan="3">遗址名称：</td><td colspan="2">遗址编号：</td><td colspan="2">日期：</td><td colspan="2">天气：</td></tr>
<tr><td colspan="9">断面描述：编号　　　　长度：　　　　深度：　　　　方向：　　　　倾斜度：</td></tr>
<tr><td colspan="9">观察地点描述：编号；　　　宽度：　　　　深度：　　　　位置：N ____ E ____ H ____</td></tr>
<tr><td colspan="9">层位关系描述：</td></tr>
<tr><td rowspan="13">堆积或遗迹单位描述</td><td colspan="2">类型</td><td></td><td></td><td></td><td></td><td></td><td></td></tr>
<tr><td colspan="2">编号</td><td></td><td></td><td></td><td></td><td></td><td></td></tr>
<tr><td rowspan="6">堆积描述</td><td>堆积形状</td><td></td><td></td><td></td><td></td><td></td><td></td></tr>
<tr><td>土色</td><td></td><td></td><td></td><td></td><td></td><td></td></tr>
<tr><td>土质</td><td></td><td></td><td></td><td></td><td></td><td></td></tr>
<tr><td>致密度</td><td></td><td></td><td></td><td></td><td></td><td></td></tr>
<tr><td>包含物</td><td></td><td></td><td></td><td></td><td></td><td></td></tr>
<tr><td>其他</td><td></td><td></td><td></td><td></td><td></td><td></td></tr>
<tr><td rowspan="5">遗迹形状描述</td><td>剖面形状</td><td></td><td></td><td></td><td></td><td></td><td></td></tr>
<tr><td>口部</td><td></td><td></td><td></td><td></td><td></td><td></td></tr>
<tr><td>底部</td><td></td><td></td><td></td><td></td><td></td><td></td></tr>
<tr><td>深（厚）度</td><td></td><td></td><td></td><td></td><td></td><td></td></tr>
<tr><td>其他</td><td></td><td></td><td></td><td></td><td></td><td></td></tr>
<tr><td rowspan="10">遗物采集情况</td><td rowspan="5">人工遗物</td><td>陶器</td><td></td><td></td><td></td><td></td><td></td><td></td></tr>
<tr><td>石器</td><td></td><td></td><td></td><td></td><td></td><td></td></tr>
<tr><td>骨角蚌器</td><td></td><td></td><td></td><td></td><td></td><td></td></tr>
<tr><td></td><td></td><td></td><td></td><td></td><td></td><td></td></tr>
<tr><td></td><td></td><td></td><td></td><td></td><td></td><td></td></tr>
<tr><td rowspan="5">自然遗存</td><td>^{14}C</td><td></td><td></td><td></td><td></td><td></td><td></td></tr>
<tr><td>孢粉/植硅石</td><td></td><td></td><td></td><td></td><td></td><td></td></tr>
<tr><td>浮选土样</td><td></td><td></td><td></td><td></td><td></td><td></td></tr>
<tr><td></td><td></td><td></td><td></td><td></td><td></td><td></td></tr>
<tr><td></td><td></td><td></td><td></td><td></td><td></td><td></td></tr>
<tr><td colspan="5">绘图号：</td><td colspan="4">照相号：</td></tr>
<tr><td colspan="2">记录者：</td><td colspan="2">记录日期：</td><td colspan="2">审核者：</td><td colspan="3">审核日期：</td></tr>
</table>

四 钻探记录表

年度：　　　　遗址名称：　　　　钻探区域：

探孔编号：　　　　位置：N____ E____ H____　底册号：　　　　流水号：

［堆积编号］［深度］　　　　［堆积描述］

<table>
<tr><td>①</td><td>0 厘米</td><td>堆积性质____备注________</td></tr>
<tr><td></td><td></td><td>土色________土质________致密度________
堆积性质________包含物________采集遗物________
备注________</td></tr>
<tr><td></td><td></td><td>土色________土质________致密度________
堆积性质________包含物________采集遗物________
备注________</td></tr>
<tr><td></td><td></td><td>土色________土质________致密度________
堆积性质________包含物________采集遗物________
备注________</td></tr>
<tr><td></td><td></td><td>土色________土质________致密度________
堆积性质________包含物________采集遗物________
备注________</td></tr>
<tr><td colspan="2">备注</td><td></td></tr>
</table>

钻探者：　　　　记录者　　　　钻探日期：

审核者及意见：

五　发掘记录表

年度：　　　　遗址名称：　　　　工作单位：　　　　底册号：　　　　流水号：

探方号		遗迹单位号		堆积单位号		记录日期	
绘图号		照相号		摄像号		记录者	

层位关系： 叠压或打破： →	[　] [　] [　] [　] [　] [　] [　] [　] 【　】 [　] [　] [　] [　] [　] [　] [　] [　]

堆积特征描述：

深度(最高最低点)：表面　东南____西南____东北____西北____厘米

底面　东南____西南____东北____西北____厘米

厚度：　最厚________　最薄________厘米

堆积描述：

土色________

土质________

致密度　疏松□较疏松□较致密□致密□

堆积形状　坑状□　筒状□　袋状□

水平状□　坡状□　波状□

凸镜状□　凹镜状□　其他________

包含物　陶________石________

骨角________烧土________

料姜石________蚌壳________

炭屑________其他________

形状描述：

1. 平面形状________
2. 口部________
3. 剖面形状________
4. 壁面________
5. 底部________
6. 底面________
7. 器物________
8. 深度(厘米)________
9. 其他________

保存状况________

堆积性质________

发掘方式________

其他________

遗物采集情况　　方法(筛眼大小)________

遗物类型________　数量________

遗物类型________　数量________

遗物类型________　数量________

遗物类型________　数量________

遗物类型________　数量________

测试标本采样：

^{14}C________　编号____数量____

孢粉/植硅石　编号____数量____

浮选土样　编号____数量____

其他________　编号____数量____

其他________　编号____数量____

示意图：

备注：

记录者：　　　记录日期：　　　审核者：　　　审核日期：　　　资料员：

六 采样记录表

年度：　　　　　　工作单位：　　　　　　底册号：　　　　　　流水号：

样品类型	样品编号	遗址名称	区号	探方号	堆积单位号
取样点坐标	N：	E：	H：		
占总体堆积数量的百分比	＜5	5～15	25～50	＞50	100
样品规格	米/毫米× 米/毫米× 米/毫米				
取样方式	平面□		剖面□		
样品体量	（升）				
取样工具	手铲□	铁锹□	其他：		
天气状况	季节：	日照：	温度：	湿度：	风：
包装方式					
样品污染状况	无□	轻微□	严重□		
其他堆积					
包含物					
堆积性质：			文化性质：		
层位关系：[ ] [ ] [ ] [ ] [ ] [ ] [ ] [ ] 【 】 [ ] [ ] [ ] [ ] [ ] [ ] [ ] [ ] [ ]					
取样目的：					
相关考古问题：					
送样地点：			负责人：		
绘图号：	照相号：	摄像号：	其他：		
取样者：	审核者：	日期：	时间：		
采样点示意图：					

（参考：Museum of London. Archaeology Service，1994. *Archaeological Site Manual*，3rd ed.）

七　全站仪设置记录表

年度：　　　　　　工作单位：　　　　　　底册号：　　　　　　流水号：

遗址名称：				发掘区：			全站仪型号：		
全站仪设置(单位:米)：									
日期/时间	站点	点号	北坐标	东坐标	高程	后视角度	仪器高	棱镜高	负责人
	测站点								
	后视点								
	测站点								
	后视点								
	测站点								
	后视点								
	测站点								
	后视点								
	测站点								
	后视点								
	测站点								
	后视点								
	测站点								
	后视点								
	测站点								
	后视点								
	测站点								
	后视点								
	测站点								
	后视点								

八　全站仪测绘记录卡

年度：　　　　　　工作单位：　　　　　　底册号：　　　　　　流水号：

遗址名称	发掘区	探方号	遗迹单位号	堆积单位号
绘图方式：　手工绘图□　摄影校正□			绘图号：	照相号：
测绘点(单位:米)				

点号	北坐标	东坐标	高程	点号	北坐标	东坐标	高程

描绘顺序：		
草图：		
测量者：	绘图者：	日期/时间：

九　绘图登记表

年度：　　　　　遗址名称：　　　　　　探方号：　　　　　　遗迹单位号：　　　　　　第　　页/共　　页

绘图号	图名	比例	绘图时间	绘图方式	绘图者	备注

一〇 照相登记表

年度： 遗址名称： 相机型号： 第 页/共 页

类型	卷数	编号	照相内容	拍摄方向	光圈	快门速度	天气	时间	拍摄者

一一 摄像登记表

年度： 遗址名称： 摄像机型号： 第 页/共 页

盘号	分段号	场景	长度	拍摄内容	拍摄方向	天气	时间	拍摄者

一二　入库登记表

年度：　　　　　　　　　　遗址名称：　　　　　　　　　发掘区域：

库房管理员：　　　　　　　　　　　　　　　　　　　　　　　　第　　页/共　　页

日期	单位号	所属探方	入库内容					发掘者	核对者	备注
			陶片	骨骼	小件	浮选土样	其他			

一三　发掘资料记录登记表

年度：　　　　　　　遗址名称：　　　　　　　发掘区域：

资料管理员：　　　　　　　　　　　　　　　　　　　　　　第　　页/共　　页

日期	单位号	所属探方	登记内容							记录者	核对者	备注
			发掘记录表	遗迹单位总记录	绘图	照片	摄像	采样记录表	其他			

一四　出土器物(标本)编号登记表

年度：　　　　遗址名称：　　　　探方号：　　　　第　　页/共　　页

出土单位	编号	名称	质地	坐标	记录者	日期	备注

一五　陶片数量统计表

年度：　　　　遗址名称：　　　　探方号：　　　　单位号：　　　　第　　页/共　　页

陶质																	合计	百分比
纹饰＼陶色																		
合计																		
百分比																		

统计者：　　　　　　　　　　　　　　　　　　　　　　　　日期：

一六　器形统计表

年度：　　　　遗址名称：　　　　探方号：　　　　单位号：　　　　第　　页/共　　页

陶质																	合计	百分比
纹饰＼陶色																		
合计																		
百分比																		

统计者：　　　　　　　　　　　　日期：

一七　包含物保存状况分析

年度：　　遗址名称：　　探方号：　　单位号：　　第　页/共　页

完整置放器物：

可复原器物：

剩余器物的破碎程度：

质地	大	中	小	合计

统计者：　　日期：

一八　陶器登记卡(正面)

年度：　　　　　　　　工作单位：　　　　　　　　底册号：

器物编号	出土地点	器物名称	照相号：	绘图号	拓片号

<table>
<tr><td rowspan="2">体
量</td><td>尺寸</td><td colspan="2">口径：　　　厘米；　　通高：　　　厘米；　　壁厚：　　　厘米；
其他部位：　　　厘米</td></tr>
<tr><td colspan="2">重量：　　　　　　　　克</td><td>容量：　　　　　　　　毫升</td></tr>
<tr><td rowspan="3">制
法</td><td colspan="2">质料：
羼和料
羼和比例
粒径及分选程度</td><td>成型：
制坯
拼接</td></tr>
<tr><td colspan="2">修整：
口沿
器表痕迹
内壁痕迹</td><td>装饰：
纹饰
施纹方法及顺序</td></tr>
<tr><td colspan="2">火候：
外壁颜色
内壁颜色
陶胎(示意图)</td><td>烧成后装饰：</td></tr>
<tr><td>使
用</td><td colspan="2">使用痕迹：</td><td>修补痕迹：
转用痕迹：</td></tr>
<tr><td>型
式
描
述</td><td colspan="2"></td><td>形态：
装饰：
纹饰：</td></tr>
<tr><td>检
测</td><td colspan="2">检测一：</td><td>检测二：</td></tr>
<tr><td>备
注</td><td colspan="3"></td></tr>
</table>

存放地点	标本架号	记录者	日期	审核者	日期

一九　陶器登记卡片(背面)

器物线图	
器物照片、拓片	

二〇　整理资料记录登记表

年度：　　　　　　　　　　　　　　遗址名称：　　　　　　　　　　　　　　发掘区域：

资料管理员：　　　　　　　　　　　　　　　　　　　　　　　　　　　　第　　页/共　　页

日期	单位号	所属探方	登记内容								记录者	核对者	备注
			统计表	器物卡片	标本编号登记表	标本数量	绘图	照片	拓片	其他			

关于印发《考古发掘项目检查验收办法(试行)》的通知

各省、自治区、直辖市文物局(文化厅、文管会):

为贯彻执行《中华人民共和国文物保护法》,规范考古发掘项目检查验收工作,切实加强我国考古工作管理,确保工作质量,现印发《考古发掘项目检查验收办法(试行)》,请遵照执行,并将执行过程中的情况和意见函告我局。

附件:《考古发掘项目检查验收办法(试行)》

附件1.考古发掘项目检查验收标准

附件2.考古发掘项目检查验收工作实施细则

附件3.考古发掘项目检查验收评价说明

附件4.考古发掘项目检查评价表

附件5.考古发掘项目检查意见书

附件6.考古发掘项目验收评价表

附件7.考古发掘项目验收意见书

国家文物局

2009年10月22日

附件

考古发掘项目检查验收办法(试行)

第一条 为加强考古发掘项目管理,规范考古发掘项目检查、验收工作,制定本办法。

第二条 本办法适用于考古发掘项目田野工作阶段的业务检查、验收。财务和安全的检查、验收按相关规定执行。

第三条 考古发掘项目检查、验收工作,由省级文物行政部门根据国家文物局委托组织实施;国家文物局可随时对各地考古发掘项目进行抽查。

第四条 考古发掘项目检查、验收依照《考古发掘项目检查验收标准》执行。

第五条 考古发掘项目检查、验收工作程序

1.检查由省级文物行政部门适时组织,重要考古发掘项目应进行中期检查。验收由考古发掘单位在田野工作结束后向项目所在地省级文物行政部门提出申请,省级文物行政部门在收到申请之日起10日内进行验收。

2.检查、验收工作由省级文物行政部门组织考古、文物保护等专家组成检查、验收组实施。检查、验收组成员应不少于3人。

3.检查、验收工作应包括:听取工作汇报,实地踏察发掘工地,检查发掘记录,查看文物库房、出土文物和标本等。

4.检查、验收组对考古发掘项目进行评议,分别填写考古发掘项目检查评价表、考古发掘项目检查意见书或考古发掘项目验收评价表、考古发掘项目验收意见书。

5.省级文物行政部门根据考古发掘项目检查意见书,要求考古发掘单位对考古发掘项目中存在的问题限期进行整改。

6.省级文物行政部门根据考古发掘项目验收意见书对考古发掘项目进行验收评定,并报国家文物局备案。

7.考古发掘单位对验收评定结论有异议的，可向项目所在地省级文物行政部门提出复审申请，经省级文物行政部门审查同意后，由省级文物行政部门重新组织验收组进行验收。

第六条 检查、验收专家须具有高级专业技术职称，在考古、文物保护及相关领域具有较高造诣。

第七条 检查验收专家须全面地了解情况，客观公正地给予评价，认真负责地填写意见。

第八条 检查、验收工作所需经费由省级文物行政部门承担。

第九条 验收结论作为评选国家文物局田野考古奖等奖项的依据。

第十条 考古调查和水下考古等项目的检查、验收工作可参照本办法执行。

第十一条 本办法自发布之日起施行。

附件1

考古发掘项目检查验收标准

一、依据

本标准依据《中华人民共和国文物保护法》《中华人民共和国文物保护法实施条例》《考古发掘管理办法》《田野考古工作规程》等制订。

二、评价原则

1.规范性

依法进行考古发掘，遵守《田野考古工作规程》，工作严谨、规范。

2.学术性

课题意识较强，学术目标明确。

3.科学性

以考古学理论为指导，对于遗址的整体把握、遗迹现象的认知处理准确到位。多学科参与，综合性研究。文物保护意识强，对考古现场遗迹遗物的保护措施及时、有效。

4.安全性

文物保护应急预案完备，安全保障制度健全，措施到位。

5.创新性

提倡探索和运用考古发掘、文物保护、项目管理的新理念、新方法、新技术。

三、评价内容

1.报批手续

依法履行报批手续。项目具有中华人民共和国考古发掘证照，项目负责人持有考古发掘领队资格证书。

2.人员及器材配备

根据项目实际需要，合理配置考古科研、技术和文物保护等人员。

考古发掘、信息采集、文物保护等方面的仪器设备齐全，有效使用。

科研保障和服务设施齐备。

3.研究基础

全面掌握与项目有关的考古资料。基本了解遗址的范围、文化内涵和价值。遗址调查勘探资料详备。

4.工作目的

学术目的明确，工作目标清晰。

5.工作方案与技术路线

工作方案详细、完备,技术路线切实可行。

具有考古现场重要遗迹现象和出土文物的保护处理预案。

6.工作规范

6.1 领队坚守岗位,切实履行职责。

6.2 发掘工作组织有序,发掘现场干净整洁。各种标识齐备醒目。

6.3 发掘操作中,层位关系清楚,遗迹现象把握准确、清理到位。出土文物起取和标本采集科学、规范。

6.4 发掘记录完整、详细、科学、规范。重要的考古发掘项目有摄像资料。

6.5 标本采集与记录,全面、准确、规范。

6.6 资料档案管理科学、规范。

6.7 及时进行考古资料的数字化处理。

7.出土文物、标本保管与遗址保护

7.1 出土文物、标本的保护与管理,科学、规范、安全、有效。

7.2 考古现场重要遗迹的保护措施及时、得当。

7.3 为遗址保护提供科学依据,提出建设性意见。

8.目标实现

8.1 主动性发掘

8.1.1 为学术研究进行的考古发掘,须解决预设的学术问题,达到预期学术目标;

8.1.2 以遗址保护为目的的考古发掘,应为保护工作提供科学依据和专业建议;

8.2 基本建设中的考古发掘,应摸清地下文物状况,全面提取信息资料,妥善处置遗迹遗物,提出处理意见;

8.3 抢救性发掘,有效抢救了遭受破坏的遗址和文物。

附件2　　考古发掘项目检查验收工作实施细则

一、检查、验收工作采用分项考核、打分评定制。评分采取百分制,按考古发掘项目检查评价表、考古发掘项目验收评价表内容逐项打分。

二、检查、验收组成员应每人填写一份评价表,取评价表总分的平均值作为检查、验收的综合评分,由组长据此填写考古发掘项目检查意见书或考古发掘项目验收意见书。检查、验收组各位成员的评价表作为意见书附件存档。

三、考古发掘项目检查意见书、考古发掘项目验收意见书须写明审阅考古资料的方式(全面审查或抽查)和数量。抽查方式须写明抽查项目、数量和比重。

四、考古发掘项目检查意见书、考古发掘项目验收意见书须记录检查验收组全体成员姓名,由检查、验收组组长签署。

五、考古发掘项目检查评定表、考古发掘项目验收评定表中,每个考核项目均分为“A”“B”“C”“D”四个评定等级,每个等级各有对应分值,打分时直接填入对应分值即可。

“A”表示完全符合规范要求;“B”表示基本符合规范,无明显瑕疵;“C”表示存有瑕疵但无大的错误或缺陷;“D”表示存在明显错误、严重缺陷甚至重大失误。

考古发掘项目检查验收结果,分为四等:得分60分以下为“不合格”,60～69.9分为合格,70～84.9分为良,85分以上为优。

六、检查、验收工作的具体内容,参见考古发掘项目检查验收评价说明。

附件 3

考古发掘项目检查验收评价说明

项目	内　容	说　明
人员配备	考古发掘领队履行职责到位	领队负责制定完善的发掘工作方案和文物保护预案，做好发掘组织工作，协调好各方面关系，抓好发掘质量，写好工地总日记，落实遗址和文物保护措施
	考古发掘专业人员配置合理	考古发掘专业人员的人数、工作能力、技术水平等，应与本项目的规模、重要程度相适应
	科技考古、文物保护专业人员参与到位	考古发掘方案中含有科技考古、文物保护人员参与内容，事先联系安排好相关人员。重要发掘中科技考古、文物保护人员应坚守现场
设备设施	考古发掘、信息提取、文物保护等设备器材配置齐全、管理有序	考古发掘和文物保护的相关设备器材能满足考古发掘和文物保护工作的需要，有相应的管理制度和措施
	科研保障与服务设施齐全	考古工作人员的科研保障设施和生活服务设施齐备，其水平应与当前经济发展水平相适应
研究基础	对已有相关考古资料的全面收集和认真整理	对与本项目有关考古资料进行比较全面的收集整理，熟悉本遗址考古研究的历史与现状
	对遗址范围、内涵、价值的深入了解	基本掌握该遗址的范围、时代、文化内涵、学术价值等基本情况；至少掌握遗址范围、地层堆积等情况
	调查勘探资料全面、可靠	对该遗址的田野调查和前期勘探工作，涵盖全面，细致深入，记录详尽、准确可靠
工作目的	学术目的明确，工作目标清楚	考古发掘应有明确的学术目的，确定要解决的学术问题和具体工作目标
工作方案与技术路线	工作方案详细完备，技术路线切实可行	发掘前须制订完备的发掘方案，内容主要包括学术目标、人员组成、技术路线、保障措施、发掘地点和面积等；技术路线切实可行，符合当前学科发展水平
	发掘区域选择合理，发掘面积掌控得当	发掘地点的选择和发掘面积的掌控，既有利于学术目标的实现，又有利于遗址保护
发掘技术和发掘水平	地层划分合理、准确	根据土质土色和包含物等进行地层划分，分层线条合理，堆积单位的合并与文化分期不矛盾，相邻探方的地层划分应关联、统一
	遗迹间层位关系清楚	各种遗迹均有明确的地层关系，关联遗迹间具有明确的层位关系
	遗迹现象把握准确	对于各种遗迹现象的范围、深度、性质，有正确认识和判断
	遗迹现象清理到位	各种遗迹现象的边缘线划分清楚正确，发掘清理找边准确，揭露出的遗迹现象真实完整
	出土文物和其他科研标本的采集全面、规范	文物标本应全部收集，动物植物标本以及与环境相关的其他自然遗物、土壤、水样等科研标本，尽量全面采集。各种标本的采集要符合相关规程，确保其安全、洁净
	发掘现场管理科学有序，各种标识齐备醒目	发掘现场管理有规章有措施，工作现场安全有序，干净整齐。有关标识齐备、醒目、有效

续表

项目	内容	说明
发掘记录和资料管理	各类文字记录及表格齐备、准确、规范	考古工地总日记、总记录,探方日记、探方记录,各种遗迹记录表、统计表,各种文物登记表、统计表,标本采集登记表,照相摄像登记表等,应做到门类齐全,内容翔实,书写工整,符合规范
	各类测绘记录齐备、准确、规范	发掘地点位置图,探方分布图,遗迹现象总平面图,总地层图,探方各层面的平面图,探方四壁剖面图,各种遗迹现象的平剖面图,以及其他特殊图等,应齐备、清晰、准确、规范
	照相摄像及记录齐备、规范	发掘过程和各种遗迹以及具有科学资料价值的事物,均应留下影像资料,务求全面、翔实、可靠
	各类标本采集记录齐备、规范	文物和各种科研标本的采集,须有详细记录,确保可长期保存
	各类资料的汇总与存档管理科学、规范	各类资料应按单位、性质等不同分类方法,分别汇总保存管理。尽可能采用多种方式保存,确保其安全
	各类发掘记录和出土文物标本的数字化资料库建设	考古发掘的文字、图表、影像和实物资料,应运用数字化技术进行处理,建成考古资料数据库
	遗址地形地貌数字化图的制备	提倡在考古发掘中使用空间信息新技术,记录、描述遗址和遗迹遗物有关信息
出土文物保护与遗址保护	出土文物和遗迹保护预案详备	发掘前必须制订考古发掘现场保护、出土文物现场保护、发掘后遗址保护预案。预案应与当前科学技术水平相适应
	遗迹遗物现场处置与保护及时有效	在考古现场必须注意做好遗迹和遗物的保护,为实验室内的文物保护工作打好基础
	出土文物标本的保管、保护妥当安全	出土文物和其他科研标本的管理,应选择合适的包装材料、保存容器、保存环境,确保安全
	发掘后对发掘现场的保护处理及时有效	发掘结束后,对考古现场及时采取临时性保护措施,或对考古现场保护提出处理意见
	关于遗址保护的建议	发掘结束后,应根据发掘结果对遗址保护提出具体建议
目标实现	学术性发掘:解决预设的学术问题,达到预期学术目标	学术性发掘应在一定层面和相当程度上,实现既定学术目标;未能较好完成学术任务的应提交阐述具体原因的文字材料。在工作过程中,可根据文物保护需求或其他实际情况及时调整工作目标
	文化遗产保护性发掘:为遗址保护提供科学依据和可行性建议	文化遗产保护性发掘应为遗址保护规划的编制、修订,以及保护方案的实施,提供科学依据和专业建议
	基本建设中的发掘:摸清地下文物状况,妥善处置地下的遗迹遗物	建设工程中的考古发掘应摸清地下文化遗存状况,尽可能全面提取各种信息资料,妥善起取或就地保护所发现的遗迹遗物
	抢救性发掘:解除了文物面临的危情,或抢救了遭受破坏的文物	抢救性发掘应对残存遗迹遗物进行有效抢救保护
创新	考古发掘、文物保护、项目管理的理念、技术、方法创新	考古发掘提倡积极创新,创新范畴主要包括考古发掘、文物保护、项目管理等方面的新理念、新方法、新技术等

国家文物局制

附件 4

考古发掘项目检查评价表

项 目 名 称：____________________

项目承担单位：____________________

检 查 时 间：年　　月　　日　　　　　　检查员：__________

项目	内　容	评价/分值				得分
		A	B	C	D	
人员配备	考古发掘领队职责履行到位	2	1.5	1	0.5	
	考古发掘专业人员配备合理	1	0.8	0.5	0.3	
	科技考古、文物保护专业人员参与到位	1	0.8	0.5	0.3	
设备设施	发掘、信息提取、文物保护等设备器材配置齐全，管理有序	2	1.5	1	0.5	
	科研保障与服务设施配置齐备	1	0.8	0.5	0.3	
研究基础	对已有相关考古资料的全面收集和认真整理	1	0.8	0.5	0.3	
	对遗址范围、内涵、价值的深入了解	1	0.8	0.5	0.3	
	调查勘探资料全面、可靠	1	0.8	0.5	0.3	
工作目的	学术目的明确，工作目标清楚	4	3	2	1	
工作方案与技术路线	工作方案详细完备，技术路线切实可行	3	2.3	1.5	0.8	
	发掘区域选择合理，发掘面积掌控得当	2	1.5	1	0.5	
发掘技术和管理水平	地层划分合理、准确	8	6	4	2	
	遗迹间层位关系清楚	8	6	4	2	
	遗迹现象把握准确	6	4.5	3	1.5	
	遗迹现象清理到位	6	4.5	3	1.5	
	出土文物和其他科研标本的采集全面、规范	4	3	2	1	
	发掘现场管理有序，各种标识齐备醒目	4	3	2	1	
发掘记录和资料管理	各类文字记录及表格齐备、准确、规范	8	6	4	2	
	各类测绘记录齐全、准确、规范	8	6	4	2	
	照相摄像记录齐备、规范	4	3	2	1	
	各类标本采集记录齐备、规范	4	3	2	1	
	各类资料归档管理科学规范	3	2.3	1.5	0.8	
	制备有遗址地形地貌和文化遗存数字化图	1	0.8	0.5	0.3	
文物保护与遗址保护	重要出土文物和重要遗迹保护预案详备	3	2.3	1.5	0.8	
	遗迹和遗物现场处置与保护及时有效	6	4.5	3	1.5	
	出土文物标本的保管、保护妥当安全	6	4.5	3	1.5	
创新	发掘、保护、项目管理的理念、技术、方法创新	2	1.5	1	0.5	
总分						

国家文物局制

附件 5

考古发掘项目检查意见书

<table>
<tr><td rowspan="7">基本情况</td><td colspan="2">项目名称：</td></tr>
<tr><td colspan="2">项目地点：</td></tr>
<tr><td colspan="2">项目性质：</td></tr>
<tr><td colspan="2">项目承担单位：
项目配合单位：</td></tr>
<tr><td>项目领队：</td><td>发掘证照编号：</td></tr>
<tr><td colspan="2">检查组织单位：</td></tr>
<tr><td colspan="2">检查组成员：</td></tr>
<tr><td>检查过程和内容</td><td colspan="2"></td></tr>
</table>

<table>
<tr><td rowspan="2">检查意见</td><td colspan="2">按检查评价表中“项目”栏内容给予评价，重点指出主要优点和存在问题，提出整改意见。</td></tr>
<tr><td>综合评分：</td><td>评价：　　　　（分优、良、合格、不合格四个等级）</td></tr>
<tr><td>签字</td><td colspan="2">检查组组长签字：　　　　年　　月　　日</td></tr>
</table>

国家文物局制

附件 6

考古发掘项目验收评价表

项　目　名　称：________________________

项目承担单位：________________________

检　查　时　间：年　　月　　日　　　　　　　　验收员：__________

项目	内　容	评价与分值				得分	
		A	B	C	D		
人员配备	考古发掘领队职责履行到位	2	1.5	1	0.5		
	考古发掘专业人员配置合理	1	0.8	0.5	0.3		
	科技考古、文物保护专业人员参与到位	1	0.8	0.5	0.3		
器材设备	发掘、信息提取、文物保护等器材设备配置合理、管理有序	2	1.5	1	0.5		
	科研保障与服务设施齐全	1	0.8	0.5	0.3		
研究基础	对已有相关考古资料的收集整理水平	1	0.8	0.5	0.3		
	对遗址范围、内涵、价值的了解程度	1	0.8	0.5	0.3		
	调查勘探资料全面性、可靠性	1	0.8	0.5	0.3		
工作目的	学术目的明确，工作目标清楚	4	3	2	1		
工作方案与技术路线	工作方案详细完备，技术路线切实可行	2	1.5	1	0.5		
	发掘区域选择合理，发掘面积掌控得当	2	1.5	1	0.5		
发掘技术和发掘水平	地层划分合理、准确	6	4.5	3	1.5		
	遗迹间层位关系清楚	6	4.5	3	1.5		
	遗迹现象把握准确	4	3	2	1		
	遗迹现象清理到位	4	3	2	1		
	出土文物和其他科研标本的采集全面、规范	4	3	2	1		
	发掘现场管理科学有序	4	3	2	1		
发掘记录和资料管理	各类文字记录及表格齐备、准确、规范	8	6	4	2		
	各类测绘记录齐备、准确、规范	8	6	4	2		
	照相摄像及记录齐备、规范	4	3	2	1		
	各类标本采集记录齐备、规范	4	3	2	1		
	各类资料的汇总与存档管理科学、规范	4	3	2	1		
	各类发掘记录和出土文物标本的数字化资料库建设情况	2	1.5	1	0.5		
	遗址地形地貌数字化图的制备	1	0.8	0.5	0.3		
出土文物保护与遗址保护	出土文物和遗迹保护预案	2	1.5	1	0.5		
	遗迹遗物现场处置与保护情况	6	4.5	3	1.5		
	出土文物标本的保管、保护状况	6	4.5	3	1.5		
	发掘后对发掘现场的保护处理	2	1.5	1	0.5		
	关于遗址保护的建议	2	1.5	1	0.5		

续表

<table>
<tr><th rowspan="2">项目</th><th rowspan="2">内　容</th><th colspan="4">评价与分值</th><th rowspan="2" colspan="2">得分</th></tr>
<tr><th>A</th><th>B</th><th>C</th><th>D</th></tr>
<tr><td rowspan="4">目标实现</td><td>学术性发掘:解决预设的学术问题,达到预期学术目标</td><td rowspan="4">3</td><td rowspan="4">2.3</td><td rowspan="4">1.5</td><td rowspan="4">0.8</td><td rowspan="4"></td><td rowspan="4"></td></tr>
<tr><td>文化遗产保护性发掘:为遗址保护提供科学依据和可行性建议</td></tr>
<tr><td>基本建设中的发掘:摸清地下文物状况,全面提取信息资料,妥善处置地下的遗迹遗物</td></tr>
<tr><td>抢救性发掘:解除了文物面临的危情,或抢救了遭受破坏的文物</td></tr>
<tr><td>创新</td><td>考古发掘、文物保护、项目管理的理念、方法、技术创新</td><td>2</td><td>1.5</td><td>1</td><td>0.5</td><td></td><td></td></tr>
<tr><td>总分</td><td colspan="7"></td></tr>
</table>

国家文物局制

附件 7

考古发掘项目验收意见书

<table>
<tr><td rowspan="8">基本情况</td><td colspan="2">项目名称：</td></tr>
<tr><td colspan="2">项目地点：</td></tr>
<tr><td colspan="2">项目性质：</td></tr>
<tr><td colspan="2">项目承担单位：
项目配合单位：</td></tr>
<tr><td>项目领队：</td><td>发掘证照编号：</td></tr>
<tr><td colspan="2">验收组织单位：</td></tr>
<tr><td colspan="2">验收组成员：</td></tr>
<tr><td colspan="2"></td></tr>
<tr><td>验收过程和内容</td><td colspan="2"></td></tr>
</table>

<table>
<tr><td rowspan="2">验收意见</td><td colspan="2">按验收评价表中“项目”栏内容给予评价，重点指出主要优点和存在问题。</td></tr>
<tr><td>综合评分：</td><td>评价：　　　　（分优、良、合格、不合格四个等级）</td></tr>
<tr><td>签字</td><td colspan="2">验收组组长签字：　　　　　　年　　月　　日</td></tr>
</table>

国家文物局制

国家考古遗址公园管理办法(试行)

(文物保发〔2009〕44号)

第一条 为促进考古遗址保护、展示与利用,规范考古遗址公园的管理,有效发挥其在经济社会发展中的作用,根据《中华人民共和国文物保护法》,制定本办法。

第二条 本办法所称国家考古遗址公园,是指以重要考古遗址及其背景环境为主体,具有科研、教育、游憩等功能,在考古遗址保护和展示方面具有全国性示范意义的特定公共空间。

第三条 国家文物局负责国家考古遗址公园的评定管理工作,省级文物行政部门负责本行政区域内国家考古遗址公园的监督管理工作,遗址所在地县级以上人民政府负责国家考古遗址公园建设和运营的组织实施。

第四条 国家文物局鼓励、支持国家考古遗址公园的建设。对于在经济社会文化发展中做出突出贡献的国家考古遗址公园,予以表彰、奖励。

第五条 符合下列条件的遗址,可向国家文物局提出国家考古遗址公园立项申请:

(一)已公布为全国重点文物保护单位;

(二)保护规划已由省级人民政府公布实施;

(三)考古工作计划已获批准并启动实施;

(四)具备符合保护规划的遗址公园规划;

(五)具备独立法人资格的专门管理机构。

第六条 国家考古遗址公园的立项申请由遗址所在地县级以上人民政府提出,经省级文物行政部门初审同意后,报国家文物局。

第七条 国家考古遗址公园立项申请需提交以下材料:

(一)符合第五条所列条件的相关材料;

(二)国家考古遗址公园建设项目计划书;

(三)国家考古遗址公园建设文物影响评估报告。

第八条 经审查符合条件者,由国家文物局批准国家考古遗址公园立项。

第九条 国家考古遗址公园建设过程中,涉及遗址保护范围和建设控制地带内的建设项目须按相关程序报批。

第十条 经国家文物局批准立项,符合以下条件,且已初具规模的考古遗址公园,可由遗址所在地县级以上人民政府提出评定申请,经省级文物行政部门初审同意后,报国家文物局。

(一)所有自然或人为因素引起的对遗址的破坏行为已得到控制或纠正;

(二)各建设项目的审批手续齐全;

(三)所有建设项目均符合遗址公园规划;

(四)已向公众开放,或已具备开放条件;

(五)无重大安全隐患。

第十一条 国家文物局按照《国家考古遗址公园评定细则》开展评定工作。

评定合格者,由国家文物局授予"国家考古遗址公园"称号,并向社会公布。

第十二条 申请评定的单位经核实有弄虚作假、行贿舞弊等违法违规行为的,由国家文物局撤销其所得称号。

第十三条 被评为国家考古遗址公园的,如需修编规划、变更或扩展建设项目,须按原程序上报。

第十四条 国家考古遗址公园的专门管理机构负责公园的日常管理及运营。

第十五条 国家考古遗址公园管理机构须履行以下职责：

(一)依法履行文物保护职责；

(二)实施遗址公园规划；

(三)建立健全相关管理规章制度；

(四)提供良好的卫生、服务、消防、救护等公共设施，并不断改善服务质量；

(五)在规定时限内向国家文物局提交年度运营报告。

第十六条 国家考古遗址公园内遗址的保护和管理，依照国家有关遗址保护和管理的规定执行。

第十七条 国家考古遗址公园的管理与运营除遵守文物保护法律法规外，还应当执行国家其他有关法律、法规的规定，并接受文物行政部门的指导和社会监督。

第十八条 国家对国家考古遗址公园实行巡视制度。由国家文物局指定巡视专家对国家考古遗址公园进行定期或不定期巡视，检查其遗址保护和公园管理、运营状况，对发现的问题提出整改要求。

第十九条 任何单位和个人不得擅自改变国家考古遗址公园的用途和功能，不得侵占其合法用地，不得擅自改变国家考古遗址公园的用地性质，不得开展任何不利于遗址保护的活动。

第二十条 对管理和运营不当，发生责任事故或造成文物损毁，已不具备国家考古遗址公园条件的，国家文物局视情节轻重分别给予通报批评、警告、撤销称号处分，并追究有关责任人责任。被撤销称号者，三年之内不得再次申报。

第二十一条 对违反本办法规定，造成国家考古遗址公园内遗址、环境、生态、景观等资源损毁和破坏的机构与个人，依照有关法律法规的规定处理；构成犯罪的，依法追究刑事责任。

第二十二条 本办法自公布之日起施行。

附件

国家考古遗址公园评定细则(试行)

一、评定内容

(一)考古遗址公园的资源条件

1.遗址价值

遗址的历史、科学、艺术价值重大，在全国范围内具有突出代表性

2.公园规模与内涵

遗址公园范围内必须包含集中体现遗址价值的核心部分、区域及相关内容。

3.区位条件

(1)交通可达性

遗址公园周边交通设施完善，能够比较便利的到达飞机场、火车站、公共汽车站、码头等交通枢纽；具有一级公路或高等级航道、航线直达；或具有旅游专线及交通工具。

(2)相关资源

遗址公园所依托的遗址本体属于或毗邻世界遗产地、历史文化名城、国家级风景名胜区、国家级旅游区等，能够形成规模效应。

(3)周边设施

遗址公园周边具备与其规模、游客容量相匹配的配套住宿、餐饮等服务设施。

(4)社会经济

遗址公园所在地区经济发展具有一定水平、发展潜力较大，能够形成地区经济和遗址公园的良性互动发展。遗址公园建设过程中保证社会稳定。

4.基础条件

(1)政策支持

地方政府对遗址公园建设、管理给予稳定的政策支持。

(2)资金支持

遗址公园的建设、运营资金状况良好,得到地方政府、企业、个人等各个方面的支持。

(3)利益相关者支持

遗址公园的建设在充分听取各方面利益相关者意见的基础上,得到包括政府、专业机构、社会团体、地方社区、当地居民等方面的支持和协助,保持社会稳定。

(4)土地权属

遗址公园范围内的土地权属清晰明确,不存在争议,有相应权属证明文件。

(5)管理权属

遗址公园的管理权属、管理机构清晰明确。

5.环境条件

(1)空气、水、噪声等环境质量

遗址公园周边空气、噪声、水体等环境质量达到国家相关标准要求。

(2)公共卫生

遗址公园周边公共卫生条件良好,环境整洁优美。

(3)景观环境

遗址公园周边环境植被覆盖率、绿化率高,风貌协调,优美舒适。

(二)遗址的考古、研究与保护

1.考古工作

(1)工作基础

遗址的考古调查、发掘、资料整理、研究等工作已经开展并取得如发掘简报、发掘报告、资料汇编等系列成果,有一定基础。

(2)工作规划

具有完备的考古计划,并按规划开展工作。

2.保护规划实施

按照保护规划中本体保护的相关规定,逐步实施。

3.遗址本体保护

(1)保存现状

遗址的物理构造和/或重要特征保存完好;遗址的重要特征、物理构造没有遭到严重破坏,保存情况完好。

(2)保护的科学性

最小干预,可逆性,可识别性;保护的全面性;保护工作覆盖面广,重要遗迹均得到妥善保护。

(3)保护的有效性

保护工程实施确保质量与效果,各种病害因素对遗址的破坏得到较好的缓解和控制。

4.遗址环境保护

(1)自然环境

对遗址周边自然环境进行整治和保护,保持遗址周边环境优美,实现自然环境资源和文化历史资源的协同保护。

(2)历史环境

遗址历史环境尚存的,结合遗址对其历史环境进行保护,并在遗址展示中向公众阐释和展示。

5. 日常维护与监测

(1)制度

建立并完善遗址定期日常监测和维护制度，并严格按制度要求落实各项工作。

(2)设备设施

具备对遗址进行检测和维护的基本设备，设备应及时维护、定点放置、专人管理，能够随时提用。

(3)人员

设置专门的机构或人员负责对遗址的日常监测和维护，相关人员具备相应的文物保护知识和技术。

(4)记录

遗址的日常监测和维护工作及时记录存档，档案定点放置、专人管理，能够随时提取查看。

(5)报告

围绕遗址日常监测和维护工作建立动态报告制度，随时发现和报告问题、并及时整改。

6. 风险防范

(1)制度

建立并完善风险防范制度，包括安防、消防等，并严格按制度要求落实各项工作。

(2)设备设施

具备基本的风险防范设备及物资储备，设备及时维护、定点放置、专人管理，能够随时提用。

(3)人员

具有专门的具有相关专业知识和技术的人员。

(4)记录

风险防范工作及时记录存档，档案定点存放，专人管理，能够随时提取查看。

7. 研究与成果转化

(1)科研支撑

考古研究及其他多学科研究的深入性、持续性，成果的丰富性、综合性。

(2)成果转化

研究成果转化的及时性、准确性、科学性、适用性。

8. 研究设施及条件

根据遗址保护及遗址公园的运营情况，设置标本库、资料库、开放实验室等保护与研究设施，并酌情向公众开放。

(三)遗址的展示与阐释

1. 展示规划实施

按照保护规划中展示规划的相关规定，逐步实施

2. 展示设施建设

(1)馆舍

展示馆舍如博物馆、陈列馆、体验中心等规模适宜、布局合理、功能适用，与遗址及周边环境协调，工程质量符合国家相关规范和标准。

(2)陈列内容与手段

陈列内容全面、深入、丰富、与遗址联系密切；

陈列手段生动活泼、易于公众理解、可读可视性强。

3. 遗址现场展示

(1)展示策划

有遗址展示的策划研究，对展示内容、方法、布局等做出详细研究与论证。

(2)展示内容

体现遗址价值与内涵；体现遗址的整体性；展示依据具有科学性，信息来源可靠、数据准确。

(3)展示方法

科学性、协调性、生动性、通俗性。

(4)展示布局

系统性、全面性、脉络清晰、主旨明确、重点突出。

(5)展示流线

科学性、逻辑性、流畅性。

(6)标识系统

简洁、环保、设计美观、制作精美、与遗址风貌相协调、布局合理、位置明显突出、内容明确、用词准确、至少两种语言。

4.公众参与

(1)考古工地现场及考古设施向公众开放的程度。

(2)文化活动。积极举办各种与遗址内涵相关的文化活动,并体现教育性,娱乐性,普及性,针对性。有专门的机构或工作人员负责策划、组织、实施;每次活动都应及时记录并存档。

(3)教育活动。积极举办各种与遗址内涵相关的以及文物保护、遗产保护宣传教育科普活动。类型多样(教育项目、社会培训、公众讲座等),效果显著,持之以恒。有专门的机构或工作人员负责策划、组织、实施;每次活动都应及时记录并存档。

(4)社区活动。积极开展丰富的社区活动,体现广泛性,参与性,层级性。服务不同社区群体;应有专门的机构或工作人员负责策划、组织、实施各种社区活动;每次活动都应及时记录并存档。

5.延伸展示

(1)周边展示

场外及周边展示设施布局合理,规模适度,设计制作精美,与环境相协调。展示内容准确科学、生动易懂。

(2)远程展示

有专门公园网站,网站架构清晰、完整,网页制作精美;网站内容丰富。网页内容准确、更新及时。网站能够支持两种或两种以上语言。

(四)遗址公园的管理与运营

1.设施与服务

(1)服务设施布局

游客服务设施根据遗址情况布局科学合理,环境氛围协调,舒适便利。酌情设立游客服务中心。

(2)导览设施与服务

有语音导览等自助导览设备。提供多语言服务;有高素质、稳定的讲解员队伍;有两种或两种以上语言的、适合不同观众群体的讲解词,讲解兼顾专业性、科学性、生动性;有专门的工作人员提供信息咨询服务。

(3)交通设施及服务

公园游览(参观)路线布局合理、顺畅,出入口、停车场地布局合理,满足人员及车辆出入、停放要求,道路条件便利、安全;园内交通工具清洁环保,提供便利的交通服务;所有设施与遗址及其景观环境相协调。

(4)公共安全

安全出口、疏散通道通畅,标志醒目;应急照明、救生设施设备完好,有应急医护人员和常备药品、医疗设备;危险地段标志明显,防护设施齐备、有效,特殊地段有专人看守。

(5)公共卫生

公共厕所布局合理,标识醒目美观,建筑造型协调;设备完好或使用免水冲生态厕所;垃圾箱布局合理,标识明显,造型美观,与环境协调。

(6)休闲设施及服务

游客公共休息设施布局合理,设计与周围景观环境相协调。

购物场所布局合理,建筑与周围景观环境相协调;购物场所环境整洁,秩序良好;旅游商品种类丰富,特色突出。

餐饮场所布局合理,规模适度,设施齐全,建筑与周围景观环境相协调,食品卫生符合相关餐饮服务标准。

(7)信息服务

网络、电话、邮政、通信设施布局合理、功能齐全;设备方便使用,线路畅通,收费合理;能够接收移动电话信号。

(8)无障碍设施及服务

能够无障碍到达主要遗址展示设施及展示场地主要区域;标识或解说系统以及主要服务设施可满足无障碍要求。

2.公园开放效果

(1)公益性开放

定时定期对老年人、军人、学生等团体进行优惠及免费开放;日常免费、优惠开放制度和措施向社会公示;提供定期免费专业讲解和针对特殊观众群体的讲解服务。

(2)观众流量

按照遗址公园规划文本中确定并获批的游客容量对实际参观人数进行控制,兼顾遗址保护和公众参观要求。

3.公园管理机构与人员

(1)机构

公园管理机构设置完善、合理,各部门职能明确。

(2)人力资源

工作人员数量及专业背景和技术能力与公园规模、工作要求相匹配。

4.公园管理制度体系

(1)公共安全制度

认真执行公安、交通、劳动、质量监督、旅游等有关部门制定和颁发的安全法规,建立健全公共安全制度,配备与公园面积、游客接待量相匹配的安防、消防、逃生、医疗等设备和工作人员。有专人管理相关设备,定期进行检查、维修、更新和补充。有应急预案,专人负责并有相应的物资储备。

(2)人员培训制度

培训机构、制度明确,人员、经费落实;业务培训全面,除各岗位专业技能培训外,还应包括考古、文物保护、遗产管理等相关培训内容;培训效果良好,上岗人员培训合格率达100%。

(3)投诉反馈制度

游客意见征集制度完善,利用互联网、观众留言本、观众调查表等方式定期进行观众调查工作,征求观众意见或建议。投诉制度健全,投诉处理及时、妥善,档案记录完整。

5.宣传推广

(1)出版宣传

重视与遗址公园及遗址相关的印刷、电子出版物的制作和发行,加强对遗址公园的宣传。

(2)媒体推介

积极利用平面媒体、广播媒体、电视媒体、网络媒体等加强对遗址公园的宣传和推广,提高遗址公园的知名度。

(3)品牌经营

具有独特的品牌形象并形成外在品牌标志;注册、运用自身的品牌标志,树立独特的产品形象、良好的质量形象、鲜明的视觉形象和文明的员工形象。

(4)文化产品

文化产品开发体现遗址公园特色,品种较多,制作精美,品位高、有内涵,产品销售情况好。

二、计分标准

本细则共计800分。其中必要指标分值700分,附加指标分值100分。

必要指标各大项分值分别为遗址公园资源条件150分,遗址的考古、保护与研究200分,遗址的阐释与展示200分,遗址公园的管理与运营150分。

附加指标各项分值分别为遗址公园资源条件25分,遗址的考古、保护与研究25分,遗址的阐释与展示25分,遗址公园的管理与运营25分。

详细分值见国家考古遗址公园评定分值框架表。

必要指标评分不少于600分,且各单项不低于总分值80%,同时附加指标分值总分不低于50分的单位方可评定为“国家考古遗址公园”。

国家考古遗址公园评定计分框

	资源条件评价(150)	遗址的考古、研究和保护评价(200)	遗址的展示与阐释(200)	遗址公园的管理与运营(150)
必要指标700	1.遗址价值评价(30) 2.公园规模与内涵(30) 3.区位条件评价(50) 4.基础条件评价(40)	1.考古工作评价(30) 2.保护规划实施(20) 3.遗址本体保护(40) 4.遗址环境保护(30) 5.日常维护与监测(30) 6.风险防范(20) 7.研究与成果转化(30)	1.展示规划实施(20) 2.展示设施建设(60) 3.遗址场地展示(80) 4.公众参与(40)	1.设施与服务(80) 2.开放效果(20) 3.机构人员(20) 4.制度体系(30)
附加指标100	环境条件评价(25)	研究条件与设施(25)	延伸展示(25)	宣传推广(25)

注:必要指标得分为600分以上,且单项得分不低于总分值的80%,附加指标总得分50分以上可评定为国家考古遗址公园。

评定分值表

序号	评定项目	评定方法与说明	1级分值	2级分值	3级分值	加分栏（1级）	加分栏（2级）	评分栏	现场状况记录与备注说明
1	考古遗址公园资源		150						
1.1	遗址价值	遗址价值非常重大，在全国范围内具有突出代表性30分		30					
1.2	公园规模与范围	体现遗址价值的核心部分、区域及相关包含在公园范围内		30					
		全部包括在公园范围:30分			30				
		绝大部分包括在公园范围:10分							
		基本包括在公园范围:5分							
1.3	区位条件			50					
1.3.1	交通可达性	极好:20分			20				
		好:5分							
1.3.2	相关资源(历史文化名城、4A旅游景区、风景名胜区等)	资源极其丰富:10分			10				
		资源丰富:5分							
1.3.3	社会经济	极好:5分			5				
		好:3分							
1.3.4	周边配套设施(住宿、餐饮等)	十分齐全:15分			15				
		齐全:5分							
1.4	基础条件			40					
1.4.1	政策支持	支持力度大:10分			10				
		支持力度一般:5分							
1.4.2	资金支持	支持力度大:10分			10				
		支持力度一般:5分							

续表

序号	评定项目	评定方法与说明	1级分值	2级分值	3级分值	加分栏（1级）	加分栏（2级）	评分栏	现场状况记录与备注说明
1.4.3	利益相关者支持（政府、企事业团体、地方社区、当地居民等）	十分支持、乐于配合:10分			10				
		较为支持配合:5分							
1.4.4	土地权属	不存在争议:3分			3				
		有相应证明文件:2分			2				
1.4.5	管理权属	权属明晰:5分			5				
		权属较为明晰:3分							
1.5	环境条件	加分因素				25			
1.5.1	空气质量	非常好:加5分					5		
		好:加2分							
1.5.2	噪声情况	无干扰:加5分					5		
		基本无干扰:加2分							
1.5.3	水质量	非常好:加5分					5		
		好:加2分							
1.5.4	公共卫生	非常好:加5分					5		
		好:加2分							
1.5.6	景观环境	非常好:加5分					5		
		好:加2分							
2	遗址的考古研究与保护		200						
2.1	考古工作评价			30					
2.1.1	考古工作基础	基础很好:15			15				
		基础一般:5分							
2.1.2	考古工作计划	考古工作计划完备:15			15				
		有初步的考古工作计划:5							

续表

序号	评定项目	评定方法与说明	1级分值	2级分值	3级分值	加分栏（1级）	加分栏（2级）	评分栏	现场状况记录与备注说明
2.2	保护规划实施	按照保护规划相关规定、逐步实施		20	20				
2.3	遗址本体保护			40					
2.3.1	遗址保存状况	遗址物理构造、重要特征保存完好			15				
2.3.2	保护方法科学性	最小干预			3				
		可逆性			3				
		可识别性			3				
2.3.3	保护的全面性	重要遗址全部得到整治和保护:5			5				
		重要遗址基本得到整治和保护:3							
2.3.4	保护的有效性	保护工程质量			6				
		病害、破坏控制			5				
2.4	遗址环境保护			30					
2.4.1	自然环境	自然资源和文化历史资源的协同保护:15分			15				
		自然资源基本得到保护:3分							
2.4.2	历史风土、历史环境	尚存历史环境进行保护并展示:15分			15				
		尚存历史环境进行保护:3分							
2.5	日常监测与维护			30					
2.5.1	定期监测制度	制度建设:4分			10				
		执行落实:6分							
2.5.2	硬件设备	配备精良:5分			5				
		配备齐全:3分							
2.5.3	专门人员	人员齐全、专业:5分			5				
		人员齐全:3分							
2.5.4	档案记录	档案齐全:5分			5				

续表

序号	评定项目	评定方法与说明	1级分值	2级分值	3级分值	加分栏（1级）	加分栏（2级）	评分栏	现场状况记录与备注说明
2.5.5	动态报告	及时发现:1分			1				
		及时报告:1分			1				
		及时整改:3分			3				
2.6	风险防范	安防、消防、病害预防、灾害预防		20					
2.6.1	防范制度	制度建设:2分			5				
		执行落实:3分							
2.6.2	硬件设备	设备齐全精良:5分			5				
		设备齐全:3分							
2.6.3	专门人员	相关人员齐全、专业:5分			5				
		相关人员齐全:3分							
2.6.4	档案记录	档案齐全:5分			5				
2.6.5	报告	建立动态报告制度:5分							
2.7	研究成果与转化			30					
2.7.1	科研支撑	研究深入性、持续性:5分			5				
		综合性、丰富性:5			5				
2.7.2	成果转化	及时性:5			5				
		准确性:5			5				
		科学性:5			5				
		适用性:5			5				
2.8	研究条件与设施	图书馆、标本库、开放实验室等，有一项加5分，最高25分（加分要素）				25			
3	遗址的阐释与展示		200						
3.1	展示规划实施	按照展示规划、逐步实施		20					
3.2	展示设施建设			60					

续表

序号	评定项目	评定方法与说明	1级分值	2级分值	3级分值	加分栏（1级）	加分栏（2级）	评分栏	现场状况记录与备注说明
3.2.1	馆舍	外形美观			5				
		规模适宜			5				
		布局合理			5				
		功能适用			5				
		与遗址及周边环境协调			5				
		工程质量达标			5				
3.2.2	展陈内容与手段	内容：			15				
		全面5分							
		丰富5分							
		深入5分							
		手段：			15				
		生动、活泼5分							
		易于理解5							
		可读性强5							
3.3	遗址场地展示			80					
3.3.1	遗址展示内容	体现遗址价值与内涵			4				
		体现遗址整体性			4				
		科学性			4				
		展示策划与可研报告			4				
3.3.3	遗址展示手段	科学性			4				
		协调性			4				
		生动性			4				
		通俗性			4				

续表

序号	评定项目	评定方法与说明	1级分值	2级分值	3级分值	加分栏（1级）	加分栏（2级）	评分栏	现场状况记录与备注说明
3.3.3	遗址展示布局	系统性			4				
		全面性			4				
		脉络清晰			4				
		主旨明确			4				
		重点突出			4				
3.3.4	遗址展示流线	科学性			4				
		逻辑性			4				
		流畅性			4				
3.3.5	标识系统	简洁环保			4				
		美观协调			4				
		布局合理位置明显突出			4				
		内容明确用词准确			2				
		至少两种语言			2				
3.4	公众参与			40					
3.4.1	考古工地现场及设施向公众开放				10				
3.4.2	教育活动（与遗址内涵相关的以及文物保护、遗产保护宣传的教育活动）	内容丰富			2				
		类型多样			2				
		持之以恒			2				
		效果显著			2				
		记录存档			2				

续表

序号	评定项目	评定方法与说明	1级分值	2级分值	3级分值	加分栏（1级）	加分栏（2级）	评分栏	现场状况记录与备注说明
3.4.3	文化活动	教育性			2				
		娱乐性			2				
		普及性			2				
		针对性			2				
		记录存档			2				
3.4.4	社区活动	广泛性			2				
		参与性			2				
		层级性			2				
		持续性			2				
		记录存档			2				
3.5	延伸展示					25			
3.5.1	周边展示	布局合理					3		
		规模适度					3		
		协调美观					3		
		准确生动					3		
3.5.2	远程展示(网络)	网站构架完整					5		
		内容丰富、准确、科学易懂					3		
		及时更新					3		
		多国语言(一种以上语言给分)					2		
4	遗址公园的管理与运营		150						
4.1	设施与服务			80					

续表

序号	评定项目	评定方法与说明	1级分值	2级分值	3级分值	加分栏（1级）	加分栏（2级）	评分栏	现场状况记录与备注说明
4.1.1	服务设施布局	布局科学合理			5				
		环境氛围协调			5				
		便利			2				
		安全			3				
4.1.2	导游设施服务	语音导览（提供语音导览；多语言服务）			3				
		讲解人员（专业讲解队伍；部分可用外语讲解）			3				
		讲解词（专业、科学、生动、针对不同人群）			3				
4.1.3	交通设施服务	路线布局（合理、流畅）			3				
		停车场设置（布局合理）			2				
		园内交通工具（清洁环保、便利）			3				
4.1.4	安全	公共安全措施			5				
		逃生疏散措施			5				
		医疗救护措施			5				
		警卫巡逻措施			5				
4.1.5	卫生措施	公共厕所			3				
		垃圾处理：			3				
4.1.6	休闲	休息设施			2				
		购物设施			2				
		餐饮设施			2				
4.1.7	信息	手机信号			2				
		公共电话服务			2				
		邮政服务			2				
4.1.8	无障碍	无障碍服务			10				

续表

序号	评定项目	评定方法与说明	1级分值	2级分值	3级分值	加分栏（1级）	加分栏（2级）	评分栏	现场状况记录与备注说明
4.2	开放效果			20					
4.2.1	公益性开放	定期对老年人、军人、学生等团体进行公益性开放			10				
4.2.2	观众流量	按照规划中确定并获批的观众流量对实际参观人数实施控制			10				
4.3	公园管理机构与人员			20					
4.3.1	机构	机构完善、结构合理			5				
		职责明确			5				
4.3.2	人力资源构成	管理人员			2				
		专业技术人员			3				
		讲解人员			3				
		物业服务			2				
4.4	公园管理制度体系			30					
4.4.1	公共安全制度				10				
4.4.2	人员培训制度	专业技能培训			4				
		考古、文物保护、遗产管理培训			6				
4.4.3	财务管理制度				5				
4.4.4	意见反馈与处理制度				5				
4.5	宣传推广					25			
4.5.1	出版宣传						10		
4.5.2	媒体推介						5		
4.5.3	品牌经营						5		
4.5.4	文化产品						5		
必要分值			700						
附加分值			—			100			
总分值			800						

国家考古遗址公园规划编制要求(试行)

第一章　总　则

第一条　为规范国家考古遗址公园规划(以下简称"规划")的内容和深度,制定本要求。

第二条　规划适用于确需建设国家考古遗址公园(以下简称"遗址公园")的大遗址。规划必须以文物保护规划为依据,符合文物保护规划中展示规划的原则和要求,是遗址公园建设与管理的技术性文件。

第三条　规划应在科学保护遗址的基础上,充分、准确阐释遗址的价值,评估相关社会、经济和环境条件,确定遗址公园的定位、建设目标、内容等。

第四条　规划须遵守文物保护的法律法规和相关行业技术规范,并与地方国民经济与社会发展规划、土地利用总体规划等相关规划相协调。

第五条　规划编制工作需由具有文物保护工程勘察设计(规划类)甲级资质单位,或城乡规划、建筑工程设计、风景园林工程设计等相关甲级资质单位,与在该遗址从事过考古工作的考古发掘资质单位共同完成。

第六条　规划成果主要包括规划说明、规划图纸及附件。

第二章　规划说明

第七条　规划说明应在科学评估的基础上说明规划的原则、目标和思路,对各项规划内容进行阐述,文字表达应准确、清晰、科学、规范,并与规划图纸保持一致。一般应包括如下内容:

(一)概述;

(二)资源条件与现状分析;

(三)总体设计;

(四)专项规划;

(五)节点设计;

(六)投资估算。

第八条　概述内容包括:

(一)遗址概况:应包括遗址名称、位置、时代、性质、范围、遗存构成和历史沿革等;

(二)编制依据:应包括有关法律与行政法规、部门规章与规范性文件、技术标准和规范、考古与科研成果以及相关规划等;

(三)规划范围:应说明规划范围和面积、遗址公园范围和面积;

(四)规划目标:应明确遗址公园定位及建设目标;

(五)规划原则:应围绕规划目标,从考古、保护、研究、利用、管理等不同层面提出具有针对性的原则。

第九条　资源条件与现状分析内容包括:

(一)文物资源:明确遗址的价值与价值载体,评估价值载体的保存、保护状况及利用条件,以及遗址公园范围内其他文物资源条件。

(二)区位条件:评估遗址公园与所在区域的城乡区位关系、外部交通条件等情况。

(三)社会条件:评估遗址公园所在区域的社会经济条件、人文资源条件、地方政府政策与资金支持、土地利用现状、土地权属管理等情况。

(四)环境条件:评估遗址公园所处区域的自然资源、生态环境、景观风貌、场地内建设现状、基础设施条件与公共卫生条件等。

(五)考古和科研条件:评估考古工作历史、现状、研究成果,以及现有考古工作计划和遗址公园建设之间的关系。

(六)管理条件:评估遗址保护规划实施、管理运营体制机制、相关保护与管理设施建设、开放展示与游客服务等情况。

(七)相关规划分析:分析遗址公园规划与文物保护规划的关系,分析遗址公园所在区域的国民经济与社会发展规划、土地利用总体规划、城市总体规划等涉及遗址公园规划范围的建设、管理要求和规定。

第十条 总体设计内容包括:

(一)阐释与展示体系规划

包括阐释与展示策划、阐释与展示结构等内容。

1.阐释与展示策划:应在文物保护规划中已有展示原则和内容的基础上,根据资源条件与现状分析构建价值阐释框架,确定阐释与展示的对象、定位、主题、内容、方法等。

2.阐释与展示结构:应根据阐释与展示策划,构建展示空间关系,包括展示分区、展示流线、重要节点等。

(二)遗址公园总体布局

包括功能分区、交通组织、设施分布等内容。

1.功能分区:一般应包括遗址展示区、管理服务区、预留区等,并可酌情细化。规划区域内具有重要自然、人文社会资源的,可划定专门的相关资源展示区。相关资源展示区应符合相关行业规划保护要求,并与遗址展示区相协调。其中:

(1)遗址展示区:是以遗址展示为主要功能的区域,仅限于空间位置、形制和内涵基本明确的遗迹分布区域。

(2)管理服务区:是集中建设管理运营、公共服务等设施为主的区域,一般应置于遗址保护范围之外。

(3)预留区:是考古工作不充分或暂不具备展示条件的区域。预留区内以原状保护为主,不得开展干扰遗址本体及景观环境的建设项目。

2.交通组织:应坚持最小干预原则,根据阐释与展示结构,合理体现遗址整体布局并组织交通系统,保证遗址展示区的可达性和遗址公园服务质量。应严格控制遗址公园内入口、集散广场与停车场的规模,妥善处理新建路网与遗址的关系。遗址公园内道路不宜过宽,铺装材质应慎用柏油等现代材料,避免过于现代化和人工化。

(1)应进行出入口设计,确定游人主、次和专用出入口,及出入口内外集散广场与停车场的位置、布局与规模要求。

(2)路网设计应优先考虑遗址布局和道路体系,并根据各分区的活动内容、游人容量和管理需要确定具体路线、分类分级、交通设施配备,明确道路形制与铺装特色等。

(3)主要道路应具有引导游览的作用,易于识别方向。游人大量集中地区的园路要做到明显、通畅、便于集散。

3.设施分布:应以满足最低功能需求为原则,严格控制设施数量和规模,淡化设计,确保遗址本体和周边环境的真实性和完整性。应落实策划阶段所需展陈、标识、管理设施,并结合游客需求合理配置公共服务设施,合理确定各类设施的数量、规模与位置。

(1)展陈设施:可包括现场保护展示设施、遗址博物馆或陈列馆、考古工作站等。应根据实际保护展示需求及文物保护规划要求,合理选择展示方式并设置展示建构筑物等展示设施;设施建筑风格应简洁,与遗址本体和周边环境相协调;重要节点的展示方式应因地制宜;遗址博物馆或陈列馆、考古工作站、遗迹现场展示等建构筑物应严格控制体量,根据功能需求科学测算具体的建筑技术经济指标。

(2)标识设施:包括标识牌、解说牌等。应根据相关规划中的阐释与展示体系要求,配合展示方式组织与展陈设施设置,明确标识系统的阐释内容、标识位置、方式与样式等。标识样式应具有可辨识性,并与环境相协调。

(3)管理设施:可包括遗址公园管理中心、管理用房、安全防护设施等。管理设施应结合遗址博物馆或陈列馆等展陈设施、公共服务设施统筹考虑,严格控制设施数量和规模。应根据遗址公园管理需要,合理确定管理设施的功能、位置、体量、建筑风格等。

(4)公共服务设施:可包括游客服务中心、商亭、厕所、观景亭、停车场、换乘点、垃圾桶、座椅等。应根据游客容量、遗址公园建设规模和服务需求,以满足最低功能需求为原则,确定公共服务设施的种类、数量、位置与规模等。

(三)总体景观控制

包括景观空间布局、建构筑物风貌控制、公共环境塑造等。

1.景观空间布局:应从总体上把握、提炼符合遗址演变规律的景观特征,以及遗址周边自然资源特色,防止过度人工化,并区别于一般城市公园。应按照遗迹的分布特征规划遗址公园整体空间架构。

2.建构筑物风貌控制:应提出建构筑物的风格、体量、规模、立面及建筑语汇等控制要求。

3.公共环境塑造:应提出必要的环境设施的控制要求和设计原则,以及遗址公园整体氛围、游客秩序、园内各类经营行为的控制要求。

第十一条　专项规划内容包括:

根据公园具体情况,制定必要的专项规划内容,可包括考古与研究实施方案、管理运营规划、基础设施规划、竖向规划、综合防灾规划等,专项规划内容应遵循文物保护规划的原则和要求,尽量减少对遗址本体和周边环境的影响,并符合相关专业法规、标准及规范。

(一)考古与研究实施方案

考古与研究实施方案,应以遗址公园为主要工作区域,明确遗址公园规划范围内的考古工作目标、任务、研究课题等。

(二)管理运营规划

包括遗址公园管理架构、遗址公园运营模式、宣传教育计划。

1.遗址公园管理架构:应在与遗址公园所在地相关行政管理部门充分沟通的基础上,制定遗址公园运营管理的目标、战略和架构,明确遗址公园管理机构的设置、人员、制度等构想。

2.遗址公园运营模式:应明确运营主体和运营机制,进行游客与市场分析,对遗址公园建设、运营维护资金来源与回报(社会、经济综合效益)提出保障建议。

3.宣传培训计划:应明确宣传教育的目标、资源、主题等;制定工作人员的专业培训方案,明确培训方式和团队建设目标等。

(三)基础设施规划

如遗址公园范围较大、建设情况复杂并对原有基础设施管网改造较多,应根据实际情况补充道路建设、电力电讯、给排水等基础设施专项规划。各专项规划应符合相应技术标准和规范,以满足最低功能需求为原则,尽量减少基础设施改造对遗址本体和周边环境的影响。基础设施管线应避开考古遗迹,主要设施应避免影响景观。

(四)竖向规划

应根据遗址埋藏深度、遗址保护要求、遗址公园场地自然状况、建设特点和使用需求等,在尽量保持原有地形地貌的情况下,标明场地控制点标高、排水坡度、坡向等,测算土方平衡等。

(五)综合防灾规划

遗址安全防范情况复杂的,应根据实际灾害因素制定综合防灾规划,包括防洪、防震、防火、防盗、防雷规划等,并根据主要灾害因素,按照相关标准合理确定灾害防治和避险的标准,提出防治措施及应急预案。

第十二条　节点设计内容:

(一)应在总体设计的指导下,科学选择遗址公园重要节点进行概念性方案设计。节点选择应包括遗址公园主要遗址展示节点、景观节点、主要出入口、重要交通节点、重要设施等。

(二)节点概念性设计应包括节点总平面设计、三维形象示意、建设控制要求等。

第十三条 投资估算内容:

根据规划内容,提出遗址公园相关项目实施的投资估算。

第三章 规划图纸

第十四条 规划图纸与内容:

(一)区位图:标明遗址公园所在地在国家、省、市等不同行政辖区的位置、所涉及的行政区划关系。

(二)遗址公园范围图:在标准地形地图上划定遗址公园范围及规划范围,明确边界和坐标点。

(三)遗存分布图:根据最新考古工作成果标明遗址的各类遗存分布情况,及其与遗址公园规划范围的关系。

(四)文物资源分析图:分类或分级表达文物资源保存、保护和利用现状,可通过系列图纸表达。遗址公园范围内如有其他文物资源的,可绘制相关文物资源分析图。

(五)区位条件分析图:标明遗址公园的外部交通条件、周边环境情况、周边基础设施分布等,可通过系列图纸表达。

(六)社会条件分析图:标明遗址公园所处区域周边相关社会资源分布、现状及与遗址间的空间关系。

(七)环境条件分析图:标明遗址公园所处区域周边自然资源分布,地貌特征,以及建筑、道路、植被等环境要素。

(八)土地利用现状图:标明规划范围内的土地利用现状,提供现状用地平衡表。

(九)考古和科研条件分析图:标明已开展考古工作的区域、历次考古工作成果、待开展考古工作的区域和实施计划。

(十)管理条件分析图:标明遗址现行保护区划范围、已实施的各类规划措施、现有管理和展示设施分布与规模、开放展示区域与游客服务设施等,可通过系列图纸表达。

(十一)相关规划分析图:标明本区域涉及的其他相关规划以及涉及遗址公园的相关要求、计划实施的建设项目情况等。

(十二)阐释与展示规划图:根据展示与阐释体系规划,表达阐释与展示结构,标明展示分区、展示流线及重要节点分布。

(十三)总平面图:在准确标识考古遗址现状的基础上清晰表达遗址公园规划范围内的主要规划内容,如主要展示对象、道路交通、设施分布等。

(十四)功能分区图:标明遗址公园的遗址展示区、管理服务区、预留区等功能分区的位置、范围、面积。

(十五)展示与标识系统设计图:标明遗址公园展示流线、各类展示方式组织与分布、博物馆等展示设施分布、各类标识分布与样式,可通过系列图纸表达。

(十六)交通组织规划图:在准确表达各类遗迹的基础上,标明遗址公园的主、次及专用出入口位置,停车场、出入口内外集散广场范围及规模,各级道路分布及交通设施配备。

(十七)设施分布图:标明各类设施的位置与规模。

(十八)景观空间布局图:表达景观文化特征及自然资源特色分析过程,标明遗址公园整体空间架构。

(十九)建构筑物风貌控制图:从风格、体量、规模、立面及建筑语汇等方面表达建构筑物景观风貌控制,可以图片示意。

(二十)公共环境景观示意图:通过景观示意图表达对重要环境设施(标识设施、雕塑小品、环卫设施、广告等)、夜景照明、绿化景观的控制要求和设计原则。

(二十一)专项规划图:根据遗址公园规划具体情况,可单独绘制考古与研究实施方案图、管理运营规划图、基础设施规划图、竖向规划图、综合防灾规划图等专项规划图纸，图纸要求应符合相关专业标准及规范。

（二十二）节点设计图：绘制节点总平面图、三维形象示意总图，图纸应清晰表达节点设计的全部内容，遗址展示节点应注明遗址本体保护与展示措施及建设控制要求。

（二十三）鸟瞰图及表达设计意向的三维示意图：遗址公园全景鸟瞰图；重要节点鸟瞰或人视效果图；展示设施、配套设施等建筑的形象示意图；雕塑小品、环卫设施等的形象示意图。

第十五条 规划图纸绘制要求：

（一）规划总平面图应根据实际面积决定可操作的比例尺度，原则上应在不小于1∶1000精度地形图基础上绘制，总平面图比例尺为1∶500～1∶2000。

（二）节点设计平面图比例尺为1∶100～1∶500。

（三）规划图纸中需标注图名、比例尺、指北针、图例、规划单位名称、绘制时间。

第四章 附 件

第十六条 规划附件一般包括：

（一）以往考古与研究成果。

（二）地方政府关于遗址公园立项、建设与管理的相关文件或要求。

（三）保护规划摘要内容，已实施的保护工程及竣工报告，所在地土地利用、城乡建设、重大基础设施建设等相关规划的有关要求和规定等内容；已批复公布的遗址文物保护规划总图，并标注遗址公园规划范围、分区与文物保护区划的关系，文物保护措施图、展示规划图。

大遗址保护“十二五”专项规划

（文物保发〔2013〕11号）

大遗址是中华民族文明发展史最具代表性的综合物证和弥足珍贵的文化遗产。大遗址保护既是一项文化工程，也是一项惠民工程，有利于促进优秀传统文化传承体系建设、美化城乡环境、推动经济社会协调可持续发展。“十一五”时期，在党中央、国务院的高度重视和国家有关部门的大力支持下，大遗址保护工作取得了令人瞩目的历史性成就：启动100处大遗址保护工程，殷墟遗址、元上都遗址成功列入世界遗产名录；建成一批大遗址保护展示示范区，有效保护遗址本体及其环境风貌；国家设立大遗址保护专项资金，出台一系列专门性法规，初步建立大遗址保护管理体系；全面完成“十一五”期间大遗址保护总体规划的目标任务，基本构建以“三线两片”为核心、100处大遗址为支撑的大遗址保护格局。

“十二五”时期，是全面建成小康社会的关键时期。在推进经济建设、政治建设、文化建设、社会建设、生态文明建设五位一体总体布局的进程中，大遗址保护既具备加快发展的良好机遇，也面临一些新情况新问题。大遗址保护投入持续稳定增长，各级党委、政府大力支持，社会参与大遗址保护的热情日益高涨，将为大遗址保护提供更加坚实的物质保障和广阔的发展空间。同时，我们还必须看到，大规模城镇化建设和新农村建设、频发的自然灾害和自然腐蚀等对大遗址的破坏威胁依然存在，伤害文物本体、占压大遗址的现象时有发生，经费投入存在不足，文物本体安全形势依然严峻，大遗址保护基础工作依然薄弱等。加强大遗址保护刻不容缓。为协调大遗址保护与国家经济社会发展之间的关系，进一步强化责任、加大投入、加强引导，全面推进大遗址保护工作，特制定本规划。

一、规划范围

“十二五”时期大遗址保护项目库的150处重要大遗址(名单附后)。

二、指导思想和原则

(一)指导思想

以邓小平理论、“三个代表”重要思想和科学发展观为指导,深入贯彻《中华人民共和国文物保护法》,坚持“保护为主,抢救第一,合理利用,加强管理”的文物工作方针,推进大遗址的保护利用和传承发展,充分发挥大遗址在弘扬传统文化、传承中华文明、维护中华民族多元一体和国家文化安全等方面独特的、不可替代的重要作用,推动文物事业全面协调可持续发展,为社会主义文化大发展大繁荣、建设社会主义文化强国作出更大贡献。

(二)基本原则

1.坚持中央主导,属地管理,保护为主,惠及民众的原则。

2.坚持着眼宏观,全面布局,规划先行,和谐发展的原则。

3.坚持集中投入,注重实效,突出重点,分步实施的原则。

三、总体目标和主要任务

(一)总体目标

以实施重大保护示范项目、建设大遗址保护示范园区为着力点,构建“六片、四线、一圈”为重点、150处大遗址为支撑的大遗址保护新格局。充分发挥专项资金使用的综合效益,加强大遗址保护管理能力建设,提高大遗址保护展示水平,提升大遗址服务社会的能力,实现大遗址保护与生态文明建设、经济建设紧密结合,社会效益与经济效益协调统一,使大遗址成为推动区域经济社会和谐发展的积极力量,使广大民众充分享受大遗址保护的成果。以大遗址保护为突破口,探索创新符合我国国情的文物事业发展道路,为努力建设文化遗产强国作出更大贡献。

(二)主要任务

1.加强大遗址考古工作,完成新增50处重要大遗址测绘工作,加强大遗址基础数据信息化工作,初步建立大遗址文物信息平台。

2.编制大遗址保护与发展战略规划和大遗址保护片区规划。150处大遗址保护规划编制完成率达到90%。

3.深化西安片区和洛阳片区的整体保护工作,重点推进荆州片区、曲阜片区、郑州片区和成都片区的遗址保护工作,持续开展长城、大运河和丝绸之路的保护工作,形成规模和联动效应。

4.实施大遗址保护重点工程。开展150处大遗址保护工程,完成牛河梁遗址、良渚遗址、铜官窑遗址、扬州城遗址、御窑厂遗址、秦咸阳城遗址、南宋临安城遗址、老司城遗址、古蜀国遗址、西夏王陵等25项重点保护展示工程。

5.推进大遗址保护展示示范园区和遗址博物馆建设。建成15个具有典型作用和示范意义的大遗址保护展示示范园区,以及一批特色鲜明、具有较高展示水平的遗址博物馆。

6.建设大遗址安防设施。提高大遗址保护展示示范园区和重要田野墓葬群的安防水平。

7.创新管理机制,完善大遗址保护网络。建立健全大遗址保护工作的各项管理制度、技术规范和监测机制。加强大遗址保护的多学科、跨行业协作,提高大遗址保护、展示科技水平。

四、实施步骤和阶段成果

(一)2011年至2013年

1.基础工作:收集30处大遗址的航片卫片资料;结合大遗址保护开展50个重点考古项目,完成30

处重要大遗址测绘；启动大遗址文物信息数据库建设工作；完成扬州城遗址、秦咸阳城遗址、赵邯郸故城等30处重要大遗址保护规划编制；推动长城保护总体规划大纲、大运河各级保护规划编制工作。

2. 管理体系：完成《大运河遗产保护管理办法》《邙山陵墓群保护条例》等5～8处大遗址专项法律法规的制定；规范大遗址保护工程监理、检查、验收等各环节工作；组织有关大遗址保护和管理培训。

3. 重点工程：完成大运河、牛河梁遗址、良渚遗址、楚纪南故城、铜官窑遗址、隋唐洛阳城宫城遗址、北庭故城、南越国宫署遗址、御窑厂遗址等遗址核心区保护展示项目；启动荆州、曲阜、成都、郑州片区大遗址保护项目，继续开展西安、洛阳片区、丝绸之路和高句丽、渤海大遗址保护项目。

4. 大遗址保护展示示范园区、遗址博物馆建设：完成牛河梁遗址、大地湾遗址、铜官窑遗址、周口店遗址等5～10处高质量的遗址博物馆建设；牛河梁遗址、铜官窑遗址、汉魏洛阳故城、里耶古城遗址、曲阜鲁国故城、楚纪南故城、御窑厂遗址等10处大遗址保护展示示范园区建设项目初具规模。

5. 2013年，开展阶段性成果检查和中期评估，形成中期评估报告，并根据评估结果和实际效果对规划项目实施计划和重点进行调整。

（二）2014年至2015年

1. 推动大遗址保护基础工作，收集20处大遗址的航片卫片资料；大遗址保护规划编制完成率达到90%；完成大遗址保护与发展战略规划编制工作；完成5～10处大遗址保护管理办法制定。

2. 建成北庭故城、汉魏洛阳故城、钓鱼城遗址、偃师商城遗址、老司城遗址、渤海中京城遗址等10处大遗址保护展示示范园区；完成30个安防技防项目（大遗址保护展示示范园区和重要墓葬群）。

五、项目组织管理和保障措施

为积极推进大遗址保护工作的顺利开展，保证大遗址保护工作质量，确保专项资金使用的规范性、安全性和有效性，根据相关经费管理办法和财务制度，大遗址保护工作在组织上实行国务院文物主管部门和财政主管部门、省级文物主管部门和财政主管部门及项目单位三级管理。大遗址保护实行项目管理制度。逐步完善大遗址保护项目管理体系，建立相关标准规范，明确管理方式，加强项目检查及阶段性评估。

（一）组织保障。国家文物局与大遗址所在地各省级人民政府签订工作协议，强化责任，保障大遗址保护工作顺利推进。

（二）经费保障。财政部、国家文物局将根据事业发展与财力可能，按照中央与地方投入责任、按经费使用范围等确定大遗址的经费投入。加强对重点大遗址的集中投入。加强经费使用情况的监督，建立大遗址保护经费使用绩效评价制度，完善激励、奖励机制。积极引导地方政府增加大遗址保护经费投入，努力拓宽大遗址经费渠道。对进展顺利、成效突出的大遗址保护项目，采取以奖代补的形式加大支持力度。

（三）理论保障。深化大遗址考古、规划、保护、展示、利用、安防、监测、管理等基础研究，完善大遗址保护和遗址博物馆等理论支撑，加强大遗址保护总体规划和顶层设计，指导大遗址保护实践。

（四）人才保障。加强能力建设，健全培训机制，充实培训内容，形成一支组织体系完备、地域分布合理、专业结构齐全的高素质大遗址保护人才队伍。

附件

"十二五"期间重要大遗址(150处)

一、各省、自治区、直辖市

1. 北京：周口店遗址、圆明园遗址、琉璃河遗址。

2. 河北：赵邯郸故城、定窑遗址、邺城遗址（含河南安阳高陵）、燕下都遗址、泥河湾遗址群、磁县北朝墓群、元中都遗址、中山古城遗址。

3. 山西：陶寺遗址、侯马晋国遗址、曲村—天马遗址、晋阳古城遗址、蒲津渡与蒲州故城遗址。

4.内蒙古:辽上京遗址、元上都遗址、辽陵及奉陵邑、居延遗址(内蒙古、甘肃)、辽中京遗址、和林格尔土城子遗址、二道井子遗址。

5.辽宁:牛河梁遗址、姜女石遗址(含河北北戴河秦行宫遗址)、高句丽遗址(凤凰山山城、五女山山城、燕州城山城、石台子山城)、金牛山遗址。

6.吉林:高句丽遗址(洞沟古墓群、丸都山城与国内城、罗通山城、自安山城)、渤海遗址(西古城遗址、八连城遗址、龙头山古墓群、六顶山古墓群、苏密城)、万发拨子遗址、帽儿山墓地、龙潭山城。

7.黑龙江:渤海国上京龙泉府遗址、金上京会宁府遗址。

8.上海:福泉山遗址。

9.江苏:扬州城遗址、鸿山墓群、徐州汉墓群(含徐州汉代采石场)、淹城遗址、阖闾城遗址、南朝陵墓群。

10.浙江:良渚遗址、上林湖越窑遗址、大窑龙泉窑遗址、临安城遗址、马家浜遗址。

11.安徽:尉迟寺遗址、凌家滩遗址、六安王陵、寿春城遗址、明中都皇故城及皇陵石刻。

12.福建:万寿岩遗址、城村汉城、昙石山遗址、德化窑遗址。

13.江西:吴城遗址(含筑卫城遗址)、湖田窑遗址、御窑厂遗址(含高岭瓷土矿)、吉州窑遗址、牛头城址、铜岭铜矿遗址。

14.山东:临淄齐国故城、两城镇遗址、城子崖遗址(含东平陵故城)、桐林遗址、曲阜鲁国故城(含郓国故城、汉鲁王墓群、明鲁王墓)、薛城遗址、大汶口遗址。

15.河南:二里头遗址、偃师商城遗址、汉魏洛阳故城、隋唐洛阳城遗址、殷墟、郑韩故城、古城寨城址、北阳平遗址、郑州商代遗址、宋陵、清凉寺汝官窑遗址、邙山陵墓群、三杨庄遗址、城阳城址、仰韶村遗址、北宋东京城遗址。

16.湖北:石家河遗址、楚纪南故城、盘龙城遗址、龙湾遗址、擂鼓墩古墓群、铜绿山遗址、屈家岭遗址、唐崖土司城址和容美土司遗址。

17.湖南:里耶古城遗址、铜官窑遗址、城头山遗址(含八十垱遗址、彭头山遗址)、老司城遗址、炭河里遗址、汉代长沙王陵墓群。

18.广东:南越国官署遗址、笔架山潮州窑遗址。

19.广西:靖江王府及王陵、合浦汉墓群、甑皮岩遗址。

20.重庆:钓鱼城遗址。

21.四川:三星堆遗址、金沙遗址(含十二桥遗址)、邛窑、成都平原史前城址、明蜀王陵墓群、罗家坝遗址。

22.贵州:可乐遗址、海龙屯。

23.云南:太和城遗址、石寨山古墓群。

24.西藏:古格王国遗址、藏王墓、卡若遗址。

25.陕西:秦咸阳城遗址、周原遗址、阿房宫遗址、汉长安城遗址、大明宫遗址、秦始皇陵、秦雍城遗址、西汉帝陵、唐代帝陵、统万城遗址、黄堡镇耀州窑遗址、丰镐遗址、龙岗寺遗址、石峁遗址。

26.甘肃:大地湾遗址、许三湾城及墓群、锁阳城遗址、骆驼城遗址、大堡子山遗址。

27.青海:喇家遗址、热水墓群。

28.宁夏:西夏陵、水洞沟遗址、开城遗址。

29.新疆:北庭故城遗址、坎儿井。

二、跨省、自治区、直辖市

长城(北京、天津、河北、山西、内蒙古、辽宁、吉林、山东、陕西、甘肃、宁夏、青海、新疆、河南、黑龙江)。

丝绸之路(新疆、甘肃、青海、宁夏、陕西、河南)。

大运河(北京、天津、河北、江苏、浙江、安徽、山东、河南)。

秦直道(内蒙古、陕西、甘肃)。

茶马古道(云南、四川、西藏、贵州、青海、甘肃、陕西)。

明清海防(辽宁、河北、天津、山东、江苏、上海、浙江、福建、广东、广西、海南)。

蜀道(陕西、四川、重庆)。

关于加强大遗址考古工作的指导意见

(文物保函〔2013〕39 号)

各省、自治区、直辖市文物局(文化厅):

为进一步加强考古工作在大遗址保护中的基础地位和引领作用,推动文物事业与考古学科建设协调发展,现就大遗址考古工作提出如下意见:

一、正确认识考古工作在大遗址保护中的作用和地位

大遗址考古是大遗址保护工作的重要内容,是开展大遗址保护、展示、利用的科学依据和基础。应通过审慎的、持续的考古工作,不断发掘、研究、阐释大遗址的重要内涵和价值,指导大遗址保护和国家考古遗址公园建设,传承弘扬中华民族优秀传统文化。同时,大遗址考古也是考古学研究体系的核心和重点。深入开展大遗址考古工作,必将有力推动考古学及相关学科的发展,促进我国考古学整体水平不断提高。

各级文物行政部门、大遗址管理机构和考古单位,应进一步统一思想、提高认识,明确考古工作在大遗址保护中的重要地位和作用,把加强大遗址考古工作作为当前和今后一个时期的重要任务,通过开展系统、科学、规范的考古工作,确保我国大遗址保护工作和文化遗产保护事业的健康、可持续发展。

二、明确大遗址考古工作的任务和要求

大遗址考古工作应坚持以下工作思路和原则:

(一)坚持考古先行原则。根据大遗址保护展示和学科发展的需要,科学编制、实施考古工作计划。通过长期、主动、专门的考古和研究工作,确定遗址概况,评估保存现状,认定遗址价值,为划定保护区划、编制保护规划、实施保护展示工程和建设考古遗址公园提供科学依据。

(二)考古工作必须贯穿于大遗址保护与考古遗址公园建设始终。在大遗址保护规划、方案中应包括考古工作思路和相应保障措施;在大遗址保护展示工程施工和监理中应将考古与文物保护作为重要工作内容;在考古遗址公园建设可行性研究中应充分体现考古工作的深度和广度;在大遗址保护规划编制和保护展示工程文物影响评估中应将确保考古工作的持续开展作为重要内容。

(三)牢固树立课题意识和科技意识。尊重考古学科自身规律,根据城址、墓群、聚落、窑址等不同类型的遗址特点,确定有针对性的技术路线,制订各阶段课题目标。将大遗址考古工作与推动学科进步相结合,开展多学科综合研究,积极推动现代科学技术的运用和科技成果的应用,以技术创新和科技进步提升大遗址考古工作水平和质量。

(四)切实提高保护意识。大遗址考古的核心是保护,应尽可能不发掘或仅进行小面积发掘来解决学术问题。应将文物保护作为考古工作计划和工作方案的必要内容,确保重要遗迹和出土文物在第一时间获得妥善保护。应充分考虑大遗址整体保护和科学展示的需要,按照最小干预和永续保护原则开展考古工作。应根据考古工作进展情况,及时提出遗址保护、展示的意见和建议。

(五)高度重视考古研究和成果转化。加强考古资料整理和报告出版,推进大遗址内涵研究和价值阐释。加强公众考古,推动大遗址考古成果惠及民众。有条件的地方可以适当开放考古工地,通过向公众展示大遗址考古工作的过程和成果,积极普及文化遗产保护知识,充分发挥考古工作的教育与社会服务

功能，不断增强大遗址考古工作的社会影响力，促进当地文化发展。

三、建立健全大遗址考古工作机制

（一）大遗址考古实施项目管理，严格执行资质管理和领队管理制度，严格履行立项、审批、检查、验收等相关程序，实现大遗址考古项目管理的科学化。

大遗址考古项目应该由具有考古发掘资质、科研力量雄厚、文物保护设施完备的单位负责实施。承担大遗址考古项目的领队应具有高级职称，主持过主动性考古发掘项目，具备丰富的大遗址考古经验，并主持编写过考古发掘报告。

申请大遗址考古项目，应提交大遗址考古工作计划和省级文物行政部门的立项申请，并按年度上报考古工作方案，涉及考古发掘的应同时填报考古发掘申请书。

（二）国家文物局负责大遗址考古项目的审批，省级文物行政部门负责本辖区内大遗址考古项目的组织、管理。跨省域的大遗址考古项目，由项目所在地的省级文物行政部门联合组织实施。大遗址考古项目，应由省级文物行政部门委托具有考古发掘资质的单位负责监理。

（三）完善合作机制，鼓励不同部门、不同单位开展跨地区、跨行业、跨领域合作。合作部门或单位应签订具体协议或项目合同，明确责权利。大遗址管理机构应加强与考古单位的合作，统筹考虑遗址博物馆、考古工作站、文物标本库的建设。

（四）考古单位应加强内部管理，建立健全工作程序和管理制度，规范考古调查、勘探和发掘行为。遇有重大考古发现，应按规定及时上报。加强考古发掘经费的使用管理，严格财务审计制度，提高资金使用效率和使用效益。

四、创新举措，完善大遗址考古工作保障体系

（一）省级文物行政部门应积极协调相关部门和地方人民政府为大遗址考古顺利开展创造条件，在政策、经费、人员方面给予重点支持。规划和设计单位应联合考古单位共同编制大遗址保护规划和保护展示方案，考古单位应积极参与遗址保护规划编制、保护方案制订、保护和展示工程实施、考古遗址公园建设和管理的全过程，在诠释遗址内涵、认定遗址价值、评估遗址保存和保护现状、划定遗址保护区划、选择遗址保护和展示方式、确定遗址展示对象和展示方法等方面提供专业意见。

（二）大遗址所在地文物部门及大遗址管理机构应主动加强与考古单位的合作，在大遗址保护和考古遗址公园日常管理中，支持考古单位严格执行大遗址考古工作计划。大遗址管理机构应委托考古单位在有关工程施工现场进行考古监理，确保文物安全。施工单位应配合做好工程前期考古和工程施工过程中的考古监理和文物保护工作。施工结束后，考古单位应向大遗址管理机构和省级文物行政部门提交考古监理报告，内容包括施工时间、施工区域、文物保护措施执行情况、现场新发现文物情况和处理措施等。考古监理报告应作为工程监理报告的一部分，并作为工程验收的重要依据。

（三）加强科技和设施保障。推进大遗址考古的数字化和标准化建设，建立大遗址考古数据库和科研平台；不断改善大遗址考古工作条件，逐步建设完善文物标本库、考古工作站等基础设施。

（四）加大投入力度。在充分保障连续性大遗址考古工作经费的同时，大遗址管理机构还应将结合遗址本体保护和环境整治工程开展的考古、调查、发掘和出土文物保护，以及工程文物影响评估和工程施工考古监理等工作所需费用列入工程预算。

（五）加强大遗址考古专业人才的培养、培训和引进，提升从业人员的整体素质和专业水平。努力创造条件，保持专业队伍的相对稳定。积极吸纳文物保护、科技等方面的人才参与大遗址考古工作，提高工作的科学性。

（六）国家文物局和省级文物行政部门加强大遗址考古工作的指导、监督、检查与验收，检查、验收结果作为项目考核的重要指标。对拒不执行有关规定的相关单位和个人，国家文物局将视情节，给予通报批评、暂停或终止大遗址保护项目的立项和审批，或取消相关资质。

结合本指导意见精神，为进一步规范大遗址考古工作程序，提高考古工作水平，我局还组织制定了《大遗址考古工作要求》。现一并印发，请你局(厅)组织、指导考古单位和大遗址管理机构认真学习、贯彻执行。

国家文物局

2013年1月8日

附件

大遗址考古工作要求

大遗址是中国古代文明的高度凝聚体，是中华民族历史传承最直接、最主要的见证。大遗址考古肩负着揭示遗址重要内涵和价值、发掘中华民族辉煌历史、传承民族优秀文化、建设共有精神家园和推动考古学学科进步的重任。大遗址考古是在严格遵守《中华人民共和国文物保护法》和《田野考古工作规程》的基础上，主动调整工作方式和方法、更新保护技术和理念、创新管理机制和模式的文化遗产保护实践。为规范大遗址考古工作程序，特制定以下工作要求。

一、基本方针、主要任务和工作目的

大遗址考古的基本方针是以科学发展观为指导，贯彻“保护为主，抢救第一，合理利用，加强管理”的文物工作方针，坚持考古调查、发掘和保护并举，坚持科学研究与促进当地社会发展共赢。

大遗址考古的主要任务是通过创新考古工作理念和方法，科学揭示大遗址的分布范围、文化内涵、组合构成、布局及演进等，科学评估遗址价值。

大遗址考古的主要目的是支撑遗址保护，促进有序利用；加强考古学科建设，推动学科进步；服务遗址管理和展示，支持考古遗址公园建设；改善遗址环境，造福当地民众。

二、基本原则

考古先行、全程参与、科研为主、保护第一，是现阶段大遗址考古工作的基本原则。大遗址考古是遗址保护工作的基础。考古工作应贯穿遗址保护规划、保护和展示工程、考古遗址公园建设和管理的始终。大遗址考古是实践大遗址保护理念，解决重大学术课题，推动现代文物保护科学技术，创新文化遗产管理体制的有效手段。大遗址考古始终把保护放在第一位，在选择工作地点、工作面积和工作方式时首先考虑对遗址的保护，做到对遗址最小干预，应尽量不发掘或仅进行小面积发掘来解决学术问题。

三、工作程序

(一)省级文物行政部门负责委托具有考古发掘资质的单位制定大遗址考古工作计划，并在初步审核后报经国家文物局批准立项。

考古工作计划的主要内容包括：遗址基本信息，保存现状，遗址保护工作概况，以往考古工作总结评估，遗址保护、科研和发展等方面需求与压力评估，近期(3～5年)、中期(5～10年)和远期考古工作计划等。

考古工作计划应遵循考古学科自身规律，立足大遗址保护和管理需求，适应当地经济社会发展要求，要体现新理念、新方法、新技术；要做到任务目标具体、明确，技术路线科学、清晰，保障措施到位、有效。

(二)已经立项的大遗址考古项目，考古资质单位应按照工作计划分年度上报考古工作方案和考古发掘申请书，经国家文物局批准后实施，并按年度向省级文物行政部门和国家文物局提交年度工作报告。

考古工作方案是考古单位按照已批准的大遗址考古工作计划制订的年度考古工作方案。内容包括：遗址概况，发掘目的和任务，发掘地点和面积，发掘地点遗存预测分析，队伍构成，多学科合作机制，技术

路线，遗址和出土文物保护，经费预算和分配，器材设备，保障措施，公众宣传等。考古工作方案附图应清晰、准确，包括遗址位置图、遗址平面图和拟工作区域位置图，其中拟工作区域位置图比例尺精度应不低于1∶1000。

年度工作报告内容包括：项目名称，工作时间，队伍和人员组成，工作方案执行情况，工作结果，经费使用情况，存在问题和下一阶段工作建议等。

因特殊原因需对工作计划和工作方案进行调整，须由省级文物行政部门正式向国家文物局申报，并提交以下材料：项目概况，计划（或方案）调整原因，拟调整内容，省级文物行政部门的初步审核意见等。调整后的工作计划和工作方案经国家文物局批准同意后方可执行。

（三）省级文物行政部门负责委托具有考古发掘资质的单位对大遗址考古项目进行监理，根据项目进展情况适时组织检查和验收，并将检查和验收结果上报国家文物局备案。备案内容包括：项目基本情况，工作计划或工作方案执行情况，经费使用情况，省级文物行政部门的检查和验收意见等。国家文物局酌情组织对大遗址考古项目进行抽查。

（四）跨省域大遗址考古项目，由项目所在地的省级文物行政部门联合组织实施，由国家文物局组织开展相关检查和验收工作。

四、机构和队伍

（一）承担大遗址考古工作的考古单位应符合以下条件：

1.具有考古发掘资质；

2.承担过重要大遗址的主动性考古发掘工作；

3.科研力量雄厚，拥有考古、出土文物保护、科技考古等方面的专业人员，能够建立较为稳定的大遗址考古队伍；

4.拥有文物保护实验室、文物整理场地等基础设施和相关专业设备。

（二）承担大遗址考古项目的领队应符合以下条件：

1.具有考古发掘领队资格；

2.具有高级职称；

3.主持过主动性考古发掘项目，大遗址考古经验丰富，在相关学术领域有重要研究成果；

4.主持编写过考古发掘报告或专刊，或者是主要撰写人员。

（三）承担大遗址考古工作的单位负责组建大遗址考古工作队，并保持主要人员相对稳定。考古工作队人员构成主要包括：考古、文物保护、科技考古、现代信息技术等方面的专业人员或专家。对于十分重要的遗存，如重要古建筑（群）、大型墓葬、重要手工业作坊等的发掘，考古队人员构成须具备多学科背景，各项技术保障须落实到单位和个人。

大遗址考古工作队负责起草或制定考古工作计划、考古工作方案、考古发掘现场重要遗迹保护预案、考古发掘现场重要文物和脆弱文物保护预案等，并对大遗址保护规划编制、保护和展示方案制定、考古遗址公园建设等提供专业意见和咨询评估。

（四）大遗址考古是一项长期、复杂、持续的考古工作。大遗址管理机构应设立专门的大遗址考古工作站。考古工作站应具有考古研究、文物保护、资料整理和修复、标本展示和保管、交通通信和安防消防等设施设备。考古工作站应制定内部管理制度。

五、主要工作内容

大遗址考古工作计划应在全面评估遗址各项压力的基础上，以廓清遗址分布范围，辨识文化内涵和时代，掌握遗址主要遗存分布及保存状况，明晰遗址各要素的组合构成，厘清遗址布局及演变轨迹等为重点，逐步开展考古工作。

古城址应该明确：城址与自然环境（地形、地貌、水系等）的关系；城墙围合状况、城门设置、路网与水系格局等及其自身形制；主要遗存如大型建筑基址群、作坊、墓地等主体功能区的空间分布状况，以及各主体功能区内部的空间布局、形制和性质。并应逐步梳理出不同时间和空间尺度下，遗址形态、布局和性质等的变迁状况。

古聚落遗址类似于古城址，在掌握总体布局的同时，更应侧重于明确各时空尺度下，聚落的形态与平面布局状况，明晰聚落形成、发展与变迁轨迹。

墓地与墓群，应在了解总体分布状况与时间跨度的前提下，重点研究墓葬的群组关系及其排列规律。对于墓地中的大型墓葬或者性质比较明确的王侯等高等级墓葬等，应充分考虑是否存在墓（陵）园遗存，墓（陵）园布局则主要是要理清地面遗存与地下遗存的空间分布关系。地面遗存如封土、围墙或围沟、门（阙）址、道路、陵寝等各类建筑遗存、祭祀遗存等；地下遗存如各类墓穴（地宫）、各类陪葬坑、各类祭祀坑等。

具有一定规模的手工业作坊遗址，在逐步明确其时空布局即功能分区，如生产（加工、贮存）区、生活居住区和墓地等的总体目标下，应充分考虑研究、揭示代表其生产和工艺流程全过程的产业布局与结构状况。

（一）考古测绘

大遗址考古测绘要充分运用现代测绘技术，采用国家地理坐标进行控制测量和细部测量，同时建立覆盖遗址的坐标网络系统，将考古工作中获取的信息和数据加载其中，最终建立符合国家标准的考古地理信息系统。遗址范围应绘制精度不低于1∶1000比例的地形图，遗址核心区域应绘制精度不低于1∶200比例的地形图。提倡和鼓励搭建覆盖遗址及周边一定环境范围的数字化地理模型，服务于遗址的各项工作。

（二）考古调查

考古调查是大遗址考古工作的基础。考古调查工作应以掌握遗址布局、规模和基本内涵为目的，应采用全方位（空间、地面、地下等），多手段（航空观测、地面踏查、断面采集、文献检索等），高精度（测绘、记录）的调查工作思路。

考古调查应全面搜集有关遗址历史、地理、环境、水文以及考古等方面的资料，重点围绕系统掌握遗址范围、布局、文化层埋深、重要遗迹分布及保存状况等开展工作。同时，应积极开展区域系统调查，加强对遗址周边地理环境和相关历史文献的研究。

（三）考古勘探

考古勘探是了解、掌握大遗址宏观布局、整体结构、堆积层次和保存状况的关键手段。考古勘探工作应在对遗址全面、细致、深入地前期调查研究的基础上有目的、有计划地逐步展开，应采取一般地区普探、重点地区详探、敏感地区精探的不同方式进行。勘探孔网应基于覆盖遗址的坐标网络系统，要求探孔定位精准，记录详细规范。

常规方法的考古勘探应根据不同遗址的性质、规模及其结构布局采取不同的布孔方式及布孔间距，尽可能减少对遗址的干扰。全程跟踪测绘记录应贯穿于勘探工作的始终，提倡和鼓励构建整个遗址地下环境状况与遗存内涵的数字化地理模型，深化遗址的考古研究工作。

在运用常规勘探方法的同时，应加强自然科学技术在考古勘探中的应用，积极主动地探索物理探测、化学探测、航空航天影像分析、数字化测量技术等现代科技手段的应用和集成，提倡和鼓励采用无损、微损方法进行勘探实验。

（四）考古发掘

考古发掘地点和面积的确定，一般严格按照已批准的考古工作计划和工作方案。应针对大遗址保护、展示和解决重大学术问题的需要，充分考虑大遗址整体保护的要求，尽量减少对遗址本体和景观风貌的干预。面临消失的濒危地点应优先发掘保护。

正确处理考古工作中考古发掘具体操作与出土文物保护的关系，应优先考虑出土文物尤其是重要脆弱文物的妥善保护。若发现需要保护展示的重要遗存，应及时调整工作目标。加强考古发掘过程中，发现与判断、分析与决策、处置与保护、记录与描述等的科学性和规范化，应积极主动地引入自然科学技术手段，进行定量、定性分析和科学表述。强化信息记录手段，重要考古发掘过程的信息采集记录，除常规文字、测绘和影像外，要进行多阶段三维数字扫描建模，精度不得低于5毫米。

考古发掘中要做好人工遗物和自然遗存采集工作，同时应重视对遗址所处区域现代自然与人文信息的搜集；所有发掘出土遗物，都必须分类妥善保管，不得丢弃；应积极研究田野考古数字信息采集系统，运用多学科先进技术，探索更加快捷、高效、准确、全面的考古信息采集技术方法。

（五）考古发掘现场文物保护

考古单位在制定考古工作方案时，同时应制定考古发掘现场重要遗迹保护预案、考古发掘现场出土文物保护预案、考古发掘现场突发事件安全应急预案。考古发掘现场文物保护费用列入该项目总经费预算。

考古发掘现场重要遗迹保护预案主要内容包括：重要遗迹预判与分析、遗迹信息采集与分析、遗迹保存状况与价值评估、现场保护与处理方法、出土环境（指文物埋藏环境和发掘工作环境）检测与控制、复杂遗迹的整体提取、实验室清理与保护等。

考古发掘现场出土文物保护预案主要内容包括：出土文物预判及分析、文物保存状况及埋藏环境评估、保存环境检测与控制、分析样品采集及检测、现场临时保护处理方法、现场提取、包装与运输、实验室保护处理等。

考古发掘现场突发事件安全应急预案主要用于预防和应对发生于考古现场，影响人员、文物和设施（备）安全的突发事件，主要内容包括：安全防范制度和措施，预警、处置或抢救程序和方法、责任和保障落实等。

考古发掘现场应搭建临时性保护设施和工作用房，配备水、电设施，监控设施，环境和卫生设施等。考古发掘工作结束后，发掘单位应对发掘现场及时保护处理，提出保护、展示建议。对于暂时不具备展示条件的遗迹，立即采取临时性保护措施。大遗址管理机构根据保护展示建议，组织制定保护与展示方案。省级文物行政部门负责对考古发掘工作结束后的现场妥善处置进行督促和检查。

（六）考古发掘现场组织管理与环境建设

考古发掘现场应加强工作场所的环境建设，积极创造人性化的、良好的工作环境，规范管理，树立良好的行业形象。

考古发掘现场应边界清晰，围合和出入引导等设施安全，标志醒目，标示清晰。除保护设施和工作用房外，发掘现场应设置人性化的环境和卫生设施，要求整洁和卫生。现场各类工作人员，尤其主要业务人员着装应分类明显、整齐一致。

加强考古发掘现场管理，制定和完善各类规章制度，细化各项责任制并落实到人。同时，应将其制作成标牌等，在显要位置公示或悬挂，并组织全体工作人员学习。

（七）考古资料整理与保管

考古单位应系统整理田野考古资料，按要求及时完成年度考古报告和考古专刊等的编写出版。考古单位要及时总结不同类型大遗址考古的理念、方法和技术，推动考古学科的发展。资料整理中要注重不同学科的结合，全面科学地利用多学科成果促进考古科研水平，解决重大学术课题。

考古发掘出土的各种文物标本，须及时登记、保护处置、入库，并注意选择使用合适的包装材料，创造适宜的保存环境。对于易劣化的、脆弱的文物，应及时交由文物保护专业人员采取相应保护措施。

大遗址考古所获科研标本，应全部保存。已鉴定的人类遗骸、动植物标本等，整理、拼对后剩余的陶片、瓷片、砖瓦等，均应全部收存。对于数量较多、品类重复的标本，可通过交流或交换，用于国内相关科研机构和教育机构的研究、教学。

大遗址考古资料归国家所有。所有纸质资料必须电子化，纸质和电子资料一式两份，分别由考古单位和大遗址管理机构妥善保管，完善相关保密制度。应设立专门的考古资料保管部门和资料整理场所，制定相关制度，确保考古资料和出土文物的安全。考古资料应及时完成数字化工作，建立大遗址考古资料数据库。数据库要保证其安全性，及时备份，并做好保密工作。田野考古资料要及时纳入大遗址文物保护单位记录档案。

六、公众宣传

（一）应高度重视大遗址考古工作的资料整理和报告出版工作，应严格按照《考古发掘管理办法》的规定，考古项目结束三年内必须发表报告或简报。应从考古学研究和遗址保护的角度，完善考古报告的内容、体例，实现图、表、文字等各类记录方式的标准化，积极探索多媒体和电子出版物等成果形式。

（二）大遗址管理机构应建立公众考古相关制度，尊重广大公众对考古和文物保护的知情权和参与权，自觉接受广大民众的监督。在取得较为重要的考古发现，并对其性质内涵有初步结论时，应及时、主动地将考古信息向社会发布，提高公众参与的针对性和时效性。

（三）考古单位应创造条件促进考古工作成果社会化，将开展公众考古列入日常工作。有条件的地方可以适当对公众开放考古工作过程，在确保人员安全和文物安全的前提下，通过严谨而生动的形式与公众开展互动，使公众了解考古工作的过程和意义，增强文化认同感和自豪感，支持和参与大遗址考古和保护工作。使考古工作在服务公众的过程中进一步实现自身的社会价值。

（四）文物行政部门、大遗址管理机构和考古单位要广泛采取广播电视、报纸杂志、网络多媒体、讲座论坛、模拟考古、虚拟重建等多种方式和手段，普及考古与文物保护知识。大遗址管理机构应将出版科普图书列入考古资料整理计划，组织编辑出版相关考古科普读物。

资金管理

国家重点文物保护专项补助资金管理办法

（财教〔2013〕116号）

第一章　总　则

第一条　为了规范和加强国家重点文物保护专项补助资金（以下简称“专项资金”）的管理与使用，提高资金使用效益，根据《中华人民共和国预算法》《中华人民共和国文物保护法》等法律法规和财政管理有关规定，结合文物保护工作的实际，制定本办法。

第二条　专项资金是中央财政为支持全国重点文物保护工作、促进文物事业发展而设立的具有专门用途的补助资金。专项资金的年度预算，根据国家重点文物保护工作总体规划、年度工作计划及中央财政财力情况确定。

第三条　专项资金的管理与使用坚持“规划先行，保障重点，中央补助，分级负责”的原则。专项资金用于补助地方的，适当向民族地区、边远地区、贫困地区倾斜。

第四条　专项资金实行项目管理。财政部和国家文物局共同建立专项资金项目库。

第五条　专项资金的管理和使用应当严格执行国家法律法规和财务规章制度，并接受财政、审计、文物等部门的监督和检查。

第二章　补助范围和支出内容

第六条　专项资金的补助范围主要包括：

(一)全国重点文物保护单位保护。主要用于国务院公布的全国重点文物保护单位的维修、保护与展示，包括：保护规划和方案编制，文物本体维修保护，安防、消防、防雷等保护性设施建设，陈列展示，维修保护资料整理和报告出版等。对非国有的全国重点文物保护单位，可在其项目完成并经过评估验收后，申请专项资金给予适当补助。

(二)大遗址保护。主要用于国家文物局、财政部批准的大遗址保护项目，包括：大遗址保护的前期测绘、考古勘查和规划设计方案编制，本体或载体的维修保护，安防、消防、防雷等保护性设施建设，文物本体保护范围内的保存环境治理，陈列展示，维修保护资料整理和报告出版以及保护管理体系建设等。

(三)世界文化遗产保护。主要用于列入联合国教科文组织世界文化遗产名录项目的保护，包括：世界文化遗产的文物本体维修保护，安防、消防、防雷等保护性设施建设，陈列展示以及世界文化遗产监测管理体系建设等。

(四)考古发掘。主要用于国家文物局批准的考古(含水下考古)发掘项目，包括：考古调查、勘探和发掘，考古资料整理以及报告出版，重要考古遗迹现场保护以及重要出土(出水)文物现场保护与修复等。

(五)可移动文物保护。主要用于国有文物收藏单位馆藏一、二、三级珍贵文物的保护，包括：预防性保护，保护方案设计，文物技术保护(含文物本体修复)，数字化保护，资料整理以及报告出版等。

(六)财政部和国家文物局批准的其他项目。

第七条　专项资金支出内容包括：

(一)文物维修保护工程支出，主要包括勘测费、规划及方案设计费、材料费、燃料动力费、设备费、施工费、监理费、劳务费、测试化验加工费、管理费以及资料整理和报告出版费等。

(二)文物考古调查、发掘支出，主要包括调查勘探费、测绘费、发掘费、发掘现场安全保卫费、青苗补偿费、劳务费、考古遗迹现场保护费、出土(出水)文物保护与修复费以及资料整理和报告出版费等。

(三)文物安防、消防及防雷等保护性工程支出，主要包括规划及方案设计费、材料费、设备费、劳务费、施工费、监理费以及资料整理和报告出版费等。

(四)文物技术保护支出，主要包括方案设计费、测试化验加工费、材料费、设备费、劳务费、专家咨询费以及资料整理和报告出版费等。

(五)文物陈列布展支出，主要包括方案设计费、材料费、设备费、劳务费、施工费、监理费、专家咨询费以及资料整理和报告出版费等。

(六)文物保护管理体系建设支出，主要包括规划及方案设计费、专项调研费等。

(七)其他文物保护支出。

第八条　专项资金补助范围不包括：征地拆迁、基本建设、日常养护、应急抢险、超出文物本体保护范围的环境整治支出、文物征集以及中央与地方共建国家级重点博物馆的各项支出。。

第九条　专项资金不得用于支付各种罚款、捐款、赞助、投资等支出，不得用于各种工资福利性支出，不得用于偿还债务，不得用于国家规定禁止列入的其他支出。

第三章　申报与审批

第十条　专项资金申报与审批实行项目库管理制度。项目库分为三类，即总项目库、备选项目库和实施项目库。

纳入国家中长期文物保护规划或年度计划，并按照规定由国家文物局同意立项或批复保护方案的项目构成总项目库。

总项目库中已经申报专项资金预算并通过财政部和国家文物局预算控制数评审的项目列入备选项目库。

备选项目库中财政部批复下达专项资金预算并予以实施的项目列入实施项目库。

第十一条 列入总项目库的项目实施单位应当按照属地管理的原则，根据文物行政部门批复意见制定或者修改完善保护方案并组织开展文物保护工作。资金筹集确有困难的，可以按照本办法规定申报专项资金预算。

第十二条 项目实施单位应当按照要求填报国家重点文物保护专项补助资金申请书（见附件一）和文物保护项目预（概）算文本，根据行政隶属关系和规定程序逐级申报。其中：

（一）项目实施单位隶属于中央部门的，应当逐级报送至中央主管部门审核同意后，报财政部和国家文物局。

（二）项目实施单位隶属于地方的，应当逐级报送至省级财政部门和省级文物行政部门共同进行审核汇总后，报财政部和国家文物局。项目实施单位主管部门属于非文物系统的，应当由其主管部门审核同意后报同级财政部门和文物部门，由财政部门和文物部门逐级上报。

（三）项目实施单位为非国有的，应当逐级报送至所在地方省级财政部门和省级文物行政部门，由省级财政部门联合省级文物行政部门对文物保护项目完成情况进行评估验收后，报财政部和国家文物局。

凡越级上报的一律不予受理。

第十三条 中央有关部门、省级财政部门和省级文物行政部门应当认真审核填报国家重点文物保护专项补助资金申报汇总表（见附件二），将专项资金预算申请材料报送财政部和国家文物局。

如项目涉及国土资源、城乡规划、环境保护、水利及产业发展规划的，报送前应当获得相关部门批准。

第十四条 财政部和国家文物局负责组织项目资金预算控制数指标评审工作，具体评审工作由双方共同委托第三方中介机构或专家组开展。评审过程中可以根据需要对项目实施单位申报信息进行现场核查。

第十五条 财政部和国家文物局对中介机构或专家组提交的项目资金预算控制数指标评审意见进行审核确认，将审核通过的项目列入备选项目库，并通知中央有关部门、省级财政部门和省级文物行政部门。

第十六条 中央有关部门、省级财政部门和文物行政部门应当对列入备选项目库的项目按照重要性和损毁程度，区分轻重缓急进行排序，根据项目预算控制数指标评审意见，填报20××年度国家重点文物保护专项补助资金申请表（见附件三），并提交申请报告，于每年4月30日前报送财政部和国家文物局。

第十七条 国家文物局依据国家有关方针政策和项目的轻重缓急，结合有关部门和地方文物保护工作情况，对申报项目进行合理排序，提出纳入实施项目库的项目建议报财政部。

第十八条 财政部根据国家文物局建议，综合考虑年度专项资金预算情况、项目预算控制数指标评审情况、部门和地方专项资金申请情况及其财力状况，审核确定当年专项资金预算分配方案，按照规定分别下达中央有关部门和省级财政部门并抄送国家文物局，同时会同国家文物局将相关项目列入实施项目库。

第四章 资金管理

第十九条 中央有关部门和省级财政部门收到财政部下达的专项资金预算通知后，应当及时将专项资金预算逐级下达至项目实施单位，地方财政部门应当及时将预算下达情况抄送同级文物行政部门和相关主管部门。

第二十条 专项资金拨付应当按照国库集中支付有关规定执行。

第二十一条 项目实施单位应当严格按照批准的专项资金补助范围和支出内容安排使用专项资金。

如遇特殊情况，需要调整补助范围和支出内容的，应当逐级报送至中央有关部门、省级财政部门和省级文物行政部门审核同意后，报财政部和国家文物局批准。

第二十二条 专项资金的各项支出应当严格执行国家有关财务规章制度规定的开支范围及开支标准。

第二十三条 专项资金支出过程中按照规定需要实行政府采购的，按照《政府采购法》等有关规定执行。

第二十四条 专项资金的结转和结余管理，按照财政部关于财政拨款结转和结余管理规定执行。已纳入实施项目库的项目，从专项资金下达之日起超过两年仍未实施的，财政部和国家文物局应当对该项目予以注销，收回已拨付资金或者调整用于其他文物保护项目。

第二十五条 国有项目实施单位使用专项资金形成的资产属于国有资产，其管理、使用和处置按照国家国有资产管理的有关规定执行。知识产权、专利等无形资产的管理，应当按照国家相关知识产权和专利法律法规执行。专项研究成果（含专著、论文、研究报告、总结、鉴定证书及成果报道等），均应注明“国家重点文物保护专项补助资金项目”和项目编号。

第二十六条 专项资金实行年度财务报告制度。项目实施单位在项目实施年度终了后，应当按照规定程序向中央有关部门、省级财政部门和文物行政部门报送20××年度国家重点文物保护专项补助资金项目决算表（见附件四）。中央有关部门、省级财政部门和文物行政部门对专项资金决算进行审核、汇总，于每年3月31日前，将上年度20××年度国家重点文物保护专项补助资金项目决算汇总表（见附件五）分别报送财政部和国家文物局。

第二十七条 专项资金实行结项财务验收制度。项目实施完毕后，项目实施单位应当按照要求编制国家重点文物保护专项补助资金结项财务验收表（见附件六）和项目决算报告，在6个月内向中央有关部门、省级财政部门和文物行政部门提出财务验收申请，经中央有关部门、省级财政部门和文物行政部门审核后，分别报送财政部和国家文物局备案。中央有关部门、省级财政部门和文物行政部门应当组织专家或委托第三方机构对项目进行财务验收。财务验收可以结合工程验收一并进行。

涉及国家文化安全或具有重大社会影响和示范价值的重点项目，财政部和国家文物局可以直接组织专家或委托第三方机构进行财务验收

第二十八条 对于未通过财务验收的项目，项目实施单位应当根据财务验收意见进行整改，在一个月内重新提出财务验收申请，按规定程序再次报请验收。如再次不能通过，中央有关部门、省级财政部门和文物行政部门应当报告财政部和国家文物局按照有关规定进行处理。

第二十九条 项目通过财务验收后，项目实施单位应当在一个月内及时办理财务结账手续。

第五章　监督检查

第三十条 财政部、国家文物局负责对专项资金管理使用情况进行监督检查和绩效评价，必要时可以委托财政部驻各地财政监察专员办事处或中介机构实施。检查或评价结果作为以后年度专项资金预算安排的重要参考依据。

第三十一条 中央有关部门、地方各级财政部门和文物行政部门应当按照各自职责，建立健全专项资金管理使用的监督检查机制和绩效评价制度。项目实施单位应当建立健全内部监督约束机制，确保专项资金管理和使用安全、规范。

第三十二条 凡有下列行为之一，财政部和国家文物局给予通报批评、停止拨款、暂停核批新项目、收回专项资金等处理，并依照《财政违法行为处罚处分条例》等国家有关规定追究法律责任。涉嫌犯罪的，依法移送司法机关处理。

（一）编报虚假预算，套取国家财政资金；

（二）截留、挤占、挪用专项资金；

（三）违反规定转拨、转移专项资金；

（四）提供虚假财务会计资料；

（五）擅自变更补助范围和支出内容；

（六）未按规定处理专项资金购置的固定资产和成批施工材料；

（七）因管理不善，给国家财产和资金造成损失和浪费；

（八）不按期报送专项资金年度决算、财务验收报告和报表；

（九）其他违反国家财经纪律的行为。

第六章　附　则

第三十三条　本办法自发布之日起实施。财政部和国家文物局制定颁布的《国家重点文物保护专项补助经费使用管理办法》（财教〔2001〕351号）和《大遗址保护专项经费管理办法》（财教〔2005〕135号）同时废止。

附件一(1)

国家重点文物保护专项补助资金申请书

（全国重点文物保护单位保护项目）

项目实施单位名称（公章）______________________

法定代表人（签字）______________________

通信地址______________________

联系电话______________________

财政部　国家文物局制

年　　月　　日

填报说明

一、本申请书用于国家重点文物保护专项补助资金全国重点文物保护单位保护项目申请。

二、凡申请国家重点文物保护专项补助资金的项目，应当是列入总项目库的项目。申请书由项目基本信息表、资金计划表和预算构成表三部分组成。

1.基本信息表：

1.1　项目编号是项目在项目库中的唯一标识，由12位数字组成，由计算机自动生成。

1.2　项目名称是由国家文物局批准立项或批复方案的项目名称。

1.3　项目第一次申报专项补助资金为新增项目。

1.4　项目负责人是项目资金管理使用单位的法定代表人。

1.5　保护单位名称按照国务院颁布的全国重点文物保护单位名单中的标准名称填写。

1.6　立项批准文号填写国家文物局立项批复文号。

1.7　方案批准文号填写国家文物局或省级文物行政主管部门方案批准文号。

1.8　管理单位简介填写项目资金管理使用单位的机构设置、职能和人员状况等。

1.9　保护单位基本情况填写全国重点文物保护单位的概况及保护现状。

1.10　历年保护维修情况填写全国重点文物保护单位历年保护维修情况。

1.11　项目实施内容简要介绍填写本项目需要开展的保护内容和主要目标。

1.12　分年度工作计划填写本项目各年度实施计划。

2.资金计划表：

1.13　此表内容须严格按照专项资金管理办法中的规定填写。

1.14　项目预算总额项填写项目总预算金额。

1.15　申请补助资金项填写项目申请专项补助资金的金额。

1.16　分年用款计划按照分年度工作计划填写各年度用款计划。

1.17　补助范围按照专项资金管理办法中第六条规定的范围内容填报预算金额。

1.18　地方投入资金落实情况须说明分年用款计划中地方资金的落实情况。

3.预算构成表：

1.19　此表内容须严格按照专项资金管理办法中第七条规定的支出内容填报。

三、项目申请单位可通过国家重点文物保护专项补助资金申报系统，按要求下载申请书文本，如实填写申请内容。

四、申请书文字，一律用简体中文、宋体GB2312、小四号字体填写；应文字简洁，表述清晰，数据翔实；提供纸质文件，打印时请用A4纸。

五、申请书中的历年保护维修情况、分年计划和地方投入资金的落实情况等文字描述内容，应真实有效，编排有序。如表格容量不够的，可以附页。

六、申请文物本体维修保护，安防、消防、防雷等保护性设施建设，陈列展示项目补助时应附文物保护项目预(概)算文本。

表 1 **基本信息表(1)**

项目编号：

项目名称		1. 新增 2. 延续	
项目负责人		联系电话	
保护单位名称			
立项批准文号			
方案批准文号			
管理单位简介			
保护单位基本情况			
历年保护维修情况			

表 2 基本信息表(2)

项目实施内容简要介绍	
分年度工作计划	
备注	

表 3 **资金计划表** 单位：万元

<table>
<tr><td colspan="2">项目预算总额</td><td colspan="4"></td></tr>
<tr><td colspan="2">申请补助资金</td><td colspan="4"></td></tr>
<tr><td rowspan="7">分年用款计划</td><td></td><td>合计</td><td>中央补助</td><td>地方投入</td><td>自筹资金</td></tr>
<tr><td>20××年</td><td></td><td></td><td></td><td></td></tr>
<tr><td>20××年</td><td></td><td></td><td></td><td></td></tr>
<tr><td>20××年</td><td></td><td></td><td></td><td></td></tr>
<tr><td>20××年</td><td></td><td></td><td></td><td></td></tr>
<tr><td>20××年</td><td></td><td></td><td></td><td></td></tr>
<tr><td>总计</td><td></td><td></td><td></td><td></td></tr>
<tr><td>地方投入资金落实情况</td><td colspan="5"></td></tr>
<tr><td rowspan="19">补助范围</td><td></td><td>合计</td><td>分年用款计划</td><td>小计</td><td>中央补助</td></tr>
<tr><td rowspan="3">1. 保护规划和保护方案编制</td><td rowspan="3"></td><td>20××年</td><td></td><td></td></tr>
<tr><td>20××年</td><td></td><td></td></tr>
<tr><td>20××年</td><td></td><td></td></tr>
<tr><td rowspan="3">2. 文物本体维修保护</td><td rowspan="3"></td><td>20××年</td><td></td><td></td></tr>
<tr><td>20××年</td><td></td><td></td></tr>
<tr><td>20××年</td><td></td><td></td></tr>
<tr><td rowspan="3">3. 安防、消防、防雷等保护性设施建设</td><td rowspan="3"></td><td>20××年</td><td></td><td></td></tr>
<tr><td>20××年</td><td></td><td></td></tr>
<tr><td>20××年</td><td></td><td></td></tr>
<tr><td rowspan="3">4. 陈列展示</td><td rowspan="3"></td><td>20××年</td><td></td><td></td></tr>
<tr><td>20××年</td><td></td><td></td></tr>
<tr><td>20××年</td><td></td><td></td></tr>
<tr><td rowspan="3">5. 维修保护资料整理和报告出版</td><td rowspan="3"></td><td>20××年</td><td></td><td></td></tr>
<tr><td>20××年</td><td></td><td></td></tr>
<tr><td>20××年</td><td></td><td></td></tr>
<tr><td rowspan="3">6. 其他</td><td rowspan="3"></td><td>20××年</td><td></td><td></td></tr>
<tr><td>20××年</td><td></td><td></td></tr>
<tr><td>20××年</td><td></td><td></td></tr>
</table>

表 4 **预算构成表** 单位：万元

预算构成	总计	中央补助
(一)文物维修保护工程支出		
1.勘测费		
2.规划及方案设计费		
3.……		
(二)文物考古调查、发掘支出		
1.调查勘探费		
2.测绘费		
3.……		
(三)文物安防、消防及防雷等保护性工程支出		
1.规划及方案设计费		
2.材料费		
3.……		
(四)文物技术保护支出		
1.方案设计费		
2.测试化验加工费		
3.…		
(五)文物陈列布展支出		
1.方案设计费		
2.材料费		
3.……		
(六)其他文物保护		
1.……		
2.……		
3.……		

附件一(2)

国家重点文物保护专项补助资金申请书

(大遗址保护项目)

项目实施单位名称(公章)____________________________

法定代表人(签字)________________________________

通信地址____

联系电话____

财政部　国家文物局制

年　　月　　日

填报说明

一、本申请书用于国家重点文物保护专项补助资金大遗址保护项目申请。

二、凡申请大遗址保护专项补助资金的项目，应当是列入总项目库的项目。申请书由项目基本信息表、资金计划表和预算构成表三部分组成。

1 基本信息表：

1.1 项目编号是项目在项目库中的唯一标识，由12位数字组成，由计算机自动生成。

1.2 项目名称是由国家文物局批准立项或批复方案的项目名称。

1.3 项目第一次申报专项补助资金为新增项目。

1.4 项目负责人是项目资金管理使用单位的法定代表人。

1.5 遗址名称按照国家文物局、财政部共同认定的大遗址名单填写。

1.6 立项批准文号填写国家文物局立项批复文号。

1.7 方案批准文号填写国家文物局或省级文物行政主管部门方案批准文号。

1.8 管理单位简介填写项目资金管理使用单位的机构设置、职能和人员状况等。

1.9 遗址基本情况填写大遗址的概况及保护现状。

1.10 历年保护展示情况填写大遗址历年保护展示情况说明。

1.11 项目实施内容简要介绍填写本项目需要开展的保护内容和主要目标。

1.12 分年度工作计划填写本项目各年度实施计划。

2.资金计划表：

1.13 此表内容须严格按照专项资金管理办法中的规定填写。

1.14 项目预算总额项填写项目总预算金额。

1.15 申请补助资金项填写项目申请国家专项补助资金的金额。

1.16 分年用款计划按照分年度工作计划填写各年度用款计划。1.17 补助范围按照专项资金管理办法中第六条规定的范围内容填报预算金额。

1.18 地方投入资金落实情况须说明分年用款计划中地方资金的落实情况。3.预算构成表：

1.19 此表内容须严格按照专项资金管理办法中第七条规定的支出内容填报。

三、项目申请单位可通过国家重点文物保护专项补助经费申报系统，按要求下载申请书文本，如实填写申请内容。

四、申请书文字，一律用简体中文、宋体GB2312、小四号字体填写；应文字简洁，表述清晰，数据翔实；提供纸质文件，打印时请用A4纸。

五、申请书中的历年保护维修情况、分年计划和地方投入资金的落实情况等文字描述内容，应真实有效，编排有序。如表格容量不够的，可以附页。

六、申请大遗址本体或载体的维修保护，安防、消防、防雷等保护性设施建设，文物本体保护范围内的保存环境治理，陈列展示项目补助时应附文物保护项目预(概)算文本。

表 1

基本信息表(1)

项目编号：

项目名称		1. 新增 2. 延续	
项目负责人		联系电话	
遗址名称			
立项批准文号			
方案批准文号			
管理单位简介			
遗址基本情况			
历年保护维修情况			

表 2　　基本信息表(2)

项目实施内容简要介绍	
分年度工作计划	
备注	

表 3 **资金计划表** 单位：万元

项目预算总额					
申请补助资金					
分年用款计划		合计	中央补助	地方投入	自筹资金
	20××年				
	20××年				
	20××年				
	20××年				
	20××年				
	总计				
地方投入资金落实情况					
补助范围		合计	分年用款计划	小计	中央补助
	1.前期测绘、考古勘查和规划设计方案编制		20××年		
			20××年		
			20××年		
	2.本体或载体的维修保护		20××年		
			20××年		
			20××年		
	3.安防、消防、防雷等保护性设施建设		20××年		
			20××年		
			20××年		
	4.文物本体保护范围内的保存环境治理		20××年		
			20××年		
			20××年		
	5.陈列展示		20××年		
			20××年		
			20××年		
	6.维修保护资料整理和报告出版以及保护管理体系建设		20××年		
			20××年		
			20××年		
	7.其他		20××年		
			20××年		
			20××年		

表 4　　　　预算构成表　　　　单位：万元

预算构成	总计	中央补助
(一)文物维修保护工程支出		
1.勘测费		
2.规划及方案设计费		
3.……		
(二)文物考古调查、发掘支出		
1.调查勘探费		
2.测绘费		
3.……		
(三)文物安防、消防及防雷等保护性工程支出		
1.规划及方案设计费		
2.材料费		
3.……		
(四)文物技术保护支出		
1.方案设计费		
2.测试化验加工费		
3.……		
(五)文物陈列布展支出		
1.方案设计费		
2.材料费		
3.……		
(六)文物保护管理体系建设支出		
1.规划及方案设计费		
2.专项调研费		
3.……		
(七)其他文物保护		
1.……		
2.……		
3.……		

附件一(3)

国家重点文物保护专项补助资金申请书

(世界文化遗产保护项目)

项目实施单位名称(公章)________________

法定代表人(签字)________________

通信地址________________

联系电话________________

财政部　国家文物局制

年　　月　　日

填报说明

一、本申请书用于国家重点文物保护专项补助资金世界文化遗产保护项目申请。

二、凡申请世界文化遗产保护专项补助资金的项目，应当是列入总项目库的项目。申请书由项目基本信息表、资金计划表和预算构成表三部分组成。

1.基本信息表：

1.1 项目编号是项目在项目库中的唯一标识，由12位数字组成，由计算机自动生成。

1.2 项目名称是由国家文物局批准立项或批复方案的项目名称。

1.3 项目第一次申报专项补助资金为新增项目。

1.4 项目负责人是项目资金管理使用单位的法定代表人。

1.5 世界文化遗产名称按照联合国教科文组织世界文化遗产名录中的标准名称填写。

1.6 立项批准文号填写国家文物局立项批复文号。

1.7 方案批准文号填写国家文物局或省级文物行政主管部门方案批准文号。

1.8 管理单位简介填写项目资金管理使用单位的机构设置、职能和人员状况等。

1.9 世界文化遗产基本情况填写世界文化遗产的概况及保护现状。

1.10 历年保护维修情况填写本单位管理的历年保护维修情况说明。

1.11 项目实施内容简要介绍填写本项目需要开展的保护内容和主要目标。

1.12 分年度工作计划填写本项目各年度实施计划。

2.资金计划表：

1.13 此表内容须严格按照专项资金管理办法中的规定填写。

1.14 项目预算总额项填写项目总预算金额。

1.15 申请补助资金项填写项目申请国家专项补助资金的金额。

1.16 分年用款计划按照分年度工作计划填写各年度用款计划。

1.17 补助范围按照专项资金管理办法中第六条规定的范围内容填报预算金额。

1.18 地方投入资金落实情况须说明分年用款计划中地方资金的落实情况。

3.预算构成表：

1.19 此表内容须严格按照专项资金管理办法中第七条规定的支出内容填报。

三、项目申请单位可通过国家重点文物保护专项补助经费申报系统，按要求下载申请书文本，如实填写申请内容。

四、申请书文字，一律用简体中文、宋体GB2312、小四号字体填写；应文字简洁，表述清晰，数据翔实；提供纸质文件，打印时请用A4纸。

五、申请书中的历年保护维修情况、分年计划和地方投入资金的落实情况等文字描述内容，应真实有效，编排有序。如表格容量不够的，可以附页。

六、申请世界文化遗产文物本体维修保护，安防、消防、防雷等保护性设施建设，陈列展示项目补助应附文物保护项目预(概)算文本。

表 1　　基本信息表(1)

项目编号：

<table>
<tr><td>项目名称</td><td></td><td colspan="2">1. 新增　2. 延续</td></tr>
<tr><td>项目负责人</td><td></td><td>联系电话</td><td></td></tr>
<tr><td>世界文化遗产名称</td><td colspan="3"></td></tr>
<tr><td>立项批准文号</td><td colspan="3"></td></tr>
<tr><td>方案批准文号</td><td colspan="3"></td></tr>
<tr><td>管理单位简介</td><td colspan="3"></td></tr>
<tr><td>世界文化遗产基本情况</td><td colspan="3"></td></tr>
<tr><td>历年保护维修情况</td><td colspan="3"></td></tr>
</table>

表 2　　基本信息表(2)

项目实施内容简要介绍	
分年度工作计划	
备注	

表 3　　　　**资金计划表**　　　　单位：万元

<table>
<tr><td colspan="2">项目预算总额</td><td colspan="4"></td></tr>
<tr><td colspan="2">申请补助资金</td><td colspan="4"></td></tr>
<tr><td rowspan="7">分年用款计划</td><td></td><td>合计</td><td>中央补助</td><td>地方投入</td><td>自筹资金</td></tr>
<tr><td>20××年</td><td></td><td></td><td></td><td></td></tr>
<tr><td>20××年</td><td></td><td></td><td></td><td></td></tr>
<tr><td>20××年</td><td></td><td></td><td></td><td></td></tr>
<tr><td>20××年</td><td></td><td></td><td></td><td></td></tr>
<tr><td>20××年</td><td></td><td></td><td></td><td></td></tr>
<tr><td>总计</td><td></td><td></td><td></td><td></td></tr>
<tr><td>地方投入资金落实情况</td><td colspan="5"></td></tr>
<tr><td rowspan="16">补助范围</td><td></td><td>合计</td><td>分年用款计划</td><td>小计</td><td>中央补助</td></tr>
<tr><td rowspan="3">1. 文物本体维修保护</td><td rowspan="3"></td><td>20××年</td><td></td><td></td></tr>
<tr><td>20××年</td><td></td><td></td></tr>
<tr><td>20××年</td><td></td><td></td></tr>
<tr><td rowspan="3">2. 安防、消防、防雷等保护性设施建设</td><td rowspan="3"></td><td>20××年</td><td></td><td></td></tr>
<tr><td>20××年</td><td></td><td></td></tr>
<tr><td>20××年</td><td></td><td></td></tr>
<tr><td rowspan="3">3. 陈列展示</td><td rowspan="3"></td><td>20××年</td><td></td><td></td></tr>
<tr><td>20××年</td><td></td><td></td></tr>
<tr><td>20××年</td><td></td><td></td></tr>
<tr><td rowspan="3">4. 监测管理体系建设</td><td rowspan="3"></td><td>20××年</td><td></td><td></td></tr>
<tr><td>20××年</td><td></td><td></td></tr>
<tr><td>20××年</td><td></td><td></td></tr>
<tr><td rowspan="3">5. 其他</td><td rowspan="3"></td><td>20××年</td><td></td><td></td></tr>
<tr><td>20××年</td><td></td><td></td></tr>
<tr><td>20××年</td><td></td><td></td></tr>
</table>

表 4　**预算构成表**　单位：万元

预算构成	总计	中央补助
(一)文物维修保护工程支出		
1.勘测费		
2.规划及方案设计费		
3.……		
(二)文物考古调查、发掘支出		
1.调查勘探费		
2.测绘费		
3.……		
(三)文物安防、消防及防雷等保护性工程支出		
1.规划及方案设计费		
2.材料费		
3.……		
(四)文物技术保护支出		
1.方案设计费		
2.测试化验加工费		
3.……		
(五)文物陈列布展支出		
1.方案设计费		
2.材料费		
3.……		
(六)文物保护管理体系建设支出		
1.规划及方案设计费		
2.专项调研费		
3.……		
(七)其他文物保护		
1.……		
2.……		
3.……		

附件一(4)

国家重点文物保护专项补助资金申请书

(考古发掘项目)

项目实施单位名称(公章)____________________

法定代表人(签字)____________________

通信地址____________________

联系电话____________________

财政部　国家文物局制

年　　月　　日

填报说明

一、本申请书用于国家重点文物保护专项补助资金考古调查项目申请。

二、凡申请考古调查专项补助资金的项目，应当是列入总项目库的项目。申请书由项目基本信息表、资金计划表和预算构成表三部分组成。

1.基本信息表：

1.1　项目编号是项目在项目库中的唯一标识，由12位数字组成，由计算机自动生成。

1.2　项目名称是由国家文物局批准考古执照的项目名称。

1.3　项目第一次申报专项补助资金为新增项目。

1.4　项目负责人是项目资金管理使用单位的法定代表人。

1.5　管理单位简介填写项目资金管理使用单位的机构设置、职能和人员状况等。

1.6　执行单位填写考古项目执行单位名称。

1.7　工作对象指考古工作的地点，属于大遗址的按照国家文物局、财政部共同认定的大遗址名单填写，属于文物保护单位的按照公布的标准名称填写，其他地点填写发掘遗址名称。

1.8　方案批准文号填写国家文物局或省级文物行政主管部门考古执照号或批准文号。

1.9　工作对象基本情况填写考古工作对象的概况及保护现状。

1.10　历年工作情况填写历年考古调查、发掘情况说明。

1.11　项目实施内容简要介绍填写本项目需要开展的工作内容和主要目标。

1.12　分年度工作计划填写本项目各年度实施计划。

2.资金计划表：

1.13　此表内容须严格按照专项资金管理办法中的规定填写。

1.14　项目预算总额项填写项目总预算金额。

1.15　申请补助资金项填写项目申请国家专项补助资金的金额。

1.16　分年用款计划按照分年度工作计划填写各年度用款计划。

1.17　补助范围按照专项资金管理办法中第六条规定的范围内容填报预算金额。

1.18　地方投入资金落实情况须说明分年用款计划中地方资金的落实情况。

3.预算构成表：

1.19　此表内容须严格按照专项资金管理办法中第七条规定的支出内容填报。

三、项目申请单位可通过国家重点文物保护专项补助经费申报系统，按要求下载申请书文本，如实填写申请内容。

四、申请书文字，一律用简体中文、宋体GB2312、小四号字体填写；应文字简洁，表述清晰，数据翔实；提供纸质文件，打印时请用A4纸。

五、申请书中的历年工作情况、分年计划和地方投入资金的落实情况等文字描述内容，应真实有效，编排有序。如表格容量不够的，可以附页。

六、申请考古调查、勘探和发掘，重要考古遗迹现场保护以及重要出土(出水)文物现场保护与修复项目补助应附文物保护项目预(概)算文本。

表 1 **基本信息表(1)**

项目编号：

<table>
<tr><td>项目名称</td><td></td><td colspan="2">1.新增　2.延续</td></tr>
<tr><td>项目负责人</td><td></td><td>联系电话</td><td></td></tr>
<tr><td>管理单位</td><td colspan="3"></td></tr>
<tr><td>执行单位</td><td colspan="3"></td></tr>
<tr><td>工作对象</td><td colspan="3"></td></tr>
<tr><td>方案批准文号</td><td colspan="3"></td></tr>
<tr><td>工作对象基本情况</td><td colspan="3"></td></tr>
<tr><td>历年工作情况</td><td colspan="3"></td></tr>
</table>

表 2　　基本信息表(2)

项目实施内容简要介绍	
分年度工作计划	
备注	

表 3 **资金计划表** 单位：万元

<table>
<tr><td colspan="2">项目预算总额</td><td colspan="4"></td></tr>
<tr><td colspan="2">申请补助资金</td><td colspan="4"></td></tr>
<tr><td rowspan="7">分年用款计划</td><td></td><td>合计</td><td>中央补助</td><td>地方投入</td><td>自筹资金</td></tr>
<tr><td>20××年</td><td></td><td></td><td></td><td></td></tr>
<tr><td>20××年</td><td></td><td></td><td></td><td></td></tr>
<tr><td>20××年</td><td></td><td></td><td></td><td></td></tr>
<tr><td>20××年</td><td></td><td></td><td></td><td></td></tr>
<tr><td>20××年</td><td></td><td></td><td></td><td></td></tr>
<tr><td>总计</td><td></td><td></td><td></td><td></td></tr>
<tr><td>地方投入资金落实情况</td><td colspan="5"></td></tr>
</table>

<table>
<tr><td rowspan="16">补助范围</td><td></td><td>合计</td><td>分年用款计划</td><td>小计</td><td>中央补助</td></tr>
<tr><td rowspan="3">1. 考古调查、勘探和发掘</td><td rowspan="3"></td><td>20××年</td><td></td><td></td></tr>
<tr><td>20××年</td><td></td><td></td></tr>
<tr><td>20××年</td><td></td><td></td></tr>
<tr><td rowspan="3">2. 考古资料整理以及报告出版</td><td rowspan="3"></td><td>20××年</td><td></td><td></td></tr>
<tr><td>20××年</td><td></td><td></td></tr>
<tr><td>20××年</td><td></td><td></td></tr>
<tr><td rowspan="3">3. 重要考古遗迹现场保护</td><td rowspan="3"></td><td>20××年</td><td></td><td></td></tr>
<tr><td>20××年</td><td></td><td></td></tr>
<tr><td>20××年</td><td></td><td></td></tr>
<tr><td rowspan="3">4. 重要出土(出水)文物现场保护与修复</td><td rowspan="3"></td><td>20××年</td><td></td><td></td></tr>
<tr><td>20××年</td><td></td><td></td></tr>
<tr><td>20××年</td><td></td><td></td></tr>
<tr><td rowspan="3">5. 其他</td><td rowspan="3"></td><td>20××年</td><td></td><td></td></tr>
<tr><td>20××年</td><td></td><td></td></tr>
<tr><td>20××年</td><td></td><td></td></tr>
</table>

表 4　　　　预算构成表　　　　单位：万元

预算构成	总计	中央补助
(一)文物维修保护工程支出		
1.勘测费		
2.规划及方案设计费		
3.……		
(二)文物考古调查、发掘支出		
1.调查勘探费		
2.测绘费		
3.……		
(三)文物安防、消防及防雷等保护性工程支出		
1.规划及方案设计费		
2.材料费		
3.……		
(四)文物技术保护支出		
1.方案设计费		
2.测试化验加工费		
3.……		
(五)其他文物保护支出		
1.……		
2.……		
3.……		

附件一(5)

国家重点文物保护专项补助资金申请书

(可移动文物保护项目)

项目实施单位名称(公章)____________________

法定代表人(签字)____________________

通信地址____________________

联系电话____________________

财政部　国家文物局制

年　　月　　日

填报说明

一、本申请书用于国家重点文物保护专项资金可移动文物保护项目申请。

二、凡申请可移动文物保护专项补助资金的项目，应当是列入总项目库的项目。申请书由项目基本信息表、资金计划表和预算构成表三部分组成。

1.基本信息表：

1.1　项目编号是项目在项目库中的唯一标识，由12位数字组成，由计算机自动生成。

1.2　项目名称是由国家文物局批准立项或批复方案的项目名称。

1.3　项目第一次申报专项补助资金为新增项目。

1.4　项目负责人是项目资金管理使用单位的法定代表人。

1.5　收藏单位名称填写可移动文物登记的收藏单位名称。

1.6　修复单位名称填写开展珍贵文物保护工作的单位名称。

1.7　立项批准文号填写国家文物局立项批复文号。

1.8　方案批准文号填写国家文物局或省级文物行政主管部门方案批准文号。

1.9　管理单位简介填写项目资金管理使用单位的机构设置、职能和人员状况等。

1.10　可移动文物基本情况填写需保护珍贵文物的概况、数量及保护现状。

1.11　历年保护情况填写可移动文物历年保护情况说明。

1.12　项目实施内容简要介绍填写本项目需要开展的保护内容和主要目标。

1.13　分年度工作计划填写本项目各年度实施计划。

2.资金计划表：

1.14　此表内容须严格按照专项资金管理办法中的规定填写。

1.15　项目预算总额项填写项目总预算金额。

1.16　申请补助资金项填写项目申请国家专项补助资金的金额。

1.17　分年用款计划按照分年度工作计划填写各年度用款计划。

1.18　补助范围按照专项资金管理办法中第六条规定的范围内容填报预算金额。

1.19　地方投入资金落实情况须说明分年用款计划中地方资金的落实情况。

3.预算构成表：

1.20　此表内容须严格按照专项资金管理办法中第七条规定的支出内容填报。

三、项目申请单位可通过国家重点文物保护专项补助经费申报系统，按要求下载申请书文本，如实填写申请内容。

四、申请书文字，一律用简体中文、宋体GB2312、小四号字体填写；应文字简洁，表述清晰，数据翔实；提供纸质文件，打印时请用A4纸。

五、申请书中的历年保护情况、分年计划和地方投入资金的落实情况等文字描述内容，应真实有效，编排有序。如表格容量不够的，可以附页。

六、申请可移动文物预防性保护、技术保护（含文物本体修复）和数字化保护项目补助应附文物保护项目预（概）算文本。

表 1

基本信息表(1)

项目编号：

<table>
<tr><td>项目名称</td><td></td><td colspan="2">1. 新增　2. 延续</td></tr>
<tr><td>项目负责人</td><td></td><td>联系电话</td><td></td></tr>
<tr><td>收藏单位名称</td><td colspan="3"></td></tr>
<tr><td>修复单位名称</td><td colspan="3"></td></tr>
<tr><td>立项批准文号</td><td colspan="3"></td></tr>
<tr><td>方案批准文号</td><td colspan="3"></td></tr>
<tr><td>管理单位简介</td><td colspan="3"></td></tr>
<tr><td>可移动文物基本情况</td><td colspan="3"></td></tr>
<tr><td>历年保护情况</td><td colspan="3"></td></tr>
</table>

表 2　　基本信息表(2)

项目实施内容简要介绍	
分年度工作计划	
备注	

表 3　　**资金计划表**　　单位：万元

<table>
<tr><td colspan="2">项目预算总额</td><td colspan="4"></td></tr>
<tr><td colspan="2">申请补助资金</td><td colspan="4"></td></tr>
<tr><td rowspan="7">分年用款计划</td><td></td><td>合计</td><td>中央补助</td><td>地方投入</td><td>自筹资金</td></tr>
<tr><td>20××年</td><td></td><td></td><td></td><td></td></tr>
<tr><td>20××年</td><td></td><td></td><td></td><td></td></tr>
<tr><td>20××年</td><td></td><td></td><td></td><td></td></tr>
<tr><td>20××年</td><td></td><td></td><td></td><td></td></tr>
<tr><td>20××年</td><td></td><td></td><td></td><td></td></tr>
<tr><td>总计</td><td></td><td></td><td></td><td></td></tr>
<tr><td>地方投入资金落实情况</td><td colspan="5"></td></tr>
</table>

<table>
<tr><td rowspan="19">补助范围</td><td></td><td>合计</td><td>分年用款计划</td><td>小计</td><td>中央补助</td></tr>
<tr><td rowspan="3">1. 预防性保护</td><td rowspan="3"></td><td>20××年</td><td></td><td></td></tr>
<tr><td>20××年</td><td></td><td></td></tr>
<tr><td>20××年</td><td></td><td></td></tr>
<tr><td rowspan="3">2. 保护方案设计</td><td rowspan="3"></td><td>20××年</td><td></td><td></td></tr>
<tr><td>20××年</td><td></td><td></td></tr>
<tr><td>20××年</td><td></td><td></td></tr>
<tr><td rowspan="3">3. 文物技术保护
（含本体修复）</td><td rowspan="3"></td><td>20××年</td><td></td><td></td></tr>
<tr><td>20××年</td><td></td><td></td></tr>
<tr><td>20××年</td><td></td><td></td></tr>
<tr><td rowspan="3">4. 数字化保护</td><td rowspan="3"></td><td>20××年</td><td></td><td></td></tr>
<tr><td>20××年</td><td></td><td></td></tr>
<tr><td>20××年</td><td></td><td></td></tr>
<tr><td rowspan="3">5. 保护资料整理和报告出版</td><td rowspan="3"></td><td>20××年</td><td></td><td></td></tr>
<tr><td>20××年</td><td></td><td></td></tr>
<tr><td>20××年</td><td></td><td></td></tr>
<tr><td rowspan="3">6. 其他</td><td rowspan="3"></td><td>20××年</td><td></td><td></td></tr>
<tr><td>20××年</td><td></td><td></td></tr>
<tr><td>20××年</td><td></td><td></td></tr>
</table>

表 4　　预算构成表　　单位：万元

预算构成	总计	中央补助
(一)文物维修保护工程支出		
1. 方案设计费		
2. 测试化验加工费		
3. ……		
(二)其他文物保护支出		
1. ……		
2. ……		
3. ……		

附件二

国家重点文物保护专项补助资金申报汇总表

单位:万元

项目编号	补助范围	项目名称	项目实施单位	立项、方案批准文号	项目资金预算		中央部门或省级文物、财政部门审核意见
					总预算	申请中央补助经费	
合计							

说明:1. 此表由中央有关部门、省级财政部门和省级文物行政部门审核填报。

2. 补助范围应填写全国重点文物保护单位保护、大遗址保护、世界文化遗产保护、考古发掘、可移动文物保护及其他。

附件三

20××年度国家重点文物保护专项补助资金申请表

单位：万元

序号	项目编号	补助范围	保护单位名称	项目名称	项目实施单位	资金管理单位	立项、方案批准文号	项目资金预算	
								预算控制数	当年申请中央补助资金
合计									

说明：1. 此表由中央有关部门、省级财政部门和文物行政部门按照项目重要性和损毁程度，区分轻重缓急排序进行填报。

2. 补助范围应填写全国重点文物保护单位保护、大遗址保护、世界文化遗产保护、考古发掘、可移动文物保护及其他。

3. 资金管理单位指对到位资金进行财务管理并负责预算执行的单位。

附件四(1)

20××年度国家重点文物保护专项补助资金项目决算表(不可移动文物保护)

项目编号：　　　　　　　　　　　　　　　　　　　　　　　　　单位：元(元以下四舍五入)

项目名称			
起止时间	开始		
	结束		
方案批复文号			
项目管理单位			
项目实施单位		合同金额	
项目进展情况			
存在的问题和建议			

	累计	本年		累计	本年
一、项目总预算			2. 材料费		
1. 中央			3. ……		
2. 地方			(四)文物技术保护		
二、财政补助资金预算			1. 方案设计费		
1. 中央			2. 测试化验加工费		
2. 地方			3. ……		
三、资金到位率			(五)文物陈列布展		
1. 中央			1. 方案设计费		
2. 地方			2. 材料费		
四、支出合计			3. ……		
(一)文物维修保护工程			(六)文物保护管理体系建设		
1. 勘测费			1. 方案设计费		
2. 规划及方案设计费			2. 材料费		
3. ……			3. ……		
(二)文物考古调查、发掘			(七)其他文物保护		
1. 勘测费			1. ……		
2. 测绘费			2. ……		
3. …			3. ……		
(三)文物安防、消防及防雷等保护性工程			五、项目资金使用率		
1. 规划及方案设计费			六、结转资金		

说明：1. 此表由项目实施单位根据项目预算、资金年度到位及使用情况填报。

2. 项目中央资金到位率＝实际收到中央补助资金/财政批复下达资金金额。

3. 项目地方资金到位率＝实际收到地方资金/地方计划投入资金金额。

4. 项目资金使用率＝支出金额合计/到位金额合计。

附件四(2)

20××年度国家重点文物保护专项补助资金决算表(可移动文物保护)

项目编号：　　　　　　　　　　　　　　　　　　　　　　　　　　　　单位：元(元以下四舍五入)

项目名称					
起止时间	开始				
	结束				
方案批复文号					
项目管理单位					
项目实施单位			合同金额		
项目进展情况					
存在的问题和建议					
	累计	本年		累计	本年
一、项目总预算			(二)文物保护管理体系建设建设		
1.中央			1.方案设计费		
2.地方			2.测试化验加工费		
二、财政补助资金预算			3.……		
1.中央			(三)其他文物保护		
2.地方			1.……		
三、资金到位率			2.……		
1.中央			3.……		
2.地方			五、项目资金使用率		
四、支出合计			六、结转资金		
(一)文物保护技术			七、保护文物数(件/套)		
1.方案设计费			其中：一级品		
2.测试化验加工费			二级品		
3.……			三级品		

说明：1.此表由项目实施单位根据项目预算、年度到位及使用情况填报。

2.项目中央资金到位率＝实际收到中央补助资金/财政批复下达资金金额。

3.项目地方资金到位率＝实际收到地方资金/地方计划投入资金金额。

4.项目资金使用率＝支出金额/到位金额。

附件五

20××年度国家重点文物保护专项补助资金项目决算汇总表

单位:万元

项目编号	保护单位名称	项目名称	开始时间	结束时间	项目状态	项目总预算	合同金额	资金到位情况				资金使用情况		结转资金
								累计拨款		其中:本年拨款		累计支出	其中:本年支出	
									中央		中央			

说明:项目状态选项应为以下三类:未启动,进行中,完成。请填报用户据实选其一进行填写。

附件六(1)

国家重点文物保护专项补助资金结项财务验收表(不可移动文物保护)

项目编号：　　　　　　　　　　　　　　　　　　　　　　单位：元(元以下四舍五入)

项目名称			
起止时间	计划		
	实际		
方案批复文号			
项目管理单位			
项目实施单位		合同金额	
项目完成情况			

	预算	决算	增减%		预算	决算	增减%
一、项目总预算				11.资料整理报告出版费			
1.中央				12.勘探费			
2.地方				13.测绘费			
二、财政收入				14.发掘费			
1.中央				15.发掘现场安全保卫费			
2.地方				16.青苗补偿费			
三、支出合计				17.考古遗迹现场保护费			
1.勘测费				18.出土(出水)文物保护与修复费			
2.规划及方案设计费				19.专家咨询费			
3.材料费				20.课题研究费			
4.燃料动力费				21.其他			
5.设备费				四、结余资金			
6.施工费				1.资金			
7.监理费				2.设备			
8.劳务费				3.材料			
9.测试化验加工费				4.其他			
10.管理费							

说明：1.此表由项目实施单位在项目实施完毕后依据决算报告填报。

2.增减%计算公式为：100＊(决算－预算)/预算。

附件六(2)

国家重点文物保护专项补助资金结项财务验收表(可移动文物保护)

项目编号：　　　　　　　　　　　　　　　　　　　　　　　　　　　　单位：元(元以下四舍五入)

<table>
<tr><td>项目名称</td><td colspan="7"></td></tr>
<tr><td rowspan="2">起止时间</td><td>计划</td><td colspan="6"></td></tr>
<tr><td>实际</td><td colspan="6"></td></tr>
<tr><td>方案批复文号</td><td colspan="7"></td></tr>
<tr><td>项目管理单位</td><td colspan="7"></td></tr>
<tr><td>项目实施单位</td><td colspan="3"></td><td>合同金额</td><td colspan="3"></td></tr>
<tr><td>项目完成情况</td><td colspan="7"></td></tr>
<tr><td></td><td>预算</td><td>决算</td><td>增减%</td><td></td><td>预算</td><td>决算</td><td>增减%</td></tr>
<tr><td>一、项目总预算</td><td></td><td></td><td></td><td>6. 专家咨询费</td><td></td><td></td><td></td></tr>
<tr><td>1. 中央</td><td></td><td></td><td></td><td>7. 资料整理和报告出版费</td><td></td><td></td><td></td></tr>
<tr><td>2. 地方</td><td></td><td></td><td></td><td>8. 其他</td><td></td><td></td><td></td></tr>
<tr><td>二、财政收入</td><td></td><td></td><td></td><td>四、结余资金</td><td></td><td></td><td></td></tr>
<tr><td>1. 中央</td><td></td><td></td><td></td><td>1. 资金</td><td></td><td></td><td></td></tr>
<tr><td>2. 地方</td><td></td><td></td><td></td><td>2. 设备</td><td></td><td></td><td></td></tr>
<tr><td>三、支出合计</td><td></td><td></td><td></td><td>3. 材料</td><td></td><td></td><td></td></tr>
<tr><td>1. 方案设计费</td><td></td><td></td><td></td><td>4. 其他</td><td></td><td></td><td></td></tr>
<tr><td>2. 测试化验加工费</td><td></td><td></td><td></td><td>五、保护文物数(件/套)</td><td></td><td></td><td></td></tr>
<tr><td>3. 材料费</td><td></td><td></td><td></td><td>其中：一级品</td><td></td><td></td><td></td></tr>
<tr><td>4. 设备费</td><td></td><td></td><td></td><td>二级品</td><td></td><td></td><td></td></tr>
<tr><td>5. 劳务费</td><td></td><td></td><td></td><td>三级品</td><td></td><td></td><td></td></tr>
</table>

说明：1. 此表由项目实施单位在项目实施完毕后依据决算报告填报。

2. 增减%计算公式为：100＊(决算－预算)/预算。

文物保护特批项目经费安排暂行规定

(自 2005 年 8 月 25 日起施行)

第一条　为了规范文物保护特批项目经费(管理)安排程序，解决文物保护中的紧迫问题，根据《中华人民共和国文物保护法》《财政部、国家文物局关于全国重点文物保护专项经费管理办法》等国家相关法规，结合文物保护工作的特点，制定本规定。

第二条　特批项目是指：

(一)党和国家领导人批示的项目；

(二)文化部主要领导批示的项目；

(三)财政部有关部门领导批示的项目；

(四)国家文物局扶贫单位的项目。

第三条　特批项目经费是指在国家重点文物保护专项补助经费中用于文物保护特批项目的经费。

第四条　特批项目的报批程序：按照党和国家领导人、文化部主要领导、财政部有关部门领导批示或国家文物局确定的扶贫单位项目批示，由相关司提出意见后报办公室汇总，并依据年度切块规模提出经费安排建议报局长办公会审核批准。

第五条 特批项目应履行正常的方案报批程序。特殊情况下，可根据领导批示先行安排经费，之后补报相关材料。

第六条 特批项目经费原则上每项控制在50万元以内。项目经费的使用，必须接受国家文物局和财政、审计等部门的监督和检查，按规定报送财务统计报表和决算资料。纳入绩效考评范围。

第七条 已批准并拨款的特批项目，应尽快组织实施，在拨款到位后第二年度仍未实施的项目，国家文物局将对该项目进行调整或予以注销。

第八条 本规定由国家文物局负责解释。

第九条 本规定自发布之日起实施。

大遗址保护专项经费管理办法

（财教〔2005〕135号）

第一章 总 则

第一条 为贯彻“保护为主，抢救第一，合理利用，加强管理”的文物工作方针，加强大遗址保护专项经费（以下简称“专项经费”）的管理，提高资金使用效益，根据国家相关法律和财务规章制度，结合大遗址保护工作的特点，制定本办法。

第二条 本办法所指的大遗址主要包括反映中国古代历史各个发展阶段涉及政治、宗教、军事、科技、工业、农业、建筑、交通、水利等方面历史文化信息，具有规模宏大、价值重大、影响深远特点的大型聚落、城址、宫室、陵寝墓葬等遗址、遗址群及文化景观。

第三条 专项经费是指中央财政安排用于大遗址保护和开展相关管理工作的补助经费，重点支持中央政府推动的大遗址本体保护示范工程。按照“中央主导、地方配合、统筹规划、确保重点、集中投入、规划先行、侧重本体、展示优先”的原则，经费安排优先考虑遗址本体保护需求急迫、有较好考古勘查工作基础、已编制规划或规划纲要、宣传展示可行性强、地方政府重视并有一定经费配套的项目。

第四条 按照大遗址保护工作需要和项目管理要求，专项经费实行项目库管理。项目库分为总项目库、备选项目库和实施项目库三类。

第五条 专项经费必须接受财政、审计、文物管理等部门的监督和检查。

第六条 国家文物局、财政部依照有关规定，对项目实行绩效考评。

第七条 项目实施中形成的知识产权、专利权，按照国家相关知识产权和专利法律法规执行。

第二章 专项经费使用范围和支出内容

第八条 专项经费的使用范围如下：

（一）中央政府主导的大遗址保护示范工程；

（二）中央政府引导的大遗址保护工程；

（三）大遗址保护管理体系建设。

第九条 专项经费的支出内容如下：

（一）前期费用支出。指为大遗址保护项目实施所进行的前期准备工作费用支出，包括考古调查和发掘、地形测绘、资料购置、规划设计、工程方案勘察设计、咨询论证和工程监理等。

（二）保护工程支出。指对大遗址本体和遗址保护工程费用支出，包括大遗址本体、载体的抢险、加固和科学保护，保护范围内大遗址保存环境治理工程等。

（三）保护性设施工程支出。指以大遗址本体保护、展示为目的的工程建设、设施建设支出，包括安全技术防范工程、消防工程、避雷及其他防灾减灾工程、展示设施工程等。

（四）保护管理体系支出。指为建立大遗址保护管理体系所需的工作费用支出，包括重大保护课题规划费、重大专题调研费、专家评审费等。

（五）其他支出。经财政部、国家文物局批准同意的其他项目。

第三章　部门职责与权限

第十条　财政部主要负责：

（一）确定专项经费的使用方向和范围；

（二）会同国家文物局确定实施项目库立项；

（三）审批国家文物局提出的大遗址保护项目预算；

（四）确定年度专项经费安排计划；

（五）下达年度专项补助经费；

（六）监督检查专项经费的管理和使用情况；

（七）对项目绩效考核结果进行评估。

第十一条　国家文物局主要负责：

（一）提出专项经费的使用方向和范围；

（二）负责项目立项、项目方案（含预算控制数）的审批；

（三）汇总编制大遗址保护项目预算；

（四）指导项目实施；

（五）负责专项经费使用情况年报审核、分析，监督检查专项经费的管理和使用情况；

（六）负责实施项目的绩效考评；

（七）负责组织项目竣工验收。

第十二条　省级财政部门主要负责：

（一）落实需地方承担的经费；

（二）参与项目工程设计方案和预算的初步评审工作；

（三）与文物行政管理部门联合申请项目专项经费；

（四）监督检查项目经费使用情况；

（五）与文物行政管理部门联合组织对项目进行初验和绩效考核。

第十三条　省级文物行政管理部门主要负责：

（一）会同省级财政部门组织项目立项、项目工程设计方案和预算的初审和报送工作；

（二）根据项目实施进度，与财政部门联合申请年度专项经费；

（三）负责本省专项经费使用情况年报汇总、审核、报送工作，检查、监督项目实施和项目经费使用情况；

（四）与省级财政部门联合组织对项目进行初验和考核；

（五）协助国家文物局进行项目验收和绩效考评。

第十四条　项目实施单位主要负责

（一）负责项目的立项申请书、组织项目方案和预算的编制、报审；

（二）具体负责项目实施，严格执行批准的预算；

（三）负责编制项目经费决算，配合绩效考核；

（四）接受上级有关部门的监督、检查。

第四章　项目的申请与审批

第十五条　纳入国家中长期文物保护规划的项目构成大遗址保护总项目库，符合条件的单位可按照《大遗址保护专项经费项目立项申请书》(附件1)的要求，编写立项申请书，经省级文物行政主管部门会商省级财政部门后，向国家文物局提出立项申请。

第十六条　国家文物局会同财政部对立项申请进行评估。评估标准为：

(一)遗址须符合大遗址的界定；

(二)抢救保护工作急迫；

(三)地方政府拟对项目采取保护措施并落实相应配套经费；

(四)实施保护措施后具有良好的保护和展示效果。

第十七条　通过评估的项目列入备选项目库，并在国家文物局网站上公布，同时向省级文物部门下达编制项目工程设计方案和预算的通知书，抄送省级财政部门和项目立项申请单位(以下简称“项目单位”)。

第十八条　入选备选项目库的项目工程设计方案(以下简称“方案”)和预算编制工作由项目立项申请单位负责，委托具有资质的设计单位制定实施方案和预算。方案涉及当地土地利用、城市规划、环境保护、安全、产业发展规划等事宜的，报送前要获得相关部门批准。

第十九条　省级文物行政主管部门组织对项目方案和预算进行初步评审，涉及地方配套的项目，应征求省级财政部门的意见。通过初步评审的方案和预算由省级文物主管部门报送国家文物局。

国家文物局组织对项目方案和预算申请数进行审核，通过评审的项目，经商财政部同意后纳入实施项目库。

第二十条　实施项目库由财政部和国家文物局统一规划、共同建设，并按照下列原则共同管理：

(一)依据国家有关政策、方针和项目的轻重缓急，对入库项目进行合理排序。

(二)项目入库后，原则上不再调整，因特殊情况确需调整的，按照原审批程序重新报批。

(三)上年延续项目和当年预算未安排项目滚动进入下一年度实施项目库。

第五章　经费的申请与管理

第二十一条　专项经费每年申请一次，申请经费的项目分为新增项目和延续项目。新增项目是指本年度新增的需要列入预算的项目，延续项目是指往年批准的、需要在本年度预算中继续安排经费的项目。非实施项目库中的项目原则上不予以安排。

经费申请截止时间为上一年度10月31日。

第二十二条　经费申请单位为省级文物行政主管部门和财政部门。申请单位须按照《大遗址保护专项经费项目经费申请书》(附件2)的具体要求填写申请书，经省级文物主管部门、财政部门审核后联署向财政部和国家文物局申请专项经费。凡越级上报或单方面上报的申请均不予受理。

第二十三条　财政部根据年度财力状况、实施项目库排序和国家文物局所拟项目及经费安排计划，对申请专项经费的项目进行排查、审核后，确定补助数额并予以批复。

第二十四条　实施项目一经审核批准，不得调整。如遇特殊情况调整或变动已批准的项目或内容，须由省级文物、财政部门提出申请，经国家文物局、财政部批准后方能调整和实施。

第二十五条　专项经费实行“专项申请，逐项核定，国库支付，按年度拨款，年终核销支出，项目完成后结报”的财务管理办法。按照规定需实行政府采购的，经费拨付按照政策采购办法执行。

第二十六条　财政部下达专项补助经费通知后，省级财政部门根据省级文物行政管理部门按项目实施进度提出经费使用方案，及时拨付专项经费。

第二十七条 未完成项目的年度结余经费,结转下一年度继续使用;已完成并通过验收的项目净结余经费,经财政部、国家文物局核准,用于大遗址本体保护和科学研究。

第二十八条 已安排专项经费的项目,在批准文件下发两年之内仍未实施的,财政部和国家文物局将对该项目予以注销,并将已拨经费调至其他补助项目。

第二十九条 专项经费购置的资产属于国有资产,其使用权归项目实施单位,并纳入其固定资产账户进行核算与管理。资产的处置按国家的有关规定执行,防止国有资产的流失。

第六章 监督与检查

第三十条 省级以上财政部门会同文物行政管理部门或委托有关机构对专项经费的使用和管理情况进行监督检查。监督要客观、公正,且不得干预项目的正常实施。

第三十一条 项目实施单位应当建立、健全经费使用管理的监督约束机制,要对项目的一切经费开支做到审批手续完备,账目清楚,内容真实,核算准确,监督措施得力,确保资金的安全和合理使用。

第三十二条 项目实施单位必须严格按照批准的用途、范围和开支标准使用专项经费、确保专款专用,任何单位和个人不得以任何理由和方式截留、挤占和挪用。经费不得用于支付各种罚款、捐款、赞助、投资等支出,不得用于各种福利性支出,不得用于国家规定禁止列入的其他支出。

第三十三条 专项经费管理实行责任追究制度。对于弄虚作假、截留、挪用、挤占经费等违反财经纪律的行为,按照有关规定对责任人和具体项目申请单位给予行政和经济处罚,视情节轻重,可以采取通报批评、停止拨款、终止专项(项目)等措施,并依照国家法律,对有关责任人进行追究。

有下列情况之一者,暂缓拨款或不予拨款:

(一)没有按照批准的方案、项目内容和预算范围使用经费的;

(二)被查明为虚报项目的;

(三)重大施工项目组织领导工作未能落实的;

(四)多渠道筹资项目,配套经费严重不到位的;

(五)施工单位和主要技术问题没有解决的;

(六)有重大工程质量问题,造成经济损失或社会影响未处理完毕的;

(七)其他不具备实施条件和应暂缓拨款的项目。

第七章 附 则

第三十四条 项目绩效考评办法另行制定。

第三十五条 本办法由财政部和国家文物局负责解释。

第三十六条 本办法自发布之日起实施。

附件1

大遗址保护专项经费项目立项申请书

项目名称____________________

起止年月____________________

项目单位__________（盖章）

通信地址____________________

联系电话__________ 邮政编码__________

项目负责人____________________

财政部、国家文物局制

年 月 日

格式及说明

一、格式

纸张规格：A4；页边距：2.5cm；字体：仿宋体4号字。

二、《项目立项建议书》填写款项要求

申请单位要严格按照《大遗址等重大文物保护专项经费管理办法》的规定编写《项目立项申请书》，申请书内容主要包括：

（一）项目的意义和必要性

1.大遗址的历史、文化、科学价值，在同类遗址中的重要地位，本项目的意义；

2.该遗址的保护现状和急需解决的问题；

3.本项目曾经实施过的保护措施和取得的阶段成果。

（二）拟实施方案要点

1.本项目实施的具体内容、关键措施、关键技术等；

2.实施方式和技术路线；

3.项目进度安排、实施期限和预期达到的保护效果。

（三）经济和社会效益指标

1.对当地经济社会发展的贡献；

2.在展示利用等方面将取得的效益。

（四）项目资金

1.项目实施所需资金匡算；

2.拟申请专项资金补助和其他资金说明。

（五）项目申请单位情况

（六）项目协作单位概况与条件

（七）其他需要说明的情况

（八）项目申请单位签章

必须由项目申请单位的法人代表签字，并加盖公章。

（九）省级文物行政管理部门审核意见并盖章

省级文物行政管理部门写出审核意见，由单位负责人签字并加盖公章。

附件 2

大遗址保护专项经费项目经费申请书

项目名称＿＿＿＿＿＿＿＿＿＿＿＿＿＿＿＿＿＿＿＿

起止年月＿＿＿＿＿＿＿＿＿＿＿＿＿＿＿＿＿＿＿＿

项目单位＿＿＿＿＿＿＿＿＿＿＿＿（盖章）＿＿＿＿＿＿

通信地址＿＿＿＿＿＿＿＿＿＿＿＿＿＿＿＿＿＿＿＿

联系电话＿＿＿＿＿　邮政编码＿＿＿＿＿＿＿＿＿＿

项目负责人＿＿＿＿＿＿＿＿＿＿＿＿＿＿＿＿＿＿＿

财政部、国家文物局制

年　　月　　日

申报说明

一、本申请书专门用于大遗址等重大文物保护项目经费申请的管理过程。

二、凡申请专项经费的项目，需在项目立项、方案和预算审核通过后，方可填报本申请书。申请书由项目基本信息表、经费申请计划表、年度经费申请表、其他经费来源证明文件四部分组成。

1. 基本信息表：是项目经费申请必报的通用表格。用于表述项目相关基本信息摘要、相关设计施工单位信息等。

2. 经费申请计划表：按照已经批复的预算控制数，以及专项经费管理办法中规定的支出范围严格填写。

3. 年度经费申请表：按照经费申请计划表中规定的年度计划，以及专项经费管理办法中规定的支出范围严格填写。

4. 相关文件：主要指其他经费来源证明文件。

三、项目申请单位可通过国家文物局预算网，按要求进行单位注册，申请账号，下载申请书文本；填报统一的项目经费预算申请书；按网上远程申请填写具体要求和提示，如实填写申请内容。

四、申请书文字，一律用简体中文、仿宋GB2312、小四号字体填写；应文字简洁，表述清晰，数据翔实；提供纸质文件，打印时请用A4纸。

五、需提供有关证明材料的申请项目，应真实有效，编排有序，分别以电子版和书面形式报送国家文物局和财政部（一式4份）。地方配套资金或自筹经费证明，须有申请单位及相关部门出据核准意见明确、带有公章的函件。

一、基本信息表

<table>
<tr><td>项目编号</td><td colspan="2"></td><td>项目属性</td><td colspan="2">(　　)1. 新增　2. 延续</td></tr>
<tr><td>项目名称</td><td colspan="3"></td><td>批准文号</td><td></td></tr>
<tr><td>文物保护单位名称</td><td colspan="5"></td></tr>
<tr><td>文物保护单位级别</td><td></td><td>批次</td><td></td><td>编号</td><td></td></tr>
<tr><td rowspan="2">项目单位通信地址</td><td rowspan="2" colspan="3"></td><td>邮政编码</td><td></td></tr>
<tr><td>联系电话</td><td></td></tr>
<tr><td>上级主管部门</td><td colspan="5"></td></tr>
<tr><td rowspan="4">项目
负责人</td><td>姓　名</td><td></td><td>性　别</td><td colspan="2">(　　)1. 男 2. 女</td></tr>
<tr><td>出生年月</td><td colspan="4"></td></tr>
<tr><td>学历</td><td></td><td>职称</td><td colspan="2"></td></tr>
<tr><td>联系电话</td><td></td><td>E-mail</td><td colspan="2"></td></tr>
<tr><td>项目起始时间</td><td>2001 年 4 月</td><td colspan="2"></td><td colspan="2"></td></tr>
<tr><td rowspan="2">方案设计及
预算批复情况</td><td>方案设计单位</td><td colspan="2"></td><td>资质</td><td>甲级</td></tr>
<tr><td>方案批准文号</td><td></td><td colspan="2">项目预算控制数批复文号</td><td></td></tr>
<tr><td rowspan="3">施工单位信息</td><td>施工单位名称</td><td colspan="2"></td><td>资质</td><td></td></tr>
<tr><td>负责人</td><td></td><td>联系电话</td><td colspan="2"></td></tr>
<tr><td>通信地址</td><td colspan="2"></td><td>邮编</td><td></td></tr>
<tr><td>项目内容简要介绍</td><td colspan="5"></td></tr>
<tr><td rowspan="2">经费预算控制数</td><td rowspan="2">总预算</td><td rowspan="2">万元</td><td>其中:专项拨款</td><td>其中:地方配套资金</td><td>其他来源</td></tr>
<tr><td>万元</td><td>万元</td><td></td></tr>
<tr><td>本年度经费申请</td><td colspan="5">年　　万元,其中:政府采购经费　　　　万元</td></tr>
</table>

二、经费申请计划表

<table>
<tr><td colspan="2">项目预算控制数</td><td colspan="3">万</td></tr>
<tr><td rowspan="2">项目资金来源</td><td>地方配套</td><td>万</td><td>其他经费来源</td><td></td></tr>
<tr><td colspan="2">申请中央财政保护专项经费</td><td colspan="2"></td></tr>
</table>

预算支出内容		合计	其中:中央
	一、前期费用		
	1.调查勘探费		
	2.规划设计费		
	3.咨询论证费		
	4.其他		
	二、大遗址本体及载体保护、环境治理工程		
	1.加固抢修工程(可开列详细费用)		
	2.科学防护工程(同上)		
	3.环境整治工程(同上)		
	4.征地补偿		
	5.搬迁安置		
	6.其他		
	三、保护设施工程		
	1.安全技术防范工程(可开列详目)		
	2.消防避震设施工程(同上)		
	3.防灾减灾工程(同上)		
	4.宣传展示设施工程(同上)		
	5.其他		
	四、其他		

年度支出计划	年度	合计	中央	其他经费	备注 (注明其他经费来源渠道)

三、本年度申请经费表

<table>
<tr><td colspan="2">年度</td><td>年</td><td>申请书</td><td></td></tr>
<tr><td rowspan="21">预算支出内容</td><td colspan="2"></td><td>合计</td><td>其中:中央</td></tr>
<tr><td colspan="2">一、前期费用</td><td></td><td></td></tr>
<tr><td colspan="2">1.调查勘探费</td><td></td><td></td></tr>
<tr><td colspan="2">2.规划设计费</td><td></td><td></td></tr>
<tr><td colspan="2">3.咨询论证费</td><td></td><td></td></tr>
<tr><td colspan="2">4.其他</td><td></td><td></td></tr>
<tr><td colspan="2">二、大遗址本体及载体保护、环境治理工程</td><td></td><td></td></tr>
<tr><td colspan="2">1.加固抢修工程(可开列详细费用)</td><td></td><td></td></tr>
<tr><td colspan="2">2.科学防护工程(同上)</td><td></td><td></td></tr>
<tr><td colspan="2">3.环境整治工程(同上)</td><td></td><td></td></tr>
<tr><td colspan="2">4.征地补偿</td><td></td><td></td></tr>
<tr><td colspan="2">5.搬迁安置</td><td></td><td></td></tr>
<tr><td colspan="2">6.其他</td><td></td><td></td></tr>
<tr><td colspan="2">三、保护设施工程</td><td></td><td></td></tr>
<tr><td colspan="2">1.安全技术防范工程(可开列详目)</td><td></td><td></td></tr>
<tr><td colspan="2">2.消防避震设施工程(同上)</td><td></td><td></td></tr>
<tr><td colspan="2">3.防灾减灾工程(同上)</td><td></td><td></td></tr>
<tr><td colspan="2">4.宣传展示设施工程(同上)</td><td></td><td></td></tr>
<tr><td colspan="2">5.其他</td><td></td><td></td></tr>
<tr><td colspan="2">四、其他</td><td></td><td></td></tr>
<tr><td colspan="2">总计</td><td></td><td></td></tr>
</table>

四、相关文件

关于国家重点文物保护项目报审和专项补助资金申报工作有关事项的通知

（办保函〔2014〕60 号）

各省、自治区、直辖市文物局(厅)：

2013 年，财政部、国家文物局印发了《国家重点文物保护专项补助资金管理办法》，对国家重点文物保护专项资金的管理和使用做出了新规定。近期，国家文物局印发了《全国重点文物保护单位文物保护工程申报审批管理办法(试行)》《全国重点文物保护单位文物保护项目咨询评估机构管理办法(试行)》和《关于改革全国重点文物保护单位防雷工程管理工作的通知》(文物督发〔2013〕18 号)，实施了国家重点文物保护项目审批制度的改革。为配合各项新制度和新措施的落实，进一步提高国家重点文物保护项目审批效率，规范和加强国家重点文物保护专项补助资金的管理与使用，现就国家重点文物保护项目报审和专项补助资金申报工作的有关事项通知如下：

一、关于国家重点文物保护项目报审工作

(一)自 2014 年 2 月 15 日起，国家重点文物保护项目开始实行网络报送制度。

对于全国重点文物保护单位保护规划、涉及保护范围和建设控制地带的建设工程设计方案、文物保护工程立项报告和技术方案的审批，省级文物行政部门仍可按正常程序报送请示件及技术文件纸质文本，同时需通过国家重点文物保护项目网络报审系统(www. wenbaogc. cn)提交相应技术文件电子文本。自 2014 年 6 月 1 日起，国家文物局将不再接收技术文件纸质文本，全部改由国家重点文物保护项目网络报审系统提交技术文件电子文本。

6 月 1 日前，文物安全防护工程项目报审仍按正常程序报送纸质文本，网络报审系统相关事项另行通知。

2014 年度可移动文物保护修复项目按《关于改进可移动文物保护修复项目审批管理工作的通知》(文物博函〔2013〕982 号)规定程序审批，待可移动文物保护项目网络报审系统研发完成后，实行网络报审。

(二)关于全国重点文物保护单位文物保护工程立项报审。

1. 全国重点文物保护单位文物保护工程应按照《全国重点文物保护单位文物保护工程申报审批管理办法(试行)》《全国重点文物保护单位文物保护工程立项报告规范文本(试行)》要求，先行编制工程立项报告报批。对于确需开展的文物保护工程，国家文物局将做出立项批复，并明确工程技术方案的审批机关。

2. 省级文物行政部门在报送文物保护工程立项请示及立项报告纸质文本的同时，应通过文物保护项目网络报审系统提交文物保护工程立项报告电子文本。

3. 为确保文物保护工程技术方案的及时审批和 2014 年度国家重点文物保护专项补助资金申请工作的顺利开展，2014 年 6 月 1 日前，省级文物行政部门对尚未报送立项请示报告的，可以在报审文物保护工程技术方案时将文物保护工程立项请示及立项报告一并报送。国家文物局将及时做出立项批复，并明确工程技术方案的审批机关。自 2014 年 6 月 1 日起，未获准立项的文物保护工程技术方案，各级文物行政部门和文物咨询评估机构不得受理。

(三)关于全国重点文物保护单位文物保护工程技术方案报审。

1. 获准立项的文物保护工程，由省级文物行政部门指导有关单位根据《文物保护工程设计文件编制深度要求(试行)》编制技术方案。

2. 立项批复中明确由省级文物行政部门审批的文物保护工程，由省级文物行政部门通过文物保护项目网络报审系统，将技术方案电子文本提交国家文物局认定的第三方咨询评估机构进行方案技术评审，并依据第三方咨询评估机构的评估结论进行审批。

省级文物行政部门对技术方案批复文件的纸质文本应同时抄报国家文物局备案，修改完善后的最终技术方案应一并通过文物保护项目网络报审系统报备。

3.立项批复中明确由国家文物局审批的文物保护工程，省级文物部门在报送相关请示件及技术方案纸质文本的同时，应将技术方案电子文本通过文物保护项目网络报审系统提交国家文物局审批。

国家文物局审批同意后，省级文物行政部门应指导有关单位及时按批复意见对技术方案进行修改完善，并将修改完善后的最终技术方案通过文物保护项目网络报审系统报备。

4.国家文物局将根据申请对报备的技术方案进行预算控制数审核，并据此建立申请国家重点文物保护专项补助资金的备选项目库。自2014年6月1日起，未按程序报备的技术方案将无法进行预算控制数审核，也无法进入备选项目库申请中央财政资金补助。

(四)关于全国重点文物保护单位保护规划和涉及保护范围、建设控制地带的建设工程报审。

1.全国重点文物保护单位保护规划可根据具体情况先行报审规划立项，在规划立项获批后开展规划编制工作，并提交国家文物局审核。

2.涉及全国重点文物保护单位保护范围、建设控制地带的建设工程项目，可直接编制技术方案按程序报批。相关技术方案应附有文物影响评估报告。

3.全国重点文物保护单位保护规划和涉及保护范围、建设控制地带的建设工程，省级文物部门在报送相关请示件及技术文件纸质文本的同时，应通过文物保护项目网络报审系统将技术文件电子文本提交国家文物局审批。

4.国家文物局审核同意的全国重点文物保护单位保护规划和涉及保护范围、建设控制地带的建设工程，省级文物行政部门应指导有关单位及时按批复意见对规划文本和建设工程技术方案等技术文件进行修改完善，并将修改完善后的技术文件通过文物保护项目网络报审系统报备。

(五)北京、河北、山西、上海、浙江、河南、四川、云南、陕西等试行《文物保护工程审批管理暂行规定》的9省市，对于该暂行规定适用范围内的文物保护工程技术方案的审批，仍可按该暂行规定执行。自2015年1月1日起，统一按《全国重点文物保护单位文物保护工程申报审批管理办法(试行)》执行。

(六)涉密文物保护项目应根据国家保密规定报送文件，不得通过互联网报送电子文本。

(七)各省级文物行政部门应设专人负责文物保护项目网络报审工作，及时查看、接收各评审环节的评审意见及评估报告，并根据评估报告及时做出审批。

二、关于国家重点文物保护专项补助资金申报工作

(一)国家重点文物保护专项补助资金的申报工作通过专项补助资金申报系统(http://zj.wenwu.net.cn)进行，请各地、各部门、各单位通过已配发的密钥登陆。

(二)按照《国家重点文物保护专项补助资金管理办法》(以下简称《办法》)的规定，专项补助资金实行项目库管理，批文入库是资金申报的第一环节，请各地、各部门、各单位做好项目立项和技术方案报批、报备工作。

(三)拟申请中央财政补助资金的项目，应依据已批复的技术方案，按照国家文物局和财政部印发的“预算编制规范”编制预算，通过专项补助资金申报系统提交国家文物局和财政部审核，审核后的预算控制数在网上予以公示，公示期为7天，有异议的可提请复议。通过国家文物局和财政部预算控制数审核的项目进入备选项目库。

(四)中央有关部门、省级文物行政部门和财政部门对列入备选项目库的项目按照重要性区分轻重缓急进行排序，根据项目预算控制数指标评审意见，填报2014年度国家重点文物保护专项补助资金申请表(见《办法》附件三)，并提交申请报告，于6月1日前报送国家文物局和财政部。

(五)2014年度专项资金申报采取网上填报并纸质文件申报的方式，凡申报专项资金的项目，须由各部门进行网上填报，纸质文件需由中央有关部门、省级财政部门和文物行政部门发文报送财政部、国家文物局，电子件发至邮箱 ysc@sach.gov.cn、czbjkwswhc@sina.com。

要根据通知提出的申报时限要求，组织力量抓紧做好文物保护工程项目立项申请和技术方案编制、报送、审批工作，开展好工程预算编制工作和专项补助资金申报工作，统筹安排各项工作，避免扎堆申报，确保各项改革措施的顺利实施。

国家文物局

2014 年 1 月 27 日

国家重点文物保护专项补助资金项目
预(概)算编制规范

一、总则

为规范国家重点文物保护专项补助资金(以下简称“文保专项”)管理，合理确定文物保护工程投资额度和有效控制工程造价，提高资金使用效益，根据《中华人民共和国文物保护法》《中华人民共和国建筑法》和《文物保护工程管理办法》《国家重点文物保护专项补助资金管理办法》(财教〔2013〕116 号)《建设项目设计概算编审规程》(CECA/GC 2—2007)的有关规定，制定《文保专项项目预(概)算编制规范》(以下简称“本规范”)。

(一)本规范适用于文保专项项目预(概)算的编制。

(二)本规范对文保专项项目预(概)算文件的编制流程、预(概)算文件的组成、编制方法、编制程序等作出规定。

(三)文保专项项目预(概)算是设计文件的重要组成部分，是实行文物保护工程投资、项目实施全过程预算控制管理以及考核项目经济合理性的依据。

(四)文保专项项目预(概)算应按编制时项目所在地的价格水平测算，总投资应完整地反映编制时文物保护工程的实际投资，应考虑文物保护工程施工条件等因素对投资的影响，还应按项目合理工期预测项目实施期价格水平。

(五)本规范包括保护规划编制，文物本体维修保护，安防、消防、防雷等保护性设施建设，陈列展示，文物本体保护范围内的保存环境治理，考古发掘和可移动文物保护等 7 项预算文本类型。

预算文本类型与专项资金支持范围表

预算文本类型 \ 专项资金支持范围	全国重点文物保护单位保护	大遗址保护	世界文化遗产保护	考古发掘	可移动文物保护
保护规划编制	√	√	√		
文物本体维修保护	√	√	√		
安防、消防、防雷等保护性设施建设	√	√	√		
陈列展示	√	√	√		
文物本体保护范围内的保存环境治理			√		
考古发掘				√	
可移动文物保护					√

二、预(概)算编制及上报工作流程

按照《国家重点文物保护专项补助资金管理办法》(财教〔2013〕116 号)的相关规定,预(概)算编制及上报工作按照行政隶属关系和规定程序逐级申报。

(一)项目实施单位隶属于中央部门的,应当逐级报送至中央主管部门审核同意后,报财政部和国家文物局。

(二)项目实施单位隶属于地方的,应当逐级报送至省级财政部门和省级文物行政部门共同进行审核汇总后,报财政部和国家文物局。项目实施单位主管部门属于非文物系统的,应当由其主管部门审核同意后报同级财政部门和文物部门,由财政部门和文物部门逐级上报。

(三)项目实施单位为非国有的,实行事后补助办法,在项目完成并通过文物部门组织的验收后,编制申请补助数额,逐级报送至所在地方省级财政部门和省级文物行政部门,由省级财政部门联合省级文物行政部门对文物保护项目完成情况进行评估验收后,报财政部和国家文物局。

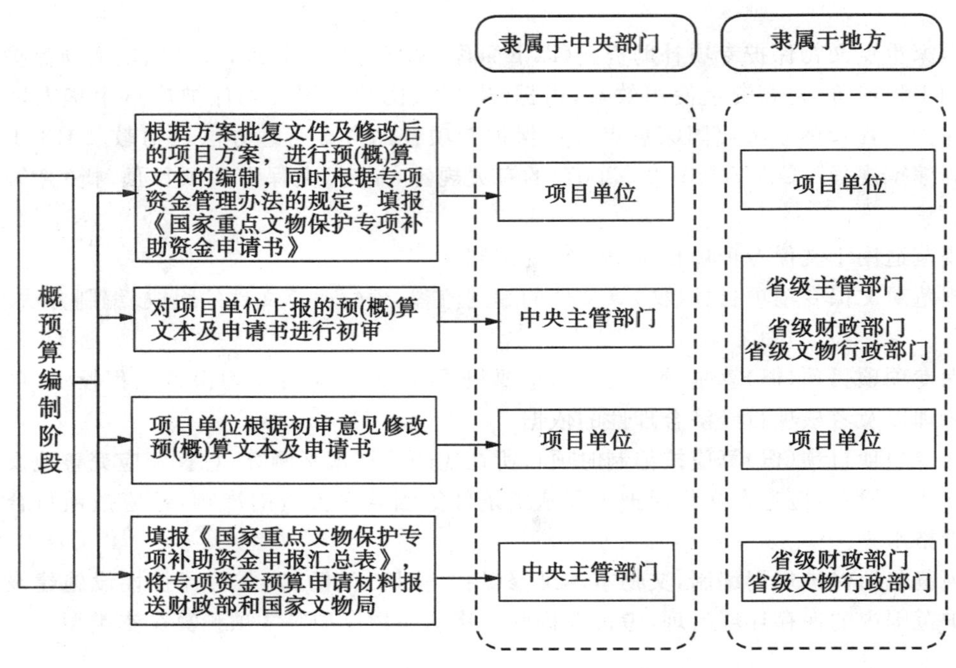

预(概)算编制及上报工作具体工作流程图

三、预(概)算的组成

(一)保护规划编制预(概)算文本

1. 预(概)算文本的编制形式采用总预(概)算表、费用明细预(概)算表的形式。

2. 预(概)算文本包括:

(1)封面及签署页、目录;

(2)编制说明;

(3)资金计划表;

(4)总预(概)算表;

(5)保护规划前期经费明细计算表、保护规划编制费明细计算表、其他费明细计算表;

(6)预(概)算相关资料等。

(二)文物本体维修保护预(概)算文本

1. 预(概)算文本的编制形式采用总预(概)算表、单位工程预(概)算表的形式。

2.预(概)算文本包括:

(1)封面及签署页、目录;

(2)编制说明;

(3)资金计划表;

(4)总预(概)算表;

(5)单位工程预(概)算表(包括:单位工程费用表、单位工程预算表、单位工程人材机汇总表、措施项目计算汇总表);

(6)其他费用计算表;

(7)预(概)算相关资料等。

(三)安防、消防、防雷等保护性设施建设预(概)算文本

1.预(概)算文本的编制形式采用总预(概)算表、单位工程预(概)算表的形式。

2.安防、消防等保护性设施建设预(概)算文本包括:

(1)封面及签署页、目录;

(2)编制说明;

(3)资金计划表;

(4)总预(概)算表;

(5)设备(主材)购置费用计算表;

(6)单位工程预(概)算表(包括:安装工程费用表、安装工程直接工程费计算表、措施费计算表);

(7)其他费用计算表;

(8)预(概)算相关资料等。

3.防雷保护性设施建设预(概)算文本包括:

(1)封面及签署页、目录;

(2)编制说明;

(3)资金计划表;

(4)总预(概)算表;

(5)单位工程预(概)算表(包括:单位工程费用表、单位工程预算表、单位工程人材机汇总表、措施项目计算汇总表);

(6)其他费用计算表;

(7)预(概)算相关资料等。

(四)陈列展示预(概)算文本

1.预(概)算文本的编制形式采用总预(概)算表、单位工程预(概)算表的形式。

2.预(概)算文本包括:

(1)封面及签署页、目录;

(2)编制说明;

(3)资金计划表;

(4)总预(概)算表;

(5)单位工程预(概)算表(包括:单位工程费用表、单位工程预算表、单位工程人材机汇总表、措施项目计算汇总表);

(6)其他费用计算表;

(7)预(概)算相关资料等。

(五)文物本体保护范围内的保存环境治理预(概)算文本

1.预(概)算文本的编制形式采用总预(概)算表、单位工程预(概)算表的形式。

2. 预(概)算文本包括：

(1)封面及签署页、目录；

(2)编制说明；

(3)资金计划表；

(4)总预(概)算表；

(5)单位工程预(概)算表(包括：保存环境治理工程费用计算表、保存环境治理工程预概算表)；

(6)其他费用计算表；

(7)预(概)算相关资料等。

(六)考古发掘预(概)算文本

1. 预(概)算文本的编制形式采用总预(概)算表、费用明细预(概)算表的形式。

2. 预(概)算文本包括：

(1)封面及签署页、目录；

(2)编制说明；

(3)资金计划表；

(4)总预(概)算表；

(5)考古调查费明细表，考古勘察费明细表，考古发掘费明细表(含：发掘人工费计算表、其他发掘费计算表)；

(6)其他费用计算表；

(7)预(概)算相关资料等。

(七)可移动文物保护预(概)算文本

1. 预(概)算文本的编制形式采用总预(概)算表、费用明细预(概)算表的形式。

2. 预(概)算文本包括：

(1)封面及签署页、目录；

(2)编制说明；

(3)资金计划表；

(4)拟进行技术保护藏品、保管品清单；

(5)项目预(概)算汇总表；

(6)费用明细计算表；

(7)材料、工器具购置明细表；

(8)预算相关资料等。

四、预(概)算的编制方法

文保专项项目预(概)算文本的编制包括：预(概)算文件的签署、编制说明的编制、总预(概)算表的编制、单位工程预(概)算或费用明细预(概)算的编制。

(一)预(概)算文件的签署

1. 预(概)算文件封面应加盖编制单位公章，签署页按编制人、审核人、审定人、法定负责人顺序签署。

2. 预(概)算文件经签署(加盖执业或从业印章)后才能生效。

(二)编制说明的编制

1. 项目概况：简述文物保护对象概况、文物保护工程的项目地点、设计规模、工程性质(如：抢险加固、修缮、保护性设施建设、迁移等)、工程类别、建设期(年限)、主要工程内容等。

可移动文物应说明文物或品类名称、数量、收藏保管单位名称、采用的主要工艺、修复文物的等级、计划进度等。

2. 主要技术经济指标：项目预(概)算总投资及主要分项投资、主要单位投资指标等。

3.资金来源:如果资金来源为多种渠道,应分别说明。

4.编制依据:预(概)算编制依据是指编制项目预(概)算所需的一切基础资料,包括但不限于:

·国家文物局批复的项目设计方案及批复文件;

·项目涉及的预(概)算指标或定额;

·国家、行业和地方政府有关法律、法规或规定;

·项目涉及的设备材料供应及价格;

·项目的管理(含监理)、施工条件;

·项目的技术复杂程度,以及新技术、专利使用情况;

·有关文件、合同、协议等。

5.其他需要说明的问题。

(三)总预(概)算表的编制

1.保护规划编制的总预(概)算一般由保护规划前期经费、保护规划编制费、其他费组成。详见附件2-1。

2.文物本体维修保护、安防、消防、防雷等保护性设施建设、陈列展示、文物本体保护范围内的保存环境治理4项的总预(概)算一般由工程费用、其他费用、预备费组成。详见附件2-2、附件2-3、附件2-4、附件2-5。

(1)工程费用

综合预(概)算以单项工程所属的单位工程预(概)算为基础,采用综合预(概)算表进行编制,分别按各单位工程预(概)算汇总成若干个单项工程综合预(概)算。

对单一的、具有独立性的单项文物保护工程,直接编制总预(概)算。文物保护工程一般排列顺序:本体建(构)筑物、附属建(构)筑物、配套系统。

(2)其他费用

一般按其他费用预(概)算顺序列项,包括国家文物保护专项补助经费管理办法中规定的开支内容等。

文物保护工程其他费用一般包括建设单位管理费、勘测费、设计费、监理费、招投标代理费、审计费等。项目单位可根据项目实际情况进行选项,一般情况建设单位管理费、勘测费、设计费、监理费、审计费等是必选项。详见附件1工程建设其他费用参考计算方法。

(3)预备费

预备费以总预(概)算第一部分“工程费用”和第二部分“其他费用”之和为基数的百分比计算。《建设项目全过程造价咨询规程》(CECA/GC 4—2009)中工程咨询预备费费率参考标准,工程概(预)算阶段的预备费率为4%～6%,项目单位可根据项目具体情况进行确定。

3.考古发掘的总预(概)算一般由项目费用(考古调查费、考古勘探费、考古发掘费)、其他费用(测绘费、资料整理和报告出版费、审计费)、预备费组成。详见附件2-6。

4.可移动文物保护的总预(概)算一般由方案设计费、测试化验加工费、材料费、工器具购置费、劳务费、专家咨询费、资料整理和报告出版费、其他(项目管理费、不可预见费等)组成。详见附件2-7。

(四)单位工程预(概)算或费用明细预(概)算的编制

1.文物保护规划编制的费用明细预(概)算应根据相关标准及要求进行编制。

(1)文物保护规划编制前期经费包括:测绘费或测绘图购买经费;卫星影像或航片等影像数据购买经费。测绘费或测绘图购买经费可参考《测绘生产成本费用定额》及有关规定编制,一般不超过规划编制经费的30%。卫星影像或航片等影像数据购买经费按照市场收费实际情况进行测算。

(2)保护规划编制费按规划范围规模计算,并乘以文物类型系数、规划类型系数、其他调整系数。规划范围为公布的保护范围和建设控制地带。

(3)其他费按照项目实际情况进行编制。

2. 文物本体维修保护的单位工程预(概)算是编制单项工程综合预(概)算的依据,单位工程预(概)算项目根据单项工程中所属的每个单体按专业分别编制。单位工程预(概)算一般分文物保护工程、保护性构筑工程、文物保护设备及安装工程三大类。

(1)费用内容及组成见住房城乡建设部、财政部《建筑安装工程费用项目组成》(建标〔2013〕44 号)。包括直接费、间接费(规费、企业管理费)、利润、税金等。各地区依照有关地区的规定执行。

(2)一般的单位工程预(概)算明细采用“建筑工程预(概)算表”编制,按构成单位工程的主要分部分项工程编制,根据批复的方案设计工程量按工程所在省、自治区、直辖市颁发的预算定额(指标)或行业预算定额(指标),以及工程费用定额计算。

所在地区没有预算定额的,可参考临近地区或 1995 年《全国统一房屋修缮工程预算定额古建筑分册》和当地编制期人材机市场价格。由于大部分文物保护修缮工程一直沿用以前的施工工艺,而 1995 年的《全国统一房屋修缮工程预算定额古建筑分册》里的各定额子目的人材机含量并无太大变化,变化的主要是人材机的价格,按现行造价管理办法规定,定额单价或清单综合单价由市场价格确定,可参考各地区造价管理部门发布的造价信息计入,文物保护用特殊材料可通过市场询价计入。

3. 安防、消防等保护性设施建设的单位工程预(概)算可采用信息产业部《电子建设工程概(预)算编制办法及计价依据》(HYD 41—2005)进行编制。单位工程预(概)算费用由设备购置费及安装工程费组成。

(1)设备购置费包括设备原价、运杂费、采购及保管费、运输保险费。运杂费、采购及保管费、运输保险费是以设备原价为基数按照规定的费率计算。

(2)安装工程费包括直接费(直接工程费、措施费)、间接费(企业管理费、规费)、利润、税金等。预(概)算明细按构成安装工程的主要分部分项工程编制,根据批复的方案设计工程量按行业预算定额(指标)计算。

4. 防雷保护性设施建设的单位工程预(概)算须根据项目性质(新建或改造)选用本地区适用定额进行编制。如保护对象缺少防雷设施,需新建防雷设施,应选用项目所在地新建工程预算及费用定额进行编制;若保护对象已有防雷设施,需对原有防雷设施进行改造,应选用项目所在地房屋修缮工程预算及费用定额进行编制。

(1)费用内容及组成一般包括分部分项工程费、措施项目费、其他项目费、企业管理费、利润、规费、税金等。各地区依照有关地区的规定执行。

(2)一般的单位工程预(概)算明细采用“单位工程预(概)算表”编制,按构成单位工程的主要分部分项工程编制,根据批复的方案设计工程量按工程所在省、自治区、直辖市颁发的预算定额(指标)或行业预算定额(指标),以及工程费用定额计算。

5. 陈列展示的单位工程预(概)算应选用本地区适用定额进行编制,一般选用项目所在地新建工程预算及费用定额。

(1)费用内容及组成一般包括分部分项工程费、措施项目费、其他项目费、企业管理费、利润、规费、税金等。各地区依照有关地区的规定执行。

(2)一般的单位工程预(概)算明细采用“单位工程预(概)算表”编制,按构成单位工程的主要分部分项工程编制,根据批复的方案设计工程量按工程所在省、自治区、直辖市颁发的预算定额(指标)或行业预算定额(指标),以及工程费用定额计算。

6. 文物本体保护范围内的保存环境治理的单位工程预(概)算应选用本地区适用定额进行编制。

(1)费用内容及组成包括直接工程费、规费、企业管理费、利润、税金等。各地区依照有关地区的规定执行。

(2)单位工程预(概)算明细采用“保存环境治理工程预(概)算表”编制,按构成单位工程的主要分部分项工程编制,根据批复的方案设计工程量按工程所在地类似工程的预算定额(指标),以及工程费用定额计算。各项价格(人材机)应根据编制期市场信息价计入。

7. 考古发掘费用明细预(概)算应根据《考古调查、勘探、发掘经费预算定额管理办法》编制。

(1)考古调查经费按调查面积和每平方公里调查费单价进行计算。

(2)考古勘探费用包括普探费用和重点勘探费用。计算方法按照勘探面积、定额工日及人工费单价进行计算。其中人工费单价应根据项目所在地市场信息价计入。

(3)考古发掘费用由发掘人工费、其他发掘费、发掘工作管理费、安全保卫费、不可预见费等组成。其中：

发掘人工费包括民工费和技术工人费，计算方法按照勘探面积、定额工日及人工费单价进行计算。其中人工费单价应根据项目所在地市场信息价计入。

其他发掘费包括消耗材料费、器材设备更新折旧费、记录资料、运输费、占地补偿费、临时建筑设施费、标本测试费等，各项费用以发掘人工费为基数，按照相应的定额费率进行计算。

发掘工作管理费、安全保卫费、不可预见费等根据项目实际情况计算。

8.可移动文物保护的费用明细预(概)算需严格按照专项资金管理办法中规定的文物技术保护支出内容进行编制。其中除各项费用的测算明细说明外，还需编制“拟进行技术保护藏品、保管品清单”，说明各文物的名称、文物级别、质地、时代、残损程度、照片编号等；“材料、工器具购置明细表”应包括名称、型号、产地、品牌、数量、单价、合价等。

对于大型仪器设备应当在充分考虑地区间共用及文物保护工作的实际需要前提下申请购置，同时还应明确仪器设备拟安装场地、操作及管理人员情况、日后运行维护情况，并提供仪器设备供货商报价单。

(五)其他注意事项

1.金额以元为计算单位，保留两位小数。

2.文字使用简体中文、宋体 GB2312、小四号字体；排版及装订，采用 A4 纸打印、胶装。

五、预(概)算编制的质量控制

(一)预(概)算文件应与批准方案的相关内容一致。

(二)预(概)算文件一般由设计单位或造价咨询单位负责编制，相关单位应当共同制定编制原则、方法，以及确定合理的预(概)算投资水平，并对预(概)算的编制质量、投资水平负责。

(三)项目设计负责人和预(概)算负责人对全部预(概)算的质量负责；预(概)算文件编制人员应参与设计方案或工作方案的讨论，设计负责人须提供满足预(概)算文件编制深度的技术资料；预(概)算文件编制人员对投资的合理性负责。

(四)对于工程类项目，其编制与审查人员必须具有国家注册造价工程师资格，或者具有省市(行业)颁发的造价员资格证，并根据工程项目大小按持证专业承担相应的编制工作。其他类项目，其编制与审查人员应具有该行业从业经历，了解相关材料、设备、人工等市场价格信息，根据项目实际情况承担相应的编制工作。

(五)各级主管部门可根据所主管的项目特点制定预算编制质量的管理办法，并对编制人员采取相应的措施进行考核。

六、附件

附件 1：工程建设其他费用参考计算方法

附件 2-1：保护规划编制预(概)算文本格式

附件 2-2：文物本体维修保护预(概)算文本格式

附件 2-3-1：安防、消防保护性设施建设预(概)算文本格式

附件 2-3-2：防雷保护性设施建设预(概)算文本格式

附件 2-4：陈列展示预(概)算文本格式

附件 2-5：文物本体保护范围内的保存环境治理预(概)算文本格式

附件 2-6：考古发掘预(概)算文本格式

附件 2-7：可移动文物保护预(概)算文本格

附件 1

工程建设其他费用参考计算方法

计算工程建设其他费应符合财政部、国家文物局《国家重点文物保护专项补助资金管理办法》(财教〔2013〕116 号)、国家发改委《关于降低部分建设项目收费标准规范行为等有关问题的通知》(发改价格〔2011〕534 号),以及《基本建设财务管理规定》(财建〔2002〕394 号)文件要求。

一、固定资产其他费用

(一)建设单位管理费

建设单位管理费:是指建设单位从项目开工之日起至办理竣工财务决算之日止发生的管理性质的开支。包括:不在原单位发工资的工作人员工资、基本养老保险费、基本医疗保险费、失业保险费,办公费、差旅交通费、劳动保护费、工具用具使用费、固定资产使用费、零星购置费、招募生产工人费、技术图书资料费、印花税、业务招待费、施工现场津贴、竣工验收费和其他管理性质开支。

参照财政部关于印发《基本建设财务管理规定》的通知(财建〔2002〕394 号)规定计算。

建设单位管理费总额控制数费率表

单位:万元

工程总概算	费率(%)	算例	
		工程总概算	建设单位管理费
1000 以下	1.5	1000	1000×1.5%=15
1001~5000	1.2	5000	15+(5000-1000)×1.2%=63
5001~10000	1	10000	63+(10000-5000)×1%=113
10001~50000	0.8	50000	113+(50000-10000)×0.8%=433
50001~100000	0.5	100000	433+(100000-50000)×0.5%=683
100001~200000	0.2	200000	683+(200000-100000)×0.2%=883
200000 以上	0.1	280000	883+(280000-200000)×0.1%=963

(二)青苗补偿费

青苗补偿费是指国家征用土地时,农作物正处在生长阶段而未能收获,国家应给予土地承包者或土地使用者的经济补偿。

《土地管理法》规定,被征用土地,在拟定征地协议以前已种植的青苗和已有的地上附着物,也应当酌情给予补偿。但是,在征地方案协商签订以后抢种的青苗、抢建的地上附着物,一律不予补偿。被征用土地上的附着物和青苗的补偿标准,由省、自治区、直辖市规定。

以山东省为例:山东省物价局、山东省财政厅、山东省国土资源厅下发的《关于济南等三市调整征地地面附着物和青苗补偿标准的批复》(鲁价费发〔2008〕178 号)计算济南市历城区 100 亩地的青苗补偿费如下:

济南市历城区 100 亩地青苗补偿费=100 亩×900 元/亩=90000 元

(三)研究试验费

1.按照研究试验内容和要求进行编制。

研究试验费是指为项目提供和验证设计参数、数据、资料等所进行的必要的试验费用以及设计规定在项目实施中必须进行试验、验证所需费用。包括自行或委托其他部门研究试验所需人工费、材料费、试验设备及仪器使用费等。这项费用按照设计单位根据本工程项目的需要提出的研究试验内容和要求计算。

2.研究试验费不包括以下项目：

(1)应由文物技术保护支出中试验费开支的项目。

(2)应由科技三项费用(即新产品试制费、中间试验费和重要科学研究补助费)开支的项目。

(3)应在工程费用中列支的施工企业对建筑材料、构件和建筑物进行一般鉴定、检查所发生的费用及技术革新的研究试验费。

(4)应由勘察设计费或工程费用中开支的项目。

(四)勘测费、设计费

依据勘测设计委托合同计列，或参照原国家计委、建设部《关于发布(工程勘察设计收费管理规定)的通知》(计价格〔2002〕10号)和《国家发展改革委关于降低部分建设项目收费标准规范收费行为等有关问题的通知》(发改价格〔2011〕534号)规定计算。

工程勘察和工程设计收费，总投资估算额在1000万元以下的建设项目实行市场调节价；1000万元及以上的建设项目实行政府指导价，收费标准仍按原国家计委、建设部《关于发布〈工程勘察设计收费管理规定〉的通知》(计价格〔2002〕10号)规定执行。

实行政府指导价的工程勘察和工程设计收费，其基准价根据《工程勘察收费标准》或者《工程设计收费标准》计算，除另有规定外，浮动幅度为±20%。发包人和勘察人、设计人应当根据建设项目的实际情况在规定的浮动幅度内协商确定收费额。

工程设计收费按照下列公式计算

1.工程设计收费＝工程设计收费基准价×(1±浮动幅度值)

2.工程设计收费基准价＝基本设计收费＋其他设计收费

3.基本设计收费＝工程设计收费基价×专业调整系数×工程复杂程度调整系数×附加调整系数

4. 古建筑、仿古建筑、保护性建筑等，根据具体情况。附加调整系数为1.3～1.6。

5. 工程设计收费基价按直线内插法计算。

工程设计收费基价表

单位：万元

序号	计费额(万元)	收费基价(万元)
1	200	9.0
2	500	20.9
3	1000	38.8
4	3000	103.8
5	5000	163.9
6	8000	249.6
7	10000	304.8
8	20000	566.8
9	40000	1054.0
10	60000	1515.2
11	80000	1960.1
12	100000	2393.4
13	200000	4450.8
14	400000	8276.7
15	600000	11897.5

续表

序号	计费额(万元)	收费基价(万元)
16	800000	15391.4
17	1000000	18793.8
18	2000000	34948.9

注:1.计费额>2000000万元的,以计费额乘以1.6%的收费率计算收费基价。

2.例如:某古建筑保护工程计费金额为6000万元。计算工程设计收费如下:

工程设计收费基价=163.9+(249.6-163.9)/(8000-5000)×(6000-5000)=192.47

基本设计收费=192.47×1.0×1.0×1.6=307.95

古建筑保护工程设计收费=307.95(万元)

(五)工程监理费

参照国家发展改革委、建设部关于印发《建设工程监理与相关服务收费管理规定》的通知(发改价格〔2007〕670号)和《国家发展改革委关于降低部分建设项目收费标准规范收费行为等有关问题的通知》(发改价格〔2011〕534号)规定计算。

施工监理服务收费按照下列公式计算:

1.施工监理服务收费=施工监理服务收费基准价×(1±浮动幅度值)

2.施工监理服务收费基准价=施工监理服务收费基价×专业调整系数×工程复杂程度调整系数×高程调整系数

施工监理服务收费基价——是完成国家法律法规、规范规定的施工阶段监理基本服务内容的价格。施工监理服务收费基价按《施工监理服务收费基价表》确定,计费额处于两个数值区间的,采用直线内插法确定施工监理服务收费基价。

施工监理服务收费基准价——是按照本收费标准规定的基价和计算出的施工监理服务基准收费额。发包人与监理人根据项目的实际情况,在规定的浮动幅度范围内协商确定施工监理服务收费合同额。

施工监理服务收费的计费额——施工监理服务收费以建设项目工程概算投资额分档定额计费方式收费的,其计费额为工程概算中的建筑安装工程费、设备购置费和联合试运转费之和,即工程概算投资额。

施工监理服务收费调整系数——专业调整系数、工程复杂程度调整系数和高程调整系数。

(1)专业调整系数是对不同专业建设工程的施工监理工作复杂程度和工作量差异进行调整的系数。计算施工监理服务收费时,专业调整系数在《施工监理服务收费专业调整系数表》中查找确定。

(2)工程复杂程度调整系数是对同一专业建设工程的施工监理复杂程度和工作量差异进行调整的系数。工程复杂程度分为一般、较复杂和复杂三个等级,其调整系数分别为:一般(Ⅰ级)0.85;较复杂(Ⅱ级)1.0;复杂(Ⅲ级)1.15。计算施工监理服务收费时,工程复杂程度在相应章节的《工程复杂程度表》中查找确定。

(3)高程调整系数如下:

海拔高程2001m以下的为1、海拔高程2001~3000m为1.1、海拔高程3001~3500m为1.2、海拔高程3501~4000m为1.3、海拔高程4001m以上的,高程调整系数由发包人和监理人协商确定。

3. 工程施工监理服务收费基价按直线内插法计算。

施工监理服务收费基价和算例表

序号	计费额(万元)	收费基价(万元)
1	500	16.5
2	1000	30.1
3	3000	78.1
4	5000	120.8
5	8000	181.0
6	10000	218.6
7	20000	393.4
8	40000	708.2
9	60000	991.4
10	80000	1255.8
11	100000	1507.0
12	200000	2712.5
13	400000	4882.6
14	600000	6835.6
15	800000	8658.4
16	1000000	10390.1

注:1. 计费额小于500万元的,以计费额乘以3.3%的收费率计算收费基价;计费额大于1000000万元的,以计费额乘以1.039%的收费率计算收费基价。

2. 例如:某古建筑保护工程计费金额为6000万元。计算施工监理服务收费如下:

工程施工监理服务收费基价=120.8+(181.0-120.8)/(8000-5000)×(6000-5000)=140.87

基本监理收费=140.87×1.0×1.0×1.0=140.87

古建筑保护工程监理收费=140.87(万元)

(六)招标代理服务费

招标代理服务收费实行政府指导价。参照原国家计委《招标代理服务收费管理暂行办法》(〔2002〕1980号)和《国家发展改革委关于降低部分建设项目收费标准规范收费行为等有关问题的通知》(发改价格〔2011〕534号)规定计算。

降低中标金额在5亿元以上招标代理服务收费标准,并设置收费上限。货物、服务、工程招标代理服务收费差额费率:中标金额在5亿~10亿元的为0.035%;10亿~50亿元的为0.008%;50亿~100亿元为0.006%;100亿元以上为0.004%。货物、服务、工程一次招标(完成一次招标投标全流程)代理服务费最高限额分别为350万元、300万元和450万元,并按各标段中标金额比例计算各标段招标代理服务费。

中标金额在5亿元以下的招标代理服务收费基准价仍按原国家计委《招标代理服务收费管理暂行办法》(〔2002〕1980号,以下简称《办法》)附件规定执行。按《办法》附件规定计算的收费额为招标代理服务全过程的收费基准价格,但不含工程量清单、工程标底或工程招标控制价的编制费用。

招标代理服务收费采用差额定率累进计费方式。收费标准按本办法附件规定执行,上下浮动幅度不超过20%。具体收费额由招标代理机构和招标委托人在规定的收费标准和浮动幅度内协商确定。

招标代理服务收费标准

中标金额(万元)＼服务类型	货物招标	服务招标	工程招标
100 以下	1.5%	1.5%	1.0%
100～500	1.1%	0.8%	0.7%
500～1000	0.8%	0.45%	0.55%
1000～5000	0.5%	0.25%	0.35%
5000～10000	0.25%	0.1%	0.2%
10000～100000	0.05%	0.05%	0.05%
100000 以上	0.01%	0.01%	0.01%

注:1.按本表费率计算的收费为招标代理服务全过程的收费基准价格,单独提供编制招标文件(有标底的含标底)服务的,可按规定标准的30%计收。

2.招标代理服务收费按差额定率累进法计算。例如:某工程招标代理业务中标金额为6000万元。计算招标代理服务收费额如下:

100万元×1.0%=1万元

(500－100)万元×0.7%=2.8万元

(1000－500)万元×0.55%=2.75万元

(5000－1000)万元×0.35%=14万元

(6000－5000)万元×0.2%=2万元

合计收费=1+2.8+2.75+14+2=22.55(万元)

(七)审计费

审计费标准,按照省、自治区、直辖市相关规定执行。一般可按工程费用的3‰进行测算。

(八)工程保险费

1.不投保的工程不计取此项费用。

2.不同的文物保护工程可根据工程特点选择投保险种,根据投保合同计列保险费用。编制投资估算和预(概)算时可按工程费用的比例估算。

3.不包括已列入施工企业管理费中的施工管理用财产、车辆保险费。

(九)场地准备及临时设施费

1.场地准备及临时设施费的内容。

(1)建设项目场地准备费是指建设项目为达到工程开工条件进行的场地平整和对建设场地余留的有碍于施工建设的设施进行拆除清理的费用。

(2)建设单位临时设施费是指为满足施工建设需要而供到场地界区的;未列入工程费用的临时水、电、路、气、通信等其他工程费用和建设单位的现场临时建(构)筑物的搭设、维修、拆除、摊销或建设期间租赁费用,以及施工期间专用公路或桥梁的加固、养护、维修等费用。

2.场地准备及临时设施费的计算。

(1)场地准备及临时设施应尽量与永久性工程统一考虑。建设场地的大型土石方工程应进入工程费用中的总图运输费用中。

(2)新建项目的场地准备和临时设施费应根据实际工程量估算,或按工程费用的比例计算。改扩建项目一般只计拆除清理费。

场地准备和临时设施费=工程费用×费率+拆除清理费

(3)发生拆除清理费时可按新建同类工程造价或主材费、设备费的比例计算。凡可回收材料的拆除工程采用以料抵工方式冲抵拆除清理费。

(4)此项费用不包括已列入建筑安装工程费用中的施工单位临时设施费用。

二、无形资产费用

(一)专利及专有技术使用费

1. 按专利使用许可协议和专有技术使用合同的规定计列；

2. 专有技术的界定应以省、部级鉴定批准为依据；

3. 项目投资中只计需在建设期支付的专利及专有技术使用费。协议或合同规定在生产期支付的使用费应在生产成本中核算。

4. 一次性支付的商标权、商誉及特许经营权费按协议或合同规定计列。协议或合同规定在生产期支付的商标权或特许经营权费应在生产成本中核算。

5. 为项目配套的专用设施投资，包括专用铁路线、专用公路、专用通信设施、变送电站、地下管道、专用码头等，如由项目建设单位负责投资但产权不归属本单位的，应作无形资产处理。

三、预备费

预备费或不可预见费是以总预(概)算第一部分“工程费用”和第二部分“其他费用”之和为基数的百分比计算。文物保护工程建设期超过1年时，建议在编制预(概)算时充分考虑价格变化因素。

《建设项目全过程造价咨询规程》(CECA/GC 4—2009)中工程咨询预备费费率参考标准，工程概(预)算阶段的预备费率为4%～6%，项目单位可根据项目具体情况进行确定。

对于安防、消防、防雷等保护性设施建设项目预备费率为1%～3%。不可移动文物保护项目不可预见费率为1%～3%。

附件 2-1

保护规划编制预(概)算文本格式

（项目名称）

预(概)算

档 案 号：

共 册 第 册

（编制单位名称）
年 月 日

（项目名称）

预（概）算

档 案 号：

共　册　第　册

编制人：____
审核人：____
审定人：____
法定负责人：____________________________________

填报说明

一、本预(概)算文本用于国家重点文物保护专项补助资金中全国重点文物保护单位保护项目、大遗址保护项目、世界文化遗产保护项目申请保护规划编制内容时使用。

二、本预(概)算文本由封面及签署页,目录页,编制说明页,项目预(概)算汇总表、保护规划前期经费明细计算表、保护规划编制费明细计算表及其他费明细计算表,以及预(概)算相关资料附件组成。

(一)封面及签署页:

1. 项目名称是由国家文物局批准立项或批复方案的项目名称。

2. 档案号及册数由编制单位按规定据实填写。

3. 编制单位名称应加盖单位公章,如有多个编制单位联合编制时,应分别填写并加盖单位公章。

4. 签署页中编制人、审核人、审定人、法定负责人应签字或盖章。

(二)编制说明页:

1. 项目概况:简述文物保护对象概况、文物保护工程的项目地点、设计规模、项目主要内容、项目计划进度安排,已公布的保护范围和建设控制地带;规划范围内遗存分布情况、建设情况等现状。

2. 主要技术经济指标:项目预(概)算总投资及主要分项投资、主要单位投资指标等。

3. 资金来源:如果资金来源有多种渠道,应分别说明。

4. 编制依据:编制项目预(概)算所需的一切基础资料,尤其应重点列示经费测算时所使用的文件规定等内容。

(三)预算构成表:

1. 预算构成表由资金计划表、项目预(概)算汇总表、保护规划前期经费明细计算表、保护规划编制费明细计算表、项目管理费及其他费明细计算表组成。

2. 申请中央财政补助的项目,必须填列资金计划表。资金计划表中各年度资金数额,应根据项目工程实施周期、进度计划进行测算和填列。

3. 各表内容应参考样表内容及格式编制,如有其他内容须严格按照专项资金管理办法中第七条规定的支出内容填报。

4. 各表数字钩稽关系应正确,如表格容量不够,可附页。

5. 金额以元为计算单位,保留两位小数。

三、申请书文字,一律用简体中文、宋体 GB2312、小四号字体填写,统一采用 A4 纸打印、胶装。

目　录

编制说明

1 项目概况。

2 主要技术经济指标。

3 资金来源。

4 编制依据。

5 其他需要说明的问题。

表 1　　资金计划表

工程名称：________　　　　共　页　第　页

序号	年度	金额(元)				占总投资比例(%)
		小计	中央补助	地方投入	自筹资金	
1	20××年					
2	20××年					
3	20××年					
4	20××年					
……	……					
	合计					

表 2　　项目预(概)算汇总表

项目名称：________　　　　共　页　第　页

序号	费用名称	金额(元)	备注
1	保护规划前期经费		
2	保护规划编制费		
3	其他费		
	……		
	合计		

表 3-1　　保护规划前期经费明细计算表

项目名称：________　　　　共　页　第　页

序号	费用名称	金额(元)	费用计算说明	依据文件
1	测绘费或测绘图购买经费			
2	卫星影像或航片等影像数据购买经费			
	……			
	合计			

注：1. 测绘费或测绘图购买经费：参考《测绘生产成本费用定额》及有关规定，按照市场收费实际情况进行测算。

2. 卫星影像或航片等影像数据购买经费按照市场收费实际情况进行测算。

表 3-2　　保护规划编制费明细计算表

项目名称：________　　　　共　页　第　页

序号	项目名称	规模(公顷)	计费单价(元/公顷)	调整系数	合价(元)	备注说明
1	公布的保护范围					
2	公布的建设控制地带					
	合计					

表 3-3　　其他费明细计算表

项目名称：________　　　　共　页　第　页

序号	费用名称	金额(元)	费用计算说明	依据文件
一	其他费			
1	××费			
	……			
	合计			

附件 2-2

文物本体维修保护预(概)算文本格式

(项目名称)

预(概)算

档 案 号:

共 册 第 册

(编制单位名称)
(工程造价咨询单位执业章)
年 月 日

（项目名称）

预（概）算

档案号：

共 册 第 册

编制人：________________ ［执业（从业）印章］________________
审核人：________________ ［执业（从业）印章］________________
审定人：________________ ［执业（从业）印章］________________
法定负责人：____

填报说明

一、本预(概)算文本用于国家重点文物保护专项补助资金中全国重点文物保护单位保护项目、大遗址保护项目、世界文化遗产保护项目申请文物本体(或载体)维修保护内容时使用。但对于壁画、彩塑等特殊保护对象进行本体保护时,可根据项目实际情况,参考可移动文物保护预(概)算文本格式进行编制。

二、本预(概)算文本由封面及签署页,目录页,编制说明页,资金计划表、工程预(概)算汇总表、其他费用计算表、单位工程费用表、单位工程预(概)算表、单位工程人材机汇总表、措施项目计算汇总表,以及预(概)算相关资料附件组成。

(一)封面及签署页:

1. 项目名称是由国家文物局批准立项或批复方案的项目名称。

2. 档案号及册数由编制单位按规定据实填写。

3. 编制单位名称应加盖单位公章,同时应加盖工程造价咨询单位执业章。

4. 签署页中编制人、审核人、审定人、法定负责人应签字或盖章,其中编制人、审核人、审定人应加盖执业(从业)印章。

(二)编制说明页:

1. 项目概况:简述保护对象概况,工程的项目地点、设计规模、工程性质、工程类别、建设期(年限)、主要工程内容、主要工程量、主要工艺设备及数量等。

2. 主要技术经济指标:项目预(概)算总投资及主要分项投资、主要单位投资指标等。

3. 资金来源:如果资金来源有多种渠道,应分别说明。

4. 编制依据:编制项目预(概)算所需的一切基础资料,尤其应重点列示经费测算时所使用的文件规定等内容。

(三)预算构成表:

1. 预算构成表由资金计划表、工程预(概)算汇总表、单位工程费用表、单位工程预(概)算表、单位工程人材机汇总表、措施项目计算汇总表、其他费用计算表组成。

2. 申请中央财政补助的项目,必须填列资金计划表。资金计划表中各年度资金数额,应根据项目工程实施周期、进度计划进行测算和填列。

3. 各表内容应参考样表内容及格式编制,如有其他内容须严格按照专项资金管理办法中第七条规定的支出内容填报。

4. 各表数字钩稽关系应正确,如表格容量不够,可附页。

5. 金额以元为计算单位,保留两位小数。

三、申请书文字,一律用简体中文、宋体 GB2312、小四号字体填写,统一采用 A4 纸打印、胶装。

目　录

编制说明

1　项目概况。

2　主要技术经济指标。

3　资金来源。

4　编制依据。

5　其他需要说明的问题。

表 1

资金计划表

工程名称：________________ 共 页 第 页

序号	年度	金额(元)				占总投资比例(%)
		小计	中央补助	地方投入	自筹资金	
1	20××年					
2	20××年					
3	20××年					
4	20××年					
……	……					
	合计					

表 2

工程预(概)算汇总表

工程名称：________________ 共 页 第 页

序号	工程项目或费用名称	金额(元)	占总投资比例(%)
一	工程费用		
1	×××××工程		
2	×××××工程		
3	……		
二	其他费用		
1	建设单位管理费		
2	勘测费		
3	设计费		
4	工程监理费		
5	招标代理费		
6	审计费		
7	资料整理和报告出版费		
8	研究试验费		
9	青苗补偿费		
10	工程保险费		
11	场地准备及临时设施费		
12	专利及专有技术使用费		
13	……		
三	预备费		
	合计		

表 3-1　　单位工程费用表

工程名称：________　　　　共　页　第　页

序号	费用名称	取费基础/计算公式	费率(%)	费用金额(元)
1	直接工程费			
1.1	人工费			
1.2	材料费			
1.3	机械费			
2	措施费			
2.1	措施费 1			
2.1.1	其中：人工费			
2.2	措施费 2			
2.2.1	其中：人工费			
3	直接费小计			
4	企业管理费			
5	利润			
6	规费			
7	税金			
	合计			

注：此单位工程费用表是《北京市房屋修缮工程计价依据——预算定额》(2012 年)的格式。编制单位须根据当地修缮工程费用标准进行编制，例如河北省可参考《河北省古建(明清)修缮工程费用标准》进行编制。

表 3-2　　单位工程预(概)算表

工程名称：________　　　　共　页　第　页

序号	定额编号	工程项目或费用名称	工程量		价值(元)		其中(元)	
			单位	数量	单价	合价	人工费	材料费
1								
2								
3								
4								
5								
6								
7								
……								
		合计						

注：此单位工程概(预)算是《北京市房屋修缮工程计价依据——预算定额》(2012 年)；编制单位可用当地概、预算定额或所用造价软件的格式进行编制，例如河北省应使用《河北省古建(明清)修缮工程消耗量定额》(HEBGYD-H-2010)。若当地缺少相应定额规定，应使用《全国统一房屋修缮工程预算定额古建筑分册》(1995 年)。

表 3-3

单位工程人材机汇总表

工程名称：________________

共 页 第 页

序号	名称及规格	单位	数量	市场价(元)	市场价合计(元)
1					
2					
3					
4					
5					
6					
7					
8					
9					
10					
……					
	合计				

注:单位工程人材机汇总表中相关数据应根据编制期市场信息价计入,相关价格可参考当地工程造价管理部门发布的《工程造价信息》,例如北京市建设工程造价管理处发布的《北京工程造价信息》(2013 年第 5 期)。

表 3-4 **措施项目计算汇总表**

工程名称：________ 共 页 第 页

序号	名称	计算基数	人工费	费用金额(元)	未计价材料费
一	措施费 1				
1	模板				
2	脚手架				
二	措施费 2				
3	安全文明施工费				
4	夜间施工费				
5	二次搬运费				
6	冬雨季施工费				
7	临时设施费				
8	施工困难增加费				
9	所有建筑物、设备、陈设、高级装修及文物保护费				
……					
	合计				

注：此措施项目计算汇总表是《北京市房屋修缮工程计价依据——预算定额》(2012 年)；编制单位可用当地概、预算定额或所用造价软件的格式进行编制，例如河北省应使用《河北省古建(明清)修缮工程消耗量定额》(HEBGYD-H-2010)。若当地缺少相应定额规定，应使用《全国统一房屋修缮工程预算定额古建筑分册》(1995 年)。

表 4

其他费用计算表

工程名称：________　　　　共　页　第　页

序号	费用项目名称	费用计算基数	费率（%）	金额（元）	计算公式	备注（依据文件）
1	建设单位管理费					《基本建设财务管理规定》（财建〔2002〕394 号）
2	勘测费					
3	设计费					
4	工程监理费					
5	招标代理费					
6	审计费					
7	资料整理和报告出版费					
8	研究试验费					
9	青苗补偿费					
10	工程保险费					
11	场地准备及临时设施费					
12	专利及专有技术使用费					
	合计					

注：备注处应填写相关费用计取依据文件名称，例如：建设单位管理费依据文件为《基本建设财务管理规定》（财建〔2002〕394 号）。

附件 2-3-1

安防、消防保护性设施建设预(概)算文本格式

(项目名称)

预(概)算

档 案 号:

共 册 第 册

(编制单位名称)

(工程造价咨询单位执业章)

年 月 日

（项目名称）

预（概）算

档 案 号：

共 册 第 册

编制人：________________ [执业（从业）印章]________________
审核人：________________ [执业（从业）印章]________________
审定人：________________ [执业（从业）印章]________________
法定负责人：____

填报说明

一、本预(概)算文本用于国家重点文物保护专项补助资金中全国重点文物保护单位保护项目、大遗址保护项目、世界文化遗产保护项目申请安防、消防保护性设施建设内容时使用。

二、本预(概)算文本由封面及签署页,目录页,编制说明页,资金计划表、工程概(预)算汇总表、其他费用计算表、设备(主材)购置费用计算表、安装工程费用表、安装工程直接工程费计算表、措施费计算表,以及预(概)算相关资料附件组成。

(一)封面及签署页:

1.项目名称是由国家文物局批准立项或批复方案的项目名称。

2.档案号及册数由编制单位按规定据实填写。

3.编制单位名称应加盖单位公章,同时应加盖工程造价咨询单位执业章。

4.签署页中编制人、审核人、审定人、法定负责人应签字或盖章,其中编制人、审核人、审定人应加盖执业(从业)印章。

(二)编制说明页:

1.项目概况:简述保护对象概况,工程的项目地点、设计规模、工程性质、工程类别、建设期(年限)、主要工程内容、主要工程量、主要工艺设备及数量等。

2.主要技术经济指标:项目预(概)算总投资及主要分项投资、主要技术经济指标(主要单位投资指标)等。

3.资金来源:如果资金来源有多种渠道,应分别说明。

4.编制依据:编制项目预(概)算所需的一切基础资料,尤其应重点列示经费测算时所使用的文件规定等内容。

(三)预算构成表:

1.预算构成表由资金计划表、工程概(预)算汇总表、其他费用计算表、设备(主材)购置费用计算表、安装工程费用表、安装工程直接工程费计算表、措施费计算表组成。

2.申请中央财政补助的项目,必须填列资金计划表。资金计划表中各年度资金数额,应根据项目工程实施周期、进度计划进行测算和填列。

3.各表内容应参考样表内容及格式编制,如有其他内容须严格按照专项资金管理办法中第七条规定的支出内容填报。

4.各表数字钩稽关系应正确,如表格容量不够,可附页。

5.金额以元为计算单位,保留两位小数。

三、申请书文字,一律用简体中文、宋体GB2312、小四号字体填写,统一采用A4纸打印、胶装。

目　录

编制说明

1　项目概况。

2　主要技术经济指标。

3　资金来源。

4　编制依据。

5.其他需要说明的问题。

表 1

资金计划表

工程名称：________________　　　　共　页　第　页

序号	年度	金额(元)				占总投资比例(%)
		小计	中央补助	地方投入	自筹资金	
1	20××年					
2	20××年					
3	20××年					
4	20××年					
……	……					
	合计					

表 2

工程预(概)算汇总表

工程名称：________________　　　　共　页　第　页

序号	工程项目或费用名称	金额(元)	占总投资比例(%)
一	工程费用		
1	设备购置费		
2	安装工程费		
二	其他费用		
1	建设单位管理费		
2	设计费		
3	工程监理费		
4	招标代理费		
5	审计费		
6	特殊设备安全监督检验费		
7	资料整理和报告出版费		
8	工程保险费		
9	专利及专有技术使用费		
10	……		
三	预备费		
	合计		

注：预备费记取比例一般为1%～3%。

表 3-1　　设备(主材)购置费用计算表

项目名称：________________　　共　页　第　页

序号	设备(主材)名称	单位	数量	原价(元)	运杂费费率(%)	采购及保管费费率(%)	运输保险费费率(%)	单价(元)	金额(元)
1									
2									
3									
4									
5									
6									
7									
……									
	合计								

注：此设备(主材)购置费用计算表是信息产业部《电子建设工程概(预)算编制办法及计价依据》(HYD 41—2005)的格式。

表 3-2　　安装工程费用表

工程名称：________________　　共　页　第　页

序号	费用名称	计费基数及计算式	费率(%)	费用金额(元)
一	直接费			
(一)	直接工程费			
A	人工费			
B	材料费			
C	机械费			
D	仪器仪表使用费			
(二)	措施费			
E	直接措施费			
F	其他项目措施费			
二	间接费			
(三)	企业管理费			
(四)	规费			
三	利润			
四	税金			
	合 计			

注：此安装工程费用表是信息产业部《电子建设工程概(预)算编制办法及计价依据》(HYD 41—2005)的格式。

表 3-3 **安装工程直接工程费计算表**

工程名称：________________ 共 页 第 页

序号	定额编号	工程项目或费用名称	单位	数量	单价(元)					合价(元)	
					人工费	材料费	机械费	仪器仪表使用费	基价	金额	其中：人工费
1											
2											
3											
4											
5											
6											
7											
8											
……											
		合计									

注：此安装工程直接工程费计算表是信息产业部《电子建设工程概(预)算编制办法及计价依据》(HYD 41—2005)的格式。

表 3-4 **措施费计算表**

项目名称：________________ 共 页 第 页

序号	名称	计费基数	费率(%)	金额(元)
一	直接措施费			
1	超高施工增加费			
2	高层施工增加费			
3	特殊地区施工增加费			
4	冬、雨季施工增加费			
5	安装与生产同时进行施工增加费			
二	其他措施费			
6	在有害身体健康环境中施工增加费			
7	分包工程管理费			
8	施工队伍调遣费			
9	缩短工期费(夜间施工增加费)			
10	停、窝工费			
11	施工用水、电、气等费			
12	施工机械、仪器仪表进出场、过路、过桥、运输费			
13	工程系统检测费			
14	已完工程及设备保护费			
15	其他费用			
	合计			

注：此措施费计算表是信息产业部《电子建设工程概(预)算编制办法及计价依据》(HYD 41—2005)的格式。

表 4 **其他费用计算表**

工程名称：________________ 共　页　第　页

序号	费用项目名称	费用计算基数	费率（%）	金额（元）	计算公式	备注（依据文件）
1	建设单位管理费					《基本建设财务管理规定》（财建〔2002〕394 号）
2	设计费					
3	工程监理费					
4	招标代理费					
5	审计费					
6	特殊设备安全监督检验费					
7	资料整理和报告出版费					
8	工程保险费					
9	专利及专有技术使用费					
	合计					

注：备注处应填写相关费用记取依据文件名称，例如：建设单位管理费依据文件为《基本建设财务管理规定》（财建〔2002〕394 号）。

附件 2-3-2

防雷保护性设施建设预(概)算文本格式

（项目名称）

预(概)算

档 案 号：

共 册 第 册

（编制单位名称）
（工程造价咨询单位执业章）
年 月 日

（项目名称）

预（概）算

档 案 号：

共　册　第　册

编制人：＿＿＿＿＿＿＿＿＿＿　　［执业（从业）印章］＿＿＿＿＿＿＿＿＿＿

审核人：＿＿＿＿＿＿＿＿＿＿　　［执业（从业）印章］＿＿＿＿＿＿＿＿＿＿

审定人：＿＿＿＿＿＿＿＿＿＿　　［执业（从业）印章］＿＿＿＿＿＿＿＿＿＿

法定负责人：＿＿＿＿＿＿＿＿＿＿＿＿＿＿＿＿＿＿＿＿＿＿＿＿＿＿＿＿＿

填报说明

一、本预(概)算文本用于国家重点文物保护专项补助资金中全国重点文物保护单位保护项目、大遗址保护项目、世界文化遗产保护项目申请防雷保护性设施建设内容时使用。

二、本预(概)算文本由封面及签署页,目录页,编制说明页,资金计划表、工程概(预)算汇总表、其他费用计算表、单位工程费用表、单位工程预(概)算表、单位工程人材机汇总表、措施项目计算汇总表,以及预(概)算相关资料附件组成。

(一)封面及签署页:

1.项目名称是由国家文物局批准立项或批复方案的项目名称。

2.档案号及册数由编制单位按规定据实填写。

3.编制单位名称应加盖单位公章,同时应加盖工程造价咨询单位执业章。

4.签署页中编制人、审核人、审定人、法定负责人应签字或盖章,其中编制人、审核人、审定人应加盖执业(从业)印章。

(二)编制说明页:

1.项目概况:简述保护对象概况,工程的项目地点、设计规模、工程性质、工程类别、建设期(年限)、主要工程内容、主要工程量、主要工艺设备及数量等。

2.主要技术经济指标:项目预(概)算总投资及主要分项投资、主要单位投资指标等。

3.资金来源:如果资金来源有多种渠道,应分别说明。

4.编制依据:编制项目预(概)算所需的一切基础资料,尤其应重点列示经费测算时所使用的文件规定等内容。

(三)预算构成表:

1.预算构成表由资金计划表、工程概(预)算汇总表、单位工程费用表、单位工程预(概)算表、单位工程人材机汇总表、措施项目计算汇总表、其他费用计算表组成。

2.申请中央财政补助的项目,必须填列资金计划表。资金计划表中各年度资金数额,应根据项目工程实施周期、进度计划进行测算和填列。

3.各表内容应参考样表内容及格式编制,如有其他内容须严格按照专项资金管理办法中第七条规定的支出内容填报。

4.各表数字钩稽关系应正确,如表格容量不够,可附页。

5.金额以元为计算单位,保留两位小数。

三、申请书文字,一律用简体中文、宋体GB2312、小四号字体填写,统一采用A4纸打印、胶装。

目　录

序号	编号	名称	页次
1		编制说明	
2	表 1	资金计划表	
3	表 2	工程概(预)算汇总表	
4	表 3-1	单位工程费用表	
5	表 3-2	单位工程预(概)算表	
6	表 3-3	单位工程人材机汇总表	
7	表 3-4	措施项目计算汇总表	
8	表 4	其他费用计算表	
9		预(概)算相关资料	
……		……	

编制说明

1 项目概况。

2 主要技术经济指标。

3 资金来源。

4 编制依据。

5 其他需要说明的问题。

表 1　　资金计划表

工程名称：________　　共　页　第　页

序号	年度	金额(元)				占总投资比例(%)
		小计	中央补助	地方投入	自筹资金	
1	20××年					
2	20××年					
3	20××年					
4	20××年					
……	……					
	合计					

表 2　　工程预(概)算汇总表

工程名称：________　　共　页　第　页

序号	工程项目或费用名称	金额(元)	占总投资比例(%)
一	工程费用		
1	×××××工程		
……	……		
二	其他费用		
1	建设单位管理费		
2	设计费		
3	工程监理费		
4	招标代理费		
5	审计费		
6	资料整理和报告出版费		
7	工程保险费		
8	专利及专有技术使用费		
	……		
三	预备费		
	合 计		

注：预备费计取比例一般为1%～3%。

表 3-1 **单位工程费用表**

工程名称:________________ 共 页 第 页

序号	费用名称	取费基础/计算公式	费率(%)	费用金额(元)
1	分部分项工程费			
1.1	其中:人工费			
2	措施项目费			
2.1	其中:人工费			
2.2	其中:安全文明施工费			
3	其他项目费			
3.1	其中:总承包服务费			
3.2	其中:计日工			
4	企业管理费			
5	利润			
6	规费			
7	税金			
	合 计			

注:此单位工程费用表格式参考了《北京市建设工程计价依据——预算定额》(2012 年)。编制单位在编制此表时应根据项目类型(新建或修缮改造),选用本地区适用定额及费用标准。例如:北京市新建防雷项目可参考《北京市建设工程计价依据——预算定额》(2012 年)进行编制;北京市修缮改造防雷项目可参考《北京市房屋修缮工程计价依据——预算定额》(2012 年)进行编制。

表 3-2 **单位工程预(概)算表**

工程名称:________________ 共 页 第 页

序号	定额编号	工程项目或费用名称	工程量		价值(元)		其中(元)	
			单位	数量	单价	合价	人工费	材料费
1								
2								
3								
4								
5								
6								
7								
……								
		合计						

注:此单位工程预(概)算表格式参考了《北京市建设工程计价依据——预算定额》(2012 年)。编制单位编制项目预算时应根据项目类型(新建或修缮改造),选用本地区适用定额。例如:北京市新建防雷项目可参考《北京市建设工程计价依据——预算定额》(2012 年)进行编制;北京市修缮改造防雷项目可参考《北京市房屋修缮工程计价依据——预算定额》(2012 年)进行编制。

表 3-3　　单位工程人材机汇总表

工程名称：________　　　　共　页　第　页

序号	名称及规格	单位	数量	市场价（元）	市场价合计（元）
1					
2					
3					
4					
5					
6					
7					
8					
9					
10					
……					
	合计				

注：单位工程人材机汇总表中相关数据应根据编制期市场信息价计入，相关价格可参考当地工程造价管理部门发布的《工程造价信息》，例如北京市建设工程造价管理处发布的《北京工程造价信息》(2013 年第 5 期)。

表 3-4

措施项目计算汇总表

工程名称：________________　　　　　　　　　　　　　　　　　　　　　　　　　共　页　第　页

序号	名称	计算基数	人工费	费用金额(元)	未计价材料费
一	措施费 1				
1	安全文明施工费				
2	夜间施工增加费				
3	非夜间施工照明				
4	二次搬运费				
5	冬雨季施工增加费				
6	地上、地下设施、建筑物的临时保护设施				
7	已完工程及设备保护费				
二	措施费 2				
1	脚手架工程				
2	混凝土模板及支架(撑)工程				
3	垂直运输				
4	超高施工增加				
5	大型机械设备进出场及安拆				
6	施工排水、降水工程				
……	……				
	合计				

注：此措施项目计算汇总表格式参考了《北京市建设工程计价依据——预算定额》(2012 年)。编制单位编制项目预算时应根据项目类型(新建或修缮改造)，选用本地区适用定额。例如：北京市新建防雷项目可参考《北京市建设工程计价依据——预算定额》(2012 年)进行编制；北京市修缮改造防雷项目可参考《北京市房屋修缮工程计价依据——预算定额》(2012 年)进行编制。

表 4

其他费用计算表

工程名称：________________　　　　共　页　第　页

序号	费用项目名称	费用计算基数	费率（%）	金额（元）	计算公式	备注（依据文件）
1	建设单位管理费					《基本建设财务管理规定》（财建〔2002〕394 号）
2	设计费					
3	工程监理费					
4	招标代理费					
5	审计费					
6	资料整理和报告出版费					
7	工程保险费					
8	专利及专有技术使用费					
	……					
	合计					

注：备注处应填写相关费用计取依据文件名称，例如：建设单位管理费依据文件为《基本建设财务管理规定》（财建〔2002〕394 号）。

附件 2-4

陈列展示预(概)算文本格式

(项目名称)

预(概)算

档 案 号:

共 册 第 册

(编制单位名称)

(工程造价咨询单位执业章)

年 月 日

（项目名称）

预（概）算

档 案 号：

共 册 第 册

编制人：____________________ ［执业（从业）印章］____________________

审核人：____________________ ［执业（从业）印章］____________________

审定人：____________________ ［执业（从业）印章］____________________

法定负责人：____

填报说明

一、本预(概)算文本用于国家重点文物保护专项补助资金中全国重点文物保护单位保护项目、大遗址保护项目、世界文化遗产保护项目申请陈列展示内容时使用。

二、本预(概)算文本由封面及签署页,目录页,编制说明页,资金计划表、工程概(预)算汇总表、其他费用计算表、单位工程费用表、单位工程预(概)算表、单位工程人材机汇总表、措施项目计算汇总表,以及预(概)算相关资料附件组成。

(一)封面及签署页:

1.项目名称是由国家文物局批准立项或批复方案的项目名称。

2.档案号及册数由编制单位按规定据实填写。

3.编制单位名称应加盖单位公章,同时应加盖工程造价咨询单位执业章。

4.签署页中编制人、审核人、审定人、法定负责人应签字或盖章,其中编制人、审核人、审定人应加盖执业(从业)印章。

(二)编制说明页:

1.项目概况:简述陈列展示对象概况,工程的项目地点、设计规模、工程性质、工程类别、建设期(年限)、主要工程内容、主要工程量、主要工艺设备及数量等。

2.主要技术经济指标:项目预(概)算总投资及主要分项投资、主要单位投资指标等。

3.资金来源:如果资金来源有多种渠道,应分别说明。

4.编制依据:编制项目预(概)算所需的一切基础资料,尤其应重点列示经费测算时所使用的文件规定等内容。

(三)预算构成表:

1.预算构成表由资金计划表、工程概(预)算汇总表、单位工程费用表、单位工程预(概)算表、单位工程人材机汇总表、措施项目计算汇总表、其他费用计算表组成。

2.申请中央财政补助的项目,必须填列资金计划表。资金计划表中各年度资金数额,应根据项目工程实施周期、进度计划进行测算和填列。

3.各表内容应参考样表内容及格式编制,如有其他内容须严格按照专项资金管理办法中第七条规定的支出内容填报。

4.各表数字钩稽关系应正确,如表格容量不够,可附页。

5.金额以元为计算单位,保留两位小数。

三、申请书文字,一律用简体中文、宋体GB2312、小四号字体填写,统一采用A4纸打印、胶装。

目　录

序号	编号	名称	页次
1		编制说明	
2	表 1	资金计划表	
3	表 2	工程概(预)算汇总表	
4	表 3-1	单位工程费用表	
5	表 3-2	单位工程预(概)算表	
6	表 3-3	单位工程人材机汇总表	
7	表 3-4	措施项目计算汇总表	
8	表 4	其他费用计算表	
9		预(概)算相关资料	
……		……	

编制说明

1　项目概况。

2　主要技术经济指标。

3　资金来源。

4　编制依据。

5　其他需要说明的问题。

表 1 **资金计划表**

工程名称：________________ 共　页　第　页

序号	年度	金额(元)				占总投资比例(%)
		小计	中央补助	地方投入	自筹资金	
1	20××年					
2	20××年					
3	20××年					
4	20××年					
……	……					
	合计					

表 2 **工程预(概)算汇总表**

工程名称：________________ 共　页　第　页

序号	工程项目或费用名称	金额(元)	占总投资比例(%)
一	工程费用		
1	×××××工程		
……	……		
二	其他费用		
1	设计费		
2	工程监理费		
3	招标代理费		
4	审计费		
5	资料整理和报告出版费		
……	……		
三	预备费		
	合 计		

表 3-1

单位工程费用表

工程名称：________________

共　页　第　页

序号	费用名称	取费基础/计算公式	费率(%)	费用金额(元)
1	分部分项工程费			
1.1	其中：人工费			
2	措施项目费			
2.1	其中：人工费			
2.2	其中：安全文明施工费			
3	其他项目费			
3.1	其中：计日工			
4	企业管理费			
5	利润			
6	规费			
7	税金			
	合 计			

注：此单位工程费用表格式参考了《北京市建设工程计价依据——预算定额》(2012 年)。编制单位在编制此表时应选用本地区适用定额及费用标准。

表 3-2

单位工程预(概)算表

工程名称：

共　页　第　页

序号	定额编号	工程项目或费用名称	工程量		价值(元)		其中(元)	
			单位	数量	单价	合价	人工费	材料费
1								
2								
3								
4								
5								
6								
7								
……								
		合计						

注：此单位工程预(概)算表格式参考了《北京市建设工程计价依据——预算定额》(2012 年)。编制单位编制项目预算时应选用本地区适用定额。

表 3-3 **单位工程人材机汇总表**

工程名称：＿＿＿＿＿＿＿＿ 共 页 第 页

序号	名称及规格	单位	数量	市场价（元）	市场价合计（元）
1					
2					
3					
4					
5					
6					
7					
8					
9					
10					
……					
	合计				

注：单位工程人材机汇总表中相关数据应根据编制期市场信息价计入，相关价格可参考当地工程造价管理部门发布的《工程造价信息》，例如北京市建设工程造价管理处发布的《北京工程造价信息》(2013 年第 5 期)。

表 3-4　　措施项目计算汇总表

项目名称：________________　　　　共　页　第　页

序号	名称	计算基数	人工费	费用金额（元）	未计价材料费
一	措施费 1				
1	安全文明施工费				
2	夜间施工增加费				
3	非夜间施工照明				
4	二次搬运费				
5	冬雨季施工增加费				
6	地上、地下设施、建筑物的临时保护设施				
7	已完工程及设备保护费				
二	措施费 2				
1	脚手架工程				
2	垂直运输				
……	……				
	合 计				

注：此措施项目计算汇总表格式参考了《北京市建设工程计价依据——预算定额》(2012 年)。编制单位编制项目预算时应选用本地区适用定额。

表 4　　其他费用计算表

工程名称：________________　　　　共　页　第　页

序号	费用项目名称	费用计算基数	费率（%）	金额（元）	计算公式	备注（依据文件）
1	设计费					《关于发布〈工程勘察设计收费管理规定〉的通知》（计价格〔2002〕10 号）
2	工程监理费					
3	招标代理费					
4	审计费					
5	资料整理和报告出版费					
	……					
	合 计					

注：备注处应填写相关费用计取依据文件名称。例如：设计费依据文件为《关于发布〈工程勘察设计收费管理规定〉的通知》(计价格〔2002〕10 号)。

附件 2-5

文物本体保护范围内的保存环境治理预(概)算文本格式

(项目名称)

预(概)算

档 案 号:

共　册　第　册

(编制单位名称)

(工程造价咨询单位执业章)

年　　月　　日

（项目名称）

预（概）算

档案号：

共　册　第　册

编制人：__________________　［执业（从业）印章］__________________

审核人：__________________　［执业（从业）印章］__________________

审定人：__________________　［执业（从业）印章］__________________

法定负责人：____________________________________

填报说明

一、本预(概)算文本仅用于国家重点文物保护专项补助资金中大遗址保护项目申请文物本体保护范围内的保存环境治理内容时使用。

二、本预(概)算文本由封面及签署页，目录页，编制说明页，资金计划表、工程预(概)算汇总表、其他费用计算表、保护环境治理工程费用计算表、保护环境治理工程预(概)算表，以及预(概)算相关资料附件组成。

(一)封面及签署页：

1.项目名称是由国家文物局批准立项或批复方案的项目名称。

2.档案号及册数由编制单位按规定据实填写。

3.编制单位名称应加盖单位公章，同时应加盖工程造价咨询单位执业章。

4.签署页中编制人、审核人、审定人、法定负责人应签字或盖章，其中编制人、审核人、审定人应加盖执业(从业)印章。如人员较多时可在封面页后，单独编制签章页。

(二)编制说明页：

1.项目概况：简述保护对象概况，工程的项目地点、设计规模、工程性质、工程类别、建设期(年限)、主要工程内容、主要工程量、主要工艺设备及数量等。

2.主要技术经济指标：项目预(概)算总投资及主要分项投资、主要单位投资指标等。

3.资金来源：如果资金来源有多种渠道，应分别说明。

4.编制依据：编制项目预(概)算所需的一切基础资料，尤其应重点列示经费测算时所使用的文件规定等内容。

(三)预算构成表：

1.预算构成表由资金计划表、工程预(概)算汇总表、保护环境治理工程费用计算表、保护环境治理工程预(概)算表、其他费用计算表组成。

2.申请中央财政补助的项目，必须填列资金计划表。资金计划表中各年度资金数额，应根据项目工程实施周期、进度计划进行测算和填列。

3.各表内容应参考样表内容及格式编制，如有其他内容须严格按照专项资金管理办法中第七条规定的支出内容填报。

4.各表数字钩稽关系应正确，如表格容量不够，可附页。

5.金额以元为计算单位，保留两位小数。

三、申请书文字，一律用简体中文、宋体GB2312、小四号字体填写，统一采用A4纸打印、胶装。

目　录

编制说明

1　项目概况。

2　主要技术经济指标。

3　资金来源。

4　编制依据。

5　其他需要说明的问题。

表 1

资金计划表

工程名称：______________

共　页　第　页

序号	年度	金额(元)				占总投资比例(%)
		小计	中央补助	地方投入	自筹资金	
1	20××年					
2	20××年					
3	20××年					
4	20××年					
……	……					
	合计					

表 2

工程预(概)算汇总表

工程名称：______________

共　页　第　页

序号	工程项目或费用名称	金额(元)	占总投资比例(%)
一	工程费用		
1	××保存环境治理工程		
……	……		
二	其他费用		
1	建设单位管理费		
2	设计费		
3	工程监理费		
4	招标代理费		
5	审计费		
6	资料整理和报告出版费		
	……		
三	预备费		
	合 计		

表 3-1

保存环境治理工程费用计算表

工程名称：________________ 共 页 第 页

序号	费用名称	取费基础/计算公式	费率(%)	费用金额(元)
1	直接工程费			
2	规费			
3	企业管理费			
4	利润			
5	税金			
	合计			

注：此工程费用计算表中规费、企业管理费、利润、税金等应参考项目所在地类似工程的《工程费用定额》进行编制。

表 3-2

保存环境治理工程预(概)算表

工程名称：________________ 共 页 第 页

序号	项目名称	单位	工程量	单价(元)	合价(元)
1					
2					
3					
4					
5					
6					
7					
8					
9					
10					
	合计				

注：此工程预(概)算表应根据项目实际内容进行填列。各项价格(人材机)应根据编制期市场信息价计入，相关价格可参考当地工程造价管理部门发布的《工程造价信息》，例如北京市建设工程造价管理处发布的《北京工程造价信息》(2013年第5期)。

表 4

其他费用计算表

工程名称：________________ 共 页 第 页

序号	费用项目名称	费用计算基数	费率（%）	金额（元）	计算公式	备注（依据文件）
1	建设单位管理费					《基本建设财务管理规定》（财建〔2002〕394 号）
2	青苗补偿费					
3	勘测费					
4	设计费					
5	工程监理费					
6	招标代理费					
7	审计费					
8	工程保险费					
9	资料整理和报告出版费					
10	场地准备及临时设施费					
11	专利及专有技术使用费					
	……					
	合计					

注：备注处应填写相关费用计取依据文件名称，例如：建设单位管理费依据文件为《基本建设财务管理规定》（财建〔2002〕394 号）。

附件 2-6

考古发掘预(概)算文本格式

(项目名称)

预(概)算

档 案 号:

共 册 第 册

(编制单位名称)

(工程造价咨询单位执业章)

年 月 日

（项目名称）

预（概）算

档 案 号：

共 册 第 册

编制人：____________________ ［执业（从业）印章］____________________
审核人：____________________ ［执业（从业）印章］____________________
审定人：____________________ ［执业（从业）印章］____________________
法定负责人：____

填报说明

一、本预(概)算文本仅用于国家重点文物保护专项补助资金中考古发掘项目申请考古调查、勘探和发掘内容时使用。申请重要考古遗迹现场保护以及重要出土(出水)文物现场保护与修复内容时,可根据项目实际情况,参考本规范中类似项目的预(概)算文本格式进行编制。

二、本预(概)算文本由封面及签署页,目录页,编制说明页,资金计划表、概(预)算汇总表、其他费用计算表、考古调查费明细表、考古勘察费明细表、考古发掘费明细表、发掘人工费计算表、其他发掘费计算表,以及预(概)算相关资料附件组成。

(一)封面及签署页:

1.项目名称是由国家文物局批准立项或批复方案的项目名称。

2.档案号及册数由编制单位按规定据实填写。

3.编制单位名称应加盖单位公章,同时应加盖工程造价咨询单位执业章。

4.签署页中编制人、审核人、审定人、法定负责人应签字或盖章,其中编制人、审核人、审定人应加盖执业(从业)印章。

(二)编制说明页:

1.项目概况:简述考古发掘对象概况,项目地点、规模、进度计划安排、主要工作内容、主要工作量、主要工艺设备及数量等。

2.主要技术经济指标:项目预(概)算总投资及主要分项投资、主要单位投资指标等。

3.资金来源:如果资金来源有多种渠道,应分别说明。

4.编制依据:编制项目预(概)算所需的一切基础资料,尤其应重点列示经费测算时所使用的文件规定等内容。

(三)预算构成表:

1.预算构成表由资金计划表、概(预)算汇总表、其他费用计算表、考古调查费明细表、考古勘察费明细表、考古发掘费明细表、发掘人工费计算表、其他发掘费计算表组成。

2.申请中央财政补助的项目,必须填列资金计划表。资金计划表中各年度资金数额,应根据项目实施周期、进度计划进行测算和填列。

3.各表内容应参考样表内容及格式编制,如有其他内容须严格按照专项资金管理办法中第七条规定的支出内容填报。

4.各表数字钩稽关系应正确,如表格容量不够,可附页。

5.金额以元为计算单位,保留两位小数。

三、申请书文字,一律用简体中文、宋体GB2312、小四号字体填写,统一采用A4纸打印、胶装。

目　录

编制说明

1　项目概况。

2　主要技术经济指标。

3　资金来源。

4　编制依据。

5　其他需要说明的问题。

表 1

资金计划表

工程名称：________________　　　　共　页　第　页

序号	年度	金额(元)				占总投资比例(%)
		小计	中央补助	地方投入	自筹资金	
1	20××年					
2	20××年					
3	20××年					
4	20××年					
……	……					
	合计					

表 2

项目预(概)算汇总表

项目名称：________________　　　　共　页　第　页

序号	工程项目或费用名称	金额(元)	占总投资比例(%)
一	项目费用		
1	考古调查费		
2	考古勘探费		
3	考古发掘费		
二	其他费用		
1	测绘费		
2	资料整理和报告出版费		
3	审计费		
三	预备费		
	合 计		

表 3

考古调查费明细表

工程名称：________________　　　　共　页　第　页

序号	项目名称	调查面积(平方米)	单价(元/平方米)	合价(元)
1	调查			
	合计			

注：考古调查费预算应根据《考古调查、勘探、发掘经费预算定额管理办法》进行编制。

表 4 考古勘探费明细表

工程名称：________ 共 页 第 页

序号	项目名称	勘探面积（平方米）	工日（工日/平方米）	单价（元/工日）	合价(元)
1	普探				
2	重点勘探				
	合 计				

注：考古勘探费预算应根据《考古调查、勘探、发掘经费预算定额管理办法》进行编制。其中人工费单价应根据项目所在地市场信息价计入。

表 5-1 考古发掘费明细表

工程名称：________ 共 页 第 页

序号	费用名称	金额(元)
1	发掘人工费	
2	其他发掘费	
3	发掘工作管理费	
4	安全保卫费	
5	不可预见费	
	合计	

表 5-2 发掘人工费计算表

工程名称：________ 共 页 第 页

序号	费用名称	勘探面积（平方米）	工日数（工日/平方米）	日工资（元/工日）	合价(元)
1	民工费				
2	技术工人费				
	合 计				

表 5-3　　其他发掘费用计算表

工程名称：________________　　共　页　第　页

序号	费用名称	计费基数	费率	合价(元)
1	消耗材料费			
2	器材设备更新折旧费			
3	记录资料			
4	运输费			
5	占地补偿费			
6	临时建筑设施费			
7	标本测试费			
	……			
	合计			

注：考古发掘费预算应根据《考古调查、勘探、发掘经费预算定额管理办法》进行编制。其中人工费单价应根据项目所在地市场信息价计入。

表 6　　其他费用计算表

工程名称：________________　　共　页　第　页

序号	费用项目名称	费用计算基数	费率(%)	金额(元)	计算公式	备注(依据文件)
1	测绘费					《测绘生产成本费用定额》(财建〔2009〕17号)
2	资料整理和报告出版费					
3	审计费					
	合计					

注：备注处应填写相关费用计取依据文件名称，例如：测绘费依据文件为《测绘生产成本费用定额》(财建〔2009〕17号)。

附件 2-7

可移动文物保护预(概)算文本格式

(项目名称)

预(概)算

档 案 号:

共　册　第　册

(编制单位名称)

(工程造价咨询单位执业章)

年　　月　　日

（项目名称）

预（概）算

档 案 号：

共 册 第 册

编制人：＿＿＿＿＿＿＿＿ ［执业（从业）印章］＿＿＿＿＿＿＿＿
审核人：＿＿＿＿＿＿＿＿ ［执业（从业）印章］＿＿＿＿＿＿＿＿
审定人：＿＿＿＿＿＿＿＿ ［执业（从业）印章］＿＿＿＿＿＿＿＿
法定负责人：＿＿＿＿＿＿＿＿＿＿＿＿＿＿＿＿＿＿＿＿

填报说明

一、本预（概）算文本仅用于国家重点文物保护专项补助资金中可移动文物保护项目时使用。

二、本预（概）算文本由封面及签署页，目录页，编制说明页，资金计划表、拟进行技术保护藏品、保管品清单、项目预（概）算汇总表、费用明细计算表、材料、工器具购置明细表，以及预（概）算相关资料附件组成。

（一）封面及签署页：

1.项目名称是由国家文物局批准立项或批复方案的项目名称。

2.档案号及册数由编制单位按规定据实填写。

3.编制单位名称应加盖单位公章，如有多个编制单位联合编制时，应分别填写并加盖单位公章。

4.签署页中编制人、审核人、审定人、法定负责人应签字或盖章，如人员较多时可在封面页后，单独编制签章页。

（二）编制说明页：

1.项目概况：简述文物或品类名称、数量、收藏保管单位情况等；简述进行保护改造的内容，说明本次需要进行保护修复的馆藏出土文物或需升级改造的对象名称，采用的主要工艺、修复文物的等级、计划进度等。

2.主要技术经济指标：项目预（概）算总投资及主要分项投资、主要单位投资指标等。

3.资金来源：如果资金来源有多种渠道，应分别说明。

4.编制依据：编制项目预（概）算所需的一切基础资料，尤其应重点列示经费测算时所使用的文件规定等内容。

（三）预算构成表：

1.预算构成表由资金计划表、拟进行技术保护藏品、保管品清单、项目预（概）算汇总表、费用明细计算表、材料、工器具购置明细表组成。

2.申请中央财政补助的项目，必须填列资金计划表。资金计划表中各年度资金数额，应根据项目工程实施周期、进度计划进行测算和填列。

3.各表内容应参考样表内容及格式编制，如有其他内容须严格按照专项资金管理办法中第七条规定的支出内容填报。

4.各表数字钩稽关系应正确，如表格容量不够，可附页。

5.金额以元为计算单位，保留两位小数。

三、申请书文字，一律用简体中文、宋体GB2312、小四号字体填写，统一采用A4纸打印、胶装。

目　录

编制说明

1 项目概况。

2 主要技术经济指标。

3 资金来源。

4 编制依据。

5 其他需要说明的问题。

表 1 　　**资金计划表**

工程名称：________________ 　　共　页　第　页

序号	年度	金额(元)				占总投资比例(%)
		小计	中央补助	地方投入	自筹资金	
1	20××年					
2	20××年					
3	20××年					
4	20××年					
……	……					
	合计					

表 2 　　**拟进行技术保护藏品、保管品清单**

项目名称：________________ 　　共　页　第　页

序号	名称	文物级别	质地	时代	残损程度	照片编号
1						
2						
3						
4						
5						
6						
7						
8						
9						
10						
11						
12						
13						
14						
15						
16						

表 3 **项目预(概)算表**

项目名称:________ 共 页 第 页

序号	费用名称	金额(元)	占总投资比例(%)
1	方案设计费		
2	测试化验加工费		
3	材料费		
4	工器具购置费		
5	劳务费		
6	专家咨询费		
7	资料整理和报告出版费		
8	其他		
8.1	项目管理费		
8.2	不可预见费		
	……		
	合计		

注:项目管理费计取比例一般为1%~5%;对于大型、重要的文物修复可列不可预见费,比例一般为1%~3%。

表 4 **费用明细计算表**

项目名称:________ 共 页 第 页

序号	费用名称	金额(元)	费用计算说明	备注 (依据文件)
1	方案设计费			
2	测试化验加工费		拟开展哪些……测试化验加工;每项测试化验加工××次,单价××元/次;测试化验加工费共计××元。	
3	劳务费			
4	专家咨询费			
5	资料整理和报告出版费			
6	其他			
6.1	项目管理费			
6.2	不可预见费			
	……			
	合计			

注:1. 劳务费可参考当地建筑行业《工程造价信息》中人工费进行测算。

2. 专家咨询费是以会议形式聘请专家进行研讨的专家劳务费,相关费用标准应符合财政部及当地财政部门的相关规定。

3. 备注处应填写相关费用计取依据文件名称。

表 5　　材料、工器具购置明细表

项目名称：________　　共　页　第　页

序号	材料/工器具名称	型号	产地	品牌	数量（台/套）	单价（元）	合价（元）	备注
1								
2								
3								
4								
5								
6								
7								
8								
9								
10								
11								
12								
13								
14								

文物科研

文物保护科学和技术研究课题管理办法

（文物办发〔2003〕63 号）

第一章　总　则

第一条　为促进我国文物保护科学和技术研究的繁荣与发展，加强对研究课题的管理，根据《中华人民共和国文物保护法》和《中华人民共和国科学技术进步法》《中华人民共和国科学技术普及法》等有关法律，参照《国家科技攻关计划管理办法》和《国家社科基金管理办法》等有关规定，结合文物保护事业实际，制定本办法。

第二条　文物保护科学和技术研究课题（以下简称"科研课题"）必须坚持文物工作方针，遵循文物保护事业发展规律，积极探索，开拓创新，更好地为党和政府决策服务。

第三条　科研课题以国家资助为主，面向全国文物、博物馆单位和高等院校、科研院所等，公平竞争，择优立项，保证重点。

第四条 科研课题分为重点课题、一般课题两类,研究期限一般不超过三年。重点课题指列入《文物保护科学和技术研究课题指南》(以下简称《课题指南》)的课题;一般课题指自拟课题。

第二章 课题组织管理

第五条 科研课题的管理采取国家文物局、课题组织单位、课题承担单位分级管理的方式,实行目标管理与过程管理相结合,重点管理与一般管理相结合。

第六条 国家文物局是科研课题的主管部门,其主要职责是:

(一)组织文物保护事业科学和技术发展战略研究;

(二)制定近期及中长期文物保护事业科学和技术发展规划、重点任务,编制课题指南;

(三)审定立项课题及其经费预算,批复课题实施计划,建立科研课题库;

(四)督促、检查科研课题的实施过程,组织课题中期检查,协调并处理课题执行中有关重大问题;

(五)组织课题验收,登记课题产生的科研成果,按规定管理课题成果的知识产权。

国家文物局设立文物保护科学和技术研究课题管理办公室(以下简称"课题办"),负责科研课题日常管理事宜。

第七条 课题组织单位由国家文物局直接委托,可以是国家文物局直属单位、省级文物行政部门或其他具有一定组织协调能力的单位。课题组织单位的主要职责是:

(一)接受国家文物局委托组织编制重点课题可行性研究报告;

(二)提出课题承担单位及课题经费预算安排建议;

(三)落实课题约定支付的配套经费及其他支持条件;

(四)组织课题的实施,监督、检查课题的执行情况,汇总、上报课题年度执行情况及有关信息报表,协调并处理课题实施过程中出现的有关问题;

(五)审核课题验收的有关文件资料,提出课题验收申请。

第八条 课题承担单位主要职责是:

(一)严格执行课题申请书承诺的各项任务,提供课题合同书中承诺的有关支持条件,完成课题预定的目标;

(二)及时报告课题实施过程中出现的重大问题;

(三)按要求编报课题年度执行情况和有关信息报表,提交课题验收的全部文件资料,并进行档案归档。

第三章 课题立项管理

第九条 课题办每年第一季度公布《课题指南》,并于公布之日起受理申报。

第十条 凡有条件承担课题研究任务的法人或自然人均可申报科研课题,法人申报课题应指定课题负责人。

第十一条 课题负责人应具有副高级(含)以上专业技术职务;不具备此项条件者,须有两名同专业的高级专业技术人员的书面推荐。

第十二条 课题负责人必须是课题实施全过程的实际组织者和指导者,应有三分之二以上时间,担负实质性的研究工作。课题负责人可根据课题实施的需要,打破单位、行业界限进行优化组合,择优聘用课题组成员。

第十三条 课题负责人每次只能承担一项课题,所从事的课题尚未完成,不得申报新课题。禁止同一课题多头申报。

第十四条 科研课题重点资助符合下列条件者:

(一)对文物保护事业发展具有重要意义,围绕文物保护工作的重点、难点或当前急待解决的、具有重要应用前景的课题;

(二)学术思想新颖,立论根据充分,研究目标明确,研究内容具体,研究方法和技术路线合理、可行,可获得重要进展的前沿课题;

(三)有稳定的研究队伍,课题负责人与课题组成员具有较高的研究水平和可靠的时间保证,课题承担单位能提供基本的研究条件。

第十五条 在条件相近时,优先支持属于下列情况的研究课题:

(一)45 周岁以下、获省部级奖励的优秀中青年的申请课题;

(二)少数民族地区和中西部地区的申请课题;

(三)创新性、应用性强的课题;

(四)跨区域、跨学科联合研究的课题和学科生长点。

第十六条 课题承担单位、课题负责人必须认真、准确地填报文物保护科学和技术研究课题立项申请书,由课题组织单位审核后报送课题办。

第十七条 为保证科研课题立项评审工作的规范和体现公平、公开、公正原则,课题办按照以下程序,对每年的申报课题进行评审的组织工作:

(一)负责组织课题的初审工作,遴选符合申报条件的课题;

(二)对初审合格的课题分送从国家文物局专家库中选择的有关专家函审;每一课题至少须经三名相同或相近学科的专家评议,并提出函审意见;每一课题以函审专家过半数同意推荐立项为函审通过标准;对有争议课题可另聘请专家复议;

(三)负责对通过函审的课题组织立项评审,聘请相关领域的专家组成年度课题立项评审委员会,评委会主任由国家文物局领导担任;评委会组成人员中,60%的评委要经由国家文物局专家库随机产生;申请课题的有关人员不再担任评委;通过公开评议和记名投票的方式评出拟立项课题和优先立项顺序,并提出资助经费建议,其中自筹经费课题单列;

(四)对评审结果进行复核,报国家文物局审批;待审批同意后,对获准立项课题及经费资助安排在媒体上进行为期 15 天的公示,接受社会监督和评议。

第十八条 通过公示的课题,国家文物局与课题组织单位及课题承担单位正式签订文物保护科学和技术研究课题立项合同书(以下简称"合同")。合同经三方签字后生效,课题正式启动,课题负责人即成为课题责任人。凡因课题负责人方面的原因未签署合同的,立项资格自行取消。

第十九条 立项课题实行课题责任人负责制,课题责任人在批准的计划任务和预算范围内享有自主权。

第二十条 课题的评审工作实行回避制度。参加评审工作的专家遇到审议与本人直接有关的课题时,必须回避。

第二十一条 参加评审工作的全体人员共同遵守以下规定:

(一)严格遵守有关的保密规定;

(二)保护课题负责人的知识产权,不得擅自复制、抄录和留用申请书;不得泄露或以任何形式剽窃申请书内容;

(三)不得泄露同行评议人姓名、评审过程中的意见和未经审批的评审结果;

(四)课题评审会的有关资料和评审记录,在课题评审结束后由课题办收回存档。

第四章 课题实施管理

第二十二条 科研课题实行年度检查制度和年度执行情况报告制度,检查课题的进度、质量和经费使用情况。课题责任人须在课题规定期限过半时,向课题办提交课题研究中期报告。

第二十三条 科研课题应在合同规定执行期结束后3个月内,由国家文物局按照以下程序,对课题组织验收:

(一)课题承担单位在合同期满后,15日内提出课题验收的书面申请和相关课题材料,报送课题组织单位;

(二)课题组织单位在接到课题的验收申请后,15日内初步审核提交材料的完整性和课题完成情况,提出书面意见,向国家文物局申请课题验收;

(三)国家文物局在接到课题组织单位提交的验收申请和有关材料后,15天内明确是否予以验收,并给予回复。国家文物局聘请有关专家组成科研课题验收委员会。验收委员会采取公开评议和记名投票方式进行。国家文物局对验收委员会提交的结项评审意见进行核准。

第二十四条 科研课题验收结论分为通过验收和不通过验收。

科研课题的计划目标和任务已按照合同要求完成,经费使用合理,为通过验收;

科研课题的任务未按照合同要求完成,或所提供的验收文件、资料、数据不完整或不真实,或研究过程及结果等存在纠纷尚未解决,或经费使用中存在问题,均为不通过验收。

第二十五条 科研课题验收结论意见由国家文物局通知课题组织单位和课题承担单位。

第二十六条 课题实施过程中,经核实有下列情形之一者,应对课题进行调整,并暂停拨款:

(一)经费开支不符合本办法及有关规定的;

(二)需要变更课题责任人、课题承担单位的;

(三)需要改变课题名称、成果形式、技术路线,对研究内容有重大调整的;

(四)未能按计划完成研究任务的,要求延期半年以上(最多不超过一年);

(五)有其他重要事项变更的。

凡属上述情形被暂停拨款者,须由课题责任人和承担单位提交书面申请,经国家文物局审核同意后,恢复拨款。

第二十七条 凡有下列情形之一者,国家文物局将撤销课题,并予以通报:

(一)研究成果有严重政治问题;

(二)研究成果学术质量低劣,研究技术滞后;

(三)剽窃他人成果;

(四)未经国家文物局批准,擅自变更课题责任人、研究内容、研究路线;

(五)逾期不提交延期申请,或延期到期后仍不能完成;

(六)初次验收未能通过,经修改后半年内重新验收,仍未能通过;

(七)配套的自筹资金或其他条件不能落实;

(八)违反财务制度。

被撤销课题的课题责任人三年内不得申请新课题,并视情节轻重追究有关人员的责任。

第二十八条 需要调整或撤销的科研课题,由课题组织单位提出书面意见,报国家文物局核准后执行。必要时,国家文物局可直接根据实施情况进行调整或撤销。

第二十九条 被撤销的科研课题由课题承担单位和课题责任人对课题实施情况作出书面报告,经课题办核查后报国家文物局备案。

第五章 课题经费管理

第三十条 科研课题经费由国家文物局文物保护事业科研专项补助、课题组织单位和课题承担单位配套等构成,鼓励引导社会资金投入。

第三十一条 课题经费一次核定,分期拨付,包干使用,超支不补。课题期限在一年以内,立项当年拨付70%,课题结项验收后拨付30%;课题期限在一年以上,立项当年拨付40%,中期报告评估合格后拨付40％，课题结项验收后拨付20％。

第三十二条 课题经费必须单独核算，专款专用，不得截留、挤占或挪用。

第三十三条 使用课题经费购置的固定资产，其使用权和经营权一般归课题承担单位（合同中另有注明的除外），必须纳入课题承担单位的固定资产账户进行核算与管理。

第三十四条 课题通过验收后，课题责任人应会同课题承担单位财务部门清理历年收支账目，如实编制文物保护科学和技术研究课题结项验收自评估报告中的经费决算表。

第三十五条 自筹经费课题的经费筹集、使用和管理必须符合国家有关财务制度及本管理办法的规定。

第六章 课题成果管理

第三十六条 通过验收的课题，课题承担单位应当按照《科技成果登记办法》进行科技成果登记。

第三十七条 课题成果如果公开出版或发表，应在醒目位置标明“国家文物局文物保护科学和技术研究课题”字样。

第三十八条 国家文物局对有重要学术价值或实际应用价值的课题成果予以推广。对在文物保护事业科学和技术方面有重要发明创造或其他重要贡献的单位或个人，予以精神鼓励或物质奖励。有关办法另行制定。

第七章 附 则

第三十九条 本办法自发布之日起执行，以往发布的相关管理办法和规定凡与本办法不一致者，以本办法为准。

第四十条 本办法由国家文物局解释。

国家文物局重点科研基地运行评估规则

（文物博发〔2007〕23号）

第一章 总 则

第一条 为加强国家文物局重点科研基地（以下简称“科研基地”）的管理，规范科研基地的评估工作，根据《国家文物局重点科研基地管理办法（试行）》，制定本规则。

第二条 对科研基地的运行状况进行评估，旨在鼓励先进，淘汰落后，调整布局，提高科研基地的创新能力，推动科研基地实行“开放、流动、联合、竞争”的运行机制，促进科研基地的健康发展。

评估项目包括：科研基地的总体定位与发展潜力、研究水平与社会贡献、队伍建设与人才培养、开放交流与运行管理等。

第三条 评估工作贯彻“公平、公正、公开”的原则。

第四条 国家文物局定期组织对科研基地的评估。原则上每两年评估一次。评估工作由国家文物局重点科研基地管理办公室（以下简称“基管办”）负责实施。

第二章 评估组织

第五条 国家文物局主管评估工作，主要职责是：

(一)制订评估规则和评估指标体系；

(二)确定评估任务；

(三)审核评估实施方案和评估专家名单；

(四)监督评估工作的实施并接受申诉；

(五)审核评估报告，确定并公布评估结果。

第六条 基管办负责评估工作的实施，主要职责是：

(一)受理评估申报；

(二)制定评估实施方案和评估细则；

(三)组织专家评估，提交评估报告；

(四)承担国家文物局委托的其他工作。

第七条 科研基地的组织单位协助组织评估工作，主要职责是：

(一)配合国家文物局组织依托单位和科研基地参加评估工作；

(二)审核、报送科研基地及其依托单位的申报材料。

第八条 科研基地依托单位协助实施评估工作，主要职责是：

(一)组织科研基地开展评估准备工作；

(二)审核评估申报材料的真实性和准确性；

(三)为科研基地参加评估提供工作支持和相关保障。

第九条 参评科研基地应认真准备和接受评估，准确真实地提供相关材料，不得以任何方式影响评估的公正性。

第三章 评估程序

第十条 每年11月1日前，国家文物局确定次年计划评估的科研基地名单，并通知参评科研基地的组织单位和基管办。

第十一条 参评科研基地的组织单位在科研基地评估名单下达后3个月内，向基管办提交国家文物局重点科研基地运行评估申报书及相关材料。

第十二条 基管办负责制定评估实施方案，于评估前的2个月内报国家文物局审批。

第十三条 基管办组织专家评估。参评专家应从国家文物局专家库中随机抽选。专家评估分为通信评估和现场评估两个阶段。

第四章 通信评估

第十四条 通信评估的主要任务是：客观评价科研基地的学术和研究水平。

第十五条 通信评估在申报截止之日后的2个月内完成。通信评估按专业方向分组进行，每组专家为不少于5名的奇数。

第十六条 通信评估专家对科研基地代表性研究成果进行评价，并提出评估意见。

第十七条 代表性研究成果指评估期限内，以科研基地固定人员为主产生的，符合科研基地发展方向的，有科研基地署名的科研成果；对国内外合作研究的成果，合理衡量其适当权重。

第五章　现场评估

第十八条　现场评估的主要任务是:全面了解和评价科研基地的运行状况,检查与核实科研基地取得的成绩,明确指出科研基地存在的问题和努力方向。

第十九条　现场评估在通信评估结束后的2个月内完成。现场评估按专业方向分组进行,每组至少包括2名通信评估专家和1名科研管理专家;基管办指定1名专家担任专家组组长。

第二十条　现场评估由专家组组长主持,评估的主要内容包括:

(一)听取科研基地主任的工作报告;

(二)考察仪器设备共享管理和运行情况,核实科研成果,抽查实验记录,了解科研基地开放交流及人才队伍建设情况;

(三)进行个别访谈,召开座谈会等。

第二十一条　科研基地主任的工作报告,应当对评估期限内科研基地运行状况进行系统总结。

第二十二条　专家组根据现场评估情况,提出书面评估意见,提交基管办。

第六章　评估结论

第二十三条　现场评估结束后15日内,基管办向国家文物局提交评估报告及其他相关材料,并拟定对科研基地的初步评估结果。

第二十四条　国家文物局审核评估报告,确定最终的评估结果,并予以公示,公示期为10天。评估结果分为合格、基本合格和不合格3个等级。

第二十五条　评估结果为“基本合格”的科研基地,应根据国家文物局提出的意见和要求进行改进,一年后由基管办组织复评,复评的内容和程序仍按本规则执行。若复评结果仍未达到“合格”标准,按“不合格”处理。

第二十六条　评估结果为“不合格”的科研基地,将被取消国家文物局重点科研基地资格。被取消资格的科研基地依托单位两年内不得申报国家文物局重点科研基地。

第七章　附　则

第二十七条　科研基地评估费用纳入国家文物局科研管理经费。基管办和参与评估的工作人员不得利用评估活动谋取利益。

第二十八条　科研基地现场评估的会务接待工作,不得委托参评科研基地或科研基地依托单位承办。

第二十九条　参与评估的工作人员要严格遵守保密规定。

第三十条　评估专家应当严格遵守国家法律、法规和政策,科学、公正、独立地行使职责和权利。

第三十一条　评估工作实行回避制度。与科研基地有直接利害关系者不得参加评估。科研基地可提出希望回避的专家名单并说明理由,与评估申报书一并上报。

第三十二条　本规则自发布之日起施行。

国家文物局重点科研基地管理办法(试行)

(文物博函〔2004〕1081号)

第一章 总 则

第一条 为规范和加强我国历史文化遗产保护领域重点科研基地(以下简称“科研基地”)的设立和运行管理,鼓励历史文化遗产保护的科学研究,促进科技成果的推广和应用,提高科学技术水平,根据《中华人民共和国科学技术进步法》《中华人民共和国文物保护法》,制定本办法。

第二条 科研基地是国家科技创新体系的重要组成部分,具有组织历史文化遗产保护领域高水平基础研究和应用技术研究、聚集和培养优秀科学家、开展学术交流的重要职能。

第三条 科研基地的主要任务是围绕历史文化遗产保护领域的重大需求,开展创新性研究,解决该领域中的重大科技问题,获取原始创新成果和自主知识产权。

第四条 科研基地作为相对独立的科研实体,依托文博单位、高等院校、科研院所等机构,实行“开放、流动、联合、竞争”的运行机制。

第五条 国家文物局对科研基地实行合理布局、总量控制、定期评估、优胜劣汰的管理原则。

第二章 管理机构与职责

第六条 科研基地实行国家文物局、省级文物行政部门和依托单位三级管理。

第七条 国家文物局是科研基地的宏观管理部门,主要职责是:

(一)组织编制和实施科研基地总体规划和发展计划,制定相关政策和规章;

(二)科研基地的认定、撤销;

(三)组织审定科研基地承担的重点科技创新项目及重要国际合作项目,并安排必要经费;

(四)组织对科研基地及其所承担项目的验收、评估和考核。

设立国家文物局重点科研基地管理办公室,具体负责日常管理工作。

第八条 省级文物行政部门是科研基地的组织单位(以下简称“组织单位”),主要职责是:

(一)指导及监督科研基地的运行和管理;

(二)负责本地区申报科研基地的审核和推荐工作;

(三)审定科研基地学术委员会组成;

(四)落实科研基地运行的配套经费;

(五)配合国家文物局进行年度评估与考核。

第九条 依托单位具体负责科研基地运行管理,主要职责是:

(一)为科研基地提供政策支持、后勤保障、经费配套等条件;

(二)负责公开招聘科研基地主任;

(三)协助组织单位配合国家文物局做好对科研基地的评估与考核。

第三章 申请与认定

第十条 科研基地按照依托单位申请、组织单位推荐,国家文物局认定的程序产生。

第十一条 拟申报的科研基地应具备以下条件：

(一)主要研究方向符合历史文化遗产保护领域科学和技术发展战略目标，具备承担重点科技创新项目及重要国际合作项目、进行跨学科综合研究和培养高层次人才的能力；

(二)在所从事的研究领域内有知名的学术带头人，学术水平高、年龄与知识结构合理、敢于创新的研究群体，良好的科研传统和学术氛围；

(三)固定的研究场所和一定规模的研究实验条件；

(四)应确保科研基地正常运转所需经费投入；

(五)有利于科技创新的管理制度。

第十二条 申报程序：

(一)申报科研基地由依托单位提出、填写国家文物局重点科研基地认定申请书，上报组织单位；

(二)组织单位对申请书进行审核，择优推荐，上报国家文物局。

第十三条 认定程序：

(一)国家文物局负责组建专家组，专家组成员由相关研究方向的学术专家和管理专家组成，一般7～9人，依托单位人员原则上不担任专家组成员。专家组协助完成科研基地的遴选工作；

(二)专家组对申报材料进行初审，产生初审清单，其数量不超过计划数的两倍；

(三)专家分组赴通过初审的依托单位实地考察，提出考察意见；

(四)专家组根据考察意见进行综合评估，确定优先次序，产生预备清单。预备清单和综合评估意见在历史文化遗产保护领域科技平台、《中国文物报》等媒体公示，公示期为15天；

(五)国家文物局根据专家综合评估意见和公示结果，审核认定科研基地名单。

第十四条 国家文物局根据认定的科研基地名单向依托单位颁发科研基地证书、授牌。

第四章 运行与管理

第十五条 科研基地实行主任负责制。

第十六条 科研基地主任面向社会公开招聘，经组织单位审核同意后，由依托单位聘任，报国家文物局备案。

科研基地主任任期3年，每年在岗工作时间不少于9个月。

科研基地主任的一般任职条件是：(1)本领域国内外知名的学术带头人；(2)具有较强的组织协调能力和凝聚力；(3)身体健康，年龄不超过55岁。

科研基地设立一名专职副主任，由依托单位推荐，主任聘任，负责科研基地的日常管理。

科研基地人员由科研基地主任根据工作需要进行聘任。

第十七条 科研基地设立学术委员会。学术委员会由国内外相关研究领域的专家组成，人数一般不少于7人，其中依托单位的学术委员不超过总人数的三分之一，中青年学术委员不少于三分之一。

学术委员会主任和委员由科研基地推荐，经组织单位核准，报国家文物局备案，由科研基地聘任。

学术委员会主任的任职条件是：(1)学术造诣高，在一线工作的国内外相关领域专家；(2)年龄一般不超过65岁。

学术委员会委员的年龄一般不超过65岁，任期为3年。每次换届更新率不低于30%。

第十八条 学术委员会是科研基地的学术咨询机构，主要任务是审议科研基地的研究方向和任务、年度科研工作计划和报告。学术委员会会议半年至少召开一次。

第十九条 科研基地承担的研究课题参照《文物保护科学和技术研究课题管理办法》执行。

第二十条 科研基地采取多种形式开展国内外学术交流与合作研究，每年举办一次国内学术活动，每三年举办一次国际学术交流活动。

第二十一条 按照国家有关知识产权的政策和法规，加强知识产权保护。科研基地的研究成果属国家文物局和依托单位共有；科研成果的申报、登记、评奖按国家有关规定办理；科研成果的发表均应署依托单位和科研基地的名称。

第二十二条 加强科研基地仪器设备的管理，提高使用效益。凡符合国家有关标准和具备开放条件的仪器设备，都要对外开放。

第二十三条 加强科研基地信息化工作。科研基地必须建立内部信息管理系统，有独立的网站或网页，及时发布科研基地的动态信息，并保持运行良好。

第五章 评估与考核

第二十四条 国家文物局每年按照《国家文物局重点科研基地评估规则》对科研基地进行评估和考核。

第二十五条 科研基地每年年终编制国家文物局重点科研基地年度工作年报，依托单位配合组织单位对科研基地工作进行评估，报国家文物局考核。

第二十六条 科研基地年度考核结论分为通过和未通过。对考核未通过的科研基地，在组织单位监督下限期半年整改，整改后仍未通过者，予以撤销。

第六章 附 则

第二十七条 国家文物局重点科研基地统一命名为“国家文物局重点科研基地—××(类别)××(依托单位)研究中心或实验室”，英文名称为 Key ×× of××(依托单位)，State Administration for Cultural Heritage。

第二十八条 本办法自发布之日起执行。

第二十九条 本办法的解释权属国家文物局。

文化遗产保护领域国家科技支撑计划课题管理暂行办法

（文物博发〔2007〕17 号）

第一章 总 则

第一条 为加强文化遗产保护领域国家科技支撑计划项目的规范化、科学化管理，保障支撑计划项目目标的完成，根据《国家科技计划项目管理办法》《国家科技支撑计划管理暂行办法》《国家科技支撑计划专项经费管理办法》和《文物保护科学和技术研究课题管理办法》，制定本办法。

第二条 本办法中的课题是指由国家文物局负责组织的支撑计划项目下属课题；本办法中的专题是指支撑计划课题下属专题。

第二章 课题组织管理

第三条 国家文物局是文化遗产保护领域国家科技支撑计划项目及课题的组织管理部门，其主要职责是：

(一)组织课题的评估评审,择优确定课题承担单位和项目最终技术或产品集成的负责单位,签订课题任务书;

(二)监督和检查课题的执行情况和经费使用情况,协调并处理课题执行过程中出现的有关问题;

(三)组织课题验收,对课题进行绩效考评。

第四条 课题承担单位为具有较强科研能力和条件、运行管理规范、具有独立法人资格的科研院所、高等院校及文物博物馆单位等,其主要职责是:

(一)按要求编写课题可行性研究报告和课题任务书;

(二)按照签订的课题任务书所确定的各项任务,组织研究队伍,落实配套条件,完成课题预定的目标;

(三)按规定管理课题经费;

(四)按要求编报课题年度计划、课题年度执行情况和有关信息报表,及时报告课题执行中出现的重大问题,提交课题验收的全部文件资料;

(五)监督各专题的执行情况和经费使用情况;

(六)按要求进行成果登记并对课题所形成的成果资料(包括技术报告、论文、数据、评价报告等)进行归档;

(七)在课题实施前与各参与单位签订协议,明确对课题执行中产生的知识产权及成果转化权属,按照有关政策法规,保护各方权益;

(八)接受国家文物局委托的第三方机构进行评估咨询。

第五条 课题参与单位由课题承担单位确定,其主要职责是:

(一)根据课题承担单位分配的专题研究任务,完成支撑计划课题中的专题预定目标;

(二)按规定使用和管理专题经费;

(三)及时与课题承担单位及其他课题参与单位沟通专题的执行情况;

(四)配合课题承担单位编报课题年度计划、课题年度执行情况和有关信息报表。

第三章 课题立项管理

第六条 国家文物局遵循“公开、公平、公正”的原则,按照公开申报、择优委托的方式确定课题承担单位。

第七条 课题申报单位根据课题申请指南,有针对性地选择课题,填写国家科技支撑计划课题申请书及相关材料,报送国家文物局。

第八条 申报课题应满足以下条件:

(一)申报单位是中华人民共和国境内注册的法人单位,法人代表具有中国国籍,包括研究院所、高等院校、文物博物馆单位等;

(二)申报单位设立课题专门财务账户,实行单独管理,单独核算,并保证配套资金到位;

(三)课题负责人具有中华人民共和国国籍,年龄在60岁以下(含),具有高级专业技术职务,具有较高的学术水平、优秀的科研业绩和开拓创新能力,具有较强的组织协调能力,无不良科研行为,从事相关领域研究或技术开发五年以上;

(四)课题负责人用于课题研究时间不少于本人工作时间的60%。

第九条 经立项评估评审后通过的课题,由国家文物局与课题承担单位签订支撑计划课题任务书,由科技部业务主管司(局)核准后课题正式启动。

第四章　课题实施管理

第十条　课题承担单位在课题正式启动后的一个月内编制课题执行计划书，报送国家文物局备案。课题执行计划书应包括以下内容：

(一)课题现有的研究基础分析；

(二)课题的研究内容与任务分解；

(三)各专题拟实施的技术路线及课题的总体技术路线设计；

(四)课题和各专题拟解决的关键技术问题和主要技术难点分析；

(五)课题和各专题的主要创新点；

(六)课题和各专题的执行进度计划；

(七)课题和各专题执行期内各年度预期完成目标；

(八)课题和各专题的风险分析及对策；

(九)各专题的年度经费预算及课题年度经费预算；

(十)各专题及课题拟召开的年度学术会议计划；

(十一)课题组织实施方案。

第十一条　课题承担单位应当确定1～2名课题秘书，协助课题负责人进行课题的组织管理工作。

第十二条　支撑计划课题实行年度报告制度。课题承担单位按要求编制年度计划执行情况报告和有关信息报表，并于每年10月15日前上报国家文物局；执行期在当年度不足三个月的课题可在下一年度一并上报。

第十三条　实施周期三年以上的课题须进行中期评估。课题承担单位应在课题规定期限过半后一个月内向国家文物局提交中期报告。国家文物局组织专家对课题的执行情况进行中期评估。

第十四条　国家文物局实行第三方机构评估咨询制度。第三方机构对课题执行情况、组织管理、配套条件落实、经费管理、预期前景、课题绩效等进行独立的评估。

第三方机构咨询的管理办法，由国家文物局另行制订。

第十五条　课题在实施过程中出现以下情况的，应及时调整或撤销：

(一)技术情况发生重大变化，造成课题原定目标及技术路线需要修改；

(二)匹配的自筹资金或其他条件不能落实，影响课题正常实施；

(三)课题所依托的工程已不能继续实施；

(四)技术引进、国际合作等发生重大变化导致研究工作无法进行；

(五)课题的技术骨干发生重大变化，致使研究工作无法正常进行；

(六)由于其他不可抗拒的因素，致使研究工作不能正常进行。

第十六条　需要调整或撤销的课题，课题承担单位应向国家文物局提出书面意见，并详细说明课题需要调整或撤销的原因，由国家文物局报科技部核准后执行。

第十七条　确定撤销的课题，由课题承担单位对已开展工作、经费使用、已购置设备仪器、阶段性成果、知识产权等情况作出书面报告，报国家文物局核查备案。

第十八条　对不按时上报年度报告材料或信息，以及不接受监督检查的课题，采取缓拨、减拨、停拨经费等措施，要求课题承担单位限期整改。整改不力的课题，视情节分别给予通报批评、追回已拨付经费、取消其参加支撑计划课题资格等处理。

第十九条　课题参与单位或专题负责人弄虚作假、剽窃他人科技成果，一经查出，课题承担单位或课题负责人应及时报国家文物局，经国家文物局核实后取消课题参与单位或专题负责人参加支撑计划课题的资格，追回已拨付经费，并向社会公开，五年内不得承担或参与支撑计划。课题承担单位或课题负责人故意隐瞒事实，一经查出，撤销立项，追回已拨付课题经费，并向社会公开，五年内不得承担或参与文化遗产保护领域支撑计划课题。

第五章　课题验收管理

第二十条　课题在规定执行期结束后两个月内组织验收。课题承担单位须向国家文物局提出书面验收申请；国家文物局在接到验收申请后一个月内组织课题验收。

第二十一条　课题承担单位在执行期结束后两个月仍未提出验收申请的，国家文物局将对有关单位或责任人进行通报。课题因故不能按期完成的，课题承担单位应提前三个月向国家文物局提出书面延期申请，由国家文物局报科技部批准后按新方案执行；如未能批准，课题仍需按原定期限进行验收。

第二十二条　验收形式主要包括：会议审查验收，网上（通信）评审验收，实地考核验收，功能演示验收等。国家文物局根据课题的特点和验收需要，选择其中一种方式或联合多种方式进行验收。

第二十三条　国家文物局组织专家组对课题的任务完成情况进行评估。专家组由9～13名相同及相关领域的专家组成。

第二十四条　验收专家在审阅资料、听取汇报、实地考核、观看演示、提问质询的基础上，独立提出意见，经专家组详尽讨论或由专家组组长归纳汇总，形成验收结论意见，并在结论意见中提出成果今后的应用推广建议。

第二十五条　课题验收结论分为通过验收、不通过验收。

（一）课题计划目标和任务已按照考核目标要求完成，经费使用合理，为通过验收。

（二）凡具有下列情况的，为不通过验收：

1. 课题目标任务完成不到85%的；

2. 所提供的验收文件、资料、数据不真实，存在弄虚作假；

3. 未经申请或批准，课题负责人、考核目标、研究内容、技术路线等发生变更；

4. 超过课题任务书规定的执行年限半年以上未完成，并且事先未作出说明；

5. 经费使用存在严重问题。

第二十六条　因提供文件资料不详、难以判断等导致验收意见争议较大，或课题的成果资料未按要求进行归档和整理，或研究过程及结果等存在纠纷尚未解决，为需要复议。需要复议的课题，应在首次验收后的半年内，针对存在的问题做出改进或补充材料，再次提出验收申请。若未再提出申请或未按要求进行改进或补充材料，视同不通过验收。

第二十七条　课题验收结论由国家文物局书面通知课题承担单位。

第二十八条　未通过验收的课题，国家文物局将对有关单位或责任人进行通报。其中，因违反有关政策法规和科技计划管理制度未通过验收的，取消其五年内承担支撑计划课题的资格。

第二十九条　国家文物局组织专家组对课题成果进行后评价。在课题验收一年后，对其成果应用状况和效益进行综合评价。

第六章　经费管理

第三十条　课题经费是指在课题组织实施过程中与研究开发活动直接相关的、由国家科技支撑计划专项经费支付的各项费用。课题经费的开支范围一般包括设备费、材料费、测试化验加工费、燃料动力费、差旅费、会议费、国际合作与交流费、出版/文献/信息传播/知识产权事务费、劳务费、专家咨询费、管理费等。

第三十一条 课题承担单位应当严格按照下达的课题预算执行，一般不予调整，确有必要调整时，应当按照以下程序进行核批：

（一）课题总预算不变、课题合作单位之间以及增加或减少课题合作单位的预算调整，应当由课题负责人协助课题承担单位提出调整意见，经国家文物局审核同意后报科技部批准。

（二）课题支出预算科目中劳务费、专家咨询费和管理费预算一般不予调整。其他支出科目，在不超过该科目核定预算10％，或超过10％且科目调整金额不超过5万元的，由课题承担单位根据研究需要调整执行；其他支出科目预算执行超过核定预算10％且金额在5万元以上的，由课题负责人协助课题承担单位提出调整意见，经国家文物局审核同意后报科技部批准。

第三十二条 课题承担单位应当按照规定编制课题经费年度财务决算报告。课题经费下达之日起至年度终了不满三个月的课题，当年可不编报年度决算，其经费使用情况在下一年度的年度决算报表中编制反映。课题决算报告由课题承担单位财务部门会同课题负责人编制，于次年3月20日前报国家文物局审核。

第三十三条 在研课题的年度结存经费，结转下一年度按规定继续使用。课题因故终止，课题承担单位财务部门应当及时清理账目与资产，编制财务报告及资产清单，报送国家文物局审核后，由科技部组织进行清查处理。

第三十四条 预算执行过程中实行重大事项报告制度。在课题实施期间出现课题计划任务调整、课题负责人变更或调动单位、课题承担单位变更等影响经费预算执行的重大事项，课题负责人、课题承担单位应当及时报国家文物局批准。

第三十五条 课题完成后，课题承担单位应及时向国家文物局提出财务验收申请。

第三十六条 对于预算执行过程中，不按规定管理和使用专项经费、不及时编报决算、不按规定进行会计核算的课题承担单位，予以停拨经费或通报批评，情节严重的终止课题。对于未通过财务验收，存在弄虚作假，截留、挪用、挤占专项经费等违反财经纪律的行为，取消有关单位或个人今后三年内申请文化遗产保护领域科研项目的资格，并向社会公告。同时建议有关部门给予纪律处分。构成犯罪的，依法移送司法机关追究刑事责任。

第七章 知识产权与成果管理

第三十七条 课题取得的成果要按照《科技成果登记办法》等有关规定进行登记和管理。涉及国家秘密的，执行《科学技术保密规定》。课题形成的知识产权，其归属和管理按照有关知识产权的法律法规和政策规范性文件的规定执行。课题承担单位应当加强知识产权的产生、管理和保护工作。

第三十八条 课题承担单位在课题启动实施前，应与各参与单位约定成果和知识产权的权益分配，不得有恶意垄断成果和知识产权等行为。如课题承担单位违反成果和知识产权权益分配约定，在五年内不得参与支撑计划课题。

第三十九条 课题形成的论文、专著、产品和技术的宣传推广必须标注“国家科技支撑计划资助”字样及项目编号，不做标注的成果，评估或验收时不予认可。

第四十条 课题承担单位应按照科技部有关科学数据共享和科技计划项目信息管理的规定，按时上报课题有关数据和成果。

第八章 附 则

第四十一条 本办法自发布之日起施行。

文物保护科学和技术研究课题招标评标暂行办法

（文物办发〔2003〕86号）

第一章　总　则

第一条　为体现全社会参与的原则，优化科技资源配置，提高科技经费的使用效益，促进公平竞争，规范文物保护科学和技术研究招标课题（以下简称“招标课题”）的评标活动的管理和监督，根据《中华人民共和国招标投标法》《中华人民共和国文物保护法》和《国家科研计划课题招标投标管理暂行办法》，特制定本办法。

第二条　招标课题是指国家文物局根据国家文化遗产保护与宏观管理的需要，依照《文物保护科学和技术研究课题管理办法》设立并采取招标方式选定承担单位及负责人的课题。招标分公开招标和邀请招标。

第三条　招标课题的招标投标评标工作应当遵循公平、公开、公正、择优和诚实信用的原则。

第四条　具备下列条件之一的课题，可以不实行招标投标：

（一）涉及国家安全和国家秘密的；

（二）只有两家以下（含两家）潜在投标人可供选择的；

（三）国家法律法规及国家文物局规章规定的其他情况。

第二章　组织工作

第五条　招标课题的招标投标评标工作由国家文物局文物保护科学和技术研究课题管理办公室（以下简称“课题办”）实行归口管理。

第六条　课题办负责组织招标课题的招标投标评标工作，负责组建招标委员会，负责委托公证人员。根据实际情况，课题办可委托国家文物局直属单位，或具有资格的招标代理机构组织。

第七条　招标组织单位负责起草招标文件，包括招标公告或投标邀请书，并发布或出售招标文件。

第八条　公证人员按照招标文件验证投标人资格和投标文件完整性。

第九条　评标委员会由招标人和受聘的技术、经济、管理等方面的专家组成，总人数为5人以上的单数，其中受聘的专家不得少于成员总数的三分之二。投标人或与投标人有利益关系的人员不得进入评标委员会。

第三章　评标程序

第十条　招标课题评标工作指开标、评标与中标。

第十一条　开标按招标文件规定时间、地点进行。开标由招标人主持，邀请有关单位代表和投标人参加。

第十二条　开标时，由招标人委托的公证人员检查投标文件的密封情况并公证。确认无误后，由工作人员当众开启并宣读投标人名称、投标报价及其他主要内容。开标过程记录在案，招标人代表、投标人代表和公证人员在开标记录上签字或盖章。

第十三条　评标委员会负责评标，对所有投标文件进行审查。有下列情况之一的，其投标无效：

（一）投标文件未加盖投标人公章或法定代表人未签字的；

（二）投标文件印刷不清、字迹模糊的；

（三）投标文件与招标文件规定的实质性要求不符的；

（四）投标文件没有满足招标文件规定的招标人认为重要的其他条件的；

（五）投标人在评标工作前提出退出，并附有书面申请的。

第十四条　评标委员会可以要求投标人作简要陈述，并对投标文件中含义不明确的地方以口头或书面方式进行必要的澄清、说明或答辩，但投标人在进行澄清、说明或答辩时，不得超过投标文件的范围，不得改变投标文件的实质性内容，不得阐述与问题无关的内容，未经允许不得向评标委员会提供新的材料。招标组织单位或中介机构负责对投标人的澄清、说明或答辩的内容记录在案。

第十五条　评标委员会按照招标文件中规定的综合评标标准和方法对投标文件进行综合性评价比较。设有标底的，应参考标底。

第十六条　评标委员会委员写出推荐意见并进行记名投票。由公证人员及工作人员负责监票、计票工作，向评标委员会公布投标人的得票数，并经由公证人员签字认可。

第十七条　评标委员会依据评标结果，提出书面评标报告，向招标人推荐中标候选人。评标报告作为定标的重要依据，包括以下主要内容：

（一）对投标人进行综合排名，依据投票表决结果，推荐中标候选人；

（二）对中标人的技术方案评价，技术、经济风险分析；

（三）对中标人的承担能力与工作基础评价；

（四）需进一步协商的问题及协商应达到的指标和要求；

（五）其他意见或建议。

第十八条　招标人根据书面评标报告和推荐的中标候选人确定中标人。招标人也可以授权评标委员会直接确定中标人。

第十九条　每一招标课题一般确定一个中标人，特殊情况下也可根据需要确定两个中标人。不同的中标人应采用不同的技术方案独立完成中标课题。

第二十条　评标委员会或招标人经评审，认为所有投标都不符合招标文件要求的，可以否决所有投标。必须进行的课题，招标人应当依照《文物保护科学和技术研究课题管理办法》确定课题承担单位，必须招标进行的，依照本程序重新招标。

第二十一条　招标人应在招标文件规定的投标有效期结束日30个工作日前完成评标和定标工作。定标后，招标人与中标人签署文物保护科学和技术研究课题立项合同书，并将中标结果予以公告。

第四章　招标评标活动经费

第二十二条　招标人对招标组织单位的招标评标活动所产生的费用，按招标课题标底的5%给予补助，最低补助金额1万元。

第二十三条　招标组织单位对评标委员会成员应给予劳务补贴，有关标准参照国家有关规定执行，并依法代扣代缴个人所得税。

第五章　工作责任

第二十四条　招标组织单位有下列行为之一者，由归口管理部门责令改正，并视情节轻重，给予警告、通报批评、取消评标资格的处罚，并按有关规定处以罚款。

（一）违反招标代理过程中有关招标人的规定的；

（二）违反或未达到与招标人签署书面代理协议规定的内容的；

（三）串通招标人、投标人损害国家利益、社会公共利益或其他人合法权益的；

(四)其他违反法律法规的行为。

第二十五条 投标人有下列行为之一者,由归口管理部门责令改正,已被选定为中标者的,中标无效;给招标人造成损失的,应当承担赔偿责任。

(一)提供虚假投标材料的;

(二)串通投标的;

(三)向招标人或招标代理机构行贿的;

(四)中标后不与招标人签订合同的;

(五)中标后向他人转让中标课题,或将中标课题的关键性或核心工作委托他人完成的;

(六)其他违反法律法规的行为。

第二十六条 评标委员会成员有下列行为之一者,由归口管理部门给予警告、通报批评、取消其担任评标委员会成员资格的处罚。

(一)非法收受财物或其他好处的;

(二)评标结果未公布前,向他人透露对投标文件评审和比较情况的;

(三)中标人未与招标人签署合同书前,向他人透露中标候选人推荐情况的;

(四)其他违反法律法规的行为。

第二十七条 课题办的工作人员在评标活动中徇私舞弊、滥用职权或玩忽职守的,由国家文物局给予行政处分。

第二十八条 因发生违法违规行为而被宣布中标无效时,应当按本办法和招标文件中规定的条件,从其余投标人中重新确定中标人,或重新招标。

第六章 附 则

第二十九条 招标投标评标活动中,本办法未做规定事宜,遵照《中华人民共和国招标投标法》和《文物保护科学和技术研究课题管理办法》等有关规定执行。

第三十条 本办法由国家文物局负责解释。

第三十一条 本办法自发布之日起施行。

文物保护科学和技术研究课题评审程序暂行规定

(文物博发〔2005〕19号)

第一章 总 则

第一条 为规范文物保护科学和技术研究课题(以下简称“科研课题”)评审工作,根据《科学技术评价办法(试行)》和《文物保护科学和技术研究课题管理办法》(以下简称《课题管理办法》),制定本规定。

第二条 科研课题的立项评审、阶段性检查、结项验收评审,以及招标课题中标后的管理工作,适用于本规定。

第三条 科研课题评审的组织工作由国家文物局科研课题管理办公室(以下简称“课题办”)负责。

第二章　初　审

第四条　科研课题的初审包括形式审查和复核两个阶段。通过初审的课题进入立项评审。

第五条　课题组织单位依据课题承担单位、课题负责人填报的文物保护科学和技术研究课题申请书，对申报课题进行形式审查，并签署审查意见。审查内容包括：

（一）申请手续是否完备，申请书填写是否规范；

（二）重点课题的选题和内容是否依照《文物保护科学和技术研究课题指南》；自由申报课题是否属于科研课题的支持范畴；

（三）课题负责人及课题组成员是否具备《课题管理办法》规定的申请资格，在过去三年内，是否曾因违反国家文物局的有关规定而被撤销课题。

第六条　课题组织单位将通过形式审查的文物保护科学和技术研究课题申请书报送课题办，由课题办进行复核，遴选出符合申报条件的课题。

第三章　立项评审

第七条　科研课题的立项评审分为函审和会审两个阶段。通过函审的科研课题进入会审阶段。

第八条　立项评审应从科研课题的创新性、必要性和重要性，以及研究方案、研究基础、经费预算的合理性和可行性等方面，对科研课题进行综合评价。

（一）创新性。根据课题申报的研究目标、研究内容、研究方法、查新内容等，综合评价课题在理论、方法和应用等方面的创新值。

（二）必要性和重要性。在审阅课题选题和研究内容的基础上，综合评价课题是否切合国家文物局现阶段工作重点和长远目标。

（三）研究方案。依据课题研究目标、研究内容、前人研究成果、课题的难点和关键问题、进度计划等，综合评价课题研究方案的合理性和可行性。

（四）研究基础。参照相关研究领域已有研究成果，考察课题组人员结构、负责人及成员的前期研究成果，以及完成课题所需的仪器设备及其他研究条件是否完备。

（五）经费预算。依据课题研究内容、工作量和难度，审核经费总额和科目预算是否合理。

第九条　课题办从文物保护科学和技术专家库（以下简称“专家库”）中随机选取与课题相同或相近学科的专家进行函审。

参加每一课题立项函审的专家不得少于3名。

第十条　函审专家的函审结论分为推荐评审和不推荐评审两种。课题以函审专家过半数同意推荐评审为函审通过。

第十一条　国家文物局根据年度课题申报情况，组建该年度课题立项评审委员会。

立项评审委员会主任委员由国家文物局领导担任。委员会中60%以上（含）的评委须从专家库中随机选取产生，其余评委由课题办根据课题会审需要另行聘请。

第十二条　课题立项会审分为初评和终评两个步骤。

初评由相应类别的专业评审组负责，终评由立项评审委员会负责。

第十三条　专业评审组设组长一名，组长和成员合计为不少于5人的单数，由课题办根据课题类别，遴选随机抽取和聘请的评委组成。

专业评审组根据答辩和审议情况，进行记名投票，以得票率达到三分之二以上（含）作为通过初评。

专业评审组对评出的拟立项课题按得票数高低进行优先排序，并提出经费资助建议，其中自筹经费的课题单列。

第十四条 立项评审委员会对专业评审组的初评意见进行复核，向课题办提交终评结论，由课题办报请国家文物局审批。审批同意后，将获准立项课题及经费资助意见在媒体上进行为期15天的公示，接受社会监督和评议。

第十五条 通过公示的课题，由国家文物局与课题组织单位及课题承担单位共同签订《文物保护科学和技术研究课题立项合同书》(以下简称"立项合同")。

第十六条 未批准立项的课题，由课题办将归纳整理的评审意见，隐去函审专家和评审委员的姓名后，反馈课题申请人。

第四章 阶段性检查

第十七条 课题责任人至少每3个月应向课题组织单位和课题办汇报一次课题的进展情况，并提交工作简报。工作简报内容应包括：课题实施进度、阶段性研究成果、重要会议的会议纪要等。

课题组织单位应在每年10月31日前，对其所组织课题的进度、质量、经费使用等情况进行总结，并向课题办提交年度总结报告。

第十八条 课题责任人须按立项合同约定的时间，向课题办提交课题研究中期报告。课题办在收到课题中期报告后30个工作日内，组织课题的中期评审工作。

第十九条 课题的中期评审工作，由课题办组织，中期评审组负责完成。中期评审组成员一般不少于5人，并推举一名组长主持评审工作。

中期评审组中应包括参加过该课题立项函审的专家或会审委员；如需增补成员，由课题办根据课题的专业特点从专家库中随机选取。

第二十条 中期评审组应依据立项合同和阶段性检查中的有关汇报材料，对课题研究中期报告的内容进行评议，审查课题计划任务完成情况、阶段性成果、存在的问题、改进措施、下一阶段研究内容和计划，以及经费使用情况等，提出中期评审意见，并将课题研究中期报告和中期评审意见提交课题办。

第二十一条 课题办可根据需要，对课题的研究进展情况进行抽查。有关抽查工作的安排，应提前一周通知课题责任人。

第二十二条 阶段性检查中发现需要调整或撤销课题的，依照《课题管理办法》第二十六、二十七、二十八、二十九条执行。

第五章 结项验收评审

第二十三条 课题承担单位在合同期满后15个工作日内，向课题组织单位提出课题验收的书面申请，并提交文物保护科学和技术研究课题结项验收申请表中规定的全部材料。

第二十四条 课题组织单位在接到课题结项验收申请后15个工作日内，对提交材料的完整性、课题成果形式、数量等进行初步审核，提出书面意见，向课题办申请课题结项验收。

第二十五条 科研课题的结项验收评审分为函审和会审两个阶段。

第二十六条 课题办从专家库中随机选取与课题相同或相近学科的专家进行结项函审。

参加每一课题结项函审的专家不少于3名。

第二十七条 科研课题结项函审专家在接到结项验收材料后的7个工作日内，对课题计划任务完成情况、研究成果、经费使用情况等做出评价，向课题办提交书面结项函审意见。

第二十八条 课题办依照本规定第十一条提出的立项评审委员会产生办法，聘请专家组成结项验收委员会，完成课题结项验收工作。

结项验收委员会设主任委员一名。主任委员和成员合计为不少于5人的单数。

第二十九条 结项验收委员会在评议结项验收全部材料，以及参考结项函审意见的基础上，对课题计划任务完成情况、研究成果、经费使用情况等做出评价。

在结项验收评审中，结项验收委员会可根据需要，要求课题责任人答辩或进行实地考察。

第三十条 结项验收委员会采取记名投票方式，对课题验收结论进行表决，向课题办提交表明结项验收结论的验收意见。

结项验收结论分为通过验收和不通过验收，以表决得票率达到三分之二(含)以上的验收结论为有效结论。

第三十一条 有以下情况之一的，应为不通过验收。

(一)未按立项合同要求完成研究任务的。

(二)所提供的验收文件、资料、数据不完整或不真实的。

(三)研究过程存在纠纷、研究成果的知识产权存在争议尚未解决的。

(四)经费支出严重违反立项合同约定的。

第三十二条 结项验收意见由课题办报请国家文物局审批。审核通过后由课题办负责通知课题组织单位和课题承担单位。

第六章 回避、保密、监督

第三十三条 课题评审工作实行回避制度。

(一)所有参与被评审课题的人员及其近亲属，不得担任该课题的评审专家。

(二)评审专家遇到与本人存在利益关系的单位、个人的课题评审时，不得参与该课题的评审工作。

(三)评审专家及其近亲属与被评审课题的负责人存在纠纷尚未解决的，不得参与该课题的评审工作。

(四)遇到其他可能影响作出公正性评审结论的，评审专家应予回避。

第三十四条 参加课题审核评价工作的全体人员应严格遵守下列保密规定，必要时签署保密协议。

(一)保护课题组的知识产权，不得擅自复制、抄录和留用评审材料，不得泄露或以任何形式剽窃课题评审材料的内容。

(二)不得泄露评审专家姓名、评审过程中的意见和未经批准的评审结果，以及其他有可能影响审核评价工作公正性或损害国家和课题组权益的信息。

(三)评审工作结束后，向课题办交回课题的评审材料、评审记录和其他有关资料。

第三十五条 为了保证科研课题评审过程的公开性、公正性和公平性，保证科研课题评审工作的严肃性和科学性，国家文物局对参加科研课题评审的专家、有关单位和人员的工作实施监督。对在评审活动中有违规违纪行为的，由国家文物局给予通报批评；情节严重的，由有关部门依据法律法规追究其责任。

第七章 附 则

第三十六条 本规定自发布之日起施行。

第三十七条 本规定由国家文物局负责解释。

文物保护科学和技术评审与咨询专家管理办法(试行)

(文物博发〔2005〕20号)

第一章　总　则

第一条　为规范文物保护科学和技术评审与咨询工作,充分发挥文物保护科学和技术专家(以下简称“专家”)的作用,根据《科学技术评价办法(试行)》,制订本办法。

第二条　本办法所称专家是指受国家文物局委托,以独立身份从事和参加国家文物局科研课题评审、招投标评审、科研奖励评审、科研成果鉴定评审,以及从事和参加科技规划、科技政策、重大科研项目和课题的咨询等活动的科研人员、工程技术人员和管理人员。

第二章　专家的遴选

第三条　专家应具备以下条件:

(一)具有良好的职业道德和较高的业务素质,在评审与咨询活动中能够以客观公正、廉洁自律、遵纪守法为行为准则;

(二)了解有关文物保护方面的法律、法规,熟悉文物保护科学和技术的发展现状和方向;

(三)具有高级专业技术职称或者具有同等专业水平,精通业务,在其专业领域享有一定声誉;

(四)本人愿意以独立身份从事和参加国家文物局有关评审与咨询活动,并接受国家文物局的监督与管理;

(五)没有违法违纪等不良记录;

(六)国家文物局要求的其他条件。

第四条　专家候选人应提供以下材料:

(一)教育背景及工作简历;

(二)学历、学位及专业资格证书;

(三)研究或工作成就简况,包括学术论文、科研成果等;

(四)证明本人身份的有效证件;

(五)本人所在单位或专业学会(协会)出具的评荐意见。

第五条　专家候选人主要采取单位推荐或自我推荐的方式产生,由国家文物局科研课题管理办公室(以下简称“课题办”)负责受理专家候选人申报的组织工作。

第六条　课题办对候选专家进行资格审查,采取投票表决方式,提出审查意见,报国家文物局审核。经核准获取资格的专家,其信息录入文物保护科学和技术专家库(以下简称“专家库”)。专家库中的专家按学科领域和专业方向进行分类。

国家文物局也可根据需要直接遴选专家进入专家库。

第三章　专家的权利与义务

第七条　在评审或咨询活动中,专家享有以下权利:

(一)对有关评审或咨询制度以及相关情况的知情权;

(二)了解评审或咨询目的,并可要求查阅与评审或咨询活动有关的材料;

(三)在评审或咨询过程中,不受任何单位或个人的干预,充分发表个人意见;

(四)在评审活动中,独立行使投票表决权;

(五)可要求在评委会结论中记录不同意见;

(六)在提交书面理由的情况下,可拒绝在评委会结论上签字;

(七)按有关规定获得相应劳务报酬;

(八)相关法律、法规规定的其他权利。

第八条 在评审或咨询活动中,专家承担下列义务:

(一)积极参加国家文物局有关评审与咨询活动,提供客观、公正、具体、明确的评审或咨询意见,并对所签署的意见负责;

(二)严格遵守评审与咨询工作的保密规定,不向外界泄露具有保密要求的评审或咨询情况,以及相关材料的内容;

(三)如在评审活动中发现违规行为,应及时向评审工作的组织单位反映情况;

(四)对与自己有利害关系的评审、咨询活动主动提出回避;

(五)参加有关文物保护科学和技术的公益性咨询活动;

(六)参加国家文物局组织的其他相关工作;

(七)接受国家文物局的监督和管理;

(八)相关法律、法规规定的其他义务。

第四章 专家的使用与管理

第九条 国家文物局根据工作需要在专家库中选取相关专家从事和参加评审与咨询活动。专家选取应遵循随机性、权威性和回避性的原则。

第十条 选取专家时,首先按实际需要等额选取有效专家,另行抽取5位候补专家,按抽中时的先后顺序依次排序,以备依次递补。

专家选取及确定的结果应记录备案。

第十一条 如专家库中的专家无法满足评审或咨询活动的需要,国家文物局可直接聘请专家库以外的专家参加评审或咨询活动。

第十二条 专家在参加评审活动时应严格遵守回避原则。

(一)所有参与被评审事项的人员及其近亲属,不得担任该事项的评审专家。

(二)评审专家遇到与本人存在利益关系的单位、个人的评审事项时,不得参与该事项的评审工作。

(三)评审专家及其近亲属与被评审事项的负责人存在纠纷尚未解决的,不得参与该事项的评审工作。

(四)遇到其他可能影响作出公正性评审结论的,评审专家应予回避。

第五章 专家的监督管理

第十三条 课题办负责对评审与咨询活动进行监督和协调,主要工作包括:

(一)监督专家在从事和参加评审或咨询活动时是否遵循公平、公正、客观的原则;

(二)在评审或咨询活动中及时发现问题,并进行协调;

(三)考查评价专家评审或咨询意见质量、工作态度和义务履行情况等;

(四)对国家文物局的专家管理工作提出改进意见和建议。

第十四条 对于在评审活动过程中有违规行为的专家,国家文物局视情况予以处理。

第十五条 国家文物局对专家实行动态管理。专家违反本办法,情节严重的,经核实无误,由国家文物局从专家库中予以除名。

第十六条 对于在评审与咨询工作中表现突出的专家，国家文物局视情况予以表彰奖励。

第六章 附 则

第十七条 本办法自发布之日起试行。

第十八条 本办法由国家文物局负责解释。

文物保护科学和技术创新奖励办法(试行)

（文物博发〔2004〕40号）

第一章 总 则

第一条 为鼓励和表彰在文物保护科学和技术方面有重要发明创造或者其他重要贡献的单位或者个人，根据《中华人民共和国文物保护法》，参照《国家科学技术奖励条例》，制订本办法。

第二条 国家文物局设立文物保护科学和技术创新奖(以下简称“科技创新奖”)，每年组织评审一次。

第三条 科技创新奖励工作贯彻尊重知识、尊重人才、鼓励创新的方针。

第四条 科技创新奖励工作遵循公平、公正、公开的原则。

第二章 奖励范围与等级

第五条 科技创新奖授予以下方面做出突出贡献的单位和个人：

(一)在基础性研究中，有重要科学发现、具有重要科学价值或得到国内外相关领域的科学界普遍认可，对本领域的科学理论、科学方法和科学技术发展具有重要意义的；

(二)在文物保护中应用的新产品、新工艺、新材料，具有先进性和创新性，创造显著社会效益或者经济效益的；

(三)在文物保护科学和技术成果推广工作中创造显著社会效益或者经济效益的；

(四)在重大文物保护工程项目中，应用先进科学技术，具有显著示范作用的；

(五)在文物保护的管理、标准化和信息化等方面，做出重要贡献或者取得显著效果的。

已获得省部级以上(含省部级)科技奖项的不在推荐范围之内。

第六条 科技创新奖分为一等奖、二等奖两个等级。

一等奖授予单位奖状，个人证书、奖金壹拾万元；二等奖授予单位奖状，个人证书、奖金伍万元。

科技创新奖每次授奖项目总数不超过10项，一等奖项目不超过2项，各奖项可以空缺。

第三章 评审机构及职责

第七条 国家文物局设立文物保护科学和技术创新奖励办公室，负责科技创新奖励的日常工作。

第八条 国家文物局聘任有关专家组成科技创新奖励评审委员会，负责科技创新奖的评审工作。

第九条 评审委员会委员候选人在国家文物局专家库中随机抽选，委员可以连任。

(一)评审委员会设主任委员1人，副主任委员2人，委员总数不超过25人；

(二)评审委员会下设基础性研究、应用研究和管理科学研究评审组；

（三）申报科技创新奖的项目主要完成人员，不得担任评审委员。

第四章　申报、推荐、评审和授予

第十条　科技创新奖励申报要求：

（一）凡申报科技创新奖励项目的单位，须按要求填报文物保护科学和技术创新奖申报书；

（二）申报项目主要完成人员的限额为：一等奖不超过9人，二等奖不超过7人。

第十一条　凡由多家单位合作完成的科研项目，由项目第一完成单位按程序申报。

第十二条　科技创新奖申报项目由下列单位推荐：

（一）省、自治区、直辖市文物行政管理部门；

（二）受国家文物局委托的单位或部门。

第十三条　推荐单位负责受理、审核申报材料的完整性并推荐，处理推荐申报项目的争议问题，配合获奖项目的复审工作。

第十四条　科技创新奖励评审要求：

（一）评审项目采取主审员审查方式，评审委员会根据每个推荐申报项目确定三名评审委员负责审查，写出审查意见；

（二）评审会议应当有三分之二以上（含三分之二）的委员参加方为有效，否则视为无效；

（三）评审委员评定项目奖励等级时，采取一次记名投票方法进行，得票超过评委人数半数（含半数）为有效。推荐项目获得一等奖票数未满半数时，计入二等奖得票数。

（四）评审委员会根据申报项目的评审需要，可要求申报者提供必要的实证材料，或该项目主要完成人员现场说明。

第十五条　评审委员会根据投票结果提出推荐奖励项目的意见，并向国家文物局提出获奖项目候选名单和奖励等级的建议。

第十六条　国家文物局根据评审委员会的建议，做出获奖项目及奖励等级的决定。科技创新奖励项目名单及奖励等级，授奖前在“历史文化遗产保护领域科技平台”和《中国文物报》等有关媒体公示。自公示之日起15天内，如有异议，国家文物局受理书面意见并进行处理；如无异议，即行授奖。

第十七条　奖金由项目负责人在项目组内按劳分配。发给项目完成人的奖金，按照《中华人民共和国所得税法》第四条规定，免征个人所得税。

第十八条　科技创新奖奖金从国家文物局项目经费中列支。

第五章　罚　则

第十九条　剽窃、剥夺他人的发现、发明和其他科学技术成果的，或者以其他不正当手段骗取科技创新奖的，由国家文物局核实后撤销其奖励，追回奖金，予以通报。

第二十条　推荐单位提供虚假意见，协助他人骗取科技创新奖的，由国家文物局核实后通报批评；情节严重的，暂停或者取消其推荐资格。

第二十一条　参与科技创新奖励评审活动和有关工作的人员在评审活动中弄虚作假、徇私舞弊的，依法给予行政处分。

第六章　附　则

第二十二条　本办法由国家文物局负责解释。

第二十三条　本办法自公布之日起施行。

山东省地方性法规

山东省文物保护条例

（2010年9月29日山东省第十一届人民代表大会常务委员会第十九次会议通过）

第一章 总 则

第一条 为了加强对文物的保护，传承优秀历史文化遗产，根据《中华人民共和国文物保护法》等法律、行政法规，结合本省实际，制定本条例。

第二条 本省行政区域内文物保护及其相关活动，适用本条例。

第三条 各级人民政府负责本行政区域内的文物保护工作。

县级以上人民政府应当加强文物管理机构和队伍建设，其文物保护委员会负责协调、解决涉及文物保护的重大事项。

县级以上人民政府应当建立文物保护专家咨询机制。

第四条 县级以上人民政府文物行政部门对本行政区域内的文物保护实施监督管理，制定重大文物安全事故防范预案，督促检查文物保护单位、文物收藏单位落实文物保护安全措施，加强对民间收藏文物流通的监管；其他有关部门在各自职责范围内负责有关的文物保护工作。

第五条 县级以上人民政府应当将文物保护事业纳入国民经济和社会发展规划以及城乡规划，所需经费列入本级财政预算。

县级以上人民政府用于文物保护的财政拨款随着财政收入增长而增加。

国有文物保护单位门票收入和其他事业性收入，专门用于文物保护。

第六条 县级以上人民政府文物行政部门可以在法定权限内，委托文物管理机构等具备法定条件的事业组织实施行政处罚。

第七条 县级以上人民政府或者有关部门应当对保护文物作出突出贡献的组织和个人给予表彰、奖励。

第二章 不可移动文物

第八条 对具有历史、艺术、科学价值的不可移动文物，应当依照《中华人民共和国文物保护法》第十三条的规定，核定公布为文物保护单位。尚未核定公布为文物保护单位的不可移动文物，由县（市、区）人民政府文物行政部门予以登记公布，参照县级文物保护单位进行管理。

县级以上人民政府文物行政部门应当将本行政区域内埋藏文物丰富的地区划定为地下文物保护区，报本级人民政府核定公布，纳入土地利用总体规划和城乡规划，参照相应级别的文物保护单位进行管理。

第九条 县（市、区）人民政府文物行政部门对新发现的不可移动文物应当及时登记并于每年末向社会公布；其中，属于重要文物或者遇有紧急情况可能受到危害的文物，应当即时向社会公布。

县（市、区）人民政府文物行政部门应当至少每五年将已登记公布的不可移动文物报本级人民政府核定公布为文物保护单位。省和设区的市人民政府文物行政部门应当至少每五年从下级文物保护单位或者新发现的文物中，选择具有重大价值的不可移动文物，报本级人民政府核定公布为文物保护单位。

设区的市和县（市、区）人民政府应当将核定公布的文物保护单位逐级报省人民政府备案，并自公布之日起一年内，划定并公布保护范围和建设控制地带，作出标志说明，建立记录档案，设置专门机构或者指定专人负责管理。

第十条 没有专门机构管理的文物保护单位，由县(市、区)人民政府聘请一至三名文物保护员专门负责管理，并支付合理报酬，费用在文物保护经费中列支。

第十一条 变更文物保护单位行政隶属关系的，应当经核定公布该文物保护单位的人民政府批准，并报上一级人民政府备案。

第十二条 文物行政部门以外的机关、团体、企业事业单位、宗教活动场所以及其他组织和个人管理使用不可移动文物的，应当与其所在地县(市、区)人民政府文物行政部门签订责任书，负责文物及其附属物的安全、保养和修缮，并接受文物行政部门的指导和监督。

前款规定的组织和个人难以继续承担不可移动文物保护责任，该文物属于国有的，应当将管理使用权与相关资料移交文物行政部门；属于非国有的，可以将管理使用权与相关资料移交文物行政部门。

第十三条 行政区划调整的，原人民政府文物行政部门应当在一年内，将不可移动文物及其有关工作档案和资料移交调整后的人民政府文物行政部门管理。

第十四条 对社会开放的文物保护单位和有不可移动文物的参观游览场所，其管理、使用单位必须采取有效保护措施保证文物安全，禁止破坏自然环境和历史风貌。

不可移动文物的管理、使用单位应当履行消防安全职责。被列为全国重点文物保护单位的建筑群，距离公安消防队较远的，其管理、使用单位应当就近设立专职消防队。

第十五条 在文物保护单位的保护范围内，禁止下列行为：

(一)擅自设置户外广告设施；

(二)修建人造景点；

(三)存放易燃、易爆、有毒、有腐蚀性等危害文物安全的物品；

(四)擅自进行爆破、钻探、挖掘等作业或者栽植、移植大型乔木和修建构筑物；

(五)建窑、取土、采石、开矿、毁林、排污、深翻土地；

(六)进行与文物保护无关的其他建设工程。

第十六条 文物保护单位保护范围划定前已有的非文物建筑物和构筑物，危害文物保护单位安全的，应当拆迁；破坏或者影响文物保护单位自然环境和历史风貌的，应当结合城乡规划和文物保护规划逐步拆迁或者改造，拆迁、改造费用由文物保护单位所在地县级以上人民政府承担；属于违法建筑的，拆迁、改造费用由违法行为人承担。

第十七条 迁移、拆除不可移动文物，或者在文物保护单位保护范围、建设控制地带内和已登记公布的不可移动文物占地范围内进行建设活动、作业的，必须依法报请审批。审批机关在作出决定前，应当征求文物保护专家的意见。

第十八条 县级以上人民政府应当加强大遗址保护工作，因大遗址保护造成的周边土地用途改变、移民、产业调整等应当纳入当地国民经济和社会发展中长期规划；在组织编制涉及大遗址保护的城乡规划时，应当征求省人民政府文物行政部门的意见。

第十九条 文物保护单位辟为参观游览场所，应当符合国家和省有关规定，并由县级以上人民政府文物行政部门对其文物保护情况进行监督检查。

第二十条 对文物保护单位进行修缮、迁移、重建，应当履行法定审批程序，并严格执行修缮计划和工程设计、施工方案；确需变更的，应当经原审批机关批准。

文物保护工程应当接受审批机关的监督和指导，工程竣工后，由审批机关组织验收。

第二十一条 文物保护工程实行项目审批制度。凡不符合国家文物保护工程管理规定或者经专家论证否决的项目，县级以上人民政府文物行政部门不予批准，财政部门不予拨款。

第二十二条 非国有不可移动文物有损毁危险，所有人不具备修缮能力的，可以向当地人民政府申请帮助修缮。符合帮助修缮条件的，当地人民政府应当给予帮助。接受帮助修缮的非国有不可移动文物转让、抵押或者改变用途的，应当经相应的文物行政部门批准，并退还修缮费用。

第二十三条 利用不可移动文物举办展览、展销、演出等活动，举办者应当编制文物和环境保护方案，根据文物的级别，经相应的文物行政部门审核，报上一级人民政府文物行政部门批准；涉及省级以上文物保护单位的，报省人民政府文物行政部门或者国务院文物行政部门批准。

利用不可移动文物拍摄电影、电视、广告等活动，应当经相应的文物行政部门批准，并按照规定向其管理、使用单位支付费用。涉外拍摄活动按照国家有关规定执行。

文物所在地县级以上人民政府文物行政部门负责对前两款规定的活动进行监督。

第二十四条 因被盗、失火或者其他原因造成不可移动文物损毁的，有关组织和个人应当立即向文物所在地县(市、区)人民政府文物行政部门和公安机关报告。文物行政部门和公安机关接到报告后，应当立即启动相应的应急预案，同时报告上级人民政府文物行政部门和公安机关。

第三章 考古发掘

第二十五条 考古发掘工作必须依法履行报批手续。任何组织或者个人不得私自发掘地下和水域中的文物。

第二十六条 省人民政府文物行政部门负责对本行政区域内的考古勘探、发掘工作进行管理和监督。

考古调查、勘探由省人民政府文物行政部门批准。

考古发掘单位在进行考古调查、勘探、发掘前，应当向县(市、区)人民政府文物行政部门交验国务院和省人民政府文物行政部门的批准文件。

第二十七条 考古发掘工地所在地县级以上人民政府文物行政部门应当支持考古发掘工作，并依法对其进行监督。

考古发掘结束后，考古发掘单位应当向省人民政府文物行政部门申请验收，在验收后十五个工作日内向县级以上人民政府文物行政部门提交考古发掘工作总结和出土文物清单，并自考古发掘工作结束之日起三年内提交考古发掘报告。

第二十八条 考古发掘单位负责保管考古调查、勘探、发掘的文字记录、图纸和影像等资料，并向当地县级以上人民政府文物行政部门提供相应的文物保护资料。

考古发掘单位自提交考古发掘报告之日起六个月内，应当将出土文物移交给省人民政府文物行政部门指定的国有博物馆、图书馆或者其他国有文物收藏单位收藏。经省人民政府文物行政部门批准，考古发掘单位可以保留少量出土文物作为科研标本。

任何组织或者个人不得侵占和擅自处理出土文物。

第二十九条 考古发掘单位保管的文物标本、暂存的出土文物，按照国有博物馆收藏文物的规定进行保护管理。尚未定级的文物发生事故的，按照《文物藏品定级标准》评定文物等级后进行处理。

第三十条 媒体对考古发掘现场进行新闻报道、电视直播或者制作专题类节目，应当经省人民政府文物行政部门批准。

第三十一条 基本建设工程应当避开地上、地下文物丰富的地段。工程项目在立项、选址前，建设单位应当征求该项目立项审批主管部门的同级文物行政部门的意见；凡涉及不可移动文物的，建设单位应当事先确定保护措施，作为建设项目重要内容列入可行性研究报告或者设计任务书，并根据文物级别，报上一级人民政府文物行政部门批准，未经批准，有关主管部门不予立项和批准施工。

第三十二条 进行占地二万平方米以上的大型基本建设工程或者在地下文物保护区、历史文化名城范围内进行工程建设，建设单位应当事先报请省人民政府文物行政部门组织考古调查、勘探，发现文物的，由省人民政府文物行政部门会同建设单位共同商定保护措施。

对前款规定的考古调查、勘探的期限，由考古发掘单位与建设单位根据工程规模共同商定，建设和施工单位应当予以配合。

第三十三条 基本建设和生产建设需要进行考古调查、勘探、发掘的，所需费用由建设单位列入建设工程预算。建设单位应当按照国家规定的范围和标准与文物行政部门签订文物保护协议，并及时向文物行政部门支付所需费用。

第三十四条 在工程建设和生产活动中发现文物的，应当立即停止施工、生产，保护现场，同时报告县(市、区)人民政府文物行政部门和公安机关，并向文物行政部门上交出土文物。县(市、区)人民政府文物行政部门和公安机关接到报告后，应当立即到达现场，并结合工程建设计划和文物保护需要，及时依法采取保护措施。

第三十五条 在基本建设工程中发现重要文物需要实施原址保护的，县级以上人民政府与建设单位协商后，可以另行安排用地或者收回土地使用权、退还已交纳的土地出让金；造成建设单位经济损失的，依法给予补偿。

第四章 馆藏文物

第三十六条 博物馆、图书馆和其他文物收藏单位应当加强对文物藏品的保护管理，建立健全库房管理和安全检查制度。藏品库房、陈列展览室、技术修复室等场所，必须按照国家有关规定配备防火、防盗、防自然损坏设施，安全设施不符合国家有关规定不得对外开放。不具备文物安全保管条件的国有文物收藏单位所收藏的文物，由省人民政府文物行政部门指定具备文物安全保管条件的单位代为保管。

第三十七条 文物收藏单位应当建立藏品总账、分类账和藏品单项档案，按照行政隶属关系或者文物等级分别报县级以上人民政府文物行政部门备案。

文物收藏单位应当逐步建设文物藏品数字化信息库。

第三十八条 国有文物收藏单位之间因举办展览、科学研究等需借用馆藏文物的，应当报省人民政府文物行政部门备案；借用馆藏一级文物，应当经省人民政府文物行政部门批准。

非国有文物收藏单位和其他单位举办展览需借用国有馆藏文物的，应当报省人民政府文物行政部门批准；借用国有馆藏一级文物，应当依法经国务院文物行政部门批准。

第三十九条 调拨国有馆藏文物，应当报省人民政府文物行政部门批准。

国有文物收藏单位不得与非国有文物收藏单位交换馆藏文物。

第四十条 文物收藏单位发生馆藏文物损毁事件，应当立即报告主管的文物行政部门；馆藏文物被盗、被抢或者丢失的，文物收藏单位应当立即向公安机关报案，并同时向主管的文物行政部门报告。文物行政部门应当自接到报告二十四小时内，按照处理权限，报告国务院文物行政部门或者省人民政府文物行政部门。

第四十一条 除国家和省另有规定外，文物征集活动必须经省人民政府文物行政部门批准，并自征集活动结束之日起三个月内，将文物征集情况向省人民政府文物行政部门报告备案。

第四十二条 文物收藏单位征集文物，应当与文物所有人或者持有人签订合同，明确征集文物的名称、数量和权属等内容，并附加征集文物的照片以及相关资料。

第四十三条 国有文物收藏单位、考古发掘单位向社会提供文物咨询、鉴定等服务，可以收取一定的费用。具体收费标准由省人民政府价格主管部门会同有关部门制定。

第四十四条 严格控制古代石刻等文物的拓印，除文物保管单位作为必需的资料保存外，其他任何组织和个人未经省人民政府文物行政部门批准不得拓印；内容涉及国家疆域、外交、民族关系、科学资料和未发表资料的石刻，不得传拓出售或者翻刻。

第四十五条 生产文物复制品必须经县级以上人民政府文物行政部门批准。复制一级文物，报国务院文物行政部门批准；复制二级、三级文物，报省人民政府文物行政部门批准。

文物的复制、仿制和临摹，必须采取安全保护措施，保证文物安全。

第五章　民间收藏文物

第四十六条　除依法批准设立的文物商店、经营文物拍卖的拍卖企业外，其他组织或者个人不得从事文物商业经营活动。

文物商店、文物拍卖企业应当严格按照有关规定进行经营活动。

任何组织和个人不得买卖涉案、出土等国家禁止买卖的文物。

第四十七条　拍卖文物或者联合拍卖文物的拍卖企业，应当取得国务院文物行政部门颁发的文物拍卖许可证。

禁止出租、出借、转让文物拍卖许可证。

第四十八条　文物商店或者文物拍卖企业，在销售或者拍卖前应当经省人民政府文物行政部门对文物进行审核，对允许销售或者拍卖的，由省人民政府文物行政部门作出标识或者颁发批准文件。

禁止伪造、涂改文物销售标识和文物拍卖批准文件。

第四十九条　典当行、拍卖公司、文化市场、旧货市场、艺术品市场等单位或者场所经营尚未被认定为文物的监管物品，应当向县（市、区）人民政府文物行政部门提出申请，报省人民政府文物行政部门批准。

经批准经营前款规定的监管物品，由县级以上人民政府文物行政部门对其进行审核，允许销售的，应当作出标识。

第五十条　县级以上人民政府文物行政部门、工商行政管理部门和公安机关应当加强对文物经营活动的管理，对典当行、拍卖公司、文化市场、旧货市场、艺术品市场等单位和场所内可能涉及非法文物交易的活动进行监督检查。

县级以上人民政府文物行政部门应当建立对前款规定单位和场所的巡查制度；必要时，可以派员进驻市场，对涉嫌文物购销经营活动进行现场监管。

第五十一条　国有文物商店购买的符合收藏标准的文物，应当提供给国有文物收藏单位收藏。集体或者私人收藏的文物，可以采取捐赠、出售等方式转让给国有文物收藏单位，也可以由文物行政部门指定的文物商店购买。

任何组织和个人不得将国家禁止出境的文物转让、出租、质押给境外组织和个人。

第六章　法律责任

第五十二条　违反本条例规定，有下列行为之一的，由县级以上人民政府文物行政部门责令改正，并处五万元以上二十万元以下的罚款；造成文物损毁等严重后果的，处二十万元以上一百万元以下的罚款：

（一）未征求文物行政部门的意见，在地上、地下文物丰富的地段进行基本建设工程的；

（二）未经考古调查、勘探，擅自进行占地二万平方米以上的大型基本建设工程或者在地下文物保护区、历史文化名城范围内进行工程建设的。

第五十三条　违反本条例规定，有下列行为之一的，由县级以上人民政府文物行政部门责令限期改正；逾期不改正或者造成严重后果的，处五万元以上五十万元以下的罚款：

（一）对社会开放的文物保护单位和有不可移动文物的参观游览场所的管理、使用单位，拒不采取有效措施保证文物安全，或者破坏文物的自然环境和历史风貌的；

（二）在文物保护单位的保护范围内，擅自设置户外广告设施或者栽植、移植大型乔木和修建构筑物的；

（三）在文物保护单位的保护范围内，修建人造景点或者存放易燃、易爆、有毒、有腐蚀性等危害文物安全的物品的；

（四）在工程建设和生产活动中发现文物，不立即停止施工、生产，造成文物损毁的；

（五）建设和施工单位拒不配合或者妨碍考古调查、勘探、发掘工作的；

（六）建设单位拒不支付考古调查、勘探、发掘费用的；

（七）建设单位进行基本建设工程涉及不可移动文物，未事先确定文物保护措施，或者未将事先确定的保护措施报请批准的；

（八）擅自利用不可移动文物举办展览、展销、演出或者拍摄电影、电视、广告等活动的；

（九）擅自对考古发掘现场进行新闻报道、电视直播或者制作专题类节目的。

前款规定的违法行为人是国家工作人员的，对负有责任的主管人员和其他直接责任人员依法给予处分。

第五十四条 违反本条例规定，擅自变更已批准的修缮计划和工程设计、施工方案，对文物保护单位进行修缮、迁移、重建的，由县级以上人民政府文物行政部门责令改正；造成严重后果的，处五万元以上五十万元以下的罚款；情节严重的，由原发证机关吊销资质证书。

第五十五条 违反本条例规定，文物拍卖企业出租、出借或者转让文物拍卖许可证的，由省人民政府文物行政部门没收违法所得，并处二万元以上二十万元以下的罚款。

第五十六条 违反本条例规定，未经批准经营未被认定为文物的监管物品的，由县级以上人民政府文物行政部门责令改正，没收违法所得，并处一万元以上十万元以下的罚款。

第五十七条 违反本条例规定，未经批准擅自进行考古勘探的，由省人民政府文物行政部门责令停止勘探，并处一万元以上五万元以下的罚款。

第五十八条 违反本条例规定，有下列行为之一的，由县级以上人民政府文物行政部门责令改正；情节严重的，处五千元以上五万元以下的罚款：

（一）无正当理由，拒不与文物所在地县（市、区）人民政府文物行政部门签订责任书或者不履行责任书规定义务的；

（二）考古发掘单位因管理不善造成出土文物损毁、丢失的；

（三）擅自处理出土文物以及科研标本的。

第五十九条 违反本条例规定，未经批准进行文物征集活动的，由省人民政府文物行政部门责令改正，没收非法征集的文物，并处五千元以上五万元以下的罚款。

第六十条 违反本条例规定，伪造、涂改文物销售标识和文物拍卖批准文件的，由省人民政府文物行政部门处五千元以上五万元以下的罚款。

第六十一条 违反本条例规定，发展改革、国土资源、住房城乡建设、规划等有关部门及其工作人员未征求相应的文物行政部门意见，或者未经文物行政部门同意擅自审批建设项目的，由主管机关或者监察机关责令改正，对负有责任的主管人员和其他直接责任人员依法给予处分。

第六十二条 违反本条例规定，擅自改变文物保护单位行政隶属关系的，由上级人民政府责令改正，对负有责任的主管人员和其他直接责任人员依法给予处分。

第六十三条 人民法院、人民检察院、公安机关、海关和工商行政管理等部门对追缴的涉案文物，应当登记造册，妥善保管，并在结案后三十日内无偿交还失主或者移交给同级文物行政部门；拒不按时交还或者移交的，由主管机关或者监察机关对负有责任的主管人员和其他直接责任人员依法给予处分。

第六十四条 文物行政部门及其工作人员违反本条例规定，滥用职权、玩忽职守、徇私舞弊的，对负有责任的主管人员和其他直接责任人员依法给予处分；构成犯罪的，依法追究刑事责任。

第六十五条 对违反本条例的行为，法律、行政法规已有行政处理规定的，适用其规定；造成文物灭失、损毁、流失的，依法承担民事责任；构成犯罪的，依法追究刑事责任。

第七章　附　则

第六十六条　本条例所称大遗址，包括反映中国古代历史各个发展阶段涉及政治、文化、宗教、艺术、军事、科技、工业、农业、建筑、交通、水利等方面历史文化信息，具有规模宏大、价值重大、影响深远特点的大型聚落、城址、宫室、陵寝墓葬等遗址、遗址群以及文化景观。

第六十七条　涉案文物的鉴定，由省人民政府文物行政部门或者其指定的设区的市人民政府文物行政部门组织实施。

第六十八条　本条例自2010年12月1日起施行。1990年10月30日山东省第七届人民代表大会常务委员会第十八次会议通过、1994年8月9日山东省第八届人民代表大会常务委员会第九次会议第一次修正、2002年7月27日山东省第九届人民代表大会常务委员会第三十次会议第二次修正的《山东省文物保护管理条例》同时废止。

山东省城乡规划条例

（2012年8月1日山东省第十一届人民代表大会
常务委员会第三十二次会议通过）

第一章　总　则

第一条　为了科学合理地制定城乡规划，加强城乡规划管理，保障城乡规划的实施，统筹城乡空间布局，改善人居环境，促进城乡经济社会全面协调可持续发展，根据《中华人民共和国城乡规划法》等法律、行政法规，结合本省实际，制定本条例。

第二条　在本省行政区域内制定和实施城乡规划，在规划区内进行各项建设活动，应当遵守本条例。

本条例所称城乡规划，包括城镇体系规划、城市规划、县城规划、镇规划、乡规划、村庄规划。城市规划、县城规划、镇规划分为总体规划和详细规划，详细规划分为控制性详细规划和修建性详细规划。

本条例所称规划区，是指城市、县城、镇、村庄的建成区以及因城乡建设和发展需要，必须实行规划控制的区域。规划区的具体范围，由有关人民政府在组织编制的城市总体规划、县城总体规划、镇总体规划和乡规划、村庄规划中，根据城乡经济社会发展水平和统筹城乡发展的需要划定。

第三条　制定和实施城乡规划，应当遵循城乡统筹、合理布局、节约集约利用土地和先规划后建设的原则，正确处理近期建设和长远发展、经济社会发展和生态环境保护的关系，保护耕地等自然资源和历史文化遗产，保持地方特色和传统风貌，优化城乡资源配置，促进城乡一体化发展，并符合区域人口发展、国防建设、防灾减灾和公共卫生、公共安全的需要。

城市总体规划、县城总体规划、镇总体规划、乡规划和村庄规划的编制，应当依据国民经济和社会发展规划，并与土地利用总体规划相互衔接。

第四条　经依法批准的城乡规划，是城乡建设和规划管理的依据，未经法定程序不得修改。各类建设活动应当符合经依法批准的城乡规划。

第五条　各级人民政府应当建立健全城乡规划管理体系，将城乡规划工作纳入国民经济和社会发展规划及年度计划，实行行政首长负责制和规划执行责任追究制度，加强集中统一管理，确保依法实施城乡规划。

各级人民政府应当将城乡规划的编制和管理经费纳入本级财政预算，并根据财政收入的增长情况和规划事业的发展需要适当增加。

第六条 各级人民政府和城乡规划主管部门应当建立城乡规划工作的公众参与制度。城乡规划的制定、实施、修改,应当充分征求专家和公众意见。

省、城市、县人民政府应当组建由相关部门、专家和公众代表组成的城乡规划委员会,对涉及城乡规划的重大事项进行审议,其审议意见作为城乡规划的决策依据。

第七条 省城乡规划主管部门负责全省城乡规划管理工作。

城市、县城乡规划主管部门负责本行政区域内的城乡规划管理工作。

各类开发区的城乡规划工作,由城市、县城乡规划主管部门集中统一管理。

第八条 鼓励开展城乡规划科学技术研究,推广和应用先进技术,健全城乡规划管理信息系统,推进城乡规划规范化、信息化,提高城乡规划的科技水平和管理效能。

对在城乡规划编制和管理工作中作出突出贡献的单位和个人,由县级以上人民政府或者城乡规划主管部门给予表彰。

第二章 城乡规划制定和修改

第一节 城乡规划编制和审批

第九条 省人民政府依据全国城镇体系规划,组织编制省域城镇体系规划,报国务院审批。

省城乡规划主管部门可以依据省域城镇体系规划,按照区域统筹协调发展的需要,组织编制区域性城镇体系规划,报省人民政府审批。

第十条 城市总体规划、县城总体规划由城市、县人民政府组织编制,报省人民政府审批;依法应当报国务院审批的城市总体规划,由省人民政府审查同意后,报国务院审批。

镇总体规划、乡规划、村庄规划由镇、乡人民政府组织编制,报城市、县人民政府审批。

第十一条 城市总体规划、县城总体规划、镇总体规划、乡规划和村庄规划的编制原则和内容,应当符合有关法律、法规和规章的要求。

城市总体规划、县城总体规划应当包括远景规划,根据合理的资源和环境容量,按照城镇化发展到成熟期的城镇人口数量,对城镇远景规模、空间布局等长远发展作出预测性、前瞻性的安排。

第十二条 省人民政府组织编制的省域城镇体系规划和城市、县人民政府组织编制的城市总体规划、县城总体规划,在报上级人民政府审批前,应当先经本级人民代表大会常务委员会审议,常务委员会组成人员的审议意见交由本级人民政府研究处理。

镇、乡人民政府组织编制的镇总体规划、乡规划在报城市、县人民政府审批前,应当先经镇、乡人民代表大会审议,代表的审议意见交由本级人民政府研究处理。

镇、乡人民政府组织编制的村庄规划,应当经村民会议或者村民代表会议讨论同意,并征求城市、县城乡规划主管部门的意见。

规划组织编制机关报送审批城市总体规划、县城总体规划、镇总体规划、乡规划,应当同时报送本级人民代表大会常务委员会组成人员或者镇、乡人民代表大会代表的审议意见和根据审议意见修改规划的情况。

第十三条 城市、县城乡规划主管部门组织编制城市、县城控制性详细规划,经城市、县人民政府批准后,报本级人民代表大会常务委员会和上一级人民政府备案。

镇人民政府组织编制镇控制性详细规划,经城市、县人民政府批准后,报同级人民代表大会备案。

编制控制性详细规划,不得改变城市、县城、镇总体规划的强制性内容;确需改变的,应当先按照法定程序修改总体规划。

第十四条 城市、县城乡规划主管部门和镇人民政府可以组织编制重要地块的修建性详细规划,报城市、县人民政府审批;其他需要编制修建性详细规划的,可以由建设单位组织编制,并报城市、县城乡规划主管部门依据控制性详细规划审定。

编制修建性详细规划,应当符合控制性详细规划,不得改变控制性详细规划的强制性内容。

第十五条 城市总体规划、县城总体规划确定的规划建设用地范围内的镇、乡和村庄,按照城市总体规划、县城总体规划、控制性详细规划等进行规划管理,不再编制镇规划、乡规划和村庄规划。

镇总体规划确定的规划建设用地范围内的村庄,按照镇总体规划、控制性详细规划等进行规划管理,不再编制村庄规划。

第十六条 城市、县有关部门组织编制的交通、电力、供热、燃气、通信、绿化、消防、抗震、给水排水、人民防空、环境卫生、文物保护、公共服务设施等有关专项规划,经城市、县城乡规划主管部门审查同意,报本级人民政府审批后,纳入城市、县城总体规划。

单独编制的省域和重大的区域性各类专项规划,应当符合省域和区域性城镇体系规划。

第十七条 历史文化名城、名镇、名村批准公布后,城市、县人民政府应当组织编制历史文化名城、名镇、名村保护规划,报省人民政府审批。

城市、县城乡规划主管部门应当组织编制历史文化街区详细规划,经省城乡规划主管部门会同省文物主管部门审查同意后,报城市、县人民政府审批。

第十八条 编制城乡规划,应当符合经依法批准的上位城乡规划,遵守国家和省有关标准和技术规范,采用符合国家和省规定的技术资料。

各相关部门和单位应当根据规划组织编制机关的需要,及时提供有关统计、勘察、测绘、地籍、气象、地震、水资源、水文、环保、文物、地下设施、矿产资源等基础资料。

第十九条 城乡规划报送审批前,规划组织编制机关应当依法将城乡规划草案予以公告,并采取论证会、听证会等方式征求专家和公众的意见。公告时间不得少于三十日。

规划组织编制机关应当充分考虑专家和公众的意见,并在报送审批的材料中附具意见采纳情况及理由。

规划组织编制机关应当在城乡规划获得批准后三十日内,向社会公布规划的主要内容和图纸。

第二节 城乡规划修改

第二十条 省域和区域性城镇体系规划、城市总体规划、县城总体规划、镇总体规划的组织编制机关,应当定期组织规划编制单位、有关部门和专家,对规划实施情况进行评估,并采取论证会、听证会等方式征求公众意见,向城乡规划审批机关提出评估报告。

评估报告应当包括下列内容:

(一)城镇体系规划和城市、县城、镇总体规划的执行情况;

(二)规划阶段性目标的落实情况;

(三)各项强制性内容的执行情况;

(四)各类专项规划、近期建设规划、控制性详细规划的制定情况;

(五)规划评估结论及规划实施建议。

第二十一条 有下列情形之一的,经城乡规划审批机关批准,规划组织编制机关可以按照规定的权限和程序,对省域和区域性城镇体系规划、城市总体规划、县城总体规划、镇总体规划进行修改:

(一)上位城乡规划发生变更,提出修改规划要求的;

(二)行政区划调整确需修改规划的;

(三)经评估确需修改规划的;

(四)法律、法规规定的其他情形。

第二十二条 有下列情形之一的,经城乡规划审批机关批准,规划组织编制机关可以按照规定的权限和程序,对控制性详细规划进行修改:

(一)因城市、县城、镇总体规划修改导致规划无法实施的;

(二)因实施重大基础设施和公共服务设施、防灾减灾等工程项目需要进行修改的;

(三)城市建设用地的限制条件发生改变的;

(四)经评估确需修改规划的;

(五)法律、法规规定的其他情形。

第二十三条 有下列情形之一的,经城乡规划审批机关批准,规划组织编制机关可以按照规定的权限和程序,对修建性详细规划进行修改:

(一)因控制性详细规划的修改导致规划无法实施的;

(二)因文物保护、地质灾害和涉及公共利益原因导致规划无法实施的;

(三)法律、法规规定的其他情形。

第二十四条 修改城乡规划,应当按照法定程序重新进行审批,并向社会公布。

第三节 城乡规划编制单位

第二十五条 对从事城乡规划编制业务的单位实行资质管理制度。

从事城乡规划编制业务的单位,应当在资质许可的范围内承担城乡规划编制业务。

禁止未取得城乡规划编制资质的单位和个人承担城乡规划编制业务。

第二十六条 委托编制和修改城乡规划,应当通过方案征集、公开招标等方式,选择具有相应资质的城乡规划编制单位承担。

禁止委托无城乡规划编制资质的单位和个人承担城乡规划编制业务。

禁止接受委托的城乡规划编制单位转包城乡规划编制业务。

第二十七条 省外城乡规划编制单位进入本省承担城乡规划编制业务的,应当向省城乡规划主管部门备案。

第二十八条 城乡规划编制单位应当在规划编制委托合同签订后十日内,将合同报项目所在地城乡规划主管部门备案。

第二十九条 城乡规划编制行业应当建立健全自律组织,加强行业自律,规范行业行为,维护从业单位及人员的合法权益,促进行业健康发展。

第三章 城乡规划实施

第一节 一般规定

第三十条 各级人民政府应当根据本地区经济社会发展水平和资源环境承载能力,量力而行,尊重群众意愿,有计划、分步骤地组织实施城乡规划。

第三十一条 城市、县、镇人民政府应当依据城市、县城、镇总体规划以及国民经济和社会发展规划,制定近期建设规划,报总体规划审批机关备案。近期建设规划的期限为五年。

城市、县人民政府可以依据近期建设规划,组织编制年度建设规划,明确年度规划实施的主要内容,统筹安排城乡基础设施、公共服务设施和保障性安居工程等项目的建设。

近期和年度投资计划、土地供应计划应当与近期和年度建设规划相衔接。

第三十二条 城市新区和各类开发区的开发和建设,应当合理确定建设规模和时序,系统配置基础设施和公共服务设施,严格保护自然资源和生态环境,体现地方特色。

旧城区的改建,应当保护传统风貌,增加绿地和公共空间,完善基础设施和公共服务设施,优化城市功能布局,按照近期和年度建设规划有序实施城中村的整体改造,改善居住条件和景观环境。

镇的建设和发展,应当统筹安排供水、排水、供电、供气、道路、通信、广播电视等基础设施和学校、卫生院、文化站、幼儿园、福利院、养老院等公共服务设施的建设，为周边农村提供服务。

乡、村庄的建设和发展，应当因地制宜、发挥村民自治组织的作用，改善农村生产、生活条件。鼓励具备条件的中心村建设新型农村社区。

历史文化名城、名镇、名村和历史优秀建筑的保护与利用，应当遵守国家和省有关规定。

第三十三条 实施跨行政区域的城镇体系规划，有关人民政府应当就区域内基础设施和公共服务设施共建共享、生态环境和历史文化遗产保护，以及行政边界相邻地区重大项目建设等事项进行沟通协调。必要时由共同的上一级人民政府组织协调。

第三十四条 城市、县城乡规划主管部门应当会同有关部门组织编制并实施地下空间开发利用规划，充分考虑防灾减灾、人民防空和通信等需要，对地下的交通设施、人民防空设施、公共服务设施、防洪排涝设施、市政管线、需要保护的文物以及其他地下建筑物、构筑物进行统筹安排。

新建、改建城镇道路，应当推广建设地下综合管廊。

第三十五条 城乡规划主管部门应当在城乡规划确定的建设用地范围内，依法对建设项目作出规划许可。

区域性重大基础设施、公共服务设施等建设项目超出城乡规划确定的建设用地范围的，有权核发建设项目选址意见书的城乡规划主管部门应当会同有关部门，组织专家进行论证，经论证同意建设的，方可作出规划许可。

城乡规划主管部门核发的规划许可证件，应当注明许可有效期。

第三十六条 城乡规划确定的铁路、公路、港口、机场、道路、绿地、输配电设施及输电线路走廊、通信设施、广播电视设施、管道设施、河道、水库、水源地、海岸带、自然保护区、防汛通道、消防通道、垃圾填埋场及焚烧厂、污水处理厂、轨道交通、公交场站、燃气设施、供热设施、给水排水设施和公共服务设施的用地以及其他需要依法保护的用地，禁止擅自改变用途；擅自改变用途进行建设的，城乡规划主管部门不予办理规划审批手续。

第三十七条 城乡规划主管部门在作出建设项目规划许可决定前，应当在规划展示场所和部门网站或者建设工程现场，对拟作出的规划许可有关内容进行公告。公告时间不得少于七日。

城乡规划主管部门应当自作出规划许可决定之日起十五日内，将许可有关内容在规划展示场所和部门网站进行公布。

建设工程开工前，建设单位和个人应当按照要求在施工现场设置建设工程规划公示牌，公开规划许可有关内容。

第二节　建设项目选址规划

第三十八条 根据国家规定应当取得建设项目选址意见书的建设项目，建设单位在报送有关主管部门审批或者核准前，应当持建设项目选址意见书申报表、标明拟选址位置的项目区位图和地形图等材料，向城乡规划主管部门申请核发建设项目选址意见书。

城乡规划主管部门依据城乡规划对建设项目拟选址位置进行审查，符合城乡规划的，核发建设项目选址意见书。

建设项目选址意见书应当载明建设项目依据、选址位置、用地规模和建设规模，并附建设项目区位图和地形图。

第三十九条 建设项目选址意见书实行分级核发。国家和省审批或者核准的建设项目，经项目所在地城市、县城乡规划主管部门初审同意后，由省城乡规划主管部门核发建设项目选址意见书。

城市、县审批或者核准的建设项目，由同级城乡规划主管部门核发建设项目选址意见书。

第四十条 建设项目选址意见书的具体管理办法，由省城乡规划主管部门制定。

第三节　建设用地规划

第四十一条　国有土地使用权划拨或者出让、转让应当符合城乡规划。城市、县城乡规划主管部门应当参与土地储备年度计划和国有土地供应计划的制订。

第四十二条　使用国有土地进行建设活动的建设单位和个人，应当取得城市、县城乡规划主管部门核发的建设用地规划许可证。

建设用地规划许可证应当载明建设用地的位置、范围、面积、用地性质、建设规模等，并附规划条件、用地红线图等材料。

规划条件包括用地的位置、范围、面积、用地性质、允许建设的范围、容积率、绿地率、建筑密度、建筑高度、基础设施和公共服务设施配套要求、地下空间开发利用要求等内容。

第四十三条　以划拨方式提供国有土地使用权的建设项目，建设单位应当持有关部门批准、核准、备案文件和建设项目选址意见书，向城市、县城乡规划主管部门申请核发建设用地规划许可证。

城乡规划主管部门依据控制性详细规划，提出划拨用地规划条件，核定用地位置、面积和允许建设的范围，核发建设用地规划许可证。

第四十四条　以出让方式提供国有土地使用权的，在国有土地使用权出让前，城市、县城乡规划主管部门应当依据控制性详细规划，提出出让地块的规划条件，作为国有土地使用权出让合同的组成部分。

未经城乡规划主管部门确定规划条件或者未按照规划条件签订国有土地使用权出让合同的，国有土地使用权不得出让。

第四十五条　以出让方式取得国有土地使用权的建设项目，建设单位和个人应当持建设项目批准、核准、备案文件和国有土地使用权出让合同等材料，向城市、县城乡规划主管部门申请核发建设用地规划许可证。

城乡规划主管部门审核相关材料，对符合规划条件的，核发建设用地规划许可证。对未按照规划条件签订国有土地使用权出让合同的，不得核发建设用地规划许可证。

第四十六条　建设单位和个人在取得建设用地规划许可证后，方可办理土地使用权权属证明手续。对未取得建设用地规划许可证的建设单位和个人批准用地的，县级以上人民政府依法撤销有关批准文件。

第四十七条　取得建设用地规划许可证的建设单位和个人，转让以出让方式取得的国有土地使用权的，应当向城市、县城乡规划主管部门申请变更建设用地规划许可证。

国有土地使用权转让合同不得擅自改变原出让合同的规划条件。

第四十八条　建设单位和个人申请变更规划条件中强制性内容的，应当由城乡规划主管部门组织专家论证和征求公众意见，报城市、县城乡规划委员会审议，并经城市、县人民政府批准后，方可办理规划许可变更手续。变更内容不符合控制性详细规划的，不得批准。确需变更的，应当先按照法定程序修改控制性详细规划。

第四十九条　因建设活动需要临时使用土地的，应当取得城市、县城乡规划主管部门核发的临时建设用地规划许可证，并依法办理临时用地批准手续。

临时用地使用期限不得超过两年。确需延期使用的，应当在使用期满三十日前，向城乡规划主管部门申请办理延期使用手续。延期不得超过两次，每次延期使用期限不得超过一年。

第四节　建设工程规划

第五十条　在国有土地上进行各类建设项目的新建、改建、扩建活动，应当按照下列规定办理建设工程规划许可证：

（一）建设单位和个人持建设用地规划许可证、土地使用权证明文件、标明建设项目用地范围的地形图等材料，向城乡规划主管部门提出建设工程规划许可申请。

（二）城乡规划主管部门依据控制性详细规划和建设用地规划条件，提出建设工程规划设计要求。建设单位和个人依据规划设计要求提交建设工程设计方案，规划设计要求中需要建设单位编制修建性详细规划的，应当同时提交修建性详细规划。

（三）城乡规划主管部门审核建设工程设计方案、修建性详细规划，对符合规划设计要求的，核发建设工程规划许可证。

建设工程规划许可证应当载明建设项目位置、建设规模和使用功能等内容，并附经审定的建设工程设计方案、修建性详细规划。

第五十一条　建设单位和个人取得建设工程规划许可证后，方可办理建设工程施工许可等手续。

第五十二条　在国有土地上进行临时建设的，应当取得城市、县城乡规划主管部门核发的临时建设工程规划许可证。

临时建设工程使用期限不得超过两年。确需延期使用的，应当在使用期满三十日前，向城乡规划主管部门申请办理延期使用手续。延期不得超过两次，每次延期使用期限不得超过一年。

临时建设不得擅自改变经批准的使用性质，不得办理房屋产权登记。

第五十三条　建设工程在开工前和建筑基础施工完成后，建设单位和个人应当委托由省城乡规划主管部门认定的规划技术服务单位分别进行验线，并经城市、县城乡规划主管部门核发验线确认书后，方可开工或者继续施工。

第五十四条　建设工程竣工后，建设单位和个人应当委托规划技术服务单位进行竣工规划勘验，并持建设工程规划许可证、验线确认书、竣工勘验测绘报告等材料，向城市、县城乡规划主管部门申请竣工规划核实。

城乡规划主管部门受理申请后，应当在法定期限内进行审核，经审核符合规划许可内容的，核发建设工程竣工规划核实认可文件。

第五十五条　未取得建设工程竣工规划核实认可文件的建设工程，建设单位和个人不得组织竣工验收，有关部门不得办理竣工验收备案等相关手续。

建设单位和个人应当在竣工验收后六个月内，向城市、县城乡规划主管部门报送有关竣工验收资料。

第五十六条　已经建成并投入使用的建筑物、构筑物不得擅自改变建设工程规划许可证规定的使用性质。确需改变的，应当向城市、县城乡规划主管部门提出申请，由城乡规划主管部门按照有关法律、法规及本条例规定的程序办理规划许可变更手续。

第五节　乡村建设规划

第五十七条　使用农村集体土地进行乡镇企业、新型农村社区、乡村公共设施和公益事业建设的，建设单位和个人应当持标明建设项目用地范围的地形图、建设项目规划设计方案、建设工程设计方案、建设项目所在地村（居）民委员会同意建设的书面意见等材料，向乡、镇人民政府或者街道办事处提出申请，由乡、镇人民政府或者街道办事处报城市、县城乡规划主管部门核发乡村建设规划许可证。

乡村建设规划许可证应当载明建设项目位置、用地范围和面积、建设规模和主要功能等内容，并附经审定的主要设计图纸。

第五十八条　使用宅基地进行农村村民住宅建设，应当提交乡村建设规划许可证申请表、宅基地使用证明或者房屋权属证明、村（居）民委员会同意建设的书面意见、新建住宅相关图纸，向乡、镇人民政府或者街道办事处提出申请，经审核符合条件的，由城市、县城乡规划主管部门或者其委托的乡、镇人民政府核发乡村建设规划许可证。

第五十九条　使用农村集体土地进行乡镇企业、新型农村社区、乡村公共设施和公益事业建设以及农村村民住宅建设，不得占用农用地；确需占用农用地的，依法办理农用地转用审批手续后，方可办理乡村建设规划许可证。

建设单位和个人在取得乡村建设规划许可证后，方可办理用地审批手续，进行施工建设。

第六十条 乡村建设规划许可证管理办法由省城乡规划主管部门制定。

第四章 监督管理

第六十一条 省、城市、县人民政府及其城乡规划主管部门应当建立健全城乡规划监管制度，对城乡规划的编制、审批、实施、修改等活动实行动态监管，定期进行考核评价。

第六十二条 省人民政府建立派驻城乡规划督察员制度，对有关城市、县人民政府的城乡规划工作进行监督检查。具体办法由省人民政府制定。

第六十三条 各级人民政府应当向本级人民代表大会常务委员会或者乡、镇人民代表大会报告城乡规划的实施情况，并接受监督。

第六十四条 省城乡规划主管部门应当指导、监督城市、县人民政府实施省域和区域性城镇体系规划、城市总体规划、县城总体规划，定期形成专项评价报告，报经省人民政府同意后，对有关人民政府实施城乡规划情况进行通报。

第六十五条 城乡规划主管部门或者乡、镇人民政府对城乡规划的实施情况进行监督检查，有权采取下列措施：

(一)要求有关单位和人员提供与监督事项有关的文件、资料，并进行复制；

(二)要求有关单位和人员就监督事项涉及的问题作出说明，并根据需要进入现场进行勘测；

(三)责令有关单位和人员停止违反有关城乡规划法律、法规的行为。

第六十六条 城乡规划主管部门违反本条例规定作出行政许可的，上级城乡规划主管部门有权责令其撤销或者直接撤销该行政许可。因撤销行政许可给当事人合法权益造成损失的，应当依法给予赔偿。

依法应当给予行政处罚，而有关城乡规划主管部门不给予行政处罚的，上级城乡规划主管部门有权责令其作出行政处罚决定。

第六十七条 城乡规划主管部门应当对城乡规划编制单位和专业技术人员实行动态管理，进行定期监督检查，对不符合资质要求的单位依法进行处理。

第六十八条 乡、镇人民政府、街道办事处对城乡规划主管部门或者其他有关部门依法查处本辖区内违法建设的行为，应当予以配合。

居民委员会、村民委员会、物业服务企业对本区域内违反城乡规划的行为，应当予以劝阻，并及时向城乡规划等部门或者乡、镇人民政府报告。

第六十九条 任何单位和个人都有权对城乡规划的制定、实施提出意见建议，就涉及其利害关系的建设活动是否符合规划要求向城乡规划主管部门查询；有权向城乡规划主管部门或者其他有关部门举报、控告违反城乡规划的行为，城乡规划主管部门或者其他有关部门应当依法及时受理并查处。

第五章 法律责任

第七十条 违反本条例规定的行为，法律、法规已规定法律责任的，从其规定；法律、法规未规定法律责任的，按照本条例的规定执行。

第七十一条 城乡规划主管部门的工作人员违反本条例规定，有下列行为之一的，依法给予处分；构成犯罪的，依法追究刑事责任：

(一)违反法定程序对城乡规划确定的建设用地范围之外的建设项目作出规划许可的；

(二)未依法将规划许可有关内容进行公告的；

(三)违反法定程序办理规划许可变更手续的；(四)其他玩忽职守、滥用职权、徇私舞弊的行为。

第七十二条 建设单位委托无城乡规划编制资质的单位和个人承担城乡规划编制业务的，由城乡规划主管部门责令改正，处一万元以上三万元以下的罚款。

接受委托的城乡规划编制单位转包城乡规划编制业务的，由城乡规划主管部门责令改正，对其规划编制成果不予审批，没收违法所得，并处一万元以上三万元以下的罚款；情节严重的，降低资质等级或者吊销资质证书。

第七十三条 省外城乡规划编制单位进入本省承担城乡规划编制业务未办理备案手续的，由城乡规划主管部门责令限期改正；逾期不改正的，处一万元以上三万元以下的罚款。

第七十四条 未取得建设工程规划许可证或者未按照建设工程规划许可证的规定进行建设，尚可采取改正措施消除对规划实施的影响的，由城乡规划主管部门责令停止建设，限期改正，处建设工程造价百分之五以上百分之十以下的罚款；无法采取改正措施消除影响的，依法拆除，不能拆除的，没收实物或者违法收入，可以并处建设工程造价百分之十以下的罚款。

前款所称无法采取改正措施消除影响应当限期拆除的情形包括：

(一)擅自占用规划确定的道路、广场、绿地、河湖水面、海岸带、轨道交通、公交场站、燃气设施、供热设施、给水排水设施、公共服务设施用地等进行建设的；

(二)违反建筑间距、建筑退让等技术规范、标准或者规划条件确定的强制性内容进行建设的；

(三)擅自占用物业管理区域内业主共有的道路、绿地或者其他场地进行建设的；

(四)擅自在建筑物顶部、底层或者退层平台进行建设的；

(五)其他对规划实施造成严重影响的违法建设行为。

第七十五条 建设单位和个人未取得验线确认书擅自开工或者继续施工的，由城乡规划主管部门责令停止建设，限期改正；逾期不改正的，处一万元以上三万元以下的罚款。

第七十六条 未经城乡规划主管部门批准，擅自改变已经建成并投入使用的建筑物、构筑物使用性质的，由城乡规划主管部门责令限期改正，处三万元以上十万元以下的罚款。

第七十七条 城乡规划主管部门作出责令停止建设或者限期拆除的决定后，当事人不停止建设或者逾期不拆除的，城乡规划主管部门应当向本级人民政府报告。本级人民政府应当自收到报告之日起七日内书面责成有关部门采取查封施工现场、强制拆除等措施，并依法作出处理。

第六章　附　则

第七十八条 本条例自2012年12月1日起施行。1991年8月31日山东省第七届人民代表大会常务委员会第二十三次会议通过的《山东省实施〈中华人民共和国城市规划法〉办法》同时废止。

山东省历史文化名城保护条例

(1997年12月13日山东省第八届人民代表大会
常务委员会第三十一次会议通过)

第一章　总　则

第一条 为加强历史文化名城的保护，继承优秀历史文化遗产，促进社会主义精神文明建设，根据国家有关法律、法规，结合本省实际，制定本条例。

第二条 本条例适用于本省行政区域内的历史文化名城。

本条例所称历史文化名城，是指经国务院或者省人民政府批准的，保存文物特别丰富、具有重大历史价值的城市。

历史文化名城分为国家级和省级。

第三条 历史文化名城保护应当坚持保护与利用、继承与发展相结合的原则。

第四条 省城市规划行政主管部门主管全省历史文化名城的保护工作。历史文化名城城市规划行政主管部门主管本行政区域内的历史文化名城保护工作。

历史文化名城的文物保护工作由文物行政管理部门负责。

历史文化名城城市人民政府的建设、计划、土地、园林、旅游、环保等部门，应当按照各自的职责，密切配合，共同做好历史文化名城的保护工作。

第五条 历史文化名城城市人民政府及其有关部门应当利用历史文化名城中的历史遗存和革命遗迹进行爱国主义和革命传统教育，增强公民爱护历史文化名城和保护人文与自然资源的意识，提高城市的文明程度。

第六条 任何单位和个人都有保护历史文化名城的义务，并有权对破坏历史文化名城保护规划和文物的行为进行制止、检举和控告。

对在历史文化名城保护工作中做出突出贡献的单位和个人，由历史文化名城城市人民政府或者有关部门予以表彰和奖励。

第二章 规 划

第七条 历史文化名城经批准后，该城市人民政府应当组织规划、建设、文物、计划、土地、园林、旅游、环保等有关部门编制历史文化名城保护规划，并纳入城市总体规划。

城市园林绿化、道路交通、环境卫生、风景名胜等各项专业规划，必须与历史文化名城保护规划相协调。

第八条 历史文化名城城市人民政府编制历史文化名城保护规划，应当从城市整体风貌上确定古城功能的改善、用地布局的调整、空间形态或者视廊的保护等措施。

第九条 编制历史文化名城保护规划应当划定文物保护单位的保护范围和建设控制地带。

对具有传统风貌的商业、手工业、居住等街区以及文物古迹、革命纪念建筑集中连片的地区，或者在城市发展史上有重要历史、科学、艺术价值的建筑群等，应当划定为历史文化保护区，树立标志，予以保护。

第十条 编制历史文化名城保护规划，应当广泛征求社会公众、专家学者和有关部门的意见，并进行技术性论证。

第十一条 国家级历史文化名城保护规划，按国家规定审批；省级历史文化名城保护规划，由省人民政府审批。

历史文化名城保护规划在报请审批前，须经同级人民代表大会或者其常务委员会审查同意。

历史文化名城保护规划一经批准，城市人民政府应当予以公布，并组织实施。任何单位和个人都必须遵守，不得擅自变更。

第十二条 历史文化名城城市人民政府应当依据经批准的历史文化名城保护规划，组织编制历史文化名城重点保护区域的详细规划，提出保护和建设的具体实施方案。

第十三条 历史文化名城城市人民政府可以根据城市社会经济发展和历史文化名城保护的需要，对保护规划进行局部调整，并报同级人民代表大会常务委员会和原批准机关备案；但对保护规划确定的保护范围、建设控制地带或者历史文化保护区的界限和内容进行调整的，必须经同级人

民代表大会或者其常务委员会审查同意后报原批准机关审批。

第三章 建 设

第十四条 历史文化名城城市规划区内的土地利用和各项建设必须符合历史文化名城保护规划。

第十五条 在保护规划确定的建设控制地带内进行建设的，建设项目设计方案在报城市规划行政主管部门批准前，应当先经文物行政管理部门审查同意。

建设控制地带和历史文化保护区内的建设项目的布局、性质、高度、容积率、建筑密度、造型和色彩等，必须与周围景观风貌相协调。

第十六条 在历史文化名城城市规划区内建设各类大型项目或者进行较大规模的旧城改造，城市人民政府应当事先组织有关专家进行论证，并广泛征求社会各方面的意见。

第十七条 历史文化名城城市规划区内建设项目的可行性研究报告报请批准时，必须附具城市规划行政主管部门核发的建设项目选址意见书；未附具建设项目选址意见书的，计划部门不得审批。

建设项目选址意见书由批准建设项目的计划部门的同级城市规划行政主管部门核发。但属于国家审批的大中型和限额以上的建设项目，由省城市规划行政主管部门核发；国家有关部门审批的小型和限额以下的建设项目，由项目所在地城市规划行政主管部门核发。

第十八条 在历史文化名城城市规划区内进行建设需要使用土地的，必须办理建设用地规划许可证。

建设用地规划许可证经批准用地人民政府的城市规划行政主管部门审查同意后，由当地城市规划行政主管部门核发。

第十九条 在历史文化名城城市规划区内新建、扩建和改建建筑物、构筑物、道路、管线和其他工程设施，必须办理建设工程规划许可证。

建设工程规划许可证按规定实行分级审查。经审查同意的建设工程规划许可证由当地城市规划行政主管部门核发。

第二十条 设计单位必须按照城市规划行政主管部门提出的规划设计要求进行设计。

第二十一条 建设单位或者个人在取得建设工程规划许可证和其他有关批准文件后，应当按规定办理开工手续；经城市规划行政主管部门现场验线后，方可正式施工。

第二十二条 施工单位必须按照建设工程规划许可证的规定进行施工，切实保护文物古迹及其周围的林木、植被、水体、地貌，不得造成污染和破坏。

第二十三条 建设工程竣工后，建设单位或者个人必须按规定报城市规划行政主管部门进行规划验收。

建设单位或者个人必须在建设工程竣工验收后六个月内，向城市规划行政主管部门报送有关竣工资料，办理存档手续。

第四章 管 理

第二十四条 历史文化名城城市人民政府应当采取措施，切实加强对历史文化名城的管理。

第二十五条 在历史文化名城城市规划区内从事挖取砂石、土方，围填水面，设置生产、生活废弃物堆放场所等改变地形、地貌的活动，必须经城市规划行政主管部门和有关部门批准。

第二十六条 建设工程投入使用后，未经城市规划行政主管部门批准，任何单位和个人均不得擅自变更其使用性质；涉及土地使用性质变更的，还应当报经土地管理部门批准。

第二十七条 历史文化名城中的文物古迹和重要人文景观，必须按照文物保护法律、法规的规定严加保护，及时修缮。

被核定为文物保护单位的革命遗址、纪念建筑物、古墓葬、古建筑、石刻等，在进行修缮、保养、迁移的时候，必须遵守不改变文物原状的原则，其修缮计划和施工方案须按规定经文物行政管理部门批准。

第二十八条 在历史文化名城中经批准使用文物保护单位的，应当与文物行政管理部门签订使用保护协议书，负责建筑物及其附属物的安全、保养和维修，接受文物行政管理部门的指导和监督。

第二十九条 对社会开放的文物保护单位和有文物保护单位的参观游览场所，其管理部门应当采取有效的保护措施，保证文物的安全，严禁破坏性使用。

参观游览者应当自觉遵守文物保护法律、法规及文物保护单位的各项管理制度，爱护文物及其设施，不得毁坏、刻划或者涂抹。

第三十条 文物保护单位应当加强消防安全措施。任何单位和个人都不得在保护范围内存放易燃、易爆、有毒、有腐蚀性等危害文物安全的物品。

第三十一条 历史文化名城中的古树名木，应当按国家规定登记造册，建立档案，设置保护标志，制定特别保护措施。

第三十二条 历史文化名城城市人民政府必须采取措施，集中处理生活污水、垃圾，不断改善环境卫生；不得新建污染环境的项目，严格限制新建影响城市风貌的项目；对现有污染严重且对文物古迹和风景名胜有严重影响的工矿企业，必须依法限期治理或者搬迁。

第三十三条 在历史文化名城城市规划区范围内，不得从事下列活动：

(一)损坏或者拆除保护规划确定保护的传统建筑物、构筑物、街区等；

(二)占用或者破坏保护规划确定保护的道路、园林绿地、河湖泉水系等；

(三)法律、法规禁止的其他活动。

第三十四条 历史文化名城各有关部门应当对历史文化名城的历史沿革、文物资源、范围界限、环境状况等进行收集整理和研究，形成完整的资料，妥善保存并合理利用。

第三十五条 省和历史文化名城城市人民政府应当视财力情况，每年安排一定的专项保护经费，用于历史文化名城的保护。

第五章 法律责任

第三十六条 违反本条例的规定，擅自改变历史文化名城规划，造成重大损失或者严重后果的，对直接负责的主管人员应当依法给予行政处分；构成犯罪的，依法追究刑事责任。

城市规划行政主管部门违反本条例规定，未经审查而擅自核发建设用地规划许可证或者建设工程规划许可证的，其核发的证件无效，由上级城市规划行政主管部门责令其停止建设、限期改正，对直接负责的主管人员和其他直接责任人员，依法给予行政处分；造成损失的，应当予以赔偿；构成犯罪的，依法追究刑事责任。

第三十七条 在历史文化名城城市规划区内，未取得建设用地规划许可证或者违反建设用地规划许可证的规定而取得用地批准文件、占用土地的，批准文件无效，占用的土地由县级以上人民政府责令退回；构成犯罪的，依法追究刑事责任。

第三十八条 在历史文化名城城市规划区内，建设单位未取得建设工程规划许可证或者违反建设工程规划许可证的规定进行建设，严重影响历史文化名城保护规划的，由城市规划行政主管部门责令其停止建设、限期拆除或者没收违法建筑物、构筑物及其他设施；非法占用土地的，由县级以上人民政府依法收回土地使用权；影响历史文化名城保护规划，尚可采取改正措施的，由城市规划行政主管部门责令其停止建设、限期改正，并处以建设工程总造价百分之三至百分之十的罚款。

当事人自接到停工通知之日起，必须停止有关建设活动；对拒不停止违法行为继续施工的，作出处罚决定的机关可依法查封其施工设施和建筑材料，并拆除其续建部分，拆除费用由当事人承担。

第三十九条 设计单位违反本条例第二十条规定，未按规划设计要求进行设计的，由城市规划行政主管部门责令其限期改正，没收违法所得，并可处以违法所得一倍以上二倍以下的罚款。

第四十条 施工单位违反本条例规定，未按建设工程规划许可证的规定进行建设的，由城市规划行政主管部门责令其停止施工，并可处以一万元以上十万元以下的罚款。

第四十一条 违反本条例第二十六条规定，擅自变更建设工程使用性质的，由城市规划行政主管部门责令其限期改正，并可处以二千元以上一万元以下的罚款。

第四十二条 违反本条例第二十九条第一款规定，破坏性使用文物保护单位文物的，由文物行政管理部门责令其停止使用，赔偿损失，并可处以二万元以下的罚款。

第四十三条 违反本条例第三十三条第一项和第二项规定的，由城市规划行政主管部门责令其停止违法活动，限期采取补救措施或者恢复原状，并可处以一万元以上十万元以下的罚款。造成损失的，应当予以赔偿。

第四十四条 依照本条例规定实施罚款处罚时，必须使用省财政部门统一制发的罚没票据。罚没款项全部缴国库。

第四十五条 当事人对行政处罚决定不服的，可以依法申请复议或者向人民法院起诉。当事人逾期不申请复议也不起诉，又不履行处罚决定的，由作出处罚决定的机关申请人民法院强制执行。

第四十六条 从事历史文化名城保护工作的国家工作人员玩忽职守、滥用职权、徇私舞弊的，由其所在单位或者上级主管机关给予行政处分；构成犯罪的，依法追究刑事责任。

第六章 附 则

第四十七条 本条例自公布之日起施行。

山东省风景名胜区管理条例

（2004年5月27日山东省第十届人民代表大会常务委员会第八次会议修正）

第一章 总 则

第一条 为加强风景名胜区规划、建设和管理，有效保护和合理开发利用风景名胜资源，根据法律、行政法规的有关规定，结合本省实际，制定本条例。

第二条 本条例适用于本省行政区域内风景名胜区的设立、规划、保护、建设和其他管理。

第三条 本条例所称风景名胜区，是指风景名胜资源比较集中、自然环境优美、具有一定规模和游览条件，经县级以上人民政府审定命名、划定范围，供人们游览、观赏、休闲和进行科学文化教育活动的区域。

第四条 风景名胜区管理必须贯彻可持续发展战略，正确处理资源保护与开发利用的关系，坚持严格保护、统一管理、合理开发、永续利用的原则。

第五条 省人民政府建设行政主管部门主管全省的风景名胜区工作，设区的市、县级人民政府建设行政主管部门主管本行政区域内风景名胜区工作；跨行政区域的风景名胜区的建设规划，由其共同的上级人民政府建设行政主管部门管理。

计划、文物、旅游、宗教、公安、林业、环保、国土资源、物价等部门按照各自的职责，共同做好风景名胜区管理工作。

第六条 县级以上人民政府可以根据需要设立风景名胜区管理机构，按照本条例规定和人民政府确定的职责具体负责风景名胜区管理工作。

设在风景名胜区的所有单位，必须服从风景名胜区管理机构的统一管理，并接受其上级主管部门领导或者业务指导。

第七条 各级人民政府应当把风景名胜区发展规划纳入国民经济和社会发展计划，并加大对风景名胜区保护、规划和建设等方面的投入。

第八条 省和设区的市人民政府应当按照资源共享、设施共用、环境共保的原则，对风景名胜区进行统筹规划，科学管理。

第二章 设 立

第九条 风景名胜区按其观赏、科学、文化、教育价值和环境质量、规模及游览条件，划分为国家重点风景名胜区、省级风景名胜区和市、县级风景名胜区。

第十条 设立风景名胜区，由建设行政主管部门会同有关部门、组织专家进行风景名胜资源调查、评价，并按下列程序报批：

(一)国家重点风景名胜区，由省人民政府提出设立申请和风景名胜资源评价报告，报国务院审定公布；

(二)省级风景名胜区，由设区的市人民政府提出设立申请和风景名胜资源评价报告，报省人民政府审定公布，并报国务院建设行政主管部门备案；

(三)市、县级风景名胜区，由设区的市、县(市)建设行政主管部门提出设立申请和风景名胜资源评价报告，报同级人民政府审定公布，并报省人民政府建设行政主管部门备案。

第十一条 风景名胜区的风景名胜资源发生重大变化，不再具备该等级风景名胜区条件的，应当降低该风景名胜区的等级；已不具备风景名胜区条件的，应当撤销该风景名胜区。

第十二条 因风景名胜区设立影响区域内有关单位和个人生产、工作、生活的，当地人民政府应当根据经批准的风景名胜区规划，组织有关部门采取措施，予以妥善解决。

第三章 规 划

第十三条 风景名胜区经审定公布后，所在地人民政府应当组织建设行政主管部门或者当地人民政府直属的风景名胜区管理机构、有关部门及时编制风景名胜区规划；具体编制任务应当委托具有相应资质等级的规划设计单位承担。

第十四条 风景名胜区规划分为总体规划和详细规划。

总体规划的内容包括：风景名胜区基础资料与现状分析，风景资源评价，风景名胜区范围、性质和发展目标，分区结构与布局，旅游环境容量和游人规模预测，生态保护、基础设施、土地利用等专业规划。

详细规划的内容包括：景区特色，景点保护、建设方案，安全管理、环境保护、旅游服务和其他基础设施布局，以及重要景观建筑的方案设计等。

第十五条 编制风景名胜区规划应当符合下列要求：

(一)依据资源特征、环境条件、历史情况、现状特点以及国民经济和社会发展趋势，统筹兼顾、综合安排；

(二)严格保护自然与文化遗产，保持风景名胜区原有特色，维护生物多样性和生态良性循环，防止风景名胜区人工化、城市化、商业化，防止污染和其他公害；

(三)充分发挥景源潜力，展现风景游览欣赏主体，使风景名胜区有度有序持续发展；

(四)综合权衡风景名胜区环境、社会、经济三方面的综合效益，正确处理风景名胜区自身健康发展与社会需求之间的关系；

(五)与区域规划、城市总体规划、土地利用总体规划、环境保护规划、旅游规划等相关规划相互协调。

编制风景名胜区规划应当广泛征求有关部门、专家和人民群众的意见，进行多方案的比较和论证。

第十六条 风景名胜区规划按照下列规定审批：

(一)国家重点风景名胜区总体规划，由设区的市人民政府报省人民政府审查同意后，报国务院审批；详细规划由设区的市人民政府审查同意后，报省人民政府建设行政主管部门审批；

(二)省级风景名胜区总体规划，由设区的市人民政府审查同意后，报省人民政府审批；详细规划由设区的市人民政府审批，报省人民政府建设行政主管部门备案；

(三)市、县级风景名胜区的总体规划和详细规划，由同级人民政府审批。

跨行政区域的风景名胜区规划，按行政区划分别组织编制，并报其共同的上级人民政府建设行政主管部门统一协调后，按前款规定程序分别报批。

第十七条 风景名胜区管理机构应当按照风景名胜区规划界定的范围，标明界区，设立界碑。

第十八条 在风景名胜区规划实施过程中，需要对风景名胜区性质、发展规模、总体布局、用地及功能分区、规划期限等内容作重大修改的，必须按规定程序报原批准机关审批；需要对规划作局部调整的，应当报原批准机关备案。

第四章 保 护

第十九条 风景名胜区管理机构应当建立健全保护制度，配备相应的管理人员及设施，落实保护措施和责任。

第二十条 对风景名胜区按其景观价值和保护需要，实行四级保护：

(一)一级保护区内可以设置必需的步行游赏道路和相关设施，不得建设与风景名胜区保护无关的设施；

(二)二级保护区内应当限制与风景游赏无关的建设；

(三)三级保护区内可以建设符合规划要求、与风景环境相协调的设施；

(四)四级保护区内应以绿化为主，可以建设符合规划要求、与旅游服务配套的基础设施。

一、二、三、四级保护区范围由风景名胜区管理机构依据风景名胜区规划详细标定。

第二十一条 对风景名胜资源按下列规定进行保护：

(一)建立古建筑、古园林、碑碣石刻及其他历史遗址、遗迹等文物古迹档案、划定保护范围、设立标志，并落实避雷、防火、防洪、防震、防蛀、防腐、防盗等措施；

(二)保护植被、加强绿化，维护生态平衡，落实环境保护、护林防火和病虫害防治措施，并对重要景区、景点实施定期封闭轮休；

(三)对古树名木登记造册，落实保护复壮措施；

(四)划定生态保护区域，保护野生动植物及其栖息、生长环境；

(五)加强对地表水和地下水的管理，防止水体污染。

第二十二条 未经相关行政主管部门批准，不得在风景名胜区从事下列活动：

(一)刻字立碑、设立雕塑；

(二)捶拓碑碣石刻；

(三)恢复、建造、设立宗教活动场所或者塑造佛像、神像等宗教标志物；

(四)采伐树木、挖掘树桩(根)、放牧、采集药材和动植物标本；

(五)占用林地、土地或者改变地形地貌；

(六)筑路、围堰筑坝、截流取水。

相关行政主管部门在依法定程序批准前，应当征求风景名胜区管理机构的意见。

本条第一款第一项，属于国家重点风景名胜区的，由省人民政府批准；属于省级风景名胜区和市、县级风景名胜区的，由设区的市人民政府批准。

第二十三条 任何单位和个人不得在风景名胜区从事下列活动：

(一)出让或者变相出让风景名胜资源；

(二)开山、采石、建坟等；

(三)损坏文物古迹；

(四)砍伐、损毁古树名木或者擅自砍伐树木；

(五)捕猎野生动物和采集珍贵野生植物或者破坏野生动植物栖息、生长环境；

(六)在主要景点设置商业广告；

(七)在非指定地点倾倒垃圾、污物；

(八)在禁火区内吸烟、生火、烧香点烛、燃放烟花爆竹。

第二十四条 风景名胜资源属国家所有。

风景名胜资源实行有偿使用制度，具体办法由省人民政府制定。

第二十五条 对风景名胜区的国家专项拨款、地方财政拨款、国内外捐助以及风景名胜资源有偿使用收益，必须专款专用。

风景名胜区内宗教寺庙的各种专项收入以及捐赠的使用，按国家有关规定执行。

第五章　建　设

第二十六条 在风景名胜区从事各项建设活动，必须按照风景名胜区规划进行。

第二十七条 在风景名胜区不得开办工矿企业，不得建设铁路、站场、仓库、医院等破坏景观、污染环境、妨碍游览的设施；在一、二、三级保护区内不得建设各类开发区、度假区。

风景名胜区所在地人民政府应当对原有建筑物进行清理整顿，对不符合风景名胜区规划要求的建筑物限期拆除或者外迁。

第二十八条 在风景名胜区从事新建、改建和扩建等项目建设的，建设单位或者个人必须按本条例第二十九条的规定申领风景名胜区建设选址审批书，并按照程序办理有关计划、旅游、土地使用、文物保护等审批手续。

第二十九条 除国家另有规定外，申领风景名胜区建设选址审批书，应当经风景名胜区管理机构审查同意后，按下列程序办理：

(一)属国家重点风景名胜区一级保护区内建设项目的建设选址审批书，由省人民政府审定；

(二)属国家重点风景名胜区二级保护区内所有建设项目和三级保护区内的重大建设项目以及省级风景名胜区一级保护区内的所有建设项目和二级保护区内的重大建设项目的建设选址审批书，由省人民政府建设行政主管部门审批；

(三)属国家重点风景名胜区三级保护区内的其他建设项目和四级保护区内的建设项目、省级风景名胜区二级保护区内的其他建设项目和三级保护区内的所有建设项目、以及市、县级风景名胜区一级保护区内的所有建设项目的建设选址审批书，由设区的市人民政府审定，并报省人民政府建设行政主管部门备案；

(四)属市、县级风景名胜区其他建设项目的建设选址审批书，由所在地人民政府建设行政主管部门审定。

第三十条 前条规定的重大建设项目包括：

(一)专用公路、索道、缆车、水库、广播电视和通信设施；

(二)总建筑面积超过三千平方米或者占地面积超过二千平方米的建设项目；

(三)设置风景名胜区徽志的标志建筑；

(四)法律、法规规定的其他建设项目。

第三十一条 严禁在风景名胜区规划批准前或者违反经批准的风景名胜区规划建设索道、缆车等重大建设项目。

第三十二条 风景名胜区建设项目的设计任务，由具备相应资质的设计单位承担；建设项目的设计方案，必须经建设行政主管部门审查同意。

建设项目的设计布局、高度、体量、造型和色彩等，必须保持风景名胜区原有特色，并与周围景观和环境相协调。

第三十三条 风景名胜区建设项目的施工任务，由具备相应资质的施工单位承担。

施工场地应当文明整齐，不得乱堆乱放。位于游览区内的施工场地应当设立围栏，确保游览安全。

建设项目竣工验收合格后，施工单位应当清理施工场地，并由建设单位负责恢复植被。

第六章 其他规定

第三十四条 风景名胜区管理机构应当建立健全风景名胜区管理制度，对风景名胜区的规划、建设和保护进行综合监督检查，加强治安和安全管理，维护风景名胜区的正常管理秩序。

第三十五条 风景名胜区管理机构应当在风景名胜区入口处、景点和游客集中的区域设置规范的风景名胜区景点说明、地名标志、指路牌，在险要地段和部位设置必要的安全设施和警示牌，定期对车、船、索道、缆车等交通游览设施进行检查和维护，及时排除危岩险石和其他不安全因素，并根据风景名胜区的容量和条件调控游人规模，确保游览者安全。

第三十六条 风景名胜区的所有单位、居民和进入风景名胜区的游人，必须遵守风景名胜区的各项管理规定，爱护景物、设施，保护环境，不得破坏风景名胜资源或者擅自改变其形态。

车辆进入风景名胜区，应按规定的路线行驶，在规定的地点停放。

第三十七条 在风景名胜区从事商业、食宿、广告、娱乐、专线运输等经营活动的单位和个人，必须依法办理有关手续后，方可在风景名胜区管理机构确定的地点和划定的范围从事经营活动。

相关行政主管部门在审批前，应征求风景名胜区管理机构的意见。

第三十八条 风景名胜区管理机构应当建立健全消防制度，明确职责，完善消防设施。

第三十九条 风景名胜区的单位和个人，应当负责指定区域内的清扫保洁工作。

风景名胜区生活或者生产经营所排污水，必须达到国家规定的污水排放标准。

第四十条 风景名胜区实行售票的，必须严格执行价格管理的有关规定，不得随意提高或者降低价格主管部门确定的门票价格。

第七章 法律责任

第四十一条 违反本条例规定，法律、法规已有规定的，依照相关法律、法规处罚；法律、法规没有规定的，依照本条例的规定予以处罚。

第四十二条 建设行政主管部门或者风景名胜区管理机构违反本条例规定违章建设、毁损景物的，由上级建设行政主管部门责令限期改正，恢复原状，可并处五万元以下罚款；不能恢复原状的，可并处十万元以下罚款。对直接负责的主管人员和有关责任人员给予行政处分。

第四十三条 违反本条例第二十二条第一款第一项规定的，由风景名胜区管理机构或者建设行政主管部门责令停止违法行为，限期补办手续，并可处五万元以下罚款。

第四十四条 违反本条例第二十三条第一项规定，出让或者变相出让风景名胜资源的，由建设行政主管部门或者其他有关部门责令改正，并按照各自职责予以处罚。

第四十五条 违反本条例第二十三条第二项至第八项规定的，由风景名胜区管理机构或者其他有关部门责令停止违法行为，限期恢复原状，可并处五万元以下罚款；造成风景名胜资源损害的，依法予以赔偿。

第四十六条 违反本条例第二十七条第一款规定的，由建设行政主管部门或者风景名胜区管理机构责令拆除违章建筑、限期迁出、恢复原状，并按建筑面积处每平方米三十元以下罚款；不能恢复原状的，按建筑面积处每平方米二百元以下罚款。对直接负责的主管人员和有关责任人员给予行政处分。

第四十七条 违反本条例第二十九条和第三十二条第一款规定，未领取风景名胜区建设选址审批书或者建设项目设计方案未经审查同意擅自建设的，由建设行政主管部门或者风景名胜区管理机构责令停止建设、限期补办手续，可并处五万元以下罚款；属不准建设的项目，责令限期拆除、恢复原状，可并处十万元以下罚款。对直接负责的主管人员和有关责任人员给予行政处分。

第四十八条 违反本条例第三十七条规定，未在风景名胜区管理机构确定的地点和划定的范围内从事经营活动的，由风景名胜区管理机构给予警告，没收违法所得，责令限期改正，可并处五千元以下罚款。

第四十九条 人民政府和建设行政主管部门、风景名胜区管理机构和其他有关部门工作人员玩忽职守、滥用职权、徇私舞弊，构成犯罪的，依法追究刑事责任；尚未构成犯罪的，依法给予行政处分。

第八章 附 则

第五十条 本条例自2002年2月1日起施行。

泰山风景名胜区保护管理条例

（2000年10月26日山东省第九届人民代表大会
常务委员会第十七次会议通过）

第一章 总 则

第一条 泰山是国家重点风景名胜区、世界自然和历史文化遗产。为加强泰山风景名胜区管理，有效保护和合理开发利用风景名胜资源，根据国家有关法律、法规，结合泰山风景名胜区实际，制定本条例。

第二条 本条例所称泰山风景名胜区包括登天、天烛峰、桃花峪、樱桃园、玉泉寺、灵岩寺六个景区及外围保护地带，其面积和界线按国务院批准的总体规划确定。

第三条 凡在泰山风景名胜区范围内居住及从事生产经营、开发建设、旅游、宗教、文化等各项活动的单位和个人，必须遵守本条例。

第四条 泰山风景名胜区的保护和建设，必须符合国务院批准的《泰山风景名胜区总体规划》，遵循严格保护、科学规划、统一管理、永续利用的原则。

第五条 省人民政府建设行政主管部门主管泰山风景名胜区的规划、建设工作，并对泰山风景名胜区的保护、管理等实施监督、检查；其他有关部门应当按照各自的职责，密切协作，共同做好风景名胜区管理工作。

泰安市、济南市人民政府应当按照省人民政府规定的职责分工，负责本行政区域内景区的保护、规划、建设、管理的具体工作。

第二章 保 护

第六条 省人民政府和泰安市、济南市人民政府应当采取措施切实保护泰山风景名胜区原有的地形地貌和自然人文景观。

第七条 泰山风景名胜资源属国家所有。未经省级以上人民政府批准，任何单位和个人不得出让或者变相出让风景名胜资源及景区土地。

第八条 风景名胜区所在地市人民政府必须把风景名胜资源的保护工作列为重要任务，建立健全规章制度，制定保护措施，落实保护责任。

第九条 泰山风景名胜区按其景观价值和保护需要，以各游览景区为核心，实行四级保护：

（一）一级保护区包括登天景区内从泰安门、通天街、遥参亭、岱庙、岱宗坊直至岱顶玉皇庙封禅祭祀活动的序列空间环境以及蒿里山、佛爷寺和规划开辟的中华文化游览线；

（二）二级保护区包括一级保护区以外的登天景区、天烛峰景区、桃花峪景区、樱桃园景区、玉泉寺景区、灵岩寺景区；

（三）三级保护区包括一、二级保护区以外，外围保护地带以内的其他区域；

（四）四级保护区为外围保护地带。

第十条 对泰山风景名胜资源应当采取下列保护措施：

（一）对古建筑、碑碣石刻、登山盘道以及其他历史遗址、遗迹等文物古迹，建立档案、划定保护范围、设立标志，实行专人保护，并落实避雷、防火、防洪、防震、防蛀、防腐、防盗等措施；

（二）保护植被，加强绿化，维护生态平衡，落实环境保护、护林防火和病虫害防治措施，必要时可对重要景区、景点实施定期封闭轮休；

（三）对古树名木登记造册，落实保护复壮措施；

（四）划定自然保护区，保护野生动植物及其栖息生长环境；

（五）加强对地表水和地下水的管理，防止水体污染。

第十一条 未经批准，在泰山风景名胜区范围内，不得从事下列活动：

（一）刻字立碑；

（二）捶拓碑碣石刻；

（三）以营利为目的摄制电影、电视片；

（四）采伐树木、挖掘树桩（根）、放牧、采集药材和动植物标本；

（五）占用林地、土地或者改变地形地貌；

（六）筑路、围堰筑坝、截流取水。

前款第一项，由省人民政府审批；第二项至第六项，由泰安市、济南市人民政府审批。法律、法规另有规定的，从其规定。

第十二条 严禁在泰山风景名胜区从事下列活动：

（一）在岱顶零点六平方公里范围内新建、扩建工程项目；

（二）开山、采石、挖土、取沙、殡葬；

（三）攀爬、踩踏、刻划、涂抹文物古迹；

（四）砍伐或者损毁古树名木；

（五）捕猎野生动物和采集珍贵野生植物；

（六）在主要景点设置商业广告；

（七）在非指定地点倾倒垃圾、污物；

（八）在禁火区内吸烟、生火、烧香点烛、燃放烟花爆竹。

第十三条 泰山风景名胜资源实行有偿使用，具体办法由省人民政府制定。

第十四条 省人民政府和泰安市、济南市人民政府应当采取措施，多渠道筹集泰山风景名胜区保护资金。

国家专项拨款、地方财政拨款、国内外捐助以及风景名胜资源有偿使用收益，必须专项用于泰山风景名胜区的保护和管理。

第三章 规划建设

第十五条 泰山风景名胜区总体规划是风景名胜区保护、开发、建设和管理等各项活动的依据，必须严格执行，任何单位和个人不得擅自改变。

总体规划如需调整和修改，由泰安市、济南市人民政府提出，经省人民政府审核同意后，报国务院批准。

第十六条 泰安市、济南市人民政府应当根据泰山风景名胜区总体规划，分别编制辖区范围内的景区、景点详细规划，经省建设行政主管部门批准后实施。国家另有规定的，从其规定。详细规划如需调整和修改，按原审批程序报批。

第十七条 在泰山风景名胜区内禁止建设工矿企业和储存易燃易爆、有毒物品，不得建设开发区、度假区、生活区以及大型工程设施；在泰山风景名胜区四级保护区内，禁止建设污染环境和破坏生态、景观的企业和设施。

泰安市、济南市人民政府应当对原有建筑物进行清理排查，对不符合规划、污染环境、有碍观瞻的，应当限期拆除或者外迁。

第十八条 在泰山风景名胜区内进行各项建设，建设单位或者个人必须申办风景名胜区建设项目审批书，经审查同意后，按照下列规定办理；国家另有规定的，从其规定：

（一）一级保护区内的所有建设项目由省人民政府审批；

（二）二级保护区内的所有建设项目和三级保护区内的重大建设项目，由省建设行政主管部门审批，报省人民政府备案；

（三）三级保护区内的其他建设项目和四级保护区内的建设项目，由泰安市、济南市人民政府审批，报省建设行政主管部门备案。

前款规定的重大建设项目包括：

（一）索道、缆车、水库；

（二）总建筑面积超过三千平方米或者占地面积超过二千平方米的文化、体育、游乐设施、旅馆、商店等各类建设项目；

（三）设置风景名胜区徽志等标志性建筑；

（四）法律、法规规定的其他建设项目。

第十九条 建设单位和个人取得风景名胜区建设项目审批书后，方可按照国家规定到计划、规划、国土资源、环保等部门办理其他有关手续。

第二十条 泰山风景名胜区建设项目的设计，必须由具备相应资质的设计单位承担。

建设项目的设计方案，必须经批准该项目的建设行政主管部门审查同意。

第二十一条 泰山风景名胜区及其外围保护地带的建设项目，其布局、高度、体量、造型和色彩等必须注重保持泰山特色，与周围景观和环境相协调。

第二十二条 泰山风景名胜区建设项目的施工，必须由具备相应资质的施工单位承担。

施工场地应文明整齐，不得乱堆乱放。位于游览区内的施工场地要设立围栏，以维护景容和游览安全。

建设项目竣工验收合格后，由施工单位清理施工场地，恢复植被。

第四章 管 理

第二十三条 泰山风景名胜区内的所有单位，必须服从当地人民政府对风景名胜区的统一规划和管理。

第二十四条 利用泰山风景名胜资源从事公益性活动的，必须报经当地人民政府审查批准，并在指定的区域或者路线进行。

第二十五条 在泰山风景名胜区内从事商业、食宿、广告、娱乐、专线运输等经营活动的单位和个人，须经当地人民政府同意，取得风景名胜区准营证、依法办理其他有关手续后，方可在指定的地点和划定的范围内进行经营活动，并做到文明待客、依法经营，不欺诈和误导旅游者。

当地人民政府应当加强对景区内商品和服务价格的审核与监督管理，保护旅游者的合法权益。

第二十六条 泰山风景名胜区应当建立健全防火组织，完善防火设施。凡进入重点景区和景点的人员，在室外的均应按照规定的地点吸烟或者就餐。防火紧要期内，严禁携带火种进入重要景区。

第二十七条 泰山风景名胜区内的单位和个人，应当按照规定负责指定区域内的清扫保洁工作。

在泰山风景名胜区因生活、生产经营所排废水，必须经排放单位或者泰山风景名胜区、市污水处理设施处理，达到国家规定的污水排放标准。

第二十八条 泰安、济南市人民政府应当在景区、景点设置规范的地名标志和指路牌，在险要部位设置必要的安全设施和警示牌，定期对交通、游览设施进行检查和维护，确保游览者安全。

第二十九条 进入泰山风景名胜区的车辆，必须服从管理，按照指定线路行驶，在规定地点停放。

第三十条 在泰山风景名胜区从事导游的，必须按照规定取得导游证件，文明服务。禁止无证导游或者随意提高导游价格，扰乱旅游市场秩序。

第三十一条 泰山风景名胜区应当制定景区游览的各项具体规定，并在景点的醒目位置予以公告。

进入泰山风景名胜区的旅游者和其他人员，应当爱护风景名胜资源和各项公共设施，维护环境卫生和公共秩序，遵守泰山风景名胜区的有关规定。

第三十二条 在泰山风景名胜区保护、规划、建设和管理工作中做出显著成绩的单位和个人，由省、市人民政府或者有关部门按照有关规定给予表彰和奖励。

第五章 法律责任

第三十三条 违反本条例规定，法律、法规已有规定的，依照相关法律、法规处罚；法律、法规没有规定的，依照本条例的规定予以处罚。

第三十四条 违反本条例第七条规定，擅自出让或者变相出让风景名胜资源的，其出让行为无效，由省建设行政主管部门没收违法所得，并可对出让单位处以五千元以上五万元以下的罚款。

第三十五条 违反本条例第十七条第一款规定的，由省建设行政主管部门责令拆除违法建筑、限期迁出、恢复原状，并按建筑面积处以每平方米三十元以下的罚款；不能恢复原状的，按建筑面积处以每平方米一百元以上二百元以下的罚款。

第三十六条 违反本条例规定，有下列行为之一的，由相应的建设行政主管部门责令其停止建设、限期补办手续，并可处以五千元以上五万元以下的罚款；属不准建设的项目，责令其限期拆除、恢复原状：

（一）未取得风景名胜区建设项目审批书而擅自进行建设的；

（二）建设项目设计方案未经审查同意而擅自进行建设的。

第三十七条 滥用或者超越职权批准泰山风景名胜区建设项目的，其批准文件无效，由省建设行政主管部门建议有关部门对直接负责的主管人员和有关责任人员给予行政处分；属不准建设的项目，责令有关建设单位拆除建(构)筑物。

第三十八条 违反本条例第十一条第一款第一项规定的，由省建设行政主管部门责令停止违法行为，限期补办手续，并处以一万元以上五万元以下的罚款；违反第一款第二项至第六项规定的，由当地人民政府或者有关部门责令停止违法行为，限期补办手续，并处以一千元以上一万元以下的罚款。

第三十九条 违反本条例第十二条第一项至第五项规定的，由当地人民政府或者有关部门责令停止违法行为，限期恢复原状，并可处以五千元以上五万元以下的罚款；违反第六项至第八项规定的，由当地人民政府或者有关部门责令停止违法行为，限期恢复原状，并可以处以一百元以上一万元以下的罚款；造成风景名胜资源损坏的，依法予以赔偿。

第四十条 违反本条例规定，未取得风景名胜区准营证或者未按照批准的地点、范围从事经营的，由当地人民政府给予警告，没收违法所得，责令限期补办风景名胜区准营证，并可处以一百元以上五千元以下的罚款；欺诈、误导旅游者的，按照消费者权益保护的法律法规规定处理。

第四十一条 风景名胜区所在地人民政府及其建设行政主管部门工作人员玩忽职守、滥用职权、徇私舞弊，构成犯罪的，依法追究刑事责任；尚不构成犯罪的，依法给予行政处分。

第六章 附 则

第四十二条 本条例自2000年12月1日起施行。

山东省刘公岛甲午战争纪念地保护管理规定

（2000年10月26日山东省第九届人民代表大会常务委员会第17次会议通过）

第一条 刘公岛甲午战争纪念地（以下称纪念地）是全国重点文物保护单位。为了加强对纪念地的保护，发挥纪念地爱国主义教育作用，促进社会主义物质文明和精神文明建设，根据有关法律、法规，结合纪念地实际情况，制定本规定。

第二条 本规定所称纪念地的保护内容，是指位于刘公岛以及威海湾南北两岸的北洋海军和甲午战争纪念建筑物及遗址。

纪念地保护范围，省人民政府组织有关部门划定，作出标志说明。

纪念地周围的建设控制地带，由省人民政府负责文物行政管理的部门（以下称省文物行政管理部门）会同城建规划部门和威海市人民政府划定，报省人民政府批准。

第三条 省人民政府和威海市（以下称市）人民政府应当加强对纪念地的保护。

省文物行政管理部门负责对纪念地保护管理的工作监督和业务指导。

市人民政府负责文物行政管理的部门（以下称市文物行政管理部门）是纪念地保护与管理的主管部门。

公安、工商行政管理、城建规划、环境保护、林业、旅游管理、国土资源管理等部门，应当依照文物保护法的规定，做好纪念地的保护工作。

第四条 军事禁区、军事管理区的管理单位，应当依照有关法律、法规的规定，保护纪念地的纪念建筑物、遗址。

第五条 市文物行政管理部门及其文物保护管理机构应当举办多种形式的教育、展览活动，发挥纪念地爱国主义教育基地作用。

第六条 省、市人民政府对在纪念地保护、管理工作中做出突出成绩的单位和个人，给予表彰、奖励。

第七条 在纪念地保护范围内，不得进行其他工程建设。如有特殊需要，进行其他工程建设或者对纪念地的纪念建筑物、遗址进行迁移、拆除的，必须依照文物保护法及其实施细则的规定履行报批手续。

第八条 在建设控制地带内，不得建设危及文物安全的设施；新建建筑物、构筑物的形式、高度、体量、色调、风格都不得破坏纪念地的环境风貌。

第九条 禁止破坏性使用纪念地的纪念建筑物、遗址。

使用纪念地的纪念建筑物的单位，应当与市文物行政管理部门签订保护责任书，承担保养、维修义务；无力保养、维修的，应当将纪念建筑物无偿移交市文物行政管理部门，或者缴纳维护费，由市文物行政管理部门进行保养、维修。

第十条 使用单位不得将纪念地的纪念建筑物出租。因特殊需要将纪念建筑物的附属物出租或者辟为经营场所的，必须经市文物行政管理部门批准。

纪念建筑物的附属物出租方，必须根据不改变文物原状的原则，承担保养、维修义务；拒绝保养、维修的，由市文物行政管理部门组织保养、维修，所需费用由出租方承担。

承租方在租赁期间，未经市文物行政管理部门同意，对承租的附属物不得进行添建、改建、装修，不得在内外墙壁书写商品信息和店堂告示。

第十一条 在纪念地保护范围内，禁止设置经营摊位和建设商业网点。在纪念地建设控制地带内设置经营摊位和建设商业网点，应当由城建部门会同文物、工商行政管理部门共同规划，合理设置。

第十二条 在纪念地保护范围内，有关部门应当加强对环境风貌和植被的保护，防止水土流失，禁止盗伐、滥伐林木、开山采石、挖沙取土。

第十三条 在纪念地及其保护范围内，禁止下列行为：

(一)悬挂、张贴设置商业广告；

(二)从事占卜算卦等封建迷信活动；

(三)举办不健康的展览和表演；

(四)生产、制造、销售有损纪念地形象的商品；

(五)法律法规禁止的其他有损纪念地保护的行为。

第十四条 市文物行政管理部门及其保护管理机构应当依法履行职责，加强纪念地文物安全保护工作，合理利用文物资源，促进旅游事业发展，提高社会效益和经济效益。

第十五条 纪念地的文物保护管理经费和门票、接受的捐赠等收入，应当全部用于纪念地的保护和管理，实行严格核算、专款专用，不得挪作他用。

第十六条 违反本规定，有下列行为之一的，由市文物行政管理部门依照下列规定予以处理：

(一)改变纪念地的纪念建筑物及其附属物原状的，责令赔偿损失或者恢复原状，并处以一千元以上一万元以下的罚款；

(二)破坏性使用纪念地的纪念建筑物、遗址的，责令停止使用、赔偿损失或者恢复原状，并处以二千元以上二万元以下的罚款；

(三)出租纪念地的纪念建筑物或者未经批准将纪念建筑物的附属物出租、辟为经营场所的，责令停止违法行为，没收违法所得，并处以二千元以上二万元以下的罚款。

第十七条 违反本规定第十三条第(三)、(四)项的，分别由市文物、工商行政管理、公安等部门依法予以取缔，没收违法所得及商品，并处以二千元以上一万元以下的罚款。

第十八条 单位有第十六条、第十七条所列行为之一的，依照第十六条、第十七条的规定处罚，并对其直接负责的主管人员和其他直接责任人员处以罚款。

第十九条 文物行政管理及其他行政管理部门的国家工作人员在纪念地保护、管理工作中有下列行为之一的，依法给予行政处分：

(一)挪用文物事业费、文物修缮、维护费和其他文物保护管理经费的；

(二)对纪念建筑物的附属物不应当批准出租、辟为经营场所而予以批准的；

(三)违反文物保护要求，擅自决定或者批准对纪念建筑物及其附属物进行改建、添建、装修和在内外墙壁书写商品信息、店堂告示的；

(四)违反本规定，使纪念建筑物、遗址受到其他损失或者破坏的。

第二十条 故意损毁纪念地的纪念建筑物、遗址，或者过失损毁纪念地的纪念建筑物、遗址，造成严重后果以及违反本规定的其他行为构成犯罪的，由司法机关依法追究刑事责任。

第二十一条 与纪念地相关的文物保护、环境保护、旅游管理、森林管理、城建规划、国土资源管理、交通管理、公安、工商行政管理、风景名胜区管理等，国家法律、法规已有规定的，从其规定。

第二十二条 本规定自公布之日起施行。

山东省消防条例

（2011年1月14日山东省第十一届人民代表大会
常务委员会第二十一次会议修订）

第一章 总 则

第一条 为了预防火灾和减少火灾危害，加强应急救援工作，保护人身、财产安全，维护公共安全，根据《中华人民共和国消防法》等法律、行政法规，结合本省实际，制定本条例。

第二条 本省行政区域内的火灾预防、火灾扑救和应急救援等工作，适用本条例。

第三条 消防工作贯彻预防为主、防消结合的方针，按照政府统一领导、部门依法监管、单位全面负责、公民积极参与的原则，实行消防安全责任制，建立健全社会化的消防工作网络。

第四条 各级人民政府应当加强对消防工作的领导，将消防工作纳入国民经济和社会发展计划，保障消防工作与经济社会发展相适应。

县级以上人民政府公安机关负责本行政区域内消防工作的监督管理，并由公安机关消防机构实施；其他有关部门在各自的职责范围内，依法做好消防工作。

第五条 维护消防安全是全社会的共同责任。任何单位和成年人都有参加有组织的灭火工作的义务。

鼓励、支持社会力量参与消防宣传教育、消防队伍建设、消防志愿服务、消防公益捐赠等公益活动。

任何单位和个人发现违反消防法律、法规、规章的行为，都有权举报、控告或者劝阻。

第六条 各级人民政府及有关部门、单位应当开展消防宣传教育，提高全民消防安全意识。

每年11月为全省消防安全宣传月，11月9日为全省消防安全活动日。

第二章 消防安全职责

第七条 各级人民政府主要负责人是本行政区域消防安全第一责任人，对消防安全工作负领导责任；分管负责人对消防安全工作负直接领导责任。

单位主要负责人是消防安全责任人，对本单位消防安全工作负领导责任；分管负责人是消防安全管理人，对本单位消防安全工作负直接领导责任。

第八条 县级以上人民政府履行下列职责：

（一）贯彻实施消防法律、法规，编制消防事业发展规划并组织实施；

（二）建立健全消防工作协调机制，研究、制定加强消防工作的政策、措施；

（三）落实消防安全责任制，对本级人民政府有关部门和下级人民政府履行消防安全职责情况进行督察、考核；

（四）将消防事业经费纳入本级财政预算，保障公共消防设施、消防队伍、消防和应急救援装备、消防训练基地、消防宣传教育等经费需要；

（五）鼓励、支持消防科学研究和技术创新，保障先进消防装备、技术的配置和应用；

（六）法律、法规、规章规定的其他职责。

乡镇人民政府、城市街道办事处负责本辖区消防工作，指导、支持和帮助村民委员会、居民委员会开展群众性消防工作，指导、督促辖区内单位做好消防工作，协助公安机关消防机构实施消防监督管理。

第九条 公安机关消防机构履行下列职责：

（一）检查、督促单位落实消防安全责任制；

（二）依法实施消防行政许可、监督检查、火灾调查、行政处罚、行政强制；

（三）承担火灾扑救和国家规定的应急救援任务；

（四）推广使用先进消防技术、装备；

（五）开展消防业务指导、宣传教育和培训；

（六）开展消防调查研究和安全评价，向本级人民政府提出消防工作意见和建议；

（七）法律、法规、规章规定的其他职责。

公安派出所按照规定实施日常消防监督检查，开展消防宣传教育，保护火灾现场，协助调查火灾原因。

第十条 县级以上人民政府有关部门应当履行下列职责：

（一）发展和改革部门将公共消防设施建设列入本级地方固定资产投资计划；

（二）财政部门按时、足额拨付消防事业经费；

（三）住房城乡建设等有关部门将公共消防设施建设纳入年度城乡基础设施建设计划，并组织实施；

（四）教育、人力资源社会保障部门将消防安全知识纳入教育、教学、培训内容，并督促学校、幼儿园、职业培训机构等单位实施；

（五）产品质量监督部门、工商行政管理部门会同公安机关消防机构开展消防产品质量监督检查，依法查处违法生产、销售消防产品的行为；

（六）教育、民政、交通运输、农业、文化、卫生、广播电影电视、体育、旅游、安全生产监督、人防、文物等有关部门，根据其主管行业、系统特点，定期开展有针对性的消防安全检查，督促有关单位落实消防安全职责，消除火灾隐患；

（七）其他有关部门应当履行的法定职责。

第十一条 单位应当落实消防安全责任，加强内部消防安全管理，改善消防安全条件，接受公安机关消防机构、公安派出所的监督管理。

第十二条 村民委员会、居民委员会开展下列群众性消防工作：

（一）确定消防安全管理人，制定防火安全公约并公布实施；

（二）建立志愿消防队，根据需要配备消防器材、装备；

（三）组织开展消防宣传教育和防火检查；

（四）保护火灾现场，协助调查火灾原因。

第十三条 消防行业协会应当加强行业自律，发挥行业服务和行业监督作用，规范消防产品生产、销售和消防技术服务行为，指导、督促会员单位提高产品和服务质量。

第三章　火灾预防

第一节　公共消防设施

第十四条 各级人民政府应当将包括消防安全布局、消防站、消防供水、消防通信、消防车通道、消防装备等内容的消防规划纳入城乡规划，依法上报审批。

消防站、消防战勤保障和消防培训基地规划建设用地，当地人民政府应当予以保障。

第十五条 建设城乡供水工程应当同步建设消防供水管道、消火栓、水池等公共消防供水设施。公共消防供水设施由供水企业按照规定建设和维护。

城市利用天然水源作为消防水源的，由市政工程主管部门负责修建消防车通道和取水设施，并设置醒目标识。

农村消防水源和消防供水设施由乡镇人民政府或者村民委员会负责建设、管理和维护。

第十六条 城市街区道路应当按照有关规定建设和改造，保证大型消防车通行；有地下管道和暗沟的，应当能够承受大型消防车的压力。农村主要道路应当满足消防车通行要求。

第十七条 通信业务经营单位应当为消防通信建设和维护提供技术支持和服务，确保消防通信畅通。

无线电管理部门应当保障消防无线通信专频专用和通信畅通。

第十八条 修建道路以及停电、停水、切断通信线路等可能影响灭火救援的，有关单位必须提前二十四小时通知当地公安机关消防机构。

拆除、迁移公共消防设施，应当经当地公安机关消防机构同意。

任何单位和个人不得占用消防车通道或者设置障碍。

第二节 建筑物消防安全质量

第十九条 按照国家规定需要进行消防设计的建设工程，建设单位应当依法委托具有相应资质的单位进行消防设计、施工和工程监理。

建设单位应当依法将建设工程的消防设计文件报当地公安机关消防机构进行审核或者备案。应当审核，未经审核或者审核不合格的不得施工；应当备案经抽查不合格的应当停止施工。

建设工程竣工后，建设单位应当依法向当地公安机关消防机构申请消防验收或者报送备案，未经消防验收或者消防验收不合格的不得投入使用；经抽查不合格的应当停止使用。

按照国家规定不需要申领施工许可证的小型建设工程，可以不报消防设计备案，但是，应当在投入使用前将建设工程竣工设计图纸报当地公安机关消防机构备案。

第二十条 建设工程的设计单位应当按照国家工程建设消防技术标准进行消防设计，对设计质量负责。

建设工程的施工单位应当按照国家工程建设消防技术标准和经审核合格或者备案的消防设计文件组织施工，对施工质量负责，并在施工现场采取消防安全措施。

建设工程的监理单位应当依照有关法律、法规、国家工程建设消防技术标准和经审核合格或者备案的消防设计文件，对施工质量进行监督。

第二十一条 在建筑物外立面进行装修、装饰、节能改造和设置广告，应当符合消防安全要求，不得使用易燃材料，不得妨害防火、逃生和灭火救援。

人员密集场所进行室内装修、装饰，配置消防产品，应当使用符合消防技术标准并经法定检验机构检验合格的材料和产品。

第二十二条 新建高层住宅应当分户设置独立式火灾探测报警器。老年公寓、寄宿制学校、幼儿园、福利院等特殊场所，应当每个房间设置独立式火灾探测报警器。按照消防技术标准不需要设置火灾自动报警系统的人员密集场所，应当在容易发生火灾部位设置独立式火灾探测报警器。独立式火灾探测报警器由建设单位在交付使用前设置。

鼓励引导高层住宅、人员密集场所、办公楼、综合楼等建筑物配置必要的救生缓降器、逃生滑道、逃生梯、自救呼吸器等逃生辅助装置。

建设单位应当向用户提供建筑消防设施、器材的操作规程和使用说明书。

第二十三条 生产、储存、经营易燃易爆危险品的场所应当按照规定与居住场所保持安全距离。

生产、储存、经营其他物品的场所与居住场所设置在同一建筑物内的，居住部位应当与生产、储存、经营部位进行防火分隔，分别设置独立的疏散通道、安全出口。

第二十四条 公众聚集场所经当地公安机关消防机构检查并取得消防安全检查合格证后，方可营业或者投入使用。

申领公众聚集场所消防安全检查合格证，应当符合下列条件：

(一)所用建筑物经公安机关消防机构验收或者核查符合消防技术标准;

(二)消防安全制度内容完整,与共用建筑物其他当事人之间消防安全责任明确;

(三)灭火和应急疏散预案能够适应消防演练需要;

(四)电气设施、线路等经电气防火技术检测合格;

(五)消防设施、器材、消防安全标志完好有效,自动消防系统操作人员具有职业资格;

(六)疏散通道、安全出口、消防车通道保持畅通。

公众聚集场所消防安全检查合格证应当悬挂在场所的醒目位置。

公众聚集场所进行扩建、改建、内部装修或者变更用途的,应当重新申领消防安全检查合格证。

第三节　单位消防安全管理

第二十五条　单位应当按照有关规定制定消防安全制度并公布实施,保证所属人员的行为符合岗位消防安全要求,具备与岗位职责相适应的检查消除火灾隐患、组织扑救初起火灾、组织人员疏散逃生和开展消防宣传教育培训的能力。

鼓励单位委托消防技术咨询、消防安全评估等机构提供消防安全管理技术服务。

第二十六条　疏散通道、安全出口应当按照国家消防技术标准要求,设置疏散指示标志。

消防车通道、疏散走道以及消火栓、灭火器、防火门、防火卷帘等消防设施应当设置禁止占用、遮挡的标识。

人员密集场所应当在房间、走道、厅堂等的醒目位置设置安全疏散路线图。宾馆、饭店等应当向住宿旅客提供书面消防安全注意事项。

易燃易爆危险品、可燃物品的生产、加工、储存、经营场所,变配电室、消防控制室、计算机房、燃气(油)锅炉房、档案资料室、贵重设备室等消防安全重点部位,应当设置明显的警示标志。

第二十七条　消防安全重点单位应当每月、其他单位应当每季度至少进行一次全面防火检查,及时消除火灾隐患。

消防安全重点单位应当每日对消防安全重点部位、疏散通道、安全出口、消防设施和器材等进行防火巡查,及时消除火灾隐患,纠正危险行为;其他单位根据需要组织防火巡查。

防火检查和巡查的情况应当作出记录,由参与检查、巡查的人员签名,存档备查。

第二十八条　设有自动消防系统的单位,应当委托具备相应资质的检测、维修保养机构每年对自动消防系统至少进行一次全面检测和维修保养。

自动消防系统应当二十四小时有操作人员值守,值守人员不得少于二人。

第二十九条　单位的下列人员应当接受消防职业技能培训:

(一)防火检查、巡查人员;

(二)自动消防系统操作人员;

(三)消防设施检测、维护人员;

(四)专职消防队、志愿消防队的消防员;

(五)国家规定的其他人员。

前款第一项、第二项、第三项、第四项规定的人员,应当取得国家认可的职业资格证书,并持证上岗。

单位消防安全责任人或者消防安全管理人应当参加公安机关消防机构组织的消防安全培训。

第三十条　在具有火灾、爆炸危险的场所进行电焊、气焊等明火作业的,应当使用持有职业资格证书的作业人员,经单位消防安全管理人书面批准,并采取专人监督等现场消防安全监护措施后,方可作业。

第三十一条　单位应当按照下列要求制定灭火和应急疏散预案:

(一)区分总体预案和岗位预案;

(二)符合本单位和有关岗位、部位的实际;

(三)确定组织机构,明确职责分工;

(四)制定报警与接警处置、扑救初起火灾、组织人员疏散以及安全防护救护等措施和步骤。

规模较小场所制定灭火和应急疏散预案,参照前款规定执行。

第三十二条 实行承包、租赁或者委托经营管理的建筑物,承包人、承租人、受托人对使用或者管理部分的消防安全负责;与发包人、出租人、委托人另有约定的,从其约定。

第三十三条 同一建筑物由两个以上单位使用或者管理的,共用各方对自己使用或者管理部分的消防安全负责;对共用的疏散通道、安全出口、建筑消防设施、消防车通道,共用各方应当共同制定管理办法,确定专门机构或者委托物业服务企业进行统一管理。法律、法规另有规定或者各方另有约定的,从其规定或者约定。

与其他单位共用建筑物的单位,将自己专用部分出租、发包或者委托经营管理的,应当协助承租人、承包人、受托人与其他共用人确定或者委托统一管理机构。

第三十四条 建筑物的统一管理机构实施消防安全管理时,建筑物共用各方应当配合,接受防火检查和巡查,保障共用建筑物的消防安全维护费用,联合制定灭火和应急疏散预案并参加消防演练。

建筑物共用各方不得妨害其他使用人的消防安全,不得妨碍消防设施使用;发现共用消防设施、疏散通道、安全出口、消防车通道不能正常使用的,应当及时通知建筑物统一管理机构。

第三十五条 住宅区的物业服务企业应当对管理区域内的共用消防设施进行维护管理,提供防火巡查、消除火灾隐患等消防安全防范服务。

住宅区共用消防设施保修期内的维修等费用,由建设单位承担;保修期满后的维修、更新和改造费用,纳入共用设施设备专项维修资金开支范围;没有专项维修资金或者专项维修资金不足的,消防设施维修、更新和改造费用由业主按照约定承担,没有约定或者约定不明确的,按照各自专有部分建筑面积所占比例承担。

第三十六条 物业服务企业或者实行自治管理的业主委员会规划、设置停车位时,不得占用消防车通道,并应当在住宅区的消防车通道设置禁止占用的明显标识。对占用消防车通道的,物业服务企业或者业主委员会应当通知占用人纠正;拒不纠正的,立即报告当地公安派出所。

第三十七条 交通运输经营单位应当按照规定,在公共交通工具上配备消防器材和逃生救助设施,并保持完好有效。

第三十八条 从事消防设施检测和维修保养、电气防火技术检测、消防技术咨询、消防安全评估等消防技术服务的机构,应当取得省人民政府公安机关消防机构颁发的资质证书,依法开展消防技术服务,对提供的服务质量负责。

消防技术服务机构取得资质证书,应当具备下列条件:

(一)有专用名称、固定住所、组织机构和章程;

(二)有符合国家和省规定的注册资金、执业人员和相关设施、设备;

(三)有健全的质量保证体系;

(四)符合国家和省有关消防技术服务机构发展规划要求。

省外注册的消防技术服务机构在本省从事消防技术服务的,应当报省人民政府公安机关消防机构备案。

第四节 消防宣传教育

第三十九条 设区的市、县(市、区)人民政府应当设立或者确定消防防灾教育场所,为居民提供防火、灭火、逃生自救等消防安全知识、技能的宣传教育培训。

公安机关消防机构应当加强消防法律、法规的宣传,协调有关部门组织本系统消防安全教育培训工作,督促、指导、协助有关单位开展消防宣传教育和演练,帮助公民掌握消防安全知识。

工会、共产主义青年团、妇女联合会等团体应当结合各自工作对象的特点,组织开展消防宣传教育。

广播、电视、报刊、通信、互联网等媒体应当开展经常性的公益消防宣传教育;在农业收获季节、火灾多发季节、重大节假日和消防安全宣传月期间，应当集中开展公益消防宣传教育，传播消防安全知识。

第四十条 单位应当组织所属人员开展经常性的消防宣传教育；在岗前培训、防火检查和巡查、消防演练等工作中，教育有关人员遵守消防安全规定，掌握消防安全知识。

第四十一条 村民委员会、居民委员会应当在村庄、住宅区设置消防宣传教育设施，普及消防安全知识。

第四十二条 单位、村民委员会、居民委员会应当组织所属人员、师生、村民、居民每年至少开展两次有针对性的消防演练。

消防安全宣传月期间，消防安全重点单位应当按照灭火和应急疏散预案，组织一次综合性的消防演练，测试建筑消防设施性能，提高所属人员应急处置能力；村民委员会和住宅区的业主委员会、物业服务企业应当组织以扑救初起火灾、逃生自救等为内容的消防演练。

第四章 消防组织

第四十三条 县级以上人民政府应当按照国家消防站建设标准建立公安消防队、专职消防队。

乡镇人民政府应当根据需要单独或者与邻近乡镇、有关单位联合建立专职消防队、志愿消防队。

各级人民政府公开招聘的专职消防员，由用人单位与其依法订立劳动合同或者聘用合同，用于充实公安消防队、专职消防队。

《中华人民共和国消防法》第三十九条规定的单位，应当依法建立单位专职消防队。

第四十四条 公安消防队应当按照国家标准配备消防和应急救援装备。超高层建筑、核设施、易燃易爆危险品生产和储存基地、大型港口等所在设区的市或者县(市、区)公安消防队应当配置特种消防和应急救援装备。

省、设区的市人民政府公安机关消防机构应当统筹消防和应急救援装备资源，保障重大灾害事故的灭火救援需要。

第四十五条 新建专职消防队应当符合下列条件：

(一)消防站建设、消防车辆和其他装备、器材配备适应辖区火灾扑救需要；

(二)专职消防员不少于十五人；

(三)有专项经费；

(四)保障灭火救援和训练的其他必要条件。

新建专职消防队应当报当地公安机关消防机构验收。撤销专职消防队以及变更专职消防队的车辆、驻地等，应当事先征求当地公安机关消防机构意见。

第四十六条 专职消防队纳入当地公安机关消防机构的指挥调度体系。政府建立的专职消防队按照其与公安消防队的责任区划分，承担火灾扑救和应急救援工作。

第四十七条 公安消防队、专职消防队应当熟悉责任区单位的火灾危险性、消防设施、疏散通道、安全出口以及消防车通道、消防水源等情况，定期到有关单位开展实地演练。有关单位应当予以配合。

第四十八条 专职消防员的劳动报酬、职业补贴、社会保险和福利待遇等，由组建单位按照有关规定予以保障，并与其工作性质、劳动强度相适应。

公安消防队、专职消防队的组建单位应当按照有关规定对消防员进行职业健康监护，配备个人防护装备，提供职业健康保障。

第四十九条 乡镇人民政府、单位、村民委员会、居民委员会建立的志愿消防队，承担本单位或者辖区内的日常消防宣传教育、防火巡查和火灾扑救等工作。

志愿消防员的备勤、执勤方式由组建单位规定。

第五章　灭火救援

第五十条　县级以上人民政府应当建立灭火救援应急反应和处置机制，设立消防指挥中心与当地供水、供电、供气、通信、医疗救护、交通运输、环境保护等有关部门或者单位之间的通信专线，保障火灾扑救和应急救援指挥畅通。

第五十一条　消防队接到火警，必须立即赶赴火灾现场。发生火灾单位的负责人和其他熟悉火灾现场情况的人员应当向灭火指挥人员报告火灾现场情况。

火灾现场总指挥由到场的公安机关消防机构最高行政领导担任，其作出的相关决定，有关单位和个人必须立即执行。

第五十二条　公安消防队、专职消防队的消防车在执行火灾扑救、应急救援任务时，免收车辆通行费。

交通拥堵时段发生火灾或者其他灾害事故的，交通管理指挥人员应当采取临时性交通管制措施，保证消防车通行。

第五十三条　消防员在业务训练、火灾扑救或者应急救援活动中受伤、致残或者死亡的，按照有关规定享受医疗、抚恤或者工伤保险待遇；符合烈士申报条件的，依照法定程序上报审批。

第五十四条　单位专职消防队、志愿消防队参加扑救外单位火灾所损耗的燃料、灭火剂和器材、装备等，经公安机关消防机构核定，由火灾发生地设区的市、县(市、区)人民政府给予补偿。

第六章　监督管理

第五十五条　各级人民政府应当组织有关部门或者机构，在农业收获季节、火灾多发季节和重大节假日期间集中进行消防安全检查，督促有关单位、村民委员会、居民委员会采取防火措施，开展消防宣传教育。

第五十六条　对生产、生活中可能引发火灾威胁公共安全的危险行为，县级以上人民政府公安机关可以依法发布禁令。有关单位、个人必须遵守。

第五十七条　公安机关消防机构应当依法进行建设工程消防设计审核、验收和抽查，并对审核、验收、抽查的结果负责。依法实行消防设计和竣工验收备案的建设工程的抽查比例，由省人民政府公安机关消防机构确定。

第五十八条　设区的市、县(市、区)人民政府公安机关消防机构应当定期对单位和在建工程遵守消防法律、法规的情况进行监督检查。

公安派出所对规模较小场所和村庄、住宅区的消防安全工作进行日常消防监督检查。

对单位、公民举报的消防安全违法行为，公安机关消防机构、公安派出所应当按照规定权限及时查处。

省、设区的市人民政府公安机关消防机构可以根据需要组织专项消防监督抽查。

第五十九条　公安机关消防机构、公安派出所进行消防监督检查，有权采取下列措施：

(一)调阅有关消防工作的文件、记录，核查消防设施、器材等的管理情况；

(二)查看、测试消防设施、器材，核查防火检查、巡查和检测、维修保养的实施情况；

(三)询问现场工作人员，核查消防宣传教育、消防安全培训、消防演练的实施情况；

(四)法律、法规、规章规定的其他措施。

对检查发现的火灾隐患，消防监督检查人员应当通知单位立即采取措施予以消除；对不及时消除可能严重威胁公共安全的，公安机关消防机构应当依法对危险场所或者部位予以临时查封。

第六十条　有下列情形之一的，公安机关消防机构、公安派出所核实后，提请主管公安机关书面报告本级人民政府：

（一）公共消防设施建设不符合消防规划和国家消防技术标准的；

（二）生产、储存、装卸易燃易爆危险品的工厂、仓库和专用车站、码头，易燃易爆气体和液体的充装站、供应站、调压站的设置不符合消防安全要求的；

（三）违反消防技术标准在生产、储存、经营场所内设置居住场所并且形成规模，责令停产停业对经济社会生活影响较大的；

（四）建设工程未经公安机关消防机构审核、验收、抽查合格擅自施工、投入使用，责令停止施工、停止使用对经济社会生活影响较大的；

（五）其他影响公共安全的重大火灾隐患。

人民政府应当自接到报告之日起十五日内，组织或者责成有关部门、单位整改并制定、落实整改期间的防火措施。

第六十一条 建设工程、公众聚集场所未经公安机关消防机构依法许可的，教育、住房城乡建设、文化、卫生、工商行政管理、体育等部门不得给予相关行政许可。

第六十二条 发生火灾的单位和相关人员应当保护火灾现场，受损单位和个人应当向火灾发生地公安机关消防机构如实申报火灾直接财产损失，可以提出火灾事故认定申请。

第六十三条 公安机关消防机构应当依法进行火灾调查，填写火灾统计表，按照规定报上级公安机关消防机构。

公安机关消防机构依法调查下列火灾，应当出具火灾事故认定书：

（一）致人死亡或者重伤的；

（二）发生在人员密集、高层或者地下公共建筑、可燃物品仓库（堆场）和文物保护单位等场所的；

（三）火灾当事人申请火灾事故认定的；

（四）其他社会影响较大的。

第六十四条 公安机关消防机构在火灾调查中发现下列情形，除依法应当由县级以上人民政府负责调查的以外，依照法定处理权限，移送有关部门进行调查处理和事故统计：

（一）有放火嫌疑的火灾，移送公安机关刑事侦查部门；

（二）因道路交通事故引发的机动车火灾，移送公安机关交通管理部门；

（三）因爆炸物品爆炸引发的火灾，移送公安机关治安管理部门；

（四）生产、储存、经营危险化学品发生的火灾，移送安全生产监督部门；

（五）电力设施、设备因故障引起自身燃烧未蔓延至其他物品的火灾，移送电力主管部门；

（六）因燃气事故引发的火灾，移送燃气主管部门。

第六十五条 公安机关消防机构及其工作人员应当依照法定职权和程序履行消防监督管理职责，做到公正、严格、廉洁、文明、高效。

公安机关消防机构的警官、文员、公安民警等工作人员应当按照国家和省的规定经培训合格后，方可从事消防监督管理活动。

第七章 法律责任

第六十六条 违反本条例的行为，消防法律、行政法规已有处理规定的，适用其规定。

本条例规定的行政处罚，由公安机关消防机构决定。

第六十七条 取得消防安全检查合格证的公众聚集场所违反本条例，不再具备本条例规定合格条件的，吊销消防安全检查合格证，并处三万元以上三十万元以下罚款。

第六十八条 违反本条例，有下列行为之一的，责令限期改正；逾期不改正的，对单位处一万元以上十万元以下罚款，对直接责任人员处一千元以上一万元以下罚款：

(一)人员密集场所室内装修、装饰材料和消防产品未经法定检验机构检验合格的;

(二)建筑物外立面装修、装饰、节能改造、设置广告不符合消防安全要求的。

第六十九条 违反本条例,有下列行为之一的,责令限期改正;逾期不改正的,对单位处一千元以上一万元以下罚款:

(一)公众聚集场所未悬挂消防安全检查合格证的;

(二)未按照规定制定、公布、实施消防安全制度的;

(三)所属人员行为不符合岗位消防安全要求的;

(四)未按照规定组织人员参加消防安全培训的。

交通运输经营单位不履行本条例规定的消防安全职责,由有关部门依照前款规定给予处罚。

第七十条 违反本条例,单位有下列行为之一的,责令限期改正;逾期不改正的,处五千元以上五万元以下罚款:

(一)未按照规定设置独立式火灾探测报警器的;

(二)未委托消防技术服务机构定期检测或者维修保养自动消防系统的;

(三)自动消防系统操作人员不具有相应职业资格的;

(四)自动消防系统值守人员未达到规定人数的。

第七十一条 违反本条例,未取得消防技术服务资质证书从事相关消防技术服务活动的,责令停止违法行为,处五万元以上十万元以下罚款,并对其直接负责的主管人员和其他直接责任人员处一万元以上五万元以下罚款;有违法所得的,没收违法所得。

省外注册的消防技术服务机构在本省开展消防技术服务活动未依法备案的,责令限期改正,处一万元以上五万元以下罚款。

第七十二条 违反本条例,有下列行为之一的,责令改正;拒不改正的,对直接责任人员处一百元以上五百元以下罚款:

(一)在居民住宅区内占用消防车通道的;

(二)拒不配合公安消防队、专职消防队依法履行职责的;

(三)拒不遵守公安机关依法发布的禁令,威胁公共消防安全的。

第七十三条 单位违反本条例,造成火灾或者致使火灾损失扩大的,处一万元以上十万元以下罚款。

第七十四条 违反本条例,擅自清理火灾现场,影响火灾调查,或者拒报、虚报、瞒报火灾直接财产损失的,对单位处二千元以上二万元以下罚款,并对直接责任人员处警告或者五百元以下罚款。

第七十五条 建筑物的共用部分存在火灾隐患,依照下列规定处理:

(一)各方未落实统一管理责任的,对共用部位的各方分别给予处罚,对阻碍落实统一管理的当事人从重处罚;

(二)已经明确消防安全责任的,对违反责任规定的当事人给予处罚;

(三)共用消防设施不能正常使用的,对有关责任方给予处罚。

第七十六条 公安机关消防机构依法吊销公众聚集场所消防安全检查合格证的,应当在五日内通报有关部门。有关部门应当依法注销相关行政许可。

第七十七条 因火灾扑救、应急救援等给他人造成损失,或者因擅自清理火灾现场造成起火原因和灾害成因难以认定的,由火灾肇事行为人或者对火灾事故负有责任的单位依法承担民事责任。

第七十八条 公安机关消防机构依照《中华人民共和国消防法》作出强制执行决定,要求供水、供电、供气等单位协助的,有关单位应当执行。

第七十九条 各级人民政府及有关部门违反本条例,未履行消防安全职责严重影响消防工作,或者未及时组织整改重大火灾隐患的,由上级人民政府予以通报批评,责令限期改正;致使发生重特大火灾的,对直接负责的主管人员和其他直接责任人员给予处分;构成犯罪的,依法追究刑事责任。

公安机关消防机构的工作人员滥用职权、玩忽职守、徇私舞弊,有下列行为之一,尚不构成犯罪的,依法给予处分：

（一）对不符合消防安全要求的消防设计文件、建设工程、场所准予审核合格、消防验收合格、消防安全检查合格的；

（二）无故拖延消防设计审核、消防验收、消防安全检查，不在法定期限内履行职责的；

（三）发现火灾隐患不及时通知有关单位或者个人整改的；

（四）利用职务为用户、建设单位指定或者变相指定消防产品的品牌、销售单位或者消防技术服务机构、消防设施施工单位的；

（五）将消防车、消防艇以及消防器材、装备和设施用于与消防和应急救援无关的事项的；

（六）其他滥用职权、玩忽职守、徇私舞弊的行为。

第八章　附　则

第八十条　本条例下列用语的含义：

（一）单位，是指机关、团体、企业、事业单位、民办非企业单位、个体经济组织等。

（二）消防安全重点单位，是指发生火灾可能性较大以及发生火灾可能造成重大人员伤亡或者财产损失，经公安机关消防机构按照国家有关标准确定并依法报当地人民政府备案的单位。

（三）规模较小场所，是指省人民政府公安机关规定的建筑面积较小，或者容纳人数较少的餐饮、购物、住宿、歌舞娱乐、休闲健身、医疗、教学、生产加工、易燃易爆危险品销售储存等场所。

（四）公共消防设施，是指消防站（消防指挥中心）、消防车通道、消防通信、消防供水等设施。

（五）火灾隐患，是指由于引火源、可燃物和用于灭火、逃生的设施、器材、通道、出口、分隔、间距以及其他事项不符合消防安全技术要求，可能引发火灾、导致火灾蔓延、妨碍火灾扑救、造成疏散困难的危险状态。

第八十一条　本条例自2011年3月1日起施行。

山东省政府规章、规范性文件

山东省大运河遗产山东段保护管理办法

（山东省人民政府令第265号）

第一条 为了加强大运河遗产山东段的保护和管理，规范大运河遗产利用行为，根据《中华人民共和国文物保护法》《山东省文物保护条例》等法律、法规，结合本省实际，制定本办法。

第二条 大运河遗产山东段的保护、管理、利用，适用本办法。

第三条 本办法所称大运河遗产山东段，是指与京杭大运河（以下简称“大运河”）相关的水工遗存，各类伴生历史遗存，历史文化名镇、名村，历史文化街区，环境景观，以及近代以来兴建的、具有文化代表性和突出价值的水工设施。

第四条 大运河遗产山东段保护实行统一规划、分级负责、分段管理的体制，遵循真实性、完整性、延续性的原则。

鼓励公民、法人和其他组织参与大运河遗产山东段的保护和科学研究。

第五条 省人民政府设立大运河遗产保护和申遗工作领导小组，协调大运河遗产山东段保护工作中的重大事项，审订、修改大运河遗产山东段保护规划。

第六条 大运河遗产山东段沿线县级以上人民政府负责本行政区域内的大运河遗产保护工作。

大运河遗产山东段沿线县级以上人民政府文物行政部门，具体负责本行政区域内的大运河遗产保护工作，本级人民政府国土资源、住房城乡建设、交通、水利、环保等有关部门在各自职责范围内做好大运河遗产山东段保护工作。

第七条 大运河遗产山东段沿线县级以上人民政府，应当将大运河遗产保护经费纳入本级财政预算。

鼓励公民、法人和其他组织通过捐赠、募集等方式设立大运河遗产山东段保护基金，专项用于大运河遗产山东段保护；大运河遗产山东段保护基金的使用和管理，依照国家和省有关规定执行。

第八条 大运河遗产山东段沿线县级以上人民政府及其有关部门，应当建立大运河遗产保护志愿者工作机制，组织、培训、指导志愿者参与大运河遗产保护工作。

第九条 大运河遗产山东段沿线县级以上人民政府文物行政部门，应当对调查登记的属于大运河遗产山东段的不可移动文物向社会公布，并由县级以上人民政府依法核定公布为同级文物保护单位。

第十条 大运河遗产山东段省级和市级保护规划，分别由省和设区的市人民政府文物行政部门会同有关部门制订，并由同级人民政府公布实施。

大运河遗产山东段省级和市级保护规划应当与国务院公布实施的总体规划相一致，与当地国民经济和社会发展规划、城乡规划和土地利用总体规划相协调，并逐级报国务院文物行政部门备案。大运河遗产山东段沿线县级以上人民政府制定水利、航运、环保等规划，应当与公布实施的大运河遗产山东段保护规划相协调。

公布实施的大运河遗产山东段省级和市级保护规划，未经省人民政府文物行政部门会同有关部门批准，不得修改。

第十一条 大运河遗产山东段保护实行专家咨询制度。大运河遗产山东段沿线县级以上人民政府及其有关部门在制定保护规划、审批文物保护方案、进行工程建设，或者决定其他涉及大运河遗产的重大事项前，应当征求文物保护专家意见，并建立专家意见档案。

大运河遗产山东段沿线县级以上人民政府决定大运河遗产保护的重大事项的，应当举行听证。

第十二条 在大运河遗产山东段保护规划划定的保护范围和建设控制地带内进行工程建设，应当实行建设项目遗产影响评价制度。

除依法批准的防洪、航道疏浚、水工设施维护、输水河道工程外，任何单位或者个人不得在大运河遗产山东段保护范围内进行工程建设。

禁止在大运河遗产山东段保护范围和建设控制地带内挖沙取土、乱搭乱建、倾倒垃圾、排放污水、破坏河堤、刻划文物本体、毁坏界碑、界桩或者其他遗产标识，以及擅自耕种、植树。

第十三条 大运河遗产山东段跨行政区域的，毗邻设区的市、县（市、区）人民政府应当定期召开相关部门参加的联席会议，协调解决大运河遗产保护中的重大问题；协调不成的，报上一级人民政府决定。

第十四条 大运河遗产山东段辟为参观游览区的，应当符合大运河遗产山东段保护规划和县级以上人民政府及其文物行政部门的保护要求。

第十五条 大运河遗产山东段沿线县级以上人民政府文物行政部门应当会同本级教育行政部门，组织中小学开展与大运河遗产相关的教育、教学活动，提高青少年遗产保护意识。

第十六条 违反本办法，法律、法规、规章已有处理规定的，适用其规定。

有下列行为之一的，由县级以上人民政府文物行政部门责令限期改正，情节较轻的，对个人可处以警告或者100元以上1000元以下的罚款；对单位可处以警告或者1000元以上1万元以下的罚款；情节较重的，可处以1万元以上3万元以下的罚款；造成大运河遗产山东段损毁的，依法承担民事责任；涉嫌犯罪的，依法追究刑事责任：

（一）在大运河遗产山东段保护范围和建设控制地带内挖沙、取土的；

（二）在大运河遗产山东段保护范围和建设控制地带内乱搭乱建的；

（三）向大运河遗产山东段的河道内倾倒垃圾或者排放污水的；

（四）破坏大运河遗产山东段的河堤，刻划文物本体，或者毁坏界碑、界桩及其他遗产标识的；

（五）擅自在大运河遗产保护范围内耕种、植树的。

第十七条 大运河遗产山东段沿线县级以上人民政府及其有关部门、工作人员违反本办法的，由上级机关责令改正，通报批评；滥用职权、玩忽职守、徇私舞弊的，对负有责任的主管人员和其他直接责任人员依法给予处分。

第十八条 本办法自2013年10月1日起施行。

山东省行政程序规定

（山东省人民政府令第238号）

第一章 总 则

第一条 为了规范行政行为，保护公民、法人和其他组织的合法权益，保障和监督行政机关依法行政，建设法治政府，根据有关法律、法规，结合本省实际，制定本规定。

第二条 本省各级行政机关、法律法规授权的组织和依法受委托的组织实施行政行为，应当遵守本规定。法律、法规另有规定的，从其规定。

第三条 行政机关应当依照法律、法规、规章，在法定权限内，按照法定程序实施行政行为。

第四条 没有法律、法规、规章依据，行政机关不得作出影响公民、法人和其他组织合法权益或者增加其义务的决定。

第五条 行政机关应当公正行使行政权力，平等对待公民、法人和其他组织。

行政机关行使行政裁量权应当符合立法目的，采取的措施和手段应当必要、适当；实施行政管理可以采取多种方式实现行政目的的，应当选择最有利于保护公民、法人和其他组织合法权益的方式。

第六条 行政机关应当将实施行政行为的依据、过程和结果依法公开。但是涉及国家秘密、商业秘密和个人隐私的除外。

涉及公民、法人和其他组织权利义务的行政文件、档案,应当依法允许查阅、摘录、复制。

第七条 公民、法人和其他组织因行政行为取得的正当权益受法律保护。非因法定事由并经法定程序,行政机关不得撤销、变更已经生效的行政决定;因公共利益或者其他法定事由必须撤销或者变更的,应当依照法定权限和程序进行,并对公民、法人和其他组织因此遭受的财产损失依法予以补偿。

第八条 公民、法人和其他组织有权提出行政管理的意见和建议,行政机关应当提供必要条件,采纳其合理意见和建议。

第九条 行政机关实施行政行为,可能影响公民、法人和其他组织合法权益的,除法定情形外,应当书面告知其事实、理由、依据,陈述权、申辩权,以及行政救济的途径、方式和期限。

第十条 行政机关实施行政行为,应当遵守法定期限或者承诺期限,为公民、法人和其他组织提供高效、优质服务。

第十一条 县级以上人民政府负责本规定在本行政区域内的实施工作。

县级以上人民政府法制机构和政府工作部门法制机构负责本规定实施的具体工作。县级以上人民政府办公厅(室)和机构编制、监察、人力资源社会保障、财政等部门,按照各自的职责分工,做好本规定实施的相关工作。

第二章 行政程序主体

第十二条 行政机关行使职权应当依照法律、法规、规章的规定。

法律、法规、规章对上下级行政机关之间的职权未作出明确规定的,上级行政机关应当按照有利于发挥行政效能、财权与事权相匹配、权力与责任相一致、管理重心适当下移等原则确定。

第十三条 行政机关的内设机构或者派出机构应当以其隶属的行政机关的名义作出行政决定,并由该行政机关承担法律责任。但是法律、法规另有规定的除外。

第十四条 法律、法规授权的具有管理公共事务职能的组织,在法定授权范围内,以自己的名义行使行政职权并承担相应的法律责任。

第十五条 行政机关可以根据法律、法规、规章的规定,委托行政机关或者具有管理公共事务职能的组织行使行政职权,受委托行政机关或者组织应当具备履行相应职责的条件,并在委托的范围内,以委托行政机关的名义行使行政职权,由此所产生的后果由委托行政机关承担法律责任。受委托行政机关或者组织不得将受委托的行政职权再委托给其他行政机关、组织或者个人。

委托行政机关应当将受委托主体和委托的行政职权内容向社会公告,并对受委托行政机关或者组织行使受委托行政职权的行为进行指导、监督。

第十六条 行政机关与受委托行政机关、组织之间应当签订书面委托协议,并报本级人民政府法制机构备案。委托协议应当包括委托依据、事项、权限、期限、双方权利和义务、法律责任等内容。

有下列情形之一的,应当及时解除委托协议,并向社会公布:

(一)委托期限届满的;

(二)受委托行政机关或者组织超越、滥用行政职权或者不履行行政职责的;

(三)受委托行政机关或者组织不再具备履行相应职责条件的;

(四)应当解除委托协议的其他情形。

第十七条 有下列情形之一的,行政机关应当请求相关行政机关协助:

(一)独立行使职权不能实现行政目的的;

(二)不能自行调查、取得所需事实资料的;

(三)执行公务所需文书、资料、信息为其他行政机关所掌握,自行收集难以取得的;

（四）应当请求行政协助的其他情形。

被请求协助的行政机关应当及时履行协助义务，不得推诿或者拒绝。不能提供协助的，应当以书面形式及时告知请求机关并说明理由。

因行政协助发生争议的，由请求机关与协助机关共同的上一级行政机关决定。

第十八条 行政机关的地域管辖权依照法律、法规、规章规定确定；没有明确规定的，由行政管理事项发生地的行政机关管辖，但是有下列情形之一的除外：

（一）涉及公民身份事务的，由其住所地行政机关管辖；住所地与经常居住地不一致的，由经常居住地行政机关管辖；住所地与经常居住地都不明确的，由最后居住地行政机关管辖；

（二）涉及法人和其他组织主体资格事务的，由其主要营业地或者主要办事机构所在地行政机关管辖；

（三）涉及不动产的，由不动产所在地行政机关管辖。

第十九条 行政机关受理公民、法人和其他组织的申请或者依职权启动行政程序后，认为不属于自己管辖的，应当移送有管辖权的行政机关，并通知当事人；受移送的行政机关认为不属于自己管辖的，不得再行移送，应当报请共同上一级行政机关指定管辖。

公民、法人和其他组织在法定期限内提出申请，依照前款规定移送有管辖权的行政机关的，视为已在法定期限内提出申请。

第二十条 两个以上行政机关对同一行政管理事项都有管辖权的，由先受理的行政机关管辖；发生管辖争议的，由共同上一级行政机关指定管辖。情况紧急、不及时采取措施将对公共利益或者公民、法人和其他组织合法权益造成重大损害的，行政管理事项发生地的行政机关应当进行必要处理，并立即通知有管辖权的行政机关。

第二十一条 行政机关之间发生职权争议的，由争议各方协商解决；协商不成的，依照下列规定处理：

（一）涉及职权划分的，由有管辖权的机构编制部门提出协调意见，报本级人民政府决定；

（二）涉及执行法律、法规、规章的，由有管辖权的政府法制机构依法协调处理；涉及重大事项的，由政府法制机构提出意见，报本级人民政府决定。

第二十二条 行政机关工作人员执行公务时，有下列情形之一的，应当自行申请回避；本人未申请回避的，行政机关应当责令回避；公民、法人和其他组织也可以以书面形式提出回避申请：

（一）与本人有利害关系的；

（二）与本人有夫妻关系、直系血亲关系、三代以内旁系血亲关系以及近姻亲关系的；

（三）可能影响公正执行公务的其他情形。

行政机关工作人员的回避由该行政机关主要负责人决定。行政机关主要负责人的回避由本级人民政府或者上一级行政机关决定。

第二十三条 公民、法人和其他组织在行政程序中，依法享有申请权、知情权、参与权、监督权、救济权。

公民、法人和其他组织参与行政程序，应当履行服从行政管理、协助执行公务、维护公共利益、提供真实信息、遵守法定程序等义务。

第三章 重大行政决策程序

第二十四条 本规定所称重大行政决策，是指县级以上人民政府依照法定职权，对关系本地区经济社会发展全局、社会涉及面广、与公民、法人和其他组织利益密切相关的下列事项作出的决定：

（一）制定经济和社会发展重大政策措施，编制国民经济和社会发展规划、年度计划；

（二）编制各类总体规划、重要的区域规划和专项规划；

(三)编制财政预决算,重大财政资金安排;

(四)研究重大政府投资项目和重大国有资产处置;

(五)制定资源开发利用、环境保护、劳动就业、社会保障、人口和计划生育、教育、医疗卫生、食品药品、住宅建设、安全生产、交通管理等方面的重大政策措施;

(六)确定和调整重要的行政事业性收费以及政府定价的重要商品、服务价格;

(七)制定行政管理体制改革的重大措施;

(八)需要由政府决策的其他重大事项。

重大行政决策的具体事项,由县级以上人民政府在前款规定的范围内确定,并向社会公布。

第二十五条 县级以上人民政府工作部门、派出机关和乡镇人民政府的行政决策程序参照本章规定执行。

起草地方性法规草案和制定政府规章,适用《中华人民共和国立法法》等有关法律、法规、规章的规定。

突发事件应对的行政决策程序,适用《中华人民共和国突发事件应对法》等有关法律、法规、规章的规定。

第二十六条 县级以上人民政府应当建立健全公众参与、专家论证和政府决定相结合的行政决策机制,完善行政决策的智力和信息支持系统,实行依法决策、科学决策、民主决策。

第二十七条 政府行政首长代表本级政府对重大行政事项行使决策权。决策事项承办单位依照法定职责确定或者由政府行政首长指定。

第二十八条 决策事项承办单位应当深入调查研究,全面、准确掌握决策所需信息,并按照决策事项涉及的范围征求有关方面意见,充分协商协调,结合实际拟定决策方案。

对需要进行多个方案比较研究或者争议较大的事项,应当拟定两个以上可供选择的决策方案。

第二十九条 决策事项承办单位应当对重大行政决策方案进行社会稳定、环境、经济等方面的风险评估;未经风险评估的,不得作出决策。

决策事项承办单位应当对重大行政决策方案进行合法性论证,必要时也可以进行成本效益分析。

第三十条 决策事项承办单位应当组织相关领域专家或者研究咨询机构,对重大行政决策方案进行必要性、可行性、科学性论证。专家论证意见应当作为政府决策的重要依据。

第三十一条 决策事项承办单位应当根据重大行政决策对公众影响的范围和程度,采用座谈会、论证会和互联网发布等形式广泛听取公众意见,对合理意见应当予以采纳;未予采纳的,应当以适当方式说明理由。

第三十二条 重大行政决策有下列情形之一的,决策事项承办单位应当举行听证会:

(一)法律、法规、规章规定应当听证的;

(二)可能影响社会稳定的;

(三)公众对决策方案有重大分歧的。

第三十三条 决策事项承办单位应当在听证会举行15日前公告下列事项:

(一)举行听证会的时间、地点;

(二)拟作出行政决策的内容、理由、依据和背景资料;

(三)申请参加听证会的时间、方式。

第三十四条 与听证事项有利害关系的公民、法人和其他组织,可以申请参加听证会。

决策事项承办单位应当根据听证公告确定的条件、受理申请的先后顺序和持不同意见人员比例相当的原则,合理确定参加人。决策事项承办单位可以根据需要邀请有关专业人员、专家学者参加听证会。

申请参加听证会的人数较多的,决策事项承办单位应当随机选择参加人。

听证参加人的基本情况应当向社会公布。

第三十五条 听证会应当按照下列程序进行：

(一)听证记录人查明听证参加人到场情况，宣布听证会纪律；

(二)听证主持人宣布听证会开始，介绍听证主持人、听证记录人，宣布听证会内容；

(三)决策事项承办单位工作人员陈述；

(四)听证参加人发表意见；

(五)围绕听证事项进行辩论。

听证会应当制作笔录，并交听证参加人签字或者盖章。听证主持人根据笔录制作的听证报告应当作为政府决策的重要依据。

第三十六条 重大行政决策方案提交政府常务会议或者全体会议讨论前，决策事项承办单位应当将该方案交本级人民政府法制机构进行合法性审查。未经合法性审查或者经审查不合法的，不得提交会议讨论并作出决策。

合法性审查的内容应当包括下列事项：

(一)是否违反法律、法规、规章的规定；

(二)是否超越法定职权；

(三)是否违反法定程序；

(四)需要进行合法性审查的其他事项。

第三十七条 政府行政首长将重大行政决策方案提交政府常务会议或者全体会议讨论，按照下列程序进行：

(一)决策事项承办单位作决策方案说明；

(二)政府法制机构作合法性审查说明；

(三)政府分管负责人发表意见；

(四)会议其他组成人员发表意见；

(五)政府行政首长发表意见。

第三十八条 重大行政决策在集体讨论的基础上，由政府行政首长作出同意、不同意、修改、暂缓或者再次讨论的决定。

作出暂缓决定超过1年的，决策方案退出重大行政决策程序。

政府常务会议或者全体会议应当记录重大行政决策方案的讨论情况及决定，对不同意见应当载明。

第三十九条 重大行政决策方案依法应当报上级人民政府批准或者提请同级人民代表大会及其常务委员会审议决定的，县级以上人民政府应当按照程序上报批准或者提请审议决定。

第四十条 县级以上人民政府作出重大行政决策后，应当依照政府信息公开的有关规定，自作出决定之日起20日内向社会公布。

第四十一条 县级以上人民政府应当通过跟踪调查、考核等措施，对重大行政决策事项执行情况进行督促检查。执行机关应当按照各自职责，全面、及时、正确地贯彻执行。监督机关应当加强对重大行政决策事项执行情况的监督。

执行机关发现重大行政决策所依赖的客观条件发生变化或者因不可抗力导致决策目标部分或者全部不能实现的，应当及时报告；执行机关、监督机关及公民、法人和其他组织认为决策及其执行违法或者不适当的，可以向决策机关提出。决策机关应当认真研究，并根据实际情况作出继续执行、停止执行、暂缓执行或者修订决策的决定。

第四十二条 县级以上人民政府应当定期对重行政大决策的执行情况组织评估，并将评估结果向社会公开。

第四章　规范性文件制定程序

第四十三条　本规定所称规范性文件，是指除政府规章外，行政机关在法定职权范围内，按照法定程序制定并公开发布的，对公民、法人和其他组织具有普遍约束力，可以反复适用的规定、办法、规则等行政公文。

行政机关制定的内部工作制度、人事任免决定、对具体事项的处理决定、工作部署、向上级行政机关的请示和报告以及其他对公民、法人和其他组织的权利义务没有直接影响、不具有普遍约束力、不可以反复适用的公文，不适用本规定。

各级人民政府、县级以上人民政府办公厅（室）制定的规范性文件，为政府规范性文件。县级以上人民政府工作部门制定的规范性文件，为部门规范性文件。

议事协调机构、政府工作部门的派出机构和部门内设机构不得制定规范性文件。

第四十四条　规范性文件不得设定行政许可、行政处罚、行政强制等事项，不得违法限制或者剥夺公民、法人和其他组织合法权利，不得违法增加公民、法人和其他组织的义务。

规范性文件对实施法律、法规、规章以及上级规范性文件作出具体规定的，不得与所依据的规定相抵触。

第四十五条　涉及两个以上政府工作部门职权范围内的事项，需要制定规范性文件的，应当由本级人民政府制定政府规范性文件，或者由有关部门联合制定部门规范性文件。

制定部门规范性文件，涉及社会关注度高或者涉外、涉港澳台事项时，应当事先请示本级人民政府同意。

第四十六条　制定规范性文件由行政机关依职权启动，公民、法人和其他组织也可以提议制定规范性文件。

第四十七条　制定规范性文件，应当采取座谈会、论证会、公开征求意见等方式广泛听取意见。

规范性文件的内容涉及重大公共利益的，公众有重大分歧的，可能影响社会稳定的，或者法律、法规、规章规定应当听证的，起草部门应当组织听证。

规范性文件涉及重大行政决策的，适用重大行政决策程序的规定。

第四十八条　制定规范性文件应当进行合法性审查。合法性审查由制定机关的法制机构负责，分别就制定主体、权限、程序、内容、形式是否合法进行审查，并向制定机关提交合法性审查报告。对合法性审查中发现的问题，依照下列规定处理：

（一）制定机关不具有制定该规范性文件的法定权限，或者主要内容不合法的，建议不制定该规范性文件；

（二）应当事先请示本级人民政府同意的部门规范性文件，尚未请示的，建议待请示本级人民政府同意后再制定；

（三）应当公开征求意见但是尚未征求、应当组织听证但是尚未组织、应当经专家论证但是尚未论证的，建议退回起草部门补正程序；

（四）具体规定不合法的，提出具体修改意见。

第四十九条　制定对公民、法人和其他组织的权利义务产生直接影响的规范性文件，应当由制定机关负责人集体讨论决定，并由制定机关主要负责人或者其委托的负责人签署。

因发生重大自然灾害、事故灾难、公共卫生事件或者其他社会安全事件，以及执行上级机关的紧急命令和决定等紧急情况需要立即制定规范性文件的，经合法性审查后，可以直接提请制定机关主要负责人或者其委托的负责人决定和签署。

第五十条　制定规范性文件实行统一登记、统一编制登记号、统一公布制度。未经统一登记、统一编制登记号、统一公布的规范性文件无效，不得作为行政管理的依据。

第五十一条 县级以上人民政府及其办公厅(室)的规范性文件,由本级人民政府法制机构在完成合法性审查后登记、编制登记号。

部门规范性文件应当自签署、编制文号之日起5日内,由制定机关的法制机构将规范性文件纸质文本与电子文本、起草说明、合法性审查报告和制定依据等材料送本级人民政府法制机构。符合要求的,政府法制机构应当自受理之日起5日内登记、编制登记号,出具《规范性文件登记通知书》;不符合要求的,不予登记并书面说明理由。

县级以上人民政府派出机关和乡镇人民政府的规范性文件参照前款规定,由其上一级人民政府法制机构登记、编制登记号。

县级以上人民政府法制机构应当将规范性文件自登记、编制登记号之日起5日内交本级人民政府办公厅(室),通过政府公报、政府网站统一公布。

第五十二条 县级以上人民政府及其办公厅(室)的规范性文件,应当按照规定自统一公布之日起30日内向上一级人民政府报送备案。部门规范性文件和县级以上人民政府派出机关、乡镇人民政府的规范性文件,经登记、编制登记号后,不再另行报送备案。

第五十三条 规范性文件应当载明有效期和施行日期。

规范性文件有效期为3年至5年;标注“暂行”“试行”的规范性文件,有效期为1年至2年。有效期届满的,规范性文件自动失效。规范性文件施行日期与公布日期的间隔不得少于30日。但是,规范性文件公布后不立即施行将影响法律、法规、规章、上级规范性文件执行,或者不利于保障国家安全、公共利益的,可以自公布之日起施行。

制定机关应当于规范性文件有效期届满前6个月内进行评估,认为需要继续执行的,按照本规定重新登记、编制登记号、公布,并自公布之日起重新计算有效期;需要修订的,按照制定程序办理。

第五十四条 县级以上人民政府应当及时公布现行有效的和已经失效的规范性文件目录,方便公民、法人和其他组织查询。

第五十五条 公民、法人和其他组织认为规范性文件违法的,可以向制定机关或者本级人民政府法制机构提出书面审查申请。接到申请的制定机关或者政府法制机构应当受理,并自收到申请之日起60日内作出处理;情况复杂,不能在规定期限内处理完毕的,经审查机关负责人批准,可以适当延长,但是延长期限最多不超过30日。处理结果应当书面告知申请人。

第五章 行政执法程序

第一节 一般规定

第五十六条 本规定所称行政执法,是指行政机关依据法律、法规、规章和规范性文件,作出的行政许可、行政处罚、行政强制、行政确认、行政征收等影响公民、法人和其他组织权利、义务的具体行政行为。

第五十七条 与人民群众日常生产、生活直接相关的行政执法活动,一般由设区的市、县(市、区)人民政府具有行政执法权的行政机关实施。

县级人民政府工作部门在必要时,可以委托乡镇人民政府实施行政执法,具体办法由省人民政府另行制定。

第五十八条 行政执法应当严格依照法定权限和程序,坚持严格执法、公正执法、文明执法。

行政机关及其执法人员依法行使行政执法权,受法律保护。任何单位和个人不得拒绝、阻碍行政执法人员依法执行公务,不得违法干预行政执法。

第五十九条 行政执法不得滥用行政裁量权。法律、法规、规章规定行政裁量权的,行政机关应当以规范性文件的形式,对行政裁量权的标准、条件、种类、幅度、方式、时限予以合理细化、量化。

细化、量化行政裁量权,应当考虑下列情形:

（一）所依据的法律、法规、规章规定的立法目的、法律原则；

（二）经济、社会、文化等客观情况的地域差异；

（三）行政管理事项的事实、性质、情节以及社会影响；

（四）可能影响行政裁量权合理性的其他情形。

第六十条 县级以上人民政府应当依法确认本级行政区域内行政机关的行政执法主体资格，并向社会公告。

省以下垂直管理的行政机关的行政执法主体资格由省人民政府依法确认，并向社会公告。

行政执法人员应当按照规定参加培训，经考试合格，并取得行政执法证件，持证上岗。法律、行政法规对行政执法人员的证件使用有专门规定的，从其规定。

国家实行垂直管理的行政机关的行政执法人员使用国家统一规定的行政执法证件的，由该行政机关报本级人民政府备案。

第六十一条 根据国务院的授权，省人民政府可以决定一个行政机关行使有关行政机关的行政处罚权。依法设立的集中行使行政处罚权的行政机关，是本级人民政府的行政执法部门，具有行政执法主体资格。

经国务院批准，省人民政府根据精简、统一、效能的原则，可以决定一个行政机关行使有关行政机关的行政许可权。

第六十二条 县级以上人民政府根据行政管理的需要，可以组织相关行政机关联合执法。

联合执法中的行政执法决定，由参加联合执法的行政机关在各自的职权范围内依法分别作出，并承担相应的法律责任

第六十三条 行政执法事项需要行政机关内设的多个机构办理的，该行政机关应当确定一个机构统一办理。

对涉及两个以上政府工作部门共同办理的事项，县级以上人民政府可以确定一个部门统一受理申请，将相关事项抄告相关部门，实行并联办理。

第六十四条 行政执法直接影响公民、法人和其他组织权利义务且不属于必须立即执行的，行政机关应当先采取教育、劝诫、疏导等方式，促使其自觉履行法定义务、纠正错误。违法情节轻微，经教育后自觉履行法定义务，且未造成危害后果的，可以不予追究法律责任。

第六十五条 行政机关在行政执法活动中，对涉嫌犯罪的案件，应当依法移送司法机关处理。

第二节　程序启动

第六十六条 行政执法程序由行政机关依职权启动，或者依公民、法人和其他组织的申请启动。

行政机关依职权启动行政执法程序，应当由行政执法人员填写审批表，报本行政机关负责人批准。情况紧急的，可以事后补报。

公民、法人和其他组织认为自己的申请事项符合法定条件的，可以申请行政机关启动行政执法程序。

第六十七条 公民、法人和其他组织申请启动行政执法程序应当采取书面形式。

申请书应当载明下列事项：

（一）申请人的基本情况；

（二）申请事项；

（三）申请的事实及理由；

（四）申请人签名或者盖章；

（五）申请时间。

申请人书写确有困难的，没有必要以书面形式申请的，或者紧急情况的，可以口头申请，行政机关应当当场记录，经申请人阅读或者向其宣读，确认内容无误后由其签名或者盖章。

第六十八条 行政机关对公民、法人和其他组织提出的申请，应当根据下列情况分别作出处理：

（一）申请事项属于本行政机关职权范围，申请材料齐全、符合法定形式的，应当受理；

（二）申请事项依法不属于本行政机关职权范围的，应当当场不予受理，并告知公民、法人和其他组织向有关行政机关申请；

（三）申请材料存在的错误可以当场更正的，应当允许当场更正；

（四）申请材料不齐全或者不符合法定形式的，应当当场或者在5日内一次告知需要补正的全部内容，逾期不告知的，自收到申请材料之日起视为受理；公民、法人和其他组织在限定期限内未补正的，视为撤回申请；公民、法人和其他组织按照行政机关的要求提交全部补正申请材料的，应当受理。

行政机关受理或者不受理申请，应当出具加盖本行政机关印章和注明日期的书面凭证。

第三节 调查和证据

第六十九条 行政执法程序启动后，行政机关应当查明事实，收集证据。

行政机关调查取证时，行政执法人员不得少于2人。

因调查事实、收集证据确需勘查现场的，行政机关应当通知当事人或者其代理人到场；当事人或者其代理人拒绝到场的，应当在调查笔录中载明。

行政执法人员应当向当事人或者有关人员主动出示行政执法证件，说明调查事项和依据，否则当事人或者有关人员有权拒绝接受调查和提供证据。

第七十条 公民、法人和其他组织应当配合行政机关调查，提供与调查有关的真实材料和信息。知晓有关情况的其他公民、法人和其他组织应当协助行政机关调查。因协助调查产生的合理费用由行政机关承担。调查取证应当制作笔录，由行政执法人员、当事人或者其代理人、见证人签字；当事人或者其代理人、见证人拒绝签字的，不影响调查结果的效力，但是应当在调查笔录中载明。

第七十一条 行政机关应当依照法定程序，采取合法手段，客观、全面地收集证据，不得仅收集对当事人不利的证据。

当事人有权以书面、口头或者其他方式向行政机关提供证据。

当事人有权提出调查证据的申请。行政机关不受理申请的，应当说明理由，并记录在卷。

第七十二条 行政执法证据有下列几种：

（一）书证；

（二）物证；

（三）当事人陈述；

（四）证人证言；

（五）视听资料；

（六）鉴定结论；

（七）勘验笔录、现场笔录。

第七十三条 下列证据材料不得作为行政执法决定的依据：

（一）违反法定程序收集的；

（二）以非法偷拍、偷录、窃听等手段侵害他人合法权益取得的；

（三）以利诱、欺诈、胁迫、暴力等不正当手段取得的；

（四）没有其他证据印证、且相关人员不予认可的证据复制件或者复制品；

（五）被技术处理而无法辨认真伪的；

（六）不能正确表达意志的证人提供的证言；

（七）境外形成的未办理法定证明手续的；

（八）不具备合法性、真实性和关联性的其他证据材料。

第七十四条 行政机关及其行政执法人员不得因当事人、利害关系人提出异议或者申辩而加重处理。

对于当事人、利害关系人的陈述和申辩，行政机关应当予以记录并归入案卷。

对当事人、利害关系人提出的事实和证据，行政机关应当进行审查，采纳其合理意见；不予采纳的，应当说明理由。

第四节 听 证

第七十五条 有下列情形之一，行政机关组织听证的，适用本节规定：

(一)法律、法规、规章规定行政执法决定作出前应当听证的；

(二)行政机关依法告知听证权利后，当事人、利害关系人申请听证的；

(三)行政执法决定作出前，当事人、利害关系人主动申请听证，行政机关认为确有必要的；

(四)行政机关认为有必要听证的其他情形。

听证应当公开举行，但是涉及国家秘密、商业秘密和个人隐私的除外。

公开举行的听证会，公民、法人和其他组织可以申请旁听。

第七十六条 当事人、利害关系人主动申请听证或者行政机关依法告知听证权利，当事人、利害关系人申请听证的，应当在规定期限内提出书面申请。

当事人、利害关系人超过规定期限未申请的，视为放弃听证权利。

第七十七条 当事人、利害关系人申请听证符合条件的，行政机关应当自接到申请之日起5日内受理，并自受理之日起20日内组织听证；不符合条件的，应当自接到申请之日起5日内书面告知，并说明理由。

第七十八条 行政机关组织听证，利害关系人明确的，应当在举行听证会的7日前，书面通知当事人、利害关系人下列事项：

(一)听证事项、内容；

(二)听证会举行的时间、地点；

(三)听证机关的名称、地址；

(四)听证主持人、记录人的姓名、职务；

(五)当事人、利害关系人的权利和义务；

(六)应当告知的其他事项。当事人、利害关系人接到书面听证通知后，应当按时参加听证；无正当理由不参加的，视为放弃听证权利。

第七十九条 听证主持人应当具备相应的法律知识和专业知识，经政府法制机构统一培训，并取得资格证书。

听证主持人由行政机关负责人指定。与案件有利害关系的人员不得担任本案的听证主持人。行政机关没有符合条件的听证主持人的，可以申请本级人民政府法制机构或者上级行政机关选派。

听证主持人履行下列职责：

(一)主持听证会；

(二)维持听证会秩序，制止违反听证纪律的行为；

(三)根据听证笔录制作听证报告，提出处理意见或者建议；

(四)应当履行的其他职责。

听证主持人在听证期间不得与当事人、利害关系人及其他听证参与人单方接触。

第八十条 听证参加人包括负责实施该行政行为的行政机关工作人员、当事人以及利害关系人。

听证参加人应当按照行政机关确定的时间、地点出席听证会，如实回答听证主持人的询问。

听证参加人和旁听人员参加听证会时，应当遵守听证纪律；对违反听证纪律的人员，听证主持人可以劝阻；不听劝阻的，可以责令其离场。

第八十一条 听证会按照下列程序进行：

(一)听证记录人查明听证参加人的身份和到场情况，宣布听证纪律；

(二)听证主持人宣布听证会开始，介绍听证主持人、听证记录人，宣布听证内容，告知听证参加人的权利和义务；

(三)负责实施该行政行为的行政机关工作人员陈述意见、理由和依据；

(四)当事人、利害关系人陈述意见、理由；

(五)需要质证、辩论的，在听证主持人主持下进行；

(六)听证主持人可以根据需要向听证参加人询问，当事人、利害关系人经听证主持人同意，可以就听证事项向有关人员发问，应邀参加听证的专业人员经允许，可以就听证事项的有关问题陈述意见；

(七)听证参加人最后陈述；

(八)听证主持人宣布听证会结束。

第八十二条 听证应当制作笔录。听证主持人认为必要的，可以采用录音、录像等方式辅助记录。听证笔录经听证参加人确认无误或者补正后，当场签字或者盖章；无正当理由拒绝签字或者盖章的，听证记录人应当载明情况附卷。听证主持人、记录人应当在听证笔录上签字。

第八十三条 听证主持人应当自听证会结束之日起10日内，根据听证笔录制作听证报告，并将听证笔录和听证报告一并报本行政机关负责人。听证报告应当载明听证会的基本情况以及听证主持人的处理意见或者建议。

第五节 决 定

第八十四条 行政执法决定由行政机关主要负责人或者分管负责人作出。

情节复杂或者重大的行政执法决定应当经行政机关法制机构审查后，由行政机关负责人集体讨论决定。其中，对涉及经济社会发展全局、影响公共利益以及专业性、技术性较强的重大行政执法事项，应当经专家论证后作出决定。

第八十五条 行政执法决定应当以书面形式作出。但是法律、法规、规章另有规定的除外。

行政执法决定应当载明下列事项：

(一)当事人基本情况；

(二)事实和证据；

(三)适用依据；

(四)决定内容；

(五)履行方式和时间；

(六)救济途径和期限；

(七)行政机关印章和决定日期；

(八)应当载明的其他事项。

第八十六条 行政执法决定应当说明证据采信理由、依据选择理由和行政裁量理由；未说明理由或者说明理由不充分的，当事人有权要求行政机关予以说明。

第八十七条 有下列情形之一的，行政执法决定可以不说明理由：

(一)行政执法决定有利于当事人的，但是第三人提出异议的情形除外；

(二)情况紧急，行政机关无法说明理由的；

(三)涉及国家秘密、商业秘密、个人隐私的；

(四)有关资格考试、专门知识的；

(五)法律、行政法规规定可以不说明理由的其他情形。

有前款第二项情形，当事人自行政执法决定送达之日起30日内要求行政机关书面说明理由的，行政机关应当书面说明。

第八十八条 行政机关依职权启动行政执法程序的,对事实清楚、当场可以查实、有法定依据且对当事人合法权益影响较小的事项,行政机关可以适用简易程序,当场告知当事人行政执法决定的事实、理由和依据,听取当事人的陈述与申辩,当场作出行政执法决定,并在5日内报所属行政机关备案。

第八十九条 公民、法人和其他组织依法申请启动行政执法程序的,行政机关对申请材料齐全、符合法定形式,且依法不需要对申请材料的实质内容进行核实的事项,应当当场作出书面决定。

第九十条 行政执法决定自送达之日起生效。

行政执法决定附条件或者附期限的,应当载明生效的条件或者期限。

第九十一条 行政机关应当建立行政执法案卷,对公民、法人和其他组织的监督检查记录、证据材料、执法文书等立卷归档。

第六节 期间和送达

第九十二条 本规定所称期限,包括法定期限、行政机关承诺期限和其他期限。

期间以时、日、月、年计算。期间开始的时和日,不计算在期间内。

期间届满的最后一日是节假日的,以节假日后的第一日为期间届满的日期。

期间不包括在途时间。

第九十三条 法律、法规、规章对行政执法程序有明确期限规定的,行政机关必须在法定期限内办结。

法律、法规、规章对行政执法程序没有规定办理期限的,实行限时办结制度。

行政执法程序由行政机关依职权启动的,行政机关应当自程序启动之日起60日内办结;60日内不能办结的,经本行政机关负责人批准,可以延长30日,并将延长期限的理由告知当事人。

行政执法程序依公民、法人和其他组织的申请启动,涉及一个行政机关的,行政机关应当自受理申请之日起20日内办结;20日内不能办结的,经本行政机关负责人批准,可以延长10日,并将延长期限的理由告知申请人。涉及两个以上行政机关的,行政机关应当自受理申请之日起45日内办结;45日内不能办结的,经本级人民政府负责人批准,可以延长15日,并将延长期限的理由告知申请人。依法应当先经下级行政机关审查或者经上级行政机关批准的事项,负责审查或者批准的行政机关应当自受理之日起20日内审查或者批准完毕。

行政机关对行政执法程序的办理期限作出明确承诺的,应当在承诺期限内办结。

第九十四条 行政机关作出行政执法决定,依法需要听证、招标、拍卖、检验、检测、检疫、勘验、鉴定、专家评审和公示的,所需时间不计算在规定的期限内。行政机关应当将所需时间书面告知当事人。

第九十五条 行政机关不得不履行或者拖延履行法定职责。

行政机关在法定期限或者承诺期限内,非因法定理由或者其他正当理由未启动行政执法程序的,属于不履行法定职责。

行政机关在法定期限或者承诺期限内,非因法定理由或者其他正当理由,虽然启动行政执法程序但是未及时作出行政执法决定的,属于拖延履行法定职责。

第九十六条 送达行政执法文书应当有送达回证,由受送达人在送达回证上注明收到日期,签名或者盖章。

受送达人在送达回证上的签收日期为送达日期。

送达程序参照民事诉讼法有关规定执行。

第七节 费 用

第九十七条 因行政执法支出的费用,由行政机关承担。除法律、法规规定由公民、法人和其他组织承担的费用以外,行政机关不得收取任何费用。

公民、法人和其他组织自行取证的费用,由其自行承担。

第九十八条 行政机关的行政事业性收费和罚没收入，应当严格执行收费和罚没收入收支两条线管理制度，任何机关或者个人不得以任何形式截留、挪用、私分或者变相私分，不得以任何形式向行政机关返还或者变相返还。任何单位和个人不得对行政执法活动下达或者变相下达罚款或者收费指标。

第九十九条 行政机关实施收费、罚款、没收违法所得，应当开具财政票据，否则公民、法人和其他组织有权拒绝缴纳；没收非法财物或者查封、扣押财物，应当出具清单，并对相关财物妥善保管，不得擅自使用或者处理。

公民、法人和其他组织缴纳费用确有困难的，可以向行政机关申请缓缴、减缴或者免缴；行政机关同意的，应当以书面形式作出决定，报财政、监察、审计机关备案，并向社会公布。

第六章 特别行为程序

第一节 行政合同

第一百条 本规定所称行政合同，是指行政机关为了维护公共利益，实现行政管理目的，与公民、法人和其他组织之间，经双方意思表示一致达成的协议。

行政合同主要适用于下列事项：

(一)政府特许经营；

(二)国有自然资源使用权出让；

(三)国有资产承包经营、出售或者租赁；

(四)公用征收、征用补偿；

(五)政府购买公共服务；

(六)政策信贷；

(七)行政机关委托的科研、咨询；

(八)计划生育管理；

(九)法律、法规、规章规定可以订立行政合同的其他事项。

第一百零一条 订立行政合同应当遵循维护公益、公开竞争和自愿原则。

行政合同应当采取公开招标、拍卖等方式订立。有下列情形之一的，可以采取直接磋商的方式订立：

(一)法律、法规有明确规定的；

(二)情况紧急需要尽快订立合同的；

(三)行政机关委托的科研合同；

(四)需要保密的合同；

(五)需要利用专利权或者其他专有权利的合同；

(六)需要采取直接磋商方式的其他情形。

法律、法规、规章对订立行政合同的方式另有规定的，从其规定。

第一百零二条 行政合同应当以书面形式签订，但是法律、法规另有规定的除外。

行政合同的内容不得违反法律、法规、规章的规定，不得损害国家和社会公共利益，不得违反公序良俗。

第一百零三条 行政合同依照法律、法规规定应当经其他行政机关批准或者会同办理的，经批准或者会同办理后，行政合同方能生效。

第一百零四条 行政机关有权对行政合同的履行进行指导和监督，但是不得妨碍对方当事人履行合同。

第一百零五条 行政合同受法律保护，合同当事人不得擅自变更、中止或者解除合同。

行政合同在履行过程中，出现严重损害国家利益或者公共利益的重大情形，行政机关有权变更或者解除合同;由此给对方当事人造成损失的,应当予以补偿。

行政合同在履行过程中,出现影响合同当事人重大利益、导致合同不能履行或者难以履行的情形的,合同当事人可以协商变更或者解除合同。

第二节　行政指导

第一百零六条　本规定所称行政指导,是指行政机关为了实现特定行政目的,在法定职权范围内或者依据法律、法规、规章和政策,以劝告、提醒、建议、协商、制定和发布指导性政策、提供技术指导和帮助等非强制方式,引导公民、法人和其他组织作出或者不作出某种行为的活动。

行政机关实施行政指导不得收取任何费用。

第一百零七条　行政指导一般适用于下列情形:

(一)需要从技术、政策、安全、信息等方面帮助公民、法人和其他组织增进其合法利益的;

(二)需要预防可能出现的妨碍行政管理秩序的违法行为的;

(三)需要实施行政指导的其他情形。

第一百零八条　实施行政指导可以采取书面、口头或者其他合理形式。公民、法人和其他组织要求采取书面形式的,行政机关应当采取书面形式。

第一百零九条　行政机关可以主动实施行政指导,也可以依公民、法人和其他组织的申请实施行政指导。

公民、法人和其他组织有权自主决定是否接受、听从、配合行政指导;行政机关不得采取或者变相采取强制措施实施行政指导。

第一百一十条　行政指导的主体、目的、内容、理由、依据和背景资料等事项,应当向社会公开,但是涉及国家秘密、商业秘密和个人隐私的除外。

第一百一十一条　行政机关实施重大行政指导,应当采取公布草案、听证会、座谈会等方式,广泛听取公民、法人和其他组织的意见。

实施行政指导涉及专业性、技术性问题的,应当经过专家论证,专家论证意见应当记录在案。

第三节　行政裁决

第一百一十二条　本规定所称行政裁决,是指行政机关根据法律、法规的授权,处理公民、法人和其他组织之间发生的与行使行政职权相关的民事纠纷的行为。

第一百一十三条　公民、法人和其他组织申请行政裁决,可以书面申请,也可以口头申请。口头申请的,行政机关应当当场记录申请人的基本情况、行政裁决请求、主要事实和理由。

行政机关应当自收到公民、法人和其他组织申请之日起5日内审查完毕,并按照下列规定作出处理:

(一)申请事项属于本机关管辖的,应当受理,并自受理之日起5日内,将申请书副本或者申请笔录复印件发送被申请人;

(二)申请事项不属于本机关管辖的,应当告知申请人向有关行政机关提出;

(三)申请事项依法不适用行政裁决程序的,不予受理,并书面告知申请人。

第一百一十四条　被申请人应当自收到申请书副本或者申请笔录复印件之日起10日内,向行政机关提交书面答复及相关证据材料。

行政机关应当自收到被申请人提交的书面答复之日起5日内,将书面答复副本送达申请人。申请人、被申请人可以到行政机关查阅、复制、摘录案卷材料。

第一百一十五条　行政机关审理行政裁决案件,应当由2名以上工作人员办理。

申请人、被申请人对主要事实没有争议的,行政机关可以书面审理;对主要事实有争议的,应当公开审理。但是依法不予公开的除外。

行政机关应当先行调解,调解不成的,依法作出裁决。

第一百一十六条 行政机关作出裁决后应当制作行政裁决书。

行政裁决书应当载明下列事项：

(一)申请人、被申请人的基本情况；

(二)争议的事实；

(三)认定的事实；

(四)适用的法律依据；

(五)裁决内容和理由；

(六)救济的途径和期限；

(七)行政机关印章和裁决日期；

(八)应当载明的其他事项。

第一百一十七条 行政机关应当自受理申请之日起60日内作出裁决；情况复杂的，经本行政机关主要负责人批准，可以延长30日，并告知申请人和被申请人。

第四节 行政给付

第一百一十八条 本规定所称行政给付，是指行政机关根据公民、法人和其他组织的申请，依照有关法律、法规、规章或者规范性文件的规定，发放抚恤金、社会保险金、最低生活保障金和其他福利等赋予物质权益或者与物质有关的权益的行为。

行政给付应当遵循有利于保护群众利益、促进社会公正、维护社会稳定的原则。

第一百一十九条 行政给付应当根据法律、法规、规章或者规范性文件规定的范围、对象、等级、标准和期限实施。

实施行政给付应当建立账册登记制度，由公民、法人和其他组织在账册上签字或者盖章。

行政给付的账册应当定期交付审计，审计结果应当依法向社会公布。

第一百二十条 行政机关变更行政给付范围、对象、等级、标准、期限或者废止相应项目的，应当提前30日告知公民、法人和其他组织。

第一百二十一条 公民、法人和其他组织以欺骗、贿赂等不正当手段取得行政给付的，行政机关应当撤销，并予以追回。

第五节 行政调解

第一百二十二条 本规定所称行政调解，是指行政机关为了化解社会矛盾、维护社会稳定，依照法律、法规、规章和规范性文件的规定，居间协调处理与行使行政职权相关的民事纠纷的行为。

行政调解应当遵循自愿、合法、公正、及时的原则。

第一百二十三条 行政机关可以根据公民、法人和其他组织的申请进行行政调解，也可以主动进行行政调解。

行政调解由具有相关法律知识、专业知识和实际经验的工作人员主持。

第一百二十四条 行政机关收到行政调解申请后，经审查符合条件的，应当及时告知被申请人；被申请人同意调解的，应当受理并组织调解。

不符合条件或者一方不同意调解的，不予调解。

第一百二十五条 行政调解工作人员应当在查明事实、分清是非的基础上，根据纠纷的特点、性质和难易程度，进行说服疏导，引导双方达成调解协议。

调解达成协议的，应当制作调解协议书。调解协议书应当由纠纷双方和调解工作人员签名，并加盖行政机关印章。

第七章　监督和责任追究

第一百二十六条　县级以上人民政府应当加强对本规定实施情况的监督检查，及时纠正行政程序违法行为。

监督检查应当采取下列方式：

（一）听取本规定实施情况的报告；

（二）行政执法评议考核；

（三）行政执法案卷评查；

（四）调查处理公众投诉、举报以及新闻媒体曝光的行政程序违法行为；

（五）监督检查的其他方式。

第一百二十七条　公民、法人和其他组织认为行政机关的行政行为违反本规定的，可以向监察机关、上级行政机关或者本级人民政府法制机构投诉、举报。

监察机关、上级行政机关、政府法制机构应当公布受理投诉、举报的承办机构和联系方式，对受理的投诉、举报进行调查，依照职权作出处理，并将处理结果告知投诉人、举报人。

第一百二十八条　行政机关违反本规定的，应当依职权或者依公民、法人和其他组织的申请自行纠正。

监察机关、上级行政机关、政府法制机构对投诉、举报和监督检查中发现的违反本规定的行为，应当发出《行政监督通知书》，建议自行纠正，有关行政机关应当在30日内将处理结果向监督机关报告。

有关行政机关不自行纠正的，由监督机关依照职权分别作出责令补正或者更正、责令履行法定职责、确认违法或者无效、撤销等处理。

第一百二十九条　行政决定有下列情形之一的，应当以书面形式补正或者更正：

（一）未说明理由，但是未对公民、法人和其他组织的合法权益产生不利影响的；

（二）程序存在轻微瑕疵，但是未侵犯公民、法人和其他组织合法权益的；

（三）文字表述错误或者计算错误的；

（四）未载明作出日期的；

（五）需要补正或者更正的其他情形。

第一百三十条　行政机关不履行或者拖延履行法定职责的，应当责令其履行。

第一百三十一条　行政决定有下列情形之一的，应当确认违法：

（一）行政机关不履行法定职责，但是责令其履行已无实际意义的；

（二）行政决定违法，但是不具有可撤销内容的；

（三）行政决定违法，但是撤销该行政决定可能对公共利益造成重大损害的；

（四）应当确认违法的其他情形。

第一百三十二条　行政决定有下列情形之一的，应当确认无效：

（一）行政机关无权作出的；

（二）未加盖行政机关印章的；

（三）内容不可能实现的；

（四）应当确认无效的其他情形。

行政决定的部分内容被确认无效的，不影响其他内容的效力。但是确认部分内容无效后行政决定不能成立的，行政决定全部无效。

无效的行政决定，自始不发生法律效力。

第一百三十三条　行政决定有下列情形之一的，应当撤销：

（一）主要事实不清、证据不足的；

(二)适用依据错误的;

(三)违反法定程序的,但是可以补正或者更正的除外;

(四)超越或者滥用职权的;

(五)应当撤销的其他情形。

撤销行政决定可能对公共利益造成重大损害的,不予撤销;但是行政机关应当自行补救或者由有权机关责令其补救。行政决定被撤销的,行政机关可以依法重新作出。

第一百三十四条 行政机关及其工作人员违反本规定,有下列情形之一的,应当追究责任:

(一)不具有法定行政主体资格实施行政行为的;

(二)违法进行行政委托的;

(三)超越或者滥用职权的;

(四)不履行或者拖延履行法定职责的;

(五)重大行政决策未经公众参与、专家论证、风险评估、合法性审查、集体讨论决定的;

(六)违反本规定制定和发布规范性文件的;

(七)不依法组织听证的;

(八)行政决定被撤销、被确认违法或者无效的;

(九)违反本规定订立、履行行政合同的;

(十)违反本规定实施行政指导的;

(十一)违反本规定进行行政裁决的;

(十二)违反本规定实施行政给付的;

(十三)违反本规定进行行政调解的;

(十四)因行政行为违法导致行政赔偿的;

(十五)违反本规定的其他情形。

前款所称行政机关工作人员,是指行政行为的具体承办人员、审核人员和批准人员。

第一百三十五条 追究行政机关及其工作人员责任的形式包括行政处理和处分。

对行政机关行政处理的种类为:责令限期整改、责令道歉、通报批评、取消评比先进的资格等。

对行政机关工作人员的行政处理的种类为:告诫、责令道歉、通报批评、离岗培训、调离执法岗位、取消行政执法资格等。

处分的种类为:警告、记过、记大过、降级、撤职、开除。

行政处理和处分可以合并适用。

第一百三十六条 追究行政机关及其工作人员的责任,按照下列规定进行:

(一)对行政机关的行政处理,由本级人民政府、监察机关或者上级行政机关决定;

(二)对行政机关工作人员的行政处理,由本行政机关或者任免机关决定;其中,取消行政执法资格的处理,由本级人民政府法制机构决定;

(三)对行政机关工作人员的处分,由任免机关或者监察机关决定;

(四)对行政机关工作人员应当采取组织处理措施的,按照管理权限和规定程序办理。

第一百三十七条 行政机关违反本规定实施行政行为,侵犯公民、法人和其他组织合法权益造成损害的,依法承担行政赔偿责任。

行政机关履行赔偿义务后,应当责令有故意或者重大过失的行政机关工作人员承担全部或者部分赔偿费用。

第八章　附　则

第一百三十八条　设区的市、县(市、区)人民政府可以根据本规定作出具体规定。

第一百三十九条　本规定自2012年1月1日起施行。

山东省实施行政许可听证办法

(山东省人民政府令第194号)

第一条　为了规范行政许可实施过程中的听证行为,保护公民、法人和其他组织的合法权益,保障和监督行政机关有效实施行政许可,根据《中华人民共和国行政许可法》(以下简称"行政许可法")等法律、法规的规定,制定本办法。

第二条　本办法所称行政许可听证(以下简称"听证"),是指行政机关在作出行政许可决定前,依照行政许可法的有关规定,通过听证会听取申请人、利害关系人意见的活动。

第三条　听证应当遵循公开、公平、公正和便民的原则,充分听取申请人、利害关系人的意见,保障其陈述和申辩的权利。

除涉及国家秘密、商业秘密或者个人隐私的外,听证应当公开举行,公众可以查阅听证笔录。

第四条　本省行政区域内具有行政许可权的行政机关和依照法律、法规、规章受委托实施行政许可的行政机关,组织听证,适用本办法。

法律、法规授权实施行政许可的具有管理公共事务职能的组织,组织听证,适用本办法有关行政机关的规定。

第五条　县级以上人民政府应当加强对听证活动的监督和指导,及时纠正听证程序中的违法或者不当行为。具体工作由本级政府法制机构负责。

第六条　下列行政许可事项,行政机关在作出行政许可决定前应当组织听证:

(一)法律、法规、规章规定实施行政许可应当听证的事项;

(二)行政机关认为需要听证的涉及公共利益的重大行政许可事项;

(三)直接涉及申请人与他人之间重大利益关系,依法被告知听证权利的申请人、利害关系人在法定期限内提出听证申请的事项。

前款第(三)项规定的直接涉及申请人与他人之间重大利益关系的行政许可情形为:

(一)多人同时申请有数量限制的行政许可,不能满足所有申请人要求的(招标、拍卖等公平竞争方式取得行政许可的除外);

(二)准予申请人行政许可直接关系其相邻权人重大利益的;

(三)对直接关系公共利益的特定行业的市场准入,准予申请人行政许可直接关系其他同业经营者重大经济利益的;

(四)其他直接涉及申请人与他人之间重大利益关系的。

第七条　行政机关应当将第六条第一款第(一)项、第(二)项规定的行政许可事项目录报本级人民政府和上一级主管部门备案,并向社会公告。

第八条　听证由实施行政许可的行政机关组织,具体由其法制机构负责。

受委托实施行政许可的行政机关,应当以委托机关的名义组织听证。

第九条　依法应当由两个以上行政机关共同作出决定的行政许可的听证,由本级人民政府确定的行政机关组织,或者由该级人民政府组织有关部门举行听证。

依法应当先经下级行政机关审查后报上级行政机关作出决定的行政许可的听证，由作出决定的上级行政机关组织。

第十条 听证参加人员包括：

(一)听证工作人员，包括听证主持人、记录人等。听证主持人由行政机关负责人指定，但审查该行政许可申请的工作人员不得作为听证主持人，记录人由听证主持人指定。

(二)听证当事人，包括审查该行政许可申请的工作人员、参加听证的申请人、利害关系人等。申请人、利害关系人可以委托1～2名代理人参加听证。代理人参加听证的，应当提交由委托人签名或者盖章的授权委托书。授权委托书应当载明委托事项及权限。

(三)听证专业人员，包括翻译人员、鉴定人员、勘验人员和其他专业人员等。行政机关可以根据需要邀请翻译人员、鉴定人员、勘验人员和其他专业人员参加听证。申请人、利害关系人可以提出安排翻译人员、鉴定人员、勘验人员和其他专业人员到会的请求，是否允许，由听证主持人决定。

第十一条 听证主持人应当符合下列条件：

(一)是组织听证的行政机关的工作人员；

(二)经过相应的法律知识培训；

(三)熟悉听证规定，具有一定的组织能力，能够胜任听证主持人工作；

(四)在本行政机关从事法制工作3年以上或者从事行政执法工作6年以上；

(五)法律、法规规定的其他条件。

第十二条 听证主持人履行下列职责：

(一)按照程序主持听证，公平、合理地确定发言顺序及发言时间；

(二)决定证人是否出席作证；

(三)接受并审核有关证据，必要时可以要求听证当事人、听证专业人员提供或者补充证据；

(四)依法决定听证的延期、中止或者终止；

(五)维护听证秩序，制止和纠正违反听证纪律的行为；

(六)对听证笔录进行审阅，并根据听证笔录制作听证报告书；

(七)法律、法规、规章规定的其他职责。

第十三条 听证主持人在听证活动中承担下列义务：

(一)公正主持听证，全面、客观地听取听证当事人的陈述和意见，保障听证当事人行使陈述权、申辩权和质证权；

(二)符合本办法规定的回避情形的，应当自行回避；

(三)保守听证案件涉及的国家秘密、商业秘密或者个人隐私。

记录人应当如实制作听证笔录并承担前款第(二)项、第(三)项规定的义务。

第十四条 听证主持人、记录人、翻译人员、鉴定人员、勘验人员和其他专业人员有下列情形之一的，应当自行提出回避，申请人、利害关系人有权申请其回避：

(一)是该行政许可申请的审查人员及其近亲属的；

(二)与申请人、利害关系人或者其代理人是近亲属的；

(三)与该行政许可事项有直接利害关系的；

(四)与申请人、利害关系人或者其代理人有其他关系，可能影响听证公正性的。

听证主持人的回避由行政机关负责人决定，其他人员的回避由听证主持人决定。

第十五条 申请人、利害关系人享有下列权利：

(一)要求或者放弃听证；

(二)可以委托1～2名代理人参加听证；

(三)认为听证主持人、记录人、翻译人员、鉴定人员、勘验人员或其他专业人员有本办法规定的回避情形的，可以申请其回避；

(四)对审查该行政许可申请的工作人员提供的审查意见及证据、理由,进行申辩和质证,并可以提出新的证据;

(五)对听证笔录进行审核,认为对自己的陈述记录有遗漏或者差错的,有权申请补正;

(六)查阅有关听证的卷宗,获得听证材料的副本;

(七)法律、法规、规章规定的其他权利。

第十六条 听证当事人在听证活动中承担下列义务:

(一)按时到指定地点出席听证会;

(二)如实陈述、举证、回答听证主持人的询问;

(三)遵守听证纪律;

(四)保守听证案件涉及的国家秘密、商业秘密或者个人隐私;

(五)申请人、利害关系人委托代理人参加听证的,应当出具授权委托书,明确委托事项和权限。

第十七条 申请人或者利害关系人一方人数为10人以上的,可以推选代表参加听证。推选有困难的,行政机关可以与有关申请人、利害关系人协商确定代表。协商不成的,可以采用抽签的方式确定。

一方代表的数量一般不超过5人,行政机关认为有必要的,可以适当增加人数。

第十八条 行政机关应当建立健全听证公告、听证告知、听证申请受理、听证通知、听证材料管理等听证工作制度。听证工作制度和听证申请书示范文本应当在办公场所公示。

第十九条 行政机关在实施法律、法规、规章规定应当听证的行政许可事项或者在实施本机关认为需要听证的涉及公共利益的重大行政许可事项前,应当向社会发布听证公告。

公告应载明拟听证的行政许可事项,组织听证的行政机关以及联系人和联系方式,利害关系人参加听证的报名方式、报名截止期限,代表确定办法等。

公告期应当不少于20日。公告期内,有利害关系人报名参加听证的,行政机关应当自公告期满之日起20日内组织听证。公告期满,无利害关系人报名参加听证的,行政机关应当在案卷中载明,不再举行听证。

第二十条 行政机关对直接涉及申请人与他人之间重大利益关系的行政许可事项,在作出行政许可决定前,应当制作听证告知书。

听证告知书应当载明拟听证的行政许可申请事项,申请人、利害关系人享有的听证权利及其提出听证申请的期限,行政机关的联系人和联系方式等。

听证告知书应当直接送达申请人、利害关系人。直接送达有困难的,可以委托有关行政机关或者组织送达,或者邮寄送达。利害关系人无法直接确定的,行政机关应当通过公告的方式送达并确定。

申请人、利害关系人要求举行听证的,应当自收到听证告知书之日起5日内或者公告发布之日起20日内,提出书面申请,逾期不提出申请的,视为放弃听证权利。

申请人、利害关系人提出听证申请的,行政机关应当自申请提出之日起20日内组织听证。

第二十一条 行政机关应当于举行听证的7日前向申请人、利害关系人发出书面听证通知书,必要时予以公告。听证通知书应当载明以下内容:

(一)听证的时间、地点及听证所需要的时间;

(二)听证主持人以及其他听证工作人员名单;

(三)委托代理人参加听证的权利;

(四)申请回避的权利;

(五)无正当理由不参加听证的法律后果;

(六)其他有关事项。

第二十二条 申请人、利害关系人应当按时出席听证会。不能出席的,应当提前3日书面告知行政机关,行政机关应当书面记载。

第二十三条 申请举行听证的一方在举行听证前撤回听证申请的,视为放弃听证权利,由行政机关书面记载，行政机关可以不举行听证；申请举行听证的一方为 2 人以上，部分撤回申请的，由行政机关书面记载，但不影响听证的举行。

第二十四条 听证会开始前，记录人应当查明听证当事人的到场情况，并验明身份，宣布听证纪律和注意事项。

听证当事人无正当理由缺席的，由记录人在听证笔录中记载，并向听证主持人报告。申请人、利害关系人无正当理由缺席的，视为放弃听证权利。

第二十五条 参加听证会应当遵守下列纪律：

(一)未经听证主持人允许不得发言、提问；

(二)未经听证主持人允许不得录音、录像和摄影；

(三)未经听证主持人允许不得中途退场；

(四)不得使用污辱性、威胁性、要挟性语言和其他不文明语言；

(五)不得在会场内使用通信工具，不得喧哗、吵闹；

(六)不得进行其他干扰听证活动正常进行的行为。

听证当事人、听证专业人员等违反听证纪律，听证主持人有权制止并提出警告，对情节严重的，可以责令其退场。严重扰乱听证秩序的，由公安机关依法处理。

第二十六条 听证按照下列程序进行：

(一)听证主持人宣布听证开始，介绍听证参加人员，宣布听证事项，告知听证当事人在听证中的权利和义务，询问申请人、利害关系人是否提出回避申请；

(二)审查该行政许可申请的工作人员提供审查意见及相关证据和理由；

(三)申请人、利害关系人可以提出意见和证据，并进行申辩和质证，所有与申请该行政许可有关的证据都必须当场质证；

(四)听证主持人可以根据需要向听证当事人、听证专业人员询问，申请人、利害关系人经听证主持人同意，可以就听证事项向有关人员发问，应邀参加听证的专业人员经听证主持人同意，可以就听证事项的有关问题陈述意见；

(五)审查该行政许可申请的工作人员、申请人、利害关系人作最后陈述；

(六)听证主持人宣布听证结束。

申请人、利害关系人未经听证主持人同意中途退出会场的，视为放弃听证权利。

第二十七条 在听证过程中，申请人、利害关系人认为听证主持人有违法或不当行为的，可以即时提出异议。听证主持人认为异议成立的，应当改正；认为异议不成立的，可以驳回异议，但应当说明理由，并由记录人在听证笔录中详细记载。

听证结束后 5 日内，申请人、利害关系人认为听证程序违反法律、法规及本办法规定的，可以向听证组织机关的本级政府法制机构提出异议。听证组织机关的本级政府法制机构经调查认为异议成立的，可以要求该行政机关重新组织听证，并另行确定听证主持人；认为异议不成立的，予以驳回，并说明理由。

第二十八条 听证应当制作听证笔录。记录人应当将听证会的全部活动记入笔录，由听证主持人和记录人签名。

听证笔录应当载明下列内容：

(一)行政许可申请事项；

(二)申请人、利害关系人及其代理人的姓名或名称，地址；

(三)听证主持人、记录人的姓名、职务；

(四)听证的时间、地点；

(五)审查该行政许可申请的工作人员提供的审查意见及相关证据、理由；

(六)申请人、利害关系人的陈述、申辩、质证内容及相关证据；

(七)其他必要的事项。

听证主持人认为必要的,可以采用录音、录像等方式辅助听证记录。

第二十九条 听证笔录应当经审查该行政许可申请的工作人员、申请人和利害关系人确认无误或者补正后签字或者盖章。

听证笔录不能当场制作完成的,由听证主持人指定日期、场所供审查该行政许可申请的工作人员、申请人和利害关系人阅读,并由其签字或者盖章。

申请人或者利害关系人拒绝签字或者盖章的,由记录人在听证笔录上书面记载,并详细记载其拒绝签字或者盖章的原因。

第三十条 听证主持人应当根据听证笔录在听证结束后5日内制作听证报告书,并将听证笔录和听证报告书一并报本行政机关负责人。听证报告书应当载明听证会的基本情况以及听证主持人的意见。

行政机关应当在法定期限内根据听证笔录作出行政许可决定。

第三十一条 行政许可所依据的法律、法规、规章修改或者废止,或者作出行政许可决定所依据的客观情况发生重大变化的,或者发现新证据、出现新情况,可能影响正确作出行政许可决定的,为了公共利益的需要,行政机关在行政许可决定作出前,可以再次组织听证;申请人、利害关系人也可以申请再次听证,是否准许,由行政机关负责人决定。

第三十二条 有下列情形之一的,可以延期举行听证:

(一)申请人、利害关系人申请延期,有正当理由的;

(二)申请人、利害关系人因不可抗拒的事由缺席,使听证无法有效举行的;

(三)听证开始后,申请人、利害关系人提出回避申请,需要重新确定听证主持人、记录人或者其他专业人员的;

(四)其他依法应当延期的情形。

除重新确定听证主持人的听证延期由行政机关负责人决定外,其他听证延期由听证主持人决定。决定延期听证的,应当在延期听证的原因消除之日起5日内举行听证,并由行政机关负责将延期举行听证的日期和地点通知参加听证的有关人员。

第三十三条 在听证过程中,有下列情形之一的,中止听证:

(一)利害关系人死亡或者终止,需要等待继承人或者权利义务承受人表明是否参加听证的;

(二)利害关系人中的自然人丧失民事行为能力,尚未确定法定代理人的;

(三)申请人、利害关系人因不可抗拒的事由,不能继续参加听证的;

(四)发现应当参加听证的利害关系人未被通知参加听证的;

(五)证据需要重新鉴定、勘验调查或者需要通知新的证人到场作证的;

(六)其他依法应当中止的情形。

中止听证由听证主持人决定。中止听证的情形消除后,应当在中止听证的原因消除之日起5日内恢复听证。恢复听证的时间、地点和重新确定或者补充通知的利害关系人由行政机关负责通知。

第三十四条 在听证过程中,有下列情形之一的,终止听证:

(一)申请人、利害关系人无正当理由全部缺席的;

(二)申请人、利害关系人全部声明放弃听证的;

(三)未经听证主持人同意,申请人、利害关系人全部中途退场的;

(四)其他依法应当终止的情形。

申请人、利害关系人因前款规定的情形终止听证的,不得再次对同一事项申请听证。

终止听证的,行政机关应当书面通知申请人和利害关系人,并依法作出行政许可决定。

第三十五条 行政机关及其工作人员违反行政许可法和本办法规定,对依法应当听证的事项未组织听证的,或者不依据听证笔录作出行政许可决定的,作出行政许可决定的行政机关或者其上级行政机关,可以根据申请人、利害关系人的申请或者依据职权撤销行政许可决定,但撤销准予行政许可的决定可能对公共利益造成重大损害的除外。因撤销准予行政许可的决定给被许可人的合法权益造成损害的,行政机关应依法给予赔偿。

第三十六条 行政机关及其工作人员有下列情形之一的，由其上级行政机关、监察机关或者本级政府法制机构责令改正。情节严重的，对直接负责的主管人员和其他直接责任人员依法给予处分：

(一)未向申请人、利害关系人履行法定告知听证义务的；

(二)对依法应当听证的事项未组织听证的；

(三)不依据听证笔录作出行政许可决定的；

(四)实施其他违反行政许可法和本办法规定的行为的。

第三十七条 听证主持人、记录人或者审查该行政许可申请的工作人员有下列情形之一的，由有关行政机关、监察机关或者本级政府法制机构给予通报批评。情节严重的，给予处分：

(一)听证主持人违反听证程序的；

(二)听证主持人非法剥夺申请人、利害关系人听证权利的；

(三)听证主持人、记录人故意在听证笔录上作虚假记录的；

(四)审查该行政许可申请的工作人员无正当理由不出席听证会或者拒绝在听证会上陈述的；

(五)审查该行政许可申请的工作人员在听证会上提供虚假、重大错误信息的；

(六)实施其他可能影响听证公正性的行为的。

第三十八条 组织听证的时间不计入行政机关依法作出行政许可决定的期限内。

本办法规定的“3日”“5日”“7日”“20日”以工作日计算，不含法定节假日。

第三十九条 行政机关应当提供组织听证所必需的场所、设备和其他工作条件。组织听证所需经费由行政机关承担，由本级财政予以保障。

由行政机关邀请的非行政机关的翻译人员、鉴定人员、勘验人员和其他专业人员参加听证，行政机关可以给予适当补助。

第四十条 法律、法规、规章对听证另有规定的，从其规定。

第四十一条 本办法自2007年6月1日起施行。

山东省行政许可过错责任追究办法

(山东省人民政府令第195号)

第一条 为保障和监督行政机关及其工作人员依法设定、实施行政许可和履行监督职责，维护公共利益，保护公民、法人和其他组织的合法权益，根据《中华人民共和国行政许可法》等法律、法规的规定，制定本办法。

第二条 本省行政区域内的行政机关及其工作人员，违法设定、实施行政许可，以及不依法履行对被许可人从事行政许可事项活动的监督职责或者监督不力造成严重后果，损害公共利益和行政许可申请人、被许可人以及其他利害关系人合法权益的，依照本办法追究过错责任。

第三条 行政许可过错责任追究应当公开、公平、公正，坚持实事求是、有错必究、过错与责任相适应、教育与惩戒相结合的原则。

第四条 县级以上人民政府及其工作部门应当建立健全行政许可过错责任追究制度。

县级以上人民政府监察机关、政府法制机构及其他工作部门，依法对本行政区域内行政机关及其工作人员或者本部门工作人员的行政许可行为进行监督。

县级以上人民政府建立政务大厅的，其管理机构应当按照本级政府授权对进驻部门及其工作人员实施行政许可的行为进行监督检查，及时纠正行政许可实施中的违法行为。

第五条 行政许可过错责任分为直接责任人员责任和直接负责的主管人员责任。

行政机关工作人员受到行政许可过错责任追究的，应当追究该行政机关的行政许可过错责任。

第六条 行政机关起草有行政许可内容的规范性文件、实施行政许可和对被许可人从事行政许可事项活动监督的工作人员一般分为：

(一)承办人，是指具体负责规范性文件的起草，办理行政许可事项，从事监督检查的工作人员；

(二)审核人，是指行政机关内设机构的负责人；

(三)批准人，是指行政机关主要负责人及有批准权的主管负责人。

在行政许可设定、实施和监督检查过程中，按照有关规定，由1人或2人一并行使承办人、审核人或批准人职责的，分别承担相应的责任。

第七条 承办人有下列行为之一，导致行政许可过错后果发生的，应当承担直接责任人员责任：

(一)未经审核、批准，擅自增设行政许可事项或条件的；

(二)未经审核、批准，擅自作出行政许可决定的；

(三)不履行应尽的监督检查职责，或未经审核、批准，擅自进行监督检查的；

(四)弄虚作假、徇私舞弊，致使审核人、批准人不能正确履行审核、批准职责的；

(五)虽经审核人审核、批准人批准，但承办人不依照审核、批准的意见实施行政许可或监督检查的；

(六)其他不依法履行职责的行为。

第八条 审核人未依法履行职责，不采纳或者改变承办人的正确意见，经批准人批准导致行政许可过错后果发生的，审核人应负直接责任人员责任，批准人应负直接负责的主管人员责任。

审核人不报请批准人批准直接作出行政许可决定，导致行政许可过错后果发生的，审核人应负直接负责的主管人员责任。

第九条 批准人未依法履行职责，不采纳或者改变承办人、审核人的正确意见，或者未经承办人拟办、审核人审核，直接作出行政许可决定，以及指令或者干预承办人、审核人正确履行职责，导致行政许可过错后果发生的，批准人应负直接责任人员责任。

第十条 承办人提出的方案或者意见有错误，审核人、批准人未发现或发现后未予纠正，导致行政许可过错后果发生的，承办人应负直接责任人员责任，审核人、批准人应负直接负责的主管人员责任。

第十一条 经行政机关集体讨论、研究作出的行政许可决定，导致行政许可过错后果发生的，提出和同意错误意见的人应负直接责任人员责任，决策人应负直接负责的主管人员责任。

第十二条 责任界定不清的，行政机关的主要负责人应负直接负责的主管人员责任。

第十三条 上级行政机关改变下级行政机关作出的行政许可决定，导致行政许可过错后果发生的，上级行政机关负责人应负直接负责的主管人员责任。

第十四条 追究行政许可过错责任的方式为：

(一)责令作出书面检查；

(二)通报批评；

(三)暂扣或吊销行政执法证件；

(四)停职或调离工作岗位；

(五)给予处分；

(六)法律、法规、规章规定的其他方式。

前款规定的追究方式，可以单独适用或者合并适用。

对行政许可过错责任的追究，由上级行政机关、监察机关、人事部门、政府法制机构和其他有关机关依据有关人事管理权限和处理程序负责。

有权机关在实施行政责任追究时，应当根据过错的性质，责令责任人改正或者限期改正。

第十五条 行政机关及其工作人员，有下列情形之一的，有关机关可以给予通报批评，并可视情节轻重，对直接负责的主管人员和其他直接责任人员，给予警告、记过或者记大过处分；情节严重的，给予降级或者撤职处分：

(一)违法设定行政许可项目的;

(二)擅自变更或增加行政许可程序或条件的;

(三)擅自设立行政许可收费项目或者提高收费标准的;

(四)违法设定、规定行政许可定期检验的;

(五)其他违法设定行政许可的情形。

第十六条 行政机关及其工作人员,有下列情形之一的,有关机关可以给予通报批评,对直接负责的主管人员和其他直接责任人员,给予责令作出书面检查,停职、调离工作岗位,暂扣、吊销行政执法证件,通报批评,并可视情节轻重,给予警告、记过或者记大过处分:

(一)不在办公场所公示依法应当公示的材料的;

(二)申请人提交的申请材料不齐全、不符合法定形式,不一次告知申请人必须补正全部内容的;

(三)申请材料存在可以当场更正的错误而不允许申请人当场更正的;

(四)要求申请人重复提供申请材料或者提供与其申请的行政许可事项无关的其他材料的;

(五)不向申请人提供按规定应当采用的免费的行政许可申请书格式文本的;

(六)对符合法定条件的行政许可申请不予受理的;

(七)受理行政许可申请不出具有效书面凭证的;

(八)明知申请人隐瞒有关情况或者提供虚假材料,仍受理或办理该行政许可申请的;

(九)在受理、审查、决定行政许可事项过程中,未向行政许可申请人、利害关系人履行法定告知义务的;

(十)未依法说明不受理行政许可申请或者不予行政许可的理由的;

(十一)依法应当举行听证而不举行听证的;

(十二)依法应当当场作出而不当场作出行政许可决定的;

(十三)不按规定程序进行检验、检测、检疫的;

(十四)无正当理由不允许公众查阅听证笔录、行政许可结果或者监督检查记录的;

(十五)不在法定期限内作出行政许可决定,将初步审查意见和全部申请材料报送上级行政机关,或者不在法定期限内颁发、送达行政许可证件,或者加贴标签、加盖检验、检测、检疫印章的;

(十六)丢失、损毁行政许可申请人提交的申请文件或者行政许可档案的。

第十七条 行政机关及其工作人员,有下列情形之一的,有关机关可以给予通报批评,对直接负责的主管人员和其他直接责任人员,给予停职、调离工作岗位,暂扣、吊销行政执法证件,并可视情节轻重,给予警告、记过、记大过、降级或者撤职处分;构成犯罪的,依法追究刑事责任:

(一)对不符合法定条件的申请人准予行政许可,或者超越法定职权作出准予行政许可决定的;

(二)对符合法定条件的申请人不予行政许可或者不在法定期限内作出准予行政许可决定的;

(三)依法应当根据招标、拍卖结果或者考试成绩择优作出准予行政许可决定,未经招标、拍卖或者考试,或者不根据招标、拍卖结果、考试成绩择优作出准予行政许可决定的;

(四)对有数量限制的行政许可,不按规定根据受理申请的先后顺序作出准予行政许可决定的。

第十八条 行政机关不依法履行对被许可人从事行政许可事项活动的监督职责或监督不力,造成严重后果,有下列情形之一的,有关机关可以给予通报批评,对直接负责的主管人员和其他直接责任人员给予责令作出书面检查,停职、调离工作岗位,暂扣、吊销行政执法证件,并可视情节轻重,给予警告、记过、记大过、降级或者撤职处分;构成犯罪的,依法追究刑事责任:

(一)未依法建立健全通过核查反映被许可人从事行政许可事项活动情况的有关材料、履行监督责任的制度的;

(二)未依法将对被许可人从事行政许可监督检查的情况和处理结果记录归档的;

(三)滥设定期检验,或未根据法律、行政法规的规定,对直接关系公共安全、人身健康、生命财产安全的重要设备、设施进行定期检验,并对合格的发给相应证明文件的;

（四）被许可人在作出行政许可决定的行政机关管辖区域外违法从事行政许可事项活动，违法行为发生地的行政机关未依法将被许可人的违法事实、处理结果抄告作出行政许可决定的行政机关的；

（五）被许可人未依法履行开发利用自然资源或公共资源义务，行政机关未责令其限期改正，以及未对未按期改正的被许可人，依照有关法律、行政法规的规定予以处理的；

（六）对取得直接关系公共利益的特定行业的市场准入行政许可的被许可人，未按照国家规定的服务标准、资费标准和行政机关依法规定的条件，履行向用户提供安全、方便、稳定和价格合理的普遍服务义务，或者未经作出行政许可决定的行政机关批准，擅自停业、歇业，行政机关未责令其限期改正，或者依法采取有效措施督促其履行义务的；

（七）对直接关系公共安全、人身健康、生命财产安全的重要设备、设施，行政机关未督促设计、建造、安装和使用单位建立相应的自检制度的，以及在监督检查中发现存在安全隐患，未责令其停止建造、安装和使用，并责令设计、建造、安装和使用单位立即改正的；

（八）行政机关滥用或怠于行使行政许可撤销权，违反信赖保护原则，严重侵害被许可人的正当利益或对公共利益造成重大损害的；

（九）行政机关未依法办理行政许可注销手续的。

第十九条 行政机关及其工作人员，有下列情形之一的，有关机关可以给予通报批评，对直接负责的主管人员和其他直接责任人员，给予责令作出书面检查，停职、调离工作岗位，暂扣、吊销行政执法证件，并可视情节轻重，给予警告、记过、记大过、降级或者撤职处分；构成犯罪的，依法追究刑事责任：

（一）擅自取消或停止实施法定行政许可项目的；

（二）实施已经取消的行政许可事项的；

（三）不按照法定项目和标准收费的；

（四）截留、挪用、私分或者变相私分实施行政许可依法收取的费用的；

（五）索取、收受申请人、被许可人的财物，向申请人、被许可人提出购买指定商品、接受有偿服务等不正当要求或谋取其他利益的；

（六）擅自委托其他行政机关或者组织实施行政许可的；

（七）拒不办理被许可人符合法定条件、标准的变更行政许可事项要求的；

（八）未按规定进驻政府设立的政务大厅，未确定一个机构统一受理行政许可申请、统一送达行政许可决定的，或进驻政务大厅后，在政务大厅以外办理行政许可事项的；

（九）涉及不同部门实行统一办理、联合办理的行政许可事项，不履行牵头部门或者联办部门责任，相互推诿或者拖延不办，贻误工作的；

（十）擅自改变已经生效的行政许可的。

第二十条 行政许可过错责任人及时发现、主动纠正过错，未造成重大损失或不良影响的，可从轻、减轻或免予追究过错责任。

第二十一条 有下列情形之一的，行政机关工作人员不承担过错责任：

（一）被许可人弄虚作假，致使工作人员无法作出正确判断的；

（二）因不可抗力致使无法履行法定职责的；

（三）其他依法不应承担过错责任的情形。

第二十二条 有下列情形之一的，有关机关应当启动行政许可过错责任追究程序：

（一）公民、法人或者其他组织举报、投诉行政机关及其工作人员实施的行政许可行为，属于本办法第十五条、第十六条、第十七条、第十八条和第十九条规定的情形之一的；

（二）行政许可行为经行政复议，被行政复议机关撤销、责令限期履行、变更或确认违法的；

（三）经人民法院终审判决撤销、部分撤销、确认违法或者被责令履行法定职责的；

（四）在监督检查中，行政许可行为被确认为违法或者不当的；

（五）其他依法应予启动追究程序的情形。

第二十三条 有关机关应当按照法定职责、权限、程序，追究行政机关及其工作人员违法或不当实施行政许可行为所应承担的行政许可过错责任，并以书面形式作出行政许可过错责任追究决定或者提出处理建议。

第二十四条 行政机关及其工作人员在行政许可责任追究过程中享有陈述权和申辩权，追究机关应当听取其陈述和申辩。

第二十五条 行政机关及其工作人员对处理决定不服的，可以向原处理机关申请复核；对复核结果不服的，可以按照规定提出申诉。

第二十六条 行政许可过错行为给公民、法人或者其他组织的合法权益造成损害的，行政机关应当依法承担赔偿责任。

第二十七条 行政机关及其工作人员办理非行政许可的审批事项及其他行政服务事项的责任追究，参照本办法执行。

第二十八条 法律、法规、规章对行政许可过错责任追究另有规定的，从其规定。

第二十九条 本办法自2007年6月1日起施行。

山东省行政执法证件管理办法

（山东省人民政府令第228号）

第一条 为规范行政执法行为，加强行政执法监督，保障公民、法人和其他组织的合法权益，根据《中华人民共和国地方各级人民代表大会和地方各级人民政府组织法》和《中华人民共和国行政处罚法》的规定，结合我省实际，制定本办法。

第二条 本省行政区域内行政执法机关中的行政执法人员，执行公务时应持有省人民政府统一印制的行政执法证。

第三条 本办法所称行政执法机关，是指依法具有行政执法权的行政机关以及法律、法规授权或者依照法律、法规、规章的规定受委托的行政执法组织。

本办法所称行政执法证件，是指行政执法机关的行政执法人员，在法定职权范围内执行公务时的身份证件。

第四条 行政执法证件的发放和管理由省人民政府负责，由省人民政府法制工作机构具体承担。

第五条 行政执法证件载明下列事项：

（一）持证人员姓名、性别、年龄、工作单位、职务；

（二）行政执法的区域、种类；

（三）证件编号；

（四）发证机关；

（五）证件有效期限。

第六条 行政执法人员在依法执行公务时，必须主动出示行政执法证件。对在执行公务时不出示有效执法证件的，公民、法人或者其他组织有权拒绝和检举。

第七条 持有行政执法证件的人员在职权范围内可以依法调查、检查或者收集证据，对违反行政管理秩序的行为依法予以制止、纠正、给予行政处罚或者采取行政强制措施，当事人不得拒绝或者阻挠。

第八条 申领行政执法证件应当具备下列条件：

（一）国家公务员或者符合国家公务员资格条件的工作人员；

（二）经过公共法律知识和专业法律知识培训，并考试合格。

行政执法人员公共法律知识培训，由省人民政府法制工作机构统一负责；专业法律知识培训由有关部门负责。

省人民政府法制工作机构可以委托有条件的设区的市人民政府法制工作机构组织公共法律知识培训。

第九条 行政执法证件应当妥善保管，不得涂改或者转借他人。行政执法证件遗失的，由遗失当事人在其执法区域内指定报纸上刊登遗失声明，刊登内容应当包括执法人员姓名、执法证号、执法单位和执法区域，以及需作特别的声明等。

第十条 行政执法人员调离、退休或者行政执法机关合并、撤销时，由其所在单位负责收回行政执法证件，并按程序报省人民政府法制工作机构注销。

第十一条 行政执法证件每2年审验1次，审验工作由省人民政府法制工作机构负责组织，并由县级以上人民政府法制工作机构具体承担。

领取行政执法证件年满4年的，应当重新接受公共法律知识和专业法律知识培训，并考试合格。

县级以上人民政府应当将行政执法人员信息纳入行政执法人员IC卡管理系统，并通过管理系统做好执法人员信息管理工作。

第十二条 行政执法人员有下列行为之一的，给予批评教育或者处分，视情节轻重，暂扣或者吊销其行政执法证件；构成犯罪的，依法追究刑事责任：

(一)执行公务时不出示行政执法证件的；

(二)将行政执法证件转借他人的；

(三)越权执法或者违反法定程序的；

(四)不依法履行职责，玩忽职守的；

(五)滥用职权，徇私舞弊的；

(六)有其他违法行为的。

第十三条 吊销行政执法证件，由省人民政府法制工作机构决定。

县级以上行政执法机关有权暂扣行政执法证件。监察机关调查行政执法人员违法违纪案件，认为有必要暂扣其行政执法证件的，可以暂扣。暂扣行政执法证件不得超过3个月。吊销、暂扣行政执法证件应当作出书面决定。

第十四条 行政执法人员对暂扣、吊销行政执法证件不服的，可以向作出暂扣、吊销决定的机关申请复查，受理机关应当在1个月内作出复查结论，并通知本人。

第十五条 不按本办法规定制发行政执法证件的，所发证件无效，予以收缴，并视情节追究有关人员的责任。不按规定定期审验的，行政执法证件自行失效。

第十六条 行政执法人员违反本办法的规定，有第十二条所述行为的，公民、法人或者其他组织可以向有关主管机关举报；合法权益受到损害的，有依法申请行政复议、提起行政诉讼或者取得国家赔偿的权利。

第十七条 国务院部门依据国家法律、行政法规的规定制发的行政执法证件，在本省行政区域内可依法使用。但应由持证机关统一向本级人民政府备案。备案内容包括证件样本、颁证依据、持证人员名单、证件编号和使用范围。

第十八条 伪造、冒用行政执法证件，尚不够刑事处罚的，依照《中华人民共和国治安管理处罚法》的规定处罚；情节严重，构成犯罪的，依法追究刑事责任。

第十九条 本办法自发布之日起施行。

山东省行政执法错案责任追究办法

（山东省人民政府令第 228 号）

第一条 为保证行政机关全面、正确地实行行政执法责任制，防止和纠正违法或者不当的具体行政行为，保护公民、法人和其他组织的合法权益，保障和监督行政机关依法行使职权，根据有关法律法规，结合我省实际，制定本办法。

第二条 本省行政区域内县级以上人民政府及其所属的具有行政执法权的行政机关（含法律、法规授权的组织，下同），在行政执法中发生错案应当追究责任的，适用本办法。

第三条 有下列情形之一的行政案件，应当认定为错案：

（一）经人民法院终审判决撤销、变更具体行政行为或者责令履行法定职责的；

（二）经行政复议决定撤销、变更具体行政行为或者责令履行法定职责的；

（三）各级人民代表大会及其常务委员会或者人民政府组织的行政执法检查中发现并认定有错误的；

（四）县级以上人民政府在行政处罚备案审查中发现并认定有错误的；

（五）经公民、法人或者其他组织投诉、检举和控告，受理机关发现并认定有错误的；

（六）通过其他途径发现并认定有错误的。

第四条 行政执法错案责任追究，坚持有错必究、责任分明、惩戒与教育相结合的原则。

第五条 县级以上人民政府及其所属的行政机关是错案责任追究机关。错案责任追究机关的法制工作机构具体办理错案责任追究事项。人事、监察机关和行政主管部门依据各自的法定职权，负责对错案责任人员作出处理。

第六条 错案责任追究机关的法制工作机构，履行下列职责：

（一）立案审核错案，提出对错案责任人员的处理建议；

（二）负责处理对错案及其责任认定不服而提出的复核申请；

（三）对下级行政机关的错案责任追究工作进行监督；

（四）错案责任追究机关确定的其他职责。

第七条 依照本办法规定，应当给予有关人员处分的，按照人事管理权限，由人事、监察机关或行政主管部门作出处理。

第八条 行政执法人员独立行使职权造成的错案，由行使职权的行政执法人员承担责任。两人以上共同行使职权造成的错案，由主办人员承担主要责任；不能区分主从的，共同承担责任。

第九条 经审核或者批准后出现的错案，由于行政执法人员提出错误意见而审核或者批准人员没有鉴别出来并予以纠正造成的，由审核或者批准人员和行政执法人员共同承担责任；由于行政执法人员隐瞒事实等原因致使审核或者批准人员失误造成的，由行政执法人员承担责任；由于审核或者批准人员改变行政执法人员的正确意见造成的，由审核或者批准人员承担责任。

第十条 经行政机关负责人集体研究决定造成的错案，主持研究的负责人承担主要责任，坚持或者支持错误意见的其他负责人承担相应的责任。

第十一条 经行政复议决定维持原具体行政行为造成的错案，原办案机关和复议机关的有关人员承担相应的责任；由于行政复议决定撤销、变更原来正确的具体行政行为而造成的错案，由复议机关的有关人员承担责任。

第十二条 根据错案的事实、情节及其危害后果，应当对错案责任人员分别作出如下处理：

（一）情节较轻、危害不大的，应当予以批评教育；

（二）情节较重、影响较大的，应当予以警告、通报批评、暂扣或者吊销行政执法证件；

(三)情节恶劣、危害后果严重，或者造成重大社会影响的，应当给予记过以上行政处分并吊销行政执法证件，调离行政执法岗位。

行政执法错案责任人员构成犯罪的，移交司法机关依法追究刑事责任。

第十三条 错案责任人员有下列情形之一的，应当从重追究其责任：

(一)故意或者有重大过失的；

(二)越权执法，滥用职权，玩忽职守的；

(三)贪污受贿，徇私枉法的；

(四)对举报、控告或者调查处理人员打击报复的；

(五)其他可以从重追究责任的情形。

第十四条 错案责任人员有下列情形之一的，可以从轻追究或者减轻其责任：

(一)行政执法过错情节轻微，损害和影响较小的；

(二)因不可抗力使错案危害后果加重的；

(三)因受侵害一方当事人故意伪造或者隐瞒重要证据使错案危害后果加重的；

(四)其他可以从轻追究或者减轻责任的情形。

第十五条 错案责任人员有下列情形之一的，可以免予追究其责任：

(一)因执行上级行政机关的决定或者命令导致错案的；

(二)因对法律具体适用的理解不一致而被有关机关认定为错案的；

(三)错案责任人员主动发现案件有错误并及时纠正，没有造成危害后果的；

(四)因法定技术鉴定部门鉴定结论错误直接导致错案的；

(五)其他可以免予追究责任的情形。

第十六条 县级以上人民政府所属行政机关发生错案的，应当自错案发现之日起 10 日内报本级人民政府法制工作机构备案；垂直领导的行政机关发生错案的，报上一级行政机关备案；人民政府发生错案的，报上一级人民政府法制工作机构备案。

不按前款规定报送备案的，追究该人民政府或者行政机关负责人的责任。

第十七条 错案责任追究机关的法制工作机构应当在错案报送备案之日起立案审查，并自立案之日起 30 日内审查终结，作出行政执法错案责任确认书。情况复杂的，经错案责任追究机关负责人批准，可以适当延长审查期限，但是延长期限最多不得超过 20 日。

第十八条 行政执法错案责任确认书应当载明下列主要内容：

(一)行政执法错案来源、基本案情；

(二)确认错案的理由，造成错案的原因及其危害后果；

(三)追究有关人员责任的建议；

(四)纠正错案以及消除危害后果的建议。

行政执法错案责任确认书由错案审查人员、复核人员签字，报本机关负责人核准。

第十九条 错案责任追究机关应当在审查终结之日起 15 日内，集体讨论审议，作出决定。认为应当给予有关责任人员处分的，依据本办法第七条的规定处理。

第二十条 县级以上人民政府所属行政机关负责人应当承担错案责任的，按照人事管理权限，由人事、监察机关给予处分。

第二十一条 人事、监察机关收到行政执法错案责任确认书后，应当依据《行政监察法》《中华人民共和国公务员法》及其他有关法律、法规，对错案责任人员作出处理；尚不够处分的，可以依照本办法第十二条，提出其他处理意见，退回移送机关。

第二十二条 给予暂扣或者吊销行政执法证件处理的，依照《山东省行政执法证件管理办法》的规定作出。

第二十三条 行政机关有错案而不依据本办法追究责任的，本级政府法制工作机构应当责令其立案追究，必要时也可以直接立案追究。

第二十四条 错案责任追究机关在错案责任追究工作中有下列行为之一的，由有关机关依据法律、法规的规定对责任人员作出处理：

（一）故意隐瞒错案不报或者发现有错案而不立案追究的；

（二）故意加重或者减轻错案责任人员过错的；

（三）应当移交司法机关追究刑事责任而不移交的。

发现前款所列行为，监察机关应当立案处理；县级以上人民政府或者上级行政机关的法制工作机构，也可以向人事、监察机关提出处理建议。

第二十五条 行政执法错案责任人员对错案及其责任认定不服的，可以在收到处理决定之日起15日内向本级人民政府或者上一级行政机关申请复核。受理复核的机关应当在30日内作出复核决定，并抄送原处理机关。

行政执法错案责任人员对给予的处分决定不服的，可以按照《行政监察法》和《中华人民共和国公务员法》的规定申诉。

复核、申诉期间，不停止原决定的执行。

第二十六条 依法受委托的组织在行政执法中发生错案，应当追究责任的，由委托的行政机关依据本办法规定追究责任。

第二十七条 法律、法规对错案责任追究另有规定的，从其规定。

第二十八条 本办法自2001年5月1日起施行。

山东省规范行政处罚裁量权办法

（山东省人民政府令第269号）

第一条 为了规范行政处罚行为，保证行政处罚裁量权的正确行使，维护社会公平正义，保护公民、法人和其他组织的合法权益，根据《中华人民共和国行政处罚法》以及有关法律、法规，结合本省实际，制定本办法。

第二条 本办法所称行政处罚裁量权，是指行政处罚实施机关依法行使行政处罚权时，在法律、法规、规章规定的行政处罚种类和幅度的范围内，享有的是否给予行政处罚、给予何种行政处罚和给予何种裁量幅度行政处罚的自主决定权和处置权。

本办法所称行政处罚实施机关，是指具有行政处罚权的行政机关和法律、法规授权具有管理公共事务职能的组织。

第三条 本省行政区域内的各级行政处罚实施机关制定行政处罚裁量基准、行使行政处罚裁量权，应当遵守本办法。

第四条 规范行政处罚裁量权工作，应当遵循合法、公正、公开、过罚相当、处罚与教育相结合的原则。

第五条 县级以上人民政府应当加强对规范行政处罚裁量权工作的组织领导，将规范行政处罚裁量权工作纳入本级人民政府依法行政考核体系。

第六条 县级以上人民政府负责法制工作的部门（以下简称“政府法制部门”）在本级人民政府领导下，具体负责本行政区域内规范行政处罚裁量权的组织、指导、协调和监督等工作。

各级行政处罚实施机关负责规范行政处罚裁量权的具体实施工作。

各级监察机关依法对行政处罚裁量权的行使实施行政监察。

第七条 省级行政处罚实施机关应当在法律、法规、规章规定的行政处罚种类和幅度的范围内，根据本省经济社会发展情况和本系统工作实际，综合考虑法定裁量因素和酌定裁量因素，制定本部门、本系统的行政处罚裁量基准，作为行使行政处罚裁量权的依据。

上级行政处罚实施机关已经制定明确具体的行政处罚裁量基准的，下级行政处罚实施机关应当执行；上级行政处罚实施机关对行政处罚裁量基准只作原则性规定或者明确由下级行政处罚实施机关制定的，下级行政处罚实施机关应当根据本办法的规定，制定具体的行政处罚裁量基准。

第八条 行政处罚裁量基准应当包括违法行为、法定依据、裁量阶次、适用条件和具体标准等内容。

第九条 制定行政处罚裁量基准，应当符合下列要求：

（一）法律、法规、规章规定可以选择是否给予行政处罚的，应当明确是否给予行政处罚的具体裁量标准和适用条件；

（二）法律、法规、规章规定可以选择行政处罚种类的，应当明确适用不同种类行政处罚的具体裁量标准和适用条件；

（三）法律、法规、规章规定可以选择行政处罚幅度的，应当根据违法事实、性质、情节、社会危害程度等因素确定具体裁量标准和适用条件；

（四）法律、法规、规章规定可以单处也可以并处行政处罚的，应当明确单处或者并处行政处罚的具体裁量标准和适用条件；

（五）依法应当明确的其他事项。

第十条 制定行政处罚裁量基准，应当按照下列程序进行：

（一）梳理行政处罚裁量权依据；

（二）整理、分析行政处罚典型案例，为细化、量化行政处罚裁量权提供依据；

（三）细化、量化行政处罚裁量权，拟定行政处罚裁量基准；

（四）经行政处罚实施机关负责人集体讨论决定，并按照规范性文件制定程序审查登记后，向社会公布实施。

第十一条 行政处罚实施机关应当根据法律、法规、规章的变化或者行政执法工作的实际情况，及时补充、修订和完善本部门的行政处罚裁量基准。

补充、修订和完善后的行政处罚裁量基准应当向社会重新公布。

第十二条 行政处罚实施机关行使行政处罚裁量权时，应当严格按照公布的行政处罚裁量基准执行，并遵循法定程序，保障行政管理相对人的合法权益。

第十三条 省级行政处罚实施机关应当依照法律、法规、规章的规定和行政执法的基本原则，制定本部门、本系统行使行政处罚裁量权的适用规则。

适用规则应当包括行使行政处罚裁量权的基本原则、适用范围、适用程序和保障措施等。

第十四条 当事人有下列情形之一的，依法不予处罚：

（一）不满 14 周岁的人实施违法行为的；

（二）精神病人在不能辨认或者不能控制自己行为时实施违法行为的；

（三）违法行为轻微并及时纠正，没有造成危害后果的；

（四）法律、法规、规章规定不予处罚的其他情形。

违法行为在 2 年内未被发现的，不再给予行政处罚。但法律另有规定的除外。

第十五条 当事人有下列情形之一的，应当依法从轻或者减轻处罚：

（一）已满 14 周岁不满 18 周岁的人实施违法行为的；

（二）主动消除或者减轻违法行为危害后果的；

（三）受他人胁迫、诱骗实施违法行为的；

（四）配合行政处罚实施机关查处违法行为有立功表现的；

（五）法律、法规、规章规定从轻或者减轻处罚的其他情形。

第十六条 当事人有下列情形之一的，应当依法从重处罚：

（一）扰乱公共秩序，妨害公共安全，侵犯人身权利、财产权利，妨害社会管理，情节严重，尚未构成犯罪的；

（二）发生自然灾害、事故灾难、公共卫生或者社会安全等突发事件时实施违法行为的；

（三）行政处罚实施机关已经作出责令停止或者责令纠正违法行为后，继续实施违法行为的；

（四）阻碍行政执法人员依法查处违法行为的；

（五）伪造、隐匿、损毁违法行为证据的；

（六）多次实施违法行为并已受过行政处罚的；

（七）在共同违法行为中起主要作用的；

（八）教唆、胁迫、诱骗他人实施违法行为的；

（九）对举报人、证人打击报复的；

（十）法律、法规、规章规定从重处罚的其他情形。

第十七条 行政处罚实施机关行使行政处罚裁量权应当符合法律目的，排除不相关因素干扰，所采取的措施和手段应当必要、适当；对事实、性质、情节、社会危害程度等因素相同或者相似的违法行为，所适用的处罚种类和幅度应当基本相同。

第十八条 行政处罚实施机关可以采用多种方式实现行政管理目的的，应当采用对行政管理相对人权益没有损害或者损害较小的方式，并教育、引导公民、法人和其他组织自觉守法。

第十九条 行政处罚实施机关应当依照法律、法规、规章的规定，建立并完善回避、公开、告知、听证、期限、说明理由等程序制度；对重大或者复杂案件行使行政处罚裁量权，应当由行政处罚实施机关负责人集体讨论决定。

第二十条 行政处罚实施机关作出行政处罚决定时，应当在行政处罚决定书中说明处罚的事实根据、法律依据、裁量基准适用情况以及对当事人的陈述、申辩是否采纳等内容，增强说理性。

第二十一条 当事人认为行政处罚实施机关违法或者不当行使行政处罚权的，可以依法申请行政复议或者提起行政诉讼，也可以向该行政处罚实施机关的同级监察机关控告或者检举。

第二十二条 县级以上人民政府应当建立健全规范行政处罚裁量权的监督机制，通过执法检查、案卷评查、执法评议考核等方式，加强对本行政区域内行政处罚实施机关行使行政处罚裁量权的监督检查。

县级以上人民政府法制部门应当会同监察机关，将行政处罚裁量基准纳入行政处罚事项动态管理系统和行政处罚网络运行系统，运用信息化手段对行政处罚行为实施监督。

第二十三条 行政处罚实施机关作出重大行政处罚决定，应当报本级人民政府法制部门备案。

第二十四条 行政处罚实施机关发现行使行政处罚裁量权违法或者不当的，应当主动、及时纠正；行政处罚实施机关不自行纠正的，由本级人民政府或者上级行政处罚实施机关依照有关法律、法规、规章的规定，责令其限期纠正或者予以撤销。

第二十五条 行政执法人员违反本办法，滥用行政处罚裁量权的，由其所在单位予以批评教育，并由行政执法证件核发机关收回其行政执法证件，取消其执法资格；情节严重的，依法给予处分。

第二十六条 违反本办法规定，行政处罚实施机关有下列情形之一的，由同级政府法制部门责令其限期改正；逾期不改正的，可以提请本级人民政府予以通报批评，并可以建议监察机关依法追究其直接负责的主管人员和其他直接责任人员的行政责任：

（一）未制定行政处罚裁量基准的；

（二）未将行政处罚裁量基准向社会公布的；

（三）滥用行政处罚裁量权的。

第二十七条 国务院批准的较大的市制定的地方性法规、规章涉及行政处罚裁量权的，由较大的市行政处罚实施机关依照本办法的规定予以规范。

国家实行垂直管理的行政处罚实施机关，制定行政处罚裁量基准、行使行政处罚裁量权，参照本办法执行。

第二十八条 依法受委托实施行政处罚的组织，其行政处罚裁量基准的制定和公布由委托行政机关负责。

行政处罚实施机关应当对受委托实施行政处罚的组织行使行政处罚裁量权情况进行指导和监督。

第二十九条 本办法自公布之日起施行。

本办法公布前行政处罚实施机关制定的行政处罚裁量基准与本办法不符的，应当依照本办法予以修订；没有制定行政处罚裁量基准的，应当在2013年12月31日前制定并公布。

山东省人民政府
关于进一步加强文物保护工作的通知

（鲁政发〔2008〕93号）

各市人民政府，各县（市、区）人民政府，省政府各部门、各直属机构，各大企业，各高等院校：

为深入贯彻落实党的十七大精神，认真落实《中华人民共和国文物保护法》，现就进一步加强我省文物保护工作通知如下：

一、提高认识，进一步增强做好文物保护工作的自觉性

党的十七大作出了推动社会主义文化大发展大繁荣的重大战略部署，省委工作会议提出了建设经济文化强省的宏伟目标。我省是中华文化的重要发祥地之一，文物资源积淀丰厚，文物保护工作任务繁重。多年来，全省各级、各部门为保护文物做了大量工作，取得了令人瞩目的成就。但是，随着工业化、城镇化和农业现代化的发展，文物保护方面也出现了一些不容忽视的问题：由于过度开发和不合理利用，一些历史文化名城（街区、村镇）、古建筑、古遗址及风景名胜区风貌遭到破坏；一些地方和单位在工程建设中忽视文物保护，造成文物损毁事件时有发生；盗窃文物和盗掘古遗址古墓葬以及走私文物等违法犯罪活动在一些地区还没有得到有效遏制等等。因此，加强文物保护工作刻不容缓。

加强文物保护，繁荣文物事业，是建设社会主义先进文化，贯彻落实科学发展观和构建社会主义和谐社会的必然要求，也是满足广大人民群众日益增长文化需求的迫切需要。各级、各部门要从对国家、历史、人民负责的高度，充分认识保护文物的重要性，进一步增强责任感和紧迫感，切实承担起法律赋予的保护文物的责任。

二、正确处理文物保护与经济建设、社会发展的关系，切实做好工程建设中的文物保护工作

开展工程项目建设，要坚持尽可能避开文物保护区、先行文物调查和文物勘探的原则。工程项目立项选址前，事先应征求同级文物行政管理部门的论证意见；凡涉及不可移动文物的，建设单位应事先确定保护措施，列入可行性研究报告，依据文物级别，报上一级文物行政部门批准，否则，发展改革部门不得立项，建设管理部门不得批准施工；确实不能回避在文物保护范围内进行工程建设或者爆破、钻探、挖掘等作业的，事先须确定保护措施，依法履行报批手续。工程建设过程中发现文物埋藏的，建设单位应立即停止施工，保护现场，及时报告当地文物、公安行政部门，采取有效措施，保证文物安全。配合建设工程进行文物调查、勘探、发掘等工作的所需费用，应由建设单位或投资方支付。

要充分认识大遗址在我省经济、社会中的特殊地位，结合当前正在推进的城市化进程、新农村建设，切实加强大遗址的保护工作，进一步明确保护责任，落实保护措施，加大执法力度。因大遗址保护的土地用途改变、移民、产业调整等应列入当地经济社会发展中长期规划。涉及大遗址保护的城市总体规划，有关部门审定前，须经同级文物行政管理部门签署意见。

历史文化名城和历史文化街区、村镇所在地的县级以上政府应当组织编制专门的历史文化名城和历史文化街区、村镇保护规划，并纳入城市总体规划，坚决制止违反保护规划的乱拆、乱建、乱改行为。对具

有传统风貌的商业、手工业、民居等街区，以及具有重要历史、科学、艺术价值的建筑群，应划定保护区域，树立保护标志。历史文化名城及历史传统街区内进行土地利用和各项工程建设，必须符合历史文化名城及历史传统街区保护规划，并事先征得城建、规划、文物行政管理部门的意见，召开论证会、听证会或其他方式征求专家和公众的意见。现有历史文化名城（街区、村镇）的布局、环境、历史风貌遭到严重破坏的，省政府将撤销或报请国务院撤销其历史文化名城（镇）或历史文化街区称号，并依法追究当地领导和直接责任人的责任。

三、合理利用文物资源，为全省经济社会发展服务

文物工作要坚持保护为主，同时也要注重合理利用，在保护中求得发展，在发展中实现更好的保护。文物利用要坚持把社会效益放在首位，努力实现社会效益和经济效益的统一。

各级政府要重视博物馆等公共文化基础设施建设，充分发挥博物馆、纪念馆宣传和传播先进文化的重要作用，在资金上给予必要的保证，在政策上给予支持。文物和发展改革部门要加强对全省博物馆建设的规划，鼓励企业和个人兴办富有鲜明特色的行业博物馆、私人博物馆和历史名人纪念馆、陈列馆等，不断丰富和完善全省博物馆体系。当前要认真做好省博物馆新馆建设和全省博物馆、纪念馆的免费开放工作。

以文物资源为依托，大力发展文化服务业。文物、旅游等部门要统筹规划、保证重点、集中资金、加大投入、讲求效益，对有发展潜力和前景的文物名胜区，应当健全完善文物保护措施，抓紧整修开放。已建成或拟建的文物景区，要注意保护或恢复其历史环境风貌，加强环境治理和美化，努力打造文化旅游精品，促进文物保护、旅游、经济等多方面协调发展。

坚决禁止对文物资源的无序、过度、破坏性的开发和利用。凡涉及文物保护单位的利用项目，须经同级文物行政部门论证、审核；国有文物保护单位，不得作为企业资产经营；文物保护单位辟为参观游览场所，必须符合省级文物行政部门规定的开放标准，并由省级文物行政部门对其文物保护情况进行监督检查。任何单位不得擅自改变文物保护单位管理体制或隶属关系和用途；确需改变的，必须依法获得批准。

四、加大文物执法力度，严厉打击文物领域的犯罪活动

各级政府应当把确保辖区内各类文物的安全提到重要议事日程，纳入社会治安综合治理，并逐级签订文物保护目标责任书，落实文物保护责任制。规范执法程序，加大文物执法力度，重点查处破坏文物的法人违法案件，依法追究当事人、责任人的行政或法律责任。公安机关应在重点文物单位和文物犯罪多发地区，加强治安巡逻，适时开展治安清查，及时清除犯罪隐患。对发生的文物犯罪案件，要及时组织力量侦破，严厉打击各类文物犯罪活动。

五、切实做好文物保护基础性工作，着力推进重点文物保护工程

大力推进第三次文物普查工作。文物普查是国情国力调查的重要组成部分，是确保文化遗产安全的战略工程。要通过文物普查，进一步掌握我省不可移动文物的数量、分布、特征、保存现状、环境状况等基本情况，为准确判断文物保护形势、制定文物保护政策和规划、有针对性地采取保护措施提供科学依据。各级、各部门要积极配合，按照国务院和省政府要求，做到人员到位、经费到位、工作到位，到 2011 年底，全面完成全省文物普查工作。进一步加强各级重点文物保护单位的保护管理。及时划定和公布各级重点文物保护单位的保护范围和建设控制地带，并树立标志碑；建立完善县、乡、村三级文物保护网络；对尚未核定公布为文物保护单位的历史文化遗存，及时进行登记、建档，建立完备的保护记录档案。认真做好馆藏文物的登记、建档、建卡和数字化工作，逐步建立起全省完整的可移动文物资源档案数据库。要依照《文物系统博物馆风险等级和安全防护级别的规定》，加大投入，完善技防、物防建设，提高自防能力。各级公安机关要依据《企业事业单位内部治安保卫条例》（国务院令第 421 号），对负责监督、指导的文物单位拟定治安保卫重点单位级别，报请本级人民政府依法确定；要监督、指导文物保卫单位建立和完善治安保卫机构，配齐配强治安保卫力量；要依法加强对文物单位治安保卫工作的检查、监督和指导，及时化解安全风险和防范漏洞，确保文物安全。

着力实施“文化载体建设工程”，强化文物维修保护力度。要抓好重点文物保护单位的维修保护工程规划，集中资金和人力，以排除重大险情为目标，以抢救濒危文物为重点，加强文物本体保护。积极做好配合重点工程和经济建设项目的考古发掘工作。

六、加强领导，开创全省文物保护工作新局面

各级领导要带头学习文物保护法律、法规，不断增强文物保护的责任意识，切实将文物保护纳入国民经济和社会发展计划、纳入城乡建设规划、纳入财政预算、纳入体制改革、纳入领导责任制。建立和完善文物保护“五纳入”考核和监督体系。

省政府建立文物管理协调机制，协调和处理全省文物保护的重大问题；各地也要建立领导挂帅、有关部门密切配合的文物保护领导体制和工作机制。各级文物、发展改革、公安、财政、人事、国土、建设规划等部门，应依据各自职责，共同做好文物保护工作。宣传、教育、新闻出版、广播电视行政主管部门应做好文物保护的宣传教育工作。

做好文物保护和文物事业发展中、长期规划，加大政策扶持力度。认真落实《中共山东省委办公厅山东省人民政府办公厅关于加强公共文化服务体系建设的实施意见》(鲁办发〔2007〕33号)，充分发挥财政的主导作用，积极增加对文物保护和文物事业发展的投入。有门票收入的文物保护单位要提取一定比例的门票收入，专门用于文物保护。

各地要高度重视文物保护工作，各市、县(市、区)尤其是文物保护任务较重的县(市、区)，要进一步明确文物保护的部门，增强文物保护力量，负责当地的文物保护、管理、宣传和行政执法工作。要根据文物工作的特点，注重高层次专业人员和其他复合型人才的培养与引进，努力营造吸引人才、造就人才的条件和环境，全面提高文物工作队伍的素质。

各级政府应制定相应的政策，动员和吸纳公民、法人和其他组织参与文物保护，鼓励通过捐赠等方式设立文物保护社会基金，逐步建立起适应社会主义市场经济体制要求、符合文物工作自身规律、国家保护为主、全社会广泛参与的文物保护体制。

山东省人民政府

2008年10月8日

山东省人民政府关于贯彻落实国发〔2012〕63号文件进一步做好旅游等开发建设活动中文物保护工作的通知

(鲁政发〔2013〕9号)

各市人民政府，各县(市、区)人民政府，省政府各部门、各直属机构，各大企业，各高等院校：

近年来，在全社会的共同努力下，我省文物保护和利用工作取得显著成效，为经济社会发展发挥了重要作用。但是也存在有的地方违法转让、抵押国有不可移动文物，将国有不可移动文物作为企业资产经营，过度开发利用文物资源、导致文物及风景名胜区整体风貌遭到破坏或损毁，甚至擅自拆除文物古迹和历史文化街区、村镇以及历史建筑，损毁古墓葬、占压大遗址、破坏文物原生环境等问题。为贯彻落实《国务院关于进一步做好旅游等开发建设活动中文物保护工作的意见》(国发〔2012〕63号)精神，做好我省旅游等开发建设活动中的文物保护工作，现通知如下：

一、正确处理文物保护与经济社会发展的关系

文物是不可再生的、可持续发展的战略性资源，在我省文化产业、旅游产业链中具有基础性的地位和作用。各级、各有关部门要正确处理文物保护与经济建设的关系，正确处理继承民族文化传统和建设现代文明的关系。要坚持“保护为主、抢救第一、合理利用、加强管理”的方针，坚持文物保护与经济社会发展相结合，依法保护与科学保护相结合，有效保护与合理利用相结合，政府主导与社会参与相结合，努力实现经济社会发展和文物保护利用的协调发展、互动双赢。

二、严格执行文物保护法律、法规

要认真贯彻执行《中华人民共和国文物保护法》《山东省文物保护条例》等法律、法规。国有不可移动文物不得转让、抵押，不得作为企业资产经营。文物古迹和历史建筑应当尽可能实施原址保护，不得擅自拆除、迁移。对于历史文化街区、村镇，要逐步改善基础设施、公共服务设施和居住环境，不得擅自拆除。国有不可移动文物已经全部毁坏的，不得擅自在原址重建、复建。辟为参观游览场所的国有文物保护单位，所在地人民政府应当依法设立专门机构负责管理，不得将文物保护单位管理机构作为企业的下属机构或交由企业管理。国有其他文物也要按照文物保护法律、法规严格管理，不得赠与、出租或者出售给其他单位、个人，也不得抵押或作为企业资产经营。

各地要完善地方性文物保护规章制度，建立健全文物行业标准和规范，建立和完善文物维修保护、考古发掘、博物馆发展、文物流通等管理制度。

三、严格履行涉及文物的旅游等开发建设活动审批

历史文化名城、名镇、名村和历史文化街区所在地的县级以上人民政府应当组织编制专门的历史文化名城、名镇、名村和历史文化街区保护规划，并纳入城市、乡镇总体规划和村庄建设规划，坚决制止违反保护规划的乱拆、乱建、乱改行为。要加强各级文物保护单位的规划编制工作，提高规划的科学性。各地编制旅游等开发建设规划要符合城乡规划，并与文物保护单位的规划相衔接，坚持文物保护优先，把文物安全放在首位。

旅游等开发建设项目要严格履行基本建设审批程序。实施建设工程要坚持尽可能避开文物保护区、先行文物调查和文物勘探的原则。工程项目立项选址前，事先应征求同级文物行政部门的论证意见；凡涉及不可移动文物的，建设单位应事先确定保护措施，列入可行性研究报告，依据文物级别，报上一级文物行政部门批准。在文物保护单位和历史文化街区、村镇以及历史建筑的保护范围和建设控制地带内实施建设工程的，要事先依法征得文物行政部门同意，报城乡规划部门批准；未经文物行政部门同意的，不得立项，更不得开工建设。确实不能回避在文物保护范围内进行工程建设或者爆破、钻探、挖掘等作业的，事先须确定保护措施，依法履行报批手续。工程建设过程中发现文物埋藏的，建设单位应立即停止施工，保护现场，及时报告当地文物、公安行政部门，采取有效措施，保证文物安全。配合建设工程进行文物调查、勘探、发掘等工作的所需费用，应由建设单位或投资方支付。

四、加强文物旅游的指导和监管

旅游、文物等部门要把依法保护文物、确保文物安全列入旅游景区质量标准管理体系。要科学评估文物资源状况和游客流量，合理确定文物旅游景区的游客承载标准，并向社会公布。对于古遗址、古建筑、石窟寺等易受损害的文物资源，要通过预约参观、错峰参观等方式调节旅游旺季的游客人数，防止背离文物旅游景区实际、片面追求游客规模。要定期对利用古遗址、古建筑、石窟寺等易受损害的文物资源开展旅游等开发情况进行安全评估，对可能造成文物资源破坏的要及时采取保护措施，确保文物安全。对文物保护与安全管理规定不落实，造成文物破坏、损毁的，要依照相关规定处理并通报批评，涉嫌违法的要依法追究相关单位和人员责任。要建立文物旅游突发事件应急预警机制、巡视检查制度、专家咨询

制度，定期组织评估文物保护与旅游发展状况并向社会公布，促进文物保护和文物资源的合理利用。

五、依法纠正违法违规行为

各设区市要对本地旅游等开发建设活动中涉及文物古迹和历史文化街区、村镇以及历史建筑等的保护情况进行一次检查，全面摸清有关情况，依法纠正违法违规行为。

(一)对于将国有不可移动文物转让、抵押的，要限期改正，予以回购、终止抵押。对于将国有不可移动文物作为企业资产经营的，要限期将其从企业资产中剥离；暂不具备剥离条件的，可以设定过渡期，并由省级人民政府向国务院报告。

(二)对于游客接待量超过承载量，造成文物破坏或可能造成文物安全隐患的，要限期改正。

(三)对于擅自拆除文物古迹和历史文化街区、村镇以及历史建筑的，由县级以上地方人民政府或其城乡规划、文物等部门依法定职权责令停止违法行为、限期恢复原状或者采取其他补救措施。历史文化街区、村镇遭到严重破坏的，省政府将撤销或报请国务院撤销其历史文化名城(镇)或历史文化街区称号。

(四)对于将文物保护单位管理机构作为企业的下属机构或交由企业管理的，要从企业中分离，恢复文物保护单位管理机构的事业单位性质，交由文物行政部门管理。

(五)对于把历史文化街区、村镇整体出让给企业管理经营的，要予以纠正。暂不具备条件的，应当由市级人民政府向省政府说明情况。

在检查工作中，对涉嫌违法的行为，要依法追究相关单位和人员的法律责任。检查结束后，各市人民政府要在 2013 年 5 月 15 日前将检查情况上报省政府。省政府将组织督查组对各市检查情况进行督导和抽查。

六、加强对文物保护工作的组织领导

(一)切实落实文物保护责任。各级人民政府及其文物行政部门是文物保护的第一责任人。各级人民政府要把文物保护工作摆在更加突出位置，把文物保护事业纳入本级国民经济和社会发展规划、城乡建设规划、财政预算、领导考核评价体系。各地要按照《山东省文物保护条例》要求，建立文物保护管理协调机制。各市、县(市、区)尤其是文物保护任务较重的市、县(市、区)要进一步明确文物工作的部门，加强文物管理机构和队伍建设。文物行政部门要加强对文物保护的监督管理，统筹协调和指导文物保护工作，履行文物行政执法督察职责。发展改革、公安、财政、国土资源、住房城乡建设、旅游等部门，要依法履行文物保护职责，加强协调配合。要加强群众性文物保护组织建设，发挥社会组织、行业协会和广大志愿者参与文物保护的积极性。加大文物保护宣传力度，营造全社会共同参与文物保护的浓厚氛围。

(二)加大对文物保护的投入。各级人民政府要将文物保护经费列入本级财政预算，保证财政拨款随着财政收入增长而不断增加。要切实保障文物保护单位的日常维护经费和文物保护的抢救性投入。要加大基础建设投入，改善文物本体及其环境状况，加强文物保护基础设施和安全设施建设。国有文物保护单位门票收入和其他事业性收入专门用于文物保护。鼓励社会力量采取捐赠、设立文物保护社会基金等方式参与文物保护。文物旅游景区经营性收入要优先用于文物保护，具体比例由设区市、县(市)人民政府确定。文物保护单位管理机构要加强资金管理，严格遵守财务制度，提高资金使用效益。

山东省人民政府

2013 年 4 月 8 日

山东省文物局规范性文件

山东省文物博物馆事业“十二五”发展规划

为落实科学发展观，全面履行文化遗产保护职责，进一步提升全省文物、博物馆事业发展水平，为经济文化强省建设做出新的更大贡献，根据《中华人民共和国文物保护法》《山东省国民经济和社会发展第十二个五年规划》《山东省文物保护条例》，编制本规划。本规划主要阐明“十二五”时期山东省文物博物馆事业的发展目标和工作重点。

本规划的规划期是2011～2015年。

前言 “十一五”时期发展概况

“十一五”时期是全省经济社会大发展的五年，也是全省文博事业实现跨越式发展的五年。“十一五”期间，在省委省政府的正确领导下，文博工作按照“保护为主、抢救第一、加强管理、合理利用”的文物工作方针，全面贯彻落实科学发展观，以山东博物馆新馆建成开放和《山东省文物保护条例》颁布实施为标志，全省文物事业迈上新的台阶，为实现由文化资源大省向文化强省新跨越、建设经济文化强省奠定了坚实基础。

一、文博事业社会地位不断提升

文博事业发展环境进一步改善。全省文物“五纳入”工作稳步推进，文物行政管理机构和执法队伍进一步加强，文物保护经费不断增加，博物馆、纪念馆服务功能得到进一步发挥，重大考古发现、文物保护工程、重要展览已经成为媒体和社会持续关注的焦点与热点，大众的文物保护认知度越来越高，文博事业的社会地位不断提升。

文博事业发展社会效益明显。全省依托自身文物资源优势，积极弘扬传承历史文化，“十一五”期间，举办“孔子文物展”“考古新发现文物展”“全省文物精品大展”等各类展览5000多个，对于弘扬优秀历史文化、普及传统文化教育产生了积极的推动作用。“青州龙兴寺出土佛教造像展”“孔子文化展”等一系列展览先后在美国、德国、英国、日本、瑞士、西班牙、意大利、新加坡等地展出，引起巨大轰动，成为我国对外文化交流的品牌。在“中法文化年”“中俄国家年”等对外交流活动中，我省文物展作为重要组成部分，受到中外国家领导人的高度关注和国际友人的热烈赞扬，为宣传、弘扬中国文化、促进对外文化交流做出了积极贡献。

文博事业的经济社会综合贡献效果显著。曲阜“三孔”、泰山、蓬莱阁、刘公岛、台儿庄大战纪念地等一大批博物馆和遗产地成为当地重要文化品牌和新的经济增长点；文物旅游目的地游客数和收入逐年增加。“十一五”期间，文博事业投入直接产出比例平均为10.58，对国民经济拉动作用明显，为全省经济和社会发展做出了积极贡献。预计“十二五”期间，文物博物馆事业的投入产出比将保持在1∶10以上，即对文物及博物馆事业的投入1元将带来10元以上的直接回报，这还不包括文化遗产对社会公民思想道德建设的巨大贡献。

表 1　　“十一五”期间山东文物事业投入及对经济拉动作用

年份	财政拨款（亿元）	总投入（亿元）	财政投入占 GDP 比重(PPM)	文物业增加值（亿元）	旅游业拉动值（亿元）	文物资源对国民经济贡献	投入产出比
2006	1.123	4.164	1.89	3.0415	42.349	45.39	10.9
2007	1.917	4.456	1.72	2.1645	49.277	51.44	11.54
2008	2.617	5.208	1.68	2.5911	58.719	61.31	11.77
2009	4.003	6.729	1.99	4.3179	55.248	59.56	8.85
2010	4.922	7.320	1.25	3.0464	69.013	72.05	9.84

注：本表采用国务院发展研究中心的计算方法：旅游业拉动值＝旅游收入×文物系统旅游吸引力因子×旅游业增加值率；国民经济贡献＝旅游业拉动值＋文物业增加值。旅游吸引力因子逐年不同，取全国计算结果下限，旅游收入分境内及境外分别计算，入境旅游收入用当年汇率折算，旅游业增加值率取 40%。数据来源：全国、山东文物业统计资料（2006～2010），山东旅游统计年鉴（2006～2011），中国文化遗产事业蓝皮书（2008～2010）。计算结果高于全国平均水平，说明山东文物资源质量较高，旅游业发展基础较好，文物系统管理效率较高。

二、博物馆事业快速健康发展

全省博物馆建设步伐加快，体系日益完善，安全设施得到改善，服务水平不断提高。山东省博物馆新馆全面建成开放，得到社会各界的高度评价和充分肯定。枣庄、莱芜、滨州、烟台、诸城、滕县、莒县等市（县）新建了综合性博物馆，5 年间全省新建、改扩建博物馆 60 余座，160 多个文物收藏单位的安全设施得到改善。目前全省 17 市和文物重点县（市、区）均建立了博物馆，文物保护、展示条件大为改善。全省各级各类各所有制博物馆 185 座，其中 35 家博物馆被评为国家一、二、三级博物馆，数量居全国前列，累计接待观众 9400 万人次；山东省博物馆、青岛市博物馆、中国甲午战争博物馆被文化部命名为“公共文化设施管理先进单位”。

根据国务院统一部署，全省启动博物馆、纪念馆免费向社会开放工作，并于 2010 年在全国率先将参观博物馆纳入学校教学计划和旅游推介项目。截止到 2010 年底，全省向社会免费开放的博物馆、纪念馆达到 127 家，占总数的 85%以上（不包括遗址博物馆）。

表 2　　“十一五”期间山东省博物馆机构数及参观人数

年　份	2006	2007	2008	2009	2010
博物馆数量（个）	126	134	149	165	185
参观人数（万人）	1135.4	1584.9	1755.7	2342.5	2648.5

专栏（一）：山东博物馆新馆建成开馆

山东博物馆新馆工程，是省“十一五”重点建设工程和第十一届全国运动会配套项目，也是我省建设经济文化强省、推进文化大发展大繁荣的开山之作。新馆工程于 2008 年 4 月 10 日开工建设，2010 年 6 月全面建成并投入运行。新馆主体建筑面积 8 万多平方米，馆藏文物 20 多万件，位居全国前列。2010 年 11 月 16 日，山东博物馆新馆举行盛大开馆仪式，全国政协副主席孙家正，文化部、国家文物局及省委、省人大、省政府、省政协、省纪委、省军区和济南市主要领导出席典礼活动。新馆工程作为我省文化建设的标志性工程和省城济南城市建设的新亮点，得到社会各界的高度评价和广泛关注。截至 2010 年 12 月 29 日，新馆接待观众已达 30 万人次，远超每天 5000 人次的设计接待标准，高峰期参观人数达到 13000 人次/天。新馆建设暨开放获得多项殊荣，先后入选 2010 年山东十大新闻，获得“齐鲁文化新地标”称号以及“2010 中国城市榜——‘最济南’城市建设奖”，并被评选为“2010 影响济南十大民生事件”。

三、文物保护取得新成效

大遗址保护工程全面启动。大运河“申遗”在完成资源调查的基础上，编制完成大运河(山东段)“申遗”总体规划，推荐列入预备名单的大运河山东段共 6 段河段、61 个遗产点。齐国故城、两城镇、城子崖、大辛庄、鲁国故城、大汶口等大遗址先后完成规划工作，即将进入全面施工阶段。完成齐长城资源调查工作，发现鲁国长城、周代遗址、壕堑、烽燧等遗迹，编制了总体保护规划。台儿庄古城保护恢复工程取得初步成效，成为鲁南地区文化展示的一个新亮点，得到中央领导同志的充分肯定。

重点文物保护单位保存情况得到较大改善。蓬莱水城、岱庙、颜庙、“三孔”、天柱山、烟台山等 300 多处重点文物保护单位的文物本体得到科学保护，周边环境得到有效治理。

四、考古发掘成果丰硕

以服务大局、配合重大基本建设为重点，五年来全省考古调查里程 36700 余公里，勘探面积 4400 多万平方米，发掘面积 119599 平方米，实施了 50 多项考古发掘项目，其中寿光双王城盐业遗址、高青陈庄西周遗址、大辛庄遗址发掘项目连续获得 2008、2009、2010 年全国年度十大考古新发现，全省累计共有 16 项考古项目入选全国年度十大考古新发现，数量位于全国前列。一些考古成果甚至改变了人类文明史，社会反响巨大。如寿光边线王龙山文化城址和五莲丹土文化城址的发现，填补了我省史前城址考古的空白；临淄后李文化和沂源扁扁洞遗存的发现，将我省新石器时代由 7300 年左右提前到约 8500 年至 10000 年左右；广饶付家遗址头盖骨考古发现，证明了 5000 年前大汶口人就可以成功开展复杂的人工开颅手术。寿光双王城盐业遗址的发掘，揭露了世界已知规模最大、保存最完整的制盐作坊群，并把我国海盐制盐史前提到商代中期。

五、文物依法行政工作稳步推进

文物立法工作有序推进，规章制度进一步健全。省人大重新颁布《山东省文物保护条例》，省政府出台《关于进一步加强文物保护工作的通知》，日照市、淄博市、诸城市、五莲县等市(县)也出台了有关文物保护的规范性文件。各地广泛宣传、普及《文物保护法》和《文物保护法实施条例》，文物、公安、海关、工商、司法、环保等部门密切合作，严厉打击文物盗掘、走私和文物违法行为，文物犯罪发案率逐年下降。不可移动县、乡、村三级文物保护网络初步形成，田野文物保护工作进一步加强，馆藏文物实现连续 11 年安全年，全省文物安全形势越来越好。

专栏(二)：《山东省文物保护条例》颁布施行

历时六年，经过几十次修改、5 次会签，《山东省文物保护条例》于 2010 年 12 月 1 日正式颁布施行。《条例》重点对《文物保护法》和《文物保护法实施条例》进行补充、细化，突出了加强文物管理机构和队伍建设、委托执法、不可移动文物管理、基本建设中的文物保护工作等方面的规定，其中有些规定在全国文物保护地方性法规中尚属首次，具有“切合山东文物保护实际、突出重点、富于创新、法律责任明确、可操作性强”的特点，对于进一步加强全省文物保护工作、传承优秀历史文化遗产都具有十分重要的意义。

六、文物保护基础工作进一步推进

第三次全国文物普查取得阶段性成果。按照国务院统一部署，全省精心组织、周密安排、扎实推进，截至 2010 年底，全省调查登记不可移动文物 4 万余处。馆藏珍贵文物调查及数据库建设项目取得重要成果，建立数字化的馆藏文物数据库，进一步摸清了全省馆藏文物家底。

全省开展省级以上重点文物保护单位划定保护范围和建设控制地带、树立保护标志、落实保护责任等工作，文物保护单位的“四有”工作不断加强。相继启动文物基本单位普查、全国重点文物保护单位记录档案建档、省级以上重点文物保护单位保护状况调查、非文物系统国有文物收藏单位文物信息调查等工作，文物保护管理逐步走向规范化、科学化。干部培训、队伍建设、文物宣传等工作都有了新进步。临淄、曲阜、长清、平度、蓬莱、莒县被文化部、国家文物局授予“全国文物保护先进县”。

第一章　资源禀赋和“十二五”时期面临的机遇与挑战

一、资源禀赋

山东文物资源丰富，文物数量和质量位居全国前列。文物类型多样，史前文化底蕴丰富，后李遗址、北辛遗址、大汶口遗址分别是中国文化考古分类学上后李文化、北辛文化、龙山文化的命名地。商周至明清文物遗存众多，儒家文化更是独树一帜，不仅对中国古代文明的发生发展做出了独特的贡献，也影响了中国及世界两千多年。

山东不仅有以曲阜孔庙、泰安岱庙、蓬莱阁、济南灵岩寺、栖霞牟氏庄园、滨州魏氏庄园、聊城山陕会馆、潍坊十笏园为代表的古代建筑及古典园林；有以孔林、淄博殉马坑、曹植墓、苏禄王墓为代表古墓葬；还有丰富的历代摩崖石刻、石窟造像、军事遗址、古城遗址、古长城、宗教寺庙、府宅、殿堂、楼阁、古塔、传统街区、古商城、古航运设施、水下遗迹、革命纪念地等，基本涵盖了不可移动文物资源的所有种类。根据第三次全国文物普查数据，山东共有不可移动文物 4 万余处，其中，古遗迹 11565 处，古墓葬 5778 处，古建筑 7082 处，石窟寺及石刻 6920 处，近现代重要史迹及代表性建筑 7917 处。山东拥有世界文化遗产 3 处（泰山、“三孔”、齐长城）；经过各级人民政府公布的重点文物保护单位 7000 多处，其中全国重点文物保护单位 101 处，省级重点文物保护单位 687 处，省级优秀历史建筑 373 处；国家级历史文化名城 7 座，省级历史文化名城 11 座。馆藏文物 150.2 万件，三级以上珍贵文物 168677 件，其中一级文物 10626 件，位居全国第一。

山东也产生了许多杰出的圣哲先贤，被誉为“世界十大思想家之首”的孔子及孟子等儒家代表人物，备受中外学者推崇的孙武、墨子、鲁班、王羲之、辛弃疾、李清照、蒲松龄等等一大批著名历史人物，他们构成了中华民族优秀的文化基因。

山东现有文物保护管理机构 97 个，文物商店 9 个，具有文物保护工程资质的设计、施工单位 23 家，具有可移动文物技术保护设计资质和修复资质单位 8 家，文物科研机构 5 个。全省文物系统现有从业人员 3897 人。机构数量和从业人员质量在全国居于前列。

二、面临机遇

（一）政策环境

从国家层面看，党和国家高度重视文物博物馆事业发展，提出建设文化遗产强国的发展战略，党的十七大将文化遗产事业纳入中国特色社会主义事业的总体布局。全国范围内文物博物馆事业的战略意义和社会影响日益上升。

从山东省层面看，“十二五”我省黄河三角洲高效生态经济区、半岛蓝色经济区、省会经济圈、鲁南经济带等重大战略的建设步伐不断加快，“转方式，调结构”，由经济大省、文化资源大省向经济文化强省跨越进入到关键时期，对全省文化遗产保护事业提出了新的更高要求。省委省政府高度重视文化遗产事业，提出建设经济文化强省的宏伟目标，并出台相关鼓励文化遗产事业发展的政策。特别是 2011 年 3 月，山东省与国家文物局签订《合作加强山东文化遗产保护事业框架协议》，对全省文物保护工作做出了全面安排部署。

（二）经济基础

山东是东部沿海经济较为发达地区，2010 年 GDP 达到 39416 亿元，地方财政收入达到 2749.3 亿元。预计到 2015 年，全省 GDP 将达到 6 万亿元。道路等基础设施较完善，“十二五”期间，铁路营运里程将从

3840公里增加到6100公里，高速公路将从4285公里增加到6000公里。旅游业基础较好，近年旅游收入和接待人数均以两位百分数增长，2010年旅游收入达到3058.8亿元。

（三）社会需求

山东人口众多，2010年末常住人口达到9579.31万人，2010年人均国民生产总值超过6000美元，按照经济社会发展的一般规律，后工业时期居民对文化产品消费进入爆发期，消费倾向逐渐从物质消费转向精神需求的满足，对文化遗产需求强烈。与此相适应，文化产业、现代服务业将加速发展，文化遗产的开发利用对经济社会发展的作用将越来越重要。

三、面临挑战

"十一五"山东文物工作虽然取得很大成绩，其中一些重要指标位居全国前列，但也存在一些困难和问题。

一是文物保护意识有待进一步提高。一些地方文物工作"五纳入"没有得到有效落实，地方文物保护管理机构、人员、经费不到位，难以满足文物保护和执法工作的需要。

二是文物保护经费相对不足。全省文物保护经费投入总量虽有较大增长，但与经济大省和文物资源大省的地位仍不相称。

三是文物保护基础工作需要进一步加强。文物保护科研成果应用水平有待提高。一些文物保护单位安防设施、保存设备尚不完善，一些文物收藏单位文物保存环境尚待改善。人才专业结构和年龄结构不够合理，特别是规划设计、古建筑学、文物保护、文物修复专业人才以及基层文物保护力量不足。

四是文物安全的潜在威胁不容忽视。"十二五"时期，山东省城市化和新农村建设进程加快，大规模城乡基本建设的展开，对区域文物保护提出严峻挑战。

第二章　指导思想与总体思路

一、指导思想

以邓小平理论和"三个代表"重要思想为指导，以科学发展观统领文物博物馆工作全局，全面贯彻落实《文物保护法》和《山东省文物保护条例》，坚持文物工作方针，坚持服务经济社会大局，坚持依法行政，科学管理，锐意改革，开拓创新，不断增强发展活力，全面提高我省文物保护管理利用整体水平，为建设经济文化强省做出新贡献。

二、基本原则

保护为主。坚持"保护为主、抢救第一、合理利用、加强管理"的方针，坚持依法保护和科学保护，遵循文物保护规律，保护文物的真实性和完整性，保护文物的自然环境和人文环境，建立科学保护文物的长效机制，维护文物资源共享的代际公平，履行文明传承责任；妥善处理利用和保护的关系，在保护中求发展，在发展中实现更好的保护，文物利用把社会效益放在首位，实现社会效益和经济效益的统一。

以人为本。树立文物资源属于人民、文物保护必须依靠人民、文物保护成果惠及人民的理念，鼓励公众参与文物保护利用工作，确保公众在履行文物保护义务上各尽其能，在共享文物保护成果上各得其利。

融入大局。在经济社会发展大局中定位文博事业，突出地方文物保护特色，合理利用文物资源，充分释放文物资源潜能，构筑地方经济社会发展的新动力，实现文化遗产保护和地方经济社会发展的良性互动和可持续发展。

科学管理。统筹文物博物馆事业的规模发展和内涵发展，更加注重文物保护理念的转变，更加注重文物管理体制机制的改革，更加注重文物保护模式和利用途径的创新。加强制度建设，确立"文物保护，规划先行"的科学工作机制，重视人才作用，推动科技创新，有效提升管理的精细化、规范化和信息化水平，通过科学管理提高工作质量。

三、总体思路

按照内涵式发展思路，区分功能、整合资源、挖掘潜力、盘活存量、优化增量，实现既延续历史文化发展特色，又适应经济社会发展的战略目标。创新文物保护工作理念、机制和方法，以规划建设“七区两带”（曲阜、淄潍、泰山、黄河三角洲、半岛、沂蒙、鲁西等七大文化遗产保护片区和大运河、齐长城两条文化带）为重点，实施项目带动，强化整体保护，夯实基础工作，全面提升全省大遗址保护和博物馆整体工作水平，形成重点突出、点线面结合、特色鲜明、经济效益和社会效益显著提升的文物保护新局面。

四、发展战略

（一）基础优先战略

以实地调查为基础，建设、运行动态的文物保护数据库，进一步摸清底数。围绕《文物保护法》和《山东省文物保护条例》，健全完善文物保护法规制度体系。加大培训力度，“走出去、引进来”，培养、引进文博领域急需的高层专业、管理人才。加强文物安全管理体制、机制建设，全面落实文物保护责任制，确保文物安全。广泛开展文物宣传，展示文化遗产风采，提高全社会文化遗产保护意识。

（二）片区保护战略

立足文化遗产的区域特色，以地下文化遗产保护为重点，实施区域文物保护与利用，规划建设“七区两带”文化遗产保护片区。以大遗址保护和列入国家规划的319个重大项目为突破口，通过实施大型文物保护工程、建设“遗址公园”等多种形式，带动区域文化遗产保护和利用协调发展。

（三）品牌展示战略

充分挖掘文物文化内涵，整合各类文物资源，打造山东博物馆、建设山东数字化博物馆，进一步提升“三孔”、泰山、蓬莱阁、刘公岛、台儿庄大战纪念地等品牌形象，形成山东文化强省建设的标志性文化符号，推动全省文物资源利用再上新台阶。

第三章　目标和任务

一、总体目标

到“十二五”末，健全具有鲜明地域特色的文化遗产保护法规体系，保障文物事业持续健康发展的投入机制，支撑文物保护高水平发展的管理队伍和专家队伍，形成一批具有广泛影响的博物馆、文化遗产地等知名文化品牌，把山东建设成全国重要的文物保护、利用示范区，实现与建设经济文化强省相适应的文物强省目标。

二、主要目标

全面规划建设“七区两带”（曲阜、淄潍、泰山、黄河三角洲、半岛、沂蒙、鲁西等七大文化遗产保护片区和大运河、齐长城两条文化带）文化遗产保护片区；“大遗址保护曲阜片区”建设初具规模；曲阜鲁国故城、泰安大汶口遗址、汶上南旺分水枢纽三个国家考古遗址公园基本建成并对社会开放；列入国家“六片四线一圈”及150处大遗址名单范围的全国重点文物保护单位，保护规划编制完成100％，保护工程、展示工程、公共服务工程启动50％；全面完成大运河山东段遗产点的保护维修、环境整治和“申遗”工作；全国重点文物保护单位达到180处，省级文物保护单位达到1000处；全面提升博物馆整体水平，建设山东数字化博物馆，将山东博物馆打造成国家级博物馆。全省各级各类博物馆达到300座，一、二、三级博物馆数量居全国前列；一、二、三级风险单位力争实现安防、消防达标，建立并完善田野文物安全防范体系；文物利用水平大幅度提高，打造出一大批国内知名博物馆和文化遗产地。

三、主要任务

(一)加强文物保护

1.落实国家文物局与我省签署的《合作加强山东文化遗产保护工作框架协议》的各项任务,重点建设曲阜片区、黄河三角洲片区、半岛文化片区等文化遗产保护片区和大运河文化带,打造具有鲜明地域特色和文化特色的示范性文物保护园区。

专栏(三):大运河山东段和齐长城文化带概况

大运河被列为国家文博事业"十二五"规划重点保护的4条文化线路之一。

大运河山东段文化带

1.区域范围:德州、聊城、泰安、济宁、枣庄5市的德城、武城、夏津、临清、东昌府、阳谷、东平、梁山、汶上、任城、济宁市中、微山、鱼台、峄城、台儿庄等15县市区。

2.文化内涵特征:大运河肇始于春秋时期,形成于隋代,发展于唐宋,完善于元代,明清时达到全盛,是沟通海河、黄河、淮河、长江、钱塘江五大水系、纵贯南北的水上交通要道。京杭大运河是我国古代劳动人民创造的一项伟大工程,是祖先留给我们的珍贵物质和精神财富,是活着的、流动的重要人类遗产。大运河山东段全长510公里,占大运河总长近1/3。对大运河山东段进行有效的保护,实现大运河山东段的生态修复和文物保护,将有助于带动沿线各市乃至全省的经济、文化、旅游等各项事业的发展。大运河山东段与其他省段一起列入了世界文化遗产预备名单。

3.主要项目内容:运河古河道本体保护、运河古河道两侧大堤以内区域环境恢复;

重点项目:台儿庄古运河、金口坝、分水龙王庙建筑群、堽城坝、戴村坝、沿线船闸码头桥梁的维修工程;聊城、济宁、临清等历史文化名城与运河相关的城、镇、村、街道保护;运河沿线自然生态环境恢复、整治。

齐长城文化带

1.区域范围:齐长城沿线18县市区:长清县、历城区、章丘市、肥城市、泰山区、泰安郊区、莱芜市、博山区、淄川区、沂源县、临朐县、安丘市、诸城市、沂水县、莒县、五莲县、胶南市、黄岛区。

2.文化内涵特征:齐长城始建于春秋时期,西起黄河河畔,东至黄海海滨,横跨山东8市18县市区,长达千余里。齐长城在中国历史上占有重要地位,具有很高的考古和旅游价值。齐长城全面反映春秋战国时期齐国政治、经济、军事、文化科学技术发达和繁荣的盛况,也是对当时齐国综合国力研究的重要内容。已经列入世界文化遗产名录。

第三次文物普查又发现了部分学者称为"鲁长城"的军事设施。

3.重点项目:总体保护规划;齐长城墙体保护工程;齐长城沿线两侧自然山谷以上的山坡区域自然环境恢复治理、相关的军事设施和村镇兵营保护;沿线全国重点文物保护单位及省级文物保护单位保护工程如:黄石关、青石关、锦阳关保护工程等。"鲁长城"基础保护工程。

2.完善重点文物保护单位的"四有"工作,完成一至七批国保、一至三批省保单位保护范围和建设控制地带划定工作,全面推动记录档案的制订工作,逐步实现文物保护单位保护管理利用工作的制度化、规范化、科学化。

3.加大文物保护工程建设、管理力度。规范文物保护单位保护方案及规划制定工作,建立省级文物保护单位保护规划及抢救性保护工程项目库。全面完成列入国家《"十一五"期间大遗址保护总体规划》的8处大遗址保护规划编制,启动实施一系列保护项目,推进鲁故城、南旺枢纽工程、大汶口等考古遗址公园建设项目。

专栏(四):三个考古遗址公园

大型遗址公园是以重要的大遗址为依托,在确保大遗址安全的基础上,科学展示遗址原貌及其历史文化内涵的公益性展示园区;是基于考古遗址本体及其环境的保护与展示,融合了教育、科研、旅游、游览、休闲等多功能的公共文化空间。

鲁国故城考古遗址公园

鲁国故城遗址,位于曲阜市区。自西周初年(前11世纪),周武王封其弟周公旦于鲁,至鲁顷公四年(前249年)为楚所灭,其间九百余年,是周王朝诸侯国中沿用时间最长的都城之一。西汉封刘余为鲁恭王亦居此,直至西汉中期。

城平面略呈长方形,东西长约3.5公里,南北宽约2.5公里。城垣遗迹依稀可寻,有城门十一座,街道十三条。城中部发现有汉代鲁灵光殿遗址,殿基东西长约700米,南北宽约400米,最高处高8米,周围有大型建筑基址,为春秋至西汉时的宫殿区。城内北部和西部有冶铜、制骨、烧陶和冶铁遗址十处,城西部有墓地多处,发掘出土一批珍贵文物。发掘两周墓葬128座,西汉墓7座,唐代墓1座,探明了周初至战国中期鲁国的葬式葬俗、殉葬品组合规律等问题。鲁国故城的普探发掘,为中国城市发展史研究填补了空白,对商周考古和城市考古具有十分重要的意义;为了解汉代王城规制提供了具体实例。

2011年6月1日,国家文物局批复了对鲁国故城考古遗址公园的规划。

大汶口考古遗址公园

大汶口新石器时代遗址,位于山东大汶河两岸的宁阳堡头和泰安大汶口附近。1959年在汶河南岸堡头村西发掘墓葬133座,出土遗物包括陶器一千多件,其中有红、灰、黑、白各色陶器,间有精美的彩陶;石器、骨器及动物骨骼亦甚丰富。考古学界将大汶口遗址文化及与其相类的文化遗存命名为"大汶口文化"。大汶口文化从公元前4000年前开始,经历了大约两千多年的发展。

2009年,泰安市确定将逐步建设以大汶口遗址为核心的国家考古遗址公园。根据中国文化遗产研究院的《大汶口遗址保护总体规划(讨论稿)》,大汶口遗址保护将分为近、中、远三期目标,国家考古遗址公园建设在中期进行。公园内的展示计划采用地表模拟、景观示意及原状展示等方式,运用现代技术手段与传统展出相结合,游客可以步行或乘电动车沿内、外环线游览。规划还提出了"增设大汶口文化滨河景观公园""修复汶河故道景观"等设想。

南旺枢纽考古遗址公园

南旺分水枢纽工程位于京杭大运河全线海拔最高点山东汶上县,被称为"水脊",也是京杭大运河全线科技含量最高的控制性节点工程,代表了17世纪世界工业革命前土木工程技术的最高成就。永乐九年(1411年)工部尚书宋礼采用汶上老人白英建议修建,它体现出我国古代劳动人民惊人的智慧和伟大创造力,是大运河卓越工程价值和高超工程技术的杰出代表。清末漕运废止,加之后来梁济运河的开凿和小汶河的改道,京杭大运河汶上南旺段废弃,南旺分水枢纽工程也随之荒废。

南旺枢纽考古遗址公园已列入第一批国家考古遗址公园立项名单,2010年10月9日向社会公布。2011年6月11日,南旺枢纽考古遗址公园奠基,这是目前京杭大运河上的唯一一处国家考古遗址公园,也是京杭大运河"申遗"的重点项目。

规划考虑恢复分水口周边部分运河故道、石剥岸、分水嘴、码头等,逐步实现上游从戴村坝引水、疏浚小汶河、重建马踏湖水柜,修复部分斗闸等水工设施。通过考古遗址公园,展示运河分水工程,再现分水枢纽工程昔日辉煌。分水龙王庙建筑群是运河沿岸具有特别纪念意义的综合性庙宇。继续对禹王殿、禅堂、蚂蚱神庙等建筑进行抢救性维修;对龙王庙大殿、戏楼、水明楼、过厅、白公祠、潘公祠、白大王庙等建筑,可以采用洛阳"定鼎门方式"实施遗址保护。结合南旺分水枢纽工程大遗址实际,建设南旺分水枢纽博物馆。南旺枢纽考古遗址公园将建设以"运河文化"为主题的南旺枢纽水工科技展览馆,再现古运河繁荣景象。

4.规范基本建设工程文物保护工作的组织管理。科学组织基本建设工程中的文物调查、勘探和考古发掘工作。加快考古报告整理、编写和出版工作,确保每年出版2～3部考古发掘报告,重点解决历年积压的发掘资料整理编写工作。

5.加强文物科技保护专题研究。积极开展大遗址综合保护研究、运河遗迹及其保护管理综合研究、保护技术规范和齐长城资源合理利用等多项课题研究,推动我省文物保护科技水平整体提升。

(二)繁荣发展博物馆事业

1.以山东博物馆新馆建成开放为契机,全面提高管理和展示服务水平,着力打造全省公共文化服务龙头品牌。进一步加强市、县级博物馆的基础设施建设,改善收藏、展览、服务设施,努力为社会大众服务。重点完成孔子博物馆、寿光盐业遗址博物馆、滨州市博物馆、莱芜市博物馆、济宁市博物馆新馆、东营黄河文化博物馆、齐文化博物馆、滕州市博物馆新馆等新建项目，及聊城中国运河文化博物馆、临沂银雀山汉墓竹简博物馆、青州市博物馆等改扩建项目。

专栏(五):"十二五"期间博物馆建设数量

根据第六次全国人口普查数据，2010 年山东省常住人口为 9579.31 万人，每百万人拥有博物馆数量为 1.931 座，虽略高于全国平均数字 1.8 座，但远低于发达国家水平。预计"十二五"期间，人口每年将净增加 70 万人，如果到 2015 年山东博物馆数量达到 300 座，每百万人拥有博物馆数量将增加到 3.02 座，5 年增幅为 56%。

2. 制定促进民办博物馆发展的措施和政策，促进民办博物馆的发展。积极引导、鼓励、支持社会各行业依法兴办填补博物馆门类空白和体现行业特性、区域特点的专题博物馆和特色博物馆，进一步完善品类结构和体系。

3. 建设山东数字化博物馆。立足互联网信息平台，依托现代科技和我省文物资源优势，完善全省不可移动文物和馆藏文物数据库，建设山东数字化博物馆，实现文物资源信息共享，让文物保护成果惠及广大民众。

4. 推动全省博物馆纪念馆免费开放工作，促进博物馆纪念馆整体水平提升。制定博物馆纪念馆免费开放社会服务质量规范和标准，保证财政保障资金充分发挥效益。

5. 加强馆藏文物管理，提高科技保护水平。推广、实施文物保护行业标准，开展相关业务培训；开展馆藏文物保存环境达标，基本满足馆藏文物对保存环境的需求；运行动态的全省馆藏文物数据库管理系统，实现藏品管理信息化，提高文物保护、管理和利用水平。

6. 加大文物征集力度。千方百计争取资金，在做好历史文物征集的同时，注重对近现代文物、民俗文物的征集工作。

(三)加大行政执法力度

1. 健全和完善文物保护法规和配套制度。建立与《山东省文物保护条例》相配套的《山东省文物保护员管理办法》《文物行政执法与安全监管责任追究制度》等制度，促进《条例》各项规定的落实。

2. 加大文物保护普法宣传力度。将《文物保护法》《文物保护法实施条例》《山东省文物保护条例》等法律法规作为普法教育、考试、验收的重要内容，列入山东省"六五"普法规划，扩大文物保护法律法规的普及范围。

3. 加强文物行政执法工作。逐步建立健全文物行政执法机构，完善文物行政执法工作机制，实行文物行政执法和安全保卫人员持证上岗制度。积极与公安、工商、海关等有关职能部门协商建立预防和打击文物违法犯罪活动的长效工作机制，严厉打击盗窃、盗卖和走私文物等各类文物违法犯罪行为。严格规范文物经营和民间文物收藏行为，维护正常的文物流通秩序。

4. 加大田野文物保护力度。根据《山东省文物保护条例》规定，加强文物保护员队伍建设，"十二五"期间要配齐各级重点文物保护单位文物保护员。建设安全看护用房和基本的监控设备，加强对重要遗址的安全保护。

5. 加强文物单位消防、安防等文物安全工程的管理。开展二、三级风险单位的评定和安防、消防、防雷系统的达标验收工作。建立文物单位消防、安防系统工程评审专家委员会，严格文物单位消防、安防系统工程设计、施工方案等评审、审批和验收程序。

6. 规范文物市场和文物监管品市场。依法加强对文物拍卖企业、文物商店的监督管理，严格准入条件和拍卖、销售前的审核、审批，落实实物审核制度。制定《文物监管品市场管理办法》，加强文物监管品流通的调控和监督管理，依法严格审核文物监管品，取缔非法文物交易，规范文物监管品经营和民间文物收藏行为，确保文物市场健康有序发展。

(四)大力提升文物资源利用水平

1.妥善处理文物保护与基本建设、开发利用的关系,坚持在保护文物的前提下,开展基本建设、生产建设和文物资源的开发利用,努力实现文物保护事业和经济建设的协调发展。

2.积极探索文物资源利用新途径。发挥大遗址和城市历史文化资源优势,依托重要文化遗产地和博物馆,在文物保护前提下,整合资源、加大投入,改善当地生态环境和人文环境,培植文化遗产品牌,带动相关产业发展。

3.提高文博设施公共服务水平。着力推进博物馆、纪念馆、民俗馆、遗址公园等服务配套工作,研发和推销富有特色和个性的文物衍生品和服务项目,推出与文物相关的复仿制品、旅游纪念品、工艺美术品,满足人民大众多方面的精神文化需求。

(五)积极开展文物对外交流与合作

加大近现代纪念馆、名人故居和中小型博物馆的外宣力度,进一步提高知名度,促进全面发展。巩固原有外联渠道,拓展新的途径,加强沟通与协作,使文物外展逐步走向更广阔的国际空间。科学策划文物外展主题,整合文物外展资源,围绕我省传统文化优势,适应文物藏品特点,打造一批特色鲜明、展品精美、内涵丰富的文物外展精品,大力提升齐鲁文化的国际影响力和知名度。

第四章　重大文物保护工程和重点项目

一、重大文物保护工程

(一)黄河三角洲文化遗产保护片区建设

黄河三角洲高效生态经济区建设已经上升为国家战略,该区范围内各类建设项目空前增加,文物保护任务日趋繁重。目前,该区范围内新发现文物点1745处,复查744处,共计2489处,其中各级文物保护单位358处,包括在全国具有重要影响的古代制盐遗址和高青西周遗址。"十二五"期间,配合国家经济区发展战略,加大区域内省级以上重点文物保护单位保护力度,规划具有鲜明地域特色的文物保护带。

专栏(六):黄河三角洲高效生态经济区内全国及省级重点文物保护单位统计

全国重点文物保护单位:

广饶关帝庙大殿、傅家遗址(广饶县)云峰山、天柱山摩崖石刻(莱州市)龙华寺遗址(博兴县)丁公遗址(邹平县)魏氏庄园(惠民县)

省级重点文物保护单位:

高青:文昌阁;利津:南望参窑址、冢头墓群、五村遗址、柏寝台;广饶:营子遗址,神仙洞石窟造像,毛纪、毛敏墓,当利故城址,蒜园子遗址,刘子山旧宅;莱州:盖平山摩崖石造像;寒亭:会泉庄遗址、于氏宅院民居、一孔桥、西杨家埠木版年画旧作坊、前埠下古文化遗址、纪国故城、禹宋台遗址、边线王遗址;寿光:赵旺铺遗址;昌邑:姜氏祠堂,五里冢遗址,三女冢、惠王冢遗址;乐陵:文庙;滨城:兰家遗址、杨家古窑址;沾化:西墊遗址、贤城遗址、凤阳石桥、东鲁遗址、利城遗址、村高遗址、寨卞遗址、丈八佛(含附近石刻);博兴:院庄遗址、鲍家遗址、西南庄遗址;邹平:梁漱溟墓、大商遗址、大郭遗址、郝家遗址;惠民:路家遗址、张家集土改纪念室、牛王堂古墓、秦台遗址、小韩遗址;阳信:棒槌刘遗址、郭莱仪古墓、信阳故城址、大觉寺;无棣:吴式芬故居。

专栏(七):黄河三角洲文化遗产保护片区规划

1.区域范围:与“黄河三角洲高效生态经济区”区划基本重叠并有所扩大,包括6市(东营、滨州、潍坊、德州、淄博、烟台)19县(市、区)(广饶县、莱州市、邹平县、惠民县、高青县、利津县、寒亭区、寿光市、昌邑市、乐陵市、沾化县、博兴县、信阳县、无棣县、庆云县、滨城区、河口区、垦利县)。

2.文化内涵特征:该地区历史文化遗产包含有环渤海史前文化圈、商周制盐中心及民俗文化等不同特色的文化。现有全国重点文物保护单位6处、省级文物保护单位52处。

3.主要项目内容:伴随着该地区的开发上升为国家战略,各种经济建设项目大规模展开,必然使深埋在黄河淤积地层以下的文化遗存不断暴露,同时,现存的文化遗产整体保护利用水平也要相应提高,为当地经济社会的发展发挥应有作用。

重点项目:潍坊滨海地区盐业遗址群大遗址保护及考古遗址公园建设;坊子德日建筑群整体规划保护;十笏园、魏氏庄园、关帝庙大殿、于氏宅院、杨家埠木版年画旧作坊建筑维修保护;惠民宋城古城墙保护工程。

(二)实施“曲阜片区”等大遗址保护工程

“曲阜片区”以曲阜、邹城为核心,扩展至相邻区域重要遗产地,总面积约2500平方公里。“十二五”期间,主要以曲阜、邹城两座历史文化名城和“三孔”“三孟”、鲁国故城等重点文物资源本体为基础,对片区内各类文化遗产进行整体保护。编制区域文物保护整体规划,以“三孔”“三孟”为核心,规划古代皇家建筑保护带;建设鲁国故城国家考古遗址公园;开展区域文化遗产大规模环境治理,全面提升曲阜片区文化遗产的生态环境和展示水平。大力推进大运河、齐长城和齐国故城、两城镇、城子崖、桐林、大辛庄、大汶口等大遗址保护工程,为实现综合利用打下良好基础。

专栏(八):大遗址保护工程

大遗址是指大型古文化遗址,由遗存及其相关环境组成,大遗址是指年代跨度长、占地面积广、价值重大,在文明发展历程中具有特殊或重大意义,且具有资源优势和深厚内在潜力的大型遗址或遗址群及其相关环境,主要包括大型聚落遗址、古城址、宫室、陵墓群等。

大遗址保护工程——曲阜片区

1.区域范围:以济宁市的曲阜市、邹城市、汶上、枣庄市的滕州、泰安市的岱岳区、宁阳等市县区。

2.文化内涵特征:区内文化遗产丰富,历史底蕴深厚。以孔孟儒学文化遗产为代表,拥有与之相关的各个历史时期各种类型文化遗迹,成为山东历史文化的典型代表和中华文化重要渊源地之一。

3.主要项目内容:文化遗产本体及其周围环境和谐。重点包括区域内:世界文化遗产,世界文化遗产扩展项目全国重点保护单位,省级文物保护单位的维修工程、安全防护设施、消防工程及环境治理;国家历史文化名城——曲阜市、邹城市旧城区范围内以及历史文化遗迹分布密集的村、镇、街区。

重点项目:鲁国故城考古遗址公园建设;“三孔”世界遗产环境整治;孔府、孔庙、孔林、三孟、颜庙、曾庙、尼山孔庙和书院建筑维修、古树名木保护及安全消防工程、保护设施工程建设;嘉祥武氏墓群石刻、汉鲁王墓群、明鲁王墓整体保护。

(三)半岛文化片区建设

目前已查明该区域内不可移动文物15959处,其中国家重点文物保护单位41处,省级重点文物保护单位196处。同时,青岛、烟台、威海等市沿海海防设施、近代建筑,也是国家文化遗产保护战略的重要组成部分。要按照文物保护单位管理规范,配合基本建设工程,做好考古发掘、规划编制和资源展示等工作,有效保护文物资源,大力提升公共服务能力。

专栏(九):半岛文化片区

山东半岛文化片区范围包括山东全部海域和青岛、东营、烟台、潍坊、威海、日照6市及滨州市的无棣、沾化2个沿海县所属陆域,海域面积15.95万平方公里,陆域面积6.4万平方公里。

1.区域范围:行政区域以青岛、威海、烟台市辖区为中心。

2.文化内涵特征:从地理单元上,胶东半岛地区是有别于鲁北和鲁南的独立地理单元,文化面貌也有其独立性。史前时期,该区域的分布大量的贝丘遗址,是史前研究的重要课题。商周时期,该区域是东夷文化与齐文化交汇的区域。该区域也是古代祭祀遗址的集中分布区域,秦汉时期的"八主祠"中,阳主、日主、月主、阴主均在该区域。从史前到历史时期,随着地理环境的变迁及航海活动,半岛沿海地区有大量的遗址和沉船埋藏在水下,水下考古成为半岛文化区的重要内容。在青岛、烟台、威海等市现存一批近现代代表性建筑,内容涉及政治经济文化各个方面。如青岛八大关近代建筑群和烟台山近现代建筑群。同时,青岛、威海、烟台旧城区还有众多的军事防御设施、工业遗产和民居,也是近代社会历史的真实反映。

3.主要项目内容:东夷文化,水下考古,民居、海防设施、工业遗产、近现代建筑等类型文化遗产本体及其周围环境整治工程。核心区域以青岛八大关地区、烟台山地区、奇山所;全国重点文物保护单位;省级文物保护单位;青岛、烟台市历史文化名城内各历史文化街区保护等方面为主。

重点项目:青岛烟台威海市沿海水下文物考古探察;青岛德国建筑群、烟台山近代建筑群、烟台福建会馆、蓬莱水城及蓬莱阁、丁氏故宅、牟氏庄园古建筑群维修;北庄遗址、归城城址、嘴子前墓群遗址保护;刘公岛甲午战争纪念地、烟台东炮台、西炮台军事设施保护。

(四)全省文物资源调查工程

根据国务院统一部署,确保于2011年全面完成第三次全国文物普查任务,建立全省不可移动文物数据库。启动国有可移动文物普查工作,建立国有可移动文物普查数据库管理系统,公布国有可移动文物普查成果,编制全省国有可移动文物名录,进一步摸清全省国有可移动文物底数。

二、重点文物保护项目

(一)不可移动文物保护方面,重点做好大运河"申遗"相关文物保护工程、齐长城保护工程项目、四门塔千佛崖造像、烟台山近代建筑群保护、魏氏庄园建筑群、蓬莱阁古建筑群、十笏园、郯国故城、半岛近代海防设施等200余项重点文物的保护、维修项目。

表3　　不可移动文物保护部分重点工程

地区	项目单位	项目名称
济宁市	京杭大运河	太白楼、柳行东寺、吕家宅院、大石桥、夏桥、太和桥会通桥、漕井桥、天井闸遗址保护维修、浣笔泉遗址保护
济宁市	京杭大运河	大运河济宁段文物保护工程
济宁市	京杭大运河	大运河南旺枢纽工程大遗址和分水龙王庙建筑群保护
济宁市	京杭大运河	京杭大运河(汶上区段)保护工程
济宁市	京杭大运河	南旺分水龙王庙等建筑及运河分水枢纽工程遗址维修
聊城市	京杭大运河	东昌府区运河大、小码头历史风貌保护
泰安市	京杭大运河	东平戴村坝保护维修工程
泰安市	京杭大运河	东平段运河河道抢险加固保护工程
枣庄市	京杭大运河	台儿庄月河古街区保护维修
枣庄市	京杭大运河	水利、水运工程保护

续表

地区	项目单位	项目名称
枣庄市	京杭大运河	水道工程保护
济南市	长城	济南市长清段齐长城遗址保护维修
日照市	长城	齐长城遗址莒县段维修
日照市	长城	齐长城遗址五莲县段维修
淄博市	长城	齐长城淄川段保护维修
济南市	城子崖遗址	城子崖遗址本体及载体保护工程
泰安市	岱庙	岱庙整体恢复工程(皇家园林)
济宁市	孔林	孔林古建维修及内部环境整治(皇家园林)
淄博市	临淄齐国故城	齐国故城城垣遗址保护
威海市	刘公岛甲午战争纪念地	保护维修
烟台市	牟氏庄园	维修保护和环境整治
烟台市	蓬莱水城及蓬莱阁	蓬莱阁古建筑群维修
济南市	千佛崖造像	保护维修
青岛市	青岛德国建筑群	青岛天主教堂
济宁市	曲阜孔庙及孔府	古建维修及内部环境整治(皇家园林)
济宁市	曲阜鲁国故城	鲁国故城大遗址保护利用
潍坊市	十笏园	第71～114号房维修
济南市	四门塔	四门塔维修
滨州市	魏氏庄园	魏氏庄园保护维修
烟台市	烟台山近代建筑群	烟台山近代建筑群维修

(二)文物保护设施建设方面,重点完成四门塔、薛城遗址保护设施、武氏墓群石刻抢险排水工程等30余项建设项目。

表4　　抢救性文物保护设施部分重点项目

项目名称	项目所在地
四门塔保护项目	济南市历城区
颜文姜祠维修保护项目	淄博市博山区
薛城遗址保护项目	枣庄市滕州市
烟台山近代建筑群保护项目	烟台市
牟氏庄园保护项目	烟台市栖霞市
十笏园古建筑保护项目	潍坊市潍城区
武氏墓群石刻保护项目	济宁市嘉祥县
颜庙保护项目	济宁市曲阜市
岱庙安全防护项目	泰安市岱岳区
两城镇遗址保护项目	日照市东港区

续表

项目名称		项目所在地
洗砚池晋墓文物保护项目		临沂市兰山区
光岳楼保护项目		聊城市
龙华寺遗址保护项目		滨州市博兴县
魏氏庄园保护项目		滨州市惠民县
齐长城遗址保护项目	五莲段抢救性保护项目	日照市五莲县
	青石关抢救性保护项目	莱芜市
	沂水段抢救性保护项目	临沂市沂水县
大运河保护项目	台儿庄段水利工程设施抢救保护项目	枣庄市台儿庄区
	济宁段河道抢救性保护项目	济宁市
	南旺枢纽工程遗址保护项目	济宁市
双王城盐业遗址群保护项目		潍坊市
鲁国故城保护项目		济宁市
光明寺保护项目		日照市五莲县

（三）文化遗产展示方面，重点实施北辛遗址展示项目、武氏墓群石刻陈列室（后堂）建设项目以及山东博物馆、济宁市博物馆、淄博市博物馆、东营市历史博物馆、中国甲午战争博物馆、潍坊市博物馆、荣成博物馆展览提升等近30项文化遗产展示项目。

表5　　文化遗产展示部分重点项目

地区	项目单位	项目名称
枣庄市	北辛遗址	北辛文化遗址公园建设
济宁市	嘉祥武氏墓群石刻	武氏墓群石刻陈列室（后堂）建设
山东省	山东博物馆	自然馆、近现代史陈列、名人馆
济南市	济南市博物馆	展览改造提升
青岛市	青岛市博物馆	陈列展览提升
青岛市	青岛啤酒博物馆	新增糖化展馆
淄博市	淄博市博物馆	淄博地方史陈列
淄博市	临淄中国古车博物馆	古车展厅展览提升
东营市	东营市历史博物馆	基本陈列改造提升
烟台市	登州博物馆	海防重镇厅、千年古港厅展览提升
烟台市	长岛县博物馆	新馆陈列
潍坊市	潍坊市博物馆	《古生物化石陈列》
潍坊市	青州市博物馆	专题展厅改陈
济宁市	济宁市博物馆	“济宁——运河之都”展
泰安市	泰安市博物馆	岱庙庙史展
威海市	威海市博物馆	新馆陈列布展

续表

地区	项目单位	项目名称
威海市	中国甲午战争博物馆	“北洋海军提督署复原陈列”
威海市	荣成博物馆	“渔家傲——荣成人与海洋”
临沂市	临沂市博物馆	新馆陈列布展
临沂市	临沂市银雀山汉墓竹简博物馆	基本陈列改造提升
滨州市	滨州市博物馆	陈列布展
菏泽市	菏泽市博物馆	展览提升
菏泽市	鲁西南民俗博物馆	展览提升
聊城市	聊城中国运河文化博物馆	展览提升
聊城市	孔繁森同志纪念馆	展览提升

(四)馆藏文物保护修复方面,重点做好山东博物馆、济南市博物馆、烟台市博物馆、济宁市博物馆等50多家博物馆馆藏青铜器、字画等文物的修复工作。整合全省文物科技力量,建立山东文物科技保护修复中心。

表6　馆藏文物保护修复部分重点项目

地区	项目单位	项目名称
山东省	山东博物馆	馆藏珍贵古籍、甲骨、纺织文物、木版年画等保护修复
山东省	山东省文物考古研究所	日照海曲墓地出土竹木器漆、历年出土青铜器等保护修复
济南市	济南市博物馆	馆藏青铜器、书画保护修复
青岛市	青岛市博物馆	馆藏书画、瓷器等文物保护修复
淄博市	淄博市博物馆	文物保护实验室建设及馆藏铁器、青铜器、瓷器、书画保护修复
淄博市	齐国故城遗址博物馆	馆藏金属类文物、山王墓出土彩绘陶器等保护修复
枣庄市	滕州市博物馆	馆藏前掌大遗址、薛国故城遗址、庄里西遗址等出土青铜器抢救保护修复
东营市	东营市历史博物馆	馆藏104件文物保护修复
烟台市	烟台市博物馆	馆藏60件书画、50件青铜器保护修复
潍坊市	青州市博物馆	馆藏明代殿试卷、佛造像、西辛战国齐墓出土文物、香山汉墓彩绘陶俑等文物保护修复
潍坊市	临朐山旺化石博物馆	明道寺舍利塔地宫佛教造像保护修复
济宁市	济宁市博物馆	60件青铜器、137件古字画保护修复
济宁市	曲阜孔府档案馆	馆藏孔府档案、纺织文物、青铜器、陶瓷器、书画等文物保护修复
泰安市	泰安市博物馆	86幅古字画、6020册古籍保护修复
泰安市	新泰市博物馆	馆藏800件青铜器保护修复
威海市	威海市博物馆	馆藏青铜器、书画、陶瓷器保护修复
莱芜市	莱芜市文物管理委员会办公室	金属文物、陶瓷器等保护修复
临沂市	临沂市博物馆	馆藏青铜器、铁器、漆器、书画等保护修复
滨州市	滨州市博物馆	馆藏文物修复
菏泽市	菏泽市文物处	菏泽国贸中心出土元代沉船抢救保护
聊城市	聊城中国运河文化博物馆	馆藏260件二、三级文物保护修复

（五）基本建设工程文物保护方面，配合南水北调、高速公路、高速铁路等国家重大基本建设工程和新农村建设项目，做好相关文物考古勘探、发掘和保护工作，实现文物保护与基本建设两促进、可持续发展。启动重大课题研究的主动考古发掘项目。

第五章　保障措施

一、加强组织领导，完善工作机制

强化政府文物保护责任，依法建立健全各级文物保护委员会，加强文物保护行政管理机构和文物工作队伍建设，切实把文物工作纳入政府重要议事日程，列入考核内容，推进文物工作“五纳入”走向深入。依照法律法规规定，各有关部门各司其职，分工协作，营造以政府负总责，上下联动、相互配合、齐抓共管的文博工作新格局。

二、加大财政投入，保障文物博物馆事业健康发展

建立起以政府主导、社会参与的多元化资金稳定增长机制。积极争取中央财政专项资金。加大全省各级财政对文保专项经费的投入，保证公共财政对文物保护的投入增长幅度高于财政经常性收入增长幅度，逐步提高文保支出占财政支出比例。省级和文物重点市、县（市、区）要专门设立文物保护、大遗址保护专项经费，优先安排配套资金落实的项目，列入财政预算。充分发挥财政资金的杠杆和引导效应，综合运用贴息、信贷担保、股权投资和奖励等政策，广泛吸纳各类社会资金投入文博事业。加强利用外资工作。研究社会捐赠资金管理办法，有效发挥捐赠资金在文博工作中的作用。

三、加强制度建设，提高文物保护管理水平

以《文物保护法》为核心，完善相关配套管理制度。建立健全文物保护工程质量管理和技术监理制度，完善不可移动文物保护的调查、规划、立项、审核以及工程招、投标制度和工程监理、审计、文物维修项目跟踪问效制度，对文物保护工程项目实行全程监管。建立健全馆藏文物接收、鉴定、登记、编目、档案、库房管理、保养、修复和复制制度。加大文物监管力度，制定出台社会文物管理办法，依法保障文物市场有序发展。

四、加大文物普法宣传力度，提高全社会文物保护意识

创新文物宣传思路，创新宣传形式，创新宣传内容，大力普及、宣传《中华人民共和国文物保护法》《山东省文物保护条例》等法律法规和文物保护知识。组织实施“集中普法月（每年六月）”“文化遗产巡礼”等专题普法、宣传工程。加强与各类媒体的沟通、联系，结合媒体特点和文物工作重点，积极宣传文物资源和文化遗产保护成果。依托文化资源和“文化遗产日”“国际博物馆日”等重大文物节庆，面向农村、社区、学校和部队，不断提高全社会的文物保护意识，努力形成“保护文物，人人有责”的良好社会风尚。

五、加强队伍建设，提高管理水平

树立科学人才观，创新人才管理机制，改善人才队伍结构。重视人才引进工作，着重引进高层次文博领域领军人才，全省文博系统力争引进10名左右二级研究员以上学术带头人，引进50名左右拥有博士学位或高级职称的专家，形成较为合理的专业人才梯队。加强人才培养工作，充分利用现有教育资源，加强与高校合作，建立教育培训、科研基地，多渠道、多模式培养专业人才和管理人才，形成较为完善的文博专业人才教育培训体系。优化人才工作环境，建立人才成长激励机制，形成尊重人才、鼓励成才的良好氛围，使人才在实际工作中快速成长、才尽其用。

关于实施“乡村记忆工程”的通知

（鲁文发〔2014〕61号）

各市委宣传部、精神文明建设委员会办公室、发展和改革委员会、财政局、住房和城乡建设局、农业局（农委）、文广新局、旅游局、文物局，省直有关单位：

为贯彻落实中央和省委关于新型城镇化和新农村建设的部署要求，加强城乡建设中的文化遗产保护，强化乡镇基层公共文化服务体系建设，推进经济文化强省建设，经研究决定，从2014年起，在全省实施“乡村记忆工程”。现将有关工作通知如下：

一、实施“乡村记忆”工程的紧迫性、必要性和文化创新意义

中央城镇化工作会议指出：“城镇建设，要实事求是确定城市定位，科学规划和务实行动，避免走弯路；要体现尊重自然、顺应自然、天人合一的理念，依托现有山水脉络等独特风光，让城市融入大自然，让居民望得见山、看得见水、记得住乡愁；要融入现代元素，更要保护和弘扬传统优秀文化，延续城市历史文脉；要融入让群众生活更舒适的理念，体现在每一个细节中。”

近年来，随着经济社会的快速发展，我省城市建设、城镇化建设和新农村建设日新月异，城乡面貌和人民生活环境得到了极大改善。不少地方在城乡建设中，注重经济与文化的协调发展，历史文化遗产得到有效保护和合理利用。但在有些地方，特别是广大农村地区，片面追求城镇化和新农村建设速度，忽略了历史文化遗产的保护与传承，致使大量乡土传统文化遭受破坏、走向消亡的速度甚至在加快。有的地方一味追求现代、美观、整齐，对传统社区、乡村完全拆除，或者对古建筑、古民居进行大面积“改造”，不仅造成了城乡建设“千城一面、千村一面”的后果，更为严重的是使历史文化村镇传统的建筑风貌、淳朴的人文环境等遭到了不同程度的破坏；许多具有民族和地域特色、尚未列入文物保护单位的传统建筑、民居、街巷、祠堂、园林等被大面积毁坏，造成了无可挽回的损失；一些珍贵的乡土传统文化遗产，包括有形及无形文化遗产如乡土建筑、街区遗产、农业遗产、农业生产劳作工艺、服饰、民间风俗礼仪、节庆习俗等，面临着瓦解、消亡的危险。而乡土传统文化体系一旦毁坏，就会使世世代代传承的历史文化积淀和精神家园消失，造成文化发展脉络的断层，这种巨大的文化损失是永久的、无法弥补的。如何使文化遗产及其生态环境和社会环境在快速发展的城镇化、新农村建设中得到有效保护，如何将宝贵的乡土传统文化和乡土建筑这些“无形”和“有形”的文化遗产以“真实性、整体性、活态性”的形态保护好、展示好，是新形势下赋予我们的历史责任。

实施“乡村记忆工程”，对于调动全社会保护文化遗产的积极性，推动文化遗产的有效保护和传承发展，建设中华民族共有精神家园，增强民族自信心和凝聚力，继承弘扬优秀传统文化，延续齐鲁文化命脉，提高文化创新能力，促进经济文化强省建设，具有十分重要的现实意义。

（一）是保护齐鲁传统文化遗产模式的创新尝试。齐鲁文化历史悠久、内涵丰富，在不同地域间有着风格迥异、丰富多样的生活传统、劳作传承、民间习俗、宗教信仰、建筑风格等，乡土传统文化遗产的存量丰富，保护传承意义重大。“乡村记忆工程”的核心理念，就是通过民俗生态博物馆、乡村（社区）博物馆建设，在文化的原生地有效地保护有形和无形文化遗产，整体展示、宣传、保护和传承当地优秀文化遗产，是保护和弘扬齐鲁传统文化、建设人民群众精神家园的有效途径。

（二）是提高新型城镇化和新农村建设水平的重要举措。城乡建设中文化遗产保护是一个全新课题，保护范畴除了已经各级政府公布的文物保护单位外，还包括大批具有人文、历史、建筑价值的文化遗产，此外还有未探明的地上和地下文物。“乡村记忆工程”从实际出发，顺应文化遗产丰富地区城乡建设的迫切需要，把保护和传承传统文化遗产融入城乡建设过程中，打造乡村、社区的传统文化遗产保护平台，是延续乡村历史文脉、不断丰富城镇化和新农村建设的内涵和成效的有力举措。

(三)是推动地方经济文化协调发展的有效途径。民俗生态博物馆、乡村(社区)博物馆建设,在实施过程中坚持以人为本,充分发挥当地政府、学者和居民的积极性,因地制宜保护和利用当地文化遗产,提升本地区知名度,以此为契机发展文化产业和旅游,促进文化、自然资源优势转化为地方经济文化优势,从而推动当地社会、经济和文化协调健康发展。

二、实施“乡村记忆工程”的指导思想及原则

(一)指导思想。按照全面、协调、可持续的科学发展观要求,坚持政府主导、公众参与,坚持保护文化和发展经济并重;突出强调保护和保存遗产的真实性、完整性和原生性,并利用这些独特资源积极推进城镇化建设的进程;正确处理人与自然、人与社会的关系,满足人们日益发展的文化需求,推动乡村、社区居民生活质量的提高。

(二)建设原则。“乡村(社区)自主、专家指导、政府扶持”;引导、支持和鼓励社会力量参与;乡村(社区)居民是民俗生态博物馆、乡村(社区)博物馆的主要参与者、管理者和受益者。

三、“乡村记忆工程”的内涵及基本任务

“乡村记忆工程”是“记得住乡愁”“留得住乡情”的载体工程,是广大人民群众在新型城镇化建设过程中故土寻根、寄托乡情的“活化记忆”,是爱国主义教育、“四德”教育的有益补充和延伸,是对历史街区、传统民居院落等物质文化遗产和生产、生活民俗等非物质文化遗产原生态的保护,即根据不同地区传统文化资源情况及现实条件,充分利用既有文化遗产予以保护和利用,重点在文化遗产和传统乡土建筑富集、保存基础条件较好、文化底蕴深厚的乡村和社区,因地制宜建设民俗生态博物馆、社区博物馆、乡村博物馆,收集和展览富有地域特色、活态文化特色和群体记忆的文化遗产,包括乡土建筑、街区遗产、农业遗产、农业生产劳作工艺、服饰、民间风俗礼仪、节庆习俗等,实现对文化遗产的整体性和真实性保护。

(一)保护、征集、整理和展示有地方特色的自然生态,历史建筑和构筑物,传统生产生活用品、生产方式、风俗习惯、传承人口述史等物质和非物质文化遗产。加强文化遗产的抢救性记录工作,建立档案和相关数据库。

(二)充分发挥民俗生态博物馆、乡村(社区)博物馆的社会功能,以“民俗馆”“乡情展”的形式,全面记录乡村的沿革、变迁。鼓励和支持传承人、其他文化遗产持有人依托博物馆建设开展传承、传播活动。致力于唤起当地民众传统文化遗产保护意识,形成保护历史文化生态、历史文化遗产的良好社会氛围,在乡村(社区)传统文化博物馆与居民之间形成一种良好的互动关系。

(三)科学宣传民俗生态博物馆、乡村(社区)博物馆的理念,重视民众的参与,培养社区居民的生态文化价值观,提高农民的生态文化素质,引导当地农民开展和参与农业生产活动之外的文化产业等各项经济与社会活动,在不影响文化遗产及其环境风貌和传统价值的情况下,努力丰富、改善和提高当地居民的生活水平。

(四)强化文化展示传播功能,开展相关文化遗产调查研究,搜集物质和非物质文化遗产资料、信息,利用博物馆展示手段向外界宣传,提高资源价值和利用率,向遗产保护的专业化、博物馆化方向发展。

四、实施“乡村记忆工程”工作步骤

(一)调研阶段。2014 年一季度,以市为单位对传统村落、街区和散存的重要民居进行调研摸底,掌握全省准确现实情况。

(二)编制实施方案。在完成调研的基础上,完成“乡村记忆工程”实施方案编制论证工作,明确建设标准、工作流程、立项评估、过程指导、建成验收等具体环节。

(三)选择示范点。2014 上半年,分别选取部分遗产资源保存丰富、具有代表性的城镇、村、居共 20 个左右作为试点单位,取得经验后向全省推广。

(四)组织实施、验收评估。2014年下半年,全面开展建设工作。年底前完成第一批试点社区(乡村)博物馆的改造布展工作。

按照成熟一个验收一个的原则,组织专项验收小组对申报竣工的试点单位进行验收,试点单位基本完成验收后,名单向社会公布。

(五)全面推广。试点建设工作完成后,在全省推广实施。

五、实施"乡村记忆工程"的保障措施

(一)建立"乡村记忆工程"推进协调机制。由省委宣传部、省文物局牵头,建立定期研究"工程"推进过程中需要解决的问题,省文明办、省发改委、省财政厅、省住建厅、省农业厅、省文化厅、省旅游局为成员单位的联席会议制度。办公室设在省文物局。

成立专家咨询小组,聘请有关专家为"乡村记忆工程"顾问。

(二)资金保障。"乡村记忆工程"本着不新建馆舍,利用乡土建筑进行改造布展的原则,因地制宜,建设民俗生态博物馆、乡村(社区)博物馆。建筑本体的保护维修结合当地的城镇化建设规划,以市县财政为主负担。省级结合公共文化服务体系建设等专项资金对试点单位给予补助,由试点单位统筹用于生产、生活用具及民俗展品的收集、展览的布置等基本条件建设。同时,"乡村记忆工程"要根据工作内容,分别纳入各级宣传文化、公共文化服务体系建设、文物保护、小城镇建设、历史文化名城名镇名村保护、乡村旅游及农业相关补助项目。

对建成后正常对外开放的博物馆,通过管理绩效评估,市、县(区)级财政对其日常管理运行给予积极支持。

(三)绩效考核。此项工程建设纳入"乡村文明建设行动"考核指标内容,列入单位考核重要内容。

(四)专项立法。协调相关部门,推动"乡村记忆工程"成果保护的专项立法,开展立法调研的各项工作。

(五)媒体宣传。在电视、网络等媒体开辟专栏,进行集中宣传,调动民众的积极性,教育各级干部树立新的正确政绩观,采取综合措施,以此项工程建设为抓手,有效推进新型城镇化建设。

中共山东省委宣传部　山东省精神文明建设委员会办公室
山东省发展和改革委员会　山东省财政厅
山东省住房和城乡建设厅　山东省农业厅
山东省文化厅　山东省旅游局
山东省文物局
2014年2月7日

关于贯彻文物督发〔2012〕7号文件进一步加强和改进文物安全工作的意见

(鲁文发〔2013〕70号)

各市文物、发展改革、科技、宗教、公安、司法、财政、人力资源社会保障、国土资源、住房城乡建设、交通运输、水利、海洋、文化、环保、外事、工商、旅游、法制、气象主管部门,青岛海关各隶属海关、济南海关各隶属海关:

文物安全关系文化遗产事业科学发展全局,关系国家文化安全大局,关系人民群众基本文化权益。在省委、省政府高度重视和全社会关心支持下,经过各地区、各部门的长期共同努力,文物安全工作取得一定成效。但是,仍然存在文物安全基础设施不达标,安全监管队伍薄弱,安全责任落实不到位,盗掘、盗窃、破坏、倒卖、走私文物等违法犯罪活动在一些地区还没有得到有效遏制等问题,文物安全形势依然严峻。为贯彻落实全省文物工作会议精神和国家文物局等部门《关于加强和改进文物安全工作的指导意见》(文物督发〔2012〕7号),进一步加强和改进我省的文物安全工作,全面提升文物安全防范能力,提出以下意见:

一、指导思想和主要目标

(一)指导思想。以邓小平理论、"三个代表"重要思想和科学发展观为指导,严格执行《中华人民共和国文物保护法》《山东省文物保护条例》等法律法规,始终把文物安全作为文物事业发展的生命线,把安全切实融入文物事业发展目标。坚持"安全第一、预防为主;属地管理、单位负责;打防结合、综合治理",健全文物安全责任体系,夯实文物安全基础,解决文物安全突出问题,坚决遏制文物安全事故和涉文物违法犯罪案件多发势头,为实现由文物大省向文物强省的新跨越提供坚强保障。

(二)主要目标。到2015年,"政府主导、部门协作、单位负责、社会参与、打防结合、综合治理"的文物安全工作格局基本形成,监管到位的文物安全防范体系逐步建立,文物安全法规与制度体系初步构建,风险突出的文物、博物馆单位安全防范设施基本达标,重大涉文物违法犯罪案件与安全事故得到有效遏制,人民群众满意度显著提高。

二、健全文物安全责任体系

(三)坚持"属地管理、单位负责、综合治理、责任追究"。强化各级政府对文物安全工作的组织领导,依法设置文物保护机构。在文物资源丰富的地区,推动各级政府将文物安全纳入政府绩效评估指标体系,建立管理目标责任制,纳入社会管理综合治理目标。文物、宗教、公安、国土资源、环保、住房城乡建设、工商、旅游、海关部门和其他有关国家机关,要依法认真履行所承担的文物保护职责,维护文物管理秩序。文物收藏单位、不可移动文物的管理、使用者是文物安全责任主体,其法定代表人或使用人、所有人是本单位文物安全第一责任人。各文物、博物馆单位要全面落实治安、消防等各项安全管理要求,全员实施安全岗位责任制,逐级签订安全目标责任书。建立文物安全责任追究制度,严厉追究因决策失误、玩忽职守、失职渎职造成文物破坏、损毁、被盗或流失的责任人的法律责任。因执法不力造成文物损失的,要追究有关执法机关和责任人的责任。

三、完善文物安全防控体系

(四)加强队伍建设。各级文物行政部门应建立健全安全监管与执法机构,配置专职人员,配备执法专用车辆、办公器材、取证设备等执法装备与设施,开展业务培训。尚未建立文物行政执法队伍的县(市、区),应依据《山东省文物保护条例》的规定,委托文物管理所、乡镇综合文化站等机构实施文物安全检查、执法巡查、行政处罚等执法职权,各级政府法制部门要按规定为受委托的机构发放行政执法证件。公安机关应根据需要,在重要文物、博物馆单位设立派出所或警务室。文物、博物馆单位应依法设置安全保卫部门,按比例配备专职安全保卫人员,配置防卫器械,技防、消防控制室操作人员必须持证上岗。距离公安消防队较远、被列为全国重点文物保护单位的古建筑群的管理、使用单位,应建立单位专职消防队;其他文物、博物馆单位应根据需要,建立志愿消防队等多种形式的消防组织。

(五)加强源头管控。实施建设工程,行政审批部门须严格执行《山东省文物保护条例》《山东省人民政府关于贯彻落实国发〔2012〕63号文件进一步做好旅游等开发建设活动中文物保护工作的通知》(鲁政发〔2013〕9号)的有关规定。进行占地二万平方米以上的大型基本建设工程或者在地下文物保护区、历史文化名城范围内进行工程建设,建设单位应当事先报请省级文物行政部门组织考古调查、勘探,发现文物的,由省级文物行政部门会同建设单位共同商定保护措施。文物行政部门要严格执行安全管理相关法律法规,博物馆安防、消防、防雷设施未经公安机关、气象部门依法审核验收的,省级文物部门不得核准设立;博物馆安全条件不达标的,一律不得对外开放。

(六)强化末端守护。完善对不可移动文物特别是尚未核定公布为文物保护单位的不可移动文物的安全管理。积极发挥乡镇综合文化站作用,对暂没有专门管理机构的文物保护单位,县(市、区)人民政府要依照《山东省文物保护条例》的规定,按每处文物保护单位不少于2人的标准聘请文物保护员负责安全管理工作,所需费用从文物保护经费中列支。2015年底前,各级文物保护单位的文物保护员聘用工作要全部完成。

(七)增强防范能力。实施"文物安全防护网"工程,建立安防、消防、防雷系统工程项目库和审核专家库,加快推进全国重点文物保护单位、省级文物保护单位安防、消防、防雷设施达标,带动文物安全设施建设水平和防范能力的全面提高。以此为基础,在文物资源丰富地区试点文物安全监控中心建设,实施电子巡查、监管,实现与公安机关联网联动。各地要制定、实施本地区文物安全防范设施建设规划和方案,切实提升防范能力和水平。

(八)治理安全隐患,严肃处理安全事故。各级文物行政部门要坚持预防为主、关口前移、重心下移的原则,认真开展安全检查,建立文物安全隐患挂牌督办、定期公告督促、跟踪治理和逐项整改销号制度,重大隐患及时向当地政府报告。文物、公安、旅游、宗教、气象等部门要建立联合安全检查工作机制,加强配合,实施对重点文物保护单位的监督检查和工作指导,大力推进综合治理,及时督促整改安全隐患。公安机关要将文物、博物馆单位作为日常巡逻防控工作的重点单位和部位,组织民警和社会力量进行重点巡逻、防控,必要时开展专项整治。各级文物行政部门要督促文物、博物馆单位严格落实突发事件报告制度,按照"原因不查清不放过、责任者得不到处理不放过、整改措施不落实不放过、教训不吸取不放过"的原则,依法调查处理文物安全责任事故,及时查明原因,弥补漏洞,完善措施。

四、严厉打击文物违法犯罪

(九)坚决查处违法案件。各级文物行政部门要常态化开展执法巡查,对省级以上文物保护单位的执法巡查,市级文物行政部门每季度不少于一次,县(市、区)级文物行政部门每月不少于一次,并做好巡查记录,建立巡查档案。对执法巡查发现或群众举报的违法行为,要及时调查处理。罚没收入要按照规定使用省财政厅统一监制的财政票据。要充分发挥各部门的职能作用,集中力量联合处置文物行政违法突发事件,查处违法行为。

(十)严厉打击文物犯罪。公安、海关、海洋、工商、文物等部门要加强协调配合,始终保持对盗窃、盗掘、盗捞、倒卖、走私、破坏等涉文物违法犯罪活动的高压态势,建立严打、严防、严管、严治的长效工作机制,适时开展专项行动。在省公安厅、省文物局的基础上,增加青岛海关、济南海关为"山东省打击防范文物犯罪联合办公室"的成员单位,共同落实好联合工作机制。各级公安机关和海关缉私部门要建立"重大文物案件快侦快破机制",避免案件积压和文物流失。对追缴的涉案文物,各级公安、海关、工商等部门要按照《山东省文物保护条例》规定,无偿移交给文物行政部门。文物行政部门要做好移交文物的鉴定、定级和登记工作,并承担鉴定、运输、修复等费用。

五、保障措施

(十一)加强统筹协调。充分发挥山东省文物保护委员会的作用,统筹、协调、指导文物安全工作,研究解决重大问题,提出政策建议和工作思路。有关部门要按照职能分工,加强协调,密切配合,共同推进。各地要逐级建立文物保护委员会,将文物安全纳入工作职责。

(十二)加大投入力度。探索建立文物安全多渠道投入机制。各级政府要在文物保护经费中,保障文物安全与行政执法合理支出。国有文物、博物馆单位要依法使用事业收入,留足用好安全巡查、设备运行、安全检测、演练培训等安全经费。

(十三)提高科技应用。坚持技术适用、经济合理、切实可行的原则,积极推进科技手段在文物安全防范领域的应用,提升防盗、防火、防雷、防破坏技术能力。科技部门要积极支持高校、科研院所等机构申报、开展针对文物安全防范领域的科研项目，促进成果转化和应用。

（十四）注重宣传培训。积极开展文物行政执法和安全监管人员培训，提高安全监管和执法能力。充分利用"文化遗产日""法制宣传日"，通过多种形式宣传文物保护法律法规和先进典型，宣传打击文物违法犯罪成果，提高全社会文物保护意识，引导群众关心支持和积极参与文物保护工作。建立、完善舆情收集机制和举报奖励制度，及时核查处置媒体曝光和群众举报的文物安全案件、事故、隐患，督促落实整改，推进群防群治。

省文物局　省发展改革委　省科技厅
省宗教局省公安厅　省司法厅
省财政厅省人力资源社会保障厅
省国土资源厅省住房城乡建设厅
省交通运输厅　省水利厅
省海洋与渔业厅　省文化厅　省环保厅
省外办　省工商局　省旅游局
省法制办省气象局　青岛海关
济南海关
2013 年 4 月 10 日

关于开展 2011 全省打击文物犯罪专项行动建立联合打击防范文物犯罪工作机制的通知

（鲁公发〔2011〕173 号）

各市公安局、各市文化广电新闻出版局、文物局、省公安厅各直属公安局、济南铁路公安局：

为贯彻落实公安部和国家文物局"2011 打击文物犯罪专项行动"动员部署会议精神，严厉打击文物犯罪活动，切实保障文物安全，省公安厅、省文物局研究决定，自即日起至年底，在全省开展"2011 打击文物犯罪专项行动"，并以此为契机，建立联合打击防范文物犯罪工作机制。现将有关事项通知如下：

一、明确工作目标和打击重点

此次专项行动的总体目标是：侦破一批文物犯罪案件，打掉一批文物犯罪团伙，摧毁一批地下走私贩运通道，抓获一批文物犯罪分子，有效整治非法、地下文物市场，坚决把文物犯罪多发高发的势头压下去。专项行动重点地区是：济南、青岛、淄博、枣庄、烟台、潍坊、济宁、泰安、临沂、聊城、菏泽。

二、加强专项行动的组织领导

为切实加强专项行动的组织领导，成立"2011 全省打击文物犯罪专项行动"联合领导小组，由省公安厅刑侦局局长田在谋和省文物局副局长刘光龙同志任组长，办公室分别设在省公安厅和省文物局。各地公安机关和文物行政部门要迅速成立相应的工作机构，确定本地区工作重点和工作措施，确保专项行动有条不紊的开展。

三、全面细致的做好摸底排查工作

各级公安机关要集中时间、集中力量、全面细致地做好摸底排查工作。要采取多种手段，对近年来侦查发现的、文物行政部门通报的、外省市要求协查的、群众举报的等涉及文物犯罪的线索进行认真梳理分析，全面研判，及时确定一批重点案件线索，摸排出一批有文物犯罪前科的重点人员，组织深挖彻查。要通过摸排，重点立案一批文物案件，迅速组织侦查，确保攻有方向，打有目标。对有案不立、压案不查的，一经发现，省公安厅将按照有关规定组织倒查，严肃追究有关负责人和相关人员责任。各级文物行政部门要积极配合，协助公安机关摸清本行政区域内古遗址、古墓葬等重点文物保护单位和博物馆、文物管理所、文物库房等文物收藏单位的分布和安全保护等情况。

四、严厉打击文物犯罪活动，形成强大震慑

凡是发生盗掘古遗址、古墓葬，故意破坏省级以上文物保护单位，盗窃馆藏文物，倒卖国家禁止经营的文物等“四类大案”的，一律列为省公安厅和省文物局联合挂牌督办案件。各地公安机关主要负责人或分管负责人要亲自挂帅，刑侦、刑事技术、技侦、网侦同步上案，成立专班，合力攻坚，案件不破、文物不追回决不收兵。对未破的重大文物犯罪案件，要调集优势警力，全力开展破案攻坚。要把打击的锋芒对准团伙犯罪、集团犯罪，加强串并案侦查，深挖犯罪组织者、骨干分子和幕后出资老板，彻底端掉销赃窝点、截断犯罪链条、摧毁犯罪网络。各级公安机关要将打击文物犯罪专项行动与当前开展的“打黑恶，反盗抢”安民行动有机地结合起来，统筹兼顾，做到掌握重点，把握节奏，科学谋划，整体推进，务求实效，要通过坚决有力的打击，形成对文物犯罪的强大震慑。各级文物行政部门要全力配合公安机关做好涉案文物鉴定、现场勘查等工作，在侦办文物案件过程中，要为公安机关提供专业技术支持。对涉案文物，文物行政部门要协调文物鉴定机构在5个工作日内作出鉴定结论。

五、扎实做好文物犯罪的防范工作

在加大打击力度的同时，要注重抓好以防盗掘、防盗窃、防倒卖、防走私为中心的文物犯罪防范工作。要积极向当地党委、政府汇报，推动落实《山东省文物保护条例》关于文物保护员聘用的规定，加大文物犯罪防范力度，并通过层层签订文物安全责任书等形式，落实文物安全责任制。专项行动期间，各级公安机关和文物行政部门要联合进行一次防范文物犯罪的拉网式检查。重点检查全国、省级重点文物保护单位、文物收藏单位安全制度是否落实，安全设施工作状况是否良好，安保人员是否配备，田野文物看护措施是否到位，文物市场、古玩市场、旧货市场经营是否规范等。要通过检查，发现和整改隐患，堵塞安全漏洞，最大限度地减少文物犯罪案件的发生。

六、加强工作调度，保持信息畅通

各级公安机关和文物行政部门要加强工作调度，每月月底前将工作进展情况相互通报，并分别上报省公安厅和省文物局；对需督办的案件和破获的每起文物犯罪案件要随时上报。各地联系人名单、办公电话、手机号码于7月15日前上报省公安厅和省文物局，2012年1月5日前上报专项行动总结。

七、加大宣传力度，营造浓厚氛围

各级公安机关和文物部门要通过电视、广播、报纸、互联网等大众传媒，广泛宣传文物保护的法律、法规和政策，不断增强人民群众的法制观念和文物保护意识，充分发挥人民群众在打击、防范文物犯罪工作中的作用。要深入文物犯罪多发地区，采取在街道、村庄、社区以及重点文物保护单位、文物收藏单位发布通告、张贴标语、悬挂横幅等多种形式，宣传专项行动和文物法规，形成浓厚的严打氛围，震慑犯罪。要发动文物所在地村民委员会、居民委员会和村民、居民参与文物犯罪的群防群治。要通过开通举报电话、设立举报信箱等形式，广泛收集文物犯罪线索，积极鼓励群众检举、揭发文物犯罪行为，有条件的地方要建立奖励机制。要配合宣传部门跟踪报道一批大案要案，宣传开展专项行动的成果，充分体现党和政府打击文物犯罪的决心和成效。

八、以专项行动为契机，建立联合打击防范文物犯罪工作机制

一是建立联合组织、协调机制。省公安厅和省文物局设立打击防范文物犯罪联合办公室，每半年召开一次会议，总结打防文物犯罪工作情况，研究部署下一步工作任务。各地公安机关和文物行政部门也要成立相应的联合工作机构，推进联合打击防范文物犯罪工作的规范化、常态化。

二是建立公安、文物部门联合执法机制。公安机关和文物行政部门每年联合开展一次打击防范文物犯罪专项检查，排除安全隐患，进一步提升我省打击防范文物犯罪的能力；建立文物犯罪案件信息互通制度，各地文物犯罪案件基本案情和侦破情况每半年要上报省公安厅和省文物局；建立重大文物犯罪案件联合挂牌督办制度。对在联合执法工作中有重大贡献的单位和人员，省公安厅、省文物局将联合申报公安部、国家文物局给予表彰、奖励。

三是共同做好涉案文物移交工作。根据《山东省文物保护条例》规定，公安机关要将追缴的文物登记造册、妥善保管，结案后30日内无偿移交给同级文物行政部门。文物行政部门要做好接收登记工作，涉及重大案件、珍贵文物的，要举办文物移交仪式，做好相关宣传工作。

山东省公安厅　山东省文物局

2011年7月4日

关于贯彻公安部、国家文物局《关于进一步加强博物馆安全工作的通知》的通知

（鲁公发〔2011〕286号）

各市公安局、文化广电新闻出版局、文物局，山东博物馆、省石刻艺术博物馆：

根据公安部、国家文物局《关于进一步加强博物馆安全工作的通知》精神，结合我省实际，提出如下意见，请与公通字〔2011〕33号文件一并抓好贯彻落实。

一、确定博物馆、纪念馆（含行业博物馆、纪念馆）、其他文物收藏单位和文物保护单位的风险等级

根据《文物系统博物馆风险等级和安全防护级别的规定》（GA 27—2002）和国务院办公厅《关于保留部分非行政许可审批项目的通知》（国办发〔2004〕62号）的有关规定，博物馆、纪念馆、其他文物收藏单位和文物保护单位的风险等级按照以下标准直接确定，不再向省公安厅、省文物局申报：

（一）国家级或省级博物馆、纪念馆、一级博物馆、纪念馆、利用世界文化遗产或全国重点文物保护单位建立的博物馆、纪念馆、有藏品的省级文物考古研究机构以及世界文化遗产和全国重点文物保护单位定为一级风险单位；

（二）设区的市级博物馆、纪念馆、二、三级博物馆、纪念馆、利用省级文物保护单位建立的博物馆、纪念馆、有藏品的设区的市级文物考古研究机构以及省级文物保护单位定为二及风险单位；

（三）县（市、区）级博物馆、纪念馆、利用设区的市级和县级文物保护单位建立的博物馆、纪念馆、县（市、区）级文物管理所以及设区的市级和县级文物保护单位定为三级风风险单位。

上述范围以外的博物馆、纪念馆、藏品数量丰富的文物收藏单位、其他文物收藏单位和文物保护单位风险等级的认定，由本单位依据《文物系统博物馆风险等级和安全防护级别的规定》（GA 27—2002）提出申请，逐级报省公安厅、省文物局或公安部、国家文物局审核批准。

二、认真组织开展博物馆、纪念馆安全大检查，整治安全隐患，严防严打涉及博物馆的违法犯罪活动

从即日起，各级公安机关和文物行政部门要按照公安部和国家文物局要求，并结合“2011 全省打击文物犯罪专项行动”，立即组织开展一次全面的博物馆安全大检查，并认真填写《博物馆安全情况检查统计表》，对发现的安全隐患要实行定单位、定人员、定责任、定时限，明确整改要求，逐一跟踪督办，整改不到位的，要暂停开放；长期整改不到位或不配备技防设施的文物收藏单位，省文物局将依据《山东省文物保护条例》的规定，指定具备文物安全保管条件的单位代为保管其收藏的文物。各级公安机关对接报的各类涉及博物馆的案(事)件要及时出警，依法妥善处置，对重大文物案件，省公安厅、省文物局将进行督办，限期破案。各地有关工作情况及《博物馆安全情况检查统计表》，请于 12 月 20 日前报省公安厅和省文物局。

三、做好博物馆、纪念馆、其他文物收藏单位和文物保护单位等三级以上风险单位的技防设施达标工作

各级公安机关和文物行政部门要督促本行政区域内的博物馆、纪念馆、其他文物收藏单位和文物保护单位等三级以上风险单位做好技防设施达标工作，达到相应的防护要求。工程方案按照以下程序审批：

(一)确定为一级风险单位的博物馆、纪念馆、其他文物收藏单位的技防工程方案，由省级公安机关审核后，报公安部审批并组织验收；确定为二、三级风险单位的博物馆、纪念馆、其他文物收藏单位的技防工程方案，报省公安厅审批并组织验收。

(二)利用全国重点文物保护单位建立的博物馆、纪念馆，技防工程方案在报国家文物局审核同意后送公安机关审批；利用省级以下文物保护单位建立的博物馆、纪念馆，技防工程方案在报省文物局审核同意后送公安机关审批。

(三)全国重点文物保护单位的技防工程方案，报国家文物局审批并组织验收；省级以下文物保护单位的技防工程方案，报省文物局审批并组织验收。

各地公安机关和文物行政部门要加强博物馆、纪念馆、其他文物收藏单位和文物保护单位安全防范技术工程施工监管，确保工程质量和安全防范系统效能。对未按规定组织审核的技防工程方案不得施工；对未按规定审批验收的博物馆、纪念馆不得对外开放；对违反规定施工或对外开放的，由公安机关或文物行政部门责令改正，停止对外开放，并在一年内不予受理其技防工程方案。要认真落实博物馆、纪念馆和其他文物收藏单位报警系统与公安机关联网工作，三级以上风险单位要逐步实现与当地公安机关的报警联动，实现一键报警。

山东省公安厅　山东省文物局

2011 年 10 月 17 日

关于转发国家文物局、公安部《关于印发〈公安部、国家文物局打击和防范文物犯罪联合长效工作机制〉的通知》的通知

(鲁文发〔2012〕258 号)

各市文化广电新闻出版局、文物局、公安局：

现将国家文物局、公安部《关于印发〈公安部、国家文物局打击和防范文物犯罪联合长效工作机制〉的通知》转发你们，并结合我省实际，提出如下要求，请一并抓好贯彻落实。

一、加强联合工作机构建设

各市文物行政部门和公安机关要参照省公安厅、省文物局的做法，成立“打击防范文物犯罪联合办公室”。办公室由文物行政部门、公安机关刑侦部门、治安部门组成，在文物行政部门挂牌，设立办公场所，配备办公设备，明确专门人员，为联合打击防范文物犯罪工作的开展创造良好条件。要督促县(市、区)文物行政部门和公安机关设立联合工作机构，2013年6月底前，力争所有设区的市、县(市、区)全部挂牌成立“打击防范文物犯罪联合办公室”，使联合打防文物犯罪工作常态化、规范化。

二、进一步落实我省联合工作机制

各级文物行政部门和公安机关要深入贯彻省公安厅、省文物局《关于开展2011全省打击文物犯罪专项行动建立联合打击防范文物犯罪工作机制的通知》(鲁公发〔2011〕173号)要求，进一步落实好联席会议、联合检查、信息互通、联合挂牌督办案件、联合表彰、奖励、共同做好涉案文物移交等各项联合工作机制，适时部署开展打击文物犯罪专项行动，最大限度的发挥好联合工作机制的作用。

各级文物行政部门要做好文物犯罪案件的举报受理和线索搜集工作，并将有关情况第一时间通报公安机关。公安机关要建立文物犯罪案件快侦快破机制，接到通报后立即调查核实，立案侦破，对于重大文物犯罪案件要联合实施挂牌督办。省公安厅和省文物局将不定期组成联合督察组，对挂牌督办案件的侦办与安全防范工作整改情况进行督察、督办。文物行政部门要全力配合公安机关做好现场勘查、涉案文物鉴定等工作。

各级文物行政部门和公安机关要做好文物犯罪案件信息的统计工作。每年6月底和12月底，公安机关要将本行政区域内半年和全年的文物犯罪案件立案数、破案数、抓获犯罪嫌疑人数，打掉团伙数、追缴文物数等数据和重大案件情况通报同级文物行政部门；文物行政部门也要将掌握的文物犯罪案件信息及时通报同级公安机关，为公安机关制定有针对性的打防对策提供依据。

三、及时移交、接收涉案文物

各级公安机关要及时将已结案件中追缴的文物，依法无偿移交给当地文物行政部门，三级以上(含三级)的文物由省公安厅组织移交给省文物局。各级文物行政部门要做好涉案文物的接收登记工作，举办文物移交仪式，做好宣传。

四、建立联合表彰、奖励机制

省文物局、省公安厅根据各地日常工作开展情况和大要案侦破情况，每年对在打击、防范文物犯罪工作中取得突出成绩的单位和个人给予表彰、奖励。各级文物行政部门和公安机关也要建立相应的表彰、奖励制度，树立先进典型，鼓舞士气，有效推动打击、防范文物犯罪工作健康深入开展，确保全省文物安全。

山东省文物局　山东省公安厅

2012年11月29日

附件

公安部、国家文物局打击和防范文物犯罪联合长效工作机制

为全面贯彻全国文物工作会议精神，落实全国文物安全工作部际联席会议有关要求，确保文物安全，保障文物事业繁荣发展，公安部、国家文物局研究决定，双方共同建立“打击和防范文物犯罪联合长效工作机制”。

一、共同建立日常协调工作机构

由公安部刑侦局和国家文物局督察司联合设立"打击文物犯罪工作协调组",公安部刑侦局局长和国家文物局督察司司长任组长,组成人员相对固定。协调组每半年召开一次会议,通报、总结全国文物安全工作情况,分析研判文物安全形势,研究部署打击文物犯罪工作,督察、督办重大文物犯罪案件,协调重大文物案件侦办事宜,指导各地加强文物安全防范工作。

二、部署开展打击文物犯罪工作

督促指导各级公安机关将文物犯罪列入日常重点打击范围,各级文物部门将文物安全防范和配合公安机关打击文物犯罪作为日常重点工作。公安部和国家文物局适时选择文物犯罪案件高发地区,部署开展打击文物犯罪专项行动,侦破大案要案,打击犯罪团伙,追缴涉案文物,震慑文物犯罪。

三、推进打击文物犯罪信息化建设

共同加强"全国文物安全工作部际联席会议办公室文物犯罪信息中心"建设,明确信息中心的组织机构和运行方式,实现全国各地公安、文物部门共建共享。拓展"全国文物犯罪信息管理系统"功能,及时汇集、统计和研判全国文物犯罪信息,将涉嫌文物违法犯罪高危人员纳入动态管控范围。充分发挥信息中心的信息支撑作用,推动对文物犯罪案件的跨区域协查侦办,提升破案攻坚能力。

四、加强文物犯罪案件督察督办

建立重大文物犯罪案件联合督察督办制度,对各地公安机关报告和文物部门通报的重大文物犯罪案件挂牌督办,明确责任人。公安部刑侦局与国家文物局督察司组成督察组,不定期对挂牌督办案件的侦办与安全防范工作整改情况进行巡视、督办。

五、协调做好涉案文物鉴定和移交

督促协调各级文物部门及时向公安机关提供本地区文物资源情况和文物安全状况,发现文物犯罪行为及时报案并提供线索;对涉案文物积极提供鉴定服务,为公安机关存放涉案文物提供便利条件。督促协调各级公安和文物部门按有关规定做好涉案文物移交工作。

六、建立文物安全信息沟通制度

建立通畅的信息沟通交流渠道,及时互相通报各自掌握的文物犯罪案件信息和防范与打击文物犯罪工作情况,每半年通报一次文物犯罪案件统计数据,为双方及时总结全国打击和防范文物犯罪工作情况,分析文物安全形势,研究采取政策措施提供依据。

七、深化打击文物犯罪国际合作

落实我国与有关国家签订的关于防止盗窃、盗掘和非法进出境文物的政府间双边协定中关于打击防范文物犯罪的各项工作。积极开展文物安全与执法领域国际交流,建立、健全向国际组织通报涉案文物信息机制等国际合作机制,有序开展打击文物犯罪国际刑事司法合作,坚决维护国家权益。

关于认真落实省领导重要批示精神进一步做好文物安全保护工作的通知

（鲁公发〔2012〕386 号）

各市公安局，文化广电新闻出版局、文物局：

最近，我省个别市、县（市、区）发生多起田野文物被盗案件，这些案件的发生再次给我们敲响了警钟。为此，省委副书记、省长姜大明作出重要批示："各有关市县要高度重视文物保护工作，对盗窃文物案件要迅速侦破，严厉打击。"对此，省公安厅、省文物局主要领导同志高度重视，迅速组织研究落实工作意见和措施。为认真落实省领导重要批示精神，切实做好全省文物特别是田野文物的安全保护工作，现将有关要求通知如下：

一、进一步提高加强文物保护工作重要性和紧迫性的认识

文物是中华民族的宝贵遗产。我省作为中华文化的重要发祥地之一，有着十分丰富的文物资源。目前，全省仅不可移动文物就达 4 万余处，其中全国重点文物保护单位 101 处，省级文物保护单位 687 处，市、县（市、区）级文物保护单位近 7000 处。做好文物保护工作，确保文物安全，对于弘扬和发展齐鲁优秀传统文化，传承中华文明具有十分重要的意义。受社会上"一夜暴富"等思想的影响，在倒卖文物高额利润的刺激下，有的犯罪分子将作案目标投向文物特别是散布在田野的石窟寺及石刻类等文物，致使重大盗窃文物案件时有发生，给文物安全造成严重危害。各地公安机关和文物行政部门一定要充分认识做好文物安全保护工作的重要性和面临形势的严峻性，按照有关法律法规的规定，认真履行各项安全管理职能，进一步加强协作配合，认真研究分析当前文物安全保护工作中出现的新情况、新问题，针对存在的问题和薄弱环节，进一步加强组织领导，细化工作措施，落实工作责任，最大限度地保护文物安全。

二、切实加强文物行政执法队伍建设

各级文物行政部门要切实承担起文物安全保护的监管职责，认真落实《山东省文物保护条例》的相关规定，进一步加强文物行政执法队伍建设。各市、县（市、区）要明确文物部门中承担行政执法职责的内设机构，确定专人负责；文物资源较丰富的市、县（市、区）要逐步建立专门的文物行政执法队伍；尚未建立行政执法队伍的市、县（市、区），文物行政部门可以依据《山东省文物保护条例》的规定，在法定权限内实施委托执法；对暂没有专门管理机构的文物保护单位，由县（市、区）人民政府按照每处文物保护单位不少于 2 人的标准聘请文物保护员负责安全管理工作，所需费用从文物保护经费中列支。文物保护员的聘用工作分批进行，逐步推进，力争 2013 年 6 月底前，省内全国重点文物保护单位和省级文物保护单位全部配齐。县（市、区）文物行政部门要建立文物保护员花名册，逐级报省文物局备案。要加强文物保护员的日常管理，严格准入条件，建立管理规章制度，明确权利和义务，完善考核奖惩机制，配备必要的工作装备和防护用具，逐步实现管理工作的科学化和规范化。公安机关和文物行政部门要定期组织联合培训，不断提高其工作能力和水平，并通过定期不定期检查、抽查，及时发现问题和薄弱环节，督促整改落实，确保队伍真正发挥在巡查防范、情况报告等方面的作用。

三、加大文物行政执法巡查工作力度

各级文物行政部门要坚持关口前移、重心下移的原则，按照国家文物局《文物保护单位执法巡查办法》要求，认真组织开展文物行政执法巡查工作，对文物保护单位进行经常性的巡查。对省级以上文物保护单位的执法巡查，市级文物行政部门每季度不少于一次，县（市、区）级文物部门每月不少于一次，并做

好巡查记录，建立巡查档案。公安机关要与文物行政部门配合，加强对重点文物保护单位的监督检查和工作指导，及时督促落实定期巡查、情况报告等制度；同时，要将文物保护单位作为日常巡逻防控工作的重点单位和部位，组织民警和社会力量进行重点巡逻。

四、大力推进石窟寺及石刻类文物保护单位物防和技防设施建设

各级文物行政部门要采取切实有效的安全保护措施，严防田野文物被盗、被破坏。要重点对本行政区域内的省级以上石窟寺及石刻类文物保护单位的安全保护现状逐一进行检查、摸底，凡没有安装视频监控等技防设施的，要按照国家有关规定，积极争取地方财政支持，加大技术防范的投入，加紧安装必要的技防设施，争取在较短时间内全部安装到位；对省级以下石窟寺及石刻类文物保护单位的视频监控等技防设施安装工作，各地也要根据实际积极推进，逐步实现包括田野文物在内的所有文物保护单位视频监控全覆盖。对于暴露在外又无专门管理机构的，要根据文物保护的现状，区分情况采取维修加固、安装防护栏等安全保护措施（急需加强防护设施建设的石窟寺及石刻类文物名单，见附件）。采取安装视频监控等技防设施、维修加固、安装防护栏等防护措施的，要严格按照《文物保护法》《山东省文物保护条例》的有关规定，事先编制设计、施工方案，履行报批手续，省文物局将对重点单位的保护工程予以积极支持。

五、加强文物市场管理

各级文物行政部门和公安机关要按照国家文物局、公安部等四部门《关于进一步加强文物经营活动管理工作的通知》和《山东省文物保护条例》的有关规定，大力加强对古玩旧货市场的监督、检查和管理，建立多部门联合执法机制。文物行政部门要对本行政区域内的古玩旧货市场进行摸底，并切实落实日常检查和巡查责任，发现涉嫌非法经营文物和倒卖盗掘、盗窃等涉案文物等行为的，要及时移交公安机关查处，堵住非法销赃渠道。对于阻挠、抗拒文物行政部门正常行政执法的，公安机关要坚决予以制止并依法追究有关人员的法律责任。

六、加强协作配合和监督检查，严厉打击涉文物违法犯罪

各级公安机关和文物行政部门要通过建立“联合办公室”等形式，进一步加强协作配合，建立完善长效工作机制，定期共同研究解决文物保护工作中的实际困难和问题，积极开展联合检查，共同保护好文物特别是田野文物的安全。要协同作战，严厉打击各类涉文物违法犯罪活动，对发现的盗掘、盗窃、破坏文物的违法犯罪行为，要及时、依法查处；涉嫌犯罪的，要及时立案，快侦快破，对重大案件，上级公安机关要挂牌督办，限期破案，最大限度地震慑犯罪，消除社会影响。各级公安机关和文物行政部门要切实落实工作责任，加强对各项工作的监督检查，严格落实责任追究制度。省公安厅和省文物局将适时联合对各地工作落实情况进行督导检查，对发现因工作不落实而发生文物被盗掘、盗窃和破坏等重大案件的，将严肃追究有关领导和直接责任人的责任。

各地接此通知后，请即报告党委、政府，传达到基层部门，认真抓好贯彻落实。工作落实情况及遇到的问题，请及时报告省公安厅和省文物局。

山东省公安厅　山东省文物局

2012 年 11 月 1 日

附件

急需加强防护设施建设的石窟寺及石刻类文物名单

一、全国重点文物保护单位(7处)

千佛崖造像(包括龙虎塔、九顶塔)(济南)
云峰山、天柱山摩崖石刻(青岛、烟台)
铁山、岗山摩崖石刻(含葛山、峄山摩崖石刻)(济宁)
泰山石刻(泰安)
白佛山石窟造像(泰安)
洪顶山摩崖石刻(泰安)
圣经山摩崖(威海)

二、省级文物保护单位(23处)

大佛寺石刻造像(济南)
翠屏山多佛塔(济南)
莲花洞石窟造像(济南)
龙洞、东佛峪摩崖石刻造像(济南)
石佛堂(济南)
平阴四山摩崖石刻(济南)
大泽山石刻及智藏寺墓塔林(青岛)
唐山摩崖造像(淄博)
唐代石雕群(枣庄)
石屋山泉石刻(枣庄)
神仙洞石窟造像(烟台)
盖平山摩崖石造像(烟台)
石门坊造像群(含墓塔)(潍坊)
云门山石窟造像(潍坊)
水牛山摩崖石刻(济宁)
九龙山摩崖造像石刻(济宁)
凤凰山石窟造像(济宁)
徂徕山摩崖石刻(含映佛山石刻)(泰安)
萧大亨墓地石刻(泰安)
理明窝摩崖造像(泰安)
司里山摩崖造像(泰安)
槎山千真洞石刻(威海)
圣水岩石刻造像(威海)

关于建立我省管辖海域内文化遗产联合执法工作机制的通知

（鲁文执发〔2012〕2 号）

沿海各市文化广电新闻出版局、文物局、海洋与渔业局，山东省海洋与渔业监督监察总队：

为深入贯彻落实党的十七届六中全会精神、《中共山东省委关于认真贯彻党的十七届六中全会精神加快建设文化强省的意见》和《山东半岛蓝色经济区发展规划》，认真执行《山东省文物保护条例》《山东省海域使用管理条例》和《国家文物局山东省人民政府合作加强山东文化遗产保护工作框架协议》等法规、文件，进一步加强我省管辖海域内文化遗产保护工作，保障海域内文化遗产安全，维护国家海洋权益，服务文化强省和山东半岛蓝色经济区建设，根据《国家文物局国家海洋局关于加强我国管辖海域内文化遗产联合执法工作的通知》（文物督函〔2011〕1523 号）的总体部署，省文物局、省海洋与渔业厅研究决定，建立我省管辖海域内文化遗产联合执法工作机制。现将有关事项通知如下：

一、充分认识建立我省管辖海域内文化遗产联合执法工作机制，开展联合执法的重要意义

我省海岸线长达 3345 公里，濒临海域面积约 15 万平方公里，是古代海上丝绸之路的起点和枢纽，对外开放的中枢，几千年来形成了独具特色的山东海洋文化和大量的文化遗产。这些文化遗产是不可再生、无可替代的公共文化资源和国家的宝贵财富，是海洋资源的重要组成部分。建立我省管辖海域内文化遗产联合执法工作机制，开展联合执法，防范和打击涉及海域内文化遗产的违法行为，是文物和海洋行政部门贯彻落实党中央和省委精神，建立健全文物安全管理防范体系，加强海上执法和海洋维权能力建设的重要举措；是依法加强海域管理，保护文化遗产和海洋资源，维护国家文化安全和海洋权益的重要工作内容；是创新工作模式，主动服务于文化强省和山东半岛蓝色经济区建设的具体体现。沿海各级文物、海洋行政部门和水下文化遗产保护机构要充分认识建立我省管辖海域内文化遗产联合执法工作机制，开展联合执法的重要意义，进一步增强责任感和使命感，精心组织，周密安排，采取有力措施，开展好联合执法工作，切实保障我省管辖海域内文化遗产安全，为经济文化强省建设做出应有的贡献。

二、加强组织领导，成立联合执法工作机构

为加强对我省管辖海域内文化遗产联合执法工作的组织领导，省文物局和省海洋与渔业厅成立我省管辖海域内文化遗产联合执法工作领导小组，组长由省文物局局长和省海洋与渔业厅厅长担任，副组长由省文物局和省海洋与渔业厅分管领导担任，成员由省文物局督察执法处、文物保护处、国家水下文化遗产保护青岛基地、省总队负责同志担任。领导小组下设办公室，由省文物局督察执法处和省总队海洋监察处组成，负责具体指导我省管辖海域内文化遗产联合执法工作，督察、督办涉及海域内文化遗产的违法案件。国家水下文化遗产保护青岛基地负责参与和配合联合执法工作，并提供专业支持。沿海各级文物和海洋行政部门要成立相应组织机构，明确职责、分工，制定联合执法工作方案，确保工作顺利、有序开展。

三、开展联合执法，依法履行我省管辖海域内文化遗产安全监管职责

沿海各级文物行政部门和海监机构要密切合作，定期开展管辖海域内文化遗产联合执法巡查。海监机构在海域、海洋环境保护、海洋工程、海底电缆管道铺设等执法巡查时，文物执法人员登船联合执法，对可能存在水下文化遗产的重点区域进行巡查，对有关生产、建设单位、船舶和人员是否存在非法打捞、盗

窃、破坏水下文化遗产等行为进行重点检查，发现违法行为的，文物执法人员要及时依法查处，海监执法人员要提供必要的协助，涉嫌违反治安管理法律法规和犯罪的，依法移交公安机关处理。联合执法巡查情况要如实记录在案。省文物局和省总队每年至少进行一次联合执法巡查，并根据国家文物局、国家海洋局的部署，联合开展专项行动，对水下文化遗产分布密集的海域开展集中性巡航，处理重大违法案件。

四、建立联合执法信息通报制度

省文物局与省海洋与渔业厅建立我省管辖海域内文化遗产执法巡查信息通报制度，确定专门联络员。沿海各级文物行政部门和海监机构也要建立相应的信息通报制度，每半年汇总、互相通报一次执法巡查情况，并于6月5日前报上一级文物行政部门和海监机构。省文物局和省海洋与渔业厅每半年汇总、通报一次信息，交流和总结执法经验。

五、加大宣传力度，不断提高水下文化遗产保护意识

沿海各级文物和海洋行政部门要将水下文化遗产保护的法律法规纳入普法内容，加大普法力度；通过多种形式向公众普及水下文化遗产保护的理念和知识，加强法制宣传教育，在全社会形成保护水下文化遗产的良好氛围。文物行政部门和海监机构要在执法巡查和查处违法行为的过程中，向在我省管辖海域内从事海洋生产、建设的组织和个人宣传水下文化遗产保护的法律法规和知识，培育、发展水下文化遗产保护志愿者和保护员，逐步建立起违法行为举报制度，鼓励和引导有关组织和个人及时提供违法信息和线索。要充分发挥各类新闻媒体的作用，通过各种形式向社会公开联合执法信息，宣传执法成果，为联合执法工作营造良好的舆论环境；要大力宣传在联合执法工作中涌现出的先进典型和先进经验，对在联合执法工作中表现优异、成绩突出的执法机构和执法人员，文物、海洋行政部门要联合给予表彰和奖励。

请沿海各级文物和海洋行政部门按照通知要求，结合本地实际，建立相应的联合执法工作机制，开展联合执法工作，切实保障我省管辖海域内文化遗产的安全。5月30日前，各地要将建立联合执法工作机制，开展联合执法工作的行动方案及联系人上报省文物局、省海洋与渔业厅。

山东省文物局　山东省海洋与渔业厅

2012年4月25日

山东省文物保护工程管理办法(试行)

(鲁文发〔2013〕114号)

第一章　总　则

第一条　为进一步加强我省文物保护工程全过程管理，确保工程质量，提高资金使用效率，根据《中华人民共和国文物保护法》《中华人民共和国建筑法》《文物保护工程管理办法》和《山东省文物保护条例》等法律法规，参照基本建设工程管理办法，制定本办法。

第二条　本办法所称文物保护建设工程(以下简称“文保工程”)是指：

(一)对古建筑、石窟寺和石刻、近现代重要史迹及代表性建筑、壁画等不可移动文物实施的保护工程；

(二)对古文化遗址、古墓葬实施的保护工程、保护性设施工程和展示设施工程，以及大遗址管理体系建设；

(三)文物保护单位消防、技防和防雷等安防体系建设;

(四)其他符合有关要求的工程。

文保工程应依据文物行政部门批准的总体规划或专项规划进行。

第三条 具有法人资格的文物管理或使用单位,包括经国家批准,使用文物保护单位的机关、团体、部队、学校、宗教组织和其他企事业单位,以及文物所在地人民政府指定的建设管理机构,为文保工程的业主单位。

第四条 凡在山东省境内承担文保工程勘察设计、施工、监理和造价咨询的单位,必须具备相应资质证书。

第五条 文保工程的勘察设计、施工、监理、造价咨询和设备材料供应等单位的选择应采用招标方式予以确定。

第六条 文保工程全过程包括三个阶段:设计与审批阶段、工程实施阶段和工程终结阶段。

第七条 文物行政部门负责文保工程全过程管理工作,并接受财政、审计、建设和规划等相关部门监督检查。

第二章　设计与审批

第八条 设计与审批阶段主要工作内容包括:方案设计与审批、施工图设计与审批。

第九条 总体规划或专项规划经批准后,业主单位须开展方案设计工作,委托有资质机构编制方案设计文件,方案设计文件主要包括以下内容:

(一)业主单位及上级主管部门名称;

(二)项目名称、地点,文物保护单位级别;

(三)初步设计方案及相关技术文件;

(四)资金估算、来源及计划工期安排;

(五)安防配套设施初步分析;

(六)社会、经济和生态文明效益初步分析。

第十条 文保工程实行方案设计审批制。

文保工程方案设计文件按以下规定履行报批程序:

(一)全国重点文物保护单位的文保工程,由国家或省级文物行政部门审批。

(二)省级文物保护单位的文保工程,由省级文物行政部门审批。

(三)省级以下文物保护单位,以及未核定为文物保护单位的不可移动文物的文保工程,由相应级别文物行政部门审批。

迁移工程和重建工程按《中华人民共和国文物保护法》有关规定获得批准后,方案设计文件由国家或省级文物行政部门审批。

第十一条 文保工程方案设计经批准后,业主单位须开展施工图设计工作,委托有资质机构编制施工图设计文件,施工图设计文件主要包括以下内容:

(一)施工图;

(二)设计说明书;

(三)工程预算;

(四)相关材料试验报告及检测鉴定结果。

第十二条 文保工程实行施工图设计审批制。

文保工程施工图设计文件按以下规定履行报批程序:

(一)省级及以上文物保护单位的文保工程,由省级文物行政部门审批。

(二)省级以下文物保护单位,以及未核定为文物保护单位的不可移动文物的文保工程,由相应级别文物行政部门审批。

迁移工程和重建工程按《中华人民共和国文物保护法》有关规定获得批准后，施工图设计文件由国家或省级文物行政部门审批。

第十三条 文物行政部门应委托具有相应资质专业机构对施工图设计文件进行论证后予以批复，所需论证费用由业主单位承担，纳入工程投资费用。批复文件是业主单位开工建设的主要依据。

第十四条 抢险加固工程确因情况紧急可以先行施工，但应在施工的同时补办方案设计文件和施工图设计文件审批手续。

第三章 工程实施

第十五条 工程实施阶段主要工作内容包括：施工、监理和造价跟踪审计。

第十六条 文保工程依法实行工程监理制。

监理单位应当具备相应资质，并不得与被监理工程的施工、设备材料供应单位有隶属关系或其他利害关系。监理费用由业主单位承担，纳入工程投资费用。

第十七条 文保工程实行工程造价跟踪审计制。

工程造价跟踪审计单位应当具备相应资质，不得与监理、施工、设备材料供应单位有隶属关系或其他利害关系。审计费用由业主单位承担，纳入工程投资费用。

第十八条 施工单位应严格按照经批准的施工图设计文件要求进行施工，不得擅自变更设计文件，不得对工程进行转包。

第十九条 施工过程中如确需变更已批准的施工图设计文件，应由业主单位、设计单位、施工单位和监理单位等共同洽商，并报审批机关备案；如施工方案做出重大变更或投资增加超过15%以上的，业主单位应当按本办法第十二条规定重新报批。

第二十条 文物行政部门应聘请有关专家组成检查小组，不定期对文保工程进行指导检查，发现问题和隐患要督促业主单位及时处理解决。

第四章 工程终结

第二十一条 工程终结阶段主要工作内容是竣工验收。

第二十二条 文保工程实行竣工验收制。

第二十三条 竣工验收前，业主单位应做好准备工作，提交若干报告，主要包括：工程结算报告、竣工验收报告、设计和施工情况报告、工程监理报告、造价跟踪审计总结报告、质量检查或鉴定报告等。

第二十四条 竣工验收程序一般分为初步验收和最终验收。竣工验收费用由业主单位承担。

文保工程竣工后，业主单位应及时向工程所在地文物行政部门（初验部门）提出验收申请，初验部门组织专家对工程进行初步验收，初步验收应当在工程完工后六个月内完成。初步验收合格后，由初验部门向工程审批机关提交初验意见和其他相关资料。审批机关或其委托下级文物行政部门组织最终验收并做出验收结论。对于县级文物保护单位以及未核定为文物保护单位的不可移动文物的文保工程，初步验收即为最终验收。

第二十五条 对验收合格的文保工程，由审批机关颁发《竣工验收合格证书》。对验收不合格的文保工程，由业主单位组织有关单位对存在的主要问题进行整改，整改结束后重新申请竣工验收。

第二十六条 建立健全文保工程档案管理制度，所有与工程相关的勘察设计、审批、施工、监理、造价咨询、验收和财务等方面文件资料应当立卷，归入业主单位档案永久保存。

重要工程须在验收后三年内出版或发表技术报告。

第五章　奖惩与监督

第二十七条　省级文物行政部门设立省级优秀文物保护工程奖(具体办法另行制定)。被评为省级优秀文物保护工程一等奖的,由省级文物行政部门推荐参加全国文物保护优秀工程评比。

第二十八条　业主单位有违纪违规行为的,审批机关对其予以通报批评;仍不予改正的,三年内不得申报新项目。

第二十九条　参与文保工程的招投标、勘察设计、施工、监理和造价咨询等单位和相关责任人有违纪违规行为的,由审批机关将其列入不良行为记录名单,并自被列入不良行为记录名单之日起五年内,不得承担文保工程相关工作。

第三十条　各级文物行政部门及其工作人员在工程建设中有违纪违规行为的,由本级党委政府对其主要负责人和直接责任人员依法给予处分。

第三十一条　各级文物行政部门纪检组(监察室)应采取随机和重点相结合的方式,对文保工程全过程各环节进行监督监察,依法查处工程建设中的违纪失职行为。

第六章　附　则

第三十二条　本办法由山东省文物局负责解释。

第三十三条　本办法自2013年4月8日起施行。

山东省考古工作管理办法(试行)

(鲁文发〔2012〕250号)

第一章　总　则

第一条　为加强考古工作管理,保护文化遗产,根据《中华人民共和国文物保护法》和《山东省文物保护条例》等相关规定,结合本省实际,制定本办法。

第二条　本办法适用于本省行政区域内陆地、内水和管辖海域的一切考古调查、勘探、发掘活动。

第二章　资格审定

第三条　考古调查、勘探和发掘工作实行团体资格和个人领队资格审定制度。

第四条　考古调查、勘探团体资格和个人领队资格由省文物行政部门组织审核,并颁发考古勘探团体资格证、考古勘探个人领队资格证和考古勘探技术员证。

考古发掘团体资格和个人领队资格按规定程序申报,由省文物行政部门审核,报国家文物行政部门审批。

第五条　省、市、县(市)级文物行政部门可成立考古调查、勘探机构,并报省文物行政部门备案。

第六条　考古勘探团体资格证、考古勘探个人领队资格证和考古勘探技术员证实行审核制,每两年审核注册。

第七条　未按时完成团体资格或个人领队资格审核注册的,或因违反规定被暂扣、吊销相关证照的单位和个人,不得承担任何考古调查、勘探和发掘项目。

第三章 项目审批

第八条 考古调查和勘探工作须依法履行报批手续。任何单位和个人未经批准不得进行考古调查、勘探工作。

进行考古调查、勘探工作,根据不同目的,分别按以下程序报批:

(一)为科学研究进行的考古调查和勘探,由项目承担单位提出工作方案,报省文物行政部门审批后实施。

(二)为大遗址保护工程进行的考古调查和勘探,由当地政府聘请有勘探资格的单位编制工作方案,报省文物行政部门审批后实施。

(三)涉及建设工程的考古调查和勘探工作按照山东省基本建设工程文物保护工作的有关规定执行。

第九条 具有考古勘探和发掘团体资格的单位可申请相应的考古调查、勘探、发掘项目;具有考古勘探、发掘领队资格的个人与有考古勘探、发掘团体资格的单位联合,可担任相应的考古调查、勘探、发掘项目的领队。

第十条 具有个人考古发掘领队资格的人员但未取得考古发掘团体资格的文物考古机构承担的小规模抢救性发掘项目,应联合具有考古发掘团体资格的单位共同实施。

第十一条 山东省行政区域以外的有关机构在山东境内进行考古调查、勘探和发掘工作,应尽可能采取与省内相关文物考古机构合作的形式,并事先报省文物行政部门和国家文物行政部门审批。

任何外国组织、国际组织在山东境内进行考古调查、勘探和发据,应按《中华人民共和国考古涉外工作管理办法》执行。

第十二条 工程建设中发现文物或文物面临自然破坏危险,当地文物行政部门应立即向省文物行政部门报告,并在三日内将现场情况和拟采取的保护方案报送省文物行政部门。经省文物行政部门或国家文物行政部门同意后实施。

确需抢救性发掘的古遗址和古墓葬,经省文物行政部门书面同意后,可先行考古发掘,自发掘开工之日起十五日内补办发掘手续。

第十三条 考古勘探单位或个人未按规定办理或补办考古调查、勘探手续的,由省文物行政部门视情况暂扣考古勘探团体资格和个人领队资格证照,并给予通报批评。

考古发掘单位或个人未按规定办理或补办考古发掘证照的,省文物行政部门暂停其考古发掘项目的审报,并建议国家文物行政部门暂扣其考古发掘团体资格和个人领队资格证照;造成不良影响的,由省文物行政部门对其依法进行处理;情节严重的,移交司法部门追究其刑事责任。

当地文物行政部门面临文物遭到破坏不能及时制止并上报的,省文物行政部门予以通报批评;造成严重后果的,建议当地政府给予行政处分。

第四章 项目执行与管理

第十四条 考古调查、勘探和发掘实行领队负责制。项目承担单位应严格执行《田野考古工作规程》,并自觉接受有关部门对工地的检查、监理与验收。

第十五条 项目承担单位在考古调查、勘探、发掘项目实施时,应向当地文物行政部门交验相关手续和发掘证照。当地文物行政部门应依法进行监督并做好相关配合工作。

第十六条 考古调查、勘探和发掘项目实行监理制度。省文物行政部门委托有资格的单位对项目进行监理。监理单位应对项目的进度、质量、工地安全、资金使用等方面进行全程监理,并提交监理报告。

第十七条 考古调查、勘探和发掘项目实行验收制度。项目承担单位应在项目结束前十五天,提出验收申请,由国家或省文物行政部门聘请有关专家组成验收小组进行验收。

第十八条 项目承担单位在年度田野考古工作结束后,应及时将工作经过、收获和经费使用等情况形成年度工作报告,并以书面和电子文档的形式报省文物行政部门备案。

项目完成后,项目承担单位应及时向省文物行政部门提交结项报告,内容主要包括发掘经过、主要收获、发掘现场及拟保留遗迹的处理保护情况、遗址或墓地的保护建议、考古发掘报告的编写计划、经费的来源和使用情况等。

第十九条 考古工作的新闻报道、电视直播或制作专题类节目,须由相关单位报省文物行政部门同意;其中涉外宣传需制订工作方案,并经省文物行政部门审核同意后,报国家文物行政部门批准实施。

未按程序报批,擅自开展宣传工作造成负面影响的相关单位和个人,由省文物行政部门予以通报批评。

第二十条 对在考古工作中做出突出成绩的项目承担单位和个人,由省文物行政部门根据有关规定报请国家文物行政部门进行表彰、奖励;对验收优秀的考古工地,可申报山东省优秀田野考古工地奖。

第二十一条 对违反田野考古工作规程,不能保质保量完成考古调查、勘探和发掘工作任务或项目验收不合格的项目承担单位,由省文物行政部门予以通报批评,暂扣或吊销其考古勘探团体资格和个人领队资格;涉及考古发掘项目的,建议国家文物行政部门暂扣考古发掘团体资格和个人领队资格证照。

第五章　资料管理

第二十二条 项目承担单位对考古调查、勘探工作中新发现的不可移动文物,应按“四有”档案要求,及时形成书面材料并报当地文物行政部门。对已知的不可移动文物经考古调查、勘探和发掘发现其年代、范围等与以往记录档案有差别的,应及时以书面材料报当地文物行政部门。

地方文物行政部门要根据考古资料及时补充或完善“四有”档案。

第二十三条 涉及建设工程中的考古调查、勘探工作,按照山东省基本建设工程文物保护工作的有关规定执行。项目承担单位应按程序向省文物行政部门提交工作报告,并提出保护意见。涉及省级及以上文物保护单位的,必须编制专项报告,作为建设工程设计方案的依据。

第二十四条 考古调查、勘探和发掘所获得的各种资料归国家所有。工作结束后考古领队应将有关资料(包括文字记录、各种登记表格、照片、图纸等)及时移交项目承担单位保管,出土文物和各类标本按出土时的登记表向库房移交。考古资料移交时要有专人负责核实、接收,文物移交时要填写入库登记表。进行资料整理时,由考古领队或其他负责人以借用的方式提取所需资料和出土文物,并做好登记。

第二十五条 对未按有关规定做好考古资料管理和整理的单位或个人,由省文物行政部门予以通报批评;对两次不能按时上报年度工作报告等材料或积压发掘报告超过两项的个人,省文物行政部门停止为其审报考古项目。

第六章　考古发掘品管理

第二十六条 考古发掘品是考古调查、勘探、发掘过程中获得的所有实物资料。

考古调查、勘探工作取得的发掘品,在完成调查、勘探报告后,应移交至项目所在地的文物行政部门。调查、勘探单位应同时提交详细的档案资料。

考古发掘品属于国家所有,考古发掘单位应按照规定做好考古发掘品的移交和管理工作。未经省文物行政部门同意,不得擅自进行文物移交。

第二十七条 省文物行政部门根据文物安全、科学研究、陈列展示和发挥文物作用的需要,经报省人民政府同意,可调用本省内的考古发掘品。

第二十八条 考古资料整理期间的暂存库房要保证考古发掘品对环境、安全等方面的需求。具有考古发掘资格的单位要逐步建设、完善符合国家规定标准的考古标本库房，保证考古发掘品能够长久、安全保存。

第二十九条 考古发掘单位应在考古发掘报告完成后三个月内，在征求文物收藏单位的意见后提交考古发掘品的移交方案。移交方案包括下列内容：

（一）按考古发掘出土单位编制的出土文物登记表及必要的照片、绘图和文字资料；

（二）发掘单位申请留作研究之用的考古发掘品目录；

（三）发掘单位对考古发掘品分配的意见或建议（附移交清单）；

（四）其他需要说明的事项。

第三十条 省文物行政部门根据考古发掘单位提交的考古发掘品移交方案和文物收藏单位提出的申请，予以审批。

省文物行政部门可直接指定考古发掘品收藏单位。

第三十一条 考古发掘品移交应按文物出土单位进行，原则上不得将同一出土单位的文物分别收藏。

考古发掘单位保留的少量标本，要按博物馆藏品收藏的有关规定妥善保管。

考古发掘品移交后，收藏单位应优先保证原发掘单位的研究、教学之用。

第三十二条 考古发掘品移交时，发掘单位应向文物收藏单位提供文物登账、编目和建档所必需的原始记录资料副本。

第三十三条 山东省行政区域以外的相关机构和个人在山东承担的考古调查、勘探、发掘项目，其整理工作应在山东境内完成。考古发掘报告完成后，按规定进行发掘品的移交。

第三十四条 地方文物行政部门对未能按规定及时办理出土文物、各类标本和有关资料移交手续的项目承担单位和个人，可提出处理意见并上报省文物行政部门；情节严重的由省文物行政部门予以通报批评。

第三十五条 项目承担单位不按程序办理考古发掘品移交手续或在其保管期间文物保护措施不力，造成文物损失的，由省文物行政部门予以通报批评并责令改正；对不能改正或造成严重后果的，不再为其审报考古项目。

第七章 附 则

第三十六条 本办法自2012年11月1日起施行。《山东省考古勘探、发掘管理办法》同时废止。

第三十七条 本办法由山东省文物局负责解释。

山东省考古勘探资格审定管理暂行办法

（鲁文考发〔2012〕4号）

为加强我省考古调查、勘探工作的管理，规范考古调查、勘探工作程序，根据《中华人民共和国文物保护法》《中华人民共和国文物保护法实施条例》《山东省文物保护条例》和《山东省考古工作管理办法（试行）》的有关规定，制定本办法。

第一条 山东省文物局负责组织考古勘探团体和个人领队资格的审定工作，并设立考古勘探资格评审委员会。

第二条 省、市、县（市）文物行政部门管理的文物考古机构，具备下列条件者可申请考古勘探团体资格：

(一)有健全的组织机构、独立法人资格和相应的办公场所、勘探设备以及其他必需的固定资产;

(二)有相对稳定的考古勘探队伍,其中必须聘用两名以上考古勘探个人领队和四名以上考古勘探技术员;考古勘探技术员中,至少有一名能够熟练操作 Office 等办公软件和 Photoshop 等图表处理软件的人员;

(三)具有健全的财务会计制度,能够实行独立核算,往来账目清晰;

(四)承担并完成三项以上经省级以上文物行政部门批准的考古勘探项目;

(五)省文物局要求的其他条件。

第三条 从事文物考古的专业人员,具备下列条件者可申请考古勘探个人领队资格:

(一)从事三年以上田野考古工作,具有中级以上文博专业技术职务任职资格;

(二)具有编制考古勘探工作计划、综合分析判断考古勘探资料、撰写考古勘探工作报告的能力;

(三)具备较强的工地组织、协调和管理能力;

(四)主持或作为主要业务人员参与过三项以上经省级以上文物行政部门批准的考古勘探、发掘项目;

(五)省文物局要求的其他条件。

第四条 从事田野考古工作的技术工人,具备下列条件者可申请考古勘探技术员资格:

(一)具有高中以上学历并年满十八周岁的成年人;

(二)具有识别土色土质、古墓葬、古遗址及其他文物遗迹的特征,准确测绘勘探图纸、熟练编写勘探记录的技能;

(三)从事三年以上田野考古工作,参与过三项以上考古勘探、发掘项目;

(四)省文物局要求的其他条件。

第五条 申请考古勘探团体资格的单位,须填报考古勘探团体资格申请书,并提供以下材料:

(一)法人资格证书、营业执照副本、考古勘探个人领队资格证复印件,以及考古勘探个人领队和技术员简表;

(二)单位法定代表人的身份证复印件、简历及主要工作经历;

(三)考古勘探主要业绩;

(四)省文物局需要的其他材料。

第六条 申请考古勘探个人领队资格的人员,须填报考古勘探个人领队资格申请书,并提供以下材料:

(一)身份证、学历、学位证书复印件及任职资格证明材料;

(二)主持或参与组织的考古勘探、发掘项目和相关工作业绩及学术成果证明材料;

(三)省文物局需要的其他材料。

第七条 申报考古勘探技术员资格的人员,须填报考古勘探技术员资格申请书,并提供以下材料:

(一)身份证和学历复印件;

(二)工作成果简介;

(三)省文物局需要的其他材料。

第八条 各地市文物行政部门负责本辖区内相关申报材料的汇总、初步审核工作,对经审核符合申报要求的材料统一报送省文物局。

第九条 省文物局组织考古勘探资格评审委员会审核考古勘探资格申报材料,根据评审委员会意见确定考古勘探团体、个人领队和技术员资格名单。

第十条 省文物局在山东文博网(www.sdwenbo.com)公示审定的考古勘探团体、个人领队和技术员资格名单,公示期为 7 个工作日。公示期满后正式公布考古勘探团体、领队和技术员资格名单。

考古勘探团体、个人领队和技术员资格名单在山东文博网(www.sdwenbo.com)上实行动态管理。

第十一条 省文物局对审定的考古勘探团体资格单位颁发考古勘探团体资格证;对审定的考古勘探

领队和技术员组织岗前培训后，颁发考古勘探个人领队资格证和考古勘探技术员证。

第十二条 考古勘探团体资格证、考古勘探个人领队资格证实行动态管理和审核制，每两年审核一次。

未经审核或审核不合格的考古勘探团体资格单位和个人领队，不予注册。

第十三条 考古勘探团体资格单位发生下列情况时，应向省文物局申请办理相关手续：

(一)单位名称、法定代表人、地点及其他重要事项发生变更时，应办理变更手续。

(二)单位撤销或其他原因终止考古勘探业务时，应上报备案，并交回考古勘探团体资格证。

第十四条 考古勘探团体资格单位或个人领队有下列行为之一者，由省文物局视情节，予以警告、通报批评或暂扣考古勘探资格证：

(一)未按时办理审核注册手续继续从事相关考古调查和勘探工作的；

(二)未按规定办理或补办考古调查、勘探手续的；

(三)超越业务范围开展工作的；

(四)违反《田野考古工作规程》，不能保质保量完成考古调查、勘探工作任务或项目验收不合格的；

(五)有其他违法、违规行为的。

第十五条 考古勘探团体资格单位、领队或技术员有下列行为之一者，由省文物局吊销考古勘探资格证：

(一)申请考古勘探资格时隐瞒真实情况，弄虚作假的；

(二)伪造、涂改、出租、出借、转让资格证书的；

(三)重要事项变更或终止考古调查、勘探业务，不及时办理变更或备案手续的；

(四)考古勘探工作中造成文物损毁、丢失或产生严重后果的；

(五)有其他严重违法、违规行为的。

第十六条 任何未取得，或已被吊销考古勘探资格的单位和个人，擅自从事考古勘探的，三年内不得申报相关考古勘探资格。

第十七条 本办法由山东省文物局负责解释。

第十八条 本办法自2012年12月1日起施行。

山东省文物系统安防、消防、防雷工程管理规定(试行)

(鲁文发〔2014〕173号)

第一章 总 则

第一条 为了加强全省文物系统安防、消防、防雷工程管理，规范审批程序，保证工程质量，根据《文物保护工程管理办法》《全国重点文物保护单位文物保护工程申报审批管理办法(试行)》《山东省文物保护工程管理办法(试行)》等规章、文件，结合工作实际，制定本规定。

第二条 本规定所称文物系统安防、消防、防雷工程，是指各级文物保护单位和尚未核定为文物保护单位的不可移动文物的安防、消防、防雷工程。

博物馆等文物收藏单位的安防、消防、防雷工程管理按照国家有关规定执行。

第三条 文物系统安防、消防、防雷工程的实施范围主要包括：

(一)具有被盗、破坏等风险的古遗址、古墓葬、石窟寺、石刻、有地宫的古塔等的安防工程；

(二)具有火灾风险的古建筑、近现代建筑的消防工程；

（三）具有雷击风险的古建筑、近现代建筑的防雷工程。

第四条 全国重点文物保护单位安防、消防、防雷工程管理包括立项、技术方案编制与审核、工程实施、工程验收等环节。

省级以下（含省级）文物保护单位和尚未核定为文物保护单位的不可移动文物的安防、消防、防雷工程管理包括技术方案编制与审核、工程实施、工程验收等环节。

第五条 省文物局负责全国重点文物保护单位和省级文物保护单位安防、消防、防雷工程技术方案审核、经费审核、工程验收等。工程经费预算、拨付等环节应当由省文物局有关内设机构进行会审。

设区的市和县（市、区）级文物行政部门分别负责市级和县（市、区）级文物保护单位、尚未核定为文物保护单位的不可移动文物的安防、消防、防雷工程技术方案审核、经费审核、工程验收等。

第六条 省文物局对全国重点文物保护单位和省级文物保护单位安防、消防、防雷工程技术方案审核、工程验收等实行专家咨询制，并建立安防、消防、防雷工程管理专家库，参与技术方案的论证和工程验收等工作。

第七条 文物系统安防、消防、防雷工程的技术方案编制、施工，应当由文物的管理机构委托具备相应资质和条件的专业机构进行：

（一）从事全国重点文物保护单位安防工程设计、施工的机构应当具备安防工程企业一级资质或者安防工程设计施工一级资质；从事省级以下（含省级）文物保护单位和尚未核定为文物保护单位的不可移动文物的安防工程设计、施工的机构应当具备安防工程企业二级以上资质或者安防工程设计施工二级以上资质。

（二）从事全国重点文物保护单位消防工程设计、施工的机构应当具备消防设施工程设计专项甲级资质、消防设施工程专业承包一级资质或者消防设施工程设计与施工一体化一级资质；从事省级以下（含省级）文物保护单位和尚未核定为文物保护单位的不可移动文物的消防工程设计、施工的机构应当具备消防设施工程设计专项乙级以上资质、消防设施工程专业承包二级以上资质或者消防设施工程设计与施工一体化二级以上资质。

（三）从事全国重点文物保护单位防雷工程设计、施工的机构原则上应当具备文物建筑防雷工程勘察设计甲级资质、文物建筑防雷工程施工一级资质或者防雷工程专业设计甲级资质、防雷工程专业施工甲级资质；从事省级以下（含省级）文物保护单位和尚未核定为文物保护单位的不可移动文物的防雷工程设计、施工的机构应当具备文物建筑防雷工程勘察设计乙级以上资质、文物建筑防雷工程施工二级以上资质或者防雷工程专业设计乙级以上资质、防雷工程专业施工乙级以上资质。

（四）委托的专业机构应当具有文物系统安防、消防、防雷工程设计、施工经验，在省文物局备案，且应当每年参加省文物局组织的业务培训。未按规定在省文物局备案的机构，非经省文物局同意，不得从事文物系统安防、消防、防雷工程。

（五）根据国家文物局、公安部《关于加强文博单位安全技术防范工程管理有关事项的通知》（91 文物字第 79 号）要求，委托的专业机构不得为外商独资企业。

第八条 文物系统安防、消防、防雷工程的立项报告和技术方案编制、施工等，均应当做好与保养维护、抢险加固、修缮、大遗址保护等工程的衔接，设计好工作程序，避免先建再拆、重复建设等现象。

在编制文物保护规划时，规划中要明确安防、消防、防雷工程的有关内容。

第二章　全国重点文物保护单位安防、消防、防雷工程立项

第九条 全国重点文物保护单位安防、消防、防雷工程按照先立项后编制技术方案的程序进行。除国家另有规定外，未经批准立项省文物局不受理技术方案申报。

第十条 全国重点文物保护单位安防、消防、防雷工程立项，应当由文物的管理机构，按照《全国重点文物保护单位文物保护工程立项报告规范文本（试行）》的要求编写立项报告，逐级报省文物局。

第十一条 省文物局对工程的性质、内容、范围、规模等情况进行初审后，报国家文物局审批，由其对工程立项的可行性、必要性进行审核，并出具立项批复意见。

第三章 技术方案编制与审核

第十二条 经批准立项的全国重点文物保护单位安防、消防、防雷工程，由文物的管理机构根据国家文物局的立项批复意见，委托具备相应资质和条件的专业机构，按照《文物保护工程设计文件编制深度要求（试行）》第二章和第六章的规定，以及《安全防范工程技术规范》（GB 50348—2004）第三章和第4.2节、《文物系统博物馆风险等级和安全防护级别的规定》（GA 27—2002）、《博物馆和文物保护单位安全防范系统要求》（GB/T 16571—2012）及其附录A、《火灾自动报警系统设计规范》（GB 50116—98）、《自动喷水灭火系统设计规范》（GB 50084—2001）、《建筑物防雷设计规范》（GB 50057—2010）、《文物建筑防雷技术规范》（QX 189—2013）、《文物建筑防雷工程勘察设计和施工技术规范》（文物保发〔2010〕6号）等标准、规范编制技术方案，报省文物局审核。

第十三条 省级以下（含省级）文物保护单位和尚未核定为文物保护单位的不可移动文物的安防、消防、防雷工程，由文物的管理机构直接委托具备相应资质和条件的专业机构编制技术方案，并根据文物的级别报相应的文物行政部门审核。

第十四条 技术方案的主要内容包括：

（一）封面；

（二）扉页；

（三）目录；

（四）委托书；

（五）设计任务书；

（六）设计单位资质证明；

（七）勘察报告及现状照片；

（八）设计说明书；

（九）人员培训规则、售后服务承诺、工程验收细则等；

（十）主要设备材料清单；

（十一）工程概算书；

（十二）主要设备材料的检验报告或者认证证书；

（十三）设计图纸；

（十四）其他需要在技术方案中体现的内容。

第十五条 技术方案的审核按照以下程序进行：

（一）审批权限下放至省文物局的全国重点文物保护单位安防、消防、防雷工程，由省文物局将技术方案送交国家文物局确定的咨询评估机构组织专家进行评估，咨询评估机构向省文物局提交评估报告。省文物局根据评估报告出具技术方案批复意见，并将批复意见和通过评估的技术方案报国家文物局备案。

（二）审批权限未下放至省文物局的全国重点文物保护单位安防、消防、防雷工程，由省文物局组织专家对技术方案进行论证，论证通过后报国家文物局审批。

（三）省级文物保护单位安防、消防、防雷工程，由省文物局组织专家对技术方案进行论证，根据专家论证意见和有关规定出具技术方案批复意见。

（四）市级和县（市、区）级文物保护单位、尚未核定为文物保护单位的不可移动文物的安防、消防、防雷工程技术方案，由相应级别的文物行政部门出具批复意见。

（五）国家文物局、省文物局审批同意的全国重点文物保护单位和省级文物保护单位安防、消防、防雷工程，设区的市级文物行政部门应当指导有关单位按照批复意见对技术方案进行修改完善，并将修改完善后的最终技术方案报省文物局核准。市级和县(市、区)级文物保护单位、尚未核定为文物保护单位的不可移动文物的安防、消防、防雷工程的最终技术方案,报相应级别的文物行政部门核准。

第四章 工程实施

第十六条 修改完善后的最终技术方案经相应的文物行政部门核准后,文物的管理机构应当通过法定程序委托具备相应资质和条件的专业机构进行工程施工。

文物系统安防工程是一项隐蔽性的保密工程,属于特殊行业,按照国家文物局《关于加强安全技术防范工程设计、施工管理有关问题的通知》(文物博发〔2000〕044 号)要求,建设安防工程时,本着谁设计、谁施工、谁调试的原则,设计、施工、调试工作必须统一由一个单位承担。确定消防和防雷工程施工单位时,也应当避免由于设计、施工、调试单位之间衔接不到位出现工程质量问题。

第十七条 施工应当严格按照批准的技术方案进行,确需变更的,应当经原审批机关批准。

第十八条 文物系统安防、消防、防雷工程施工实行严格的工程监理制和审计制。文物的管理机构应当通过法定程序确定具备相应资质的监理单位和审计单位,对工程实施全过程监理和跟踪审计。

对未实施监理和审计的安防、消防、防雷工程,文物行政部门不予验收。

第十九条 工程施工应当严格执行安全生产的相关法律法规,制定并落实各项安全管理制度和应急预案,防范安全事故,保证人员和文物安全。

第五章 工程验收

第二十条 施工完成后,应当至少试运行一个月,防雷工程应当试运行至雷电多发季节结束。文物的管理机构应当做好试运行记录,编制试运行报告。

第二十一条 试运行期间,技术方案编制单位、施工单位应当按照文物的管理机构要求,对有关工作人员进行技术培训,并配合其建立值班、操作规程和维护管理等制度。

第二十二条 安防、消防、防雷工程经试运行达到设计要求并被文物的管理机构认可视为竣工,由技术方案编制单位、施工单位写出竣工报告。

第二十三条 工程竣工后,由文物的管理机构组织技术方案编制单位、施工单位、监理单位、审计单位等,根据设计任务书、技术方案和合同提出的设计使用要求,对工程进行初步验收,合格后写出初验报告。

第二十四条 初步验收完成后,由文物的管理机构向审批机关申请工程验收。申请验收应当提供以下资料:

(一)最终的技术方案;

(二)审批机关的批复文件;

(三)工程合同;

(四)试运行记录及试运行报告;

(五)相关管理制度;

(六)系统竣工报告;

(七)初验报告;

(八)工程监理报告、审计报告;

(九)系统检测报告或质量检查、鉴定报告等;

(十)决算报告;

(十一)验收需要的其他资料。

第二十五条 审批机关或者其委托下级文物行政部门派出验收专家组,对工程进行验收并做出验收结论。验收不合格的,由文物的管理机构组织有关单位对存在的问题进行整改,整改结束后重新申请验收。

第二十六条 文物的管理机构应当建立健全安防、消防、防雷工程档案管理制度。工程验收合格后,应当将所有与工程相关的勘察设计、审批、施工、监理、审计、验收、财务等方面资料立卷归档,永久保存。

第六章 监督与奖惩

第二十七条 文物行政部门对文物系统安防、消防、防雷工程的各个环节进行指导和监督,保证工程各环节、各方面的质量。

第二十八条 省文物局每年对上一年度批复的安防、消防、防雷工程的实施、运行、资金使用等情况进行检查。根据检查情况评定部分优质工程。

第二十九条 文物行政部门或者文物的管理机构及其工作人员在安防、消防、防雷工程中有违法、违纪、违规行为,或者发生安全事故等严重后果的,工程审批机关视情节给予通报批评、责令限期整改,直至建议或者移送有关部门给予处分、追究法律责任;整改不到位或者拒不整改的,三年内不得申报安防、消防、防雷项目。

第三十条 参与文物系统安防、消防、防雷工程的招投标、勘察设计、施工、监理和审计等单位和相关人员有违法、违纪、违规行为的,审批机关将其列入不良行为记录名单,且五年内不得承担文物系统安防、消防、防雷工程的相关工作;情节严重或者造成严重后果的,移送有关部门追究法律责任。

第七章 附 则

第三十一条 本规定由山东省文物局负责解释。

第三十二条 本规定自发布之日起施行。

关于贯彻国家文物局《关于进一步做好文物拍卖标的审核工作的意见》的通知

(鲁文执发〔2012〕5 号)

各市文广新局、各有关拍卖企业:

为切实加强对文物拍卖经营活动的管理,促进文物拍卖市场健康发展,根据国家文物局《关于进一步做好文物拍卖标的审核工作的意见》,结合我省实际,现就进一步做好文物拍卖标的报审工作通知如下:

一、报审时间和报审材料

文物拍卖企业举办拍卖会的,最迟应在拍卖公告发布前 30 个工作日,将拍卖申请、工商营业执照副本及复印件、拍卖经营批准证书副本及复印件、文物拍卖许可证副本及复印件、拍卖标的目录、图片、本企业文物拍卖专业人员(含已考取文物拍卖企业专业人员资格证书的人员)签字确认的标的征集鉴定意见报省文物局审核。以上材料均需一式两份,装订成册(拍卖标的目录需另需报光盘 2 张;图片可只报光盘 2 张)。

文物拍卖专业人员在出具标的征集鉴定意见时,应当遵守职业道德,认真履行职责。对出具虚假征集鉴定意见、造成不良社会影响的,取消其专业人员资格。

二、不得上拍的标的范围

(一)出土(水)文物、以出土(水)文物名义进行宣传的;

(二)被盗窃、盗掘、走私的文物或明确属于历史上被非法掠夺的中国流失文物;

(三)依照法律应当移交文物行政部门的文物,包括国家各级执法部门在查处违法犯罪活动中依法没收、追缴的文物;

(四)国有文物收藏单位及其他国家机关、部队和国有企业、事业单位等收藏、保管的文物;

(五)国有不可移动文物的附属构件;

(六)国有文物商店收存的珍贵文物;

(七)涉嫌损害国家利益或有可能产生不良社会影响的;

(八)其他法律法规规定不得流通的文物。

三、审核程序和审核方式

企业须整场报审含有文物的拍卖会标的,不得少报、假报或以艺术品名义报审含有文物的拍卖会标的。

省文物局受理企业报审申请后,将在20个工作日内对标的进行实物审核或复核工作,企业应当积极配合。审核完成后,省文物局将审核意见报国家文物局备案。如有不同意见,国家文物局将于5个工作日内以书面形式反馈。国家文物局同意备案材料后,省文物局将予以办理批复文件。

四、拍卖公告发布和拍卖图录印制要求

省文物局办理批复文件后,企业方可向社会发布拍卖公告,印制拍卖图录。企业须在所有拍卖图录显著位置刊登省文物局批复文件。拍卖图录文字严禁使用"罕见""仅存""国宝"等诱导性词语,不得擅自更改标的定名。

五、违规责任和处理措施

企业违反上述要求的,省文物局将依据《中华人民共和国文物保护法》的有关规定责令改正,会同工商行政管理部门给予相应的行政处罚。情节严重的,建议国家文物局暂停直至吊销其文物拍卖许可证,并记入企业诚信档案。国家文物局结合行业管理,将企业诚信档案作为企业年审和增加文物经营范围的考评依据。

山东省文物局

2012年9月11日

山东省文物违法事件、安全事故报告制度

(鲁文物〔2008〕19号)

为规范全省文物违法事件、安全事故上报工作,加强对文物安全工作的监督与管理,及时全面掌握我省文物安全总体情况,查处文物违法行为,根据《中华人民共和国文物保护法》《中华人民共和国文物保护法实施条例》及相关法律、法规,结合我省实际,制定本制度。

一、适用范围

本制度适用于全省范围内，在文物保护管理及基本建设过程中发生的危及文物安全的违法事件及安全事故，包括：

（一）擅自在文物保护单位的保护范围内进行建设工程或者爆破、钻探、挖掘等作业的；

（二）在文物保护单位的建设控制地带内进行建设工程，未经法定程序、设计方案未经文物主管部门同意，对文物保护单位的历史风貌造成破坏的；

（三）擅自迁移、拆除不可移动文物的；

（四）擅自修缮不可移动文物的；

（五）擅自在原址重建已全部毁坏的不可移动文物，造成文物破坏的；

（六）擅自对文物保护单位进行拍摄的；

（七）转让或者抵押国有不可移动文物，或者将国有不可移动文物作为企业资产经营的；

（八）将非国有不可移动文物转让或者抵押给外国人的；

（九）擅自改变国有文物保护单位的用途的；

（十）历史文化名城（街区、村镇）发生损坏或拆毁保护规划确定保护的建筑物、构筑物和其他设施的，发生危及文物古迹安全的建设以及爆破、钻探、挖掘等作业的；

（十一）古建筑、文物收藏单位发生火灾事故的；

（十二）文物收藏单位违法处置文物或者擅自对珍贵文物修复、复制、拓印、拍摄的；

（十三）文物收藏单位收藏的文物被盗、被抢（包括盗窃、抢劫未遂）、损坏、丢失的；

（十四）古文化遗址、古墓葬被盗掘、破坏的（包括盗掘、破坏未遂）；

（十五）进行大型基本建设工程，施工前未经考古调查、发掘，危及地下文物安全，或者有关单位、人员阻挠考古调查、发掘的；

（十六）因违法施工或者施工过程中安全措施不当，不可移动文物受损严重或者损毁的；

（十七）文物商店从事文物拍卖经营活动的；

（十八）经营文物拍卖的拍卖企业从事文物购销经营活动的；

（十九）文物商店销售的文物、拍卖企业拍卖的文物，未经审核的；

（二十）文物收藏单位从事文物商业经营活动的；

（二十一）买卖国家禁止买卖的文物或者将禁止出境的文物转让、出租、质押给外国人的；

（二十二）发现文物隐匿不报或者拒不上交的；

（二十三）国有不可移动文物的使用人拒不依法履行修缮义务的；

（二十四）考古发掘单位未经批准擅自进行考古发掘，或者不如实报告考古发掘结果的；

（二十五）在生产建设和日常工作中发现文物遗迹未及时上报而擅自清理的；

（二十六）其他应当需要报告的文物违法事件、安全事故。

二、工作职责与报告方式

（一）各市（县、区）文物主管部门和省直文博单位是文物违法事件、安全事故报告工作的责任部门，负责本行政区域（本单位）内文物违法事件、安全事故的报告工作。

（二）本行政区域（本单位）内发生文物违法事件、安全事故时，文物主管部门或单位要立即向相关部门和上级文物主管部门报告。同时，当地文物主管部门要组织人员对现场进行初步调查，于24小时内以电话或传真形式将初步调查情况报告省文物局综合执法处，重要事项要立即报告，五日内以书面形式上报事故调查情况与初步处理意见。省直文博单位内文物违法事件、安全事故的调查处理工作由省文物局负责。

（三）文物违法事件及安全事故上报受理工作由省文物局综合执法处承担。

（省文物局综合执法处电话：0531—82612578，82611597，传真：0531—82611500）

三、报告内容

(一)《适用范围》(一)至(十)、(十五)、(十六)、(二十三)部分,应报告文物保护单位(不可移动文物)名称、保护级别、事件(事故)地点、时间、情况经过、受损程度、违法单位名称、组织形式、当地处置措施等内容。

(二)《适用范围》(十一)部分,应报告事故单位名称、事故时间、情况经过、受损程度、当地处置措施等内容。

(三)《适用范围》(十二)、(十三)部分,应报告单位名称、风险等级、器物名称、文物级别、数量、被盗情况、受损程度、违法行为情况、当地处置措施等内容。

(四)《适用范围》(十四)部分,应报告地点、时间、被盗情况、破坏程度、当地处置措施等内容。

(五)《适用范围》(十七)至(二十二)、(二十四)、(二十五)部分,应报告违法单位名称(违法人员姓名)、时间、违法行为情况、当地处置措施等内容。

(六)《适用范围》(二十六)部分,应根据违法事件、安全事故的具体情况报告相应的内容。

四、其他

对发现文物违法事件、安全事故隐匿不报或拖延报告时间,对文物造成重大损失的,将按有关规定对责任单位和责任人予以严肃处理,并在全省范围内予以通报。

本制度自发布之日起施行。

山东省文物行政处罚案卷管理办法(试行)

(鲁文物〔2008〕38号)

第一条 为规范文物行政处罚案卷管理,提高文物行政执法水平,根据《中华人民共和国行政处罚法》《文物行政处罚程序暂行规定》,结合我省文物行政处罚工作实际,制定本办法。

第二条 凡是与文物行政处罚案件有关的法律文书、文件及各种证据材料,均应归档。

第三条 文物行政处罚案卷,应当区分年度,按照一案一卷,一案一号的原则立卷。涉及国家机密、商业秘密、个人隐私的案件,可以一案二卷,即正卷和副卷。

第四条 文物行政处罚法律文书的内容必须符合有关法律、法规和规章的规定,做到格式统一、内容完整、表述清楚、用语规范。

第五条 文物行政处罚法律文书书写不得用铅笔、圆珠笔,必须按档案管理要求进行打印或使用钢笔或签字笔,不得使用不规范的简化字,更不得出现错别字和病句。在特殊情况下,出现文字错误,又不能重新书写的文书,应在涂改处加盖与文书内容有关人员的印章或按手印。

第六条 文物行政处罚法律文书中的计量单位,必须使用法定计量单位。

第七条 文物行政处罚法律文书应按照保密、方便利用的原则,整理归档。

第八条 文物行政处罚法律文书材料的排列顺序,应按照行政处罚程序的客观进程和形成文书时间的自然顺序,兼顾文件之间的有机联系进行排列。

简易程序行政处罚案卷材料包括:

(一)案卷首页及卷内目录;

(二)举报登记表;

(三)行政检查中形成的案卷材料;

(四)陈述申辩笔录;

（五）当场处罚决定书；

（六）有关证据；

（七）其他法律文书及相关资料；

（八）备考表。

一般程序行政处罚案卷材料包括：

（一）案卷首页及卷内目录；

（二）举报登记表；

（三）行政检查中形成的案卷材料；

（四）停止侵害通知书、违法建设停工通知书；

（五）立案审批表；

（六）询问笔录、现场检查笔录、鉴定结论、先行登记保存证据审批表、先行登记保存证据通知书、先行登记保存证据清单、证物处理审批表、先行登记保存证据处理通知书、与案件有关的证据、调查终结报告、重大案件集体讨论记录等；

（七）行政处罚告知书；

（八）陈述申辩笔录；

（九）行政处罚听证会通知书；

（十）听证笔录；

（十一）听证意见书；

（十二）行政处罚决定书、责令限期改正通知书；

（十三）结案报告、案件处理呈批表；

（十四）其他法律文书及相关资料；

（十五）送达回证；

（十六）备考表；

（十七）证物袋。

第九条 文物行政处罚案卷的制作，按照以下要求进行：

（一）纸型：A4 公文纸。

（二）份数：一份原件，重复材料一律剔除。

（三）页码：按卷内文书材料排列顺序逐页编写页码，页码一律用阿拉伯数字编写在文书正面右上角，背面的左上角；案卷首页、卷内目录、备考表、证物袋、卷底不编页码。

（四）封面：案卷首页可以打印或用毛笔、钢笔或签字笔按规定逐项填写齐全，字迹工整、规范、清晰。

（五）卷内目录：卷内目录按文书材料排列顺序逐项填写或打印。

（六）检查：案卷装订之前要全面检查文书材料。材料不完整的要补齐，破损或褪色的要修补、复制，对于字迹难以辨认的材料，应附上抄件，与案件无关的材料要剔除。

（七）装订：纸张过大的修剪折叠，加边、加衬、折叠均以办公 A4 公文纸为准，案卷材料保证无金属物。案卷必须用线绳三空一线装订。订卷绳要系紧、打暗结，并在卷底装订线结扣处粘贴封志，由案卷管理部门加盖骑缝章。

（八）证物袋：不能随卷装订的证据放入证物袋，随卷归档；证物袋注明证据的名称、数量；不能随文书立卷装订的音像或实物证据在备考表中注明制作、收集的时间、地点、内容、数量、责任人及存放地点等内容。

第十条 文物行政处罚案卷的利用和销毁，按照《中华人民共和国档案法》《中华人民共和国档案法实施办法》和本级行政机关档案管理的规定办理。

查阅案卷时，查阅人需经主管领导批准，并履行查阅登记手续。

第十一条 文物行政处罚案件的案卷要长期保存。

第十二条 本办法自发布之日起施行。

山东省文物安全突发事件应急预案

（鲁文物〔2008〕72 号）

1　总　则

1.1　目的及依据

为了有效预防和及时处理在我省区域内文物保护工作中出现的突发事件，迅速采取正确和有效的措施，确保文物安全，依据国家有关法律法规和《国家文物局突发事件应急工作管理办法》，制定本预案。

1.2　适用范围

本预案适用于我省各级文化（文物）行政主管部门管理的文物保护单位和文物收藏机构（以下简称“文博单位”）文物安全突发事件的预防、预警、应急准备和应急响应等工作。

1.2.1　本预案所称突发事件是指：全省各级文化（文物）行政主管部门管理的博物馆、纪念馆和古遗址、古墓葬、古建筑、

石窟寺、石刻、壁画、近现代重要史迹和代表性建筑遭盗窃、盗掘、损毁、破坏、丢失，以及因自然因素引起的危及文物安全和文物保护工作秩序的事件。

1.2.2　本预案将根据情况变化随时进行修订。各市、县（市、区）要依据本预案制定辖区内的相关预案。

1.3　工作原则

（1）预防为主：加大文物安全知识的宣传普及力度，提高公共文物安全与防护意识。细致排查文博单位各类突发事件的隐患，采取有效的预防和控制措施，减少突发事件发生的几率。

（2）依法管理：各级文物行政主管部门对文物安全突发事件预防、控制的管理及应急处置工作，要严格执行国家有关法律法规。

（3）属地负责：按照分级负责的行政管理体制，在处置我省区域内文物安全突发事件过程中，实行属地管理。各市、县（市、区）人民政府要突出政府职责，对本行政区域内发生的文物安全突发事件的处置工作负总责；当地文化（文物）行政主管部门配合政府处置文物安全突发事件；省文物局指导协调突发事件应急处置工作。

（4）快速反应：各级文化（文物）行政主管部门、文博单位应相应建立预警和处置快速反应机制，在突发事件发生时，立即进入应急状态，启动各级预案，在当地人民政府统一领导下，果断采取措施，在最短时间内控制事态，将危害与损失降到最低程度。

2　应急组织机构及职责

应急组织机构是文物安全突发事件发生后及时成立的、负责事件处置决策的领导机构。

2.1　省文物局文物安全突发事件应急领导小组

成立省文物局文物安全突发事件应急领导小组，负责领导、指挥全省文物安全突发事件应急处理工作。组长由省文物局局长担任。

2.1.1　省文物局文物安全突发事件应急领导小组主要职责：

（1）组织、指挥、协调本系统各有关部门参与应急响应行动，下达应急处置任务。

（2）制定有关突发事件信息发布工作指导方针，决定或与有关方面共同研究信息发布的时间、方式等。

（3）加强与省政府相关部门的联系，及时报告、通报有关情况和信息。

(4)研究解决突发事件中的重大问题。

2.1.2　省文物局文物安全突发事件应急领导小组办公室

省文物局文物安全突发事件应急领导小组下设办公室，主要负责突发事件发生时应急措施的具体执行、信息沟通与组织协调工作；督查有关单位应急处理准备和应急措施的落实，通报突发事件应急工作情况；处理应急领导小组日常事务。主任由分管副局长担任。

2.2　文物系统地方和省直文博单位文物安全突发事件应急领导小组

各地文化（文物）行政主管部门比照省文物局应急组织机构的组成、职责，结合本地实际情况，成立地方文物安全突发事件应急领导小组。省直文博单位比照省文物局应急组织机构的组成、职责，结合本单位实际情况，成立省直文博单位文物安全突发事件应急领导小组。

3　预防和预警机制

3.1　预防预警信息

全省各级文博单位应做好应对突发事件的思想准备和组织准备，加强日常管理和监测，注意日常信息的收集与传报，对可能发生的涉及文物安全的预警信息进行全面评估和预测，制定有效的监督管理责任制和预防应急控制措施，尽可能做到早发现、早报告、早处置。

3.2　预防预警行动

3.2.1　各级文化（文物）行政主管部门应建立必要的预警和快速反应机制，加强对文博单位安全工作的监督检查。定期演练各种应急预案，磨合、协调运行机制，提高应急队伍协同配合和快速反应能力，增强处置突发事件的能力。

3.2.2　各文博单位制定必要的日常安全保卫工作方案、安全责任制度、加强日常人力、物力、财力储备，增强应急处理能力。

3.3　预警支持系统

各文博单位要确保安全保卫工作人员数量，明确其岗位职责和识别标志；安装必要的消防、安全技术防范设备，配备预警通信和广播设备，预留公安、消防、救护人员疏散的场地和通道；对外开放的文博单位要严格核定人员容量，加强对现场人员流动情况的监控，在售票处、出入口和主要通道设专人负责疏导工作。

4　突发事件等级划分

4.1　重大突发事件（Ⅰ级）：全国重点文物保护单位发生火灾、被盗、损毁、文物建筑坍塌的；省级文物保护单位发生重大火灾、严重被盗、大面积损毁、重要文物建筑坍塌的；馆藏一级文物丢失、损毁的；馆藏二级文物丢失、损毁5件（含5件）以上的；馆藏三级文物丢失、损毁10件（含10件）以上的；馆藏文物丢失、损毁20件以上的突发事件。

4.2　较大突发事件（Ⅱ级）：省级文物保护单位发生火灾、被盗、损毁、文物建筑坍塌的；市级和县级文物保护单位发生重大火灾、严重被盗、大面积损毁、重要文物建筑坍塌的；馆藏二级文物丢失、损毁5件（不含5件）以下的；馆藏三级文物丢失、损毁5件（含5件）以上的；馆藏文物丢失、损毁10件（含10件）以上的突发事件。

4.3　一般突发事件（Ⅲ级）：市级和县级文物保护单位发生火灾、被盗、损毁、文物建筑坍塌的；馆藏文物丢失、损毁的突发事件。

5　应急响应

5.1　应急预案启动

5.1.1　Ⅰ级突发事件发生后，依照属地管理的原则，由事发地市级人民政府成立应急指挥部，启动应急预案，领导本行政区域内的应急处置工作。市级文化（文物）行政主管部门在参与应急处置的同时，将事件情况及时上报省文物局。省文物局在迅速核实情况后，启动本预案，并上报省政府和国家文物局，配合省政府有关部门做好应急处置工作。

5.1.2 Ⅱ级突发事件发生后，依照属地管理的原则，由事发地市级人民政府成立应急指挥部，启动应急预案，领导本行政区域内的应急处置工作。市级文化（文物）行政主管部门在参与应急处置的同时，将事件情况及时上报省文物局。省文物局视情况启动本预案，积极指导协调应急处置工作。

5.1.3 Ⅲ级突发事件发生后，依照属地管理的原则，由事发地人民政府统一领导处置工作，省文物局及时掌握信息。

5.2 信息报送

5.2.1 基本原则

(1)迅速：突发事件发生时，市级文化（文物）行政主管部门接报后及时向当地市人民政府应急指挥部办公室和省文物局应急领导小组办公室报告，时间最迟不得晚于事件发生后4小时。省文物局应急领导小组办公室接报信息并核准后，视情况向省政府和国家文物局报告。

(2)真实：报送信息要客观实际，真实准确。

(3)全面：力求多侧面、多角度的提供信息，喜忧兼报。要防止片面性，避免断章取义，更不能对上报信息层层截留、级级过滤。

5.2.2 报送内容

(1)事件发生的单位、部门、时间、地点和现场情况。

(2)事件的简要经过、文物损失和人员伤亡情况的初步估计。

(3)事件原因的初步分析。

(4)事件发生后已采取的措施、效果及下一步工作方案。

(5)其他需要报告的事项。

5.2.3 报送形式

(1)突发事件信息报送采用分级报送原则。市级文化（文物）行政主管部门负责向当地市人民政府应急指挥部办公室和省文物局应急领导小组办公室报告；省文物局应急领导小组办公室负责向省政府和国家文物局报告。

(2)突发事件信息可用电话口头语初报，随后报送书面报告，必要时和有条件的可采用音像摄录的形式。

5.3 指挥和处置

按照统一指导，分级指挥，各司其职，密切协作，快速反应，高效处置的原则，省文物局应急领导小组办公室接到突发事件报告后，根据事件的性质和严重程度提出启动相应级别的应急预案的建议。

5.4 信息发布

向社会客观、准确、全面、及时地发布信息。省文物局为全省文物安全突发事件信息发布部门，其他任何单位和个人不得以任何形式发布突发事件的信息。各市文化（文物）行政主管部门发布突发事件信息时，应报省文物局同意后公布。

6 后期处理

6.1 当地文化（文物）行政主管部门应协助开展突发事件伤亡群众的医疗救治和善后处理等工作。

6.2 事件处理结束后，省文物局负责起草报告报省政府和国家文物局。

6.3 根据事件暴露出的有关问题，进一步修改和完善有关防范措施和处置预案，提出修改或补充相关法律法规的意见。

6.4 各级文化（文物）行政主管部门应对参加突发事件应急处理工作做出贡献的单位和个人，给予表彰和奖励。

6.5 各级文化（文物）行政主管部门对未依照有关规定履行其相应职责的单位和有关负责人，依法给予处分；构成犯罪的，依法追究刑事责任。

7　应急保障体系

7.1　组织保障

各级文化(文物)行政主管部门和各文博单位及从业人员必须对突发事件的危险性和可能发生的危险给予充分的认识,必须从维护社会稳定和国家利益的大局出发,建立健全高效、统一的应急组织、领导体系和应急反应体系,在思想上、组织落实上做好突发事件的应对准备。

7.2　经费保障

各级政府要保障文物安全突发事件所需经费。

7.3　人员保障

各文博单位应组建文物安全突发事件的应急队伍,根据突发事件具体情况,在应急指挥部门的统一指挥下,开展应急救援和处理工作。

7.4　信息保障

建立健全突发事件信息收集、传递、处理、报送各个环节的工作制度,完善各单位、各部门已有的信息传输渠道,保持信息报送设施性能完好,并配备必要的应急备用设施和技术力量,确保信息报送渠道的安全畅通。

7.5　宣传、培训保障

加强对文博单位文物安全突发事件预案的宣传工作,公布应急领导机构和接警电话,普及突发事件的预防、避险、自救、互救等常识,依靠广大群众有效预防突发事件发生和减轻因突发事件造成的损失。

加强对文博单位从业人员消防、安防等方面的知识技术培训;积极组织突发事件预备队进行技能培训,提高预防和处理突发事件的能力。

定期进行文博单位突发事件应急模拟综合演练,提高应急体系协同作战和快速反应能力。

8　附　则

本预案为文物安全突发事件应急准备和响应的工作文件。

本预案由省文物局定期进行复审和修订。

本预案由省文物局制定并负责解释。

本预案自发布之日起施行。

山东省文物行政执法巡查办法(试行)

(鲁文物〔2008〕93号)

第一章　总　则

第一条　文物行政执法巡查是文物行政执法工作的重要组成部分。为加强和规范全省文物行政执法巡查工作的开展,推动各级文物行政部门依法履行监管职责,提高监管效率与能力,及时发现并制止违法行为,消除各类安全隐患,根据《中华人民共和国文物保护法》《山东省文物保护管理条例》等法律、法规、规章,制定本办法。

第二条　本办法适用于各级文物行政部门依法对辖区内工程建设中的文物保护工作、文物保护工程、考古发掘工地、各级文物保护单位等不可移动文物、国有文物收藏单位、出境进境文物、文物市场等的执法巡查。

第三条 文物行政执法巡查实行属地管理与上级督察、指导相结合的工作制度。上级文物行政部门负责指导、监督下级文物行政部门的执法巡查工作，并协调有关部门配合开展执法巡查工作。

第二章 文物行政执法巡查工作职责

第四条 省文物局行政执法巡查工作职责是：

（一）拟定全省文物行政执法巡查年度工作意见。

（二）对各地开展的文物行政执法巡查工作进行指导与督察，不定期地开展抽查。

（三）不定期地对省级以上文物保护单位、国有文物收藏单位等进行专项巡查。

（四）不定期地组织开展对古建筑与国有文物收藏单位的消防安全，配合大型基本建设工程的考古调查、勘探、发掘，省级以上不可移动文物的维修工程，出境进境文物、文物市场等的专项巡查。

第五条 设区的市文物行政部门行政执法巡查工作职责是：

（一）拟定本级文物行政执法巡查年度工作计划。

（二）对辖区内各县（市、区）开展的文物行政执法巡查工作进行指导与督察，并对本行政区域内省级以上文物保护单位、国有文物收藏单位等进行抽查。

（三）对本行政区域内的各级文物保护单位、国有文物收藏单位、文物市场等进行巡查，每年不少于一次。

第六条 各县（市、区）文物行政部门行政执法巡查工作职责是：

（一）拟定本级文物行政执法巡查年度工作计划。

（二）对本行政区域内的各级文物保护单位、国有文物收藏单位、文物市场等进行巡查，每年不少于两次。

第七条 文物行政执法巡查工作职责将作为文物行政执法责任制的重要内容进行督察。

第三章 文物行政执法巡查工作内容

第八条 对各级文物保护单位的巡查：

（一）四有工作：是否在规定的时间内公布保护范围和建设控制地带；是否作出标志说明；是否设置专门机构或指定专人负责管理；是否建立记录档案。

（二）文物本体的保护：是否有刻划、涂污的行为；是否有擅自迁移、拆除、修缮、拍摄等行为。

（三）保护范围与建设控制地带内的工程施工：是否擅自进行建设工程、爆破、钻探、挖掘等作业。

（四）文物保护工程：是否按经审批的方案进行保护工程施工；修缮、迁移、重建等设计与施工单位是否取得相应资质。

（五）安全情况：古建筑管理、使用单位等是否按有关规定建立健全消防安全管理制度，落实消防安全责任制；是否按规定配备消防设施、设备；是否安装配备必要的技防设施、设备；是否按规定整改安全隐患；是否制定并落实突发事件应急预案等。

第九条 对国有文物收藏单位的巡查：

（一）国有文物收藏单位是否按规定配备防火、防盗、防自然损坏的设施；是否符合博物馆风险等级和安全防护级别的规定；是否按有关规定建立健全消防安全管理制度，落实消防安全责任制；是否按规定配备消防设施、设备；是否安装配备必要的技防设施、设备；是否按规定整改安全隐患；是否制定并落实突发事件应急预案等。

（二）国有文物收藏单位是否按规定建立馆藏文物档案、管理制度，并将馆藏文物档案、管理制度报主管的文物主管部门备案。

（三）国有文物收藏单位是否有违法将馆藏文物赠与、出租或者出售给其他单位、个人，以及其他违法处置馆藏文物的行为。

(四)国有文物收藏单位是否有擅自从事馆藏文物的修复、复制、拓印、拍摄等活动。

第十条 对考古发掘工作的巡查:

(一)考古调查、勘探是否经省文物局同意;

(二)基本建设工程在施工前是否经考古调查、勘探;

(三)考古单位进行考古发掘是否履行法定报批手续。

第十一条 对文物市场的巡查:

(一)文物商店和拍卖文物的企业是否经过文物行政部门许可;

(二)经营和拍卖的文物是否经过审核,来源是否符合法律规定。

第十二条 其他依法需要进行的巡查。

第四章 文物行政执法巡查工作要求

第十三条 开展文物行政执法巡查工作,执法人员不得少于两人,执法人员需携带执法工具和执法文书,出示执法证件。

第十四条 有关文物管理部门、被巡查单位要配合文物行政执法巡查工作,并提供必要的资料。

第十五条 执法人员在巡查时,需填写山东省文物行政执法巡查登记表(见附件),拍摄、保存反映实际情况的照片、摄像资料,及时将发现问题及处理情况录入表格,做好被巡查单位的电子与纸质记录档案归档工作,一户一档。

第十六条 对在执法巡查中发现的问题,要及时向相关部门反馈(或通报),必要时发出整改通知书。制止、查处违法、违规行为,依法进行行政处罚,并依据《山东省文物违法事件、安全事故报告制度》的要求,及时向上级文物主管部门报告情况。依法应移送其他部门查处的案件,按有关规定做好移交工作。

对执法巡查中发现的突出违法、违规问题,重大安全隐患等,要重点加大巡查打击力度,监督责任单位落实整改措施,跟踪整改情况。

第五章 奖励与惩罚

第十七条 省文物局将于每年年终组织文物行政执法巡查工作评比,对认真履行文物行政执法巡查职责并取得显著成绩的单位和个人将给予精神及物质奖励,并在文物工作先进集体、先进个人及其他表彰奖励的评选和推荐中优先考虑。

对不按规定和要求开展文物行政执法巡查工作,或在巡查工作中消极应付、不认真履行相应职责的单位和个人,省文物局将取消其参加各项评先评优的资格;对玩忽职守,造成重大损失的,将依照有关规定追究相关单位和个人的责任。

第六章 附 则

第十八条 本办法由山东省文物局负责解释。

第十九条 本办法自公布之日起施行。

附件

山东省文物行政执法巡查登记表

文物行政执法机构：　　　　　　　　　　　　　　　　　　　　　　　　　　编号：

单位名称与级别		巡查人	
巡查日期			
发现的违法违规情况、安全隐患及处理意见			
文物行政部门负责人意见			
办理情况			

山东省文物局制

关于转发《国家文物局　公安部　海关总署　国家工商总局关于进一步加强文物经营活动管理工作的通知》的通知

（鲁文发〔2012〕290号）

各市文化广电新闻出版局、文物局、公安局、工商行政管理局、青岛海关各隶属海关、济南海关各隶属海关：

现将《国家文物局　公安部　海关总署　国家工商总局关于进一步加强文物经营活动管理工作的通知》转发给你们，并结合我省实际提出如下要求，请一并抓好贯彻落实。

一、开展调查摸底，依法审批文物商店

自2013年1月1日至3月31日，各级文物行政部门要会同工商行政管理部门，采取现场调查，统计、核对工商注册登记信息等方式，对本行政区域内可能涉及文物经营的古玩旧货市场（包括文化市场、旧货市场、艺术品市场、收藏品市场等）进行调查摸底，分别组织填写古玩旧货市场登记表、古玩旧货从业商户登记表和古玩旧货市场调查统计表，进行汇总整理，建立信息库，并实行动态管理。调查摸底中发现从事文物经营活动的商户，要督促其依照《文物保护法》第五十三条，《文物保护法实施条例》第三十九条、第四十条的规定，通过县（市、区）文物行政部门逐级报省文物局办理文物商店审批手续，并到工商行政管理部门办理营业执照变更手续。

二、建立联合日常监管机制，依法派员进驻市场

各级文物、公安、工商部门要采取建立文物经营活动管理联合办公室的形式，建立联合日常监管机制，明确职责分工，根据《山东省文物保护条例》第五十条第一款的规定进行监督检查。各级文物行政部门要结合本地实际，牵头建立文物市场巡查监管制度，根据《山东省文物保护条例》第五十条第二款的规定派员进驻市场，对涉嫌文物购销经营活动进行现场监管；根据《文物保护法》第五十六条的规定对文物商店销售的文物进行审核，并督促市场主办单位组织其中的文物商店，按照《文物保护法》第五十七条、《文物保护法实施条例》第四十三条的规定，对购买、销售的文物如实作出记录，并集中报当地文物行政部门备案。派员进驻市场可以采取在市场内单独设立联合办公室或依托市场所在辖区的工商所、市场内的工商管理办公室、警务室设立联合办公室等形式。

三、严厉打击非法经营、倒卖、走私文物等违法犯罪活动

各级文物、公安、工商、海关部门，要建立联合执法机制，整顿、规范古玩旧货市场中的文物经营活动，依法查处未经许可从事文物经营、买卖国家禁止买卖的文物等违法行为，严厉打击非法经营、倒卖、走私文物等犯罪活动。各级文物行政部门、公安机关要充分发挥打击防范文物犯罪联合办公室的作用，按照《关于转发〈公安部、国家文物局打击和防范文物犯罪联合长效工作机制〉的通知》（鲁文发〔2012〕258号）、《关于认真落实省领导重要批示精神进一步做好文物安全保护工作的通知》（鲁公发〔2012〕386号）要求，将古玩旧货市场管理、整治纳入联合办公室职责，联合工商、海关部门定期开展联合执法或专项行动。

四、加强宣传、培训，营造良好的文物经营秩序

各级文物、公安、工商、海关部门，要充分利用广播、电视、网络、报纸等媒体，在全社会深入宣传文物保护、文物经营管理的法律法规；在“法制宣传日”“文化遗产日”及其他节庆日期间，到古玩旧货市场、社区、广场开展丰富多彩普法宣传活动，普及文物经营常识；在开展文物经营活动管理工作的同时，要联合在古玩旧货市场的显著位置张贴公告，动员市场主办单位和经营商户积极配合工作开展；要联合开展古玩旧货市场经营管理人员培训，送政策、送服务，进一步提高从业人员的法律意识和专业知识水平。力争通过多种措施，营造良好的文物经营秩序。

各级文物、公安、工商、海关部门要高度重视文物经营活动管理工作，切实加强组织领导，制订工作方案，落实工作责任，明确时间要求，统一步调，加强配合，保质保量地完成各项工作任务。省文物局、省公安厅、省工商局、青岛海关、济南海关将适时派出联合督导组，对各地工作开展情况进行督导检查。请各地于2013年3月底前，将《古玩旧货市场调查统计表》和工作进展情况分别报省文物局等五部门；6月底前要全面完成本通知提出的各项任务，并于6月25日前将工作总结报省文物局等五部门。

山东省文物局　山东省公安厅
山东省工商行政管理局
青岛海关　济南海关
2012年12月18日

附件1

国家文物局　公安部　海关总署　国家工商总局
关于进一步加强文物经营活动管理工作的通知

文物博发〔2012〕8号

各省、自治区、直辖市文物局（文化厅），公安厅（局），海关总署广东分署、各直属海关，工商行政管理局：

《中华人民共和国文物保护法》及《中华人民共和国文物保护法实施条例》明确规定，文物属于限制流通的特殊商品，文物流通实行归口管理、许可经营的制度，符合《中华人民共和国文物保护法》第五十条规定的文物可以依法流通，国务院文物行政部门或省、自治区、直辖市人民政府文物行政部门批准设立的文物拍卖企业、文物商店可以依法从事文物的商业经营活动。近年来，各地不断出现古玩城、古董店、艺术品市场、收藏市场等古玩旧货市场，其中夹带文物经营活动。这些市场在满足群众日益增长、多样化的收藏需求方面发挥了一定的积极作用，但也存在着未取得文物经营许可、买卖出土文物等违法违规问题，引起了社会各界的广泛关注。为进一步加强古玩旧货市场中文物经营活动的管理工作，促进文物市场的健康发展，国家文物局、公安部、海关总署、国家工商总局现就有关事项通知如下：

一、充分认识加强古玩旧货市场中文物经营活动管理工作的重要意义

文物是不可再生的文化资源，保护文物是全社会的共同责任。加强古玩旧货市场中文物经营活动的管理工作，对于遏制文物违法犯罪活动，确保国有文物安全，保护消费者合法权益，促进文物市场的健康发展都具有十分重要的意义。各地文物、公安、海关、工商等部门要统一认识，从保护我国文化遗产、建设文化强国、维护市场秩序和群众利益的大局出发，高度重视古玩旧货市场中文物经营活动存在的问题，切实依法加强管理。要坚持严格管理与积极引导并举，规范秩序和促进发展并重，努力营造主体合法、经营有序、守信自律、健康繁荣的文物经营活动秩序。

二、加强古玩旧货市场中文物经营活动管理工作的主要任务和目标

（一）开展对古玩旧货市场中有关商户的文物经营资质审批工作。文物行政部门依照相关法律法规确立的文物商店审批条件和程序，对古玩旧货市场中经营文物的商户进行审批。

(二)建立古玩旧货市场中文物经营活动日常监管制度。文物、工商等部门依法对古玩旧货市场中文物经营活动进行检查,对其中未经许可开展的文物经营行为进行查处。文物行政部门依法对经批准设立的文物商店销售的文物进行审核,并对买卖国家禁止买卖的文物的行为进行处罚。

(三)加强对古玩旧货市场中文物经营活动的引导。文物行政部门督促市场主办单位组织其中的文物商店,按照有关规定对珍贵文物的购买销售作出如实记录,并集中报文物行政部门备案。

(四)建立多部门联合执法机制。整顿、规范古玩旧货市场中的文物经营活动。发现在古玩旧货市场中买卖盗窃、盗掘和走私文物等违法犯罪线索,移交公安或海关部门立案侦查。

(五)加强人员培训和法律宣传。文物行政部门有计划地开展针对古玩旧货市场管理人员和经营人员的培训,进一步提高其专业知识和法律意识。同时,联合相关部门在全社会深入宣传文物保护及相关法律法规,营造健康的文物市场整体环境。

通过上述规范引导措施,切实达到加强古玩旧货市场中文物经营活动管理、促进文物市场健康发展的目的,使古玩旧货市场真正成为推动文化产业发展和社会主义文化大发展大繁荣的积极力量。

三、加强古玩旧货市场中文物经营活动管理有关工作的时间安排

今明两年,加强古玩旧货市场中文物经营活动管理工作大致分为两个阶段:第一阶段,自本通知下发之日起至2012年12月底,重点推进古玩旧货市场中从事文物经营商户的资质审批工作;第二阶段,从2013年1月至2013年6月,全面完成本通知提出的各项任务。各地区要按照本通知的要求,分阶段认真做好检查总结工作,并向省、自治区、直辖市政府和国家文物局及有关部局汇报加强古玩旧货市场中文物经营活动管理工作的有关情况。

四、加强古玩旧货市场中文物经营活动管理工作的组织领导

加强古玩旧货市场中文物经营活动管理工作时间紧、任务重,各地文物、公安、海关、工商等部门要切实加强领导,建立起分工明确、密切协作的联合工作机制,认真制订工作方案,落实工作责任,明确时间要求,统一步调,协调动作,积极稳妥地推进本地区加强古玩旧货市场中文物经营活动管理的各项工作任务。

国家文物局　公安部　海关总署　国家工商总局

2012年7月31日

附件 2

古玩旧货市场登记表

填表单位:(市场盖章)

<table>
<tr><td>市场名称</td><td colspan="5"></td></tr>
<tr><td>审批机关</td><td colspan="5"></td></tr>
<tr><td>经营范围</td><td colspan="5"></td></tr>
<tr><td>经营地址</td><td colspan="5"></td></tr>
<tr><td>法定代表人</td><td colspan="2"></td><td colspan="2">联系电话</td><td></td></tr>
<tr><td>市场内商户数量</td><td colspan="2"></td><td colspan="2">市场内古玩旧货
从业商户数量</td><td></td></tr>
<tr><td>2011 年
营业额
(万元)</td><td></td><td>2011 年
净利润
(万元)</td><td></td><td>2011 年
纳税额
(万元)</td><td></td></tr>
<tr><td>2012 年
营业额
(万元)</td><td></td><td>2012 年
净利润
(万元)</td><td></td><td>2012 年
纳税额
(万元)</td><td></td></tr>
</table>

注:古玩旧货从业商户包括古玩店、古董店、艺术品店、收藏品店等。

附件 3

古玩旧货从业商户登记表

填表单位:(盖章或负责人签字)

商户名称			
审批机关			
经营范围			
经营地址			
法定代表人或负责人		联系电话	
2011 年古玩旧货交易数量(件)		2011 年营业额(万元)	
2011 年净利润(万元)		2011 年纳税额(万元)	
2012 年古玩旧货交易数量(件)		2012 年营业额(万元)	
2012 年净利润(万元)		2012 年纳税额(万元)	

注:古玩旧货从业商户包括古玩店、古董店、艺术品店、收藏品店等。

附件 4

古玩旧货市场调查统计表

填表单位:(有关行政部门盖章)

本辖区内古玩旧货市场数量		本辖区内古玩旧货从业商户数量	
2011 年古玩旧货交易数量(件)		2011 年古玩旧货经营活动营业额(万元)	
2011 年古玩旧货经营活动净利润(万元)		2011 年古玩旧货经营活动纳税额(万元)	
2012 年古玩旧货交易数量(件)		2012 年古玩旧货经营活动营业额(万元)	
2012 年古玩旧货经营活动净利润(万元)		2012 年古玩旧货经营活动纳税额(万元)	

注:1. 古玩旧货从业商户包括古玩店、古董店、艺术品店、收藏品店等。

2. 请将此表于 2013 年 3 月 30 前上报。

关于印发山东省文物局行政处罚裁量基准的通知

（鲁文执发〔2013〕3号）

各市文化广电新闻出版局、文物局：

为了规范行政处罚自由裁量权，推进依法行政，保护公民、法人和其他社会组织的合法权益，根据《中华人民共和国行政处罚法》、文物保护法律、法规、规章的规定，以及省法制办《关于做好行政处罚裁量基准制定和公布有关工作的通知》（鲁府法字〔2013〕42号）要求，结合我省文物工作实际，我局制定了《山东省文物局行政处罚裁量基准》。现印发给你们，请参照本基准制定、公布本市的文物行政处罚裁量基准，并指导县（市、区）做好行政处罚裁量基准的制定和公布工作。

本基准自2014年4月1日起施行，有效期至2019年3月31日。

山东省文物局

2013年11月30日

附件

山东省文物局行政处罚裁量基准

编号	违法行为	法律依据	阶次	违法情节	裁量标准
0001	擅自在文物保护单位的保护范围内进行建设工程或者爆破、钻探、挖掘等作业的	《中华人民共和国文物保护法》第六十六条第一款第一项：有下列行为之一，尚不构成犯罪的，由县级以上人民政府文物主管部门责令改正，造成严重后果的，处五万元以上五十万元以下的罚款；情节严重的，由原发证机关吊销资质证书：(一)擅自在文物保护单位的保护范围内进行建设工程或者爆破、钻探、挖掘等作业的	1	擅自在文物保护单位的保护范围内进行建设工程或者爆破、钻探、挖掘等作业，未破坏历史风貌和文物本体等情节	责令改正
			2	擅自在文物保护单位的保护范围内进行建设工程或者爆破、钻探、挖掘等作业，破坏历史风貌，尚未威胁文物安全等情节	责令改正，罚款五万元以上十万元以下
			3	擅自在文物保护单位的保护范围内进行建设工程或者爆破、钻探、挖掘等作业，破坏历史风貌，威胁文物安全等情节	责令改正，罚款十万元以上五十万元以下
			4	擅自在文物保护单位的保护范围内进行建设工程或者爆破、钻探、挖掘等作业，破坏文物本体，或抗拒执法、隐匿、销毁证据等情节	责令改正，罚款五十万元，由原发证机关吊销资质证书
0002	在文物保护单位的建设控制地带内进行建设工程，其工程设计方案未经文物行政部门同意、报城乡建设规划部门批准，对文物保护单位的历史风貌造成破坏的	《中华人民共和国文物保护法》第六十六条第一款第二项：有下列行为之一，尚不构成犯罪的，由县级以上人民政府文物主管部门责令改正，造成严重后果的，处五万元以上五十万元以下的罚款；情节严重的，由原发证机关吊销资质证书：(二)在文物保护单位的建设控制地带内进行建设工程，其工程设计方案未经文物行政部门同意、报城乡建设规划部门批准，对文物保护单位的历史风貌造成破坏的	1	工程设计方案未经文物行政部门同意、报城乡建设规划部门批准，破坏历史风貌较轻，可以立即恢复等情节	责令改正
			2	工程设计方案未经文物行政部门同意、报城乡建设规划部门批准，破坏历史风貌，可以限期恢复等情节	责令改正，罚款五万元以上十万元以下
			3	工程设计方案未经文物行政部门同意、报城乡建设规划部门批准，破坏历史风貌，部分无法恢复等情节	责令改正，罚款十万元以上五十万元以下
			4	工程设计方案未经文物行政部门同意、报城乡建设规划部门批准，破坏历史风貌，完全无法恢复，或抗拒执法、隐匿、销毁证据等情节	责令改正，罚款五十万元，由原发证机关吊销资质证书

续表

编号	违法行为	法律依据	阶次	违法情节	裁量标准
0003	擅自迁移、拆除不可移动文物的	《中华人民共和国文物保护法》第六十六条第一款第三项：有下列行为之一，尚不构成犯罪的，由县级以上人民政府文物主管部门责令改正，造成严重后果的，处五万元以上五十万元以下的罚款；情节严重的，由原发证机关吊销资质证书：（三）擅自迁移、拆除不可移动文物的	1	擅自迁移、拆除不可移动文物，文物破坏轻微，可以立即恢复原状等情节	责令改正
			2	擅自迁移、拆除不可移动文物，文物破坏较轻，可以限期恢复原状等情节	责令改正，罚款五万元以上十万元以下
			3	擅自迁移、拆除不可移动文物，文物破坏较重，不能完全恢复原状等情节	责令改正，罚款十万元以上五十万元以下
			4	擅自迁移、拆除不可移动文物，文物破坏严重，无法恢复原状，或抗拒执法、隐匿、销毁证据等情节	责令改正，罚款五十万元，由原发证机关吊销资质证书
0004	擅自修缮不可移动文物，明显改变文物原状的	《中华人民共和国文物保护法》第六十六条第一款第四项：有下列行为之一，尚不构成犯罪的，由县级以上人民政府文物主管部门责令改正，造成严重后果的，处五万元以上五十万元以下的罚款；情节严重的，由原发证机关吊销资质证书：（四）擅自修缮不可移动文物，明显改变文物原状的	1	擅自迁移、拆除不可移动文物，明显改变文物原状，但可以立即恢复等情节	责令改正
			2	擅自修缮不可移动文物，明显改变文物原状，但可以限期恢复等情节	责令改正，罚款五万元以上十万元以下
			3	擅自修缮不可移动文物，明显改变文物原状，不能完全恢复等情节	责令改正，罚款十万元以上五十万元以下
			4	擅自修缮不可移动文物，明显改变文物原状，无法恢复，或抗拒执法、隐匿、销毁证据等情节	责令改正，罚款五十万元，由原发证机关吊销资质证书

续表

编号	违法行为	法律依据	阶次	违法情节	裁量标准
0005	擅自在原址重建已全部毁坏的不可移动文物,造成文物破坏的	《中华人民共和国文物保护法》第六十六条第一款第五项:有下列行为之一,尚不构成犯罪的,由县级以上人民政府文物主管部门责令改正,造成严重后果的,处五万元以上五十万元以下的罚款;情节严重的,由原发证机关吊销资质证书:(五)擅自在原址重建已全部毁坏的不可移动文物,造成文物破坏的	1	擅自在原址重建已全部毁坏的不可移动文物,文物破坏轻微,可以立即恢复原状等情节	责令改正
			2	擅自在原址重建已全部毁坏的不可移动文物,文物破坏较轻,可以限期恢复原状等情节	责令改正,罚款五万元以上十万元以下
			3	擅自在原址重建已全部毁坏的不可移动文物,文物破坏较重,不能完全恢复原状等情节	责令改正,罚款十万元以上五十万元以下
			4	擅自在原址重建已全部毁坏的不可移动文物,文物破坏严重,无法恢复原状,或抗拒执法、隐匿、销毁证据等情节	责令改正,罚款五十万元,由原发证机关吊销资质证书
0006	施工单位未取得文物保护工程资质证书,擅自从事文物修缮、迁移、重建的	《中华人民共和国文物保护法》第六十六条第一款第六项:有下列行为之一,尚不构成犯罪的,由县级以上人民政府文物主管部门责令改正,造成严重后果的,处五万元以上五十万元以下的罚款;情节严重的,由原发证机关吊销资质证书:(六)施工单位未取得文物保护工程资质证书,擅自从事文物修缮、迁移、重建的	1	未取得相应级别的资质证书,擅自从事文物修缮、迁移、重建,尚未破坏文物等情节	责令改正
			2	未取得相应级别的资质证书,擅自从事文物修缮、迁移、重建,造成文物破坏,但可以恢复原状等情节	责令改正,罚款五万元以上十万元以下
			3	未取得相应级别的资质证书,擅自从事文物修缮、迁移、重建,造成文物破坏,不能全部恢复原状,或两次擅自从事文物保护工程等情节	责令改正,罚款十万元以上五十万元以下
			4	未取得相应级别的资质证书,擅自从事文物修缮、迁移、重建,造成文物破坏,无法恢复原状或两次以上擅自从事文物保护工程,或抗拒执法、隐匿、销毁证据等情节	责令改正,罚款五十万元,由原发证机关吊销资质证书

续表

编号	违法行为	法律依据	阶次	违法情节	裁量标准
0007	转让或者抵押国有不可移动文物，或者将国有不可移动文物作为企业资产经营的	《中华人民共和国文物保护法》第六十八条第一项：有下列行为之一的，由县级以上人民政府文物主管部门责令改正，没收违法所得，违法所得一万元以上的，并处违法所得二倍以上五倍以下的罚款；违法所得不足一万元的，并处五千元以上二万元以下的罚款：(一)转让或者抵押国有不可移动文物，或者将国有不可移动文物作为企业资产经营的	1	转让或者抵押国有不可移动文物，或者将国有不可移动文物作为企业资产经营，违法所得五千元以下等情节	责令改正，没收违法所得，并处五千元以上一万元以下罚款
			2	转让或者抵押国有不可移动文物，或者将国有不可移动文物作为企业资产经营，违法所得五千元以上一万元以下等情节	责令改正，没收违法所得，并处一万元以上二万元以下罚款
			3	转让或者抵押国有不可移动文物，或者将国有不可移动文物作为企业资产经营，违法所得一万元以上五万元以下等情节	责令改正，没收违法所得，并处违法所得二倍以上五倍以下罚款
			4	转让或者抵押国有不可移动文物，或者将国有不可移动文物作为企业资产经营，违法所得五万元以上，或抗拒执法、隐匿、销毁证据等情节	责令改正，没收违法所得，并处违法所得五倍罚款
0008	将非国有不可移动文物转让或者抵押给外国人的	《中华人民共和国文物保护法》第六十八条第二项：有下列行为之一的，由县级以上人民政府文物主管部门责令改正，没收违法所得，违法所得一万元以上的，并处违法所得二倍以上五倍以下的罚款；违法所得不足一万元的，并处五千元以上二万元以下的罚款：(二)将非国有不可移动文物转让或者抵押给外国人的	1	转让或者抵押国有不可移动文物，或者将国有不可移动文物作为企业资产经营，违法所得五千元以下等情节	责令改正，没收违法所得，并处五千元以上一万元以下罚款
			2	将非国有不可移动文物转让或者抵押给外国人，违法所得五千元以上一万元以下等情节	责令改正，没收违法所得，并处一万元以上二万元以下罚款
			3	将非国有不可移动文物转让或者抵押给外国人，违法所得一万元以上五万元以下等情节	责令改正，没收违法所得，并处违法所得二倍以上五倍以下罚款
			4	将非国有不可移动文物转让或者抵押给外国人，违法所得五万元以上，或抗拒执法、隐匿、销毁证据等情节	责令改正，没收违法所得，并处违法所得五倍罚款

续表

编号	违法行为	法律依据	阶次	违法情节	裁量标准
0009	擅自改变国有文物保护单位的用途的	《中华人民共和国文物保护法》第六十八条第三项：有下列行为之一的，由县级以上人民政府文物主管部门责令改正，没收违法所得，违法所得一万元以上的，并处违法所得二倍以上五倍以下的罚款；违法所得不足一万元的，并处五千元以上二万元以下的罚款：(三)擅自改变国有文物保护单位的用途的	1	擅自改变国有文物保护单位的用途，违法所得五千元以下等轻微情节	责令改正，没收违法所得，并处五千元以上一万元以下罚款
			2	擅自改变国有文物保护单位的用途，违法所得五千元以上一万元以下等情节	责令改正，没收违法所得，并处一万元以上二万元以下罚款
			3	擅自改变国有文物保护单位的用途，违法所得一万元以上五万元以下等情节	责令改正，没收违法所得，并处违法所得二倍以上五倍以下罚款
			4	擅自改变国有文物保护单位的用途，违法所得五万元以上，或抗拒执法、隐匿、销毁证据等情节	责令改正，没收违法所得，并处违法所得五倍罚款
0010	文物收藏单位未按照国家有关规定配备防火、防盗、防自然损坏的设施的	《中华人民共和国文物保护法》第七十条第一项：有下列行为之一，尚不构成犯罪的，由县级以上人民政府文物主管部门责令改正，可以并处二万元以下的罚款，有违法所得的，没收违法所得：(一)文物收藏单位未按照国家有关规定配备防火、防盗、防自然损坏的设施的	1	文物收藏单位未按照国家有关规定配备防火、防盗、防自然损坏的设施，未造成文物损失等情节	责令改正
			2	文物收藏单位未按照国家有关规定配备防火、防盗、防自然损坏的设施，未造成文物损失，但整改不到位等情节	责令改正，罚款五千元以下
			3	文物收藏单位未按照国家有关规定配备防火、防盗、防自然损坏的设施，造成文物损失等情节	责令改正，罚款五千元以上二万元以下
			4	文物收藏单位未按照国家有关规定配备防火、防盗、防自然损坏的设施，造成无法挽回损失，或抗拒执法、隐匿、销毁证据等情节	责令改正，罚款二万元

续表

编号	违法行为	法律依据	阶次	违法情节	裁量标准
0011	国有文物收藏单位法定代表人离任时未按照馆藏文物档案移交馆藏文物，或者所移交的馆藏文物与馆藏文物档案不符的	《中华人民共和国文物保护法》第七十条第二项：有下列行为之一，尚不构成犯罪的，由县级以上人民政府文物主管部门责令改正，可以并处二万元以下的罚款，有违法所得的，没收违法所得：（二）国有文物收藏单位法定代表人离任时未按照馆藏文物档案移交馆藏文物，或者所移交的馆藏文物与馆藏文物档案不符的	1	国有文物收藏单位法定代表人离任时未按照馆藏文物档案移交馆藏文物，或者所移交的馆藏文物与馆藏文物档案不符，未取得违法所得，且立即移交等情节	责令改正
			2	国有文物收藏单位法定代表人离任时未按照馆藏文物档案移交馆藏文物，或者所移交的馆藏文物与馆藏文物档案不符，取得违法所得二千元以下等情节	责令改正，没收违法所得，罚款五千元以上，一万元以下
			3	国有文物收藏单位法定代表人离任时未按照馆藏文物档案移交馆藏文物，或者所移交的馆藏文物与馆藏文物档案不符，取得违法所得二千元以上五千元以下等情节	责令改正，没收违法所得，罚款一万元以上，二万元以下
			4	国有文物收藏单位法定代表人离任时未按照馆藏文物档案移交馆藏文物，或者所移交的馆藏文物与馆藏文物档案不符，取得违法所得五千元以上，或抗拒执法、隐匿、销毁证据等情节	责令改正，没收违法所得，罚款二万元
0012	将国有馆藏文物赠与、出租或者出售给其他单位、个人的	《中华人民共和国文物保护法》第七十条第三项：有下列行为之一，尚不构成犯罪的，由县级以上人民政府文物主管部门责令改正，可以并处二万元以下的罚款，有违法所得的，没收违法所得：（三）将国有馆藏文物赠与、出租或者出售给其他单位、个人的	1	将国有馆藏文物赠与、出租或者出售给其他单位、个人，能立即追回等情节	责令改正，没收违法所得
			2	将国有馆藏文物赠与、出租或者出售给其他单位、个人，取得违法所得二千元以下等情节	责令改正，没收违法所得，罚款五千元以上，一万元以下
			3	将国有馆藏文物赠与、出租或者出售给其他单位、个人，取得违法所得二千元以上五千元以下等情节	责令改正，没收违法所得，罚款一万元以上，二万元以下
			4	将国有馆藏文物赠与、出租或者出售给其他单位、个人，取得违法所得五千元以上，或抗拒执法、隐匿、销毁证据等情节	责令改正，没收违法所得，罚款二万元

续表

编号	违法行为	法律依据	阶次	违法情节	裁量标准
0013	违法借用、交换、处置国有馆藏文物的	《中华人民共和国文物保护法》第七十条第四项:有下列行为之一,尚不构成犯罪的,由县级以上人民政府文物主管部门责令改正,可以并处二万元以下的罚款,有违法所得的,没收违法所得:(四)违反本法第四十条、第四十一条、第四十五条规定处置国有馆藏文物的	1	违法处置国有馆藏文物,且立即追回等情节	责令改正,没收违法所得
			2	违法处置国有馆藏文物,取得违法所得二千元以下等情节	责令改正,没收违法所得,罚款五千元以上,一万元以下
			3	违法处置国有馆藏文物,取得违法所得二千元以上五千元以下等情节	责令改正,没收违法所得,罚款一万元以上,二万元以下
			4	违法处置国有馆藏文物,取得违法所得五千元以上,或抗拒执法、隐匿、销毁证据等情节	责令改正,没收违法所得,罚款二万元
0014	违法挪用或者侵占依法调拨、交换、出借文物所得补偿费用的	《中华人民共和国文物保护法》第七十条第五项:有下列行为之一,尚不构成犯罪的,由县级以上人民政府文物主管部门责令改正,可以并处二万元以下的罚款,有违法所得的,没收违法所得:(五)违反本法第四十三条规定挪用或者侵占依法调拨、交换、出借文物所得补偿费用的	1	挪用或侵占一千元以下等情节	责令改正,没收违法所得
			2	挪用或侵占一千元以上二千元以下等情节	责令改正,没收违法所得,罚款五千元以上,一万元以下
			3	挪用或侵占二千元以上三千元以下等情节	责令改正,没收违法所得,罚款一万元以上,二万元以下
			4	挪用或侵占三千元以上五千元以下,或抗拒执法、隐匿、销毁证据等情节	责令改正,没收违法所得,罚款二万元

续表

编号	违法行为	法律依据	阶次	违法情节	裁量标准
0015	买卖国家禁止买卖的文物或者将禁止出境的文物转让、出租、质押给外国人的	《中华人民共和国文物保护法》第七十一条：买卖国家禁止买卖的文物或者将禁止出境的文物转让、出租、质押给外国人，尚不构成犯罪的，由县级以上人民政府文物主管部门责令改正，没收违法所得，违法经营额一万元以上的，并处违法经营额二倍以上五倍以下的罚款；违法经营额不足一万元的，并处五千元以上二万元以下的罚款	1	买卖国家禁止买卖的文物或者将禁止出境的文物转让、出租、质押给外国人，违法所得三千元以下等情节	责令改正，没收违法所得，并处五千元以上一万元以下罚款
			2	买卖国家禁止买卖的文物或者将禁止出境的文物转让、出租、质押给外国人，违法所得三千元以上一万元以下等情节	责令改正，没收违法所得，并处一万元以上二万元以下罚款
			3	买卖国家禁止买卖的文物或者将禁止出境的文物转让、出租、质押给外国人，违法所得	责令改正，没收违法所得，并处违法所得二倍以上五倍以下一万元以上三万元以下等情节罚款
			4	买卖国家禁止买卖的文物或者将禁止出境的文物转让、出租、质押给外国人，违法所得三万元以上，或抗拒执法、隐匿、销毁证据等情节	责令改正，没收违法所得，并处违法所得五倍罚款
0016	发现文物隐匿不报或者拒不上交的	《中华人民共和国文物保护法》第七十四条第一项：有下列行为之一，尚不构成犯罪的，由县级以上人民政府文物主管部门会同公安机关追缴文物；情节严重的，处五千元以上五万元以下的罚款：(一)发现文物隐匿不报或者拒不上交的	1	发现一件文物隐匿不报或者拒不上交，或造成一件文物损失、流失等情节	罚款五千元以上一万元以下
			2	发现一件以上三件以下文物隐匿不报或者拒不上交，或造成一件以上三件以下文物损失、流失等情节	罚款一万元以上三万元以下
			3	发现三件以上五件以下文物拒不上交，或造成三件以上五件以下文物损失、流失等情节	罚款三万元以上五万元以下
			4	发现五件以上文物拒不上交，或造成五件以上文物损失、流失，或抗拒执法、隐匿、销毁证据等情节	罚款五万元

续表

编号	违法行为	法律依据	阶次	违法情节	裁量标准
0017	未按照规定移交拣选文物的	《中华人民共和国文物保护法》第七十四条第二项:有下列行为之一,尚不构成犯罪的,由县级以上人民政府文物主管部门会同公安机关追缴文物;情节严重的,处五千元以上五万元以下的罚款:(二)未按照规定移交拣选文物的	1	未按照规定移交一件拣选文物等情节	罚款五千元以上一万元以下
			2	未按照规定移交一件以上三件以下拣选文物等情节	罚款一万元以上三万元以下
			3	未按照规定移交三件以上五件以下拣选文物等情节	罚款三万元以上五万元以下
			4	未按照规定移交五件以上拣选文物,或抗拒执法、隐匿、销毁证据等情节	罚款五万元
0018	未取得相应等级的文物保护工程资质证书,擅自承担文物保护单位的修缮、迁移、重建工程的	《中华人民共和国文物保护法实施条例》第五十五条第一款:违反本条例规定,未取得相应等级的文物保护工程资质证书,擅自承担文物保护单位的修缮、迁移、重建工程的,由文物行政主管部门责令限期改正;逾期不改正,或者造成严重后果的,处5万元以上50万元以下的罚款;构成犯罪的,依法追究刑事责任	1	未取得相应等级的文物保护工程资质证书,擅自承担文物保护单位的修缮、迁移、重建工程的,尚未破坏文物等情节	责令限期改正
			2	未取得相应等级的文物保护工程资质证书,擅自承担文物保护单位的修缮、迁移、重建工程,逾期不改正或造成文物破坏,但可以恢复原状等情节	罚款五万元以上十万元以下
			3	未取得相应级别的资质证书,逾期不改正且造成文物破坏,不能全部恢复原状等情节	罚款十万元以上五十万元以下
			4	未取得相应级别的资质证书,逾期不改正且造成文物破坏,无法恢复原状,或抗拒执法、隐匿、销毁证据等情节	罚款五十万元
0019	未取得资质证书,擅自从事馆藏文物的修复、复制、拓印活动的	《中华人民共和国文物保护法实施条例》第五十六条:违反本条例规定,未取得资质证书,擅自从事馆藏文物的修复、复制、拓印活动的,由文物行政主管部门责令停止违法活动;没收违法所得和从事违法活动的专用工具、设备;造成严重后果的,并处1万元以上10万元以下的罚款;构成犯罪的,依法追究刑事责任	1	未取得资质证书,擅自从事馆藏文物的修复、复制、拓印活动,未造成文物损失等情节	责令改正,没收违法所得和工具、设备
			2	未取得资质证书,擅自从事馆藏文物的修复、复制、拓印活动,造成文物损失的,可以修复等情节	责令改正,没收违法所得和工具、设备,并处罚款一万元以上五万元以下
			3	未取得资质证书,擅自从事馆藏文物的修复、复制、拓印活动,造成文物损失,不能完全修复等情节	责令改正,没收违法所得和工具、设备,并处罚款五万元以上十万元以下
			4	多次从事该活动,造成文物损失,无法修复,或抗拒执法、隐匿、销毁证据等情节	责令改正,没收违法所得和工具、设备,并处十万元罚款

续表

编号	违法行为	法律依据	阶次	违法情节	裁量标准
0020	未经批准擅自修复、复制、拓印、拍摄馆藏珍贵文物的	《中华人民共和国文物保护法实施条例》第五十八条：违反本条例规定，未经批准擅自修复、复制、拓印、拍摄馆藏珍贵文物的，由文物行政主管部门给予警告；造成严重后果的，处2000元以上2万元以下的罚款；对负有责任的主管人员和其他直接责任人员依法给予行政处分	1	未经批准擅自修复、复制、拓印、拍摄馆藏珍贵文物，未造成文物损失等情节	警告
			2	未经批准擅自修复、复制、拓印、拍摄馆藏珍贵文物，造成文物损失的，可以修复的	罚款二千元以上一万元以下
			3	未经批准擅自修复、复制、拓印、拍摄馆藏珍贵文物，造成文物损失，不能完全修复等情节	罚款一万元以上二万元以下
			4	未经批准擅自修复、复制、拓印、拍摄馆藏珍贵文物，造成文物损失，无法修复，或抗拒执法、隐匿、销毁证据等情节	罚款二万元
0021	在禁止工程建设的长城段落的保护范围内进行工程建设的	《长城保护条例》第二十五条第一项：违反本条例规定，有下列情形之一的，依照文物保护法第六十六条的规定责令改正，造成严重后果的，处5万元以上50万元以下的罚款；情节严重的，由原发证机关吊销资质证书：（一）在禁止工程建设的长城段落的保护范围内进行工程建设的	1	在禁止工程建设的长城段落的保护范围内进行工程建设，未破坏历史风貌和长城本体等情节	责令改正
			2	在禁止工程建设的长城段落的保护范围内进行工程建设，破坏历史风貌，尚未威胁文物安全等情节	责令改正，罚款五万元以上十万元以下
			3	在禁止工程建设的长城段落的保护范围内进行工程建设，破坏历史风貌，威胁文物安全等情节	责令改正，罚款十万元以上五十万元以下
			4	在禁止工程建设的长城段落的保护范围内进行工程建设，破坏文物本体，或抗拒执法、隐匿、销毁证据等情节	责令改正，罚款五十万元，由原发证机关吊销资质证书

续表

编号	违法行为	法律依据	阶次	违法情节	裁量标准
0022	在长城的保护范围或者建设控制地带内进行工程建设，未依法报批的	《长城保护条例》第二十五条第二项：违反本条例规定，有下列情形之一的，依照文物保护法第六十六条的规定责令改正，造成严重后果的，处 5 万元以上 50 万元以下的罚款；情节严重的，由原发证机关吊销资质证书：（二）在长城的保护范围或者建设控制地带内进行工程建设，未依法报批的	1	在长城的保护范围或者建设控制地带内进行工程建设，未依法报批，破坏历史风貌较轻，可以立即恢复等情节	责令改正
			2	在长城的保护范围或者建设控制地带内进行工程建设，未依法报批，破坏历史风貌，可以限期恢复等情节	责令改正，罚款五万元以上十万元以下
			3	在长城的保护范围或者建设控制地带内进行工程建设，未依法报批，破坏历史风貌，无法全部恢复等情节	责令改正，罚款十万元以上五十万元以下
			4	破坏历史风貌，完全无法恢复，或抗拒执法、隐匿、销毁证据等情节	责令改正，罚款五十万元，由原发证机关吊销资质证书
0023	未采取规定的方式进行工程建设，或者因工程建设拆除、穿越、迁移长城的	《长城保护条例》第二十五条第三项：违反本条例规定，有下列情形之一的，依照文物保护法第六十六条的规定责令改正，造成严重后果的，处 5 万元以上 50 万元以下的罚款；情节严重的，由原发证机关吊销资质证书：（三）未采取本条例规定的方式进行工程建设，或者因工程建设拆除、穿越、迁移长城的	1	未按规定方式进行工程建设，未破坏历史风貌和长城本体等情节	责令改正
			2	未按规定方式进行工程建设，破坏历史风貌，尚未威胁文物安全等情节	责令改正，罚款五万元以上十万元以下
			3	未按规定方式进行工程建设，破坏历史风貌，威胁文物安全等情节	责令改正，罚款十万元以上五十万元以下
			4	因工程建设拆除、穿越、迁移长城，或抗拒执法、隐匿、销毁证据等情节	责令改正，罚款五十万元，由原发证机关吊销资质证书
0024	将不符合规定条件的长城段落辟为参观游览区的	《长城保护条例》第二十六条第一款：将不符合本条例规定条件的长城段落辟为参观游览区的，由省级以上人民政府文物主管部门按照职权划分依法取缔，没收违法所得；造成长城损坏的，处 5 万元以上 50 万元以下的罚款	1	将不符合规定条件的长城段落辟为参观游览区，未造成长城损坏等情节	责令改正，没收违法所得
			2	将不符合规定条件的长城段落辟为参观游览区，造成长城轻微损坏，可以恢复等情节	责令改正，没收违法所得，罚款五万元以上十万元以下
			3	将不符合规定条件的长城段落辟为参观游览区，造成长城损坏，无法全部恢复等情节	责令改正，没收违法所得，罚款十万元以上五十万元以下
			4	将不符合规定条件的长城段落辟为参观游览区，造成长城损坏，完全无法恢复，或抗拒执法、隐匿、销毁证据等情节	责令改正，没收违法所得，罚款五十万元

续表

编号	违法行为	法律依据	阶次	违法情节	裁量标准
0025	将长城段落辟为参观游览区未按照本条例规定备案的	《长城保护条例》第二十六条第二款：将长城段落辟为参观游览区未按照本条例规定备案的，由省级以上人民政府文物主管部门按照职权划分责令限期改正，逾期不改正的，依照前款规定处罚	1	将长城段落辟为参观游览区未按照本条例规定备案等情节	责令改正，没收违法所得
			2	将长城段落辟为参观游览区未按照本条例规定备案，不立即改正等情节	责令改正，没收违法所得，罚款五万元以上十万元以下
			3	将长城段落辟为参观游览区未按照本条例规定备案，超过一个月未改正等情节	责令改正，没收违法所得，罚款十万元以上五十万元以下
			4	将长城段落辟为参观游览区未按照本条例规定备案，超过三个月未改正，或抗拒执法、隐匿、销毁证据等情节	责令改正，没收违法所得，罚款五十万元
0026	在参观游览区内设置的服务项目不符合长城保护总体规划要求的	在参观游览区内设置的服务项目不符合长城保护总体规划要求的，由县级人民政府文物主管部门责令改正，没收违法所得	1	在参观游览区内设置的服务项目不符合长城保护总体规划要求等情节	责令改正，没收违法所得
0027	在长城上架设、安装与长城保护无关的设施、设备的	《长城保护条例》第二十七条第一项：违反本条例规定，有下列情形之一的，由县级人民政府文物主管部门责令改正，造成严重后果的，对个人处 1 万元以上 5 万元以下的罚款，对单位处 5 万元以上 50 万元以下的罚款：(一)在长城上架设、安装与长城保护无关的设施、设备的	1	在长城上架设、安装与长城保护无关的设施、设备，破坏长城，可以立即恢复原状等情节	责令改正
			2	在长城上架设、安装与长城保护无关的设施、设备，破坏长城，可以限期恢复原状等情节	责令改正，对个人罚款一万元以上三万元以下，对单位罚款五万元以上十万元以下
			3	在长城上架设、安装与长城保护无关的设施、设备，破坏长城，不能完全恢复原状等情节	责令改正，对个人罚款三万元以上五万元以下，对单位罚款十万元以上五十万元以下
			4	在长城上架设、安装与长城保护无关的设施、设备，破坏长城，无法恢复原状，或抗拒执法、隐匿、销毁证据等情节	责令改正，对个人罚款五万元，对单位罚款五十万元

续表

编号	违法行为	法律依据	阶次	违法情节	裁量标准
0028	在长城上驾驶交通工具，或者利用交通工具等跨越长城的	《长城保护条例》第二十七条第二项：违反本条例规定，有下列情形之一的，由县级人民政府文物主管部门责令改正，造成严重后果的，对个人处1万元以上5万元以下的罚款，对单位处5万元以上50万元以下的罚款：(二)在长城上驾驶交通工具，或者利用交通工具等跨越长城的	1	在长城上驾驶交通工具，或者利用交通工具等跨越长城，破坏长城，可以立即恢复原状等情节	责令改正
			2	在长城上驾驶交通工具，或者利用交通工具等跨越长城，破坏长城，可以限期恢复原状等情节	责令改正，对个人罚款一万元以上三万元以下，对单位罚款五万元以上十万元以下
			3	在长城上驾驶交通工具，或者利用交通工具等跨越长城，破坏长城，不能完全恢复原状等情节	责令改正，对个人罚款三万元以上五万元以下，对单位罚款十万元以上五十万元以下
			4	在长城上驾驶交通工具，或者利用交通工具等跨越长城，破坏长城，无法恢复原状，或抗拒执法、隐匿、销毁证据等情节	责令改正，对个人罚款五万元，对单位罚款五十万元
0029	在长城上展示可能损坏长城的器具的	《长城保护条例》第二十七条第三项：违反本条例规定，有下列情形之一的，由县级人民政府文物主管部门责令改正，造成严重后果的，对个人处1万元以上5万元以下的罚款，对单位处5万元以上50万元以下的罚款：(三)在长城上展示可能损坏长城的器具的	1	在长城上展示可能损坏长城的器具，破坏长城，可以立即恢复原状等情节	责令改正
			2	在长城上展示可能损坏长城的器具，破坏长城，可以限期恢复原状等情节	责令改正，对个人罚款一万元以上三万元以下，对单位罚款五万元以上十万元以下
			3	在长城上展示可能损坏长城的器具，破坏长城，不能完全恢复原状等情节	责令改正，对个人罚款三万元以上五万元以下，对单位罚款十万元以上五十万元以下
			4	在长城上展示可能损坏长城的器具，破坏长城，无法恢复原状，或抗拒执法、隐匿、销毁证据等情节	责令改正，对个人罚款五万元，对单位罚款五十万元

续表

编号	违法行为	法律依据	阶次	违法情节	裁量标准
0030	在长城参观游览区接待游客超过旅游容量指标的	《长城保护条例》第二十七条第四项：违反本条例规定，有下列情形之一的，由县级人民政府文物主管部门责令改正，造成严重后果的，对个人处 1 万元以上 5 万元以下的罚款，对单位处 5 万元以上 50 万元以下的罚款：(四)在参观游览区接待游客超过旅游容量指标的	1	在参观游览区接待游客超过旅游容量指标，未破坏长城或破坏长城，可以立即恢复原状等情节	责令改正
			2	在参观游览区接待游客超过旅游容量指标，破坏长城，可以限期恢复原状等情节	责令改正，对个人罚款一万元以上三万元以下，对单位罚款五万元以上十万元以下
			3	在参观游览区接待游客超过旅游容量指标，破坏长城，不能完全恢复原状等情节	责令改正，对个人罚款三万元以上五万元以下，对单位罚款十万元以上五十万元以下
			4	在参观游览区接待游客超过旅游容量指标，破坏长城，无法恢复原状，或抗拒执法、隐匿、销毁证据等情节	责令改正，对个人罚款五万元，对单位罚款五十万元
0031	在长城上取土、取砖(石)或者种植作物的	《长城保护条例》第二十八条第一项：违反本条例规定，有下列情形之一的，由县级人民政府文物主管部门责令改正，给予警告；情节严重的，对个人并处 1000 元以上 5000 元以下的罚款，对单位并处 1 万元以上 5 万元以下的罚款：(一)在长城上取土、取砖(石)或者种植作物的	1	在长城上取土、取砖(石)或者种植作物，破坏长城，可以立即恢复原状等情节	责令改正，警告
			2	在长城上取土、取砖(石)或者种植作物，破坏长城，可以限期恢复原状等情节	责令改正，对个人罚款一千元以上三千元以下，对单位罚款一万元以上三万元以下
			3	在长城上取土、取砖(石)或者种植作物，破坏长城，不能完全恢复原状等情节	责令改正，对个人罚款三千元以上五千元以下，对单位罚款三万元以上五万元以下
			4	在长城上取土、取砖(石)或者种植作物，破坏长城，无法恢复原状，或抗拒执法、隐匿、销毁证据等情节	责令改正，对个人罚款五千元，对单位罚款五万元

续表

编号	违法行为	法律依据	阶次	违法情节	裁量标准
0032	有组织地在未辟为参观游览区的长城段落举行活动的	《长城保护条例》第二十八条第二项：违反本条例规定，有下列情形之一的，由县级人民政府文物主管部门责令改正，给予警告；情节严重的，对个人并处1000元以上5000元以下的罚款，对单位并处1万元以上5万元以下的罚款：(二)有组织地在未辟为参观游览区的长城段落举行活动的	1	有组织地在未辟为参观游览区的长城段落举行活动，未破坏长城或破坏长城，可以立即恢复原状等情节	责令改正，警告
			2	有组织地在未辟为参观游览区的长城段落举行活动，破坏长城，可以限期恢复原状等情节	责令改正，对个人罚款一千元以上三千元以下，对单位罚款一万元以上三万元以下
			3	有组织地在未辟为参观游览区的长城段落举行活动，破坏长城，不能完全恢复原状等情节	责令改正，对个人罚款三千元以上五千元以下，对单位罚款三万元以上五万元以下
			4	有组织地在未辟为参观游览区的长城段落举行活动，破坏长城，无法恢复原状，或抗拒执法、隐匿、销毁证据等情节	责令改正，对个人罚款五千元，对单位罚款五万元
0033	对社会开放的文物保护单位和有文物保护单位的参观游览场所，其管理部门破坏性使用文物保护单位文物的	《山东省历史文化名城保护条例》第四十二条：违反本条例第二十九条第一款规定，破坏性使用文物保护单位文物的，由文物行政管理部门责令其停止使用，赔偿损失，并可处以二万元以下的罚款	1	破坏性使用文物保护单位文物，可以立即恢复原状等情节	警告，责令改正
			2	破坏性使用文物保护单位文物，可以限期恢复原状等情节	责令改正，并处罚款五千元以下
			3	破坏性使用文物保护单位文物，不能完全恢复原状等情节	责令改正，并处罚款五千元以上二万元以下
			4	破坏性使用文物保护单位文物，无法恢复原状，或抗拒执法、隐匿、销毁证据等情节	责令改正，并处罚款二万元
0034	在风景名胜区损坏文物古迹的	《山东省风景名胜区管理条例》第四十五条：违反本条例第二十三条第二项至第八项规定的，由风景名胜区管理机构或者其他有关部门责令停止违法行为，限期恢复原状，可并处五万元以下罚款；造成风景名胜资源损害的，依法予以赔偿	1	在风景名胜区损坏文物古迹，可以立即恢复原状等情节	责令改正
			2	在风景名胜区损坏文物古迹，可以限期恢复原状等情节	责令改正，并处罚款一万元以下
			3	在风景名胜区损坏文物古迹，不能完全恢复原状等情节	责令改正，并处罚款一万元以上五万元以下
			4	在风景名胜区损坏文物古迹，无法恢复原状，或抗拒执法、隐匿、销毁证据等情节	责令改正，并处罚款五万元

续表

编号	违法行为	法律依据	阶次	违法情节	裁量标准
0035	未征求文物行政部门的意见，在地上、地下文物丰富的地段进行基本建设工程的	《山东省文物保护条例》第五十二条第一项：违反本条例规定，有下列行为之一的，由县级以上人民政府文物行政部门责令改正，并处五万元以上二十万元以下的罚款；造成文物损毁等严重后果的，处二十万元以上一百万元以下的罚款：(一)未征求文物行政部门的意见，在地上、地下文物丰富的地段进行基本建设工程的	1	未征求文物行政部门的意见，在地上、地下文物丰富的地段进行基本建设工程，未造成文物损毁等情节	责令改正，并处罚款五万元以上二十万元以下
			2	未征求文物行政部门的意见，在地上、地下文物丰富的地段进行基本建设工程，造成文物损毁，可以限期恢复原状等情节	责令改正，并处罚款二十万元以上五十万元以下
			3	未征求文物行政部门的意见，在地上、地下文物丰富的地段进行基本建设工程，造成文物损毁，不能完全恢复原状等情节	责令改正，并处罚款五十万元以上一百万元以下
			4	未征求文物行政部门的意见，在地上、地下文物丰富的地段进行基本建设工程，造成文物损毁，无法恢复原状，或抗拒执法、隐匿、销毁证据等情节	责令改正，并处罚款一百万元
0036	未经考古调查、勘探，擅自进行占地二万平方米以上的大型基本建设工程或者在地下文物保护区、历史文化名城范围内进行工程建设的	《山东省文物保护条例》第五十二条第二项：违反本条例规定，有下列行为之一的，由县级以上人民政府文物行政部门责令改正，并处五万元以上二十万元以下的罚款；造成文物损毁等严重后果的，处二十万元以上一百万元以下的罚款：(二)未经考古调查、勘探，擅自进行占地二万平方米以上的大型基本建设工程或者在地下文物保护区、历史文化名城范围内进行工程建设的	1	未经考古调查、勘探，擅自进行占地二万平方米以上的大型基本建设工程或者在地下文物保护区、历史文化名城范围内进行工程建设，未造成文物损毁等情节	责令改正，并处罚款五万元以上二十万元以下
			2	未经考古调查、勘探，擅自进行占地二万平方米以上的大型基本建设工程或者在地下文物保护区、历史文化名城范围内进行工程建设，造成文物损毁，可以限期恢复原状等情节	责令改正，并处罚款二十万元以上五十万元以下
			3	未经考古调查、勘探，擅自进行占地二万平方米以上的大型基本建设工程或者在地下文物保护区、历史文化名城范围内进行工程建设，造成文物损毁，不能完全恢复原状等情节	责令改正，并处罚款五十万元以上一百万元以下
			4	未经考古调查、勘探，擅自进行占地二万平方米以上的大型基本建设工程或者在地下文物保护区、历史文化名城范围内进行工程建设，造成文物损毁，无法恢复原状，或抗拒执法、隐匿、销毁证据等情节	责令改正，并处罚款一百万元

续表

编号	违法行为	法律依据	阶次	违法情节	裁量标准
0037	对社会开放的文物保护单位和有不可移动文物的参观游览场所的管理、使用单位，拒不采取有效措施保证文物安全，或者破坏文物的自然环境和历史风貌的	《山东省文物保护条例》第五十三条第一款第一项：违反本条例规定，有下列行为之一的，由县级以上人民政府文物行政部门责令限期改正；逾期不改正或者造成严重后果的，处五万元以上五十万元以下的罚款：(一)对社会开放的文物保护单位和有不可移动文物的参观游览场所的管理、使用单位，拒不采取有效措施保证文物安全，或者破坏文物的自然环境和历史风貌的	1	拒不采取有效措施的	责令限期改正
			2	拒不采取有效措施，且逾期不改正，或造成文物损毁，可以恢复原状等情节	责令改正，并处罚款五万元以上十万元以下
			3	破坏文物的自然环境和历史风貌，不能完全恢复原状等情节	责令改正，并处罚款十万元以上五十万元以下
			4	破坏文物的自然环境和历史风貌，无法恢复原状，或抗拒执法、隐匿、销毁证据等情节	责令改正，并处罚款五十万元
0038	在文物保护单位的保护范围内，擅自设置户外广告设施或者栽植、移植大型乔木和修建构筑物的	《山东省文物保护条例》第五十三条第一款第二项：违反本条例规定，有下列行为之一的，由县级以上人民政府文物行政部门责令限期改正；逾期不改正或者造成严重后果的，处五万元以上五十万元以下的罚款：(二)在文物保护单位的保护范围内，擅自设置户外广告设施或者栽植、移植大型乔木和修建构筑物的	1	有该违法行为，但尚未破坏历史风貌和文物本体，并且可以立即改正等情节	责令限期改正
			2	有该违法行为，尚未破坏历史风貌和文物本体，但不在规定期限内改正，或破坏历史风貌或文物本体，能够恢复原状等情节	责令改正，并处罚款五万元以上十万元以下
			3	有该违法行为，破坏历史风貌或文物本体，不能完全恢复原状等情节	责令改正，并处罚款十万元以上五十万元以下
			4	有该违法行为，破坏历史风貌或文物本体，无法恢复原状，或抗拒执法、隐匿、销毁证据等情节	责令改正，并处罚款五十万元
0039	在文物保护单位的保护范围内，修建人造景点或者存放易燃、易爆、有毒、有腐蚀性等危害文物安全的物品的	《山东省文物保护条例》第五十三条第一款第三项：违反本条例规定，有下列行为之一的，由县级以上人民政府文物行政部门责令限期改正；逾期不改正或者造成严重后果的，处五万元以上五十万元以下的罚款：(三)在文物保护单位的保护范围内，修建人造景点或者存放易燃、易爆、有毒、有腐蚀性等危害文物安全的物品的	1	有该违法行为，但尚未破坏历史风貌和文物本体，并且可以立即改正等情节	责令限期改正
			2	有该违法行为，尚未破坏历史风貌和文物本体，但不在规定期限内改正，或破坏历史风貌或文物本体，能够恢复原状等情节	责令改正，并处罚款五万元以上十万元以下
			3	有该违法行为，破坏历史风貌或文物本体，不能完全恢复原状等情节	责令改正，并处罚款十万元以上五十万元以下
			4	有该违法行为，破坏历史风貌或文物本体，无法恢复原状，或抗拒执法、隐匿、销毁证据等情节	责令改正，并处罚款五十万元

续表

编号	违法行为	法律依据	阶次	违法情节	裁量标准
0040	在工程建设和生产活动中发现文物,不立即停止施工、生产,造成文物损毁的	《山东省文物保护条例》第五十三条第一款第四项:违反本条例规定,有下列行为之一的,由县级以上人民政府文物行政部门责令限期改正;逾期不改正或者造成严重后果的,处五万元以上五十万元以下的罚款:(四)在工程建设和生产活动中发现文物,不立即停止施工、生产,造成文物损毁的	1	文物损毁轻微,可以立即抢救等情节	责令限期改正
			2	文物损毁较轻,不立即停止施工、生产等情节	责令改正,并处罚款五万元以上十万元以下
			3	文物损毁较重,不能完全抢救保护等情节	责令改正,并处罚款十万元以上五十万元以下
			4	文物损毁严重,无法抢救保护,或抗拒执法、隐匿、销毁证据等情节	责令改正,并处罚款五十万元
0041	建设和施工单位拒不配合或者妨碍考古调查、勘探、发掘工作的	《山东省文物保护条例》第五十三条第一款第五项:违反本条例规定,有下列行为之一的,由县级以上人民政府文物行政部门责令限期改正;逾期不改正或者造成严重后果的,处五万元以上五十万元以下的罚款:(五)建设和施工单位拒不配合或者妨碍考古调查、勘探、发掘工作的	1	有该违法行为,可以立即改正等情节	责令限期改正
			2	有该违法行为,未造成人员伤害或设备、文物损失,但不在规定期限内改正等情节	责令改正,并处罚款五万元以上十万元以下
			3	造成人员伤害或设备、文物损失,或影响工作进度等情节	责令改正,并处罚款十万元以上五十万元以下
			4	造成人员伤害或设备、文物损失,或导致工作无法开展,或抗拒执法、隐匿、销毁证据等情节	责令改正,并处罚款五十万元
0042	建设单位拒不支付考古调查、勘探、发掘费用的	《山东省文物保护条例》第五十三条第一款第六项:违反本条例规定,有下列行为之一的,由县级以上人民政府文物行政部门责令限期改正;逾期不改正或者造成严重后果的,处五万元以上五十万元以下的罚款:(六)建设单位拒不支付考古调查、勘探、发掘费用的	1	有该违法行为,可以立即改正等情节	责令限期改正
			2	有该违法行为,且不在规定期限内支付费用等情节	责令改正,并处罚款五万元以上十万元以下
			3	有该违法行为,影响工作进度等情节	责令改正,并处罚款十万元以上五十万元以下
			4	有该违法行为,导致工作无法开展,或抗拒执法、隐匿、销毁证据等情节	责令改正,并处罚款五十万元

续表

编号	违法行为	法律依据	阶次	违法情节	裁量标准
0043	建设单位进行基本建设工程涉及不可移动文物，未事先确定文物保护措施，或者未将事先确定的保护措施报请批准的	《山东省文物保护条例》第五十三条第一款第七项：违反本条例规定，有下列行为之一的，由县级以上人民政府文物行政部门责令限期改正；逾期不改正或者造成严重后果的，处五万元以上五十万元以下的罚款：（七）建设单位进行基本建设工程涉及不可移动文物，未事先确定文物保护措施，或者未将事先确定的保护措施报请批准的	1	有该违法行为，但尚未破坏历史风貌和文物本体，并且可以立即改正等情节	责令限期改正
			2	有该违法行为，尚未破坏历史风貌和文物本体，但不在规定期限内改正等情节	责令改正，并处罚款五万元以上十万元以下
			3	有该违法行为，破坏历史风貌或文物本体，不能完全恢复原状等情节	责令改正，并处罚款十万元以上五十万元以下
			4	有该违法行为，破坏历史风貌或文物本体，无法恢复原状，或抗拒执法、隐匿、销毁证据等情节	责令改正，并处罚款五十万元
0044	擅自利用不可移动文物举办展览、展销、演出或者拍摄电影、电视、广告等活动的	《山东省文物保护条例》第五十三条第一款第八项：违反本条例规定，有下列行为之一的，由县级以上人民政府文物行政部门责令限期改正；逾期不改正或者造成严重后果的，处五万元以上五十万元以下的罚款：（八）擅自利用不可移动文物举办展览、展销、演出或者拍摄电影、电视、广告等活动的	1	有该违法行为，但尚未破坏历史风貌和文物本体，可以立即改正等情节	责令限期改正
			2	有该违法行为，尚未破坏历史风貌和文物本体，但不在规定期限内改正等情节	责令改正，并处罚款五万元以上十万元以下
			3	有该违法行为，破坏历史风貌或文物本体，不能完全恢复原状等情节	责令改正，并处罚款十万元以上五十万元以下
			4	有该违法行为，破坏历史风貌或文物本体，无法恢复原状，或抗拒执法、隐匿、销毁证据等情节	责令改正，并处罚款五十万元

续表

编号	违法行为	法律依据	阶次	违法情节	裁量标准
0045	擅自对考古发掘现场进行新闻报道、电视直播或者制作专题类节目的	《山东省文物保护条例》第五十三条第一款第九项:违反本条例规定,有下列行为之一的,由县级以上人民政府文物行政部门责令限期改正;逾期不改正或者造成严重后果的,处五万元以上五十万元以下的罚款:(九)擅自对考古发掘现场进行新闻报道、电视直播或者制作专题类节目的	1	有该违法行为,但尚未播出,可以立即改正等情节	责令限期改正
			2	有该违法行为,尚未播出,但不在规定期限内改正等情节	责令改正,并处罚款五万元以上十万元以下
			3	已经播出,或因宣传、报道失实造成一定不良影响等情节	责令改正,并处罚款十万元以上五十万元以下
			4	已经播出,且因宣传、报道失实造成严重不良影响,或抗拒执法、隐匿、销毁证据等情节	责令改正,并处罚款五十万元
0046	擅自变更已批准的修缮计划和工程设计、施工方案,对文物保护单位进行修缮、迁移、重建的	《山东省文物保护条例》第五十四条:违反本条例规定,擅自变更已批准的修缮计划和工程设计、施工方案,对文物保护单位进行修缮、迁移、重建的,由县级以上人民政府文物行政部门责令改正;造成严重后果的,处五万元以上五十万元以下的罚款;情节严重的,由原发证机关吊销资质证书	1	擅自变更已批准的修缮计划和工程设计、施工方案,对文物保护单位进行修缮、迁移、重建,对文物原貌改变轻微,可以立即恢复原状等情节	责令限期改正
			2	擅自变更已批准的修缮计划和工程设计、施工方案,对文物保护单位进行修缮、迁移、重建,改变文物原貌,可以限期恢复原状等情节	责令改正,并处罚款五万元以上十万元以下
			3	改变文物原貌,不能完全恢复原状等情节	责令改正,并处罚款十万元以上五十万元以下
			4	改变文物原貌,无法恢复原状,或多次实施该违法行为,或抗拒执法、隐匿、销毁证据等情节	责令改正,并处罚款五十万元,由原发证机关吊销资质证书

续表

编号	违法行为	法律依据	阶次	违法情节	裁量标准
0047	文物拍卖企业出租、出借或者转让文物拍卖许可证的	《山东省文物保护条例》第五十五条：违反本条例规定，文物拍卖企业出租、出借或者转让文物拍卖许可证的，由省人民政府文物行政部门没收违法所得，并处二万元以上二十万元以下的罚款	1	文物拍卖企业出租、出借或者转让文物拍卖许可证，违法所得五千元以下的，并且可以立即改正等情节	责令改正，没收违法所得，并处二万元以上五万元以下罚款
			2	两次从事该活动，或违法所得五千元以上一万元以下等情节	责令改正，没收违法所得，并处五万元以上十万元以下罚款
			3	三次从事该活动，或违法所得一万元以上二万元以下等情节	责令改正，没收违法所得，并处十万元以上二十万元以下罚款
			4	三次以上从事该活动，或违法所得二万元以上，或抗拒执法、隐匿、销毁证据等情节	责令改正，没收违法所得，并处二十万元罚款
0048	未经批准经营未被认定为文物的监管物品的	《山东省文物保护条例》第五十六条：违反本条例规定，未经批准经营未被认定为文物的监管物品的，由县级以上人民政府文物行政部门责令改正，没收违法所得，并处一万元以上十万元以下的罚款	1	未经批准经营未被认定为文物的监管物品，违法所得五千元以下等情节	责令改正，没收违法所得，并处一万元以上三万元以下罚款
			2	未经批准经营未被认定为文物的监管物品，违法所得五千元以上二万元以下等情节	责令改正，没收违法所得，并处三万元以上五万元以下罚款
			3	未经批准经营未被认定为文物的监管物品，违法所得二万元以上五万元以下等情节	责令改正，没收违法所得，并处五万元以上十万元以下罚款
			4	未经批准经营未被认定为文物的监管物品，违法所得五万元以上，或抗拒执法、隐匿、销毁证据等情节	责令改正，没收违法所得，并处十万元罚款
0049	未经批准擅自进行考古勘探的	《山东省文物保护条例》第五十七条：违反本条例规定，未经批准擅自进行考古勘探的，由省人民政府文物行政部门责令停止勘探，并处一万元以上五万元以下的罚款	1	首次从事该行为等情节	责令改正
			2	两次从事该行为等情节	责令改正，并处罚款一万元以上二万元以下
			3	三次从事该行为等情节	责令改正，并处罚款二万元以上五万元以下
			4	三次以上从事该行为，或抗拒执法、隐匿、销毁证据等情节	责令改正，并处罚款五万元

续表

编号	违法行为	法律依据	阶次	违法情节	裁量标准
0050	无正当理由，拒不与文物所在地县（市、区）人民政府文物行政部门签订责任书或者不履行责任书规定义务的	《山东省文物保护条例》第五十八条第一项：违反本条例规定，有下列行为之一的，由县级以上人民政府文物行政部门责令改正；情节严重的，处五千元以上五万元以下的罚款：（一）无正当理由，拒不与文物所在地县（市、区）人民政府文物行政部门签订责任书或者不履行责任书规定义务的	1	有该违法行为，尚未造成文物损失，可以立即改正等情节	责令改正
			2	有该违法行为，尚未造成文物损失，但不在规定期限内改正等情节	责令改正，并处罚款五千元以上二万元以下
			3	因该违法行为发生火灾等安全事故，造成文物损失等情节	责令改正，并处罚款二万元以上五万元以下
			4	因该违法行为发生火灾等安全事故，造成文物无法挽回损失，或抗拒执法、隐匿、销毁证据等情节	责令改正，并处罚款五万元
0051	考古发掘单位因管理不善造成出土文物损毁、丢失的	《山东省文物保护条例》第五十八条第二项：违反本条例规定，有下列行为之一的，由县级以上人民政府文物行政部门责令改正；情节严重的，处五千元以上五万元以下的罚款：（二）考古发掘单位因管理不善造成出土文物损毁、丢失的	1	造成文物损毁轻微，可以立即修复等情节	责令改正
			2	造成文物损毁较重，可以修复等情节	责令改正，并处罚款五千元以上二万元以下
			3	造成文物损毁较重，不能完全修复等情节	责令改正，并处罚款二万元以上五万元以下
			4	造成文物损毁严重，无法修复，或者文物丢失，或抗拒执法、隐匿、销毁证据等情节	责令改正，并处罚款五万元
0052	擅自处理出土文物以及科研标本的	《山东省文物保护条例》第五十八条第三项：违反本条例规定，有下列行为之一的，由县级以上人民政府文物行政部门责令改正；情节严重的，处五千元以上五万元以下的罚款：（三）擅自处理出土文物以及科研标本的	1	有该违法行为，尚未造成文物损失，可以立即改正等情节	责令改正
			2	有该违法行为，造成文物损毁，可以修复，或者文物流失，可以追回等情节	责令改正，并处罚款五千元以上二万元以下
			3	有该违法行为，造成文物损毁，不能完全修复等情节	责令改正，并处罚款二万元以上五万元以下
			4	造成文物损毁，无法修复或文物流失，或抗拒执法、隐匿、销毁证据等情节	责令改正，并处罚款五万元

续表

编号	违法行为	法律依据	阶次	违法情节	裁量标准
0053	未经批准进行文物征集活动的	《山东省文物保护条例》第五十九条:违反本条例规定,未经批准进行文物征集活动的,由省人民政府文物行政部门责令改正,没收非法征集的文物,并处五千元以上五万元以下的罚款	1	首次从事该活动,或征集文物十件以下等情节	责令改正,没收文物,并处五千元以上一万元以下罚款
			2	两次从事该行为,或征集文物十件以上二十件以下等情节	责令改正,没收文物,并处一万元以上三万元以下罚款
			3	三次从事该行为,或征集文物二十件以上三十件以下等情节	责令改正,没收文物,并处三万元以上五万元以下罚款
			4	三次以上从事该行为,或征集文物三十件以上,或抗拒执法、隐匿、销毁证据等情节	责令改正,没收文物,并处五万元罚款
0054	伪造、涂改文物销售标识和文物拍卖批准文件的	《山东省文物保护条例》第六十条:违反本条例规定,伪造、涂改文物销售标识和文物拍卖批准文件的,由省人民政府文物行政部门处五千元以上五万元以下的罚款	1	首次从事该活动,未销售或拍卖等情节	处五千元以上一万元以下罚款
			2	两次从事该行为,已经销售或拍卖等情节	处一万元以上三万元以下罚款
			3	两次从事该行为,已经销售或拍卖等情节	处三万元以上五万元以下罚款
			4	三次以上从事该行为,已经销售或拍卖,或抗拒执法、隐匿、销毁证据等情节	处五万元罚款

续表

编号	违法行为	法律依据	阶次	违法情节	裁量标准
0055	在大运河遗产山东段保护范围和建设控制地带内挖沙、取土的	《山东省大运河遗产山东段保护管理办法》第十六条第二款第一项：有下列行为之一的，由县级以上人民政府文物行政部门责令限期改正，情节较轻的，对个人可处以警告或者100元以上1000元以下的罚款；对单位可处以警告或者1000元以上1万元以下的罚款；情节较重的，可处以1万元以上3万元以下的罚款；造成大运河遗产山东段损毁的，依法承担民事责任；涉嫌犯罪的，依法追究刑事责任：(一)在大运河遗产山东段保护范围和建设控制地带内挖沙、取土的	1	在大运河遗产山东段保护范围和建设控制地带内挖沙、取土，未造成历史风貌破坏、文物损毁等情节	责令限期改正，对个人警告或罚款100元以上500元以下，对单位处警告或罚款1000元以上5000元以下
			2	在大运河遗产山东段保护范围和建设控制地带内挖沙、取土，造成历史风貌破坏，或文物损失轻微，可以限期恢复原状等情节	责令限期改正，对个人警告或罚款500元以上1000元以下，对单位处警告或罚款5000元以上1万元以下
			3	在大运河遗产山东段保护范围和建设控制地带内挖沙、取土，造成历史风貌破坏、文物损毁，不能完全恢复原状等情节	责令限期改正，罚款1万元以上3万元以下
			4	在大运河遗产山东段保护范围和建设控制地带内挖沙、取土，造成历史风貌破坏、文物损毁，不能恢复原状，或抗拒执法、隐匿、销毁证据等情节	责令限期改正，罚款3万元

续表

编号	违法行为	法律依据	阶次	违法情节	裁量标准
0056	在大运河遗产山东段保护范围和建设控制地带内乱搭乱建的	《山东省大运河遗产山东段保护管理办法》第十六条第二款第二项：有下列行为之一的，由县级以上人民政府文物行政部门责令限期改正，情节较轻的，对个人可处以警告或者100元以上1000元以下的罚款；对单位可处以警告或者1000元以上1万元以下的罚款；情节较重的，可处以1万元以上3万元以下的罚款；造成大运河遗产山东段损毁的，依法承担民事责任；涉嫌犯罪的，依法追究刑事责任：(二)在大运河遗产山东段保护范围和建设控制地带内乱搭乱建的	1	在大运河遗产山东段保护范围和建设控制地带内乱搭乱建，未造成历史风貌破坏、文物损毁等情节	责令限期改正，对个人警告或罚款100元以上500元以下，对单位处警告或罚款1000元以上5000元以下
			2	在大运河遗产山东段保护范围和建设控制地带内乱搭乱建，造成历史风貌破坏，或文物损失轻微，可以限期恢复原状等情节	责令限期改正，对个人警告或罚款500元以上1000元以下，对单位处警告或罚款5000元以上1万元以下
			3	在大运河遗产山东段保护范围和建设控制地带内乱搭乱建，造成历史风貌破坏、文物损毁，不能完全恢复原状等情节	责令限期改正，罚款1万元以上3万元以下
			4	在大运河遗产山东段保护范围和建设控制地带内乱搭乱建，造成历史风貌破坏、文物损毁，不能恢复原状，或抗拒执法、隐匿、销毁证据等情节	责令限期改正，罚款3万元
0057	向大运河遗产山东段的河道内倾倒垃圾或者排放污水的	《山东省大运河遗产山东段保护管理办法》第十六条第二款第三项：有下列行为之一的，由县级以上人民政府文物行政部门责令限期改正，情节较轻的，对个人可处以警告或者100元以上1000元以下的罚款；对单位可处以警告或者1000元以上1万元以下的罚款；情节较重的，可处以1万元以上3万元以下的罚款；造成大运河遗产山东段损毁的，依法承担民事责任；涉嫌犯罪的，依法追究刑事责任：(三)向大运河遗产山东段的河道内倾倒垃圾或者排放污水的	1	首次向大运河遗产山东段的河道内倾倒垃圾或者排放污水，未造成严重污染的	责令限期改正，对个人警告或罚款100元以上1000元以下，对单位警告或罚款1000元以上1万元以下
			2	两次向大运河遗产山东段的河道内倾倒垃圾或者排放污水，未造成严重污染的	责令限期改正，罚款1万元以上3万元以下
			3	三次及以上向大运河遗产山东段的河道内倾倒垃圾或者排放污水，或实施该行为造成严重污染，或抗拒执法、隐匿、销毁证据等情节	责令限期改正，罚款3万元

续表

编号	违法行为	法律依据	阶次	违法情节	裁量标准
0058	破坏大运河遗产山东段的河堤，刻划文物本体，或者毁坏界碑、界桩及其他遗产标识的	《山东省大运河遗产山东段保护管理办法》第十六条第二款第四项：有下列行为之一的，由县级以上人民政府文物行政部门责令限期改正，情节较轻的，对个人可处以警告或者100元以上1000元以下的罚款；对单位可处以警告或者1000元以上1万元以下的罚款；情节较重的，可处以1万元以上3万元以下的罚款；造成大运河遗产山东段损毁的，依法承担民事责任；涉嫌犯罪的，依法追究刑事责任：(四)破坏大运河遗产山东段的河堤，刻划文物本体，或者毁坏界碑、界桩及其他遗产标识的	1	破坏大运河遗产山东段的河堤，刻划文物本体，或者毁坏界碑、界桩及其他遗产标识，可以限期恢复原状等情节	责令限期改正，对个人警告或罚款100元以上1000元以下，对单位警告或罚款1000元以上1万元以下
			2	破坏大运河遗产山东段的河堤，刻划文物本体，或者毁坏界碑、界桩及其他遗产标识，不能完全恢复原状等情节	责令限期改正，罚款1万元以上3万元以下
			3	破坏大运河遗产山东段的河堤，刻划文物本体，或者毁坏界碑、界桩及其他遗产标识，不能恢复原状，或抗拒执法、隐匿、销毁证据等情节	责令限期改正，罚款3万元
0059	擅自在大运河遗产保护范围内耕种、植树的	《山东省大运河遗产山东段保护管理办法》第十六条第二款第五项：有下列行为之一的，由县级以上人民政府文物行政部门责令限期改正，情节较轻的，对个人可处以警告或者100元以上1000元以下的罚款；对单位可处以警告或者1000元以上1万元以下的罚款；情节较重的，可处以1万元以上3万元以下的罚款；造成大运河遗产山东段损毁的，依法承担民事责任；涉嫌犯罪的，依法追究刑事责任：(五)擅自在大运河遗产保护范围内耕种、植树的	1	擅自在大运河遗产保护范围内耕种、植树，可以立即改正等情节	责令限期改正，对个人警告或罚款100元以上1000元以下，对单位警告或罚款1000元以上1万元以下
			2	擅自在大运河遗产保护范围内耕种、植树，破坏历史风貌，无法立即改正，或抗拒执法、隐匿、销毁证据等情节	责令限期改正，罚款1万元以上3万元以下

附录

山东省省级以上文物保护单位名录

全省共计有省级以上文物保护单位1484处，其中全国重点文物保护单位192处（另有6处合并项目），省级文物保护单位1292处，分为古遗址、古墓葬、古建筑、石窟寺及石刻、近现代重要史迹及代表性建筑、其他六种类型。名单如下：

序号	全国重点文物保护单位
1	孝堂山郭氏墓石祠
2	四门塔
3	城子崖遗址
4	灵岩寺
5	千佛崖造像（包括龙虎塔、九顶塔）
6	西河遗址
7	汉济北王墓群
8	小荆山遗址
9	东平陵故城
10	洪家楼天主教堂
11	万字会旧址
12	大辛庄遗址
13	明德王墓地
14	平阴永济桥
15	翠屏山多佛塔
16	长清莲花洞石窟造像
17	济南纬二路近现代建筑群
18	原胶济铁路济南站近现代建筑群
19	济南泺口黄河铁路大桥
20	原齐鲁大学近现代建筑群
21	云峰山、天柱山摩崖石刻
22	青岛德国建筑
23	即墨故城遗址
24	青岛八大关近代建筑
25	三里河遗址
26	东岳石遗址
27	青岛德国啤酒厂早期建筑
28	赵家庄遗址
29	西皇姑庵遗址

续表

序号	全国重点文物保护单位
30	西沙埠遗址
31	琅琊台遗址
32	祓国都城遗址
33	板桥镇遗址
34	崂山道教建筑群
35	大泽山石刻及智藏寺墓塔林
36	临淄齐国故城
37	田齐王陵
38	桐林遗址
39	沂源猿人遗址
40	后李遗址
41	寨里窑址
42	颜文姜祠
43	蒲松龄故宅
44	西天寺造像
45	史家遗址
46	北沈遗址
47	陈庄—唐口遗址
48	磁村瓷窑址
49	临淄墓群
50	四世宫保坊
51	青城文昌阁
52	淄博矿业集团德日建筑群
53	薛城遗址
54	北辛遗址
55	偪阳故城
56	中陈郝窑址
57	台儿庄大战旧址
58	前掌大遗址
59	建新遗址
60	龙泉塔
61	广饶关帝庙大殿
62	傅家遗址
63	五村遗址
64	南河崖盐业遗址群

续表

序号	全国重点文物保护单位
65	蓬莱水城及蓬莱阁(含戚继光牌坊)
66	牟氏庄园
67	北庄遗址
68	丁氏故宅
69	烟台福建会馆
70	白石村遗址
71	归城城址
72	烟台山近代建筑群
73	嘴子前墓群
74	南王绪遗址
75	照格庄遗址
76	村里集城址及墓群
77	戚继光祠堂及戚继光墓
78	烟台西炮台
79	猴矶岛灯塔
80	张裕公司酒窖
81	驼山石窟(含云门山石窟及石刻)
82	十笏园
83	崔芬墓
84	王尽美故居
85	西朱封遗址
86	魏家庄遗址
87	双王城盐业遗址群
88	丰台盐业遗址群
89	杞国故城遗址
90	青州龙兴寺遗址
91	程家沟古墓
92	安丘董家庄汉画像石墓
93	衡王府石坊
94	青州真教寺
95	坊子德日建筑群
96	嘉祥武氏墓群石刻
97	曲阜孔庙及孔府
98	曲阜鲁国故城
99	孔林

续表

序号	全国重点文物保护单位
100	孟庙、孟府和孟林
101	崇觉寺铁塔
102	铁山、岗山摩崖石刻(含葛山、峄山摩崖石刻)
103	汉鲁王墓
104	颜庙
105	王因遗址
106	贾柏遗址
107	邾国故城
108	萧王庄墓群
109	明鲁王墓
110	卞桥
111	曾庙
112	尼山孔庙和书院
113	济宁东大寺
114	野店遗址
115	西夏侯遗址
116	青堌堆遗址
117	西吴寺遗址
118	防山墓群
119	孟母林墓群
120	光善寺塔
121	兴隆塔
122	重兴塔
123	太子灵踪塔
124	青山寺
125	金口坝
126	伏羲庙
127	周公庙
128	慈孝兼完坊
129	景灵宫碑
130	兖州天主教堂
131	大汶口遗址
132	冯玉祥墓
133	岱庙
134	泰山石刻

续表

序号	全国重点文物保护单位
135	白佛山石窟造像
136	泰山古建筑群
137	洪顶山摩崖石刻
138	宁阳颜子庙和颜林
139	大汶口古石桥
140	棘梁山石刻
141	萧大亨墓地石刻
142	徂徕山抗日武装起义旧址
143	刘公岛甲午战争纪念地
144	圣经山摩崖
145	留村石墓群
146	威海英式建筑
147	丹土遗址
148	两城镇遗址
149	尧王城遗址
150	东海峪遗址
151	杭头遗址
152	大朱家村遗址
153	牟国故城遗址
154	嬴城遗址
155	莱芜战役指挥所旧址
156	八路军一一五师司令部旧址
157	北寨墓群
158	郯国故城
159	洗砚池墓群
160	小谷城故城遗址
161	北沟头遗址
162	鄅国故城遗址
163	费县故城遗址
164	南武城故城遗址
165	皇圣卿阙、功曹阙
166	新四军军部暨华东军区、华东野战军诞生地旧址
167	苏禄王墓
168	光岳楼
169	聊城山陕会馆

续表

序号	全国重点文物保护单位
170	曹植墓
171	景阳冈遗址
172	临清运河钞关
173	教场铺遗址
174	韩氏家族墓地
175	隆兴寺铁塔
176	土桥闸遗址
177	尚庄遗址
178	萧城遗址
179	兴国寺塔
180	魏氏庄园
181	丁公遗址
182	龙华寺遗址
183	杨家盐业遗址群
184	丈八佛
185	安邱崮堆遗址
186	昌邑故城址
187	定陶王墓地(王陵)
188	永丰塔
189	巨野文庙大成殿
190	百寿坊及百狮坊
191	长城—齐长城遗址
192	大运河
序号	省级文物保护单位
1	毛主席视察北园公社纪念地
2	毛主席视察省农科院纪念地
3	周总理视察洛口黄河铁桥纪念地
4	中共山东省委秘书处旧址
5	英雄山革命烈士陵园
6	解放阁
7	大佛寺石刻造像
8	九顶塔
9	龙虎塔
10	灵岩寺千佛殿罗汉塑像
11	翠屏山多佛塔

续表

序号	全国重点文物保护单位
12	大辛庄遗址
13	小屯遗址
14	东平陵故城
15	玉皇冢遗址
16	房彦谦墓
17	毛主席作夏季形势报告纪念地
18	高家民兵联防遗址
19	石造像及碑刻
20	东皂户遗址
21	城子遗址
22	六曲山墓群
23	马鞍山抗日遗址
24	蒲松龄故居
25	桐林、田旺遗址
26	小庞遗址
27	临淄墓群
28	偪阳故城
29	岗上遗址
30	滕国故城
31	薛国故城
32	南宋大殿
33	营子遗址
34	冢头墓群
35	雷神庙战斗遗址
36	桃村革命烈士陵园
37	赵疃地雷战遗址
38	文峰山摩崖刻石
39	蓬莱水城
40	牟二黑子地主庄园
41	蛤堆顶遗址
42	杨家圈遗址
43	刘家沟遗址
44	归城故城
45	三十里堡墓群
46	村里集墓群

续表

序号	全国重点文物保护单位
47	前河前墓群
48	王尽美烈士故居
49	驼山石窟造像
50	萧家庄遗址
51	呙宋台遗址
52	纪国故城
53	苏埠屯墓群
54	山旺古生物化石保护区
55	朱总司令召开军事会议会址
56	汉碑群
57	铁山摩崖刻石
58	孟庙
59	颜庙
60	周公庙
61	尼山建筑群
62	济宁铁塔
63	汶上砖塔
64	兴隆塔
65	卞桥
66	野店遗址
67	寺堌堆遗址
68	西吴寺遗址
69	郰国故城
70	四基山崖墓群
71	防山墓群
72	韦家墓群
73	姜村古墓
74	九龙山崖墓群
75	孟母林墓群
76	少昊陵
77	安丘王墓群
78	萧王庄墓群
79	尖山崖墓
80	微山岛古墓
81	徂徕山革命遗址

续表

序号	全国重点文物保护单位
82	陆房战斗遗址
83	白佛山石窟造像
84	经石峪、无字碑及摩崖刻石
85	天贶殿及壁画
86	碧霞祠
87	大汶口遗址
88	东平故城
89	古磁窑址
90	潘茂村汉墓
91	北桥墓群
92	梁氏墓群
93	天福山革命遗址
94	北洋水师提督署
95	沙里店遗址
96	刘鹗故居
97	东海峪遗址
98	两城镇遗址
99	尧王城遗址
100	莒国故城
101	丹土遗址
102	齐家庄墓群
103	莱芜战役遗址
104	古冶铜遗址
105	岱崮革命遗址
106	孟良崮战役遗址
107	抗大一分校旧址
108	临沂革命烈士陵园
109	大青山战斗遗址
110	山东省战时工作委员会旧址
111	功曹阙、皇圣卿阙
112	北沟头遗址
113	郯国故城
114	鄫国故城
115	北寨画像石墓群
116	银雀山、金雀山墓群

续表

序号	全国重点文物保护单位
117	兰陵古墓
118	五里冢遗址
119	禹王亭遗址
120	神头墓群
121	苏禄王墓
122	张家楼抗日遗址
123	聊城铁塔
124	光岳楼
125	山陕会馆
126	尚庄遗址
127	台子高遗址
128	景阳冈遗址
129	张家集土改纪念室
130	魏集地主庄园
131	大商遗址
132	鲍家遗址
133	大盖遗址
134	兰家遗址
135	杨家古窑址
136	郭莱仪古墓
137	牛王堂古墓
138	巨野教案遗址
139	红三村抗日联防遗址
140	百寿坊、百狮坊
141	梁堌堆遗址
142	安邱堌堆遗址
143	安陵堌堆遗址
144	仿山墓群
145	齐长城遗址
146	中国社会主义青年团济南地方团成立会址
147	辛亥革命烈士陵园
148	龙洞、东佛峪摩崖石刻造像
149	莲花洞石窟造像
150	府学文庙
151	济南南大寺

续表

序号	全国重点文物保护单位
152	洪家楼天主教堂
153	广智院
154	万竹园
155	卍字会母院旧址
156	西河遗址
157	小荆山遗址
158	张官遗址
159	王官遗址
160	焦家遗址
161	大柳杭遗址
162	周河遗址
163	王推官庄遗址
164	刘家台遗址
165	芦坊遗址
166	小官庄墓群
167	道贵墓
168	张养浩墓
169	李开先墓
170	康有为墓
171	青岛德国提督府旧址
172	青岛德国提督楼旧址
173	青岛德国警察署旧址
174	八大关建筑群
175	江苏路基督教堂
176	浙江路天主教堂
177	南阡遗址
178	三里河遗址
179	徐家沟遗址
180	石原遗址
181	东岳石遗址
182	西皇姑庵遗址
183	即墨故城址
184	琅琊台遗址
185	财贝沟墓群
186	田横五百义士冢

续表

序号	全国重点文物保护单位
187	小桥墓群
188	黑铁山起义指挥部旧址
189	颜文姜祠
190	王氏祠堂(含四世宫保砖坊)
191	文昌阁
192	沂源猿人化石地点
193	上崖洞遗址
194	后李遗址
195	浮山驿遗址
196	董褚遗址
197	大蓬科遗址
198	前埠遗址
199	寨里窑址
200	稷山墓群
201	苏鲁豫皖边区特工委旧址
202	北辛遗址
203	南滩子遗址
204	红土埠遗址
205	沙沟遗址
206	二疏城遗址
207	中陈郝瓷窑址
208	匡衡墓
209	贺窑墓群
210	傅家遗址
211	南望参窑址
212	神仙洞石窟造像
213	烟台英国领事馆旧址
214	烟台东海关税务司公署旧址
215	张裕公司原址
216	烟台基督教长老会堂
217	宋琬故居
218	戚继光祠(含父子总督坊、母子节孝坊)
219	福建会馆
220	丁氏故宅
221	芝罘俱乐部旧址

续表

序号	全国重点文物保护单位
222	崆峒岛灯塔
223	烟台东、西炮台
224	白石村遗址
225	北庄遗址
226	大仲家遗址
227	蒜园子遗址
228	北城子遗址
229	城子顶遗址
230	照格庄遗址
231	曲城故城址
232	三十里堡故城址
233	阳主庙遗址(含地上古建、碑刻)
234	当利故城址(含栾大墓)
235	庄头墓群
236	辛庄墓群
237	咀子前墓群
238	毛纪、毛敏墓
239	云门山石窟造像
240	石门坊造像群(含墓塔)
241	真教寺
242	潍城城隍庙
243	万印楼
244	庵上石坊
245	衡王府石坊
246	田家楼遗址
247	赵旺铺遗址
248	西级遗址
249	凤凰台遗址
250	郑家下庄遗址
251	郚城遗址
252	魏家遗址
253	边线王遗址
254	袁家庄遗址
255	庞家庄遗址
256	营丘遗址

续表

序号	全国重点文物保护单位
257	河西遗址
258	石河头遗址
259	田家汶泮遗址
260	营陵故城址(含窦公渠)
261	高家朱村墓群
262	郑玄墓
263	程家沟古墓
264	海浮山墓群
265	衡恭王墓
266	羊山战斗纪念地
267	水牛山摩崖石刻
268	峄山摩崖石刻群
269	济宁东大寺
270	洙泗书院
271	伏羲庙
272	仲子庙
273	曾子庙
274	南旺分水龙王庙
275	戴庄天主教堂
276	金口坝
277	贾柏遗址
278	西桑园遗址
279	王因遗址
280	漆女城遗址
281	尹洼遗址
282	青堌堆遗址
283	栖霞堌堆遗址
284	缗城堌堆遗址
285	武棠亭遗址
286	鱼山堌堆遗址
287	东顿村遗址
288	亢父故城址
289	梁公林墓群
290	孟林
291	茅家堌堆墓群

续表

序号	全国重点文物保护单位
292	郗鉴墓
293	明鲁王墓群
294	明鲁惠王、恭王、端王墓
295	范明枢墓
296	司里山摩崖造像
297	徂徕山摩崖石刻(含映佛山石刻)
298	理明窝摩崖造像
299	萧大亨墓地石刻
300	泰山盘路古建筑群
301	宁阳颜子庙
302	戴村坝
303	新泰智人化石地点
304	槎山千真洞石刻
305	圣经山摩崖石刻
306	圣水岩石刻造像
307	宽仁院旧址
308	威海英国领事馆旧址(含华勇营)
309	义和遗址
310	河口遗址
311	大宋家遗址
312	脉田遗址
313	小管遗址
314	成山头遗址(含地上古建、刻石)
315	南黄庄墓群
316	大天东墓群
317	新权墓群
318	丁公石祠
319	东城仙遗址
320	陵阳河遗址
321	大朱村遗址
322	杭头遗址
323	苏家遗址
324	小代疃遗址
325	塘子遗址
326	天井汪墓群

续表

序号	全国重点文物保护单位
327	城阳王墓
328	汪洋台
329	牟城遗址
330	小北冶冶铁遗址
331	中共中央山东分局旧址
332	《大众日报》创刊地
333	鲁南烈士陵园
334	临沂文庙
335	泉上屯遗址
336	青峰岭遗址
337	黑龙潭遗址
338	向城遗址
339	于官庄遗址
340	王家三岗遗址
341	小城后遗址
342	西司马遗址
343	薛家窑遗址
344	郭家山遗址
345	小湖遗址
346	西蒋遗址
347	铜石遗址
348	北池遗址
349	吕家庄遗址
350	�父古城遗址
351	颛臾故城遗址
352	费县故城遗址
353	刘家疃墓群
354	惠王冢遗址
355	窦冢遗址
356	尹屯遗址
357	三女冢
358	朱庄墓群
359	韩氏墓地石刻
360	鳌头矶
361	临清西清真寺

续表

序号	全国重点文物保护单位
362	临清舍利宝塔
363	教场铺遗址
364	红垌堆遗址
365	皇姑冢遗址
366	权寺遗址
367	阿城故城址(含古阿井)
368	涸河墓群
369	曹植墓
370	丈八佛(含附近石刻)
371	凤阳石桥
372	西南庄遗址
373	小韩遗址
374	丁公遗址
375	寨卞遗址
376	村高遗址
377	利城遗址
378	路家遗址
379	郝家遗址
380	秦台遗址
381	棒槌刘遗址
382	贤城遗址
383	东鲁遗址
384	信阳故城址
385	西埑遗址
386	龙华寺遗址
387	刘氏石坊
388	申氏石坊
389	莘冢集遗址
390	郗垌堆遗址
391	大台遗址
392	官垌堆遗址
393	部垌堆遗址
394	窦垌堆遗址
395	成武故城址
396	昌邑故城址

续表

序号	全国重点文物保护单位
397	月庄遗址
398	新屯汉墓群
399	孟庄汉墓群
400	明德王墓群
401	殷士儋墓
402	大明湖
403	石佛堂
404	兴福寺
405	平阴文庙
406	五峰山洞真观
407	兴国寺
408	永济桥
409	华阳宫古建筑群
410	平阴四山摩崖石刻
411	德华银行旧址
412	“德国领事馆”旧址
413	黄台车站德式建筑群
414	胶济车站旧址
415	齐鲁大学(含医学院)建筑群
416	山东邮务管理局旧址
417	五·三惨案蔡公时殉难地
418	交通银行济南分行旧址
419	奎虚书藏
420	老舍旧居
421	王统照墓
422	向阳遗址
423	赵家庄遗址
424	现子埠遗址
425	西沙埠遗址
426	祓国都城(牧马城)遗址及墓群
427	崂山道教建筑群含太清宫、太平宫、上清宫、明霞洞、关帝庙、白云洞、明道观、蔚竹庵、华楼宫、太和观、华严寺、沧海观、百福庵
428	法海寺
429	即墨县衙
430	青岛天后宫

续表

序号	全国重点文物保护单位
431	栈桥及回澜阁
432	大泽山石刻及智藏寺墓塔林
433	青岛馆陶路近代建筑含横滨正金银行青岛支店旧址、三菱洋行旧址、英国汇丰银行旧址、朝鲜银行青岛支行旧址、齐燕会馆旧址、岛取引所旧址、青岛日本商工会议所旧址、丹麦驻青领事馆旧址、日本大连汽船株式会社青岛支店旧址、三井洋行旧址
434	中共青岛地方支部旧址
435	青岛中山路近代建筑含德式建筑、中国银行青岛分行旧址、山左银行旧址、上海商业储蓄银行旧址、大陆银行旧址、聚合钱庄旧址、交通银行青岛分行旧址、山东大戏院旧址、胶澳商埠电气事务所旧址、中国实业银行旧址、青岛分行公会旧址、金城银行旧址
436	康有为故居
437	青岛水族馆
438	谢文卿烈士就义处
439	北沈遗址
440	彭家遗址
441	解家遗址
442	唐山遗址
443	李寨遗址
444	西鱼台遗址
445	北桃花坪遗址
446	史家遗址
447	公孙遗址
448	前来遗址
449	昌国遗址
450	东安古城遗址
451	磁村磁窑址
452	八陡瓷窑址
453	南万山古瓷窑址
454	苏秦墓
455	鲁仲连墓
456	大河南汉墓
457	军屯汉墓
458	蒲鲁浑墓
459	赵执信墓
460	杨寨塔
461	周村古商业街
462	毕自严故居

续表

序号	全国重点文物保护单位
463	青云寺
464	红门
465	炉神庙
466	蒲家庄民俗建筑群
467	千佛阁古建筑群
468	赵执信故居
469	织女洞
470	王渔洋故居及墓葬
471	唐山摩崖造像
472	淄博矿务局德日建筑群
473	建新遗址
474	晒米城遗址
475	庄里西遗址
476	杨家埠遗址
477	沃洛遗址
478	邢店遗址
479	西康留遗址
480	奚仲造车遗址
481	东江遗址
482	前掌大遗址
483	南常故城
484	岳城故城
485	望夫台遗址
486	安阳故城
487	抱犊崮古建筑
488	普照寺
489	龙泉塔
490	牛山孙氏宗祠
491	滕州县衙
492	皇陵旧址
493	侯塘古寺
494	华德中兴煤矿公司
495	青檀寺
496	百寿坊
497	王家祠堂

续表

序号	全国重点文物保护单位
498	刘氏家祠
499	张氏祠堂
500	唐代石雕群
501	石屋山泉石刻
502	国际洋行旧址
503	国共谈判旧址
504	铁道游击队旧址
505	五村遗址
506	柏寝台
507	邱家庄遗址
508	午台遗址
509	老茔顶遗址
510	蛎碴堆遗址
511	南王绪遗址
512	大榆村遗址
513	楼子庄遗址
514	珍珠们遗址
515	庙周家秦汉建筑遗址(含莱山月主祠遗址)
516	庙岛故城址及显应宫遗址
517	马山寨遗址
518	毕郭墓群
519	戚继光墓
520	毓璜顶古建筑群
521	奇山所
522	解宋营古城
523	猴矶岛灯塔
524	李氏庄园
525	盖平山摩崖石造像
526	崇实中学旧址
527	刘子山旧宅
528	恤养院旧址
529	张颜山旧宅
530	俄国领事馆旧址
531	启喑学馆旧址
532	中国内地会学校旧址

续表

序号	全国重点文物保护单位
533	大成栈旧址
534	寒亭前埠下古文化遗址
535	呈(程)子遗址
536	前寨遗址
537	六吉庄子遗址
538	寒亭会泉庄遗址
539	安丘董家庄汉画像石墓
540	寒亭一孔桥
541	寒亭西杨家埠木版年画旧作坊
542	寒亭于氏宅院民居
543	姜氏祠堂
544	东镇庙
545	郭味蕖故居“疏园”
546	德日式建筑群
547	少昊陵遗址
548	西夏侯遗址
549	凤凰台遗址
550	天齐庙遗址
551	史海遗址
552	尹家城遗址
553	任城城子崖遗址
554	焦国故城遗址
555	法兴寺遗址(包括莲台石刻、东鲁西竺禅师墓塔、问礼堂)
556	仙源县故城
557	凫山羲皇庙遗址
558	蚩尤冢
559	曾子墓
560	樊迟墓
561	林放墓(含问礼故址)
562	东颜林
563	光善寺塔
564	汶上文庙
565	重兴塔
566	青山寺
567	汶上关帝庙

续表

序号	全国重点文物保护单位
568	柳行东寺
569	九仙山建筑群
570	曲阜明故城城楼
571	四基山观音庙(含古树名木)
572	曹氏家祠
573	吕家宅院
574	慈孝兼完坊
575	郑氏庄园
576	石门寺建筑群
577	鱼台孔庙大殿
578	岳氏家祠
579	金乡节孝坊
580	孟母三迁祠
581	凤凰山石窟造像
582	九龙山摩崖造像石刻
583	兖州天主教堂
584	曲阜礼堂及教学楼(含考棚)
585	潘家大楼
586	牌坊街礼拜堂(含教士楼)
587	新泰市周家庄东周墓群
588	宁阳灵山寺
589	宁阳文庙
590	无梁殿
591	山西会馆
592	古石桥
593	宁阳禹王庙
594	泰山显灵宫
595	石羊汉墓群
596	共济分会旧址
597	康来饭店旧址
598	英国工程师住宅旧址
599	英国海军上将别墅旧址
600	英海军司令避暑房旧址(四眼楼)
601	英商私人住宅旧址(小红楼)
602	蒸馏所旧址

续表

序号	全国重点文物保护单位
603	泰茂洋行旧址
604	收回威海卫纪念塔
605	海星学校旧址
606	美国牙医别墅旧址
607	意人别墅旧址
608	英商别墅旧址
609	董家营遗址
610	牌孤城故城
611	五莲山光明寺
612	嬴城遗址
613	蔡家镇经幢
614	晏驾墩遗址
615	前沙沟遗址(原崔家沙沟)
616	马陵山遗址
617	蔡庄遗址
618	东高尧遗址
619	小谷城故城
620	柞城故城
621	祝丘故城(故县故城)
622	防城故城遗址
623	姑子顶遗址
624	抬头遗址
625	阳都故城
626	即邱故城
627	陈官庄遗址
628	中丘故城(诸葛城)
629	南武城故城
630	王羲之故里遗址
631	朱陈古瓷窑址
632	小皇山墓群
633	金山汉墓群
634	于公墓
635	左宝贵衣冠冢
636	信量桥
637	马头清真寺

续表

序号	全国重点文物保护单位
638	北楼迎仙桥
639	庄坞牌坊
640	吴白庄画像石墓
641	王璟御封林
642	新四军军部旧址
643	山东省政府旧址
644	山东新华书店旧址
645	乐陵文庙
646	冯李汉墓
647	南陈遗址
648	前赵遗址
649	孟洼遗址(含汉墓群)
650	莘县相庄遗址
651	临清河隈张庄明清砖窑遗址
652	肖城古遗址
653	邓庙汉画像石墓
654	堠堌汉墓
655	武训墓及祠堂
656	梁村兴国寺塔
657	阳谷文庙
658	堂邑文庙
659	高唐文庙
660	博济桥
661	莘县文庙
662	临清清真东寺
663	净觉寺
664	临清民居
665	傅氏祠堂
666	海源阁
667	魏庄石牌坊(含节孝、孝子坊)
668	海会寺(含盐运司)
669	坡里教堂
670	南街民居(张梦庚故居)
671	院庄遗址
672	吴式芬故居

续表

序号	全国重点文物保护单位
673	大觉寺
674	梁漱溟墓
675	历山古遗址
676	张堌堆遗址
677	左山寺遗址
678	戚姬寺遗址
679	凤嘴堌堆遗址
680	尧陵
681	项梁墓
682	观音寺塔
683	永丰塔
684	巨野文庙
685	苏述御史牌坊
686	东明文庙
687	打狗店遗址
688	东温桥遗址
689	东信遗址
690	董家城子遗址
691	梁王冢遗址
692	麦丘故城
693	台子刘遗址
694	西瓦屋头遗址
695	店上遗址
696	古城顶遗址
697	罗家遗址
698	泥湾头遗址
699	西朱毛遗址
700	雄崖所故城遗址
701	店子北遗址
702	店子南遗址
703	高阳故城
704	后赵遗址
705	渭一窑址
706	西顾庄遗址
707	西坡地窑址

续表

序号	全国重点文物保护单位
708	胥家庙遗址
709	薛家庄遗址
710	尧王庄遗址
711	坝上遗址
712	北台上遗址
713	北辛东北遗址
714	昌虑故城
715	仇官庄遗址
716	大康留遗址
717	东曹东遗址
718	东于遗址
719	龟山寨遗址
720	后公桥遗址
721	后黄庄遗址
722	化里遗址
723	化石沟遗址
724	梁王城遗址
725	闵楼遗址
726	南大堰遗址
727	前荆沟遗址
728	三清阁遗址
729	上徐遗址
730	时庄遗址
731	史村北遗址
732	西王宫遗址
733	西祝陈遗址
734	轩辕庄遗址
735	薛岩前遗址
736	越峰寺遗址
737	海北遗址
738	刘家遗址
739	西辛张遗址
740	北城古城
741	北村遗址
742	长行顶遗址

续表

序号	全国重点文物保护单位
743	店村遗址
744	东围子遗址
745	宫家岛烽火台
746	金山寨城址
747	南崮山龙兴寺遗址
748	蓬莱海防遗址
749	渠崖遗址
750	太平庵遗址
751	万家夼遗址
752	王家疃遗址
753	烟霞洞遗址
754	艳阳埠遗址
755	岳姑殿古庙群遗址
756	柏城向阳遗址
757	城阴城遗址
758	大荒北央盐业遗址群
759	东笔墨庄遗址
760	东利渔盐业遗址群
761	东上林东南遗址
762	东阳城马驿门遗址
763	都昌故城
764	范家庄遗址
765	公冶长书院遗址
766	广固城遗址
767	郝家庄遗址
768	火道—廒里盐业遗址群
769	乐都故城
770	留山庙遗址
771	鲁家口遗址
772	庙山遗址
773	南部遗址
774	秦家淳于遗址
775	桑犊故城遗址
776	山阳遗址
777	上院遗址

续表

序号	全国重点文物保护单位
778	王家庄子盐业遗址群
779	吴家辛兴西北遗址
780	西刘家遗址
781	下营海关衙署及下营古港
782	肖家庄遗址
783	院上遗址
784	臧台遗址
785	张家羊遗址
786	仉岗尧上遗址
787	朱虚故城
788	鄑邑故城遗址
789	安家庙遗址
790	白村遗址
791	白莲教起义旧址
792	城前遗址
793	城子窝遗址
794	春城堌堆遗址
795	董大城古城址
796	斗鸡台遗址
797	范家堂遗址
798	葛亭遗址
799	后峪遗址
800	灰城子遗址
801	济州城墙遗址
802	贾堌堆遗址
803	景灵宫遗址
804	陵南遗址
805	琉璃厂窑址
806	马家遗址
807	南雪遗址
808	栖驾峪遗址
809	前屯遗址
810	前瓦遗址
811	山阳故城
812	寿峰寺遗址

续表

序号	全国重点文物保护单位
813	泗水仲庙
814	宋家窑址
815	万柳庄遗址
816	王山遗址
817	息陬窑址
818	小南庄遗址
819	宣村遗址
820	杨辛庄遗址
821	滋阳山遗址
822	博城故城
823	藏峰寺遗址
824	南陈村北窑址
825	西太平窑址
826	义和寨寨墙
827	周明堂遗址
828	陈家庄烟墩
829	葛口矿冶遗址
830	九皋寨遗址
831	育犁故城
832	段家河薄板台遗址
833	小朱家遗址
834	汶阳遗址
835	张里街遗址
836	安门头遗址
837	东盘遗址
838	凤凰岭遗址
839	朗公寺遗址
840	涝坡城子遗址
841	卢县故城
842	鲁王台遗址
843	南武阳故城
844	邱舆故城
845	铁城遗址
846	王家坊庄遗址
847	向国故城

续表

序号	全国重点文物保护单位
848	新城遗址
849	许田故城
850	鄣国故城
851	平原郡故城
852	武庄遗址
853	北馆陶故城
854	陈公堤遗址
855	迟桥遗址
856	堌均店遗址
857	李孝堂遗址
858	聊古庙遗址
859	王菜瓜遗址
860	王集遗址
861	王宗汤遗址
862	辛庄遗址
863	滨州城墙遗址
864	陈家窑址
865	伏生祠遗址
866	惠民故城
867	孙家遗址
868	肖家遗址
869	成阳故城
870	高集遗址
871	记河寺遗址
872	荆台集遗址
873	梁王台遗址
874	麒麟台遗址
875	青邱堌堆遗址
876	汤陵遗址
877	耿家冢
878	梁家汉墓群
879	闵子骞墓
880	宁海恭和王墓
881	孙官庄孙氏家族墓
882	大架山墓群

续表

序号	全国重点文物保护单位
883	高汝登墓
884	院峪墓群
885	党村墓群
886	墓山墓群
887	前莱东南墓群
888	王鼎铭墓地
889	四角埠古墓群
890	于家垛岚墓群
891	泊庄墓群
892	大埠顶墓群
893	戴楼墓群
894	东肖汉画像石墓
895	河南古墓
896	黄福家族墓
897	黄元御墓
898	南辛古墓
899	齐胡公墓
900	齐襄公墓
901	邵庄北墓
902	神旺庄墓群
903	孙吕家古墓
904	西黄墓
905	香山墓
906	辛置墓群
907	兴福墓群
908	兴旺店墓
909	玉皇庙墓群
910	月山墓群
911	东野林
912	郭朝宾墓
913	郭东藩墓
914	孔继涑墓群
915	梁祝墓
916	刘宝墓群
917	随集墓群

续表

序号	全国重点文物保护单位
918	天宝寺张氏家族墓
919	万章墓
920	武文昌墓
921	羊山墓群
922	赵王堂墓群
923	尚书林
924	徐琛墓
925	大芹村吕氏家族墓地
926	长虹岭墓群
927	垛庄王氏家族墓
928	富饶庄墓群
929	纪王崮墓群
930	萧望之墓地
931	孝妇冢
932	毓秀山鲁王墓
933	曹冢汉墓
934	宋氏兄弟墓
935	邢侗墓
936	陈镛墓
937	傅氏家族墓
938	陶城铺魏氏家族墓
939	汪广洋家族墓
940	王旦墓
941	吴楼墓群
942	张本家族墓
943	张庄古墓
944	朱昌祚家族墓
945	蚩尤墓
946	东寺孙氏家族墓
947	范蠡墓
948	刘垓刘氏家族墓
949	伊尹墓
950	庄周墓
951	趵突泉泉群及园林建筑
952	长清县学文庙大成殿

续表

序号	全国重点文物保护单位
953	陈冕状元府
954	大峰山古建筑群
955	黑虎泉泉群及园林建筑
956	济南督城隍庙
957	灵鹫寺
958	娄家庄娄家祠堂
959	泉城路高家当铺
960	题壁堂古建筑群
961	小娄峪古建筑群
962	钟楼寺钟楼台基
963	大通宫
964	大枣园牌坊
965	海云庵
966	鹤山遇真宫
967	即墨天后宫
968	胶州城隍庙
969	李秉和庄园
970	马店砖塔
971	平度城隍庙
972	青云宫
973	天井山龙王庙
974	中间埠双塔
975	范公祠
976	公泉峪古建筑群
977	洄村古楼
978	金岭清真寺
979	魁星阁古建筑群
980	李家疃古建筑群
981	栖真观
982	淄源桥
983	孙廷铨故居
984	原山碧霞元君祠
985	原山玉皇宫
986	忠亲王祠
987	柴胡店十间楼

续表

序号	全国重点文物保护单位
988	北头都氏宗祠
989	井口天妃庙及套里古港
990	龙神祠和龙王庙
991	武霖上水门
992	霞河头庄园
993	徐镜心故居
994	丁村孟家孟氏家庙
995	东白塔陈氏家庙
996	东王松民居
997	范公亭建筑群
998	方山庙
999	傅振邦故居(含墓园)
1000	老龙湾江南亭
1001	穆村天齐庙
1002	偶园
1003	青州万年桥
1004	青州昭德古街
1005	松林书院
1006	潍县东关城墙
1007	潍县乐道院暨西方侨民集中营旧址
1008	西金台李氏民居
1009	小南孟刘氏家庙
1010	修真宫旧址
1011	保安古桥
1012	北阁山玉皇阁
1013	崔家堂楼
1014	大园戏楼
1015	东深井民居
1016	凫村古村落
1017	高李李氏民居
1018	韩垓韩氏家祠
1019	奎星楼
1020	刘韵珂故居
1021	龙山玉皇殿
1022	满庄满氏民居

续表

序号	全国重点文物保护单位
1023	苗馆桥
1024	庙东石拱桥
1025	闵子祠
1026	南夏宋古井
1027	冉子祠
1028	慎修堂
1029	汤山玉皇庙
1030	王桥刘氏民居
1031	戏楼街戏楼
1032	先贤高子祠
1033	巷里清真寺
1034	小屯李氏民居
1035	颜母祠
1036	兖州南大桥
1037	尹沟古桥
1038	迎坤桥
1039	张坊张氏家祠
1040	张垓张氏家祠
1041	常庄民居
1042	东街清真寺
1043	光明东村正觉寺
1044	护鲁山泰山行宫
1045	莲花山云谷寺
1046	青云山三官庙
1047	神童山观音庵
1048	省庄清真寺
1049	泰山区清真西大寺
1050	泰山玉泉寺
1051	桃花峪元君庙
1052	西界清真寺
1053	下旺清真寺
1054	杨家庄七圣堂
1055	中天门二虎庙
1056	竹林寺
1057	店子张氏宗祠

续表

序号	全国重点文物保护单位
1058	柳营丛氏宗祠
1059	石岛天后宫
1060	万家梁氏庄园
1061	河山石亭
1062	五色崖赵氏节孝坊
1063	丁家庄四合院
1064	九间棚
1065	平邑清真寺
1066	沂堂牌坊
1067	崔家庙千佛塔
1068	恩城文昌阁
1069	石家清真寺
1070	赵官孟氏民居
1071	朝城清真寺
1072	大宁寺大雄宝殿
1073	箍桶巷张氏民居
1074	临清县衙南门阁楼
1075	七级运河古街
1076	清平文庙
1077	清平迎旭门
1078	西街清真寺
1079	仰山书院
1080	张秋陈氏民居
1081	张秋山陕会馆
1082	杜受田故居
1083	冯安邦故居
1084	劳店玉皇庙
1085	省屯泰山行宫
1086	张映汉故居
1087	北王召苏氏家祠
1088	付庙民居
1089	前营泰山行宫
1090	宋孝子堂
1091	孙老家祠堂
1092	文馆街朱家楼院

续表

序号	全国重点文物保护单位
1093	汶西真武庙
1094	卧化塔
1095	西葛岗节孝牌坊
1096	章西田氏家祠
1097	陈庄龙兴寺丈九佛
1098	黄花山造像
1099	太甲山摩崖造像
1100	王泉摩崖造像
1101	云台寺
1102	抱犊崮摩崖造像
1103	龙牙山石刻
1104	徐庄梅花山石刻
1105	雪山摩崖造像
1106	玲珑山郑道昭题刻
1107	马庄摩崖造像
1108	姓氏源流序碑
1109	阁老顶观音造像
1110	圭山石刻
1111	神童山摩崖石刻
1112	陶山朝阳洞石刻造像
1113	海上碑
1114	雪蓑大字碑
1115	黄崖山摩崖造像
1116	黄云山摩崖造像
1117	邓庙石造像
1118	大周任史君屏盗碑
1119	田在田家族碑林
1120	车站街津浦铁道公司高级职员府邸
1121	宏济堂西记
1122	济南跳伞塔
1123	济南战役山东兵团指挥所纪念地
1124	将军庙天主教堂
1125	津浦铁路局济南机器厂旧址
1126	经二路阜成信东记
1127	经二路阜成信西记

续表

序号	全国重点文物保护单位
1128	经三路日本总领事馆旧址
1129	经四路基督教堂
1130	经四路英美烟草公司旧址
1131	经一路津浦铁道公司旧址
1132	举人王村卢氏旧居
1133	宽厚所街金家大院
1134	隆祥布店西记
1135	路大荒故居
1136	瑞蚨祥鸿记
1137	山东红卍字会诊所旧址
1138	同仁会济南医院旧址
1139	小纬二路 102 号德式别墅
1140	小纬二路 104 号德式别墅
1141	小纬二路美国领事馆旧址
1142	老舍故居
1143	李村基督教堂
1144	刘谦初故居
1145	萌山区殉国烈士纪念塔
1146	青岛朝连岛灯塔
1147	光被中学旧址
1148	杏园德式建筑
1149	杏园天主教堂
1150	淄博美术陶瓷厂旧址
1151	淄博市革命烈士陵园
1152	淄博市展览馆旧址
1153	白骨塔
1154	苏鲁豫皖边区农民抗日训练班旧址
1155	峄城基督教堂
1156	枣庄师范方楼
1157	枣庄师范铁楼
1158	中共滕县县委旧址
1159	中共刘集支部旧址
1160	北洋海军采办厅旧址
1161	崇正中学旧址
1162	丛良弼故居

续表

序号	全国重点文物保护单位
1163	基督教浸信会教堂旧址
1164	刘子琇旧居
1165	龙口港栈桥码头
1166	曲松龄旧居
1167	生明电灯股份有限公司旧址
1168	武霖基督教圣会堂
1169	烟台蚕丝专科学校旧址
1170	烟台东海关码头验货房旧址
1171	烟台市政府旧址
1172	烟台卍字会旧址
1173	养马岛张氏宗祠
1174	于学忠旧居
1175	招远金矿近代采掘基址群
1176	昌邑峡山灌区工程
1177	昌邑县抗日殉国烈士祠
1178	陈干故居(含墓园)
1179	大英烟公司旧址
1180	坊子牟山水库干支渠水利设施
1181	姜泊民居
1182	廿里堡火车站
1183	齐西民居
1184	青州基督教建筑
1185	潍河碉堡群
1186	潍县战役指挥部旧址
1187	西黄埠天主教堂
1188	夏店民居
1189	徐长庚故居
1190	大峪西渡槽
1191	红旗闸
1192	黄家街教堂
1193	济宁毛泽东思想胜利万岁展览馆
1194	济宁太白楼
1195	孔家村泗河桥
1196	孔孟诞生圣地碑
1197	梁公林提水站

续表

序号	全国重点文物保护单位
1198	尼山水库水利设施
1199	前楼曙光渠
1200	曲阜师范学院旧址
1201	双庆扬水站
1202	水河渡槽
1203	王杰纪念馆
1204	小雪影剧院
1205	兖州机务段水塔
1206	兖州毛泽东思想胜利展览馆
1207	姚村火车站
1208	张家庄换新天渡槽
1209	朱山庄扬水站
1210	萃英中学建筑群
1211	大协炮楼
1212	乐善桥
1213	前山西屯大队部
1214	泰安火车站站房
1215	总理奉安纪念碑
1216	德胜作坊楼
1217	东山路英人住宅
1218	刘公岛共济分会东住宅
1219	刘公岛基督教堂
1220	刘公岛私营商店
1221	刘公岛英国监狱
1222	刘公岛英国太平洋舰队司令部
1223	刘公岛英海军粮库职员住宅
1224	刘公岛英海军医官长官邸
1225	马石山抗日战斗遗址
1226	威海卫学校旧址
1227	文登万字会旧址
1228	新威路泰茂洋行避暑房
1229	常山庄山东省青代会会址
1230	圈里卫东大桥
1231	朝城天主教堂
1232	朝城耶稣教堂

续表

序号	全国重点文物保护单位
1233	道署西街聊城粮库
1234	古楼街天主教堂
1235	华美医院诊疗楼
1236	梁水镇范公祠
1237	临清先锋大桥
1238	沙河崖刘邓大军渡黄河指挥部旧址
1239	运东地委旧址
1240	丁河圈丁氏民居
1241	惠民英国教会医院
1242	秦董姜天主教堂
1243	八一街肖氏民居
1244	冠世榴园
1245	黑山西茅草房居落
1246	山亭石板房民居
1247	茹岚石棚
1248	东楮岛海草房
1249	广福寺银杏园
1250	大碾集遗址
1251	漕井桥
1252	大石桥
1253	大元新开会通河记碑等碑刻及闸址
1254	韩庄乾隆御碑
1255	浣笔泉遗址
1256	会通桥
1257	南阳古建筑群
1258	南阳闸、利建闸及河神庙遗址
1259	泗水泉林
1260	太和桥
1261	天井闸遗址
1262	微山古船闸
1263	夏桥
1264	辛店古闸坝遗址
1265	东平安山闸
1266	东平戴庙闸
1267	堽城坝(闸)遗址

续表

序号	全国重点文物保护单位
1268	德州码头
1269	四女寺枢纽
1270	阿城上闸
1271	阿城陶城铺闸
1272	阿城下闸
1273	戴湾闸
1274	会通闸
1275	梁乡闸
1276	临清闸
1277	临清砖闸
1278	七级码头
1279	三元阁码头
1280	辛闸
1281	月径桥
1282	周家店船闸
1283	店子桥
1284	河南村桥
1285	胶莱水闸大桥
1286	马台花石桥
1287	“南姚家水闸遗址”
1288	三成桥
1289	五龙桥
1290	闸子集桥
1291	青纱桥
1292	新河桥遗址

山东省博物馆名录

山东省(164家)

1	山东博物馆	国有	一级	济南市经十东路129号
2	济南市博物馆	国有	二级	济南市历下区经十一路30号
3	城子崖遗址博物馆	国有	无	章丘市龙山街道办事处驻地
4	章丘市博物馆	国有	三级	山东省章丘市博物馆(清照路135号)
5	济南市历城区博物馆	国有	无	济南市历城区仲宫镇龙山路51号

续表

6	济南市历城区辛弃疾纪念馆	国有	无	济南市历城区遥墙镇四风闸村南
7	济南市长清区博物馆	国有	三级	济南市经十西路17017号
8	平阴县博物馆	国有	无	平阴县府前街77号
9	济阳县博物馆	国有	无	济阳县老城街27号
10	商河县博物馆	国有	无	商河县长青东路
11	中共山东省党史陈列馆	国有	无	山东省济南市共青团路3号
12	济南战役纪念馆	国有	无	济南市英雄山路18号
13	山东大学博物馆	国有	无	山东省济南市山大南路27号知新楼A座
14	山东省邮电博物馆	国有	无	济南市经三路77号
15	山东华夏匾额博物馆	民办	无	济南市市中区济微路389号
16	青岛市博物馆	国有	一级	青岛市崂山区梅岭东路51号
17	青岛德国总督楼旧址博物馆	国有	三级	青岛市龙山路26号
18	青岛市民俗博物馆	国有	无	青岛市太平路19号
19	胶州市博物馆	国有	三级	山东省胶州市兰州东路113号
20	即墨市博物馆	国有	三级	即墨中山街48号
21	胶南市博物馆	国有	无	胶南市文化路103号
22	莱西市博物馆	国有	无	莱西市上海西路17号
23	中国海军博物馆	国有	二级	山东省青岛市市南区莱阳路8号
24	青岛啤酒博物馆	国有	二级	青岛市登州路56号
25	青岛海产博物馆	国有	二级	山东省青岛市市南区莱阳路2号
26	青岛消防博物馆	国有	三级	青岛金湖路16号
27	青岛德国监狱旧址博物馆	国有	无	青岛市市南区常州路21号
28	奥帆博物馆	国有	无	山东省青岛市新会路1号(奥帆中心内)
29	中共青岛地方支部旧址纪念馆	国有	无	青岛市市北区海岸路18号
30	青岛市革命烈士纪念馆	国有	无	青岛市市南区芝泉路六号
31	青岛技术博物馆	国有	无	青岛市黄岛区钱塘江路369号
32	青岛市康有为故居纪念馆	国有	无	青岛市市南区福山支路5号
33	崂山茶博物馆	国有	无	青岛市崂山区王哥庄街道晓望社区崂山茶博物馆
34	青岛纺织博物馆	国有	无	青岛市市北区辽宁路80号
35	青岛市口腔医学博物馆	国有	无	山东省青岛市市南区德县路17号
36	双星鞋文化博物馆	国有	无	青岛市市南区瞿塘峡路49号
37	莱西市胶东民俗文化博物馆	民办	无	莱西市石岛中路77号
38	胶州九兴博物馆	民办	无	胶州湾工业园二区株洲路
39	淄博市博物馆	国有	二级	淄博市张店区商场西街153号
40	齐国故城遗址博物馆	国有	二级	淄博市临淄区齐都镇张皇路7号
41	蒲松龄纪念馆	国有	三级	山东省淄博市淄川区洪山镇蒲家庄

续表

42	淄博市陶瓷博物馆	国有	无	张店区西四路119号
43	淄川博物馆	国有	无	山东省淄博市淄川区松龄东路262号
44	沂源博物馆	国有	无	沂源县城鲁山路西首文化中心
45	桓台博物馆	国有	无	桓台县索镇中心大街796号
46	王士禛纪念馆	国有	无	山东省淄博市桓台县新城镇新立村
47	博山陶瓷琉璃艺术博物馆	国有	无	博山区西冶街南首17号(艺缘阁院内)
48	淄博市博山区赵执信纪念馆	国有	无	山东省淄博市博山区秋谷路26号
49	临淄中国古车博物馆	国有	无	淄博市临淄区齐陵街道办事处
50	淄博市黑铁山抗日武装起义纪念馆	国有	无	淄博市高新区卫固镇太平村
51	博山焦裕禄纪念馆	国有	无	博山区源泉镇北崮山村
52	临淄足球博物馆	国有	无	山东省淄博市临淄区临淄大道759号
53	淄博艺术博物馆	民办	无	山东省淄博市周村区银子市街
54	枣庄市博物馆	国有	三级	枣庄市市中区龙庭路14号
55	滕州市博物馆	国有	三级	山东省滕州市学院路82号
56	滕州市汉画像石馆	国有	无	府前东路1号龙泉广场正北侧
57	王学仲艺术馆	国有	无	滕州市塔寺街20号王学仲艺术馆
58	台儿庄大战纪念馆	国有	无	台儿庄区沿河南路6号
59	台儿庄战史陈列馆	国有	无	台儿庄区文化路119号
60	枣庄市峄城区博物馆	国有	无	峄城区峄山中路2号
61	鲁南民俗博物馆	国有	无	山东省枣庄市薛城区泰山中路
62	滕州市墨子纪念馆	国有	无	滕州市塔寺路78号
63	鲁南人民抗日武装起义纪念馆	国有	无	山东省滕州市大坞镇仁山村
64	滕州市鲁班纪念馆	国有	无	滕州市龙泉文化广场
65	滕州市砚台博物馆	国有	无	滕州市龙泉文化广场
66	东营市历史博物馆	国有	二级	山东省东营市广饶县月河路270号
67	利津县博物馆	国有	无	山东省东营市利津县大桥路999号
68	垦利县博物馆	国有	无	山东省东营市垦利县群众文化中心A座
69	东营市渤海垦区革命纪念馆	国有	无	山东省东营市永安镇人民政府驻地
70	山东黄河三角洲国家级自然保护区湿地博物馆	国有	无	山东东营市东营区东城沂河路258号
71	东营市黄河古韵博物馆	民办	无	山东省东营市东营区菏泽路186号
72	烟台市博物馆	国有	二级	山东省烟台市芝罘区毓岚街2号
73	龙口市博物馆	国有	三级	龙口市东莱街137号
74	登州博物馆	国有	三级	山东省蓬莱市迎宾路59号
75	莱州市博物馆	国有	无	山东省莱州市府前西街666号
76	海阳市博物馆	国有	无	海阳市文山街11号

续表

77	莱阳市博物馆	国有	无	莱阳市大寺街 045 号
78	招远市博物馆	国有	无	招远市府前路 128 号
79	长岛县博物馆	国有	无	长岛县黄山路 1 号
80	长岛航海博物馆	国有	无	长岛县庙岛村
81	王懿荣纪念馆	国有	无	烟台市福山区产业区盐场居委会 816 号
82	烟台市牟平区博物馆	国有	无	山东省烟台市牟平区文化街道办事处东楼路 39 号内
83	蓬莱古船博物馆	国有	无	蓬莱市迎宾路 59 号
84	栖霞市地质文化奇石博物馆	国有	无	山东省栖霞市霞光路 19 号
85	烟台张裕酒文化博物馆	国有	二级	山东省烟台市芝罘区大马路 56 号
86	青州市博物馆	国有	一级	青州市范公亭西路 1 号
87	潍坊市博物馆	国有	二级	山东省潍坊市高新区东风东街 6616 号
88	诸城市博物馆	国有	二级	诸城市和平北街 125 号
89	临朐山旺古生物化石博物馆	国有	三级	临朐县山旺路 80 号
90	潍坊十笏园博物馆	国有	无	潍坊市潍城区胡家牌坊街 49 号
91	陈介祺故居陈列馆	国有	无	潍坊市潍城区芙蓉街北首万印楼
92	郭味蕖故居陈列馆	国有	无	潍城区岳王庙街 64 号
93	高密市博物馆	国有	无	高密市康成大街东首文体公园内
94	寿光市博物馆	国有	无	寿光市金海南路 181 号
95	安丘市博物馆	国有	无	山东省安丘市潍安路 65 号
96	昌邑市博物馆	国有	无	山东省昌邑市利民街 5 号
97	潍坊风筝博物馆	国有	无	潍坊市奎文区行政街 66 号
98	济宁市博物馆	国有	三级	济宁市市中区古槐路 38 号
99	邹城博物馆	国有	三级	邹城市顺河路 56 号
100	兖州市博物馆	国有	三级	山东省济宁市兖州市文化东路 53 号
101	济宁市李白纪念馆	国有	无	济宁市市中区太白楼中路 33 号
102	曲阜市孔子博物院	国有	三级	曲阜市东华门大街 1 号
103	曲阜市汉魏碑刻陈列馆	国有	无	山东省曲阜市后作街
104	汶上县中都博物馆	国有	无	汶上县城宝相寺路 499 号
105	梁山县博物馆	国有	无	梁山县城水泊东路 43 号
106	金乡县鲁西南战役纪念馆	国有	无	金乡县羊山镇政府驻地
107	曲阜汉画艺术博物馆	民办	无	西马道南城墙
108	泰安市博物馆	国有	二级	山东省泰安市泰山区朝阳街 7 号(岱庙内)
109	冯玉祥泰山纪念馆	国有	无	普照寺路北首
110	东平县博物馆	国有	无	东平县佛山街西首
111	宁阳县博物馆	国有	无	山东省泰安市宁阳县县城东街 859 号
112	泰安市泰山民俗博物馆	民办	无	泰安市环山路三合村韩家岭 37 号

续表

113	中国甲午战争博物馆	国有	一级	威海市刘公岛
114	威海市博物馆	国有	三级	威海市文化艺术中心三楼
115	荣成博物馆	国有	三级	山东省荣成市成山大道东段28号
116	文登市博物馆	国有	三级	山东省文登市文山东路东首博展中心
117	文登市天福山起义纪念馆	国有	无	文登市文登营镇天福山
118	日照市博物馆	国有	三级	日照市烟台路33号
119	莒县博物馆	国有	二级	山东省莒县振兴东路208号
120	五莲县博物馆	国有	无	山东省日照市五莲县城关文化路西首
121	莱芜市博物馆	国有	无	莱芜市凤凰北路43号
122	莱芜战役纪念馆	国有	无	莱芜市莱城区汶阳大街43号英雄路北首
123	临沂市博物馆	国有	二级	山东省临沂市北城新区临沂市博物馆
124	临沂市银雀山汉墓竹简博物馆	国有	三级	临沂市兰山区沂蒙路212号市委院内
125	洗砚池晋墓博物馆	国有	无	临沂市洗砚池街21号
126	沂南县博物馆	国有	无	山东省沂南县人民路西首(卧龙源北侧)
127	沂南县北寨汉画像石墓博物馆	国有	无	沂南县城西北寨村内
128	沂南县诸葛亮故里纪念馆	国有	无	沂南县砖埠镇孙家黄疃村
129	山东省战时工作推行委员会纪念馆	国有	无	山东省临沂市沂南县青驼镇政府驻地
130	平邑县博物馆	国有	无	山东省平邑县莲花山公园内
131	沂水县博物馆	国有	无	沂水县正阳路6号
132	莒南县博物馆	国有	无	山东省莒南县城黄海路80号
133	山东省政府旧址和八路军115师司令部旧址纪念馆	国有	无	莒南县大店镇中心街128号
134	临沂市河东区新四军军部旧址纪念馆	国有	无	临沂市河东区九曲街道前河湾村
135	孟良崮战役纪念馆	国有	无	蒙阴县垛庄镇古泉社区英雄路001号
136	沂蒙革命历史博物馆	国有	无	临沂市兰山区陵园前街4号
137	山东省天宇自然博物馆	国有	无	平邑县城莲花山路西段
138	德州市博物馆	国有	无	德州市东方红东路566号(东方红路东路与长河大道交汇处)
139	禹城市禹王亭博物馆	国有	无	市区西北四公里
140	临邑县邢侗纪念馆	国有	无	临邑县邢侗公园内
141	乐陵市宋哲元纪念馆	国有	无	山东省乐陵市云红街道
142	聊城市博物馆	国有	无	山东省聊城市东昌府区双街55号
143	聊城运河文化博物馆	国有	无	聊城市东昌西路88号
144	聊城市傅斯年陈列馆	国有	无	聊城市东关大街11号
145	临清市博物馆	国有	无	临清市温泉路中段文化中心
146	高唐县博物馆	国有	无	山东省高唐县文化广场南邻李苦禅艺术馆一楼

续表

147	莘县博物馆	国有	无	莘县新华路45号
148	孔繁森同志纪念馆	国有	三级	聊城市繁森路1号
149	临清市张自忠将军纪念馆	国有	无	临清市温泉路临清文化中心
150	聊城明清圣旨博物馆	民办	无	山东省聊城市古楼南大街74号
151	博兴县博物馆	国有	三级	博兴县胜利二路文化广场西南
152	惠民博物馆	国有	无	惠民县故园路21号
153	无棣县博物馆	国有	无	无棣县城新区文化中心镜湖东路
154	菏泽市博物馆	国有	三级	山东省菏泽市华英路537号
155	鲁西南民俗博物馆	国有	无	菏泽市开发区天香路新天地公园内
156	鲁锦博物馆	国有	无	山东省鄄城县开发区潍坊路中段
157	定陶县博物馆	国有	无	定陶县建华路东段路北
158	东明县博物馆	国有	无	东明县南华路南段
159	巨野县博物馆	国有	无	巨野县文庙街8号
160	单县博物馆	国有	无	山东省单县向阳东路文化中心
161	曹县商都博物馆	国有	无	曹县开发区
162	成武县博物馆	国有	无	成武县永顺街北段
163	冀鲁豫边区革命纪念馆	国有	无	菏泽市丹阳路1111号
164	鲁西南战役指挥部旧址纪念馆	国有	无	山东省菏泽市郓城县临城路东段

文物行政处罚文书

山东省文物行政处罚相关法律文书填写说明

1.法律文书的份数应当根据办理案件的实际情况确定。执法文书首页不够记录时，可以附纸记录，但应当注明页码，由相关人员签名并注明日期。

2.法律文书中“案由”应填写“违法单位(人)＋违法行为定性＋案”，例如：××公司擅自在文物保护单位保护范围内进行建设工程案。

在立案和调查取证阶段文书中“案由”应填写：“违法单位(人)＋涉嫌＋违法行为定性＋案”。

3.法律文书中当事人情况应当按如下要求填写：

(1)当事人为个人的，姓名应填写身份证或户口簿上的姓名；住址应填写常住地址；年龄应以公历周岁为准。

(2)当事人为法人或者其他组织的，填写的单位名称、法定代表人(负责人)、地址等事项应与工商登记注册信息一致。

(3)当事人姓名(名称)应前后一致。

4.法律文书中执法机构、处罚机关的审核或审批意见应表述明确，没有歧义。

5.案卷(首页)中的“处理结果”应填写结案或未结案。“归档号”应当区分年度，按照一案一卷，一案一号的原则立卷编号，如“2008005号”。

6.法律文书案号统一为“行政区划简称＋处罚机关简称＋法律文书简称＋年份＋序号”。具体为：表二，××文物停通字；表三，××文物停工通字；表四，××文物当罚字；表九，××文物登保通字；表十二，××文物登处通字；表十五，××文物罚告字；表十七，××文物听通字；表二十，××文物罚决字；表二十一，××文物责改通字；表二十三，××文物缴批字；表二十九，××文物案移字。

7.询问笔录、现场检查笔录、听证笔录等文书，应当场交当事人阅读或向当事人宣读，并由当事人逐页签字或盖章确认。当事人拒绝签字盖章或拒不到场的，执法人员应当在笔录中注明，并可以邀请在场的其他人员签字。

8.举报登记表中“举报人”应如实填写个人姓名或单位名称，匿名举报的填写匿名；联系方式应填写联系电话，能明确地址的还应填写地址；举报形式填写电话、信件等。

9.当场处罚决定书中“违法事实”应填写违法行为发生的时间、地点，违法行为的情节、性质、手段及危害后果等情况；“处罚依据”应填写作出处罚所依据的法律、法规的全称并具体到条、款、项、目；“处罚决定”应当具体、明确、清楚。

10.立案审批表中“案件来源”应当按照检查发现、群众举报、上级交办、有关部门移送、媒体曝光、违法行为人交代等情况据实填写；“违法事实”应填写当事人涉嫌违法的事实、证据等简要情况以及涉嫌违反的相关法律规定。

11.询问笔录应当记录被询问人提供的与案件有关的全部情况，包括案件发生的时间、地点、情形、事实经过、因果关系及后果等。询问时应当有两名以上执法人员在场，并做到一个被询问人一份笔录，一问一答。询问人提出的问题，如被询问人不回答或者拒绝回答的，应当写明被询问人的态度，如“不回答”或“沉默”等，并用括号标记。

12.现场检查笔录要对所检查的物品名称、数量、包装形式、规格或所检查的现场具体地点、范围、状况等作全面、客观、准确的记录。需要绘制平面图的，可另附纸。对现场绘制的平面图、拍摄的照片和摄像、录音等资料应当在笔录中注明。

13.先行登记保存证据审批表中“先行登记保存证据种类”应填写书证、物证、视听资料等，并注明证据的具体名称；“保存条件”应填写室内保存或室外保存。处罚机关应当根据需要选择就地或异地保存，可以在登记保存的相关物品和场所加贴封条，封条应当标明日期，并加盖处罚机关印章。

14.先行登记保存证据清单中的项目应根据登记保存证据的实际情况填写，没有的可以不填。

15.证物处理审批表中“承办意见”应填写调查人员对登记保存证据的处理意见（如：继续保存、退还等）及原因。

16.先行登记保存证据处理通知书中对证据物品的处理应填写继续保存、退还等，如有其他处理意见也应写明。

17.调查终结报告中“处理意见”应当由执法人员根据案件调查情况和有关法律、法规的规定提出处理意见。据以立案的违法事实不存在的，应当写明建议终结调查并结案等内容，并附结案报告、案件处理呈批表；对依法应给予行政处罚的，应当写明给予行政处罚的种类、幅度及法律依据等；“执法机构意见”应当写明具体审核意见，由负责人签名或同时加盖审核机构印章；“审批意见”由文物行政处罚机关负责人写明意见，对重大、复杂或者争议较大的案件，处罚机关负责人应当集体讨论，对案件进行分析和审议，并附重大案件集体讨论记录。

18.行政处罚告知书中，对拟作出责令停产停业、吊销许可证或者执照，对公民处以500元以上罚款，对法人或者其他组织处以20000元以上罚款的行政处罚的，应写明当事人享有要求举行听证的权利。

19.行政处罚听证会通知书应当在听证的七日前送达当事人。

20.听证笔录中“记录”应填写案件调查人员提出的违法事实、证据和处罚意见，当事人陈述、申辩的理由以及是否提供新的证人证言及其他证据、质证过程等内容。

案件调查人员、当事人或其委托代理人应当在笔录上逐页签名并在尾页注明日期；证人应当在记录其证言之页签名。

21.听证意见书中“听证会基本情况摘要”应当填写听证会的时间、地点、案由、听证参加人的基本情况、听证认定的事实、证据;“听证结论及处理意见”应当由听证主持人根据听证情况,对拟作出的行政处罚决定所依据的事实、理由、法律法规做出评判并提出倾向性处理意见。听证主持人向处罚机关负责人提交意见书时,应当附听证笔录。

22.行政处罚决定书中对违法事实的描述应当全面、客观,阐明违法行为的基本事实,即何时、何地、何人、采取何种方式或手段、产生何种行为后果等;列举证据应当注意证据的证明力,对证据的作用和证据之间的关系进行说明;应当对当事人陈述申辩意见的采纳情况及理由予以说明;对经过听证程序的,文书中应当载明;作出处罚决定所依据的法律、法规、规章应当写明全称,列明适用的条、款、项、目;有从轻或者减轻情节,依法予以从轻或减轻处罚的,应当写明。

23.结案报告应当对案件的办理情况进行总结,对给予行政处罚的,写明处罚决定的内容及执行情况;不予行政处罚的应当写明理由。

结案报告中应提出结案申请,并附案件处理呈批表。

24.案件处理呈批表中“报批意见”应填写结案或者移送其他机关处理,并简要说明原因。拟移送其他机关处理的,应附案件移送审批表。

25.需要交付当事人的法律文书中设有签收栏的,由当事人直接签收;也可以由其成年直系亲属代签收。

法律文书中没有签收栏的,应当使用送达回证。送达回证中“受送达人”指案件当事人;“送达人”指处罚机关的执法人员或处罚机关委托的有关人员;“送达方式”应填写直接送达、留置送达、委托送达、邮寄送达、转交送达、公告送达,采用的送达方式均应符合民事诉讼法等有关法律法规的规定;“收件人”不是当事人时,应当在备注栏中注明与当事人的关系。

26.不能随文书立卷装订的音像或实物证据在备考表“本案卷需要说明的情况”中注明制作、收集的时间、地点、内容、数量、责任人及存放地点等内容。

山东省文物局行政审批项目目录

序号	项目名称	子项名称	实施依据	实施对象	承办机构	收费(征收)依据和标准
1	市级以上文物保护单位保护范围内其他建设工程或爆破、钻探、挖掘等作业审批	无	1.《文物保护法》(1982年11月通过,2013年6月修订)第十七条:"文物保护单位的保护范围内不得进行其他建设工程或者爆破、钻探、挖掘等作业。但是,因特殊情况需要在文物保护单位的保护范围内进行其他建设工程或者爆破、钻探、挖掘等作业的,必须保证文物保护单位的安全,并经核定公布该文物保护单位的人民政府批准,在批准前应当征得上一级人民政府文物行政部门同意;在全国重点文物保护单位的保护范围内进行其他建设工程或者爆破、钻探、挖掘等作业的,必须经省、自治区、直辖市人民政府批准,在批准前应当征得国务院文物行政部门同意。" 2.《国务院关于进一步做好旅游等开发建设活动中文物保护工作的意见》(国发〔2012〕63号):"严格履行涉及文物的旅游等开发建设活动审批。要加强各级文物保护单位的规划编制工作,提高规划的科学性。各地编制旅游等开发建设规划要符合城乡规划,并与文物保护单位的规划相衔接,坚持文物保护优先,把文物安全放在首位。旅游等开发建设项目要严格履行基本建设审批程序。在文物保护单位和历史文化街区、村镇以及历史建筑的保护范围和建设控制地带内实施建设工程的,要事先依法征得文物行政部门同意,报城乡规划部门批准;未经文物行政部门同意的,不得立项,更不得开工建设。" 3.《山东省人民政府关于贯彻落实国发〔2012〕63号文件进一步做好旅游等开发建设活动中文物保护工作的通知》(鲁政发〔2013〕9号):"在文物保护单位和历史文化街区、村镇以及历史建筑的保护范围和建设控制地带内实施建设工程的,要事先依法征得文物行政部门同意,报城乡规划部门批准;未经文物行政部门同意的,不得立项,更不得开工建设。"	公民、行政机关、事业单位、企业、社会团体、其他组织	文物保护处与考古处、大遗址保护处	是;国家计委、财政部、国家文物局(90)文物字第248号文件及附件《考古调查、勘探、发掘经费预算定额管理办法》
2	省级文物保护单位建设控制地带内建设工程设计方案审批	无	1.《文物保护法》(1982年11月通过,2013年6月修订)第十八条:"在文物保护单位的建设控制地带内进行建设工程,不得破坏文物保护单位的历史风貌;工程设计方案应当根据文物保护单位的级别,经相应的文物行政部门同意后,报城乡建设规划部门批准。" 2.《山东省历史文化名城保护条例》第十五条:"在保护规划确定的建设控制地带内进行建设的,建设项目设计方案在报城市规划行政主管部门批准前,应当先经文物行政管理部门审查同意。"	公民、行政机关、事业单位、企业、社会团体、其他组织	文物保护处与考古处、大遗址保护处	无
3	省级文物保护单位原址保护措施审批	无	《文物保护法》(1982年11月通过,2013年6月修订)第二十条:"……建设工程选址,应当尽可能避开不可移动文物;因特殊情况不能避开的,对文物保护单位应当尽可能实施原址保护。实施原址保护的,建设单位应当事先确定保护措施,根据文物保护单位的级别报相应的文物行政部门批准,并将保护措施列入可行性研究报告或者设计任务书。"	公民、行政机关、事业单位、企业、社会团体、其他组织	文物保护处与考古处、大遗址保护处	无

续表

序号	项目名称	子项名称	实施依据	实施对象	承办机构	收费(征收)依据和标准
4	省级文物保护单位保护工程审批	1. 迁移或拆除省级以下(含省级)文物保护单位审批	1.《文物保护法》(1982 年 11 月通过,2013 年 6 月修订)第二十条:“……无法实施原址保护,必须迁移异地保护或者拆除的,应当报省、自治区、直辖市人民政府批准;迁移或者拆除省级文物保护单位的,批准前须征得国务院文物行政部门同意。全国重点文物保护单位不得拆除;需要迁移的,须由省、自治区、直辖市人民政府报国务院批准。” 2.《山东省历史文化名城保护条例》第二十七条:“历史文化名城中的文物古迹和重要人文景观,必须按照文物保护法律、法规的规定严加保护,及时修缮。被核定为文物保护单位的革命遗址、纪念建筑物、古墓葬、古建筑、石刻等,在进行修缮、保养、迁移的时候,必须遵守不改变文物原状的原则,其修缮计划和施工方案须按规定经文物行政管理部门批准。” 3.《文物保护工程管理办法》(2003 年中华人民共和国文化部令第 26 号)第十一条:“迁移工程按《中华人民共和国文物保护法》第二十条的规定获得批准后,按本办法第十条的规定报批勘察设计方案。”《文物保护工程管理办法》(2003 年 4 月文化部令第 26 号)第十条:“省、自治区、直辖市级文物保护单位保护工程以文物所在地的市、县级文物行政部门为申报机关,省、自治区、直辖市文物行政部门为审批机关。” 4.《山东省文物保护条例》(2010 年 9 月通过)第二十条:“对文物保护单位进行修缮、迁移、重建,应当履行法定审批程序,并严格执行修缮计划和工程设计、施工方案;确需变更的,应当经原审批机关批准。”	公民、行政机关、事业单位、企业、社会团体、其他组织	文物保护处与考古处、大遗址保护处	无
		2. 省级文物保护单位修缮审批	1.《文物保护法》(1982 年 11 月通过,2013 年 6 月修订)第二十一条:“对文物保护单位进行修缮,应当根据文物保护单位的级别报相应的文物行政部门批准;对未核定为文物保护单位的不可移动文物进行修缮,应当报登记的县级人民政府文物行政部门批准。” 2.《文物保护法实施条例》(2003 年 5 月国务院令第 377 号)第十八条:“文物行政主管部门在审批文物保护单位的修缮计划和工程设计方案前,应当征求上一级人民政府文物行政主管部门的意见。” 3.《山东省历史文化名城保护条例》第二十七条:“历史文化名城中的文物古迹和重要人文景观,必须按照文物保护法律、法规的规定严加保护,及时修缮。被核定为文物保护单位的革命遗址、纪念建筑物、古墓葬、古建筑、石刻等,在进行修缮、保养、迁移的时候,必须遵守不改变文物原状的原则,其修缮计划和施工方案须按规定经文物行政管理部门批准。” 4.《文物保护工程管理办法》(2003 年 4 月文化部令第 26 号)第十条:“省、自治区、直辖市级文物保护单位保护工程以文物所在地的市、县级文物行政部门为申报机关,省、自治区、直辖市文物行政部门为审批机关。” 5.《山东省文物保护条例》(2010 年 9 月通过)第二十条:“对文物保护单位进行修缮、迁移、重建,应当履行法定审批程序,并严格执行修缮计划和工程设计、施工方案;确需变更的,应当经原审批机关批准。”	公民、行政机关、事业单位、企业、社会团体、其他组织	文物保护处与考古处、大遗址保护处	无

续表

序号	项目名称	子项名称	实施依据	实施对象	承办机构	收费(征收)依据和标准
4	省级文物保护单位保护工程审批	3.省级以下(含省级)文物保护单位和其他不可移动文物原址重建许可	1.《文物保护法》(1982年11月通过,2013年6月修订)第二十二条:“不可移动文物已经全部毁坏的,应当实施遗址保护,不得在原址重建。但是,因特殊情况需要在原址重建的,由省、自治区、直辖市人民政府文物行政部门报省、自治区、直辖市人民政府批准;全国重点文物保护单位需要在原址重建的,由省、自治区、直辖市人民政府报国务院批准。” 2.《文物保护工程管理办法》(2003年4月文化部令第26号)第十二条:“因特殊情况需要在原址重建已经全部毁坏的不可移动文物的,按《中华人民共和国文物保护法》第二十二条的规定获得批准后,按本办法第十条的规定报批勘察设计方案。”《文物保护工程管理办法》(2003年4月文化部令第26号)第十条:“省、自治区、直辖市级文物保护单位保护工程以文物所在地的市、县级文物行政部门为申报机关,省、自治区、直辖市文物行政部门为审批机关。” 3.《山东省文物保护条例》(2010年9月通过)第二十条:“对文物保护单位进行修缮、迁移、重建,应当履行法定审批程序,并严格执行修缮计划和工程设计、施工方案;确需变更的,应当经原审批机关批准。”	公民、行政机关、事业单位、企业、社会团体、其他组织	文物保护处与考古处、大遗址保护处	无
		4.保护性设施建设、保养维护、抢险加固工程等审批	1.《山东省文物保护条例》(2010年9月通过)第二十条:“对文物保护单位进行修缮、迁移、重建,应当履行法定审批程序,并严格执行修缮计划和工程设计、施工方案;确需变更的,应当经原审批机关批准。”第二十一条:“文物保护工程实行项目审批制度。凡不符合国家文物保护工程管理规定或者经专家论证否决的项目,县级以上人民政府文物行政部门不予批准,财政部门不予拨款。” 2.《山东省历史文化名城保护条例》第二十七条:“历史文化名城中的文物古迹和重要人文景观,必须按照文物保护法律、法规的规定严加保护,及时修缮。被核定为文物保护单位的革命遗址、纪念建筑物、古墓葬、古建筑、石刻等,在进行修缮、保养、迁移的时候,必须遵守不改变文物原状的原则,其修缮计划和施工方案须按规定经文物行政管理部门批准。” 3.《文物保护工程管理办法》(2003年4月文化部令第26号)第五条:“文物保护工程分为:保养维护工程、抢险加固工程、修缮工程、保护性设施建设工程、迁移工程等。”第十条:“省、自治区、直辖市级文物保护单位保护工程以文物所在地的市、县级文物行政部门为申报机关,省、自治区、直辖市文物行政部门为审批机关。”	公民、行政机关、事业单位、企业、社会团体、其他组织	文物保护处与考古处、督察执法处、大遗址保护处	无
		5.省级文物保护单位保护工程验收	1.《山东省文物保护条例》(2010年9月通过)第二十条:“文物保护工程应当接受审批机关的监督和指导,工程竣工后,由审批机关组织验收。” 2.《文物保护工程管理办法》(2003年中华人民共和国文化部令第26号)第二十二条:“文物保护工程应当按工序分阶段验收。重大工程告一段落时,项目的审批机关应当组织或者委托有关单位进行阶段验收。” 3.《文物保护工程管理办法》(2003年中华人民共和国文化部令第26号)第二十三条:“工程竣工后,由业主单位会同设计单位、施工单位、监理单位对工程质量进行验评,并提交工程总结报告、竣工报告、竣工图纸、财务决算书及说明等资料,经原申报机关初验合格后报审批机关。项目的审批机关视工程项目的实际情况成立验收小组或者委托有关单位,组织竣工验收。”	公民、行政机关、事业单位、企业、社会团体、其他组织	文物保护处与考古处、督察执法处大遗址保护处	无

续表

序号	项目名称	子项名称	实施依据	实施对象	承办机构	收费(征收)依据和标准
5	非国有文物收藏单位和其他单位借用国有馆藏二级及以下文物举办展览许可	无	1.《文物保护法》(1982 年 11 月通过,2013 年 6 月修订)第四十条:"……非国有文物收藏单位和其他单位举办展览需借用国有馆藏文物的,应当报主管的文物行政部门批准;借用国有馆藏一级文物,应当经国务院文物行政部门批准。" 2.《山东省文物保护条例》(2010 年 9 月通过)第三十八条:"……非国有文物收藏单位和其他单位举办展览需借用国有馆藏文物的,应当报省人民政府文物行政部门批准;借用国有馆藏一级文物,应当依法经国务院文物行政部门批准。"	机关、事业单位、企业、社会组织	博物馆与社会文物处	无
6	已建立馆藏文物档案的国有文物收藏单位之间交换馆藏二级及以下文物许可	无	1.《文物保护法》(1982 年 11 月通过,2013 年 6 月修订)第四十一条:"已经建立馆藏文物档案的国有文物收藏单位,经省、自治区、直辖市人民政府文物行政部门批准,并报国务院文物行政部门备案,其馆藏文物可以在国有文物收藏单位之间交换;交换馆藏一级文物的,必须经国务院文物行政部门批准。" 2.《山东省文物保护条例》(2010 年 9 月通过)第三十九条:"调拨国有馆藏文物,应当报省人民政府文物行政部门批准。"	机关、事业单位、企业、社会组织	博物馆与社会文物处	无
7	运送、邮寄、携带文物出境审核	无	1.《文物保护法》(1982 年 11 月通过,2013 年 6 月修订)第六十一条:"文物出境,应当经国务院文物行政部门指定的文物进出境审核机构审核。经审核允许出境的文物,由国务院文物行政部门发给文物出境许可证,从国务院文物行政部门指定的口岸出境。" 2.《文物保护法实施条例》(2003 年 5 月国务院令第 377 号,2013 年 12 月修订)第四十五条:"运送、邮寄、携带文物出境,应当在文物出境前依法报文物进出境审核机构审核。" 3. 文物进出境审核管理办法(2007 年 7 月文化部令第 42 号)第三条:"文物进出境审核机构由国家文物局和省级人民政府联合组建。省级人民政府应当保障文物进出境审核机构的编制、办公场所及工作经费。国家文物局应当对文物进出境审核机构的业务经费予以补助。"第七条:"文物进出境审核机构的日常管理工作由所在地省级文物主管部门负责。省级文物主管部门应当制定相关管理制度,并报国家文物局备案。"第九条:"运送、邮寄、携带文物出境,应当在文物出境前填写文物出境申请表,报文物进出境审核机构审核。文物进出境审核机构应当自收到文物出境申请之日起 15 个工作日内作出是否允许出境的审核意见。"	机关、事业单位、企业、社会组织、公民	博物馆与社会文物处	无
8	修复、复制、拓印馆藏三级以上文物许可	1. 修复、复制、拓印馆藏一级文物审核 2. 修复、复制、拓印馆藏二级、三级文物许可	《文物保护法实施条例》(2003 年 5 月国务院令第 377 号,2013 年 12 月修订)第三十二条:"修复、复制、拓印馆藏二级文物和馆藏三级文物的,应当报省、自治区、直辖市人民政府文物行政主管部门批准;修复、复制、拓印馆藏一级文物的,应当经省、自治区、直辖市人民政府文物行政主管部门审核后报国务院文物行政主管部门批准。"	机关、事业单位、企业、社会组织	博物馆与社会文物处	无

续表

序号	项目名称	子项名称	实施依据	实施对象	承办机构	收费(征收)依据和标准
9	博物馆馆藏二级及以下藏品取样审批	无	1.《国务院对确需保留的行政审批项目设定行政许可的决定》(2004 年 6 月国务院令第 412 号)第 464 项:“博物馆藏品取样审批”实施机关为国家文物局、省级人民政府文物行政主管部门。 2.《博物馆藏品管理办法》(1986 年 6 月文化部颁布)第二十三条:“因藏品保护或科学研究的特殊需要,必须从藏品上取下部分样品进行分析化验时,由馆长或其授权的人员组织技术人员会同藏品保管部门共同制订具体方案。一级藏品一般不予取样,尽量使用时代、类型、质地相同的其他藏品替代。必须使用一级品原件进行分析化验的,其取样方案,须报文化部文物局审批。其他藏品的取样方案由省、自治区、直辖市文物行政管理部门审批。”	机关、事业单位、企业、社会组织、公民	博物馆与社会文物处	无
10	文物保护工程资质审批	1. 文物保护工程资质(勘察设计、监理乙级以下和施工二级以下)审批	1.《文物保护法》(1982 年 11 月通过,2013 年 6 月修订)第二十一条:“文物保护单位的修缮、迁移、重建,由取得文物保护工程资质证书的单位承担。” 2.《文物保护法实施条例》(2003 年 5 月国务院令第 377 号,2013 年 12 月修订)第十七条:“申领文物保护工程资质证书,应当向省、自治区、直辖市人民政府文物行政主管部门或者国务院文物行政主管部门提出申请。文物保护工程资质等级的分级标准和审批办法,由国务院文物行政主管部门制定。” 3.《文物保护工程勘察设计资质管理办法(试行)》(2014 年 4 月文物保发〔2014〕13 号)第五条:“文物保护工程勘察设计资质等级分为甲、乙、丙级。”第六条:“……省级文物主管部门负责审定本辖区注册企、事业单位的文物保护工程勘察设计乙、丙级资质,颁发相应的资质证书。”第十九条:“申请乙级及以下文物保护工程勘察设计资质或申请增加乙级及以下资质业务范围的单位,应当报请所在地市、县级文物主管部门初审合格后报省级文物主管部门审批。” 4.《文物保护工程监理资质管理办法(试行)》(2014 年 4 月文物保发〔2014〕13 号)第四条:“文物保护工程监理资质等级分为甲、乙、丙级。”第五条:“……省级文物主管部门负责审定本辖区注册企、事业单位的文物保护工程监理乙、丙级资质,颁发相应的资质证书。” 5.《文物保护工程施工资质管理办法(试行)》(2014 年 4 月文物保发〔2014〕13 号)第四条:“文物保护工程施工资质等级分为一、二、三级。” 第五条:“……省级文物主管部门负责审定本辖区注册企、事业单位的文物保护工程施工二、三级资质,颁发相应的资质证书。”	公民、行政机关、事业单位、企业、社会团体、其他组织	文物保护与考古处	无

续表

序号	项目名称	子项名称	实施依据	实施对象	承办机构	收费(征收)依据和标准
10	文物保护工程资质审批	2. 文物保护工程资质(勘察设计、监理甲级和施工一级)初审	1.《文物保护法》(1982 年 11 月通过,2013 年 6 月修订)第二十一条:“文物保护单位的修缮、迁移、重建,由取得文物保护工程资质证书的单位承担。” 2.《文物保护法实施条例》(2003 年 5 月国务院令第 377 号,2013 年 12 月修订)第十七条:“申领文物保护工程资质证书,应当向省、自治区、直辖市人民政府文物行政主管部门或者国务院文物行政主管部门提出申请。文物保护工程资质等级的分级标准和审批办法,由国务院文物行政主管部门制定。” 3.《文物保护工程勘察设计资质管理办法(试行)》(2014 年 4 月文物保发〔2014〕13 号)第十九条:“申请文物保护工程勘察设计甲级资质或申请增加甲级资质业务范围的单位,应当报请所在地省级文物主管部门初审合格后报国家文物局审批。”第二十条:“近五年内,因工程质量、管理创新、科技创新获得与文物保护工程勘察设计相关的国家级、省部级奖项的文物保护工程勘察设计单位,经所在地省级文物主管部门推荐,申请文物保护工程勘察设计甲级资质的,可适当放宽第十五条(二)、(四)项标准。” 4.《文物保护工程监理设计资质管理办法(试行)》(2014 年 4 月文物保发〔2014〕13 号)第二十条:“申请文物保护工程监理甲级资质或申请增加甲级资质业务范围的单位,应当报请所在地省级文物主管部门初审合格后报国家文物局审批。” 5.《文物保护工程施工设计资质管理办法(试行)》(2014 年 4 月文物保发〔2014〕13 号)第二十一条:“申请文物保护工程施工一级资质或申请增加一级资质业务范围的单位,应当报请所在地省级文物主管部门初审合格后报国家文物局审批。”第二十三条:“近五年内,因工程质量、管理创新、科技创新获得与文物保护工程施工相关的国家级、省部级奖项的文物保护工程施工单位,经所在地省级文物主管部门推荐,申请文物保护工程施工一级资质的,可适当放宽第十七条(二)、(四)、(五)条标准。”	公民、行政机关、事业单位、企业、社会团体、其他组织	文物保护与考古处	无
11	国有省级文物保护单位改变用途许可	无	《文物保护法》(1982 年 11 月通过,2013 年 6 月修订)第二十三条:“核定为文物保护单位的属于国家所有的纪念建筑物或者古建筑,除可以建立博物馆、保管所或者辟为参观游览场所外,作其他用途的,市、县级文物保护单位应当经核定公布该文物保护单位的人民政府文物行政部门征得上一级文物行政部门同意后,报核定公布该文物保护单位的人民政府批准;省级文物保护单位应当经核定公布该文物保护单位的省级人民政府的文物行政部门审核同意后,报该省级人民政府批准;全国重点文物保护单位作其他用途的,应当由省、自治区、直辖市人民政府报国务院批准。国有未核定为文物保护单位的不可移动文物作其他用途的,应当报告县级人民政府文物行政部门。”	公民、行政机关、事业单位、企业、社会团体、其他组织	文物保护与考古处	无
12	国有市级文物保护单位改变用途许可	无	《文物保护法》(1982 年 11 月通过,2013 年 6 月修订)第二十三条:“核定为文物保护单位的属于国家所有的纪念建筑物或者古建筑,除可以建立博物馆、保管所或者辟为参观游览场所外,作其他用途的,市、县级文物保护单位应当经核定公布该文物保护单位的人民政府文物行政部门征得上一级文物行政部门同意后,报核定公布该文物保护单位的人民政府批准;省级文物保护单位应当经核定公布该文物保护单位的省级人民政府的文物行政部门审核同意后,报该省级人民政府批准。”	公民、行政机关、事业单位、企业、社会团体、其他组织	文物保护与考古处	无

续表

序号	项目名称	子项名称	实施依据	实施对象	承办机构	收费(征收)依据和标准
13	考古发掘单位保留少量出土文物作为科研标本许可	无	1.《文物保护法》(1982 年 11 月通过,2013 年 6 月修订)第三十四条:“考古发掘的文物,应当登记造册,妥善保管,按照国家有关规定移交给由省、自治区、直辖市人民政府文物行政部门或者国务院文物行政部门指定的国有博物馆、图书馆或者其他国有收藏文物的单位收藏。经省、自治区、直辖市人民政府文物行政部门或者国务院文物行政部门批准,从事考古发掘的单位可以保留少量出土文物作为科研标本。” 2.《中华人民共和国文物保护法实施条例》(2003 年 5 月国务院令第 377 号,2013 年 12 月修订)第二十七条:“从事考古发掘的单位提交考古发掘报告后,经省、自治区、直辖市人民政府文物行政主管部门批准,可以保留少量出土文物作为科研标本,并应当于提交发掘报告之日起 6 个月内将其他出土文物移交给由省、自治区、直辖市人民政府文物行政主管部门指定的国有的博物馆、图书馆或者其他国有文物收藏单位收藏。” 3.《山东省文物保护条例》(2010 年 9 月通过)第二十八条第二款“考古发掘单位自提交考古发掘报告之日起六个月内,应当将出土文物移交给省人民政府文物行政部门指定的国有博物馆、图书馆或者其他国有文物收藏单位收藏。经省人民政府文物行政部门批准,考古发掘单位可以保留少量出土文物作为科研标本。” 4.《国务院关于取消和下放一批行政审批项目的决定》(2013 年 11 月国发〔2013〕44 号)将“考古发掘单位保留少量出土文物留作科研标本许可”下放至省级人民政府文物行政主管部门。	机关、事业单位、企业、社会组织或公民	大遗址保护处	无
14	国有文物收藏单位之间因举办展览、科学研究等借用馆藏一级文物许可	无	1.《文物保护法》(1982 年 11 月通过,2013 年 6 月修订)第四十条:“……国有文物收藏单位之间因举办展览、科学研究等需借用馆藏文物的,应当报主管的文物行政部门备案;借用馆藏一级文物的,应当经省、自治区、直辖市人民政府文物行政部门批准,并报国务院文物行政部门备案。” 2.《山东省文物保护条例》(2010 年 9 月通过)第三十八条:“国有文物收藏单位之间因举办展览、科学研究等需借用馆藏文物的,应当报省人民政府文物行政部门备案;借用馆藏一级文物,应当经省人民政府文物行政部门批准。”	机关、事业单位、企业、社会组织	博物馆与社会文物处	无

续表

序号	项目名称	子项名称	实施依据	实施对象	承办机构	收费(征收)依据和标准
15	对拍卖企业拍卖的文物审核	无	1.《文物保护法》(1982 年 11 月通过,2013 年 6 月修订)第五十六条:“拍卖企业拍卖的文物,在拍卖前应当经省、自治区、直辖市人民政府文物行政部门审核,并报国务院文物行政部门备案。” 2.《山东省文物保护条例》(2010 年 9 月通过)第四十八条:“文物商店或者文物拍卖企业,在销售或者拍卖前应当经省人民政府文物行政部门对文物进行审核,对允许销售或者拍卖的,由省人民政府文物行政部门作出标识或者颁发批准文件。” 3.《文物拍卖管理暂行规定》(文物办发[2003]46 号)第十条文物拍卖企业拍卖的文物,在拍卖前必须经所在地的省、自治区、直辖市人民政府文物行政部门审核。省、自治区、直辖市人民政府文物行政部门审核拍卖标的时应当征求有关文物专业机构或专家意见。不能形成一致意见的,应当报国家文物局审核。文物行政部门不负责对文物拍卖标的出具真伪鉴别证明或价格评估证明。参加文物拍卖标的审核的专家,不得在文物拍卖企业任职。第十八条文物拍卖企业未经省、自治区、直辖市文物行政部门批准,不得利用互联网举行文物拍卖活动。经批准可以利用互联网举行文物拍卖活动的文物拍卖企业,在开展文物拍卖活动时,应当遵守本规定的规定。	机关、事业单位、企业、社会组织或公民	督察执法处	无
16	从事馆藏文物修复、复制、拓印的单位资质许可	无	《文物保护法实施条例》(2003 年 5 月国务院令第 377 号,2013 年 12 月修订)第三十四条:“从事馆藏文物修复、复制、拓印,应当向省、自治区、直辖市人民政府文物行政主管部门提出申请。自治区、直辖市人民政府文物行政主管部门应当自收到申请之日起 30 日内作出批准或者不批准的决定。决定批准的,发给相应等级的资质证书;决定不批准的,应当书面通知当事人并说明理由。”	机关、事业单位、企业、社会组织	博物馆与社会文物处	无
17	拍摄馆藏二级以上文物许可	1. 拍摄馆藏一级文物许可 2. 拍摄馆藏二级文物许可	《文物保护法实施条例》(2003 年 5 月国务院令第 377 号,2013 年 12 月修订)第三十五条:“为制作出版物、音像制品等拍摄馆藏三级文物的,应当报设区的市级人民政府文物行政主管部门批准;拍摄馆藏一级文物和馆藏二级文物的,应当报省、自治区、直辖市人民政府文物行政主管部门批准。”	机关、事业单位、企业、社会组织或公民	督察执法处	无
18	博物馆处理不够入藏标准、无保存价值的文物或标本审批	无	1.《国务院对确需保留的行政审批项目设定行政许可的决定》(2004 年 6 月国务院令第 412 号)第 465 项:“博物馆处理不够入藏标准、无保存价值的文物或标本审批”实施机关为县级以上人民政府文物行政主管部门。 2.《博物馆管理办法》(2005 年 12 月文化部令第 35 号)第二十二条:“博物馆不够本馆收藏标准,或因腐蚀损毁等原因无法修复并无继续保存价值的藏品,经本馆或受委托的专家委员会评估认定后,可以向省级文物行政部门申请退出馆藏。” 3.《博物馆管理办法》(2005 年 12 月文化部令第 35 号)第二十三条:“国有博物馆所在地省级文物行政部门应当在收到退出馆藏申请材料的 30 个工作日内,组织专家委员会复审。专家委员会复审未通过的,终止该藏品的退出馆藏程序。”	事业单位、社会组织	博物馆与社会文物处	无

续表

序号	项目名称	子项名称	实施依据	实施对象	承办机构	收费(征收)依据和标准
19	调拨本省行政区域内国有文物收藏单位馆藏文物许可	无	1.《文物保护法》(1982 年 11 月通过,2013 年 6 月修订)第三十九条:"国务院文物行政部门可以调拨全国的国有馆藏文物。省、自治区、直辖市人民政府文物行政部门可以调拨本行政区域内其主管的国有文物收藏单位馆藏文物;调拨国有馆藏一级文物,应当报国务院文物行政部门备案。国有文物收藏单位可以申请调拨国有馆藏文物。" 2.《山东省文物保护条例》(2010 年 9 月通过)第三十九条:"调拨国有馆藏文物,应当报省人民政府文物行政部门批准。"	事业单位	博物馆与社会文物处	无
20	利用设区的市级以上文物保护单位举办展览、展销、演出等活动的许可	无	《山东省文物保护条例》(2010 年 9 月通过)第二十三条:"利用不可移动文物举办展览、展销、演出等活动,举办者应当编制文物和环境保护方案,根据文物的级别,经相应的文物行政部门审核,报上一级人民政府文物行政部门批准;涉及省级以上文物保护单位的,报省人民政府文物行政部门或者国务院文物行政部门批准。"	机关、事业单位、企业、社会组织或公民	督察执法处	无
21	考古调查、勘探许可	无	《中华人民共和国文物保护法实施条例》(2003 年 5 月国务院令第 377 号,2013 年 12 月修订)第二十三条"配合建设工程进行的考古调查、勘探、发掘,由省、自治区、直辖市人民政府文物行政主管部门组织实施。"《山东省文物保护条例》(2010 年 9 月通过)第二十六条:"考古调查、勘探由省人民政府文物行政部门批准。"	行政机关、事业单位、企业、社会团体、其他组织	大遗址保护处	无
22	文物征集许可	无	《山东省文物保护条例》(2010 年 9 月通过)第四十一条:"除国家和省另有规定外,文物征集活动必须经省人民政府文物行政部门批准,并自征集活动结束之日起三个月内,将文物征集情况向省人民政府文物行政部门报告备案。"	机关、事业单位、企业、社会组织、公民	博物馆与社会文物处	无
23	拓印古代石刻等文物的许可	无	《山东省文物保护条例》(2010 年 9 月通过)第四十四条:"严格控制古代石刻等文物的拓印,除文物保管单位作为必需的资料保存外,其他任何组织和个人未经省人民政府文物行政部门批准不得拓印;内容涉及国家疆域、外交、民族关系、科学资料和未发表资料的石刻,不得传拓出售或者翻刻。"	机关、事业单位、企业、社会组织、公民	博物馆与社会文物处	无
24	典当行、拍卖公司、文化市场、旧货市场、艺术品市场等单位或者场所经营尚未被认定为文物的监管物品的许可	无	《山东省文物保护条例》(2010 年 9 月通过)第四十九条:"典当行、拍卖公司、文化市场、旧货市场、艺术品市场等单位或者场所经营尚未被认定为文物的监管物品,应当向县(市、区)人民政府文物行政部门提出申请,报省人民政府文物行政部门批准。"	机关、事业单位、企业、社会组织或公民	督察执法处	无
25	对经营的尚未被认定为文物的监管物品审核	无	《山东省文物保护条例》(2010 年 9 月通过)第四十九条:"典当行、拍卖公司、文化市场、旧货市场、艺术品市场等单位或者场所经营尚未被认定为文物的监管物品,应当向县(市、区)人民政府文物行政部门提出申请,报省人民政府文物行政部门批准。 经批准经营前款规定的监管物品,由县级以上人民政府文物行政部门对其进行审核,允许销售的,应当作出标识。"	机关、事业单位、企业、社会组织或公民	督察执法处	无

续表

序号	项目名称	子项名称	实施依据	实施对象	承办机构	收费(征收)依据和标准
26	应由省级部门立项审批或涉及市级以上文物保护单位的基本建设工程项目立项、选址许可	无	1.《中华人民共和国文物保护法》(1982年11月通过,2013年6月修订)第二十九条:"进行大型基本建设工程,建设单位应当事先报请省、自治区、直辖市人民政府文物行政部门组织从事考古发掘的单位在工程范围内有可能埋藏文物的地方进行考古调查、勘探。"第三十一条:"凡因进行基本建设和生产建设需要的考古调查、勘探、发掘,所需费用由建设单位列入建设工程预算。" 2.《山东省文物保护条例》(2010年9月通过)第三十一条:"基本建设工程应当避开地上、地下文物丰富的地段。工程项目在立项、选址前,建设单位应当征求该项目立项审批主管部门的同级文物行政部门的意见;凡涉及不可移动文物的,建设单位应当事先确定保护措施,作为建设项目重要内容列入可行性研究报告或者设计任务书,并根据文物级别,报上一级人民政府文物行政部门批准,未经批准,有关主管部门不予立项和批准施工。"第三十三条:"基本建设和生产建设需要进行考古调查、勘探、发掘的,所需费用由建设单位列入建设工程预算。建设单位应当按照国家规定的范围和标准与文物行政部门签订文物保护协议,并及时向文物行政部门支付所需费用。" 3.《山东省人民政府关于进一步加强文物保护工作的通知》(鲁政发〔2008〕93号)第二条:"工程项目立项选址前,事先应征求同级文物行政管理部门的论证意见;凡涉及不可移动文物的,建设单位应事先确定保护措施,列入可行性研究报告,依据文物级别,报上一级文物行政部门批准,否则,发展改革部门不得立项,建设管理部门不得批准施工;确实不能回避在文物保护范围内进行工程建设或者爆破、钻探、挖掘等作业的,事先须确定保护措施,依法履行报批手续。""配合建设工程进行文物调查、勘探、发掘等工作的所需费用,应由建设单位或投资方支付。" 4.《山东省人民政府关于贯彻落实国发〔2012〕63号文件进一步做好旅游等开发建设活动中文物保护工作的通知》(鲁政发〔2013〕9号):"工程项目立项选址前,事先应征求同级文物行政部门的论证意见;凡涉及不可移动文物的,建设单位应事先确定保护措施,列入可行性研究报告,依据文物级别,报上一级文物行政部门批准。"	企业或事业单位	大遗址保护处、文物保护与考古处是;国家计委、财政部、国家文物局(90)文物字第248号文件及附件《考古调查、勘探、发掘经费预算定额管理办法》	
27	境外机构和团体拍摄考古发掘现场审批	无	《国务院对确需保留的行政审批项目设定行政许可的决定》(国务院令第412号)附件461项;《国务院关于取消和调整一批行政审批项目等事项的决定》(国发〔2014〕27号)附件1第51项。	机关、事业单位、企业、社会组织	大遗址保护处	无
28	外国公民、组织和国际组织参观未开放的文物点和考古发掘现场审批	无	《国务院关于取消和调整一批行政审批项目等事项的决定》(国发〔2014〕27号)附件1第52项,《中华人民共和国考古涉外工作管理办法》(1990年12月31日国务院批准,1991年2月22日国家文物局令第1号发布)第十三条:"外国公民、外国组织和国际组织在中国境内参观尚未公开接待参观者的文物点,在开放地区的,需由文物点所在的省、自治区、直辖市文物行政管理部门或者接待参观者在中央国家机关及其直属单位,在参观1个月以前向国家文物局申报参观计划,经批准后方可进行;在未开放地区的,需由文物点所在的省、自治区、直辖市文物行政管理部门或者接待参观者的中央国家机关及其直属单位,在参观1个月以前向国家文物局申报参观计划,经批准并按照有关涉外工作管理规定向有关部门办理手续后方可进行。" 参观正在进行工作的考古发掘现场,接待单位须征求主持发掘单位的意见,经国家文物局批准后方可进行	机关、事业单位、企业、社会组织	大遗址保护处	无

山东省文物局行政权力清单

部门行政权力清单目录总表

部门:省文物局

序号	权力类别	拟保留权力事项数量(子项)	
			其中市县属地管理
1	行政审批	28	
2	行政处罚	26(40)	21(38)
3	行政强制	3	3
4	行政征收		
5	行政给付	1	
6	行政裁决		
7	行政确认	4	
8	行政奖励		
9	行政监督	10	
10	其他权力	45(22)	
合计		117	24(38)

注:另有审核转报事项8项,不计入部门权力总数。

部门行政权力清单目录分表(行政处罚类)

部门:省文物局

序号	项目名称	子项	实施依据	实施对象	承办机构	公开范围	办理数量	廉政风险点	收费(征收)依据和标准	前置条件	备注
1	对擅自在文物保护单位的保护范围、建设控制地带内进行建设、作业或迁移、拆除、修缮、重建不可移动文物的处罚	1. 对擅自在文物保护单位的保护范围内进行建设工程或者爆破、钻探、挖掘等作业的处罚	《文物保护法》(1982 年 11 月通过,2013 年 6 月修订)第二十六条:对危害文物保护单位安全、破坏文物保护单位历史风貌的建筑物、构筑物,当地人民政府应当及时调查处理,必要时,对该建筑物、构筑物予以拆迁。第六十六条第一款第一项:有下列行为之一,尚不构成犯罪的,由县级以上人民政府文物主管部门责令改正,造成严重后果的,处五万元以上五十万元以下的罚款;情节严重的,由原发证机关吊销资质证书:(一)擅自在文物保护单位的保护范围内进行建设工程或者爆破、钻探、挖掘等作业的。	机关、事业单位、企业、社会组织或公民	督察执法处	向社会公开	8	低,1 个	无	无	拟属地管理
		2. 对文物保护单位的历史风貌造成破坏的处罚	《文物保护法》(1982 年 11 月通过,2013 年 6 月修订)第二十六条:对危害文物保护单位安全、破坏文物保护单位历史风貌的建筑物、构筑物,当地人民政府应当及时调查处理,必要时,对该建筑物、构筑物予以拆迁。第六十六条第一款第二项:有下列行为之一,尚不构成犯罪的,由县级以上人民政府文物主管部门责令改正,造成严重后果的,处五万元以上五十万元以下的罚款;情节严重的,由原发证机关吊销资质证书:(二)在文物保护单位的建设控制地带内进行建设工程,其工程设计方案未经文物行政部门同意、报城乡建设规划部门批准,对文物保护单位的历史风貌造成破坏的。	机关、事业单位、企业、社会组织或公民	督察执法处	向社会公开	3	低,1 个	无	无	

续表

序号	项目名称	子项	实施依据	实施对象	承办机构	公开范围	办理数量	廉政风险点	收费（征收）依据和标准	前置条件	备注
1	对擅自在文物保护单位的保护范围、建设控制地带内进行建设、作业或迁移、拆除、修缮、重建不可移动文物的处罚	3. 对擅自迁移、拆除不可移动文物的处罚	《文物保护法》(1982 年 11 月通过,2013 年 6 月修订)第六十六条第一款第三项:有下列行为之一,尚不构成犯罪的,由县级以上人民政府文物主管部门责令改正,造成严重后果的,处五万元以上五十万元以下的罚款;情节严重的,由原发证机关吊销资质证书:(三)擅自迁移、拆除不可移动文物的。	机关、事业单位、企业、社会组织或公民	督察执法处	向社会公开	2	低,1 个	无	无	拟属地管理
		4. 对擅自修缮不可移动文物,明显改变文物原状的处罚	《文物保护法》(1982 年 11 月通过,2013 年 6 月修订)第六十六条第一款第四项:有下列行为之一,尚不构成犯罪的,由县级以上人民政府文物主管部门责令改正,造成严重后果的,处五万元以上五十万元以下的罚款;情节严重的,由原发证机关吊销资质证书:(四)擅自修缮不可移动文物,明显改变文物原状的。	机关、事业单位、企业、社会组织或公民	督察执法处	向社会公开	0	低,1 个	无	无	
		5. 对擅自在原址重建已全部毁坏的不可移动文物,造成文物破坏的处罚	《文物保护法》(1982 年 11 月通过,2013 年 6 月修订)第六十六条第一款第五项:有下列行为之一,尚不构成犯罪的,由县级以上人民政府文物主管部门责令改正,造成严重后果的,处五万元以上五十万元以下的罚款;情节严重的,由原发证机关吊销资质证书:(五)擅自在原址重建已全部毁坏的不可移动文物,造成文物破坏的。	机关、事业单位、企业、社会组织或公民	督察执法处	向社会公开	0	低,1 个	无	无	
		6. 对擅自从事文物修缮、迁移、重建的处罚	《文物保护法》(1982 年 11 月通过,2013 年 6 月修订)第六十六条第一款第六项:有下列行为之一,尚不构成犯罪的,由县级以上人民政府文物主管部门责令改正,造成严重后果的,处五万元以上五十万元以下的罚款;情节严重的,由原发证机关吊销资质证书:(六)施工单位未取得文物保护工程资质证书,擅自从事文物修缮、迁移、重建的。	机关、事业单位、企业、社会组织或公民	督察执法处	向社会公开	0	低,1 个	无	无	

续表

序号	项目名称	子项	实施依据	实施对象	承办机构	公开范围	办理数量	廉政风险点	收费（征收）依据和标准	前置条件	备注
2	对不可移动文物违法转让、抵押、改变用途或作为企业资产经营的处罚	1. 对转让或者抵押国有不可移动文物，或者将国有不可移动文物作为企业资产经营的处罚	《文物保护法》(1982 年 11 月通过，2013 年 6 月修订)第六十八条第一项：有下列行为之一的，由县级以上人民政府文物主管部门责令改正，没收违法所得，违法所得一万元以上的，并处违法所得二倍以上五倍以下的罚款；违法所得不足一万元的，并处五千元以上二万元以下的罚款：(一)转让或者抵押国有不可移动文物，或者将国有不可移动文物作为企业资产经营的。	机关、事业单位、企业、社会组织或公民	督察执法处	向社会公开	3	低，1 个	无	无	拟属地管理
		2. 对将非国有不可移动文物转让或者抵押给外国人的处罚	《文物保护法》(1982 年 11 月通过，2013 年 6 月修订)第六十八条第二项：有下列行为之一的，由县级以上人民政府文物主管部门责令改正，没收违法所得，违法所得一万元以上的，并处违法所得二倍以上五倍以下的罚款；违法所得不足一万元的，并处五千元以上二万元以下的罚款：(二)将非国有不可移动文物转让或者抵押给外国人的。	机关、事业单位、企业、社会组织或公民	督察执法处	向社会公开	0	低，1 个	无	无	
		3. 对擅自改变国有文物保护单位的用途的处罚	《文物保护法》(1982 年 11 月通过，2013 年 6 月修订)第六十八条第三项：有下列行为之一的，由县级以上人民政府文物主管部门责令改正，没收违法所得，违法所得一万元以上的，并处违法所得二倍以上五倍以下的罚款；违法所得不足一万元的，并处五千元以上二万元以下的罚款：(三)擅自改变国有文物保护单位的用途的。	机关、事业单位、企业、社会组织或公民	督察执法处	向社会公开	0	低，1 个	无	无	

续表

序号	项目名称	子项	实施依据	实施对象	承办机构	公开范围	办理数量	廉政风险点	收费（征收）依据和标准	前置条件	备注
3	对文物收藏单位及其法定代表人未按规定配备有关设施或处置馆藏文物、补偿费用的处罚	1. 对文物收藏单位未按照国家有关规定配备防火、防盗、防自然损坏的设施的处罚	《文物保护法》(1982 年 11 月通过，2013 年 6 月修订)第七十条第一项：有下列行为之一，尚不构成犯罪的，由县级以上人民政府文物主管部门责令改正，可以并处二万元以下的罚款，有违法所得的，没收违法所得：(一)文物收藏单位未按照国家有关规定配备防火、防盗、防自然损坏的设施的。	机关、事业单位、企业、社会组织或公民	督察执法处	向社会公开	0	低，1 个	无	无	拟属地管理
		2. 对国有文物收藏单位法定代表人离任时未按照馆藏文物档案移交馆藏文物，或者所移交的馆藏文物与馆藏文物档案不符的处罚	《文物保护法》(1982 年 11 月通过，2013 年 6 月修订)第七十条第二项：有下列行为之一，尚不构成犯罪的，由县级以上人民政府文物主管部门责令改正，可以并处二万元以下的罚款，有违法所得的，没收违法所得：(二)国有文物收藏单位法定代表人离任时未按照馆藏文物档案移交馆藏文物，或者所移交的馆藏文物与馆藏文物档案不符的。	机关、事业单位、企业、社会组织或公民	督察执法处	向社会公开	0	低，1 个	无	无	
		3. 对将国有馆藏文物赠与、出租或者出售给其他单位、个人的处罚	《文物保护法》(1982 年 11 月通过，2013 年 6 月修订)第七十条第三项：有下列行为之一，尚不构成犯罪的，由县级以上人民政府文物主管部门责令改正，可以并处二万元以下的罚款，有违法所得的，没收违法所得：(三)将国有馆藏文物赠与、出租或者出售给其他单位、个人的。	机关、事业单位、企业、社会组织或公民	督察执法处	向社会公开	0	低，1 个	无	无	

续表

序号	项目名称	子项	实施依据	实施对象	承办机构	公开范围	办理数量	廉政风险点	收费（征收）依据和标准	前置条件	备注
3	对文物收藏单位及其法定代表人未按规定配备有关设施或处置馆藏文物、补偿费用的处罚	4. 对违法借用、交换、处置国有馆藏文物的处罚	《文物保护法》(1982年11月通过,2013年6月修订)第七十条第四项:有下列行为之一,尚不构成犯罪的,由县级以上人民政府文物主管部门责令改正,可以并处二万元以下的罚款,有违法所得的,没收违法所得:(四)违反本法第四十条、第四十一条、第四十五条规定处置国有馆藏文物的。	机关、事业单位、企业、社会组织或公民	督察执法处	向社会公开	0	低,1个	无	无	拟属地管理
		5. 对违法挪用或者侵占依法调拨、交换、出借文物所得补偿费用的处罚	《文物保护法》(1982年11月通过,2013年6月修订)第七十条第五项:有下列行为之一,尚不构成犯罪的,由县级以上人民政府文物主管部门责令改正,可以并处二万元以下的罚款,有违法所得的,没收违法所得:(五)违反本法第四十三条规定挪用或者侵占依法调拨、交换、出借文物所得补偿费用的。	机关、事业单位、企业、社会组织或公民	督察执法处	向社会公开	0	低,1个	无	无	
4	对买卖国家禁止买卖的文物或者将禁止出境的文物转让、出租、质押给外国人的处罚	无	《文物保护法》(1982年11月通过,2013年6月修订)第七十一条:买卖国家禁止买卖的文物或者将禁止出境的文物转让、出租、质押给外国人,尚不构成犯罪的,由县级以上人民政府文物主管部门责令改正,没收违法所得,违法经营额一万元以上的,并处违法经营额二倍以上五倍以下的罚款;违法经营额不足一万元的,并处五千元以上二万元以下的罚款。	机关、事业单位、企业、社会组织或公民	督察执法处	向社会公开	0	低,1个	无	无	拟属地管理

续表

序号	项目名称	子项	实施依据	实施对象	承办机构	公开范围	办理数量	廉政风险点	收费（征收）依据和标准	前置条件	备注
5	对发现文物隐匿不报、拒不上交或未按照规定移交拣选文物的处罚	1.对发现文物隐匿不报或者拒不上交的处罚	《文物保护法》(1982年11月通过,2013年6月修订)第七十四条第一项:有下列行为之一,尚不构成犯罪的,由县级以上人民政府文物主管部门会同公安机关追缴文物;情节严重的,处五千元以上五万元以下的罚款:(一)发现文物隐匿不报或者拒不上交的。	机关、事业单位、企业、社会组织或公民	督察执法处	向社会公开	0	低,1个	无	无	拟属地管理
		2.对未按照规定移交拣选文物的处罚	《文物保护法》(1982年11月通过,2013年6月修订)第七十四条第二项:有下列行为之一,尚不构成犯罪的,由县级以上人民政府文物主管部门会同公安机关追缴文物;情节严重的,处五千元以上五万元以下的罚款:(二)未按照规定移交拣选文物的。	机关、事业单位、企业、社会组织或公民	督察执法处	向社会公开	0	低,1个	无	无	
6	对擅自承担文物保护单位的修缮、迁移、重建工程的处罚	无	《文物保护法实施条例》(2003年5月国务院令第377号,2013年12月7日修订)第五十五条第一款:违反本条例规定,未取得相应等级的文物保护工程资质证书,擅自承担文物保护单位的修缮、迁移、重建工程的,由文物行政主管部门责令限期改正;逾期不改正,或者造成严重后果的,处5万元以上50万元以下的罚款;构成犯罪的,依法追究刑事责任。	机关、事业单位、企业、社会组织或公民	督察执法处	向社会公开	0	低,1个	无	无	拟属地管理
7	对擅自从事馆藏文物的修复、复制、拓印活动的处罚	无	《文物保护法实施条例》(2003年5月国务院令第377号,2013年12月7日修订)第五十六条:违反本条例规定,未取得资质证书,擅自从事馆藏文物的修复、复制、拓印活动的,由文物行政主管部门责令停止违法活动;没收违法所得和从事违法活动的专用工具、设备;造成严重后果的,并处1万元以上10万元以下的罚款;构成犯罪的,依法追究刑事责任。	机关、事业单位、企业、社会组织或公民	督察执法处	向社会公开	0	低,1个	无	无	拟属地管理
8	对擅自修复、复制、拓印、拍摄馆藏珍贵文物的处罚	无	《文物保护法实施条例》(2003年5月国务院令第377号,2013年12月7日修订)第五十八条:违反本条例规定,未经批准擅自修复、复制、拓印、拍摄馆藏珍贵文物的,由文物行政主管部门给予警告;造成严重后果的,处2000元以上2万元以下的罚款;对负有责任的主管人员和其他直接责任人员依法给予行政处分。	机关、事业单位、企业、社会组织或公民	督察执法处	向社会公开	0	低,1个	无	无	拟属地管理

续表

序号	项目名称	子项	实施依据	实施对象	承办机构	公开范围	办理数量	廉政风险点	收费（征收）依据和标准	前置条件	备注
9	对违反规定进行涉及长城的工程建设或因工程建设拆除、穿越、迁移长城的处罚	1. 对在禁止工程建设的长城段落的保护范围内进行工程建设的处罚	《长城保护条例》(2003年5月国务院令第476号)第二十五条第一项:违反本条例规定,有下列情形之一的,依照文物保护法第六十六条的规定责令改正,造成严重后果的,处5万元以上50万元以下的罚款;情节严重的,由原发证机关吊销资质证书:(一)在禁止工程建设的长城段落的保护范围内进行工程建设的。	机关、事业单位、企业、社会组织或公民	督察执法处	向社会公开	0	低,1个	无	无	拟属地管理
		2. 对在长城的保护范围或者建设控制地带内进行工程建设,未依法报批的处罚	《长城保护条例》(2003年5月国务院令第476号)第二十五条第二项:违反本条例规定,有下列情形之一的,依照文物保护法第六十六条的规定责令改正,造成严重后果的,处5万元以上50万元以下的罚款;情节严重的,由原发证机关吊销资质证书:(二)在长城的保护范围或者建设控制地带内进行工程建设,未依法报批的。	机关、事业单位、企业、社会组织或公民	督察执法处	向社会公开	3	低,1个	无	无	
		3. 对未采取规定的方式进行工程建设,或者因工程建设拆除、穿越、迁移长城的处罚	《长城保护条例》(2003年5月国务院令第476号)第二十五条第三项:违反本条例规定,有下列情形之一的,依照文物保护法第六十六条的规定责令改正,造成严重后果的,处5万元以上50万元以下的罚款;情节严重的,由原发证机关吊销资质证书:(三)未采取本条例规定的方式进行工程建设,或者因工程建设拆除、穿越、迁移长城的。	机关、事业单位、企业、社会组织或公民	督察执法处	向社会公开	2	低,1个	无	无	

续表

序号	项目名称	子项	实施依据	实施对象	承办机构	公开范围	办理数量	廉政风险点	收费（征收）依据和标准	前置条件	备注
10	对长城段落辟为参观游览区有关违法行为的处罚	1. 对将不符合规定条件的长城段落辟为参观游览区的处罚	《长城保护条例》(2003 年 5 月国务院令第 476 号)第二十六条第一款:将不符合本条例规定条件的长城段落辟为参观游览区的,由省级以上人民政府文物主管部门按照职权划分依法取缔,没收违法所得;造成长城损坏的,处 5 万元以上 50 万元以下的罚款。	机关、事业单位、企业、社会组织或公民	督察执法处	向社会公开	0	低,1 个	无	无	
		2. 对将长城段落辟为参观游览区未按照本条例规定备案的处罚	《长城保护条例》(2003 年 5 月国务院令第 476 号)第二十六条第二款:将长城段落辟为参观游览区未按照本条例规定备案的,由省级以上人民政府文物主管部门按照职权划分责令限期改正,逾期不改正的,依照前款规定处罚。	机关、事业单位、企业、社会组织或公民	督察执法处	向社会公开	0	低,1 个	无	无	
11	对社会开放的文物保护单位和有文物保护单位的参观游览场所,其管理部门破坏性使用文物保护单位文物的处罚	无	《山东省历史文化名城保护条例》(1997 年 12 月 13 日通过)第四十二条:违反本条例第二十九条第一款规定,破坏性使用文物保护单位文物的,由文物行政管理部门责令其停止使用,赔偿损失,并可处以二万元以下的罚款。	机关、事业单位、企业、社会组织或公民	督察执法处	向社会公开	0	低,1 个	无	无	拟属地管理

续表

序号	项目名称	子项	实施依据	实施对象	承办机构	公开范围	办理数量	廉政风险点	收费（征收）依据和标准	前置条件	备注
12	对在风景名胜区损坏文物古迹的处罚	无	1.《山东省风景名胜区管理条例》(2001年12月通过,2004年5月修订)第二十三条:任何单位和个人不得在风景名胜区从事下列活动:(三)损坏文物古迹。第四十五条:违反本条例第二十三条第二项至第八项规定的,由风景名胜区管理机构或者其他有关部门责令停止违法行为,限期恢复原状,可并处五万元以下罚款;造成风景名胜资源损害的,依法予以赔偿。 2.《关于组建省文物局(省中华文化标志城规划建设办公室)的通知》(2011年6月鲁编〔2011〕17号):一、主要职责是:(三)审核、申报、管理省级以上重点文物保护单位;会同有关部门指导和管理世界人文、自然遗产、历史文化名城(街区、村镇)、风景名胜区、宗教设施的文物保护工作。	机关、事业单位、企业、社会组织或公民	督察执法处	向社会公开	0	低,1个	无	无	拟属地管理
13	对未履行文物保护审批程序擅自进行工程建设的处罚	1.对未征求文物行政部门的意见,在地上、地下文物丰富的地段进行基本建设工程的处罚	《山东省文物保护条例》(2010年9月通过)第五十二条第一项:违反本条例规定,有下列行为之一的,由县级以上人民政府文物行政部门责令改正,并处五万元以上二十万元以下的罚款;造成文物损毁等严重后果的,处二十万元以上一百万元以下的罚款:(一)未征求文物行政部门的意见,在地上、地下文物丰富的地段进行基本建设工程的。	机关、事业单位、企业、社会组织或公民	督察执法处	向社会公开	1	低,1个	无	无	拟属地管理
		2.对未经考古调查、勘探,擅自进行占地二万平方米以上的大型基本建设工程或者在地下文物保护区、历史文化名城范围内进行工程建设的处罚	《山东省文物保护条例》(2010年9月通过)第五十二条第二项:违反本条例规定,有下列行为之一的,由县级以上人民政府文物行政部门责令改正,并处五万元以上二十万元以下的罚款;造成文物损毁等严重后果的,处二十万元以上一百万元以下的罚款:(二)未经考古调查、勘探,擅自进行占地二万平方米以上的大型基本建设工程或者在地下文物保护区、历史文化名城范围内进行工程建设的。	机关、事业单位、企业、社会组织或公民	督察执法处	向社会公开	2	低,1个	无	无	

续表

序号	项目名称	子项	实施依据	实施对象	承办机构	公开范围	办理数量	廉政风险点	收费(征收)依据和标准	前置条件	备注
14	对文物保护单位保护范围内、工程建设和生产活动中涉及文物保护的有关违法行为，擅自利用不可移动文物、对考古发掘现场进行拍摄、报道，以及对社会开放的文物保护单位和有不可移动文物的参观游览场所的管理、使用单位有关违法行为的处罚	1. 对社会开放的文物保护单位和有不可移动文物的参观游览场所的管理、使用单位，拒不采取有效措施保证文物安全，或者破坏文物的自然环境和历史风貌的处罚	《山东省文物保护条例》(2010年9月通过)第五十三条第一款第一项：违反本条例规定，有下列行为之一的，由县级以上人民政府文物行政部门责令限期改正；逾期不改正或者造成严重后果的，处五万元以上五十万元以下的罚款：(一)对社会开放的文物保护单位和有不可移动文物的参观游览场所的管理、使用单位，拒不采取有效措施保证文物安全，或者破坏文物的自然环境和历史风貌的。	机关、事业单位、企业、社会组织或公民	督察执法处	向社会公开	0	低，1个	无	无	拟属地管理
		2. 对在文物保护单位的保护范围内，擅自设置户外广告设施或者栽植、移植大型乔木和修建构筑物的处罚	《山东省文物保护条例》(2010年9月通过)第五十三条第一款第二项：违反本条例规定，有下列行为之一的，由县级以上人民政府文物行政部门责令限期改正；逾期不改正或者造成严重后果的，处五万元以上五十万元以下的罚款：(二)在文物保护单位的保护范围内，擅自设置户外广告设施或者栽植、移植大型乔木和修建构筑物的。	机关、事业单位、企业、社会组织或公民	督察执法处	向社会公开	0	低，1个	无	无	

续表

序号	项目名称	子项	实施依据	实施对象	承办机构	公开范围	办理数量	廉政风险点	收费（征收）依据和标准	前置条件	备注
14	对文物保护单位保护范围内、工程建设和生产活动中涉及文物保护的有关违法行为，擅自利用不可移动文物、对考古发掘现场进行拍摄、报道，以及对社会开放的文物保护单位和有不可移动文物的参观游览场所的管理、使用单位有关违法行为的处罚	3. 对在文物保护单位的保护范围内，修建人造景点或者存放易燃、易爆、有毒、有腐蚀性等危害文物安全的物品的处罚	《山东省文物保护条例》(2010 年 9 月通过)第五十三条第一款第三项：违反本条例规定，有下列行为之一的，由县级以上人民政府文物行政部门责令限期改正；逾期不改正或者造成严重后果的，处五万元以上五十万元以下的罚款：(三)在文物保护单位的保护范围内，修建人造景点或者存放易燃、易爆、有毒、有腐蚀性等危害文物安全的物品的。	机关、事业单位、企业、社会组织或公民	督察执法处	向社会公开	0	低，1 个	无	无	拟属地管理
		4. 对在工程建设和生产活动中发现文物，不立即停止施工、生产，造成文物损毁的处罚	《山东省文物保护条例》(2010 年 9 月通过)第五十三条第一款第四项：违反本条例规定，有下列行为之一的，由县级以上人民政府文物行政部门责令限期改正；逾期不改正或者造成严重后果的，处五万元以上五十万元以下的罚款：(四)在工程建设和生产活动中发现文物，不立即停止施工、生产，造成文物损毁的。	机关、事业单位、企业、社会组织或公民	督察执法处	向社会公开	1	低，1 个	无	无	
		5. 对建设和施工单位拒不配合或者妨碍考古调查、勘探、发掘工作的处罚	《山东省文物保护条例》(2010 年 9 月通过)第五十三条第一款第五项：违反本条例规定，有下列行为之一的，由县级以上人民政府文物行政部门责令限期改正；逾期不改正或者造成严重后果的，处五万元以上五十万元以下的罚款：(五)建设和施工单位拒不配合或者妨碍考古调查、勘探、发掘工作的。	机关、事业单位、企业、社会组织或公民	督察执法处	向社会公开	0	低，1 个	无	无	

续表

序号	项目名称	子项	实施依据	实施对象	承办机构	公开范围	办理数量	廉政风险点	收费（征收）依据和标准	前置条件	备注
14	对文物保护单位保护范围内、工程建设和生产活动中涉及文物保护的有关违法行为，擅自利用不可移动文物、对考古发掘现场进行拍摄、报道，以及对社会开放的文物保护单位和有不可移动文物的参观游览场所的管理、使用单位有关违法行为的处罚	6.对建设单位拒不支付考古调查、勘探、发掘费用的处罚	《山东省文物保护条例》(2010年9月通过)第五十三条第一款第六项：违反本条例规定，有下列行为之一的，由县级以上人民政府文物行政部门责令限期改正；逾期不改正或者造成严重后果的，处五万元以上五十万元以下的罚款：(六)建设单位拒不支付考古调查、勘探、发掘费用的。	机关、事业单位、企业、社会组织或公民	督察执法处	向社会公开	0	低，1个	无	无	拟属地管理
		7.对建设单位进行基本建设工程涉及不可移动文物，未事先确定文物保护措施，或者未将事先确定的保护措施报请批准的处罚	《山东省文物保护条例》(2010年9月通过)第五十三条第一款第七项：违反本条例规定，有下列行为之一的，由县级以上人民政府文物行政部门责令限期改正；逾期不改正或者造成严重后果的，处五万元以上五十万元以下的罚款：(七)建设单位进行基本建设工程涉及不可移动文物，未事先确定文物保护措施，或者未将事先确定的保护措施报请批准的。	机关、事业单位、企业、社会组织或公民	督察执法处	向社会公开	0	低，1个	无	无	
		8.对擅自利用不可移动文物举办展览、展销、演出或者拍摄电影、电视、广告等活动的处罚	《山东省文物保护条例》(2010年9月通过)第五十三条第一款第八项：违反本条例规定，有下列行为之一的，由县级以上人民政府文物行政部门责令限期改正；逾期不改正或者造成严重后果的，处五万元以上五十万元以下的罚款：(八)擅自利用不可移动文物举办展览、展销、演出或者拍摄电影、电视、广告等活动的。	机关、事业单位、企业、社会组织或公民	督察执法处	向社会公开	0	低，1个	无	无	
		9.对擅自对考古发掘现场进行新闻报道、电视直播或者制作专题类节目的处罚	《山东省文物保护条例》(2010年9月通过)第五十三条第一款第九项：违反本条例规定，有下列行为之一的，由县级以上人民政府文物行政部门责令限期改正；逾期不改正或者造成严重后果的，处五万元以上五十万元以下的罚款：(九)擅自对考古发掘现场进行新闻报道、电视直播或者制作专题类节目的。	机关、事业单位、企业、社会组织或公民	督察执法处	向社会公开	0	低，1个	无	无	

续表

序号	项目名称	子项	实施依据	实施对象	承办机构	公开范围	办理数量	廉政风险点	收费（征收）依据和标准	前置条件	备注
15	对擅自变更已批准的修缮计划和工程设计、施工方案，对文物保护单位进行修缮、迁移、重建的处罚		《山东省文物保护条例》(2010年9月通过)第五十四条:违反本条例规定,擅自变更已批准的修缮计划和工程设计、施工方案,对文物保护单位进行修缮、迁移、重建的,由县级以上人民政府文物行政部门责令改正;造成严重后果的,处五万元以上五十万元以下的罚款;情节严重的,由原发证机关吊销资质证书。	机关、事业单位、企业、社会组织或公民	督察执法处	向社会公开	0	低,1个	无	无	拟属地管理
16	对文物拍卖企业出租、出借或者转让文物拍卖许可证的处罚		《山东省文物保护条例》(2010年9月通过)第五十五条:违反本条例规定,文物拍卖企业出租、出借或者转让文物拍卖许可证的,由省人民政府文物行政部门没收违法所得,并处二万元以上二十万元以下的罚款。	机关、事业单位、企业、社会组织或公民	督察执法处	向社会公开	0	低,1个	无	无	
17	对未经批准经营未被认定为文物的监管物品的处罚		《山东省文物保护条例》(2010年9月通过)第五十六条:违反本条例规定,未经批准经营未被认定为文物的监管物品的,由县级以上人民政府文物行政部门责令改正,没收违法所得,并处一万元以上十万元以下的罚款。	机关、事业单位、企业、社会组织或公民	督察执法处	向社会公开	0	低,1个	无	无	拟属地管理
18	对未经批准擅自进行考古勘探的处罚		《山东省文物保护条例》(2010年9月通过)第五十七条:违反本条例规定,未经批准擅自进行考古勘探的,由省人民政府文物行政部门责令停止勘探,并处一万元以上五万元以下的罚款。	机关、事业单位、企业、社会组织或公民	督察执法处	向社会公开	0	低,1个	无	无	

续表

序号	项目名称	子项	实施依据	实施对象	承办机构	公开范围	办理数量	廉政风险点	收费（征收）依据和标准	前置条件	备注
19	对无正当理由，拒不签订责任书或者不履行责任书规定义务，考古发掘单位因管理不善造成出土文物损毁、丢失，以及擅自处理出土文物以及科研标本的处罚	1.对无正当理由，拒不与文物所在地县(市、区)人民政府文物行政部门签订责任书或者不履行责任书规定义务的处罚	《山东省文物保护条例》(2010年9月通过)第五十八条第一项：违反本条例规定，有下列行为之一的，由县级以上人民政府文物行政部门责令改正；情节严重的，处五千元以上五万元以下的罚款：(一)无正当理由，拒不与文物所在地县(市、区)人民政府文物行政部门签订责任书或者不履行责任书规定义务的。	机关、事业单位、企业、社会组织或公民	督察执法处	向社会公开	0	低，1个	无	无	拟属地管理
		2.对考古发掘单位因管理不善造成出土文物损毁、丢失的处罚	《山东省文物保护条例》(2010年9月通过)第五十八条第二项：违反本条例规定，有下列行为之一的，由县级以上人民政府文物行政部门责令改正；情节严重的，处五千元以上五万元以下的罚款：(二)考古发掘单位因管理不善造成出土文物损毁、丢失的。	机关、事业单位、企业、社会组织或公民	督察执法处	向社会公开	0	低，1个	无	无	
		3.对擅自处理出土文物以及科研标本的处罚	《山东省文物保护条例》(2010年9月通过)第五十八条第三项：违反本条例规定，有下列行为之一的，由县级以上人民政府文物行政部门责令改正；情节严重的，处五千元以上五万元以下的罚款：(三)擅自处理出土文物以及科研标本的。	机关、事业单位、企业、社会组织或公民	督察执法处	向社会公开	0	低，1个	无	无	
20	对未经批准进行文物征集活动的处罚		《山东省文物保护条例》(2010年9月通过)第五十九条：违反本条例规定，未经批准进行文物征集活动的，由省人民政府文物行政部门责令改正，没收非法征集的文物，并处五千元以上五万元以下的罚款。	机关、事业单位、企业、社会组织或公民	督察执法处	向社会公开	0	低，1个	无	无	

续表

序号	项目名称	子项	实施依据	实施对象	承办机构	公开范围	办理数量	廉政风险点	收费（征收）依据和标准	前置条件	备注
21	对伪造、涂改文物销售标识和文物拍卖批准文件的处罚		《山东省文物保护条例》(2010 年 9 月通过)第六十条:违反本条例规定,伪造、涂改文物销售标识和文物拍卖批准文件的,由省人民政府文物行政部门处五千元以上五万元以下的罚款。	机关、事业单位、企业、社会组织或公民	督察执法处	向社会公开	0	低,1 个	无	无	
22	对在大运河遗产山东段保护范围和建设控制地带内有关违法行为,向大运河遗产山东段的河道内倾倒垃圾或者排放污水,以及破坏大运河遗产山东段的河堤,刻划文物本体,或者毁坏界碑、界桩及其他遗产标识的处罚	1. 对在大运河遗产山东段保护范围和建设控制地带内挖沙、取土的处罚	《山东省大运河遗产山东段保护管理办法》(2013 年 7 月省政府令第 265 号)第十六条第二款第一项:有下列行为之一的,由县级以上人民政府文物行政部门责令限期改正,情节较轻的,对个人可处以警告或者 100 元以上 1000 元以下的罚款;对单位可处以警告或者 1000 元以上 1 万元以下的罚款;情节较重的,可处以 1 万元以上 3 万元以下的罚款;造成大运河遗产山东段损毁的,依法承担民事责任;涉嫌犯罪的,依法追究刑事责任:(一)在大运河遗产山东段保护范围和建设控制地带内挖沙、取土的。	机关、事业单位、企业、社会组织或公民	督察执法处	向社会公开	0	低,1 个	无	无	拟属地管理
		2. 对在大运河遗产山东段保护范围和建设控制地带内乱搭乱建的处罚	《山东省大运河遗产山东段保护管理办法》(2013 年 7 月省政府令第 265 号)第十六条第二款第二项:有下列行为之一的,由县级以上人民政府文物行政部门责令限期改正,情节较轻的,对个人可处以警告或者 100 元以上 1000 元以下的罚款;对单位可处以警告或者 1000 元以上 1 万元以下的罚款;情节较重的,可处以 1 万元以上 3 万元以下的罚款;造成大运河遗产山东段损毁的,依法承担民事责任;涉嫌犯罪的,依法追究刑事责任:(二)在大运河遗产山东段保护范围和建设控制地带内乱搭乱建的。	机关、事业单位、企业、社会组织或公民	督察执法处	向社会公开	0	低,1 个	无	无	
		3. 对向大运河遗产山东段的河道内倾倒垃圾或者排放污水的处罚	《山东省大运河遗产山东段保护管理办法》(2013 年 7 月省政府令第 265 号)第十六条第二款第三项:有下列行为之一的,由县级以上人民政府文物行政部门责令限期改正,情节较轻的,对个人可处以警告或者 100 元以上 1000 元以下的罚款;对单位可处以警告或者 1000 元以上 1 万元以下的罚款;情节较重的,可处以 1 万元以上 3 万元以下的罚款;造成大运河遗产山东段损毁的,依法承担民事责任;涉嫌犯罪的,依法追究刑事责任:(三)向大运河遗产山东段的河道内倾倒垃圾或者排放污水的。	机关、事业单位、企业、社会组织或公民	督察执法处	向社会公开	0	低,1 个	无	无	

续表

序号	项目名称	子项	实施依据	实施对象	承办机构	公开范围	办理数量	廉政风险点	收费（征收）依据和标准	前置条件	备注
22	对在大运河遗产山东段保护范围和建设控制地带内有关违法行为，向大运河遗产山东段的河道内倾倒垃圾或者排放污水，以及破坏大运河遗产山东段的河堤，刻划文物本体，或者毁坏界碑、界桩及其他遗产标识的处罚	4.对破坏大运河遗产山东段的河堤，刻划文物本体，或者毁坏界碑、界桩及其他遗产标识的处罚	《山东省大运河遗产山东段保护管理办法》(2013年7月省政府令第265号)第十六条第二款第四项：有下列行为之一的，由县级以上人民政府文物行政部门责令限期改正，情节较轻的，对个人可处以警告或者100元以上1000元以下的罚款；对单位可处以警告或者1000元以上1万元以下的罚款；情节较重的，可处以1万元以上3万元以下的罚款；造成大运河遗产山东段损毁的，依法承担民事责任；涉嫌犯罪的，依法追究刑事责任：(四)破坏大运河遗产山东段的河堤，刻划文物本体，或者毁坏界碑、界桩及其他遗产标识的。	机关、事业单位、企业、社会组织或公民	督察执法处	向社会公开	0	低,1个	无	无	拟属地管理
		5.对擅自在大运河遗产保护范围内耕种、植树的处罚	《山东省大运河遗产山东段保护管理办法》(2013年7月省政府令第265号)第十六条第二款第五项：有下列行为之一的，由县级以上人民政府文物行政部门责令限期改正，情节较轻的，对个人可处以警告或者100元以上1000元以下的罚款；对单位可处以警告或者1000元以上1万元以下的罚款；情节较重的，可处以1万元以上3万元以下的罚款；造成大运河遗产山东段损毁的，依法承担民事责任；涉嫌犯罪的，依法追究刑事责任：(五)擅自在大运河遗产保护范围内耕种、植树的。	机关、事业单位、企业、社会组织或公民	督察执法处	向社会公开	0	低,1个	无	无	
23	对违反有关规定进行水下文物考古勘探或者发掘活动的处罚		《水下文物保护管理条例》(1989年10月国务院令42号，2011年1月修订)第十条："违反本条例第八条、第九条的规定，造成严重后果的，由文物行政管理部门会同有关部门责令停止作业限期改进或者给予撤销批准的行政处罚，可以并处1000元至1万元的罚款。"	机关、事业单位、企业、社会组织或公民	督察执法处	向社会公开	0	低,1个	无	无	拟属地管理

续表

序号	项目名称	子项	实施依据	实施对象	承办机构	公开范围	办理数量	廉政风险点	收费（征收）依据和标准	前置条件	备注
24	对文物行政部门、文要物收藏单位、文物商店、经营文物拍卖的拍卖企业的工作人员有关违法行为的处罚		1.《文物保护法》(1982年11月通过,2013年6月修订)第七十六条:“文物行政部门、文物收藏单位、文物商店、经营文物拍卖的拍卖企业的工作人员,有下列行为之一的,依法给予行政处分,情节严重的,依法开除公职或者吊销其从业资格;构成犯罪的,依法追究刑事责任:(一)文物行政部门的工作人员违反本法规定,滥用审批权限、不履行职责或者发现违法行为不予查处,造成严重后果的;(二)文物行政部门和国有文物收藏单位的工作人员借用或者非法侵占国有文物的;(三)文物行政部门的工作人员举办或者参与举办文物商店或者经营文物拍卖的拍卖企业的;(四)因不负责任造成文物保护单位、珍贵文物损毁或者流失的;(五)贪污、挪用文物保护经费的。前款被开除公职或者被吊销从业资格的人员,自被开除公职或者被吊销从业资格之日起十年内不得担任文物管理人员或者从事文物经营活动。” 2.《关于组建省文物局(省中华文化标志城规划建设办公室)的通知》(2011年6月鲁编〔2011〕17号)一、主要职责是:(五)会同有关部门依法管理社会流散文物、文物市场、文物出入境;代表国家文物出境监管机构鉴定流通文物、出境文物、刑事文物;审核重要文物的收购、交换和征调。	机关、事业单位、企业、社会组织或公民	督察执法处	向社会公开	0	低,1个	无	无	拟属地管理

续表

序号	项目名称	子项	实施依据	实施对象	承办机构	公开范围	办理数量	廉政风险点	收费（征收）依据和标准	前置条件	备注
25	对景区在旅游者数量可能达到最大承载量时，未按规定公告或者报告，未采取有效措施，或者超过最大承载量接待旅游者的处罚	无	1.《中华人民共和国旅游法》(2013年4月通过)第一百零五条：景区不符合本法规定的开放条件而接待旅游者的，由景区主管部门责令停业整顿直至符合开放条件，并处二万元以上二十万元以下罚款。景区在旅游者数量可能达到最大承载量时，未依照本法规定公告或者未向当地人民政府报告，未及时采取疏导、分流等措施，或者超过最大承载量接待旅游者的，由景区主管部门责令改正，情节严重的，责令停业整顿一个月至六个月。 2.《国务院关于进一步做好旅游等开发建设活动中文物保护工作的意见》(国发〔2012〕63号)三、合理确定文物景区游客承载标准。文物、旅游等部门要立足文物安全，科学评估文物资源状况和游客流量，合理确定文物旅游景区的游客承载标准，并向社会公布。对于古遗址、古建筑、石窟寺等易受损害的文物资源，要通过预约参观、错峰参观等方式调节旅游旺季的游客人数，防止背离文物旅游景区实际、片面追求游客规模。	机关、事业单位、企业、社会组织或公民	督察执法处	向社会公开	0	低，1个	无	无	拟属地管理
26	对外国公民、外国组织和国际组织擅自参观文物点或者擅自收集文物、自然标本、进行考古记录的处罚	无	《考古涉外工作管理办法》(1991年2月国家文物局令第1号)第十七条：外国公民、外国组织和国际组织违反本办法第十三条的规定，擅自参观文物点或者擅自收集文物、自然标本、进行考古记录的，文物行政管理部门可以停止其参观，没收其收集的文物、自然标本和考古记录。	事业单位、企业、社会组织、公民	督察执法处	向社会公开	0	低，1个	无	无	拟属地管理

部门行政权力清单目录分表(行政强制类)

部门:省文物局

序号	项目名称	子项	实施依据	实施对象	承办机构	公开范围	办理数量	廉政风险点	收费(征收)依据和标准	前置条件	备注
1	拒不履行修缮义务的非国有不可移动文物所有人承担修缮费用		1.《文物保护法》(1982年11月通过,2013年6月修订)第二十一条:“非国有不可移动文物有损毁危险,所有人不具备修缮能力的,当地人民政府应当给予帮助;所有人具备修缮能力而拒不依法履行修缮义务的,县级以上人民政府可以给予抢救修缮,所需费用由所有人负担。” 2.《关于组建省文物局(省中华文化标志城规划建设办公室)的通知》(2011年6月鲁编〔2011〕17号)一、主要职责是:(二)审核、管理在山东境内和水域所进行的考古勘探和发掘项目;管理文物保护和相关项目建设经费;指导协调全省文物管理、保护、抢救、发掘、研究、利用、出境、宣传等工作。	机关、事业单位、企业、社会组织或公民	文物保护与考古处	向社会公开	3	低,1个	无	无	拟属地管理
2	拆迁或改造危害文物保护单位安全、破坏或影响文物保护单位自然环境和历史风貌的建筑物、构筑物		1.《文物保护法》(1982年11月通过,2013年6月修订)第二十六条:“对危害文物保护单位安全、破坏文物保护单位历史风貌的建筑物、构筑物,当地人民政府应当及时调查处理,必要时,对该建筑物、构筑物予以拆迁。” 2.《山东省文物保护条例》(2010年9月通过)第十六条:“文物保护单位保护范围划定前已有的非文物建筑物和构筑物,危害文物保护单位安全的,应当拆迁;破坏或者影响文物保护单位自然环境和历史风貌的,应当结合城乡规划和文物保护规划逐步拆迁或者改造,拆迁、改造费用由文物保护单位所在地县级以上人民政府承担;属于违法建筑的,拆迁、改造费用由违法行为人承担。” 3.《关于组建省文物局(省中华文化标志城规划建设办公室)的通知》(2011年6月鲁编〔2011〕17号)一、主要职责是:(三)审核、申报、管理省级以上重点文物保护单位;会同有关部门指导和管理世界人文、自然遗产、历史文化名城(街区、村镇)、风景名胜区、宗教设施的文物保护工作。(四)研究处理文物保护重大问题;对查处盗窃、破坏、走私文物的大案要案提出文物方面的专业性意见;指导全省文物安全管理工作。	机关、事业单位、企业、社会组织或公民	文物保护与考古处、大遗址保护处	向社会公开	18	低,1个	无	无	拟属地管理

续表

序号	项目名称	子项	实施依据	实施对象	承办机构	公开范围	办理数量	廉政风险点	收费（征收）依据和标准	前置条件	备注
3	因个人原因损坏长城段落的单位或者个人承担修缮费用		1.《长城保护条例》(2003 年 5 月国务院令第 476 号)第二十三条:“长城段落因人为原因造成损坏的,其修缮费用由造成损坏的单位或者个人承担。” 2.《关于组建省文物局(省中华文化标志城规划建设办公室)的通知》(2011 年 6 月鲁编〔2011〕17 号)一、主要职责是:(三)审核、申报、管理省级以上重点文物保护单位;会同有关部门指导和管理世界人文、自然遗产、历史文化名城(街区、村镇)、风景名胜区、宗教设施的文物保护工作。(四)研究处理文物保护重大问题;对查处盗窃、破坏、走私文物的大案要案提出文物方面的专业性意见;指导全省文物安全管理工作。	机关、事业单位、企业、社会组织或公民	文物保护与考古处	向社会公开	2	低,1 个	无	无	拟属地管理

部门行政权力清单目录分表(行政给付类)

部门:省文物局

序号	项目名称	子项	实施依据	实施对象	承办机构	公开范围	办理数量	廉政风险点	收费(征收)依据和标准	前置条件	备注
1	非国有不可移动文物有损毁危险给予帮助		1.《文物保护法》(1982 年 11 月通过,2013 年 6 月修订)第二十一条:“国有不可移动文物由使用人负责修缮、保养;非国有不可移动文物由所有人负责修缮、保养。非国有不可移动文物有损毁危险,所有人不具备修缮能力的,当地人民政府应当给予帮助。” 2.《山东省文物保护条例》(2010 年 9 月通过)第二十二条:“非国有不可移动文物有损毁危险,所有人不具备修缮能力的,可以向当地人民政府申请帮助修缮。符合帮助修缮条件的,当地人民政府应当给予帮助。接受帮助修缮的非国有不可移动文物转让、抵押或者改变用途的,应当经相应的文物行政部门批准,并退还修缮费用。” 3.《关于组建省文物局(省中华文化标志城规划建设办公室)的通知》(2011 年 6 月鲁编〔2011〕17 号)一、主要职责是:(二)审核、管理在山东境内和水域所进行的考古勘探和发掘项目;管理文物保护和相关项目建设经费;指导协调全省文物管理、保护、抢救、发掘、研究、利用、出境、宣传等工作。	机关、事业单位、企业、社会组织、公民	文物保护与考古处	向社会公开	6	低,1 个	无	无	

部门行政权力清单目录分表(行政确认类)

部门:省文物局

序号	项目名称	子项	实施依据	实施对象	承办机构	公开范围	办理数量	廉政风险点	收费(征收)依据和标准	前置条件	备注
1	文物认定		1.《文物保护法》(1982 年 11 月通过,2013 年 6 月修订)第二条:“文物认定的标准和办法由国务院文物行政部门制定,并报国务院批准。具有科学价值的古脊椎动物化石和古人类化石同文物一样受国家保护。”第三条:“历史上各时代重要实物、艺术品、文献、手稿、图书资料、代表性实物等可移动文物,分为珍贵文物和一般文物;珍贵文物分为一级文物、二级文物、三级文物。” 2.《水下文物保护管理条例》(1989 年 10 月国务院令第 42 号发布,2011 年 1 月修订)第四条:“地方各级文物行政管理部门负责本行政区域水下文物的保护工作,会同文物考古研究机构负责水下文物的确认和价值鉴定工作,对于海域内的水下文物,国家文物局可以指定地方文物行政管理部门代为负责保护管理工作。” 3.《文物认定管理暂行办法》(2009 年 8 月文化部令第 46 号)第三条:“认定文物,由县级以上地方文物行政部门负责。认定文物发生争议的,由省级文物行政部门作出裁定。省级文物行政部门应当根据国务院文物行政部门的要求,认定特定的文化资源为文物。”第五条:“各级文物行政部门应当定期组织开展文物普查,并由县级以上地方文物行政部门对普查中发现的文物予以认定。”第十条:“各级文物行政部门应当根据《中华人民共和国文物保护法》第三条的规定,组织开展经常性的文物定级工作。”第十一条:“文物行政部门应当建立民间收藏文物定级的工作机制,组织开展民间收藏文物的定级工作。文物收藏单位收藏文物的定级,由主管的文物行政部门备案确认。文物行政部门应当建立民间收藏文物定级的工作机制,组织开展民间收藏文物的定级工作。定级的民间收藏文物,由主管的地方文物行政部门备案。”第十四条:“国家实行文物登录制度,由县级以上文物行政部门委托或设置专门机构开展相关工作。”第十六条:“古猿化石、古人类化石、与人类活动有关的第四纪古脊椎动物化石,以及上述化石地点和遗迹地点的认定和定级工作,按照本办法的规定执行。”	机关、事业单位、企业、社会组织、公民	文物保护与考古处、博物馆与社会文物处	向社会公开	22075	低,1 个	无	无	

续表

序号	项目名称	子项	实施依据	实施对象	承办机构	公开范围	办理数量	廉政风险点	收费（征收）依据和标准	前置条件	备注
2	长城、大运河遗产的调查、认定		1.《长城保护条例》(2003 年 5 月国务院令第 476 号)第九条：“长城所在地省、自治区、直辖市人民政府应当对本行政区域内的长城进行调查；对认为属于长城的段落，应当报国务院文物主管部门认定，并自认定之日起 1 年内依法核定公布为省级文物保护单位；本条例施行前已经认定为长城但尚未核定公布为全国重点文物保护单位或者省级文物保护单位的段落，应当自本条例施行之日起 1 年内依法核定公布为全国重点文物保护单位或者省级文物保护单位。” 2.《大运河遗产保护管理办法》(2012 年 8 月文化部令第 54 号)第六条：“大运河沿线省级人民政府文物主管部门应当组织调查本行政区域内的大运河遗产。属于大运河遗产的不可移动文物，县级以上地方文物主管部门应当依法予以认定，并报同级人民政府核定公布为文物保护单位。大运河遗产中具有重大历史、艺术、科学价值的不可移动文物，应当确定为全国重点文物保护单位，报国务院核定公布。”	机关、事业单位、企业、社会组织	文物保护与考古处	向社会公开	244	低，1 个	无	无	

续表

序号	项目名称	子项	实施依据	实施对象	承办机构	公开范围	办理数量	廉政风险点	收费（征收）依据和标准	前置条件	备注
3	为申报出境的文物复仿制品出具文物复仿制品证明		1.《文物进出境审核管理办法》(2007 年 7 月文化部令第 42 号)第三条:“文物进出境审核机构由国家文物局和省级人民政府联合组建。省级人民政府应当保障文物进出境审核机构的编制、办公场所及工作经费。国家文物局应当对文物进出境审核机构的业务经费予以补助。”第七条:“文物进出境审核机构的日常管理工作由所在地省级文物主管部门负责。省级文物主管部门应当制定相关管理制度,并报国家文物局备案。”第十一条:“根据出境地海关或携运人的要求,文物进出境审核机构可以为经审核属于文物复仿制品的申报物品出具文物复仿制品证明。” 2.《关于组建省文物局(省中华文化标志城规划建设办公室)的通知》(2011 年 6 月鲁编〔2011〕17 号)一、主要职责是:(五)会同有关部门依法管理社会流散文物、文物市场、文物出入境;代表国家文物出境监管机构鉴定流通文物、出境文物、刑事文物;审核重要文物的收购、交换和征调。	机关、事业单位、企业、社会组织、公民	山东省文物局	向社会公开	3	低,1 个	无	无	
4	涉案文物鉴定		1.《山东省文物保护条例》(2010 年 9 月通过)第六十七条:“涉案文物的鉴定,由省人民政府文物行政部门或者其指定的设区的市人民政府文物行政部门组织实施。” 2.《文物行政处罚程序暂行规定》(2005 年 1 月文化部令第 33 号)第二十五条:“对案件处理过程中需要解决的专业性问题,文物行政部门应当委托专门机构或者聘请专业人员提出意见。文物的鉴定,应当以办理案件的文物行政部门所在地省级文物鉴定机构的鉴定意见为准。国家文物鉴定机构可以根据办理案件的文物行政部门的申请,对省级文物鉴定机构的鉴定意见进行复核。”	机关、事业单位等办案单位	督察执法处	向申请人公开	143	低,1 个	无	无	

部门行政权力清单目录分表(行政监督类)

部门:省文物局

序号	项目名称	子项	实施依据	实施对象	承办机构	公开范围	办理数量	廉政风险点	收费(征收)依据和标准	前置条件	备注
1	省内历史文化名城、风景名胜区文物保护工作的监督管理	无	1.《历史文化名城名镇名村保护条例》(2008 年 4 月国务院令第 524 号)第二十条:“县级以上地方人民政府应当加强对本行政区域保护规划实施情况的监督检查,并对历史文化名城、名镇、名村保护状况进行评估;对发现的问题,应当及时纠正、处理。” 2.《山东省历史文化名城保护条例》(1997 年 12 月 13 日通过)第四条:“省城市规划行政主管部门主管全省历史文化名城的保护工作。历史文化名城城市规划行政主管部门主管本行政区域内的历史文化名城保护工作。历史文化名城的文物保护工作由文物行政管理部门负责。”第二十八条:“在历史文化名城中经批准使用文物保护单位的,应当与文物行政管理部门签订使用保护协议书,负责建筑物及其附属物的安全、保养和维修,接受文物行政管理部门的指导和监督。” 3.《山东省风景名胜区管理条例》(2001 年 12 月通过,2004 年 5 月修订)第五条:“省人民政府建设行政主管部门主管全省的风景名胜区工作,设区的市、县级人民政府建设行政主管部门主管本行政区域内风景名胜区工作;跨行政区域的风景名胜区的建设规划,由其共同的上级人民政府建设行政主管部门管理。计划、文物、旅游、宗教、公安、林业、环保、国土资源、物价等部门按照各自的职责,共同做好风景名胜区管理工作。” 4.《关于组建省文物局(省中华文化标志城规划建设办公室)的通知》(2011 年 6 月鲁编〔2011〕17 号)一、主要职责是:(三)审核、申报、管理省级以上重点文物保护单位;会同有关部门指导和管理世界人文、自然遗产、历史文化名城(街区、村镇)、风景名胜区、宗教设施的文物保护工作。	机关、事业单位、企业、社会组织或公民	文物保护与考古处、大遗址保护处、督察执法处	向社会公开	27	低,1 个	无	无	

续表

序号	项目名称	子项	实施依据	实施对象	承办机构	公开范围	办理数量	廉政风险点	收费（征收）依据和标准	前置条件	备注
2	省内世界文化遗产保护的监督		1.《长城保护条例》(2003 年 5 月国务院令第 476 号)第四条:“长城所在地县级以上地方人民政府及其文物主管部门依照文物保护法、本条例和其他有关行政法规的规定,负责本行政区域内的长城保护工作。” 2.《世界文化遗产保护管理办法》(2006 年 11 月文化部令第 41 号)第十三条:“省级人民政府应当为世界文化遗产确定保护机构。保护机构应当对世界文化遗产进行日常维护和监测,并建立日志。发现世界文化遗产存在安全隐患的,保护机构应当采取控制措施,并及时向县级以上地方人民政府和省级文物主管部门报告。”第十四条:“……省级文物主管部门应当对世界文化遗产的参观游览服务管理工作进行监督检查。” 3.《大运河遗产保护管理办法》(2012 年 8 月文化部令第 54 号)第四条:“……国务院文物主管部门主管大运河遗产的整体保护工作,并与国务院国土、环保、交通、水利等主管部门合作,依法在各自的职责范围内开展相关工作。大运河沿线县级以上地方人民政府文物主管部门,负责本行政区域内的大运河遗产保护工作,依法与其他相关主管部门合作开展工作,并将大运河遗产保护经费纳入本级财政预算。” 4.《世界文化遗产申报工作规程(试行)》(2013 年 8 月文物保函〔2013〕1595 号)第八条:“省级文物行政部门负责本行政区域内申报工作的项目审核和指导监督,督促所在地地方政府,制定申报工作实施计划和时间表,落实责任人、工作经费,确保各项工作如期完成。”	机关、事业单位、企业、社会组织或公民	文物保护与考古处、督察执法处	向社会公开	91	低,1 个	无	无	

续表

序号	项目名称	子项	实施依据	实施对象	承办机构	公开范围	办理数量	廉政风险点	收费（征收）依据和标准	前置条件	备注
3	文物保护单位辟为参观游览场所的监督检查		1.《山东省文物保护条例》（2010年9月通过）第十九条：“文物保护单位辟为参观游览场所，应当符合国家和省有关规定，并由县级以上人民政府文物行政部门对其文物保护情况进行监督检查。” 2.《山东省人民政府关于进一步加强文物保护工作的通知》（2008年10月鲁政发〔2008〕94号）：“文物保护单位辟为参观游览场所，必须符合省级文物行政部门规定的开放标准，并由省级文物行政部门对其文物保护情况进行监督检查。”	机关、事业单位、企业、社会组织或公民	文物保护与考古处、督察执法处	向社会公开	21	低，1个	无	无	
4	刘公岛甲午战争纪念地管理保护的监督		《山东省刘公岛甲午战争纪念地保护管理规定》（2000年10月通过）第三条：“省人民政府和威海市（以下称市）人民政府应当加强对纪念地的保护。省文物行政管理部门负责对纪念地保护管理的工作监督和业务指导。”	机关、事业单位、企业、社会组织或公民	文物保护与考古处、督察执法处	向社会公开	3	低，1个	无	无	

续表

序号	项目名称	子项	实施依据	实施对象	承办机构	公开范围	办理数量	廉政风险点	收费（征收）依据和标准	前置条件	备注
5	实施文物保护单位执法巡查，督促检查落实文物保护安全措施		1.《山东省文物保护条例》(2010年9月通过)第四条：县级以上人民政府文物行政部门对本行政区域内的文物保护实施监督管理，制定重大文物安全事故防范预案，督促检查文物保护单位、文物收藏单位落实文物保护安全措施，加强对民间收藏文物流通的监管；其他有关部门在各自职责范围内负责有关的文物保护工作。 2.《国务院关于进一步做好旅游等开发建设活动中文物保护工作的意见》(2012年12月国发〔2012〕63号)七、文物行政部门要加强对文物保护的监督管理，统筹协调和指导文物保护工作，履行文物行政执法督察职责；城乡规划、文物部门要加强对历史文化名城和历史文化街区、村镇以及历史建筑的保护。 3.山东省人民政府《进一步做好旅游等开发建设活动中文物保护工作的通知》(2013年4月鲁政发〔2013〕9号)六、文物行政部门要加强对文物保护的监督管理，统筹协调和指导文物保护工作，履行文物行政执法督察职责。 4.《文物保护单位执法巡查办法》(2011年12月文物督发〔2011〕21号)第五条：各省、自治区、直辖市文物行政部门、文物执法机构负责对本行政区域内省级以上(含省级)的文物保护单位进行巡查、抽查；对本行政区域内各设区市、县(市、区)文物行政部门、文物执法机构开展的文物保护单位执法巡查工作进行督察。第八条：文物保护单位的管理使用单位(人)或者产权单位(人)应当配合各级文物行政部门、文物执法机构开展执法巡查，不得拒绝、阻碍。文物保护单位的管理使用单位(人)或者产权单位(人)应当定期对文物保护单位的保护管理状况开展自查，对发现的问题及时整改，对发现的违法行为及时向所在地文物行政部门、文物执法机构报告。第十三条：巡查、督察工作结束后，文物行政部门、文物执法机构应当及时以书面形式向被检查单位反馈意见。反馈意见应当明确指出存在的问题、违反的相关规定，并提出整改要求。	机关、事业单位、企业、社会组织或公民	督察执法处	向社会公开	181	低，1个	无	无	

续表

序号	项目名称	子项	实施依据	实施对象	承办机构	公开范围	办理数量	廉政风险点	收费（征收）依据和标准	前置条件	备注
6	对文物经营活动、文物市场、民间收藏文物流通监管的管理、监督检查和现场监管	无	1.《国务院关于加强和改善文物工作的通知》(1997 年 3 月国发〔1997〕13 号)四、加强和改善文物市场的管理。进入市场流通的文物是一种特殊商品,有关部门要密切配合,进一步加强和改善文物市场管理,加强调控和监督,保障文物市场的健康发展,从事文物收购、销售业务的经营单位,必须按照国家有关规定严格履行审批手续并在核准的范围内经营,未经批准的任何单位和个人都不得经营文物。工商行政管理部门要会同文物、公安部门坚决取缔非法经营文物的活动。对经批准的旧货市场,工商、文物和内贸行政管理部门要联合实行监管。各地海关要加强对文物出入境的监管工作,防止珍贵文物流失。 2.《山东省文物保护条例》(2010 年 9 月通过)第五十条:县级以上人民政府文物行政部门、工商行政管理部门和公安机关应当加强对文物经营活动的管理,对典当行、拍卖公司、文化市场、旧货市场、艺术品市场等单位和场所内可能涉及非法文物交易的活动进行监督检查。县级以上人民政府文物行政部门应当建立对前款规定单位和场所的巡查制度;必要时,可以派员进驻市场,对涉嫌文物购销经营活动进行现场监管。	机关、事业单位、企业、社会组织或公民	督察执法处	向社会公开	49	低,1 个	无	无	
7	三级以上风险单位认定、监督、检查	无	《文物系统博物馆风险等级和安全防护级别的规定》(2002 年 3 月 GA 27—2002)7.1.1 一级风险单位的等级认定由本单位依据本校准提出申请,经省、自治区、直辖市文物部门、公安机关审核,国家文物局和公安部批准;二、三级风险单位的等级认定,由本单位依据本校准提出申请,省、自治区、直辖市文物管理部门、公安机关审核批准。7.1.2 一级风险单位的安全技术防范工程设计方案由建设单位组织论证,省、自治区、直辖市文物部门、公安机关审核后,报国家文物局和公安部批准。7.1.3 二、三级风险单位的安全技术防范工程设计方案由建设单位组织论证,报省、自治区、直辖市文物部门、公安机关审核批准。7.1.4 安全技术防范工程竣工后,由建设单位和审批单位根据 GA 308 的有关规定,共同组织验收。7.2.2 上级文物管理部门和公安机关负责本标准贯彻实施的监督、检查。	机关、事业单位、企业、社会组织或公民	督察执法处	向社会公开	179	低,1 个	无	无	

续表

序号	项目名称	子项	实施依据	实施对象	承办机构	公开范围	办理数量	廉政风险点	收费（征收）依据和标准	前置条件	备注
8	博物馆及其行业组织的指导、监督和管理	无	1.《博物馆管理办法》(2005年12月文化部令第35号)第六条:“国务院文物行政部门主管全国博物馆工作。县级以上地方文物行政部门对本行政区域内的博物馆实施监督和管理。”第七条:“县级以上文物行政部门应当促进博物馆行业组织建设,指导行业组织活动,逐步对博物馆实行分级、分类管理。”第三十一条:“博物馆违反本办法规定,情节严重的,由所在地省级文物行政部门撤销审核同意意见,由相关行政部门撤销博物馆法人资格。” 2.《国务院关于加强和改善文物工作的通知》(1997年3月国发〔1997〕13号):“对文物系统之外的部门、企事业单位或个人兴办的博物馆,文物行政管理部门要制定相应的规章制度,给予必要的指导和监督。” 3.《博物馆藏品管理办法》(1986年6月)第三十一条:“本办法由馆长组织实施,当地主管文物行政管理部门和上级文物行政管理部门对实施的情况进行必要的指导、监督和检查。”	事业单位、社会组织	博物馆与社会文物处	向社会公开	231	低,1个	无	无	
9	古人类化石和古脊椎动物化石保护的监督管理	无	1.《文物保护法》(1982年11月通过,2013年6月修订)第二条:“文物认定的标准和办法由国务院文物行政部门制定,并报国务院批准。具有科学价值的古脊椎动物化石和古人类化石同文物一样受国家保护。” 2.《古人类化石和古脊椎动物化石保护管理办法》(2006年7月文化部令第38号)第三条:“国务院文物行政部门主管全国古人类化石和古脊椎动物化石的保护和管理工作。县级以上地方人民政府文物行政部门对本行政区域内的古人类化石和古脊椎动物化石的保护实施监督管理。”	机关、事业单位、企业、社会组织或公民	博物馆与社会文物处	向社会公开	5	低,1个	无	无	
10	考古勘探、发掘、国家考古遗址公园的管理和监督	无	1.《山东省文物保护条例》(2010年9月通过)第二十六条:“省人民政府文物行政部门负责对本行政区域内的考古勘探、发掘工作进行管理和监督。” 2.《国家考古遗址公园管理办法(试行)》(2009年12月文物保发〔2009〕44号)第三条:“国家文物局负责国家考古遗址公园的评定管理工作,省级文物行政部门负责本行政区域内国家考古遗址公园的监督管理工作,遗址所在地县级以上人民政府负责国家考古遗址公园建设和运营的组织实施。”	机关、事业单位、企业、社会组织或公民	大遗址保护处	向社会公开	85	低,1个	无	无	

部门行政权力清单目录分表(其他权力类)

部门:省文物局

序号	项目名称	子项	实施依据	实施对象	承办机构	公开范围	办理数量	廉政风险点	收费(征收)依据和标准	前置条件	备注
1	非国有省级文物保护单位转让、抵押、改变用途备案		《文物保护法》(1982年11月通过,2013年6月修订)第二十五条:"非国有不可移动文物转让、抵押或者改变用途的,应当根据其级别报相应的文物行政部门备案。"	机关、事业单位、企业、社会组织或公民	文物保护与考古处	向社会公开	11	低,1个	无	无	
2	对涉及文物保护单位、大遗址的城乡规划提出意见		1.《文物保护法》(1982年11月通过,2013年6月修订):"第十六条 各级人民政府制定城乡建设规划,应当根据文物保护的需要,事先由城乡建设规划部门会同文物行政部门商定对本行政区域内各级文物保护单位的保护措施,并纳入规划。" 2.《山东省文物保护条例》(2010年9月通过)"第十八条"县级以上人民政府应当加强大遗址保护工作,因大遗址保护造成的周边土地用途改变、移民、产业调整等应当纳入当地国民经济和社会发展中长期规划;在组织编制涉及大遗址保护的城乡规划时,应当征求省人民政府文物行政部门的意见。"	机关、事业单位、企业、社会组织	文物保护与考古处、大遗址保护处	向社会公开	38	低,1个	无	无	

续表

序号	项目名称	子项	实施依据	实施对象	承办机构	公开范围	办理数量	廉政风险点	收费（征收）依据和标准	前置条件	备注
3	发现文物后提出处理意见	1. 在进行建设工程或者农业生产中发现文物后提出处理意见	1.《文物保护法》(1982 年 11 月通过,2013 年 6 月修订)第三十二条:“在进行建设工程或者在农业生产中,任何单位或者个人发现文物,应当保护现场,立即报告当地文物行政部门,文物行政部门接到报告后,如无特殊情况,应当在二十四小时内赶赴现场,并在七日内提出处理意见。文物行政部门可以报请当地人民政府通知公安机关协助保护现场;发现重要文物的,应当立即上报国务院文物行政部门,国务院文物行政部门应当在接到报告后十五日内提出处理意见。” 2.《山东省文物保护条例》(2010 年 9 月通过)第三十四条:“在工程建设和生产活动中发现文物的,应当立即停止施工、生产,保护现场,同时报告县(市、区)人民政府文物行政部门和公安机关,并向文物行政部门上交出土文物。县(市、区)人民政府文物行政部门和公安机关接到报告后,应当立即到达现场,并结合工程建设计划和文物保护需要,及时依法采取保护措施。”	机关、事业单位、企业、社会组织或公民	文物保护与考古处、大遗址保护处	向社会公开	39	低,1 个	无	无	
		2. 省级以上文物保护单位文物保护工程中发现新文物提出处理意见	《文物保护工程管理办法》(2003 年 4 月文化部令第 26 号)第二十条:“施工过程中如发现新的文物、有关资料或其他影响文物保护的重大问题,要立即记录,保护现场,并经原申报机关向原审批机关报告,请示处理办法。”								
		3. 发现水下文物提出处理意见	《水下文物保护管理条例》(1989 年 10 月国务院令 42 号)第六条:“任何单位或者个人以任何方式发现本条例第二条第(一)、(二)项所规定的水下文物,应当及时报告国家文物局或者地方文物行政管理部门;已打捞出水的,应当及时上缴国家文物局或者地方文物行政管理部门处理;任何单位或者个人以任何方式发现本条例第二条第(三)项所规定的水下文物,应当及时报告国家文物局或者地方文物行政管理部门;已打捞出水的,应当及时提供国家文物局或者地方文物行政管理部门辨认、鉴定。”	机关、事业单位、企业、社会组织、公民	文物保护与考古处、大遗址保护处	向社会公开	50	低,1 个	无	无	

续表

序号	项目名称	子项	实施依据	实施对象	承办机构	公开范围	办理数量	廉政风险点	收费（征收）依据和标准	前置条件	备注
4	对市级文物保护单位修缮计划和工程设计方案提出意见		《文物保护法实施条例》(2003年5月国务院令第377号,2013年12月7日修订)第十八条:“文物行政主管部门在审批文物保护单位的修缮计划和工程设计方案前,应当征求上一级人民政府文物行政主管部门的意见。”	机关、事业单位、企业、社会组织、公民	文物保护与考古处	向社会公开	23	低,1个	无	无	
5	接收不可移动文物管理使用权和相关资料		《山东省文物保护条例》(2010年9月通过)第十二条:“文物行政部门以外的机关、团体、企业事业单位、宗教活动场所以及其他组织和个人管理使用不可移动文物的,应当与其所在地县(市、区)人民政府文物行政部门签订责任书,负责文物及其附属物的安全、保养和修缮,并接受文物行政部门的指导和监督。 前款规定的组织和个人难以继续承担不可移动文物保护责任,该文物属于国有的,应当将管理使用权与相关资料移交文物行政部门;属于非国有的,可以将管理使用权与相关资料移交文物行政部门。”	机关、事业单位、企业、社会组织或公民	文物保护与考古处	向社会公开	11	低,1个	无	无	
6	保养维护工程年度工作计划和经费预算的备案		《文物保护工程管理办法》(2003年4月文化部令第26号)第十一条:“保养维护工程由文物使用单位列入每年的工作计划和经费预算,并报省、自治区、直辖市文物行政部门备案。”	机关、事业单位、企业、社会组织	文物保护与考古处大遗址保护处	向社会公开	31	低,1个	无	无	

续表

序号	项目名称	子项	实施依据	实施对象	承办机构	公开范围	办理数量	廉政风险点	收费（征收）依据和标准	前置条件	备注
7	省级以上文物保护单位文物保护工程变更或补充技术设计的备案		1.《山东省文物保护条例》(2010 年 9 月通过）第二十条 ："对文物保护单位进行修缮、迁移、重建，应当履行法定审批程序，并严格执行修缮计划和工程设计、施工方案；确需变更的，应当经原审批机关批准。" 2.《文物保护工程管理办法》(2003 年 4 月文化部令第 26 号）第二十一条："施工过程中如需变更或补充已批准的技术设计，由工程业主单位、设计单位和施工单位共同现场洽商，并报原申报机关备案；如需变更已批准的工程项目或方案设计中的重要内容，必须经原申报机关报审批机关批准。"	机关、事业单位、企业、社会组织	文物保护与考古处、督察执法处、大遗址保护处	向社会公开	87	低，1 个	无	无	
8	省级以上文物保护单位重要文物保护工程招标文件、施工单位的审核		1.《文物保护法》(1982 年 11 月通过，2013 年 6 月修订）第二十一条："文物保护单位的修缮、迁移、重建，由取得文物保护工程资质证书的单位承担。" 2.《文物保护工程管理办法》(2003 年 4 月文化部令第 26 号）第十八条："重要文物保护工程按本办法第十条规定的程序报批招标文件及拟选用的施工单位。"	机关、事业单位、企业、社会组织	文物保护与考古处、大遗址保护处、督察执法处	向社会公开	73	低，1 个	无	无	
9	历史建筑无法实施原址保护、必须迁移异地保护或者拆除的审核		《历史文化名城名镇名村保护条例》(2008 年 4 月国务院令第 524 号）第三十四条："因公共利益需要进行建设活动，对历史建筑无法实施原址保护、必须迁移异地保护或者拆除的，应当由城市、县人民政府城乡规划主管部门会同同级文物主管部门，报省、自治区、直辖市人民政府确定的保护主管部门会同同级文物主管部门批准。"	机关、事业单位、企业、社会组织或公民	文物保护与考古处	向社会公开	11	低，1 个	无	无	

续表

序号	项目名称	子项	实施依据	实施对象	承办机构	公开范围	办理数量	廉政风险点	收费（征收）依据和标准	前置条件	备注
10	历史文化名城、名镇、名村、历史文化街区等保护规划、土地利用和各项工程建设的审核	1. 对历史文化名城、街区内的土地利用和各项工程建设提出意见	《山东省人民政府关于进一步加强文物保护工作的通知》(2008年10月鲁政发〔2008〕93号)："历史文化名城及历史传统街区内进行土地利用和各项工程建设，必须符合历史文化名城及历史传统街区保护规划，并事先征得城建、规划、文物行政管理部门的意见，召开论证会、听证会或其他方式征求专家和公众的意见。"	机关、事业单位、企业、社会组织或公民	文物保护与考古处	向社会公开	18	低，1个	无	无	
		2. 历史文化街区、村镇、历史建筑的保护范围和建设控制地带内实施建设工程的审核	1.《国务院关于进一步做好旅游等开发建设活动中文物保护工作的意见》(2012年12月国发〔2012〕63号)："严格履行涉及文物的旅游等开发建设活动审批。要加强各级文物保护单位的规划编制工作，提高规划的科学性。各地编制旅游等开发建设规划要符合城乡规划，并与文物保护单位的规划相衔接，坚持文物保护优先，把文物安全放在首位。旅游等开发建设项目要严格履行基本建设审批程序。在文物保护单位和历史文化街区、村镇以及历史建筑的保护范围和建设控制地带内实施建设工程的，要事先依法征得文物行政部门同意，报城乡规划部门批准；未经文物行政部门同意的，不得立项，更不得开工建设。" 2.《山东省人民政府关于贯彻落实国发〔2012〕63号文件进一步做好旅游等开发建设活动中文物保护工作的通知》(2013年4月鲁政发〔2013〕9号)："在文物保护单位和历史文化街区、村镇以及历史建筑的保护范围和建设控制地带内实施建设工程的，要事先依法征得文物行政部门同意，报城乡规划部门批准；未经文物行政部门同意的，不得立项，更不得开工建设。"	机关、事业单位、企业、社会组织或公民	文物保护与考古处	向社会公开	80	低，1个	无	无	

续表

序号	项目名称	子项	实施依据	实施对象	承办机构	公开范围	办理数量	廉政风险点	收费（征收）依据和标准	前置条件	备注
11	世界文化遗产申报项目划定遗产区、缓冲区		1.《关于组建省文物局(省中华文化标志城规划建设办公室)的通知》(2011年6月鲁编〔2011〕17号)一、主要职责是:(三)审核、申报、管理省级以上重点文物保护单位;会同有关部门指导和管理世界人文、自然遗产、历史文化名城(街区、村镇)、风景名胜区、宗教设施的文物保护工作。 2.《世界文化遗产申报工作规程(试行)》(2013年8月文物保函〔2013〕1595号)第十八条:“划定申报世界遗产所必需的遗产区和缓冲区。遗产区应当包含体现突出普遍价值的所有组成要素,包括历史建筑(群)、遗址、历史街区等人文要素,以及地形、地貌、生态环境等自然要素;缓冲区应当包括与遗产紧密相关的环境,为遗产区保护提供保障,并向非遗产区协调过渡。遗产区和缓冲区的划定应关注到特有的景观特征和传统内涵;遗产区和缓冲区区划应与文物保护单位保护范围和建设控制地带区划相衔接;因遗产区和缓冲区保护管理的要求,需要对文物保护单位保护范围和建设控制地带进行调整的,应依法履行程序。”	世界文化遗产申报项目单位	文物保护与考古处	向社会公开	5	低,1个	无	无	

续表

序号	项目名称	子项	实施依据	实施对象	承办机构	公开范围	办理数量	廉政风险点	收费（征收）依据和标准	前置条件	备注
12	世界文化遗产危及安全突发事件、安全隐患决定处理办法		1.《世界文化遗产保护管理办法》(2006年11月文化部令第41号)第十三条:“省级人民政府应当为世界文化遗产确定保护机构。保护机构应当对世界文化遗产进行日常维护和监测,并建立日志。发现世界文化遗产存在安全隐患的,保护机构应当采取控制措施,并及时向县级以上地方人民政府和省级文物主管部门报告。”第十七条:“发生或可能发生危及世界文化遗产安全的突发事件时,保护机构应当立即采取必要的控制措施,并同时向县级以上地方人民政府和省级文物主管部门报告。省级文物主管部门应当在接到报告2小时内,向省级人民政府和国家文物局报告;省级文物主管部门接到有关报告后,应当区别情况决定处理办法并负责实施。” 2.《关于组建省文物局(省中华文化标志城规划建设办公室)的通知》(2011年6月鲁编〔2011〕17号)一、主要职责是:(三)审核、申报、管理省级以上重点文物保护单位;会同有关部门指导和管理世界人文、自然遗产、历史文化名城(街区、村镇)、风景名胜区、宗教设施的文物保护工作	机关、事业单位、企业、社会组织或公民	文物保护与考古处	向社会公开	6	低,1个	无	无	

续表

序号	项目名称	子项	实施依据	实施对象	承办机构	公开范围	办理数量	廉政风险点	收费(征收)依据和标准	前置条件	备注
13	世界文化遗产参观游览服务管理办法的备案		1.《关于组建省文物局(省中华文化标志城规划建设办公室)的通知》(2011年6月鲁编〔2011〕17号)一、主要职责是:(三)审核、申报、管理省级以上重点文物保护单位;会同有关部门指导和管理世界人文、自然遗产、历史文化名城(街区、村镇)、风景名胜区、宗教设施的文物保护工作。 2.《世界文化遗产保护管理办法》(2006年11月文化部令第41号)第十四条:"世界文化遗产保护机构应当将参观游览服务管理办法报省级文物主管部门备案。"	世界文化遗产保护机构	文物保护与考古处	向社会公开	1	低,1个	无	无	
14	省内世界文化遗产的监测和巡视		1.《世界文化遗产保护管理办法》(2006年11月文化部令第41号)第十三条:"省级人民政府应当为世界文化遗产确定保护机构。保护机构应当对世界文化遗产进行日常维护和监测,并建立日志。发现世界文化遗产存在安全隐患的,保护机构应当采取控制措施,并及时向县级以上地方人民政府和省级文物主管部门报告。" 2.《大运河遗产保护管理办法》(2012年8月文化部令第54号)第十二条:"……大运河遗产监测由国家、省级和市级监测系统构成,包括日常监测、定期监测和反应性监测;大运河遗产巡视由国家和省级巡视系统构成,包括定期巡视和不定期巡视。" 3.《中国世界文化遗产监测巡视管理办法》(2006年12月)第三条:"省级文物行政部门负责对本辖区内世界文化遗产进行定期监测、反应性监测,及定期或不定期巡视。"第五条:"国家或省级文物行政部门组织对遗产地进行定期或不定期巡视,巡视内容包括审核监测结果,检查保护、管理状况,并提出整改要求。"第九条:"国家和省级文物行政部门对未按规定开展监测工作、未按时报送以及隐瞒、篡改监测结果的机构和个人予以警告并依法责令改正。" 4.《关于组建省文物局(省中华文化标志城规划建设办公室)的通知》(2011年6月鲁编〔2011〕17号)一、主要职责是:(三)审核、申报、管理省级以上重点文物保护单位;会同有关部门指导和管理世界人文、自然遗产、历史文化名城(街区、村镇)、风景名胜区、宗教设施的文物保护工作。	世界文化遗产、世界文化遗产保护机构、公民	文物保护与考古处	向社会公开	9	低,1个	无	无	

续表

序号	项目名称	子项	实施依据	实施对象	承办机构	公开范围	办理数量	廉政风险点	收费（征收）依据和标准	前置条件	备注
15	长城及其他文物保护单位辟为参观游览场所的备案		1.《长城保护条例》(2003年5月国务院令第476号)第二十条:“将长城段落辟为参观游览区,应当自辟为参观游览区之日起5日内向所在地省、自治区、直辖市人民政府文物主管部门备案;长城段落属于全国重点文物保护单位的,应当自辟为参观游览区之日起5日内向国务院文物主管部门备案。备案材料应当包括参观游览区的旅游容量指标。” 2.《山东省文物保护条例》(2010年9月通过)第十九条:“文物保护单位辟为参观游览场所,应当符合国家和省有关规定,并由县级以上人民政府文物行政部门对其文物保护情况进行监督检查。” 3.《山东省人民政府关于进一步加强文物保护工作的通知》(2008年10月鲁政发〔2008〕93号):“文物保护单位辟为参观游览场所,必须符合省级文物行政部门规定的开放标准,并由省级文物行政部门对其文物保护情况进行监督检查。”	机关、事业单位、企业、社会组织或公民	文物保护与考古处	向社会公开	16	低,1个	无	无	
16	划分核定长城等文物旅游景区的游客承载标准、旅游容量指标、调节游客人数		1.《长城保护条例》(2003年5月国务院令第476号)第二十条:“将长城段落辟为参观游览区,应当自辟为参观游览区之日起5日内向所在地省、自治区、直辖市人民政府文物主管部门备案;长城段落属于全国重点文物保护单位的,应当自辟为参观游览区之日起5日内向国务院文物主管部门备案。备案材料应当包括参观游览区的旅游容量指标;所在地省、自治区、直辖市人民政府文物主管部门和国务院文物主管部门,应当自收到备案材料之日起21日内按照职权划分核定参观游览区的旅游容量指标。” 2.《国务院关于进一步做好旅游等开发建设活动中文物保护工作的意见》(2012年12月国发〔2012〕63号):“文物、旅游等部门要立足文物安全,科学评估文物资源状况和游客流量,合理确定文物旅游景区的游客承载标准,并向社会公布。对于古遗址、古建筑、石窟寺等易受损害的文物资源,要通过预约参观、错峰参观等方式调节旅游旺季的游客人数,防止背离文物旅游景区实际、片面追求游客规模。” 3.《山东省人民政府关于进一步加强文物保护工作的通知》(2008年10月鲁政发〔2008〕93号):“文物保护单位辟为参观游览场所,必须符合省级文物行政部门规定的开放标准,并由省级文物行政部门对其文物保护情况进行监督检查。”	机关、事业单位、企业、社会组织、公民、长城等文物旅游景区	文物保护与考古处	向社会公开	15	低,1个	无	无	

续表

序号	项目名称	子项	实施依据	实施对象	承办机构	公开范围	办理数量	廉政风险点	收费（征收）依据和标准	前置条件	备注
17	文物保护工程勘察设计、施工、监理资质年检		1.《文物保护法实施条例》(2003 年 5 月国务院令第 377 号,2013 年 12 月 7 日修订)第十七条:文物保护工程资质等级的分级标准和审批办法,由国务院文物行政主管部门制定。 2.《文物保护工程管理办法》(2003 年 4 月文化部令第 26 号)第八条:承担文物保护工程的勘察、设计、施工、监理单位必须具有国家文物局认定的文物保护工程资质。资质认定办法和分级标准由国家文物局另行制定。 3.《文物保护工程勘察设计资质管理办法(试行)》(2014 年 4 月文物保发〔2014〕13 号)第六条:“省级文物主管部门负责文物保护工程勘察设计资质的年检和日常管理工作。”第二十八条:“省级文物主管部门每两年进行一次文物保护工程勘察设计资质年检,一般在当年第四季度进行。”第三十条:“省级文物主管部门对符合相应资质等级标准的文物保护工程勘察设计资质单位,应当认定年检合格,并在其资质证书副本上加盖年检合格章。省级文物主管部门应当将甲级资质单位的年检结论,报国家文物局备案。” 4.《文物保护工程施工资质管理办法(试行)》(2014 年 4 月文物保发〔2014〕13 号)第五条:“省级文物主管部门负责文物保护工程施工资质的年检和日常管理工作。”第三十一条:“省级文物主管部门每两年进行一次文物保护工程施工资质年检,一般在当年第四季度进行。”第三十三条:“省级文物主管部门对符合相应资质等级标准的文物保护工程施工资质单位,应当认定年检合格,并在其资质证书副本上加盖年检合格章。级文物主管部门应当将一级资质单位的年检结论,报国家文物局备案。” 5.《文物保护工程监理资质管理办法(试行)》(2014 年 4 月文物保发〔2014〕13 号)第五条:“省级文物主管部门负责文物保护工程监理资质的年检和日常管理工作。”第二十九条:“省级文物主管部门每两年进行一次文物保护工程监理资质年检,一般在当年第四季度进行。第三十一条:“省级文物主管部门对符合相应资质等级标准的文物保护工程监理资质单位,应当认定年检合格,并在其资质证书副本上加盖年检合格章;省级文物主管部门应当将甲级资质单位的年检结论,报国家文物局备案。”	事业单位、企业、社会组织	文物保护与考古处	向社会公开	24	低,1 个	无	无	

续表

序号	项目名称	子项	实施依据	实施对象	承办机构	公开范围	办理数量	廉政风险点	收费（征收）依据和标准	前置条件	备注
18	文物保护工程勘察设计、施工、监理资质单位变更审核		1.《文物保护法实施条例》(2003年5月国务院令第377号,2013年12月7日修订)第十七条:文物保护工程资质等级的分级标准和审批办法,由国务院文物行政主管部门制定。 2.《文物保护工程管理办法》(2003年4月文化部令第26号)第八条:承担文物保护工程的勘察、设计、施工、监理单位必须具有国家文物局认定的文物保护工程资质。资质认定办法和分级标准由国家文物局另行制定。 3.《文物保护工程勘察设计资质管理办法(试行)》(2014年4月文物保发〔2014〕13号)第二十五条:"在资质证书有效期内,文物保护工程勘察设计单位名称、地址、法定代表人、经济性质等发生变更的,应当在工商部门办理变更手续后三十日内,到文物保护工程资质证书发证机关办理资质证书变更手续。原证书应交回发证机关注销。"第二十六条:"甲级勘察设计资质单位办理变更的,应提交所在地省级文物主管部门初审文件。" 4.《文物保护工程施工资质管理办法(试行)》(2014年4月文物保发〔2014〕13号)第二十八条:"在资质证书有效期内,文物保护工程施工单位名称、地址、法定代表人、经济性质等发生变更的,应当在工商部门办理变更手续后三十日内,到文物保护工程资质证书发证机关办理资质证书变更手续。原证书应交回发证机关注销。"第二十九条:"一级施工资质单位办理变更的,应提交所在地省级文物主管部门初审文件。" 5.《文物保护工程监理资质管理办法(试行)》(2014年4月文物保发〔2014〕13号)第二十五条:"在资质证书有效期内,文物保护工程监理单位名称、地址、法定代表人、经济性质等发生变更的,应当在工商部门办理变更手续后三十日内,到文物保护工程资质证书发证机关办理资质证书变更手续。原证书应交回发证机关注销。"第二十六条:"甲级监理资质单位办理变更的,应提交所在地省级文物主管部门初审文件。"	事业单位、企业、社会组织	文物保护与考古处	向社会公开	16	低,1个	无	无	

续表

序号	项目名称	子项	实施依据	实施对象	承办机构	公开范围	办理数量	廉政风险点	收费（征收）依据和标准	前置条件	备注
19	全国重点文物保护单位文物保护工程立项、技术方案审核		1.《文物保护工程管理办法》(2003年4月文化部令第26号)第十条:“文物保护工程按照文物保护单位级别实行分级管理,并按以下规定履行报批程序:一 全国重点文物保护单位保护工程,以省、自治区、直辖市文物行政部门为申报机关,国家文物局为审批机关。” 2.《全国重点文物保护单位文物保护工程申报审批管理办法(试行)》(2014年1月文物保函〔2014〕64号)第四条:“全国重点文物保护单位的管理机构按照《全国重点文物保护单位文物保护工程立项报告规范文本(试行)》的要求编写立项报告,报省级文物行政部门初审。”第五条:“省级文物行政部门对文物保护工程的性质、内容、范围、规模等情况进行初审后,报国家文物局审批。”第八条:“全国重点文物保护单位的管理机构根据国家文物局的立项批复意见,组织相关资质单位按照《文物保护工程设计文件编制深度要求(试行)》编写技术方案,报省级文物行政部门审批。”第九条 省级文物行政部门在审批前,应当将技术方案送交国家文物局确定的咨询评估机构进行评估;咨询评估机构应当组织专家对技术方案进行评估,向省级文物行政部门提交评估报告,并报国家文物局备案。技术方案需要修改的,咨询评估机构应当提出明确的修改意见,并对修改后的技术方案进行再次评估;省级文物行政部门根据评估报告出具方案批复意见,并将批复意见和通过评估的技术方案报国家文物局备案。	机关、事业单位、企业、社会组织	文物保护与考古处、督察执法处、大遗址保护处	向社会公开	958	低,1个	无	无	

续表

序号	项目名称	子项	实施依据	实施对象	承办机构	公开范围	办理数量	廉政风险点	收费（征收）依据和标准	前置条件	备注
20	涉及省级文物保护单位利用项目的审核		《山东省人民政府关于进一步加强文物保护工作的通知》(2008年10月鲁政发〔2008〕93号):“凡涉及文物保护单位的利用项目,须经同级文物行政部门论证、审核。”	机关、事业单位、企业、社会组织或公民	文物保护与考古处	向社会公开	10	低,1个	无	无	
21	对拍卖企业拍卖文物的备案		1.《文物保护法》(1982年11月通过,2013年6月修订)第五十七条:“文物商店购买、销售文物,拍卖企业拍卖文物,应当按照国家有关规定作出记录,并报原审核的文物行政部门备案。” 2.《文物保护法实施条例》(2003年5月国务院令第377号,2013年12月修订)第四十三条:“文物商店购买、销售文物,经营文物拍卖的拍卖企业拍卖文物,应当记录文物的名称、图录、来源、文物的出卖人、委托人和买受人的姓名或者名称、住所、有效身份证件号码或者有效证照号码以及成交价格,并报核准其销售、拍卖文物的文物行政主管部门备案。接受备案的文物行政主管部门应当依法为其保密,并将该记录保存75年。” 3.《文物拍卖管理暂行规定》(2003年7月文物办发〔2003〕46号)第十七条:文物拍卖企业应当在文物拍卖活动结束后30天内,按照《中华人民共和国文物保护法实施条例》第四十三条第一款规定的内容,将该次文物拍卖记录报所在地的省、自治区、直辖市文物行政部门备案。国家优先购买的文物的拍卖纪录,由省、自治区、直辖市文物行政部门报国家文物局备案。	企业	督察执法处	向社会公开	33	低,1个	无	无	

续表

序号	项目名称	子项	实施依据	实施对象	承办机构	公开范围	办理数量	廉政风险点	收费（征收）依据和标准	前置条件	备注
22	指定、优先购买文物	1. 指定国有文物收藏单位的优先购买拍卖的珍贵文物	1.《文物保护法》(1982 年 11 月通过,2013 年 6 月修订)第五十八条:"文物行政部门在审核拟拍卖的文物时,可以指定国有文物收藏单位优先购买其中的珍贵文物。购买价格由文物收藏单位的代表与文物的委托人协商确定。" 2.《文物拍卖管理暂行规定》(2003 年 7 月文物办发[2003]46 号)第十六条:国家对文物拍卖企业拍卖的珍贵文物拥有优先购买权。国家文物局和省、自治区、直辖市文物行政部门可以要求拍卖企业对拍卖标的中具有特别重要历史、科学、艺术价值的文物定向拍卖,竞买人范围限于国有文物收藏单位。	企业	督察执法处	向社会公开	5	低,1 个	无	无	
		2. 优先购买公民出售个人所有的传世珍贵文物	《国务院关于加强和改善文物工作的通知》(1997 年 3 月国发〔1997〕13 号)四、加强和改善文物市场的管理要依法规范文物拍卖市场。国家和省、自治区、直辖市文物行政管理部门及其文物鉴定机构,要加强对文物拍卖标的鉴定和许可审批工作,法律法规禁止买卖的文物不得作为拍卖标的进入拍卖市场。流传在社会的具有特别重要历史、科学、艺术价值的文物(包括文物的特殊品种)。应在一定范围内定向拍卖。国家对公民出售个人所有的传世珍贵文物有优先购买权。	公民	督察执法处	向社会公开	13	低,1 个	无	无	
		3. 指定文物商店购买集体或者私人收藏的文物	《山东省文物保护条例》(2010 年 9 月通过)第五十一条:国有文物商店购买的符合收藏标准的文物,应当提供给国有文物收藏单位收藏。集体或者私人收藏的文物,可以采取捐赠、出售等方式转让给国有文物收藏单位,也可以由文物行政部门指定的文物商店购买。	事业单位、企业、社会组织或公民	督察执法处	向社会公开	13	低,1 个	无	无	

续表

序号	项目名称	子项	实施依据	实施对象	承办机构	公开范围	办理数量	廉政风险点	收费(征收)依据和标准	前置条件	备注
23	拟定对危害省级以上文物保护单位安全或者破坏其历史风貌的建筑物、构筑物的调查处理意见		1.《文物保护法》(1982年11月通过,2013年6月修订)第二十六条:“对危害文物保护单位安全、破坏文物保护单位历史风貌的建筑物、构筑物,当地人民政府应当及时调查处理,必要时,对该建筑物、构筑物予以拆迁。” 2.《文物保护法实施条例》(2003年5月国务院令第377号,2013年12月修订)第十九条:“危害全国重点文物保护单位安全或者破坏其历史风貌的建筑物、构筑物,由省、自治区、直辖市人民政府负责调查处理;危害省级、设区的市、自治州级、县级文物保护单位安全或者破坏其历史风貌的建筑物、构筑物,由核定公布该文物保护单位的人民政府负责调查处理。” 3.《关于组建省文物局(省中华文化标志城规划建设办公室)的通知》(2011年6月鲁编〔2011〕17号)一、主要职责是:(三)审核、申报、管理省级以上重点文物保护单位;会同有关部门指导和管理世界人文、自然遗产、历史文化名城(街区、村镇)、风景名胜区、宗教设施的文物保护工作。(四)研究处理文物保护重大问题;对查处盗窃、破坏、走私文物的大案要案提出文物方面的专业性意见;指导全省文物安全管理工作。	机关、事业单位、企业、社会组织或公民	督察执法处、文物保护与考古处、大遗址保护处	向社会公开	25	低,1个	无	无	

续表

序号	项目名称	子项	实施依据	实施对象	承办机构	公开范围	办理数量	廉政风险点	收费(征收)依据和标准	前置条件	备注
24	对文物损毁、被盗、被抢或者丢失等突发事件进行核查处理		1.《文物保护法》(1982年11月通过,2013年6月修订)第四十八条:“馆藏文物被盗、被抢或者丢失的,文物收藏单位应当立即向公安机关报案,并同时向主管的文物行政部门报告。其他馆藏文物损毁的,应当报省、自治区、直辖市人民政府文物行政部门核查处理;省、自治区、直辖市人民政府文物行政部门应当将核查处理结果报国务院文物行政部门备案。” 2.《文物保护法实施条例》(2003年5月国务院令第377号,2013年12月修订)第三十六条:“馆藏文物被盗、被抢或者丢失的,……主管的文物行政主管部门应当在接到文物收藏单位的报告后24小时内,将有关情况报告国务院文物行政主管部门;第三十七条:“国家机关和国有的企业、事业组织等收藏、保管国有文物的,应当履行下列义务:……(三)文物藏品被盗、被抢或者丢失的,应当立即向公安机关报案,并同时向所在地省、自治区、直辖市人民政府文物行政主管部门报告。” 3.《山东省文物保护条例》(2010年9月通过)第二十四条:“因被盗、失火或者其他原因造成不可移动文物损毁的,有关组织和个人应当立即向文物所在地县(市、区)人民政府文物行政部门和公安机关报告。文物行政部门和公安机关接到报告后,应当立即启动相应的应急预案,同时报告上级人民政府文物行政部门和公安机关。”第四十条:“文物收藏单位发生馆藏文物损毁事件,应当立即报告主管的文物行政部门;馆藏文物被盗、被抢或者丢失的,文物收藏单位应当立即向公安机关报案,并同时向主管的文物行政部门报告。文物行政部门应当自接到报告二十四小时内,按照处理权限,报告国务院文物行政部门或者省人民政府文物行政部门。” 4.《国家文物局突发事件应急工作管理办法》(2003年11月文物办发〔2003〕87号)第十二条:接到报告的文物行政主管部门依照本办法报告的同时,应当立即组织力量对报告事项调查核实、确证,采取必要的控制措施,并及时向有关部门报告调查情况。第十四条……接到报告、举报的文物行政主管部门,应当立即就有关问题进行调查处理。	机关、事业单位、企业、社会组织或公民	督察执法处、博物馆与社会文物处	向社会公开	19	低,1个	无	无	

续表

序号	项目名称	子项	实施依据	实施对象	承办机构	公开范围	办理数量	廉政风险点	收费（征收）依据和标准	前置条件	备注
25	批准修复馆藏一级文物		1.《文物保护法实施条例》(2003年5月国务院令第377号,2013年12月修订)第三十二条:“修复、复制、拓印馆藏二级文物和馆藏三级文物的,应当报省、自治区、直辖市人民政府文物行政主管部门批准;修复、复制、拓印馆藏一级文物的,应当经省、自治区、直辖市人民政府文物行政主管部门审核后报国务院文物行政主管部门批准。” 2.《可移动文物修复管理办法》(2014年7月文物博发〔2014〕25号)第十五条:“修复馆藏珍贵文物,应当报省、自治区、直辖市文物行政部门批准。修复馆藏一级文物,应当经省、自治区、直辖市文物行政部门批准后报国务院文物行政部门备案。批准前,应出具独立第三方机构或专家评审意见。”	事业单位、社会组织	博物馆与社会文物处	向社会公开	10	低,1个	无	无	
26	博物馆年检		《博物馆管理办法》(2005年12月文化部令第35号)第十五条:“博物馆应当于每年3月31日前向所在地市(县)级文物行政部门报送上一年度的工作报告,接受年度检查。工作报告内容应当包括有关法律和其他规定的执行情况,藏品、展览、人员和机构的变动情况以及社会教育、安全、财务管理等情况。市(县)级文物行政部门应当于每年4月30日前,将上一年度本行政区域内博物馆年度检查的初步意见报送省级文物行政部门。省级文物行政部门应当于每年5月31日前,将上一年度本行政区域内博物馆的年度检查情况进行审核,并汇总报国务院文物行政部门备案。”	事业单位、社会组织	博物馆与社会文物处	向社会公开	553	低,1个	无	无	

续表

序号	项目名称	子项	实施依据	实施对象	承办机构	公开范围	办理数量	廉政风险点	收费（征收）依据和标准	前置条件	备注
27	国有博物馆建设工程设计方案组织论证		《博物馆管理办法》(2005年12月文化部令第35号)第十四条："国有博物馆建设工程的设计方案,应当报请所在地省级文物行政部门组织论证。"	机关、事业单位、企业	博物馆与社会文物处	向社会公开	25	低,1个	无	无	
28	国有文物收藏单位之间因举办展览、科学研究等借用馆藏二级及以下文物备案		1.《文物保护法》(1982年11月通过,2013年6月修订)第四十条："……国有文物收藏单位之间因举办展览、科学研究等需借用馆藏文物的,应当报主管的文物行政部门备案;借用馆藏一级文物的,应当经省、自治区、直辖市人民政府文物行政部门批准,并报国务院文物行政部门备案。" 2.《山东省文物保护条例》(2010年9月通过)第三十八条："国有文物收藏单位之间因举办展览、科学研究等需借用馆藏文物的,应当报省人民政府文物行政部门备案;借用馆藏一级文物,应当经省人民政府文物行政部门批准。"	国有文物收藏单位	博物馆与社会文物处	向社会公开	27	低,1个	无	无	

续表

序号	项目名称	子项	实施依据	实施对象	承办机构	公开范围	办理数量	廉政风险点	收费（征收）依据和标准	前置条件	备注
29	文物收藏单位、国家机关、部队和国有企业、事业组织等藏品档案备案		1.《文物保护法》(1982 年 11 月通过,2013 年 6 月修订)第三十六条:“博物馆、图书馆和其他文物收藏单位对收藏的文物,必须区分文物等级,设置藏品档案,建立严格的管理制度,并报主管的文物行政部门备案。” 2.《文物保护法实施条例》(2003 年 5 月国务院令第 377 号,2013 年 12 月修订)第二十九条:“县级人民政府文物行政主管部门应当将本行政区域内的馆藏文物档案,按照行政隶属关系报设区的市、自治州级人民政府文物行政主管部门或者省、自治区、直辖市人民政府文物行政主管部门备案;设区的市、自治州级人民政府文物行政主管部门应当将本行政区域内的馆藏文物档案,报省、自治区、直辖市人民政府文物行政主管部门备案;省、自治区、直辖市人民政府文物行政主管部门应当将本行政区域内的一级文物藏品档案,报国务院文物行政主管部门备案。”第三十七条:“国家机关和国有的企业、事业组织等收藏、保管国有文物的,应当履行下列义务:(一)建立文物藏品档案制度,并将文物藏品档案报所在地省、自治区、直辖市人民政府文物行政主管部门备案。” 3.《山东省文物保护条例》(2010 年 9 月通过)第三十七条:“文物收藏单位应当建立藏品总账、分类账和藏品单项档案,按照行政隶属关系或者文物等级分别报县级以上人民政府文物行政部门备案。” 4.《国务院关于开展第一次全国可移动文物普查的通知》(2012 年 10 月国发〔2012〕54 号):二、范围和内容:“此次普查的范围是我国境内(不包括港澳台地区,下同)各级国家机关、事业单位、国有企业和国有控股企业、中国人民解放军和武警部队等各类国有单位所收藏保管的国有可移动文物,包括普查前已经认定和在普查中新认定的国有可移动文物。普查统计国有可移动文物数量、类型、分布和收藏保管等基本信息。县级以上地方各级人民政府要根据普查结果,编制普查报告,建立普查档案和本行政区域内的国有可移动文物名录,并进一步加大保护管理力度。”	机关、事业单位、社会组织、企业	博物馆与社会文物处	向社会公开	133	低,1 个	无	无	

续表

序号	项目名称	子项	实施依据	实施对象	承办机构	公开范围	办理数量	廉政风险点	收费（征收）依据和标准	前置条件	备注
30	博物馆设立、变更、终止审核	1. 博物馆设立	《博物馆管理办法》(2005年12月文化部令第35号)第十条:"省级文物行政部门负责本行政区域内博物馆设立的审核工作。"	机关、事业单位、企业、社会组织、公民	博物馆与社会文物处	向社会公开	57	低,1个	无	无	
		2. 博物馆重要事项变更	《博物馆管理办法》(2005年12月文化部令第35号)第十六条:"博物馆的名称、馆址、藏品、基本陈列以及非国有博物馆的章程等重要事项发生变更前,应当报省级文物行政部门审核。博物馆法定代表人发生变更的,应当自变更之日起10日内报省级文物行政部门备案。"	事业单位、社会组织	博物馆与社会文物处	向社会公开	68	低,1个	无	无	
		3. 博物馆终止	《博物馆管理办法》(2005年12月文化部令第35号)第十七条:"博物馆终止前,应当向省级文物行政部门提出终止申请及藏品处置方案,接受主管文物行政部门指导,完成博物馆资产清算工作。省级文物行政部门应当自收到博物馆终止申请和藏品处置方案之日起30日内出具审核意见。藏品处置方案等符合法定要求的,准予终止;藏品处置方案等不符合法定要求的,责令其改正后准予终止。"	事业单位、社会组织	博物馆与社会文物处	向社会公开	3	低,1个	无	无	
31	国有博物馆退出馆藏物品专项档案的备案		《博物馆管理办法》(2005年12月文化部令第35号)第二十三条:"国有博物馆应当建立退出馆藏物品专项档案,并报省级文物行政部门备案。"	国有博物馆	博物馆与社会文物处	向社会公开	5	低,1个	无	无	
32	文物收藏单位管理制度备案		《文物保护法》(1982年11月通过,2013年6月修订)第三十八条:"文物收藏单位应当根据馆藏文物的保护需要,按照国家有关规定建立、健全管理制度,并报主管的文物行政部门备案。"	文物收藏单位	博物馆与社会文物处	向社会公开	230	低,1个	无	无	

续表

序号	项目名称	子项	实施依据	实施对象	承办机构	公开范围	办理数量	廉政风险点	收费（征收）依据和标准	前置条件	备注
33	管理博物馆免费开放和优惠开放		1.国务院关于加强文化遗产保护的通知(2005年12月国发〔2005〕42号)三、着力解决物质文化遗产保护面临的突出问题:“(五)提高馆藏文物保护和展示水平……坚持向未成年人等特殊社会群体减、免费开放,不断提高服务质量和水平。” 2.《关于组建省文物局(省中华文化标志城规划建设办公室)的通知》(2011年6月鲁编〔2011〕17号)一、(一)拟定文物保护和博物馆事业发展规划、政策措施并组织实施,对执行情况进行监督检查;编制中华文化标志城项目建设规划并组织实施。 3.《博物馆管理办法》(2005年12月文化部令第35号)第二十九条:“博物馆应当逐步建立减免费开放制度,并向社会公告。国有博物馆对未成年人集体参观实行免费制度,对老年人、残疾人、现役军人等特殊社会群体参观实行减免费制度。” 4.《关于全国博物馆、纪念馆免费开放的通知》(2008年1月中宣发〔2008〕2号)二、博物馆、纪念馆免费开放的实施范围和步骤:“全国各级文化文物部门归口管理的公共博物馆、纪念馆,全国爱国主义教育示范基地全部实行免费开放。其中,文物建筑及遗址类博物馆暂不实行全部免费开放,继续对未成年人、老年人、现役军人、残疾人和低收入人群等特殊群体实行减免门票等优惠政策;四、博物馆、纪念馆免费开放的工作要求:“要在各级党委、政府的领导下,各级宣传、财政、文化、文物部门要指导、督促各地做好免费开放工作,并对各单位实施情况进行督促检查和考评,对开放中出现的问题和困难及时沟通、协调。” 5.《关于全省博物馆、纪念馆免费开放的通知》(2008年10月鲁宣发〔2008〕23号)二、博物馆、纪念馆免费开放的实施范围和步骤:“全省各级文化文物部门归口管理的公共博物馆、纪念馆,全国爱国主义教育示范基地全部实行免费开放。其中,文物建筑及遗址类博物馆暂不实行全部免费开放,继续对未成年人、老年人、现役军人、残疾人和低收入人群等特殊群体实行减免门票等优惠政策。博物馆、纪念馆按照市场化运作举办的特别(临时)展览,可根据实际情况确定门票价格。”	公民	博物馆与社会文物处	向社会公开	230	低,1个	无	无	

续表

序号	项目名称	子项	实施依据	实施对象	承办机构	公开范围	办理数量	廉政风险点	收费（征收）依据和标准	前置条件	备注
34	文物进出境审核	1. 出境展览文物及临时进境文物审核登记	1.《文物保护法》(1982年11月通过,2013年6月修订)第六十二条:"……出境展览的文物出境,由文物进出境审核机构审核、登记……文物临时进境,应当向海关申报,并报文物进出境审核机构审核、登记。" 2.《文物保护法实施条例》(2003年5月国务院令第377号,2013年12月修订)第五十二条:"临时进境的文物,经海关将文物加封后,交由当事人报文物进出境审核机构审核、登记。文物进出境审核机构查验海关封志完好无损后,对每件临时进境文物标明文物临时进境标识,并登记拍照。" 3.《文物进出境审核管理办法》(2007年7月文化部令第42号)第三条:"文物进出境审核机构由国家文物局和省级人民政府联合组建。省级人民政府应当保障文物进出境审核机构的编制、办公场所及工作经费。国家文物局应当对文物进出境审核机构的业务经费予以补助。"第七条:"文物进出境审核机构的日常管理工作由所在地省级文物主管部门负责。省级文物主管部门应当制定相关管理制度,并报国家文物局备案。"第十二条:"因修复、展览、销售、鉴定等原因临时进境的文物,经海关加封后,报文物进出境审核机构审核、登记。文物进出境审核机构查验海关封志完好无损后,对每件临时进境文物进行审核,标明文物临时进境标识并登记。"第十四条:"因展览、科研等原因临时出境的文物,出境前应向文物进出境审核机构申报。文物进出境审核机构应当按国家文物局的批准文件办理审核登记手续。" 4.《关于组建省文物局(省中华文化标志城规划建设办公室)的通知》(2011年6月鲁编〔2011〕17号)一、主要职责是:(五)会同有关部门依法管理社会流散文物、文物市场、文物出入境;代表国家文物出境监管机构鉴定流通文物、出境文物、刑事文物;审核重要文物的收购、交换和征调。	机关、事业单位、企业、社会组织、公民	山东省文物局	向社会公开	14	低,1个	无	无	

续表

序号	项目名称	子项	实施依据	实施对象	承办机构	公开范围	办理数量	廉政风险点	收费（征收）依据和标准	前置条件	备注
34	文物进出境审核	2. 出境展览文物复进境及临时进境文物复出境审核查验	1.《文物保护法》(1982年11月通过,2013年6月修订)第六十二条:“出境展览的文物复进境,由原文物进出境审核机构审核查验。”第六十三条:“……临时进境的文物复出境,必须经原审核、登记的文物进出境审核机构审核查验;经审核查验无误的,由国务院文物行政部门发给文物出境许可证,海关凭文物出境许可证放行。” 2.《文物保护法实施条例》(2003年5月国务院令第377号,2013年12月修订)第五十二条:“临时进境文物复出境时,应当由原审核、登记的文物进出境审核机构核对入境登记拍照记录,查验文物临时进境标识无误后标明文物出境标识,并由国务院文物行政主管部门发给文物出境许可证。” 3.《文物进出境审核管理办法》(2007年7月文化部令第42号)第三条:“文物进出境审核机构由国家文物局和省级人民政府联合组建。省级人民政府应当保障文物进出境审核机构的编制、办公场所及工作经费。国家文物局应当对文物进出境审核机构的业务经费予以补助。”第七条:“文物进出境审核机构的日常管理工作由所在地省级文物主管部门负责。省级文物主管部门应当制定相关管理制度,并报国家文物局备案。”第十二条:“临时进境文物复出境时,应向原审核、登记的文物进出境审核机构申报。文物进出境审核机构应对照进境记录审核查验,确认文物临时进境标识无误后,标明文物出境标识,发给文物出境许可证。”第十四条:“临时出境文物复进境时,由原审核登记的文物进出境审核机构审核查验。” 4.《关于组建省文物局(省中华文化标志城规划建设办公室)的通知》(2011年6月鲁编〔2011〕17号):一、主要职责是:(五)会同有关部门依法管理社会流散文物、文物市场、文物出入境;代表国家文物出境监管机构鉴定流通文物、出境文物、刑事文物;审核重要文物的收购、交换和征调。	机关、事业单位、企业、社会组织、公民	山东省文物局	向社会公开	3	低,1个	无	无	

续表

序号	项目名称	子项	实施依据	实施对象	承办机构	公开范围	办理数量	廉政风险点	收费（征收）依据和标准	前置条件	备注
34	文物进出境审核	3. 临时进境文物滞留境内逾期复出境审核	1.《文物进出境审核管理办法》(2007 年 7 月文化部令第 42 号)第三条:“文物进出境审核机构由国家文物局和省级人民政府联合组建。省级人民政府应当保障文物进出境审核机构的编制、办公场所及工作经费。国家文物局应当对文物进出境审核机构的业务经费予以补助。”第七条:“文物进出境审核机构的日常管理工作由所在地省级文物主管部门负责。省级文物主管部门应当制定相关管理制度,并报国家文物局备案。”第十三条:“临时进境文物在境内滞留时间,除经海关和文物进出境审核机构批准外,不得超过 6 个月。临时进境文物滞留境内逾期复出境,依照文物出境审核标准和程序进行审核。” 2.《关于组建省文物局(省中华文化标志城规划建设办公室)的通知》(2011 年 6 月鲁编〔2011〕17 号)一、主要职责是:(五)会同有关部门依法管理社会流散文物、文物市场、文物出入境;代表国家文物出境监管机构鉴定流通文物、出境文物、刑事文物;审核重要文物的收购、交换和征调。	机关、事业单位、企业、社会组织、公民	山东省文物局	向社会公开	3	低,1 个	无	无	

续表

序号	项目名称	子项	实施依据	实施对象	承办机构	公开范围	办理数量	廉政风险点	收费（征收）依据和标准	前置条件	备注
35	文物指定收藏、保管、接收	1. 接受移交和指定保管依法没收和追缴的文物	1.《文物保护法》(1982年11月通过,2013年6月修订)第七十九条:“人民法院、人民检察院、公安机关、海关和工商行政管理部门依法没收的文物应当登记造册,妥善保管,结案后无偿移交文物行政部门,由文物行政部门指定的国有文物收藏单位收藏。” 2.《依法没收、追缴文物的移交办法》(1999年4月文物保发〔1999〕017号)第四条:“本办法规定的负责接收文物的部门,系指国家和各省、自治区、直辖市(以下简称省级)文物行政管理部门。经国家或省级文物行政管理部门授权,地、市、县的文物行政管理部门或有关国有博物馆可具体承办文物接收事宜(以下统称接收部门)。”第九条:“接收的移交文物由国家文物局或省级文物行政管理部门根据文物保护、研究和利用等需要,指定具备条件的国有博物馆收藏保管,其中,一级文物应由省级文物行政管理部门报国家文物局备案。”	机关、事业单位、企业	博物馆与社会文物处	向社会公开	4	低,1个	无	无	
		2. 指定保管不具备安全条件的收藏单位所收藏文物	1.《山东省文物保护条例》(2010年9月通过)第三十六条:“……不具备文物安全保管条件的国有文物收藏单位所收藏的文物,由省人民政府文物行政部门指定具备文物安全保管条件的单位代为保管。” 2.《国务院关于加强和改善文物工作的通知》(1997年3月国发〔1997〕13号):“对不具备安全条件的收藏单位所收藏的珍贵文物,上级文物行政管理部门有权将其调运到指定单位保管。”	机关、事业单位、企业、社会组织	博物馆与社会文物处	向社会公开	2	低,1个	无	无	

续表

序号	项目名称	子项	实施依据	实施对象	承办机构	公开范围	办理数量	廉政风险点	收费（征收）依据和标准	前置条件	备注
35	文物指定收藏、保管、接收	3. 指定接收终止博物馆的原藏品	《博物馆管理办法》(2005年12月文化部令第35号)第十八条："国有博物馆终止的，其藏品由所在地省级文物行政部门指定的国有博物馆接收。"	事业单位、社会组织	博物馆与社会文物处	向社会公开	3	低，1个	无	无	
		4. 出土文物指定收藏或保管	1.《文物保护法》(1982年11月通过，2013年6月修订)第二十条第四款："依照前款规定拆除的国有不可移动文物中具有收藏价值的壁画、雕塑、建筑构件等，由文物行政部门指定的文物收藏单位收藏。"第三十四条第二款："考古发掘的文物，应当登记造册，妥善保管，按照国家有关规定移交给由省、自治区、直辖市人民政府文物行政部门或者国务院文物行政部门指定的国有博物馆、图书馆或者其他国有收藏文物的单位收藏。" 2.《文物保护法实施条例》(2003年5月国务院令第377号，2013年12月修订)第二十七条："从事考古发掘的单位提交考古发掘报告后，经省、自治区、直辖市人民政府文物行政主管部门批准，可以保留少量出土文物作为科研标本，并应当于提交发掘报告之日起6个月内将其他出土文物移交给由省、自治区、直辖市人民政府文物行政主管部门指定的国有的博物馆、图书馆或者其他国有文物收藏单位收藏。" 3.《山东省文物保护条例》(2010年9月通过)第二十八条第二款："考古发掘单位自提交考古发掘报告之日起六个月内，应当将出土文物移交给省人民政府文物行政部门指定的国有博物馆、图书馆或者其他国有文物收藏单位收藏。"	事业单位、企业、社会组织	大遗址保护处	向社会公开	15	低，1个	无	无	

续表

序号	项目名称	子项	实施依据	实施对象	承办机构	公开范围	办理数量	廉政风险点	收费（征收）依据和标准	前置条件	备注
36	文物征集情况报告备案	无	《山东省文物保护条例》(2010年9月通过)第四十一条:"除国家和省另有规定外,文物征集活动必须经省人民政府文物行政部门批准,并自征集活动结束之日起三个月内,将文物征集情况向省人民政府文物行政部门报告备案。"	机关、事业单位、企业、社会组织、公民	博物馆与社会文物处	向社会公开	12	低,1个	无	无	
37	提供文物复制、拓印模具和技术资料审核	无	《文物复制拓印管理办法》(2011年1月文物政发〔2011〕1号)第十三条:"未经文物行政主管部门同意,国有文物收藏单位或管理机构及其工作人员不得向任何单位或个人提供文物复制、拓印模具和技术资料。"	机关、事业单位、企业、公民	博物馆与社会文物处	向社会公开	2	低,1个	无	无	

续表

序号	项目名称	子项	实施依据	实施对象	承办机构	公开范围	办理数量	廉政风险点	收费（征收）依据和标准	前置条件	备注
38	中央地方共建国家级博物馆管理	无	1.《关于组建省文物局（省中华文化标志城规划建设办公室）的通知》(2011年6月鲁编〔2011〕17号)一、(一)拟定文物保护和博物馆事业发展规划、政策措施并组织实施,对执行情况进行监督检查;编制中华文化标志城项目建设规划并组织实施。 2.《中央地方共建国家级博物馆管理暂行办法》(2010年9月文物博发〔2010〕32号)第六条:“省级人民政府负责中央地方共建国家级博物馆的日常管理,主要职责是:(一)负责本地区中央地方共建国家级博物馆的培育和推荐;(二)指导及监督中央地方共建国家级博物馆的运行和管理;(三)落实地方支出责任,足额安排中央地方共建国家级博物馆运行经费及事业发展所需项目经费,逐步加大投入力度,建立经费稳定增长机制;(四)配合开展中央地方共建国家级博物馆绩效考评与年度评估。”第八条:“国家文物局会同财政部制定中央地方共建国家级博物馆认定标准,由省级人民政府组织申报。”第十条:“省级人民政府组织具备条件的单位填写《中央地方共建国家级博物馆认定申请报告》,审核后报国家文物局。国家文物局组织评审,商财政部择优认定。”第十一条:“列为中央地方共建国家级博物馆培育对象的,培育期限一般不超过两年。省级人民政府提供培育期间所需的相关条件保障。”第十二条:“中央地方共建国家级博物馆培育计划完成后,经省级人民政府审核并报国家文物局,国家文物局组织专家验收通过的,商财政部予以认定。”第十六条:“中央地方共建国家级博物馆应制定章程、中长期发展规划和年度工作计划,经省级人民政府有关部门审核后,报国家文物局和财政部核准。”第二十三条:“中央地方共建国家级博物馆每年末编制年度工作报告,经省级人民政府有关部门审核并出具相关意见后,于次年2月末之前报国家文物局和财政部,同时接受中央和地方有关部门的监督、审计。”	博物馆	博物馆与社会文物处	向社会公开	0	低,1个	无	无	

续表

序号	项目名称	子项	实施依据	实施对象	承办机构	公开范围	办理数量	廉政风险点	收费（征收）依据和标准	前置条件	备注
39	博物馆定级评估	1. 博物馆等级复核不达标处理	《全国博物馆评估办法》(2008年2月文物博发〔2008〕6号,2012年5月修订)第十五条:"经复核达不到要求的博物馆,按以下方法作出处理:(一)三级、二级博物馆达不到标准规定,省(自治区、直辖市)博物馆评估委员会根据具体情况,报请省级文物行政部门作出签发警告通知书、通报批评、降低或取消等级的处理。降低或取消等级的通知,须报全国博物馆评估委员会和国家文物局备案……"	事业单位、社会组织	博物馆与社会文物处	向社会公开	0	低,1个	无	无	
		2. 博物馆评估违法违规行为处理	《全国博物馆评估办法》(2008年2月文物博发〔2008〕6号,2012年5月修订)第十七条:"申请评估的博物馆,一经核实有弄虚作假、行贿舞弊等违法违规行为的,由主管的文物行政管理部门取消其评估资格。"	事业单位、社会组织	博物馆与社会文物处	向社会公开	0	低,1个	无	无	
40	文物进出境审核机构聘用具有鉴定资格退休人员的审核	无	1.《关于组建省文物局(省中华文化标志城规划建设办公室)的通知》(2011年6月鲁编〔2011〕17号)一、主要职责是:(五)会同有关部门依法管理社会流散文物、文物市场、文物出入境;代表国家文物出境监管机构鉴定流通文物、出境文物、刑事文物;审核重要文物的收购、交换和征调。 2.《文物进出境责任鉴定员管理办法》(2010年12月文物博发〔2010〕42号)第十五条:"因进出境审核工作需要,文物进出境审核机构确需聘用具有鉴定资格退休人员的,由所在文物进出境审核机构向主管部门和国家文物局提出申请,经批准后聘用。"	文物进出境审核机构	博物馆与社会文物处	向社会公开	4	低,1个	无	无	

续表

序号	项目名称	子项	实施依据	实施对象	承办机构	公开范围	办理数量	廉政风险点	收费（征收）依据和标准	前置条件	备注
41	工程建设考古调查、勘探	无	1.《文物保护法》(1982年11月通过,2013年6月修订)第二十九条:"进行大型基本建设工程,建设单位应当事先报请省、自治区、直辖市人民政府文物行政部门组织从事考古发掘的单位在工程范围内有可能埋藏文物的地方进行考古调查、勘探。考古调查、勘探中发现文物的,由省、自治区、直辖市人民政府文物行政部门根据文物保护的要求会同建设单位共同商定保护措施;遇有重要发现的,由省、自治区、直辖市人民政府文物行政部门及时报国务院文物行政部门处理。"第三十一条:"凡因进行基本建设和生产建设需要的考古调查、勘探、发掘,所需费用由建设单位列入建设工程预算。" 2.《山东省文物保护条例》(2010年9月通过)第三十二条第一款:"进行占地二万平方米以上的大型基本建设工程或者在地下文物保护区、历史文化名城范围内进行工程建设,建设单位应当事先报请省人民政府文物行政部门组织考古调查、勘探,发现文物的,由省人民政府文物行政部门会同建设单位共同商定保护措施。"第三十三条:"基本建设和生产建设需要进行考古调查、勘探、发掘的,所需费用由建设单位列入建设工程预算。建设单位应当按照国家规定的范围和标准与文物行政部门签订文物保护协议,并及时向文物行政部门支付所需费用。" 3.《山东省人民政府关于进一步加强文物保护工作的通知》(2008年10月鲁政发〔2008〕93号)第二条:"工程项目立项选址前,事先应征求同级文物行政管理部门的论证意见;凡涉及不可移动文物的,建设单位应事先确定保护措施,列入可行性研究报告,依据文物级别,报上一级文物行政部门批准,否则,发展改革部门不得立项,建设管理部门不得批准施工;确实不能回避在文物保护范围内进行工程建设或者爆破、钻探、挖掘等作业的,事先须确定保护措施,依法履行报批手续。""配合建设工程进行文物调查、勘探、发掘等工作的所需费用,应由建设单位或投资方支付。"	事业单位、企业、社会组织、公民	大遗址保护处	向社会公开	120	低,1个	1.国家计委、财政部、国家文物局(90)文物字第248号文件及附件《考古调查、勘探、发掘经费预算定额管理办法》 2.《国家计委、财政部关于建设项目涉及的考古调查与勘探费问题的通知》(计价费〔1997〕1220号)规定:"凡建设项目涉及文物保护的,建设单位应当依照《中华人民共和国文物保护法》的有关规定,事先会同文物业务单位在工程范围内有可能埋藏文物的地方进行文物勘察、考古发掘工作。对文物业务单位承担考古调查、考古勘探所需费用,建设单位应当及时支付。"	无	

续表

序号	项目名称	子项	实施依据	实施对象	承办机构	公开范围	办理数量	廉政风险点	收费（征收）依据和标准	前置条件	备注
42	考古发掘组织、审核、验收	无	1.《文物保护法》(1982年11月通过,2013年6月修订)第二十七条:“一切考古发掘工作,必须履行报批手续;从事考古发掘的单位,应当经国务院文物行政部门批准。地下埋藏的文物,任何单位或者个人都不得私自发掘。”第二十八条:“从事考古发掘的单位,为了科学研究进行考古发掘,应当提出发掘计划,报国务院文物行政部门批准;对全国重点文物保护单位的考古发掘计划,应当经国务院文物行政部门审核后报国务院批准。国务院文物行政部门在批准或者审核前,应当征求社会科学研究机构及其他科研机构和有关专家的意见。”第三十条:“确因建设工期紧迫或者有自然破坏危险,对古文化遗址、古墓葬急需进行抢救发掘的,由省、自治区、直辖市人民政府文物行政部门组织发掘,并同时补办审批手续。”第三十四条:“考古调查、勘探、发掘的结果,应当报告国务院文物行政部门和省、自治区、直辖市人民政府文物行政部门。” 2.《文物保护法实施条例》(2003年5月国务院令第377号,2013年12月修订)第二十六条:从事考古发掘的单位应当在考古发掘完成之日起30个工作日内向省、自治区、直辖市人民政府文物行政主管部门和国务院文物行政主管部门提交结项报告,并于提交结项报告之日起3年内向省、自治区、直辖市人民政府文物行政主管部门和国务院文物行政主管部门提交考古发掘报告。 3.《山东省文物保护条例》(2010年9月通过)第二十五条:“考古发掘工作必须依法履行报批手续。任何组织或者个人不得私自发掘地下和水域中的文物。”第二十七条:“考古发掘结束后,考古发掘单位应当向省人民政府文物行政部门申请验收,在验收后十五日内向县级以上人民政府文物行政部门提交考古发掘工作总结和出土文物清单,并自考古发掘工作结束之日起三年内提交考古发掘报告。” 4.《考古发掘管理办法》(1998年7月国家文物局令第2号)第八条:“申请考古发掘项目必须填写中华人民共和国考古发掘申请书,由考古发掘单位经发掘所在地的省、自治区、直辖市文物行政管理部门向国家文物局提出申请。”第十四条“……同时经有考古发掘团体领队资格的单位上报发掘申请书,或由省、自治区、直辖市文物考古机构审议后经省、自治区、直辖市文物行政管理部门上报发掘申请书。未取得考古发掘团体领队资格的文物考古机构,若需对因工程建设意外发现或面临自然破坏的遗址或墓葬进行小规模抢救性发掘,应经省、自治区、直辖市文物行政管理部门同意,并指派或聘请有考古发掘个人领队资格的人员主持进行发掘工作,同时经有考古发掘团体领队资格的单位上报发掘申请书,或由省、自治区、直辖市文物考古机构审议后经省、自治区、直辖市文物行政管理部门上报发掘申请书。”第二十条:“年度考古发掘项目结束后,考古发掘单位应及时将发掘经过、收获和经费使用情况,向所在地的省、自治区、直辖市文物行政管理部门和国家文物局提交书面报告,并尽快编写年度考古发掘报告。”	机关、事业单位、企业、社会组织	大遗址保护处	向社会公开	406	低,1个	无	无	

续表

序号	项目名称	子项	实施依据	实施对象	承办机构	公开范围	办理数量	廉政风险点	收费（征收）依据和标准	前置条件	备注
43	考古发掘团体和个人领队资格初审	无	《考古发掘管理办法》(1998年7月国家文物局令第2号)第七条第二款:申请考古发掘领队资格的个人,需填写中华人民共和国考古发掘领队资格申请书一式两份,并提交1～2篇田野发掘简报和代表性学术论文;由所在单位推荐上报所在省、自治区、直辖市考古发掘资格初评组签署评议意见;经所在省、自治区、直辖市文物行政管理部门研究同意后,报国家文物局考古发掘资格评议委员会评议;对评议通过的个人,由国家文物局审查批准并颁发证书。	事业单位、企业、社会组织、公民	大遗址保护处	向社会公开	44	低,1个	无	无	

续表

序号	项目名称	子项	实施依据	实施对象	承办机构	公开范围	办理数量	廉政风险点	收费（征收）依据和标准	前置条件	备注
44	文物科研管理	1.规划和文物保护科技成果的推广、应用	《文物保护法实施条例》(2003年5月国务院令第377号,2013年12月修订)第五条:“国务院文物行政主管部门和省、自治区、直辖市人民政府文物行政主管部门,应当制定文物保护的科学技术研究规划,采取有效措施,促进文物保护科技成果的推广和应用,提高文物保护的科学技术水平。”	机关、事业单位、企业、公民、科研基地	机关党委	向社会公开	3	低,1个	无	无	
		2.组织、审核	1.《关于组建省文物局(省中华文化标志城规划建设办公室)的通知》(2011年6月鲁编〔2011〕17号)一、主要职责是:(六)管理和指导文博外事工作,指导协调文物、博物馆对外合作和交流工作;拟定并组织实施文物、博物馆专门人才培训规划;指导文物保护和博物馆方面的科研工作。 2.《文物保护科学和技术研究课题管理办法》(2003年9月文物办发〔2003〕63号)第七条:“课题组织单位由国家文物局直接委托,可以是国家文物局直属单位、省级文物行政部门或其他具有一定组织协调能力的单位。” 3.《国家文物局重点科研基地管理办法》(2004年8月文物博函〔2004〕1081号)第八条:“省级文物行政部门是科研基地的组织单位,主要职责是:(一)指导及监督科研基地的运行和管理;(二)负责本地区申报科研基地的审核和推荐工作……第十二条:申报程序:(一)……(二)组织单位对申请书进行审核,择优推荐,上报国家文物局。第二十五条科研基地每年年终编制国家文物局重点科研基地年度工作年报,依托单位配合组织单位对科研基地工作进行评估,报国家文物局考核。” 4.《文物保护科学和技术创新奖励办法》(2004年7月文物博发〔2004〕40号)第十二条:“科技创新奖申报项目由下列单位推荐:(一)省、自治区、直辖市文物行政管理部门……第十三条 推荐单位负责受理、审核申报材料的完整性并推荐,处理推荐申报项目的争议问题,配合获奖项目的复审工作。”				10	低,1个	无	无	

续表

序号	项目名称	子项	实施依据	实施对象	承办机构	公开范围	办理数量	廉政风险点	收费（征收）依据和标准	前置条件	备注
45	三级以上可移动文物修复验收		1.《文物保护法实施条例》(2003年5月国务院令第377号,2013年12月修订)第三十二条:“修复、复制、拓印馆藏二级文物和馆藏三级文物的,应当报省、自治区、直辖市人民政府文物行政主管部门批准;修复、复制、拓印馆藏一级文物的,应当经省、自治区、直辖市人民政府文物行政主管部门审核后报国务院文物行政主管部门批准。” 2.《可移动文物修复管理办法》(2014年7月文物博发〔2014〕25号)第十五条:“修复馆藏珍贵文物,应当报省、自治区、直辖市文物行政部门批准。修复馆藏一级文物,应当经省、自治区、直辖市文物行政部门批准后报国务院文物行政部门备案。”第十九条:“修复完成后3个月内应进行验收。馆藏一级文物修复由省、自治区、直辖市文物行政部门组织验收,结果报国务院文物行政部门备案。”	事业单位、企业、社会组织	博物馆与社会文物处	向社会公开	3	低,1个	无	无	

省直有关部门审核转报权力事项统计表

序号	部门	项目名称	子项	实施依据	实施对象	承办机构	公开范围	办理数量	廉政风险点	收费（征收）依据和标准	前置条件	备注
1	省文物局	文物保护单位、文物保护区申报、审核、备案	全国重点文物保护单位、水下文物保护区申报 省级文物保护单位、水下文物保护区审核 划定省级地下文物保护区 市、县级文物保护单位备案	1.《文物保护法》(1982年11月通过,2013年6月修订)第十三条:“国务院文物行政部门在省级、市、县级文物保护单位中,选择具有重大历史、艺术、科学价值的确定为全国重点文物保护单位,或者直接确定为全国重点文物保护单位,报国务院核定公布。 省级文物保护单位,由省、自治区、直辖市人民政府核定公布,并报国务院备案;市级和县级文物保护单位,分别由设区的市、自治州和县级人民政府核定公布,并报省、自治区、直辖市人民政府备案。” 2.《水下文物保护管理条例》(1989年10月国务院令42号)第五条:根据水下文物的价值,国务院和省、自治区、直辖市人民政府可以依据《中华人民共和国文物保护法》第二章规定的有关程序,确定全国或者省级水下文物保护单位、水下文物保护区,并予公布。 3.《山东省文物保护条例》(2010年9月通过)第八条:“县级以上人民政府文物行政部门应当将本行政区域内埋藏文物丰富的地区划定为地下文物保护区,报本级人民政府核定公布,纳入土地利用总体规划和城乡规划,参照相应级别的文物保护单位进行管理。”第九条:“省和设区的市人民政府文物行政部门应当至少每五年从下级文物保护单位或者新发现的文物中,选择具有重大价值的不可移动文物,报本级人民政府核定公布为文物保护单位;设区的市和县(市、区)人民政府应当将核定公布的文物保护单位逐级报省人民政府备案。”	机关、事业单位、文物保护单位、文物保护区	文物保护与考古处、大遗址保护处	社会公开	2240	低,1个			

续表

序号	部门	项目名称	子项	实施依据	实施对象	承办机构	公开范围	办理数量	廉政风险点	收费（征收）依据和标准	前置条件	备注
2	省文物局	全国重点文物保护单位、省级文物保护单位保护范围和建设控制地带划定		1.《文物保护法》(1982年11月通过,2013年6月修订)第十五条:“全国重点文物保护单位的保护范围和记录档案,由省、自治区、直辖市人民政府文物行政部门报国务院文物行政部门备案。”第十八条:“根据保护文物的实际需要,经省、自治区、直辖市人民政府批准,可以在文物保护单位的周围划出一定的建设控制地带,并予以公布。” 2.《文物保护法实施条例》(2003年5月国务院令第377号,2013年12月7日修订)第八条:“全国重点文物保护单位和省级文物保护单位自核定公布之日起1年内,由省、自治区、直辖 市人民政府划定必要的保护范围,作出标志说明,建立记录档案,设置专门机构或者指定专人负责管理。”第十四条:“全国重点文物保护单位的建设控制地带,经省、自治区、直辖市人民政府批准,由省、自治区、直辖市人民政府的文物行政主管部门会同城乡规划行政主管部门划定并公布。省级、设区的市、自治州级和县级文物保护单位的建设控制地带,经省、自治区、直辖市人民政府批准,由核定公布该文物保护单位的人民政府的文物行政主管部门会同城乡规划行政主管部门划定并公布。” 3.《长城保护条例》(2003年5月国务院令第476号)第十一条:“长城所在地省、自治区、直辖市人民政府应当按照长城保护总体规划的要求,划定本行政区域内长城的保护范围和建设控制地带,并予以公布;省、自治区、直辖市人民政府文物主管部门应当将公布的保护范围和建设控制地带报国务院文物主管部门备案。”	机关、事业单位、文物保护单位	文物保护与考古处	社会公开	1484	低,1个			

续表

序号	部门	项目名称	子项	实施依据	实施对象	承办机构	公开范围	办理数量	廉政风险点	收费（征收）依据和标准	前置条件	备注
3	省文物局	变更市级以上文物保护单位管理体制或隶属关系的审核、备案	向省政府提出变更省级文物保护单位管理体制或行政隶属关系的审核意见	1.《山东省文物保护条例》(2010 年 9 月通过)第十一条："变更文物保护单位行政隶属关系的,应当经核定公布该文物保护单位的人民政府批准,并报上一级人民政府备案。" 2.《山东省人民政府关于进一步加强文物保护工作的通知》(鲁政发〔2008〕93 号):"任何单位不得擅自改变文物保护单位管理体制或隶属关系和用途;确需改变的,必须依法获得批准。" 3.《关于组建省文物局(省中华文化标志城规划建设办公室)的通知》(2011 年 6 月鲁编〔2011〕17 号)一、主要职责是:(三)审核、申报、管理省级以上重点文物保护单位;会同有关部门指导和管理世界人文、自然遗产、历史文化名城(街区、村镇)、风景名胜区、宗教设施的文物保护工作。	机关、事业单位、企业、社会组织	山东省文物局	社会公开	36	低,1 个			
			变更市级文物保护单位管理体制或行政隶属关系备案									
4	省文物局	历史文化名城、名镇、名村、历史文化街区申报、审核		1.《文物保护法实施条例》(2003 年 5 月国务院令第 377 号)第七条:历史文化名城,由国务院建设行政主管部门会同国务院文物行政主管部门报国务院核定公布。 2.《历史文化名城名镇名村保护条例》(2008 年 4 月国务院令第 524 号)第九条:"申报历史文化名城,由省、自治区、直辖市人民政府提出申请,经国务院建设主管部门会同国务院文物主管部门组织有关部门、专家进行论证,提出审查意见,报国务院批准公布。申报历史文化名镇、名村,由所在地县级人民政府提出申请,经省、自治区、直辖市人民政府确定的保护主管部门会同同级文物主管部门组织有关部门、专家进行论证,提出审查意见,报省、自治区、直辖市人民政府批准公布。"第十条:"对符合本条例第七条规定的条件而没有申报历史文化名镇、名村的镇、村庄,省、自治区、直辖市人民政府确定的保护主管部门会同同级文物主管部门可以向该镇、村庄所在地的县级人民政府提出申报建议;仍不申报的,可以直接向省、自治区、直辖市人民政府提出确定该镇、村庄为历史文化名镇、名村的建议。"	市、县(市、区)人民政府	文物保护与考古处	社会公开	77	低,1 个			

续表

序号	部门	项目名称	子项	实施依据	实施对象	承办机构	公开范围	办理数量	廉政风险点	收费（征收）依据和标准	前置条件	备注
5	省文物局	历史文化名城、名镇、名村列入濒危名单并公布		1.《历史文化名城名镇名村保护条例》（2008年4月国务院令第524号）第十二条："已批准公布的历史文化名城、名镇、名村，因保护不力使其历史文化价值受到严重影响的，批准机关应当将其列入濒危名单，予以公布，并责成所在地城市、县人民政府限期采取补救措施，防止情况继续恶化，并完善保护制度，加强保护工作。" 2.《关于组建省文物局（省中华文化标志城规划建设办公室）的通知》（2011年6月鲁编〔2011〕17号）一、主要职责是：（三）审核、申报、管理省级以上重点文物保护单位；会同有关部门指导和管理世界人文、自然遗产、历史文化名城（街区、村镇）、风景名胜区、宗教设施的文物保护工作。	历史文化名城、名镇、名村	文物保护与考古处	社会公开	5	低，1个			

续表

序号	部门	项目名称	子项	实施依据	实施对象	承办机构	公开范围	办理数量	廉政风险点	收费（征收）依据和标准	前置条件	备注
6	省文物局	历史文化名城、名镇、名村、历史文化街区等保护规划、土地利用和各项工程建设的审核	历史文化名城、名镇、名村、历史文化街区保护规划的审核	1.《历史文化名城名镇名村保护条例》(2008年4月国务院令第524号)第十七条:“保护规划由省、自治区、直辖市人民政府审批。保护规划的组织编制机关应当将经依法批准的历史文化名城保护规划和中国历史文化名镇、名村保护规划,报国务院建设主管部门和国务院文物主管部门备案。”第十九条:“经依法批准的保护规划,不得擅自修改;确需修改的,保护规划的组织编制机关应当向原审批机关提出专题报告,经同意后,方可编制修改方案。修改后的保护规划,应当按照原审批程序报送审批。” 2.《山东省历史文化名城保护条例》(1997年12月13日通过)第十三条:“历史文化名城城市人民政府可以根据城市社会经济发展和历史文化名城保护的需要,对保护规划进行局部调整,并报同级人民代表大会常务委员会和原批准机关备案;但对保护规划确定的保护范围、建设控制地带或者历史文化保护区的界限和内容进行调整的,必须经同级人民代表大会或者其常务委员会审查同意后报原批准机关审批。” 3.《山东省城乡规划条例》(2012年8月通过)第十七条:“历史文化名城、名镇、名村批准公布后,城市、县人民政府应当组织编制历史文化名城、名镇、名村保护规划,报省人民政府审批;城市、县城乡规划主管部门应当组织编制历史文化街区详细规划,经省城乡规划主管部门会同省文物主管部门审查同意后,报城市、县人民政府审批。”	机关、事业单位、企业、社会组织或公民	文物保护与考古处	社会公开	18	低,1个			
7	省文物局	世界文化遗产保护规划的审核		《世界文化遗产保护管理办法》(2006年11月文化部令第41号)第八条:“世界文化遗产保护规划由省级文物主管部门报国家文物局审定。经国家文物局审定的世界文化遗产保护规划,由省级人民政府公布并组织实施。世界文化遗产保护规划的要求,应当纳入县级以上地方人民政府的国民经济和社会发展规划、土地利用总体规划和城乡规划。”	世界文化遗产保护机构、机关、事业单位	文物保护与考古处	社会公开	8	低,1个			

续表

序号	部门	项目名称	子项	实施依据	实施对象	承办机构	公开范围	办理数量	廉政风险点	收费（征收）依据和标准	前置条件	备注
8	省文物局	博物馆定级评估	博物馆定级评估意见审核	《全国博物馆评估办法》(2008 年 2 月文物博发〔2008〕6 号,2012 年 5 月修订)第四条:“……省级文物行政部门组织设立本辖区博物馆评估委员会。省(自治区、直辖市)博物馆评估委员会在全国博物馆评估委员会的指导下,开展相应等级博物馆的评估工作。”、第七条:“省(自治区、直辖市)博物馆评估委员会对申请评估的博物馆进行考察和评估,对一级博物馆提出推荐意见,经本省级文物行政部门审核后,报送全国博物馆评估委员会评定;对二级、三级博物馆提出评定意见,经本省级文物行政部门审核同意后,报送全国博物馆评估委员会复核。”	事业单位、社会组织	博物馆与社会文物处	向社会公开	13	低,1 个			
9	省文物局	国家考古遗址公园立项、评定初审		《国家考古遗址公园管理办法(试行)》(2009 年 12 月文物保发〔2009〕44 号)第六条:“国家考古遗址公园的立项申请由遗址所在地县级以上人民政府提出,经省级文物行政部门初审同意后,报国家文物局。”第十条:“经国家文物局批准立项,符合以下条件,且已初具规模的考古遗址公园,可由遗址所在地县级以上人民政府提出评定申请,经省级文物行政部门初审同意后,报国家文物局。”	遗址所在地县级以上人民政府	大遗址保护处	向社会公开	13	低,1 个			
10	省文物局	调用本行政区域内的出土文物		《文物保护法》(1982 年 11 月通过,2013 年 6 月修订)第三十五条:“根据保证文物安全、进行科学研究和充分发挥文物作用的需要,省、自治区、直辖市人民政府文物行政部门经本级人民政府批准,可以调用本行政区域内的出土文物。”	机关、事业单位、企业、社会组织	大遗址保护处	向社会公开	10	低,1 个			

省直有关部门取消下放权力事项统计表

序号	项目名称	权力类别	权力事项名称	子项	实施依据	实施对象	承办机构	办理情况公开范围	办理数量	廉政风险点	收费（征收）依据和标准	前置条件	备注
1	省文物局	其他权力	对文物商店购买、销售文物的备案		1.《文物保护法》(1982 年 11 月通过,2013 年 6 月修订)第五十七条:“文物商店购买、销售文物,拍卖企业拍卖文物,应当按照国家有关规定作出记录,并报原审核的文物行政部门备案。” 2.《文物保护法实施条例》(2003 年 5 月国务院令第 377 号,2013 年 12 月修订)第四十三条:“文物商店购买、销售文物,经营文物拍卖的拍卖企业拍卖文物,应当记录文物的名称、图录、来源、文物的出卖人、委托人和买受人的姓名或者名称、住所、有效身份证件号码或者有效证照号码以及成交价格,并报核准其销售、拍卖文物的文物行政主管部门备案。接受备案的文物行政主管部门应当依法为其保密,并将该记录保存 75 年。”	企业	督察执法处	向社会公开	6	低,1 个			下放至设区的市主管部门,需修法